SERVIDOR PÚBLICO
na Atualidade

José Maria Pinheiro Madeira

SERVIDOR PÚBLICO
na Atualidade

Fechamento desta edição: 15 de setembro de 2009

ELSEVIER

CAMPUS
JURÍDICO

Copidesque: Renato Mello Medeiros
Revisão Gráfica: Emídia Maria de Brito
Editoração Eletrônica: Tony Rodrigues

Elsevier Editora Ltda.
Conhecimento sem Fronteiras
Rua Sete de Setembro, 111 — 16º andar
20050-006 — Rio de Janeiro — RJ

Rua Quintana, 753 - 8º andar
04569-011 - Brooklin - São Paulo - SP

Serviço de Atendimento ao Cliente
0800-0265340
sac@elsevier.com.br

ISBN: 978-85-352-3609-5

Cip-Brasil. Catalogação-na-fonte
Sindicato Nacional dos Editores de Livros, RJ

M153s

Madeira, José Maria Pinheiro
Servidor público na atualidade / José Maria Pinheiro Madeira. - 8.ed. - Rio de Janeiro : Elsevier, 2010.

Inclui bibliografia
ISBN 978-85-352-3609-5

1. Servidores públicos - Brasil. 2. Serviço público - Brasil. 3. Direito administrativo - Brasil. I. Título.

09-3528. CDU: 35.08(81)

Sentença de vida

Sem dúvida, a vida traz no seu cerne espécie de sentença prolatada por Deus.

Os processualistas costumam dizer que a sentença é declaratória quando declara um direito. É constitutiva quando constitui um direito, e é condenatória quando impõe uma obrigação.

Na realidade, toda e qualquer sentença tem um desses conteúdos de maior evidência, subsistindo os demais em grau menor.

A sentença da vida não foge à regra: é declaratória por declarar que o indivíduo nasce para servir. É constitutiva por constituir o próprio direito à vida, e é condenatória por conter apenação divina: comerás o pão com o suor do teu rosto.

(Autor desconhecido)

Dedicatória

Maria Eduarda Madeira El Khouri, símbolo de beleza, que tem a magia de renovar minhas alegrias quando a vejo.

Ao Desembargador **Sérgio Cavalieri Filho**, valoroso expoente da Ciência Jurídica contemporânea.

Ao Professor **José dos Santos Carvalho Filho**, cuja vida de desprendimento e amor ao próximo o torna digno de admiração e reconhecimento.

Ao Magistrado **Werson Franco Pereira Rêgo** – em todo seu conteúdo humano e espiritual.

Ao Professor **Luiz Oliveira C. Jungstedt**, pela colaboração imprescindível na cessão dos gráficos – resumo.

Ao Ministro **Benedito Gonçalves** de quem recebi sólidos ensinamentos, principalmente no campo da convivência humana.

Aos Desembargadores do TJ do RJ, **André Gustavo Corrêa de Andrade**, **Antonio Saldanha Palheiro**, **Cármine Antônio Savino Filho, Gilberto Pereira Rego**, **Carlos Santos de Oliveira**, **Joaquim Abílio Moreira Alves de Brito**, **José Mota Filho**, **Letícia de Faria Sardas**, **Luiz Fernando Ribeiro de Carvalho**, **Mário Guimarães Neto**, **Jessé Torres Pereira Junior**, **Namatela Machado Jorge**, **Roberto Luiz Felinto** e **Suimei Meira Cavalieri**, exemplos de vida, de persistência, de tenacidade, de generosidade, de contemporização e, sobretudo, de amor, porque somente a conjugação desses sentimentos, aliada à compreensão, à polidez, é capaz de conduzir ao êxito, onde somente predomine a alegria do cumprimento de uma missão.

O autor

José Maria Pinheiro Madeira

Mestre em Direito do Estado, doutor em Ciências Jurídicas e Sociais, doutor em Ciência Política e Administração Pública e pós-graduado no exterior. Foi Procurador do Legislativo (aposentado). É parecerista muito requisitado na área do Direito Administrativo. Integrou diversas bancas de Concurso Público. Membro Integrante da Banca Examinadora de Exame da Ordem dos Advogados do Brasil. Membro de diversas associações de cultura jurídica, no Brasil e no exterior. Professor Emérito da Universidade da Filadélfia. Professor-palestrante da Escola da Magistratura do Rio de Janeiro – EMERJ. Professor Coordenador de Direito Administrativo da Universidade Estácio de Sá. Professor da Fundação Getúlio Vargas. Professor integrante do Corpo Docente do Curso de Pós-Graduação em Direito Administrativo da Universidade Cândido Mendes, da Universidade Gama Filho e da Universidade Federal Fluminense. Membro Titular do Instituto Ibero-Americano de Direito Público. Membro Efetivo do Instituto Internacional de Direito Administrativo. Presidente da Comissão Nacional de Direito Administrativo.

É autor dos livros *Administração Pública* – Tomo I (10ª edição); *Administração Pública* – Tomo II (11ª edição); *Comentários à Lei de Licitação e Contratos Administrativos Interpretado pelos Tribunais*; *A questão jurídica-social da propriedade e de sua perda pela desapropriação* (esgotado); *Casos concretos de direito administrativo*; *Estatuto da Cidade* – Lei nº 10.157 – Comentários; *Comentários à Lei de Improbidade Administrativa* (esgotado); *Comentários à Lei de Responsabilidade Fiscal* (esgotado); *Desapropriação, institutos afins* (esgotado); *Exame de Ordem* – Segunda Fase – Direito Administrativo (4ª edição).

Colaborador das seguintes publicações jurídicas: Revista Pró-Ciência, Revista Ibero-Americana de Direito Público, Revista Forense, Revista Fórum, Revista da EMERJ, ADV Advocacia Dinâmica e Revista de Informação Legislativa.

Nota à 8ª edição

Que surpresa o rápido desaparecimento das livrarias, em apenas dois anos!

A grande procura que o presente livro tem despertado na comunidade jurídica, as sucessivas edições, ratificam a grande responsabilidade e a honestidade intelectual.

Agradecemos aos leitores pelos incentivos que nos foram dados para o aprimoramento desta edição. Foram centenas de *e-mails* recebidos e respondidos, um a um.

A obra está absolutamente atualizada, contendo as modificações introduzidas por todas as Emendas Constitucionais. Foram feitas atualizações ante a incomensurável produção acadêmica e normativa mais recente.

A tarefa de atualização, integralmente cumprida, mas sem prejuízo à estrutura original, conservou, no entanto, o espírito, a estrutura e a visão dos institutos que caracterizam a obra desde a sua elaboração.

Procuramos desenvolver um estudo que não se limitasse apenas a reproduzir dados ou à mera preocupação teórica, sem visão de qualquer alcance prático. Então, todo enfoque procura valorizar as posições consolidadas da doutrina e da mais atualizada jurisprudência. E ao perceber divergências na matéria, indicamos qual deveria ser a linha de raciocínio a ser adotada, em consonância com as mais recentes decisões do STJ e do STF.

É inegável o significado dos acórdãos na aplicação adequada da norma, irradiando luzes à inteligência dos preceitos que a cercam.

Trata-se de uma obra clara, límpida e didática, partindo de nossas aulas na Escola da Magistratura do Estado do Rio de Janeiro – Emerj. Portanto, escrito em linguagem direta, despido de discussões teóricas desnecessárias.

Neste trabalho se conjugam os termos do binômio *teoria x exemplos* os quais são estribados em casos que acontecem no dia a dia, sem perder de vista, por um único instante, o sentido, a utilidade, a razão de ser dos estudos teóricos. A teoria é a alma; a prática, o corpo. Ambas são elementos que se integram para formar um todo, o qual permite o exercício do pesquisador com êxito. Esta é uma verdade inconteste. Graças a isto, a leitura destas práticas é palpitante, cheia de vida, rica em advertências, descarnando as controvérsias entre tendências doutrinárias e noticiando a orientação jurisprudencial ilustrativa dos vários subtópicos focalizados.

Foram adicionados, através de uma seleção rígida e cuidadosa, acórdãos e jurisprudências recentíssimas, com o objetivo de consolidar os entendimentos dinâmicos e atuais, mostrando amplidões de maneira prática e atraente.

Como magistralmente frisa o desembargador Sérgio Cavalieri Filho, podemos dizer, igualmente, que o Direito – para nós – é instrumento de trabalho e não tertúlia acadêmica. E, simultaneamente, teoria, prática, realidade e vivência.

O presente livro não perde tempo com dissertações inúteis, destinadas a exibir erudição ou a engordar o seu volume. Cada tópico recebe o tratamento justo, com a extensão necessária.

Procuramos contribuir com um estudo doutrinário, prático e didático, dotado de coerência e funcionalidade que deu conteúdo a esse nosso estudo.

Tenho certeza, portanto, que dada a densidade do estudo e clareza na sua exposição, a referida obra será de citação e consulta obrigatória nos estudos sobre o tema, bem como por todos os agentes operativos do direito[1].

Com toda a certeza, a impressão de todos quantos se dediquem à área do direito público, ou do direito em geral, será a mesma que tive ao terminar a leitura da obra – a de que não só pela importância dos temas nela examinados, como pela visão crítica e moderna do autor – não pode a obra do Prof. MADEIRA deixar de ser fonte de consulta quando tivermos que enfrentar o desafio das intrincadas questões que ladeiam o Direito Administrativo[2].

Mandam-nos os ditames de nossa consciência, num pleito de gratidão, agradecer aos Juristas consagrados, aos Juízes, aos Desembargadores dos nossos Tribunais e aos membros do Ministério Público pelas citações e referências extraídas do nosso livro. Isso nos envaidece, encoraja e incentiva a novas pesquisas.

Sensibilizado, agradecemos aos professores, Desembargador Humberto Theodoro Júnior, Celso Antônio Bandeira de Mello, Desembargador Jessé Torres, Desembargador Sérgio Cavalieri Filho, Procurador de Justiça José dos Santos Carvalho Filho, Procurador da República Celso Albuquerque da Silva e ao Ministro Marco Aurélio, do STF, pela generosidade dos elogios. Em especial, a este último, pela indicação da obra junto à biblioteca do Supremo Tribunal Federal.

1. Celso de Albuquerque da Silva, Procurador da República.
2. Rogério Vieira de Carvalho, Desembargador Federal do TRF- 2ª Região.

Sumário

CAPÍTULO IV
Regime Jurídico dos Servidores

CAPÍTULO V
Organização Funcional

CAPÍTULO VI
Regime Constitucional dos Servidores Públicos

CAPÍTULO VII
Concurso Público

CAPÍTULO VIII
Os mais polêmicos requisitos editalícios aplicáveis ao provimento de cargo público: suas controvérsias e análises no mundo jurídico

CAPÍTULO IX
O direito à revisão judicial de provas e exames seletivos à luz dos tribunais pátrios

CAPÍTULO X
Da investidura do Servidor Público

CAPÍTULO XI
Da Estabilidade

CAPÍTULO XII
Acumulação de Cargos, Empregos e Funções Públicas

CAPÍTULO XIII
Formas de provimento derivado

CAPÍTULO XIV
Sistema Remuneratório

CAPÍTULO XV
Da Responsabilidade do Servidor
Responsabilidade penal, administrativa e civil dos servidores

CAPÍTULO XVI
Direito de greve

CAPÍTULO XVII
Direito à Associação Sindical

CAPÍTULO XVIII
Aposentadoria

CAPÍTULO XIX
A Reforma da Previdência: as Emendas Constitucionais nº 20/1998, nº 41/2003 e a PEC nº 77/2003 – uma Discussão Analítica

CAPÍTULO XX
Limites com Despesas de Pessoal

Capítulo I

Administração Pública – Introdução

1. O ESTADO

As sociedades, para exercerem e para garantirem sua autodeterminação, organizaram-se política e juridicamente em certo território, instituindo o Estado.

Discutem os pensadores sobre o momento em que apareceu o Estado. Dalmo Dallari[3] informa-nos que existem inúmeras teorias sobre a época do aparecimento do Estado, mas que podem ser reduzidas a três posições fundamentais.

Na primeira teoria os autores afirmam que o Estado, assim como a própria sociedade, sempre existiu; ainda que mínima pudesse ser, teria havido uma organização social nos grupos humanos.

Na segunda corrente, os autores admitem que a sociedade humana existiu sem o Estado durante um certo período, mas que, por motivos diversos, este foi formado para atender às necessidades ou conveniências dos grupos sociais.

Já na terceira posição, os autores só admitem o Estado como instituição quando este se tornou uma sociedade política dotada de certas características muito bem definidas.

A denominação "Estado" (do latim *status* = estar firme), no sentido de sociedade política permanente, surge pela primeira vez na obra *O Príncipe* de Maquiavel, em 1513, indicando, naquele tempo, as comunidades formadas pelas cidades independentes, as cidades-Estado.

A evolução histórica da humanidade acarretou mudanças na concepção do instituto "Estado", mudanças que aconteceram em diferentes épocas e que assumiram diferentes graus, dependendo das normas de organização política de cada Nação.

Os autores que trataram desse assunto, adotaram, com pequenas variações, uma sequência cronológica, dividindo a evolução história do Estado nas seguintes fases: Estado Antigo, Estado Grego, Estado Romano, Estado Medieval e Estado Moderno.

A evolução do instituto acabou culminando no surgimento do Estado de Direito, noção que se baseia na regra de que ao mesmo tempo em que o Estado cria o direito a ele deve sujeitar-se.

O conceito de Estado varia de acordo com o ângulo em que é considerado pelas diversas correntes doutrinárias.

3. Dallari, Dalmo. *Elementos da Teoria Geral do Estado,* 19. ed., São Paulo: Saraiva, 1995, p. 44.

Sob o ponto de vista sociológico, o Estado é "corporação territorial dotada de um poder de mando originário" (Jellinek); sob o prisma político, o Estado é "a institucionalização do poder" (Burdeau), e "uma unidade de dominação" (Heller); e sob o aspecto constitucional, o Estado é "pessoa jurídica territorial soberana" (Biscaretti di Ruffia).

Todavia, a noção mais importante e atualmente indiscutível, é a de que o Estado é um ente personalizado, apresentando-se tanto exteriormente, nas relações internacionais, como internamente, como pessoa jurídica de direito público. E é neste sentido que a ele se refere o Código Civil Brasileiro, no art. 41, enumerando cada uma das partes em que se divide o Estado Brasileiro.

Em face dos diversos sentidos dados ao instituto "Estado", Balladore Pallieri houve por bem conceituar o Estado como "uma ordem jurídica soberana que tem por fim específico e essencial a regulamentação global das relações sociais entre os membros de uma dada população sobre um dado território"[4].

Nesse conceito se acham presentes os quatro elementos essenciais que compõem o Estado: o povo, o território, a finalidade e a soberania.

O povo é o componente humano do Estado, "é o conjunto dos indivíduos que, através de um momento jurídico, unem-se para constituir o Estado, estabelecendo com este um vínculo jurídico de caráter permanente, participando da formação da vontade do Estado e do exercício do poder soberano"[5].

O território é a base física do Estado, é a delimitação espacial da ação soberana do Estado. Não existe Estado sem território.

A finalidade do Estado é o bem comum, ou seja, é o conjunto de todas as condições de vida social que consintam e favoreçam os indivíduos e as demais sociedades a atingirem seus respectivos fins particulares.

O último elemento do Estado é a soberania. O governo soberano é o "elemento condutor do Estado, que detém e exerce o poder absoluto de autodeterminação e auto-organização emanado do povo. Não há nem pode haver Estado independente sem soberania, isto é, sem esse poder absoluto, indivisível e incontrastável de organizar-se e de conduzir-se segundo a vontade livre de seu povo e de fazer cumprir as suas decisões inclusive pela força, se necessário"[6].

A soberania consiste em atributo básico ao Estado. Estabelecendo sua independência em relação aos demais entes estrangeiros, ela se constitui na supremacia do poder dentro da ordem interna e no fato de, perante a ordem externa, só encontrar Estados de igual poder.

O Estado é uma instituição juspolítica que concentra o poder e o exerce para realizar a administração sobre as pessoas e bens em seu território. A soma de poderes concentrados para essa finalidade denomina-se poder estatal, que, por servir aos interesses públicos, também se intitula de poder público.

O poder do Estado é uno e indivisível. Todas as manifestações de vontade emanadas em nome do Estado reportam-se sempre a um querer único que é próprio das organizações políticas estatais. O poder é sempre um só, qualquer que seja a forma por ele assumida.

O Estado compõe-se de "Poderes", quer dizer, de segmentos estruturais em que se divide o poder geral e abstrato decorrente de sua soberania. Os "Poderes" de Estado,

4. *Apud* Silva, José Afonso da. *Curso de Direito Constitucional Positivo*, São Paulo: Malheiros Editores, 2006, p. 113.
5. Dallari, Dalmo. *Op. cit.*, p. 85.
6. Meirelles, Hely Lopes. *Direito Administrativo Brasileiro*, 32ª ed., São Paulo: Malheiros Editores, 2006, p. 98.

como estruturas internas destinadas à execução de certas funções, foram concebidos por Montesquieu em sua obra clássica *L'Esprit des Lois*, em 1748.

Em sua obra, Montesquieu afirma a existência de funções intrinsecamente diversas e inconfundíveis, mesmo quando confiadas a um só órgão. Em sua opinião, o normal seria a existência de um órgão próprio para cada função, considerando indispensável que o Estado se organizasse com três Poderes.

Montesquieu reconheceu em sua obra política que a atividade estatal é suscetível, em razão das diferenças que apresenta, de ser dividida em um certo número de categorias, agrupando aqueles atos do Estado que apresentam, entre si, traços de uniformidade, fixando em três essas categorias.

Essas categorias, os chamados "Poderes" de Estado, na clássica tripartição de Montesquieu, até hoje adotada nos Estados de Direito, são o Legislativo, o Executivo e o Judiciário.

Montesquieu pregou também em sua obra, a necessidade do equilíbrio entre estes Poderes, de forma a ser evitada a supremacia de qualquer deles sobre outro.

A teoria de Montesquieu resultou entre os ingleses e norte-americanos no sistema de "*checks and balances*", que é o denominado no Brasil de método de "freios e contrapesos", em que um Poder limita o outro, como sugerira o grande mestre em sua obra: "le pouvoir arrête le pouvoir".

A teoria da separação de poderes de Montesquieu é concebida como um sistema em que se conjugam um Legislativo, um Executivo e um Judiciário, harmônicos e independentes entre si, tomando, praticamente, a configuração que apareceria na maioria das Constituições.

Os Poderes do Estado figuram de forma expressa no art. 2º da Constituição brasileira: "São Poderes da União, independentes e harmônicos entre si, o Legislativo, o Executivo e o Judiciário".

A tripartição dos poderes vigora também entre os Estados-membros, todavia nos Municípios vigora o bipartição dos poderes, visto que em sua estrutura orgânica se apresentam somente o Legislativo e o Executivo.

A cada um dos Poderes de Estado foi atribuída uma função precípua. Assim, ao Poder Legislativo foi atribuída a função normativa, ou seja, a de elaborar leis. Ao Poder Executivo foi cometida a função administrativa, ou seja, a conversão da lei em ato individual e concreto. E ao Poder Judiciário, a função jurisdicional, isto é, a aplicação coativa da lei aos litigantes.

Observe-se que a divisão de Poderes nada mais é do que a especialização de tarefas governamentais que consistem nas funções legislativa, executiva e jurisdicional confiadas à realização a órgãos diferentes.

As linhas definidoras das funções exercidas por cada um dos Poderes têm caráter político e figuram na Constituição.

Note-se que, anteriormente, nos referimos a função precípua de cada Poder, e isto se justifica em razão de que não há exclusividade no exercício das funções pelos Poderes, pois que embora os Poderes estatais tenham suas funções típicas, eles também desempenham funções que materialmente deveriam pertencer a Poder diverso, sempre, é claro, que a Constituição o autorize.

O Legislativo, por exemplo, além da função normativa, exerce a função jurisdicional quando o Senado Federal processa e julga o Presidente e o Vice-Presidente da República nos crimes de responsabilidade, bem como os Ministros de Estado e os Comandantes de

Marinha, Exército e Aeronáutica nos crimes da mesma natureza conexos com aqueles (art. 52, I, da CF), ou quando processa e julga os Ministros do Supremo Tribunal Federal, o Procurador-Geral da República e o Advogado-Geral da União nos crimes de responsabilidade (art. 52, II, da CF). O Legislativo exerce também a função administrativa quando organiza seus serviços internos (arts. 51, IV, e 52, XIII, da CF), e quando fiscaliza os atos do Poder Executivo (art. 49, X, da CF) e as finanças e orçamentos (art. 70 da CF).

O Poder Judiciário, além de sua função típica, que é a jurisdicional, exerce também funções atípicas, administra, quando organiza seus serviços (art. 96, I, *f*, e II, *b*, da CF), e legisla, quando os Tribunais elaboram os seus regimentos internos (art. 96, I, *a*, da CF).

E o Poder Executivo, ao qual incumbe predominantemente a função administrativa, pratica também função atípica normativa, quando edita medidas provisórias com força de lei, previstas no art. 62 da Constituição Federal, e quando elabora leis delegadas com base no art. 68, também da Constituição Federal; além de participar do processo legislativo pela iniciativa, sanção, veto e promulgação das leis. Quanto à função jurisdicional, esta não é exercida pelo Poder Executivo por falta de previsão na atual Constituição brasileira.

2. FUNÇÃO ADMINISTRATIVA

Na organização político-administrativa da República brasileira, são três os poderes políticos instituídos pela atual Constituição: o Legislativo, o Executivo e o Judiciário, conforme apregoa o art. 2º da Carta vigente.

Os poderes políticos do Estado têm funções típicas, aquelas naturais, próprias, para as quais foram instituídos, que são as funções legislativa, administrativa e jurisdicional, quando atribuídas, respectivamente, aos Poderes Legislativo, Executivo e Judiciário; e funções atípicas, assim consideradas as funções que, mesmo impróprias, foram admitidas aos Poderes pela Constituição da República.

A função administrativa tem sido considerada de caráter residual, pois excluindo-se a função legislativa, pela qual se criam as normas jurídicas, e a jurisdicional, que se volta especificamente para a solução de conflitos de interesses, todo o universo restante reflete o exercício da função administrativa.

A função administrativa é aquela exercida pelo Estado ou por seus delegados, subjacentemente à ordem constitucional e legal, sob regime de direito público, com vistas a alcançar os fins colimados pela ordem jurídica. É através dela que o Estado atende às necessidades de planejamento, comando, coordenação e exercício do cumprimento da ordem legal e da gestão dos interesses da coletividade.

Talvez a mais importante função do Estado atual – a função administrativa – seja, dentre todas, a mais ampla, sendo desempenhada em todos os Poderes da União, dos Estados, do Distrito Federal e dos Municípios, abrangendo todos os órgãos que, gerindo os interesses estatais e coletivos, não estejam voltados à legislação ou à jurisdição.

3. ADMINISTRAÇÃO PÚBLICA

O vocábulo "administração" possui duas versões para sua origem. Para alguns a origem do vocábulo vem de *manus, mandare*, cuja raiz é *man*. Neste caso, a palavra administração significa: comando, orientação, direção. Caso se entenda que o vocábulo tem sua origem ligada a *minor, minus*, cuja raiz é *min*, o sentido da palavra é de subordinação, obediência e execução.

Em resumo, o vocábulo "administração" abrange tanto a atividade superior de dirigir, comandar, como a atividade subordinada de servir e executar.

Já o adjetivo "pública" pode significar não só algo ligado ao Poder Público, como também à coletividade, ou ao público em geral.

Há um consenso entre os autores no sentido de que a expressão "Administração Pública" é de certo modo duvidosa, tendo sido utilizados variados critérios para definir a expressão em apreço.

A insigne administrativista Maria Sylvia Zanella Di Pietro utiliza a expressão "Administração Pública"[7] em dois sentidos:

1º) Em *sentido subjetivo ou formal*, onde a Administração Pública designa os entes que exercem a atividade administrativa; compreende pessoas jurídicas, órgãos e agentes públicos incumbidos de exercer uma das funções em que se triparte a atividade estatal: a função administrativa. Assim, compõem a Administração Pública, em sentido subjetivo, todos os órgãos integrantes da União, dos Estados-membros, dos Municípios e do Distrito Federal, os quais são chamados órgãos da Administração Direta do Estado. E também as pessoas jurídicas com personalidade de direito público ou privado, a chamada Administração Indireta do Estado, que são as autarquias[8], as empresas públicas[9], as sociedades de economia mista[10] e as fundações públicas[11]. Desse modo, pode-se definir a Administração Pública, em sentido subjetivo, como o *conjunto de órgãos e de pessoas jurídicas aos quais a lei atribui o exercício da função administrativa do Estado.*

2º) Em *sentido objetivo ou material*, a Administração Pública abrange as atividades exercidas pelas pessoas jurídicas, órgãos e agentes incumbidos de atender concretamente às necessidades coletivas; assim, a Administração Pública é a própria função administrativa que incumbe, precipuamente, ao Poder Executivo. Nesse sentido, a Administração Pública abrange as atividades de fomento, polícia administrativa, serviço público e intervenção. No sentido objetivo, ela pode ser definida como a *atividade concreta e imediata que o Estado desenvolve, sob o regime jurídico de direito público, para a consecução dos interesses coletivos.*

Alerta, ainda, Maria Sylvia Di Pietro[12], que alguns autores se utilizam de outro critério (a partir da ideia de que administrar compreende planejar e executar), para conceituar a expressão Administração Pública sob dois aspectos:

---

7. Di Pietro, Maria Sylvia Zanella. *Direito Administrativo*, São Paulo: 18ª ed., São Paulo: Atlas, 2005, p. 84.

8. "Autarquia é a pessoa jurídica de direito público, criada por lei, com capacidade de autoadministração, para o desempenho de serviço público descentralizado, mediante controle administrativo exercido nos limites da lei." (Di Pietro, Maria Sylvia Zanella. *Op. cit.*, p. 381.)

9. "Empresas Públicas são pessoas jurídicas de direito privado, integrantes da Administração Indireta do Estado, criadas por autorização legal, sob qualquer forma jurídica adequada a sua natureza, para que o Governo exerça atividades gerais de caráter econômico ou, em certas situações, execute a prestação de serviços públicos." (Carvalho Filho, José dos Santos. *Manual de Direito Administrativo*, 17ª ed., Rio de Janeiro: Lumen Juris, 2007, p. 377.)

10. "Sociedades de Economia Mista são pessoas jurídicas de direito privado, integrantes da Administração Indireta do Estado, criadas por autorização legal, sob a forma de sociedades anônimas, cujo controle acionário pertença ao Poder Público, tendo por objetivo, como regra, a exploração de atividades gerais de caráter econômico e, em algumas ocasiões, a prestação de serviços públicos." (Carvalho Filho, José dos Santos. *Op. cit.*, p. 397.)

11. "Fundação instituída pelo Poder Público é a pessoa jurídica com patrimônio, total ou parcialmente público, dotado de personalidade jurídica, de direito público ou privado, e destinado, por lei, ao desempenho de atividades do Estado na ordem social, com capacidade de autoadministração e mediante controle da Administração Pública, nos limites da lei." (Di Pietro, Maria Sylvia Zanella. *Op. cit.*, p. 398.)

12. Di Pietro, Maria Sylvia Zanella. *Op. cit.*, p. 65-72.

1º) Em *sentido amplo*, a Administração Pública, subjetivamente considerada, compreende tanto os órgãos governamentais, supremos, constitucionais (Governo), aos quais incumbe traçar os planos de ação, dirigir, comandar, como também os órgãos administrativos, subordinados, dependentes (Administração Pública, em sentido estrito), aos quais incumbe executar os planos governamentais. Ainda em sentido amplo, porém objetivamente considerada, a Administração Pública compreende a função política, que traça as diretrizes governamentais e a função administrativa, que as executa.

2º) Em *sentido estrito*, a Administração Pública compreende, sob o aspecto subjetivo, as pessoas jurídicas, órgãos e agentes públicos que exercem a função administrativa e, sob o aspecto objetivo, apenas a função administrativa, excluídos, no primeiro caso, os órgãos governamentais e, no segundo, a função política.

4. ÓRGÃOS PÚBLICOS

O Estado, como visto anteriormente, é pessoa jurídica, e como tal não tem vontade nem ação próprias, pois estas características são próprias das pessoas físicas.

O Estado, assim considerado, pessoa jurídica de direito público, manifesta sua vontade através de seus agentes, isto é, das pessoas físicas que pertencem a seus quadros.

Entre a pessoa jurídica em si e os agentes, compõe o Estado um grande número de repartições internas, necessárias a sua organização, tão grande é a extensão que alcança e tamanhas as atividades a seu cargo. Tais repartições é que constituem os órgãos públicos.

Há três teorias que se propõem a explicar o que é órgão público: a ***teoria subjetiva***, a ***teoria objetiva*** e a ***teoria mista ou eclética***.

A primeira teoria, a *teoria subjetiva*, indica que os órgãos públicos são os próprios agentes públicos. Segundo esta teoria, os agentes públicos, quando no exercício de suas funções, manifestariam a vontade do Estado e agiriam em seu nome. Essa teoria recebeu críticas no sentido de que se o agente público morresse ou se desvinculasse do Estado, o órgão público desapareceria, e após sucessivas desvinculações e desaparecimentos, o próprio Estado pereceria.

Na *teoria objetiva*, o órgão não é mais o agente público, e sim um complexo de atribuições. Por esta teoria, o órgão não é o Ministro ou o Presidente, e sim o Ministério, e a Presidência. Essa teoria foi especialmente defendida pela doutrina italiana, porém não logrou êxito entre os estudiosos, tendo sido também muito criticada no sentido de que, sendo o órgão um complexo de poderes, sem vontade própria, tal como o Estado, continuaria inexplicado como o Estado expressaria a sua vontade.

A última teoria, a *teoria mista*, também chamada de *eclética*, une os dois elementos acima, ou seja, o órgão seria formado pelo agente público e pelo complexo de atribuições. Esta teoria recebeu as mesmas críticas que as teorias anteriores, pois trouxe os mesmos defeitos que elas apresentavam, acolhendo os vícios que possuíam, pois induz à conclusão de que desaparecendo um dos elementos, também o outro desapareceria.

A solução para a discussão prevaleceu nas palavras do grande mestre Celso Antônio Bandeira de Mello, para quem "o fenômeno da manifestação da vontade e da atuação do Estado através de um conjunto de indivíduos, investidos dos necessários poderes para exprimir-lhe as funções, supõe as próprias atribuições, os círculos abstratos de poderes, dos quais estes são veículos. Logo, as duas ideias se solicitam. À noção do agente requer a de círculo de poder, assim como a noção de círculo de poder reclama a de agente. Daí não se segue, contudo, que ambas se conjuguem na formação de uma unidade logicamente incindível"[13].

Na verdade, houve-se por reconhecer, apenas, que os dois elementos se solicitam entre si, mas que não se constituem uma só unidade.

A natureza da relação que se verifica entre a vontade do órgão e do agente público também foi objeto de discussão entre os doutrinadores, tendo sido expostas três teorias sobre o assunto.

Primeiramente surgiu a teoria do mandato, pela qual os agentes públicos seriam os mandatários do Estado. Esta teoria recebeu críticas, pois não explicava como o Estado, que não possui vontade própria, poderia outorgar mandato.

A segunda teoria, a da representação, considerava o agente público como representante da pessoa jurídica, equiparando-se ao tutor ou curador de incapazes. Também esta teoria foi criticada, primeiramente porque comparou o Estado a uma pessoa incapaz, que necessita de representação; depois, porque, sendo o Estado o representado, não se lhe poderia atribuir responsabilidade pelos atos praticados.

A teoria do órgão veio substituir as teorias do mandato e da representação. Elaborada pelo jurista alemão Otto Gierke, no século XIX, indica que a pessoa jurídica expressa a sua vontade através dos órgãos que a compõem, órgãos estes titularizados por seus agentes – pessoas físicas. Não há entre a entidade e seus órgãos relação de mandato ou representação, e sim de imputação. O querer e o agir dos agentes públicos são atribuídos diretamente à pessoa jurídica. O órgão é parte integrante do Estado, e, assim, todas as suas manifestações de vontade são consideradas como do próprio Estado.

Os agentes públicos são os integrantes dos órgãos públicos, cuja vontade é imputada ao Estado. São aqueles que, a qualquer título, executam uma função pública como prepostos do Estado. Os agentes públicos são o elemento físico da Administração Pública, não se podendo conceber a Administração sem a sua presença.

13. Mello, Celso Antônio Bandeira de. *Apontamentos sobre os agentes e órgãos públicos*, São Paulo: Revista dos Tribunais, 1987, p. 67.

Capítulo II

Agentes Públicos

1. CONCEITO DE AGENTES PÚBLICOS

O Estado necessita de recursos humanos e materiais para a realização de atividades, serviços e obras que estão a seu cargo. Os recursos humanos, os únicos que nos interessam no presente trabalho, constituem todas as pessoas físicas que, sob variados vínculos e algumas vezes sem qualquer liame, prestam serviços à Administração Pública ou realizam atividades que estão sob sua responsabilidade, ainda quando o façam ocasional ou episodicamente. Essas pessoas são os agentes públicos.

Hely Lopes Meirelles define agentes públicos como "todas as pessoas físicas incumbidas definitiva ou transitoriamente, do exercício de alguma função estatal"[14].

Maria Sylvia Zanella Di Pietro conceitua agente público como "toda pessoa física que presta serviços ao Estado e às pessoas jurídicas da Administração Indireta"[15].

José dos Santos Carvalho Filho conceitua a expressão agentes públicos como "o conjunto de pessoas que, a qualquer título, exercem uma função pública como prepostos do Estado"[16].

Observe-se que os conceitos firmados acima pelos renomados juristas demonstram bem a abrangência do sentido da expressão agentes públicos.

A noção alcança todos os agentes da União, dos Estados, do Distrito Federal e dos Municípios, de qualquer dos Poderes dessas pessoas federativas, das suas autarquias, das fundações públicas e privadas, das empresas públicas, das sociedades de economia mista, dos delegados de serviços públicos e demais particulares que atuem em colaboração com o Poder Público.

Esta noção abrange todos os que desempenham uma função pública, função esta que pode ser definitiva ou transitória, política ou jurídica, remunerada ou gratuita, mas que os vincularão à Administração Pública.

Tais agentes atuam no mundo jurídico como instrumentos expressivos da vontade do Poder Público, a qual é imputada ao Estado, pois o Estado só se faz presente através de pessoas físicas que em seu nome atuam. Para tal, o agente público é investido de necessária parcela de poder público para o desempenho de suas atribuições, poder este que há de ser utilizado normalmente pelos agentes, de acordo com o que a lei lhes confere.

14. Meirelles, Hely Lopes. *Op. cit.*, 2005, p. 92.
15. Di Pietro, Maria Sylvia Zanella. *Op. cit.*, p. 477.
16. Carvalho Filho, José dos Santos. *Op. cit.*, p. 488.

Nos termos da atual redação atribuída no § 1º do art. 327 do Código Penal, "*equipara-se a funcionário público quem exerce cargo, emprego ou função em entidade paraestatal, e quem trabalha para empresa prestadora de serviço contratada ou conveniada para a execução de atividade típica da Administração Pública*".

Hipoteticamente, médicos e administradores de hospitais credenciados pelo Sistema Único de Saúde (SUS) não são funcionários públicos em sentido penal. No entanto, de acordo com a atual redação atribuída ao § 1º do art. 327 do Código Penal, elide-se qualquer dúvida a respeito da matéria. Logo, os médicos e administradores de hospitais particulares participantes do SUS exercem atividades típicas da Administração Pública, mediante contrato de direito público ou convênio, nos termos do § 1º do art. 199 da Constituição da República, equiparando-se, pois, a funcionário público para fins penais, podendo, assim, ser processados por crime de concussão ou corrupção.

2. ESPÉCIES DE AGENTES PÚBLICOS

Os agentes públicos, que acima conceituamos, foram repartidos em categorias pelos juristas para melhor estudo.

Trata-se de classificação de natureza didática, que reconhece a existência de grupamentos que guardam entre si fatores de semelhança.

Os eminentes administrativistas Oswaldo Aranha Bandeira de Mello e seu filho, Celso Antônio Bandeira de Mello, são, entre os autores brasileiros, os que mais se aprofundaram no estudo dos agentes públicos no artigo "Teoria dos servidores públicos", e na monografia "Apontamentos sobre os Agentes e Órgãos Públicos", respectivamente.

Ambos os autores classificaram os agentes públicos em três categorias:

1. Agentes Políticos;
2. Servidores Estatais, abrangendo os servidores públicos e os servidores governamentais de direito privado;
3. E os Particulares em colaboração com o Poder Público.

Essa classificação não é única dentre os autores pátrios, todavia, adotaremos no presente trabalho a classificação destes dois grandes administrativistas, introduzindo as necessárias alterações para adaptá-la à Constituição de 1988, acrescentando os entendimentos diversos dos autores pátrios.

3. AGENTES POLÍTICOS

Há dissensão entre os doutrinadores pátrios sobre o conceito de agentes políticos.

Para Celso Antônio Bandeira de Mello, os agentes políticos são "os titulares dos cargos estruturais à organização política do País, ou seja, os ocupantes dos cargos que compõem o arcabouço constitucional do Estado, o esquema fundamental do poder. São os que se constituem nos formadores da vontade superior do Estado"[17].

Para o autor, os agentes políticos são os Chefes do Executivo (Presidente, Governadores e Prefeitos e os respectivos Vices), seus auxiliares (Ministros, Secretários Estaduais e Secretários Municipais) e os Membros do Poder Legislativo (Senadores, Deputados Federais, Deputados Estaduais e Vereadores).

17. Mello, Celso Antônio Bandeira de. *Curso de Direito Administrativo*, 18ª ed., São Paulo: Malheiros Editores, 2007, p. 199.

Hely Lopes Meirelles conceitua agentes políticos como "os componentes do Governo nos seus primeiros escalões, investidos em cargos, funções, mandatos ou comissões, por nomeação, eleição, designação ou delegação para o exercício de atribuições com prerrogativas e responsabilidades próprias, estabelecidas na Constituição e em leis especiais"[18]. O autor dá sentido mais amplo a esta categoria, incluindo os Magistrados, os membros do Ministério Público e os membros dos Tribunais de Contas[19]. Podemos dizer que os agentes políticos são os encontrados no rol de órgãos públicos independentes.

A Emenda Constitucional nº 19/1998 parece ter agrupado também entre os agentes políticos, os Magistrados, os membros do Ministério Público e dos Tribunais de Contas. Entretanto, entende a doutrina majoritária, que essa classificação, emanada do sistema da Reforma Administrativa, só deve ser considerada para fins remuneratórios, devendo-se apreciar a classificação somente sob o aspecto da natureza do vínculo jurídico que liga o agente ao Poder Público.

Assim, pela posição da Di Pietro, os magistrados e os membros do Ministério Público não são agentes políticos. No entanto, os magistrados se rotulam de agente político. Em questões de concursos, a posição adotada de banca examinadora é do Hely Lopes, que afirma que eles são agentes políticos, pois têm autonomia funcional e competência dada pela Constituição.

A primeira conceituação tem a primazia entre os autores pátrios (Celso Antônio Bandeira de Mello, Maria Sylvia Di Pietro, José dos Santos Carvalho Filho, Diógenes Gasparini, Edimur Ferreira Faria).

Critica-se o entendimento do grande autor Hely Lopes Meirelles com o argumento de que o que caracteriza o agente político não é só o fato de ser mencionado na Constituição, mas sim o de se associar às ideias de governo e função política.

Na lição de Marcello Caetano, função política é "uma atividade comandada pelo interesse geral e que se desenvolve para assegurar a unidade e a coesão nacionais, definir os ideais coletivos, escolher os objetos concretos a prosseguir em cada época e os meios mais idôneos para os alcançar, manter o equilíbrio constitucional das tensões políticas e das forças sociais, garantir a segurança do Estado e defender os interesses nacionais na ordem externa"[20].

As funções políticas compreendem basicamente as atividades de direção e as colegislativas e ficam a cargo, em sua maioria, dos órgãos do Poder Executivo, e, em parte, do Poder Legislativo.

No Brasil, é praticamente inexistente a participação do Poder Judiciário nas decisões políticas, pois a sua função se restringe quase exclusivamente à atividade jurisdicional.

O mesmo se pode dizer em relação ao Ministério Público e ao Tribunal de Contas, o primeiro exercendo uma das funções essenciais à justiça, ao lado da Advocacia Pública, da Defensoria Pública e da Advocacia; e o Tribunal de Contas, exercendo a função de auxiliar do Poder Legislativo no controle externo da atividade financeira e orçamentária do Estado.

São, portanto, *agentes políticos*, no direito brasileiro, apenas os Chefes dos Poderes Executivos Federal, Estadual e Municipal; os Ministros, Secretários Estaduais e Municipais; e os Senadores, Deputados Federais, Deputados Estaduais e Vereadores.

Estes são os detentores dos cargos da mais elevada hierarquia da organização da

18. Meirelles, Hely Lopes. *Op. cit.*, p. 98.
19. Com o mesmo entendimento, Toshio Mukai (*Direito Administrativo Sistematizado*, São Paulo: Saraiva, 1999, p. 152).
20. Caetano, Marcello. *Manual de Direito Administrativo*, Lisboa: Coimbra Editora, 2005, p. 18.

Administração Pública, estando voltados, principalmente, à formação e exteriorização da vontade superior da Administração Pública e incumbidos de traçar e imprimir a orientação superior a ser observada pelos órgãos e agentes que lhes devam obediência.

O vínculo que os prende à Administração Pública é de natureza política e os que os capacita para o desempenho dessas altas funções é a qualidade de cidadãos. Seus direitos e suas obrigações derivam diretamente da Constituição e das leis, por esse motivo, podem ser alterados sem que a isso possam opor-se.

Sua forma de investidura é a eleição, com exceção dos cargos de Ministros, Secretários Estaduais e Municipais, que são providos por ato de nomeação, tratando-se de cargos de recrutamento por escolha política dos Chefes dos Executivos, de livre nomeação e exoneração.

Os agentes políticos têm plena liberdade funcional e maior resguardo para o desempenho de suas funções, realizando suas atribuições com prerrogativas e responsabilidades próprias, estabelecidas na Constituição Federal e em leis especiais. Para o fiel desempenho de suas funções, ficam a salvo de responsabilização civil por seus eventuais erros de atuação, a menos que tenham agido com culpa grosseira, má-fé ou abuso do poder.

Estas prerrogativas que se concedem aos agentes políticos, nas palavras do grande mestre Hely Lopes Meirelles, "não são privilégios pessoais; são garantias necessárias ao pleno exercício de suas altas e complexas funções governamentais e decisórias. Sem essas prerrogativas funcionais os agentes políticos ficariam tolhidos na sua liberdade de opção e de decisão, ante o temor de responsabilização pelos padrões comuns da culpa civil e do erro técnico a que ficam sujeitos os funcionários profissionalizados"[21].

Para fins penais, esses agentes são equiparados a funcionários públicos quanto aos crimes relacionados com o exercício de sua função, nos termos do art. 327 do Código Penal brasileiro[22]. Respondem também pelos atos que possam caracterizar crime de responsabilidade.

Por último, cabe ressaltar que, nos termos da Emenda Constitucional nº 19/1998, que implementou a Reforma Administrativa do Estado, esses agentes serão remunerados exclusivamente por subsídio fixado em parcela única, vedado o acréscimo de qualquer gratificação, adicional, abono, prêmio, verba de representação ou outra espécie remuneratória, de acordo com o art. 39, § 4º, do Texto Constitucional.

3.1. Estudo de caso concreto

A Câmara municipal de General Severiano deflagrou processo legislativo com a edição do seguinte Projeto de Lei:

PL nº 1111, de 10 de abril de 2009.

Cria cargos na Administração Direta e dá outras providências.

Autor: *Poder Legislativo*

O Presidente da Câmara municipal de General Severiano, no uso de suas atribuições legais,

21. Meirelles, Hely Lopes. *Direito Administrativo Brasileiro,* 34. ed., São Paulo: Malheiros Ed., 2008, p. 418.

22. "Art. 327. Considera-se funcionário público, para os efeitos penais, quem, embora transitoriamente ou sem remuneração, exerce cargo, emprego ou função pública. § 1º Equipara-se a funcionário público quem exerce cargo, emprego ou função em entidade paraestatal, e quem trabalha para empresa prestadora de serviço contratada ou conveniada para a execução de atividade típica da Administração Pública" (Decreto-Lei nº 2.848, de 07/12/1940).

Promulga:

Art. 1º Ficam criados 5 (cinco) cargos vitalícios de Assessor Jurídico Pleno e 4 (quatro) cargos efetivos de Consultor Jurídico Auxiliar, no âmbito da Secretaria Municipal de Fazenda, com atribuições xxxxxxxxx e remuneração zzzzzzzzzzz.

Art. 2º Os cargos de Consultor Jurídico Auxiliar serão preenchidos por concurso público de provas ou provas e títulos, por advogados detentores de prática forense não inferior a dois anos.

Art. 3º O provimento dos cargos de Assessor Jurídico Pleno se dará por ascensão do cargo de Consultor Jurídico Auxiliar, conforme critérios a serem definidos em Decreto.

Art. 4º Ficam extintos, automaticamente, os cargos de Analista de Processo que estejam vagos por ocasião da data da vigência desta Lei.

Art. 5º Esta Lei entra em vigor na data de sua publicação.

Considerando o texto acima, proceda da seguinte maneira:

1. Identifique no Ato Legislativo suas inconstitucionalidades, apontando, quando couber, o respectivo dispositivo constitucional atingido.

(i) A criação e extinção de cargos na estrutura da Administração Pública é matéria de lei de iniciativa do Chefe do Executivo, à luz do disposto no art. 61, § 1º, II, *a*, da CRFB/1988, salvo na hipótese de extinção de funções ou cargos declarados vagos, que pode ser feito por decreto (art. 84, VI, *b*); (ii) A vitaliciedade do cargo é prerrogativa atribuída pela Constituição, não sendo admissível que constituições ou leis municipais criem cargos com esta garantia, conforme decisão exarada na ADIn nº 2.729-RN; (iii) A ascensão, que é a forma de progressão pela qual o servidor é elevado de cargo situado na classe mais elevada de uma carreira para o cargo da classe inicial de carreira diversa ou de carreira tida como complementar da anterior, foi banida do cenário jurídico pátrio por ter sido considerada inconstitucional pelo STF, por afronta ao princípio concursivo – art. 37, II, da CRFB/1988.

2. Redija o Projeto de Lei de forma mais adequada, suprimindo, alterando ou acrescentando texto, mantendo sua substância e expungindo as inconstitucionalidades.

PL nº 1111, de 10 de abril de 2009.

Cria cargos na Administração Direta e dá outras providências.

AUTOR: Poder ~~Legislativo~~ Executivo

O PREFEITO DA CIDADE DO RIO DE JANEIRO,

Faço saber que a Câmara Municipal decreta e eu sanciono a seguinte Lei:

Art. 1º Ficam criados 5 (cinco) cargos ~~vitalícios~~ efetivos de Assessor Jurídico Pleno e 4 (quatro) cargos efetivos de Consultor Jurídico Auxiliar, no âmbito da Secretaria Municipal de Fazenda, com atribuições xxxxxxxxx e remuneração zzzzzzzzzz.

Art. 2º Os cargos de Consultor Jurídico Auxiliar e Assessor Jurídico Pleno serão preenchidos por concurso público de provas ou provas e títulos, por advogados detentores de prática forense não inferior a dois anos.

~~Art. 3º O provimento dos cargos de Assessor Jurídico Pleno se dará por ascensão do cargo de Consultor Jurídico Auxiliar, conforme critérios a serem definidos em Decreto.~~

~~Art. 4º Ficam extintos, automaticamente, os cargos de Analista de Processo que estejam vagos por ocasião da data da vigência desta Lei.~~

Art. 5º Esta Lei entra em vigor na data de sua publicação.

4. SERVIDORES ESTATAIS

Para Celso Antônio Bandeira de Mello, a designação "servidores estatais", que ora se sugere em atenção à Reforma Administrativa, abrange "todos aqueles que entretêm com o Estado e suas entidades da administração indireta, independentemente de sua natureza pública ou privada (autarquias, fundações, empresas públicas e sociedades de economia mista) relação de trabalho de natureza profissional e caráter não eventual sob vínculo de dependência"[23].

O autor divide os servidores estatais em dois grupos: os servidores públicos e os servidores das pessoas governamentais de direito privado[24].

Os *servidores públicos* são a categoria mais numerosa entre os agentes públicos, e os de mais significativa importância no estudo de Direito Administrativo, e sendo o tema de estudo deste trabalho, será o mesmo analisado mais detidamente nos tópicos adiante.

Os *servidores das pessoas governamentais de direito privado ou servidores governamentais*[25] são os agentes que se ligam sob um vínculo de dependência às empresas públicas, sociedades de economia mista e fundações públicas de direito privado, mediante uma relação de trabalho (regime contratual) de natureza profissional e perene.

Com tais características existem servidores na Administração Pública direta, autárquica e fundacional pública, sem que possam ser considerados servidores governamentais, visto que não se vinculam a qualquer das supracitadas entidades. Esses são os chamados empregados públicos. Os servidores governamentais são, portanto, os empregados das empresas privadas criadas pela Administração Pública direta de qualquer das entidades políticas.

5. PARTICULARES EM COLABORAÇÃO COM O PODER PÚBLICO

Particulares em colaboração com o Poder Público são as pessoas naturais ou jurídicas privadas que, transitoriamente, prestam serviços voluntária ou compulsoriamente à Administração Pública. São agentes que exercem funções especiais que podem ser qualificadas como públicas, em razão do vínculo jurídico que os prendem ao Estado. Não ocupam cargo ou emprego público, não possuindo qualquer vínculo empregatício ou estatutário com o Estado, e na realização de determinadas funções sequer percebem remuneração.

Não incidem sobre esses agentes as proibições constitucionais de acumulação de cargos, empregos e funções (art. 37, XVI e XVII, da CF/1988), porque sua vinculação com o Estado é sempre de caráter transitório.

Para fins penais são equiparados à funcionários públicos, de acordo com o que determina o art. 327 do Código Penal.

Os primeiros agentes particulares colaboradores, são os *colaboradores por compulsão*. São os requisitados pela Administração Pública mediante ato unilateral, fundado em lei, para desempenhar certa função ou executar determinado serviço. Desses agentes são exemplos os jurados (componentes do Conselho de Sentença do Tribunal do Júri), os mesários eleitorais, os escrutinadores (componentes das juntas apuradoras de votos) e os convocados para a prestação de serviço militar obrigatório.

---

23. Mello, Celso Antônio Bandeira de. *Curso de Direito Administrativo*, cit., p. 192.

24. Diversos autores pátrios se utilizam das expressões "servidores públicos em sentido amplo" e "servidores públicos em sentido estrito" para designar, respectivamente, "servidores estatais" e "servidores públicos".

25. Denominação utilizada pelo autor Diógenes Gasparini (*Direito Administrativo*, 13ª ed., São Paulo: Saraiva, 2008, p. 177).

Subordinam-se à autoridade do requisitante, e em geral, pela colaboração que prestam ao Estado, não recebem remuneração. Estes agentes não possuem qualquer vínculo com a Administração, com exceção dos recrutados ao serviço militar obrigatório. O tempo de prestação desses serviços é contado para certos efeitos, a exemplo do necessário à aquisição da aposentadoria. Pelos danos que estes agentes causarem a terceiros, responde o Estado, ressalvado o direito de regresso em casos de dolo ou culpa.

Outra categoria de agentes de colaboração são os *gestores de negócios públicos,* os quais, na eventual falta ou impedimento de autoridades constituídas ou de agentes regulares, assumem espontânea e validamente a gestão de atividades públicas em situações de emergência, como por exemplo, em casos de enchentes, incêndios, epidemias, ou no caso de prisão de um criminoso.

Esses agentes não possuem vínculo empregatício e, em princípio, nada recebem pela colaboração que prestam. Entre estes agentes e o Poder Público não há qualquer vínculo formal. O tempo de prestação de serviço não é computado para nenhum efeito. Os gestores de negócios públicos respondem por seus atos e comportamentos.

Por último, são agentes de colaboração, os *concessionários e os permissionários de obras e serviços públicos,* os quais realizam as incumbências que lhes foram delegadas em nome próprio, por sua conta e risco, mas segundo normas impostas pelo Poder Público e sob a permanente supervisão e fiscalização da entidade delegante.

Também são *agentes de colaboração,* os titulares de serventias não oficializadas incumbidos dos serviços notariais e de registros públicos (art. 236 da CF); os leiloeiros, tradutores e intérpretes públicos; os diretores de faculdades particulares; e os contratados por locação civil de serviços (como, por exemplo, um advogado ilustre contratado para sustentação oral perante Tribunais).

Pela colaboração com o Poder Público recebem remuneração segundo os termos e condições dos atos de delegação e dos contratos que os ligam ao Estado. Ainda, de acordo com esses instrumentos e legislação pertinente, respondem pelos seus atos, cabendo ao Estado, no caso, por exemplo, dos delegados de serviço público, tão só a responsabilidade subsidiária. E, para fins penais, também são considerados funcionários públicos, na forma do art. 327 do Código Penal.

6. AGENTES PÚBLICOS DE FATO

Cada agente público executa uma função pública na qual foi regularmente investido pelo Estado. Estes agentes são *agentes de direito.*

Existem, entretanto, agentes que desempenham funções, em caráter temporário ou permanente, sem estarem regularmente investidos. São os *agentes de fato.*

O agente de fato desempenha função pública para atender a interesse público, tal como o agente de direito. Esta função é desempenhada pelo agente de fato em nome do Poder Público, em decorrência de uma situação excepcional ou por erro.

Não se deve confundir essa figura com a do *usurpador.* O usurpador é a pessoa que sem nenhum título, nem investidura, e sem aparentar qualquer legitimidade, apodera-se de uma função pública pela fraude ou violência, para atingir a satisfação de interesses privados. O que distingue o agente de fato do usurpador é que, o primeiro cumpre a sua função com a aparência de legitimidade, enquanto o segundo carece totalmente dessa presunção.

Os agentes públicos de fato podem ser distinguidos em duas categorias: *os agentes necessários e os agentes putativos.*

Os *agentes necessários* são aqueles indivíduos que em estado de necessidade pública, praticam atos e desempenham atividades, agindo como o faria o agente regularmente provido.

Os atos realizados por estes agentes são confirmados pelo Estado em razão da excepcionalidade da situação ocorrida e do interesse público; convalidando-se a competência do ato, e suprindo-se os demais requisitos legais.

O outro grupo é o dos *agentes putativos.* Esses agentes são os que desempenham funções públicas na presunção de que as estão exercendo com legitimidade, embora tenham sido investidos com violação do procedimento legalmente exigido. Um exemplo de agente putativo seria o de servidor que pratica inúmeros atos de administração tendo sido investido sem aprovação em concurso público.

Quanto aos agentes putativos, os seus atos praticados internamente, perante a Administração, padecem de vício de competência e, assim, não obrigam enquanto não forem objeto de sanatória. Porém, externamente, os seus atos têm os efeitos válidos, para evitar que terceiros de boa-fé sejam prejudicados pela falta de uma investidura legítima. A presumida boa-fé dos administrados é relativa, cedendo ante a prova de conluio ou pré-conhecimento por parte do terceiro, eventualmente beneficiado pela irregularidade da investidura do agente.

Capítulo III

Servidores Públicos

1. CONCEITO DE SERVIDORES PÚBLICOS

Para Maria Sylvia Zanella Di Pietro, "são servidores públicos em sentido amplo, as pessoas físicas que prestam serviços ao Estado e às entidades da Administração Indireta, com vínculo empregatício e mediante remuneração paga pelos cofres públicos"[26].

Para a Autora, os servidores públicos compreendem três categorias de agentes: 1 – os *servidores estatutários*, que são os agentes sujeitos ao regime estatutário e ocupantes de cargos públicos; 2 – os *empregados públicos*, que são aqueles contratados sob o regime da legislação trabalhista e ocupantes de emprego público; e 3 – os *servidores temporários*, que são os contratados por tempo determinado para atender à necessidade temporária de excepcional interesse público, e que exercem função, sem estarem vinculados a cargo ou emprego público.

José dos Santos Carvalho Filho, apoiado no mesmo entendimento de Hely Lopes Meirelles, critica a opinião de Maria Sylvia Di Pietro que considera como servidores públicos, os empregados das entidades privadas da Administração Indireta (empresas públicas, sociedades de economia mista e fundações públicas de direito privado). Segundo o Autor, os empregados destas entidades são sempre regidos pelo regime trabalhista, integrando a categoria profissional a que estiver vinculada a entidade, como, por exemplo, a dos bancários e dos securitários. Acrescenta, ainda, o eminente Autor, que o art. 173, § 1º, II, da Constituição Federal de 1988 estabelece que as empresas públicas e sociedades de economia mista devem sujeitar-se às regras de direito privado quanto às obrigações trabalhistas, sendo portanto seus trabalhadores, empregados normais. Por fim, conclui o Autor, que a própria tradição do direito brasileiro nunca enquadrou tais empregados como servidores públicos, nem em *lato sensu*.

Utilizando-nos do conceito proferido pelo mestre José dos Santos Carvalho Filho, definiremos servidores públicos como "todos os agentes que, exercendo com caráter de permanência uma função pública em decorrência de relação de trabalho, integram o quadro funcional das pessoas federativas, das autarquias e das fundações públicas de natureza autárquica"[27], quer dizer, os servidores públicos são pessoas físicas que mantêm uma relação de trabalho, de natureza profissional, de caráter não eventual, sob um vínculo de dependência com a Administração Pública direta, autárquica e fundacional pública.

26. Di Pietro, Maria Sylvia Zanella. *Op. cit.*, p. 493.
27. Carvalho Filho, José dos Santos. *Op. cit.*, p. 495.

Podemos observar algumas características que delineiam o perfil da categoria dos servidores públicos.

A primeira característica apontada seria a profissionalidade, significando o efetivo exercício de profissão pelos servidores no desempenho de suas funções públicas. O servidor público atua como um profissional na prestação de serviços à Administração Pública.

Uma segunda característica seria a existência de uma relação jurídica de trabalho. Esta acontece sempre com a presença de dois sujeitos, de um lado está a Administração Pública, que pode ser qualificada como sendo o empregador, o qual é, na verdade, a pessoa beneficiada com o exercício das funções; e de outro lado, o servidor público, o empregado, aquele a quem incumbe o exercício das funções e pelo qual é recompensado com uma retribuição pecuniária.

Outra característica seria a não eventualidade da relação de trabalho. Como regra geral, o servidor público exercerá suas funções com cunho de permanência, entretanto, existirão funções temporárias, mas estas representarão situações excepcionais.

E a última característica é a dependência do relacionamento dos servidores públicos à Entidade a que se vinculam, pois estas prescrevem seus comportamentos nos mínimos detalhes, não lhes permitindo qualquer autonomia funcional.

2. CLASSIFICAÇÃO DOS SERVIDORES PÚBLICOS

Os servidores públicos, conforme conceituados acima, compreendem dois tipos de classificação.

A *primeira classificação* divide os servidores públicos em servidores públicos civis e servidores públicos militares.

Não obstante a alteração introduzida pela Emenda Constitucional nº 18 de 1998, que substituiu o título "Servidores Públicos Civis" por "Servidores Públicos" no Título III, Capítulo VII, Seção II, e que também substituiu o título "Servidores Públicos Militares" por "Militares dos Estados, do Distrito Federal e dos Territórios" na Seção III do mesmo Título e Capítulo, incluindo os militares federais no capítulo das Forças Armadas (Título V, Capítulo II), o certo é que, em última análise, todos são servidores públicos em sentido amplo, pois que são vinculados por relação de trabalho às entidades federativas, percebendo remuneração como contraprestação pelas atividades que desempenham, indiferentemente dos seus diversos estatutos jurídicos reguladores.

Desse modo, são os servidores públicos civis aqueles que têm suas normas traçadas pela Constituição Federal em seus arts. 39 a 41.

E são servidores públicos militares os membros das Polícias Militares e Corpos de Bombeiros Militares dos Estados, do Distrito Federal e dos Territórios (art. 42 da CF), e os militares das Forças Armadas, constituídas pela Marinha, pelo Exército e pela Aeronáutica, integrantes da União Federal (art. 142 da CF).

O servidor militar tem legislação própria e está abraçado por pessoa jurídica de direito público: da União (Forças Armadas) ou dos Estados (Polícia Militar e Corpo de Bombeiros). Então, os militares estão em pessoas de direito público.

Seu regime é o legal. E, efetivamente, tem-se o estatuto do Corpo de Bombeiros, do Policial Militar e das Forças Armadas.

O militar tem lei própria, não se aplicando a Lei nº 8.112/1990 nem a CLT. A Emenda Constitucional nº 18 diz que militar não é mais servidor. A seção III, na origem constava "dos servidores públicos militares". Atualmente "Dos militares dos Estados, do Distrito Federal e dos Territórios". Hoje, não chamam mais militar de servidor público militar, chamam só de Militar, que é um grupo próprio. É claro que a doutrina não aceitou isso, ou seja, militar é servidor público estatutário, mas com lei própria, com um estatuto próprio. O saudoso professor Hely Lopes Meirelles, atualizado por professores da USP, por exemplo, não fala em servidor, com fundamento na Emenda Constitucional nº 18.

A *segunda classificação* é caracterizada quanto à natureza do vínculo jurídico que liga o servidor ao Poder Público e à natureza dessas funções. Distingue-se os servidores públicos em: servidores titulares de cargos públicos, sujeitos ao regime estatutário; em empregados públicos, regidos pelo regime trabalhista, contratados pelas pessoas jurídicas de direito público (União, Estados, Distrito Federal, Municípios, suas Autarquias e Fundações); e os servidores temporários, contemplados no art. 39, IX, da Carta vigente.

O estudo neste trabalho se limitará aos servidores públicos civis, dos quais passaremos agora a discorrer.

3. SERVIDORES PÚBLICOS ESTATUTÁRIOS

Servidores Públicos Estatutários são os que se vinculam à Administração Pública direta, autárquica e fundacional pública, sujeitos ao regime estatutário (ou institucional) e ocupantes de cargo público.

Aos servidores estatutários são reservadas funções cujo desempenho exige que o servidor seja titular de poderes e prerrogativas de autoridade próprias do Estado e que tenha a independência e a segurança proporcionadas pela garantia da estabilidade funcional e por remuneração adequada.

O regime estatutário é o conjunto de regras que regulam a relação jurídica funcional entre o servidor público estatutário e o Estado. As regras estatutárias básicas estão contidas em lei, havendo outras regras de caráter organizacional que poderão estar previstas em atos administrativos.

Os estatutos podem ser *gerais*, e assim irão abranger a maior parte dos servidores, aplicando-se, muitas vezes, por disposição explícita, aos servidores do Poder Legislativo e do Tribunal de Contas correspondentes. Os estatutos podem ser, também, *especiais*, assim os destinados a determinadas categorias de servidores, cujas peculiaridades demandariam preceitos específicos, como, por exemplo, a Magistratura, o Ministério Público e o Magistério.

A lei estatutária, todavia, obedecerá a um mandamento constitucional sobre servidores.

O art. 39, *caput*, da Constituição de 1988, em sua redação original, dispunha:

> *Art. 39. A União, os Estados, o Distrito Federal e os Municípios instituirão, no âmbito de sua competência, regime jurídico único e planos de carreira para os servidores da administração pública direta, das autarquias e das fundações públicas.*

O art. 39, em sua forma originária, determinou a instituição de regime jurídico único no âmbito da administração direta, autárquica e fundacional. O dispositivo tinha por objetivo principal o de racionalizar a administração de pessoal no serviço público, que se mostrava extremamente dificultada pela diversidade de regimes que então se apresentava. Ora eram contratações regidas pela Lei nº 1.711, de 28/10/1952 – Estatuto dos Funcionários Públicos Civis da União –, ora era adotado o regime da Consolidação das Leis do Trabalho para a admissão de trabalhadores, sendo que, neste último, não se conferiam aos ocupantes do emprego determinadas garantias típicas do regime estatutário, dispensando-se até mesmo maior rigor na admissão de pessoal, nem sempre submetida a prévio concurso público.

Objetivou-se com a redação da Carta Política de 1988 a extinção da desnecessária profusão de procedimentos e rotinas existentes, assim como a coexistência de situações distintas em relação a servidores que desempenhavam atribuições de mesmo nível e de idêntica complexidade na mesma esfera e as dificuldades gerenciais e os custos que daí resultavam. Visou-se também o obstamento de procedimentos irregulares e imorais, decorrentes do favorecimento de amigos e apadrinhados.

Oportuno observar que a disposição contida no art. 39, não se referiu ao regime a ser adotado, mas apenas impôs a necessidade de unificação. Muita polêmica se originou desse mandamento, pois permitiu o entendimento para alguns de que o único regime deveria ser o estatutário, e para outros o de que a pessoa federativa poderia escolher o regime adequado; poder-se-ia, assim, optar por um regime de natureza tipicamente estatutária, ou então pelo regime da Consolidação das Leis do Trabalho, ou até mesmo por um regime misto, desde que fosse único.

A União Federal acabou por adotar o regime estatutário como regime único para seus servidores – o Regime Jurídico dos Servidores Públicos Civis da União, das autarquias e das fundações públicas federais, a Lei nº 8.112, de 11/12/1990. Neste diploma foram alinhadas as regras indicadoras dos direitos, deveres e obrigações, tanto dos servidores públicos como da própria União.

Quanto às demais pessoas políticas brasileiras, algumas adotaram o regime estatutário, em contraste a outras que adotaram o regime trabalhista, principalmente os Municípios.

A Emenda Constitucional nº 19, publicada no *Diário Oficial* de 5 de junho de 1998, que instituiu a Reforma Administrativa, alterou a redação do art. 39, *caput*:

> *A União, os Estados, o Distrito Federal e os Municípios instituirão conselho de política de administração e remuneração de pessoal, integrado por servidores designados pelos respectivos Poderes.*

A Reforma Administrativa do Estado na nova redação do art. 39 determinou que as pessoas federativas têm a obrigação de instituir conselhos de política de administração e remuneração de pessoal, não mais se fazendo menção à obrigatoriedade dessa unificação de regimes, ou seja, estar-se-ia permitindo, em tese, o retorno à sistemática anteriormente adotada, de regimes variados.

Ao alterar a redação do art. 39 da Carta Política, o que agora se implanta é a possibilidade de coexistência de regimes diversos, admitindo-se um grupo de servidores e outro de empregados públicos, regidos, respectivamente, por norma estatutária e pela CLT.

No entanto, a própria Constituição excepcionou algumas carreiras institucionalizadas (Magistratura, Ministério Público, Advocacia Pública, Defensoria Pública, Tribunal de Contas, Polícias), impondo o regime estatutário, uma vez que exigiu que os seus integrantes ocupassem cargos organizados em carreira; e também a outros cargos efetivos, cujos ocupantes exerçam funções que o legislador venha a definir como "atividades exclusivas de Estado"[28].

28. *Vide* art. 247 da CRFB/1988.

Vale registrar, por ser oportuno, após decorridos oito anos de vigência da EC nº 19/1998, que aboliu o regime jurídico único para os servidores da Administração Pública direta, das Autarquias e das Fundações Públicas, admitindo, inclusive, a contratação de pessoal pelo regime celetista, todo esse cenário se alterou profundamente, a partir do momento em que, para surpresa geral, observou-se uma grave falha, durante a tramitação nas Casas do Congresso Nacional, nas propostas de emendas à Constituição apresentadas, à época, mais especificamente a concernente à alteração do *caput* do art. 39 da Carta Magna.

Explicando-se melhor, tudo começou quando, na Ação Direta de Inconstitucionalidade, ora tombada sob o nº 2.135/DF, o Partido dos Trabalhadores – PT, o Partido Democrático Trabalhista – PDT, o Partido Comunista do Brasil – PC do B e o Partido Socialista do Brasil – PSB questionaram, perante o Supremo Tribunal Federal, a eficácia do *caput* do art. 39, da CF, com a nova redação dada pela EC nº 19/1998, objetivando suspender sua vigência, sob o argumento de que houve inobservância da exigência preconizada no art. 60, § 2º, do Texto Maior. Em suma, a inconstitucionalidade da EC nº 19/1998 seria formal, em razão de sua aprovação não ter alcançado o *quorum* necessário para tal. Isto se justifica, pois, quando há propostas de emendas à Constituição, como cediço, as mesmas deverão ser discutidas e votadas, em dois turnos, em cada uma das Casas do Congresso Nacional, mas observando que, para serem aprovadas, tais emendas deverão obter a maioria qualificada dos votos, vale dizer, três quintos dos votos dos respectivos membros de ambas as Casas Legislativas, Câmara dos Deputados e Senado Federal.

Com efeito, ao ser discutida a ADIn nº 2.135, pelo STF, o Ministro Néri da Silveira, seu relator, entendeu que, aparentemente, estaria caracterizada a violação daquela norma insculpida no § 2º do art. 60, da CF/1988, e isto porque, para a votação em segundo turno, a comissão especial da Câmara dos Deputados, incumbida de dar nova redação à proposta de emenda constitucional, simplesmente fez desaparecer a proposta de emenda ao *caput* do art. 39 (que foi rejeitada no primeiro turno), colocando em seu lugar a redação da norma referente ao § 2º do mesmo artigo, esta sim aprovada no primeiro turno. Ou seja, no segundo turno de votações, a proposta de emenda ao *caput* do art. 39 não foi discutida e nem votada, daí a alegação de que o dispositivo não obteve a maioria qualificada dos votos exigidos constitucionalmente.

Há de se considerar, contudo, que essa transposição não pode ser entendida como emenda à Constituição, de acordo com o art. 118 do Regimento Interno da Câmara dos Deputados, exigindo-se, dessa forma, uma nova votação, em dois turnos, na Câmara e no Senado, para dar cumprimento à exigência contida no art. 60, § 2º, da CF/1988.

Enquanto isso não ocorre, o Plenário do STF deferiu medida liminar no sentido de suspender a eficácia do atual art. 39, *caput*, com a redação dada pela EC nº 19/1998 ("*Art. 39. A União, os Estados, o Distrito Federal e os Municípios instituirão conselho de política de administração e remuneração de pessoal, integrado por servidores designados pelos respectivos Poderes*"), o que significa dizer que, até decisão final de mérito, o art. 39 continua em vigor como a mesma redação embrionária da CF/1988 ("*Art. 39. A União, os Estados, o Distrito Federal e os Municípios instituirão, no âmbito de sua competência, regime jurídico único e planos de carreira para os servidores da administração pública direta, das autarquias e das fundações públicas*"), que consagra o regime jurídico único dos servidores públicos, vedando, assim, a contratação de pessoal sob o regime da CLT no âmbito federal, tornando-se inaplicável, dessa feita, a Lei nº 9.962/2000, que disciplinou o regime de emprego público do pessoal da Administração federal direta, autárquica e fundacional, mas cabendo ressaltar que essa decisão tem efeito *ex nunc* não atingindo, portanto, as situações jurídicas consolidadas até o julgamento do mérito pelo STF. Vale dizer, mais uma vez, então, produzindo efeitos somente daquele instante em diante.

Os servidores estatutários estarão submetidos ao regime estatutário, instituído em lei, com liberdade de criação por cada uma das entidades federativas, observados tão somente os princípios constitucionais pertinentes a essa categoria de agentes públicos.

É o art. 18 da Constituição Federal[29] que assegura à União, aos Estados, ao Distrito Federal e aos Municípios, a autonomia para dispor sobre a organização de seus servidores. A cada unidade da Federação cabe regular, no que diz respeito aos servidores, sobre a sua admissão, promoção, direitos e deveres, procedimento disciplinar, penalidades cabíveis, extinção do vínculo, entre outros, observados, obviamente, os princípios e preceitos constitucionais aplicáveis aos servidores públicos.

As disposições constitucionais voltadas aos servidores públicos encontram-se no capítulo próprio (arts. 39 a 41) e no relativo à Administração Pública (arts. 37 e 38). Nestes dispositivos há direitos expressamente outorgados aos servidores públicos, tendo o art. 39, § 3º, conferido aos servidores, titulares de cargos públicos, os seguintes direitos de natureza social, dentre os previstos no art. 7º para os trabalhadores urbanos e rurais:

1 – salário-mínimo, fixado em lei, nacionalmente unificado, capaz de atender a suas necessidades vitais básicas e às de sua família com moradia, alimentação, educação, saúde, lazer, vestuário, higiene, transporte e previdência social, com reajustes periódicos que lhe preservem o poder aquisitivo, sendo vedada sua vinculação para qualquer fim; (inciso IV)

2 – garantia de salário, nunca inferior ao mínimo, para os que percebem remuneração variável; (inciso VII)

3 – décimo terceiro salário com base na remuneração integral ou no valor da aposentadoria; (inciso VIII)

4 – remuneração do trabalho noturno superior à do diurno; (inciso IX)

5 – salário-família pago em razão do dependente do trabalhador de baixa renda nos termos da lei; (inciso XII)

6 – duração do trabalho normal não superior a oito horas diárias e quarenta e quatro semanais, facultada a compensação de horários e a redução da jornada, mediante acordo ou convenção coletiva de trabalho; (inciso XIII)

7 – repouso semanal remunerado, preferencialmente aos domingos; (inciso XV)

8 – remuneração do serviço extraordinário superior, no mínimo, em cinquenta por cento à do normal; (inciso XVI)

9 – gozo de férias anuais remuneradas com, pelo menos, um terço a mais do que o salário normal; (inciso XVII)

10 – licença à gestante, sem prejuízo do emprego e do salário, com a duração de cento e vinte dias; (inciso XVIII)

11 – licença-paternidade, nos termos fixados em lei; (inciso XIX)

12 – proteção do mercado de trabalho da mulher, mediante incentivos específicos, nos termos da lei; (inciso XX)

29. "Art. 18. A organização político-administrativa da República Federativa do Brasil compreende a União, os Estados, o Distrito Federal e os Municípios, todos autônomos, nos termos desta Constituição."

13 – redução dos riscos inerentes ao trabalho, por meio de normas de saúde, higiene e segurança; (inciso XXII)

14 – proibição de diferença de salários, de exercício de funções e de critérios de admissão por motivo de sexo, idade, cor ou estado civil; (inciso XXX).

As normas estatutárias são prescritas em lei, segue-se que têm caráter genérico e abstrato, e o Estado, excetuadas as pertinentes disposições constitucionais impeditivas, deterá o poder de alterar legislativamente o regime jurídico de seus servidores, inexistindo a garantia de que continuarão sempre disciplinadas pelas disposições vigentes quando de seu ingresso.

O servidor, desse modo, não tem direito adquirido à imutabilidade do estatuto, até porque, se o tivesse, seria ele um obstáculo à própria mutação legislativa.

Veja-se um exemplo: o adicional por tempo de serviço a que os servidores públicos federais faziam jus, de 5% a cada quinquênio, por força do art. 67 da Lei nº 8.112/1990, foi extinto pela MP nº 1.964/1999, reeditada e renumerada para 2.225/2001 (sendo respeitadas as situações constituídas até 8 de março de 1999).

Não tinha o servidor direito adquirido à permanência do adicional, a Administração Pública podia extingui-lo, e o fez através da Medida Provisória nº 1.964/1999.

Se a extinção se deu quando o servidor tinha, por exemplo, dezesseis anos de serviço, a norma poderá ter sofrido a alteração, mas o servidor terá o direito adquirido ao percentual de quinze por cento, pois teria completado o fato gerador do direito à percepção desse percentual, qual seja, o exercício das funções pelo período de três quinquênios. Caso a extinção tivesse ocorrido quando o servidor contasse com quatro anos de serviço, nenhum direito ele teria, uma vez que não se teria completado nem sequer o fato gerador do primeiro percentual, ou seja, o exercício da função por cinco anos. Neste caso, a situação seria de mera expectativa de direito, enquanto na situação anterior, o fato gerador realmente se consumou, originando a aquisição do direito.

Observe-se, portanto, que os servidores estatutários ingressarão no quadro da entidade numa situação jurídica previamente estabelecida, e embora a lei estatutária seja modificável unilateralmente, esta respeitará os direitos já adquiridos pelo servidor.

4. SERVIDORES PÚBLICOS TRABALHISTAS

Os servidores públicos trabalhistas ou celetistas, ou os empregados públicos, são aqueles contratados sob o regime trabalhista e ocupantes de emprego público.

Aos servidores trabalhistas são destinadas as funções materiais de apoio às atividades funcionais próprias do Estado, que apenas exigem o conhecimento e a habilitação profissionais pertinentes.

O regime trabalhista é aquele constituído das normas que regulam a relação jurídica entre o servidor trabalhista e o Estado e o regime aplicado encontra-se na Consolidação das Leis do Trabalho (Decreto-Lei nº 5.452, de 01/05/1943). Este regime é o mesmo aplicado às relações jurídicas entre empregadores e empregados no campo privado.

A Constituição Federal, no Capítulo VII, que trata da Administração Pública, nas Seções I e II, estabelece disposições que, por dizerem respeito a quaisquer servidores públicos, introduzem particularidades no regime aplicável aos empregados do Poder Público. A Carta vigente, em vários dispositivos, define as regras aplicadas aos servidores celetistas, assegurando direitos e impondo obrigações. É assegurado, também, a estes servidores, no art. 7º da Lei Magna, um conjunto de direito laborais, que serão acolhidos necessariamente pela legislação infraconstitucional.

O regime trabalhista caracteriza-se pela unicidade normativa, visto que o conjunto de suas normas reguladoras encontra-se em um único diploma legal – a Consolidação das Leis do Trabalho, a CLT. Todas as pessoas da federação deverão observar este diploma legal, já que compete a União privativamente legislar sobre Direito do Trabalho (art. 22, I, da CF). Embora sujeitos à Consolidação das Leis do Trabalho, os servidores trabalhistas estão submetidos a todas as normas constitucionais referentes à Administração Pública, constantes do Capítulo VII (Da Administração Pública), do Título III (Da Organização do Estado), da Constituição Federal.

Na esfera federal, o regime de emprego público do pessoal da Administração federal direta, autárquica e fundacional está disciplinado na Lei nº 9.962, de 22/02/2000, segundo a qual dispõe que o pessoal celetista terá sua relação de trabalho regida pela Consolidação das Leis do Trabalho, naquilo que a lei não dispuser em contrário, pois que sendo da União a competência privativa para legislar sobre Direito do Trabalho (art. 22, I, da CF), é evidente que ela poderá derrogar, por lei específica para os servidores federais, a legislação trabalhista, desde que não desfigure o regime básico da CLT.

A Lei nº 9.962/2000 estatuiu, em seu § 1º, do art. 1º, que leis específicas disporão sobre a criação de empregos no âmbito da administração federal direta, nas autarquias e fundações, bem como sobre a transformação de cargos em empregos, vedando-se, para tais fins, o uso de medidas provisórias (art. 4º).

Pode-se antever que o regime celetista regerá os novos empregos que por lei venham a ser criados, assim como também passará a disciplinar situações atuais que venham a ser alcançadas por transformação de cargos em empregos, mas somente em relação a cargos vagos, pois que o § 2º, do art. 1º da norma referida veda a aplicação do regime celetista para os cargos de provimento em comissão, para os servidores regidos pela Lei nº 8.112/1990, e também na criação de empregos ou na transformação de cargos em empregos que não sejam os abrangidos pelas leis específicas acima citadas.

Traz a lei disposição expressa de que a contratação de pessoal para emprego público deverá ser precedida de concurso público de provas ou de provas e títulos, conforme a natureza e a complexidade do emprego a ser ocupado, repetindo a exigência constitucional contida no art. 37, inciso II.

Os servidores celetistas serão contratados por prazo indeterminado.

Firmada a relação contratual, impõe a lei a necessidade de que o ato de dispensa por ato unilateral da Administração seja motivado e esteja fundamentado em uma das hipóteses a que se refere o art. 3º da norma em comento. Prestam-se a embasar a rescisão contratual a prática de falta grave, observadas as condutas enumeradas no art. 482 da CLT; a verificação de acumulação de cargos, empregos e funções públicas fora das situações permitidas pelo Texto Constitucional; a necessidade de redução de quadro de pessoal, por excesso de despesa, nos termos da lei complementar a que se refere o art. 169 da Lei Magna; e a insuficiência de desempenho que se aproxima e se identifica da hipótese prevista para os servidores estatutários no art. 41, § 1º, inciso III, da Constituição Federal. Ocorre, todavia, que a alegada insuficiência do empregado público para o cumprimento das atribuições que lhe foram cometidas somente poderá ser declarada e, em consequência, rescindido o seu contrato de trabalho, se regularmente apurada em procedimento administrativo específico, com garantia de pelo menos um recurso hierárquico dotado de efeito suspensivo e o obedecimento aos *princípios do contraditório e da ampla defesa.*

ATENÇÃO! Muito embora este seja o nosso posicionamento, cabe transcrecer o entendimento do Tribunal Superior do Trabalho (TST). Pois bem, a Administração Pública está dividida em *Administração Pública Direta* (União, Estados, Distrito Federal e Municípios) e *Indireta* (Autarquias, Empresas Públicas, Sociedades de Economia Mista e Fundação Pública). Assim, de acordo com o TST o servidor público celetista da administração direta, autárquica ou fundacional é beneficiário da estabalidade prevista no art. 41 da CF, mas o servidor da empresa pública ou sociedade de economia mista, ainda que admitido mediante aprovação em concurso público, não goza da referida estabilidade (TST – Súmula nº 390, conversão das Orientações Jurisprudenciais nºs SDI-1 229 e 265 e SDI-2 22). Logo, o servidor celetista concursado de empresa pública e sociedade de economia mista pode ser demitido de maneira IMOTIVADA (TST, SDI-1, Orientação Jurisprudencial nº 247), o que não assegura o contraditório e a ampla defesa.

Nesta parte final não concordamos com o TST haja vista a possibilidade de perseguições, ou seja, desvio de finalidade, sem que se possa ter meios para exercício do controle de legalidade do ato demissional do empregado público.

Para que seja sustentada a aludida insuficiência de desempenho, o empregado deverá ter o prévio conhecimento dos padrões mínimos a serem atendidos em sua relação de emprego, observadas as características das atividades exercidas.

Observe-se que tendo a lei estabelecido um rol de situações para a rescisão unilateral do contrato do empregado público, vinculou a atuação do agente público em todas as hipóteses previstas, afastando a discricionariedade e impondo-lhe o dever de motivar o seu ato, sob pena de nulidade da rescisão. Esse procedimento só é dispensado para as contratações de pessoal decorrentes da autonomia de gestão prevista no § 8º do art. 37 da Constituição Federal, que deverão se orientar por diretrizes especificamente inscritas nos contratos de gestão.

Os servidores celetistas, por força do art. 40, § 13, da Constituição Federal, têm sua aposentadoria enquadrada no regime geral de previdência social, previsto nos arts. 201 e 202 da Constituição, regime este aplicado aos trabalhadores da iniciativa privada em geral, regidos pela legislação do trabalho.

Não se assegura aos servidores o direito de celebrarem acordos ou convenções coletivas de trabalho, pois violaria os arts. 37, 39, 61, § 1º, inciso II, alínea *a*, e 114 da Constituição do Brasil, todos de observância obrigatória pelos Estados-membros.

Afiguram-se incompatíveis com a negociação coletiva de trabalho, uma vez que a atribuição de vantagens pecuniárias aos servidores públicos somente pode ser conferida por lei, sendo impossível a Administração Pública transigir judicialmente sobre a matéria reservada à lei.

O disposto no art. 61, § 1º, inciso II, alínea *a*, da Constituição do Brasil estabelece reserva legal, com iniciativa privativa do Chefe do Poder Executivo, sobre leis que disponham sobre direitos ou remuneração de servidores públicos. Ademais, a competência atribuída ao Chefe do Poder Executivo para propor aumento de vencimentos submete-se ainda a disponibilidades orçamentárias.

4.1. Julgamento de ações reclamatórias de servidores federais pós Lei nº 8.112/1990: competência da justiça comum

O Supremo Tribunal Federal tomou parte em recente julgamento de recurso de agravo interposto contra decisão que negou provimento ao agravo de instrumento, referente a servidor público federal que questionava a competência da justiça comum para dirimir controvérsias suscitadas após a edição da Lei nº 8.112/1990.

> Servidor Público – Conversão do regime celetista em regime estatutário – Superveniência da Lei nº 8.112/90, que instituiu o regime jurídico único – Consequente cessação da competência da Justiça do Trabalho – Reconhecimento da competência da Justiça comum para julgar controvérsias surgidas após a edição da Lei nº 8.112/90 – Precedentes – Recurso de agravo improvido. (AgR no AI nº 367.056-7/RS, Segunda Turma do STF, Rel. Min. Celso de Mello, *DJ*, 18/05/2007)

Tendo o aludido recurso transcorrido na Segunda Turma do STF, o Ministro Relator Celso de Mello negou provimento ao recurso de agravo, regularmente interposto, o qual postulava o provimento ao agravo de instrumento, e cujo voto denegatório foi acolhido unanimemente pelos demais Ministros daquela Turma.

Segundo as alegações do Ministro Relator, a decisão agravada se coaduna na íntegra com o entendimento jurisprudencial daquela Suprema Corte, não merecendo por isso qualquer retoque, pois que no julgamento de situações análogas, não se quedou contrariamente ao que ora decidiu em nenhuma das controvérsias a que tenha julgado.

Sendo assim, é neste argumento que se firma o Ministro Relator do STF, pois em posições incontroversamente assentadas naquela Corte sobre conflitos de competência entre juiz federal e Tribunais do Trabalho, reputou-se competente para apreciar ação reclamatória ajuizada por servidores federais a Justiça do Trabalho, e não a Justiça comum, quando o contrato individual de trabalho tiver sido celebrado anteriormente à vigência da Lei nº 8.112/1990.[30]

Este entendimento, portanto, é o que tem prevalecido em sucessivas decisões da Suprema Corte, tanto assim que a matéria em foco já se firmou no sentido de que "*compete à Justiça do Trabalho* processar e julgar reclamações trabalhistas propostas por servidores federais, tendo por objeto vantagens salariais decorrentes de relação de emprego regida pela Consolidação das Leis do Trabalho, *relativa a período anterior à Lei nº 8.112/90* (...)" (CC 7.122/RJ, Rel. Min. Sepúlveda Pertence) (grifos sobre o original).

No que alude a questão sob análise, cabe salientar que a posição sobre a qual se firmou o nobre Ministro Relator, ao negar provimento ao recurso de agravo e manter a decisão agravada, reconheceu a justiça comum como competente para apreciar a controvérsia levada a juízo tão somente porque se tratava de fato ocorrido em período posterior ao advento da Lei nº 8.112/1990.

30. "... Tratando-se de causa ajuizada por servidor estatutário federal, na qual se postule o reconhecimento de direitos oriundos de contrato individual de trabalho mantido com entidade de direito público, e celebrado em momento anterior ao da vigência do regime jurídico defindo pela Lei nº 8.112/90, subsiste, em plenitude, a competência jurisdicional da Justiça do Trabalho. O elemento causa da ação ('causa petendi') constitui fator de indiscutível relevo processual, pois – enquanto complexo abrangente dos fatos (causa remota) e dos fundamentos jurídicos do pedido (causa próxima) – qualifica-se como título definidor da própria competência do órgão judiciário incumbido de apreciar a controvérsia suscitada". (RTJ 175/908-909, Rel. Min. Celso de Mello, Pleno)

Neste sentido, mostrou-se a coerência da decisão do Relator com a jurisprudência dominante no âmbito do Supremo Tribunal Federal, o que pode ser confirmado, também, em diversos julgados emitidos por esta Corte, tanto pela Primeira como pela Segunda Turma[31].

4.2. Exercício do poder de polícia por servidores celetistas

Registre-se, de início, o art. 30 da Lei nº 8.986/2000, nos seguintes termos:

> *Art. 30. Fica criado, no âmbito exclusivo da ANATEL, dentro do limite de cargos fixados no Anexo I, o Quadro Especial em Extinção,* ***no regime da Consolidação das Leis do Trabalho, com a finalidade de absorver empregados da Telecomunicações Brasileiras S/A – TELEBRAS****, que se encontrarem cedidos àquela Agência na data da publicação desta Lei (o grifo é nosso).*

Com todo respeito que sempre mereceram os opinamentos da Advocacia-Geral da União, o supracitado artigo é manifestamente inconstitucional, no que concerne ao aproveitamento (absorção) de todos os servidores da Telebras, que se encontravam à disposição do Ministério das Comunicações.

A contratação em tela, sem prévia aprovação em concurso público ou colocação à disposição do Ministério ou da Anatel, ofende o princípio constitucional do art. 37, inciso II.

As Agências, ao fixarem os requisitos ao acesso e para participação em concurso público, consoante determina o art. 12, da aludida lei, em regulamento próprio ordinário, não possuem nenhum efeito, não podem conflitar com os parâmetros regedores da Constituição. Como se admitir uma norma legal inconstitucional revogar o art. 37, I e II, da Constituição Federal?!

Ademais, o vocábulo "absorção" está empregado no art. 30, da citada lei, na acepção de *transferência,* o que, de fato, foi terminantemente sepultado em nossa Constituição. Transferência opera mudança de cargo e mudança de cargo só mediante *novo* concurso público. A transferência de empregados de uma sociedade de economia mista extinta, para o quadro de uma autarquia, sem concurso público, configura o aproveitamento em cargo

31. "Justiça do Trabalho: competência para julgar reclamação de servidor público relativa a vantagens trabalhistas anteriores à instituição do regime jurídico único. Nas eventuais questões após o advento da Lei nº 8.112/90, a competência passa a ser da justiça não especializada. Procedentes." (RTJ 194/724, Rel. Min. Sepúlveda Pertence) Recurso extraordinário. Agravo regimental. Regime celetista. Conversão para estatutário. Competência. "Agravo regimental. Servidor público que manteve vínculo empregatício, nos moldes da CLT, anteriormente à passagem para o Regime Jurídico Único, com a edição da Lei nº 8.112/90. Reconhecimento de diferenças salariais decorrentes desse vínculo. Efeitos da sentença trabalhista limitados pelo advento do Regime estatutário. A *superveniência* da Lei nº 8.112/90 *estanca a competência* da Justiça do Trabalho para dirimir questões afetas ao vínculo de emprego *anteriormente* mantido com a Administração, ainda que se cuide do reconhecimento de parcela de trato sucessivo, nascida desse contrato, dada a impossibilidade de a Justiça Especial vir a executar o adimplemento de obrigação que se torne devida já sob a égide do regime estatutário. Logo, os efeitos da sentença trabalhista têm por limite temporal o advento do referido diploma. Agravo regimental desprovido". (RTJ 195/1053, Rel. Min. Carlos Britto – grifamos) "1. As duas Turmas desta Corte firmaram entendimento no sentido de que a competência da Justiça do Trabalho para julgar demanda que envolva pretensões decorrentes de vínculo celetista cessou com a implantação do Regime Jurídico Único por meio da Lei nº 8.112/90. 2. Agravo regimental improvido." (RE nº 434.946-AgR/RS, Rel. Min. Ellen Gracie – grifei) "Trabalhista. Conflito de competência. Reclamação proposta por servidores do IAPAS contra a autarquia, tendo por objeto vantagens funcionais decorrentes do contrato de trabalho que os vinculava à referida autarquia, *antes da implantação do Regime Único.* A Justiça do Trabalho continua competente para o julgamento de reclamações de servidores públicos federais, decorrentes de contrato de trabalho. Inteligência do art. 114 da Constituição Federal. Procedência do conflito". (CC nº 7023, Rel. Min. Ilmar Galvão, *DJ* 19/05/1995 – grifamos)

diverso daquele no qual o agente ingressou no serviço público, o que não é permitido pelo Texto Constitucional.

Mas não é só isto. Há ainda mais.

Não há qualquer possibilidade de haver *empregos públicos* nas agências reguladoras, com base no entendimento de que o exercício de função de fiscalização, inerente às atividades exclusivas e precípuas do Estado, pressupõe prerrogativas não agasalhadas pelo contrato de trabalho, tal como previsto na Consolidação da Leis do Trabalho.

Inegavelmente, as agências reguladoras atuam com poder de polícia, fiscalizando, cada qual em sua área, atividades reveladoras de serviço público, a serem desenvolvidas pela iniciativa privada. Confira-se com os diplomas legais que as criaram, em que pese a própria razão de ser dessa espécie de autarquia.

A problemática não se resolve pelo abandono, mediante alteração constitucional – Emenda nº 19/1998 —, do sistema de regime jurídico único. Cumpre indagar a harmonia, ou não, da espécie de contratação, ante a importância da atividade e, portanto, o caráter indispensável de certas garantias que, em prol de uma atuação equidistante, devem se fazer presentes, considerados os prestadores de serviços. O tema não é novo e vem, de há muito, merecendo a atenção de constitucionalistas e administrativistas.

Conforme ressaltado pela melhor doutrina — Celso Antônio Bandeira de Mello –, "o regime normal dos servidores públicos teria mesmo de ser o estatutário, pois este (ao contrário do regime trabalhista) é o concebido para atender a peculiaridades de um vínculo no qual não estão em causa tão só interesses empregatícios, mas onde avultam interesses públicos são os próprios instrumentos de atuacão do Estado"[32].

Realmente, o cargo público, como ressaltado pelo consagrado mestre, propicia "desempenho técnico isento, imparcial e obediente tão só a diretrizes político-administrativas inspiradas no interesse público...", sobressaindo a estabilidade para os concursados.

Então, cumpre examinar a espécie. Os servidores das agências reguladoras hão de estar, necessariamente, submetidos ao regime *de cargo público,* ou podem, como previsto no artigo em exame, ser contratados para *empregos públicos*?

Ninguém coloca em dúvida o objetivo maior das agências reguladoras, no que está ligado à proteção do consumidor, sob os mais diversos aspectos negativos — ineficiência, domínio do mercado, concentração econômica, concorrência desleal e aumento arbitrário de lucros.

Hão de estar as decisões desses órgãos imunes a aspectos políticos, devendo-se fazer presente, sempre, o contorno técnico. E isso é exigível não só dos respectivos dirigentes, mas também dos servidores. Prescindir, no caso, da ocupação de cargos públicos, com os direitos e garantias a eles inerentes, é adotar flexibilidade incompatível com a natureza dos serviços a serem prestados.

Está-se diante de atividade na qual o poder de fiscalização e o poder de polícia fazem-se com envergadura ímpar, exigindo, por isso mesmo, que aquele que a desempenhe sinta-se seguro, atue sem receios outros, e isso pressupõe a ocupação de cargo público, a estabilidade prevista no art. 41 da Constituição Federal. Aliás, o art. 247 da Lei Maior sinaliza a conclusão sobre a necessária adoção do regime de cargo público relativamente aos servidores das agências reguladoras. Refere-se o preceito àqueles que desenvolvam atividades exclusivas do Estado, e a de fiscalização o é.

32. Mello, Celso Antônio Bandeira de. *Curso de Direito Administrativo,* 18. ed., cit., p. 296.

Em suma, não se coaduna com os objetivos precípuos das agências reguladoras, verdadeiras autarquias, embora de caráter especial, a flexibilidade inerente aos empregos públicos, impondo-se a adoção da regra que é revelada pelo regime de cargo público, tal como ocorre em relação a outras atividades fiscalizadoras — fiscais do trabalho, de renda, servidores do Banco Central, dos Tribunais de Contas etc. Portanto, o emprego público é incompatível com a atividade a ser desenvolvida. O cargo público, sim, é cercado de garantias institucionais, destinadas a dar proteção e independência ao servidor.

5. SERVIDORES PÚBLICOS TEMPORÁRIOS

A última espécie é a dos servidores públicos temporários que podem ser definidos como os agentes públicos que se ligam ao Poder Público, por tempo determinado, para o atendimento de necessidades de excepcional interesse público, conforme definidas em lei. Esses agentes exercem função, sem estarem vinculados a cargos ou empregos públicos[33].

A Constituição de 1988 dispõe sobre os servidores temporários em seu art. 37, inciso IX:

> *Art. 37. (...)*
> *IX – a lei estabelecerá os casos de contratação por tempo determinado para atender a necessidade temporária de excepcional interesse público.*

33. Notícias do STF. Declara inconstitucional lei do RN que permitia a contratação temporária de defensores públicos: Por unanimidade, o Plenário do Supremo Tribunal Federal (STF) declarou, nesta quarta-feira (15), a inconstitucionalidade da Lei nº 8.742/2005, do Rio Grande do Norte, que autorizou a contratação temporária, em processo seletivo simplificado – sem concurso público – de 20 advogados para exercerem a função de defensores públicos substitutos, no âmbito da Defensoria Pública daquele Estado. O governo potiguar alegou que a lei, aprovada pela Assembleia Legislativa estadual (AL-RN), visava suprir a falta de defensores públicos no quadro permanente da Defensoria. A contratação seria por um ano, renovável por igual período, devendo os candidatos, cujo salário seria de um terço do de defensor substituto, ser selecionados por uma comissão de três membros, dos quais um representante da Ordem dos Advogados do Brasil (OAB) e um do Ministério Público, vedada a contratação de servidores públicos para a função, salvo em caso de compatibilidade de horários. A decisão foi tomada pelo Plenário do STF no julgamento da Ação Direta de Inconstitucionalidade (ADI) 3700, proposta pelo Conselho Federal da OAB. A entidade alegava ofensa ao art. 134 da CF, que prevê a contratação de defensores públicos em caráter permanente. Alegava também que, embora as contratações previstas fossem temporárias, a lei impugnada não tinha este mesmo caráter, o que poderia ensejar a contratação sucessiva de defensores pelo processo seletivo simplificado, indefinidamente. Sustentava, ademais, que a contratação de defensores públicos substitutos não se enquadra na necessidade temporária de excepcional interesse público, hipótese em que a contratação é admitida pelo art. 37, inciso IX, da CF. O STF já firmou jurisprudência no sentido de que não é possível a contratação temporária de funcionários para funções permanentes. Entre outros, relacionou as ADIs 2987, relatada pelo ministro Sepúlveda Pertence (aposentado), e 890 e 2125, que tiveram como relator o ministro Maurício Corrêa (aposentado). Especificamente sobre a contratação temporária de defensores públicos, ela citou a ADI 2229, relatada pelo ministro Carlos Velloso (aposentado). Nesse julgamento, o relator observou que as defensorias públicas são órgãos permanentes do serviço público que não comportam a contratação de defensores em caráter temporário. Velloso lembrou, na época, que as Defensorias Públicas são instituições essenciais à jurisdição do Estado, que têm o dever de prestar assistência jurídica a quem provar insuficiência de recursos para ser parte em processo. Essa função, segundo ele, insere-se no rol de instrumentos de que o Estado dispõe para reduzir as desigualdades sociais, sendo, pois, instrumento de efetivação dos direitos humanos. O relator do processo, ministro Carlos Ayres Britto, concordou com os argumentos do ministro Carlos Velloso. Segundo ele, como órgãos permanentes, as Defensorias Públicas estaduais prestam assistência jurídica administrativa e judicial, sendo instrumento de democratização do acesso às instâncias judiciárias. Em função desse papel das Defensorias, segundo ele, "não há a possibilidade de contratação temporária", até mesmo para garantir a independência técnica desses órgãos.

A contratação temporária no serviço público vem sendo admitida constitucionalmente desde a promulgação da Constituição de 1967. A Carta Política de 1967 dispunha em seu art. 106, com a redação dada pela Emenda Constitucional nº 1/1969 que:

> *Art. 106. O regime jurídico dos servidores admitidos em serviços de caráter temporário ou contratados para funções de natureza técnica especializada será estabelecido em lei especial.*

A Constituição Federal de 1988 impôs três pressupostos para a admissão de servidores temporários: a temporariedade da contratação, a necessidade temporária e a excepcionalidade do interesse público.

O primeiro pressuposto é a temporariedade da contratação, ou seja, os contratos firmados com esses agentes devem ter sempre prazo determinado, contrariamente ao que ocorre nos regimes institucional e trabalhista.

O segundo pressuposto é a necessidade temporária, entende-se a qualificada por sua transitoriedade. A necessidade dessas funções deverá ser sempre temporária, porque se a necessidade for permanente, o Estado deverá processar o recrutamento dos servidores através dos demais regimes.

O último pressuposto é a excepcionalidade do interesse público. A necessidade temporária deverá ser de interesse público, e, esse interesse público, deverá ser de caráter excepcional. O termo excepcional é utilizado pela Constituição Federal para afirmar que situações administrativas comuns não poderão ensejar a contratação desses servidores.

Questão interessante a se observar foi objeto de prova, junto à Escola da Magistratura do Estado do Rio de Janeiro:

Assim que tomou posse, a Prefeita do Município **X** baixou o Decreto nº **Y** anulando o concurso público realizado pelo seu antecessor. Em consequência, centenas de servidores dos diversos órgãos da administração direta e da indireta foram exonerados.

Para dar continuidade ao serviço público, a Câmara Municipal aprovou uma lei (Lei nº 3.140/2003) autorizando o Poder Executivo a contratar, em caráter temporário, pessoal para suprir as necessidades da Administração. A Lei tem a seguinte redação:

> *Art. 1º Fica autorizado o Poder Executivo Municipal a contratar, por prazo determinado, e em caráter temporário, no regime celetista, servidores para atender a urgência e necessidade dos serviços, em razão da anulação do concurso público oriundo do Edital nº 001/1999.*
> *Parágrafo único. O Termo final das contratações de que trata o* caput *deste artigo corresponderá à data do termo de posse dos aprovados em concurso público de provas e títulos, a ser realizado.*
> *Art. 2º As contratações de que trata o art. 1º deverão ser efetivadas de acordo com o levantamento das necessidades dos diversos órgãos da administração direta e da indireta, autárquica ou fundacional do Município.*
> *Consultado sobre a constitucionalidade dessa lei, o que você responderia?*

O concurso público é a regra constitucional para o ingresso de servidores no serviço público. Contrato por prazo determinado só é admissível em situação emergencial para realização de tarefas que não se enquadrem nas funções de natureza permanente. No caso, a autorização de contratação foi para o exercício de funções permanentes, próprias da Administração Pública, como se extrai do texto da própria lei a seguir transcritos:

Art. 20. As contratações de que trata o art. 1º deverão ser efetivadas de acordo com o levantamento das necessidades dos diversos órgãos da administração direta e da indireta, autárquica ou fundacional do Município.

Em outras palavras, a lei não podia ser mais genérica e abrangente. Outorgou, realmente, ao Poder Executivo verdadeira delegação, um cheque em branco a ser preenchido em relação a qualquer cargo ou função de toda a administração municipal. Como bem ponderou o douto Procurador de Justiça signatário do parecer de fls. 235/289.

Embora sobre sempre algum espaço para alguma discrição do administrador, na elaboração das emergências a serem socorridas, é imprescindível que os diplomas reguladores dessa forma excepcional de prestação de serviço público enunciem as situações fáticas que oportunizem as linhas mestras para as contratações excepcionais que estejam descritas na lei, o que não foi obedecido pelo legislador municipal de Nova Friburgo.

Se não bastasse, e ainda pior, não foi também observado o requisito da temporariedade. Em seu lugar elegeu-se uma *condição resolutiva*, como se vê do parágrafo único do art. 1º da lei representada: "O termo final das contratações de que trata o *caput* deste artigo corresponderá à data do termo de posse dos provados em concurso público de provas e títulos, a ser realizado". A toda evidência, até o leigo entende que não se pode conceber como *temporário* um contrato que tem por termo *ad quem* um ulterior e incerto certame público, cujas medidas administrativas nem sequer se têm notícias, como bem colocou a douta Procuradoria do Estado.

Todas as contratações temporárias no serviço público que descumprirem esses requisitos constitucionais estarão configurando a inobservância do art. 37, II, da Constituição da República, e conforme o preceituado no § 2º deste mesmo artigo, essas contratações serão passíveis de anulação, respondendo, o agente público que lhe der causa, pelos danos que causar ao erário, sem prejuízo da ação penal cabível; e o contratado de boa-fé verá rescindido o seu contrato, sem direito a indenizações outras que não sejam aquelas de natureza alimentar.

A lei referida pelo legislador constituinte no art. 37, inciso IX, é a das pessoas jurídicas de capacidade política, constituídas pelos entes autônomos referenciados no art. 18 da Carta Política. A lei reguladora será a da pessoa federativa (União, Estados, Municípios ou Distrito Federal) que pretender a inclusão dessa categoria de servidores em seu quadro funcional.

Quanto à natureza do vínculo celebrado entre os servidores temporários e a Administração Pública, cabe notar, primeiramente, que a Constituição não autoriza a instituição de um regime jurídico, mas tão somente, atribui à lei a tarefa de disciplinar os casos de contratação temporária.

Por outro lado, a Constituição Federal estabeleceu que "a lei estabelecerá os casos de 'contratação' desses servidores...", querendo com isso, o legislador constituinte, excluir, de plano, o regime estatutário. Também não poderia ser o regime estatutário o aplicado, dado que este só abrange os servidores estatutários, que, na redação do art. 37, II, da Lei Magna, são os que se ligam à Administração Pública direta, às autarquias e às fundações públicas, admitidos mediante concurso público para ocupar um cargo, e os contratados temporariamente não ingressam no serviço público desse modo e, sobremais, não ocupam cargo público, mas função.

Também não poderia ser o regime aplicado, o da locação civil de serviços (arts. 1.216 a 1.236 do Código Civil), pois os agentes assim contratados não fazem jus à aposentadoria, que, ao contrário disso, está assegurada aos agentes temporários, conforme se infere do § 13 do art. 40 da Constituição da República.

Logo, em se tratando de um regime jurídico de pessoal, de trabalhadores, é certo que esse regime deve atender às garantias conferidas pela Constituição a todos os trabalhadores. Somando-se a isso a competência exclusiva da União para legislar sobre direito do trabalho, entende a doutrina majoritária que o regime jurídico do pessoal contratado pela Administração Pública para desempenhar, temporariamente, serviços de excepcional interesse público, somente pode ser o regime da Consolidação das Leis do Trabalho, aliás, o único que se aperfeiçoa com o caráter temporário da contratação.

A contratação temporária poderá ser utilizada pela Administração Pública direta e indireta de qualquer dos Poderes da União, dos Estados, do Distrito Federal e dos Municípios.

A União Federal, fundada no art. 37, IX, da Constituição de 1988, promulgou lei reguladora desse regime. Trata-se da Lei nº 8.745, de 09/12/1993, que, devido à autonomia dos entes federados para regular a matéria, disciplinou o regime temporário somente para a Administração federal direta, suas autarquias e fundações públicas. Esta lei traz diretivas que podem ser seguidas por leis estaduais e municipais, tais como a indicação de casos de necessidades temporárias, a exigência de processo seletivo simplificado para o recrutamento do pessoal a ser contratado, o tempo determinado e improrrogável da contratação, entre outros temas.

A citada lei, em seu art. 2º, considera por necessidade temporária de excepcional interesse público:

> *I – assistência a situações de calamidade pública;*
>
> *II – combate a surtos endêmicos;*
>
> *III – realização de recenseamentos e outras pesquisas de natureza estatística efetuadas pela Fundação Instituto Brasileiro de Geografia e Estatística – IBGE;*
>
> *IV – admissão de professor substituto e professor visitante;*
>
> *V – admissão de professor e pesquisador visitante estrangeiro;*
>
> *VI – atividades:*
>
> *a) especiais nas organizações das Forças Armadas para atender à área industrial ou a encargos temporários de obras e serviços de engenharia;*
>
> *b) de identificação e demarcação desenvolvidas pela FUNAI;*
>
> *c) de análise e registro de marcas e patentes pelo Instituto Nacional da Propriedade Industrial – INPI;*
>
> *d) finalísticas do Hospital das Forças Armadas;*
>
> *e) de pesquisa e desenvolvimento de produtos destinados à segurança de sistemas de informações, sob responsabilidade do Centro de Pesquisa e Desenvolvimento para a Segurança das Comunicações – CEPESC;*
>
> *f) de vigilância e inspeção, relacionadas à defesa agropecuária, no âmbito do Ministério da Agricultura e do Abastecimento, para atendimento de situações emergenciais ligadas ao comércio internacional de produtos de origem animal ou vegetal ou de iminente risco à saúde animal, vegetal ou humana;*
>
> *g) desenvolvidas no âmbito dos projetos do Sistema de Vigilância da Amazônia – SIVAM e do Sistema de Proteção da Amazônia – SIPAM.*

VII – manutenção e normalização da prestação de serviços públicos essenciais à comunidade, quando da ausência coletiva do serviço, paralisação ou suspensão das atividades por servidores públicos, por prazo superior a dez dias, e em quantitativo limitado ao número de servidores que aderiram ao movimento. (Inciso acrescentado pela Medida Provisória nº 10, de 13/11/2001)

O recrutamento do pessoal a ser contratado, nos termos desta lei, será feito mediante processo seletivo simplificado sujeito a ampla divulgação, inclusive pelo *Diário Oficial da União*, prescindindo de concurso público. Excluem-se desse processo seletivo e, também, do concurso público, os casos em que a contratação for para atender às necessidades decorrentes de calamidade pública (art. 3º, § 1º); e para a contratação de pessoal, nos casos do professor visitante referido no inciso IV e dos incisos V e VI, alíneas *a*, *c*, *d*, *e* e *g*, do art. 2º, que poderá ser efetivada à vista de notória capacidade técnica ou científica do profissional, mediante análise do *curriculum vitae*.

ATENÇÃO! A Emenda Constitucional nº 51/2006 determina a obrigatoriedade de *Processo de Seleção Pública* de acordo com a natureza e complexidade das funções e requisitos específicos de atuação para a admissão de agentes comunitários de saúde e agentes de combate às endemias.

Destaca-se, ainda, que a referida Emenda trouxe regras de transição ao determinar que os profissionais, na data de sua promulgação e a qualquer título, que estivessem desempenhando atividades de agente comunitário de saúde ou de agente de combate às endemias, na forma da lei, ficariam dispensados de se submeterem ao processo de seleção público a que se refere § 4º do art. 198 da Constituição Federal, desde que tenham sido contratados a partir de anterior processo de Seleção Pública efetuado por órgão ou entes da administração direita ou indireta de Estado, Distrito Federal ou Município ou por instituições com a efetiva supervisão e autorização da administração direta dos entes da federação.

As contratações serão feitas por tempo determinado e serão improrrogáveis, todavia, o art. 4º desta lei prevê para alguns casos, devidamente justificados, a prorrogação do contrato.

O art. 5º da lei condiciona as contratações temporárias à exigência de dotação orçamentária específica e mediante prévia autorização do Ministro de Estado do Planejamento, Orçamento e Gestão e do Ministro de Estado sob cuja supervisão se encontrar o órgão ou entidade contratante, conforme estabelecido em regulamento.

O art. 6º da lei em questão proíbe a contratação de servidores da Administração direta ou indireta da União, dos Estados, do Distrito Federal e dos Municípios, bem como de empregados ou servidores de suas subsidiárias e controladas. A única exceção a esta regra está indicada no parágrafo primeiro desse dispositivo, qual seja, a contratação de professor substituto nas instituições federais de ensino, desde que o contratado não ocupe cargo efetivo, integrante das carreiras de magistério de que trata a Lei nº 7.596/1987, e condicionada à formal comprovação da compatibilidade de horários. O parágrafo segundo diz que, sem prejuízo da nulidade do contrato, a infração do disposto neste artigo importará em responsabilidade administrativa da autoridade contratante e do contratado, inclusive, se for o caso, solidariedade quanto à devolução dos valores pagos ao contratado.

O art. 7º regula a remuneração dos contratados temporários.

O art. 9º enumera as vedações a que estão sujeitos os contratados, ou seja, receber atribuições, funções ou encargos não previstos no respectivo contrato; ser nomeado ou designado, ainda que a título precário ou em substituição para o exercício de cargo em comissão ou função de confiança; ser novamente contratado, com fundamento nesta lei, antes de decorridos vinte e quatro meses do encerramento de seu contrato anterior, salvo na hipótese prevista no art. 2º, I, mediante prévia autorização, conforme determina o art. 5º.

As infrações disciplinares atribuídas ao pessoal contratado nos termos desta lei serão apuradas mediante sindicância, concluída no prazo de trinta dias, e assegurados a ampla defesa e o contraditório.

A extinção do contrato temporário se dará, sem direito a indenizações, pelo término do prazo contratual ou por iniciativa do contratado, e neste último caso, o contratado deverá comunicar à Administração Pública com a antecedência mínima de trinta dias. A extinção do contrato, por iniciativa do órgão ou entidade contratante, decorrente de conveniência administrativa, importará no pagamento ao contratado de indenização correspondente à metade do que lhe caberia referente ao restante do contrato.

Os servidores públicos temporários têm sua previdência enquadrada no regime geral de previdência social, previsto nos arts. 201 e 202 da Constituição Federal, regime este aplicável aos trabalhadores em geral da iniciativa privada, regidos pela legislação trabalhista.

Capítulo IV

Regime Jurídico dos Servidores

1. DO REGIME

A Constituição Federal de 1988 continha em seu art. 39 que "*a União, os Estados, o Distrito Federal e os Municípios instituirão, no âmbito de sua competência, regime jurídico único e planos de carreira para os servidores da administração pública direta, das autarquias e das fundações públicas*" (grifo nosso).

Contudo, antes da promulgação da Constituição Federal vigente, existiam três regimes jurídicos distintos, a saber, o **estatutário**, o **celetista** e o **especial**. O primeiro deles, o *estatutário,* com as seguintes características: não contratual, unilateral e disciplinador da relação entre a Administração Pública e o servidor ocupante de cargo efetivo. Neste regime, os servidores se subordinam a um regime jurídico próprio, de natureza institucional e imposto pelo Estado.

O *celetista,* de natureza trabalhista e caráter contratual, e destinado a disciplinar a relação entre a Administração e o servidor ocupante de emprego público. Já o *especial,* o que se destinava a regular a relação entre o servidor temporário e a Administração.

Com a redação da Constituição Federal de 1988, nasceu a polêmica acerca de qual regime seria adequado aos parâmetros do dispositivo constitucional acima mencionado, o art. 39. Parte da doutrina se inclinou no sentido de que tanto o estatutário como o celetista poderia ser aplicado o regime jurídico do servidor, conquanto fosse o único utilizado dentro de um mesmo ente federado[34].

Em opinião contrária, outros se quedavam pelo entendimento de que o regime jurídico do servidor, utilizado a partir da promulgação da Constituição de 1988, haveria de ser, obrigatoriamente, o regime estatutário[35].

Transcreveremos a seguir a ponderada posição do insigne jurista Celso Antônio Bandeira de Mello:

> ...cumpre que este Estado, que este aparelho gigantesco, que esta máquina onipresente seja imparcial, seja neutra, caso contrário soçobrarão os objetivos do Estado de Direito. Ora, bem, para que esta máquina seja imparcial, seja neutra, é preciso que os agentes

34. Perfilham este entendimento Diógenes Gasparini, Ivan Barbosa Rigolin e Toshio Mukai.
35. Anastasia, Antonio Augusto Junior. *Regime Jurídico Único do Servidor Público,* Belo Horizonte: Del Rey, p. 59. Mota, Carlos Pinto Coelho. *O novo servidor público:* regime jurídico único. Belo Horizonte: Lê, 1990, p. 40.

que a operam disponham de certas condições mínimas para cumprir as funções que lhes cabem dentro de um espírito de isenção, de neutralidade, de lealdade para com terceiros, de isonomia no trato com os administrados. Como seria isso possível se os agentes do aparelho estatal e basicamente do Poder Executivo não dispusessem de um estatuto jurídico, de um regime jurídico, que os garantisse, que lhes desse o mínimo de independência perante os ocasionais detentores do Poder? (...) Só mesmo uma máquina preparada para ser isenta, imparcial, leal, e que trate isonomicamente os indivíduos, pode garantir a realização dos objetivos do Estado de Direito, prevenindo e impedindo o uso desatado do Poder em prol de facções que, mediante favoritismos e perseguições, se eternizariam no comando da Sociedade.

Convém frisar que a redação do *caput alterou* substancialmente o art. 39 dada pela Emenda Constitucional nº 19:

Art. 39. A União, os Estados, o Distrito Federal e os Municípios instituirão conselho de Política da Administração e remuneração de pessoal, integrado por servidores designados pelos respectivos Poderes.

Com a EC nº 19, podemos, tranquilamente, afirmar que há duas categorias de servidores públicos:

– Servidores públicos de natureza legal (estatutários) – conhecido como regime de cargo público;

– Servidores públicos de natureza contratual, regulado pela CLT, conhecido como regime do *emprego público.*

Para compreender a mudança da Emenda nº 19, é de suma importância fazer-se uma brevíssima abordagem da estrutura da administração pública brasileira, dividindo-a em dois grupos: o primeiro, de *pessoas jurídicas de direito público* e o de *pessoas jurídicas de direito privado.*

No grupo das *pessoas jurídicas de direito público,* temos representantes da Administração Direta, que são os próprios entes da Federação (União, Estados, Municípios e Distrito Federal), representados por seus órgãos públicos.

Ao lado da Administração Direta, temos, por outro lado, pessoas da Administração Indireta, que também podem ser pessoas jurídicas de direito público. Pacificamente, aparecem as autarquias, agências reguladoras e algumas fundações públicas.

Entre as *pessoas jurídicas de direito privado* vamos encontrar integrantes da Administração Indireta, abrangidas pelas estatais, basicamente divididas em empresas públicas e sociedades de economia mista, entre outras (subsidiárias, controladas etc).

Se são pessoas, ora de direito público, ora de direito privado, é normal que a de direito público tenha um tratamento próprio e as de direito privado tenham um tratamento até semelhante com as empresas privadas, com a iniciativa privada em razão de sua natureza jurídica.

Para as pessoas de direito privado a Constituição, no seu art. 173, § 1º, II, define o regime celetista, de CLT, próprio das empresas privadas, inclusive trabalhista, ou, como alguns examinadores preferem falar, regime do emprego público.

Chamamos a atenção para que, atualmente, no art. 39 da Constituição não se fala mais em Regime Jurídico Único. Hoje, ter ou não ter Regime Jurídico Único não é mais matéria constitucional já que a Constituição é omissa. Trata-se de uma decisão infra-constitucional. Cada ente da federação, com sua autonomia político-administrativa, com previsão no art. 18 da Constituição, escolhe se quer continuar, ou não, com seu Regime Jurídico Único.

Há muita gente dizendo que a Emenda Constitucional acabou com o Regime Jurídico Único, o que é uma impropriedade. O que a Emenda efetivamente fez foi o seguinte: na Administração Direta, autárquica e fundacional não obriga mais sua utilização, mas não o extinguiu. Desta forma, a Lei nº 8.112/1990 foi recepcionada por esta Emenda. No entanto, nada impede a alteração desta legislação através de lei.

Resumindo, no âmbito federal:

PESSOA JURÍDICA DE DIREITO PÚBLICO ADMINISTRAÇÃO DIRETA – Órgão Público ADMINISTRAÇÃO INDIRETA – Autarquia, Fundação Pública	PESSOA JURÍDICA DE DIREITO PRIVADO ADMINISTRAÇÃO INDIRETA – Empresas estatais
REGIME: Estatutário + CLT FUNDAMENTO LEGAL NA UNIÃO • Lei nº 8.112/1990 (Estatutário) • Lei nº 9.962/2000 (Celetista)	REGIME: Celetista Fundamento legal: art. 173, § 1º, II, da Constituição

A própria Lei nº 9.962/2000, que cria o regime do emprego público para as pessoas de direito público, reconhece que, paralelamente, existe a Lei nº 8.112/1990, instituidora do regime estatutário, que, continua em vigor.

O art. 1º, § 2º, II, da Lei nº 9.962/2000, que criou o emprego público, resume com bastante clareza este entendimento:

> *§ 2º É vedado:*
> *II – alcançar, nas leis a que se refere o § 1º, servidores regidos pela Lei nº 8.112/1990.*

Então, em âmbito federal, as pessoas jurídicas de direito público possuem, agora, dois regimes para contratar, a critério do Chefe do Executivo, tudo por via concurso.

Uma pergunta fundamental se faz necessária: Quais as categorias que serão celetistas e quais aquelas que serão estatutárias? Lamentavelmente, esta lei é silente. A redação original elencava as categorias que não estão no rol dos celetistas.

O art. 1º da Lei nº 9.962/2000 aduz:

> *As leis específicas disporão sobre a criação dos empregos de que trata esta Lei no âmbito da Administração direta, autárquica e fundacional do Poder Executivo, bem como a transformação dos atuais cargos em empregos.*

Assim, cada categoria vai ter uma lei específica. Por exemplo, terá que ser feita uma lei específica para os professores das universidades federais, uma lei para médicos dos hospitais públicos federais, uma lei para o servidor público da União etc.

A Lei nº 9.960/2000 afirma textualmente, no seu art. 1º, § 2º, II, que aqueles que são estatutários continuarão estatutários, porque há que se respeitar o direito ao regime de ingresso.

Algumas situações têm sido ressalvadas pelo Judiciário em função de uma lei específica, em âmbito federal, definindo o regime celetista das Agências Reguladoras (Lei nº 9.986/2000), em função do que se observa a seguir:

> *Art. 1º As Agências Reguladoras terão suas relações de trabalho regidas pela Consolidação das Leis do Trabalho, aprovada pelo Decreto-Lei nº 5.452, de 1º de maio de 1943, e legislação trabalhista correlata, em regime de emprego público.*

Cumpre trazer à baila uma análise de cada regime, conforme segue:

Então, pelo texto da lei, as agências reguladoras estão abraçadas pelo regime do emprego público, via concurso público, com regime celetista, por ser uma lei específica, regulando uma categoria que trabalha para tais agências.

Há uma imensa discussão para a seguinte indagação: para que serve a agência reguladora? Sem dúvida, para fiscalizar. Como um servidor pode ser fiscal, sendo abarcado pela CLT, será que vai haver isenção para exercer tal função?

Esse regime, na ótica do judiciário, é totalmente incompatível com a função.

1.1. Regime estatutário

Este regime se destina a regular, com regras próprias, a relação jurídica funcional entre o servidor público estatutário e o Estado, e encontra-se inserido no estatuto funcional da pessoa federativa e suas regras básicas são definidas em lei, além das regras de caráter organizacional, encontradas em meros atos administrativos, tais como: decretos, portarias, circulares etc.

O regime estatutário tem a característica da *pluralidade normativa,* posto que cada pessoa da federação que adote o regime estatutário terá seu peculiar estatuto, traçando as relações jurídicas entre esta e seus servidores.

O regime estatutário é desprovido de caráter contratual, caracterizando-se pela mera relação inerente ao direito público, sendo, contudo, de aplicação unilateral e não contratual. Dada a sua natureza de relação jurídica estatutária, não há cogitar da existência de negócio contratual em seu corpo.

1.2. Regime trabalhista

Este regime se constitui no conjunto de normas, aplicadas genericamente, destinadas a regular a relação jurídica entre o Estado e os servidores trabalhistas do universo privado.

Este regime diverge do Estatutário pela oposição de suas características, pois que a este regime se aplica o *princípio da unicidade normativa,* por conter todas as suas normas legais num único corpo, a CLT, aplicável a toda e qualquer pessoa federativa que adote o regime trabalhista.

Também divergindo da característica da relação de direito público não contratual do regime anterior, a relação jurídica entre o Estado e o servidor trabalhista, neste caso, é, e só assim poderá ser, de natureza contratual. O Estado se equipara a um empregador, que selará uma relação jurídica contratual com o seu respectivo servidor trabalhista.

Admite-se a transição do regime trabalhista para o estatutário, tão somente a partir da opção do servidor, e nunca o contrário, o ente federativo que incorporará o servidor em seus quadros respeitará o direito adquirido do servidor, resultante da sua relação de trabalho regida pelo regime celetista, agregando-o à nova relação funcional.

Exemplo prático desta transição de regime é o que se deu quando a União adotou o regime estatutário como único, gerando uma insegurança aos antigos servidores integrantes do regime celetista que passaram a integrar o regime estatutário. O Estatuto funcional federal, Lei nº 8.112/1990, sofreu alterações com a vigência da Lei nº 8.162/1991, que trouxe o entendimento de que *"os servidores trabalhistas que passaram a estatutários não tiveram reconhecido o direito de contagem de tempo de serviço no período celetista para fins de percepção de anuênios"*.

Em julgamento de Recurso Especial, a Corte Maior deste país pôs termo a esta anomalia legal, que por certo não podia prosperar, reconhecendo o direito de contagem do tempo de serviço no período celetista para fins de percepção de anuênios dos antigos celetistas[36].

Posteriormente, o Supremo Tribunal Federal firmou a Súmula nº 678, que considerou inconstitucionais os incisos I e III do art. 7º da Lei em foco, qual seja, de nº 8.162/1991, os quais afastavam, para fins de anuênio e licença-prêmio, a contagem do tempo de serviço exercido sob a égide da CLT em relação aos servidores que passaram a integrar o regime estatutário.

1.3. Alguns traços distintivos entre Regime estatutário e Regime celetista

1 – **Vínculo** – Quanto ao vínculo, o do estatutário é uma *lei* própria; enquanto que no celetista, no regime do emprego público, o vínculo é *contratual*, ou seja, o contrato individual do trabalho norteado pela CLT.

2 – **Materialização** – O vínculo do servidor estatutário se materializa através da assinatura do Termo de Posse. O estatutário não tem carteira de trabalho. Já o celetista tem seu vínculo contratual operacionalizado através da assinatura na CTPS.

3 – **Estabilidade** – A mais significativa diferença é a estabilidade. O regime do cargo público gera estabilidade no serviço público e não no cargo. No emprego público, a estabilidade é substituída pelo FGTS.

Urge frisar que a Emenda nº 19 não acabou com a estabilidade do servidor, mas a flexibilizou. Hoje, permite-se que o estável perca o cargo, mesmo que não tenha dado causa, no caso de se conter o excesso de gasto orçamentário. Só que os detentores de emprego público (celetistas), prioritariamente, serão dispensados, conforme estudaremos no momento oportuno.

4 – **Direito de Greve** – Falou em estatutário, não há menor possibilidade em negociação coletiva, dissídio coletivo e direito de greve. Os direitos e deveres dos estatutários são definidos em lei. Só a lei pode criar e extinguir direitos, jamais uma negociação coletiva.

O Celetista, tradicionalmente, tem seu direito de greve regulado pela famosa Lei nº 7.783/1989, que nada tem que ver com o estatutário, e na ausência de edição de lei específica, que até hoje não existe, o entendimento do Supremo Tribunal Federal é que o direito de greve não é autoaplicável (art. 37, VII, da Constituição). Como não há lei, o Executivo

36. RE nº 223.376/RS, 1ª Turma, Rel. Min. Moreira Alves, julg. em 29/09/1998, *apud Informativo STF* nº 125.

está substituindo o que cabe ao Legislativo, regulamentando através de atos administrativos, baixando decretos normatizando o direito de greve.

5 – **Competência** – Se a Administração Pública fez opção pelo regime celetista, não interessando quem venha a ser o empregador, a competência é da Vara do Trabalho para dirimir problemas oriundos do vínculo. O estatutário, se servidor público federal, reclama seus direitos na Justiça Federal; se o estatutário for estadual, será a Justiça comum, ressalvando-se onde houver Vara de Fazenda Pública. Caso a Comarca não tenha Vara de Fazenda Pública, será a Vara Cível o local adequado para que o estatutário reclame suas pendências. Portanto, a competência para julgar ação judicial decorrente de relação estatutária de servidor público continua a ser da Justiça comum, mesmo após a edição da Emenda Constitucional nº 45/2004, que alterou o enunciado do art. 114, inciso I, da Constituição Federal.

A controvérsia situa-se em torno da interpretação do art. 114, da Constituição, que regula a competência da Justiça do Trabalho no que permite o julgamento de demandas envolvendo servidores públicos, em face da edição da EC nº 45.

O art. 114, inciso I, da Constituição, após a EC nº 45/2004, passou a dispor:

> *Art. 114 – Compete à Justiça do Trabalho processar e julgar:*
> *I – as ações oriundas da relação de trabalho, abrangidos os entes de direito público externo e da administração pública direta e indireta da União, dos Estados, do Distrito Federal e dos Municípios.*

Então, sintetizando, temos:

REGIME ESTATUTÁRIO	REGIME CELETISTA
1- Vínculo legal 2- Termo de Posse 3- Estabilidade no serviço 4- Justiça Comum 5- Não há dissídio 6- Direito de greve não é autoaplicável	1- Vínculo contratual 2- CTPS 3- FGTS 4- Justiça do Trabalho 5- Há possibilidade de dissídio e negociação coletiva 6- Direito de greve é autoaplicável

1.4. Regime jurídico do servidor após a EC nº 19/1998 – Regime de emprego público

A Emenda Constitucional nº 19/1998 veio suprir as aspirações da reforma administrativa do Estado, sobretudo com a edição da Lei federal nº 9.962, de 22/02/2000, na qual foi disciplinado o *regime de emprego público*, em consonância com a obrigatoriedade de adoção de um regime jurídico único dos servidores, prevista no art. 39 da Constituição Federal. A partir da edição da aludida lei, restou excluída a regra que constava do § 1º deste mesmo art. 39, cujo texto tratava da isonomia de vencimentos para cargos de atribuições iguais ou semelhantes, do mesmo Poder ou entre servidores dos Poderes Executivo, Legislativo e Judiciário.

Outra inovação foi a que possibilitou à Administração Pública a adoção concomitante dos regimes estatutário e celetista, valendo-se do primeiro (estatutário) para a contratação de cargo público, dada a sua especialidade em relação às atividades que lhe incumbem, quais sejam, atividades exclusivas do Estado, inerentes à função precipuamente administrativa.

No que tange às atividades que não requerem a exclusividade do agir Estatal, dotadas de irrelevância que não justificam a contratação de cargo público para o seu fim, a Administração Pública poderá contratar sob a forma de regime trabalhista.

Deve-se observar que, pelo fato de ser a Lei nº 9.962/2000 uma lei federal[37], sua incidência estará limitada à esfera da Administração Pública Federal, seja ela direta, autárquica ou fundacional, não se aplicando, destarte, às empresas públicas e às sociedades de economia mista.

Com efeito, referida lei disciplinou, no âmbito federal, o regime de emprego público de seu pessoal, remetendo às leis específicas a competência para a criação destes empregos, assim como a transformação dos atuais cargos nestes.

Oportuna a ratificação de que esta lei não é extensiva, sob nenhuma hipótese, às demais pessoas da federação (Estados, Distrito Federal e Município), embora estas pessoas possam recorrer às regras da CLT, quando desejarem admitir servidores pelo regime de contratação. Poderão, também, editar leis que se destinem à autolimitação das regras emanadas da CLT aos trabalhadores em geral, o que se configurará em mera diretriz funcional.

Prevê, ainda, referida lei, que o regime de emprego público será regido pela CLT, Decreto-Lei nº 5.452/43, bem como por legislação trabalhista correlata que não dispuser em contrário.

Deve-se atentar para a coerência do Administrador, a fim de aplicá-la apenas às fundações de direito público, de natureza autárquica, não nos parecendo sequer razoável incluir aqui as fundações de direito privado, cujo pessoal é regido pelas regras da CLT, aproximando-se, com isso, do regime trabalhista.

Os servidores regidos pelo regime estatutário, com amparo na Lei nº 8.112/1990, inclusive os ocupantes de cargos de provimento em comissão, não serão agraciados pela referida lei federal, daí a necessidade da criação de leis específicas que se destinem a preencher as lacunas que eventualmente surgirem.

Lei específica também deverá trazer as regras para a transformação de atuais cargos em empregos públicos, satisfazendo, com isso, a vontade do legislador em ampliar o quadro dos servidores celetistas em detrimento dos estatutários, que estão, neste processo de transição, fadados à gradual extinção.

1.5. O recrutamento do Regime de emprego público

O ingresso no regime de emprego público pressupõe prévia aprovação em concurso público de provas ou de provas e títulos, em cumprimento ao preceito constitucional do art. 37, inciso II. O vínculo laboral equivalente é de natureza contratual, efetivando-se com a celebração de contrato de trabalho por tempo indeterminado, o qual só poderá ser rescindido mediante a ocorrência de situações legalmente estabelecidas, a seguir elencadas:

1. prática de falta grave, conforme previsão do art. 482 da CLT;
2. acumulação ilegal de cargos, empregos ou funções públicas;
3. necessidade de redução do quadro, no caso de excesso de despesa, consoante o art. 169 da CF;
4. insuficiência de desempenho apurada em processo administrativo.

37. Lei federal é destinada especificamente aos órgãos e às atividades federais, ou seja, vinculadas à União. Já a lei nacional é aquela cuja incidência se dá em todo o território nacional, embora ambas se originem do mesmo processo legislativo.

Na ocorrência da última hipótese, deve-se considerar a ocorrência dos seguintes fatores exigíveis à licitude do processo: a existência de pelo menos um recurso com efeito suspensivo; a prévia divulgação dos padrões mínimos necessários à continuidade da relação de emprego, guardando-se a relação entre estes e a natureza da respectiva função.

Diante do mencionado rol taxativo de situações que ensejam a rescisão contratual do emprego público, constata-se que não se aplica à relação jurídica em tese a resilição unilateral (ou dispensa imotivada) por parte da Administração Pública Federal, bem como lhe é vedado o uso aleatório e discricionário de suas convicções quanto ao empregado público, não se lhe aplicando o art. 479 da CLT.

Conforme se depreende da relação de situações que possibilitam a rescisão contratual, constata-se que nela não se inclui a hipótese de extinção de contratos de servidores fundados na regra de autonomia de gestão estatuída no art. 37, § 8º da Constituição Federal, donde se conclui que, nestes casos específicos, poderá a União valer-se desta medida extrema, exercendo o direito à resilição unilateral do contrato do serviço, ainda que se valha de razões de natureza discricionária.

Importa lembrar que a Lei federal nº 9.962/2000, que privilegiou a criação do cargo público, enquanto ainda projeto de lei[38] em trâmite no Congresso Nacional, ao ser encaminhado para a sanção do Presidente da República, constava de seu texto original que o *regime de emprego público* não incidiria sobre os *servidores titulares de cargos efetivos* que desenvolvessem as denominadas *atividades exclusivas do estado,* sobre as quais prevaleciam critérios e garantias especiais com previsão de perda de cargo público por insuficiência de desempenho (art. 41, § 1º, III, da CF), ou por excesso de quadro (art. 169, §§ 4º e 7º, da CF).

Ocorre que referido dispositivo da lei foi *vetado* pelo Chefe do Poder Executivo, valendo-se da justificativa de que tais atividades ainda se encontram em processo de regulamentação em projeto de lei diverso[39].

A este propósito, detectamos a existência de carreiras que, dadas sua natureza e especialidade, não convém que sejam revestidas ao *regime estatutário,* sejam ou não consideradas como *atividades exclusivas do Estado.* São exemplos as carreiras de diplomacia, de fiscalização, de polícia, advocacia pública e carreira militar em geral, restando ao *regime de emprego público* as funções que não comportam o caráter de especialidade.

1.6. Estabilidade do celetista

O ato da dispensa do empregado celetista viola o dispositivo do art. 41, §§ 1º e 2º, da Constituição, ante a ausência do inquérito administrativo, com amparo no art. 5º, LV, da Carta Magna, na Súmula 21 do STF, na Lei nº 8.112/1990 e consoante os princípios doutrinários e na jurisprudência dominante. Ademais, que a citada Lei nº 8.112/1990 é aplicável tanto aos servidores celetistas quanto estatutários, diante da Emenda Constitucional nº 19/1998.

Cumpre ressaltar que à luz da Carta Magna de 1988, existe garantia constitucional da estabilidade do servidor público civil, quer seja estatutário, quer seja celetista, porquanto a Lei Maior, utilizando-se daquele termo genérico, não fez qualquer distinção a respeito, não cabendo ao intérprete fazê-la.

38. Projeto de Lei nº 57, de 1999, equivalente ao nº 4.811/98 na Câmara dos Deputados.
39. Projeto de Lei Complementar nº 43, de 1999.

O ato de nomeação, como se vê, é um ato adminstrativo vinculado, portanto, o seu desfazimento, importa nos mesmos elementos de sua constituição.

A contratação de pessoal pelo regime da CLT impõe o concurso público, para atender aos princípios pelos quais se deve pautar a Administração, ou seja, de legalidade, impessoalidade, moralidade, publicidade e eficiência, este último acrescentado pela mencionada Emenda Constitucional nº 19.

Quis também o legislador constituinte, para o afastamento do servidor público estável, ser indispensável a sentença judicial transitada em julgado ou processo adminstrativo que lhe assegure ampla defesa (CF, § 1º, art. 41). Com a nova redação atribuída ao referido parágrafo, foi acrescentado outro requisito, qual seja, procedimento de avaliação periódica de desempenho, na forma de lei complementar, assegurada ampla defesa.

Ivan Barbosa Rigolin, em sua obra *O Servidor Público na Constituição de 1988*, Ed. Saraiva, p. 185, aduz:

> Demissão é pena, aplicada ao servidor faltoso, pela Administração; exoneração não é pena, constituindo na dispensa do servidor, dada pela Administração a pedido ou para ocupante de cargo ou emprego livremente exonerável (em comissão). O confronto da redações do inciso II do art. 37 (exoneração) e do § 2º do art. 41 (demissão) evidenciam a natureza de cada um desses institutos. A demissão sempre enseja processo prévio, se o cargo ocupado for de provimento efetivo, ou agora, se o emprego for permanente. É pacífica a jurisprudência superior sobre a necessidade de processo administrativo para demissão do funcionário mesmo que ainda em estágio probatório (mantido pelo art. 41 desta Carta); e assim, o mesmo se deve concluir quanto aos empregados permanentes, se admitidos por concurso – pois a eles também a estabilidade se estende, exigindo interpretação analógica, extensiva ou indutiva quanto à proteção enquanto no estágio probatório. Demissão, hoje portanto, enseja sempre processo administrativo prévio.

Ora, nesse entendimento, não se pode sequer vislumbrar violência a dispositivo constitucional. Preceitua o art. 41 da Carta Federal que são estáveis, após três anos de efetivo exercício, os servidores nomeados em virtude de concurso público, somente sendo possível a perda do cargo após sentença judicial transitada em julgado ou mediante processo administrativo em que lhes seja assegurada a ampla defesa. Vale frisar que não cabe distinguir onde a norma exsurge linear. Aguarda-se das entidades de direito público postura exemplar.

Nesse passo, como dito alhures, a ausência de procedimento administrativo regular é requisito indispensável para a dissolução do contrato de trabalho.

Assim, não tendo havido critérios legalmente estabelecidos para a demissão imposta ao empregado celetista, deve ser declarado nulo o ato administrativo da dispensa e determinada a consequente reintegração ao emprego público, na mesma função que exercia naquela oportunidade. Deverá, ainda, a Administração arcar com o pagamento dos salários e seus reflexos em 13º salário, férias, mais 1/3 e FGTS, desde a data da dispensa até efetivo retorno, com juros e correção monetária.

Conforme já mencionado, não se pode esquecer o entendimento do TST sobre a matéria, ou seja, estabilidade do servidor celetista.

1.7. Estudo de caso concreto

Diante dos resultados apurados no último balanço trimestral, que revelou drástica redução dos lucros obtidos pela Caixa Econômica Federal – CEF em relação aos demais bancos privados, o Conselho de Administração da Instituição Financeira resolve dispensar 500 empregados. O sindicato da categoria propõe ação coletiva na Justiça do Trabalho pleiteando a reintegração dos funcionários, uma vez que a CEF, por se tratar de entidade integrante da Administração Pública Indireta, está sujeita ao princípio da moralidade, o que a impede de tomar tal tipo de decisão baseada, exclusivamente, em conjunturas econômicas determinadas pelas regras do mercado privado. Ademais, argumenta que tais funcionários foram contratados após prévia aprovação em concurso público de provas e títulos, de maneira que a dispensa imotivada é antagônica à forma de investidura na função pública. Sustenta, também, a tese de que a dispensa deveria, caso fosse juridicamente possível, ser precedida de processo administrativo com direito a ampla defesa e contraditório, além do que o ato de dispensa só seria válido se estivesse motivado. Por fim, alega que os empregados da CEF, após três anos de efetivo serviço, têm direito à estabilidade. A questão posta é: Informe se a pretensão do sindicato é ou não procedente, tendo em vista cada uma das alegações feitas na petição inicial.

Resposta sugerida: Embora todas as entidades administrativas estejam sujeitas ao princípio da moralidade (art. 37, *caput*, da CF), o regime jurídico das empresas estatais, entre as quais a empresa pública, é o mesmo das empresas da iniciativa privada, inclusive quanto às obrigações trabalhistas (art. 173, § 1º, II, da CF). No caso de uma empresa estatal que exerce atividade econômica em regime de competição com a livre iniciativa, a sujeição ao regime de direito privado é, ao mesmo tempo, imperativo de administração eficiente e garantia de respeito à livre concorrência. A regra do concurso público para seleção dos empregados para a formação do quadro de pessoal da CEF refere-se à concretização normativa do princípio da isonomia, pois, em sendo direito de todos participar da gestão da coisa pública, a Administração não pode ter critérios subjetivos ou arbitrários para preencher as vagas existentes. Desse modo, a exigência de aprovação em concurso público (art. 37, II, da CF) é uma derrogação ao regime de direito privado que não afeta o regime de trabalho no âmbito das empresas estatais. Portanto, nada impede que a CEF realize dispensas sem justa causa na mesma medida em que ocorre na iniciativa privada. Os empregados públicos não têm a garantia de estabilidade, em virtude do que não se exige processo administrativo com direito a contraditório e ampla defesa para a dispensa. Além disso, a jurisprudência do STF e do STJ assentou a desnecessidade de motivação do ato de dispensa[40].

1.8. Regime especial

O regime especial se destina a disciplinar os *servidores temporários*, cujo recrutamento obedece às regras do art. 37, IX, da CRFB.

Com a leitura do dispositivo constitucional, constata-se que esta categoria específica de servidores está atrelada à edição de lei que a regulamente, por se tratar de normas de eficácia contida, cuja origem deve guardar relação com o ente federativo que integrará esta categoria em seus quadros.

40. É o posicionamento do Magistrado federal, Marcelo Luzio, Rio de Janeiro.

A relação jurídica funcional deste regime se dará através de contrato, por consequência da interpretação da norma constitucional que reza que "*a lei estabelecerá os casos de contratação desses servidores*". Quando muito, poderá a lei incluir a conveniência de normas que projetem para si os reflexos do regime estatutário, atendo-se, contudo, à qualificação contratual[41].

O regime especial pressupõe a existência simultânea de três pressupostos, quais sejam, o da determinabilidade temporal, o da temporariedade e, por fim, o da excepcionalidade.

O primeiro pressuposto, da determinabilidade temporal da contratação equivale à necessidade de um prazo temporal determinado; o segundo, temporariedade, corresponde ao fato de que a necessidade desse serviço há de ser sempre temporária. Já a excepcionalidade vem traduzir a ideia de interesse público através do termo "excepcional", o que se traduz na excepcionalidade do próprio regime especial.

Reportando-se à regra constitucional, pode-se verificar a intenção do legislador constituinte em excluir deste regime situações administrativas comuns.

Situações fáticas, por vezes, são encontradas na atuação Estatal, que, dissimuladamente, vale-se do pressuposto da excepcionalidade, cujo chamamento já pressupõe a existência concomitante dos pressupostos da determinabilidade temporal e da temporariedade, ignorando as suas regras inafastáveis.

Exemplo ilustrativo é o dispositivo da Lei nº 6.094/2000, editada pelo Estado do Espírito Santo, autorizando o Poder Executivo da esfera Estatal a contratar *temporariamente* Defensores Públicos em "*caráter especial*".

Contraditoriamente, o primeiro adjetivo "temporariamente" está vinculado ao pressuposto da temporariedade, enquanto o de "caráter especial" descaracteriza o regime especial.

41. Opinando sobre processo de conflito de competência para fins de contratação, decidiu o STJ que a contratação pelo regime especial "*não revela qualquer vínculo trabalhista disciplinado pela CLT*", sendo, pois, da Justiça Federal a competência para dirimir questão de pagamento de verbas quando for ré a União Federal. (Agr. Reg. no Confl. Compet. nº 38.459/CE, 3ª Seção, Rel. Min. José Arnaldo da Fonseca, em 22/10/2003 – *Informativo Jurisprudência STJ* nº 189, out./2003).

Capítulo V

Organização Funcional

1. CARGOS, EMPREGOS E FUNÇÕES PÚBLICAS

A Constituição Brasileira, em vários dos seus dispositivos, emprega as expressões "cargo", "emprego" e "função", institutos do Direito Administrativo. Cumpre-nos, aqui, discerni-las.

O conceito de cargo nos é dado pela doutrina e pela lei.

Celso Antônio Bandeira de Mello define cargo como "a denominação dada a mais simples unidade de poderes e deveres estatais a serem expressos por um agente"[42].

A Lei federal nº 3.780/1960, no art. 4º, inciso I, conceituou cargo como o "*conjunto de atribuições e responsabilidades cometidas a um funcionário, mantidas as características de criação por lei, denominação própria, número certo e pagamento pelos cofres da União*".

E o Estatuto Federal dos Servidores – Lei nº 8.112/1990, definiu cargo, no art. 3º, como o "*conjunto de atribuições e responsabilidades previstas na estrutura organizacional que devem ser cometidas a um servidor*".

Este conceito legal foi criticado pelos autores brasileiros, visto que é um conceito incompleto, pois que cargo público não é um conjunto de atribuições, cargo é um lugar instituído dentro da organização funcional da Administração; e suas atribuições não são cometidas a um servidor, e sim, cometidas ao titular do cargo.

Cargo é, pois, o lugar instituído dentro da organização do funcionalismo da Administração Direta, autárquica e fundacional pública, criado por lei, com denominação própria, número certo, funções específicas e remuneração fixadas na lei ou diploma a ela equivalente. O titular do cargo se caracteriza como servidor público estatutário.

"Função" é noção de significado eminentemente dinâmico, que abriga em si a ideia de movimento, vida, atividade: é o círculo de assuntos do Estado que uma pessoa ligada pela obrigação de direito público de servir o Estado deve gerir.

Função Pública, pois, é a atribuição ou conjunto de atribuições que a Administração confere a cada categoria profissional ou comete individualmente a determinado agente público, para a execução de serviços eventuais ou transitórios.

A todo cargo público corresponde uma função, pois não se pode admitir um lugar na Administração que não tenha a predeterminação das tarefas do servidor. No entanto, a nem toda função pública corresponderá a existência de um cargo.

42. Mello, Celso Antônio Bandeira de. *Apontamentos*, cit., p. 17.

Função pública, no direito brasileiro, significa um conjunto de atribuições a serem exercidas por quem seja um agente público. Todavia, a Constituição Federal, atualmente, quando se refere a função pública, tem em vista dois tipos de situações:

1ª) As funções exercidas por servidores contratados temporariamente com base no art. 37, inciso IX, da CF, para as quais não se exige concurso público.

2ª) As funções de natureza permanente, exercidas por servidores ocupantes de cargo efetivo, previstas no art. 37, inciso V, da CF.

> *Art. 37. (...)*
> *V – as funções de confiança, exercidas exclusivamente por servidores ocupantes de cargo efetivo, e os cargos em comissão, a serem preenchidos por servidores de carreira nos casos, condições e percentuais mínimos previstos em lei, destinam-se apenas às atribuições de direção, chefia e assessoramento.*

As funções de confiança são aquelas destinadas apenas às atribuições de chefia, direção, assessoramento ou outro tipo de atividade para a qual o legislador não crie o cargo respectivo.

As funções de confiança são providas exclusivamente por servidores ocupantes de cargos efetivos, pois, por não terem previsão remuneratória própria, não comportam designação de pessoa alheia à Administração Pública.

Poderá gerar perplexidade, mas já tivemos oportunidade de constatar nomeação para exercer cargo em comissão na função de vigia.

É manifesto, portanto, que essa admissão no serviço público operou-se em afronta à lei porque nem o mais hábil argumentador conseguirá convencer que a função de vigia deva ser provida pelo critério de confiança. Os cargos comissionados, por óbvio, são reservados a postos de maior relevância, ou seja, como a direção e o assessoramento na admissão pública.

É o que pensa o Supremo Tribunal Federal:

> Concursos público: plausibilidade da alegação de ofensa da exigência constitucional por lei que define cargos de Oficial de Justiça como de provimento em comissão e permite a substituição do titular mediante livre designação de servidor ou credenciamento de particulares suspensão cautelar deferida. A exigência constitucional do concurso público não pode ser contornada pela criação arbitrária de cargos em comissão para o exercício de funções que não pressuponham o vínculo de confiança que explica o regime de livre nomeação e exoneração que os caracteriza; precedentes. Também não é de admitir-se que, a título de preenchimento provisório de vaga ou substituição do titular do cargo – que deve ser de provimento efetivo, mediante concurso público –, se proceda, por tempo indeterminado, a livre designação de servidores ou ao credenciamento de estranho ao serviço público. (ADIn-MC nº 1.141/GO, v.u., Rel. Min. Sepúlveda Pertence)

À base desta premissa, há de ser arredado, no caso concreto, o entendimento consagrado na jurisprudência de que a percepção de horas extras é incompatível com a natureza da função comissionada que, dentre outras, traz ínsita a ideia de que o servidor está à disposição da Administração a qualquer tempo e lugar.

Os servidores designados levam seus vencimentos do cargo original, acrescidos de gratificação ou *pro labore*, pelo exercício da função.

E, em geral, as funções de confiança, são de livre provimento e exoneração.

Já o *emprego público,* é um núcleo de encargos de trabalho a ser preenchido por um servidor, em caráter permanente, sob vínculo contratual, sob a regência da Consolidação das Leis do Trabalho.

O servidor público trabalhista tem função (no sentido de tarefa, atividade), mas não ocupa cargo.

2. CLASSIFICAÇÃO DOS CARGOS PÚBLICOS

Uma vez que o regime de cargo é o predominante entre as pessoas jurídicas de direito público, cumpre-nos estudá-lo mais atentamente.

Primeiramente, classificaremos os cargos públicos de acordo com sua posição no *quadro funcional.*

Quadro funcional é o conjunto de carreiras, cargos isolados e funções públicas remuneradas integrantes de um mesmo serviço, órgão ou Poder.

Sob este aspecto os cargos públicos dividem-se em *cargos de carreira* e *cargos isolados.*

O *cargo de carreira* é aquele que pertence a um conjunto de cargos de mesma denominação, distribuídos por classes escalonadas em função da complexidade de atribuições e nível de responsabilidade. Classe é o agrupamento de cargos da mesma profissão, com idênticas atribuições, responsabilidades e remuneração. As classes se constituem nos degraus de acesso na carreira.

Cargo isolado é o que não se escalona em classes, por ser o único na sua categoria.

O cargo isolado tende a desaparecer, sendo substituído pela terceirização. O cargo efetivo isolado não tem carreira, não sendo abraçado pela promoção. Por exemplo, faxineiro, ascensorista de elevador. O Poder Público, atualmente, não abre concurso para cargo isolado, preferindo fazer licitação, contratando empresa para tais serviços.

Não há lei regulando a feitura da terceirização. Há um parâmetro, entendendo que a *atividade-fim* não pode ser terceirizada, somente *atividade-meio.*

Os cargos também são classificáveis quanto à sua *vocação* para retenção dos ocupantes. De acordo com este critério, dividem-se em: *cargos vitalícios, cargos efetivos* e *cargos em comissão.*

Os *cargos de provimento vitalício* são aqueles que oferecem a maior garantia de permanência a seus ocupantes. O titular desse cargo só pode ter extinto o vínculo que o liga à Administração Pública por processo judicial (art. 95, I, da CF). Desse modo, torna-se inviável o desfazimento dessa relação jurídica por meio exclusivo de processo administrativo (salvo no período inicial de dois anos até a aquisição da prerrogativa). A vitaliciedade é concedida ao agente público em função da liberdade que deve estar por trás de todo o seu comportamento no desempenho do cargo, para que não fique sujeito a eventuais pressões impostas por determinados grupos de pessoas.

Os cargos de provimento vitalício são somente os enunciados na Constituição Federal, não podendo, a vitaliciedade, ser conferida a outros agentes por meio de normas inferiores.

São cargos de provimento vitalício os de Magistrado (art. 95, I, da CF), os de membros do Ministério Público (art. 128, § 5º, I, *a*, da CF), os de Ministros do Tribunal de Contas (art. 73, § 3º, da CF) e os de oficiais militares (art. 142, VI). Nas demais pessoas políticas a vitaliciedade é outorgada aos agentes que nessas esferas desempenham atribuições semelhantes, como por exemplo, os Conselheiros dos Tribunais de Contas (devido a expressa previsão contida no art. 75 da CF).

No primeiro grau, a vitaliciedade é obtida pelos juízes após dois anos de efetivo exercício (art. 95, I, da CF). Também aos membros do Ministério Público é de dois anos o prazo de exercício para a obtenção da vitaliciedade. Durante esse tempo, os juízes só poderão perder o cargo por deliberação do Tribunal a que estiverem vinculados (art. 95, I, CF).

No segundo grau e só para os magistrados não oriundos da carreira, a vitaliciedade é adquirida com a posse, como se conclui do art. 95, I, da Constituição vigente. O mesmo acontece com os Ministros do Tribunal de Contas, que também adquirem a vitaliciedade no ato da posse.

Os *cargos de provimento efetivo* são aqueles que se revestem de caráter de permanência, constituindo a maioria absoluta dos cargos integrantes dos diversos quadros funcionais.

A aludida permanência é uma característica do cargo, não de quem nele venha a ser provido. O seu titular, somente com o decurso de três anos de exercício, período que corresponde ao estágio probatório, é que nele se efetiva e adquire estabilidade, se avaliado favoravelmente.

Depois de estabilizado, o vínculo que prende o servidor à Administração Pública só pode ser extinto mediante processo administrativo ou judicial em que se lhes faculte ampla defesa; e agora, também, em virtude de avaliação negativa de desempenho, como introduzido pela Reforma Administrativa em 1998.

Os cargos de provimento em comissão estão previstos no art. 37, incisos II e V, da Constituição da República:

> *Art. 37. (...)*
>
> *II – a investidura em cargo ou emprego público depende de aprovação prévia em concurso público de provas ou de provas e títulos, de acordo com a natureza e a complexidade do cargo ou emprego, na forma prevista em lei, ressalvas as nomeações para cargo em comissão declarado em lei de livre nomeação e exoneração;*
>
> *(...)*
>
> *V – as funções de confiança, exercidas exclusivamente por servidores ocupantes de cargo efetivo, e os cargos em comissão, a serem preenchidos por servidores de carreira nos casos, condições e percentuais mínimos previstos em lei, destinam-se apenas às atribuições de direção, chefia e assessoramento.*

Os cargos de provimento em comissão são aqueles de ocupação transitória. Os seus titulares são nomeados em função da relação de confiança que existe entre eles e a autoridade nomeante, por isso são também chamados de *cargos de confiança.*

A nomeação do agente para o cargo em comissão independerá de aprovação prévia em concurso público, embora se possam fazer, por lei, outras exigências, tais como idade mínima (como ocorre com os Ministros de Estado, que devem ter mais de vinte e um anos), pleno exercício dos direitos políticos, quitação com as obrigações militares e eleitorais, aptidão física e mental para as atribuições do cargo, nível de escolaridade necessária ao exercício do cargo, entre outros.

Podemos afirmar que todo cargo, todo emprego, tem uma função. Cargos e empregos são criados para materializar uma função. Entretanto, o inverso não pode ocorrer. Há algumas situações onde a função pública existe isoladamente, sem cargo ou emprego. Daí falar-se corretamente em cargo público, emprego público e função pública, pois todo cargo, todo emprego é criado para exercer uma função. Já a função pública tem vida própria, podendo existir sem cargo e sem emprego.

Exemplos de funções públicas:

a) *Agente honorífico* – não possui cargo, porém função pública transitória.

b) *Contratação temporária* – não existe cargo de contrato temporário. O contratado temporário exerce função, isoladamente, sem cargo ou emprego, exatamente porque é transitória em função de um lapso temporal.

c) *Função de confiança* – terminando o lapso temporal desse exercício, retorna-se para o cargo de origem, existindo, por isso, só a função.

2.1 Cargo em comissão

Repetindo, mais uma vez, o ingresso em cargo ou emprego público, em regra, pressupõe a submissão a concurso público, por meio de provas ou de provas e títulos. Excepcionalmente, entretanto, haverá o ingresso em *cargo em comissão*, declarado por lei de livre nomeação ou exoneração, de acordo com previsão constitucional constante na parte final do inciso II do art. 37, cuja redação foi alterada pela Emenda Constitucional nº 19/1998.

2.2. A harmonização dos incisos II e V do art. 37 da Constituição Federal

Ressalva-se que a análise acerca do **cargo em comissão** deverá ser apreciada concomitantemente sob o prisma dos incisos II e V do art. 37 da Constituição Federal. Reportando-se ao inciso II, lê-se que o ingresso em cargo ou emprego público, em regra, segue o disposto na primeira parte deste inciso, ou seja, ocorre por meio de concurso público, ao passo que a parte final deste inciso trata dos casos excepcionais, que é a livre nomeação e exoneração por parte do administrador.

Não obstante, o inciso V deste mesmo artigo reza que os cargos em comissão serão preenchidos por servidores de carreira, fazendo supor que, para auferir um cargo em comissão, o suposto ocupante necessariamente será um servidor público concursado. Ressalta, porém, em seguida: "*nos casos, condições e percentuais mínimos previstos em lei, e destinados apenas às atribuições de direção, chefia e assessoramento*".

Uma breve leitura deste inciso pode nos levar a uma interpretação equivocada e confusa ao associá-lo ao texto do inciso II, pois enquanto este afirma que, excepcionalmente, aqueles que ingressarem em cargos em comissão poderão ser livremente nomeados e exonerados, ao alvedrio do administrador, aquele revela que os ocupantes de cargo em comissão haverão de ser servidores de carreira.

Trazendo à baila o texto final do inciso II, despontam as características da *livre nomeação e exoneração*, que têm como norte a fidúcia a qual a ensejará. A propósito, deve-se ressaltar que a confiança que motivará a escolha do administrador deverá existir antes mesmo da nomeação, pois é com base nesta que ele nomeará o ocupante de tal cargo. Em outras palavras, esta confiança não surge depois da nomeação, não nasce com o tempo ou com a convivência, mas já existe antes destas.

Se, contudo, esta não mais subsistir com o passar do tempo, gozará o administrador do direito de exonerar livremente, sem a necessidade de motivação, da mesma forma que nomeou, sendo esta discricionariedade a maior característica a ser utilizada no preenchimento do cargo em comissão.

Portanto, num primeiro momento insurge-se uma aparente contradição à leitura destes dois dispositivos constitucionais, a suscitar que, se o cargo em comissão sustenta de fato a liberdade do administrador para nomear e exonerar livremente, como pode incidir sobre este mesmo instituto a exigência de servidor de carreira? A resposta se encontra expressa na redação da parte final do inciso V, nos seguintes termos: "*nos casos, condições e percentuais mínimos previstos em lei*".

ATENÇÃO! Muito embora não tenha sido editada a referida lei, o Poder Executivo Federal expediu o Decreto nº 5.497/2005 determinando o percentual mínimo. Assim, passaram a existir 6 níveis de cargos em comissão denomidados "DAS".

Os "DAS" níveis 1, 2 e 3 serão ocupados exclusivamente por servidores de carreira no importe de 75%; o de nível 4 com 50% e os de níveis 5 e 6 a nomeação é inteiramente livre, como ocorre com os cargos de Ministros de Estado.

Não se trata de descaracterizar a originalidade do cargo em comissão, no que alude à livre nomeação e exoneração, pois que apenas parte de tais cargos será preenchida por servidores de carreira, ficando a maioria a critério do administrador, que poderá nomear livremente aquele sobre o qual deposita sua confiança.

Tais critérios estarão elencados na lei que dispuser sobre a criação dos cargos em comissão. Ela traçará quantos destes se destinam ao preenchimento por servidores de carreira, e quantos estarão vinculados à livre nomeação, abarcando estes últimos a maioria dos cargos criados.

Com efeito, fica claro que a regra, no que tange aos incisos II e V do art. 37, é a de que os cargos em comissão serão de livre nomeação e exoneração, prevalecendo a discricionariedade do Chefe do Poder Executivo, e que a intenção do legislador, ao acrescentar que parte destes cargos seja destinada a servidores de carreira, tem por fim evitar eventual abuso ou excesso de poder por parte do administrador, ou ainda, equilibrar os poderes do Executivo pelo Legislativo, em razão do sistema de freios e contrapesos vigente em nossa Constituição Federal, onde um poder será vigiado e limitado pelo outro.

2.3. Exercício de cargo em comissão

O cargo em comissão, por sua peculiar natureza de confiança, enquadra-se no fato temporal da transitoriedade livre, ficando a autoridade competente, sem pélias jurídicas, para lavrar a dispensa, a qualquer tempo, dispensado de motivação. A exoneração *ad nutum*, por si, não gera para seu ocupante idênticos direitos aos detentores de cargo efetivo, salvo quanto à remuneração, licença médica e férias, nos termos que a lei dispuser. A titularidade, portanto, é precária.

O portador de cargo comissionado não tem direito à permanência no serviço público, ainda que em licença-saúde, distinguindo-se, claramente, a relação previdenciária do vínculo mantido com a administração.

Portanto, é admissível a exoneração de cargo em comissão durante o gozo de licença para tratamento de saúde.

Acresce-se a isso o fato de que a esta forma de provimento aplica-se a possibilidade de exoneração, a qualquer tempo, conforme reza o art. 37, II, da CF/1988.

E não importa que a exoneração ocorra durante licença-saúde, a despeito de o art. 130, da Lei nº 10.098/1994, prever tal benefício para o servidor, expressão genérica que não distingue a natureza do provimento, a teor do art. 2º, § 4º, *do mesmo diploma, sem prejuízo da remuneração a que fizer jus.*

O cabimento da indenização para o exonerado de cargo em comissão encontra obstáculo no art. 37, II, da CF/1988. Com efeito, ao julgar a ADIn 182-RS, Relator Ministro Sydney Sanches, o pleno do STF divisou inconstitucionalidade material nos §§ 3º, 4º e 5º do art. 32 da CE/1989, pois, impondo uma indenização a favor do exonerado, a norma estadual condiciona, ou ao menos restringe, a liberdade de exoneração, a que se refere o inciso II do art. 37 da CF.

Enfim, observando o princípio da legalidade, e preservando a constitucionalidade do art. 130 da Lei nº 10.098/1994, não vejo como concluir pela inadmissibilidade da exoneração do ocupante de cargo em comissão, ou do contratado emergencialmente, durante licença-saúde.

2.4. Gestante nomeada para cargo em comissão

Há controvérsia no que tange à gestante nomeada para cargo em comissão. Entendemos que não há estabilidade, pois não há estágio probatório; então, se a servidora ficar grávida, não perderá a licença à maternidade ocupando cargo em comissão. Consequentemente, tem que retornar ao cargo de origem para usufruir a licença. Há várias decisões do Superior Tribunal de Justiça entendendo assim.

Contudo, localizamos precedente da 6ª Turma do STJ (RMS nº 3.313/SC. Rel. Min. Adhemar Maciel), que , em caso de licença-gestante, aplicou-se à servidora pública o art. 7º, XVIII, da Constituição Federal, por força da isonomia. Porém, o rol do art. 7º não contempla a licença aqui considerada, nem o art. 39, § 2º, da Carta Magna assegura tal direito. De qualquer modo, o julgado não reconheceu o direito à *permanência* no cargo, mas uma indenização equivalente à remuneração que ela teria em 4 (quatro) meses de gravidez.

2.5. Cargo em comissão *versus* função de confiança

CARGO EM COMISSÃO	FUNÇÃO DE CONFIANÇA
Escalões do Governo (Ministros, Secretários e Dirigentes da Administração Indireta)	Direção, Chefia e Assessoramento
Qualquer pessoa (art. 37, V, da Constituição)	Exclusivo de servidor de cargo efetivo (art. 37, V, da Constituição)
Ato Político	Ato Administrativo
Efeito Externo	Efeito Interno

Enquanto o cargo em comissão realiza essencialmente ato político, com efeito externo, a função de confiança realiza ato administrativo, com efeito interno. Por exemplo, um Secretário de Estado baixa portaria reduzindo a circulação de carros, com placa final 1, às segundas-feiras, evitando o caos nos centros urbanos. Esse ato teve repercussões externas, de conteúdo político, que atingem o usuário (cargo em comissão).

Por outro lado, assim como a nomeação para esses cargos são livres, também o é sua exoneração, pois a exoneração do titular do cargo é despida de qualquer formalidade especial, ficando ao exclusivo critério da autoridade nomeante.

Os cargos em comissão fazem parte da estrutura permanente da entidade pública, sendo destinados apenas às atribuições de direção, chefia e assessoramento de determinados órgãos. De sorte que os cargos que não apresentam estas características, ou alguma particularidade em seu rol de atribuições, devem ser de provimento efetivo, pois de outro modo haveria desvio de finalidade na criação do cargo em comissão e, portanto, possibilidade de sua anulação.

O poder de escolha dos titulares de cargos de provimento em comissão são limitados, à medida que deverão ser preenchidos por servidores de carreira nos casos, condições e percentuais mínimos previstos em lei, sendo esta lei editada privativamente por cada uma das entidades políticas.

Os servidores ocupantes, exclusivamente, de cargo em comissão, declarado em lei de livre nomeação e exoneração, terão direito à aposentadoria, concedida nos termos do regime geral da previdência social, de acordo com o art. 40, § 13, da Carta Magna.

Um assunto que se encontra muito em voga reside na nomeação de Diretor de Estabelecimento de Ensino. A Administração Pública possui discricionariedade para optar entre a nomeação ou a eleição para o preenchimento do cargo de diretor de escola pública. O limite a tal discricionariedade se restringe a "opção" pela nomeação direta do diretor da escola pelo chefe do Poder Executivo "ou" pela realização de eleições.

Insta observar que, a partir do momento em que foram convocadas e realizadas as eleições, a Administração Pública ficou obrigada a nomear o vencedor do pleito. Assim sendo, não há falar que a Administração pode deixar de nomear. Não há dúvidas de que a Administração poderia nomear de forma discricionária o diretor. Todavia, quando convocou as eleições e após as mesmas serem realizadas, certamente que não haverá mais aquela possibilidade.

Não se trata de negar a discricionariedade conferida à Administração Pública na tomada de decisões, uma vez que, sabidamente, esta é necessária ao bom funcionamento do Poder Público, que por critério de conveniência e oportunidade, necessita do *le choix du moment*, tendo em vista o princípio da finalidade. Entretanto, tal necessidade não se confunde, de maneira alguma, com ato administrativo que, de um momento ao outro, vincula-se de uma maneira, desprende-se do que determinou e se prende a procedimento diverso. No momento em que a administração opta pela realização de eleição, fica adstrita ao resultado do pleito.

2.6. A criação do cargo pela lei

A criação do *cargo em comissão* está condicionada à lei; e este, uma vez criado, não adquire o caráter da transitoriedade, pois só poderá ser extinto também por lei, salvo exceções previstas na própria Constituição, e não livremente, como ocorre com o provimento em *comissão*.

Necessário, pois, a imprescindível compatibilidade entre o cargo a ser criado por lei e a sua finalidade, pois se observa que a eventual criação desmesurada de tais cargos pelo Chefe do Executivo poderá ensejar desvio de finalidade, eis que terá ocorrido desvio de poder, alheio ao interesse público.

A Lei nº 1.939, do Estado do Mato Grosso do Sul, a título de ilustração, foi considerada pelo Supremo Tribunal Federal inconstitucional, porque a norma havia criado indevidamente cargos em comissão junto ao Tribunal de Contas do Estado, para atender à demanda de assistente técnico de informática, assistente de segurança, agente de cartório e motorista oficial.

Esses cargos não poderiam ser criados dessa forma. De acordo com a Constituição Federal (art. 37, inciso V), os cargos em comissão destinam-se apenas às atribuições de chefia, direção e assessoramento, havendo, portanto, a quebra dos princípios da impessoalidade e da moralidade, cuja inobservância provoca o desprestígio do Estado nas funções e atividades públicas.

Portanto, o cargo destinado ao provimento em comissão será sempre criado por lei, e é esta que o caracterizará como tal, ou seja, a lei, ao criar o cargo, já o predestina desta forma, bem como especifica se será para provimento de servidor de carreira ou de livre nomeação e exoneração, hipótese esta que o investe do caráter da temporariedade, pois esta característica é inerente ao provimento, e não ao cargo. Cumpre analisar, neste contexto, o termo "comissão".

2.7. A relação entre "comissão" e "confiança"

O termo "comissão" se relaciona à ideia da *ocupação transitória do servidor* e guarda estreita relação com a característica da *confiança*, ou *fidúcia*. O servidor ocupante de *cargo em comissão*, cujo ingresso na Administração se dá por meio da livre escolha e nomeação do Chefe do Poder Executivo, poderá dela se desligar quando não mais preencher o requisito da *confiança*, elemento este determinante para a sua escolha, mas sobre o qual não recai, necessariamente, o caráter da permanência, a supor uma ocupação permanente.

A *confiança*, em razão da sua própria subjetividade, poderá se extinguir pelos mais diversos motivos, desaparecendo, assim, o elo que sustenta a estada do servidor nomeado para o cargo de provimento em comissão aos quadros da Administração Pública. Com efeito, para que se conceda a comissão, pressupõe-se que o sujeito que a auferirá seja dotado de confiança do Chefe do Pode Executivo.

Desta feita, incontroverso que a *comissão* se reveste de um caráter provisório, ao passo que sobre o cargo recai a certeza da permanência. Já a *confiança* é o referencial de que se revestirá aquele que ocupar o cargo em comissão. Portanto, o provimento de tal cargo existirá enquanto perdurar a confiança a ele inerente.

2.8. Eventos em que o elemento "confiança" pode ser suplantado

Importa ressaltar que, embora seja a *confiança* o requisito a ser observado na escolha dos ocupantes do *cargo de provimento em comissão*, nas condições e percentuais previstos em lei, este elemento não será sempre essencial nestas hipóteses, em razão da ocorrência de alguns eventos que justifiquem a não aplicação desta regra.

Tal fato poderá se dar, por exemplo, quando uma situação fática requerer a pronta ocupação de determinado cargo, e, em contrapartida, não houver nenhum servidor de confiança dotado de capacidade ou disponibilidade para integrá-lo; ou, ainda, serem todos detentores de capacidades que vão aquém do que se exige para o cargo a ser preenchido.

Portanto, se tanto pela falta de especialidade como pela especialidade incomum não dispuser o Chefe do Executivo de servidores de confiança ao seu alcance, este requisito será suplantado, e o cargo será preenchido por servidor ordinário, tendo em vista o alcance do interesse público.

2.9. A que cargos se destina o provimento em comissão?

A criação por lei de cargos de provimento em comissão não poderá se dar de forma aleatória, criados ao alvedrio do Poder Legislativo e destinados a funções diversas daquelas estipuladas pela Constituição Federal, que na dicção do inciso V do art. 37 reza que *"(...) os cargos em comissão, a serem preenchidos por servidores de carreira nos casos, condições e percentuais mínimos previstos em lei, destinam-se apenas às atribuições de direção, chefia e assessoramento*", redação esta determinada pela Emenda Constitucional nº 19/1998, que introduziu substancial alteração nos artigos relacionados à Administração Pública e ao Servidor.

Nestes termos, pode-se dizer que será tachada de inconstitucional a lei que, em afronta ao dispositivo constitucional supracitado, criar cargos em comissão para funções outras senão aquelas cujo perfil foi taxativamente delimitado pelo Texto Constitucional.

Ademais, há que se atentar para o fato de que a criação de *cargos em comissão* já se constitui em exceção, já que a regra é o servidor submeter-se ao critério do concurso público de provas ou de provas e títulos. Por isso mesmo, fugir das hipóteses de exceção constitucionalmente asseguradas ou criar a exceção da exceção, seria adquirir um passaporte para adentrar a esfera do desvio de poder.

2.10. Limites para a criação de cargos em comissão: direção, assessoramento e chefia

Com redação dada pela Emenda Constitucional nº 19/1998, o texto do inciso V dispõe que os *cargos em comissão* destinam-se exclusivamente às atribuições de direção, chefia e assessoramento, conforme acima prescrito.

Não se vislumbra a criação por lei de *cargos em comissão* para atribuições meramente burocráticas, que podem perfeitamente ser exercidas por pessoas sem qualquer qualificação em especial, tampouco desnecessária a típica confiança e o comprometimento que se requer para os cargos em comissão.

A fim de bem delinear os limites para a criação de cargos em comissão, cumpre uma breve análise isolada sobre as características da Direção, Chefia e Assessoramento.

2.10.1. Direção

As atribuições destinadas à *direção* pressupõem que tal ocupação não se dará por um servidor ordinário, mas sim por um dotado de capacidade de decisão e de autoridade perante os demais, além das devidas qualificações que lhe sejam essenciais para tal desempenho. Direção se relaciona a Diretor, a poder de comando, a uma posição de topo dentro de uma hierarquia. Pressupõe-se que uma Direção abarque um departamento inteiro, e não apenas uma seção.

2.10.2. Chefia

A *Chefia*, por seu turno, que também pressupõe um poder de decisão, uma autoridade perante demais servidores e capacidade de decisão, abarca, todavia, um ângulo de atuação menor que o da Direção. Diz-se que determinado servidor é chefe de uma seção, que é mais restrito que um departamento.

O chefe é o superior mais imediato dos servidores, ao passo que diretor é mais mediato que este. Todavia, ambos sustentam o caráter de hierarquia dentro de uma instituição pública, e ambos são cargos de comando.

2.10.3. Assessoramento

O *Assessoramento*, diferentemente da Direção e da Chefia, não se reveste do caráter de hierarquia, não guarda nenhuma relação com o comando que os outros dois sustentam em suas atribuições. O assessor tão somente *assessora* uma autoridade. Em outras palavras, ele dá um suporte, seja de índole técnica ou empírica, a um superior.

Um superior hierárquico, em razão das suas próprias atribuições, que além de serem de elevada responsabilidade, costumam abranger diversas vertentes, contará com a figura do assessor, ou assessores, que técnica ou intelectualmente qualificado(s), ou ainda se valendo de uma expressiva experiência, dará(ão) respaldo àquele superior.

Com efeito, os outros servidores não lhes deverão hierarquia, mas aqueles terão, sem dúvida, um *plus* em relação aos demais, sobretudo pela escolha vinda de um superior dentro da Administração Pública, e pela confiança para assessorá-lo.

Analisadas as características das três espécies cabíveis à criação de *cargo em comissão*, asseguradas pela Constituição Federal, questiona-se se o provimento destes cargos não poderá, sob nenhuma hipótese, se dar por outros servidores que não se incluam nesta previsão.

Em razão dessa análise, pode-se concluir que os cargos em comissão serão exercidos por duas categorias: os de comando, que abrangem o de Direção e de Chefia; e o de Assessoria, o qual não se reveste do caráter dos primeiros, que é o escalonamento hierárquico.

Por oportuno, registre-se que as características do cargo de assessor se assemelham às de um funcionário comum, pois que não raro qualquer um destes terá qualificações técnicas, que são adquiridas por meio de cursos, ou empíricas, se se considerar um período expressivo tanto dentro do serviço público quanto na iniciativa privada.

Com efeito, o preenchimento de cargo em comissão encontra uma maior margem de escolha quando se destinar a cargo de Assessoramento, pois este não encerra um sentido tão restrito, bastando que o assessor seja um *expert* de determinado campo de atuação, ou alguém dotado de ampla experiência em determinada área, que o capacite a assessorar o Chefe do Poder Executivo.

É certo, pois, que uma eventual nomeação pelo Chefe do Poder Executivo fora das exigências determináveis para os cargos de direção e chefia, as quais pressupõem uma qualificação mais intelectual, encontrará respaldo no preenchimento de funções de assessoramento, na figura de um *expert* ou alguém de relevante experiência profissional.

É o que ocorre, por exemplo, com um segurança do Chefe do Poder Executivo. Na prática, pode ocorrer de um segurança vir a ocupar um cargo de provimento em comissão, levando-se em conta o elemento "confiança", que neste caso específico é significativamente essencial, bem como o requisito da habilidade, ou de uma técnica de segurança especializada, também indispensável para a importância de tal função.

Diante da peculiaridade de certa circunstância, a autoridade superior poderá não considerar suficiente, ou mesmo adequado, tão somente a análise do aspecto técnico ou intelectual daquele que ocupará um cargo destinado à sua segurança. Tenderá a dar especial importância ao aspecto da confiança, visto que a atribuição a ser exercida pressupõe uma lealdade pessoal, bem como à reconhecida e comprovada experiência nesta área.

2.11. Incide estabilidade sobre o cargo em comissão?

No que alude ao vínculo da estabilidade extensível ao servidor público, ratifica-se que este não alcança os servidores ocupantes de cargo em comissão, pois a regra vigente no Texto Constitucional enfatiza em seu art. 41 que:

> *São estáveis após 3 (três) anos de efetivo exercício os servidores nomeados para o cargo de provimento efetivo em virtude de concurso público.*

Com efeito, em regra a estabilidade se aplica àqueles servidores que ingressaram no serviço público por meio de concurso público, ou seja, aos cargos de caráter efetivo, e tão somente decorridos três anos de efetivo exercício.

Ainda a esse respeito, a redação do inciso II do art. 37 reza expressamente que os cargos em comissão são declarados por lei de livre nomeação e exoneração, descartando-se com esta assertiva qualquer possibilidade destes servidores virem a adquirir a estabilidade, pois que são passíveis de exoneração livre e desmotivada a qualquer momento por quem os nomeou, ou seja, pelo Chefe do Executivo.

Com isso, se eventualmente a lei que cria tais cargos se contrapõe ao mandamento constitucional, dispondo sobre a garantia da estabilidade para o cargo que está sendo criado, será impugnada judicialmente e declarada sua inconstitucionalidade.

2.12. Como ocorre o desligamento do servidor do cargo em comissão?

O ocupante de cargo em comissão, em regra, será *exonerado* quando não mais preencher os requisitos que o levaram a ingressar no serviço público, pois estes cargos são declarados por lei de livre nomeação e exoneração pelo Chefe do Executivo, prevalecendo o critério da confiança na sua escolha. Registre-se, ainda, que exoneração não é punição, sendo, neste caso específico, um mero instrumento de que se vale o administrador com garantia em preceito constitucional, e o qual não o obriga a motivar sua decisão.

2.12.1. Exoneração desmotivada e pelo livre arbítrio do administrador

A princípio, supõe-se que a exoneração de um ocupante de cargo em comissão tenha se dado em decorrência de motivos destituídos de gravames. Se aquele que o ocupava integrava a parte reservada aos servidores de carreira, não sofrerá prejuízos, por já se constituir em titular de cargo efetivo.

Se, contudo, este ocupante exonerado ingressou no cargo público por meio de nomeação do Chefe do Executivo, segundo seu livre critério de escolha, nada lhe restará senão se retirar, sem quaisquer direitos adquiridos, dos quadros do funcionalismo público. Todavia, esta conduta não terá sido uma punição, e provavelmente a ela não precedeu nenhuma infração funcional.

2.12.2. Destituição do cargo em razão da prática de infração disciplinar

Já nas hipóteses de ter o ocupante do cargo infringido um dos deveres funcionais, sofrerá as sanções previstas em lei, sendo a mais grave delas a destituição de cargo. Lembre-se que destituição é sinônimo de punição, ao contrário de exoneração. Por isso, a prática de infração disciplinar acarretará na destituição do cargo em comissão.

Ademais, pondera-se o fato de que, sendo o provimento do cargo em comissão motivado pelo critério da confiança que o administrador se vale na escolha de seu ocupante, a prática de infração disciplinar, por si só, já justifica a extinção do vínculo entre este e a Administração Pública. Em outras palavras, se o seu provimento foi motivado pela confiança, a quebra dessa não mais justifica a sua estada no serviço público.

A destituição se constitui, pois, na perda do cargo precedida de uma infração disciplinar. É mister que esta seja motivada e o titular do cargo submetido ao contraditório e à ampla defesa. Com efeito, o ocupante de cargo público destituído em razão de infração sofrerá consequências em sua vida funcional, como a inabilitação a nova nomeação pelo prazo de 5 (cinco) anos, com previsão no art. 137 da Lei nº 8.112/1990, se este incorrer na infringência do art. 117, incisos IX e XI, da Lei nº 8.112/1990:

Art. 137. A demissão ou a destituição de cargo em comissão, por infringência do art. 117, incisos IX e XI, incompatibiliza o ex-servidor para nova investidura em cargo público federal, pelo prazo de 5 (cinco) anos.

Veja o que dispõe o art. 117, incisos IX e XI:

Art. 117. Ao servidor é proibido: (Vide Medida Provisória nº 2.225-45, de 04/09/2001)

(...)

IX – valer-se do cargo para lograr proveito pessoal ou de outrem, em detrimento da dignidade da função pública;

(...)

XI – atuar, como procurador ou intermediário, junto a repartições públicas, salvo quando se tratar de benefícios previdenciários ou assistenciais de parentes até o segundo grau, e de cônjuge ou companheiro.

Portanto, reza o parágrafo único do art. 137 que a infração será mais grave se o ocupante do cargo em comissão incorrer nas modalidades do art. 132, incisos I, IV, VIII, X e XI, ambos da Lei nº 8.112/1990, cuja pena será o não retorno ao serviço público federal, conforme o texto que se segue:

Art. 137. (...)

Parágrafo único. ***Não poderá retornar ao serviço público federal*** *o servidor que for demitido ou destituído do cargo em comissão por infringência do art. 132, incisos I, IV, VIII, X e XI.*

Art. 132. A demissão será aplicada nos seguintes casos:

I – crime contra a administração pública;

(...)

IV – improbidade administrativa;

(...)

VIII – aplicação irregular de dinheiros públicos;

(...)

X – lesão aos cofres públicos e dilapidação do patrimônio nacional;

XI – corrupção. (destaque em negrito nosso)

Dessa forma, há que prevalecer a plena consciência do administrador em saber que, ao exonerar aquele que nomeou livremente, não estará acarretando nenhuma consequência ao ex-servidor, a não ser a sua saída dos quadros do serviço público sem direito à indenização. Mas se optar em destituir, o que equivale a demitir, estará imputando-lhe medida mais gravosa, com as suas respectivas consequências práticas. Daí entender a doutrina majoritária que a destituição se constitui em punição.

2.12.3. Exoneração em razão de excesso de despesa com pessoal

Esta hipótese é a que se imprime no art. 169, § 3º, II, da Constituição Federal, que se aplica à *exoneração de servidores não estáveis por excesso de despesa*. Este dispositivo constitucional traz a seguinte previsão, no *caput* do art. 169: "*A despesa com pessoal ativo e inativo da União, dos Estados, do Distrito Federal e dos Municípios não poderá exceder os limites estabelecidos em lei complementar*". O § 3º deste mesmo artigo dispõe que:

> *Para o cumprimento dos limites estabelecidos com base neste artigo, durante o prazo fixado na lei complementar referida no* caput, *a União, os Estados, o Distrito Federal e os Municípios adotarão as seguintes providências: (...)*

Já o inciso II do § 3º faz expressa menção à *exoneração dos servidores não estáveis*. Com efeito, os *servidores não estáveis* serão exonerados para fins de cumprimento da Lei de Responsabilidade Fiscal, que é a lei complementar a que faz alusão o *caput* do art. 169, como medida necessária a cumprir os limites de despesa com pessoal ativo e inativo dos entes da Federação.

Prevê o § 6º do artigo em tese que o cargo objeto da redução será considerado extinto. Todavia, este preceito constitucional, além de trazer previsão acerca de exoneração de servidores não estáveis, também o faz quanto a uma modalidade de extinção de cargo público, fixando ainda um prazo de 4 anos para a não criação de outro cargo, emprego ou função igual ou semelhante ao extinto.

Sendo os ocupantes de cargo em comissão "*servidores não estáveis*", estarão abraçados nesta regra constitucional, podendo ser exonerados nestas hipóteses, fazendo *jus*, portanto, a indenização correspondente a um mês de remuneração por ano de serviço, conforme preconiza o § 5º.

Registre-se, ainda, que a Lei federal nº 9.801/1999 dispõe sobre as normas gerais a serem aplicadas em caso de perda do cargo por excesso de despesa.

2.13. Direitos extensíveis ao ocupante de cargos em comissão

Os ocupantes de cargo em comissão gozarão de parte dos direitos dos servidores efetivos, a exemplo do direito à aposentadoria, férias, adicionais e licenças, **excepcionando-se**, neste último caso, a **licença para tratamento de interesses particulares.**

Oportuno aduzir que ao ocupante de cargo em comissão é vedada a acumulação com outro cargo, de comissão ou não, em razão do que dispõe o art. 19, § 1º, da Lei nº 8.112/1990, com a redação dada pela Lei nº 9.527/1997, que prevê o regime de dedicação integral para esta categoria de servidores.

Ainda no que concerne aos direitos cabíveis aos ocupantes de cargo em comissão, reportamo-nos à Lei nº 8.647/1993, cujo texto se aplica a regular a vinculação do ocupante de cargo em comissão ao Regime Geral de Previdência Social.

Em sede constitucional, há a previsão de que o servidor ocupante de cargo em comissão se submete ao regime geral de previdência social no § 13 do art. 40, com redação transcrita nas linhas que seguem:

> *Art. 40. (...)*
>
> *§ 13. Ao servidor ocupante, exclusivamente, de cargo em comissão declarado em lei de livre nomeação e exoneração bem como de outro cargo temporário ou de emprego público, aplica-se o regime geral de previdência social. (Parágrafo acrescentado pela EC nº 20, de 15 de dezembro de 1998).*

Portanto, fica claro que os ocupantes de cargo em comissão não se submeterão, ao contrário dos servidores de provimento efetivo, aos benefícios do Plano de Seguridade Social, salvo a assistência à saúde, que se constitui em exceção a esta regra.

A esta comissão será dada a competência de avaliar as condutas descritas como infrações funcionais. O servidor indiciado poderá ser representado, em sua defesa, por advogado regularmente habilitado, e este poderá arrolar testemunhas, contraditar as arroladas, requerer diligências, perícias, solicitar provas etc., podendo ser negadas tão somente se se tratar de provas infundadas.

Registre-se que seguidamente à citação do réu, este se submeterá ao interrogatório, acompanhado ou não de advogado, conforme desejar, e se dará sequência aos atos probatórios, com a oitiva de testemunhas já devidamente arroladas nos autos, o requerimento de documentos, bem como os demais atos que possam contribuir para a defesa do agente público.

Exemplos típicos destes atos são as solicitações feitas ao Poder Judiciário da quebra de sigilos bancário e telefônico e fiscal, cuja concessão a ser dada pelo juiz, dependerá do caso prático, ou seja, da necessidade de cada qual como parte indispensável para a composição da defesa do indiciado. Por certo, o Judiciário não pode fazer deste procedimento uma conduta de praxe, pois se trata de flagrante violação do direito da intimidade.

Por outro lado, não poderá se furtar de fazê-lo se estas provas decerto contribuirão para a aferição da verdade dos fatos. Trata-se, pois, de ponderar os interesses que se contrapõem e de se optar por aquele que contribuirá para o alcance do interesse público. Por isso, se, por meio da violação telefônica, por exemplo, forem obtidas as provas cabais da conduta delituosa do servidor, esta deverá ser concedida, pois a manutenção deste servidor infrator nos quadros da Administração será uma afronta ao interesse público.

Finda a fase probatória, ou a fase de instrução, abre-se prazo para a apresentação das alegações finais, ficando apta a Comissão a elaborar o seu relatório, e, se competente, aplicar a sanção cabível. Se incompetente para tal ato, emite parecer opinando pela aplicação ou não da sanção, a ser julgado por autoridade competente.

Responsável pelo julgamento final, a autoridade competente emitirá sua decisão, que será devidamente justificada o mais justa possível, consoante os fatos narrados e as provas colhidas, não lhe sendo lícito o uso de convicção íntima, tal como ocorre no processo judiciário.

Tratar-se-á de uma decisão da administração, portanto, o processo administrativo estará sujeito a instância superior, com a designação de um órgão revisor a quem incumbirá a análise e julgamento dos recursos administrativos, pois que o direito de defesa não se exaure com esta decisão.

Caberá aos órgãos superiores, após a devida análise de todo o alegado, manter a decisão ou reformá-la, no todo ou em parte. Segue-se, ainda, o direito à revisão da decisão, válida com a apresentação de fatos novos e depoimentos inéditos, ou mesmo a demonstração de vício na produção de atos já consignados.

Nestes termos, registre-se que o pedido de revisão é extensivo à família de servidor falecido, seja na defesa de questões pecuniárias, seja na defesa da própria imagem e da honra do *de cujus*, a quem à família assiste o direito de preservar.

2.13.1. Incorporação aos vencimentos, como direito pessoal, de cargo em comissão

A incorporação aos vencimentos correspondente a cargo em comissão foi definitivamente sepultada, em face da Emenda Constitucional nº 19, de 04/06/1998, que modificou a redação do inciso XIV do art. 37 da Carta Fundamental, vindo a impedir "o cômputo de vantagem sobre vantagens", o chamado respingue de benefícios. "Configura proibição abrangente, aplicável aos servidores que estejam em regime de vencimentos..." (Dinorá

Grotti, Redistribuição dos servidores: análise dos incisos X a XV do art. 37 da CF/88, com as modificações introduzidas pela Emenda Constitucional da Reforma Administrativa, *Revista dos Tribunais*, nº 24, 1988).

Tal vedação abraça os servidores federais, estaduais, distritais e municipais, posto que o art. 37 da Carta da República, ao que se deduz de seu *caput*, fixa princípios e diretrizes para todos os órgãos e entidades da Administração direta e indireta de qualquer dos Poderes da União, dos Estados, do Distrito Federal e dos Municípios.

Os estatutos dos servidores dos Estados da Federação têm de ajustar-se, igualmente, aos ditames da nova ordem. Portanto, não será possível a incorporação aos vencimentos de diferenças estipendiais oriundas do exercício de cargos.

Agora, se, ao tempo da edição da EC nº 19/1998, o servidor já contava cinco anos de permanência no cargo em comissão, converte-se a invocação do direito adquirido.

2.13.2. Incorporação da premiação em procedimento administrativo vinculado

Uma gratificação concedida, não sendo discricionária, mas vinculada à adequação do ato praticado ao tipo legal, e, uma vez demonstrada a sua ocorrência, não pode a Administração revogar tal ato, sob pena de o Judiciário descer ao exame dos motivos que o ditaram, de sua conformação formal e ideológica com a lei. Revendo motivos, não pode a Administração, arbitrariamente, desconsiderá-los para se eximir de praticar o ato administrativo correspondente.

Oportuno que se façam breves comentários acerca da revogação e que, inclusive, foi matéria no concurso para o Ingresso na Escola da Magistratura do Rio de Janeiro:

J. C., delegado integrante do quadro da Polícia Civil do Estado do Rio de Janeiro, requereu acréscimo, em pecúnia, aos seus vencimentos, de premiação decorrente de ato de bravura por ele praticado. O pedido foi fundamentado em Lei Estadual que contém a seguinte norma: "A Autoridade Policial competente, após registro minucioso do fato, apurará a bravura por meio de sindicância sumária ultimada no prazo de 10 dias, onde consignará todas as provas colhidas e oferecerá relatório conclusivo, para imediata remessa à Comissão de Promoção". A sindicância foi instaurada e a Autoridade Policial competente entendeu que o ato de bravura estava devidamente caracterizado. Com base nesta assertiva, responda:

a) Pode a Comissão de Promoção divergir das conclusões da sindicância e indeferir o pedido de vantagem pecuniária, uma vez caracterizado o ato de bravura?
b) Se deferida a premiação, culminada com a expedição, pelo Governador, de decreto, poderá a vantagem ser revogada por decreto ulterior, cuja motivação se expresse na "necessidade de adequação da despesa com pessoal aos limites previstos no art. 169 da Constituição da República", em "dificuldades financeiras do Estado" e, ainda, na "necessidade de serem instituídas gratificações mais justas e criteriosas"?

Se o ato de bravura tem suporte fático, tendo sido apurado e comprovado em procedimento regular, a premiação não pode ser concedida ao arbítrio do Chefe do Executivo, mas sim em caráter individual e motivadamente. Ora, à luz dos mais elementares princípios do Direito Administrativo, isso caracteriza ato vinculado e não discricionário.

Não é demais relembrar que o ato vinculado, ou regrado, é aquele que é praticado em estrita obediência às prescrições legais, aquele em que a Administração manifesta sua vontade na oportunidade e para os efeitos previstos em lei, no qual o agente público não tem qualquer margem de escolha de atuação, seja de tempo ou de conteúdo. O ato discricionário, por sua vez, é aquele em que a Administração se encontra com possibilidade de escolha de sua oportunidade, de sua conveniência, de modo de sua realização, do alcance dos seus efeitos, do seu conteúdo jurídico, dos destinatários de sua vontade.

Ora, sendo vinculado o ato de concessão de premiação por mérito especial – no caso, ato de bravura de delegado integrante do quadro da Polícia Civil do Estado do Rio de Janeiro –, deferido pelo Governador por decreto, como revogá-lo imotivadamente? Ato vinculado não pode ser revogado por ato discricionário, por decreto ulterior àquele que concedeu a vantagem pecuniária ao policial, falando em "necessidade de adequação da despesa com pessoal aos limites previstos no art. 169 da Constituição da República", em "dificuldades financeiras do Estado" e, ainda, na "necessidade de serem instituídas gratificações mais justas e criteriosas", os quais são motivos políticos, genéricos, econômicos, sem nenhuma especificidade em relação ao impetrante.

A toda evidência, não basta repetir, para motivar o ato vinculado, enunciado formal, onde cabem situações díspares, sem distinguir os fatos próprios de cada situação; não basta citar fórmulas genéricas destituídas de suporte fático, o que a doutrina francesa chama de *passe par tout*. É preciso que, em lugar de fórmulas abstratas, fiquem claramente delineadas as razões de fato e de direito que justifiquem o agir da Administração, razões essas que, além de materialmente existentes, sejam também juridicamente adequadas para produzirem os efeitos jurídicos pretendidos. Em síntese, é preciso sair da generalidade da fórmula e detalhar a singularidade do caso concreto.

No caso em exame, não há efeito *ex tunc* que faça cessar o pagamento do benefício, no entendimento de que a premiação por mérito tem caráter provisório e precário ou que a continuidade de sua percepção está vinculada à continuidade da atuação meritória do servidor ou à conveniência administrativa à sua manutenção, daí podendo ser revogada por decisão discricionária. A cassação do benefício só pode ocorrer através de procedimento individual, onde a motivação para tal tem que se referir aos mesmos fatos que geraram o benefício, como, por exemplo, inexistência, falsidade etc. Um decreto de caráter geral, fundado em motivação econômica, não pode suprimir direitos concedidos, individualmente, em decorrência do preenchimento de pressupostos legais, à época exigíveis.

Nesses termos, deixa de ter relevância discutir a natureza jurídica do prêmio por mérito especial – de gratificação *propter laborem* (*labore faciendo*) ou se uma vantagem pecuniária *pro labore facto*. De qualquer forma, não pode a autoridade cessá-la discricionariamente, por se tratar de ato vinculado. A vantagem pecuniária por ato de bravura não pode ser cancelada pelo simples fato de não ser possível eliminar o fato que a gerou[43].

43. Referência Jurisprudencial que suporta a conclusão: "Servidor Público. Premiação por Mérito Especial. Vantagem pecuniária decorrente de ato vinculado. Cassação imotivada. Impossibilidade. A premiação por mérito especial era ato vinculado porque tinha por motivação a efetiva ocorrência de um ato de bravura, regularmente apurado. Logo, não podia ser cassada por decisão discricionária, sem a específica motivação prevista no Decreto de concessão. Motivo é a situação fática, objetiva, real e concreta que autoriza a prática do ato administrativo, pelo que não basta repetir enunciado genérico, onde cabem situações díspares, para motivar o ato vinculado. É preciso distinguir os fatos próprios de cada situação através de procedimento individual, as razões de fato e de direito que justifiquem e legitimem o agir da autoridade. Destarte, Decreto de caráter geral fundado em motivação econômica, não pode suprimir direitos concedidos, individualmente, em decorrência do preenchimento de pressupostos legais, à época exigíveis. Concessão da ordem." (Mandado de Segurança nº 1.049/2006, Órgão Especial do Tribunal de Justiça do Estado do Rio de Janeiro, Rel. Des. Sérgio Cavalieri Filho).

2.14. Aposentadoria de servidor detentor de cargo em comissão

Interessa também que se toque no assunto da *aposentadoria dos servidores detentores de cargo em comissão*, que tem gerado muitas controvérsias em razão das alterações trazidas pelas Emendas Constitucionais que de alguma forma trouxeram alterações ao sistema previdenciário, sobretudo as de n°s 20/1998, 41/2003 e 47/2005, somando-se ainda às peculiaridades das leis que definem o direito local.

Com efeito, com muita frequência esta modalidade de servidores tem recorrido à Justiça objetivando buscar o reconhecimento do direito à aposentadoria estatutária, o que não significa, contudo, que sempre logram êxito, mesmo após a interposição dos vários recursos disponíveis e aplicáveis a cada caso.

Para uma breve análise deste assunto, nos valemos do julgamento pelo Supremo Tribunal Federal do Ag.Reg. no Agravo de Instrumento nº 578.458-7 – São Paulo, que teve como Relator o Ministro Gilmar Mendes:

> Agravo Regimental em Agravo de Instrumento. 2. Servidor Público. Aposentadoria. Cargo em comissão. 3. Não tem direito à aposentadoria estatutária o servidor detentor de cargo em comissão aposentado após a Emenda Constitucional nº 20, de 16 de dezembro de 1998. 4. Constitucionalidade de lei local para definir tempo mínimo de serviço prestado. Precedente. 5. Direito Adquirido a regime jurídico. Impossibilidade. Precedente. 6. Agravo regimental a que se nega provimento.

O caso sob análise é o de *agravo contra decisão que negou o processamento de recurso extraordinário*, tudo com fundamento no art. 102, III, *a*, da Constituição da República, e *interposto em face de acórdão* cuja Ementa é a que se lê nesta sequência:

> Mandado de Segurança – Servidor municipal objetivo – Aposentadoria – Ocupante de cargo em comissão – Exigência de quinze anos de efetivo e ininterrupto exercício – Lei municipal 10.916/90 – Constitucionalidade – Art. 8º, § 1º, da EC 20/98 aplicável aos ocupantes de cargo efetivo – Segurança denegada – Recurso não provido.

Relevante informar que na sua habitual manifestação, o Subprocurador-Geral da República manifestou-se em seu parecer pelo desprovimento do agravo, citando em suas alegações a própria interpretação do STF no julgamento do RE nº 231.386-1/RS, que teve como Relator o Ministro Marco Aurélio, e se coadunando integralmente com esta[44].

Ao fazer alusão a esta interpretação, lembrou o Sub-procurador que os destinatários da regra contida no art. 8º, § 1º, da EC 20/1998 eram os titulares de cargo efetivo. Já os cargos em comissão, por seu turno, por integrarem o elenco dos chamados *cargos temporários*,

44. "(...) O agravo não merece prosperar. Além de ser irrepreensível a interpretação conferida pelo E. Tribunal *a quo* ao art. 8º, § 1º, da EC nº 20/98, cujos destinatários obviamente são os titulares de cargo efetivo, condição não desfrutada pela recorrente, o certo é que os cargos em comissão, por estarem inseridos entre os chamados 'cargos temporários', eram regidos pelo disposto no art. 40, § 2º, da CF/88, conforme a redação vigente no tempo em que editada a Lei Municipal nº 10.916/90, e não pela regra constante no art. 40, inciso III, alínea 'a', da Carta Magna. Nesse sentido confira-se o entendimento firmado por esse Pretório Excelso quando do julgamento do RE nº 231.386-1/RS (Rel. Exmo. Sr. Min. Marco Aurélio, *DJ* de 10.08.2001), cujo acórdão restou assim ementado: 'Secretário Municipal – Aposentadoria. Não conflita com a Constituição Federal decisão em que se concluiu pela ausência do direito à aposentadoria no cargo de secretário municipal'. Portanto, ao considerar aplicável o disposto no art. 2º, inciso II, da Lei Municipal nº 10.916/90, que exigia o exercício 'efetivo e ininterrupto de mais de quinze anos de cargo de provimento não efetivo, não há como se vislumbrar a vulneração ao dispositivo constitucional apontado.

quando da edição e vigência da Lei Municipal nº 10.916/1990, de São Paulo, eram regidos pelo disposto no art. 40, § 2º, da CF/1988, e não pela regra constante no art. 40, inciso III, aliena *a*, que foi acrescentada apenas em 1998, pela EC nº 20/1998. Ademais, a condição de titularidade de cargo efetivo não é a que se aplica à recorrente.

Lembrou também o Sub-procurador que a aplicação do disposto no art. 2º, inciso II, da Lei Municipal nº 10.916/90, a qual exigia o exercício "efetivo e ininterrupto de mais de quinze anos de cargo de provimento não efetivo", não carrega sobre si o jugo da inconstitucionalidade.

Na esfera federal, também mencionou, por se considerar o cargo em comissão apenas uma espécie do gênero "cargos temporários", que se editou a Lei nº 8.647/1993, parcialmente descrita a seguir, a qual excluiu expressamente os servidores comissionados da aposentadoria estatutária, entendimento este que também já foi acolhido pela Corte Suprema, a exemplo do julgamento do MS nº 24.024-5/DF e do RE nº 368.058[45].

> *Lei nº 8.647/1993:*
> *Art. 1º O servidor público civil ocupante de cargo em comissão, sem vínculo efetivo com a União, Autarquias, inclusive em regime especial, e Fundações Públicas Federais, vincula-se obrigatoriamente ao Regime Geral de Previdência Social de que trata a Lei nº 8.213, de 24 de julho de 1991.*
> *(...)*
> *Art. 183. A União manterá Plano de Seguridade Social para o servidor e sua família. Parágrafo único. O servidor ocupante de cargo em comissão que não seja, simultaneamente, ocupante de cargo ou emprego efetivo na administração pública direta, autárquica e fundacional, não terá direito aos benefícios do Plano de Seguridade Social, com exceção da assistência à saúde.*

Diante da apreciação parcialmente descrita, entendeu o Relator do acórdão recorrido por negar seguimento do agravo, o que resultou na manifestação da agravante com a interposição de agravo regimental.

Em seu voto, portanto, reiterou o Ministro Gilmar Mendes que a agravante não conseguiu demonstrar o desacerto da decisão agravada, não possuindo direito à aposentadoria estatutária em cargo em comissão, pelo fato de que não reunia o requisito necessário para este benefício, consoante disposição do art. 2º, inciso II, da Lei Municipal nº 10.916, de 1990, *in verbis:* [46]

45. Mandado de Segurança. 2. Ato do Coordenador-Geral de Recursos Humanos do Ministério da Agricultura e do Abastecimento que, em cumprimento à decisão do Tribunal de Contas da União, determinou o cálculo dos proventos de aposentadoria de servidor público federal com base no cargo ocupado na época da edição da Lei nº 8.647, de 1993 e não no dia da ocasião da aposentadoria. 3. Alegação de violação dos princípios da irredutibilidade de vencimentos e do direito adquirido. 4. A nomeação para cargo comissionado após a Lei nº 8.647, de 1993, não gera direito ao cálculo dos proventos de aposentadoria pelo regime estatutário, mas pelo Regime Geral da Previdência Social, nos moldes do cargo ocupado pelo impetrante à época da edição da Lei. A Lei submeteu os detentores de cargos em comissão ao Regime Geral da Previdência Social. 5. Mandado de Segurança denegado." (MS nº 24.024-5/DF, Rel. Min. Ilmar Galvão, *DJ* de 24/10/2005). "Aposentadoria – Cargo de confiança – Na regência primitiva da Carta da República, a aposentadoria em cargo de confiança ficou subordinada à lei. Daí a impossibilidade de se ter, em relação a servidor do Estado do Rio Grande do Sul, o direito à aposentadoria, se ocupado tão somente cargo de confiança, quando neste não haja permanecido por cinco anos – Lei Complementar estadual nº 10.098/94, art. 165." (RE nº 368.058, 1ª T., Rel. Marco Aurélio, *DJ* de 11/03/2006).

46. Em julgamento análago ao analisado nos autos que ora se analisa, o Supremo já teve a oportunidade de se manifestar neste mesmo sentido: "Constitucional. Aposentadoria. Cargo em comissão. I – Na ausência de lei

Lei Municipal nº 10.916/1990:

(...)

Art. 2º O servidor ocupante de cargo em comissão, que não seja titular de cargo de provimento efetivo, será aposentado:

(...)

II – compulsoriamente ou voluntariamente, nas hipóteses previstas para os demais servidores municipais, desde que conte com mais de 15 (quinze) anos de exercício municipal efetivo e ininterrupto, de cargo de provimento dessa natureza.

Dando continuidade ao seu voto, enfatizou não restar dúvidas de que houve de fato exclusão dos comissionados da aposentadoria estatutária, e que isto por si só demonstra que ocorreu a destituição de um direito, pois afirma em louvadas palavras que "só se exclui quem se incluía".

Em seguida expõe a veracidade quanto ao fato de que os comissionados faziam jus à aposentadoria comissionada quando a natureza de suas situações se encaixava no disposto do texto originário do art. 183 da Lei nº 8.112/1990, que foi radicalmente alterado com o advento da Lei nº 8.647/1993, senão vejamos:

Lei nº 8.647/1993:

(...)

Art. 2º O art. 183 da Lei nº 8.112, de 11 de dezembro de 1990, passa a vigorar com a seguinte redação:

"Art. 183. A União manterá Plano de Seguridade Social para o servidor e sua família.

Parágrafo único. O servidor ocupante de cargo em comissão que não seja, simultaneamente, ocupante de cargo ou emprego efetivo na administração pública direta, autárquica e fundacional, não terá direito aos benefícios do Plano de Seguridade Social, com exceção da assistência à saúde". (grifamos o original).

Dando continuidade a este raciocínio, faz alusão o Relator de maneira bastante oportuna ao *Parecer nº AGU/LS-02/97*, emitido pela Advocacia-Geral da União e publicado no *DO* em 14/10/1997, que apenas endossou o entendimento do Tribunal de Contas da União de que "ocupantes de cargo em comissão, sem vínculo efetivo, que já apresentavam condições para a obtenção da aposentadoria, antes do advento da Lei 8.647, de 1993, faziam jus à aposentação pelo Tesouro Nacional"[47].

regulamentadora da aposentadoria dos ocupantes de cargo de provimento em comissão, serão aplicadas as mesmas regras estabelecidas para os servidores públicos em geral. II – Inexistência de exclusão, mediante lei local, dos exercentes do cargo que deu origem aos benefícios. III – Agravo não provido."

47. É a conclusão do Parecer AGU/LS-02/97: "Aposentadoria. Servidor Público Civil ocupante de cargo em comissão, sem vínculo efetivo com o serviço público. Conforme Decisão 733/94 – Plenário, do Egrégio Tribunal de Contas da União, 'é correto o entendimento de que, somente após a Lei nº 8.647, de 13/04/1993, alterando o art. 183 da Lei nº 8.112, de 11/12/1990, a aposentadoria do titular de cargo em comissão que não fosse simultaneamente detentor de cargo efetivo deixou de ser regida pelo art. 185 da citada Lei nº 8.112/90, de 1990'. O direito à aposentadoria à conta do Tesouro Nacional deverá ser deferido aos ocupantes de cargos em comissão, sem vínculo permanente com o serviço público e que não sejam detentores de cargos efetivos, que, no período compreendido entre a edição da Lei nº 8.112, de 11 de dezembro de 1990, e o advento da Lei nº 8.647, de 13 de abril de 1993, tenham implementado o tempo de serviço público necessário para aposentar-se na conformidade do disposto no inciso III, do art. 40, da Constituição da República. Súmula 359 do Supremo Tribunal Federal. Ressalvada a revisão prevista pela lei

Aduziu ainda que o Eg. Tribunal de Contas da União já selou o seu entendimento, consolidando-o no sentido de acatar a legalidade da concessão da aposentadoria em tal situação, o que foi registrado inclusive em seu Plenário na Decisão nº 733/1994, mediante consulta formulada pelo Senado Federal, e assim sintetizado:

> "(...) é correto o entendimento de que, somente após a Lei 8.647, de 13.04.93, alterando o art. 183 da Lei nº 8.112, de 1990, a aposentadoria do titular de cargo em comissão que não fosse, simultaneamente, detentor de cargo efetivo, deixou de ser regida pelo art. 185 da citada Lei nº 8.112/90" (fls. 60/80).

O Supremo Tribunal Federal também decidiu que, a partir da vigência da Lei nº 8.647, de 1993, a situação de aposentadoria dos comissionados foi alterada, não mais fazendo *jus* esta categoria de servidores à aposentadoria estatutária, sendo o que ficou claro no julgamento MS 23.996/DF proferido por esta Suprema Corte[48].

O Relator também lembrou, nesta oportunidade, que já havia provas bastantes, trazidas em seu voto, sobretudo por meio dos citados julgados, para sustentar a conclusão de que servidor em comissão, até a promulgação da Emenda Constitucional nº 20/1998, tinha sua aposentadoria concedida pelas mesmas condições estabelecidas para os servidores públicos em geral.

Menciona ainda o fato de que a Lei nº 10.261/1968, cuja regra de seu art. 227 reconhece que sobre o servidor de cargo em comissão – que some mais de 15 anos de exercício ininterrupto – recai apenas o direito à aposentadoria por invalidez ou compulsória, ou seja, aos 70 anos de idade, passou a ser uma tese inaplicável reconhecidamente por aquela Corte, por não ter sido recepcionada pela Constituição Federal.

E quanto à análise do caso em tela, restou evidente que a recorrente não preencheu os requisitos do tempo mínimo de 15 anos ininterruptos, indispensáveis que são para o requerimento de sua aposentadoria, consoante previsão do art. 2º, inciso II, da Lei Municipal nº 10.916/1990, vigente em São Paulo, o que pode ser observado em outros julgados[49].

---

vigente ao tempo em que o militar, ou o servidor público civil, reuniu os requisitos necessários, inclusive, a apresentação do requerimento, quando a inatividade for voluntária. Sua aplicação aos casos ocorrentes. O servidor público civil, ocupante de cargo em comissão, sem vínculo permanente com o serviço público, que tenha implementado o tempo de serviço necessário à aposentação no período que medeia a entrada em vigor da Lei nº 8.112/90 e início da vigência da Lei nº 8.647/93, faz jus à aposentadoria custeada pelo Tesouro Nacional mesmo que tenha sido exonerado após a fruição do referido direito, nas formas previstas no item III, do art. 40, da Constituição da República."

48. "Constitucional. Administrativo. Inexiste norma legal a amparar a pretensão da impetrante se sua nomeação para o cargo no qual se deu a aposentadoria ocorreu após a vigência da Lei nº 8.647/93 que, expressamente, estatuiu que não mais têm direito à aposentadoria estatutária os servidores ocupantes de cargo em comissão de livre nomeação. Os impetrados agiram em obediência ao princípio constitucional da legalidade. A redução dos proventos de aposentadoria, concedida em desacordo com a lei, não afronta o princípio da irredutibilidade de vencimentos consagrado pelo art. 37, XV, da Constituição Federal. Preliminar de ilegalidade afastada. Segurança denegada." (MS 23.996/DF, Min. Rel. Ellen Gracie – *DJ* em 12/04/2006).

49. "Agravo regimental em recurso extraordinário. 2. Servidor Público. Aposentadoria. Cargo em comissão. 3. Não tem direito à aposentadoria estatutária o servidor detentor de cargo em comissão se não preenchidos os requisitos necessários para tal aposentadoria antes do advento da Emenda Constitucional nº 20, de 16 de dezembro de 1998. 4. A legislação estadual não ultrapassou o limite de competência legislativa prevista na Constituição para dispor sobre regras previdenciárias. 5. Agravo regimental a que se nega provimento." (RE-AgR, 2ª Turma, Rel. Min. Gilmar Mendes, *DJ* 03/02/2006).

Neste sentido, é bom que se diga que o próprio Supremo Tribunal Federal já firmou entendimento de que lei municipal que faz a exigência expressa de tempo mínimo de serviços prestados por ocupantes de cargo em comissão, como requisito para a correta concessão de aposentadoria cujo custeio se dará pelos cofres públicos do Poder Público local, em nada contradiz a Constituição Federal[50].

Concluiu o Ministro, após toda a fundamentação que buscou aplicar ao caso sob análise, enriquecendo o estudo da questão, e pugnou pela negativa do provimento do agravo regimental em agravo de instrumento.

2.15. Aposentado pode acumular cargo em comissão?

Considere que um desembargador de Tribunal de Justiça estadual, após quatro anos de sua aposentadoria, seja convidado para ocupar cargo em comissão de assessor jurídico em determinado município. Nessa situação, poderá o desembargador aposentado acumular os proventos de aposentadoria com a remuneração do cargo em comissão?

Não há vedação de um desembargador, aposentado, acumular cargo em comissão de assessor jurídico em determinado município. A redação dada pela Emenda Constitucional nº 20/1998, permite a acumulação de proventos de aposentadoria, o que inclui até a aposentadoria compulsória, de acordo com o art. 37, X, da Constituição Federal.

Oportuno que se faça a seguinte observação: possibilidade de acumular, com a observância do teto remuneratório.

A vedação de acumulação só atingiria, caso o desembargador fosse aposentado por invalidez, o que feriria o Princípio da Moralidade Pública.

Na mesma esteira também caminha a jurisprudência dos Tribunais Superiores, inclusive, do STJ , como se vê pelos julgados adiante transcritos:

> Jurisprudência sobre acumulação de proventos de aposentadoria com cargo em comissão.
> RMS nº 24855/RS
> Recurso Ordinário em Mandado de Segurança 2007/0191583-1
> Relator(a)
> Ministra Jane Silva (Desembargadora convocada do TJ/MG) (8145)
> Órgão julgador
> T5 – Quinta Turma
> Data do Julgamento
> 11/12/2007
> Data da Publicação/Fonte
> *DJ* 07.02.2008 p. 1
> Administrativo. Mandado de Segurança. Procurador de Justiça Aposentado. Acúmulo com cargo em comissão. Observância teto remuneratório. Inciso XI. Art. 37 da CF/88. Emenda constitucional 20/1998. Art. 11. Possibilidade de cumular proventos e vencimentos com a observância do teto remuneratório. Inexistência de direito líquido e certo a

50. Recurso extraordinário. Constitucional. Previdenciário. Servidor Público municipal detentor de cargo em comissão. Aposentadoria. 1. Lei municipal que exige tempo mínimo de serviços prestados por ocupante de cargo em comissão ao município, como requisito para a concessão de aposentadoria custeada pelos cofres do Poder Público local, não contraria a Constituição Federal (art. 40, 2º, redação original). 2. Recurso extraordinário conhecido e improvido." (RE 229.348, 2ª Turma, Rel. Min. Ellen Gracie, *DJ* 17/02/2006).

receber cumulativamente proventos e vencimentos além do teto estipulado pelo inciso XI do art. 37 da CF/88. Acórdão recorrido que denegou a ordem mantido. 1. Tendo o Supremo Tribunal Federal reconhecido a constitucionalidade do art. 37, XI da CF/88, por oportunidade do julgamento do Mandado de Segurança nº 24875/DF, não há se falar em direito adquirido ou mesmo em ato jurídico perfeito quando a soma dos proventos cumulados com vencimentos ultrapassa o teto remuneratório. 2. Fixado o teto remuneratório dos Ministros do Supremo Tribunal Federal, pela Lei nº 11.143/05, deve a cumulação de proventos e vencimentos percebida pelo impetrante submeter-se a essa limitação. 3. O teto remuneratório, que é a expressão de valores, diretrizes, balizamento resgatados pela moralidade pública, foi regulamentado no ano de 2005 com o advento da Lei Federal nº 11.143/2005. No âmbito do Ministério Público foi regulamentado pela Lei Federal nº 11.144/2005. Portanto, o ato tido por coator não atenta a legalidade. A partir desse marco, é que me parece legal a limitação da acumulação remuneratória ao teto constitucional. 4. Recurso Ordinário em Mandado de Segurança conhecido, mas desprovido, para manter o acórdão recorrido que denegou a ordem.

Acórdão

Vistos, relatados e discutidos os autos em que são partes as acima indicadas, acordam os Ministros da Quinta Turma do Superior Tribunal de Justiça, por unanimidade, negar provimento ao recurso. Os Srs. Ministros Felix Fischer, Laurita Vaz, Arnaldo Esteves Lima e Napoleão Nunes Maia Filho votaram com a Sra. Ministra Relatora. Sustentou oralmente Dr. Sylvio Cadermatori Neto, pelo recorrente.

RMS nº 20033/RS, Recurso Ordinário em Mandado de Segurança nº 2005/0078182-2

Relator(a)

Ministro Arnaldo Esteves Lima (1128)

Órgão Julgador

T5 – Quinta Turma

Data do Julgamento

15/02/2007

Data da Publicação/Fonte

DJ de 12.03.2007 p. 261

Constitucional. Administrativo. Recurso ordinário em Mandado de Segurança. Acumulação de cargos públicos. Professor aposentado e Agente educacional. Impossibilidade. Cargo técnico ou científico. Não ocorrência. Recurso improvido. 1. É vedada a percepção simultânea de proventos de aposentadoria de servidores civis ou militares com a remuneração de cargo, emprego ou função pública, ressalvados os acumuláveis na atividade, os cargos eletivos ou em comissão, segundo o art. 37, § 10, da Constituição Federal. 2. O Superior Tribunal de Justiça tem entendido que cargo técnico ou científico, para fins de acumulação com o de professor, nos termos do art. 37, XVII, da Lei Fundamental, é aquele para cujo exercício sejam exigidos conhecimentos técnicos específicos e habilitação legal, não necessariamente de nível superior. 3. Hipótese em que a impetrante, professora aposentada, pretende acumular seus proventos com a remuneração do cargo de Agente Educacional II – Interação com o Educando – do Quadro dos Servidores de Escola do Estado do Rio Grande do Sul, para o qual não se exige conhecimento técnico ou habilitação legal específica, mas tão somente nível médio completo,

nos termos da Lei Estadual 11.672/2001. Suas atribuições são de inegável relevância, mas de natureza eminentemente burocrática, relacionadas ao apoio à atividade pedagógica.
4. Recurso ordinário improvido.
Acórdão
Vistos, relatados e discutidos os autos em que são partes as acima indicadas, acordam os Ministros da Quinta Turma do Superior Tribunal de Justiça, por unanimidade, negar provimento ao recurso. Os Srs. Ministros Felix Fischer, Gilson Dipp e Laurita Vaz votaram com o Sr. Ministro Relator.

2.16. Poderá haver cumulação remunerada de dois cargos em comissão próprios de assistente social, ou de médicos, havendo compatibilidade de horários?

Sim, com base no art. 37, XVI, CF. Assistente social é considerado, especialmente a partir da EC 34/2001, cargo da área de saúde. Ademais, ressalte-se que a Constituição não especifica a espécie de cargo privativo de profissional da saúde, de modo que é perfeitamente possível incluir os cargos em comissão, desde que atendidos os demais requisitos (compatibilidade de horários, privativos de profissional da saúde e haver regulamentação da profissão da saúde).

2.17. Nepotismo

De acordo com a Súmula 13, aprovada pelo Supremo Tribunal Federal (STF), em 21 de agosto de 2008, aboliu-se o nepotismo nos Três Poderes. Portanto, a regra vale para Executivo, Legislativo e Judiciário, nos níveis federal, estadual e municipal, abraçando cargos da administração pública direta ou indireta. O dispositivo tem de ser seguido por todos os órgãos públicos e, na prática, proíbe a contratação de parentes de autoridades e de funcionários para cargos de confiança, de comissão e de função gratificada no serviço público. Segundo o texto, uma autoridade não pode escolher cônjuge, companheiro ou parente até o terceiro grau para cargo em comissão, de confiança ou função gratificada. Servidores com cargos de direção, chefia ou assessoramento também são impedidos de nomear familiares.

Foi vetado, também, o nepotismo cruzado — quando um ministro nomeia o parente de outro ministro para trabalhar em seu gabinete, em troca do mesmo favor. Isso inclui autarquias e empresas estatais. Entre os parentes de até terceiro grau estão incluídos pais, avós, filhos, netos, irmãos, sobrinhos, tios, cônjuges, sogros, genros, noras e cunhados. Não estão incluídos os primos, que o STF diz serem parentes de quarto grau.

Ficam de fora do alcance da súmula os cargos de caráter político, exercidos por agentes políticos. Por exemplo, se o presidente escolhesse um irmão para ser ministro, ou se um governador nomeasse um tio para uma secretaria.

Destaca-se que a súmula tem caráter vinculante, ou seja, deve ser obedecida por toda a administração pública e pelos tribunais[51].

51. Confira o enunciado da Súmula Vinculante nº 13: "A nomeação de cônjuge, companheiro ou parente em linha reta, colateral ou por afinidade, até o terceiro grau, inclusive, da autoridade nomeante ou de servidor da mesma pessoa jurídica, investido em cargo de direção, chefia ou assessoramento, para o exercício de cargo em comissão ou de confiança, ou, ainda, de função gratificada na Administração Pública direta e indireta, em qualquer dos Poderes da União, dos Estados, do Distrito Federal e dos municípios, compreendido o ajuste mediante designações recíprocas, viola a Constituição Federal".

3. CRIAÇÃO, TRANSFORMAÇÃO E EXTINÇÃO DE CARGOS, EMPREGOS E FUNÇÕES PÚBLICAS

O cargo de provimento efetivo é aquele destinado aos servidores concursados e cuja característica principal é a *ocupação permanente.* Com efeito, recai sobre ele a *presunção de definitividade,* por estar afastado da ideia de transitoriedade e da ocupação provisória existentes nos cargos em comissão, mas que não se aplicam a esta modalidade.

O gozo da titularidade permanente é excepcionado pelas hipóteses de funcionários em período probatório, em que o cargo ainda se encontra em estágio de titularidade provisória, até que se cumpra o prazo previsto em lei para, findo este e devidamente comprovada a capacidade probatória, integre o suposto servidor o quadro permanente da Administração.

A *criação* é a formação de novos cargos, empregos e funções públicas na estrutura funcional da Administração Pública. A *extinção* é a eliminação dos cargos, empregos ou funções do quadro funcional das entidades políticas. E a *transformação,* por sua vez, é a extinção e a criação simultânea de cargos, empregos ou funções públicas.

A regra geral para a criação, transformação e extinção de cargos, empregos e funções públicas é a estabelecida no art. 48, X, da Constituição Federal.

> *Art. 48. Cabe ao Congresso Nacional, com a sanção do Presidente da República, não exigida esta para o especificado nos arts. 49, 51 e 52, dispor sobre todas as matérias de competência da União, especialmente sobre:*
>
> *(...)*
>
> *X – criação, transformação e extinção de cargos, empregos e funções públicas, observado o que estabelece o art. 84, VI, b;*
>
> *(...)*
>
> (Inciso com redação dada pela EC nº 32, de 11/09/2001)

Esta norma constitucional impõe que a lei, que caberá ao Congresso Nacional, com a sanção do Presidente da República, disponha sobre a criação, transformação e extinção dos cargos, empregos ou funções públicas.

Devido à independência que, aliás, deve reinar entre os Poderes Executivo, Legislativo e Judiciário, é necessário examinar a questão da iniciativa das leis que visem à criação dos cargos, empregos e funções públicas.

No Poder Executivo, a iniciativa da lei para a criação é privativa do Chefe desse Poder (art. 61, § 1º, II, *a*, da CF). Ora, se os cargos públicos somente podem ser criados por lei de iniciativa do Chefe do Executivo, em homenagem ao princípio da simetria ou paralelismo das formas, não é razoável permitir, por exemplo, que o Chefe do Poder Executivo, mediante decreto, possa extingui-los por entendê-los desnecessários. Portanto, os cargos serão extintos também por lei. Essa competência do Executivo para criar cargos, empregos ou funções públicas, mediante projeto de lei de sua iniciativa privativa, sofre os limites impostos pelo art. 169 da Constituição Federal, ou seja: somente poderá ser feita se houver prévia dotação orçamentária suficiente para atender às projeções de pessoal e aos acréscimos dela decorrentes, e se houver autorização específica na lei de diretrizes orçamentárias. Essas restrições também valem em relação às autarquias e fundações públicas.

Lei, por iniciativa do Legislativo, que dispõe sobre cargos em comissão e proíbe a contratação de parentes até o terceiro grau, por exemplo, no âmbito da Administração Pública, padece de inconstitucionalidade formal, porque a competência para legislar sobre o tema vertido é privativo do Chefe do Poder Executivo, detendo a reserva de iniciativa sobre matéria de natureza administrativa.

Ademais, assente que a posterior sanção da lei pelo Chefe do Executivo não tem o condão de sanar o vício de iniciativa, consoante reiterada jurisprudência dos Tribunais. Como, por evidente, ao efeito de mérito, também o tempo decorrido não apaga tal defeito.

Quando se tratar da extinção de cargos públicos federais, estes poderão ser eliminados mediante ato administrativo do Presidente da República, veiculado por decreto, conforme regulado em lei (art. 84, XXV, da CF).

Deve-se observar ainda que, o art. 84, inciso VI, da Carta vigente (com redação dada pela Emenda Constitucional nº 32/2001), dispôs que competirá privativamente ao Presidente da República, dispor, mediante decreto, sobre a organização e funcionamento da administração federal, quando não implicar aumento de despesa nem criação ou extinção de órgãos públicos; e sobre a extinção de funções ou cargos públicos, *quando vagos*.

Poder Público Estadual, com o escopo de promover a reestruturação orgânica de seus quadros funcionais, com a modificação dos níveis de referências das carreiras para realizar correções setoriais, pode promulgar lei que altere a nomenclatura, as classes e as referências do quadro da Fazenda, de modo a promover reclassificação de cargos na escala funcional.

A Administração pode suprimir, transformar e alterar cargos públicos independentemente da aquiescência de seu titular, uma vez que o Servidor não tem direito adquirido à imutabilidade de suas atribuições, nem à continuidade de suas funções originárias; no entanto, a transformação somente pode-se dar para serviços da mesma natureza, entendendo-se mesma natureza os desempenhados por servidores da mesma classe funcional.

A Constituição outorga aos entes federativos a competência para dispor livremente sobre sua estrutura e organização. Em razão disso, a Administração pode instituir o regime jurídico único de seus servidores, aproveitando os empregados celetistas, que haviam ingressado nos seus quadros mediante concurso público, de acordo com a complexidade e a natureza do cargo. Então, a Administração tem o poder de lotar e relotar servidores, criar e extinguir cargos, fazendo com que o Servidor não tenha direito adquirido ao exercício eterno da mesma função[52].

52. Merece destaque a jurisprudência pacífica do Egrégio Supremo Tribunal Federal no sentido da inexistência de direito adquirido ao regime jurídico: Constata-se que no julgamento do RE-AgR 44581-0/PE pela Segunda Turma, Relator o Ministro Eros Grau, a matéria restou bem esclarecida: "Agravo regimental no Recurso Extraordinário. Servidor inativo. Gratificação. Redução. Ofensa ao princípio da irredutibilidade de vencimentos. Inocorrência. É pacífico o entendimento desta Corte no sentido de que inexiste direito adquirido a regime jurídico. O STF tem admitido redução ou mesmo supressão de gratificações ou outras parcelas remuneratórias desde que preservado o montante nominal da soma dessas parcelas, ou seja, da remuneração global. Precedentes. Agravo regimental a que se nega provimento". Vislumbra-se a mesma linha de pensamento do Tribunal de Justiça do Rio de Janeiro, em julgados semelhantes: "Mandado de Segurança objetivando o restabelecimento de gratificação de encargos especiais. FUNDERJ. Constitucionalidade da Lei nº 4.688/2005. Observância do devido processo legislativo. Inexistência de direito adquirido a Regime jurídico, assegurada a irredutibilidade vencimental. Desprovimento do recurso. – Afasta-se a alegação de inconstitucionalidade do diploma legal citado por suposto vício de iniciativa, uma vez que o respectivo projeto de lei fora apresentado pelo Chefe do Poder Executivo. Os Tribunais Superiores possuem jurisprudência pacífica no sentido da inexistência de direito adquirido à regime jurídico-funcional. A garantia do direito adquirido não impede a modificação futura do regime de vencimentos, desde que observada a irredutibilidade, o que se verifica no caso dos autos, como se depreende dos contracheques acostados, haja vista a incorporação do abono concedido, de maneira que acolher a irresignação dos impetrantes importaria verdadeiro *bis in idem*. Desprovimento do recurso". (Apelação cível nº 2008.001.17025-3, Rel. Des. Carlos Santos de Oliveira).

A Constituição Federal, em norma de observância obrigatória por Estados e Municípios, conferiu ao Chefe do Poder Executivo atribuição para avaliar a oportunidade e a conveniência para dar início ao processo legislativo com vistas a disciplinar o regime jurídico dos servidores públicos.

Resta consolidado o entendimento no sentido de ser permitido a Parlamentares apresentar emendas a projeto de iniciativa privativa do Executivo. Entretanto, tais modificações não podem inovar o tema veiculado no projeto inicial remetido, tampouco causar aumento de despesas (art. 61, § 1º, *a* e *c* combinado com o art. 63, I, todos da Constituição Federal).

Com relação ao Poder Judiciário, a iniciativa da lei compete aos Tribunais interessados, para organizar suas secretarias e serviços auxiliares, e inclusive, os dos juízos que lhes forem vinculados (art. 96, I, *b*, da CF); e ao Supremo Tribunal Federal, Tribunais Superiores e Tribunais de Justiça, que também poderão propor ao Legislativo a criação e extinção de cargos dos seus serviços auxiliares e dos juízos que lhes forem vinculados, observados os limites impostos no art. 169 da Constituição da República (art. 96, II, *b*, da CF).

Quanto ao Tribunal de Contas, guardadas as peculiaridades e modificado o que for necessário, pode-se dizer que, no que respeita à criação, transformação e extinção de cargos, empregos e funções públicas do Tribunal de Contas da União, valem as mesmas regras e princípios aplicáveis ao Poder Judiciário. Assim está disposto no art. 73 da Lei Magna que outorga a esta Corte de Contas, no que couber, as atribuições previstas no art. 96 da Lei Maior, relativas ao Poder Judiciário. Essas mesmas competências são reconhecidas aos Tribunais de Contas estaduais, distritais e municipais, conforme preceituado no art. 75, também da Constituição Federal.

Ao Ministério Público caberá, por sua vez, através de seu Procurador-Geral, propor ao Poder Legislativo, a criação, transformação e extinção de seus cargos e serviços auxiliares (art. 127, § 2º, da CF), observando-se, também, as limitações constantes do art. 169 da Constituição de 1988.

No concernente ao Poder Legislativo, o art. 48, *caput*, da Constituição Federal dispensa a sanção do Presidente da República nos casos dos arts. 48, 51 e 52, que dispõem sobre as competências do Congresso Nacional, Câmara dos Deputados e Senado Federal, respectivamente.

Os arts. 51, IV e 52, XIII autorizam à Câmara dos Deputados e ao Senado Federal, respectivamente, a criação, transformação e extinção dos cargos, empregos e funções públicas de seus serviços administrativos. Essas operações não exigem lei, porque a Constituição retirou a participação do Presidente (art. 48, *caput*) na institucionalização de certas medidas da competência do Congresso Nacional ou de suas Casas, atribuições estas que são privativas desses órgãos, e que serão manifestadas através de resolução.

3.1. Estudo de caso prático

Poder Público Estadual, com o escopo de promover a reestruturação orgânica de seus quadros funcionais, com a modificação dos níveis de referências das carreiras para realizar correções setoriais, promulga lei que altera a nomenclatura, as classes e as referências do quadro da Fazenda, de modo a promover reclassificação de cargos na escala funcional.

Determinado grupo de funcionários sentiu-se prejudicado pelo fato de ter sido posicionado em nível inferior, na classe F-1 (apesar de continuar percebendo vencimento equivalente ao anterior), quando deveria ter sido mantido na última referência e, em consequência, enquadrado na classe F-5. Sustentam que a implantação de nova estrutura administrativa, ao reposicionar os níveis funcionais de uma carreira, deve preservar as referências em que os servidores encontravam-se enquadrados, sob pena de violação do direito adquirido, bem como de afronta ao art. 40, § 4º, da CRFB e do art. 20 do ADCT.

Estudada a hipótese, responda fundamentadamente:

a) É lícito à Administração Pública proceder à reestruturação orgânica de seus quadros funcionais?

b) Em caso afirmativo, há no ordenamento jurídico algum limite a essa mudança?

c) Qual a natureza do regime jurídico entre o servidor público e a Administração?

d) É possível negociação coletiva alterar a remuneração dos servidores públicos?

a) Sim. O regime jurídico dos servidores públicos é baseado em lei, daí dizer-se estatutário. Como a lei tem apenas disposições gerais e abstratas, as normas jurídicas que disciplinam a relação entre Administração e Servidor não integram o patrimônio jurídico do servidor a título de direito adquirido. Desse modo, é possível a reestruturação dos quadro funcionais da Administração por meio de modificação legislativa;

b) sim, o princípio da irredutibilidade dos vencimentos, art. 37, XV, da CF;

c) regime jurídico único ou estatutário;

d) não, a política remuneratória dos servidores públicos está sujeita ao princípio da reserva legal.

Jurisprudência

Servidor Público: **é da jurisprudência do Supremo Tribunal que não há direito adquirido a regime jurídico, no qual se inclui o nível hierárquico que o servidor ocupa na carreira.** (STF – AI nº 598.229-AgR, Rel. Min. Sepúlveda Pertence)

Recurso extraordinário – Servidor público estatutário – Inalterabilidade do regime jurídico – Direito adquirido – Inexistência – Remuneração – Preservação do montante global – Ausência de ofensa à irredutibilidade de vencimentos – Recurso improvido. **– Não há direito adquirido do servidor público estatutário à inalterabilidade do regime jurídico pertinente à composição dos vencimentos, desde que a eventual modificação introduzida por ato legislativo superveniente preserve o montante global da remuneração, e, em consequência, não provoque decesso de caráter pecuniário. Precedentes.** (STF – RE nº 158.649/PA, Rel. Min. Celso de Mello)

3.2. Escolha do regime pela Administração Pública

A opção prevalente da Administração Pública quanto ao regime de admissão de seu pessoal é o regime estatutário, ou o regime de cargos públicos. Referida opção se encontra expressa em diversos dispositivos da Constituição Federal, por fazer esta reiteradas menções à exigência do concurso público para o ingresso no serviço público.

Contudo, a escolha por esta opção de regime não obsta que o constituinte originário tenha previsto a inclusão de direitos tipicamente originários de trabalhadores privados ao rol de direitos dos servidores públicos, conforme deixa claro na redação do art. 39, § 3º.

3.3. Existe direito adquirido do servidor para a manutenção do regime funcional?

Questão que suscita grandes discussões é a que alude ao *direito adquirido do servidor*, sobretudo no que tange ao seu direito pela manutenção do regime jurídico com o qual ingressou no serviço público.

Conforme é sabido, o ingresso do servidor no serviço público se dá por meio de prévia avaliação em regime seletivo de provas e provas de títulos, que é a sua submissão ao concurso público, seguidas da consequente aprovação e nomeação. Cumpridas estas etapas e ao passar a integrar o quadro de servidores, desde logo este adquire o vínculo estatutário com o Poder Público, passando a se submeter às regras previstas no estatuto funcional da pessoa a que se vincula.

Ocorre que, em momento nenhum, o Poder Público poderá lhe garantir uma inalterabilidade no estatuto que inaugurou esta relação funcional, pois se assim o fizesse estaria engessando os seus próprios interesses, e não raro estes se alteram em consequência de circunstâncias fáticas que vão surgindo com o tempo, e que quase sempre obrigam a um ajuste funcional para melhor atender aos interesses da coletividade.

Com efeito, não poderá se furtar o Poder Público de alterar o vínculo originário com o qual o servidor ingressou na sua relação funcional se assim o exigir o interesse público, não subsistindo garantias seladas de manutenção do regime jurídico que originou tal relação, sempre respeitados os limites constitucionalmente assegurados.

Outra questão, contudo, é a que se refere aos direitos adquiridos em razão de fato gerador regularmente previsto em lei e cuja situação fática tenha se consumado, dando causa ao seu efetivo cumprimento.

Aqui, diferentemente da questão anterior, não se trata de engessar os interesses do Poder Público em benefício do servidor, mas de fazer cumprir requisito legal em benefício deste, cujos pressupostos que o antecedem se formalizaram legal e faticamente, configurando-se, pois, caso de direto adquirido constitucionalmente assegurado (*vide* art. 5º, inciso XXXVI).

Trata-se de hipótese em que o servidor, preenchidos os requisitos que pressupunham a efetivação de direito, não poderá ser prejudicado por alteração legal posterior a isso, pois neste caso estaria sendo violado o seu direito já adquirido com o cumprimento de tal requisito fático.

Ilustra-se com o tempo previsto para a sua aposentadoria. Se transcorrido este período de efetivo exercício do servidor, e este optou em permanecer em atividade, lei posterior que altere o prazo exigido para este gozo não poderá retroagir à sua condição de gozo deste direito e o obrigar a se submeter a novo prazo.

Importante registrar e, também, há que se tomar muito cuidado porque é comum afirmar-se que não há direito adquirido a regime jurídico. No entanto, essa questão tem de ser analisada com acuidade, pois, em alguns casos, o direito adquirido efetivamente terá de ser respeitado.

Quando se diz que não existe direito adquirido a regime jurídico, se está querendo afirmar que, como o regime estatutário é criado por lei, essa lei pode, perfeitamente, ser alterada, modificada ao longo do tempo, e é óbvio que essa modificação vai atingir quem está no regime. Exemplo concreto em âmbito federal, o adicional por tempo de serviço acabou e todos serão submetidos a essa alteração.

Esclarecedor, a esse respeito, que, quando se fala "não se tem direito adquirido a regime jurídico", se fala do *conteúdo* desse regime.

A respeito do tema há que se fazer registro que se tem direito adquirido ao regime jurídico, com o qual se ingressou no serviço, que é estatutário, *mas não ao seu conteúdo.* Assim é que nenhuma lei pode transformar o estatutário em celetista.

A nosso ver a colocação mais feliz é dizer que o *conteúdo* do regime estatutário pode alterar. Nesse passo, vale a advertência perigosa da afirmação de que não há direito adquirido ao regime jurídico.

A segunda colocação, registre-se à mudança radical do regime. Ao se ingressar no serviço público na condição de estatutário, só se admite a mudança para celetista, ou por opção, ou por texto constitucional originário.

Cumpre, contudo, ressaltar a terceira colocação. A mudança do regime pode acontecer, mas, se porventura isso acontecer depois que o servidor tenha atingido os requisitos legais para conseguir determinadas vantagens, essas vantagens adquiridas permanecem, porque há que se respeitar o *direito adquirido implementado*, não podendo a lei retroagir. Hipoteticamente, o servidor que tem licença-prêmio acumulada, pode utilizá-las, ou gozando-as ou contando-as em dobro para se aposentar.

3.3.1. Modificação dos níveis alteração de nomenclaturas, reclassificação e reenquadramento de cargos na escala funcional

O regime jurídico estatutário, que disciplina o vínculo entre o servidor público e a administração, não tem natureza contratual, em razão do que inexiste direito a inalterabilidade do regime remuneratório.

Pode, somente por via de lei, regular novas relações jurídicas entre os servidores públicos e a Administração, extinguindo, reduzindo, criando, transformando, de modo a promover reclassificação de cargos na escala funcional, independentemente da aquiescência de seu titular, uma vez que o servidor não tem direito adquirido, pois há imutabilidade de suas atribuições, nem à continuidade de suas funções originárias. No entanto, tais alterações só podem se dar para servidores da mesma natureza, entendendo-se por mesma natureza os desempenhados por servidores da mesma classe funcional.

Enfatizando, o servidor público não adquire direito ao conteúdo do regime jurídico a que esteja sujeito, podendo a administração alterá-lo de forma unilateral, a qualquer momento, dependendo da conveniência administrativa, respeitando a irredutibilidade dos vencimentos. O subsídio, por exemplo, pode ser nova modalidade de remuneração que incorpora todas as verbas remuneratórias, inclusive vantagens, tais como, adicional de tempo de serviço, representação etc., não havendo, portanto, supressão de qualquer espécie.

De todo sabido, segundo a doutrina e a jurisprudência pátria, que o regime jurídico diz respeito à necessidade de o Estado efetuar as adequações necessárias para que surtam os efeitos jurídicos almejados, visando, desta forma, um aprimoramento em relação à administração. O que a administração não pode, sob a égide do direito adquirido, é que as vantagens pessoais dos servidores públicos não sejam retiradas, não importando a rubrica, se gratificação, abono ou adicional por tempo de serviço.

O que deve ser anotado é que, à época da instituição de novo regime, a administração terá que conservar o montante salarial de cada servidor, não reduzindo o que recebia quando da vigência da lei anterior.

Portanto, é de se concluir que, com a implantação de novo regime com a introdução do subsídio, fixado este em parcela única, desde que asseguradas todas as vantagens auferidas pelo servidor em face da revogada lei, não tendo diminuído o montante percebido, não há qualquer ato ilegal praticado por parte da Administração.

Neste diapasão, sob a égide de que o interesse público sobrepõe-se aos interesses dos particulares, cabe à administração, a qualquer tempo, de acordo com a sua conveniência administrativa, modificar o quadro funcional dos servidores com implantação de nova classificação. O que não pode é reduzir as vantagens pessoais desde que incorporados os direitos da lei velha na lei vigente, e, embora alterando o regime de remuneração, anotando-se tão somente a verba única denominada subsídio, não há falar em direito adquirido do servidor público.

Este entendimento é predominante no Supremo Tribunal Federal.

Na forma da jurisprudência do STF, não há direito adquirido do servidor público estatutário à irredutibilidade dos vencimentos quando no novo regime jurídico foi preservado o montante global da remuneração. O servidor público, não adquire direito ao conteúdo do regime jurídico a que esteja sujeito, podendo a administração alterá-la a qualquer direito ao regime jurídico a que esteja vinculado.

Não há afronta a dispositivo constitucional, especificamente ao art. 40, § 8º, da Constituição, quando a Administração se utiliza do seu Poder discricionário para promover a reestruturação orgânica de seus quadros funcionais, com a modificação dos níveis de referência das carreiras para realizar correções setoriais, não podendo o servidor invocar direito adquirido para reivindicar enquadramento diverso daquele determinado pelo Poder Público, com fundamento em norma de caráter legal. Como as normas estatutárias são contempladas em lei, segue-se que têm caráter genérico e abstrato, podendo sofrer alterações como ocorre normalmente em relação aos demais atos legislativos, visando à melhoria dos serviços, à melhor organização dos quadros funcionais. Essas normas, logicamente, não são imutáveis. A administração pública pode alterar o conteúdo do regime jurídico do servidor, com fundamento no mesmo poder discricionário que possui para instituí-lo. Sobre o tema descabe à alegação de direito adquirido em face de mudança de regime jurídico, uma vez que há de prevalecer o interesse público maior da administração pública, que prevalece sobre terceiro do qual decorre a prerrogativa de reclassificar cargos ou enquadrá-los, segundo uma mudança de critério valorada pelo Poder Público.

É conhecido o famoso refrão de que o funcionalismo é *meio* e não *fim* da Administração, cujo objetivo maior será sempre atender ao interesse público, buscando alcançar o bem comum.

O servidor público não tem direito adquirido a um dado regime, o qual pode ser alterado, unilateralmente, pela Administração Pública, implementando um novo Plano de Cargos e Salários, efetuando a reclassificação dos cargos existentes, modificando a sua denominação e reenquadrando os servidores. Tais alterações mostram-se legítimas. Não há, pois, direito subjetivo a um dado conteúdo de regime.

Suponha-se que o estatuto do servidor, quando este foi nomeado para o cargo, contemplasse uma licença para estudar no exterior. Nada impede que o Poder Público extinga a licença posteriormente, por entendê-la inconveniente à Administração. Não há falar em direito adquirido à manutenção da aludida licença.

Averbe-se, por mais, que, *in casu*, a Administração goze de poderes ilimitados nesse sentido. Da mesma forma que o ordenamento jurídico constitucional permite que a Administração Pública promova reestruturação orgânica de seus quadros funcionais, impõe limites a essa atuação, qual seja: *princípio constitucional da irredutibilidade de vencimentos*, devendo ser respeitada somente a manutenção do valor total da remuneração.

Também cabe destacar a hipótese do servidor público em desvio de função.

O servidor é sabedor do seu cargo de origem. Se exercia um cargo melhor, de duas uma, ou por necessidade administrativa, ou por favorecimento por parte do administrador. Lamentavelmente, essa tem sido uma velha prática administrativa. O candidato, muitas vezes com nível superior, submete-se para um cargo inferior, concorrendo deslealmente com outros de menor qualificação profissional. Uma vez no cargo, tenta ocupar uma função melhor que seria mais adequada à sua qualificação profissional. É andar na contramão da lógica, da constitucionalística postular seu *reenquadramento* na nova categoria profissional, sob pena de se galgar degraus no funcionalismo público sem a realização do imprescindível concurso público, o que é inadmissível, por afronta à Carta Constitucional, burlando o princípio constitucional do concurso público, as regras legais que definem o cargo público e os requisitos para sua investidura.

O desvio de função é prática ilegal e não gera para o servidor que exerce as atribuições de cargo mais elevado qualquer direito ao reenquadramento de um novo quadro. Se a transformação implicar alteração do título e das atribuições do cargo, configura novo provimento, que exige o concurso público.

Formou-se o entendimento, pelo Supremo Tribunal Federal, no sentido de que o desvio de função ocorrido em data posterior à Constituição de 1988 não dá ensejo ao reenquadramento. No entanto, o servidor desviado de sua função, embora não tenha direito ao reenquadramento, faz jus aos vencimentos correspondentes à função que, de fato, desempenhou, durante o período em que persistiu o desvio funcional, sob pena de se incidir em locupletamento indevido em favor da Administração. O que não deve é a Administração permitir que o servidor oficie em desvio de função, sob pena de responsabilidade da autoridade que permitiu tal situação anômala, o que é frequente acontecer, em decorrência de deficiência na lotação de servidores, ou porque a Administração pretende aproveitar melhor as qualificações pessoais do servidor.

4. DESVIO DE FUNÇÃO

O desvio de função vedado pela atual Constituição Federal, ainda que implicitamente, trata-se de situação funcional ilegal.

Embora a movimentação de servidor esteja inserida no âmbito do juízo de conveniência e oportunidade da Administração Pública, é certo que os direitos e deveres são aqueles inerentes ao cargo para o qual foi investido. Assim, mesmo levando em conta o número insuficiente de servidores, não é admissível que o mesmo exerça atribuições de um cargo tendo sido nomeado para outro, para o qual fora aprovado por concurso público.

Assiste, *in casu*, ao servidor o direito de exercer as funções pertinentes ao cargo que ocupa, devendo a ilegalidade ser corrigida pelo Poder Judiciário, se acionado. No caso em apreço, o ato ilegal emanado por qualquer autoridade, nesse sentido, pode ser impugnado pelo servidor em exercício de funções de outro cargo que não aquele no qual fora legalmente investido.

Por outro lado, é fato incontroverso que, desviado o servidor de sua função, ou seja, exercendo as atribuições, de cargo de que não seja titular, tem o direito de perceber a retribuição (vencimentos) pecuniária correspondente ao cargo para o qual foi desviado. A jurisprudência mais atualizada tem prestigiado esse entendimento. Sobre o assunto já teve oportunidade de se manifestar o Egrégio Supremo Tribunal Federal, conforme ementa de acórdão a seguir transcrita:

> Administrativo. Servidor público. Desvio de função. Discussão acerca do direito à diferença de remuneração. Ausência de repercussão geral.
> *Administrativo e constitucional remessa necessária e apelação cível. Exercício da função de diretor de secretaria. Direito à percepção da gratificação da função. Preliminar de prescrição. Transferência para o mérito. Inocorrência. Desvio de função. Direito à percepção da diferença de valores, sob pena de enriquecimento ilícito da Administração em detrimento do servidor.* (Repercussão geral em Recurso Extraordinário nº 578.657-9/Rio Grande do Sul).

Sendo idêntica a função, a todo trabalho de igual valor, prestado ao mesmo órgão, corresponderá igual salário. Havendo o desvio de função, deve haver o pagamento das diferenças salariais incidentes e pouco importa o fato da administração ter determinado a prática do desvio de função ou ter consentido com pedido feito pela parte interessada. Isso por que, num ou noutro caso o serviço foi de fato prestado. Desse modo, a Administração Pública se beneficiou do dispêndio de energia do servidor. Não pode a Administração se locupletar. Se a prestação do serviço foi realizada é porque era necessária ao serviço público.

Assim decidiu o Superior Tribunal de Justiça:

> O desvio de função não gera direito ao reenquadramento, mas apenas às diferenças salariais dele decorrentes, enquanto durar, sob pena de locupletamento indevido do Estado. (STJ – REsp nº 74.634)

Por outro lado, o desvio de função não confere direito a reenquadramento ou reclassificação, quando a Administração possui o plano de cargos e salários[53].

Há desvio de função quando as funções são tecnicamente as mesmas, mas os cargos possuem diferentes nomenclaturas, sendo devidas, em razão disso, as diferenças salariais vencidas e vincendas entre os seus vencimentos e os correspondentes às funções efetivamente desempenhadas.

O recebimento dessa retribuição pecuniária e o enquadramento são fenômenos distintos e inconfundíveis. Enquanto a retribuição pecuniária tem a simples natureza de contraprestação pelo trabalho, o enquadramento proporcionaria a mudança de cargo sem a presença dos requisitos necessários à existência deste direito.

O equilíbrio da relação jurídica estabelecida entre a Administração e servidor exige que o benefício obtido com o trabalho deste, mesmo que não seja titular do cargo por ele exercido, permaneça vinculado à respectiva retribuição pecuniária. Esse equilíbrio manifesta-se na relação entre benefício e contraprestação.

Há municípios que invocam o princípio da legalidade administrativa para tentarem se eximir do pagamento a que foram condenados. No entanto, exatamente em razão do princípio da legalidade, a Administração Pública não pode permitir que servidores exerçam atividades para as quais não foram habilitados em concurso público. Ocorrendo o desvio, não poderá a Administração se beneficiar do esforço alheio sem a devida compensação.

53. É o que se extrai do julgamento dos RREE 275.840, Min. M. Aurélio, RTJ 382/362; 191.278, Min. M. Aurélio, RTJ 183/1079; e 314.973-AgR, 2ª Turma, Min. Maurício Corrêa, este último com a seguinte ementa: "Agravo Regimental em Recurso extraordinário. Administrativo. Desvio de função. Direito à remuneração. Reenquadramento funcional. Impossibilidade. Funcionário público. Atribuições. Desvio de função. Direito à percepção do valor da remuneração devida como indenização. Reenquadramento funcional. Impossibilidade, dada a exigência de concurso público".

Compreendemos, nessas hipóteses, que, realmente, o princípio do não locupletamento indevido, por parte da Fazenda Pública, autoriza que não se negue a retribuição. O que não deve é a Administração permitir que o servidor oficie em desvio de função. Por exemplo, um servidor, que é do quadro administrativo, passa a desempenhar funções no âmbito da repartição policial, própria da atividade em decorrência de deficiência na lotação de policiais desse órgão, ou porque a administração pretendeu aproveitar melhor as qualificações pessoais do servidor. De qualquer sorte, há um serviço diverso prestado no âmbito da administração, e entendemos que, nesses casos, essa diferença é devida.

Há quem entenda, erroneamente, que, caracterizado o desvio de função, por mais de cinco anos, de forma consecutiva e ininterrupta, o servidor faça jus ao enquadramento no novo cargo. O enquadramento, nestas circunstâncias, significa violação ao princípio constitucional do concurso para o ingresso no serviço público. Portanto, ocorrendo o desvio de função, incontestável o retorno imediato ao cargo de origem.

Capítulo VI

Regime Constitucional dos Servidores Públicos

1. INTRODUÇÃO

A Constituição Brasileira estabeleceu diretrizes e fixou várias regras específicas atinentes ao pessoal da Administração Pública direta e indireta dos três poderes da União, dos Estados, do Distrito Federal e dos Municípios.

Estas disposições constitucionais encontram-se, principalmente, nos arts. 37 a 41, e outras, nos dispositivos referentes à limitação de despesas, no art. 169 e parágrafos.

A Constituição da República, em diversas passagens, refere-se a cargos, empregos e funções públicas. Há, pois, a previsão de agentes públicos ocupantes de cargos, empregos e funções. Algumas regras constitucionais aplicar-se-ão indistintamente a todos eles. Outras há que dirão respeito aos servidores públicos, e outras, ainda, que só se aplicarão aos servidores titulares de cargos, os mais numerosos e os mais comumente estudados.

Observe-se que a Constituição vigente, ao contrário das anteriores, dedicou um capítulo inteiro ao estudo da Administração Pública e de seus agentes, estabelecendo inclusive os princípios a serem observados por todas as pessoas jurídicas de direito público interno.

Examinaremos a partir de agora as normas constitucionais que disciplinam as relações funcionais dos servidores públicos, que formam o regime constitucional dos servidores públicos.

2. O INGRESSO PELO CONCURSO PÚBLICO

2.1. A relação do concurso público com os princípios da impessoalidade e da moralidade

Cumpre ressaltar que a existência do *cargo efetivo* na Administração Pública, que se formaliza por meio do concurso público, é a forma mais expressiva da manifestação dos *princípios da impessoalidade* e da *moralidade*, pois permite a qualquer do povo, desde que preencha os requisitos indispensáveis descritos em edital, ingressar em seus quadros, bastando para tanto o alcance, com seus próprios méritos, da pontuação necessária à aprovação e do cumprimento dos requisitos que antecedem a nomeação.

Ao realizar o concurso público, a Administração deve dispensar igualdade de tratamento aos interessados, não se vislumbrando nenhuma hipótese em que pessoas isoladas, ou grupo de pessoas, sejam privilegiadas e beneficiadas em prejuízo de outras, em homenagem ao princípio da impessoalidade.

A adoção desse princípio implica, implicitamente, na observância de outro princípio, que é o da isonomia, pois que não haverá impessoalidade da Administração Pública se outro for o fim alcançado senão o interesse público. Neste contexto, se o interesse de particulares estivesse sendo privilegiado, haveria nítida violação do interesse público. Por isso, a realização de concurso público formaliza a aplicação de tais princípios simultaneamente.

Já no que alude ao princípio da moralidade associado ao concurso público, este se expressará à medida que o administrador interagir com os administrados, aqui incluídos os concursandos, enfatizando os preceitos morais na lisura da aplicação de todo o procedimento avaliatório que abrange cada concurso.

Ilustrando esta narrativa, pode-se trazer o exemplo do que ocorreu recentemente no concurso público para a Polícia Civil, quando foi descoberta a tentativa de fraude por parte de alguns candidatos, e houve o imediato cancelamento daquele exame, remarcando-se outro.

A conduta da Administração Pública rendeu homenagem aos princípios da moralidade e da impessoalidade, pois ao preservar a igualdade de concorrência entre os candidatos, preservou implicitamente o interesse público, não permitindo a supremacia de interesses particulares sobre o público.

Por fim, cabe lembrar que a efetiva aplicação do princípio da moralidade dentro da Administração Pública, em todas as suas condutas internas e externas, só se formalizará plenamente quando todos os administrados estiverem imbuídos do espírito público, ou, em outras palavras, destituídos de seus próprios interesses.

Assim, pode-se concluir que o concurso público propicia à Administração os meios necessários para nomear os melhores candidatos dentre os aspirantes, garantindo um quadro de servidores intelectualmente qualificados, e em consequência, uma gestão competente e produtiva.

2.2. A relação do concurso público com o princípio da eficiência

A este propósito, importa trazer à tona outro princípio que norteia a Administração Pública, que é o *princípio da eficiência*, introduzido pela Emenda Constitucional nº 19/1998, com a reforma do Estado.

A introdução deste princípio teve como escopo conferir aos usuários dos serviços prestados pela Administração e seus delegados os mesmos direitos destes em relação à iniciativa privada, qual seja, obter a qualidade da execução de suas atividades, por meio de condutas eficazes e eficientes e de resultados positivos.

Para tanto, é certo que a Administração deve se compor de agentes qualificados, qualificações estas compatíveis com o perfil de cada cargo, além da aplicação de métodos modernos, compatíveis com os aplicados na iniciativa privada, tentando mostrar superado o conceito de ineficiência que há anos recaía sobre os serviços do Estado.

Daí a citada relação entre o concurso público e o princípio da eficiência, pois por meio deste procedimento probatório estará a Administração buscando se compor de agentes qualificados, segundo os critérios de avaliação aplicados e na busca de se adequar a um novo perfil de serviço público, onde o Estado e a iniciativa privada se equiparam na qualidade da presteza dos serviços que pretendem os usuários.

2.3. A aposentadoria compulsória e o cargo efetivo

O fato de o cargo efetivo propiciar a vitaliciedade, não o exime de que incida sobre ele a aposentadoria compulsória, decisão esta pacificada pelo Supremo Tribunal Federal. A justificativa desta decisão é a de que o cargo vitalício não pressupõe a sua eternidade, ou seja, um eterno provimento por parte de seu ocupante, até porque a aposentadoria mediata é o destino de todo servidor, seja ele efetivo ou não, seja ela voluntária ou compulsória.

Neste sentido, o estatuto do servidor traz os dispositivos acerca da vacância e das modalidades de provimento derivado, que ocorre quando um servidor ocupa um cargo vago em decorrência de aposentadoria, por exemplo, ou de outro fato dentre os elencados no art. 33 do precitado estatuto.

2.4. Perda do cargo efetivo

Não obstante a *presunção de definitividade* que recai sobre os cargos de provimento efetivo, que se caracterizam essencialmente pela característica da ocupação permanente, registre-se que excepcionalmente poderá ocorrer a perda de tais cargos, com previsão no Texto Constitucional.

O art. 41, que dispõe sobre a estabilidade dos servidores de cargos em provimento efetivo, a qual se dará após o período de três anos de efetivo exercício, elenca nos incisos do § 1º, que tem redação dada pela EC nº 19/1998, as hipóteses em que o servidor público estável perderá o seu cargo:

> *I – em virtude de sentença judicial transitada em julgado;*
>
> *II – mediante processo administrativo em que lhe seja assegurada ampla defesa;*
>
> *III – mediante procedimento de avaliação periódica de desempenho, na forma de lei complementar, assegurada ampla defesa.*

Conforme redação do inciso II, do § 1º, art. 41, vemos que a perda do cargo efetivo terá como uma das hipóteses de aplicabilidade o processo administrativo, e neste caso, independentemente de sentença judicial. A segunda previsão é a que ocorre em decorrência de avaliação periódica de desempenho, prevista no art. 41, § 1º, inciso III.

Outra forma constitucionalmente assegurada é a constante no art. 169, que dispõe sobre a despesa de pessoal dos entes da Federação, em seu § 4º, nestes termos:

> *Art. 169 (...)*
>
> *§ 4º Se as medidas adotadas com base no parágrafo anterior não forem suficientes para assegurar o cumprimento da determinação da lei complementar referida neste artigo, o servidor estável poderá perder o cargo, desde que ato normativo motivado de cada um dos Poderes especifique a atividade funcional, o órgão ou unidade administrativa objeto da redução de pessoal. (Acrescentado pela EC nº 19/1998)*

Esta medida extrema adotada pelo legislador constituinte derivado, preceituando sobre a possibilidade de *perda de cargo de servidor estável*, encontra uma forma compensatória no parágrafo seguinte, conforme se lê:

> *§ 5º O servidor que perder o cargo na forma do parágrafo anterior fará jus a indenização correspondente a um mês de remuneração por ano de serviço. (Acrescentado pela EC nº 19/1998)*

Conforme se constata, parece-nos clara a intenção do legislador, na tentativa de amenizar o inflame sofrido pela perda do cargo efetivo, em virtude de excesso de pessoal, trazendo a previsão de verba indenizatória para este servidor prejudicado.

Contudo, a intenção do legislador se fincou no alcance do interesse público, que prevalece até mesmo sobre o direito individual, pois que este é enfraquecido quando necessário ao alcance daquele, haja vista a aplicação do princípio da supremacia do interesse público sobre o interesse privado.

2.5. Outras modalidades de cargo

O quadro da Administração Pública é formado pelo conjunto de todos os cargos que a integram, e a regra é o ingresso nos cargos de provimento efetivo, por meio de concurso público; o que não obsta a legalidade de outras formas de existência e aquisição de cargos.

2.5.1. Cargos de carreira

Os cargos de carreira são aqueles em que predomina sobre eles a forma de progressão funcional, e esta se dará com o aumento das atribuições que gradativamente são transferidas ao servidor, segundo os critérios de antiguidade e merecimento. Em linhas gerais, pode-se dizer que à progressão funcional corresponde a mudança de classes de forma ascendente, até que seja atingida a classe mais elevada na carreira.

Com isso, um servidor em início de carreira em determinado cargo terá sob sua responsabilidade menos atribuições que aquele que atingiu uma ascensão funcional mais elevada, e este, em consequência, terá também os seus vencimentos majorados em relação ao primeiro.

Questão que gerou grande controvérsia, mas que ora se encontra pacificada pelo entendimento do Supremo Tribunal Federal, é a que suscitava que, por meio de provimento derivado, um servidor ingressasse em cargo inicial em carreira diversa da dele.

Portanto, o ingresso em qualquer cargo inicial pressupõe a aprovação em concurso público. Com efeito, a abertura de concurso público para o preenchimento de um determinado cargo não permite que um servidor, pertencente a cargo diverso, retroaja ao provimento de um cargo inicial em uma nova carreira, a qual ele nunca integrou. Admite-se, não obstante, ascensão interna, pois nesta hipótese não se suscitou a transferência de uma carreira para outra.

Provimento derivado em cargo inicial é conduta declarada inconstitucional pelo STF. Ademais, quando se reporta à modalidade de provimento derivado, este só será válido se decorrer de uma das hipóteses elencadas nos incisos do art. 33 da Lei nº 8.112/1990.

2.5.2. Cargos isolados

Os cargos isolados, por seu turno, são os que não se acham escalonados e as suas atribuições não são passíveis de se ascenderem para fins de progressão funcional, dado o sistema de unicidade de cargos que prevalece nesta modalidade, daí o nome de cargo isolado. Desta forma, têm como característica típica a natureza estanque, ou seja, o fato de não ascenderem de classes até alcançar a mais elevada na escala hierárquica.

O ingresso em modalidade de cargo isolado pressupõe que o servidor já teria conhecimento de que não há cargo acima do seu a ser almejado. Portanto, sua única opção, caso deseje alcançar um cargo superior ao que ocupa, é prestar novo concurso público a fim de ingressar em uma nova carreira, por meio de provimento originário.

2.5.3. Cargos reservados a portadores de deficiência física

A Constituição Federal de 1988, denominada Constituição Cidadã, enfatizou substancialmente os direitos inerentes à pessoa, tendo estatuído *princípios* e *direitos e garantias fundamentais* com especial enfoque na dignidade da pessoa humana, além de fazer alusão a tal princípio em diversos artigos em seu texto, até mesmo nos artigos atinentes à ordem econômica e financeira. Portanto, restou claro que não haverá conduta que ignore os valores da pessoa humana, constitucionalmente assegurados

A este propósito, alguns dos princípios fundamentais da República Federativa do Brasil, elencados no art. 1º da Constituição Federal, são a cidadania e a dignidade da pessoa humana. Já no Título dos Direitos e Garantias Fundamentais, o *caput* do art. 5º estatui que todos são iguais perante a lei, sem distinção de qualquer natureza, garantindo-se aos brasileiros e aos estrangeiros residentes no País a inviolabilidade do direito à "igualdade", dentre outros mencionados. Com isso, positiva o Texto Maior do País o direito à igualdade como sendo um direito fundamental.

Visto isso, constata-se desde logo o repúdio que o ordenamento legal brasileiro deve manifestar a qualquer forma discriminatória porventura praticada no país, e que se contraponha ao princípio da igualdade. Ainda assim, a realidade dos fatos não nos permite vislumbrar a manifestação destes direitos constitucionalmente positivados, sendo corriqueira a prática de atos discriminatórios, num atentado contra a ordem jurídica maior do País.

Então, diante deste cenário, cabe aos Poderes executar a prática de políticas públicas que objetivem combater as diversas manifestações de discriminação, procurando compensar tais diferenças através de medidas concretas. São as denominadas ações afirmativas, tão em voga nos dias de hoje, que têm sido criadas para respaldar a prática de ações concretas que se contrapõem ao vácuo existente nas leis e na própria Constituição Federal.

O portador de deficiência física, exemplo manifestamente real de discriminação, raramente consegue ser tratado na sociedade com igualdade de condições, a rigor do que prevê a Constituição Federal, e vem sendo visivelmente prejudicado em razão de sua natureza "anormal".

A sua suposta deficiência, que muitas vezes não o incapacita para a prática de muitos atos, o põe a anos-luz atrás de qualquer outro candidato, se eventualmente decidir concorrer a uma vaga na iniciativa privada.

Daí a necessidade do legislador em criar formas de tutela jurisdicional que minimizem essa desigualdade sofrida pelos deficientes físicos. A Lei nº 8.112/1990, em seu art. 5º, § 2º, assegura que haverá uma reserva de até 20% (vinte por cento) das vagas oferecidas em concurso público às pessoas portadoras de deficiência, em resposta do que determina o art. 37, inciso VIII, da Constituição Federal, que prevê uma reserva, a ser criada por lei, a essas pessoas.

O Supremo Tribunal Federal já se manifestou a esse propósito, estipulando que, em caso de omissão, será considerado o percentual de 5% (cinco por cento) dos cargos como mínimo aceitável para reserva de deficientes públicos.

Este percentual é, de fato, o que tem sido comumente estipulado pelos editais de concurso público, muito embora a Lei federal nº 8.112/1990 faça expressa menção de que o máximo poderá atingir 20% (vinte por cento) dos cargos.

Com efeito, na busca de amenizar esta discriminação praticada contra o deficiente físico, todo concurso público destinará percentual de até 20% (vinte por cento) de suas vagas para tais pessoas, mediante a comprovação da deficiência com o compete atestado médico.

Diante de tais ações, nada obsta que o deficiente físico ingresse nos quadros da Administração Pública para o provimento de cargo legalmente previsto e especialmente a ele destinado.

2.5.4. Cargos por mandato

Por fim, cumpre mencionar os cargos que são ocupados com prazo previamente determinado, que são os cargos por mandato.

O provimento de cargos por mandato normalmente se dá por eleição ou indicação, para posto de comando, e a extinção destes ocorre findo o prazo para o qual foram estipulados. Admite-se, ainda, a cassação destes cargos por motivos relevantemente graves, respeitadas as normas fixadas a respeito.

São exemplos de cargos de comando os Presidentes dos Tribunais e Reitores de Universidades Públicas.

2.5.5. Cadastro de reserva de vagas

É legal a expedição de edital de concurso público visando selecionar os melhores candidatos para a formação de cadastro de reserva de vagas, reservando-se ao Poder Público o direito de convocar os aprovados e classificados, não gerando para Administração Pública a obrigação de convocar todos os aprovados no certame público, mas, tão somente, aqueles que, de acordo com as necessidades do Poder Público, atendam às regras do edital.

Esclarecedor, a esse respeito, o preenchimento dos seguintes requisitos: a) no edital, obrigatoriamente, tem que estabelecer o número de vagas para formação para cadastro de reserva; b) observar a ordem de classificação; c) os terceirizados contratados não podem ocupar as vagas, mesmo de forma precária, das mesmas funções para o cargo referentemente ao qual o candidato foi aprovado, sob pena de passar este a ter direito subjetivo ao ato de nomeação, por afronta ao princípio da moralidade administrativa.

2.5.6. Contagem, conversão e averbação do tempo de serviço em condições insalubres, prestado sob regime jurídico celetista

> O art. 100 da Lei nº 8.112/1990 posiciona-se:
>
> *É contado para todos os efeitos o tempo de serviço público federal, inclusive o prestado às Forças Armadas.*

A jurisprudência é farta no sentido de que o servidor público ex-celetista tem direito subjetivo adquirido à contagem do tempo de serviço pretérito, para todos os efeitos jurídicos legais, fazendo jus à expedição de certidão, atestando-se a averbação não só do período trabalhado sob o regime celetista, como também a contagem especial do tempo de serviço prestado sob condições insalubres, perigosas e penosas consideradas em lei vigente à época, e à contagem de tempo de serviço com o devido acréscimo legal, incorporando-se ao seu patrimônio jurídico, ainda que posteriormente tenha havido mudança para o Regime Jurídico Único.

2.5.7. A controvérsia acerca da incidência de adicional noturno a servidor público estadual

É da máxima relevância que se traga a este estudo a controvérsia que ora predomina no Tribunal de Justiça do Estado do Rio de Janeiro, entre outros Tribunais, onde divergem os Ministros daquela Corte acerca da possibilidade ou não da incidência do adicional noturno nas verbas laborais de servidor público estadual.

Trata-se, o caso trazido à baila para exame, de ação de rito ordinário, por meio da qual os autores requerem a declaração de direito para o recebimento do adicional noturno a que alegam fazer jus, referente ao percentual de 20% (vinte por cento) sobre o vencimento-base, tendo em vista a carga horária que se submetem desde o ano de 2001, compreendido entre às 19:00 e 7:00 horas.

Registramos que o pedido dos autores referente à aludida verba tem como alegação o respaldo de dispositivo constitucional, pois no Capítulo que trata dos Direitos Sociais, reza o art. 7º que: "***são direitos dos trabalhadores urbanos e rurais, além de outros que visem à melhoria de sua condição social***", complementado no inciso IX deste artigo: "***remuneração do trabalho noturno superior ao diurno***".

Em complemento a isso, o § 3º do art. 39, também da Constituição Federal, que faz menção à remuneração de servidores da União, Estados, Distrito Federal e Municípios, dispõe que se aplica aos servidores ocupantes de cargo público o dispositivo no *art. 7º, inciso IX*, dentre outros incisos.

Ocorre que em Sentença, o juízo monocrático julgou improcedente o pedido da peça exordial, valendo-se do argumento de que pertencem à esfera da *eficácia limitada* as normas que tratam a respeito de adicional noturno para servidores públicos. E, portanto, para que se efetivasse a concessão do pleito judicial dos requerentes, careceria da existência de lei regulamentadora, o que de fato não existe neste âmbito do Poder Público.

Os autores, diante da negação do pedido, recorreram, como de praxe, da decisão vencida, e por meio do competente recurso de Apelação reiteraram os argumentos exarados na peça exordial e buscaram a reformulação da sentença no Tribunal de Justiça.

Não obstante a interposição do recurso de Apelação Cível, que transcorreu na Segunda Câmara do citado Tribunal, resolveu o Ministro Relator negar-lhe provimento, cuja Ementa do voto segue nesta sequência, o qual foi acolhido por unanimidade pelos demais Ministros daquela Câmara.

> Direito administrativo e constitucional. Servidor de autarquia estadual. Adicional noturno. Norma constitucional que prevê o direito ao recebimento do aludido benefício que ostenta o caráter de norma de eficácia contida. Necessidade de lei regulamentadora até então inexistente neste ente da Federação. Princípio da legalidade a indicar a impossibilidade de adoção de outros critérios que não aqueles especificamente previstos para a hipótese. Desprovimento do recurso. (Apelação cível nº 2007.001.42516, Segunda Câmara Cível do TJRJ, Rel. Min. Heleno Ribeiro Pereira Nunes).

É do próprio Relator do voto a afirmação de que a matéria referente a pedido de inclusão de adicional noturno em remuneração de servidor público está longe de ser pacificada naquele Tribunal, eis que existem, reconhece ele, decisões que divergem entre si, ora se inclinando na defesa dos autores das ações, ora na defesa da Fazenda Pública, não se podendo firmar uma posição sem maiores análises sobre o caso e sem levantar uma certa polêmica.

No caso específico do voto que ora se analisa, não deixou dúvidas o Relator ao se firmar contrário ao pleito dos apelantes. Segundo ele, não deve prosperar o pedido de reformulação da sentença originariamente proferida, não cabendo aos apelantes a concessão da declaração de direito quanto ao adicional noturno em suas remunerações.

Reconhece o Relator, em seu voto, que de fato o art. 7º da Constituição da República, cujo inciso IX assegura aos trabalhadores o direito à remuneração do trabalho noturno superior ao diurno, se encontra inserido no Capítulo dos Direitos Sociais, e este, por seu turno, integra o elenco das normas definidoras dos Direitos e Garantias Fundamentais.

Quanto a estas normas, não é menos verdade que o art. 5º assim assevera, em seu § 1º: ***"As normas definidoras dos direitos e garantias fundamentais têm aplicação imediata"***, texto este que faz supor, a princípio, que as normas contidas no art. 7º teriam, pois, imediata aplicação no mundo jurídico.

Ocorre que não se deve ignorar o que diz a teoria sobre a classificação das normas constitucionais sob o ponto de vista de sua eficácia e aplicabilidade, trazendo o Relator, em seu voto, o entendimento da melhor doutrina sobre o tema, segundo o qual as normas constitucionais se dividem em três grandes grupos: de eficácia plena, de eficácia contida e de eficácia limitada[54].

Diante dessa explanação é que passa a concluir o seu entendimento, classificando a norma que se estuda nos autos como sendo de eficácia contida, fato este que não justifica que se negue a sua aplicabilidade imediata, mas não de maneira integral.

Conforme exposto, normas de eficácia contida estão sujeitas a restrições ou são pendentes de regulamentação que limite a sua plena eficácia (observância da norma no meio social) e aplicabilidade (incidência da norma no caso concreto).

Certo, então, que a eficácia das normas de efeito contido não se restringe a ulterior normatização, mas fica condicionada, por outro lado, aos limites que posteriormente lhe imporá a lei. Conforme se constata, trata-se de uma eficácia vigiada.

Não menos notório é o fato de que a Administração Pública há que pautar as suas condutas no princípio da legalidade, ou seja, naquilo que prescreve a lei, não podendo ser de outra forma, e que esta será, sem exceção, a matriz básica em que deverão se pautar os agentes públicos na prática de seus atos.

Perfazendo ainda o Relator o parecer da Procuradoria da Justiça, enfatiza que "a lei que corresponde ao direito preconizado na Constituição Federal, no âmbito do Estado do Rio de Janeiro, ainda não existe, o que inviabiliza o acolhimento da pretensão deduzida, à míngua de critérios legais para a efetiva aplicação do direito".

Diante desta oportuna colocação a respeito de ausência de legislação legal no âmbito do Estado do Rio de Janeiro que regule a matéria em foco relatada pela douta Procuradoria, prossegue o Ministro Relator na conclusão de que, ao acolher o pedido dos apelantes, estaria inserindo o Poder Judiciário equivocadamente na esfera de decisão do Poder Legislativo, e, concluímos nós, valendo-se de uma analogia que iria contra a discricionariedade administrativa.

Um segundo argumento ainda se foca na análise de que a norma que ora se classifica como de eficácia contida, qual seja, a contida no art. 7º da Constituição Federal, não se

54. Normas constitucionais de eficácia plena – aquelas que, desde a entrada em vigor da Constituição, produzem todos os efeitos essenciais, todos os objetivos visados pelo constituinte, eis que contêm em si todos os elementos para a sua aplicação. Normas constitucionais de eficácia contida – aquelas que, a despeito de possuírem aplicabilidade imediata, estão sujeitas a restrições. Constituem hipóteses nas quais o constituinte regulou suficientemente os interesses relativos a determinada matéria mas deixou margem à atuação restrita da competência discricionária do poder público, nos termos em que a lei estabelecer. Normas constitucionais de eficácia limitada – aquelas que não produzem qualquer efeito, tendo em vista que o legislador constituinte não estabeleceu sobre a matéria normatividade bastante para tanto, deixando tal tarefa ao legislador ordinário.

constitui em cláusula pétrea, como tentaram demonstrar os apelantes, qualificação esta que se aplica apenas aos direitos e garantias individuais contidos no rol do art. 5º.

É importante que se diga que outra seria a linha de raciocínio se o caso levado à apreciação judicial se referisse a servidor federal, já que nesta esfera o tema referente aos critérios de pagamento de adicional noturno se encontram regularmente inseridos em legislação específica, mais precisamente no art. 75 da Lei nº 8.112/1990.

Não obstante a robusta fundamentação do voto do Ministro Relator, que foi acolhido com unanimidade pelos demais membros da Segunda Câmara Cível daquele Tribunal, não omitiu em seu voto que existem julgados em sentido contrário ao que firmou com tanta propriedade, acolhendo pedidos semelhantes a este.

Em alguns destes argumentos contrários, entendem determinados desembargadores que se em alguma oportunidade o benefício já foi concedido ao servidor, que não é o que ocorre no caso em análise, não seria legítima a sua supressão.

Contrapõe-se a este entendimento o Ministro Relator ao afirmar existir legitimidade na supressão do benefício, se concedido, uma vez que não há respaldo legal para a sua concessão, o que descaracterizaria o sentido a que se busca atribuir a esta omissão, segundo entendemos. Ademais, diante desta circunstância, vem à tona a discricionariedade administrativa de poder rever seus próprios atos, de acordo com a oportunidade e a conveniência administrativa.

Objetivando, ainda, justificar o seu voto, elenca arestos cuja origem da controvérsia tem o mesmo tema e cujas decisões finais se coadunaram com o seu entendimento[55].

55. "2008.001.18789 – Apelação Cível – Des. Marilene Melo Alves – Julgamento: 22/11/2008 – Décima Primeira Câmara Cível. Apelação cível – Adicional noturno. Pleito de percepção da verba em percentual dos vencimentos. A Administração está jungida ao princípio da legalidade, no mister em remunerar o servidor público, o que inclui o respeito ao critério de cálculo de vantagens previsto na lei em vigor. Sentença que corretamente rejeita a pretensão. Desprovimento do recurso." "2006.001.36258 – Apelação Cível – Des. Ferdinaldo do Nascimento – Julgamento: 21/09/2006 – Décima Quarta Câmara Cível. Apelação cível. Ação de conhecimento sob o rito ordinário. Direito administrativo. Servidor Público Estadual. Cargo efetivo. Trabalho noturno. Demanda objetivando a concessão do respectivo adicional, bem como o pagamento dos atrasados, desde a época da sua supressão pelo Estado. Sentença procedente. Reconhecimento do direito do autor à percepção do adicional de 20% sobre a hora diurna trabalhada. Apelo ofertado pelo demandado. Preliminar de ilegitimidade passiva *ad causam*. Pedido de denunciação à lide do Estado do Rio de Janeiro. Rejeição. Inocorrência do alegado litisconsórcio necessário. A UERJ tem ligitimidade para responder à demanda à luz do art. 77, § 2º, IV, da Constituição Estadual. *No mérito, cabe razão ao apelante, haja vista a ausência de norma Estadual sobre a matéria. As normas constitucionais, previstas nas Cartas da República e do Estado-membro, que autorizam a diferenciação remuneratória entre o trabalho diurno e o noturno, têm aplicação limitada, estando a depender de regulamentação legislativa. Nesta linha, é defeso ao Judiciário invadir a esfera de sua competência constitucional para, a pretexto de uma integração analógica, estabelecer aumento de vencimento em favor de servidor público, sob o pálio de gratificação noturna, não prevista na lei. Modificação do* decisum. *Recurso conhecido e provido".* (grifei) "2007.005.00369 – Embargos Infringentes – Des. Nanci Mahfuz – Julgamento: 02/05/2008 – Décima Segunda Câmara Cível. Embargos infringentes. Servidor público da UERJ que busca o recebimento de adicional noturno, com fulcro nos arts. 39, § 3º e 7º, IX, da CF. Acórdão que, por maioria, reformou a sentença de procedência. As normas constitucionais que estabelecem os direitos trabalhistas dos servidores públicos possuem eficácia limitada, de acordo com o entendimento prevalente nos Tribunais pátrios. Necessidade de lei estadual específica para que os servidores estaduais façam jus ao adicional noturno. Ainda que reconhecida a mora do legislador, não é possível ao Judiciário atuar em substituição, dando eficácia aos dispositivos constitucionais citados, no caso concreto. Respeito ao princípio constitucional da separação dos poderes, prevalente sobre outros princípios alegados pelo embargante. Voto da maioria que merece ser mantido. Recurso não provido." "2007.001.41504 – Apelação Cível – Des. Marcus Tullius Alves – Julgamento: 18/04/2008 – Nona Câmara Cível. Direito público. Servidor. Adicional noturno. Enfermeiro. Direito à percepção invocada com base constitucional. Art. 7º , inciso IX. Norma de eficácia limitada. Recurso tirando contra decisão que fez por reconhecer direito do autor frente à Universidade do Estado do Rio De Janeiro – UERJ. Apelo acolhido. Hipótese sujeita à regulamentação

2.5.8. Liberação do saldo de contas vinculadas do FGTS em razão da mudança do regime jurídico

A teor da Súmula nº 78, do extinto Tribunal Federal de Recursos, predominava o entendimento jurisprudencial, autorizando a movimentação das contas do FGTS àqueles que tivessem seus contratos de trabalho convertidos do regime da CLT para o estatutário, uma vez que, à época, não havia lei que normatizasse a movimentação das contas em tais circunstâncias. Isso porque a Lei nº 8.036/1990 não previa expressamente a hipótese de conversão de regime.

Hoje, no entanto, a situação é diferente. A Lei nº 8.162/1991, em seu art. 6º, § 1º, vedou o saque pela conversão de regime aos servidores federais e, posteriormente, a Lei nº 8.678/1993, revogando aquele diploma legal, deu nova redação ao art. 20, VIII, da Lei nº 8.036/1990, permitindo a movimentação quando o trabalhador permanecer três anos ininterruptos fora do regime do FGTS.

Portanto, a movimentação das contas do FGTS continua sujeita à condição estatuída no referido artigo, qual seja, decorrido o triênio estipulado pela norma, e desde que combine o termo *a quo* deste prazo com a data em que ocorreu a mudança do regime.

Nesse sentido, é pacífico o entendimento do Tribunal Regional Federal.

> Administrativo e Trabalhista – Mudança de regime – Liberação dos recursos do FGTS.
>
> I – Inaplicável a Súmula 178 do TFR, após a edição das Leis nºs 8.162/91 e 8.678/93.
>
> II – A conta vinculada do FGTS poderá ser movimentada quando o trabalhador permanecer três anos ininterruptos fora do regime do FGTS, de acordo com a redação do art. 20, inciso VIII, da Lei nº 8.036, dada pela Lei nº 8.678/93. (MAS nº 96.02.25128-0, 2ª Turma, Rel. Des. Fed. Castro Aguiar).

2.5.9. A Ausência em relação a vantagens na conversão do regime celetista em estatutário

Extintos os contratos individuais de trabalho dos servidores, transformados os seus empregos em cargos, cessa consequentemente o direito à percepção dos vencimentos e vantagens pertinentes aos referidos contratos, passando a perceberem as vantagens que estão previstas na nova lei estatutária.

Como vantagem especial, o adicional por tempo de serviço em que o servidor esteve sob regime celetista, para fins de anuênios, continuará sendo percebido, por previsão legal. Inexistindo lei autorizadora de contagem de tempo de serviço em atividade celetista, para efeitos de cálculo de adicional por tempo de serviço, não há que se falar em direito adquirido ao contrato da aludida vantagem.

No entanto, as vantagens trabalhistas, quando os servidores estavam submetidos à CLT, não serão transportados para o novo regime estatutário, por serem situações jurídicas diferenciadas fundamentalmente. Ora, se os servidores, regidos pela CLT, pudessem beneficiar-se de todos os direitos e garantias da nova situação, não se pode pretender, nesse segundo regime, conservar, sem lei específica, além de novos direitos, as gratificações e vantagens do primeiro.

Na realidade, a mudança do regime jurídico importou em resilição do pacto laboral então existente nos órgãos e entidades públicas, por iniciativa e conveniência próprias

infraconstitucional e de iniciativa do Poder Executivo. Inexistência de norma infraconstitucional na Unidade federada. Recurso provido. Decisão reformada.

da Administração Pública, substituindo-se, portanto, alguns direitos e assegurando-se, expressamente, outros. Caso contrário, existiria *duplicidade de direitos*, somando-se as duas situações jurídicas.

No que concerne à "gratificação especial" percebida no regime trabalhista, não será mantida, cessada a relação celetista, com o ingresso no regime estatutário.

Capítulo VII

Concurso Público

1. CONSIDERAÇÕES

A Constituição da República estabelece no art. 37, inciso II, com a redação dada pela Emenda Constitucional nº 19/1998, que:

> *a investidura em cargo ou emprego público depende de aprovação prévia em concurso público de provas ou de provas e títulos, de acordo com a natureza e a complexidade do cargo ou emprego, na forma prevista em lei, ressalvadas as nomeações para cargo em comissão declarado em lei de livre nomeação e exoneração.*

A regra constitucional impôs a aprovação prévia em concurso público de provas ou de provas e títulos para o provimento em cargos públicos e para a contratação de servidores pelo regime trabalhista. O concurso público é exigido tanto para as pessoas da Administração Pública Direta quanto para as da Indireta (incluindo as pessoas privadas: empresa pública e sociedade de economia mista).

Com a exigência do concurso público ficam garantidos os princípios da impessoalidade e da igualdade de todos os participantes e o interesse da Administração em admitir os melhores para servidores públicos.

Celso Antônio Bandeira de Mello, baseado no art. 173, § 1º, da Constituição Federal, ressalva que as pessoas estatais constituídas para exploração de atividade econômica estão, em determinados casos, excluídas do regime de concurso público para admissão de pessoal, dispondo de liberdade para contratar diretamente seus empregados nas hipóteses em que:

> 1) a adoção de concurso público tolheria a possibilidade de atraírem e captarem profissionais especializados que o mercado absorve com grande presteza e interesse ou, (2) nos casos em que o recurso a tal procedimento bloquearia o desenvolvimento de suas normais atividades no setor.

Para o jurista, "tal intelecção resulta de um contemporamento dos preceptivos que tornam obrigatório o regime de concurso público com o disposto no art. 173, § 1º, II, da Constituição Federal".

De acordo com ele,

> as entidades estatais exploradoras de atividade econômica "sujeitam-se ao regime jurídico próprio das empresas, inclusive quanto aos direitos e obrigações civis, comerciais, trabalhistas e tributários". Trata-se, *in casu*, de compatibilizar a exigência de concurso com o espírito deste preceptivo, para que os dois possam conviver sem elisão de nenhum

deles, mas apenas com a restrição indispensável à positividade de ambos, de maneira a preservar, no limite do possível, o sentido animador de cada qual[56].

Uma dúvida que ensejou a norma do art. 37, II, do Texto Constitucional, foi sobre a razão de o dispositivo mencionar a exigência de concurso público apenas para cargo ou emprego público, deixando de lado as funções. Tal lacuna é explicável, uma vez que, a função pública só existirá para os contratos por tempo determinado para atender a necessidade temporária de excepcional interesse público (art. 37, IX, da CF), e para funções de confiança, de livre provimento e exoneração, exercidas exclusivamente por servidores ocupantes de cargo efetivo, destinadas às atribuições de direção, chefia e assessoramento (art. 37, V, da CF).

O processo de seleção mediante concurso público foi desenvolvido primeiramente na França, ao tempo de Napoleão, e, depois de ter sido objeto de disputadas lutas contra seus opositores, foi finalmente aceito após o reconhecimento de seu aspecto democrático.

Concurso é uma série complexa de procedimentos para apurar as aptidões pessoais apresentadas por um ou vários candidatos que se empenham para obtenção de uma ou mais vagas, em que se submetem voluntariamente aos trabalhos de julgamento de uma comissão examinadora.

O concurso pode ser "de provas", "de títulos" ou "de provas e títulos".

O **concurso de provas** é o que depende da apresentação do candidato, no momento, de suas qualidades intelectuais, relacionadas com o futuro cargo ou emprego a ser ocupado, caso o candidato seja aprovado e classificado dentro das vagas do concurso. Este concurso se dá através de provas escritas, práticas, orais, ou através de todas elas.

O **concurso de títulos** é aquele que consiste na apresentação, pelo candidato, de todos os documentos que se relacionem diretamente com a natureza da função a desempenhar e que demonstrem atividades reais do indivíduo, tais como, diplomas, experiência profissional, cursos de especialização, livros, artigos etc. O concurso somente de títulos não é mais possível, pois não foi previsto pela atual Constituição, até porque esta forma de seleção não permite uma disputa em igualdade de condições e também porque pode ser fraudado mais facilmente ou se prestar a nepotismo ou favoritismo velados.

E o **concurso de provas e títulos** é aquele que reúne os concursos "de prova" e "de títulos" em um único concurso.

Atualmente, por expressa previsão constitucional, o concurso público abrangerá as formas de seleção por provas ou por provas e títulos, que deverão estar "de acordo com a natureza e a complexidade do cargo ou emprego, na forma prevista em lei" (expressão introduzida pela Emenda Constitucional nº 19/1998). Tal alteração veio a evidenciar que o concurso público tem que se compatibilizar com a natureza e a complexidade das funções atribuídas ao cargo ou emprego. O mandamento constitucional visa a obrigar o administrador público a observar o princípio da razoabilidade, de modo que não haja exageros na aferição das provas e títulos.

A nova redação do inciso deixa patente que o concurso público, futuramente, sofrerá modificações de modo a ser mais ou menos exigente, de conformidade com a complexidade e a natureza dos cargos e empregos públicos.

56. Mello, Celso Antônio Bandeira de. *Curso de Direito Administrativo*, 25. ed. São Paulo: Malheiros Editores, 2008, p. 194-195.

Tal acréscimo feito ao inciso II do art. 37 da Constituição da República evidenciou também uma preocupação com relação às características e aos objetivos do concurso público. O concurso público, antes concebido como um processo de seleção meramente intelectual, deixou de ter tal característica, introduzindo-se em seu conceito e na experiência administrativa a possibilidade e, até mesmo, a necessidade de realização de provas práticas, a fim de que as funções a ele inerentes fossem disputadas e, posteriormente, prestadas por pessoas verdadeiramente habilitadas para o seu desempenho.

As provas práticas têm pertinência, e adquiriram importância em razão do absurdo a que se chegou, em determinados casos, quando, oferecidos cargos e empregos para serem disputados mediante concurso público, compareciam pessoas muito preparadas, mas que buscavam apenas uma investidura em cargo de provimento efetivo ou em emprego público para se valer de tais condições e obter comissionamentos vantajosos em outras funções, continuidade da percepção de vantagens garantidas apenas a servidores públicos, entre outros objetivos. Assim, houve situações de se colocar em disputa cargos de servente de escola pública para os quais concorriam e acabavam sendo aprovados advogados, médicos, dentistas, engenheiros etc., os quais, evidentemente, tão logo eram nomeados, obtinham ser deslocados para o exercício de funções mais compatíveis com seus níveis de escolaridade, fazendo com que as funções próprias dos cargos de serventes continuassem sem servidores a prestá-las. Somente com a introdução de provas práticas tem-se conseguido determinar a nomeação de serventes, cozinheiras, merendeiras etc., para os cargos de serventes, cozinheiras e merendeiras.

O **concurso público**, pois, vem a ser um procedimento administrativo declarativo de habilitação à investidura, que obedece a um edital ao qual se vinculam todos os atos posteriores.

O concurso público é um processo competitivo, em que os cargos e os empregos são disputados pelos vários candidatos. Os cargos hão de estar *sem os respectivos titulares ou em estado de vacância*. De sorte que o concurso somente pode ser aberto se existir cargo vago, pois somente a necessidade do preenchimento do cargo justifica esse certame. Se não existir cargo vago e se desejar ampliar o quadro em razão da necessidade de serviço, devem-se criar primeiramente os cargos e só depois instaurar-se o concurso.

O concurso público é precedido de *edital*, publicado com a antecedência mínima necessária para que todos os possíveis interessados tenham oportunidade de tomar conhecimento do certame. Além disso, o edital deve conter todas as informações essenciais, tais como, o prazo de inscrição, o valor da inscrição, o número de cargos a serem providos, a natureza deles, a escolaridade mínima necessária, o vencimento do cargo na data do edital, as matérias a serem exigidas nas provas, os títulos que serão admitidos e o respectivo valor, quando for o caso, o prazo de validade do concurso, entre outros. A Administração e os candidatos vinculam-se às disposições contidas no edital. Daí o cuidado que se deve ter na elaboração deste instrumento convocatório.

O edital, por sua vez, *não* poderá criar outras condições de acesso que não as que se definam em *lei*.

Os candidatos, entretanto, não adquirem direito à realização do concurso pelo mero fato da publicação do edital, nem mesmo se já se encontrarem inscritos para participar da competição. Havendo razões de interesse administrativo, poderá a Administração desistir de realizá-lo, cabendo-lhe, todavia, devolver aos já inscritos eventuais importâncias pagas a título de inscrição.

Observe-se que a Constituição da República prevê no art. 236, § 3º, que o ingresso na atividade notarial e de registro depende de concurso público de provas e títulos, não se permitindo que qualquer serventia fique vaga, sem abertura de concurso de provimento ou de remoção, por mais de seis meses.

E no art. 206, inciso V, prevê que o ingresso dos profissionais do ensino na carreira para o magistério público dependerá exclusivamente de concurso de provas e títulos. Atente-se para o fato de que nos dois casos o concurso público para o ingresso dos respectivos profissionais há de ser somente por provas e títulos. Para essas finalidades não será constitucional o concurso somente de provas.

Existem alguns casos especiais em que a Carta Política expressamente dispensou a aprovação prévia em concurso público para o ingresso no serviço público.

Com efeito, o *concurso público é dispensado*: para o provimento nos cargos em comissão e nas funções de confiança (art. 37, incisos II e V); para a investidura dos integrantes do quinto constitucional dos Tribunais judiciários, compostos de membros do Ministério Público e de advogados (art. 94); para a investidura dos membros dos Tribunais de Contas (art. 73, §§ 1º e 2º); para a nomeação dos ministros do Supremo Tribunal Federal (art. 101, parágrafo único), do Superior Tribunal de Justiça (art. 104, parágrafo único), do Tribunal Superior do Trabalho (art. 111, § 2º), do Tribunal Superior Eleitoral (art. 119, II), do Superior Tribunal Militar (art. 123), e dos juízes do Tribunal Regional Eleitoral (art. 120, III); para a contratação de agentes temporários (art. 37, IX); e para o aproveitamento de ex-combatentes da Segunda Guerra Mundial (art. 53, I, do ADCT).

Ensinamentos doutrinários e precedentes jurisprudenciais têm considerado que nos concursos de provas e títulos, o requisito essencial são as provas, sendo os títulos requisito facultativo e acessório, considerado após a aprovação do candidato, não interferindo na média final obtida mas, tão somente, na nota final. Consoante se sustenta, se os títulos pudessem influir na aprovação do candidato, ter-se-ia a negação, ainda que parcial, da exigência das provas, comum para todo ingresso em qualquer função pública. Não seria possível, pois, compensar em concurso público, para fins de aprovação, as notas da prova de avaliação objetiva do candidato, com as notas dos títulos, de índole puramente subjetiva.

Todavia, em sentido diverso, a Segunda Turma do Supremo Tribunal Federal, julgando o Recurso Extraordinário nº 221.966/DF (Rel. Min. Marco Aurélio, *DJ* de 10/09/2008), decidiu que a prova de títulos pode ensejar pontuação que, conjugada com a das provas, leve à reprovação do candidato. Sustentaram o entendimento de que, uma vez que a Constituição prevê no art. 37, II, a aprovação prévia em concurso público de provas "ou" de provas e títulos, não há falar que a prova de títulos ficaria em situação secundária, por isso, a possibilidade de a prova de títulos também levar o candidato à reprovação no concurso público.

Muito criticado tem sido o procedimento de se computar pontos na prova de títulos aos candidatos que já sejam pertencentes ao serviço público. Essa contagem de pontos tem como fundamento a experiência que tais agentes detêm e que deve ser levada em conta pelo Poder Público no momento da classificação dos concursados. Tal procedimento tem sido considerado ofensivo ao princípio da igualdade, porque na prática se torna inacessível aos não servidores.

Litígio desta espécie foi levado recentemente à apreciação da Sexta Turma do Superior Tribunal de Justiça (STJ), cuja decisão manteve canceladas nomeações de dois servidores investidos mediante concurso público, desde 1994, em cargos da Secretaria da Saúde Pública e do Meio Ambiente do Estado do Rio Grande do Sul.

Registramos que o cancelamento original de tais nomeações, antes de serem ratificadas pelo Superior Tribunal de Justiça, se deu por ato do Governador do Estado, tendo como base decisão proferida por *ação civil pública* que concluiu pela inconstitucionalidade do critério adotado para a contagem de pontos na prova de títulos daquele concurso.

Para a referida contagem, o edital do concurso público computava na prova de título o *tempo de serviço público*, trazendo uma flagrante desvantagem ao não conferir igual possibilidade de pontuação àqueles com tempo de serviço privado, além de violar expressamente o princípio da igualdade a que se deviam submeter todos os candidatos, e não apenas parte deles.

A sentença do processo originário determinou o recálculo dos pontos e a consequente alteração no quadro de classificação final da aprovação do concurso público, culminando tal ato na anulação de determinadas nomeações e posses, inclusive dos recorrentes desta decisão, por terem sido caracterizadas como ilegais.

O mesmo ato resultou ainda, por consequência, na nomeação e posse dos verdadeiros titulares dos cargos, cujos direitos sobrevieram após o recálculo dos pontos de classificação, antes prejudicados em benefício de outros classificados sob a eiva da ilegalidade.

Não obstante, inconformados com a decisão que alterou seus *status* na aprovação final do concurso público, e na tentativa de manter seus cargos, aqueles servidores afastados por alegação de ilegalidade ingressaram com mandado de segurança no Tribunal de Justiça no Rio Grande do Sul, não tendo os mesmos obtido tal êxito.

Com a negativa, interpuseram recurso ordinário no Superior Tribunal de Justiça – STJ (RMS nº 10839), valendo-se da alegação de que já eram servidores estáveis, e que a decisão judicial não pronunciava efeitos negativos individualizados contra eles.

No STJ, a relatora da matéria fez alusão ao dispositivo constitucional contido no art. 41, acrescentado pela EC nº 19/1998, que dispõe que "*servidor público estável só perderá o cargo em virtude de sentença judicial transitada em julgado e mediante processo administrativo em que lhe seja assegurada ampla defesa*" (art. 41, § 1º, I e II).

Neste sentido, sendo certo que o ato que cancelou a nomeação de tais servidores fundamentou-se em decisão transitada em julgado nos autos da ação civil pública, entendeu a relatora que estava mantido o caráter definitivo da sentença, não devendo prosperar o pleito de qualquer outro litígio que tenha o mesmo objeto de apreciação judicial, sendo tal voto acolhido por unanimidade pela Sexta Turma do STJ.

Transcrevemos a seguir Ementa do Recurso Ordinário em Mandado de Segurança nº 10839/RS:

> Recurso ordinário. Mandado de Segurança. Processo civil e administrativo. Ação cível pública. Determinação de que fossem recalculadas notas finais de concurso público. Eficácia *erga omnes*. Perda do cargo. Constitucionalidade. Art. 41, § 1º, CF/88.
>
> 1. A Lei nº 7.347/1985, em seu art. 16, consagrou hipóteses de exceção ao princípio dos limites subjetivos da coisa julgada (art. 472 do CPC) ao estabelecer a eficácia *erga omnes* da decisão proferida nos autos de ação cível pública.
>
> 2. O ato que torna sem efeito a nomeação de servidores públicos estáveis, com fundamento em decisão transitada em julgado proferida nos autos de ação cível pública, não incorre em inconstitucionalidade. Com feito, nos termos do art. 41, § 1º, da Constituição

Federal, a perda do cargo de servidor estável deve ser determinada por sentença judicial transitada em julgado por processo administrativo.
3. Recurso Ordinário improvido. (RMS nº 10830/RS, Rel. Min. Thereza de Assis Moura, Sexta Turma do STJ, *DJ* de 28/05/2008).

Outro litígio que chegou ao Superior Tribunal de Justiça – STJ, julgado pela Quinta Turma, foi o referente a item da prova de título computado para a contagem da classificação de candidato a concurso público para ingresso na justiça de primeira instância do Estado de Minas Gerais.

Tratava-se da exigência ilegal de três itens como partes integrantes da prova de títulos de concurso público para ingresso no Quadro de Pessoal da Justiça de Primeira Instância do Estado de Minas Gerais, sendo eles: **experiência no exercício de cargo ou função pública; experiência na atuação como estagiário ou conciliador junto ao Poder Judiciário, e, por fim, formação em Curso Superior de Direito**, não obstante tratar-se de concurso para cargo de ensino médio.

O litígio em análise chegou ao Superior Tribunal de Justiça por meio de Recurso em Mandado de Segurança, onde a relatora do processo, Laurita Vaz, asseverou que estes itens contidos no edital do concurso feriam os princípios da isonomia e da razoabilidade, ambos integrantes do rol de princípios que regem a Administração Pública de todos os poderes.

Da mesma forma, entendeu a Ministra que a exigência editalícia que concedia pontuação extra àqueles candidatos bacharéis em direito se mostrava descabida ao fim a que se destinava o concurso, uma vez que o cargo era destinado a concorrentes de nível médio.

Com respaldo no que foi acima exarado, a Quinta Turma do STJ, por meio e voto da Ministra Laurita Vaz, devidamente acolhido pelos demais membros daquela Turma, entendeu não ser o caso de anular o concurso, mas sim de obrigar a Justiça de Minas Gerais a recalcular as pontuações dos candidatos, os quais pleiteavam uma vaga nos quadros da sua justiça de primeira instância.

Tornou-se, com isso, inválida a classificação final e excluída a aprovação dos candidatos que naquela oportunidade tiraram inequívoco proveito da ilegalidade que se estampou no edital do concurso e que teve efeito no seu resultado. Segue a ementa do julgado:

Administrativo. Recurso ordinário em Mandado de Segurança. Concurso público. Prova de títulos. Violação ao princípio da isonomia e da razoabilidade.
1. Correto e válido ser prestigiado pelo serviço público a experiência pregressa no efetivo exercício de cargo ou função pública, bem como na efetiva atuação como estagiário ou conciliador junto ao Poder Judiciário, máxime levando em conta o cargo a ser preenchido – Quadro de Pessoal da Justiça de Primeira Instância do Estado de Minas Gerais.
2. Entretanto, essa valorização das referidas funções como títulos, somente exercidas no Poder Judiciário do Estado de Minas Gerais, fere o princípio constitucional da isonomia.
3. O título deve atrelar-se à escolaridade exigida para a inscrição no certame. Mostra-se, portanto, descabida a valorização do Curso Superior em Direito para o preenchimento de cargo de nível médio de escolaridade.
4. Recurso conhecido e provido. (RMS nº 16996/MG, Rel. Min. Laurita Vaz, Quinta Turma do STJ).

Veja-se, também, julgado do Supremo Tribunal Federal sobre a graduação dos pontos referentes ao tempo de serviço público:

> Concurso público – Títulos. Discrepa da razoabilidade norteadora dos atos da Administração Pública o fato de o edital de concurso emprestar ao tempo de serviço público pontuação superior a títulos referentes a pós-graduação. (AGREG em RE nº 205535/RS, Segunda Turma, Rel. Min. Marco Aurélio, *DJ* de 14/08/2008).

Concurso interno ou restrito é o processo seletivo realizado exclusivamente dentro do âmbito de pessoas administrativas ou órgãos públicos. Esse tipo de certame não pode ser tido como concurso público, sabido que a participação dos candidatos é de caráter limitado. O concurso interno só é constitucional quando utilizado para a elevação de servidores na carreira (promoção ou acesso), ou conforme exigido por lei.

A questão do concurso interno surgiu a propósito da regra do art. 19, § 1º, do Ato das Disposições Constitucionais Transitórias. Após conferir a certos servidores o direito à estabilidade no serviço público (art. 19, do ADCT), a Constituição consignou que o tempo de serviço desses servidores seria contado como título quando fossem submetidos a concurso para fins de efetivação, na forma da lei. Como a norma não empregou o adjetivo público, alguns entenderam que a hipótese ensejaria mero concurso interno. Na verdade, o Constituinte não pretendeu excepcionar a regra geral do concurso público, ao contrário, quis possibilitar que alguns servidores, se aprovados em concurso público para cargos efetivos, pudessem ter seu tempo anterior de serviço computado como título. Os que não desejassem a efetivação nos cargos, não precisariam submeter-se ao concurso, pois que já teriam conquistado a estabilidade. Os servidores, no entanto, que pretendessem ocupar cargos efetivos, deveriam participar normalmente do concurso público e, se aprovados, seu tempo anterior de serviço valeria como título para a classificação final dos candidatos.

Na órbita federal, entretanto, por força do art. 243, § 1º, da Lei nº 8.112/1990, todos os empregados da Administração direta, das autarquias e fundações de direito público que estavam sob regime de emprego foram inconstitucionalmente incluídos em cargos públicos sem concurso algum e, até mesmo, sem que se fizesse acepção entre estabilizados e não estabilizados, pelo art. 19 das Disposições Transitórias.

A aprovação em concurso público não gera ao candidato direito líquido e certo à nomeação, mas somente expectativa de direito. A Administração, pelo fato de ter realizado o concurso, não tem a obrigação de nomeá-los dentro do prazo de validade do certame, pois a nomeação é ato que fica jungido à sua conveniência e oportunidade.

A exigência de aprovação prévia em concurso público e a fixação dos prazos de validade do certame são requisitos inafastáveis para a regularidade do procedimento de seleção. Havendo violação aos princípios da legalidade, da igualdade ou da impessoalidade no curso da competição, não haverá outra alternativa senão a de considerar nulo o concurso.

Sendo praticado qualquer ato de investidura em cargo, emprego ou função sem observância do requisito concursal ou do prazo de validade do procedimento, estará ele inquinado de vício de legalidade, devendo ser declarada a sua nulidade.

De acordo com o § 2º do art. 37, a não observância quanto à obrigatoriedade de concurso público para a investidura em cargo ou emprego público e ao prazo de validade do concurso público, implicará a nulidade do ato e a punição da autoridade responsável, nos termos da lei. A lei a que se refere o Texto Constitucional deverá ser aquela editada pela respectiva pessoa política, porém, a sanção poderá ser prevista tanto em lei estatutária do funcionalismo, quanto em lei específica para o assunto. A anulação poderá decorrer de iniciativa do próprio Poder Público ou de decisão judicial. A punição da autoridade que deu causa à nulidade é medida que se faz necessária, através da abertura de inquérito administrativo, possibilitando-se ao acusado o direito à ampla defesa e ao contraditório.

Cabe, ainda, ressaltar que o ingresso de servidor com inobservância das normas legais pertinentes dá margem a ação popular, nos termos do art. 4º, I, da Lei nº 4.717, de 29/06/1965:

> *Art. 4º São também nulos os seguintes atos ou contratos, praticados ou celebrados por quaisquer das pessoas ou entidades referidas no art. 1º:*
>
> *I – A admissão ao serviço público remunerado, com desobediência quanto às condições de habilitação, das normas legais, regulamentares ou constantes de instruções legais.*
>
> *(...)*

Muitas incertezas têm pairado a respeito dos direitos dos candidatos no que tange ao resultado dos concursos públicos.

Um desses aspectos diz respeito à **vista de provas**. Trata-se de direito garantido pelo princípio da publicidade, inscrito no art. 37, *caput*, da Carta Magna, que precisa ser asseverado ao candidato, já que somente através da vista é que poderá ele verificar a existência de erros materiais ou de arbitrariedades cometidas pelos examinadores.

Nesse sentido se posicionou o Superior Tribunal de Justiça que reputou ilegal a vedação do pedido de vista:

> Processual civil. Recurso especial. Apontada negativa de vigência ao art. 9º, inciso VII, da lei nº 4.878/1965. Concurso público. Exame psicotécnico. Critérios adotados que inibem o candidato de recorrer do resultado do exame. Inadmissibilidade.
>
> É injustificável o comportamento da Administração fazendo inserir nas instruções normativas baixadas através do Edital de Concurso a vedação ao pedido de vista ou a interposição de recurso do resultado da Seleção Psicológica. (REsp nº 28517/DF, STJ, Sexta Turma, Rel. Min. Pedro Acioli, *DJ* de 25/10/2005).

2. DIREITO DE ACESSO AOS CARGOS, EMPREGOS E FUNÇÕES PÚBLICAS

2.1. Considerações

A regra fundamental do direito de acesso ao serviço público está disposta no art. 37, I, da Constituição Federal.

A acessibilidade diz respeito às condições e modos pelos quais são propiciadas aos cidadãos oportunidades de exercer os cargos, empregos ou funções na Administração Pública.

O acesso, no dispositivo em questão, está sendo utilizado como sinônimo de ingresso, provimento originário ou inicial.

O art. 37, inciso I, em sua redação original, assegurava o direito de acesso aos cargos, empregos e funções públicas aos brasileiros que preenchessem os requisitos estabelecidos em lei.

Na sua redação original, a Constituição assegurava o direito de acesso ao serviço público a todos os brasileiros, não fazendo distinção, portanto, entre os brasileiros natos e os naturalizados. Excetuavam-se aos brasileiros naturalizados determinados cargos previstos nos arts. 12, § 3º, e 89, VIII, da Carta Política, só acessíveis aos brasileiros natos.

Quanto à possibilidade de o estrangeiro ingressar no serviço público, se tomada a redação do inciso isoladamente, não haveria nenhuma brecha que possibilitasse o acesso a cargos, empregos ou funções públicas pelo estrangeiro. Todavia, dentro de uma interpretação sistemática, entendia-se que a contratação do estrangeiro era possível na hipótese do art. 37, IX, para "*atender a necessidade temporária de excepcional interesse público*". Tanto assim que a Lei nº 8.745/1993, que dispõe sobre a contratação de servidores temporários na Administração Pública federal direta, autárquica e fundacional pública, incluiu entre os casos de necessidade temporária de excepcional interesse público, a admissão de professor e pesquisador visitante estrangeiro (art. 2º, V).

Confirmando a possibilidade, a Emenda Constitucional nº 11, de 30/04/96, que introduziu dois parágrafos ao art. 207 da Lei Magna, dispôs no § 1º, que: "*É facultado às universidades admitir professores, técnicos e cientistas estrangeiros, na forma da lei*". Este dispositivo foi disciplinado, na esfera federal, pela Lei nº 9.515, de 20/11/1997, que introduziu o § 3º na Lei nº 8.112/1990, estabelecendo que "*As universidades e instituições de pesquisa científica e tecnológica federais poderão prover seus cargos com professores, técnicos e cientistas estrangeiros, de acordo com as normas e os procedimentos desta Lei*". Esta lei somente se aplicava à esfera federal. Os Estados e Municípios deveriam editar suas próprias normas.

Após a Emenda Constitucional nº 19/1998, o art. 37, I, passou a ter a seguinte redação:

> *Art. 37. (...)*
>
> *I – os cargos, empregos e funções públicas são acessíveis aos brasileiros que preencham os requisitos estabelecidos em lei, assim como aos estrangeiros, na forma da lei.*

Com a nova redação, o direito de acesso aos cargos, empregos e funções públicas foi ampliado. **Os cargos, empregos e funções públicas são acessíveis aos brasileiros, natos ou naturalizados, que preencham os requisitos estabelecidos em lei, e aos estrangeiros, na forma da lei**.

A primeira norma, que reconhece acessibilidade a todos os brasileiros que preencham os requisitos estabelecidos em lei, esclarece que os brasileiros têm o direito constitucional de acesso às funções administrativas – quando e desde que – preencham as exigências legais. Esta norma será de eficácia contida e aplicabilidade imediata, quer dizer, a lei não criará o direito previsto, pelo contrário, o restringirá, ao prever requisitos para o seu exercício. Essa lei será limitada pela própria regra constitucional, de tal forma que os requisitos nela fixados não poderão importar em discriminação de qualquer espécie ou impedir a correta observância do princípio da acessibilidade de todos ao exercício da função pública.

A partir da Emenda Constitucional nº 19/98, restou incontroverso que os estrangeiros têm a possibilidade de titularizar os cargos, empregos e funções públicas em qualquer esfera governamental, na forma disposta na lei. A norma constitucional é de eficácia limitada, pois o exercício do direito nela estatuído depende de forma a ser estabelecida em lei, sendo vedada qualquer possibilidade de discriminação abusiva, que desrespeite o princípio da igualdade, por flagrante inconstitucionalidade.

Os brasileiros dispõem do direito constitucional para aceder aos cargos, empregos e funções públicas, somente encontrando o conteúdo limitador do exercício desse direito em lei. Já os estrangeiros não dispõem desse mesmo direito constitucional de aceder às funções administrativas, mas sim, da possibilidade de virem a ter esse direito, quando e da forma que for estabelecido na norma infraconstitucional.

De qualquer maneira, tanto aos brasileiros como aos estrangeiros, haverá de se exigir que a definição dos requisitos para o exercício do direito (no caso dos brasileiros) ou a definição do próprio direito de acesso (no caso dos estrangeiros), estejam estabelecidos em lei.

A lei mencionada constitucionalmente será nacional, no que se refere aos estrangeiros (art. 22, XV e XVI, da CF), e também aos brasileiros quanto as profissões específicas a serem cumpridas por carreiras públicas (art. 22, XVI, da CF)[57].

Todavia, a edição da lei responsável por definir os requisitos a serem cumpridos pelos interessados, é da entidade política titular do cargo, emprego ou função pública que se deseja preencher, dada a autonomia que se lhes assegura nessa matéria. Para cada um dos cargos, empregos ou funções públicas será legitimado um rol de exigências que terá de ser juridicamente adequado para ser considerado constitucional.

É de notar também que, os portugueses com residência permanente no Brasil, se houver reciprocidade em favor dos brasileiros, poderão titularizar cargos, empregos e funções públicas, de acordo com o art. 12, § 1º, da Constituição da República.

Logo, os cargos, empregos e funções públicas são acessíveis aos brasileiros, natos ou naturalizados, aos portugueses equiparados que preencham os requisitos estabelecidos em lei, e, desde a promulgação da Emenda Constitucional nº 19/1998, aos estrangeiros, na forma da lei.

É importante observar que há determinados cargos previstos constitucionalmente que são *privativos de brasileiros natos*, logo, estes cargos não serão acessíveis aos brasileiros naturalizados, aos portugueses equiparados e, obviamente, aos estrangeiros. As normas constitucionais que limitam o ingresso desses cargos aos brasileiros natos o fazem não como medida discriminatória, mas por questões de segurança nacional. São os cargos: de Presidente e Vice-Presidente da República, de Presidente da Câmara dos Deputados, de Presidente do Senado Federal, de Ministros do Supremo Tribunal Federal, da carreira diplomática, de oficial das Forças Armadas, de Ministro de Estado da Defesa (incluído pela EC nº 23/1999), todos previstos no art. 12, § 3º, da Constituição da República, e os seis cidadãos participantes do Conselho da República, previsto no art. 89, VII, também da Constituição.

A lei responsável pela instituição dos requisitos necessários para o acesso a cargos, empregos e funções públicas, conforme foi visto acima, é de cada um dos entes da federação que desejem preencher os mesmos. O processo de institucionalização dessa lei, em relação ao Poder Executivo, é de iniciativa exclusiva do Chefe desse Poder (art. 61, § 1º, II, *a*, da CF). No caso do Poder Legislativo, a instituição acontecerá através de resolução, e não de lei, cabendo a iniciativa do processo de criação a cada uma das Casas Legislativas (arts. 51, IV, e 52, XIII, da CF). E no caso do Poder Judiciário e do Ministério Público, a iniciativa caberá, respectivamente, aos Tribunais interessados (art. 96, I, *b*, e II, *b*, da CF) e ao Ministério Público (art. 127, § 2º, da CF).

O ingresso no quadro de pessoal da Administração Pública direta e indireta de qualquer dos Poderes da União, dos Estados, do Distrito Federal e dos Municípios é direito de brasileiros e estrangeiros, consoante o assegurado pela Constituição Federal, no art. 37, *caput* e inciso I, desde que, conforme já observado, preencham os requisitos estabelecidos, obrigatoriamente, em lei ou resolução.

57. *Art. 22. Compete privativamente à União legislar sobre: ... XV – emigração e imigração, entrada, extradição e expulsão de estrangeiros; XVI – organização do sistema nacional de emprego e condições para o exercício de profissões;...*

Segundo a lição do mestre José dos Santos Carvalho Filho, pode-se dividir os requisitos em objetivos e subjetivos. Os requisitos objetivos são aqueles que guardam pertinência com as funções do cargo ou emprego, como é o caso das provas de conhecimento, das provas de título, provas de esforço e demais testes de avaliação do mesmo gênero. E os requisitos subjetivos são os que dizem respeito à pessoa do candidato, como os exames físicos e psíquicos, a boa conduta, a prestação de serviço militar, a escolaridade etc.[58].

Nenhum requisito, porém, poderá discriminar os candidatos em razão de suas condições pessoais, devendo ser respeitadas as garantias asseguradas no art. 5º da Constituição da República, que veda distinções baseadas em sexo, idade, cor, raça, trabalho, credo religioso, convicções filosóficas ou políticas.

Os requisitos deverão, também, ser fixados em estreita consideração com as funções a serem exercidas pelos servidores, sob pena de serem considerados discriminatórios e violadores dos princípios da igualdade e da impessoalidade. Se a lei determinar algum dispositivo que institua requisito ofensivo a tais postulados, estará ele inquinado do vício de inconstitucionalidade.

No serviço público federal, a Lei nº 8.112/1990, no seu art. 5º, enumerou os *requisitos básicos para a investidura em cargos público*:

> *Art. 5º São requisitos básicos para a investidura em cargo público:*
>
> *I – a nacionalidade brasileira;*
>
> *II – o gozo dos direitos políticos;*
>
> *III – a quitação com as obrigações militares e eleitorais;*
>
> *IV – o nível de escolaridade exigido para o exercício do cargo;*
>
> *V – a idade mínima de dezoito anos;*
>
> *VI – aptidão física e mental.*
>
> *§ 1º As atribuições do cargo podem justificar a exigência de outros requisitos estabelecidos em lei.*
>
> *(...)*

Não obstante a edição da lei responsável por definir os requisitos a serem cumpridos pelos candidatos interessados em exercer uma função administrativa na Administração Pública ser da competência da entidade política titular do cargo, emprego ou função pública que se deseja preencher, estes requisitos citados passaram a constituir um conjunto de condições *sine qua non*, para o acesso às funções públicas. Observe-se que, obviamente, outros requisitos serão exigidos pelas leis de cada uma das entidades da federação para os seus diferentes cargos, empregos e funções públicas.

Quanto ao requisito da nacionalidade, o assunto já foi amplamente explanado acima.

Requisito também exigido para o exercício de função pública é o de estar o cidadão no gozo dos direitos políticos.

Direitos políticos são as prerrogativas, atributos, faculdades, ou poder de intervenção dos cidadãos ativos no governo de seu país, intervenção direta ou indireta, mais ou menos ampla, segundo a intensidade do gozo desses direitos. Os direitos políticos garantem a participação do povo no poder de dominação política por meio das diversas modalidades de direito de sufrágio: direito de voto nas eleições, direito de ser votado, direito de voto nos plebiscitos e referendos, assim como por outros direitos de participação popular, como o

58. Carvalho Filho, José dos Santos. *Op. cit.*, p. 463.

direito de iniciativa popular, o direito de propor ação popular e o de participar de partidos políticos. O gozo dos direitos políticos tem início, em algumas de suas modalidades, a partir de dezesseis anos (para o direito de voto).

Os cidadãos poderão ser privados do gozo de seus direitos políticos, cuja perda ou suspensão se dão nos casos de: cancelamento da naturalização por sentença transitada em julgado; na incapacidade civil absoluta; na condenação criminal transitada em julgado, enquanto durarem seus efeitos; na recusa de cumprir obrigação a todos imposta ou prestação alternativa, nos termos do art. 5º, VIII, da Lei Magna; e nos casos de improbidade administrativa, nos termos do art. 37, § 4º, da Constituição Federal.

Quanto à quitação com as obrigações eleitorais esta se concretiza com o cumprimento do alistamento eleitoral e o voto, que são obrigatórios para os maiores de dezoito anos.

Outra condição essencial para o exercício da função pública é a quitação com o serviço militar.

O fundamento dessa exigência é que não se pode admitir que o cidadão, usufruindo diversas regalias concedidas pelo Estado, não tenha o dever de, em retribuição, suportar um ônus relativamente pequeno, qual seja, o de dedicar pequeno período de sua vida em adestrar-se no exercício da atividade concernente à defesa da pátria, a fim de que possa defendê-la quando for necessário. Por outro lado, a exigência desse requisito facilita a possibilidade de convocação rápida de homens com que o Estado pode contar, em casos de emergência.

A obrigatoriedade do serviço militar sempre existiu no Brasil, figurando até mesmo entre os preceitos constitucionais, tal a importância de que se reveste. A Constituição da República de 1988 a ele se refere no art. 143, onde vem discorrendo que "*O serviço militar é obrigatório nos termos da lei*". E o § 2º, que isenta do serviço militar obrigatório as mulheres e os eclesiásticos, em tempo de paz, porém, sujeitos a outros encargos que a lei lhes atribuir.

Com relação ao nível de escolaridade imposto para o exercício das funções públicas, este se dará com a prova documental da escolaridade exigida para o cargo, emprego ou função, sendo apresentada pelos candidatos na medida em que lhes sejam requisitados.

A idade é um dos requisitos exigidos como presunção de capacidade não somente física como também mental para o desempenho regular da função pública.

A idade mínima para o exercício de funções públicas, para as quais a Constituição não impõe idade específica, é de dezoito anos. Tal afirmação é baseada no art. 37, § 4º, da Lei Magna, que expressamente consagra a responsabilidade administrativa, civil e, sobretudo, penal dos agentes públicos, ao passo que o art. 228, também da Constituição, exclui a responsabilidade penal dos menores de dezoito anos.

A Constituição Federal estabelece, em diversos artigos, limites mínimos de idade para o acesso a cargos cujo provimento não se dá por concurso público, mas por sufrágio eleitoral ou escolha política. É o caso dos Vereadores, cuja idade mínima instituída é de 18 anos; os cargos de Deputados federais, estaduais ou distritais, Prefeitos e Vice-Prefeitos e Juízes de Paz, cuja idade mínima é de 21 anos; os Governadores e Vice-Governadores, juízes dos Tribunais Regionais Federais, 30 anos; os cargos de Presidente, Vice-Presidente e Senador, ministros do Supremo Tribunal Federal, do Superior Tribunal de Justiça, do Tribunal Superior do Trabalho, do Superior Tribunal Militar e do Tribunal de Contas da União, cuja idade mínima é de 35 anos.

Com relação às idades máximas, as legislações geralmente não a estabelecem. O servidor público é aposentado compulsoriamente aos setenta anos de idade (art. 40, § 1º, II, da CF), logo, conclui-se que a idade máxima deverá ser inferior a setenta anos, exceto se se tratar de cargo em comissão.

A Constituição da República também prevê em alguns dispositivos limites máximos de idade para o acesso a cargos cujo provimento se dá por sufrágio eleitoral ou escolha política. É o caso dos ministros do Supremo Tribunal Federal, do Superior Tribunal de Justiça, do Tribunal Superior do Trabalho, do Tribunal de Contas da União e dos juízes dos Tribunais Regionais Federais, cuja idade máxima para o acesso é de 65 anos.

2.2. Contratação de empresa para realização de concurso público

A Administração Pública pode realizar o concurso público por meio dos seus órgãos ou, querendo, poderá contratar empresa especializada para tal fim.

Decidindo pela contratação de empresa para realização do certame, o entendimento consagrado pelos Tribunais pátrios é no sentido do cumprimento da regra constitucional estabelecida no art. 37, XXI, obrigando o gestor público a atentar para a regra do procedimento licitatório na contratação de obras e serviços, compras e alienações, em obediência intransigente ao princípio da legalidade[59].

A Administração Pública não pode declarar inexigível a licitação e não possui suporte para aceitação no ordenamento jurídico pelo motivo de que "não havia inviabilidade de competição para a licitação, (...) pois outras instituições devidamente credenciadas neste Estado poderiam realizar o certame". Por outro lado, é insustentável a possibilidade de enquadramento da instituição demandada na hipótese prevista para inexigibilidade da licitação, conforme previsto no art. 25, § 1º, da Lei nº 8.666/1993.

A tese da inexigibilidade de licitação não encontra guarida em nenhum manual de Direito Constitucional, em nenhuma doutrina e, com certeza absoluta, não será amparada por nenhuma corte de justiça neste país.

Diante da relevância do tema, é de suma importância frisar que, para coibir tal ilegalidade, cabe medida judicial, com a finalidade de proibir a homologação do resultado do concurso e a posterior chamada de candidatos aprovados, por se tratar de matéria exclusivamente de direito, plenamente cabível o julgamento antecipado da lide, na forma do art. 330, I, do Código de Processo Civil.

As regras constitucionais sobre a exigência de concurso público e licitação foram fixadas justamente para garantir o tratamento equânime entre os pretendentes de acesso ao serviço público e aos seus contratos, outorgando-se, tanto pelo princípio da legalidade, como pelo princípio da impessoalidade, regras rígidas para impedir que os eventuais interesses pessoais pudessem interferir no âmbito das diretrizes da Administração Pública.

A máxima "*the king can do no wrong*" serve não apenas para estabelecer as nuances da teoria da irresponsabilidade administrativa, como também ecoa como premissa da qual se

59. *Art. 37. A administração pública direta e indireta de qualquer dos Poderes da União, dos Estados, do Distrito Federal e dos Municípios obedecerá aos princípios de legalidade, impessoalidade, moralidade, publicidade e eficiência e, também, ao seguinte: XXI –* ***ressalvados os casos especificados na legislação****, as obras, serviços, compras e alienações serão contratados mediante processo de licitação pública que assegure igualdade de condições a todos os concorrentes, com cláusulas que estabeleçam obrigações de pagamento, mantidas as condições efetivas da proposta, nos termos da lei, o qual somente permitirá as exigências de qualificação técnica e econômica indispensáveis à garantia do cumprimento das obrigações. (Destacamos).*

afasta o legislador brasileiro ao fixar, pelo princípio da legalidade, a interpretação necessária no sentido de que, mesmo as decisões de cunho discricionário, estão sempre vinculadas a princípios que norteiam o caminho do público e sua supremacia sobre o interesse particular, principalmente o interesse econômico.

Sua exceção, conferindo ao gestor certa margem de discricionariedade, em termos de inexigibilidade da licitação, é a prevista no art. 25, § 1º, da Lei nº 8.666/1993, e dali não pode se afastar ou buscar qualquer forma de interpretação extensiva.

Contudo, se os gestores públicos passam a desrespeitar a Constituição Federal, vulgarizando a Lei Maior com a banalização de contratações desenfreadas, a título de aplicar a **hipótese de exceção**, remete-nos a outra discussão, que notoriamente não deve ser aprofundada.

Repetindo, mais uma vez, a regra da licitação para contratação de obras e serviços, compras e alienações, é prevista, como já frisado, no art. 37, XXI, da Carta Federal de 1988. A regulamentação desse dispositivo é feita pela Lei nº 8.666/1993. Nesse veículo normativo, o legislador brasileiro estabeleceu as hipóteses de dispensa (art. 24) e inexigibilidade (art. 25) de licitação. Em seu art. 25, § 1º, preleciona-se:

> *Art. 25. É* ***inexigível*** *a licitação* ***quando houver inviabilidade de competição****, em especial:*
>
> *II – para a contratação de serviços técnicos enumerados no art. 13 desta Lei, de natureza singular, com profissionais ou* ***empresas de notória especialização****, vedada a inexigibilidade para serviços de publicidade e divulgação;*
>
> *§ 1º Considera-se de* ***notória especialização*** *o profissional ou empresa cujo conceito no campo de sua especialidade, decorrente de desempenho anterior, estudos, experiências, publicações, organização, aparelhamento, equipe técnica, ou de outros requisitos relacionados com suas atividades, permita inferir que o seu trabalho é essencial e* ***indiscutivelmente o mais adequado à plena satisfação do objeto do contrato****.* (destacamos)

É cediço que alguns órgãos públicos alegam que o fator preponderante para indicação da inexigibilidade da licitação não se dá essencialmente pela notória especialização, mas pelo exíguo tempo destinado para seleção de pessoal que comporta realização de provas e análises de títulos. Improspera tal colocação. Optamos, porém, *data venia*, por um entendimento diverso. Em virtude do exíguo prazo para realização das provas, tempo de publicação e ampla divulgação que o certame haverá de ter, em razão dos princípios constitucionais norteadores dos atos da Administração Pública, considerando que no certame não haverá ônus aos cofres públicos.

Não se desconhece a existência de julgados no sentido de cabimento de demanda, com a finalidade de responsabilizar os agentes pelo prejuízo causado ao erário em razão da anulação do concurso público de provimento de cargos.

Ainda que fosse notoriamente especializada a empresa nessa tarefa, esbarraria a Administração no impedimento previsto no *caput* do art. 25, que exige *inviabilidade de competição*, o que, certamente, não ocorre em centros urbanos, pois, de um modo geral, há várias instituições que atuam há anos no mercado com larga experiência, o que impede o reconhecimento de inviabilidade de competição.

Essas conclusões levam-nos a afirmar categoricamente que não há, geralmente, respaldo fático ou jurídico para declarar inexigível a regra do procedimento licitatório, maculando a prática do ato administrativo pela ofensa aos princípios constitucionais da legalidade, da moralidade e da impessoalidade, além de ofensa grave ao princípio da razoabilidade na atuação discricionária (sustentação de notória especialização).

3. REQUISITOS DE INSCRIÇÃO E REQUISITOS DE CARGOS

3.1. Introdução

O *provimento de cargo público é* tema que se atrela à análise de outros tantos institutos dentro do estudo do Servidor Público, alguns dos quais a doutrina e a jurisprudência, em sua maioria, já pacificaram. Outros, contudo, têm-se tornado mais polêmicos com o passar do tempo, como é o caso dos requisitos editalícios para abertura de concurso público.

Isto pode ser explicado, em parte, pela própria característica da natureza humana, que está sempre inclinada na busca pelo novo, e na consequente aquisição de novos hábitos, a exemplo do uso de tatuagem, cada vez mais comum, e do uso da prótese de silicone nos seios, tão em voga nos dias de hoje. Não raro, todavia, esses novos hábitos têm desencadeado controvérsias no meio social e no mundo jurídico.

Para os efeitos deste estudo, relacionando-se a aquisição de novos hábitos na vida social com o tema em foco, que são os requisitos aplicáveis ao provimento de cargo público, trazemos à baila questões que estão sendo levadas cada vez com mais frequência aos Tribunais, e que suscitam novas interpretações e ponderações dos aplicadores da lei.

Trata-se de candidatos a cargos públicos os quais têm a investidura questionada administrativa e judicialmente em razão da existência de conflitos entre pré-requisitos editalícios e elementos de ordem pessoal, tais como o porte de tatuagem ou a prótese de silicone. Além destes citados elementos, outros requisitos como a altura mínima e a investigação social do candidato também são requisitos que têm gerado polêmica no meio jurídico, sendo levados com frequência aos Tribunais.

Outro tema que abordaremos, também neste estudo, é quanto à legalidade de se utilizar a prova emprestada, que é a que ocorre quando a Administração Pública, tão somente com o intuito de colher indícios que sirvam como prova no Procedimento administrativo disciplinar de servidor, se vale de provas obtidas na esfera criminal. Ou seja, toma-se emprestado a prova de uma esfera para ser usada em outra.

Portanto, faremos uma breve análise sobre os pré-citados elementos relacionados ao cargo público que estão cada vez mais frequentes nas demandas judiciais, valendo-nos da tentativa de trazer o entendimento que tem tangenciado as decisões dos Tribunais.

3.2. A investidura do servidor público

Preliminarmente, cumpre ressaltar que a investidura do servidor no cargo público pressupõe requisitos legalmente elencados na Lei nº 8.112/1990, tais como a nomeação (art. 82, I) e a posse (art. 12). Entretanto, embora a lei diga que a investidura se dá com a posse, é certo que esta *só* se formaliza plenamente com o ato do exercício, previsto no art. 15 da aludida lei.

Não obstante a exigência do exercício para configurar a investidura do servidor, asseveramos que a Corte Suprema tem manifesta posição no sentido de que a nomeação do servidor público e o ato de sua posse devem ser precedidos pela aprovação do concurso público, sob pena da posse ser desfeita. Trata-se da Súmula nº 17 do STF: "Se ocorrer nomeação de servidor sem concurso público, pode ela ser desfeita antes da posse".

Adentrando-nos na seara da aprovação de concurso público, enfatizamos que a sua plena realização, em tese, apenas se dá pelo esgotamento dos requisitos inseridos no edital de abertura. Neste sentido, cumpre-nos traçar a distinção entre os elementos de requisitos de inscrição e requisitos do cargo.

4. MERA EXPECTATIVA DE DIREITO

A Administração, pelo fato de ter realizado o concurso, não tem a obrigação de nomear os candidatos dentro do prazo de validade do certame, pois a nomeação é ato que fica jungido à sua conveniência e oportunidade.

Com efeito, a nomeação dos candidatos classificados encontra-se submetida ao interesse da Administração Pública que, no exercício de sua competência discricionária, analisa a necessidade do preenchimento das vagas oferecidas de acordo com a disponibilidade efetiva de pessoal.

Ressalte-se, ainda, que o **direito à nomeação** somente emerge quando o cargo para o qual o candidato foi habilitado mediante aprovação em concurso for preenchido sem a observância da ordem de classificação ou por terceiro que não participara do certame, como, por exemplo, contratação temporária ou terceirizados em prejuízo dos candidatos previamente aprovados em concurso, hipótese em que se comprova a preterição do concursado.

O Tribunal de Justiça o Rio de Janeiro, quanto ao tema, possui jurisprudência pacífica, como exemplifica o presente julgado[60]:

> Administrativo – Concurso público – Direito a nomeação. Compete à Administração – dentro do binômio necessidade de prover os cargos, e possibilidade orçamentária para arcar com os custos – fazer uma valoração da conveniência e oportunidade para a nomeação do candidato aprovado em concurso público. No entanto, se ao invés de nomear os candidatos aprovados, procede à sua contratação temporária, deixa transparecer a necessidade de preencher o cargo, bem como a disponibilidade de recursos para arcar com a remuneração do agente público. A contratação temporária, neste caso, revela conduta maliciosa da Administração, que procura, via transversa, burlar a regra da prévia aprovação em concurso público, violando o inciso II, do art. 37, da CRFB. Viabiliza fraude e representa desvio de finalidade. Nestas circunstâncias, surge para o candidato o direito subjetivo de ser nomeado. Sentença que se confirma. Recurso a que se nega seguimento, nos termos do art. 557, do CPC. (Apelação Cível nº 2008.001.53964, JDS. Des. Ricardo Couto, Terceira Câmara Cível)

Sob este propósito, aliás, foi editado o verbete sumular nº 15 pelo Supremo Tribunal Federal:

> Dentro do prazo de validade do concurso, o candidato aprovado tem direito à nomeação, quando o cargo for preenchido sem observância da classificação[61].

A jurisprudência do Supremo Tribunal Federal observou que o candidato aprovado em concurso público e preterido em face de nomeação de outro candidato, tem também o direito ao recebimento de indenização (RE nº 188.093/RS, 2ª Turma, Rel. Min. Maurício Corrêa).

---

60. E no mesmo sentido as decisões referentes aos seguintes processos: 2008.001.17837 – Apelação cível – Des. Miguel Angelo Barros – Décima Sexta Câmara Cível; 2008.001.30036 – Apelação Cível – Des. Joaquim Alves de Brito – Nona Câmara Cível; 2008.001.47615 – Apelação cível – Des. Marcos Alcino A. Torres – Décima Sétima Câmara Cível.

61. Nesse sentido, ver as decisões dos seguintes Recursos em Mandado de Segurança: RMS nº 10.058/MG, STJ, 6ª Turma, Rel. Min. Anselmo Santiago; RMS nº 10.009/MG, STJ, 6ª Turma, Rel. Min. Vicente Leal; RMS nº 10.021/MG, STJ, Rel. Min. Fernando Gonçalves.

A nomeação de concursado, realizada em desobediência à ordem classificatória, enseja a todos que estiverem melhor classificados, em relação ao nomeado, o direito à nomeação, direito este que vem sendo reconhecido judicialmente através de mandado de segurança.

É o seguinte aresto do Superior Tribunal de Justiça:

> Processual civil. Recurso ordinário em mandado de segurança. Servidor público nomeado em virtude de habilitação em concurso público. Direito à posse. Súmula nº 16 do STF. Uma vez nomeado o servidor habilitado em concurso público, tem ele direito à posse, pois o juízo de conveniência e oportunidade da administração esgota-se com o ato de nomeação.

Portanto, a doutrina e a jurisprudência são unívocas no sentido de que o candidato aprovado só tem direito à nomeação na hipótese de inobservância da ordem dos concursos e da ordem classificatória, dentro de seu prazo de validade havendo, fora desses casos, tão somente expectativa de direito à nomeação[62].

Por outro lado, com raríssimas exceções, o candidato habilitado apresenta somente expectativa de preencher o cargo que dependerá da conveniência da Administração. No entanto, havendo contratações temporárias, o que é inadmissível, para suprir vagas reais que deveriam ser ocupadas pelos habilitados, *in causu,* o concursado passa a ter o direito a ser nomeado e empossado no cargo ao qual foi legalmente aprovado, sob pena de vir a sofrer enorme prejuízo e, ante a responsabilidade de lesão irreversível ao direito, visto que expirado o prazo de validade do concurso, ficará impedido de ser nomeado. Logo, a mera expectativa se convola em direito de fato a partir do momento em que dentro do prazo de validade do concurso a contratação de pessoal, de forma precária, para o preenchimento de vagas existentes em flagrantes preterições àqueles que, aprovados em concurso ainda válido, estariam aptos a ocupar o mesmo cargo ou função.

Por conseguinte, nessa hipótese, em se tratando de ato discricionário de nomeação da administração, é defeso ao Poder Judiciário adentrar no mérito do ato, consoante sedimentado entendimento do Supremo Tribunal Federal.

Hodiernamente, tal entendimento se encontra consagrado também no Superior Tribunal de Justiça (MS nº 703 1/DF.)

4.1. Quando a conversão da mera expectativa de direito se converte em direito subjetivo

Neste mesmo sentido, no julgamento de Recurso Ordinário em Mandado de Segurança nº 19924/SP, o STJ ratificou sua posição. Naquela ocasião, a 5ª Turma deu provimento, por unanimidade, ao recurso interposto pela recorrente que, classificada em 1º lugar em concurso público para o cargo de oficial de justiça, foi preterida pela contratação de terceiros, dentro do prazo de validade do certame.

Fundamentando sua decisão a favor da recorrente, os Ministros daquela Turma não se furtaram de fazer alusão à hipótese já consagrada pelo STF de que, embora haja a aprovação em concurso público, a princípio o candidato adquire mera expectativa de direito à nomeação.

62. RMS nº 19.924/SP, Rel. Min. Arnaldo Esteves Lima, Quinta Turma, julgado em 10/10/2006; RMS nº 24.151/RS, Rel. Min. Felix Fischer, Quinta Turma, julgado em 16/08/2008; REsp 631.674/DF, Rel. Min. Arnaldo Esteves Lima, Quinta Turma, julgado em 08/05/2008,; TJRJ – Agravo Interno na Apelação nº 2008.001.02449, Rel. Des. Suimei Meira Cavalieri.

Não obstante, entende também que tal expectativa se converte no *direito subjetivo à posse dos candidatos aprovados dentro das vagas previstas no edital do concurso*, se dentro de seu respectivo prazo de validade se insurgir a contratação precária de terceiros, para a ocupação destes mesmos cargos.

Ressalte-se que não importa que estes terceiros sejam concursados ou não. Demonstrada a necessidade de preenchimento das vagas a que dispunha o edital, neste caso específico, o de oficial de justiça, e tendo tal ocupação se dado por terceiros, e não pelos candidatos aprovados, merece tal ato ser retocado pelo Judiciário.

Com efeito, não há falar em mera expectativa de direito quando se sobrevém a esta um real direito subjetivo à posse, ressaltando-se, também, que se esvazia a alegação no sentido de que a Administração não tem obrigação de contratar durante a validade do certame, por conta da prevalência do interesse público, bem como pelo juízo de conveniência e oportunidade de que se revestem os atos administrativos.

É o que se segue na ementa do recurso emitida pela Quinta Turma do STJ:

> Administrativo. Concurso público. Oficial de justiça. Nomeação. Candidata classificada em primeiro lugar. Contratação de terceiros dentro do prazo de validade do certame. Recurso ordinário provido.
>
> 1. Embora aprovado em concurso público, tem o candidato mera expectativa de direito à nomeação. Porém, tal expectativa se transforma em direito subjetivo para os candidatos aprovados dentro das vagas previstas no edital se, dentro do prazo de validade do certame, há contratação precária de terceiros, concursados ou não, para exercício dos cargos. Precedentes.
>
> 2. Hipótese em que restou demonstrada nos autos a existência e a necessidade de preenchimento das vagas para o cargo de oficial de justiça, assim como a contratação temporária de terceiros, em detrimento da recorrente, aprovada em primeiro lugar no certame.
>
> 3. Recurso ordinário provido. (RMS nº 19924/SP, Rel. Min. Relator: Arnaldo Esteves Lima, Quinta Turma do STJ).

Oportuno também a leitura da Súmula nº 15 do STF: "Dentro do prazo de validade do concurso, o candidato aprovado tem direito à nomeação, quando o cargo for preenchido sem observância da classificação".

Controvérsia desta mesma espécie foi julgada pela Primeira Câmara Cível do Tribunal de Justiça do Estado do Rio de Janeiro, na Apelação Cível em que foram partes o Município de Macaé e candidato a cargo público de Agente de Combate a Endemias, aprovado em concurso público para ocupar vaga no referido ente estatal[63].

63. Direito administrativo. Concurso público. Município de Macaé. Candidato classificado no número de vagas. Contratação precária de novos concursados. Funções equivalentes à do cargo público objeto do concurso. Princípios da Administração Pública violados. Art. 37, I, CF. Preterição configurada. Ausência de motivação suficiente. Dotação orçamentária e necessidade pública demonstradas. Direito líquido e certo violado. Segurança concedida. 1. A aprovação em concurso público, por si só, não gera senão mera expectativa de direito à convocação pelo administrador público. Contudo, como consectário lógico ao Princípio da Vinculação ao Edital, "o anúncio de vagas no edital de concurso gera o direito subjetivo dos candidatos classificados à passagem para a fase subsequente e, alfim, dos aprovados, à nomeação" (RMS nº 23657/DF, Min. Marco Aurélio), entendimento capaz de retirar da norma do art. 37, inciso I, da CF, sua máxima efetividade. 2. Afinal, se a Administração Pública abre um certame para preenchimento de um certo número de vagas, é de se presumir que assim seja porque o interesse público o reclama, de modo a se justificarem as despesas, o tempo e o dinheiro públicos gastos na realização do concurso. Entendimento contrário equivaleria a admitir que aqueles que prestam um concurso

No caso, o apelado, aprovado em concurso público, entrou com Mandado de Segurança contra ato omissivo do Prefeito do Município de Macaé, pois que, ao ser classificado em 31º lugar em concurso cujo edital previa o preenchimento de 80 vagas, foi preterido pela contratação precária de pessoas que não se submeteram ao certame público para exercer as mesmas funções típicas do cargo.

A sentença julgou procedente o pedido do impetrante, concedendo a ordem para a sua nomeação e posse, decisão esta que foi objeto de apelação por parte do Município. Em suas alegações, buscou a nulidade da sentença com o argumento de que havia litisconsórcio passivo necessário em relação a todos os candidatos classificados à frente do impetrante e, da mesma forma, não convocados.

Alegou também inexistir direito líquido e certo que dê respaldo ao mandado de segurança, pelo fato de que a aprovação em concurso público gera apenas mera expectativa de direito, e não o direito subjetivo à nomeação. Por fim, asseverou que a contratação precária de não concursados para exercer o cargo de Agente de Combate a Endemias se deu tão somente em razão de necessidades excepcionais, a saber, a associação do verão com a incidência da dengue.

Entendeu ainda que este fato por si só não teria o condão de impor à Administração Pública a obrigação da contratação e nomeação do pessoal concursado, ato este de natureza discricionária, uma vez que este trabalho não lhe era à época necessário.

Em seu voto, o relator da Primeira Câmara Cível do Tribunal de Justiça do Estado do Rio de Janeiro desqualificou, de plano, a nulidade da sentença pela alegação do litisconsórcio passivo necessário, por entender que não é o direito do autor que vai de encontro ao dos demais concursados, mas, ao contrário, estariam todos os classificados à sua frente em situação idêntica à sua. Com isso, não há que se falar em divergência de direitos, mas de direito concorrente destes candidatos.

Quanto ao mérito da questão, entendeu que esta se trata de saber se a indicação do número de vagas previstas no edital vincula ou não a administração à obrigatoriedade da convocação dos aprovados, até que expire o prazo de validade do concurso, opinando, por conseguinte, que sim.

Embora reconhecendo que, em razão de seu poder discricionário, cabe à Administração decidir pela contratação ou não de seu pessoal para compor seu quadro funcional, e que é pacífico na doutrina e jurisprudência o fato de a aprovação em concurso público gerar

público – apesar das noites maldormidas, com gastos pessoais com estudos direcionados, da aquisição de livros e material didático, do tempo reservado ao estudo etc. – estão, a bem da verdade, metendo-se numa aventura. 3. Precedente desta Corte. (Ap. Cível nº 16989/2008, Quinta Câmara Cível, Des. Cristina Tereza Gáulia). 4. A cláusula editalícia que estabelece que "a Prefeitura e Participantes reservam-se ao direito de admitir o número total ou parcial dos candidatos aprovados em relação às vagas quantificadas nos Anexos I, II, III, IV, V, VI e VII deste Edital" deve-se conferir interpretação adequada. Se a regra do edital é lei interna do concurso e vincula a administração, não faz sentido uma segunda regra que faculte à administração a observação ou não da primeira, a seu talante – noutras palavras, uma regra que torna a outra inócua. 5. Assim, tal cláusula só pode ser admitida por jurídica se condicionada a não convocação à devida exposição de motivos, por parte da Administração, onde se demonstre (i) que não subsiste a necessidade de tantos funcionários quantos anunciados no edital ou (ii) que inexiste dotação orçamentária para sua convocação. 6. É exatamente o inverso que se comprova, quando a Administração, ao invés de convocar os classificados no certame, contrata precariamente e sem processo seletivo, outras pessoas para exercerem as mesmas funções típicas daquele cargo – o que equivale à preterição, e ainda demonstra haver dotação orçamentária e necessidade pública de pessoal para desempenho de tais funções. Precedentes. 7. Desprovimento do recurso.

apenas mera expectativa de direito, e não o direito subjetivo à nomeação, assevera que há outras questões que merecem ser levadas em consideração nesta contenda.

Uma delas é que é reconhecida a iniciativa da Administração Pública em afirmar, por meio do edital do referido concurso público, a existência de determinado número de vagas, lembrando ainda ser ele a lei interna do concurso e o mandamento legal que vincula as partes integrantes (administração e candidato).

Dentro desta linha, não existem controvérsias de que a oferta de determinado número de vagas para o preenchimento de cargo público foi de iniciativa unicamente do administrador público, e se estas não existissem, seria o caso de listar no edital a existência de vagas para cadastro de reserva, subtraindo do candidato a esperança de ser logo contratado, caso aprovado dentro do número de vagas previstas.

Outra, é a inevitável menção à existência do Princípio da Vinculação ao Edital, o qual atrai para si os princípios da legalidade, impessoalidade e moralidade da Administração Pública.

Segundo, porque a iniciativa da Administração de contratar precariamente concursados para o mesmo cargo disponível no concurso, no qual foi aprovado o impetrante, atenta contra os princípios previstos no caput art. 37 da Constituição Federal, além de ter demonstrado cabalmente a necessidade pública de contratação de pessoal e a existência de dotação orçamentária.

Com efeito, decidiu que seja mantida a sentença que julgou procedente o pedido do autor, ratificando a ordem para a sua nomeação e posse, por duas razões: a primeira pelo fato de que o impetrante foi aprovado e classificado dentro do número de vagas previsto no edital.

4.2. Novo acórdão do STJ: aprovação dentro do número de vagas – direito líquido e certo à nomeação

É da máxima importância que se atualize, neste estudo, a novíssima tendência do Superior Tribunal de Justiça (STJ), cujo Acórdão, que foi publicado em 03/03/2008, da lavra do Desembargador Paulo Medina, estabelece que "*candidato aprovado em concurso público dentro do número de vagas previstas no edital possui direito líquido e certo à nomeação*".

Esta nova interpretação do Superior Tribunal de Justiça, há que se ressaltar, tende a mudar o entendimento daquela Corte sobre questões relativas a candidatos aprovados em concurso público dentro do número de vagas estabelecidas pelo edital, que não são chamados no prazo de validade do concurso, caso venha a ser concluído neste sentido.

Releva dizer que a Fazenda Pública do Estado de São Paulo entrou com Embargos de Declaração, e que foi designado novo relator pelo STJ, sendo a Ministra Jane Silva, pelo fato de o Ministro Paulo Medina estar atualmente afastado de suas funções no Tribunal. Não obstante, prosseguiremos neste estudo a analisar o caso sob a ótica do voto do Relator Paulo Medina.

A respeito de numerosos processos que tramitam nos diversos Tribunais do país com este questionamento, conforme já mencionado neste estudo, tem prevalecido, até então, a candidatos nestas circunstâncias, a mera expectativa de direito a serem nomeados, tendo sido este também o entendimento tanto do Superior Tribunal de Justiça quanto do Supremo Tribunal Federal. Segue-se a Ementa com a nova interpretação:

> Administrativo – Servidor público – Concurso – Aprovação de candidato dentro do número de vagas previstas em edital – Direito líquido e certo à nomeação e à posse no cargo – Recurso provido.
> 1. Em conformidade com jurisprudência pacífica desta Corte, o candidato aprovado em concurso público, dentro do número de vagas previstas em edital, possui direito líquido e certo à nomeação e à posse. 2. A partir da veiculação, pelo instrumento convocatório, da necessidade de a Administração prover determinado número de vagas, a nomeação e posse, que seriam, a princípio, atos discricionários, de acordo com a necessidade do serviço público, tornam-se vinculados, gerando, em contrapartida, direito subjetivo para o candidato aprovado dentro do número de vagas previstas em edital. Precedentes. 3. Recurso ordinário provido. (RMS nº 20.718/SP, Sexta Turma do STJ, Rel. Min. Paulo Medina).

No caso em tela que culminou no Acórdão do Ministro Paulo Medina, trata-se de candidata que foi aprovada na *65ª posição* em concurso público do Tribunal de Justiça de São Paulo, no ano de 2004, para o provimento de cargo de Oficial de Justiça, sendo certo que a sua classificação se deu dentro do número de vagas previstas no edital, que era de 98 vagas.

A partir daí, deu-se início à grande expectativa da candidata – que se justifica pela euforia que sobrevém após a confirmação de uma aprovação em concurso público, cuja concorrência tem sido cada vez mais acirrada – e à espera de ser nomeada dentro do prazo de validade do concurso, dando como certo este fato exatamente pela sua classificação e pontuação dentro do total das vagas previstas no edital.

Ocorre que, diante do que a candidata viu acontecer na prática, pois faltando apenas um mês para o final do prazo da validade do concurso, o aludido Tribunal havia efetivamente chamado apenas os oito primeiros aprovados, mostrou-se quase impossível que ainda ocorreria a sua chamada, já que esta se encontrava na 65ª posição.

A partir de então, não mais achando que seria prudente correr o risco de expirar o prazo de validade do concurso sem que fosse chamada a tomar posse, providenciou a candidata instrumento formal, exatamente um mês antes deste término, e enviou ao presidente do Tribunal de Justiça do Estado de São Paulo, solicitando a sua nomeação para o cargo, com o argumento de que obtivera aprovação dentro do número de vagas estabelecidas no edital.

Não obstante serem as suas alegações verídicas, houve a negativa do Presidente do TJSP, contra-argumentado que não apenas dispunha de verbas para outras contratações, como não necessitava naquele momento de contratação além das que já havia efetuado.

Entretanto, diante da negativa do Presidente do TJSP, impetrou a candidata, ainda dentro do prazo de validade do concurso e com o escopo de assegurar a sua nomeação, Mandado de Segurança contra a decisão auferida pela aludida autoridade. Não obstante a sua antecipação, dentro do período de tramitação do pedido, acabou por ocorrer a expiração deste prazo de validade.

Segundo alegou o Tribunal de Justiça do Estado de São Paulo, a aprovação e classificação em concurso público por qualquer candidato geraria tão somente mera expectativa de direito, e a iminência do fim do prazo de validade do concurso não daria à candidata o direito à sua nomeação a ponto de obrigar a Administração Pública a prorrogar a sua validade.

Seguindo o seu trâmite, o recurso chegou ao Superior Tribunal de Justiça em novembro de 2005, tendo sido incluído na pauta de julgamento da 6ª Turma cinco meses após a sua chegada.

O Relator do processo, Ministro Paulo Medina, emitiu seu voto no sentido de garantir o direito à candidata. Para ele, a alegação utilizada para indeferir o pedido da candidata, de que não havia disponibilidade financeira para nomeá-la no cargo, se relaciona tão somente com a questão da governabilidade, "o que pressupõe um mínimo de responsabilidade para com os atos que praticam, mormente quando afetam de forma direta a esfera jurídica dos cidadãos", relatou o Ministro.

Ressalta-se que os Ministros Nilson Naves e Paulo Gallotti acompanharam o voto do Relator, ao contrário dos Ministros Hamilton Carvalhido e Hélio Quaglia Barbosa, que votaram no sentido de que candidato aprovado em concurso público possui mera expectativa de direito à nomeação, e esta deverá ocorrer tão somente por conveniência da Administração Pública.

Segundo estes Ministros, a aprovação da candidata poderia ser considerada direito subjetivo, acaso "houvesse manifestação inequívoca da necessidade de provimento do cargo durante o prazo de validade do concurso". Ou, ainda, se "houvesse a contratação de pessoal, de forma temporária, para o preenchimento de vagas, em flagrante preterição àqueles que, regularmente aprovados, estariam aptos a ocupar o mesmo cargo".

Finalizando, então, tormentosa questão tem afligido os tribunais no que diz respeito à natureza do direito de que são titulares os candidatos aprovados dentro do número de vagas oferecidas nos concursos públicos. No entanto, há de se destacar que as últimas decisões caminham no sentido uníssono de se reconhecer o direito subjetivo à nomeação dos aprovados no universo do número de vagas oferecidas.

Propedeuticamente, invoque-se o princípio da moralidade, esculpido no art. 37, *caput*, da Constituição da República. Nesse caminhar, há de se ressaltar que se tem como ínsito em seu campo normativo a conduta do administrador público em consonância com a boa-fé objetiva em suas relações com particulares. Desta, extraem-se elementos relevantes como a transparência, no que se adstringe aos motivos e objeto emanantes da ação pública, de maneira a não frustrar a justa expectativa dos particulares que com a Administração Pública estabelecem relações jurídicas. A referida expectativa, na espécie, traduz-se na obtenção por parte dos participantes dos processos seletivos da desejada nomeação, no caso da conquista da aprovação dentro do número de vagas ofertadas para preenchimento dos cargos.

No que é pertinente ao segmento do concurso público, ressalte-se que, nos últimos anos, grande tem sido a fluência de pessoas interessadas em ocupar funções públicas movidas pela aspiração de estabilidade no setor público. Tal afluxo, por certo, tornou a participação nos certames seletivos tarefa árdua e dispendiosa, demandando uma efetiva dedicação daqueles que desejam ser aprovados dentro do número de vagas, além de gastos relativos a inscrição e preparação.

Registre-se, assim, que não é compatível com a moralidade pública, conflitando com seus consectários, a conduta do administrador público que lança edital de concurso público com finalidade meramente de máquina e indústria de arrecadação, ocultada pela oferta de vagas que, em realidade, não tinha o desiderato de preencher efetivamente.

No âmbito do princípio da publicidade, pressuposto de validade dos atos administrativos, a divulgação de informações por parte do Poder Público deve obedecer à realidade fática em apreço a transparência inerente à ação estatal, presumindo-se a efetiva e premente necessidade do preenchimento das vagas ofertadas.

Noutro giro, insta consignar que a oferta pública de vagas faz nascer um vínculo jurídico entre a Administração e os inscritos no certame, inadmitindo-se óbice à eventual nomeação do candidato aprovado dentro do número de vagas publicamente ofertado.

Sendo assim, a não ser quando da ocorrência de motivo relevante, esteado na supremacia do interesse público, o vínculo jurídico pré-estabelecido não pode ser rompido sob pena da eiva da ilegalidade do ato expedido nesse sentido ou a ocorrência de mera omissão, com substrato nos princípios supra elencados.

Não deixa de ser absurdo o candidato aprovado e classificado ser alijado do processo seletivo sem se quer pudesse identificar o motivo que prestou a embasar o não chamamento.

É de total irresponsabilidade oferecer vagas em concursos, exigindo dos candidatos madrugadas e anos de estudos e imensurável sacrifícios, na tentativa desesperada de uma classificação, tudo na confiança de dezenas de vagas, publicadas em edital. Como excluir o candidato em tais circunstâncias? Como apená-lo tão duramente depois de ter logrado aprovação em tão difícil certame?

Antes de se lançar o edital, tem-se que se ter um mínimo de responsabilidade e seriedade para com os atos que praticam, "mormente quando afetam de forma direta a esfera jurídica dos cidadãos"[64].

Destarte, não se pode deixar ao alvitre da Administração Pública a partir de uma visão meramente discricionária, a seu juízo de conveniência e oportunidade, decidir sobre o cumprimento do publicamente avençado com os inscritos à luz das regras editalícias.

Releve-se, assim, que salvo motivação, com base em critério de razoabilidade, justificativa sólida, devidamente comprovada, deve o Poder Público satisfazer a pretensão dos candidatos aprovados, posto que com sua classificação preencheram, a princípio, as exigências impostas pelo edital a que aderiram, transmudando sua mera expectativa de direito em hialino direito subjetivo à nomeação. Restando, por isto, à Administração, em razão do vínculo estabelecido, concretizar a nomeação dos classificados.

O Poder Judiciário, modernamente, não mais se limita a examinar os aspectos extrínsecos da administração, podendo analisar, ainda, as razões de conveniência e oportunidade, uma vez que essas razões devem observar critérios da moralidade pública, da impessoalidade, da proporcionalidade, da finalidade, da eficiência.

O controle da legalidade do ato administrativo pelo Judiciário envolve os seus aspectos formais e materiais. Hoje não há mais dúvida de que a legalidade dos atos administrativos não se restringe ao seu aspecto procedimental, nem aos seus elementos sempre vinculados: competência, finalidade e forma. Deve-se fazer presente também na *faixa dos motivos e do objeto, os quais, embora infensos à revisão judiciária no que concerne aos aspectos de conveniência, são suscetíveis de verificação pelo juiz quanto à sua adequação aos princípios norteadores da Administração Pública, porque é precisamente neste ponto que se pode manifestar o abuso do poder caracterizador da ilegalidade substancial*[65].

64. RMS nº 20.718/SP, Rel. Min. Paulo Medina, 6ª Turma do Superior Tribunal de Justiça.

65. Observe-se que, ultimamente, nesse sentido, dando azo ao acolhimento do exposto, verga-se a majoritária jurisprudência do STJ: RMS nº 15.420/PR, Rel. Min. Paulo Gallotti, *DJU* de 19/05/2008); RMS nº 15.034/RS, Rel. Min. Felix Fischer, *DJU* de 29/03/2006; e RMS nº 10.817/MG, Rel. Min. Hamilton Carvalhido, *DJU* 10/03/2006), entre outros.

5. PODE A ADMINISTRAÇÃO PÚBLICA ALTERAR O EDITAL DO CONCURSO APÓS A REALIZAÇÃO DAS PROVAS?

A Administração Pública é livre para constituir os alicerces do concurso e os critérios de julgamento, desde que faça com igualdade para todos os candidatos.

Dessa forma, o escopo principal do certame é propiciar a toda a coletividade igualdade de condições no ingresso ao serviço público. Pactuam-se, assim, normas preexistentes entre os dois sujeitos da relação de edital. De um lado, a Administração; de outro, os candidatos. Qualquer alteração no decorrer do processo seletivo, que importe uma mudança, deve levar em consideração todos os participantes inscritos e previamente habilitados, não sendo possível estabelecer distinção entre uns e outros, após a edição do edital.

Não há nenhum impedimento para alteração do edital, desde que se respeitem os princípios da publicidade e da impessoalidade (deve atingir a todos de igual forma).

O Supremo Tribunal Federal, a respeito do tema, possui jurisprudência pacífica, como se vê da ementa abaixo transcrita:

> Em face do princípio da legalidade, pode a Administração Pública, enquanto não concluído e homologado o concurso público, alterar as condições do certame constantes do respectivo edital, visto que, **antes do provimento do cargo, candidato tem mera expectativa de direito à nomeação** ou, se for o caso, a participação na segunda etapa do processo seletivo. (RE nº 290.346, Rel. Min. Ilmar Galvão).

Havendo mudança no edital publica-se da mesma forma com que foi publicado o edital originário, sob pena da modificação irregular ser anulada. É preciso também *motivá-lo* porque é um ato de decisão, visando comprovar realmente que o interesse público está em jogo.

O princípio da vinculação ao instrumento convocatório só existe na licitação.

Exemplo: Em um concurso no Rio de Janeiro, o edital informava que a prova de Língua Portuguesa seria uma redação. No momento da prova, a questão não foi sobre redação e, sim, sobre Interpretação de Texto. Vários candidatos foram ao Poder Judiciário e a Fazenda Pública se pronunciou no sentido de que a Administração poderia alterar as regras do concurso, tese essa plenamente aceitável.

A regra é que o candidato, em concurso público, só tem expectativa de direito. O único direito que o concursado tem é o de não ser preterido na nomeação.

Quantas vezes já se viu cancelamento de prova, cancelamento de concurso, com expedição de um novo edital. Não há nenhum problema. Se a Administração não mais realizar o concurso, haverá devolução da quantia gasta por ocasião da inscrição dos candidatos.

Depois de feitas as inscrições, o concurso público pode ter as suas regras alteradas? É pacífico na doutrina e na jurisprudência que o edital de concurso público pode ser alterado a qualquer momento, antes ou depois da inscrição, durante a sua execução, sem o menor problema, porque o interesse público predomina sobre o interesse individual dos candidatos[66].

66. 16. Notícias STFº STF: confirma decisão do CNJ que anulou edital suplementar de concurso no Piauí. Por maioria de votos, o Plenário do Supremo Tribunal Federal (STF) negou três Mandados de Segurança (MS 27.160, 27.253 e 27.165), na tarde desta quinta-feira (18), e confirmou a decisão do Conselho Nacional de Justiça (CNJ) que anulou um edital suplementar (Edital 7/2007) do concurso público para o cargo de juiz de direito substituto no Piauí. De acordo com o relator do processo, ministro Joaquim Barbosa, depois de já iniciado o processo seletivo, o edital questionado nesta ação redefiniu o edital inicial (Edital 01/2007), mudando a forma como seriam

A análise do presente *case* se refere a candidato de concurso de Técnico Administrativo do Ministério Público da União (MPU), que após ser regularmente aprovado em 6º lugar na ordem classificatória da Unidade da Federação escolhida, Paraíba, impetrou mandado de segurança, com pedido de liminar, contra ato do Procurador Geral da República que retificou o edital do concurso, tornando provisório o número de vagas anteriormente divulgado, em razão de um concurso de remoção interna dos servidores do MPU.

Aduz o candidato impetrante que consoante se pode constatar no edital, destina-se, o concurso previsto, ao provimento de cargos vagos, criados pela Lei nº 10.771/2003, e que dentre as vagas oferecidas, 6 (seis) delas se destinavam às Unidades de lotação situadas na Paraíba, donde se conclui que o impetrante foi aprovado dentro do número de vagas, se considerados os termos do edital originário.

Diante de tais circunstâncias de fato, sustenta o impetrante no mandado de segurança, com pedido de liminar, fazer jus ao direito líquido e certo de "ter o certame regido pelas condições estabelecidas anteriormente à realização das provas...", que a iniciativa da autoridade impetrada, ao retificar o edital, afrontou princípios inerentes à Administração Pública, mormente os da moralidade e da segurança jurídica.

Na conclusão de seu pedido, requer o impetrante o deferimento da liminar, a fim de tornar sem efeito a medida retificatória editalícia que tornou provisório o número de vagas estabelecidas para cada Unidade da Federação no processo seletivo para o provimento de cargo nos quadros do Ministério Público da União.

No tocante ao pedido da concessão de liminar, argumenta sobre os requisitos legais que a justificam, *fumu bonis juris* e *periculum in mora*, consubstanciados nas seguintes ocorrências: O primeiro, *fumu bonis juris,* se funda na impossibilidade de ter a autoridade impetrada retificado o instrumento convocatório após a realização das provas e a ocorrência da divulgação oficial dos classificados.

Segundo afirma ainda, o edital, lei interna do concurso, não mais é passível de ser alterado posto que já está precluso com a prática de atos administrativos posteriores.

Quanto ao *periculum in mora,* este se justifica pelo fato de que o concurso interno dos servidores do MPU, que ensejou a alteração do edital, se efetivamente concluído, pode acarretar na ocupação das vagas dispostas no edital, com a redistribuição dos servidores daquela unidade de lotação.

No mérito, requer a confirmação da liminar e a declaração de seu direito de ter o concurso ao qual se submeteu, e foi aprovado em 6º lugar, regido pelas normas contidas no edital originário, qual seja, o prevalente antes da realização das provas e da divulgação da lista de classificação, por se tratar de ato perfeito e acabado.

Alega a autoridade impetrada que a retificação se deu em razão de um concurso de remoção interno dos servidores do MPU, o que o motivou a criar, por meio de edital, uma

escolhidos os convocados para prosseguir no certame, após a realização da prova de múltipla escolha e da prova subjetiva. Para o ministro, não se pode alterar as regras de um concurso durante sua realização. Por essa razão, o CNJ agiu dentro de sua competência, prevista na Constituição Federal, de fiscalizar os atos administrativos do Poder Judiciário, concluiu o ministro. Acompanharam o relator as ministras Cármen Lúcia Antunes Rocha e Ellen Gracie e os ministros Eros Grau, Carlos Ayres Britto e Celso de Mello. A ministra Cármen Lúcia frisou que o edital é a lei do concurso. O candidato não pode ser surpreendido durante o concurso, disse ela. Os ministros Carlos Alberto Menezes Direito, Ricardo Lewandowski, Marco Aurélio e Cezar Peluso entenderam de forma diferente do relator. De acordo com Menezes Direito, que abriu a divergência, o edital 07/2007 não retificou o edital inicial do concurso, apenas esclareceu as regras do concurso.

retificação no instrumento convocatório, especialmente no que diz respeito ao número de vagas e suas distribuições entre as Unidades Federativas, tendo tornado, por consequência, este número provisório.

Para a Relatora do processo, a Ministra Cármen Lúcia Antunes Rocha, não há uma sintonia entre o que afirma a defesa do candidato e o que busca contestar, de fato, o aludido mandado de segurança. Rebate a Relatora que o que *writ* contesta "não é o ato homologatório do concurso público", razão pela qual indeferiu de plano a liminar.

Em suas alegações, segundo a jurisprudência do STF, "em face do princípio da legalidade, pode a Administração Pública, enquanto não concluído e homologado o concurso público, alterar as condições do certame constantes do respectivo edital, para adaptá-las à nova legislação aplicável à espécie, visto que, antes do provimento do cargo, o candidato tem mera expectativa de direito à nomeação ou, se for o caso, à participação na segunda etapa do processo seletivo".

Com efeito, indeferiu a Ministra o pedido de liminar, valendo-se da convicção de não haver, no caso, a possibilidade de a medida se tornar ineficaz caso venha a ser concedida na análise do mérito.

Não obstante, apenas a título de informação, durante o trâmite da ação, o impetrante, por meio de petição avulsa, comunicou desistência do presente mandado de segurança, que após as devidas providências e vistos, recebeu da Relatora a homologação do pedido de desistência, com a declaração de extinção do feito sem resolução do mérito, com fulcro no art. 267, VIII, do Código de Processo Civil.

5.1. Concurso não pode mudar requisitos para cargo depois de encerradas as inscrições

Cinco Mandados de Segurança (MS n°s 26.668, 26.673, 26.810, 26.862 e 26.587) de conteúdo idêntico foram concedidos pelo Plenário do Supremo Tribunal Federal, por votação unânime, para garantir que candidatos ao cargo de técnico de transporte em concurso do Ministério Público da União (MPU) possam concorrer à vaga. O rumo da votação foi alterado depois do pedido de vista do ministro Eros Grau, que alertou para a mudança de exigência de requisito para o cargo depois de encerradas as inscrições.

De acordo com o ministro Eros Grau, o edital que abriu as inscrições para o concurso determinava quais eram os requisitos de escolaridade para ingresso na carreira de apoio técnico-administrativo do MPU, conforme o art. 8º da Lei nº 9.953, vigente na data da publicação. Segundo o ministro, a matéria era regulamentada pela portaria PGR 233/04, que exigia como requisito para investidura no cargo a carteira nacional de habilitação (CNH) categoria "D" ou "E" por ocasião da posse.

Eros Grau destacou que não se impunha qualquer exigência quanto ao período mínimo de habilitação dos candidatos na legislação vigente quando da abertura do concurso público, bastando a apresentação da CNH em qualquer das categorias descritas na data da posse. Mas, de acordo com ele, posteriormente a Lei nº 9.953/2000 foi revogada pela Lei nº 11.415/2006, que reservou à lei a exigência ou não de formação especializada, experiência e registro profissional.

"A exigência de três anos de habilitação nas categorias "D" ou "E" surgiu após a edição da Portaria nº 712, em 20 de dezembro de 2006, um dia antes do término das inscrições para o concurso de que ora se cuida", disse. O ministro concluiu que se trata de ato normativo posterior à publicação do edital de abertura do concurso e já sob a égide da nova legislação de pessoal do MPU, que reservou a matéria à lei em sentido formal.

Ainda segundo Eros Grau, a ausência de requisito de tempo não implica falta de qualificação dos candidatos. "A legislação de trânsito já estabelece os períodos de tempo a serem cumpridos por motoristas que pretendam habilitar-se nas categorias mencionadas no edital", finalizou.

Após os argumentos do ministro Eros Grau, o ministro Ricardo Lewandowski reajustou seu voto no MS 26.668 – que tinha o sentido da concessão parcial – para acompanhar o voto-vista, entendendo que "não é lícito que se modifiquem as regras do certame público após o encerramento das inscrições". Nos casos de relatoria semelhante, os ministros Carlos Ayres Britto e Cármen Lúcia Antunes Rocha também afirmaram o mesmo. Os demais ministros presentes na sessão acompanharam o entendimento e a votação foi unânime para concessão do mandado de segurança nos cinco casos julgados.

6. PRAZO

6.1. Prazo de validade

O inciso III do art. 37 dispõe que:

> *O prazo de validade do concurso público será de até dois anos, prorrogável uma vez, por igual período.*

O concurso público poderá ter qualquer prazo de validade desde que não exceda de dois anos. O prazo de validade do concurso será o que dispuser a lei, ou o edital, e em caso de omissão, presume-se que o mesmo seja de dois anos.

O edital que disciplina as regras do concurso público para o provimento de cargo deixando de indicar o prazo de validade do certame, deduz, assim, o prazo dele, que seria aquele disciplinado na lei. Por outro lado, se observado o princípio de igualdade para todos os candidatos, é livre a Administração para estabelecer as bases do concurso, podendo, inclusive, através de edital posterior ao inicial, fixar o prazo de validade que melhor atender ao interesse público.

Não há, pois, um prazo mínimo. Contudo, ele terá de ter uma duração ao menos suficiente para se proceder às nomeações e às contratações. Portanto, este prazo não poderá ser tão efêmero que coloque em risco a realização da própria finalidade do certame.

Outro ponto importante é a previsão da *prorrogabilidade do prazo de validade do concurso público*. A prorrogabilidade é uma faculdade permitida pelo Texto Maior, de exercício discricionário, outorgada à Administração Pública responsável pelo concurso, porém, deve estar estabelecida em lei, ou pelo menos, no edital. Caso ambos forem omissos no concernente à prorrogação, entende-se estar ela vedada.

A prorrogação só poderá ser concedida por prazo absolutamente igual ao originalmente previsto, visto que a Constituição Federal autoriza a prorrogação por igual período, ou seja, se o prazo inicial do concurso for fixado por dois anos, por exemplo, o prazo de prorrogação será também de dois anos; e caso o *prazo* inicial do concurso seja fixado em três meses, o prazo de prorrogação será também de três meses.

Ressalte-se que a norma constitucional prevê a prorrogação por uma única vez, do prazo original de validade do concurso público.

De qualquer forma, esgotado o *prazo* de validade do concurso, com ou sem prorrogação, sem que hajam surgidas novas vagas, os aprovados no certame não poderão pleitear a investidura.

Ademais, cumpre ressaltar que o disposto no art. 37, III, da Constituição, não permite que escoado o prazo de dois anos de validade do concurso público, sem que tenha ele sido prorrogado, possa a Administração instituir novo prazo de validade por dois anos, pois prorrogar é estender o prazo ainda existente além de seu termo final.

A prorrogação é uma decisão discricionária da Administração Pública, embora sofra limitações.

A Constituição da República ainda dispondo sobre o regime de concurso público no inciso IV do art. 37, assevera:

> *Durante o prazo improrrogável previsto no edital de convocação, aquele aprovado em concurso público de provas ou de provas e títulos será convocado com prioridade sobre novos concursados para assumir cargo ou emprego na carreira.*

A questão da precedência na convocação dos concursados diz respeito ao hábito abusivo anterior de algumas administrações, de convocar candidatos para o provimento de cargos, mesmo havendo ainda aprovados no concurso anterior.

A expressão prazo improrrogável constante no inciso IV do art. 37 deve ser interpretada como o prazo dentro do qual tem validade o concurso. Aplica-se, pois, o direito de precedência na convocação tanto no prazo de validade fixado para o concurso, sem prorrogação, como no prazo de prorrogação, se tal ocorrer. Ambos são improrrogáveis e, desse modo, incide o direito de precedência.

A mais Alta Corte, a respeito desse assunto, averbou:

> Administrativo. Concurso público. Direito à nomeação. Fraude ao direito de prioridade. É defeso ao Estado retardar a nomeação de aprovados em concurso público com o propósito de, ultrapassando o prazo de eficácia do certame, fraudar o direito de preferência assegurado pelo art. 37, IV, da Constituição Federal. Não se pode afirmar tal propósito fraudulento, quando a eficácia do concurso foi objeto de duas prorrogações. (STF, RMS nº 1.301/SP, Rel. Min. Humberto Gomes de Barros)[67].

Se o Texto Constitucional assegura, no prazo de validade do concurso, a convocação de candidatos nele aprovados com prioridade sobre novos concursados, ou seja, candidatos aprovados em concurso posterior, é de concluir-se que a inércia, intencional, ou não, do Poder Público, deixando de preencher os cargos e empregos existentes, leva à convicção sobre a titularidade do direito subjetivo de ser nomeado.

Em âmbito federal, a Lei nº 8.112/1990, art. 12, § 2º, proíbe a abertura de concurso enquanto estiver o outro com validade. Isso só vale para a União. Então, o edital de um concurso público pode estabelecer número fixo de vagas. Mesmo que o concurso ainda esteja no prazo de validade, a administração pública pode abrir um novo para o preenchimento de novas vagas (com exceção das previstas no concurso ainda válido), não sendo obrigada a aproveitar os classificados no concurso anterior, além do número de vagas fixadas.

Com esse entendimento, a 5ª Turma do Superior Tribunal de Justiça negou recurso ajuizado por uma candidata classificada em concurso para o cargo de delegado de Polícia Civil

67. No mesmo sentido: RE nº 192.568/PI, STF, Rel. Min. Marco Aurélio.

do Rio Grande do Sul. Ela recorreu ao STJ para obter sua inclusão no curso de formação previsto para o novo concurso, posterior em que teve a aprovação, mas não foi classificada.

Na real verdade, o edital previu 50 vagas para a classificação de candidatos para a segunda etapa do certame — o curso de formação. Ainda de acordo com o edital, os classificados além das 50 vagas estariam automaticamente eliminados da concorrência. A candidata ficou colocada na 231ª posição, ou seja, não passou.

O processo teve início quando a candidata impetrou Mandado de Segurança no Tribunal de Justiça do Rio Grande do Sul com o objetivo de ter seu nome incluído na listagem dos aprovados para a etapa do certame que previa o curso de formação.

O TJ gaúcho negou o pedido. De acordo com o tribunal, no caso em análise, "a abertura de novo concurso, dentro do prazo de validade do anterior, não infringe o direito fundamental dos candidatos que, aprovados em algumas fases, não ingressaram na última, derradeira e decisiva etapa do certame", como no caso da autora da ação.

Por isso, a candidata recorreu ao STJ. Lá, ela reafirmou que obteve aprovação em todas as fases do concurso, "inclusive submetendo-se aos exames clínicos e psicológicos, físicos e médicos, e à biometria do Estado, feita pelo Órgão Oficial". Para os advogados da candidata, a abertura de novo concurso no prazo de validade do certame anterior, com previsão de mais vagas, contraria o art. 37, inciso IV, da Constituição Federal, bem como a Súmula 15 do Supremo Tribunal Federal, que dispõem sobre concursos públicos.

A candidata também afirmou que os itens do edital do concurso que preveem a exclusão dos candidatos não aprovados no número de vagas estabelecido (50) divergem do princípio da razoabilidade. Além disso, segundo a defesa da candidata, 53 concorrentes, e não 50, foram encaminhados ao curso de formação na academia, "sendo que, inclusive, a candidata posicionada em 64º lugar encontra-se trabalhando definitiva e normalmente no cargo".

O Ministro Arnaldo Esteves Lima rejeitou o recurso, porque, "se o edital estabeleceu que todos os candidatos classificados além do número de vagas previsto estariam eliminados, não há falar em aprovados nessa situação, razão por que a abertura de novo concurso público no prazo de validade do anterior não gera direito líquido e certo à convocação para a fase subsequente, assim como não contraria o disposto no art. 37 da Constituição Federal"[68].

6.2. Crime de responsabilidade pela não observância do prazo de validade

Doutrina e Jurisprudência são unânimes quanto ao entendimento de que, não prorrogado o prazo de validade do concurso, ato discricionário reservado à administração, tem-se que a contar de dois anos da homologação do resultado cessa a eficácia do concurso, *não mais podendo o administrador exercer a faculdade de nomear os aprovados remanescentes, sob pena de nulidade.*

Decorrendo o prazo de validade do concurso e não havendo prorrogação, este é considerado caduco, cessando, destarte, sua eficácia de título de aprovação em concurso público. Extingue-se, portanto, qualquer vínculo entre a Administração e os concursados aprovados que não foram aproveitados, que passam a ter condição idêntica à de qualquer

68. O relator destacou, ainda, decisão da 6ª Turma do STJ em caso semelhante. "A 6ª Turma, ao julgar caso análogo, atenta às regras editalícias em referência, rejeitou recurso ordinário em Mandado de Segurança de candidatos, ao fundamento de que eles estavam posicionados além do número de vagas previsto, motivo pelo qual estariam eliminados. Desse modo, não teriam direito de participar do curso de formação profissional, que constitui a fase final do concurso". (RMS nº 24.592).

outro cidadão, não mais podendo haver a investidura no cargo. A nomeação com base em concurso com prazo de validade expirado equipara-se verdadeiramente, portanto, à nomeação sem prévia aprovação em concurso público, sendo igualmente ilegal, contrariando a Constituição Federal.

Deve-se coibir com veemência as contratações que desafiam a consciência jurídica dos que militam com o Direito Público, dando um basta na sensação de impunidade que humilha e constrange os milhares de desempregados que veem pessoas não concursadas ocupando vagas que deveriam estar em disputa leal, em igualdade de condições.

A questão das nomeações ilegais é tão séria que o Decreto-Lei nº 2.001/1967, em seu inciso XIII, elenca tal conduta como crime de responsabilidade do Prefeito Municipal, além de configurar ato de improbidade administrativa nos termos da Lei nº 8.429/1992.

Como bem disse o Min. Néri da Silveira, "só cabe entender subsistente o título à nomeação, enquanto o concurso público tiver seu prazo de validade vigente. Cessa, destarte, a eficácia do título de aprovação em concurso público, no instante em que este caduca, pelo decurso do prazo de sua validade, se não houver a prorrogação prevista na norma constitucional (RE 192.568-0)". Dessa forma, não prorrogado o prazo de validade do concurso, ato discricionário reservado à Administração (CF, art. 37, III), tem-se que a contar de dois anos da homologação do resultado cessa a eficácia do concurso, não mais podendo o administrador exercer a faculdade de nomear os aprovados remanescentes, sob pena de nulidade.

7. INVALIDAÇÃO DO CONCURSO

7.1. Do poder de autotutela

Repetindo, a exoneração de servidor público concursado, mesmo em estágio probatório, só deve ser efetuada com observância do devido processo legal e do princípio da ampla defesa, desde que reconhecida a validade da nomeação para o cargo efetivo em que se logrou aprovação. Logo, não há razão para que os aprovados sejam, antes da declaração de nulidade, com base no pensamento constituído no verbete da Súmula 473, do Colendo Supremo Tribunal Federal, intimados para apresentar defesa, sobretudo porque a anulação não decorre de ato atribuído aos candidatos aprovados, seja por falta funcional, desídia ou incapacidade profissional, mas sim, de ilegalidade, que contaminou o aludido ato administrativo.

A Administração, ao decretar a nulidade do ato de nomeação, nada mais faz do que restabelecer a ordem jurídica, por ela própria anteriormente violada.

Agora, se a perda do cargo decorresse de falta funcional, seria necessário um procedimento administrativo. Ora, se o concurso não mais existe, não há falar em investidura válida, e, não sendo válida a investidura, a ruptura do vínculo entre o concursado e a administração não decorre de exoneração ou demissão.

A circunstância do candidato aprovado em concurso já ter sido nomeado e se encontrar em estágio probatório, por exemplo, em nada modifica a questão.

Hipótese, evidentemente, diversa daquela a que se refere a Súmula nº 21: "Funcionário em estágio probatório não pode ser exonerado nem demitido sem inquérito ou sem as formalidades legais de apuração de sua capacidade".

O mesmo, porém, não ocorre quando se trata de nulidade do ato administrativo em virtude do qual houve a investidura do servidor.

Assim, não havendo imputação de qualquer ato infracional ao servidor, consistente em violação de conduta ou de seus deveres, não há falar em devido processo legal, com instauração de processo administrativo.

Nem sempre a Administração se tem havido com a devida legitimidade na realização de concursos públicos. Ao contrário, é comum ouvir-se reivindicações de candidatos quanto a diversos aspectos dos concursos, como suspeitas de fraude, critérios discriminatórios em editais, favorecimentos pessoais, regras de privilégio para alguns candidatos, questões de provas mal formuladas, entre outros.

Seja como for, é incontestável que, se está contaminado por vícios de legalidade, o concurso público deve ser invalidado e, se for o caso, novamente realizado sem tais equívocos. A invalidação pode se dar, como de resto ocorre com os atos administrativos, pelo Judiciário ou pela própria Administração, neste caso em virtude de seu poder de autotutela.

Deve-se distinguir, todavia, a invalidação do concurso antes e depois da investidura dos aprovados.

Caso a ilegalidade ocorra no curso do certame, o Poder Público pode invalidar o procedimento sem que esteja garantido qualquer direito de defesa aos participantes contra a anulação. O mesmo se passa se a ilegalidade é constatada após a realização do certame, mas antes da investidura dos aprovados: a invalidação se legitima normalmente pela exclusiva atuação administrativa. A razão é que, como os candidatos e os aprovados têm mera expectativa em relação aos atos de investidura, é incoerente que se lhes possa outorgar direito de opor-se ao desfazimento do certame.

Merece destaque o teor de *alguns* acórdãos *extraídos da Jurisprudência do Tribunal de Justiça do Estado do Rio de Janeiro, como o seguinte*[69]:

> Apelação Cível. Anulação de Concurso Público. Inexistência de Direito Adquirido. Poder de Autotutela da Administração Pública para rever seus próprios atos, quando eivados de ilegalidade. Constatação de existência de fraude. Garantia dos princípios da legalidade, isonomia, moralidade e probidade administrativa. Ato Administrativo que anulou o Concurso Público de Admissão ao Curso de Formação de Soldado PM Classe "C" da Polícia Militar do Estado do Rio de Janeiro, realizado, em 2004. Em face da existência de fraudes no concurso público, tem a Administração Pública, não só o poder, mas o dever de anular algumas de suas fases ou o certame por completo, opção inerente ao seu poder discricionário, sem que esteja atingindo qualquer direito dos candidatos, posto que estes só têm expectativas de direitos. Cabe ao Poder Judiciário a análise dos atos administrativos sob os aspectos da legalidade não sendo competente para substituir as funções executivas e aferir quanto ao seu mérito. Recurso improvido". (TJRJ, Ap. Cível nº 48.876/07, 11ª CC – Rel. Des. Luiz Eduardo Rabello)

Não é essa, porém, a posição na hipótese dos candidatos aprovados já terem sido nomeados e empossados em seus cargos e de já estarem no exercício de suas funções. Neste caso, a invalidação do concurso se reflete diretamente sobre os atos de investidura, gerando, na

69. *No mesmo sentido:* "Apelação cível. Concurso público. Anulação do certame por suspeita de fraude. Ato discricionário do ente público, não sujeito a controle do Judiciário. Princípios da legalidade e da moralidade, permitindo à Administração Pública a autotutela. Inexistência de direito do candidato inscrito a se opor à anulação. Recurso não provido". (TJRJ, Ap. Cível nº 67.567/08, 12ª CC – Rel. Des. Nancy Mahfuz) Também neste sentido: TJRJ, AgI nº 15.072/06, 13ª CC, Rel. Des. Rosita Maria de Oliveira Neto).

prática, uma demissão por via indireta. Por isso, têm os Tribunais assegurado a tais servidores o direito a ampla defesa e ao contraditório, de acordo com o estabelecido no art. 5º, LV, do Texto Maior.

Essa hipótese, porém, não se confunde com aquela em que o indivíduo sequer se submeteu a concurso público, mas, apesar disso, foi ilegalmente nomeado. Aqui, a própria Administração, no seu regular exercício de autotutela, e também o Judiciário, podem anular o ato de nomeação por conter indiscutível vício de inconstitucionalidade. Incidirá, portanto, a prerrogativa da autoexecutoriedade dos atos administrativos, sem que contra a anulação direta do ato possa o interessado opor as garantias da ampla defesa e do contraditório, constituídas no art. 5º, LV, da Carta da República.

7.2. Estudo de caso concreto

A Câmara de Vereadores do Município XY, após a realização do concurso público de provas e títulos, investiu os candidatos aprovados nos correspondentes cargos oferecidos a provimento.

Antes mesmo de concluído o procedimento seletivo, H, cidadão domiciliado e residente no referido Município, ajuizou Ação Popular buscando a declaração de nulidade do concurso de seleção, ao argumento de que alguns dos aprovados tiveram acesso ao gabarito das provas, o que implicaria em evidente violação à regra constitucional contida no inciso II, do art. 37, da CR, como também a inúmeros princípios regentes da Administração Pública.

Indeferida a medida liminar requerida, foram investidos nos respectivos cargos, seguindo o processo o seu curso normal, período durante o qual os réus, investidos nos cargos, praticaram atos administrativos, receberam a correspondente remuneração, gozaram vantagens, exerceram direitos e cumpriram deveres.

Supondo-se que a sentença, devidamente transitada em julgado, acolha integralmente a pretensão autoral, invalidando o concurso de seleção, analise a repercussão de tal manifestação judicial:

a) sobre os atos de investidura;

b) sobre a remuneração recebida;

c) sobre os atos praticados pelos agentes.

Por fim, é possível imputar-se responsabilidade civil à Administração Pública, por ato lesivo à esfera jurídica, praticado por agente investido em tais circunstâncias?

Comentários:

a) são nulos, retroagem "*ex tunc*". A investidura, acolhida a tese autoral, será nula, pois ocorreu fraude no concurso de admissão e, portanto, não se cumpriu o requisito para validade do certame;

b) não tem que devolver, pois o serviço foi prestado. No direito civil a matéria é discutível: se agiu de boa-fé, não devolve; se agiu de má-fé, devolve por estar incurso no enriquecimento sem causa. Ainda que o certame seja nulo de pleno direito, a remuneração percebida não será restituída aos cofres públicos, haja vista que houve exercício de função pública trabalhado e este deve ser remunerado sob pena de enriquecimento sem causa do Estado, além de proibição expressa de prestação de serviço público gratuita (*art. 4º, Lei nº 8.112/1990*);

c) são válidos. Teoria da aparência. Agente de fato. Face à segurança jurídica necessária para o equilíbrio da sociedade, os atos praticados pelos investidos da função pública irregularmente não serão anulados.

7.3. Indenização em virtude da anulação do concurso

Fato é que o concurso público pode ser anulado, mesmo após a realização de todas as suas fases.

Nesta hipótese, é de inegável clareza que o concursado faça jus ao recebimento de indenização por danos morais e materiais sofridos em virtude da anulação do concurso, motivada pela prática de ato posteriormente declarado ilegal. Deste modo, poderá ser declarada a nulidade do concurso por ato exclusivo da Administração Pública ou por decisão judicial transitada em julgado, por prática de conduta lesiva da Banca organizadora do concurso.

No entanto, para ensejar tal responsabilização, é de suma importância que não ocorra eliminação do candidato em uma das fases do certame, bem como deve se dar sua aprovação e classificação dentro número vagas previstos no edital. Além disso, como regra, garante-se o direito ao tal recebimento somente após prévia aprovação, seguida dos atos de nomeação, posse e efetivo exercício das funções do cargo no qual foi investido.

Sequer se garante esse direito pela simples aprovação em concurso público, já que ao candidato aprovado se atribui mera expectativa de direito de ser nomeado, como é cediço. À Administração Pública garante-se – no exercício de seu poder discricionário – a prerrogativa de não usufruir dos serviços daqueles candidatos considerados aprovados no provimento dos cargos.

Haveria sim, prejuízo de ordem moral decorrente da improbidade administrativa, por ofensa ao princípio constitucional da moralidade pública, caso tivessem os autores sido nomeados, empossados e investidos e o concurso posteriormente fosse anulado.

Destarte, somente com a investidura no cargo é que se passa a garantir ao servidor o direito à percepção indenizatória.

Esse é o entendimento firmado pela jurisprudência do Superior Tribunal de Justiça, conforme se observa no julgamento do REsp nº 343.802/DF, Rel. p/acórdão Min. José Delgado; REsp nº 443.640/RS, e no AgRg no Resp nº 745.554/DF, *DJU* de 27/03/2007, estes últimos de relatoria do Min. Felix Fischer, constando da ementa da derradeira decisão:

> Embargos de Declaração no Agravo Regimental. Embargos acolhidos sem efeitos infringentes. Concurso público. Posse tardia. Danos materiais. Inviabilidade. Recurso especial desprovido.
>
> I – Constatado erro de fato sobre o qual se fundou o acórdão embargado, os declaratórios devem ser acolhidos.
>
> II – Esta Corte entende que o ato administrativo que impede a nomeação de candidato aprovado em concurso público, ainda que considerado ilegal e posteriormente revogado por decisão judicial, não gera direito à indenização por perdas e danos ou ao recebimento de vencimentos retroativos.
>
> III – Embargos acolhidos sem efeitos infringentes para negar provimento ao recurso especial[70].

70. Nessa linha de raciocínio, segue a jurisprudência do Tribunal de Justiça de Minas Gerais: "Reexame necessário. Administrativo e constitucional. Servidor público nomeado tardiamente. Irretroatividade dos efeitos salariais. Nomeação e posse. Critérios de conveniência e oportunidade do administrador. Precedentes jurisprudenciais. Reformar a sentença. 1. A aprovação em concurso público não assegura, por si, a nomeação e posse do candidato. É do administrador, no peculiar, o exame dos critérios da conveniência e oportunidade, para tanto. 2. Consoante orientação jurisprudencial pátria, uma vez implementada a posse, os efeitos financeiros serão a partir do exercício do cargo, sob pena de enriquecimento sem causa, ou de se reverter tal ato em manifesta imoralidade ao remunerar o servidor sem a respectiva contraprestação contratual. 3. Reforma-se a

Ademais, para ficar caracterizado direito à indenização por dano moral não basta um simples descontentamento no âmbito subjetivo da pessoa. É mister que a dor moral seja resultante de um ato ilícito. A Administração Pública, dentro dos limites do seu dever de autotutela, tem a obrigação de anular os seus próprios atos, quando eivados de ilegalidade[71].

Há divergências entre os julgados dos nossos Tribunais quanto à retroação dos efeitos da decisão anulatória, devendo ser feita com mitigações, já que, normalmente, durante o período em que o candidato ficou afastado do serviço público, exerceu suas atividades profissionais, o que lhe garantiu a percepção de renda, o que não compartilhamos desse entendimento de que, inexistindo a efetiva prestação do serviço durante o período em que se discutia judicialmente a legalidade do ato, não ter gerado qualquer dano à personalidade do concursado, não se fazendo merecedor do pedido de indenização[72].

Caso interessante, inclusive mencionado no *Informativo STJ* nº 337, Jurisprudência em Revista, ano I, nº 18, girou em torno do pleito dos autores, pelo fato de não terem sido nomeados na data devida, por erro da Administração, posteriormente reconhecido pela via judicial, motivo pelo qual requereram indenização do Estado, com fulcro na teoria da responsabilidade objetiva. O Min. Relator entendeu assistir razão aos recorrentes. Consta dos autos que a tardia nomeação dos autores resultou de ato ilícito da Administração, a saber, ilegalidade na correção das provas do certame, razão pela qual os candidatos, ora recorrentes, deixaram de exercer o cargo para o qual restaram aprovados em concurso público, por terem sido preteridos por outros candidatos, razão pela qual incide o art. 37, § 6º, da CF/1988, que responsabiliza objetivamente o Estado por danos causados aos seus administrados. Indubitável a manifesta violação dos direitos dos autores no que tange à observância da ordem classificatória do certame, vez que a posterior deliberação da comissão de concurso no sentido de nomear candidatos antes mesmo da análise do pedido judicial de anulação de certas questões, pleito, diga-se de passagem, que logrou êxito perante este Superior Tribunal, afronta os princípios da legalidade e isonomia. É cediço que o candidato preterido tem direito à nomeação na hipótese de inobservância da ordem dos concursos e da classificatória, dentro do prazo de validade, havendo, fora desses casos, tão somente, expectativa de direito à nomeação. É cabível, *in casu*, a condenação do Estado ao pagamento de indenização aos candidatos que foram preteridos na ordem classificatória do concurso, por erro da Administração. Não há qualquer óbice jurídico para que o valor da indenização corresponda aos vencimentos e demais vantagens inerentes ao cargo, porquanto seria o valor

---

sentença, no reexame necessário, prejudicado o recurso voluntário." (Ap. Cível nº 1.0024.04.533309-3/001, Rel. Des. Célio César Paduani)

71. Merece registro, sobre o tema, interessante parecer da lavra do Min. Diógenes Gasparini: "A anulação investe os candidatos no direito de serem indenizados quando não contribuíram de modo direto ou indireto para a ocorrência do vício. Assim, se a ilegalidade é atribuída unicamente à Administração Pública responsável pelo certame, todos os participantes têm direito à indenização. Se o vício foi causado por um ou mais dos participantes, estes não serão indenizados, e a Administração Pública deve deles cobrar o ressarcimento pelos prejuízos suportados, cujo montante será apurado administrativa ou judicialmente. A indenização dos participantes inocentes será igual ao montante dos gastos realizados e comprovados (obtenção de documentos e taxa de inscrição) para integrar o certame anulado. Tal indenização pode ser cobrada pelos prejudicados com a anulação pela via administrativa ou judicial". (*Concurso Público e Constituição*, Ed. Fórum, 2005, p. 43).

72. O candidato de concurso público que não assume a vaga por erro ou ato ilegal da administração pública deve ser indenizado por danos materiais e morais, independentemente do exercício do cargo. O entendimento é da 1ª Turma do Superior Tribunal de Justiça, que negou recurso da União contra decisão do Tribunal Regional Federal da 4ª Região, que beneficiou um grupo de aprovados. O relator foi o Ministro Luiz Fux. (REsp nº 971870/RS, Rel. Min. Luiz Fux, Primeira Turma, julgado em 04/12/2008, *DJ* de 18/12/2008).

que teriam percebido à época, caso observada a ordem classificatória do certame. Diante disso, a Turma deu provimento ao recurso, para determinar seja restaurado o acórdão, reformado em sede de embargos infringentes pela instância *a quo*, fixando-se a indenização consoante seu dispositivo[73].

7.4. Prazo para anulação de concursos

Está consagrado o entendimento de que a prescritibilidade é a regra, e a imprescritibilidade a exceção. Baseia-se no princípio social da necessidade de estabilização das relações.

A Constituição Federal diz que são imprescritíveis apenas os crimes de racismo e de ação de grupos armados contra a ordem constitucional e o Estado democrático (art. 5º, XLII e XLIV). Consagra, portanto, por exclusão, a prescritibilidade. A contrário senso, diz que tudo o mais prescreve, caindo na disciplina das diversas leis, como no caso do Direito Administrativo, ramo do Direito Público, basicamente o Decreto nº 22.910 e a atual Lei nº 9.784.

Hipoteticamente, decorridos mais de 13 (treze) anos, a Administração constatou que o servidor tomou posse e entrou em exercício, mas não preencheu, à época, o requisito de escolaridade no Edital do concurso.

Pois bem, não obstante tal vício, é por demais evidente que o erro mencionado deve ser debitado exclusivamente à Administração Pública, que, através da Comissão de Concurso, acolheu candidato, sem preencher requisito ao exercício do cargo oferecido. Não se pode imputar má-fé do servidor.

Trata-se de relação jurídica já consolidada e que se perpetuou no tempo. Há o princípio do *quita non movere* defendido pela doutrina que se aplica também à Administração Pública, que nada mais é do que o princípio da segurança jurídica ou da estabilidade das relações jurídicas, pois é cediço que da estabilidade das relações jurídicas entre o administrado e administração deve prevalecer, neste caso, o princípio da segurança sobre legalidade. Ademais, a exigência constitucional prevista no art. 37, inciso II, da Carta Maior, foi atendida.

Insta observar que o vício apontado já foi vencido pelo decurso do prazo decadencial de 5 (cinco) anos, nos termos do art. 54 e parágrafos da Lei federal nº 9.784, de 29 de janeiro de 1999.

O direito da Administração de anular os atos administrativos de que decorram efeitos favoráveis aos destinatários decai em cinco anos, contados da data em que foram praticados, salvo comprovação de má-fé.

Alterar esse estado sob o pretexto de restabelecer a legalidade, causará mal maior do que preservar o *status quo*.

A Administração Pública pode e deve rever, desfazer, revisar ou retificar os seus próprios atos, quando eivados de qualquer vício, consoante dicção emanada da Súmula nº 346 do Excelso Pretório. Portanto, presente ato ilegal, impõe-se *ope legis* a retificação, vez que a Administração Pública está vinculada ao princípio da legalidade (art. 37 da CF/1988), por isso, tem mais do que o poder de revisar o ato administrativo ilegal.

No caso, o servidor teve seu vencimento concedido, e assim, passaram-se anos e anos contando com aquela fonte de renda, celebrando negócios jurídicos, adaptando a sua vida pessoal e profissional a uma situação.

73. REsp nº 825.037/DF, Rel. Min. Luiz Fux, julgado em 23/10/2007.

Nesse sentido, em tal caso, aplica-se a denominada decadência administrativa, de modo a fulminar a possibilidade da administração anular seus atos.

Assim, a investidura do servidor no cargo público se perfez amplamente, consolidando uma relação jurídica de fato e de direito, porque ao longo de mais de 13 (treze) anos, repita-se, exerceu plenamente os direitos e deveres inerentes ao seu cargo, obteve matrícula, foi remunerado, tinha função, passou o estágio probatório, foi efetivado e reconhecido como servidor público.

Trata-se de relação jurídica já consolidada e que se perpetuou no tempo, não sendo possível a sua anulação, eis que geraria agravos maiores aos interesses protegidos pela ordem jurídica entre o administrado e administração ou entre esta e seu servidor, é também de interesse público, devendo prevalecer, nestes casos, o princípio da segurança sobre o princípio da legalidade.

O direito da Administração de anular os atos administrativos de que decorrem efeitos favoráreis para os destinatários decai em cinco anos, contados da data em que foram praticados, salvo comprovada má-fé.

No Direito Público não constitui uma excrescência ou uma aberração admitir-se o convalescimento do nulo. Ao contrário, em muitas hipótoses, o interesse público prevalecente estará precisamente na conservação do ato que nasceu viciado mas que, após, pela omissão do Poder Público em invalidá-lo, por prolongado período de tempo, consolidou nos destinatários a crença firme na legitimidade do ato. Alterar esse estado de coisas, sob o pretexto de restabelecer a legalidade, causará mal maior do que preservar o *status quo*. Ou seja, em tais circunstâncias, no cotejo dos dois subprincípios do Estado de Direito – o da legalidade e o da segurança jurídica – este último prevalece sobre o outro, como imposição da justiça material. (Couto e Silva, Almiro de, Os princípios da legalidade e da segurança jurídica no Estado de Direito Contemporâneo, *RDP* 84/46).

A Administração pública pode desfazer, revisar ou retificar os seus próprios atos, por força do poder-dever do controle interno da atividade administrativa. Essa faculdade, entretanto, não está aberta ao tempo, encontrando limite na prescrição administrativa, que é de cinco anos, legitimando situação jurídica preexistente, ainda que eivada de vício, contra a decisão administrativa tardia e imprevista.

Quando o erro é exclusivo da Administração, o desfazimento, a retificação ou a revisão do ato administrativo anterior só é possível se não surgir situação consumada e direitos adquiridos para o funcionário que sempre esteve de boa-fé, com prevalência do princípio da segurança jurídica sobre a legalidade. No âmbito deste ambiente há de se homenagear a boa-fé do administrado e a segurança jurídica que deve presidir as relações entre a administração e o administrado.

8. CONVOCAÇÃO DOS APROVADOS

Não há justificativa plausível para a convocação editalícia, quando deveria ter sido feita pessoalmente, uma vez que o endereço e o telefone do habilitado eram do conhecimento da Administração, quando cria tal expectativa nos candidatos aprovados, ao exigir que qualquer alteração de endereço seja comunicada.

O princípio da publicidade dos atos administrativos, de *status* constitucional, tem por escopo evitar o favorecimento e, por isso, não se contenta com mera formalidade; antes, reclama efetividade, como já assentou o Egrégio Tribunal Regional Federal, 1ª Região, *verbis:*

> (...) Ausente regular convocação do impetrante para tratar de sua nomeação, mostra-se ilegal e abusiva a sua eliminação do certame e, por conseguinte, a nomeação dos candidatos que lhe sucederam na ordem de classificação.

Assim, o habilitado não pode ter seu direito alijado e ser considerado desistente do concurso, em razão da conduta incoerente da Administração, que não o comunicou em seu endereço, embora caracterizada a expectativa criada nesse sentido. É importante mencionar que, na prática, somente parcela da população tem acesso a publicação na Imprensa Oficial.

Ademais, não se pode exigir que um cidadão comum, candidato a emprego e, muitas vezes, desempregado, seja obrigado a adquirir o Diário Oficial e jornais de grande circulação, por longo período. Isso configura uma egexese equivocada dos princípios da publicidade, da eficiência e da razoabilidade, consagrados constitucionalmente.

Sabe-se que o Edital é a legislação do concurso nele previsto, devendo ser observado, para a eficácia do certame, o que nele está disposto. Silente o edital do concurso ao qual se inscreveu e foi aprovada a apelante, a respeito da convocação para a posse, plausível é a análise de outras fontes a fim de ser verificada se válida ou não a forma de convocação feita.

Diante de tal fato, necessário se faz a busca aos princípios constitucionais da Administração Pública e também previstos no *caput* do art. 37 da Constituição Federal, para se chegar a uma conclusão quanto à eficácia ou não da convocação para a posse no cargo a que foi habilitado no concurso, somente através do Diário Oficial.

Tratando-se de um concurso público para preenchimento de vagas para cargos, a simples convocação dos aprovados por publicação no Diário Oficial do Município, apesar de atender ao princípio da publicidade, fere o da moralidade, razoabilidade e eficiência, não alcançando, todavia, a finalidade administrativa, que era, ou pelo menos deveria ser, convocar o concursado, aprovado no certame, a tomar posse no cargo e função aos quais se habilitou.

Como já dito acima, os três princípios estão interligados. Não é razoável, ferindo a moral administrativa, exigir de um cidadão que se candidatou, através de concurso público, a ocupar um cargo, e nele foi aprovado, o acompanhamento constante do Diário Oficial para tomar conhecimento de sua convocação, durante mais de 3 (três) anos hipoteticamente, mas é o que acontece com frequência.

Ademais, a Administração tem a seu dispor outros meios, capazes de, satisfatoriamente, levar a notícia à candidata aprovada, como a correspondência registrada, o telegrama, o telefone, entre outros.

O importante, no caso, é que a eficiência do ato seja atingida, alcançando a finalidade a que se propôs, levando ao conhecimento do candidato aprovado a sua convocação para assumir o cargo a que pleiteou através de concurso público, sob pena de, não o fazendo, nomear outro em seu lugar, com pior classificação, maculando, assim, a norma inserta no inciso IV do art. 37 da Constituição Federal.

Insta observar neste particular, que mais grave é a situação, vez que, como acima salientado, no edital de abertura para as inscrições do concurso não constar expressamente a forma de convocação, não podendo o candidato, mormente no caso – quando a convocação se fez muito tempo após a relação dos classificados – adivinhar que somente seria noticiada pelo Diário Oficial, não tomando conhecimento pessoal de tal ato.

Uma situação muito frequente de acontecer, também, é a convocação do candidato, na Imprensa Oficial, através do número de inscrição, não sendo feita pelo nome. E o que é pior: o procedimento adotado pela Administração acontece por falta de verba, o que normalmente se alega. Ora, quando se realiza um certame, os recursos devem estar disponíveis para o cumprimento de todas as exigências legais. Se a Administração não atenta para esse fato, deve arcar com todas as suas consequências.

Então, na publicidade do ato administrativo dos candidatos aprovados em concurso, hão de constar os nomes e a classificação dos mesmos, sob pena de violar os princípios constitucionais, elencados no art. 37, *caput*.

O ato de convocação realizado de forma viciada deve ser anulado, pois não atingiu sua finalidade, malferindo o princípio da impessoalidade.

Para corroborar nossa exposição, candidata nomeada apenas por Diário Oficial, tem direito a novo prazo para posse.

Uma candidata aprovada em concurso do Estado do Amapá garantiu no Superior Tribunal de Justiça (STJ) novo prazo para apresentar documentos e realizar exames médicos em razão de sua nomeação. Os ministros da Quinta Turma consideraram nula a convocação realizada somente pelo Diário Oficial do Estado, três anos após a conclusão do concurso.

O caso chegou ao STJ por um recurso em mandado de segurança. Para o relator, ministro Napoleão Nunes Maia Filho, a convocação pela via do Diário Oficial, quando prevista em edital, seria aceitável se operada logo na sequência da conclusão do concurso, mas não três anos depois.

A atitude fere, no entender do relator, os princípios constitucionais da razoabilidade e da publicidade. "Os atos da Administração devem ser providos da mais ampla divulgação possível a todos os administrados e, ainda com maior razão, aos sujeitos individualmente afetados", afirmou o ministro. A decisão da Quinta Turma foi unânime.

A candidata prestou concurso público para o cargo de monitor social da Fundação da Criança e do Adolescente (FCRIA) do Amapá. Tomou conhecimento de sua nomeação quando já havia transcorrido o prazo para apresentação de documentos e de exames médicos que lhe garantiriam a posse.

Inconformada, ela ingressou com mandado de segurança no Tribunal de Justiça do Amapá (TJAP). No entanto, a Corte estadual considerou que não existia direito líquido e certo da candidata. De acordo com aquela decisão, a convocação foi feita na forma estabelecida pelo edital – publicação no Diário Oficial do Estado e inserção no sítio da internet da Secretaria de Administração do Estado. Para o TJAP, a candidata não poderia pretender que a convocação fosse realizada de forma diversa e não prevista no concurso.

No STJ, esse entendimento foi revisto. No julgamento, os ministros ponderaram que, "com o desenvolvimento social cada vez mais marcado pela crescente quantidade de informações oferecidas e cobradas habitualmente", não seria razoável exigir de um candidato, uma vez aprovado em concurso público, que lesse o Diário Oficial diariamente, por mais de três anos, na expectativa de se deparar com sua convocação.

Noutro precedente (RMS nº 22508), julgado no ano passado, a Quinta Turma havia tratado de tema semelhante. Reconheceu o direito de um candidato aprovado para o cargo de agente de Polícia Civil, mas somente pelo Diário Oficial do Estado da Bahia, de ser convocado para as demais etapas do concurso, mesmo tendo perdido o prazo. Naquele caso, o relator, Ministro Arnaldo Esteves Lima, considerou o fato de não haver notícia de que outra forma de chamamento do candidato tivesse sido realizada pela Administração Pública.

9. CONCURSO POR REGIÃO

É comum o Judiciário se deparar com a situação de que "outros candidatos, com nota inferior à sua, foram convocados para as demais Regiões" e requerem sua convocação com prioridade sobre outros, afirmando a ilegalidade da restrição do aproveitamento dos candidatos somente nas Regiões para as quais se inscreveram.

Verifica-se que o candidato tem o hábito de postular apenas sua convocação com prioridade para qualquer Região onde exista vaga a ser preenchida, com a suspensão da convocação dos candidatos que, embora inscritos para outras Regiões, tenham obtido nota inferior à sua.

Havendo previsão no Regulamento do certame de que cada candidato poderia inscrever-se para apenas uma Região, por exemplo, a judiciária, na qual se daria a primeira investidura, a pretensão ao aproveitamento em qualquer uma das Regiões com prioridade em relação a outro candidato com nota inferior ao pretendente, não há que se cogitar de qualquer ilegalidade ou abuso de poder na realização do concurso por Regiões, o que atende aos critérios de conveniência e oportunidade da Administração e ao próprio interesse dos candidatos em concorrer a vagas em locais próximos à sua residência. Mérito administrativo que escapa ao controle judicial, inexistência de maus-tratos ao art. 37, III, da Carta Magna, se foi observada a ordem de classificação em cada Região, como determinava o edital do certame.

A pretensão do candidato a ser nomeado em detrimento de outros candidatos com melhor classificação que a sua, aí, sim, afrontaria aos princípios da moralidade e da impessoalidade que devem nortear a Administração Pública.

Não há falar que a referida norma extrapola a discricionariedade conferida ao Administrador, propiciando um verdadeiro jogo de azar.

Invoca-se, nesse passo, o magistério de Hely Lopes Meirelles, para quem "a Administração é livre para estabelecer as bases do concurso e os critérios de julgamento, desde que o faça com igualdade para todos os candidatos, tendo ainda o poder de, a todo tempo, alterar as condições e requisitos de admissão dos concorrentes para melhor atendimento do interesse público".

Ora, é curial que os candidatos aprovados em concurso público têm mera expectativa de direito à nomeação, a qual estará sempre na dependência de critérios de conveniência e oportunidade da Administração. O único direito que se lhes reconhece é à observância da ordem de classificação, nos termos do art. 37, III, do Estatuto Fundamental.

Com efeito, o critério adotado pela Administração possibilita aos candidatos concorrer a vagas próximas a sua residência, afastando possíveis prejuízos para o bom funcionamento do serviço, não só em decorrência de pedidos de remoção, como também de desistências, especialmente no caso de candidatos que, pela sua classificação no certame, sejam lotados em locais de difícil acesso e, que os obriguem a vultosas despesas com transporte ou até mesmo mudança de domicílio, com evidentes transtornos de ordem pessoal e familiar.

Não vemos, portanto, na realização do concurso por Regiões, qualquer ilegalidade ou abuso de poder.

O único fundamento oposto a esse critério é a alegada desobediência à ordem de classificação dos candidatos, eis que outros concorrentes, com pontuação inferior à sua, terminaram por beneficiar-se com a abertura de novas vagas nas regiões para as quais prestaram concurso.

Entretanto, prevendo o Edital que a primeira investidura se faria na região escolhida pelo candidato, condição por ele aceita por força da inscrição no concurso, apenas o desrespeito à classificação dos candidatos aprovados para a mesma região importaria em contravenção às normas editalícias, passível de correção por mandado de segurança.

O que não se admite é a que regras aceitas por todos os candidatos possam ser alteradas após a realização do certame, mormente nas condições desejadas pelo concursado, que intenta simplesmente ser nomeado com a preterição de outros que lograram melhor classificação numa determinada região. Isso, sim, seria afrontar aos princípios da moralidade e da impessoalidade administrativas.

10. A RESERVA DE VAGAS PARA DEFICIENTES NOS CONCURSOS PÚBLICOS

10.1. Introdução

Enfocaremos o universo das pesquisas relativas à área do Direito Administrativo, abordando o tema "reserva de vagas para deficientes nos concursos públicos". Nesta perspectiva, objetiva analisar a constitucionalidade do ingresso, nos quadros do serviço público, de pessoas portadoras de deficiências.

É inegável o viés constitucional que permeia todo o tema, já que a Carta Magna prevê expressamente que a lei reservará percentual dos cargos e empregos públicos para as pessoas portadoras de deficiência e definirá os critérios de sua admissão[74].

O tema impõe a discussão dos conceitos atribuídos ao termo "deficiente", pois que neste ponto encontram-se certas divergências.

Deste modo, buscar-se-á analisar qual destas definições estará em melhor sincronismo com a Constituição da República, inferindo-se, para tanto, qual foi o intuito do legislador constituinte ao elevar esta garantia ao patamar de norma constitucional.

Nesta linha de pensamento, e, sobretudo acreditando que o direito é apenas um meio para se chegar à melhor justiça, espera-se que o tema ora em análise venha, de alguma forma, ser útil à sociedade.

10.2. Desenvolvimento

10.2.1. Evolução constitucional

A Constituição Federal de 1967 não trazia em seu texto qualquer tipo de amparo às pessoas portadoras de deficiência, e, na época em que vigeu esta Carta, o máximo que poderia uma pessoa deficiente invocar para defender seus direitos era o que dispunha o então art. 9º, inciso I:

> *Art. 9º À União, aos Estados, ao Distrito Federal, aos Territórios e aos Municípios é vedado: (Redação dada pela Emenda Constitucional nº 16, de 1980)*
>
> *I – criar distinções entre brasileiros ou preferências em favor de uma dessas pessoas de direito público interno contra outra.*

Ainda assim, teria que provar que a sua deficiência não a tornava absolutamente incapaz, o que há de se imaginar, era árdua tarefa para o período em questão, visto que estava em pleno vigor o Regime Militar instituído com o Golpe de 1964.

74. Art. 37, VIII, CRFB/1988.

Em 1988, a nova Ordem Constitucional que passava então a vigorar, instituindo o Estado Democrático de Direito, inaugurou no sistema jurídico deste país a tentativa de minimizar as desigualdades que sempre ocorreram no bojo de nossa sociedade.

Neste sentido, mais especificamente no que tange à questão dos portadores de deficiência, previram-se inúmeros dispositivos que traziam comandos com a inteligência de minimizar a exclusão social destas pessoas.

Como exemplo, podem-se citar: art. 7º, XXXI; art. 24, XIV; art. 37, VIII; art. 203, IV e V; e o art. 244, todos da Constituição Federal.

10.2.2. Garantia constitucional

A Carta Suprema estabeleceu em seu art. 37, VIII, que "*a lei reservará percentual dos cargos e empregos públicos para as pessoas portadoras de deficiência e definirá os critérios de sua admissão*".

No entanto, este dispositivo por si só, não é autoaplicável, cabendo, por conseguinte, à União, Estados, Distrito Federal e Municípios a edição da referida lei, como decorrência lógica do mandamento constitucional e da autonomia dos entes federativos, prevista no art. 18 da Constituição.

Ressalte-se, contudo, que a aprovação em concurso público para investidura em cargo ou emprego público é exigência de caráter geral, com previsão no art. 37, II, da CRFB, ou seja, nem mesmo a condição de deficiente da pessoa, que conduz a Carta Magna a reservar-lhe percentual do número de vagas oferecidas em determinado certame, tem o condão de afastar a exigência de prévio concurso para o ingresso no serviço público. Neste sentido, inclusive, já se manifestou o STF:

> "A exigência de caráter geral, de aprovação em concurso, não pode ser afastada nem mesmo pela reserva de 'percentual dos cargos e empregos públicos para as pessoas portadoras de deficiência' (CF, art. 37, II e VIII)". (MI nº 153 – AgR, Rel. Min. Paulo Brossard).

Outrossim, pode-se afirmar que esta garantia constitucional prevista, não encontra sua força somente neste dispositivo outrora referido, mas é o que se infere naturalmente do princípio constitucional da isonomia, insculpido no *caput* do art. 5º da Constituição Pátria.

E para que a mencionada isonomia ou igualdade seja efetivamente levada a termo é necessário que se faça uma interpretação correta do que este princípio positivou no ordenamento brasileiro, através da máxima "*tratar os iguais de forma igual e os desiguais de forma desigual*". Nesta orientação inclusive leciona Luiz Alberto David Araujo[75]:

> A igualdade formal deve ser quebrada diante de situações que, logicamente, autorizem tal ruptura. Assim, é razoável entender-se que a pessoa portadora de deficiência tem, pela sua própria condição, direito à[76] pessoas sem deficiência. Assim sendo, o princípio da igualdade incidirá, permitindo a quebra da isonomia e protegendo a pessoa

75. Araujo, Luiz Alberto David. *A Proteção Constitucional das Pessoas Portadoras de Deficiência*, Brasília, Coordenadoria Nacional para a Integração da Pessoa Portadora de Deficiência, 2004, p. 52.

76. Nessa linha de raciocínio, Cármen Lúcia Antunes Rocha, com a habitual proficiência, afirma: "... o Direito constitucional acanhava-se em sua concepção meramente formal do princípio denominado da isonomia, despojado de instrumentos de promoção da igualdade jurídica como vinha até então cuidado. Concluiu-se, então, que proibir a discriminação não era bastante para se ter a efetividade do princípio da igualdade jurídica. O que naquele modelo se tinha e se tem é tão somente o princípio da vedação da desigualdade, ou da invalidade do comportamento por preconceito manifesto ou comprovado (ou comprovável), o que não pode ser considerado o mesmo que garantir a igualdade jurídica" (*Princípios Constitucionais dos Servidores Públicos*. São Paulo: Saraiva, 1999).

portadora de deficiência, desde que a situação logicamente o autorize. Seria, portanto, lógico afirmar que a pessoa portadora de deficiência tem direito a um tratamento especial dos serviços de saúde ou à criação de uma escola especial ou, ainda a um local de trabalho protegido.

Assim, ainda que exista previsão constitucional específica, obrigando a reserva de vagas para pessoas portadoras de deficiência, é o princípio da isonomia que deve ser aprioristicamente invocado, funcionando como regra mestra, para garantir ao deficiente o acesso ao cargo ou emprego público, mediante a realização de concurso.

Destarte deve-se, ainda, invocar outros dispositivos da ordem constitucional, tais como o art. 24, inciso XIV, que prevê a competência concorrente da União, Estados e Distrito Federal para legislar sobre a proteção e integração social das pessoas portadoras de deficiência, e o art. 7º, inciso XXXI, que estatuindo os direitos sociais dos trabalhadores, proibiu qualquer discriminação no tocante a salário e critérios de admissão do trabalhador portador de deficiência, na iniciativa privada.

É imprescindível, contudo, que a deficiência que possui o candidato, seja avaliada, de modo que ela não o impossibilite para o exercício do cargo a que concorre, sob pena de não se aplicar o disposto no art. 37, VIII, da CFRB.

10.3. Conceito de deficiência

Neste ponto encontra-se divergência na definição do que é ou não deficiência, e valendo-se disso, alguns trabalhos sobre o tema adotam o posicionamento que trata o deficiente como aquela pessoa totalmente incapacitada para o trabalho por doença física ou mental, mutilação ou paralisia, e não aquela pessoa que possui limitada capacidade de exercer uma ou mais atividades essenciais da vida diária, sendo apta para as demais.

A maior parte destes trabalhos fundamenta sua posição no fato de que a Lei nº 8.742 de 07 de dezembro de 1993, instituiu o auxílio-benefício de um salário-mínimo para os portadores de deficiência, e assim o fez, pois eles não teriam condições de trabalhar. Ocorre que não é exatamente isso que dispõe a referida lei. Na verdade, o benefício é garantido, sim, mas apenas àqueles deficientes que não tenham uma renda mínima familiar para atender suas necessidades básicas. Daí se concluir logicamente que a própria lei admitiu a possibilidade de o deficiente perceber renda, nada impedindo que a perceba como fruto do seu trabalho no serviço público.

O fato é que a lei estabeleceu o conceito e as formas de deficiência, não deixando margem para que se especule a respeito, evitando assim que possa haver algum tipo de abuso por parte dos administradores, quando da elaboração dos editais dos concursos, refutando-se por completo a tese mencionada anteriormente.

A Convenção Interamericana para a Eliminação de Todas as Formas de Discriminação contra as Pessoas Portadoras de Deficiência, promulgada pelo Decreto nº 3.956/2001, estabeleceu, no Artigo I, que, "O termo 'deficiência' significa uma restrição física, mental ou sensorial, de natureza permanente ou transitória, que limita a capacidade de exercer uma ou mais atividades essenciais da vida diária, causada ou agravada pelo ambiente econômico e social".

Enquanto isso, o Decreto nº 3.298, de 20 de dezembro de 1999, que regulamenta a Lei nº 7.853, que dispõe sobre a Política Nacional para a Integração da Pessoa Portadora de

Deficiência, estabelece as categorias de deficiências como sendo, física, auditiva, visual, mental ou múltipla[77].

Neste sentido, de que a deficiência não inabilita absolutamente o candidato na concorrência por uma vaga, mas é apenas um meio-termo entre a total capacidade e a invalidez, devendo ser sua condição avaliada subjetivamente, tem-se posicionado majoritariamente os tribunais:

> Administrativo. Concurso público para Agente-Fiscal do Tesouro nacional. Candidato com visão monocular. Exclusão do benefício de reserva de vaga. Distinção entre deficiência e invalidez. 1 – Deficiência, para efeito de reserva de vagas em concurso público, é a situação intermediária entre a plena capacidade e a invalidez. 2 – A visão monocular cria barreiras físicas e psicológicas na disputa de oportunidades no mercado de trabalho, situação esta que o benefício de vagas tem por objetivo compensar. 3 – Caso em que não se vislumbra prejuízo concreto para outros candidatos. (TRF – 1ª Reg., Apelação em Mandado de Segurança nº 01000817891/DF; Proc. nº 199901000817891, Primeira Turma, Rel. Juiz Plauto Ribeiro)[78].

> Embargos infringentes – Concurso público – Deficiente físico – Deficiência compatível com as tarefas do cargo – Inaptidão afastada – 1. Verificada a compatibilidade entre a deficiência física da candidata e as funções inerentes ao cargo público a que concorrera, não se justifica a sua exclusão do certame, em que almejou justamente vaga reservada a portadores de deficiência, na forma do que estabelece o art. 37, inciso VIII, da Constituição Federal. 2. Embargos improvidos. Unânime. (TJDF, EIC nº 20000150041916, 2ª C. Cív., Rel. Des. Adelith de Carvalho Lopes)

77. Vale ressaltar que, de acordo com o art. 4º do Decreto nº 3.298/1999, acrescida da redação expedida pelo Decreto nº 5.296/2004, deve ser entendida por: a) *deficiência física* – a alteração completa ou parcial de um ou mais segmentos do corpo humano, acarretando o comprometimento da função física, apresentando-se sob a forma de paraplegia, paraparesia, monoplegia, monoparesia, tetraplegia, tetraparesia, triplegia, triparesia, hemiplegia, hemiparesia, ostomia, amputação ou ausência de membro, paralisia cerebral, nanismo, membros com deformidade congênita ou adquirida, exceto as deformidades estéticas e as que não produzam dificuldades para o desempenho de funções; b) *deficiência auditiva* – a perda bilateral, parcial ou total, de quarenta e um decibéis (dB) ou mais, aferida por audiograma nas frequências de 500 HZ, 1.000 HZ, 2.000 Hz e 3.000 Hz; c) *deficiência visual* – a cegueira, na qual a acuidade visual é igual ou menor que 0,05 no melhor olho, com a melhor correção óptica; a baixa visão, que significa acuidade visual entre 0,3 e 0,05 no melhor olho, com a melhor correção óptica; os casos nos quais a somatória da medida do campo visual em ambos os olhos for igual ou menor que 60°; ou a ocorrência simultânea de quaisquer das condições anteriores.

78. Esclarecedoras, a esse respeito, as decisões mais atualizadas dos nossos Tribunais: “Administrativo. Concurso público para agente-fiscal do Tesouro nacional. Candidato com visão monocular. Inclusão no benefício de reserva de vaga. Distinção entre deficiência e invalidez. 1. Deficiência, para efeito de reserva de vagas em concurso público, é a situação intermediária entre a plena capacidade e a invalidez. 2. A visão monocular cria barreiras físicas e psicológicas na disputa de oportunidades no mercado de trabalho, situação esta que o benefício de reserva de vagas tem por objetivo compensar”. (TRF-1, AMS, Proc. nº 1000619132/DF, 5ª Turma, Rel. Des. João Batista Moreira) Os padrões são as balizas da discricionariedade conferida à Comissão, como se observa no seguinte acórdão: “Mandado de Segurança. Concurso público. Deficiente físico. Doença classificada pela OMS como deficiência visual. 1. Sendo o impetrante portador de Ambliopia, e estando essa enfermidade catalogada como deficiência visual pela Organização Mundial de Saúde, a conclusão da Junta Médica Oficial de ter essa doença como não deficiência física não se sustenta, quanto mais quando o Edital do Concurso firmou que deficiente era aquele assim conceituado pela medicina especializada e de acordo com os padrões mundialmente estabelecidos. 2. Sentença concessiva que se confirma. 3. Apelação e Remessa improvidas”. (AMS nº 1000596937/DF, 2ª Turma, Rel. Des. Fed. Carlos Moreira Alves)

Deste modo, como bem discorreu o professor José dos Santos Carvalho Filho[79], não há dúvida de que as pessoas portadoras de deficiência têm direito subjetivo à participação nos concursos públicos, ao mesmo tempo que o Poder Público tem o dever jurídico de fixar o percentual de cargos e empregos a elas destinados.

10.4. A reserva de vagas

A Carta Suprema estatuiu que ficaria a cargo da lei a reserva de percentual de vagas nos cargos e empregos públicos. Esta lei é de competência do ente que promove o certame público, assim considerados a União, os Estados, o Distrito Federal e os Municípios.

A União assim procedeu, quando da edição do Estatuto do Servidor Público Civil da União, Lei nº 8.112/1990. No art. 5º, § 2º, do Estatuto, previu-se que, "*Às pessoas portadoras de deficiência é assegurado o direito de se inscreverem em concurso público para provimento de cargo cujas atribuições sejam compatíveis com a deficiência de que são portadoras; para tais pessoas serão reservadas até 20% (vinte por cento) das vagas oferecidas no concurso*". Enquanto isso, o Decreto nº 3.298/1999, estabelece que o percentual mínimo de vagas reservadas será de 5% (cinco por cento).

Essas leis acima mencionadas, no entanto, foram editadas no âmbito da União, devendo os outros entes de direito público interno proceder à edição das suas respectivas, para atender ao mandamento constitucional do art. 37, VIII.

Cabe, desta maneira, aos interessados pleitear no judiciário a admissibilidade da participação e a respectiva reserva de vagas, quando o ente federativo não tiver editado a lei ou o edital não tiver reservado as vagas. E lembre-se que, ainda que o número de vagas reservadas aos deficientes seja menor que um, a administração deverá arredondá-lo conforme se verifica pela leitura do § 2º do art. 37 do Decreto nº 3.298/1999: "*§ 2º Caso a aplicação do percentual de que trata o parágrafo anterior resulte em número fracionado, este deverá ser elevado até o primeiro número inteiro subsequente.*"

10.5. Posição do Supremo Tribunal Federal

No RE nº 227229/MG, o Pretório Excelso analisou o seguinte caso. A autora do recurso prestou concurso público para a Prefeitura da cidade, cujo número de vagas era igual a 8 (oito). Nos termos da Lei Complementar nº 9/1992, reguladora da Constituição Federal no âmbito da Administração Municipal, o número de vagas para portadores de deficiência seria de 5% (cinco por cento), motivo pelo qual, no concurso em questão, o número de vagas do concurso resultaria em 0,4 (quatro décimos).

O Tribunal de Justiça do Estado de Minas Gerais, assim considerando, entendeu que não havia vagas para os portadores de deficiência em face daquele percentual fracionado. Insatisfeito com o decisório, a autora recorreu ao STF.

O relator do recurso, Min. Ilmar Galvão, assim decidiu no seu voto:

> De ter-se, em face da obrigatoriedade da reserva de vagas para portadores de deficiências, que a fração, a exemplo do disposto no Decreto nº 3.298/99, seja elevada ao primeiro número inteiro subsequente, no caso 1 (um), como medida necessária a emprestar-se eficácia ao texto constitucional, que, caso contrário, sofreria ofensa.

79. Carvalho Filho, José dos Santos. *Manual de Direito Administrativo*, cit., 2007, p. 557.

Assim, o ex-Ministro aplicou as disposições do Decreto nº 3.298/1999 por analogia de modo a garantir o direito da autora do recurso e, por via reflexa, zelar pela higidez da Constituição.

Tal entendimento vem sendo reiteradamente seguido pela jurisprudência. Nos termos do julgado proferido no RE nº 227.299/MG, da relatoria do Ministro Ilmar Galvão:

> A exigência constitucional de reserva de vagas para portadores de deficiência em concurso público se impõe ainda que o percentual legalmente previsto seja inferior a um, hipótese em que a fração deve ser arredondada. Entendimento que garante a eficácia do art. 37, inciso VIII, da Constituição Federal, que, caso contrário, restaria violado. (RE nº 227.299, Rel. Min. Ilmar Galvão)[80].

Entendimento que garante a eficácia do art. 37, VIII, da Constituição Federal. Recurso extraordinário conhecido e provido[81].

Ao candidato aprovado e classificado em concurso público para vaga destinada aos portadores de deficiência, deve ser assegurada a convocação para o seu preenchimento, ainda se o cálculo do percentual legalmente previsto resultar em número fracionado, hipótese em que deverá ser arredondado para cima. Precedente do STF[82].

10.6. Do exame de esforço físico

O art. 37, *caput*, da Carta de 1988 traz consigo os princípios que vinculam a Administração Pública no Brasil em todos os níveis de competência, dentre os quais, o da legalidade, e a mesma norma constitucional em seu inciso II prevê que a investidura em cargo ou emprego

80. No tocante a essa questão, em página de inegável clareza e precisão e bem defendida, vale citar o brilhante Lucas Santos Jatobá: "E patente a abominável inobservância, por parte de alguns órgãos da administração pública, aos preceitos do § 2º do art. 5º do RJU, ainda que tidos como vagos e inconsistentes, quando da confecção de editais instituidores de concursos. Ao suposto e inaceitável argumento de que seria matematicamente impossível promover a reserva de vagas para deficientes, quando o número total de cargos vagos disponíveis no certame não ultrapassa um mínimo não passível de resultar em fracionamentos inviabilizadores e abstratos, como v. g., destinar até 20% das vagas dentro de um universo de uma ou duas para cada cargo objeto do certame, implica, tal postura da administração, em alijar, prematuramente, inúmeros candidatos deficientes da via democrática do concurso público. Pois bem, o grande absurdo, atentatório à condição humana dos candidatos deficientes, é que, inexistindo (já dissemos ser injustificável) reserva de vagas para os mesmos, são criadas, posteriormente aos exames de seleção, mas durante o prazo de validade do certame, inúmeras outras vagas pelas mais diversas motivações, como, por exemplo, demissões, exonerações e aposentadorias de servidores, ou, então, instituídas em razão de lei, e, por tais razões, os deficientes são agredidos em seu direito de acessibilidade aos novos cargos, justamente porque nem chegaram a se inscrever no concurso, por vedação implícita do edital que não continha, à época, qualquer previsão quanto às vagas que surgissem *a posteriori*. Urge, por conseguinte, que a administração pública, em todos os seus níveis, promova integral respeito e cumprimento à reserva de vagas preconizada nos dispositivos legais já referenciados, ressalvando a extensão da medida àquelas vagas que porventura surgirem durante todo o prazo de validade do certame, sob pena de nulidade da seleção pública" (*O Correio Braziliense*, Suplemento *Direito e Justiça*, p. 4, 19/04/1999).

81. TRF 1ª região, AMS nº 2003.01.00.037201-0–Minas Gerais, Quinta Turma, Rel. Des. João Batista Moreira, *DJ* de 25/11/2007, p. 41.

82. Constitucional e administrativo. Concurso público. Candidato deficiente. Reserva de vagas. Art. 37, VIII, da Constituição Federal. I – Ao candidato aprovado e classificado em concurso público para vaga destinada aos portadores de deficiência, deve ser assegurada a convocação para o seu preenchimento, ainda se o cálculo do percentual legalmente previsto resultar em número fracionado, hipótese em que deverá ser arredondado para cima. Precedente do STF. II – Apelação e remessa oficial desprovidas. (AC nº 33000082922/BA, 6ª Turma, Rel. Des. Fed. Souza Prudente, j. em 26/04/2006).

público depende de aprovação prévia em concurso público de provas ou de provas e títulos, de acordo com a natureza e a complexidade do cargo ou emprego, na forma prevista em lei, ressalvadas as nomeações para cargo em comissão declarado em lei de livre nomeação e exoneração[83].

A lei que criar o cargo público definirá o número de vagas e a forma do seu provimento, concurso público, além das provas a que o candidato regularmente inscrito deverá se submeter.

O ato de convocação de concurso público é o Edital que vincula a todos, não podendo, contudo, nele, serem feitas exigências não previstas em lei. Isso em razão do princípio constitucional da legalidade, segundo o qual "*ninguém será obrigado a fazer ou deixar de fazer alguma coisa senão em virtude de lei*". Recentemente, alguns candidatos que se submeteram a concurso promovido por determinada Administração Pública Municipal, aprovados na prova de conhecimento e de títulos e desclassificados na prova de exame de esforço físico, pretendiam saber se a exclusão deles no último exame estava ou não dentro da legalidade. Todos haviam participado do concurso para preenchimento do cargo de agente de trânsito.

A lei municipal que criou o cargo de agente de trânsito não fazia a exigência da realização do exame de esforço físico para o seu provimento, diferentemente da lei municipal que criara o cargo de Guarda Municipal, na qual estava previsto o exame.

A resposta é que houve ato de ilegalidade por parte da Comissão que administrou o concurso, podendo, por via de consequência, ser declarada a ilegalidade pela ação sumária constitucional prevista no art. 5º, LXIX, o Mandado de Segurança, resguardando-se em favor deles o direito de obter classificação com base nas notas obtidas nas provas de conhecimento e de títulos.

Não havendo previsão na lei, a exigência da prova de esforço físico constante do Edital se constituiu em ato de ilegalidade. Jose da Silva Pacheco[84], sobre a ilegalidade, doutrina que esta se configura pela prática de ato ou omissão de praticá-lo quando, a) haja lei que impeça sua prática ou a determine; b) não haja lei que atribua a competência para praticá-lo ou haja dever de praticá-lo; c) contrariar lei expressa, regulamento, ou princípio de direito público; d) não observar os princípios e normas do art. 37 da CRFB/1988 e outros estabelecidos na Constituição e no direito (lei, costume e princípios gerais de direito); e) não se incluir nas atribuições legais do agente ou se incluir e houver omissões.

Para Hely Lopes[85] o conceito de ilegalidade ou de ilegitimidade, para fins de anulação do ato administrativo, não se restringe somente à violação frontal da Lei. Abrange não só a clara infringência do texto legal como, também, o abuso por excesso ou desvio de poder, ou por relegação dos princípios gerais do direito. Em qualquer dessas hipóteses, quer ocorra atentado flagrante à norma jurídica, quer ocorra inobservância velada aos princípios do direito, o ato administrativo padece de vício de ilegitimidade e se torna passível de invalidação pela própria Administração ou pelo Judiciário, por meio de anulação.

Petronio Braz[86] diz que, em presença do Estado de Direito, onde se sobressai a autolimitação do Estado às suas próprias leis, a motivação do ato administrativo torna-se relevante objetivando regular a atuação da autoridade administrativa dentro dos limites da lei,

83. Redação da EC nº 19, de 04/06/1998.
84. Pacheco, José da Silva. *O Mandado de Segurança e Outras Ações Constitucionais Típicas*. São Paulo: Renovar, 1998.
85. Meirelles, Hely Lopes. *Direito Administrativo Brasileiro*. 33ª ed., São Paulo: Malheiros Ed., 2007.
86. Braz, Petrônio. *Direito Municipal na Constituição*, 4ª ed., São Paulo: LED, 2001.

mesmo porque, como lembra Meirelles, no Direito Público o que há de menos relevante é a vontade do administrador. Seus desejos, suas ambições, seus programas, seus atos não têm eficácia administrativa, nem validade jurídica, se não estiverem alicerçados no direito e na lei.

Há que se ressaltar, neste ponto, que a Administração Pública tem o dever de atuar em consonância com princípios constitucionais, nas suas escolhas, atribuições e decisões. Assim, tem-se por certo que, ao passo que os deficientes com limitada capacidade de exercer uma ou mais atividades essenciais da vida diária, sendo aptos para as demais, podem concorrer para assumir um lugar no serviço público, a Administração sempre atenderá ao Princípio da Eficiência, em nome da supremacia do interesse público, obrigando-se a escolher profissionais que atendam às exigências e necessidades do cargo desejado.

10.7. Da convocação dos aprovados

Nesta fase, há grandes problemáticas, isto devido à falta de regulamentação. Pois que a legislação encarregou-se apenas de prever a reserva de vagas, mas deixou em aberto como se procederia às convocações dos candidatos portadores de deficiência aprovados.

Assim, os editais dos concursos encarregaram-se de estatuir as normas de convocação, cada um deles a seu modo, o que continuou favorecendo o aparecimento do fenômeno discriminatório[87].

Veja-se o exemplo do concurso público da Caixa Econômica Federal, realizado em 1999, no qual o item 11.5 do edital condicionava a convocação de um portador de deficiência a cada vinte candidatos não deficientes convocados para admissão. Tal edital ferira substancialmente o objetivo buscado pela norma do art. 37, VIII, da Constituição, que é integrar o deficiente na sociedade. Este dispositivo constitucional foi criado justamente para diminuir a dificuldade de acessibilidade destes candidatos aos cargos e empregos públicos, utilizando para isso a reserva de vagas.

O art. 42 do Decreto nº 3.298/1999 previu que a "*A publicação do resultado final do concurso será feita em duas listas, contendo, a primeira, a pontuação de todos os candidatos, inclusive a dos portadores de deficiência, e a segunda, somente a pontuação destes últimos*".

87. Concurso público. Deficiente físico. Reserva de vagas (CF, art. 37, VII). Preterição. 1. Na nomeação de candidatos aprovados em concurso público, não se pode considerar que as primeiras vagas se destinam a candidatos não deficientes e apenas as últimas a candidatos deficientes. Essa orientação representaria forma de discriminação expressamente vedada pela Constituição (art. 7º, XXXI). Para atender aos valores consagrados na Constituição *é* exatamente o raciocínio contrário que deve ser adotado. É manifesta a preocupação do constituinte em estabelecer cuidados especiais em favor dos deficientes: *além* da proibição de discriminá-los negativamente, a Constituição confere-lhes "discriminações positivas", como meio para compensar a deficiência e criar, assim, condições mínimas de igualdade material com as demais pessoas (art. 24, XIV; art. 203, V; art. 227, § 2º; art. 244). 2. Segundo a orientação do STF, o art. 37, VII, da Constituição deve ser aplicado de forma que, na definição das vagas reservadas a deficientes, se o cálculo percentual resultar em número fracionado, impõe-se, sempre, o arredondamento para cima, mesmo que a fração seja inferior a meio (RE nº 227.299, Pleno, Min. Ilmar Galvão, julgado em 14/06/2000). 3. No caso concreto, o edital destinou 5% das vagas a deficientes físicos. Sendo dez as vagas, o provimento delas mediante a nomeação de dez candidatos todos não deficientes importou preterição de um deficiente. (AC nº 248783/SC, Rel. Des. Fed. Antonio Ezequiel da Silva). A jurisprudência mais atualizada do STJ tem prestigiado esse entendimento: (...) Entenda-se que não se pode considerar que as primeiras vagas se destinam a candidatos não deficientes e apenas as eventuais ou últimas a candidatos deficientes. Ao contrário, o que deve ser feito é a nomeação alternada de um e outro, até que seja alcançado o percentual limítrofe de vagas oferecidas pelo Edital a esses últimos. (RMS nº 18669/RJ, (2006/0104990-3), Rel. Min. Gilson Dipp, 5ª Turma).

Assim, em uma delas constarão apenas os nomes dos candidatos deficientes, embora estes devam constar na outra lista também, que conterá o nome de todos os candidatos. Lembrando-se que o edital deve trazer a previsão do número exato de vagas, bem como o total reservado aos candidatos deficientes. Foi exatamente neste ponto que falhou o edital da Caixa acima mencionado.

Um bom exemplo a ser citado é o do XLI Concurso para ingresso na carreira do Ministério Público do Estado de Minas Gerais, em que foram previstas 75 (setenta e cinco) vagas, sendo um total de 8 (oito) reservadas aos candidatos portadores de deficiência, ou seja, 10% (dez por cento) do total de vagas previstas.

O edital deste concurso estabeleceu, como regra para convocação, que os oito primeiros portadores de deficiência aprovados, seriam convocados, na seguinte ordem: o primeiro, logo após os 10º candidato da lista geral, o segundo, logo após o 20°, e assim sucessivamente, consagrando todos os princípios e normas constitucionais garantidores dos direitos das pessoas portadoras de deficiência.

10.8. Conclusão

O ser humano tem o direito de viver dignamente, de acordo com seus valores, devendo ser respeitado como pessoa livre e consciente de seus direitos e obrigações. A dignidade da pessoa humana, princípio orientador na interpretação de toda a Carta Maior, deve figurar sempre na balança da valoração como o valor supremo da ordem jurídica, posto que, o desrespeito à dignidade do ser humano constitui também um desrespeito à sua vida.

Neste passo, vale salientar que a ponderação de valores invocada pelo tema em discussão, envolve estabelecer o equilíbrio entre a isonomia, o que permite, no caso, a quebra da igualdade formal constitucional, e a eficiência da Administração que maximiza o interesse público em face do interesse individual.

É fato que nosso Estado Democrático de Direito não marginalizou aqueles que, por limitações físicas, não estariam em igualdade com os chamados "normais", porém, tanto a lei como a Carta Maior não poderiam abrandar a supremacia do interesse público, na sua gestão administrativa, em favor de necessidade individual.

As pessoas portadoras de deficiência têm direito subjetivo à participação nos concursos públicos, ao mesmo tempo que o Poder Público tem o dever jurídico de fixar o percentual de cargos e empregos a elas destinados, objetivando, sempre, o perfeito desempenho de suas funções e responsabilidades, em favor da coletividade.

Capítulo VIII

Os mais polêmicos requisitos editalícios aplicáveis ao provimento de cargo público: suas controvérsias e análises no mundo jurídico

1. INTRODUÇÃO

Apresentaremos e comentaremos um rol de questões controvertidas, à luz de um exame não exaustivo, mas meramente exemplificativo, das decisões judiciais mais solidificadas acerca dos requisitos editalícios de admissão mais polêmicos que têm sido levados à contenda judicial.

O provimento de cargo público é tema que se atrela à análise de outros tantos institutos dentro do estudo do Servidor Público, alguns dos quais a doutrina e a jurisprudência, em sua maioria, já pacificaram. Outros, contudo, têm-se tornado mais polêmicos com o passar do tempo, como é o caso dos requisitos editalícios para abertura de concurso público.

Isto pode ser explicado, em parte, pela própria característica da natureza humana, que está sempre inclinada na busca pelo novo, e na consequente aquisição de novos hábitos, a exemplo do uso de tatuagem, cada vez mais comum, e do uso da prótese de silicone nos seios, tão em voga nos dias de hoje. Não raro, todavia, esses novos hábitos têm desencadeado controvérsias no meio social e no mundo jurídico.

Para os efeitos deste estudo, relacionando-se a aquisição de novos hábitos na vida social com o tema em foco, que são os requisitos aplicáveis ao provimento de cargo público, trazemos à baila questões que estão sendo levadas cada vez com mais frequência aos Tribunais, e que suscitam novas interpretações e ponderações dos aplicadores da lei.

Trata-se de candidatos a cargos públicos os quais têm a investidura questionada administrativa e judicialmente em razão da existência de conflitos entre pré-requisitos editalícios e elementos de ordem pessoal, tais como o porte de tatuagem ou a prótese de silicone. Além destes citados elementos, outros requisitos como a altura mínima e a investigação social do candidato também são requisitos que têm gerado polêmica no meio jurídico.

2. A RELAÇÃO DO CONCURSO PÚBLICO COM OS PRINCÍPIOS CONSTITUCIONAIS DA IMPESSOALIDADE, DA MORALIDADE E DA EFICIÊNCIA

Cumpre ressaltar que a existência do cargo efetivo na Administração Pública, que se formaliza por meio do concurso público, é a forma mais expressiva da manifestação dos princípios da impessoalidade e da moralidade, pois permite a qualquer do povo, desde que preencha os requisitos indispensáveis descritos em edital, ingressar em seus quadros, bastando para tanto o alcance, com seus próprios méritos, da pontuação necessária à aprovação e do cumprimento dos requisitos que antecedem a nomeação.

Ao realizar o concurso público, a Administração deve dispensar igualdade de tratamento aos interessados, não se vislumbrando nenhuma hipótese em que pessoas isoladas, ou grupo de pessoas, sejam privilegiadas e beneficiadas em prejuízo de outras, em homenagem ao princípio da impessoalidade.

A aplicação desse princípio implica, implicitamente, na observância de outro princípio, que é o da isonomia, pois que não haverá impessoalidade da Administração Pública se outro for o fim alcançado senão o interesse público. Neste contexto, se o interesse de particulares estivesse sendo privilegiado, haveria nítida violação do interesse público. Por isso, a realização de concurso público formaliza a aplicação de tais princípios simultaneamente.

Já no que alude ao princípio da moralidade associado ao concurso público, este se expressará à medida que o administrador interagir com os administrados, aqui incluídos os concursandos, enfatizando os preceitos morais na lisura da aplicação de todo o procedimento avaliatório que abrange cada concurso.

Ilustrando esta narrativa, pode-se trazer o exemplo do que ocorreu recentemente no concurso público para a Polícia Civil, quando foi descoberta a tentativa de fraude por parte de alguns candidatos, e houve o imediato cancelamento daquele exame, remarcando-se outro.

A conduta da Administração Pública rendeu homenagem aos princípios da moralidade e da impessoalidade, pois ao preservar a igualdade de concorrência entre os candidatos, preservou implicitamente o interesse público, não permitindo a supremacia de interesses particulares sobre o público.

Por fim, cabe lembrar que a efetiva aplicação do princípio da moralidade dentro da Administração Pública, em todas as suas condutas internas e externas, só se formalizará plenamente quando todos os administrados estiverem imbuídos do espírito público, ou, em outras palavras, destituídos de seus próprios interesses.

Assim, pode-se concluir que o concurso público propicia à Administração os meios necessários para nomear os melhores candidatos dentre os aspirantes, garantindo um quadro de servidores intelectualmente qualificados, e em consequência, uma gestão competente e produtiva.

A este propósito, importa trazer à tona outro princípio que norteia a Administração Pública, que é o princípio da eficiência, introduzida pela Emenda Constitucional nº 19/1998, com a reforma do Estado.

A introdução deste princípio teve como escopo conferir aos usuários dos serviços prestados pela Administração e seus delegados os mesmos direitos destes em relação à iniciativa privada, qual seja, obter a qualidade da execução de suas atividades, por meio de condutas eficazes e eficientes e de resultados positivos.

Para tanto, é certo que a Administração deve se compor de agentes qualificados, qualificações estas compatíveis com o perfil de cada cargo, além da aplicação de métodos modernos, compatíveis com os aplicados na iniciativa privada, tentando mostrar superado o conceito de ineficiência que há anos recaía sobre os serviços do Estado.

Daí a citada relação entre o concurso público e o princípio da eficiência, pois por meio deste procedimento probatório estará a Administração buscando se compor de agentes qualificados, segundo os critérios de avaliação aplicados e na busca de se adequar a um novo perfil de serviço público, onde o Estado e a iniciativa privada se equiparam na qualidade da presteza dos serviços que pretendem os usuários.

3. OS REQUISITOS DE ACESSO AO SERVIÇO PÚBLICO

Preliminarmente, cumpre ressaltar que a investidura do servidor no cargo público pressupõe requisitos legalmente elencados na Lei nº 8.112/1990, tais como a nomeação (art. 82, I) e a posse (art. 12). Entretanto, embora a lei diga que a investidura se dá com a posse, é certo que esta *só* se formaliza plenamente com o ato do exercício, previsto no art. 15 da aludida lei.

Não obstante a exigência do exercício para configurar a investidura do servidor, asseveramos que a Corte Suprema tem manifesta posição no sentido de que a nomeação do servidor público e o ato de sua posse devem ser precedidos pela aprovação do concurso público, sob pena da posse ser desfeita. Trata-se da Súmula nº 17 do STF: "Se ocorrer nomeação de servidor sem concurso público, pode ela ser desfeita antes da posse".

Adentrando na seara da aprovação de concurso público, enfatizamos que a sua plena realização, em tese, apenas se dá pelo esgotamento dos requisitos inseridos no edital de abertura. Neste sentido, cumpre-nos traçar a distinção entre os elementos de requisitos de inscrição e requisitos do cargo.

3.1. Requisitos de inscrição e requisitos de cargo

3.1.1. Requisitos de Inscrição

Os requisitos de inscrição são meros procedimentos formais que se aplicam ao candidato quando da sua inscrição no concurso público. Entre eles estão o comprovante de pagamento do valor da inscrição descrito no edital, a exibição de documentos de identificação e suas respectivas cópias, quando exigidas, a eventual procuração por aquele que estiver representando o candidato, assim como os outros que o edital determinar.

3.1.2. Requisitos de cargo

Já os requisitos de cargo, diferentemente, dizem respeito às qualificações que se exigem para a investidura no cargo, as quais serão imprescindíveis para o candidato habilitado – sobretudo após a sua aprovação – quando este deverá apresentar tais comprovações, sob pena de não se encaixar na pretensão da Administração Pública no que tange ao provimento do cargo.

Em suma, estes requisitos estão relacionados à própria natureza da função pública a que busca o candidato, e a sua especificação pressupõe um amparo legal, ou seja, a exigência contida no edital de abertura do concurso deve antes ser contemplada por lei.

Portanto, não se trata – como pode parecer – de o edital criar requisitos a serem exigidos para a investidura do cargo que a Administração Pública visa dar provimento, mas sim de o edital tão somente reproduzir os requisitos estabelecidos em lei.

Com efeito, se os requisitos exigidos para o *cargo* público forem descritos apenas no edital de abertura do concurso público, insurge a ofensa ao princípio da legalidade, pois que se estará utilizando forma inadequada e desprovida de amparo legal para estabelecer a existência de tais requisitos. Em outras palavras, é a lei que os define, e não o edital.

3.1.3. Qual é o momento legal para se exigir o preenchimento dos requisitos de habilitação contidos no edital?

No que tange ao momento legal para se exigir os requisitos contidos no edital, os Tribunais têm se inclinado no sentido de que se caracteriza ilegalidade a exigência destes requisitos já no momento da inscrição do concurso. Tal exigência, segundo o entendimento majoritário, deverá se dar no ato da posse, embora se registre a existência dos que entendam o contrário.

3.1.3.1. Corrente que entende que é no ato da inscrição

Para estes, que entendem o contrário, o fato de a habilitação legal que se exige para o cargo ser exigida apenas no momento da posse, poderia conduzir a situações intoleráveis que ferissem o *princípio da isonomia* e da *legalidade* entre os participantes, princípios estes referenciais na Administração Pública quando se trata de ingresso em concurso público.

A contrariedade a estes princípios, alegam eles, se daria pelo fato de que pretensos candidatos que não tivessem, no momento da inscrição, a devida habilitação exigida no edital e deixassem de se inscrever, pela estrita observância das regras editalícias, estariam em desvantagem perante os que, em situação idêntica, se inscrevem e logram êxito na esfera judicial quanto ao momento de demonstrar a habilitação.

Portanto, não entendemos que se vislumbra a hipótese de violação do *princípio da isonomia* em face dos pretensos candidatos que não realizaram a inscrição no concurso pela mesma falta de habilitação legal.

De fato, o acolhimento do pleito dos que buscaram na justiça esta possibilidade, por assim dizer, em nada mudou a sorte dos que deixaram de se inscrever, não caracterizando uma desigualdade entre eles.

Ademais, a atuação dos órgãos jurisdicionais, quando devidamente manifestada, não deve ser omissa quanto ao reconhecimento de situações ilegítimas; tampouco devem as partes interessadas se furtar na busca da tutela jurídica quando forem vitimadas por situações reconhecidamente ilegítimas provenientes do excesso da Administração Pública.

Para esta corrente doutrinária, o entendimento é o de que apenas excepcionalmente poderia se acolher o entendimento predominante nos Tribunais, como na hipótese de o candidato ainda não ter concluído a graduação a que se tem como requisito, mas alcançá-la no pequeno lapso temporal entre a inscrição e o tempo da investidura.

Com isso, a conclusão da graduação exigida no edital se compatibilizaria, ao final das contas, com o prazo previsto para a investidura no cargo público, não prevalecendo um lapso temporal significante entre eles. Portanto, devemos ressaltar que este entendimento que nega a apresentação da habilitação no ato da posse não tem sido acolhido pelos Tribunais e pela maioria doutrinária.

3.1.3.2. O que dizem os Tribunais?

Para ilustrar a tese que defende a possibilidade de que a prova de habilitação poderá se dar quando da posse, trazemos o entendimento exarado pelo Supremo Tribunal Federal em julgamento do RE nº 184.425, cujo voto do Relator, Min. Carlos Veloso, opinou que a exigência de habilitação para o exercício de cargo público dar-se-á no ato da posse e não da inscrição do concurso, a seguir transcrito:

> Constitucional. Servidor público. Concurso público. Habilitação legal. Cargo público: Requisitos estabelecidos em lei. CF, art. 37, I. A habilitação legal para o exercício do cargo deve ser exigida no momento da posse. No caso, a recorrente, aprovada em primeiro lugar no concurso público, somente não possuía a plena habilitação, no momento do encerramento das inscrições, tendo em vista a situação de fato ocorrido no âmbito da

> Universidade, habilitação plena objetiva, entretanto, no correr do concurso (...) o que importa é a existência da habilitação plena no ato da posse. Atende-se, com isso, à finalidade da lei, ao objetivo da lei. Cumprir a lei, sabemos todos, não é aferrar-se, servilmente, à letra da lei, mas realizar os objetivos desta. Ora, não tem nenhuma significação a inexistência, no ato da inscrição do concurso, da habilitação para o exercício da profissão. No momento em que esse exercício vai ocorrer é que a habilitação é necessária. No caso, isto aconteceu. E dizer, no momento da posse, a recorrente já havia recebido o seu diploma e já estava inscrita no Conselho Regional de Odontologia. O objetivo da lei, pois, estava satisfeito. (RE nº 184.425/RS, 2ª Turma, j. em 01/10/2008).

Assim como esta, muitas outras decisões igualmente positivam a possibilidade da prova ser demonstrada no momento da posse[88].

Portanto, conforme se constata, os Tribunais têm acolhido que a exigência de habilitação deve se formalizar quando o candidato, já aprovado, estiver apto a investir no cargo público, bastando que se comprove no ato da inscrição os requisitos de inscrição, já analisados anteriormente, como exemplo a documentação.

Até admitimos que, caso a caso, excepcionalmente, e com muita parcimônia, possa se acolher a interpretação elástica que o Egrégio Superior Tribunal de Justiça deu em casos citados. Por exemplo, quando o término do curso se dará pouco tempo após o prazo final da inscrição, mas não, como no caso, quando a possível conclusão do curso ocorrerá mais de meio semestre após!

Pecar-se-ia não só contra o princípio da legalidade, senão que contra o principio da isonomia e igualdade entre os candidatos, pois, é normal e lógico que possíveis candidatos, na situação da impetrante, ou ainda, até em melhor situação, mas que não tivessem concluído o curso, deixassem de se inscrever, observando a lei e os termos do edital.

Daí que ausente o *fumus boni juris,* assim, nenhuma ilegalidade praticou a Administração ao tornar sem efeito o ato de nomeação do habilitado por falta de habilitação específica na data de encerramento das inscrições, tudo de acordo com amparo no disposto na Súmula 473 do STF.

No caso em foco não há divergência com a linha do STJ, pois, o habilitado, na ocasião da inscrição, não só não dispunha do diploma de habilitação legal para exercício do cargo, senão que não tinha concluído o curso. Entendemos, *maxima venia concessa,* que a Súmula nº 266 do STJ, não pode ter aplicação tão elástica. Há de prevalecer, pois, interpretação restrita.

Se não fosse assim, poderia ocorrer o exemplo de um estudante de Direito, do 42º semestre, que faz concurso para Juiz de Direito e passa. Ele não tem e nem vai ter habilitação tão breve. No momento da posse, ele diz que não tem interesse em assumir naquela oportunidade, e, sim, no último dia da validade do seu concurso. O concursado se forma neste interregno e, no momento em que vai vencer o prazo do concurso, diz que está habilitado para a posse, mostrando o seu diploma. Tal situação jamais poderia ser chancelada pelo Poder Judiciário, uma vez que estaria caracterizada a quebra grave dos princípios da impessoalidade e isonomia entre os concorrentes.

Não está presente, sequer, a falta de razoabilidade no ato da Administração Pública.

88. Nesse sentido: ROMS nº 917/ES, STJ, Rel. Min. José de Jesus Filho, e RE nº 131.340/MG, STJ, 5ª Turma, Rel. Min. Flaquer Scartezzini.

Com efeito, a interpretação das leis é obra de raciocínio, mas também de sabedoria e bom senso, não podendo o julgador ater-se exclusivamente aos vocábulos, mas, sim, aplicar os princípios que informam as normas positivas.

É de fundamental importância concluir que o "diploma ou habilitação legal para o exercício do cargo deve ser exigido na posse e não na inscrição para o concurso público (Verbete nº 266, do STJ)". Isto porque o habilitado torna-se servidor público com a assinatura do termo de posse, em conformidade com o art. 2º c/c art. 72, da Lei nº 8.112/1990[89].

Com isso, no caso vertente, é possível afirmar que a regra editalícia em sentido contrário destoa do princípio da razoabilidade e do preceito contido na referida Súmula nº 266 do STJ.

A inscrição não se confunde com o provimento do cargo. A titulação, em regra, somente é exigível para a posse do cargo. O princípio da acessibilidade aos cargos, empregos e funções públicas, decorrência lógica dos princípios da isonomia *e* legalidade, só pode sofrer as limitações do próprio art. 37, incisos I e II, da Constituição Federal, ou seja, aprovação prévia em concurso público e o preenchimento dos requisitos estabelecidos em lei, requisitos estes concernentes ao provimento do cargo, emprego *e* função pública. Somente a lei em sentido formal poderá estabelecer os requisitos necessários ao provimento do cargo, conforme art. Ia c/c art. 59, incisos II, III e IV, da Constituição Federal. Inexiste lei estabelecendo limites para a participação em concurso público. Os limites estabelecidos pela Constituição Federal referem-se ao provimento do cargo. A exigência de titulação, no momento da inscrição, viola o art. 37, incisos I e II, da Constituição Federal e o princípio da legalidade (art. 5º, II, da CF).

O concurso visa selecionar os candidatos com melhor capacitação, não se justificando diminuir o número de concorrentes com exigências não previstas em lei, violando-se o direito de igualdade de competir. Número maior de candidatos possibilitará a seleção dos melhores habilitados, o que atenderá ao princípio da finalidade pública e da eficiência.

Em concurso para ingresso na classe inicial da carreira do Ministério Público, formulou-se o seguinte problema:

Zuleika foi aprovada na primeira fase do concurso público para o cargo de Promotor de Justiça. A Comissão do Concurso, entretanto, impediu que a candidata prosseguisse no certame, sob o fundamento de que não apresentou a documentação comprobatória de 3 (três) anos de atividade jurídica até a data da inscrição definitiva, conforme previsto no Edital do concurso. Inconformada, Zuleika ajuizou mandado de segurança, alegando não ter apresentado os documentos porque, à época da inscrição definitiva, faltavam ainda 4 (quatro) meses para completar o período de atividade jurídica exigido, o qual, porém, poderia ser comprovado no momento da posse, caso viesse a ser aprovada em todas as fases do concurso. A pretensão da candidata deve ser acolhida? Responda de maneira fundamentada[90].

89. Certificado de conclusão de curso basta para provar que candidato em concurso público tem curso superior. Esse é o entendimento do juiz da 3ª Vara de Fazenda Pública Municipal de Goiânia, Sebastião Luiz Fleury, que concedeu liminar autorizando Lourdes Conceição Mendes São José a tomar posse no cargo de profissional de educação.

90. Concurso público para ingresso na carreira da magistratura. Atividade jurídica de três anos. Exigência constitucional. Contagem e comprovação. 1. A comprovação dos três anos de atividade jurídica, exigida daqueles que pretendem ingressar na carreira da magistratura, deve ser feita no momento da inscrição definitiva, daí ser recomendável se faça constar nos editais de abertura desses concursos a data provável em que se realizará tal inscrição. Caso ocorra a antecipação do cronograma inicial, dessa alteração nenhum prejuízo poderá resultar para aqueles interessados que se inscreveram considerando que, respeitada a

O entendimento majoritário na doutrina e na jurisprudência é no sentido de que o candidato deve comprovar o preenchimento dos requisitos para o exercício do cargo – especialmente a respectiva habilitação ou diploma – no momento da *posse*, e não no momento da inscrição ou da realização da prova. Nesse sentido, pode-se citar a Súmula nº 266 do STJ.

Ocorre que, em se tratando do requisito relativo aos 3 anos de atividade jurídica, exigido pela CF para os concursos da Magistratura e do Ministério Público, as resoluções pertinentes (CNJ, Res. 11[91] e CNMP, Res. 4 e 11) estabelecem que a comprovação deve ser feita ao tempo da inscrição definitiva. O STF já reconheceu a constitucionalidade dessa exigência, não se aplicando, ao caso, a referida Súmula nº 266 do STJ. Assim, agiu corretamente a Comissão do Concurso e a pretensão da candidata não merece ser acolhida[92].

Caso interessante que tem despertado atenção foi a situação especial onde o candidato foi habilitado, por meio de aprovação nas provas específicas e orais do XXIX Concurso para Ingresso no Ministério Público do Rio de Janeiro.

Acontece que, dentre os vários documentos necessários para efetuar a dita inscrição, o Edital exigia, desde logo, a comprovação de três anos de prática jurídica[93].

É certo que em nada inovou o edital, limitando-se a cumprir o exigido pelo Conselho Nacional do Ministério Público, que, por meio de resolução, regulou o tema[94].

---

data inicialmente prevista para a inscrição definitiva, teriam como atender à exigência constitucional. 2. A data a ser considerada para a aferição dos três anos de conclusão do curso de Direito é aquela em que o estudante conclui com êxito todas as disciplinas do curso de graduação. Em consequência, as atividades jurídicas desenvolvidas a partir dessa data, assim consideradas aquelas previstas no edital, devem ser aproveitadas na comprovação da exigência constitucional. 3. No caso, a antecipação da data prevista no edital de abertura para a inscrição definitiva não pode acarretar a exclusão da candidata: as atividades por ela realizadas – suficientes ao atendimento da exigência constitucional – entre a data em que concluiu as matérias do curso de graduação e aquela em que ocorreu a colação de grau devem ser aproveitadas para comprovação dos três anos de experiência jurídica. 4. Recurso ordinário provido. (RMS nº 26.667/DF, Rel. Min. Nilson Naves, julgado em 11/11/2008)

91. A Resolução n.º 11/2006, no art. 5º, determina: "*Art. 5º A comprovação do período de três anos de atividade jurídica de que trata o art. 93, I, da Constituição Federal, **deverá ser realizada por ocasião da inscrição definitiva no concurso.***" (g.n.)

92. Também nos concursos da área jurídica, sobre o requisito exigido de prática forense, apesar de ter sido considerada legítima a sua exigência para a inscrição no concurso, tem acarretado inúmeras disputas judiciais sobre o sentido a que se daria a essa expressão. A quase unanimidade dos julgados versando sobre esse tema acabou por entender a expressão "prática forense" em um sentido mais amplo do que o delimitado nos editais dos concursos. Prática é atividade, desenvolvimento na espécie, de habilitação técnica. "Forense" traduz a ideia do serviço próprio do foro, não se restringindo à ideia de serviço realizado no foro. Logo, a prática forense poderá ser desenvolvida sem a presença física nos fóruns. E compreenderá tanto o trabalho que venha a ser realizado na primeira instância como nos Tribunais. O conceito de prática forense *abrangerá*, portanto, o exercício profissional da advocacia, a atuação funcional como membro do Ministério Público, da Defensoria Pública e da Magistratura, e dos membros das instituições incumbidas de representação judicial da União, dos Estados, do Distrito Federal e dos Municípios, se possuírem. Compreenderá, ainda, outras atividades que sejam vinculadas ao manuseio de processos, tais como a de estudante de direito cumprindo estágio regular e supervisionado, ou como funcionário prestando serviços junto às Secretarias de laias ou Turmas ou a gabinetes de Magistrados.

93. *6.3. No ato da inscrição definitiva, o candidato deverá comprovar o exercício de 3 (três) anos de atividade jurídica, no mínimo, nos termos do item 8.3 deste Edital, sob pena de eliminação do Concurso.*

94. Resolução nº 4, do CNMP: "*Art. 1º Será considerada como atividade jurídica, desempenhada exclusivamente após a obtenção do grau de bacharel em direito, aquela exercida por ocupante de cargo, emprego ou função, inclusive de magistério superior, nos quais prepondere a interpretação e aplicação de normas jurídicas. Parágrafo único. Serão admitidos, no cômputo do período de atividade jurídica, os cursos de pós-graduação na área jurídica realizados pelas Escolas do Ministério Público, da Magistratura e da Ordem dos Advogados, de natureza pública, fundacional ou associativa, reconhecidos pelas respectivas instituições, bem como os cursos de pós-graduação reconhecidos pelo Ministério da Educação, desde que integralmente concluídos*

Ocorre que o candidato não contava com três anos de atividade jurídica, dado que colou grau dia 04 de janeiro de 2005.

Contudo, o Conselho Nacional do Ministério Público, ao apreciar o alcance de sua própria resolução, verificou que a mesma não seria capaz de abarcar todas as hipóteses relativas ao exercício de prática por três anos de atividade jurídica.

Deste modo, dada a citada impossibilidade de regulamentação, o CNMP entendeu por bem editar o Enunciado nº 2, de 03 de julho de 2006, o qual privilegiou a autonomia administrativa dos Ministérios Públicos (art. 127, § 2º, CRFB), conferindo poderes específicos às Comissões de Concurso para resolver os casos concretos:

> Enunciado nº 2, de 03 de julho de 2006.
>
> Conselho Nacional do Ministério Público. Referente ao conceito de atividade jurídica previsto no art. 129, § 3º, da Constituição Federal, regulado pela Resolução nº 4/2006.
>
> O Conselho Nacional do Ministério Público, ao editar a Resolução nº 4/2006, já se pronunciou abstratamente sobre o conceito e comprovação de atividade jurídica de que trata o artigo 129, § 3º, da Constituição Federal, cabendo às comissões de concurso, no âmbito de cada Ministério Público, a análise dos casos concretos.

Com isso, restou caracterizada, por parte do próprio Conselho Nacional, a autonomia das Comissões de Concurso para avaliarem as hipóteses concretas, não enquadráveis na norma em abstrato da Resolução, podendo entender de forma diferente desta, fato que parece se dar no presente caso.

Trata-se de uma situação específica. O autor foi aprovado em concurso para exercer exatamente as mesmas funções – Promotor de Justiça Estadual – em ente da Federação distinto, qual seja: Espírito Santo, tendo tomado posse em 05 de julho de 2006, conforme o comprova a inclusa documentação.

Ora, certo é que o autor já exerce exatamente as mesmas funções do cargo para o qual vem pleiteando a investidura, ou seja, o mesmo já integra as fileiras do Ministério Público Estadual, busca o requerente, tão somente, trocar de Estado da Federação.

Assim, parece irrazoável e ilógico admitir que o autor possa ser Promotor de Justiça no Estado do Espírito Santo e não o possa ser no Rio de Janeiro.

De há muito a interpretação literal das normas jurídicas não pode ser considerada a melhor. Pelo contrário, devem ser usados diversos métodos, tais como: histórico, lógico, sistemático e teleológico, para que seja aferido o real significado da norma, tanto Constitucional como infraconstitucional. Desta maneira, aplicar a letra fria da Carta Magna, interpretada pelo CNMP, na hipótese em questão, indeferindo, desde logo, a inscrição definitiva, é fazer tábula rasa da vontade do constituinte derivado ao prolatar a Emenda nº 45/2004.

O próprio Guardião da Constituição – STF – ao julgar ADI que cuidava da Resolução nº 35/2002, com a redação que lhe foi dada pelo art. 1º da Resolução nº 55/2004, do Conselho Superior do Ministério Público do Distrito Federal e Territórios, com mesma carga normativa da Resolução do CNMP, fixou a *ratio* da norma, ou seja, que fins a mesma visa atingir:

---

com aprovação. (Incluído pela Resolução nº 11 de 2006) *Art. 2º A comprovação da exigência do período de três anos de atividade jurídica deverá ser formalizada no ato da inscrição definitiva do concurso por intermédio de documentos e certidões que demonstrem efetivamente o exercício da atividade jurídica no período exigido".*

> (...)No mérito, entendeu-se que a norma impugnada veio atender ao objetivo da Emenda Constitucional 45/2004 de selecionar profissionais experientes para o exercício das funções atribuídas aos membros do Ministério Público (...) (STF, ADI nº 3.460, veiculado no informativo de jurisprudência 438).

Em abstrato, o STF entendeu que a norma perfaz o juízo de proporcionalidade perfeito, estando em consonância com o devido processo legal substancial, nos moldes exigidos pelo art. 5º, LIV, CRFB, dado que se encontram presentes os pressupostos da necessidade, adequação e proporcionalidade em sentido estrito.

Contudo, a proporcionalidade também deve ser aferida diante da hipótese concreta.

Deste modo, indiscutível que o Legislador deve fazer juízo de valor sobre a exigência de experiência jurídica para ingresso nos quadros do Ministério Público.

No entanto, seria adequado – 2º requisito do Princípio da Proporcionalidade – impedir um Promotor de Justiça de assumir idêntico cargo em outro Estado da Federação sobre o argumento de ausência de experiência? Ao que parece, este requisito não estaria preenchido e a exigência seria inconstitucional diante da hipótese posta.

Em adição, perquirindo-se a proporcionalidade em sentido estrito, ou seja, se tal norma geraria mais benefícios do que prejuízos, verifica-se que, na situação em análise, estar-se-ia dispensando um candidato que já desempenha o ofício ministerial há quase um ano e meio, por ausência de experiência. De igual modo, outro requisito do Princípio Constitucional da Proporcionalidade que parece não se manter.

Logo, diante dos argumentos expostos, é certo que esta norma restritiva não pode se aplicar ao presente caso, uma vez que o autor já exerce a função de Promotor de Justiça desde julho de 2006, ou seja, a mesma função que pretende vir a exercer no Estado do Rio de Janeiro.

Frise-se que, no caso, há confronto entre o Princípio da Razoabilidade, de índole constitucional, e a Resolução editada pelo CNMP. De início, afere-se que a Resolução, na clássica pirâmide de Kelsen, se encontra em patamar hierarquicamente inferior ao do Princípio constitucional, fato que, de *per si*, faz com que este prepondere sobre aquela.

Todavia, a título de argumentação, adotemos a hipótese de que a norma do CNMP – Resolução – tenha também força constitucional, por complementar o disposto no art. 129, § 3º, CRFB, ainda assim prevalece o Princípio da Razoabilidade, decorrente do devido processo legal substancial, pelo critério hierárquico no sentido estático[95].

Ademais, ressalto que o art. 129, § 3º, CRFB, ao tratar do tema, exige do bacharel os três anos de atividade jurídica, sendo, no entanto, tal obrigatoriedade inócua para quem já integra os quadros da Instituição. Observe-se que o dispositivo fala em ingresso na carreira, não podendo, pois, ser aplicado àqueles que já fazem parte da carreira do Ministério Público.

Desta forma, por mais que se esteja falando em Ministério Público do Estado do Rio de Janeiro e Espírito Santo, certo é que o *Parquet* é uno, nos termos do disposto no art. 128,

95. O Professor Guilherme Peña de Moraes bem discorre sobre o tema: "*Secundariamente, na hipótese de colisão entre princípios e regras, há a configuração de antinomia aparente entre normas constitucionais, de maneira que o conflito deve ser resolvido pela aplicação do critério hierárquico no sentido estático, em consequência da diferença de natureza das normas constitucionais submetidas a controle judicial, com a prevalência do princípio sobre a regra...*" (Moraes, Guilherme Peña de. *Direitos fundamentais*: conflitos e soluções. Niterói: Labor Juris, 2000).

caput, I e II da Constituição do Brasil, de modo que seus membros são competentes para atuar em todas as funções inerentes à Instituição.

Frisamos que o STF, recentemente, em hipótese análoga à presente, em que a impetrante postulava o ingresso na carreira do Ministério Público Federal, já sendo integrante do Ministério Público Estadual, concedeu liminar para que a mesma pudesse fazer as provas orais, apesar de não possuir os três anos de atividade jurídica, tendo o Relator aduzido que:

> (...) 19. É no mínimo contraditória, destarte, a circunstância de a impetrante, Promotora de Justiça no Estado do Paraná, exercer funções delegadas do Ministério Público Federal e concomitantemente ser tida como inapta para habilitar-se a concurso público para o provimento de cargos de Procurador da República.(...) (STF, MS 26690/DF, Min. Eros Grau; *DJ*, 15/06/2007, p. 56).

Como se observa facilmente pelos Julgados citados, o candidato será dispensado do requisito de cumprimento de três anos de atividade jurídica, dado que não se encaixa na *ratio legis* da Resolução do CNMP, sendo-lhe possibilitada a inscrição definitiva no XXIX Concurso para ingresso na carreira e, se for o caso, a nomeação e posse.

3.2. Do Exame Psicotécnico

3.2.1. Considerações preliminares

A matéria é complexa e comporta árdua discussão. O exame psicotécnico foi há muito considerado um requisito legítimo pela jurisprudência. Os exames psicológicos hão de ser utilizados para examinar a higidez mental dos candidatos concorrentes, para identificar e inabilitar pessoas cujas características psicológicas revelem traços de personalidade incompatíveis com o desempenho de determinadas funções. Os testes psicológicos têm-se realizado principalmente nos concursos públicos para ingresso em cargos de Polícia, Corpo de Bombeiros e Forças Armadas.

Há de se fazer registro de alguns Tribunais que consideram inconstitucional qualquer norma de edital de concurso público, ao conferir índole eliminatória a exame psicotécnico (corrente minoritária), alegando, em síntese, que não é a Psicologia ciência exata, expondo-se a interpretações, variando segundo a linha de formação do psicólogo. Outros Tribunais, em sentido contrário, entendem ser cabível, mas com ressalvas. É a posição majoritária, mais adequada.

O exame psicotécnico impõe a verificação de equilíbrio emocional dos candidatos, evitando o ingresso, por exemplo, de psicopatas, de certas pessoas portadoras de anomalias psíquicas para o exercício da função pública. Nada mais do que isso pode ser objeto de avaliação.

O exame psicotécnico não se confunde com inteligência, bastando lembrar que os anais da criminologia registram numerosos casos de delinquentes de altíssima inteligência, mas infelizmente direcionada para condutas antissociais.

O exame psicotécnico constitui uma fase do concurso seletivo. Apesar de aprovado em todas as outras fases do concurso, o candidato pode ser reprovado e, consequentemente, excluído da competição.

Se o exame psicotécnico, como condição para ingresso no serviço público, decorre de lei, não pode ser dispensado, sob pena de ofensa à Constituição (art. 37, I, da CRFB/1988).

Não obstante ser legal a exigência desse exame, não pode a Administração, sob argumento de sigilo, posto que norteada pelos princípios da legalidade, moralidade e, mormente, publicidade, negar ao candidato o conhecimento da decisão que o reprovou no citado exame, devidamente fundamentado, porque, agindo desta forma, a Administração estaria enveredando nos caminhos nebulosos da ilegalidade. Portanto, o que é ilegal é o sigilo da decisão de que, pelo menos o candidato deva ser cientificado a fim de que lhe seja assegurado o direito de recurso, para que lhe seja permitido exercer o contraditório e a ampla defesa. E ainda tem mais: o profissional de psicologia deve manter o sigilo sobre a decisão, atendendo à ética de sua profissão, em relação a terceiros, mas não em relação ao candidato a quem deve ser exibida a decisão aprovatória ou reprovatória.

Na mesma linha de argumentação, as conclusões que reprovam o candidato não podem ser desmotivadas e, quanto ao perfil profissiográfico, cabalmente há que ser demonstrado o porquê do candidato ser considerado inapto no teste psicotécnico, ou seja, o exame tem de apurar características de personalidade incompatíveis com o cargo público. Caso contrário, a inexistência do perfil psicológico vai de encontro ao que preconiza a doutrina moderna: o exame não pode possuir critério subjetivo, anti-científico e arbitrário.

Tem-se admitido a exigência da aprovação em exame psicotécnico no edital de concurso público para provimento de cargos, com vistas à avaliação do temperamento do candidato ao exercício das atividades inerentes à categoria funcional a que concorrer, desde que prevista em lei. O requisito de exame psicológico deverá estar previsto obrigatoriamente na lei que fixar os requisitos a serem atendidos pelos postulantes ao cargo, como estabelece o art. 37, I, da Constituição da República. A presença de tal requisito somente em edital se configurará em inconstitucionalidade.

Este é o entendimento em nossos Tribunais:

> Concurso. Oficial de saúde da Polícia Militar do Estado de Minas Gerais. Exame psicotécnico. Resolução nº 3.034/94, do Comandante-Geral.
>
> A exigência do exame psicotécnico, prevista em simples resolução como condição para ingresso na carreira de Oficial de Saúde da Polícia Militar do Estado de Minas Gerais, malfere a Constituição Federal.
>
> Ora, a resolução não é lei em sentido formal exigida pelo inciso I do art. 37 da Carta, porquanto se trata de ato normativo inferior, que não supre a omissão legal. (RE nº 228356/MG, STF, Primeira Turma, Rel. Min. Ilmar Galvão, *DJ* de 26/03/2007).

O Supremo Tribunal Federal também entendeu que, não ofende o princípio do direito adquirido (art. 5º, XXXVI, da CF), a exigência de submissão de candidatos em concurso público a exame psicotécnico previsto em edital quando, antes da realização do concurso, sobrevém lei prevendo o mencionado exame:

> Estado de Minas Gerais. Concurso para servidores públicos. Exame psicotécnico. Lei nº 6.833/1995, § 1º, redação dada pela Lei nº 6.939/1995.
>
> Exigência estabelecida na conformidade do disposto no art. 37, I, da CF.
>
> Lei editada antes da realização do concurso, não se podendo falar em direito adquirido. (RE nº 230197/MG, STF, Primeira Turma, Rel. Min. Ilmar Galvão, *DJ* de 13/08/2005).

Ocorrendo a ausência de um dos requisitos de validade dos atos administrativos, ou seja, a motivação do que inabilitou o candidato a permanecer no certame, torna o ato inválido, por ser requisito indispensável para averiguação. Vislumbra-se clara imprecisão do ato administrativo, o qual não especifica os motivos da reprovação, não restando apto a produção seus efeitos, de forma que deve ser oportunizado ao candidato a continuar a participar do concurso.

A simples menção apto ou inapto é arbitrária e poderia agasalhar interesses escusos da Administração, o que não se coaduna com os princípios administrativos da moralidade e impessoalidade. Por fim, ao candidato deve ser garantida a transparência do julgamento que não pode ser sigiloso e, muito menos, secreto e irrecorrível.

Não se admite, em hipótese alguma, reprovar o candidato em entrevistas, feitas em salas fechadas, sem fundamentação de rigor científico, reduzindo a singela entrevista, dotada de subjetivismo, com forte possibilidade de arbítrio, efetuada sob sigilo. A sua validade está adstrita a testes psicológicos escritos, de caráter objetiva e de aplicação coletiva. Laudo constando aspectos de subjetivismo da personalidade do candidato, apenas com descrições aleatórias, não demonstrativas de fatos objetivos e de dados concretos conclusivos de inaptidão, marcado pela ausência de fundamentação, é arbitrário.

A valoração da entrevista, constante do edital, por si só, não pode eliminar candidato considerado apto nas demais provas do certame, vez que mencionado exame, de natureza subjetiva, torna-se potencialmente discriminatório e arbitrário.

É consabido que, no exame dos atos administrativos, o Judiciário se limita a considerá-los sobre o estrito ponto de vista de sua legalidade, dessa forma, estando o exame psicotécnico sujeito ao controle jurisdicional, o que não se pode é permitir que o candidato seja alvo de decisões desconhecidas em avaliações de moldes sigilosos.

A entrevista em clausura, de parâmetros técnicos de valor desconhecido, sem rigor científico, não merece o nome de exame, tornando a entrevista com possibilidade discriminatória.

A psicologia é matéria complexa e o exame das características da personalidade de uma pessoa não estaria completo com um simples teste subjetivo. Somente num estudo aprofundado, o laudo dos peritos é que poderá definir a adequação do concursado ao trabalho que desempenhará.

Destarte, fere o princípio da impessoalidade o teste subjetivo, sigiloso, irrecorrível, em que se nega ao candidato o conhecimento da avaliação quanto aos motivos de sua eliminação, mormente se o concursado havia obtido classificação nas provas escritas.

Impende ressaltar que a avaliação psicológica, para assegurar a igualdade de condições a todos os candidatos e transparência na realização do concurso, deve submeter-se a parâmetros de natureza objetiva. Procedimento seletivo marcado pelo subjetivismo conduz à arbitrariedade, em desrespeito ao próprio interesse público.

Não se pode, pois, impedir a Administração Pública de inserir nos editais de concurso público a exigência do exame psicotécnico e, por consequência, não pode o Judiciário dispensar o candidato da realização do exame, sob pena de ofensa aos princípios da moralidade, da isonomia, de justiça, de equidade, de imparcialidade, sendo certo que a realização de um novo exame psicotécnico é de caráter obrigatório[96]. Também não se pode dispensar

96. Neste sentido: MS nº 9.183/DF, Rel. Paulo Medina. 1. Invalidado o exame psicotécnico, contendo vício de subjetividade, é obrigação do poder público realizar um novo exame, no qual se submeterá o candidato. 2. Não o fazendo e permitindo que o candidato participe das etapas subsequentes do concurso, fazendo-o presumir que se encontra habilitado, age a Administração Pública em afronta à legalidade, à isonomia e à moralidade, máxime se, ao final do procedimento, vem a ressaltar a existência de vício, por ela mesma praticado, para impedir a nomeação do candidato, já, inclusive, classificado. 3. Deve ser reintegrado, provisoriamente, o Impetrante, até

de tal exame o candidato que a ele já se submeteu em concurso anterior, pois em cada concurso se afere a aptidão para um cargo diverso.

Cumpre salientar que o exame psicotécnico não pode alterar a nota final do candidato, ou seja, alterar a ordem geral de candidatos considerados aptos.

O edital jamais poderá informar o nome dos testes a serem aplicados. Se assim o fizer, tais exames perderão sua validade, pois possibilitarão que os candidatos se preparem, ante o conhecimento prévio das questões a que serão submetidos.

Os tipos de testes psicológicos são de acesso exclusivo dos psicólogos examinadores e a eles deverão ser restritos.

3.2.2. Critérios

É pacífico o entendimento de que a aferição psicológica dos candidatos deverá revestir-se de critérios científicos e objetivos. A Administração Pública deverá estabelecer quais os critérios pelos quais os candidatos serão avaliados, permitindo, assim, que os critérios sejam conhecidos e que os resultados dos testes possam ser avaliados pelos próprios candidatos.

Insta salientar que reprovação em exame psicotécnico, para revestir de legalidade, há de conter motivação expressa quanto à reprovação do candidato, além de justificativa quanto aos métodos objetivos e científicos adotados para a conclusão obtida pelos examinadores[97].

O candidato privado de tais informações não tem como verificar a sua adequação ao exercício profissional do cargo ambicionado, e nem poderá questionar judicialmente se o exame psicotécnico restringiu-se em averiguar suas características psicológicas no que se refere à sua adequação ao exercício da função pretendida.

Tal caráter sigiloso dado aos critérios de avaliação e ao resultado dos exames não atende aos requisitos de objetividade na apuração do resultado e de publicidade exigidos pelo art. 37, incisos I e II, da Carta vigente, além de ofender o art. 5º, incisos XXXIII ("*todos têm direito a receber dos órgãos públicos informações de seu interesse particular...*") e XXXV ("*a lei não excluirá da apreciação do Poder Judiciário lesão ou ameaça a direito*"), também da Lei Magna.

Nesse sentido, o julgado[98]:

Concurso público. Exame psicotécnico.

– O acórdão recorrido, em última análise, decidiu que a avaliação do candidato, em exame psicotécnico, com base em critérios subjetivos, sem um grau mínimo de objetividade, ou em critérios não revelados, é ilegítimo por não permitir o acesso ao Poder Judiciário para a verificação de eventual lesão de direito individual pelo uso desses critérios.

– Ora, esta Corte, em casos análogos, tem entendido que o exame psicotécnico ofende o disposto nos arts. 5º, XXXV, e 37, *caput* e incisos I e II, da Constituição Federal. (STF RE nº 243.926/CE, Primeira Turma, Rel. Min. Moreira Alves, *DJ* de 10/08/2006).

Por estas razões tem sido criticada a realização de exames psicotécnicos, na totalidade ou como uma de suas partes, que utilizem entrevistas, dissertações orais, diálogos, sem que

o trânsito em julgado da ação ordinária, na qual se discute seu direito à nomeação e à permanência em exercício do cargo. 4. Segurança concedida. (MS nº 9.183/DF, Rel. Min. Paulo Medina).

97. Neste sentido: ROMS nº 14.343/GO, Rel. Min. Paulo Gallotti, Sexta Turma; ROMS nº 10.695/GO, Rel. Min. Fernando Gonçalves, Sexta Turma do STJ.

98. Ver também, no mesmo sentido: RE nº 201575/DF, STF, Primeira Turma, Rel. Min. Octavio Gallotti, *DJ* de 19/12/2006; e o RE nº 265261/PR, STF, Primeira Turma, Rel. Min. Sepúlveda Pertence, *DJ* de 10/08/2006.

seja possível ao candidato ou ao Poder Judiciário ter parâmetros para verificar a legalidade do resultado[99].

3.2.3. Requisitos de validade

O Supremo Tribunal Federal tem decidido, por reiteradas vezes, que são três os requisitos indispensáveis para que o exame psicotécnico seja exigido em concursos públicos, a seguir enumerados, cumulativamente:

a) "somente por lei, ato normativo primário, pode estabelecer requisitos para o ingresso no serviço público – CF, art. 37, I. Se o exame psicotécnico estiver previsto em ato administrativo apenas, ocorre ilegalidade" (RE nº 232.571-7/RS, 2ª Turma, Rel. Min. Carlos Velloso).

Neste tópico, o STF editou a Súmula nº 686:

a) "Só por lei se pode sujeitar a exame psicotécnico a habilitação de candidato em cargo público..."

b)..., "e que tenha por base critérios objetivos de reconhecido caráter científico. (RE nº 188.234/DF, Rel. Min. Néri da Silveira). Logo, métodos cientificamente reconhecidos.

c) Possibilidade de recursos administrativos ou do Judiciário. Logo, os candidatos podem, conhecendo os motivos de sua contraindicação, submetê-los à tutela jurisdicional.

3.2.4. Dispensabilidade

Registre-se que, parte da doutrina vem admitindo, na hipótese do candidato já ter sido submetido a exame psicotécnico e sendo aprovado, por exemplo, para policial, ao se submeter a novo concurso com muitas semelhanças, e da mesma natureza, não é plausível a exigência de novo exame. Então, tem-se considerado desnecessário que o servidor que já tenha sido submetido a exame psicotécnico e tenha sido aprovado, quando em participação em novo concurso público, na mesma pessoa federativa, e concorrendo a cargo de funções idênticas ou semelhantes ao que já ocupa, realize novo teste psicotécnico, uma vez que anteriormente não se lhe tenha atribuído nenhuma avaliação psicológica negativa.

Esta foi a conclusão do Supremo Tribunal Federal[100]:

> Administrativo. Concurso público. Polícia Civil do Distrito Federal.
> – Exame psicotécnico. Desnecessidade quando atendida a exigência pela submissão e aprovação em exame anterior da mesma natureza. (RE nº 24558/DF, Segunda Turma, Rel. Min. Américo Luz).

Observe-se, por fim, que existem cargos e empregos aos quais são atribuídos funções tão específicas, que a Emenda Constitucional nº 19/1998 acrescentou ao art. 37 da Constituição, o § 7º, segundo o qual será editada lei que disporá sobre os requisitos e as restrições ao ocupante de cargo ou emprego na Administração Pública direta ou indireta, quando, no exercício de suas funções, possuir acesso a informações privilegiadas.

O legislador constituinte foi oportuno em tal providência, pois determinados agentes públicos, no exercício de certos cargos ou empregos, têm acesso a informações consideradas privilegiadas, e até sigilosas, capazes de possibilitar a obtenção de vantagens pessoais, depois de seu afastamento da função pública.

99. Em recente caso decidido pelo Supremo Tribunal Federal esse entendimento foi averbado. Vide RE nº 112676/MG, STF, Segunda Turma, Rel. Min. Francisco Rezek, *DJ* de 18/12/2005.
100. Com semelhante teor: MS nº 20972/DF, Tribunal Pleno, Rel. Min. Carlos Madeira.

Convém frisar que a matéria não é pacífica nem nos Tribunais. O Relator Min. Felix Fischer, REsp 296.034/PR, teve o entendimento, afirmando que o candidato que participa do concurso para o cargo de Delegado da Polícia Federal, por exemplo, deve submeter-se ao exame psicotécnico, mesmo que já tenha realizado esse teste em concurso anterior para o cargo de Agente. Então, pela impossibilidade de se aproveitar tal habilitação em processo seletivo distinto daquele em que foi realizada a avaliação, por força do disposto no art. 10, parágrafo único, do Decreto-Lei nº 2.320/1987, que dispõe sobre o ingresso nas categorias funcionais da Carreira Policial Federal, *verbis*:

> A habilitação em qualquer dos requisitos exigidos para matrícula em curso de formação não poderá ser aproveitada em processo seletivo distinto.

Os argumentos contrários à aprovação prévia em similar exame, quando se ingressou na polícia são: a) a finalidade do exame psicotécnico é a avaliação psíquica do candidato, a fim de aferir sua compatibilidade com o cargo a que pleiteia e não para o anterior ocupado, cujas atribuições são totalmente distintas; b) a aprovação obtida há anos, com certeza, foi pautada com base em sistemática seletiva adequada à época, não guardando similitude com a atual. Logo, não há como se aproveitar o exame psicotécnico anterior, sendo este o entendimento do STF.

3.2.5. Visão do nosso Tribunal

A Décima Câmara Cível do Tribunal de Justiça do Estado do Rio de Janeiro já se manifestou favoravelmente, com brilhante argumento, sobre a validade da exigência de exame psicotécnico, assim como sobre a possibilidade deste reprovar candidato em concurso público, quando houver no edital a expressa menção da exigência deste exame e a sua descrição como classificatório. Segue a Ementa, com os nossos grifos sobre o texto original.

> Ação ordinária. Administrativo. Concurso público. Prova psicotécnica. Possibilidade. Recurso não provido.
>
> 1. Concurso para o ingresso no curso de formação de soldado da PMERJ. Candidato reprovado no exame psicotécnico.
> 2. A exigência prevista no edital com caráter desclassificatório é ato legal, desde que a avaliação se dê mediante os critérios objetivos.
> 3. Edital que estabeleceu critério de aferição das características básicas compatíveis com as atribuições da função de polícia militar.
> 4. Sentença de improcedência que se mantém.
> 5. Recurso não provido. (AC nº 2008.001.44334/RJ, Décima Primeira Câmara Cível, Rel. Des. Benedicto Abicair).

Conforme se constata na Ementa, trata-se de contenda levada a juízo por meio de ação declaratória promovida por candidato ao ingresso no curso de formação de soldado da PMERJ, reprovado em prova psicotécnica regularmente prevista no edital do concurso, e que buscou em juízo a nulidade do ato administrativo que o eliminou.

Registramos que o juízo de primeiro grau proferiu sentença julgando improcedente o pedido, e que o recorrente apelou da decisão, argumentando que o exame psicotécnico não possui caráter técnico ou objetivo necessário à prova, mas sim subjetivo, e que o edital que regulamenta o concurso não pode se sobrepor ao Ordenamento Jurídico Pátrio, sendo flagrante a sua ilegalidade.

Foi, contudo, o entendimento da Décima Primeira Câmara Cível que o edital previa como requisito para ingresso nos quadros da Polícia Militar do Estado do Rio de Janeiro a aprovação em todos os exames do concurso, entre eles o psicotécnico.

Ilustrou ainda a sua decisão trazendo à leitura dispositivo da Lei nº 443/1981, que é o Estatuto dos Policiais Militares do Estado do Rio de Janeiro, que bem explica em seu art. 11 os requisitos necessários ao candidato que deseja ingressar na PMERJ, incluindo-se entre estes a capacidade física e mental, o que foi frisado:

> Lei nº 443/1981 (...)
>
> Art. 11. Para a matrícula nos estabelecimentos de ensino policial-militar destinados à formação de oficiais, de graduados e de soldados, além das condições relativas à nacionalidade, idade, aptidão intelectual, capacidade física e mental e idoneidade moral, é necessário que o candidato não exerça, nem tenha exercido, atividades prejudiciais ou perigosas à Segurança Nacional.

Entendeu, ainda, que a edital continha entre os seus itens o referente aos "critérios objetivos de aferição das características básicas compatíveis com as atribuições da função de polícia militar", tendo sido, com isso, atendido o critério de objetividade do concurso, o que faz cair por terra o argumento usado pelo recorrente.

Ademais, reitera o relator da Décima Primeira Câmara Cível em seu voto que a matéria referente à admissibilidade de exame psicotécnico de caráter eliminatório já se encontra pacificada tanto no Tribunal do Estado do Rio de Janeiro como nos Superiores[101].

3.2.6. Do prazo

O exame psicotécnico que elimina o candidato, querendo recorrer da decisão administrativa, opta pelo mesmo prazo de validade do concurso ao qual se submeteu o concursado. Portanto, não há possibilidade de insurgir-se contra sua eliminação no certame somente após o término de validade do concurso público a que se submetera.

Nesse contexto, há equívocos de alguns precedentes e julgados contrários dos que entendem cabível questionar a eliminação do candidato após término da validade do concurso, partindo do raciocínio de que, quanto aos atos administrativos ilegais, podem ser submetidos ao controle pelo Poder Judiciário, sendo estipulado, para tanto, o lapso prescricional de 5 (cinco) anos. Há divergência entre alguns poucos julgados dos nossos Tribunais no sentido de que o controle judicial dos atos administrativos praticados no decorrer do processo seletivo não se sujeita à limitação temporal no edital, devendo obedecer às normas legais que regem a matéria. Filiamo-nos à corrente majoritária de que, de acordo com o art. 37, III, da Constituição Federal, "*o prazo de validade do concurso será de até 2 (dois) anos, prorrogável uma vez por igual período*", em homenagem aos princípios da segurança jurídica, da legalidade e do interesse público.

101. Vide processos: 2006.001.31409 – Ap. Cível, Rel. Des. Mauro Dikstein, j. em: 01/08/2007. Décima Sexta Câmara Cível; 2006.001.13980 – Ap. Cível, Rel. Des. Vera Maria Soares Van Hombeeck, – j. em: 4/07/2007, Primeira Câmara Cível; RMS nº 18526/PR: ROMS nº 2004.0087588-1, Min. Arnaldo Esteves Lima. Quinta Turma, j. em 12/09/2007; REsp nº 670104/PR, Recurso Especial, Rel. Min. Laurita Vaz, Quinta Turma, j. em: 07/02/2008).

Ora, o prazo e validade do concurso é mais do que suficiente para que a parte interessada possa invalidar os atos nascidos com a mácula da ilegalidade, não se admitindo, hoje, quando já ultrapassado o lapso temporal de validade do concurso, é que o candidato venha a se insurgir contra o ato que o eliminou, com o que seu direito estaria extinto pela decadência. Exemplificando, o concurso, sendo realizado em agosto do ano de 2006, a data do ajuizamento da ação seria até agosto de 2008, caso o prazo de validade do concurso público fosse de até 1 (um) ano, prorrogado, uma vez, por igual período.

Nesse sentido, citamos o julgado do Tribunal de Justiça do Estado de Minas Gerais[102]:

> O direito de referência do Apelante a uma vaga, acaso se declarasse a ilegalidade do exame psicotécnico, perdura enquanto for válido o próprio concurso, e nada além deste prazo. (Ap. Cível nº 1.0024.03.024792-8/001, Rel. Des. Jarbas Ladeira).

A este respeito, em página de inegável clareza, o eminente Desembargador citado, assim finaliza:

> (...) o Apelante decaiu do direito de postular a garantia de uma vaga, com estribo em ilegalidade do exame psicotécnico. Deveria ter suscitado a matéria alusiva à sua pretensão, quando ainda se fazia viável a sua convocação e investidura no cargo, ou seja, dentro do prazo de validade do concurso. Assim, transcorrido tal prazo, não há mais como determinar sua convocação e posse.

3.2.7. Estudo de caso prático – prova para Procurador do Estado[103]

Elzo Silva foi eliminado no concurso público de acesso à carreira de policial militar do Estado do Rio de Janeiro, por contraindicação em exame, eliminatório, de avaliação psicológica, que constava de bateria de testes objetivos. Irresignado, o candidato ingressou com mandado de segurança que foi denegado. Em sede de apelação, o autor sustentou que a exigência da avaliação psicológica não se concilia com os princípios constitucionais da igualdade e da impessoalidade, que devem se fazer presentes nos concursos para o provimento de cargos públicos.

Responda de forma fundamentada:

a) Edital de concurso público que atribua caráter eliminatório à avaliação psicológica de candidatos ao provimento de cargo público afronta as garantias constitucionais dos candidatos?

b) Como se justifica o contexto do art. 37, inciso II, da CRFB/1988, no que se refere ao provimento de determinados cargos públicos através de concursos, como, por exemplo, o descrito neste caso concreto?

A matéria em questão comporta árdua discussão em tese, sendo frequente visita dos Tribunais Superiores, inclusive da Corte Suprema, pois se trata da conciliação, com as garantias constitucionais, do caráter eliminatório que edital de concurso atribua à avaliação psicológica de candidatos ao provimento de cargo público, encontrando-se decisões que se inclinam pela inconstitucionalidade de qualquer lei ou norma editalícia de concurso público que confira índole eliminatória a exame psicológico e outras que a admitem com ressalvas.

102. Em sintonia com outros julgados dessa Corte: Ap. Cível nº 1.0024.02.742853-1/001, Des. Pinheiro Lago; (Ap. Cível nº 1.0024.03.941417-2/001, Des. Gouvêa Rios; (Ap. Cível nº 1.0024.03.024792-8/001, Des. Jarbas Ladeira.

103. Extraído do Livro *Casos Concretos de Direito Administrativo*, de nossa autoria, Campus Jurídico, São Paulo, 2008, p. 353-8.

Isto porque, em princípio, não sendo a Psicologia ciência exata, expondo-se a interpretações que variam segundo a linha de formação do psicólogo, admitir-se caráter eliminatório a exame psicológico é emprestar-lhe índole totalitária, avessa ao controle e eventualmente comprometedora das franquias democráticas do Estado de Direito, porquanto atribuiria valor absoluto e incontrastável a opinião técnica que passa a atuar como discrímen, com possível violação do princípio da isonomia.

Todavia, a isonomia convive com o fator discriminador quando este inequivocadamente contribua para o superior atendimento a razões de interesse público. Assim, no campo dos concursos para provimento de cargos e empregos públicos, haverá critérios de aferição (fator discriminante) compatíveis ou incompatíveis com o princípio da igualdade que deve prevalecer entre os candidatos. O discrímen será inconciliável com a isonomia quando submeter os candidatos a critério diferenciador irrelevante para o fim de interesse público que, no caso dos concursos, será o adequado desempenho das funções inerentes ao cargo ou emprego que se quer prover. O discrímen compor-se-á com a isonomia quando estabelecer critério imprescindível ao exercício adequado dessas funções, daí o Supremo Tribunal Federal reiterar, em uma messe de julgamentos, que, em matéria de concurso público, há de medir-se a legitimidade de fatores discriminantes de acordo com a razoabilidade, a cada caso.

No caso em foco, inevitável é a adoção de discrímen que instrumentalize o Estado a selecionar candidatos especificamente aptos ao desempenho da função de policial militar, que exige equilíbrio emocional e autocontrole da agressividade, em combinação proporcional à intrepidez e à energia que desafiam o cotidiano desses agentes da segurança pública, sob pena de comprometerem-se o próprio desempenho da função e a finalidade pública a que deve servir. Tal perfil de personalidade não se afere, sendo curial, por meio de provas intelectuais, de aptidão física ou de saúde orgânica dos candidatos.

A propósito, há de se observar que o perfil aferido pela avaliação psicológica não se confunde com caráter ou inteligência. Ainda que se trate de pessoa suficientemente apta do ponto de vista de inteligência, o fato não assegura ao candidato melhores condições para servir adequadamente ao interesse público e, no caso, na função policial. Basta lembrar que os anais da criminologia registram numerosos casos de delinquentes de altíssima inteligência, infelizmente direcionada para condutas antissociais, o que, decerto, não é o da hipótese ilustrada, mas a verdade científica é que não há nexo necessário entre inteligência e vocação para tal ou qual atividade específica. Por isto mesmo, a Administração deve dispor de discrição para estabelecer os critérios de admissão a certos cargos públicos e, para aferi-los, segundo métodos cientificamente reconhecidos, como o é o da avaliação psicológica da personalidade, inviável que esses critérios, desde que fixados no edital de modo impessoal e isonômico, possam ser revistos em sede de controle judicial, posto que pertinentes ao mérito do ato administrativo.

A avaliação psicológica é indispensável, portanto, e deve, mesmo, ser eliminatória, para que se reduza o mais possível o risco social e pessoal que representam policiais despreparados emocionalmente para os misteres de seu peculiar ofício, ou dotados de perfil de personalidade (profissiográfico) com estes inconciliável. Daí o art. 37, II, da Constituição Federal, com a redação que lhe veio imprimir a Emenda Constitucional nº 19/1998, ressalvar que a investidura em cargo ou emprego público depende de aprovação prévia em concurso público de provas, "*de acordo com a natureza e a complexidade do cargo ou emprego* (...)".

Compatibilizado com o princípio da isonomia, o exame psicológico eliminatório, para revestir-se de legalidade, deve estar expressamente previsto no edital, que é a lei interna do concurso a que se destinam suas regras e se acha no ato convocatório sob exame. E há de ser ensejada ao candidato eliminado a ciência pessoal e reservada dos fundamentos de sua contraindicação psicológica, a qual também ali se encontra prevista, íntegro, destarte, o respeito devido ao direito fundamental inscrito no art. 5º, XIV, da Constituição da República.

Conhecidos os motivos da contraindicação, através de laudo atinente à avaliação psicológica individual do candidato a policial militar, ditos motivos são idôneos para a produção do resultado, o que afasta sua invalidade e a ilicitude do ato administrativo eliminatório. Nada impede, porém, que o candidato, ao conhecer os motivos de sua contraindicação, possa submetê-los à tutela jurisdicional, a qual se inviabiliza à falta deles. A presença do exame psicotécnico, ainda que de caráter eliminatório, não constitui, por si só, violação do princípio da igualdade se o candidato, tendo acesso assegurado às razões da eliminação, puder provocar o controle judicial, certo que, para terceiros, impõe-se o sigilo dos motivos da inaptidão por razões de ordem ética e que preservam o próprio candidato.

Percebe-se, por fim, que o caso concreto sequer tangencia os vícios arrolados, que apontam no sentido de invalidar o exame psicológico, cuja presença, com caráter eliminatório, em concurso público de acesso à carreira de policial militar do Estado do Rio de Janeiro, admite, desde que não se reduza a simples entrevista, marcada pelo subjetivismo, seja efetuado sob sigilo, com forte possibilidade de arbítrio.

Referência Jurisprudencial que suporta a conclusão:

> APELAÇÃO. Concurso público para ingresso na Polícia Militar. Avaliação psicotécnica com caráter eliminatório, assegurada ao candidato, no edital, a ciência dos motivos de sua inaptidão, apurada por meio de bateria de testes objetivos. Legitimidade em face da Constituição da República e da legislação estadual. O exame de razoabilidade e o art. 37, II, da CF/88, com a redação da EC nº 19/98. Desprovimento do recurso contra sentença que denegou a segurança. (Ap. Cível nº 2005.001.28899, Quinta Câmara Cível do Tribunal de Justiça do Estado do Rio de Janeiro, Rel. Des. Jessé Torres).

3.3. Investigação Social

A investigação social, como etapa provida de caráter eliminatório nos concursos públicos, é procedimento constitucional e legal, sendo ratificada, por reiteradas vezes, pelos nossos Tribunais.

Ademais, os incisos I e II do art. 37 da Constituição da República vinculam a acessibilidade aos cargos e empregos públicos, bem como a respectiva investidura, **ao que a lei estabelecer** para disciplinar o concurso público de provas, ou de provas e títulos. Nenhuma restrição impõe o Texto Constitucional à disciplinadora dos concursos, no que respeita aos critérios que deva fixar em atenção à natureza das funções de cada cargo. **Pelo contrário, ao realçar tal diversidade, a Lei Máxima estimula o legislador infraconstitucional a definir os critérios adequados a cada caso, por isto que estes serão instituídos (nomeados) no edital de cada certame.**

3.3.1. Inabilitação por ocorrência policial arquivada ou ação penal em curso

Não há dúvidas de que a inabilitação na sindicância acerca da vida pregressa e moral do candidato, prevista no edital, operacionaliza-se em decorrência da avaliação de critérios de conveniência e oportunidade da Administração Pública.

Todavia, a discricionariedade concedida ao Administrador deve ser realizada com certa ponderação, sobre cujo mérito não tem ingerência o Poder Judiciário, que se limita a analisar sua legalidade. Daí o fato de que o exercício dessa discricionariedade deve ser entendido de modo relativo, ou seja, há que estar vinculado à motivação do ato.

Com muita frequência se tem notícia de candidato ser considerado inapto na sindicância sobre sua vida pregressa, com fundamento de ter contra si **ocorrência policial** que findou arquivada, fato este que se nos afigura bastante desproporcional e excessivo por parte da Administração Pública no uso de sua discricionariedade, sobretudo se observado o *princípio constitucional da presunção de inocência,* fixado no art. 5º, em seu inciso LVII, nos termos a seguir:

> *Art. 5º (...) LVII – ninguém será considerado culpado até o trânsito em julgado de sentença penal condenatória. (..)".*

O mesmo tem ocorrido no que concerne aos casos de candidatos em cuja fase da Investigação Social têm demonstrado, através de certidão, serem partes em "ação penal" em curso. Frisamos que em tais hipóteses, tais quais os casos de investigação social acima narrado, também não são imperativos de negativa para o ingresso em cargo público, pela mesma justificativa constitucional constante no art. 5º, inciso LVII. Não obstante, não há dúvidas de que a transparência por parte do candidato, quanto à apresentação de todas as certidões exigidas no certame, deve ser rigorosamente observada, sob pena de ter contra si o gravame da omissão de informações ou mesmo da falsidade ideológica.

Em síntese, consideramos que incorre em **flagrante ilegalidade a negativa de nomeação**, por meio de **Exame Social**, de candidato aprovado em concurso público com base na apresentação de certidão que indicava ser este **parte no polo passivo de ação penal em curso**.

Oportuno também adicionar a informação de que a "simples participação em concurso público" não está atrelada ao fato de o candidato "estar ou não respondendo, ter ou não respondido ou mesmo ter sido condenado em ação penal". A importância desta informação se incorpora tão somente no momento do efetivo ingresso no cargo público.

Neste sentido, vale ratificar que o momento oportuno e legal em que a Administração Pública deve se manifestar quanto à sua avaliação dos requisitos editalícios, aplicando-os ao caso concreto e positivando ou negativando-os para fins de aprovação ou reprovação do candidato, é o exato momento da posse no cargo público em espécie.

É certo que a Administração Pública, estando sujeita ao princípio da moralidade, deve se cercar das devidas cautelas ao avaliar a idoneidade moral de candidatos ao ingresso em cargo público. Se assim não fosse, estaria a Administração Pública se abstendo de observar um dos mais importantes princípios que a regem, que é exatamente o da moralidade, ao permitir o ingresso de candidatos cuja idoneidade moral não se coaduna com a moralidade pública; assim, temos como inegável a obrigatoriedade que tem o candidato de cumprir os requisitos editalícios, em especial o referente à apresentação das certidões negativas que objetivam analisar sua vida pregressa, sob pena de perder o direito a ser nomeado, fato este que nos parece razoável e que entendemos que se enquadra nos limites da discricionariedade administrativa.

Em nossa concepção isto não nos permite deduzir que a Administração Pública tenha maior rigor no juízo da culpabilidade penal do que no da idoneidade moral, a ponto de não requerer necessariamente a prévia condenação do candidato na esfera criminal para concluir pela sua não aprovação no exame de investigação social.

Já asseverou o STJ, através de seus julgadores, em mais de uma ocasião, que ressalvados os casos de discriminação ou perseguição, teria a Administração Pública uma livre margem de discricionariedade a ponto de poder optar pela não nomeação do candidato, ainda que não haja sobre ele condenação criminal, desde que a análise de sua vida pregressa aponte indícios de inidoneidade moral que julgue incompatíveis com o ingresso no serviço público. Enxergamos neste posicionamento fortes indícios de falta de "razoabilidade" por parte do administrador, qualidade esta que está inserida num dos princípios que regem a Administração Pública que é o princípio da razoabilidade, e da qual não deve se furtar o administrador público nas atividades inerentes ao seu cargo. Não há que se questionar, todavia, que cada caso deva ser analisado isoladamente, mas que seria excessivo por parte da Administração excluir todo e qualquer candidato que tenha registrado em sua vida pregressa algum ato que se caracterize de idoneidade moral, perpetuando na qualificação do sujeito um erro que cometera no passado.

Valendo-nos desta oportunidade, ressaltamos que toda a sociedade aplaudiria de pé se tal conduta administrativa fosse também utilizada aos já empossados servidores públicos, numa espécie de avaliação regular, em que a simples avaliação da idoneidade moral fosse requisito para a sua manutenção ou não no cargo público. Todavia, trata-se apenas de uma ilustração sem nenhum fundamento constitucional ou legal, mas tão somente em manifestação à escassez da ética e da moral pública que têm imperado, cada vez de forma mais ousada e sem nenhuma demonstração de escrúpulo ou pudor.

Com base no exposto, não nos parece razoável que mesmo em se tratando de uma ação penal em curso, um mero candidato ao ingresso em cargo público sofra tão incisivamente o ônus da moralidade administrativa, já que tem a seu favor o princípio constitucional da presunção da inocência, do qual tanto se valem, na prática, indivíduos já condenados em primeira instância, conforme dito, e com o total aval dos Tribunais Superiores. Portanto, exatamente para não se caracterizar uma grande contradição é que entendemos que não nos parece razoável excluir um candidato que tenha contra si uma anotação de inidoneidade moral cometida no passado, uma ocorrência policial arquivada ou ainda uma ação penal em curso.

Por outro lado, há que se observar que, em regra, a negativa só pode ser exigida com relação à existência de decisões condenatórias transitadas em julgado, fato este que será analisado nesta sequência. Em suma, opinamos que da simples existência de processo em curso não podem advir consequências negativas e definitivas ao candidato.

3.3.2. Inabilitação por condenação criminal transitada em julgado cuja punibilidade foi suspensa

Trazemos à análise outro exemplo que a princípio confronta com a nossa própria conclusão do tópico acima, com base em decisão que opinou que a negativa de o candidato prosseguir em concurso público, após as suas respectivas certidões declararem a existência de processo judicial, somente pode se dar com relação a decisões condenatórias transitadas em julgado.

Portanto, façamos uma menção às duas posições que se contrapõem: **A primeira**, que tem fundamento em Jurisprudência do STJ, radicaliza ao afirmar que a não apresentação de certidões, enquanto requisito em edital de concurso público, pressupõe ausência de direito líquido e certo à nomeação. **A segunda**, que é o nosso entendimento, é no sentido de viabilizar esta exigência em homenagem ao "Princípio da Vedação do Excesso", e afere que a negativa para competir nas demais etapas do certame só se justifica com a ocorrência de decisões condenatórias transitadas em julgado.

Ocorre, todavia, que até mesmo a existência de uma condenação criminal transitada em julgado deverá ser avaliada de maneira criteriosa. Em tese, não se caracteriza em um fato consumado que uma condenação ensejará, inquestionavelmente, a negativa de participação em concurso público, ou até mesmo a investidura no cargo, em caso de aprovação, por ser o candidato considerado inapto através de exame de investigação social.

Citamos o exemplo de um pretenso candidato em participar de um concurso da Receita Federal, que ao ter conhecimento de que um dos requisitos editalícios era a exigência de uma declaração que atestasse possuir vida ilibada e nunca ter sofrido qualquer punição legal, se viu na iminência de não se inscrever no concurso, uma vez que havia sofrido condenação criminal, tendo sido incurso no art. 171 do Código Penal brasileiro, mas cuja punibilidade foi suspensa[104].

Ao analisarmos este caso em particular, temos que *há dois fatores a serem examinados de maneira distinta*. Primeiramente, o fato, por si só, de o suposto candidato estar respondendo, ter respondido ou até mesmo ter sido condenado em ação criminal, em regra, não guarda relação com a simples participação deste em concurso público, sendo este o entendimento majoritário atual.

Em outras palavras, já está pacificado por meio de jurisprudência que a mera inscrição e participação nas etapas do concurso não vincula o candidato a atender às exigências editalícias, antes do ingresso no cargo. Valendo-se desta premissa, partimos para a tese de que é *o ingresso no cargo propriamente dito*, o que se dá apenas após a conclusão de todas as fases do edital e da consequente aprovação, que vincula o candidato ao atendimento dos requisitos ali contidos, inclusive no que se refere ao resultado de sua investigação social.

Conforme já explanado em texto deste mesmo capítulo, abarcando o entendimento que tem predominado nos Tribunais brasileiros, restou assentado também por nós que o momento legal para se exigirem os requisitos descritos no edital é o referente ao **ato da posse**. Neste sentido, a exigência do cumprimento de requisitos já no momento da inscrição tem sido considerada ilegal, ressaltando-se a existência de correntes contrárias a este entendimento.

104. Ao se reportar à Lei Maior do país, em seu art. 5º, inciso XLVII, *b*, lemos que "*não haverá pena de caráter perpétuo*". No caso em tela, tendo se tratado especialmente de uma condenação criminal cuja punibilidade foi suspensa, é prudente que se considere o citado mandamento constitucional expresso em "cláusula pétrea". Sendo assim, com fulcro constitucional e tendo em vista a suspensão da pena, a perpetuação da condição imposta ao candidato, de inabilitação em concurso público, nos parece que se afigura uma verdadeira afronta constitucional, que atribui ao candidato o fardo de carregar perpetuamente as consequências de uma condenação criminal, ainda que suspensa. Por isso mesmo, merece ser revista e reconsiderada. Daí o que expomos acima, em relação ao que se deve observar e ao cuidado que se deve ter, hodiernamente, quanto à imutabilidade de decisões proferidas. O engessamento do direito é uma regra que há muito caiu por terra tendo em vista uma visão mais ampla do aplicador da lei e da observância aos princípios da razoabilidade, o qual se submete à Administração Pública, e o da dignidade da pessoa humana, inerente a todo e qualquer cidadão. Quanto ao princípio da razoabilidade, este tem por fim adequar e compatibilizar meios e fins, de maneira a evitar restrições desnecessárias e inadequadas por parte do administrador, como seria o caso de impedir que um pretenso candidato, uma vez condenado e com decisão transitada em julgado, mas que posteriormente teve a punibilidade suspensa, fosse impedido de participar em concurso público.

O segundo fator a ser analisado neste caso é o mais complexo, já que o nosso candidato de fato sofreu condenação criminal, com fulcro no art. 171 do Código Penal, e que certamente constará em suas certidões, quando oportunamente apresentadas. Entra aqui a discricionariedade da qual a Administração Pública pode se valer e alegar que o candidato não está apto a ingressar nos quadros do Poder Público, tendo em vista que a análise de sua vida pregressa aponta para uma condenação ocorrida no passado. Além disso, terá fatalmente como argumento que o candidato aprovado pode representar um risco à integridade administrativa, não parecendo ser sua conduta passada compatível com o que se espera de um servidor público.

Nesta análise, a Administração Pública pode também usar o argumento de que a supremacia do interesse público se sobrepõe a qualquer outro interesse, inclusive à aprovação de um candidato que pretende integrar nos quadros do Poder Público, mas cuja vida passada não lhe confere credibilidade para assumir responsabilidades que a empreitada requer.

Pende, contudo, a favor do "nosso candidato" o fato de que a punibilidade que sofreu foi suspensa, o que muda todo o quadro até então apresentado e o torna apto, entendemos, a buscar a garantia da legalidade para o ingresso no cargo público. A suspensão da punibilidade corresponde à também suspensão da responsabilidade que lhe era imposta, não mais sendo razoável atribuir a ele o fardo de carregar perpetuamente uma culpabilidade que não mais existe no mundo legal, sobretudo por não existir no Brasil, segundo a Constituição Federal, pena de caráter perpétuo.

Porém, em caso de negativa de ingresso do candidato no cargo público em uma das hipóteses acima discriminadas, encontramos na Carta Maior um dispositivo que poderá ser usado em favor deste candidato, inserido no art. 5º, inciso XLVII, alínea *b*, o qual prevê que "*não haverá penas de caráter perpétuo*".

Sendo assim, o suposto candidato que deseja concorrer a uma vaga, como no caso sob análise, na Receita Federal, onde conste no edital como um dos requisitos editalícios a exigência de declaração que ateste vida ilibada e a negativa de ter sofrido qualquer punição legal, não deveria se furtar da inscrição e participação no certame por ter sofrido condenação criminal, mas cuja punibilidade foi suspensa.

3.3.3. O direito líquido e certo de o candidato de ser nomeado

Não se desconhece, embora de forma isolada, existência de julgados em sentido diverso, concluindo pelo cabimento de eliminação de candidato a concurso público pelo fato de responder a inquérito policial ou a processo penal quando da investigação de sua conduta social[105]. Ousamos, contudo, com base nos argumentos expendidos, divergir dos mencionados precedentes daquele órgão colegiado sobre o tema, para concluir pelo direito líquido e certo do impetrante a ser nomeado, vetado exclusivamente pelo fato de estar respondendo a processo criminal, pois aprovado dentro do número de vagas e efetuada a nomeação de candidatos classificados com notas menores que as suas.

Não se pode considerar esse fato como antecedente criminal, sob pena de transgressão ao art. 5º, inciso LVII, da Constituição, que dispõe:

> *LVII – ninguém será considerado culpado até o trânsito em julgado da sentença penal condenatória.*

105. AgRg no REsp nº 750.666/PA Rel Min. Felix Fischer, *DJ* de 19/03/2007; e RMS nº 15260/TO, Rel. Min. Jorge Scartezzini/NI, *DJ* de 08/03/2006.

A decisão administrativa não pode ferir a regra constitucional, pois a motivação do ato resume-se a fundamentar no suposto fato.

O Tribunal de Justiça do Estado do Rio de Janeiro, em recente julgamento de Apelação Cível[106], foi incisivo ao negar recurso que tinha por fim modificar a acertada sentença que se inclinou na defesa de candidato eliminado, quando da admissão ao curso de formação de soldado da Polícia Militar, por restar desarrazoada a motivação da demissão, o que equivale a dizer, a motivação do ato administrativo que levou o candidato à demissão.

No caso em tela, o Estado do Rio de Janeiro apelou da decisão do juiz de primeiro grau, o qual deferiu liminar concedendo a segurança para o então impetrante, que buscava nas vias judiciais a garantia para concluir o Curso de Formação de Soldado da Polícia Militar e a sua eventual posse, em caso de aprovação.

Registre-se que não se tratou de uma instrução do Judiciário na análise do mérito do ato administrativo, conforme tentou argumentar a parte vencida, mas de uma mera apreciação da motivação, o que é legalmente conferido à análise do Poder Judiciário.

É de ressaltar que a eliminação do candidato teve por fundamento a sua confissão, em Exame de Investigação Social, de ter feito uso isolado de substância entorpecente na adolescência, o que o levou, inconformado da decisão administrativa, a ingressar na Justiça buscando garantir a sua manutenção no curso de formação, até que este se concluísse, bem como a sua eventual posse, se aprovado.

Com efeito, o Juízo originário proferiu decisão a seu favor, por entender inexistirem razões plausíveis que justificassem o ato de eliminação, já que o uso de substância tóxica relatado pelo candidato se constituiu em fato isolado, ocorrido há muitos anos atrás, quando aquele ainda se encontrava na condição de menor incapaz, sem nenhum indício de ferir a dignidade de sua conduta pessoal.

Mais relevante ainda, entenderam os julgadores, foi o fato de que as informações foram emitidas pelo próprio candidato, em uma total demonstração de honestidade e coragem, e que seria uma grande falta de coerência perpetuar na história de uma pessoa um erro cometido no passado, em especial quando este pretende o ingresso em cargo público, na carreira da polícia militar, carreira esta que pressupõe a ocupação de candidatos detentores de coragem e desprendimento. Ademais, lembrou-se bem que vivemos em uma sociedade acostumada a perdoar desvios de caráter muito mais graves de seus governantes.

Com muita frequência têm-se visto governantes, quase sempre ocupantes do mais alto escalão do Governo, cometendo erros e sendo novamente reeleitos ou nomeados para cargos de confiança. Por isso mesmo, não seria razoável considerar inidônea a conduta referida, cuja prática há muito ocorreu, se não restou provado haver qualquer indício de que ainda haja envolvimento do candidato com substâncias entorpecentes na época atual.

Em suas alegações, o Estado, apelante, tentou argumentar que seria vedado ao Poder Judiciário o controle sobre o mérito administrativo, fato este já sabido e ratificado pelos tribunais. Da mesma forma, não há que se questionar que os atos administrativos, quando motivados, estão sujeitos ao controle de legalidade pelo julgador, o que ocorreu no caso sob análise.

O relator do voto bem lembrou que ao se observar o art. 37, I, da Constituição Federal, fica claro que a própria Constituição garante acesso aos cargos, empregos e funções públicas aos brasileiros que preencham os requisitos estabelecidos em lei, assim como aos

106. AC nº 2007.001.10712.

estrangeiros, na forma da lei, devendo-se observar, também, que o edital do concurso deve trazer apenas os requisitos e as exigências que se mostrem pertinentes com as funções do cargo concorrido, sem exceções.

Entretanto, no caso do edital do concurso em análise, encontra-se tão somente a ressalva de envolvimento de candidato com pessoas comprometidas com ilícitos, subentendendo-se também seu próprio envolvimento, o que não se coaduna com a realidade dos fatos, pois não houve quaisquer indícios de que o candidato ainda mantinha envolvimento com substâncias entorpecentes, mas sim uma mera declaração de que havia feito uso, em tempos passados.

Diante de tais fatos, constatado que a eliminação do candidato no referido concurso público ocorreu por alegação de sua inidoneidade com relação ao uso de substância tóxica no passado, e confirmando-se que isto não seria fato plausível para a reprovação, ficou clara a competência do Judiciário para analisar a coerência da motivação que levou à demissão do candidato.

Conforme se verifica, não se trata da análise do mérito do ato administrativo, mas da motivação deste ato, e uma vez que tal motivação foi cabalmente comprovada ter sido injusta e ilegal, por não haver indícios que desabonem a conduta do candidato, optou o relator pela sua revisão.

Na jurisprudência, o próprio Egrégio Superior Tribunal de Justiça já se manifestou no sentido da viabilização da participação em concurso, até mesmo do candidato penalmente reabilitado:

> Administrativo. Mandado de Segurança. Concurso Público. Investigação Social. Crime (homicídio) cometido por agente de polícia. Ilegalidade da investigação social da "banca examinadora". A presunção de irrecuperabilidade de quem já cometeu delito penal, a par de solapar um dos primados da civilização ocidental, jogaria por terra toda política criminal da reabilitação e reintegração do delinquente ao seu meio social. (Recurso Ordinário em Mandado de Segurança nº 2007/0033701-0, Rel. Min. Vicente Leal).

Consoante os nossos Tribunais, o simples fato de o candidato haver sido investigado em inquérito policial posteriormente arquivado ante a ocorrência da extinção da punibilidade, também pela prescrição, não pode ser considerado como desabonador de sua conduta de forma a impedir sua participação em concurso público, sob pena de ofensa ao princípio da presunção de inocência.

Nesse mesmo sentido, é o entendimento consagrado pelos Tribunais pátrios:

> Direito administrativo. Concurso público. Investigação social. Exclusão de candidato em razão de inquérito policial arquivado. Impossibilidade. Princípio da presunção de inocência. Recurso especial conhecido e improvido. 1. Em observância ao princípio da presunção de inocência – art. 5º, LVII, da Constituição Federal – não se admite, na fase de investigação social de concurso público, a exclusão de candidato em virtude da simples existência de inquérito policial arquivado por sentença transitada em julgado em 1993. Tal fato não tem o condão de afetar os requisitos de procedimento irrepreensível e idoneidade moral. Precedentes do STJ. 2. Recurso especial conhecido e improvido. (STJ, REsp nº 780032/DF, Quinta Turma, Rel. Min. Arnaldo Esteves Lima, julgado em 26/06/2007)[107].

107. Também do STF há outras decisões no mesmo sentido, como, por exemplo, AgReg no RE nº 259335/RJ,

Como se observa pelos julgados transcritos, a jurisprudência mais atualizada, na fase de investigação social de concurso público, tem prestigiado o entendimento de que a disposição do edital tem que se dar sob o prisma da razoabilidade e da proporcionalidade, como corolários do devido processo legal substantivo.

Tratando-se do princípio da razoabilidade, também chamado de *Princípio da Vedação do Excesso*, note-se que o mesmo objetiva adequar, compatibilizar, meios e fins, de maneira a evitar restrições desnecessárias, mesmo porque o administrador não pode atuar de acordo com seus valores pessoais, e sim considerar os valores ordinários, comuns a toda a coletividade. A razoabilidade se atrela às necessidades da coletividade, à legitimidade e à economicidade.

No desempenho de suas funções, o agente público deve buscar soluções dentro do que se considera razoável, compatível com os critérios lógicos que se pode exigir do bom administrador. Somente os atos manifestamente absurdos devem ser controlados pelo Poder Judiciário com fundamento na razoabilidade, sob pena de se adentrar no mérito administrativo.

O princípio da razoabilidade não se encontra expressamente previsto sob esta epígrafe na Constituição de 1988. Isto, contudo, não permite se infira estar este princípio afastado do sistema constitucional pátrio, posto se pode auferi-lo implicitamente de alguns dispositivos, bem como do histórico de sua elaboração.

Em sua face processual, enquanto princípio do devido processo legal, encontra-se positivado no capítulo de direitos e garantias individuais, no art. 5º, LIV. Nesta mesma esfera, tocante à processualística penal da qual é oriundo, o inciso XXXIX do citado artigo expõe a ideia central do *nullum crimen, nulla poena sine lege.*

É, contudo, enquanto princípio conformador de direito material que a ausência de disposição expressa do princípio da razoabilidade é mais sentida. O apego desmedido ao princípio da separação dos poderes tem lhe imposto barreiras a um desenvolvimento mais explícito. Mister lembrar, todavia, que sua previsão constou dos trabalhos da Assembleia Constituinte de 1988. Em certa altura dos trabalhos, lia-se na redação do art. 44:

> *Art. 44. A administração pública, direta ou indireta, de qualquer dos Poderes obedecerá aos princípios da legalidade, impessoalidade, moralidade e publicidade, exigindo-se, como condição de validade dos atos administrativos, a motivação suficiente e, como requisito de sua legitimidade, a razoabilidade.*

Ainda que outra tenha sido a redação final do dispositivo, não se pode negar que a razoabilidade e a racionalidade integram de forma cabal o ordenamento constitucional brasileiro e constituem princípios inarredáveis para elaboração de leis e atuação do Poder Executivo, ensejando seu afastamento, em ambos os casos, impugnação pelo Poder Judiciário, sempre que perquirido, por inconstitucionalidade destas medidas.

José Afonso da Silva afirma também estar o princípio da "proporcionalidade razoável"[108] consagrado enquanto princípio constitucional geral e explícito de tributação, traduzido na norma que impede a tributação com efeitos de confisco (art. 150, IV). É vedado ao Poder

RJ 2ª Turma, Rel. Min. Maurício Corrêa. Outro não é o entendimento jurisprudencial mais difundido sobre a matéria, como se verifica também pelos seguintes precedentes do Tribunal de Justiça do Rio de Janeiro: AC nº 2006.001.29692, 3ª Câm. Cível do TJRJ, Rel. Des. Antônio Eduardo F. Duarte; e AC nº 2005.001.24170, 3ª Câm. Cível do TJRJ, Rel. Des. Luiz Fernando de Carvalho.

108. Silva, José Afonso da. *Curso de Direito Constitucional Positivo*. 30ª ed. São Paulo Editores, 2008.

Público tributar patrimônio de modo a impossibilitar sua manutenção pelo particular ou inviabilizar o uso econômico a que se destine, ressalvadas as exceções constitucionalmente previstas.

Por último, cumpre destacar que, a cada dia, torna-se mais frequente a alusão ao princípio ora em voga em diversos arestos de nossa Egrégia Corte. Assim, em Ação Direta de Inconstitucionalidade relatada pelo eminente Ministro Sepúlveda Pertence: "(...) relevância da questão, embora complexa e delicada como sói, quando se cuida de verificar a razoabilidade ou não da distinção legal das situações de fato"[109].

Vejam-se também as luminosas palavras do Ministro Marco Aurélio em despacho:

> (...) Se a Corte de origem não dirimiu a matéria sob o ângulo constitucional, descabe assentar, contrariando até mesmo o princípio da razoabilidade, ou seja, a presunção do ordinário, que, se a Corte enfrentasse o tema, agiria de forma contrária ao que preconizado pela Lei Maior[110].

É oportuno que se faça breve comentário acerca de, após ser aprovado nos exames, o candidato ter sido considerado inabilitado em função de ter respondido a processo por porte ilegal de arma. Mesmo havendo, de acordo com os arts. 76 e 89 da Lei nº 9.099/1997, uma transação, por se tratar de infração de menor potencial ofensivo. A aceitação da transação penal, proposta pelo Ministério Público, sem sentença condenatória, pode ou não pode trazer consequências para o candidato?

O Tribunal de Justiça do Rio de Janeiro, ao apreciar a aludida questão, acima mencionada, negou, em votação unânime, provimento ao recurso do candidato, nos seguintes termos:

> Administrativo. Concurso público. Policia Militar. Investigação social. *Eliminação* de candidato com antecedente *criminal, ainda que beneficiado* por medida da Lei Federal 9.099. Requisito do edital que se adequa à exigência da idoneidade prevista. Reprovação fundamentada, inexistência de inconstitucionalidade ou ilegalidade. Apelação desprovida. (Ap. Cível nº 2006.001.62.855, Rel. Des. Bernardo Moreira Garcez Neto).

Optamos, porém, *data venia*, por um entendimento diverso. Trata-se de uma decisão incoerente, que anda na contramão da lógica, do espírito da lei.

O próprio Supremo Tribunal Federal, por seu turno, reformou a decisão do Tribunal de Justiça do Rio de Janeiro, no RE nº 559.135-2, sendo oportuna a transcrição, por sua clareza e concisão, tendo como Relator o Min. Ricardo Lewandowski:

> Administrativo. Concurso público. Polícia Militar. Candidato. Eliminação. Investigação so*cial. Delito de menor potencial ofensivo.* Ilegalidade.
>
> O ato administrativo que considerou o impetrante "não recomendado" na fase de investigação Social e Sindicância da Vida Pregressa, motivado pela existência de procedimento regido pela Lei nº 9.099/1995, não pode prevalecer, uma vez que se trata de infração de menor potencial ofensivo em que houve a suspensão do processo, e, uma vez cumpridos os seus termos, deve-se prestigiar o objetivo da lei penal, que é o de apagar as consequências do crime.
>
> – Deu-se provimento à apelação, unânime.

109. ADIn nº 489-1/600/DF, 22/11/1991.
110. Despacho exarado no Agr. de Instr. nº 141.916-4/SP.

Embora seja a investigação social meio idôneo para averiguar a prontidão e a probidade de candidato, a sua eliminação deve se fundar em fatos verídicos, demonstrativos da inidoneidade de comportamento, incompatível com o cargo.

Seria desarmonioso e inadequado se, por exemplo, submetesse os candidatos a critério irrelevante para o fim de interesse público ao cargo ou emprego que se quer prover. Em matéria de concurso público, há de medir-se a razoabilidade, a cada caso, harmonizando os motivos da eliminação e a finalidade de interesse público a ser preservada.

A candidatos ao desempenho da função policial, hipoteticamente, o Estado tem de aferir o equilíbrio emocional e autocontrole da agressividade, sob pena de comprometimento do desempenho da função e da finalidade pública a que deve servir. A vida pregressa do candidato, a investigação social, a que o Edital confere a mesma índole eliminatória que acompanha as provas de conhecimentos, o teste psicológico e o exame de saúde física e mental.

Foi com base nestes critérios de aferição do equilíbrio emocional e autocontrole da agressividade que o Superior Tribunal de Justiça negou o provimento de Recurso Ordinário em Mandado de Segurança, interposto por candidato concorrente à vaga nos quadros da Polícia Militar, sendo o caso da Ementa que se segue:

> Recurso ordinário em Mandado de Segurança. Concurso público. Polícia Militar. Investigação social. Fatos que configuram crime. Apuração na via criminal. Exclusão do certame. Possibilidade.
>
> I – A investigação social, em concurso público, não se resume a analisar a vida pregressa do candidato quanto às infrações penais que porventura tenha praticado. Serve, também, para avaliar a sua conduta moral e social no decorrer de sua vida, visando aferir seu comportamento frente aos deveres e proibições impostos ao ocupante de cargo público da carreira policial e de outras carreiras do serviço público não menos importantes.
>
> II – As condutas apuradas pela Comissão de Investigação Social do concurso, as quais foram devidamente apuradas na esfera penal, tendo, algumas, sentença condenatória com trânsito em julgado, são incompatíveis com o que se espera de um policial militar, cujas atribuições funcionais se destacam a preservação da ordem pública e manutenção da paz social.
>
> III – O direito à ampla defesa, em concurso público, se materializa com a interposição de recurso administrativo, o qual, na espécie, não foi interposto pelo recorrente.
>
> Recurso ordinário desprovido.

Insta registrar que no caso em tela o candidato impetrou Mandado de Segurança com pedido de liminar quando o concurso ainda não havia sido encerrado, mas encontrando-se ainda na 4ª Fase, ou Curso de Formação.

Não obstante, em suas alegações, o recorrente tentou assegurar em sua defesa a aplicação da *teoria do fato consumado* em relação à liminar deferida anteriormente, a qual lhe assegurava tão somente o direito de permanecer no Curso de Formação, até que ocorresse o julgamento final do *mandamus*.

Valeu-se, ainda, de documento o qual consta da publicação do resultado final do concurso, sendo certo que este nada consignava em documento válido de homologação do resultado final, o que, conforme restou claro no edital, haveria de ser feito pelos Secretários de Estado de Gestão de Pessoal e Gastos e o de Justiça e Segurança Pública do Estado de Mato Grosso do Sul.

Daí não prosperar a alegação da teoria do fato consumado, pois de fato o concurso sequer havia sido finalizado quando da busca da liminar por parte do recorrente, concedida apenas para manter a sua permanência até o julgamento final do *mandamus*.

O fato de ter ocorrido, neste ínterim, a conclusão do concurso público em nada faz perpetuar a garantia concedida a título precário por via de liminar judicial, garantindo ao candidato o direito à aprovação no certame, seguida da sua nomeação e posse.

Ademais, restou claro que as condutas do recorrente, as quais resultaram na sua exclusão do concurso na fase de investigação social, foram respaldadas no devido processo administrativo elaborado pela competente Comissão de Investigação Social, tudo conforme previsto no edital.

No que se refere ao teor do resultado da Investigação Social, este foi o bastante para garantir a reprovação do candidato pela existência de inúmeros crimes praticados por aquele, e os quais se configuraram incompatíveis com a prática de conduta de qualquer cidadão comum, tampouco com a de um policial militar, que tem por dever zelar pela segurança pública. É o que diz parte do relatório:

> "...*A Comissão de Investigação Social devidamente nomeada apontou a existência de vários crimes praticados pelo impetrante, inclusive que foi condenado pelo crime de ameaça e não cumpriu a pena, pois deixou de entregar as cestas básicas à entidade indicada. Foi também condenado, administrativamente porque, usando da qualidade de policial militar, realizou perseguições pessoais, lavrando multas de trânsito em desfavor do seu ex-sócio, por questões financeiras.*
>
> *Se não bastassem esses fatos, há inquérito policial apurando a autoria do crime de falsificação ideológica possivelmente praticado pelo impetrante, e notícia de que fora absolvido por insuficiência de provas acerca do crime de apropriação indébita de dois cheques em que figura como vítima a empresa Ciclo Ribeiro Comércio e Representações Ltda...*".

Com efeito, é de se observar que a investigação social que levou à sua reprovação demonstra de forma fidedigna o caráter deste ato de analisar não apenas a vida pregressa do candidato quanto a eventuais infrações penais, mas também para, e inclusive, avaliar a conduta moral e social no decorrer de sua vida, com o objetivo de aferir as condutas do sujeito, considerando-se a sua posição como ocupante de cargo público, e mais ainda, como policial.

Conclusivo foi que as condutas as quais foram denunciadas em ato próprio não se coadunam com a postura que se deve esperar de um policial militar, sobretudo pelo seu especial papel na sociedade de "preservação da ordem pública e manutenção da paz social". Portanto, estes foram os embasamentos que serviram de base para negar o provimento do recurso buscado pelo pretenso policial militar.

Interessante ainda observar que o art. 37, II, da nossa Constituição, com a redação que lhe veio imprimir a Emenda Constitucional nº 19/1998, reserva: a investidura depende da aprovação prévia em concurso público de provas de acordo com a natureza e a complexidade do cargo ou emprego.

A investigação social, para se revestir de legalidade, deve estar expressamente prevista no edital. E o candidato eliminado tem direito de conhecer, se desejar, as razões e o inteiro teor de sua eliminação (art. 5º, XIV, da Constituição da República). Portanto, embora seja a investigação social meio idôneo para averiguar a aptidão e a probidade do candidato, a sua eliminação deve se fundar em fatos verídicos, demonstrativos da inidoneidade de comportamento incompatível com o cargo.

O candidato pode, conhecendo os motivos de sua reprovação, reduzidos a especulações sem base factual demonstrada, ou relacionada a fatos sem potencial lesivo ao interesse público, ou referente a episódios de passado longínquo, desvinculados da conduta atual do candidato, submetê-los à tutela jurisdicional[111].

Há, sem dúvida, ilegalidade na cláusula constante do edital, vedando participar do concurso pessoas que já responderam a qualquer inquérito criminal[112].

Tal exigência é irrazoável. Admitindo-se, a título de ilustração, que o habilitado tivesse sido absolvido ou arquivado o inquérito por não ter encontrado no bojo dos autos indícios de que o mesmo tenha agido com imprudência, negligência ou imperícia, no caso de um delito culposo. Como excluir e apená-lo do concurso em tais circunstâncias, depois de ter logrado aprovação no certame. Isso não poderia acontecer com qualquer cidadão?

Cabe ao Judiciário, pela dicção do Texto Constitucional, o controle da legalidade dos atos administrativos. E esse controle não se restringe aos seus aspectos formais, mas, pelo contrário, estende-se também aos seus motivos. O Judiciário pode e deve examinar o motivo toda vez que for imprescindível ao exame da legalidade do ato administrativo. E não há falar de exame do mérito administrativo, porque não se aprecia a conveniência ou oportunidade, mas o vício da ilegalidade substancial pela falta de motivo (falso, vicioso ou interpretação equivocada da lei).

Com pena de ouro, o consagrado administrativista Victor Nunes Leal assim se manifestou:

> A Legalidade do ato administrativo compreende, não só a competência para a prática do ato e de suas formalidades extrínsecas, como também os requisitos substanciais, os seus motivos, os seus pressupostos do direito e de fato. Tanto ilegal o ato que emane de autoridade incometente, ou como o que se baseia num dado que, por lei daria lugar a um ato diverso do que foi praticado. As inconformidades do ato com que os fatos que a lei declara pressupostos dele constitui ilegalidade do mesmo modo que o constitui a forma inadequada que o ato porventura apresente[113].

Por fim, trazemos a análise de decisão proferida pelo Superior Tribunal de Justiça[114],

111. Nesse sentido: Ap. Cível nº 2006.001.09200, Rel. Des. Jessé Torres, 2ª CCTJRJ.

112. Confira-se a jurisprudência do Superior Tribunal de Justiça, colhida do acórdão proferido no Mandado de Segurança nº 21.644-1, relatado pelo Min. Pedro Acioli: "Administrativo – Mandado de Segurança – 'Concurso público' – Agente de polícia – 'Investigação social' – Crime (homicídio) cometido por candidato quando era 'menor inimputável' – Ilegalidade da investigação social da 'banca examinadora', com violação literal do 'Estatuto da Criança e do Adolescente (Arts. 143 e 144)' – A presunção de irrecuperabilidade de quem já cometeu delito penal, a par de solapar um dos primados da civilização ocidental, jogaria por terra toda a política criminal da reabilitação e reintegração do delinquente a seu meio social – Recurso especial conhecido pela alínea 'a' do autorizativo constitucional". (STJ, REsp nº 48278).

113. Leal Victor Nunes. Os atos administrativos perante o Judiciário, *RDA*, 3/70.

114. "Recurso ordinário. Mandado de Segurança. Administrativo. Concurso Público. Ausência de nomeação de candidato, réu em ação penal, por inidoneidade moral. Ofensa do princípio constitucional da presunção de inocência. Nomeação de aprovados em classificação inferior à do impetrante. Ausência de litisconsórcio necessário. Desnecessidade de citação dos candidatos. Não cabimento de anulação de suas nomeações. 1. Por força do disposto no art. 5º, LVII, da CF/88, que não limita a aplicação do princípio da presunção de inocência ou da não culpabilidade ao âmbito exclusivamente penal, também na esfera administrativa deve ser referido princípio observado. 2. Incorre em flagrante inconstitucionalidade a negativa de nomeação, por inidoneidade moral, de aprovado em concurso público com base na apresentação de certidão positiva que indicava sua condição de parte no polo passivo de ação penal em curso. 3. Ausência de citação dos nomeados que foram classificados com notas inferiores às do recorrente diante da inexistência de litisconsórcio passivo necessário, pois eventual concessão do *mandamus* não iria alterar os resultados que obtiveram no certame ou acarretar na nulidade do

que se firmou no sentido de que a exigência editalícia quanto à apresentação de certidão negativa não pode ser levada a termo com o rigor que pretende demonstrar o edital, ao elencá-la como um dos requisitos para a aprovação e consequente posse do candidato.

Isto porque, se porventura a certidão emitida em nome do candidato e apresentada oportunamente for positiva, demonstrando indícios de inidoneidade do candidato ao cargo público, este fato por si só não poderá ser suficiente para impedir a posse deste candidato, se aprovado nas demais etapas do certame.

É o que aconteceu, na prática, com candidato que realizou concurso público para o cargo de auxiliar judiciário, mas cuja posse não se formalizou por ter sido declarado sem idoneidade moral para assumir o cargo, isto porque respondia pelos crimes de "formação de quadrilha" e "roubo qualificado", e estes indícios foram declarados em sua certidão.

De acordo com o órgão julgador originário, os fatos delituosos demonstrados na certidão foram amplamente divulgados na imprensa local, em ocasião da descoberta e indiciamento, tendo gerado um grande apelo social, o que levou a Administração a impedir a posse do candidato.

O Presidente do Tribunal de Justiça do Estado do Paraná, por seu turno, considerou à época que não obstante se tratar de ações penas ainda em curso, poderia perfeitamente a Administração se valer de sua discricionariedade e impedir a nomeação do candidato, por existirem fatos concretos provados contra o candidato.

Inconformado com a decisão e recorrendo ao Superior Tribunal de Justiça, contudo, o candidato logrou êxito na sua alegação, e conseguiu parecer favorável da Sexta Turma daquela Corte, com voto da Min. Relatora Maria Thereza de Assis Moura, que mudou o rumo da decisão anterior.

Segundo a Ministra, o art. 5º, LVII, da Constituição Federal de 1988 não limita a aplicação do *princípio da presunção de inocência ou da não culpabilidade* tão somente no âmbito penal, mas seus efeitos também são extensivos à esfera administrativa, obviamente sob pena de se tornar a decisão que não o observa inconstitucional, ratificamos.

Basicamente com estes argumentos, proveu, em parte, o recurso ordinário e concedeu declaração garantindo o direito à nomeação do impetrante ao cargo de Auxiliar Judiciário PJ-I, tudo conforme descrito no edital, ou em caso de sua transformação, no novo cargo que a este correspondesse.

Importante registrar, ainda, que é frequente o candidato ser excluído do concurso público, em decorrência da constatação da omissão de fatos no ato de sua inscrição, como, por exemplo, a existência do Inquérito Policial instaurado ou de informações que lhe são desfavoráveis. Nesse contexto, sendo do conhecimento do candidato que a omissão de fatos e, consequentemente, a violação do edital, acarretariam a sua desclassificação, não há falar em direito líquido e certo à nomeação pretendida.

Esclarecedora, a esse respeito, a decisão do Superior Tribunal de Justiça, pois, além de infringir norma expressa do Edital, viola, na condição de postulante a cargo público, o dever de lealdade à Administração.

Nessa linha, irrepreensivelmente lógica, a douta Subprocuradoria–Geral da República, no MS nº 6.416 – Distrito Federal, manifestou-se pela denegação da ordem:

concurso. Indeferimento do pedido de anulação de suas nomeações, que não incorreu em ofensa ao direito líquido e certo do impetrante de ser nomeado. 4. Recurso ordinário provido em parte. Nomeação do impetrante no cargo de Auxiliar Judiciário PJ-I ou, em caso de sua transformação, no cargo atualmente correspondente".

> Mandado de Segurança. Concurso público. Polícia Rodoviária Federal. Investigação social. Nomeação.
> – O Edital é a Lei que rege o concurso. Assim o candidato se submete às regras nele consignadas.
> – A lei, ao exigir idoneidade moral inatacável dos candidatos visa assegurar o interesse público.
> – Parecer pela denegação da ordem.

Neste mesmo sentido:

> Processual civil. Administrativo. Mandado de Segurança. Concurso público. Investigação social. Eliminação. Legalidade.
> – Se do edital do concurso consta a submissão dos candidatos a uma investigação social, de caráter eliminatório, e esta cláusula não foi previamente questionada, os resultados dessa fase não podem ser considerados ilegais, passíveis de reparação por mandado de segurança, à míngua de direito líquido e certo a proteger.
> – Recurso ordinário desprovido. (RMS nº 3171/MS, Rel. Min. Vicente Leal).

3.3.4. Exclusão do certame de candidato com nome no SPC e/ou Serasa

Uma das restrições editalícias mais polêmicas e que tem sido tema de diversas lides é, inquestionavelmente, a que se refere à exclusão sumária de candidato em concurso público por constar seu nome em "cadastros de restrição ao crédito", tais como os conhecidos SPC e/ou SERASA, de maneira generalizada. Trata-se, muitas vezes, de uma restrição imposta à própria participação em si do candidato nas etapas do concurso; noutras, no ingresso ao cargo, após a aprovação em todas as etapas.

No que se refere ao primeiro caso, ou seja, ao ato que impede um cidadão de "simplesmente concorrer a determinado cargo público", por via de concurso, seja ele qual for, configura ainda mais gravoso a afronta à legalidade, pois conforme já sabido e relatado neste trabalho, o momento legal de se exigir o preenchimento dos requisitos de habilitação contidos no edital é o do ato da posse, e não o da inscrição. É de se registrar que este entendimento tem sido cada vez mais ratificado pelos Tribunais, os quais têm classificado como ilegal o ato de exigir tais cumprimentos editalícios já no momento da inscrição do concurso pelo candidato ao pretenso cargo público.

Já no que tange à segunda hipótese, que se refere a candidato regularmente aprovado em concurso público em todas as etapas, mas cuja exclusão antecede a posse por motivo de investigação social e constatação de que seu nome consta em algum cadastro de restrição ao crédito, imposição esta contida no respectivo edital do concurso, também entendemos que persiste a ilegalidade na restrição taxativa, todavia, outros argumentos pendem para tal constatação.

Não é à toa que diferentemente do particular, seja este pessoa física ou jurídica, a Administração Pública deve observar, na prática de seus atos, vários princípios que a regem e que a impõem a postura de preponderância diante do particular, tendo sempre como foco o interesse público, sob pena de não observar, dentre outros princípios, o da impessoalidade. Noutras palavras, não existe a Administração Pública para a realização de seus próprios interesses, mas tão somente para o alcance do interesse público, daí a sua obrigação de observar os princípios que a regem e os quais controlam e limitam o seu poder, a fim de evitar excessos ou desvios no que alude ao interesse colimado.

Ademais, diante da complexidade que envolve a Administração Pública, haja vista o leque de interesses que esta engloba mediante a sociedade, não há que se questionar que o fato de generalizar seus atos, repetidamente e sem levar em conta especificidades, equivaleria a um verdadeiro "abismo jurídico". Felizmente, a própria evolução do Direito e as decisões que emanam dos nossos Tribunais se incumbem de atualizar a aplicação da lei, coibindo que atos desprovidos de flexibilidade e cuja rigidez das leis o tornaram injustos ou ilegais sejam evitados ou invalidados.

No caso em foco, em que um candidato ao ingresso em cargo público é excluído e considerado reprovado por ter, à época da posse, seu nome inscrito em cadastros de restrição ao crédito, se nos parece esculpido de total falta de razoabilidade por parte do administrador, característica esta que esboça o Princípio da Razoabilidade, dando-lhe a consequente configuração da ilegalidade.

Pecará o administrador, se na prática de seus atos e imbuído do poder que detém, agir de maneira indiscriminada e reprovar todo e qualquer candidato que tiver seu "nome sujo", conforme o termo vulgarmente utilizado, constatado por meio de certidões que são exigidas no edital do certame. A este propósito, há que se distinguir, e aqui entra o dever do administrador de aplicar o *princípio da razoabilidade*, entre o devedor contumaz que reiteradamente deixa de cumprir as obrigações e compromissos que assumiu, mesmo sabedor de que não detém recursos para honrá-los, e que muitas vezes já se configura um verdadeiro estelionatário; e aquele outro devedor que, independentemente de sua vontade e/ou por razões momentâneas, deixou de honrar alguns pagamentos, talvez pelo próprio fato de encontrar barreiras no mercado de trabalho, e por isso mesmo, ter se empenhado e obtido uma difícil aprovação em um emprego público. Ou seja, desclassificar este candidato, seja no ato da inscrição ou no ato da posse, seria uma maneira abusiva e totalmente infundada por parte do administrador, que ignorou a sua obrigação de observar os princípios que regem a Administração Pública, sobretudo o da razoabilidade.

Vejamos uma recente decisão, proferida pelo Conselho Especial do TJDFT em 24 de março de 2009, que permitiu que uma candidata eliminada do concurso para Técnico Penitenciário, na fase de Sindicância e Vida Pregressa, continuasse participando da seleção. Por unanimidade dos votos, o Conselho Especial do Tribunal de Justiça do DF confirmou a liminar proferida no mandado de segurança ajuizado pela impetrante, no sentido de anular o ato que a eliminou do concurso por ter restrição cadastral. Vejamos:

> Administrativo. Mandado de Segurança. Concurso público. Técnico penitenciário. Preliminar de inadequação da via. Ausência de direito líquido e certo. Não acolhimento. Sindicância da vida pregressa e investigação social. Dívidas e cheques sem fundos. Não caracterização de inidoneidade ou ausência de conduta ilibada. Violação aos princípios da proporcionalidade e da razoabilidade. Segurança concedida.
>
> Se os documentos que acompanham a inicial são suficientes para demonstrar a suposta ilegalidade, não há falar-se em ausência de prova pré-constituída ou de direito líquido e certo, razão pela qual admissível o presente *mandamus*.
>
> Embora lícita a fase do concurso de Técnico Penitenciário denominada Sindicância de Vida Pregressa e Investigação Social, a Administração deve ter sempre em conta os princípios da razoabilidade e da proporcionalidade, bem como observância a todo o sistema

> de garantias constitucionais, a fim de evitar larga margem ao arbítrio que as avaliações subjetivas propiciam.
>
> Fundando-se o ato administrativo impugnado na emissão, pela impetrante, de cheques sem a devida provisão de fundos, indiscutível a violação aos princípios da proporcionalidade e da razoabilidade, pois tal fato, por si só, sem a devida apuração de todas as circunstâncias que levaram a candidata a assunção de tais dívidas, não é capaz de denotar que possuía inidoneidade moral ou tenha condutas não ilibadas. (MS nº 2008.002.01541-46, Rel. Carmelita Brasil, Conselho Especial, julgado em 24/03/2009, *DJ* de 06/04/2009, p. 28).

A candidata aprovada no concurso público para o cargo de Técnico Penitenciário foi contraindicada na fase de Sindicância e Vida Pregressa, tendo em vista inscrição nos órgãos de proteção ao crédito. Por conta disso, impetrou ação na Justiça contra o ato que a excluiu do concurso na referida fase. O concurso cujo edital foi lançado em novembro de 2007 era composto de duas etapas, sendo que a primeira subdividia-se em quatro fases: 1) prova objetiva; 2) prova de aptidão física; 3) sindicância de vida pregressa e investigação social; 4) avaliação psicológica. A segunda etapa compreendia o Curso de Formação Profissional. Embora tendo sido aprovada nas duas primeiras fases da primeira etapa, a candidata fora contraindicada na terceira etapa por haver 11 registros de cheques sem fundos em seu nome no ano de 2005.

Ocorre que, para o Distrito Federal, a emissão de cheque sem fundos denota descontrole financeiro, atentando contra a ordem pública e configurando ilícito penal. Deste modo, a autoridade coatora impetrada, Secretário de Segurança Pública do Distrito Federal, prestou informações e sustentou que o candidato deve ter idoneidade moral inatacável, sendo esse o requisito exigido no edital regulador do certame, bem como na Lei Distrital nº 3669/2005, que criou a carreira de atividades penitenciárias.

Porém, ao proferir o voto, a relatora discordou da posição do Distrito Federal no sentido de que a autora costumeiramente emitia cheques sem fundos, já que as cártulas que ensejaram a inscrição datam de 2005, momento em que se encontrava desempregada. "Não observo que a impetrante tentou locupletar-se", sustenta a relatora no voto.

Ainda no julgamento, a desembargadora disse que a Administração não deu oportunidade para a candidata explicar como adquiriu as dívidas, considerando-a inidônea de pronto. "Tais fatos não têm o condão de abalar a moral ou tirar a idoneidade do candidato", assegurou no voto.

Neste sentido, vejamos também a seguinte decisão do Tribunal de Justiça do Estado do Rio Grande do Sul, em processo no qual estava objetivando a autora permissão para frequentar curso de formação, sob a alegação de que tendo prestado concurso público para o cargo de Escrivão de Polícia e obtido classificação que a habilitava a prosseguir no certame, foi dele eliminada por estar seu nome inscrito no cadastro da SERASA (instituição de proteção ao crédito):

> CONCURSO PÚBLICO. Candidata alijada de concurso público para o provimento do cargo de Escrivã de Polícia ante o argumento de estar inscrita no SERASA por compromissos pecuniários assumidos e não adimplidos. Emissão de cheques sem provisão de fundos. Justificativas apresentadas que demonstraram incapacidade temporária para a solução das dívidas, inclusive com grave problema de doença familiar. Interpretação do edital do concurso, que se erige como lei para todos os partícipes. Incidência, na

> espécie, dos princípios constitucionais da proporcionalidade e da razoabilidade ao efeito de arrostar a decisão administrativa impeditiva de prosseguir no certame. Precedente desta Corte. Sentença de improcedência. Provimento do Recurso de apelação. (AC nº 70002436368, 3ª Câmara Cível do TJRS, Rel. Des. Augusto Otávio Stern).

Reportando-nos à defesa do candidato, não restam dúvidas de que este deverá se valer do precitado *princípio da razoabilidade*[115], o qual se furtou de observar o administrador quando da exclusão daquele do certame público, e intentar uma ação de conhecimento e mandado de segurança para conter o abuso da autoridade e reaver o seu direito de ser nomeado e tomar posse do cargo público.

Vejamos, ainda, um trecho do voto do Des. Otávio Augusto Stern, na supramencionada Apelação Cível, que demonstra com exatidão a injustiça deste tipo de restrição: "Aceitar tal argumentação implicaria em deixar ao desamparo total aqueles que mais necessitam, jogando-os em uma petição de princípio: porque está desempregado e precisa sobreviver, contrai dívidas; se possui dívidas não pode assumir um emprego (no caso, público), permanecendo desempregado e contraindo dívidas...".

Aproveitando a oportunidade para transcrever outra decisão proferida pela egrégia Quarta Câmara Cível do Tribunal de Justiça do Rio Grande do Sul, em processo análogo, no qual a Administração estava determinada a alijar a demandante do certame para Escrivão de Polícia, após aprovação na fase objetiva e na de capacitação técnica, sob o fundamento de que reprovada na Fase Moral e Social da Sindicância da Vida Pregressa (fase de caráter eliminatório segundo o Edital). Em face da existência de cheques sem a devida provisão de fundos e consequente cadastro no SERASA, o Conselho Superior de Polícia concluiu pela inaptidão da concorrente, sendo que o Estado fundamenta sua defesa no poder discricionário da Administração:

> Constitucional e administrativo. Concurso público. Concurso para ingresso na carreira de Escrivão de Polícia, 1ª Turma de nível superior. Edital nº 029-98. Aprovação nas três etapas do certame. Sindicância da vida pregressa. Dívidas. Impedimento de frequentar o curso de formação. Mandado de Segurança. Deferimento de liminar. Mérito pela denegação na origem. Provimento. Apelação provida. Concessão da ordem. (Ap. Cível nº 70001495092, Quarta Câmara Cível, TJRS, Rel. Des. Wellington Pacheco Barros, julgado em 01/11/2006)

Veja-se que tal aspecto concernente ao abuso de autoridade fora bem salientado pelo eminente Desembargador Wellington Pacheco Barros, na decisão supra referida, cujo trecho reproduz-se a seguir:

> (...) a discricionariedade da Administração na análise da vida pregressa do candidato não pode ir ao ponto que foi.

115. O Princípio da Razoabilidade, que também é chamado de Princípio da Vedação do Excesso, tem por escopo adequar e compatibilizar meios e fins para que se evitem, por parte do administrador público, restrições, excessos ou abusos perante o administrado, já que este tem seu direito assegurado constitucionalmente de ser tratado de forma impessoal pela Administração Pública, e com a devida razoabilidade que exige cada caso. Inobstante, existe tal princípio para delimitar a própria atuação do administrador, pois não é raro ver-se publicamente aquele que age em nome da Administração Pública, tomando-lhe as vezes, agindo de acordo com seus interesses e valores pessoais e ignorando o interesse público. Não é demais também lembrar que a razoabilidade está intimamente ligada às reais necessidades da coletividade e à legalidade e à economicidade públicas.

"E o fato de constar essa exigência nos arts. 6º, § 3º, e 11, da Lei nº 10.728-96 e art. 31 do Decreto nº 37.419-97 não faz da Administração a julgadora do que seja ou não mácula para vedar o acesso aos cargos públicos. (...) A situação poderia ser diversa se o fato de o impetrante ter dívidas estivesse elencado na lei como fato impeditivo ao acesso dos cargos públicos. E não está, como se pode comprovar pelo seu exame, às fls. 83-98 e, especialmente, à fl. 94, sobre a sindicância da vida pregressa".

Nesse mesmo sentido se deu o (brilhante) parecer ministerial exarado pelo Procurador de Justiça, Dr. João Batista Marques Tovo, que oficiou no processo, *infra* reproduzido sob aplausos, *verbis*:

(...). 3. Alijado do concurso para o cargo de Escrivão de Polícia em razão da sindicância sobre a vida pregressa por decisão do Conselho Superior de Polícia, o recorrente impetrou o presente mandado de segurança visando garantir o seu alegado direito de acesso ao curso e ao cargo. Malsucedido, recorre insistindo em seus argumentos.

4. Na sindicância realizada sobre a vida pregressa do candidato, foi constatado pelo Conselho Superior de Polícia o seguinte: "restou demonstrado que o mesmo apresenta antecedente policial, por violação de domicílio, títulos protestados, atingindo a cifra superior a R$13.000,00, pendências bancárias da ordem de R$727,27, cheques sem fundos, em números e valores não perfeitamente definidos, fatos que omitiu no questionário específico." (v. fl. 165). No que tange ao antecedente policial, restou claro que o autor é inocente, tendo em vista as certidões por ele juntadas (v. fls. 130 à 141). Ademais, não existe processo contra o autor por violação de domicílio (v. fl. 19). No que tange aos títulos protestados, o fato de ser o autor obrigado por dívida vencida, que inclusive foi posteriormente renegociada, não é motivo de reprovação em prova de capacitação moral, pois esta é a situação de milhares de brasileiros honestos, que não conseguem quitar suas dívidas face a usura instalada no país pelas instituições de crédito e assemelhados. Portanto, o fato do autor contrair dívidas não é motivo para ser excluído do certame por falta de capacidade moral. Ademais, ficou comprovado que o não pagamento dos compromissos assumidos foi devido à demissão ocorrida em 11/08/1998 (v. fl. 38), o que é perfeitamente explicável, tendo em vista o abalo que causa nas vidas das pessoas a perda de um emprego. O fato do autor possuir dívidas não é indicativo de falta de "capacidade" moral. (...)

"5. A Constituição Federal prevê em seu art. 37, inciso I, o direito de acesso aos cargos públicos: 'os cargos, empregos e funções públicas são acessíveis aos brasileiros que preencham os requisitos estabelecidos em lei...' Já no inciso II do mesmo artigo, está expresso a forma de acesso aos cargos públicos: 'a investidura em cargo ou emprego público depende de aprovação prévia em concurso público de provas e títulos, de acordo com a natureza e a complexidade do cargo ou emprego, na forma prevista em lei...'. No art. 5º § XXXV, está disposto que 'a lei não excluirá da apreciação do poder judiciário lesão ou ameaça a direito.' Dos artigos mencionados, concluímos que o autor preencheu os requisitos estabelecidos em lei para o ingresso ao cargo público. O critério para a sua eliminação foi sua conduta moral, considerada inadequada para o cargo, consubstanciada nas dívidas contraídas após a demissão de seu antigo emprego. Em dizer que é imoral conduta que, segundo o senso comum e o princípio da razoabilidade, não o é, a Administração está indo muito além em sua reconhecida discricionariedade. Consagrado o seu entendimento teremos concretamente a violação do direito de acesso aos cargos públicos e a violação de um direito social basilar em nossa sociedade: o direito ao trabalho.

6. Isto posto, a manifestação do Ministério Público de segundo grau vai no sentido de que seja provido o recurso, concedendo-se a ordem. (...)"[116].

3.4. Prova de aptidão física

3.4.1. Exagero no esforço físico

Tema relevante, e que tem sido vetado pelo Judiciário, consiste no exagerado critério adotado pela Administração, por ocasião da prova de aptidão física.

É verdade que não se pode afastar o exame de esforço físico do certame de certos cargos, por exemplo, agentes de polícia, mas por outro lado, revela-se um exagero a eleição de um índice duvidoso, que só os bem dotados fisicamente e os superatletas lograrão obter êxito.

Não é razoável ao administrador, sem nenhum critério científico, conferir a essa prova o caráter eliminatório, se o candidato não atingisse a distância mínima a ser percorrida no teste físico de corrida, de 2.200 metros em 3 (três) minutos. Há necessidade do esforço físico para o concurso em causa, só que o critério adotado pela Administração é extremamente exagerado.

Há testes que não se prestam a comprovar a capacidade física dos candidatos para o desempenho das atribuições do cargo, devendo, em assim, ser invalidado tal ato.

O mandado de segurança é meio idôneo para declarar nulo o ato administrativo que exclui o concursando, quando os critérios adotados para aferição da capacidade física, constituem-se atentórios ao princípio da razoabilidade e da finalidade.

Em que pese seja legal a realização do teste de capacidade física, resta aferir a legalidade e legitimidade dos critérios adotados para a verificação da capacidade física dos candidatos. A prova da capacidade física consistindo tão somente "flexões em barra" de caráter eliminatório, afigura-se ilegítima, não atendendo a interesse público. Inconteste que "flexões em barra" não são suficientes para comprovar aptidão física ao exercício das funções atinentes ao cargo de Agente Policial. É lógico que os critérios para verificação da capacidade física devem ser definidos pela Administração, não cabendo ao Judiciário adentrar na discricionariedade e conveniência da comissão do concurso. Contudo, mesmo quanto aos elementos discricionários do ato há limitações impostas pelos princípios gerais do Direito e pela moralidade administrativa.

O Edital é a lei do concurso, contudo, deve ser elaborado obediente à lei regedora dos certames e aos princípios da legalidade, impessoalidade e publicidade. A margem de autonomia do administrador nos limites legais, não pode transmudar a discricionariedade da conveniência e oportunidade, em arbitrariedade. Por conseguinte, ao normatizar o exame de capacidade física, fica vedado ao administrador incluir testes esdrúxulos e anômalos. Assim, agindo desse modo fere o princípio do art. 37, da Constituição Federal.

Declara-se nulo o ato administrativo que exclui candidato do processo seletivo, quando os critérios adotados para aferição de capacidade física constituírem atentados aos princípios da razoabilidade e da finalidade.

Os testes físicos que não se prestam a comprovar a capacidade física dos candidatos para o desempenho das atribuições do cargo devem ser invalidados.

116. No mesmo sentido, entre outras, interessante decisão da Quarta Câmara Cível do TJRS : APC nº 596009126, 4ª Câm. Cível, Rel. Des. Ramon Georg von Berg, j. em 03/04/1996.

Em que pese seja legal a realização do teste de capacidade física, resta aferir a legalidade e legitimidade dos critérios adotados para a verificação da capacidade física dos candidatos. Hipoteticamente, a prova de capacidade física consistindo, única e exclusivamente, em flexões em barra, de caráter eliminatório, afigura-se ilegítima, eis que atenta contra o princípio da razoabilidade e caracteriza desvio de finalidade, ao passo que não atende ao interesse público. Inconteste que flexões em barra não são suficientes para comprovar aptidão física ao exercício das funções ao cargo. É lógico que os critérios para a verificação da capacidade física devem ser definidos pela Administração. Contudo, mesmo quanto aos elementos discricionários do ato, há limitações impostas pelos princípios gerais do Direito e pelos ditames do bom-senso.

3.4.2. Gravidez

Caso interessante, verídico, ocorreu por ocasião da inscrição no concurso público para cargo de Delegado de Polícia. Aprovada, a candidata foi convocada a prestar prova de esforço físico. Porém, descobriu que se encontrava grávida de três meses, tendo sido aconselhada, por junta médica, a não fazer qualquer espécie de esforço, já que, anteriormente, havia sofrido dois abortos espontâneos.

Diante desta situação, a candidata procura o Diretor da Academia de Polícia, órgão responsável pela organização do concurso, requerendo a segunda chamada do exame físico. No caso enfocado, o Diretor não pode indeferir tal pedido da concursanda, com o objetivo de obstar sua exclusão do concurso, do qual foi considerada inapta em exame médico.

Há quem entenda que não há direito líquido e certo a ser amparado, pois os concursos públicos não poderiam desobedecer ao cronograma traçado pela Administração Pública, dada a necessidade de esperar o fim da gravidez a fim de facultar-lhe outra oportunidade.

Mas, na realidade, a proibição a curso de formação à mulher grávida, em função de sua inaptidão em exame médico, constitui atentado à condição de mulher, o que significa ofensa ao art. 7º, XXX, da Constituição Federal, bem como, ainda, desprezo à proteção especial do Estado, de que deve gozar a família e maternidade, em conformidade com o art. 226 do Texto Maior...[117].

É inconstitucional impedir que a mulher grávida prossiga no certame em razão desta condição impossibilitá-la de prestar o teste de capacidade física. Considerar a gravidez como fator incapacitante é discriminar por sua condição de mulher.

Neste sentido já se manifestou o Tribunal Federal Regional, *verbis*:

> *Concurso Público. Carreira Policial Federal. Candidata em estado de gravidez na data da realização do teste de esforço físico. É inconstitucional, pois impede a candidata grávida de prestar o teste em segunda chamada. (TRF–1ª Reg., Proc. nº 00109601, Rel. Leão Aparecido Alves).*

117. "Administrativo. Concurso público. Escrivão de Polícia Federal. Prova de capacidade física. Candidata que se apresenta para sua realização em estado de gravidez. Pretensão à segunda chamada. Possibilidade. 1. Afigura-se ofensiva ao princípio da isonomia disposição, contida na Instrução Normativa nº 5/2001/ANP, que não leva em consideração, para efeito de realização da prova de aptidão física de candidatos a concurso público para provimento de cargos da Carreira Policial Federal, as alterações psicológicas e fisiológicas temporárias, a exemplo do estado de gravidez, importando, ainda, neste caso, violação à proteção especial que o Estado deve dispensar à família e à maternidade (CF, arts. *6º* e *226*). 2. Sentença concessiva da segurança, que se confirma. 3. Apelação e remessa oficial desprovidas" (AMS nº 34.000.093.619, Rel. Des. Fed. Daniel Paes Ribeiro).

Ainda discorrendo sobre exame físico há que se fazer o registro de uma liminar concedida, em face do INSS, confirmada pelo Tribunal Regional Federal da 5ª Região, em que a candidata aprovada no concurso público federal para provimento de cargo de Analista Previdenciário, que ao ser submetida a exame físico admissional, foi considerada "inapta", no próprio instituto, em função da gravidez de alto risco.

O que exige a Lei nº 8.112/1990 para posse do servidor é a sua aptidão física e mental para o exercício do cargo, demonstrada por meio de prévia inspeção médica oficial (art. 14 da referida lei). Se verificado, em razão de circunstâncias particulares – gravidez de alto risco –, que o empossando não pode submeter-se a esforço físico, não enseja a sua reprovação, por se constituir incapacidade, mas mera situação transitória que impede a realização de determinadas atividades.

Desigual seria retirar da candidata em tal circunstância o direito ao cargo que conquistou, como se fosse a gravidez um estado patológico que inviabilizasse a própria participação no concurso. Além do que o seu estado de saúde delicado está intrinsecamente relacionado com o seu estado de gravidez, sendo este equiparado à força maior, não constituindo doença geradora de inaptidão física ou mental, máxime em se considerando que a limitação natural aos esforços físicos durante o período de gestação não constitui justa causa para o impedimento da posse, haja vista que o cargo para o qual a candidata prestou concurso – Analista Previdenciário – não exige o requisito de exuberante condição física para o exercício das atribuições a ele inerentes (inteligência do art. 5º, inciso VI e § 1º, da Lei nº 8.112/1990).

Acresce-se a isso o fato que a Constituição Federal veda todas as formas de discriminação, inclusive contra a Mulher.

O Tribunal Federal de Recursos, 2ª Região, Rel. Tânia Heine, assim se manifestou:

> Administrativo e constitucional – Concurso público – Gravidez – Posse – Recusa – Mandado de Segurança. A licença à gestante é um direito e a gravidez não pode se transformar em fato para prejudicar a mulher, fazendo com que seja considerada inapta em exame de saúde admissional e redundando no adiamento da posse em cargo público. (TRF 2ª Reg. AMS nº 22714/RJ).

Semelhante decisão a seguinte, do TRF da 4ª Região, *verbis:*

> Administrativo. Mandado de Segurança. Remessa oficial. Direito de prestar prova física de concurso em dia diverso do determinado. Liberdade de crença religiosa. 1. Tratando-se de prova física, *sem necessidade de sigilo ou simultaneidade,* não há prejuízo ao interesse público, nem ao procedimento do concurso, se por força de liminar a impetrante realizou a prova em momento não conflitante com sua crença religiosa, por pertencer à igreja adventista do sétimo dia, que tem o Sábado como dia de guarda. 2. Resguardo do princípio constitucional que assegura a liberdade de crença e de consciência, bem como aqueles que regem a administração quando se trata de concurso público. 3. Remessa Oficial improvida. (TRF – 4ª Reg., REO nº 0409256-95/RS, 4ª Turma; Rel. Juíza Silvia Goraieb, Decisão de 12/12/1995, un., *DJ* de 24/01/1996) (grifamos).

3.4.3. O contrasteamento judicial da prova de aptidão física

Não há que se negar que o resultado do exame de aptidão física de candidato a cargo público possa ser submetido ao constrasteamento judicial, sob o crivo do contraditório, em consonância com o dispositivo constitucional contido no art. 5º, XXXV. É este o entendimento da Décima Sétima Câmara Cível do Tribunal de Justiça do Rio de Janeiro, cujo acórdão se lê a seguir:

> Concurso público – Exame físico – Declaração de inaptidão da candidata – Prova pericial – Nada impede que o resultado de exame físico realizado em candidata a cargo público seja submetido a contrasteamento judicial, em observância do preceito expresso no art. 5º, XXXV, da Constituição Federal, devendo a impugnação da respectiva conclusão realizar-se com parâmetros técnico-periciais. Prova pericial produzida sob o crivo do contraditório que atesta a aptidão física da autora para o cargo de merendeira. Improvimento ao recurso. (AC nº 2008.001.00659, Décima Sétima Câmara Cível do TJRJ, Rel. Des. Edson Vasconcelos).

A análise do caso em tela teve como autores o Município do Rio de Janeiro e candidata a cargo de merendeira, que ao se submeter aos exames habituais de concurso público, foi considerada inapta fisicamente para exercer o cargo pleiteado, não obstante a sua aprovação nas demais etapas do certame.

Inconformada, buscou na justiça a anulação do ato administrativo que concedeu a sua inaptidão para o cargo, aduzindo prova pericial sob o crivo do contraditório que, ao contrário do laudo de exame físico, confirmou sua plena condição para exercer o cargo.

Considerando o novo laudo com parâmetros técnico-periciais, o juízo de primeiro grau concedeu sentença favorável ao pleito da autora, declarando nulo o ato administrativo que a considerou inapta.

Em apelação, o ente municipal alegou que a inaptidão física da autora se deveu à constatação de problemas físicos deflagrados por peritos especialistas em medicina do trabalho, argumento este que foi rechaçado pela Décima Sétima Câmara Cível no julgamento do recurso.

Em seu voto, o relator assevera que nada obsta que o resultado de exame de aptidão física, realizado em candidata a cargo público, seja submetido ao contrasteamento judicial, em homenagem ao princípio constitucional do contraditório e da ampla defesa, e que na impugnação devem-se ter os parâmetros técnico-periciais.

Ressaltou, ainda, que as moléstias apontadas como impeditivas não encontravam previsão no edital como motivadoras de incapacidade para o cargo, e a alegação destas como fato impeditivo de aprovação torna arbitrária atividade administrativa eminentemente vinculada. Com isso, foi negado o provimento da apelação e mantida a sentença.

3.5. Pontos polêmicos relacionados aos exames físicos, de saúde e antropométricos

3.5.1. Silicone nos seios

Hipótese interessante foi a da candidata, em Minas Gerais, que se inscreveu no concurso, sendo aprovada na 1ª fase – prova de conhecimentos – mas excluída nos exames preliminares de saúde, em razão de possuir prótese de silicone nos seios.

Essa reprovação não passa pelo crivo do critério da razoabilidade, visto que a prótese implantada operacionalizou-se apenas por motivos estéticos e não para a substituição de órgão perdido total ou parcialmente, em razão de "doenças ou deformidades congênitas adquiridas", o que não a torna inapta, no caso, para a atividade policial. O ato que a exclui do processo seletivo é ilegal e discriminatório, uma vez que a candidata não é portadora de qualquer distúrbio que a impeça para o exercício das funções do cargo. Consequência disso, o Poder Público violou os arts. 37, I e II, e 39, § 3º, da Constituição.

Há possibilidade de estabelecer requisitos diferenciados de admissão de servidores quando a natureza do cargo admitir.

Com efeito, os arts. 37, I, e 39, § 3º, da Constituição Federal conferiram à Administração Pública a possibilidade de estabelecer requisitos diferenciados de admissão de servidores quando a natureza do cargo admitir.

Ocorre que, *in casu*, considerando o critério específico referente à prótese de silicone, impõe-se analisar as circunstâncias e especificidade do caso concreto em análise, para se estabelecer a razoabilidade da exigência, sob pena de se infringir os princípios da legalidade, isonomia, moralidade, eficiência e acessibilidade aos cargos públicos que regem a Administração Pública.

Considerando que a candidata apresenta prótese de silicone em caráter estético, isso, a princípio, não a torna inapta para a atividade policial. É forçoso reconhecer, no caso específico, a prática de ato contra o princípio de acessibilidade aos cargos públicos e, repita-se, contra os princípios da legalidade, isonomia, moralidade, e eficiência, que regem a Administração Pública.

3.5.2. Altura mínima

Assentes doutrina e jurisprudência de que tal requisito só poderá ser estabelecido quando a natureza do cargo o exigir.

> Administrativo. Recurso em Mandado de Segurança. Polícia Militar de Minas Gerais. Concurso público. Cargo de Oficial de Saúde. 1. É inconstitucional a exigência editalícia de estatura mínima para candidato a cargo de Oficial de saúde da Polícia Militar de Minas Gerais. 2. Tal requisito, imposto apenas para ingresso na Corporação como praça, não guarda compatibilidade com o Estatuto do Pessoal da Polícia Militar daquele Estado (Lei nº 5.031/1969, art. 5º). (RMS nº 1.643/MG, STJ, 2ª Turma, Rel. Min. Peçanha Martins)[118].

O candidato pode ser eliminado do concurso por ter sido considerado inapto em função de possuir a altura mínima exigida, hipoteticamente, de 1,65 m (um vírgula sessenta e cinco metros) para o ingresso na Polícia Militar.

Análise de um caso concreto: Candidato a oficial da Polícia Militar do Estado do Rio de Janeiro foi aprovado em todas as etapas do certame, tendo sido eliminado, porém, por ter 1,67 m e meio de altura, quando o edital exigia 1,68 m.

Pode a Administração Pública, sem dúvida, determinar os critérios de seleção dos candidatos ao cargo de Policial Militar, fixando, inclusive, as condições físicas necessárias para o exercício da função. O edital é a lei interna do concurso. Todavia, não exclui que um mínimo de razoabilidade na aplicação das regras nele contempladas seja dispensado.

O candidato vê-se tolhido pela rígida aplicação de norma contida no edital, que foge ao bom-senso, pois implica a eliminação de candidato por uma diferença de meio centímetro para a altura exigível, o que, certamente, não irá interferir no seu desempenho como policial militar, portanto, não se figura lógico e razoável o exagero na aplicação da norma editalícia, principalmente porque, ao ser aprovado nas demais etapas do certame, demonstrou aptidão

118. Neste sentido: RE nº 150.455/MS, STF, 2ª Turma, Rel. Min. Marco Aurélio; RE nº 148.095/MS, STF, 2ª Turma, Rel. Min. Marco Aurélio; Ap. Cível nº 2006.001.09200, Rel. Des. Jessé Torres, 2ª CC TJRJ.

para a função. Logo, a presunção de legitimidade dos atos administrativos é relativa.

No estudo de outro caso semelhante, também julgado pelo Tribunal de Justiça do Rio de Janeiro, entre tantos outros recursos que tramitam nos Tribunais com esta mesma controvérsia, um candidato ao ingresso nos quadros da Polícia Militar foi reprovado em razão de não ter preenchido o requisito da altura mínima exigida no edital do certame, qual seja, 1,68 m, por uma ínfima diferença de aproximadamente 0,004 cm.

Neste caso, que se refere à Ação de Mandado de Segurança impetrada pelo candidato eliminado, com sentença de juiz da 8ª Vara de Fazenda Pública favorável a seu pedido, e, sequencialmente, com a Apelação Cível do impetrado, Estado do Rio de Janeiro, que buscou reformular a decisão de primeiro grau, foi decidido que:

> (...) Fere a razoabilidade medida tomada pela Administração ao não permitir o prosseguimento do candidato no concurso para ingresso na carreira policial, pelo fato de seu exame antropométrico, como bem salientado pelo douto julgador *a quo*, ter apresentado diferenças insignificantes e, em algumas das várias medições realizadas, até mesmo ter atingido o exigido pelo Edital. (TJRJ, AC nº 2007.001.08810, Rel. Min. Nagib Slaibi)[119].

Em seu voto, reconheceu o Min. Relator a licitude que vem recaindo sobre a exigência da altura mínima para o ingresso nos quadros da Polícia Militar, pois as atribuições inerentes exigem altura indispensável para atuar em favor da coletividade, principalmente no exercício da polícia preventiva. Esta exigência vem merecendo a tutela dos Tribunais, e em especial do Supremo Tribunal Federal.

É de se ressaltar, contudo, que a posição do Supremo em tutelar a exigência de altura mínima tem como requisito a existência de base legal para tanto no edital do certame, o que já foi ratificado em decisão daquela Corte:

> Concurso público – Agente de Polícia – Altura mínima – Viabilidade. Em se tratando de concurso público para agente de polícia, mostra-se razoável a exigência de que o candidato tenha altura mínima de 1,60 m. *Previsto o requisito não só na lei de regência, como também no edital de concurso,* não concorre a primeira condição do mandado de segurança, que é a existência de direito líquido e certo. (Grifos sobre o original). (RE nº 149095/MS, Rel. Min. Marco Aurélio).

Contudo, assevera o relator em seu voto que, não obstante o dever do administrador público com relação aos princípios da legalidade e finalidade na prática de suas condutas, não há que se negar que os atos administrativos, ainda que vinculados, devam ser processados dentro dos parâmetros da razoabilidade, selados com as características da racionalidade e da sensatez.

E não poderia ser de outra forma, em se tratando de atos provenientes da Administração Pública, pois no âmbito do Poder Público, o que não é razoável não é moral, e tampouco pode ser legal. Daí serem indissociáveis, dentro deste contexto, os princípios da legalidade, razoabilidade e moralidade.

119. A ementa do referido acórdão cita, ainda, a pertinente lição de Alexandre de Moraes, *in verbis*: "Deve o Poder Judiciário, ao exercer o controle jurisdicional, não se restringir ao exame estrito da legalidade do ato administrativo, mas, sim, entender por legalidade ou legitimidade não só a conformação do ato com a lei, como também com a moral administrativa e com o interesse coletivo". (Moraes Alexandre de, *Direito Constitucional*, 6ª ed., p. 294)

De fato, não se vislumbram hipóteses em que a Administração Pública, na prática de seus atos, se valha tão somente da legalidade, mas ignore a razoabilidade e a moralidade administrativas.

Ademais, traz ainda o relator a consideração de que razoabilidade e racionalidade são hoje princípios embutidos no ordenamento constitucional brasileiro, imputando-se tanto à Administração Pública quanto ao Poder Legislativo as suas observâncias, na edição de atos administrativos e na elaboração de leis, respectivamente, sob pena de impugnação do Poder Judiciário à falta de suas observâncias.

Maria Sylvia Zanella Di Pietro e Alexandre de Moraes perfilham deste mesmo entendimento em suas obras de Direito Administrativo e Direito Constitucional, respectivamente, dos quais extraímos os textos que se seguem:

> O Poder Judiciário pode examinar os atos da Administração Pública, de qualquer natureza, sejam gerais ou individuais, unilaterais ou bilaterais, vinculados ou discricionários, mas sempre sob o aspecto da legalidade e, agora, pela Constituição, também sob o aspecto da moralidade (arts. 5º, LXXIII, e 37)[120].
>
> Deve o Poder Judiciário, ao exercer o controle jurisdicional, não se restringir ao exame estrito da legalidade do ato administrativo, mas, sim, entender por legalidade ou legitimidade não só a conformação do ato com a lei, como também a moral administrativa e com o interesse coletivo[121].

Outro administrativista cuja lição merece ser trazida à baila dentro deste contexto é Hely Lopes Meirelles: "a moralidade administrativa integra o Direito como elemento indissociável na sua aplicação e na sua finalidade, erigindo-se em favor de legalidade"[122].

Por fim, para embasar a sua conclusão no sentido de que o caso em análise foi revestido de um visível extremismo que foge aos parâmetros do que é razoável, quando da decisão do Estado do Rio de Janeiro em eliminar candidato em concurso público por uma ínfima diferença de 0,004 cm em relação à estatura exigida no edital do certame, traz uma decisão do Tribunal de Minas Gerais que corrobora seu entendimento:

> Mandado de Segurança – Concurso público – Bombeiro Militar – Estatura mínima – Exigência de um centímetro a mais – Exclusão da candidata – Discriminação vedada pela ordem constitucional – "Mandamus" – Concessão.
>
> A exclusão da candidata, por ter, em termos de altura, um centímetro a menos do que o mínimo exigido, além de discriminatória, não tem o condão de aferir sua capacidade para o desempenho do cargo. Ademais, se ela tem condições físicas que a habilitem ao exercício do cargo, inoportuna é sua exclusão do concurso por motivo de insuficiência mínima de altura. Cabe ao Judiciário rever os atos administrativos afrontadores do princípio da razoabilidade. (TJMG, Ap. 1.0000.00.323434-1/000, Rel. Des. Hiparco Immesi, j. em 18/11/2007).

Sendo assim, negou-se provimento do recurso interposto pelo Estado do Rio de Janeiro, que objetivou reformar a sentença que concedeu a segurança ao candidato, garantindo a sua permanência nas demais fases do concurso público e ignorando

120. Di Pietro, Maria Sylvia Zanella. *Discricionariedade Administrativa na Constituição de 1988*. São Paulo: Atlas, 1991.
121. Moraes, Alexandre de. *Direito Constitucional Brasileiro*, 21ª ed., Malheiros Editores, p. 85.
122. Meirelles, Hely Lopes. *Direito Administrativo Brasileiro*, 21ª ed. Malheiros Editores p. 85.

a sua reprovação na aferição da altura mínima exigida no edital do certame.

Ainda cabe mencionar que a Constituição Federal proíbe a discriminação decorrente de preceitos de origem, raça, sexo, cor, idade, religião e quaisquer outras formas. As restrições provenientes dos requisitos impostos, pela lei ou pelo edital, devem ser examinadas e interpretadas com acuidade e cautela.

Há que predominar o critério da razoabilidade e não o capricho do administrador.

Hipoteticamente, em se tratando de concurso público para Escrivão de Polícia não é proporcional nem razoável, em face da natureza o cargo, a exigência de altura mínima.

Neste sentido o Supremo Tribunal de Justiça decidiu que:

> Concurso Público. Altura mínima. Requisito. Tratando-se de concurso para o cargo de escrivão de polícia, mostra-se desarrazoada a exigência de altura mínima, dadas as atribuições do cargo, para as quais o fator altura é irrelevante. Procedente (RE nº 194.952/MS, 1ª Turma, Rel. Min. Ellen Gracie).

O exercício da função, positivamente, não depende única e exclusivamente da altura, nem a questão da estatura está necessariamente ligada à força física, pois, no cotidiano, há indivíduos baixos e bem preparados fisicamente, instruídos em artes marciais, que são autênticos vencedores.

Nesse ponto traz-se à colação a decisão da 15ª Câmara Cível do Tribunal de Justiça do Estado do Rio de Janeiro, Rel. Des. Celso Ferreira Filho:

> O princípio da razoabilidade aponta no sentido da aprovação do autor-candidato no exame em tela, visto que eventual diferença registrada se apresentaria um grau mínimo, não infirmando a presunção de que o mesmo possa vir a ser profissional de sucesso, mesmo porque nem só de "militares grandes" deve ser formada a Polícia Militar do Estado do Rio de Janeiro, mas sim, e sobretudo, de "grandes militares".

Mas, por outro lado, inexistindo lei que autorize a imposição de limite de altura para o acesso à carreira de servidor militar, não pode o edital fazê-lo, sob pena de violar o princípio da legalidade.

A referida solução, em termos de reprovação, *data venia*, não pode prevalecer quando em confronto com duas ordens de considerações.

A primeira delas, de natureza legal, reside no fato de que, por decreto, não pode ser havido como recepcionado pela ordem constitucional vigente, permeado pelo princípio da legalidade, e segundo o qual somente através de lei podem ser estabelecidos os requisitos para o acesso aos cargos públicos.

3.5.3. Portador de tatuagens

Trata-se de ilegalidade, a criação de norma editalícia impedindo que candidatos com tatuagens participem de concursos públicos, a não ser que a Administração Pública demonstre, de forma esmagadora, que tal restrição impediria ou dificultaria o concursado em exercer funções próprias do cargo.

A ressalva ao inciso XXX do art. 7º, feita pelo § 3º do art. 39, inserido pela EC nº 19/1998, admite que a lei possa vir a adotar, na regulamentação da admissão do servidor público, critérios diferenciados, mas tendo em vista eventuais necessidades decorrentes da natureza do cargo e, obviamente, desde que não haja motivação discriminatória.

A aludida exigência tem que ser combatida porque há afronta ao direito dos pretendentes ao cargo e ao bom-senso, não encontrando amparo no sistema jurídico pátrio, tanto constitucional, como infraconstitucional. A Administração ultrapassa os limites do razoável, adentrando na seara da arbitrariedade, indo de encontro ao princípio constitucional da isonomia.

Ressalte-se que a exigência editalícia enseja o controle do ato administrativo sob o prisma da ilegalidade *lato sensu,* ou seja, não somente da vinculação do ato da legalidade estrita, da conformidade dos atos com as normas em sentido estrito, mas também da conformidade dos atos com os princípios gerais de Direito previsto, explícita ou implicitamente na Constituição.

O controle jurisdicional dos atos administrativos abrange, então, o exame de conformidade dos elementos vinculados dos atos administrativos com a lei (controle de legalidade *stricto sensu*) e da compatibilidade dos elementos discricionários com os princípios constitucionalmente expressos (controle da legalidade *lato sensu*), ressalvando o exame do mérito da atividade administrativa, que envolve a análise de oportunidade e conveniência do ato.

Sob este prisma, exsurge cristalina afronta ao princípio constitucional da legalidade, significando dizer que o administrador somente poderá praticar os atos previstos em lei. Dispõe o art. 5º, II , do Texto Constitucional que ninguém será obrigado a fazer ou deixar de fazer alguma coisa senão em virtude de lei.

Assim, a exigência editalícia afronta ao Direito e à Justiça. O habilitado é detentor do direito líquido e certo a impetração da segurança, posto que ilegal a exigência editalícia, porquanto discriminatória e desarrazoada.

E não há que prosperar a alegação de que a regra constava do respectivo edital, ao qual aderiu o candidato sem qualquer questionamento, isto porque a lesão do direito somente se consolidou quando de sua reprovação no exame pré-admissional.

Não se questiona a liberdade do Poder Público em estabelecer critérios específicos para a seleção de candidatos aos cargos públicos municipais. Outrossim, estes critérios devem observar os princípios fundamentais estabelecidos na Carta Constitucional, destacadamente a legalidade, impessoalidade, igualdade, razoabilidade e dignidade da pessoa humana.

A exclusão revela incontornável grau de subjetivismo e discriminação, maculando os princípios constitucionais acima referidos.

O princípio da razoabilidade constitui-se elemento essencial componente da juridicidade atribuída aos entes administrativos, aos quais se exige, para liberdade de atuação, a demonstração de razão justa e adequada e amparada em texto legal, afastando-se a subjetividade desarrazoada.

O critério de exclusão do candidato não tem qualquer fundamento legal ou científico, limitando-se à criação de estereótipo criado hipoteticamente, que não afere, sob qualquer sentido, a capacidade de atuação do candidato enquadrado em tal circunstância.

Neste ponto, a lição do Des. Antonio Saldanha Palheiro cai como luva:

> Concurso Público. Exclusão de candidato portador de tatuagem, decorrente de vedação expressa no edital do concurso. Limites do poder discricionário da administração pública. Contrariedade aos princípios da igualdade, legalidade, impessoalidade, razoabilidade e dignidade da pessoa humana. Preceito administrativo com elevado grau de subjetividade. Segurança concedida. Negado provimento ao recurso voluntário. (MS nº 2004.001.21523, 5ª Câmara Cível do TJRJ, *Rel. Antonio Saldanha Palheiro*).

Muito comum também é ocorrer a eliminação em concurso público de candidato à carreira militar em razão de porte de tatuagem, divergindo muitas vezes os próprios Tribunais a respeito da irregularidade ou não desta exigência.

A este propósito, citamos um caso, cuja Ementa se segue, que foi julgado pelo **Tribunal de Justiça do Rio Grande do Sul**, em que houve dois votos contrastantes e bem fundamentados, tendo sido vencido, porém, por maioria, o que deu provimento ao pleito do candidato que buscou na Justiça a declaração de irregularidade de sua reprovação, em virtude de porte de tatuagem.

> Apelação cível. Concurso público. Ação ordinária. Ingresso na Brigada Militar na graduação de soldado. Exclusão de candidato do certame em virtude de tatuagens. Impossibilidade no caso concreto.
>
> Devidamente comprovado nos autos que as tatuagens do demandante situam-se em regiões de seu corpo que ficam cobertas pelos uniformes regulamentares da Brigada Militar (região lombar e face interna do braço direito), mostra-se inviável a sua exclusão do certame. Normas limitadoras de direito que devem ser interpretadas de forma restritiva. **Apelação provida, por maioria.** (Ap. Cível nº 70018348235, Terceira Câmara Cível do TJRS, Rel. Des. Rogério Gesta Leal).

No caso em tela, candidato reprovado no exame físico de concurso para ingresso na Brigada Militar, na graduação de soldado, por possuir tatuagens no braço direito e na região lombar, buscou na Justiça, através de ação ordinária, uma declaração de irregularidade de sua reprovação.

O julgador *a quo* opinou pela regularidade da sua inaptidão, fundamentando sua decisão monocrática, sobretudo no Decreto nº 703/1992, o qual regulamenta as condições de ingresso nas Forças Armadas, e aplicável analogicamente à Brigada Militar. Cita, em destaque, a seguinte disposição do Decreto que constitui fator impeditivo para a aprovação em certame público: "*...discromia de pele ou tatuagens em áreas expostas, nas áreas não cobertas pelos uniformes regulamente usados pela Brigada Militar*".

Enfatizou o Magistrado, ainda, que na Brigada Militar existem também uniformes sem manga destinados à prática de exercícios físicos, bem como os usados na 'Operação Golfinho', os quais também compõem as vestes dos soldados, e que o uso de um destes certamente deixaria a tatuagem do autor à vista.

Em razão destas alegações, entendeu o Juiz monocrático em negar a postulação do demandante, não emitindo a pleiteada declaração de irregularidade de sua reprovação em exame físico em virtude do porte de tatuagem em seu corpo. Inconformado, pois, com a negativa da decisão, apelou da decisão o autor da ação.

Na Apelação, reiterou os argumentos, em síntese, de que suas tatuagens se situam na região lombar (costas, atrás dos ombros), e na região interna do braço direito, locais estes que ficam cobertos regularmente pelos uniformes utilizados pela Brigada Militar. Para demonstrar suas alegações, anexou fotos comprobatórias e asseverou que mediante tais justificativas, inviabilizada estaria a sua exclusão do certame. Pediu, com efeito, a reformulação da decisão originária de modo a ser declarada a irregularidade de sua reprovação.

No que pese a decisão final de acolher o pedido do autor, é relevante que se diga que as opiniões dos Desembargadores da Terceira Câmara Cível do TJRS não foram pacíficas, mas, ao contrário, divergiram dois membros daquela Corte, para, ao final, vencer o voto que opina pelo acolhimento do pleito, conforme já lido em Ementa.

O Desembargador Relator, em seu voto vencedor, após a devida avaliação dos pressupostos processuais subjetivos e objetivos da pretensão do autor, e os considerando regularmente constituídos, conheceu do recurso e iniciou a análise do mérito.

Citou em seu voto a Lei Complementar Estadual nº 10.990/1997 (Estatuto dos Servidores Militares da Brigada Militar), elencando os incisos do art. 10, que trazem os requisitos para o ingresso na carreira, e complementou com a citação do Decreto nº 703/1992, que traça as Instruções Gerais para a Inspeção de Saúde de Conscritos nas Forças Armadas. Tentou demonstrar o Relator, com a citação de tais normas, que o Edital do Concurso se coadunou com as normas vigentes que pertinem sobre o tema, e que este mesmo previu como causa de inaptidão a "discromia de pele ou tatuagem em áreas expostas nas áreas não cobertas pelos uniformes regularmente usados pela Brigada Militar", item este que levou o candidato demandante à exclusão do certame.

Pelo que nos parece, trata-se de uma questão de interpretação, já que o embasamento legal do edital é compatível com as normas vigentes. Em sua exuberante sabedoria, o Relator observou em seu voto que as normas jurídicas que impõem limitações ao exercício de direitos devem ser interpretadas de forma restritiva.

Aduziu, ainda, que interpretação irrestrita desta norma levaria à inviabilização de seu exercício por particulares, sendo o que ocorre na prática com o caso em análise, em que o candidato foi excluído do certame por ter-lhe sido aplicada uma interpretação irrestrita de norma que impõe limitação a exercício de direitos.

Lembrou, também, que se trata de Decreto do Poder Executivo especificando lei estadual, com o propósito de particularizar os casos caracterizadores de restrição ao ingresso na carreira da Brigada Militar, nos remetendo à conclusão de que nenhuma das normas citadas poderia adentrar o domínio constitucional. Tanto assim que cita, na sequência de sua explanação, entendimento do Supremo Tribunal Federal neste mesmo sentido:

> O princípio da reserva de lei atua como expressiva limitação constitucional ao poder do Estado, cuja competência regulamentar, por tal razão, não se reveste de suficiente idoneidade jurídica que lhe permita restringir direitos ou criar obrigações. Nenhum ato regulamentar pode criar obrigações ou restringir direitos, sob pena de incidir em domínio constitucionalmente reservado ao âmbito de atuação material da lei em sentido formal.

Já se referindo ao caso concreto, entendeu o Ministro Relator, em seu voto, que em razão da localização das tatuagens, uma na região lombar, atrás do ombro; outra no lado interno do braço direito, pode-se considerar que elas ficariam normalmente cobertas pelos uniformes da Brigada Militar, o que pode ser ratificado com a demonstração das fotos anexadas pelo autor nos autos da Apelação.

No que tange à eventual restrição que poderia ser imposta ao Apelante quanto ao uso de uniformes da Operação Golfinho, bem como em situações excepcionais em que se utilizam uniformes sem manga, alegados pelo Magistrado de primeiro grau, isto não justifica a exclusão do candidato, entende o relator.

Ainda considerando estas possibilidades, o demandante poderia desempenhar suas funções normalmente na Brigada Militar, cabendo-lhe restrições apenas em eventos em que a participação de operações exija o uso de uniformes que deixam suas tatuagens visivelmente expostas. Portanto, seria um certo exagero excluir candidato aprovado nas demais etapas do concurso, com exceção do teste físico pelo porte de tatuagem, tão somente pelo fato de que eventualmente poderia fazer uso de uniformes sem manga.

Ademais, o voto do Relator guardou consonância, dito por ele mesmo, com a tendência daquela Corte[123] em estar admitindo, em julgados semelhantes, uma certa flexibilização no que se refere às causas de inaptidão para o ingresso em cargo da Brigada Militar, citando dois casos cujos votos foram favoráveis aos candidatos considerados inaptos para o cargo. Com a sua fundamentação bem explanada, vota o Relator por dar provimento à apelação, afastando a causa de exclusão do demandante no Concurso Público para ingresso na Brigada Militar, na graduação de soldado.

Não obstante tratar-se o voto acima explanado de voto vencedor, mister que se traga também à análise o voto vencido, já que a lide não foi julgada naquela Corte por unanimidade, o que demonstra que ambos os votos possuíram fundamentações consistentes.

Conforme dito no início desta análise, sobre ser comum a eliminação de candidatos em concurso para ingresso na Brigada Militar por motivo de porte de tatuagem, esta assertiva é ratificada pelo Des. Nelson Antonio Monteiro Pacheco, em seu voto, ao ressaltar que "a matéria ventilada nos autos não é nova", citando, inclusive, o julgamento da AC-RN nº 70007819477, de sua relatoria, em que votou pela improcedência da demanda.

Portanto, com entendimento contrário ao que foi proferido pelo Relator do processo, e anteriormente analisado, passa a relatar as razões que formam sua convicção, ressaltando não haver evidência clara de ato manifestamente ilegal praticado contra o candidato reprovado do certame por portar tatuagem.

Considerou o desembargador, ao final de seu voto, que o apelado possui duas tatuagens, sendo uma delas a "tribal", que mede 12x3 cm, desenhada sob a epiderme do braço esquerdo, e sobre a qual pende a discussão, lembrando que o seu tamanho ultrapassa o tamanho de algumas mangas curtas aprovadas pelo Regulamento de Uniformes da Brigada Militar (Decreto-RS nº 476/92).

Quanto à outra que é tatuada nas costas e que possui o desenho de um dragão, sequer foi objeto de discussão no mandado de segurança, donde se conclui que a matéria de fato enseja tão somente a necessidade de dilação probatória, no sentido de se concluir se esta pode ou não ser vista com o uso do uniforme.

Segundo ele, não obstante tenha o candidato demonstrado que o uniforme que escolhera encobre o estigma, se referindo à tatuagem, não há como negar o conhecimento desta exigência, que já era descrita pelas regras do edital, e restava bem especificada a objeção quanto à existência de discromia de pele ou tatuagem em áreas expostas. Por isso mesmo, já tinha o candidato conhecimento de que tal requisito poderia resultar na sua inaptidão para o cargo no exame de saúde.

Em seguida, rebateu o argumento utilizado pelo Relator do processo, de que a exigência contida na legislação vigente, qual seja, o Regulamento do Serviço Militar das Forças Armadas, Decreto nº 703/92, em especial seu item 13.4.11, acima discriminado, fere princípio constitucional, já que entende legal que a restrição à tatuagem que se aplica aos

123. Vide: AC nº 70005717491, Rel. Des. Dr. Eduardo Uhlein, Rel. para o acórdão Dra. Ângela Maria Silveira, j. em 30/06/2007; AC nº 70017145681, 3ª Câm. Cível, Rel. Dr. Pedro Luiz Pozza, j. em 22/03/2007.

militares não se constitui em tratamento desigual. Ao contrário, tal restrição se coaduna plenamente com as particularidades da carreira militar, que por sua vez se diferencia de todas as demais atividades civis.

Sendo assim, não restou evidenciada a existência de direito líquido e certo do impetrante, pois as próprias regras do edital traziam a previsão da objeção quanto a discromia de pele ou tatuagem em áreas expostas pelos candidatos do concurso, e a lide pende exatamente sobre ser a área da tatuagem do impetrante exposta ou não em relação aos uniformes da corporação, ou seja, questão meramente probatória.

Conforme já dito, nem mesmo a Terceira Câmara Cível tem tido unanimidades nos julgados cujas lides se assemelham à que ora se analisa, havendo Câmaras mais flexíveis a esta questão, e outras menos[124].

Falando sobre os motivos que o levaram a discordar dos argumentos do voto vencedor, alegou que tal embasamento não se coadunava com a real situação vivida nos autos pelo apelante. Não lhe pareceu coerente, com efeito, comparar este caso à procedência por aquela Corte de outros pedidos relativos à reprovação em exame físico por motivo de cárie dentária e cicatriz por cirurgia abdominal.

Dentro desta linha, votou o Des. Nelson Antonio Monteiro Pacheco pelo improvimento da apelação e pela manutenção da sentença recorrida, ressaltando as devidas vênias ao voto contrário do Relator, Des. Rogério Desta Leal.

Não obstante a sua também consistente explanação, não prosperou o seu voto na unanimidade, prevalecendo o voto do Desembargador Relator que deu provimento à apelação.

O *Tribunal de Justiça do Estado de Minas Gerais* também já se manifestou favoravelmente a candidato em concurso público para o provimento de cargo de soldado de 1ª Classe da Polícia Militar daquele Estado, que foi eliminado do certame nos "exames preliminares de saúde", com a alegação de portar tatuagem e possuir cáries profundas[125].

Tratava-se, o aludido conflito, de reexame necessário e de recurso de apelação interposto pelo Estado de Minas Gerais contra sentença proferida pelo Juízo da 7ª Vara da Fazenda Pública Estadual e Autarquias daquela Comarca, que concedeu a segurança para que candidato a soldado da Polícia Militar prosseguisse na Segunda Fase do precitado processo seletivo, até o seu final, suspendendo-se a exigibilidade constante no Edital no que se refere ao seu porte de tatuagem e às supostas cáries profundas.

O Estado de Minas Gerais firmou a convicção de suas alegações sobre a importância da sanidade física e mental do candidato, cuja aferição se dá por meio de exames médicos e laboratoriais, consoante os arts. 37, I, e 39, § 3º, ambos da Constituição Federal, como sendo requisitos imprescindíveis àquele candidato que se dispõe a exercer a função militar. Com base nisso, requereu o provimento do recurso e da denegação de ordem.

Em seu parecer, a Procuradoria-Geral de Justiça opinou pela confirmação da sentença monocrática e pela improcedência do recurso voluntário, assim como o fez o

124. Vide AC nº 70006667943, da relatoria do Des. Luiz Ari Azambuja Ramos.

125. "Reexame necessário. Apelação Cível. Concurso público. Exame de saúde. Candidato portador de tatuagem. Ausência de plausibilidade entre a exigência e o fim pretendido. Natureza eliminatória. Ilegalidade. Confirma-se a sentença. 1. Revela-se inconstitucional, por ofensa ao disposto no art. 37, da Carta Política, a eliminação de candidato, em concurso público, pelo simples fato de ter tatuagem, tendo em vista que em nada compromete à sua capacidade física, nem tampouco as atribuições atinentes ao cargo pretendido. 2. Confirma-se a sentença, prejudicando o recurso voluntário".

Relator do processo em seu voto, com suporte nas razões subsequentes:

Analisando as fundamentações do apelante, observou que o primeiro afirmara que, embora tenha obtido êxito em todas as fases do edital, concorrendo para o ingresso nos quadros da corporação da Polícia Militar do Estado de Minas Gerais, se insurgiu a iminência de ser reprovado na fase denominada "exames preliminares de saúde", pelos motivos que contesta, em contrariedade ao disposto no Edital, nos tópicos "Doenças e alterações odontológicas" e "Alterações da pele subcutânea".

Quanto às exigências alegadas no curso do certame, manteve-se o apelante no entendimento de que as normas editalícias que ensejaram a sua eliminação eram abusivas e que os fatos alegados não procediam.

Primeiro, porque já havia recebido alta do tratamento odontológico, não mais persistindo o alegado fator incapacitante relativo às suas cáries. Segundo, pelo fato de que a tatuagem, com localização em seu ombro, não se punha à mostra no uso do uniforme da corporação, descaracterizando as alegações de estar infringindo qualquer regulamento do concurso público.

Transcrevendo vários julgados que procediam com a sua linha de defesa, requereu a concessão da segurança e a confirmação da sua manutenção no concurso, com a competente declaração de estar apto a prosseguir na 2ª fase do processo seletivo, juntamente com os demais candidatos aprovados, e com a consequente suspensão da exigibilidade no dispositivo editalício que o eliminou.

O Relator Célio César Paduani, em seu voto, reconheceu que a questão do impedimento do impetrante em razão das alegações de suas profundas cáries já foi devidamente sanada, pela via do processo administrativo que foi regularmente interposto em ocasião oportuna, fato este reconhecido pelas próprias autoridades impetradas, tendo como resultado a anulação desta inaptidão.

Analisada esta questão e tida como superada, admitiu o Relator o direito do impetrante de ter amparada sua pretensão deduzida por meio do *Mandamus* sob análise, pois não obstante o reconhecimento de que as normas editalícias possuíssem o caráter vinculante, não restavam dúvidas, por outro lado, de que a exclusão do candidato pelo simples fato de portar tatuagens caracterizaria uma real afronta aos princípios da legalidade, razoabilidade e isonomia, todos constitucionalmente assegurados.

Ademais, o só fato de o candidato impetrante ter logrado êxito nas provas de conhecimento demonstrava não ser plausível a sua eliminação nas fases subsequentes em razão de portar uma tatuagem em local discreto do corpo e que em nada comprometeria a sua capacidade física e desenvoltura nas atribuições do cargo almejado.

Para corroborar este exato entendimento, passou o Relator a transcrever parte do parecer do Procurador de Justiça, que se manifestou nos autos, fazendo também menção à questão da isonomia à qual *deve se submeter a Administração Pública na prática de suas condutas.*

> E, "in casu", entendo que não se pode permitir ao Administrador negar igual oportunidade a candidato que, submetendo-se a exame de saúde, revele a existência de TATUAGEM em determinada parte do corpo. Isto porque, diante de tal conduta, afronta a Administração Pública os basilares princípios da legalidade e da razoabilidade, uma vez que a Resolução 3.592/02 extrapola os limites da Lei nº 5.301/1969, e não se pode concluir, por fim, que o impetrante seja inapto para ingressar na Polícia Militar apenas por apresentar uma particularidade estética, o que não lhe retira a idoneidade, confiança

e respeitabilidade para exercer, adequadamente, as atividades e funções próprias da Corporação.

Em razão de suas alegações expostas, entendeu o Relator, na conclusão de seu voto, haver de fato a presença de direito líquido e certo por parte do impetrante, confirmando então a concessão da segurança por meio do *Mandamus* e nos termos da Sentença estabelecida originariamente.

Mesmo com as inúmeras análises precitadas de casos concretos em que candidatos concorrentes em Concurso Público a cargo de Soldado na Carreira da Polícia Militar obtiveram, judicialmente, na grande maioria das vezes e em diferentes Estados, a concessão da Segurança para permanecer na disputa nas demais etapas do certame, após eliminação por reprovação em exame de saúde por motivo de portar tatuagem, por certo não será demais trazer à baila mais um julgamento a este respeito.

Trata-se, contudo, de um julgado cujos argumentos do Relator não foram utilizados por nenhum dos anteriores, tamanha a abrangência e profundidade da análise do mérito em apreço, prescindindo a simples questão da mera legalidade ou não do porte da tatuagem por policial, e adentrando na esfera sociocultural desta aceitação.

Falamos do Mandado de Segurança nº 2007.004.01575, julgado na Décima Câmara Cível do Tribunal de Justiça do Estado do Rio de Janeiro, com o brilhante voto do Relator Des. Antônio Carlos Nascimento Amado.

A questão, igualmente simples como as demais desta espécie que são levadas aos Tribunais do país, envolve a ação de Mandado de Segurança impetrado por candidato a Concurso Público de Admissão ao Curso de Formação de Soldado PM, classe C, da Polícia Militar do Estado do Rio de Janeiro, tendo como impetrado o Secretário de Estado de Segurança Pública, autoridade responsável pela sua eliminação do concurso, em razão de ostentar "tatuagem de Jesus Cristo" em suas costas.

Em seu breve Relatório, onde parte foi transcrita, juntamente com a justificativa do indeferimento, o Relator faz alusão ao fato de que o porte de tatuagem se constitui, em épocas atuais, "modismo entre os jovens", sendo comumente encontrada em diversos trabalhadores, obviamente à medida que estes entram para o mercado de trabalho, de forma que a sua não aceitação é vista pela sociedade moderna, na maioria das vezes, como mero preconceito e ausência de bom-senso.

E isto se justifica pelo fato de que, à medida que uma prática ou modismo, antes inusitados ou incomuns, vão se infriltrando na sociedade e se tornando corriqueiros, o repúdio antes justificado passa a se tornar o engessamento de uma ideia superada e preconceituosa. É o caso, hoje, do porte de tatuagens, dada a normalidade de seu porte entre cidadãos de diversas classes sociais.

Além do mais, muitos de seus portadores hoje já ostentam uma meia-idade, referindo-se aos que se tatuaram nos anos 70, e nem por isso deixam de ter seus valores sociais ou suas realizações profissionais reconhecidos.

Citando ainda o Relator parte do parecer do Ministério Público, em que este se quedou favorável à concessão de segurança[126], passa a analisar, *a posteriori*, minuciosamente, a ques-

126. "A previsão contida no edital de eliminação do candidato por apresentar tatuagem em seu corpo desrespeita frontalmente os princípios constitucionais da igualdade, legalidade, razoabilidade e dignidade humana", é o que diz o Ministério Público.

tão que envolve todo este estigma sobre o que leva um homem a portar uma tatuagem em seu corpo, mesmo sabendo da sua natureza, a princípio, indelével.

Sustenta o Relator, com muita propriedade, que a questão do porte de tatuagem envolve considerações que, por mais complexas que se mostrem, não devem superar o simples entendimento de que se constitui em um mero modismo, e uma opção pessoal sem nenhuma consequência para a pretensão de se desempenhar determinadas atividades profissionais, a exemplo da carreira da Polícia Militar.

Afirma que após a análise de outros casos semelhantes, foi inevitável reconhecer o notório entendimento de diversos julgadores, que firmam a fundamentação de seus exames estritamente na exigência do edital, negando sumariamente, com isso, que candidatos a cargos policiais apresentem tatuagens, e mostrando-se propensos a poucas tolerâncias na análise do que, entendem, já foi claramente taxado e especificado no edital do certame.

E esta linha de raciocínio, entende o Relator em seu voto, se mostra desarrazoada e merece um exame mais profundo e desprendido, propondo-se a isto com brilhantismo, quando passa a analisar as razões históricas que vêm levando o homem moderno a fazer uso de tatuagem em seu corpo. Remete sua análise, então, para as épocas mais remotas em que esta prática teve início.

Citando Darwin, afirma que o uso de tatuagem pela raça humana já era conhecida nos tempos antigos, pois, segundo afirmava o notável cientista do Século XIX, "do Polo Norte à Nova Zelândia não havia aborígine que não se tatuasse". Em seguida, traz um relato moderno acerca de uma análise dos motivos que marcam a personalidade daqueles que ostentam uma tatuagem, concluindo que pessoas tatuadas hodiernamente o são pelos motivos mais variados que na Antiguidade.

Em seguida, faz menção a uma análise técnica, citando que a medicina legal acolhe parcialmente as conclusões antes mencionadas, acrescentando ainda que o uso de tatuagem "pode ser uma forma de interpretação, uma porta de entrada para a descoberta de alguns impulsos, antecedentes criminais, ou mesmo opções ideológicas". A este respeito, cita uma interpretação de Delton Croce[127], em que este faz uma alusão do uso da tatuagem com uma forma de identificação particular percebida, sobretudo, em criminosos que se tatuam.

Na sequência, cita Hélio Gomes[128], que apontando a opinião de Locard, assegura que seria inexato afirmar que todo homem tatuado seja criminoso, enquanto que Almeida Junior[129], numa visão mais arrojada, garante que o cerne da questão está, categoricamente,

127. "É notório que as tatuagens constituem sinais de identidade particular, pois indicam o passado, os costumes, a profissão do indivíduo; ademais, traduzem informes raciais, regionais, afetivos, criminais, e até o estado d'alma do tatuado no que tange aos seus pendores sexuais. Como exemplo, botas tatuadas no pênis indicam ser o portador pederasta ativo; serpente tatuada nas costas, tendo a cabeça voltada para o ânus, designa ser o indivíduo pederasta passivo. Também os criminosos contumazes são reconhecidos entre si e pela vigilante polícia nas penitenciárias quanto à natureza dos delitos que praticaram, a função de chefe de quadrilha etc., através de tatuagens em forma de pontuação ou desenhos representando túmulos, cruz de caravaca, borboletas, conforme sejam as suas cores. Assim é que uma tatuagem no rosto em forma de pontuação quer significar mãezinha de presídio; tatuagem pontuada nas costas indica estuprador que serviu de mãezinha em presídio; uma cruz pontuada na face dorsal da mão esquerda aponta homicida, e, assim sucessivamente. As cores dos símbolos podem significar Falanges: Falange Vermelha, Falange Azul ou Serpente Negra, conhecidíssimas facções do crime organizado de alta periculosidade."(Croce, Delton. *Manual de Medicina Legal*. 4ª ed. ver. e ampl., São Paulo, 1998, p. 74).

128. Gomes, Hélio. *Medicina Legal*. Ed. Freitas Bastos, 2003, p. 53.

129. Almeida Junior, *Lições*. Ed. Nacional, 1961, p. 53.

no conteúdo e na sede da marca. Sendo assim, estas podem indicar tendências viciosas ou criminais do portador.

Em sua conclusão, o Relator do voto se certifica de que a tatuagem em si não tem um sentido exato ou preciso. Por outro lado, diz ele, pode indicar hábitos, exibicionismo, atividade profissional, tendência ou manifestações ideológicas. Sendo assim, cada caso há que ser analisado individualmente, de forma a não se condenar ou aprovar a conduta do portador da tatuagem, tão somente pelo seu uso.

Reportando-se ao caso em tela, exclui-se de plano a hipótese de ser o candidato portador de tatuagem pertencente a um grupo criminoso, ou de se tratar de antigo presidiário, criminoso, ou pessoa agressiva, pois se for o caso a própria investigação criminal o identificará como tal. Não há, até o presente momento, diz o relator, informações neste sentido.

Quanto à forma da tatuagem, esta também não sinaliza um aspecto monstruoso ou agressivo, de modo que pudesse causar intimidações às pessoas ou mesmo torná-lo inadequado à convivência social. Seria inconcebível, de fato, um homem com tatuagens visíveis que o desfigurasse ou desse uma aparência selvagem ter de impor o respeito e a ordem públicos. No caso, ao contrário, trata-se o desenho da imagem de Jesus Cristo, que não há como não encerrar um aspecto pacífico.

Também não se justifica afirmar que uma tatuagem com a imagem de Cristo pudesse induzir a uma ideologia contrária à lei, à ordem constituída ou à ideia de uma personalidade violenta e agressiva. Exemplo disso seria uma tatuagem que faz apologia às drogas ou à violência, como os desenhos de uma "folha de maconha" ou de uma "caveira".

Por fim, interpreta o Relator que a tatuagem do impetrante pode denotar, quando muito, uma manifestação devocionista, ou uma busca de proteção, se assemelhando a outros objetos religiosos como os patuás, figas, escapulário, entre outros, não obstante a intenção exibicionista que todo tatuado, direta ou indiretamente, carrega em si, mas que não causa nenhum prejuízo alheio.

Neste sentido, seria ainda mais prudente afirmar que seria contrário ao ideário constitucional criar discriminação ou impedimento ao exercício de cargo público em razão de crença religiosa, sendo o que se lê no inciso VIII do art. 5º da Constituição Federal:

> *Art. 5º (...)*
>
> *VIII – ninguém será privado de direitos por motivo de crença religiosa ou de convicção filosófica ou política, salvo se as invocar para eximir-se de obrigação legal a todos imposta (...).*

Diante destas minuciosas análises acerca do próprio sentido sociocultural da tatuagem, inclina-se o relator no entendimento de que a exclusão do candidato no aludido concurso não é propriamente motivada, mas sim desarrazoada, levando-se em conta um excesso de discricionariedade na interpretação literal do edital.

Por isso mesmo, o papel do Poder Judiciário em circunstâncias como estas deve ser o de dosar o limite entre o discricionário e o arbitrário na prática de atos da Administração Pública, pois perpassando pouco além da discricionariedade, corre o administrador o risco de invadir a esfera da legalidade.

Segundo o Relator, não havendo motivos que justifiquem a reprovação e exclusão do candidato, conforme a explanação de suas convicções, vota pela concessão da segurança do impetrante nos quadros da Polícia Militar, sendo-lhe assegurado a realização dos exames subsequentes ao exame físico.

3.5.3.1. Estudo de caso prático prova especializada para o Ministério Público[130]

Donaville Silva participou de concurso público para preenchimento do cargo de Guarda Municipal Feminino de Duque de Caxias (RJ), e em agosto de 1999 logrou a classificação de 19º lugar do total de 20 vagas.

Em 08/02/2004 a impetrante foi convocada para ingressar no serviço público, quando lhe informaram sobre a sua reprovação no exame médico pré-admissional, pelo fato de possuir uma tatuagem na perna direita. Todas as outras candidatas classificadas foram efetivadas na função.

Inconformada, Donaville impetra, em 23/02/2004, mandado de segurança com pedido de liminar contra o referido ato do Sr. Secretário Municipal da Administração para que seja efetivada no cargo de Guarda Municipal, a partir da data da efetivação de seus páreos. Alega ter direito líquido e certo ao provimento do cargo, e que a exigência do poder público de "não possuir tatuagem" é uma discriminação arbitrária e nula de pleno direito.

Em informações, o Secretário Municipal da Administração afirma que o edital do concurso dispõe no item 26.3.1 proibição de tatuagem para o exercício da função de Guarda Municipal Feminino, de forma expressa, devendo, portanto, ser denegada a segurança.

Pergunta-se:

a) Deve ser concedida ou não segurança? Houve decadência do direito da impetrante em promover o presente *mandamus*?

b) Caso a impetrante apresentasse atestado médico comprovando ter retirado a tatuagem, antes da data do julgamento do mandado de segurança, a resposta do item anterior seria a mesma?

c) Há algum substrato jurídico ou fático neste caso concreto que justifique a criação de norma editalícia de natureza restritiva ao direito de liberdade pessoal?

Respostas fundamentadas.

a) Tranquilamente, deve ser concedida segurança. Não há que se falar em decadência do direito da impetrante em promover o *mandamus*, *ex vi* do art. 18 da Lei nº 1.533/1951 e do Enunciado nº 105 da Súmula da jurisprudência do E. STJ.

A restrição prevista no edital quanto às tatuagens, não implica, obrigatoriamente, a impugnação no momento da inscrição, porquanto a lesão do direito da impetrante, somente, se consolidou quando de sua reprovação no exame pré-admissional, em razão de ser portadora de tatuagem. Portanto, no momento da negativa do ingresso da impetrante ao serviço público é que ocorreu a lesão do direito, nascendo daí o seu interesse de agir.

No caso *sub judice*, o ato impugnado data de 08/02/2000, enquanto a distribuição do presente *writ* ocorreu em 23/02/2000, logo, dentro do prazo legal de 120 dias, razão pela qual é afastada a hipótese de decadência.

b) A impetrante, através de atestado médico, comprovou ter tirado a tatuagem de sua perna direita, o que pouco importa, não havendo obstáculo à assunção ao cargo para o qual sagrou-se aprovada em concurso público.

c) A criação de norma editalícia de natureza restritiva vai de encontro aos princípios básicos de direitos e garantias fundamentais do cidadão, insculpidos nos arts. 3º IV, e 5º, II, IX, XXXI, da Constituição Federal.

130. Extraída do Livro *Casos Concreto de Direito Administrativo*, de nossa autoria, Campus Jurídico, São Paulo, 2008, p. 373-6 .

A República Federativa do Brasil é um Estado Democrático de Direito (art. 1º), tendo como um dos objetivos fundamentais promover o bem de todos, sem preconceitos de origem, raça, sexo, cor, idade e quaisquer outras formas de discriminação, nos moldes de seu art. 3º, inciso IV.

Reza o art. 5º, *caput*, da Lei Maior, que todos são iguais perante a lei, sem distinção de qualquer natureza, garantindo-se aos brasileiros e aos estrangeiros residentes no País a inviolabilidade do direito à liberdade.

Por seu turno, a Administração Pública encontra-se regida pelo princípio da legalidade, significando dizer que o administrador, somente, poderá praticar os atos previstos em lei, na forma do art. 37 do mencionado diploma legal.

Em seu inciso I estatui que os requisitos para o acesso aos cargos públicos devem também estar previstos em lei.

Dispõe a Constituição, em seu art. 5º, II, que ninguém será obrigado a fazer ou deixar de fazer alguma coisa senão em virtude de lei, e, neste caso, inexiste previsão ordinária proibindo-se a gravação de tatuagem no corpo.

É importante observar que o princípio da razoabilidade deve nortear a consciência do administrador na prática do ato administrativo.

O uso da tatuagem não é causa que impede ou dificulte o exercício das atividades próprias do cargo.

Referência Jurisprudencial que suporta a conclusão:

> Concurso Público. Exclusão de candidato portador de tatuagem, decorrente de vedação expressa no edital do concurso. Limites do poder discricionário da administração pública. Contrariedade aos princípios da igualdade, legalidade, impessoalidade, razoabilidade e dignidade da pessoa humana. Preceito administrativo com elevado grau de subjetividade. Segurança concedida. Negado provimento ao recurso voluntário. (MS nº 2004.001.21523, Rel. Antonio Saldanha Palheiro, 5ª Câm. Cível do TJRJ)

3.5.4. Doenças sexualmente transmissíveis

Nos últimos anos, em decorrência do aumento de portadores de doenças sexualmente transmissíveis, como a AIDS, por exemplo, passou-se a exigir, em alguns casos, o exame de HIV dos candidatos. A doutrina tem-se posicionado, no geral, contra tal exigência, pois ela acaba gerando a publicidade quanto à doença, e, além de lesar a vida privada da pessoa, acarreta-lhe uma série de preconceitos no espaço de trabalho. Algumas decisões judiciais, entretanto, têm sido favoráveis a entidades que estabeleceram a obrigatoriedade do exame ao fundamento de que, conhecida a moléstia do servidor, poderá a entidade pública adotar os procedimentos necessários a seu tratamento.

Não se admite que a comprovação da AIDS por determinado candidato seja critério para a sua seleção. No entanto, tem-se aceitado, em algumas oportunidades, que se possa obrigar ao exame e, a partir da análise do quanto o candidato tenha sido por ela afetado, inclusive fisicamente, se chegar a recusar-lhe a aprovação por carência de boas condições de saúde. Todavia, essa exigência continua a ser considerada devastadora da vida privada, especialmente pela doutrina e por alguns diplomas legais.

A Lei nº 4.101, do Município de Vitória, no art. 1º, § único, encerra que "O teste HIV não poderá ser exigido para inscrição em concurso público, admissão ou permanência no emprego".

E a Lei Municipal nº 7.400, de Porto Alegre, no art. 2º, dispõe que "Consideram-se para os efeitos desta Lei, como ato discriminatório aos portadores do vírus HIV/AIDS: I – A exigência do teste HIV: *a)* para participar de processo de seleção visando admissão em emprego; ... *c)* como condição para inscrição em concurso público".

No Estado de São Paulo, também foi conferida proteção aos candidatos a cargos públicos, vedando-se a exigência de exames para detectar a presença do vírus HIV: a Lei nº 11.199/2002, onde consta que é proibida qualquer forma de discriminação aos portadores do vírus HIV ou a pessoas com AIDS. "Para efeito desta lei, considera-se discriminação aos portadores do vírus HIV ou às pessoas com AIDS: solicitar exames para a detecção do vírus HIV ou da AIDS para inscrição em concurso ou seleção para ingresso no serviço público ou privado".

Sobre a matéria em tela, a Lei nº 8.112/1990 determina em seu art. 186, inciso I, que o servidor será aposentado: "I – *por invalidez permanente, sendo os* ***proventos integrais*** *quando decorrente de acidente em serviço, moléstia profissional ou* ***doença grave, contagiosa ou incurável, especificada em lei****, e proporcionais nos demais casos*".

O § 1º do mencionado artigo tem a seguinte redação:

> *consideram-se doenças graves, contagiosas ou incuráveis, a que se refere o inciso I deste artigo, tuberculose ativa, alienação mental, esclerose múltipla, neoplasia maligna, cegueira posterior ao ingresso no serviço público, hanseníase, cardiopatia grave, doença de Parkinson, paralisia irreversível e incapacitante, espondiloartrose anquilosante, nefropatia grave, estados avançados do mal de Paget (osteíte deformantes),* ***Síndrome de Imunodeficiência Adquirida – AIDS****, e outras que a lei indicar, com base na medicina especializada.*

Portanto não verificamos afronta a qualquer princípio constitucional a exigência do teste de HIV, haja vista que o servidor, neste caso, recém-investido na função pública, poderá requerer a sua aposentadoria integral com base na invalidez permanente, o que oneraria demasiadamente os cofres públicos e não supriria a carência de pessoal.

3.5.5. Outras exigências polêmicas relacionadas com as características físicas dos candidatos

Existem outros requisitos exigidos para o provimento de cargos que estão suscitando controvérsias e que vêm sendo solucionadas nos Tribunais.

Caso interessante é do mais recente Concurso para a Guarda Municipal do Rio de Janeiro, cujo edital trazia uma série de exigências polêmicas que acabaram sendo questionadas pelo Ministério Público do Trabalho em sede de Ação Civil Pública.

A "queda de braço" começou em setembro de 2007, quando uma exigência polêmica no edital do Concurso Público para admissão ao Emprego de Guarda Municipal da Empresa Municipal de Vigilância – EMV, Guarda Municipal do Rio de Janeiro, deixou boquiabertos os candidatos a uma das 1.500 vagas na instituição. No item 3.5 do documento, referente à Avaliação Médica, era considerado inapto para a função o candidato que tivesse menos de 20 dentes – 10 na arcada superior e 10 na inferior.[131]

> "3.5. Exame Odontológico – será considerado INAPTO o candidato que possuir menos de 20 (vinte) dentes, sendo 10 (dez) em cada arcada;"

131. Uma pessoa com uma dentição normal e completa tem 32 dentes na boca. De acordo com dados de estudo divulgado pelo Ministério da Saúde, 45% dos adolescentes com 18 anos já perderam pelo menos um dente por falta de higiene. A situação dos adultos é ainda pior. Mais de 28% deles tiveram todos os dentes extraídos em uma das arcadas; nos idosos, a média é de 26 dentes faltando.

A Guarda Municipal do Rio de Janeiro, reconhecendo que o item 3.5 do edital de seu concurso não estava claro, resolveu redigir um texto complementar para esclarecer a exigência para que o candidato tenha no mínimo 20 dentes – 10 na arcada superior e 10 na inferior.

Ato contínuo, a Guarda Municipal do Rio publicou no Diário Oficial do município nova redação do quesito polêmico. Com isso, ficou esclarecido que seriam aceitas também as próteses dentárias, "desde que garantam reabilitação estética e funcional".

Caso se tratasse do edital de um concurso de beleza, talvez o detalhe passasse despercebido, mas numa convocatória para seleção de guardas municipais a exigência fez barulho. Diante das críticas recebidas, a Guarda Municipal explicou ainda, em nota à imprensa, que a limitação de dentes seria uma exigência comum em concursos da área de segurança pública[132], incluindo as Forças Armadas, e que "a exigência mínima de 20 dentes para cada candidato buscava preservar a saúde e a imagem de um profissional que atua em contato direto com a comunidade, inclusive nas escolas municipais onde exemplos à saúde devem ser incentivados".

O caso despertou a atenção do Ministério Público do Trabalho. Segundo o procurador do Trabalho, Wilson Roberto Prudente, o regulamento continha cláusulas discriminatórias. A comissão responsável pela seleção chegou a se reunir com o procurador para discutir possíveis alterações das regras. Na audiência realizada no dia 27 de setembro de 2007, o procurador questionou outros pontos do edital, entre eles os que impediam que pessoas muito magras, obesas, portadoras de anomalias congênitas ou adquiridas e deficientes físicos, mental ou sensorial concorressem a uma das vagas.

Diante das pressões advindas das alegações do Ministério Público, o qual apontara as irregularidades existentes entre as exigências do edital, o concurso foi cancelado, por decreto[133], com o objetivo de revisão dos termos editalícios. A intenção, obviamente, era a de evitar ações na Justiça que pudessem provocar o cancelamento do processo seletivo no futuro. Segundo o MPT, a intenção não era cancelar o concurso, mas sim viabilizar a seleção para qualquer pessoa, sem ferir os princípios constitucionais. Na reunião, foi estabelecido um prazo para que a Guarda decidisse quais providências seriam tomadas. Então, a Guarda Municipal do Rio informou que iria criar grupo de estudos com representantes da Procuradoria-Geral do município e da Secretaria Municipal de Administração para avaliar os termos do edital com as conclusões sendo submetidas ao prefeito (como determinara o decreto). Segundo a assessoria de comunicação da prefeitura, o grupo deveria ser formado para elaborar novo edital, tendo em vista que, daquela vez, a definição das regras do concurso ficaria a cargo da diretoria da Guarda, da Procuradoria-Geral do município e da Secretaria Municipal de Administração.

---

132. Realmente, não são apenas os candidatos a uma vaga na Guarda Municipal do Rio que precisam estar com o sorriso em dia. A exigência de 20 dentes no edital da Guarda é apenas mais uma das curiosidades disponíveis em editais de concursos públicos na área de segurança. É bem verdade que, ainda hoje, tatuagens, cicatrizes cirúrgicas, acne, hemorroidas e até fissuras anais podem pôr fim ao sonho de um emprego, desclassificando o candidato. No concurso para a Polícia Militar do Rio, o edital deixa claro que "*será considerado reprovado o candidato que apresentar qualquer anomalia congênita ou adquirida, que comprometa a estética e funcionalidade do corpo*". São apontadas doenças como herpes, infecção urinária e até acne. Há intolerância também em relação aos candidatos que tenham tatuagem, cicatriz deformante, fissura anal e hemorroidas, entre outros itens. Não bastassem tantas exigências, a PM também reprova os candidatos que tenham problemas na arcada dentária. Na arcada superior, por exemplo, não é permitida a ausência de qualquer dente que "comprometa a função e a estética". Também não pode ter menos de oito dentes naturais na arcada inferior.

133. Decreto nº 28486, de 27/09/2007, publicado no *Diário Oficial* do Município de 28/09/2007.

O relançamento ficou na dependência das decisões do grupo de trabalho criado pela prefeitura e havia a previsão de que outro edital fosse lançado o quanto antes, já que a necessidade de contratação era imediata.

Mas foi somente em julho do ano seguinte (2008), ou seja, quase um ano depois do cancelamento do certame, que a Prefeitura do Rio de Janeiro divulgou o novo edital do concurso público que oferecia mil vagas ao cargo de Guarda Municipal, sob o regime da Consolidação das Leis do Trabalho (CLT) e opção pelo regime do Fundo de Garantia por Tempo de Serviço (FGTS). Entre os novos requisitos necessários para o cargo estavam: ter, no mínimo, a idade de 18 anos completos, à época da contratação; possuir estatura mínima de 1,70 m para homem e 1,65 m para mulher e possuir a qualificação exigida para o cargo pretendido e apresentar, à época da realização da 4ª etapa, o certificado ou declaração de conclusão do ensino médio, de instituição reconhecida pelo governo. A avaliação dos candidatos seria feita em quatro etapas: Prova Objetiva, Provas Antropométrica e Física, Avaliação Psicológica e Médica e Curso de Formação.

No entanto, o edital do concurso não atendeu às exigências do Ministério Público do Trabalho do Rio de Janeiro, já que, diversas cláusulas, contestadas no edital anterior, não sofreram as devidas alterações e continuaram sendo consideradas inconstitucionais e discriminatórias. O novo edital, segundo o procurador do Trabalho, mantinha cláusulas consideradas inconstitucionais, tais como a não reserva de vagas para pessoas com deficiência[134]. Ainda de acordo com a análise do procurador, o impedimento de pessoas com cicatrizes, inclusive decorrentes de cirurgia, foi mantido no novo edital, o que caracterizaria também cláusula discriminatória. Na época, o procurador Wilson Prudente declarou à imprensa que o MPT não poderia admitir que um edital recheado de cláusulas discriminatórias e inconstitucionais como aquele fosse publicado por um órgão da Administração Pública. Outro ponto questionado foi o de que as inscrições só podiam ser realizadas através da Internet. Segundo o procurador, apesar da inclusão digital ter aumentado nos últimos anos, a realidade comprova que muitos ainda não têm acesso à rede e poderiam ser prejudicados. Por isso, representantes legais da Guarda Municipal foram intimados novamente a comparecer à Procuradoria Regional do Trabalho da 1ª Região, para que fossem discutidas as modificações do edital, suspenso.

A pedido do Ministério Público do Trabalho, a prefeitura cancelou (pela segunda vez) o concurso. Ocorreu que se deu desta vez bem mais rapidamente (cerca de um mês depois – em agosto de 2008) a publicação do novo edital do concurso para o cargo de guarda municipal da Empresa Municipal de Vigilância S.A, só que o novo edital (SMA/EMV nº 135) apresentou conteúdo semelhante ao do edital anterior, de nº 125, publicado em 1º de julho, de modo que o Ministério Público imediatamente anunciou uma audiência com os representantes da Guarda Municipal para (novamente) tentar alterar o edital do concurso.

A reunião não surtira os resultados esperados pelo MPT. Por isso, o Ministério Público ajuizou, no dia 25 de agosto de 2008, Ação Civil Pública, com pedido liminar de tutela antecipada, para que a Justiça do Trabalho declarasse nulas as cláusulas do edital apontadas como discriminatórias e inconstitucionais[135]. O procurador do Trabalho Wilson Prudente

134. A Guarda Municipal defendeu-se alegando que baseara-se na Lei Municipal nº 2.111/1994, que estabelece que não serão reservados cargos ou empregos às carreiras que exigem aptidão plena dos candidatos. No entanto, o procurador do MPT afirmou que essa norma é inconstitucional e fere o art. 27, VIII, da Constituição Federal.
135. Como a Guarda é uma empresa privada – Companhia Municipal de Vigilância –, a ação se mostrou

também requereu, alternativamente, a prorrogação do prazo das inscrições ou reabertura para que as pessoas excluídas pelas cláusulas discriminatórias pudessem se inscrever no concurso. Entre os pontos questionados pelo MPT estavam a exigência de o candidato ter, no mínimo, 20 dentes, os limites de estatura e peso, e a proibição de pessoas portadoras de deficiência e de cicatrizes participarem do certame.

Cerca de uma semana após, por entender que o edital do concurso era realmente discriminatório, a juíza Leydir Kling Lago Alves da Cruz, da 51ª Vara do Trabalho do Rio, determinou a prorrogação do concurso por mais 20 dias. O prazo de inscrição que duraria até o dia 7, foi estendido para 27 de setembro. Neste período, a Guarda Municipal teve de disponibilizar pelo menos um ponto de acesso gratuito à internet para que candidatos sem acesso ao serviço pudessem fazer a inscrição sem custo adicional, inclusive disponibilizando funcionários para auxiliar os candidatos no processo de inscrição.

Por força da decisão, candidatos portadores de deficiência física, com cicatrizes, com menos de 20 dentes, magros, obesos e com estatura limitada puderam concorrer, já que a Juíza reconheceu a inconstitucionalidade das exigências formuladas

> O fato é que o edital que discrimina os cidadãos portadores de qualquer deficiência física ou que não tenham pelo menos 20 dentes na boca ou determinada compleição física ou estatura bem como o estabelecimento de limitação do meio de inscrição no concurso ao procedimento eletrônico, desestimula a inscrição dos cidadãos discriminados, o que ofende, sem dúvida, aos direitos difusos constitucionalmente garantidos.

A juíza Leydir Kling estabeleceu, ainda, que os candidatos portadores de deficiência não poderiam ser submetidos às provas físicas e antropométricas previstas no edital que impliquem na eliminação do concurso.

De acordo com o procurador, a decisão judicial abriu um precedente para que as discriminações indicadas no edital não venham mais a estar presentes em nenhum outro concurso público. "A Justiça do Trabalho, com essa decisão, está fazendo história no direito constitucional brasileiro", ressaltou ele em sua declaração à imprensa.

3.6. Possibilidade de imposição de limite de idade e sexo

A questão sobre a possibilidade de limitação de idade, para concorrer a concurso público, é sempre tormentosa. Não se havendo de ignorar, como regra, que os cargos públicos são acessíveis àqueles que preencham os requisitos estabelecidos em lei (CF, art. 37, I). O tema, realmente, está a merecer reflexão, tal como vem sendo tratado. De um lado, destacando-se a regra do art. 7º, XXX, da CF, aplicável aos servidores públicos por força do art. 39, § 3º (redação da EC nº 19/1998), que veda qualquer tipo de discriminação por motivo de idade, no processo de admissão a cargo ou emprego público, muito embora possa a lei estabelecer critérios diferenciados quando a natureza do cargo o exigir. De outro, os argumentos a partir do estatuído no art. 37, I, da Carta, estabelecendo que "*os cargos, empregos e funções públicas são acessíveis aos brasileiros que preencham os requisitos estabelecidos em lei*", como que a permitir a limitação etária nos concursos destinados ao provimento de cargos públicos, com

---

perfeitamente possível. De acordo com o procurador que ajuizou a ação, os exames médicos exigidos a partir de 1943 para garantir a saúde do trabalhador passaram a ser usados como instrumento de discriminação. No seu entendimento, em vez de restringir o concurso às pessoas que não tiveram acesso às políticas de saúde pública, a empresa deveria facilitar o tratamento para os funcionários.

a possibilidade de se estabelecerem requisitos diferenciados quando a natureza do cargo o exigir (§ 3º, art. 39 da CF, com as alterações da EC nº 19/1998).

Daí caminharem juntas, doutrina e jurisprudência, firmando como princípio o critério da razoabilidade objetiva, isto é, se razoável a limitação de idade para o provimento do cargo, considerando as suas necessidades e peculiaridades, o limite exigido pode ser tolerado. Caso contrário, não.

Nessa perspectiva, sustentamos que a limitação, tratando-se de idade mínima, deva ser admitida por exceção, quando houver previsão legal e se afigurar razoável. Notadamente quando o candidato completar a idade exigida antes do ingresso no serviço público.

Somos do posicionamento de que a constitucionalidade do estabelecimento de limite de idade para inscrição em concurso público depende não apenas de estar previsto tal requisito no edital e na legislação regulamentadora de acesso aos cargos públicos, como também atender a um critério de razoabilidade.

Deve-se compatibilizar, na interpretação das normas do art. 39, § 3º (redação dada pela EC nº 19/1998, c/c o art. 7º, XXX, da CF, os interesses público e privado, o que deve ser feito a partir de um critério de razoabilidade.

A atual redação da regra do art. 39, § 3º, com a redação conferida pela Emenda Constitucional nº 19/1998, abre espaço para essa interpretação, quando estabelece que pode "*a lei estabelecer requisitos diferenciados de admissão, quando a natureza do cargo o exigir*".

Assim, pode a legislação regulamentadora do acesso aos cargos públicos estabelecer requisitos especiais, inclusive relativos à idade, desde que se mostrem razoáveis no caso concreto.

Existem concursos, como para acesso à carreira militar, em que a limitação de idade estabelecida em lei mostra-se razoável, em função das peculiaridades da atividade militar, especialmente a exigência de vigor físico diferenciado.

Este é o entendimento da Suprema Corte:

> "Constitucional. Administrativo. Servidor Público. Concurso público. Limite de idade. Ministério Público. C.F., art. 7º XXX; art. 37, I; art. 39, § 2º I – Pode a lei, desde que o faça de modo razoável, estabelecer limites mínimo e máximo de idade para ingresso em funções, emprego e cargos públicos. Interpretação harmônica dos arts. 7º, XXX, 37, I, 39, § 2º II – O limite de idade, no caso, para inscrição em concurso público na carreira do Ministério Público do Estado de Mato Grosso – vinte e cinco anos e quarenta e cinco anos. III – Precedentes do STF: RMS 21.033-DF, RTJ 135/958; 21.046; RE 156.404-BA; RE 157.863-DF; RE 175.548-AC; RE 146.934-PR; RE 156.972-PA. IV – R. E. conhecido, em parte, e provido na parte conhecida. (RE nº 184635/MT, Segunda Turma, Rel. Min. Carlos Velloso, *DJ* de 04/05/2004, j. em 26/11/2006).

Portanto, não pode o concurso público para o cargo de motorista, por exemplo, estabelecer limite de idade desnecessariamente. A Magna Carta assegura o acesso aos cargos públicos aos candidatos que preencham os requisitos estabelecidos em lei. Inocorrendo limitação de idade em lei, não pode o edital estabelecer, mormente quando as atribuições da função não apresentam necessidade de ser fixar limite etário. O limite mínimo de idade imposto por lei para ingresso em cargo público, justifica-se, apenas, se a natureza das atribuições do cargo a ser preenchido impuser tal exigência.

O Supremo Tribunal Federal e o Superior Tribunal de Justiça firmaram-se no sentido da adoção do princípio da razoabilidade, levada em consideração a natureza do cargo pretendido, a situação do candidato e a sua faixa etária[136].

A título de ilustração, não se afigura razoável limitar o ingresso na magistratura de candidatos que não tenham 30 anos de idade no momento da inscrição no certame ao entendimento de que o cargo exige maturidade, sendo certo que no momento da posse no referido cargo tal exigência restará atendida.

Há fatores relativos à idade e sexo dos candidatos ao provimento de cargos públicos que têm causado muitas controvérsias tanto na doutrina quanto na jurisprudência. Isso porque o inciso XXX do art. 7º da Constituição Federal, aplicável aos servidores públicos por força do art. 39, § 3º (art. 39, § 2º, antes da EC nº 19/1998), veda a "*proibição de diferenças de salários, de exercício de funções e de critérios de admissão por motivo de sexo, idade, cor ou estado civil*".

A Emenda Constitucional nº 19/1998 transformou o § 2º do art. 39 em § 3º, e acrescentou, na parte final do parágrafo, a ressalva da possibilidade de se instituírem requisitos diferenciados de admissão quando a natureza do cargo o exigir. Assim, a possibilidade de a lei instituir requisitos diferenciados passou a existir, mas apenas em relação aos cargos públicos. Isto se conclui, não apenas pela dicção da regra, mas pelo fato de que os que se candidatam a emprego (na Administração Pública direta ou indireta) sujeitam-se, além das normas constitucionais, às normas de direito do Trabalho, e o art. 7º, onde estão arrolados os direitos trabalhistas fundamentais, em seu inciso XXX, não incluiu ressalva alguma em sua dicção.

Quanto ao limite de idade, duas correntes doutrinárias se formaram na interpretação desses dispositivos – art. 7º c/c art. 39, § 2º (art. 39, § 3º, depois da EC nº 19/1998) –, ambos da Constituição Federal.

A primeira corrente se formou no sentido da vedação absoluta do limite de idade, prestigiando o princípio da igualdade. Para os seguidores desta corrente, é a própria Constituição da República que veda expressamente a diferença de critério por motivo de idade, por disposição do art. 7º, XXX, que proíbe, entre outras, a diferença de critério de admissão por motivo de idade, aplicável aos servidores públicos por força do antigo art. 39, § 2º, da Constituição. Para esta corrente, as únicas exigências possíveis, relativamente à idade, seriam aquelas estabelecidas pela própria Constituição Federal, direta ou indiretamente. Diversas foram as decisões dos nossos Tribunais nesse sentido[137].

A segunda corrente admitiu a fixação de limite de idade por lei, consoante a natureza das atividades do cargo, desde que a limitação fosse razoável e pertinente.

Para essa corrente, a norma constitucional que proíbe a diferença de critério de admissão ao serviço público, por motivo de idade (art. 7º, XXX, c/c art. 39, § 2º, da CF), não se reveste de caráter absoluto, sendo legítima a estipulação de exigência de ordem etária quando esta

136. É legítimo o Estado limitar a idade para ingresso na carreira militar, pela natureza da função e das atividades a serem desempenhadas, previstas nas normas estaduais e sem restrições constitucionais. Assim como, é constitucional impor limite máximo de idade em concurso público. O entendimento é do Plenário do Supremo Tribunal Federal. Os ministros declararam inconstitucional dispositivo da Constituição do Piauí que proíbe limitar a idade para quem quer prestar concurso público no Estado. A decisão foi tomada no julgamento da Ação Direta de Inconstitucionalidade proposta pelo governador do estado.

137. Vide, a exemplo: RE nº 10455-0/MG, STJ, Segunda Turma, Rel. Min. Peçanha Martins, *DJ* de 25/05/2006; RMS nº 1.086/RS, STJ, Primeira Turma, Rel. Min. Garcia Vieira, *DJ* de 09/03/2006; (REO nº 1802/PE, TRF 5ª Região, Primeira Turma, Rel. Juiz Francisco Falcão, *DJ* de 14/09/2005.

decorrer da natureza e do conteúdo ocupacional do cargo público a ser provido. Trata-se de aplicação do princípio da razoabilidade. As leis que fixam os requisitos para o acesso ao serviço público poderão estabelecê-los com base na idade, vale dizer, idade mínima e máxima, para cargos que exijam, por exemplo, grande esforço físico.

As nossas Cortes têm analisado o tema concernente à fixação legal do limite de idade para efeito de inscrição em concurso público e de preenchimento de cargos públicos, já tendo formado alguns parâmetros com suas decisões, tomadas em função e na perspectiva do critério da razoabilidade. Cite-se, como exemplo[138]:

> Constitucional. Administrativo. Servidor público. Concurso público. Limite de idade. Técnico do Tesouro Nacional. CF, art. 7º, XXX, art. 39, § 2º.
>
> I– Pode a lei, desde que o faça de modo razoável, estabelecer limites mínimo e máximo de idade para ingresso em funções, empregos e cargos públicos. Interpretação harmônica dos arts. 7º, XXX, 39, § 2º, 37, I, da Constituição Federal.
>
> II– O limite de idade, no caso, para inscrição em concurso público e ingresso na carreira de Auditor Fiscal do Tesouro Nacional, não se assenta em exigência etária ditada pela natureza das funções do cargo, dado que o edital excetua da discriminação os ocupantes de cargo ou emprego da Administração Federal Direta e Autarquias. A limitação, portanto, é ofensiva à Constituição, art. 7º, XXX, *ex vi* do art. 39, § 2º. (STF, RE nº 177570/BA, Segunda Turma, Rel. Min. Carlos Velloso, *DJ* de 28/02/05)

A segunda corrente veio a prevalecer, tendo inclusive a nova redação do art. 39, § 3º, da Lei Magna corroborado com tal entendimento, no que acrescentou ao dispositivo a possibilidade de lei ordinária estabelecer requisitos diferenciados de admissão quando a natureza do cargo o exigir.

A mesma polêmica observou-se com relação ao quesito sexo. Em princípio, o sexo não pode ser fixado como requisito de acesso. Excetuadas estarão, entretanto, as situações funcionais que justificarem a escolha de um ou outro dos sexos. Seria o caso, por exemplo, de um concurso para guarda de presídio feminino, no qual seria inconcebível admitir-se candidatos do sexo masculino, ou então um concurso público para o provimento de cargos de monitor em estabelecimento de abrigo para menores do sexo masculino, no qual seria válido limitar-se o acesso às pessoas do sexo masculino. No entanto, será proibida a instituição de requisitos de sexo em casos que não tenham qualquer justificativa, em que as funções do cargo possam ser executadas normalmente por pessoas de qualquer dos sexos.

Assim é a orientação do Superior Tribunal de Justiça no RMS nº 1.160/RJ:

> A norma constitucional em vigor, induvidosamente, não discrimina o ingresso ao serviço público por origem, raça, sexo, cor ou idade.
>
> Mas, sem discriminação, pode o poder público adotar normas técnicas que lhe assegurem o melhor funcionamento.
>
> A Polícia Militar do Estado do Rio de Janeiro tem dois Quadros Oficiais: o masculino e o feminino, o que afasta, de início, qualquer propósito discriminatório contra o sexo feminino.

138. Outras decisões no mesmo sentido: RE nº 197847/MG, STF, Primeira Turma, Rel. Min. Moreira Alves, *DJ* de 07/08/2005; RE nº 176479/RS, STF, Primeira Turma, Rel. Min. Moreira Alves, *DJ* de 05/09/2005; RMS nº 2.341/RS, STJ, Sexta Turma, Rel. Min. Adhemar Maciel, *DJ* de 20/02/2005; RMS nº 5.031/RS, STJ, Sexta Turma, Rel. Min. Adhemar Maciel, *DJ* de 08/05/2005.

> No primeiro quadro há vagas, no segundo não, como dizem as informações. Se inexistem vagas no quadro feminino, por que seriam convocados candidatos de tal sexo, se impossibilitada estaria a nomeação por falta de vagas?
>
> Houvesse vaga no quadro feminino da Polícia Militar do Estado do Rio de Janeiro e obstada a inscrição da impetrante, aí sim haveria discriminação.
>
> Ademais, se a Polícia Militar tem dois quadros: o masculino e o feminino, criados e definidos por lei, inexiste a alegada inconstitucionalidade no ato da autoridade dita coatora de convocar candidatos para preencher vagas só existentes no quadro masculino.
>
> Não violado o princípio do art. 7º, XXX, da Constituição atual, porque a impetrante não preenche os requisitos previstos na lei, já que esta criou os dois quadros e ela pretende integrar o quadro só reservado aos do sexo masculino, inexiste tratamento discriminatório ou desigual e o direito líquido e certo invocado. (RMS nº 1.160/RJ, Segunda Turma, Rel. Min. Hélio Mosimann, *DJ* de 08/03/2005)

O Supremo Tribunal Federal não destoou desse entendimento:

> Concurso Público – Critério de admissão – Sexo. A regra direciona no sentido da inconstitucionalidade da diferença de critério de admissão considerado o sexo – art. 5º, inciso I, e § 2º do art. 39 da Carta Federal. A exceção corre à conta das hipóteses aceitáveis, tendo em vista a ordem sócio-constitucional. O concurso público para preenchimento de vagas existentes no Oficialato da Polícia Militar, no Quadro de Saúde – primeiro-tenente, médico e dentista – enquadra-se na regra constitucional, no que proíbe a distinção por motivo de sexo.
>
> "Singularidades permitem que a legislação distinga entre os sexos para ingresso nas fileiras das polícias militares. Todavia, isto não ocorre quando se cogita não do acesso ao Quadro de Oficiais Combatentes, mas de Oficiais de Saúde. No particular, a discriminação não passa pelo crivo da Constituição Federal". (RE nº 120305/RJ, Segunda Turma, Rel. Min. Marco Aurélio, *DJ* de 08/09/2006)

4. CONSIDERAÇÕES FINAIS

De todo o exposto, verificamos que ainda é comum a presença de requisitos polêmicos em editais de concursos públicos. Entre as cláusulas mais discutidas estão exigências de estado civil, sexo, idade, peso e altura, além de condições de saúde física e psicológica, e das limitações impostas a pessoas que apresentem tatuagens, acnes ou cáries dentárias etc. Por outro lado, verificamos também que, hoje, são vários os exemplos de requisitos de acesso já amplamente discutidos e agora reconhecidos como ilegítimos e ilegais, sendo amplo o rol de hipóteses já consideradas inconstitucionais e irrazoáveis tanto pela doutrina como pela jurisprudência mais atualizadas.

Da análise das decisões judiciais aqui comentadas podemos concluir que os requisitos de acesso devem ser estabelecidos em estrita observância à Lei e em relação de consideração com as funções a serem futuramente exercidas pelo servidor, sob pena de serem discriminatórios e violadores dos princípios da igualdade e da impessoalidade, sendo já consagrado o entendimento no sentido de combater a criação e/ou estabelecimento (seja pelo legislador, seja pelo administrador) de requisitos puramente discriminatórios ou que se materializem em exigências totalmente despidas de qualquer matiz de razoabilidade.

Capítulo IX

O direito à revisão judicial de provas e exames seletivos à luz dos tribunais pátrios

1. CONSIDERAÇÕES

O presente assunto trata da possibilidade do Poder Judiciário proceder à aferição do conteúdo de questões de concursos públicos ou testes seletivos, reconhecendo na elaboração e/ou correção dessas questões vícios e irregularidades que possam resultar no reconhecimento e decretação de nulidades.

O controle judicial dos atos administrativos é preceito básico do Estado de Direito contemporâneo (CF, art. 5º, XXXV). Complexa e constante é ainda a discussão relacionada com o direito à revisão judicial de questões e resultados em provas e exames. Os examinadores frequentemente se veem às voltas com examinandos e candidatos reclamando por justiça, revoltados contra os resultados de suas provas e recursos, e atribuindo às bancas total falta de razoabilidade, proporcionalidade, isonomia e transparência nas suas análises e correções.

Não raros são os casos de enunciados dúbios, nulos, de questões de múltipla escolha com nenhuma (ou mesmo mais de uma) resposta correta, assim como de exigência de matérias não previstas nos editais, e de provas com gabaritos claramente em oposição à lei. Essas e muitas outras situações de flagrante ilegalidade ainda são bem mais frequentes do que deveriam ser e, não raro, acabam não sendo reparadas de ofício pelas bancas, de modo que rendem ensejo à instauração de conflitos, muitas vezes de difícil resolução pela via administrativa, resultando num grande número de litígios para serem solucionados pela via jurisdicional.

A jurisprudência dos nossos tribunais tem-se orientado no sentido de que só são passíveis de reexame, no Judiciário, as questões cuja impugnação se funda na ilegalidade da avaliação ou dos graus conferidos pelos examinadores.

Nos estados de Direito, em que vige o princípio da legalidade, não há espaço para arbitrariedades; o próprio Estado, ao impor a Ordem Jurídica, subordina-se a ela, de onde a máxima: "Suporta a lei que fizeste", que rege todos os cidadãos e pessoas, inclusive o próprio Estado.

Contudo, a observância da legalidade dos atos administrativos não se vincula tão somente à forma estrita da legalidade, isto é, ao exame de conformidade dos elementos vinculados dos atos administrativos com a lei (controle de legalidade *stricto sensu*). Vincula-se também ao exame dos elementos discricionários de acordo com os princípios constitucionais expressos, ou seja, da compatibilidade dos elementos discricionários com os princípios da moralidade, da impessoalidade, da publicidade e eficiência administrativas (art. 37, *caput*, CF/1988) e também com os princípios acessórios, com destaque para os princípios da motivação, finalidade, razoabilidade, proporcionalidade, boa-fé, dignidade da pessoa humana e igualdade, dentre outros (controle da legalidade *lato sensu*)[139].

Assim, nem sempre se apresenta como uma tarefa fácil discernir, entre os tênues limites da legalidade, onde é que a discricionariedade cede lugar à arbitrariedade, ou ainda, onde a razoabilidade e a proporcionalidade cedem lugar à abusividade do direito e do poder, dando margem ao controle da legalidade dos atos pelo judiciário, sob a ótica dos princípios constitucionais.

Veremos que a jurisprudência vem evoluindo no sentido de um posicionamento mais favorável ao alargamento da atuação jurisdicional, na intenção de garantir o respeito do Poder Público aos direitos subjetivos dos candidatos/examinandos. A dificuldade, no entanto, continua residindo na delimitação precisa do que significa exame de "legalidade" e exame do "mérito" do ato administrativo[140]. O primeiro, como se verá, é possível de ser, sempre, efetivado pelo Judiciário. O segundo, ainda que fique restrito à "conveniência e oportunidade" da Administração, somente em situações excepcionais está sujeito ao controle judicial, conforme vem sendo defendido pela doutrina, e confirmado pela jurisprudência[141].

Certamente a adoção das ultrapassadas concepções que se restringem a um sentido puramente formal de legalidade já resultou em posicionamentos no sentido da imunidade da Administração aos controles jurisdicionais, posicionamentos aqueles que, por sua vez, vieram corroborar uma série de arbitrariedades e injustiças consubstanciadas em tratamentos desarrazoados e desproporcionais[142]. No entanto, com a superação daquela concepção frontalmente contrária ao sentido da ordem constitucional, nossos tribunais vêm consagrando uma série de situações e hipóteses com relação às quais se mostra pacífica a possibilidade de revisão judicial no âmbito das provas, seleções, exames e concursos, sob o prisma da legalidade em sentido amplo[143].

---

139. Alexandre Santos do Aragão, tratando da concepção pós-positivista do princípio da legalidade, afirma com razão: "Com efeito, evoluiu-se para se considerar a Administração Pública vinculada não apenas à lei, mas a todo um bloco de legalidade, que incorpora os valores, princípios e objetivos jurídicos maiores da sociedade, com diversas Constituições (por exemplo, a alemã e a espanhola) passando a submeter a Administração Pública expressamente à 'lei e ao Direito', o que também se infere implicitamente da nossa Constituição e expressamente da Lei do Processo Administrativo Federal (art. 2º, parágrafo único, I). A esta formulação dá-se o nome de Princípio da Juridicidade ou da legalidade em sentido amplo" (in "Neoconstitucionalismo: Constitucionalização do Ordenamento Jurídico e a Releitura do Princípio da Legalidade Administrativa", Rafael Carvalho Rezende Oliveira, artigo inserto na obra coletiva *Perspectivas da Teoria Constitucional Contemporânea*, coordenador José Ribas Vieira, Editora Lumen Juris, RJ, 2007, p. 64).

140. Essa análise da relação existente entre as questões de mérito e de legalidade ultrapassa, certamente, o interesse meramente teórico, uma vez que imprime profunda repercussão prática na abordagem da justiciabilidade da atividade administrativa.

141. De fato, sob a luz dos precedentes do Supremo Tribunal Federal (STF) e do Superior Tribunal de Justiça (STJ) já é possível constatar a plausibilidade de um maior alargamento no controle do mérito dos atos administrativos discricionários, na defesa dos direitos fundamentais do cidadão, reescrevendo, assim, o papel do Judiciário no controle da administração.

142. Não mais se admite que a atividade administrativa discricionária guarde desconformidade às máximas da razoabilidade e da proporcionalidade. Se inadequado, desarrazoado ou desproporcional o ato discricionário, necessária será sua invalidação quando do controle jurisdicional. Essas máximas, da razoabilidade e proporcionalidade, se consubstanciam hoje em limites substantivos às restrições a direitos fundamentais, protegendo os cidadãos das ações inconstitucionais do Poder Público.

143. Na visão do Superior Tribunal de Justiça: "Na atualidade, a Administração Pública está submetida ao império

Desta forma, a impugnação, por meio de ação judicial, a textos de questões a gabaritos e a correções de provas objetivas ou discursivas de concursos públicos ou exames seletivos vem sendo admitida em relação a um rol cada vez mais amplo de hipóteses, senão vejamos as principais :

a) situações em que se discute a vinculação aos termos do edital e do gabarito oficial;
b) situações em que se discute a vinculação à exposição de motivos em face da teoria dos motivos determinantes;
c) situações em que se discute a ocorrência de erro material e/ou vício na elaboração das questões;
d) situações, excepcionais (e polêmicas), em que se discutem os critérios de correção e atribuição de notas pelas bancas examinadoras.

Apreciemos, de início, as questões relacionadas aos atos vinculados da administração, onde se tornam mais facilmente identificáveis os contornos da ilegalidade. É certo que o administrador detém o poder discricionário, insubstituível pelo Juízo, para eleger o nível de conhecimento dos candidatos que se habilitam no concurso e que poderão, *a posteriori*, ingressar no seu quadro de pessoal. Contudo, o concurso público, por se tratar de processo administrativo, é formado pelo encadeamento de uma série de atos administrativos, onde o princípio da vinculação dos atos administrativos impõe ao administrador agir de determinada forma, sob pena de ilegalidade.

Pode-se afirmar, com segurança, que a inobservância tanto de regras claras do edital do certame, quanto à desobediência a princípios e regras vinculantes que regem os atos administrativos, podem e devem ser objeto de exame judicial, sob pena de arbitrariedade e abuso de poder da autoridade administrativa. Vejamos, então, primeiramente, uma dessas questões tão frequentemente discutidas em nosso tribunais, que é a da vinculação ao edital.

2. VINCULAÇÃO AO EDITAL

Reza o já consagrado aforismo jurídico que *"o edital é a lei do concurso público"*[144]. Tal máxima consubstancia-se no princípio da vinculação ao edital, o qual vem homenagear outros princípios importantíssimos, tais como o princípio da segurança jurídica, o princípio da lealdade (segundo o qual a administração deve corresponder às expectativas por ela mesma geradas nos administrados), o princípio da boa-fé *objetiva* da administração, além do princípio da confiança legítima. Tamanha é a importância deste princípio da vinculação ao edital que, a par de ser uma clara faceta dos princípios da legalidade e moralidade, recebe tratamento próprio, de destaque.

A Administração Pública, fazendo uso do poder discricionário que lhe é conferido, certamente tem a liberdade de contratar seu pessoal tendo em vista seus próprios motivos

da lei, inclusive quanto à conveniência e oportunidade do ato administrativo. (...) O Poder Judiciário não mais se limita a examinar os aspectos extrínsecos da administração, pois pode analisar, ainda, as razões de conveniência e oportunidade, uma vez que essas razões devem observar critérios de moralidade e razoabilidade". (STJ, REsp nº 429570/GO, 2ª Turma, Rel. Min. Eliana Calmon, *RSTJ* v. 187, p. 219).

144. Há de ser observado que o axioma jurídico de que "o edital é a lei concurso" não é absoluto, deixando de prevalecer em havendo descompasso com norma constitucional ou legal, de modo que a Justiça pode interpretar o edital buscando o seu melhor sentido e escoimando-o de cláusulas inconstitucionais, ilegais ou, simplesmente, desarrazoadas.

de conveniência e oportunidade. Entretanto, uma vez constatada e decidida sua necessidade, ocorre que esse poder discricionário passa a sofrer certas limitações, tornando-se vinculado à sua causa (concretizada no edital), assim como aos requisitos necessários à investidura no cargo, e por ele impostos. E é então que, deste momento em diante, passa a ser possível ao Judiciário coibir eventuais abusos ou ilegalidades que venham a ocorrer, controle este que deve ser feito com estribo nos princípios da moralidade, da razoabilidade, da proporcionalidade, e também na teoria dos motivos determinantes.

A jurisprudência do STF mostra-se coerente ao reconhecer e afirmar, reiteradamente, que a adequação das questões da prova ao programa do edital de concurso público constitui tema de legalidade suscetível de exame pelo Poder Judiciário, uma vez que o edital – nele incluído o programa – obriga, enquanto "lei do concurso", tanto a Administração quanto o candidato às regras previstas. Como o Judiciário pode (e deve) fazer avaliações quanto à legalidade do ato administrativo, essa avaliação estende-se, por exemplo, à discussão sobre se a questão dada em prova de concurso está dentro dos limites impostos no conteúdo programático constante do edital. Por conseguinte, havendo controvérsia acerca da legalidade do ato e pretensão de direito subjetivo lesado a apurar, torna-se perfeitamente cabível o acesso à jurisdição (CF, art 5º, XXXV).

Vejamos o posicionamento do Supremo Tribunal Federal :

> Concurso público: controle jurisdicional admissível, quando não se cuida de aferir da correção dos critérios da banca examinadora, na formulação das questões ou na avaliação das respostas, mas apenas de verificar que as questões formuladas não se continham no programa do certame, dado que o edital – nele incluído o programa – é a lei do concurso. Precedente (RE 434.708/RS, 21.6.2005, Ministro Sepúlveda Pertence, *DJ* de 09.09.2005). (RE-AgR nº 526600/São Paulo, Primeira Turma, Rel. Min. Sepúlveda Pertence, j. em 12/06/2007).

Não há dúvida de que cabe ao administrador o poder-dever de se valer da discricionariedade na escolha do conteúdo das questões, mas isso desde que se restrinja ao conteúdo previsto no edital. Mesmo no caso de provas discursivas, a Comissão do Concurso/exame não pode cobrar matérias não previstas no edital, devendo conter-se aos limites do conteúdo programático divulgado, já que este representa norma de força vinculante em face do princípio da legalidade e da segurança jurídica. Ocasiões costumam surgir, não raramente, em que nos deparamos com questões versantes sobre tópicos específicos não previstos no conteúdo programático publicado em edital. Há, nesses casos, vício insanável, ensejando a anulação da questão. O entendimento, sem exceção, é no sentido de que se atribua pontuação em favor de todos os candidatos[145].

Neste mesmo sentido, vejamos a seguinte decisão do Tribunal Regional Federal da Segunda Região, envolvendo discussão acerca de prova prático-profissional aplicada no âmbito do Exame de Ordem da OAB/GO, em julho de 2003, onde se reconheceu o excesso praticado pelo ato de se exigir, na referida prova, a elaboração de medida não privativa de advogado, matéria distinta da delimitada pelo Edital do exame e Provimento da OAB que regula sua aplicação.

145. *Vide*: TRF – 1ª Região, AGREG em AgI – nº 200801000283610, Des. Fed. Fagundes de Deus, *DJ*, 17/05/2008.

Administrativo. Mandado de Segurança. Concurso público. Segunda fase. Exame de ordem. Elaboração de peça privativa de advogado. Sentença *ultra petita*. Princípio da inafastabilidade da jurisdição. Vinculação ao edital. Provimento do Conselho Federal da OAB nº 81/96. Controle judicial restrito ao aspecto da legalidade. Possibilidade. Precedentes.
1. Ao Poder Judiciário é vedado substituir-se aos membros da comissão examinadora na formulação e na avaliação de mérito das questões do concurso público. Entretanto, excepcionalmente, pode o Juiz anular questões subjetivas, através do exame da legalidade do ato, quando comprovado o erro material, vício na formulação das questões, e até mesmo, como na hipótese dos autos, se englobam matérias não constantes das disciplinas arroladas no programa do concurso. Precedentes desta Corte, do STJ e do STF. 2. Se a parte em sua peça de ingresso requer a anulação da questão reputada ilegal, para que o valor a ela atribuída se revista integralmente a seu favor, e o magistrado se limita a deferi-lo em proporção à pontuação auferida nas demais questões, cuja valoração coube à própria Banca Examinadora, não há que se falar em julgamento *ultra petita*. 3. Não assiste razão ao apelante quanto à alegação de irrecorribilidade das decisões proferidas nos recursos administrativos referentes ao Exame de Ordem, tendo em vista que vigora no Brasil o princípio da inafastabilidade da jurisdição, à vista do qual não se pode excluir da apreciação do Poder Judiciário lesão ou ameaça de lesão a direito (Carta Magna, art. 5º, XXXV). 4. A realização do Concurso Público deve pautar-se nas normas e princípios estabelecidos na Constituição Federal e no Edital ao qual se vincula. Dispõe o Edital de abertura das inscrições para o Exame de Ordem da OAB/GO (julho/2003), no item nº 13, que "As disciplinas abrangidas no exame e o programa são os constantes do Provimento nº 81/96, do Conselho Federal da OAB (...)". O art. 5º, II, alínea "a", do referido Provimento, por sua vez, destaca que a "*prova prático-profissional, acessível apenas aos aprovados na prova objetiva, composta, necessariamente, de duas partes distintas: a) redação da peça profissional, privativa ao advogado (petição e parecer), em uma das áreas de opção do examinado (...)*". 5. Limitando-se o controle judicial ao aspecto da legalidade – entendida esta como conformidade do ato administrativo ao ordenamento jurídico, irretocável a sentença proferida, que reconheceu o excesso praticado pelo ato impugnado, qual seja, o de se exigir, na peça profissional, a elaboração de medida não privativa de advogado, matéria distinta da delimitada pelo Edital e Provimento da OAB. 6. Apelação e Remessa Oficial desprovidas" (grifamos). (TRF – 1ª Região, AMS 200435000011953/GO, Sexta Turma, Rel. Juiz Fed. Carlos Augusto Pires Brandão (conv.), *DJ*, 20/02/2006)[146]

Pelo teor desses julgados, o que se verifica é a expressão nítida do entendimento, já consagrado, segundo o qual a cobrança, pela banca examinadora, de matérias não previstas no edital, traduz-se em violação aos princípios da legalidade e da segurança jurídica, tornando legítima a atuação do Poder Judiciário, que poderá ordenar a adoção das providências necessárias ao exato cumprimento da lei, coibindo, assim, abusos e arbitrariedades cometidos pelos administradores em detrimento da Administração Pública e de seus administrados.

146. No mesmo sentido: TRF-1 REOMS nº 2006.37.00.005132-8/MA, Rel. Des. Fed. Leomar Barros Amorim de Sousa, Oitava Turma, *DJ*, de 14/12/2007, p. 168.

Tais premissas estão, inclusive, brilhantemente inscritas no voto do Ministro Carlos Britto no RE 434.708-9/RS, como se pode apreciar a seguir:

> O SR. MINISTRO CARLOS BRITTO – Sr. Presidente, o pranteado Hely Lopes Meirelles, numa frase que se tornou célebre pela sua precisão pedagógica, disse o seguinte: o edital é a lei interna da licitação. Claro que podemos aplicar essa definição ao concurso, que é um procedimento tão concorrencial quanto o da licitação. No caso, esse apego da Administração Pública às normas editalícias, por ela, Administração, publicadas, homenageia a um só tempo o princípio da segurança jurídica – as partes querem estar seguras de que o edital será respeitado –, o princípio da lealdade, lealdade naquele sentido de que a administração pública tem que corresponder às expectativas por ela mesma geradas nos administrados. É o que, na doutrina alemã e na doutrina portuguesa, tem-se chamado de proteção da confiança. No caso, o que é vedado ao Poder Judiciário em tema de apreciação da legalidade dos concursos é se substituir ao administrador público em três sentidos: quanto aos critérios da formulação dos quesitos; quanto aos critérios de correção de prova e, por desdobramento, quanto à atribuição da nota em si. Não é o caso dos autos, como V. Exa. muito bem demonstrou. O que está a ocorrer no caso é o desapego da própria Administração Pública às normas editalícias por ela definidas e publicadas. Não há pertinência temática entre o que foi proposto aos candidatos e ao programa do edital. De sorte que acompanho comodamente o voto de V. Exa.

Portanto, na elaboração, preparação, convocação, realização e controle dos concursos públicos, deve a Administração atuar imbuída de absoluta boa-fé, vinculando-se estritamente às regras regentes do certame, uma vez que a confiança na atuação leal é o mínimo que os examinandos/concorrentes esperam da administração.

Interessante ainda, com relação à interpretação do alcance dessa vinculação tão defendida, é o posicionamento do egrégio Superior Tribunal de Justiça no sentido da legitimidade da exigência, feita pela banca examinadora de concurso público, de legislação superveniente à publicação do edital, quando esta cobrança não for expressamente vedada pelas disposições editalícias[147].

Outro ponto importante, ainda que muitas vezes olvidado, é o que diz respeito ao entendimento, corretíssimo, de que a vinculação ao edital não é absoluta, de modo que deixa de prevalecer em havendo descompasso com norma legal de superior hierarquia. Assim, do mesmo modo que o edital não pode impor regras inconstitucionais, ilegais ou sem razoabilidade, também não cabe impugnar exigências feitas que, a par de não previstas no edital, sejam em tudo compatíveis com seus termos, razoáveis, e harmônicas com os termos da legislação de hierarquia superior à que esteja vinculado e submetido o edital. É o que acontece, por exemplo, no Exame de Ordem da OAB, nacional, o qual é regido pelo seu edital mas, concomitantemente, pelo Provimento nº 109/2005, do Conselho Federal da OAB, o qual fixa, inclusive, o programa da prova prático-profissional[148].

147. STJ, RMS nº 21617/RMS nº 21.743/ES (2006/0072723-8)/ES, Sexta Turma, Rel. Min. Maria Thereza de Assis Moura, *DJ* de 16/6/2008. E no mesmo sentido: STJ. 5ª Turma, *DJ*: 05/11/2007, Rel. Min. Arnaldo Esteves Lima, e RMS 21.743-ES, Rel. Min. Arnaldo Esteves Lima, j. em 09/10/2007.

148. Ver: TRF- 2ª Região, AMS nº 73391, (200751010245824-RJ) Oitava Turma Especializada, Rel. Des. Fed. Marcelo Pereira, no afast. do Relator, *DJU*, 27/08/2008).

De qualquer forma, temos que, caso o edital tenha regulado as matérias subjacentes às questões que serão apresentadas pela banca examinadora, o ato a ser implementado deixa de ser discricionário para se tornar vinculado, ficando a comissão examinadora sujeita às suas diretrizes, sob pena de afronta ao princípio da legalidade, e de revisibilidade de seus atos pela via jurisdicional.

3. VINCULAÇÃO AO GABARITO

Ora, temos que não apenas aos termos do Edital deve o administrador apegar-se na elaboração e correção das provas. A publicação de um gabarito oficial após a aplicação das provas é um ato que adquire força vinculante em relação aos procedimentos subsequentes, de correção das provas e análise dos recursos, onde a legalidade impõe que o administrador proceda em consonância com o resultado (gabarito oficial) das questões do certame, sendo evidente que nesta esfera faz-se presente o princípio da inafastabilidade da atividade jurisdicional, apta a coibir a lesão ou ameaça a lesão do direito subjetivo[149]. Neste sentido, é certo também o direito que os candidatos/examinandos têm de acesso ao cartão/folha de respostas, a fim de que seja possível a confrontação com o gabarito divulgado[150].

A resposta da Banca Examinadora não deve nunca destoar do critério utilizado para a correção da questão. No entanto, não raras vezes ocorre de o gabarito oficial, fornecido pela organização do concurso/exame, apresentar como resposta correta para uma determinada questão um critério diferente do que vem a ser utilizado pela banca examinadora na correção da prova do examinando; trata-se de evidente ilegalidade.

A solução neste caso, em não havendo a retratação administrativa, é a que cabe ao judiciário: anular a correção realizada para que outra seja feita de acordo com o gabarito oficial, pois, nestes casos, o escopo não é estabelecer uma instância revisora judicial das notas que lhes foram atribuídas, mas sim restaurar o equilíbrio necessário através da atuação judicial na sindicabilidade do ato administrativo ilegal.

4. VINCULAÇÃO À EXPOSIÇÃO DOS MOTIVOS

É interessante notar que, em realidade, acabou firmando-se na doutrina e na jurisprudência a tese da desnecessidade da Banca explicitar a fundamentação para cada nota atribuída na correção de prova. O dever de justificação somente pode ser reconhecido e respeitado pela Comissão de Concurso ao proceder à análise de eventual recurso administrativo interposto pelo certamista ou examinando, em cuja oportunidade devem ser expostas textualmente os motivos (exposição dos motivos, isto é, exposição da situação de fato que embasou o ato) que culminaram o grau atribuído à prova do candidato, Acrescentamos

149. Neste sentido, veja-se, a exemplo: *TRF, 5ª Região, Agravo de Instrumento nº 56596/PE (2004.05.00.017833-7), 3ª Turma, Rel. Des. Fed. Paulo Gadelha, DJU 19/10/2004).*

150. Recentemente, a Quinta Turma do Tribunal Regional Federal da 1.ª Região (Apelação Cível nº 2006.34.00.008854-0/DF), sob a relatoria do Juiz Fed. convocado Ávio Mozar José Ferraz de Novaes, decidiu, por unanimidade, que a negativa de vista dos cartões-respostas de prova de concurso público, para confronto com o gabarito oficial, viola os princípios da publicidade, legalidade e da fundamentação dos atos administrativos. A decisão é no sentido de que não podem os concursos públicos ser realizados de maneira sigilosa, que deixe margem a qualquer dúvida quanto à lisura de seus procedimentos, devendo a atuação da Administração Pública ser pautada pela transparência. Assim, entendeu o magistrado que, como os autores foram afetados pela medida em questão, teriam o direito de ver revista a prova objetiva, "a fim de comprovarem seus desempenhos individuais". O relator concluiu seu voto determinando a manutenção da sentença que condenou a União Federal a apresentar os cartões-respostas preenchidos pelos apelantes, juntamente com o gabarito oficial.

que assim entendemos, todavia atendendo sempre o princípio da razoabilidade, que proíbe os excessos.

É expressiva a jurisprudência prestigiando esse entendimento, por exemplo:

> Concurso público. Juiz de Direito substituto. Prova de sentença. Pretensão de obter informações acerca dos critérios adotados pela Comissão de Concurso na correção das provas escritas (sentenças cível e criminal). Bem assim da exposição de motivos quando da atribuição do grau conferido ao candidato, para fins de interposição de recurso administrativo. Ao Poder Judiciário, restringindo-se ao controle da legalidade do ato administrativo, no caso cabe apenas observar se adotados os mesmos critérios para todos os candidatos. Princípios da legalidade e da impessoalidade observados. Violação aos princípios da motivação e da publicidade dos atos administrativos que não resta configurada. Inexistência de direito líquido e certo violado, decorrente de ato ilegal. Segurança denegada. (MS nº 70007575855, Segundo Grupo Cível, TJRS, Rel. Des. Luiz Ari Azambuja Ramos, em 12/12/2003).

Ocorre que, por força da chamada "Teoria dos Motivos determinantes"[151], construção doutrinária elaborada no intuito de vincular o ato aos motivos que o determinaram em ordem a não imunizá-lo ao exame judicial, uma vez motivado o ato, a Administração está vinculada àquela exposição de motivos, podendo seus atos ser revistos judicialmente, com base na citada teoria e também com lastro no princípio da razoabilidade, o que envolve a análise dos motivos determinantes para a prática do ato, evitando-se abusos, arbitrariedades, incongruências entre a razão e a conclusão ou a finalidade administrativa.

Isto ocorre, pois, o ato administrativo deve necessariamente guardar compatibilidade com os fundamentos que geraram a manifestação de vontade do administrador, sob pena de incidir em insanável vício de legalidade[152].

5. OCORRÊNCIA DE ERRO MATERIAL E/OU VÍCIO NA ELABORAÇÃO DAS QUESTÕES

Atualmente, entende-se com relação aos limites da discricionariedade técnica das Bancas Examinadoras, que estas não podem atuar com arbitrariedade no eleger das questões e de sua(s) respectiva(s) alternativa(s) de resposta(s); e que também não podem agir

151. Sobre a teoria dos motivos determinantes, ver Celso Antônio Bandeira de Mello, *Curso de Direito Administrativo*, 13ª ed., Malheiros Editores, SP, 2001, p. 360, quando afirma que "os motivos que determinaram a vontade do agente, isto é, os fatos que serviram de suporte à sua decisão, integram a validade do ato. Sendo assim, a invocação de motivos de fato falso, inexistentes ou incorretamente qualificados vicia o ato mesmo quando, conforme já se disse, a lei não haja estabelecido, antecipadamente, os motivos que ensejariam a prática do ato. Uma vez enunciados pelo agente, os motivos em que se calçou, ainda quando a lei não haja expressamente imposto a obrigação de enunciá-los, o ato só será válido se estes realmente ocorreram e o justificavam".

152. Neste sentido: "Ação ordinária proposta por candidata ao cargo de auxiliar de enfermagem declarada inapta no exame médico-admissional em face do Município, tendo por pedido sua nomeação e posse. Sentença que julgou procedente o pedido para determinar que o réu proceda à nomeação e consequente posse da autora no cargo de auxiliar de enfermagem, no prazo de trinta dias a contar do trânsito em julgado, sob pena de multa diária de R$ 300,00. Apelo do Município. Recurso que não merece prosperar. Constatando a prova pericial a ausência de inaptidão da apelada para o cargo pretendido, revela-se ilegal o ato administrativo que a eliminou do concurso. Possibilidade, outrossim, de controle judicial do ato impugnado por não se terem verificados seus motivos determinantes. Apelação a que se nega provimento". (TJRJ, AC nº 2008.001.58982, Quarta Câmara Civel, Des. Horácio S. Ribeiro Neto, j. em 12/05/2009).

com desprezo pelas normas técnicas reconhecidamente aplicáveis aos assuntos objeto das questões cobradas. É assim que os examinadores devem formular questões e alternativas corretas, juridicamente razoáveis, que permitam aos candidatos competir de modo livre, sob condições isonômicas e dentro da lei[153].

Mostra-se razoável exigir-se que uma Banca Examinadora não adote certos procedimentos ilícitos, portanto devem ser coibidas as condutas arbitrárias que vêm originando inúmeros litígios quando não reparadas de ofício pela administração. Vejamos alguns deles: (1) propor uma questão/resposta mal formulada e/ou ambígua, eivada de erro material capaz de gerar fundadas e razoáveis dúvidas quanto ao seu alcance e precisão, e, consequente perplexidade que dificulte a eleição da alternativa correta; (2) exigir que se assinale a única alternativa correta, quando, em realidade, existem pelo menos duas (duplicidade de respostas); (3) exigir que se assinale uma alternativa correta, quando, na verdade, não existem alternativas corretas, e sem que haja uma alternativa indicando que todas as demais alternativas estão incorretas (ausência de resposta correta); (4) eleger como correta uma alternativa incorreta à luz da doutrina e jurisprudência dominantes.

Uma vez incorrendo a Banca neste tipo de conduta, seus atos sujeitam-se ao controle judicial sob o prisma da sua ilegalidade. Confirmando este entendimento, veja-se, por exemplo, a seguinte decisão do Superior Tribunal de Justiça:

> Concurso público (juízes). Banca examinadora (questões/critério).
> Erro invencível (caso). Ilegalidade (existência). Judiciário (intervenção).
> 1. Efetivamente – é da jurisprudência –, não cabe ao Judiciário, quanto a critério de banca examinadora (formulação de questões), meter mãos à obra, isto é, a banca é insubstituível.
> 2. Isso, entretanto, não é absoluto. Se se cuida de questão mal formulada – caso de erro invencível –, é lícita, então, a intervenção judicial. É que, em casos tais, há ilegalidade; corrigível, portanto, por meio de mandado de segurança (Constituição, art. 5º, LXIX).
> 3. Havendo erro na formulação, daí a ilegalidade, a Turma, para anular a questão, deu provimento ao recurso ordinário a fim de conceder a segurança. Maioria de votos. (RMS nº 19.062/RS, Rel. Min. Nilson Naves, Sexta Turma, j. em 21/08/2007, *DJ* 03/12/2007, p. 364)[154]

Isto é possível, pois, numa prova de múltipla escolha (prova objetiva), não se deve obrigar o candidato a empreender engenhosas dilações e elucubrações doutrinárias e interpretativas de caráter eminentemente subjetivo e opinativo para que possa responder às questões; ao contrário, é cogente levá-lo a atentar, objetivamente, para o que está sendo questionado pelo examinador.

153. No entendimento do STJ: "Concurso público (juízes). Banca examinadora (questões/critério). Erro invencível (caso). Ilegalidade (existência). Judiciário (intervenção). 1. Efetivamente – é da jurisprudência –, não cabe ao Judiciário, quanto a critério de banca examinadora (formulação de questões), meter mãos à obra, isto é, a banca é insubstituível. 2. Isso, entretanto, não é absoluto. *Se se cuida de questão mal formulada – caso de erro invencível –, é lícita, então, a intervenção judicial.* É que, em casos tais, há ilegalidade; corrigível, portanto, por meio de mandado de segurança (Constituição, art. 5º, LXIX). 3. Havendo erro na formulação, daí a ilegalidade, a Turma, para anular a questão, deu provimento ao recurso ordinário a fim de conceder a segurança. Maioria de votos". (STJ, RMS nº 19.062/RS (2004/0141311-2), Sexta Turma, Rel. Min. Nilson Naves, *DJ*, 03/12/2007)

154. Interessante decisão do nosso tribunal (TJRJ), no mesmo sentido, encontra-se no Agravo de Instrumento n. 06946/2003. Rel. desig. Des. Ademir Paulo Pimentel, TJRJ. 13ª Câm. Cível, j. em 08/10/2003.

Assim, depreende-se da análise da jurisprudência mais atualizada que, excepcionalmente, pode o Juiz anular questões objetivas, através do exame da legalidade do ato, quando comprovado o erro material e/ou vício na formulação das questões[155].

5.1. O vício na formulaçâo das questões

É perfeitamente possível identificar a razoabilidade da anulação judicial de questões de provas (por vício de formulação) quando, por exemplo, a redação que for conferida a alguma(s) das questões realmente induzir ao surgimento de dúvidas devido a estar, por exemplo, extremamente truncada esta redação, dando margem a inevitáveis equívocos de interpretação, diante da disposição de frase(s) de maneira obscura e/ou incompleta. Isto costuma ocorrer quando a Banca formula questões/respostas nitidamente confusas, ambíguas, equivocadas ou duvidosas, seja em face do contexto em que inseridas, seja por impropriedades semânticas, gramaticais ou mesmo ortográficas; isto, pois a técnica de elaboração das questões pressupõe o bom conhecimento do vernáculo e a elaboração de textos que não deixem espaço às controvérsias semânticas e contextuais.

Assume-se, com isto, que a Banca deve valer-se da norma culta da língua, caracterizada por uma linguagem escorreita, clara e precisa e que tanto as questões formuladas quanto as suas respectivas alternativas de respostas oferecidas devem revestir-se de suficientes clareza e precisão, de modo a não deixar margens impróprias de interpretação, e de modo a não gerar nos examinandos grandes incertezas quanto ao alcance e o real significado das proposições, sob pena de eivar-se toda a questão de vício insanável, a ensejar a sua nulidade.

Vejamos recente decisão do Superior Tribunal de Justiça, através da qual, por maioria de votos, a Sexta Turma deferiu o pedido de candidata para anular questão de prova para ingresso na magistratura rio-grandense. Ao votar, o relator do recurso, ministro Nilson Naves, destacou que não cabe ao Judiciário, em princípio, discutir critérios de banca examinadora. Entretanto ponderou que, em certas situações e determinados assuntos, é lícita a intervenção judicial, é lícito ao juiz conhecer da provocação. A seguir:

> Concurso público (juízes). Banca examinadora (questões/critério)./Erro invencível (caso). Ilegalidade (existência). Judiciário (intervenção)./ 1. Efetivamente – é da jurisprudência –, não cabe ao Judiciário, quanto a critério de banca examinadora (formulação de questões), meter mãos à obra, isto é, a banca é insubstituível./ 2. Isso, entretanto, não é absoluto. Se se cuida de questão mal formulada – caso de erro invencível –, é lícita, então, a intervenção judicial. É que, em casos tais, há ilegalidade; corrigível, portanto, por meio de mandado de segurança (Constituição, art. 5º, LXIX)./ 3. Havendo erro na formulação, daí a ilegalidade, a Turma, para anular a questão, deu provimento ao recurso ordinário a fim de conceder a segurança. Maioria de votos. (RMS nº 19062/RS, Rel. Min. Nilson Naves, Sexta Turma, j. em 21/08/2007, *DJ* 03/12/2007, p. 364)

155. Neste sentido o trecho do seguinte acórdão do TRF da 1ª Região, em sede de apelação cível: "(...) 2. Excepcionalmente pode o Juiz anular questões objetivas, através do exame da legalidade do ato, quando comprovado o erro material, vício na formulação das questões, e até mesmo se englobam matérias não constantes do programa de disciplina arroladas no programa do concurso. 3. Precedentes desta Corte e do Superior Tribunal de Justiça no sentido de que 'a discricionariedade na formulação e correção de questões de prova em concurso público está sujeita a controle judicial destinado a expungir erro da Administração'" (TRF – 1ª Região, AC nº 1999.01.00.072912-2/DF, Apelação Cível, Quinta Turma, Rel. Juiz João Batista Moreira, conv.)

O mesmo pode-se dizer de questões que trazem em seu texto erros flagrantes de digitação capazes de provocar equívocos significativos, como no caso a que se refere o acórdão *infra* colacionado:

> Remessa necessária em Mandado de Segurança – Artigo 12, Parágrafo único da Lei nº 1533/51 – Concurso Público – OAB – Exame de Ordem – Erro de digitação em enunciado de questão – Anulação de questão de prova – Possibilidade.
>
> I – Deve ser mantida a r. sentença que concedeu em parte a segurança, confirmando a liminar, onde a parte Impetrante buscava o acréscimo de 1 (um) ponto decorrente de anulação de questão de prova do 17º Exame de Ordem, por ter ocorrido erro de digitação no enunciado, dando margem à interpretação diversa da esperada pela Banca Examinadora, e que causara sua desclassificação para a 2ª fase do referido certame.
>
> II – De acordo com magistério jurisprudencial, o juiz ou tribunal não pode substituir a banca examinadora para reexaminar critérios subjetivos de correção e revisão de provas relativas a concurso público.
>
> III – Ocorre que o que se discute é matéria que alcança o campo do Direito, e que se afigura como evidente equívoco provocado por erro de digitação em enunciado de questão.
>
> IV – Outrossim, deferida medida liminar, mais tarde confirmada pela decisão de 1º grau acarretando a situação de fato que consumou-se pelo decurso do tempo, recomenda-se a chancela do julgado singular.
>
> V – Incidente *in casu*, a Teoria do Fato Consumado, uma vez que prestigia a estabilidade das relações jurídicas sem qualquer prejuízo para terceiros.
>
> VI – Negado provimento à remessa necessária, confirmando-se a r. sentença de 1º Grau. (TRF-2ªR, 5ª T., REO 48061/RJ, (200251010029133), Rel. Juiz Raldênio Bonifácio Costa, j. 07/05/2003, v.u., *DJ*, 27/05/2003, p. 148)

Neste caso citado, por exemplo, o que se discute é o erro no enunciado da questão, que pode levar inúmeros candidatos a respostas incorretas. Não se confunde, portanto, com a proibição de reanálise, pelo Judiciário, dos critérios de correção e revisão de provas de concurso público ou com o mérito das questões.

6. IMPOSIÇÕES ARBITRÁRIAS EM PROVAS OBJETIVAS – AUSÊNCIA OU MULTIPLICIDADE DE RESPOSTAS CORRETAS

Bem firmado encontra-se também o entendimento de que, igualmente constituem hipóteses de erro material, portanto sujeito ao controle de legalidade, aquelas em que a administração incorre em arbitrariedade por exigir que se assinale a única alternativa correta, quando, em realidade, existem pelo menos duas (multiplicidade de respostas); ou por exigir que se assinale uma alternativa correta, quando, na verdade, não existem alternativas corretas, e sem que haja uma alternativa indicando que todas as demais alternativas estão incorretas (ausência de resposta correta).

Realmente, vem merecendo crescente atenção essa questão concernente aos limites dos administradores responsáveis pela elaboração e correção das chamadas provas de múltipla escolha, ou provas objetivas. Ainda que a tendência do Poder Judiciário tenha sempre sido no sentido de reconhecer ampla imunidade aos elaboradores dessas provas, vem firmando-se, contudo, o entendimento segundo o qual, se o interessado comprova que há **mais de uma alternativa correta**, a questão configura-se como sendo de legalidade e o Judiciário deve, então, promover a anulação da questão, atribuindo a todos os candidatos prejudicados os pontos que tenham perdido em função dela[156].

Quando o enunciado elaborado pela Banca Examinadora afirmar que existe uma única alternativa correta, não há que se tolerar a existência de mais do que o afirmado. Acaso existam outras opções corretas, além daquela anunciada, nula será a questão, devendo o Judiciário pronunciar-se nesse sentido uma vez que a matéria é de legalidade. Sem dúvida, configura-se uma clara arbitrariedade exigir-se que o examinando assinale uma única alternativa correta, em havendo, na verdade, pelo menos duas (multiplicidade de respostas); tal comportamento resulta num ato eivado de vício de legalidade.

Convenhamos que não se poderia admitir como razoável o fato de uma Banca Examinadora dar, por corretas, as duas assertivas, ou mesmo uma delas que fosse, mantendo a validade da questão; Isto, pois o motivo do ato – o enunciado – traria uma assertiva falsa, o que é inadmissível, uma vez que prejudica os candidatos, causando-lhes perplexidade ante aquela situação inusitada, que não se coaduna com a exigência de boa-fé objetiva da Administração Pública[157].

Portanto, em estando as questões ambíguas ensejando a multiplicidade de respostas, o Judiciário, frente ao vício do ato da Banca Examinadora, não pode mantê-las, por afronta ao princípio da legalidade e, como consequência, além de declarar nulas tais questões (art. 47 do CPC), a anulação deverá beneficiar não somente ao recorrente, como também aos demais candidatos, independentemente de interposição de recurso, sob pena de ofensa ao princípio da isonomia e da impessoalidade.

Nos termos da seguinte decisão do Superior Tribunal de Justiça:

> Administrativo – Recurso especial – Concurso público – Dissídio pretoriano comprovado e existente – Auditor tributário do DF – Prova objetiva – Formulação dos quesitos – Duplicidade de respostas – Erro material – Princípio da legalidade dos atos – Nulidade.
> (...)
> 2 – Por se tratar de valoração da prova, ou seja, a análise da contrariedade a um princípio ou a uma regra jurídica no campo probatório, porquanto não se pretende que esta seja mesurada, avaliada ou produzida de forma diversa, e estando comprovada e reconhecida a duplicidade de respostas, tanto pela r. sentença monocrática, quanto pelo v. acórdão de origem, afasta-se a incidência da Súmula 07/STJ (cf. AG nº 32.496/SP).

156. Quando as questões são anuladas em virtude de estarem incorretas as suas formulações, causando a alteração na nota e, via de consequência, na classificação dos candidatos, assume-se que tais modificações devam atingir indiscriminadamente todos os participantes, alterando a nota para todos os concorrentes, o que atende ao princípio da igualdade. Equivocado seria o entendimento da Administração Pública se anulasse determinada questão e somente considerasse o equívoco em benefício do candidato que a tivesse reclamado. Portanto, verificado o erro na formulação das questões, a Administração as corrigiu, pois, caso contrário, seria legitimar o equívoco e possibilitar que candidatos com menor conhecimento fossem aprovados em detrimento de outros, mais aptos e mais preparados.
Em assim sendo, obviamente que, atribuindo a pontuação exclusivamente ao reclamante, estariam sendo feridos os princípios da isonomia e da impessoalidade. Neste sentido: "Administrativo. Mandado de Segurança. Exame de Ordem. Anulação de questão – Reversão de pontuação aos candidatos que recorreram – Afronta ao princípio da isonomia. – O reconhecimento de equívoco na elaboração de determinadas questões do certame, por parte da Administração, e consequente anulação das mesmas, alcança aos candidatos que a aproveitem a pontuação respectiva, independentemente de interposição de recurso a tanto, sob pena de ofensa ao princípio da isonomia." (TRF 4ª R., 4ª T., AMS nº 68457/PR, (200070000091846), Rel. Juiz Amaury C. de Athayde)

157. O que, por consequência direta, afronta o princípio constitucional da moralidade administrativa.

> 3 – Consoante reiterada orientação deste Tribunal, não compete ao Poder Judiciário apreciar os critérios utilizados pela Administração na formulação do julgamento de provas (cf. RMS n°s 5.988/PA e 8.067/MG, entre outros). Porém, isso não se confunde com, estabelecido um critério legal – prova objetiva, com uma única resposta (Decreto Distrital nº 12.192/90, arts. 33 e 37), estando as questões mal formuladas, ensejando a duplicidade de respostas, constatada por perícia oficial, não possa o Judiciário, frente ao vício do ato da Banca Examinadora em mantê-las e à afronta ao princípio da legalidade, declarar nulas tais questões, com atribuição dos pontos a todos os candidatos (art. 47 do CPC c/c art. 37, parágrafo único do referido Decreto) e não somente ao recorrente, como formulado na inicial. 4 – Precedentes do TFR (RO nº 120.606/PE e AC nº 138.542/GO). 5 – Recurso conhecido pela divergência e parcialmente provido para, reformando o v. acórdão de origem, julgar procedente, em parte, o pedido a fim de declarar, por erro material, nulas as questões 01 e 10 do concurso ora *sub judice*, atribuindo-se a pontuação conforme supra explicitado, invertendo-se eventuais ônus de sucumbência. (STJ, 5ª T., REsp nº 174291/DF, (199800350373), Rel. Min. Jorge Scartezzini)

Nesses casos verifica-se um problema de legalidade bastante sério, já que não se espera da administração que esta venha a confundir os candidatos com alternativas equivocadas, de modo que, ao afirmar falsa ou equivocadamente que só existe uma alternativa correta, estará redundando na nulidade de toda a questão[158].

Assim, podem ser objeto de enfrentamento pelo Poder Judiciário os casos de existência de dissídio eloquente na jurisprudência e na doutrina acerca das alternativas oferecidas, de forma a causar perplexidade no candidato e, por consequência, prejuízo.

Por tudo isto é que as hipóteses controvertidas não deveriam merecer acolhida em provas objetivas, onde não há a possibilidade de fundamentação das respostas. Do mesmo modo, nas provas objetivas de conhecimento jurídico, deveriam ser evitadas as questões ainda muito polêmicas na doutrina ou eventualmente sujeitas a dissídio jurisprudencial ainda não resolvido pelo STJ, assim como também deveriam ficar de fora as controvérsias relativas à dispositivos constitucionais ainda não resolvidas pelo STF.

Diante da relevância do tema, insta salientar que a doutrina é rica e incontroversa, tanto quanto pacífica a jurisprudência, no sentido não apenas de que ao optar a Administração pelo critério da prova objetiva para testar o grau de conhecimento dos candidatos/examinandos, não poderá utilizar-se de questões que deem margem a divergência de entendimento, mas também no sentido de que não poderá a administração utilizar-se de ***questões que contenham apenas opções incorretas***. Nesses casos, se nenhuma das opções apresentadas é correta e a questão proposta exige que o candidato aponte aquela que está correta, evidencia-se uma impossibilidade, o que caracteriza manifesta ilegalidade. A jurisprudência tem prestigiado esse entendimento:

> Administrativo. Concurso público para o cargo de auditor fiscal do Tesouro Nacional. Agravo retido. Prova pericial. Desnecessidade. / Anulação de questões. Erro material caracterizado. Possibilidade de anulação pelo Judiciário. Princípio da legalidade dos atos.

158. Farta é a jurisprudência neste sentido, a ilustrar recomendamos: STJ, ROMS nº 14202/RS, 6ª Turma, Rel. Min. Paulo Medina, decisão em 23/03/2004; Decisões do TRF-1: AMS nº 01.290.893, Rel. Des. Fed. Luciano Tolentino Amaral; AMS nº 38.000.141.441, Des. Daniel Paes Ribeiro.

> 1. Sendo as questões de fácil verificação e existindo nos autos pareceres de professores sobre as mais complexas, não se apresenta necessária a produção de prova pericial. 2. Excepcionalmente pode o Juiz anular questões objetivas, através do exame da legalidade do ato, quando comprovado o erro material, vício na formulação das questões, e até mesmo se englobam matérias não constantes do programa de disciplina arroladas no programa do concurso. 3. Precedentes desta Corte e do Superior Tribunal de Justiça no sentido de que "a discricionariedade na formulação e correção de questões de prova em concurso público está sujeita a controle judicial destinado a expungir erro da Administração" (AC nº 96.01.46972-9/MG) 4. *A questão nº 42, da prova a2, do gabarito 3, do referido concurso público deve ser anulada, para os fins do item 6.3 do edital, em razão de erro material eis que não apresenta nenhuma resposta correta, estando equivocadas todas as alternativas, sem possibilidade de acerto.* 5. Agravo retido improvido. 6. Apelação provida em parte, apenas para reconhecer a anulação da questão nº 42, para o efeito do edital. (TRF – 1ª Região, AC nº 1999.01.00.072912-2/DF, Rel. Juiz Joao Batista Moreira, Quinta Turma, DJ 21/01/2002) (grifamos).

Quando se verifica que **não existem respostas corretas** entre as oferecidas para uma determinada questão, e nem mesmo a famosa "N.R.A" (nenhuma das respostas anteriores) ou outra que indique o fato de estarem todas as respostas erradas, não pode haver outra solução adequada que não a de reconhecer a nulidade da questão; tal é a solução que se impõe diante da constatação do flagrante erro material que destitui a questão de seu suporte, ensejando sua nulidade.

Vislumbra-se que em todas essas hipóteses (supracitadas) de erro material o que se estará examinando não será o mérito da Banca Examinadora, mas sim a ilegalidade contida na questão, o que nos leva a concluir que a matéria nestes casos é objetiva: o erro – material – causador de prejuízo, passível de nulidade e invalidação. O Poder Judiciário, quando provocado, pode e deve intervir nesses casos, pois a divergência em comento, obviamente, pode levar à reprovação dos candidatos no certame. Ressalte-se, mais uma vez, que o objetivo desse tipo de tutela jurisdicional não é o de analisar a correção ou não do conteúdo das respostas apresentadas pelos candidatos. Busca-se, isto sim, a declaração de nulidade da questão mal formulada ou mal redigida.

Uma outra situação que vem sendo reconhecida pelos tribunais como clara ilegalidade é aquela em que a Banca age arbitrariamente através da ***eleição, como correta, de uma alternativa claramente incorreta,*** o que, no caso das questões relacionadas a conhecimentos jurídicos, seria exigir uma resposta dissonante do que vem sendo afirmado à luz da doutrina e jurisprudência dominantes[159].

A despeito da (já ultrapassada) jurisprudência restritiva, hoje se pode afirmar, tranquilamente, que o Poder Judiciário pode aferir, por exemplo, se uma determinada nota atribuída

159. É certo que a Ciência Jurídica evolui no ínterim das controvérsias, mas também é certo que ela possui técnicas unanimemente reconhecidas como válidas, assim como inúmeras divergências já solucionadas, estando muitas de suas questões básicas já bem resolvidas na doutrina e jurisprudência. Contudo ainda percebe-se no âmbito dos concursos e testes seletivos na área jurídica inúmeras distorções com afronta à normas técnicas do conhecimento jurídico, o que frequentemente ocorre pela razão de não terem os examinadores o suficiente conhecimento acerca da matéria questionada. Esta é a principal razão pela qual se entende recomendável que bons examinadores, técnicos e especialistas em cada matéria, sejam escolhidos para composição das Bancas.

aos candidatos foi correta, levando-se em conta a doutrina e jurisprudência a respeito do tema[160]. Vejamos a seguinte decisão, bastante esclarecedora, do Tribunal Regional Federal da 1ª Região, relatada pelo ilustre Desembargador Fed. João Batista Moreira:

> Administrativo e processual civil. Concurso público. Reprovação de candidato. Pretensão de revisão do resultado pelo Poder Judiciário. Impossibilidade jurídica. Inexistência./ A argumentação de que ao Poder Judiciário não é permitido avaliar o conteúdo de resposta de questão em concurso público tem a mesma natureza daquela segundo a qual o juiz não pode ingressar no campo próprio da discricionariedade (discricionariedade técnica) do administrador./ A reprovação de candidato em concurso público subsume-se no conceito de ato administrativo./ O conteúdo do ato administrativo, ainda que o ato classificado como discricionário, está, sim, sujeito a controle judicial, sob o critério de razoabilidade./ O juiz não irá avaliar se o administrador, como é de seu dever, fez o melhor uso da competência administrativa; no caso de um concurso, se a banca examinadora elegeu como padrão a melhor resposta para a questão, mas cabe-lhe ponderar (quando for o caso, mediante instrução probatória) se o ato conteve-se dentro de limites aceitáveis. Na dúvida sobre se o ato está ou não dentro do razoável, deve optar por sua confirmação, preservando a solução dada pela banca examinadora.
>
> *A barreira que tem sido oposta ao controle judicial do ato de formulação e correção de provas, sob o rótulo de preservação da discricionariedade da Administração, atende, na realidade, ao objetivo prático de evitar a inundação do Poder Judiciário com litígios dessa natureza, de difícil exame, pela quantidade e porque dependentes da apreciação de matérias altamente especializadas.* A verdadeira razão é uma suposta impossibilidade material, não impossibilidade jurídica.
>
> Caberá ao ora apelante o ônus de demonstrar, mediante perícia ou outro meio apropriado, que a opção eleita pela banca examinadora está fora dos limites da razoabilidade, resultando a dúvida em seu prejuízo. A dificuldade que terá nessa empreitada não pode ser considerada, *a priori*, impossibilidade jurídica do pedido. Reforma de sentença em que foi indeferida a petição inicial. Apelação provida. (TRF 1ª Região, AC nº 2001.36.00.010081-9/MT, Rel. para acórdão Des. Fed. João Batista Moreira, *DJ* de 20/03/2006). (Grifos nossos.)

De fato, vêm surgindo decisões, cada vez mais frequentes em nossos tribunais, no sentido de que constitui ilegalidade atribuir resultado errado a questão em concurso público[161]. Este tem sido o posicionamento do Superior Tribunal de Justiça, como se pode verificar nos acórdão a seguir[162]:

160. No contexto das provas de conhecimento jurídico, por exemplo, nada obsta ao Judiciário declarar a nulidade da questão, integralmente ou em parte, incompatível com a inteligência das normas e da doutrina regulamentadora da matéria jurídica sob enfoque, sob o prisma de que a valoração subjetiva deve vincular-se ao princípio da razoabilidade, de maneira que a motivação da apreciação subjetiva da Administração Pública deve ser factível, razoável e verdadeira.

161. "Mandado de Segurança – Concurso público – Incorreção de gabarito – Interposição do 'writ' contra ato do presidente da comissão de concurso e não contra ato jurisdicional – Inexistência de competência originária. Desnecessidade de envio do processo à primeira instância, contudo – Remédio constitucional que proíbe a dilação probatória e, por isso, permite o pronto julgamento. Correto o resultado dado como certo no concurso – Não aplicação de crase antes da palavra chuva utilizada em sentido genérico. *Possibilidade do Judiciário em analisar esta questão por se tratar de controle de legalidade.* Mandado de segurança denegado" (Grifamos) (TJSP, MS nº 124.678-5/6, Comarca de São Paulo, 1ª Câmara de Direito Público, Rel. José Raul Gavião de Almeida).

162. Posicionamento este que vem sendo reproduzido em outras instâncias. Por ex.: AMS nº 2007.37.00.000194-0/MA,

Processual e administrativo. Recurso Ordinário em Mandado de Segurança. Decadência. Não ocorrência. Concurso público. Nomeação. Preenchimento das condições. Preterição de vaga. Em tema de concurso público, é vedado ao Poder Judiciário reapreciar as notas de prova atribuídas pela Banca Examinadora, exceto nas hipóteses em que haja erro material em questão objetiva, que acarrete nulidade da mesma ou, ainda, quando, por afronta às normas pré-fixadas no edital e na lei, os quesitos sejam formulados de forma inadequada *ou ofereçam alternativas de resposta – bem assim a opção eleita correta – discrepantes dos parâmetros já sedimentados*. Precedentes desta Corte. (...) (STJ, ROMS nº 14202/RS, Rel. Paulo Medina, *DJU* 26/04/2004, p. 220). (Grifos nossos.)

Em se tratando de prova objetiva, se a alternativa apontada pela Banca Examinadora não estiver correta, havendo na questão outra alternativa que se revele inteiramente adequada não restará outra solução senão a de reconhecer como correta aquela alternativa que verdadeiramente o for, isto pois a legalidade do próprio Edital determina que só devam ser assinaladas respostas corretas, não incorretas. De outro modo haveria uma frontal violação do princípio da eficiência administrativa, já que seriam beneficiados todos os que tivessem marcado a alternativa (em verdade) incorreta, em detrimento de outros, que seriam aqueles, justamente, que tivessem demonstrado mais conhecimento e preparo técnico, marcando a opção que estava a merecer o respaldo da correção científica.

Num caso como este, estaríamos diante de mera retificação do gabarito, sendo certo que a própria administração pode rever seus atos, de ofício e unilateralmente, em circunstâncias como esta (STF, Súm. nºs 346 e 473). Ora, diante da manutenção da opção incorreta estaria se incorrendo em evidente arbitrariedade, ainda que por equívoco, a solapar a isonomia dos candidatos e a legalidade do concurso, e a legitimar a revisão judicial dessa questão.

7. A CARACTERIZAÇÃO/COMPROVAÇÃO DO ERRO MATERIAL

Com relação ao erro material ainda é importante destacar a relevância que o Superior Tribunal de Justiça vem atribuindo à evidência de qual deve estar revestido o erro para que seja possível a sua caracterização. Deste modo existe a condição de o erro ou vício ser evidente de plano[163], ou, de já ter sido reconhecido pela própria Banca Examinadora[164], para que possa ensejar a anulação da questão de prova viciada e, pois, levar ao reconhecimento do direito à pontuação do candidato/examinando recorrente.

Vejamos a jurisprudência do STJ neste sentido:

Recurso em Mandado de Segurança. Concurso público. Questão objetiva. Anulação. Impossibilidade. Ausência de erro grosseiro ou reconhecimento da banca examinadora. Recurso desprovido. Inexistindo *erro material primo* ***ictu oculi*** *ou reconhecimento do vício por parte da banca examinadora,* é inviável a anulação judicial de questão objetiva de concurso público. Precedentes. Recurso ordinário desprovido. (RMS nº 20610/RS, Rel. Min. Felix Fischer, Quinta Turma, j. em 04/05/2006, *DJ* 12/06/2006 p. 504)[165] (Grifos nossos.)

Rel. Des. Fed. Leomar Barros Amorim de Sousa, Oitava Turma, e *DJF*1 de 14/03/2008, p. 633.

163. STJ, RMS nº 722586/MG, Rel. Min. Arnaldo Esteves Lima, *DJ* 23/08/2005.

164. STJ, (RMS nº 12.097, Rel. Min. Paulo Medina, *DJ* 17/02/2004.

165. No mesmo sentido: "Administrativo. Recurso em Mandado de Segurança. Concurso público. Controle jurisdicional. Anulação de questão objetiva. Possibilidade. Limite. Vício evidente. Precedentes. Previsão da matéria no edital do certame. 1. É possível a anulação judicial de questão objetiva de concurso público, em caráter

Contudo, é razoável afirmar que o Judiciário não deve fechar as suas portas àqueles casos em que se faça necessária maior dilação probatória, sendo que, nesses casos, obviamente não será cabível a revisão judicial em sede de mandado de segurança[166].

8. UMA QUESTÃO POLÊMICA: A REVISÃO DOS CRITÉRIOS DE CORREÇÃO EM PROVAS SUBJETIVAS

Muitos protestos têm sido apresentados por candidatos que se julgam prejudicados pela avaliação, subjetiva, das **provas discursivas**. É certo que, se o candidato não se conforma com o resultado, deve ser-lhe assegurado o direito a recurso administrativo[167], dirigido à autoridade mencionada no edital ou na lei ou ato de organização da entidade pública. Mesmo assim, sempre restará grande parcela de subjetivismo para a banca examinadora[168].

Nas chamadas provas discursivas (ou dissertativas) ocorre que o examinando, diferentemente do que ocorre nas provas objetivas, tem maior liberdade e espaço para o desenvolvimento e fundamentação crítica das suas respostas, de modo que a ele se abre um amplo horizonte de possibilidades argumentativas.

Por outro lado, e como consequência direta da adoção dessa modalidade de prova, abre-se também ao administrador, em contrapartida, um maior campo de discricionariedade técnica na correção das provas. Nas provas discursivas, a avaliação das respostas levada a efeito pelos examinadores pode levar em consideração diversos aspectos e critérios além do fator estritamente ligado ao conhecimento. Na grande maioria das vezes os examinadores avaliarão, além da adequação ao gabarito oficial, o raciocínio jurídico, a fundamentação e sua consistência, a capacidade de interpretação e exposição, a correção gramatical e a técnica profissional demonstrada. Nesses casos, não há como evitar que as bancas examinadoras sejam dotadas de certo (e amplo) poder discricionário para avaliar as respostas e chegar à sua graduação.

Vasta é a jurisprudência[169] no sentido de que esses critérios subjetivos não podem ser reavaliados no Judiciário, pois que, além de serem privativos da Administração, sua reapreciação implicaria ofensa ao princípio da separação dos poderes. Pois bem, esta é, realmente,

excepcional, *quando o vício que a macula se manifesta de forma evidente e insofismável, ou seja, quando se apresente* ***primo ictu oculi***. Precedentes. 2. Existência de litisconsórcio passivo necessário dos candidatos classificados em ordem antecedente à do recorrente, pela possibilidade de alteração na ordem de classificação. 3. Recurso ordinário provido". (RMS nº 24080/MG, Rel. Min. Eliana Calmon, Segunda Turma, *DJ* 29/06/2007). E outros: RMS nº 12097/MG, Rel. Min. Paulo Medina, Sexta Turma, julgado em 17/02/2004, *DJ* 15/03/2004, p. 299; REsp nº 722586/MG, Rel. Min. Arnaldo Esteves Lima, Quinta Turma, julgado em 23/08/2005, *DJ* 03/10/2005, p. 325.

166. Neste sentido, ver: TRF-1, AMS nº 35228/DF (2002.34.00.035228-5), Quinta Turma, Rel. Des. Fed. João Batista Moreira, j. em 05/11/2004.

167. Vide, a exemplo, no Estado do Rio de Janeiro, decisão que corrobora tal assertiva: Proc. nº 2003.002.06946 – Agravo de Instrumento, Des. Ademir Pimentel, j. em 08/10/2006, Décima Terceira Camara Cível.

168. Por essa razão, deve a Administração ter o redobrado cuidado de selecionar, para seus concursos, examinadores dotados de muito equilíbrio e imparcialidade, de modo a reduzir os riscos de resultados injustos provocados pela atuação dos examinadores.

169. Vide o posicionamento (restritivo) até bem pouco tempo assumido nos Tribunais superiores: RE nº 560551 AgR, Rel. Min. Eros Grau, Segunda Turma, julgado em 17/06/2008, *DJe*-142, Divulg. 31/07/2008, Public. 01/08/2008, Ement. v. 02326-08 p. 1623; RE nº 140242/DF, STF, Segunda Turma, Rel. Min. Carlos Velloso, *DJ* de 21/11/2004; 14.202/RS, 6ª Turma, Rel. Min. Paulo Medina; RMS nº 7035/DF, STJ, Quinta Turma, Rel. Min. José Arnaldo; Apelação em Mandado de Segurança nº 2005.50.01.011628-4, (RMS nº 18314/RS STJ), 6ª Turma, *DJ* de 19/06/2007, Rel. Min. Paulo Gallotti; STJ, ROMS nº 17.902/MG; STJ. AC nº 116.370/CE, Rel. Juiz Castro Meire. Entre outros.

a regra geral, segundo a qual a conduta vedada ao Poder Judiciário em tema de apreciação da legalidade dos concursos é a de se substituir ao administrador público em três sentidos: quanto aos critérios da formulação dos quesitos; quanto aos critérios de correção de prova e, por desdobramento, quanto à atribuição da nota em si.

No entanto, esta irrevisibilidade não é, de modo algum, absoluta. O entendimento mais atualizado é o de que o Judiciário não pode fechar os olhos para as situações facilmente identificáveis de manifesto equívoco da comissão de seleção/exame uma vez que, mesmo que se trate do mérito administrativo, eventual avaliação do conteúdo das questões é possível em situações excepcionais[170].

É certo que os entendimentos da banca examinadora não podem ser flexíveis às particularidades dos candidatos, devendo ater-se às regras do edital. É igualmente correto o entendimento, já bem sedimentado, de que, em regra, não é competência do Judiciário apreciar o critério de correção de questões de concursos públicos e testes seletivos. No entanto, não se pode negar, também, que podem ocorrer situações peculiares onde são detectáveis, claramente, manifestos erros na correção de prova discursiva, erros esses passíveis de comprometer a aprovação dos candidatos/examinandos, o que mostra não se cuidar, nesses casos, de o Judiciário imiscuir-se indevidamente no âmbito de discricionariedade da banca examinadora, mas, sim, de proteger a esfera jurídica dos candidatos/examinandos.

Então, apesar do tradicional posicionamento restritivo da jurisprudência, quanto à impossibilidade de análise dos critérios de correção de provas, principalmente as discursivas, pelo Poder Judiciário, alguns julgados vêm contemporizando tal entendimento, a fim de proporcionar ao jurisdicionado maior amplitude de proteção do seu direito, senão vejamos:

> Recurso Ordinário em Mandado de Segurança. Administrativo. Concurso público para a magistratura do Estado do Espírito Santo. Vedação editalícia de revisão ou arredondamento de nota. Deferimento de pedido de revisão de prova a outros dois candidatos. Indeferimento de arredondamento de nota final da impetrante. Tratamento desigual. Malferimento ao princípio da isonomia. 1. A Recorrente teve seu pedido de arredondamento da nota final (5,46 para 6,00) indeferido, por haver vedação expressa no Edital; dois outros candidatos, no mesmo certame, lograram obter nova pontuação por meio de revisão da correção de suas provas, hipótese igualmente vedada pelo Edital, o que lhes permitiram prosseguir no concurso. Evidência de tratamento desigual entre os

170. Neste sentido, a decisão da Oitava Turma do Tribunal Regional Federal da Primeira Região: "Processual civil. Mandado de Segurança. OAB. Critérios de elaboração. Correção das provas do Exame de Ordem. Princípios da razoabilidade, fundamentação e motivação. Art. 5º, XXXV, da cf/1988. Possibilidade de apreciação pelo Poder Judiciário./ 1. A vedação quanto à impossibilidade de análise dos critérios de correção de provas pelo Poder Judiciário deve ser relativizada, a fim de proporcionar ao jurisdicionado maior amplitude de proteção do seu direito./ 2. *Para os casos em que os critérios adotados na elaboração e correção de provas de concursos estejam em clara inobservância ao princípio da razoabilidade, da fundamentação, da motivação, com base no preceito constitucional (art. 5º, XXXV, da CF), pode e deve o Poder Judiciário, com os temperamentos necessários, avaliar tais aspectos./ 3. O mérito do ato administrativo está, sim, sujeito a controle judicial, sob o critério da razoabilidade.* O juiz não irá avaliar se o administrador, como é de seu dever, fez o melhor uso da competência administrativa, mas cabe-lhe ponderar se o ato conteve-se dentro de padrões médios, de limites aceitáveis, fora dos quais considera-se erro e, como tal, sujeito a anulação. (AMS 2002.34.00.035228-5/DF, relator Desembargador Federal João Batista Moreira, DJ de 25/11/2004)./ 4. Comprovado, no caso, que houve falha no procedimento adotado para correção da peça processual aplicada na prova prático-profissional realizada pelo impetrante, ante a inobservância aos princípios da razoabilidade, da motivação e da fundamentação, impõe-se a anulação da correção, para que nova apreciação seja realizada./5. Apelação a que se dá parcial provimento. (TRF – 1, AMS nº 2005.34.00.020803-0/DF, Oitava Turma, Rel. Des. Fed. Maria do Carmo Cardoso, j. em 13/11/2007, *DJ* de 23/11/2007. (Grifamos.)

candidatos, malferindo o princípio da isonomia. 2. Ressalte-se que, via de regra, não cabe ao Poder Judiciário a intervenção nos critérios de avaliação dos candidatos aos concursos públicos. Contudo, em casos como o dos presentes autos, não se pode fechar as portas da Justiça, permitindo flagrante discriminação entre os candidatos. Se, contrariando o Edital do concurso, admitiu o Tribunal *a quo* rever a avaliação de dois candidatos para conceder-lhes acréscimos em suas notas (para um, de 4,7 para 5,0; e, para outro, de 5,0 para 6,0), não vejo razão para negar à ora Recorrente o arredondamento de sua nota final de 5,46 para 6,00. 3. Recurso ordinário provido. (STJ, ROMS nº 15836/ES, (2003/0005203-1), Quinta Turma, Rel. Min. Laurita Vaz, julgado em 09/02/2004. T5 – *RSTJ* v. 186, p. 547)

O que vimos corrobora a assertiva de que a postura antes indiscriminadamente adotada pela doutrina e jurisprudência no sentido de que ao Judiciário é vedado, em qualquer hipótese, intervir em critérios de avaliação e alterar notas obtidas em provas e concursos públicos acaba por caracterizar uma situação que pode deflagrar arbitrariedades e injustiças desarrazoadas e desproporcionais, cujo exame não pode ser afastado do Judiciário, nos termos normalmente pretendidos pela Administração Pública, até mesmo por força do disposto no art. 5º, XXXV, da CF.

Assim, que não raras vezes os magistrados se deparam com casos, levados à apreciação do Poder Judiciário, em que os critérios adotados na elaboração e correção de provas de concursos, embora não fujam às raias da legalidade do edital, apresentam-se em clara inobservância ao princípio da razoabilidade, da fundamentação, da motivação, da isonomia, e, via de consequência, revestindo-se de arbitrariedade, em evidente afronta à legalidade *lato sensu* do procedimento administrativo[171].

Para tais casos, com base no preceito constitucional (art. 5º, XXXV), de que nenhuma lesão ou ameaça de lesão pode ser excluída da apreciação do Poder Judiciário, vem sendo entendido que este pode (e deve), com os temperamentos necessários, avaliar os critérios adotados na elaboração e correção de provas aplicadas em certames, mesmo no caso de provas discursivas[172].

Insta salientar que, nestes casos, não se trata de o Poder Judiciário substituir-se à banca examinadora na correção da prova, mas sim de apenas anular a correção viciada para que outra, dentro dos padrões adequados de legalidade, possa ser realizada pela administração. O juiz não irá avaliar se o administrador, como é de seu dever, fez o melhor uso da competência administrativa, mas cabe-lhe ponderar se o ato conteve-se dentro de limites aceitáveis, fora dos quais considera-se erro e, como tal, sujeito a anulação[173].

171. Isto sem falar nos casos já explicitados anteriormente nos quais a ilegalidade torna-se evidente pela violação ao princípio da vinculação ao edital ou até mesmo em razão de erros materiais e outros vícios na formulação das questões, o que se estende, sem sombra de dúvida, também ao âmbito das provas discursivas.

172. No sentido de que a vedação quanto à impossibilidade de análise dos critérios de correção de provas pelo Poder Judiciário deve ser relativizada, a fim de proporcionar ao jurisdicionado maior amplitude de proteção do seu direito. Vale a pena conferir algumas decisões bem interessante do Tribunal Regional Federal da 1ª Região: REOMS nº 2006.33.00.005847-0, Oitava Turma, Rel. Des. Fed. Leomar Barros Amorim de Sousa, DJF1, de 14/03/2008, p. 601, e AMS nº 2002.34.00.035228-5/DF, Rel. Des. Fed. João Batista Moreira.

173. Algumas decisões, no entanto, vem no sentido de, nesta perspectiva, uma vez constatado o efetivo equívoco na correção da prova (por intermédio de legítima prova pericial) reconhecer como correta a nota indicada pelo perito judicial, de forma a corrigir todos os erros cometidos pela banca, quando da correção da prova, inclusive aqueles por ela não identificados. Neste sentido: TRF-1, AC nº 1998.34.00.001170-0/DF, Rel. Des. Fed. Fagundes

Cumpre ressaltar, mais uma vez, que, à luz da jurisprudência colhida nos Tribunais superiores, a possibilidade de anulação da correção viciada não deve ser confundida com a possibilidade de o Judiciário substituir a banca na correção e atribuir uma pontuação requerida pelo pleiteante. Vejamos:

> Constitucional – Administrativo – Mandado de Segurança – Concurso Público – Aferição. O concurso público realizado pelo Executivo desenvolve-se, exclusivamente, naquele Poder. O Judiciário pode examinar o respeito aos princípios constitucionais, legais e administrativos regentes da matéria. Em consequência declarar eventual nulidade. *Inadmissível, contudo, substituir-se à banca examinadora, concedendo os pontos necessários para o candidato ser aprovado.* Mandado de Segurança (ação constitucionalizada) não é recurso administrativo. O Judiciário, ademais, não é órgão recursal do Executivo. (REsp nº 68428/RS, STJ, Sexta Turma, Rel. Min. Luiz Vicente Cernicchiaro, *DJ* de 17/02/2007) (grifos nossos).

9. PROVAS DISCURSIVAS NÃO CORRIGIDAS EM RAZÃO DE LIMITES PREESTABELECIDOS

É sabido que a Administração Pública deve obedecer aos princípios de legalidade, impessoalidade, moralidade, publicidade e, também, que a investidura em cargo ou emprego depende de aprovação prévia em concurso público de provas ou de provas e títulos (art. 37, II, da CF).

De outro modo, não se pode negar que, como visto, "o Edital é a lei do concurso", devendo submeter as suas regras ao mandamento constitucional. Assim, o Edital pode, tranquilamente, estabelecer que somente serão corrigidas as provas discursivas dos candidatos que obtiverem classificação até o limite de, por exemplo, três vezes o número de vagas oferecido por cargo, obedecendo-se à classificação em ordem decrescente do total de pontos obtidos pelos candidatos habilitados, ou de adotar o critério de convocar um número de candidatos melhor classificados para segunda fase, é absolutamente razoável. Daí que, mesmo obtida a pontuação mínima, se o candidato não se classificou dentro do total de vagas, não pode prosseguir nas outras fases do concurso, sob pena de ferir a isonomia, uma vez que todos os aspirantes submeteram-se às mesmas regras. Não cabe ao Poder Judiciário, que não é árbitro da conveniência e oportunidade administrativas, ampliar, sob o fundamento da isonomia, o número de convocações.

Ao contrário de ser ilegal, a limitação de convocação de candidatos para as etapas seguintes do concurso pode ter o objetivo salutar de evitar que sejam efetuados gastos excessivos, da parte da Administração, em razão da manutenção no certame de um número de candidatos em muito superior àquele que, ao final, será convocado para o serviço público.

Este também é o entendimento do Supremo Tribunal Federal, que em decisão recente[174] se manifestou neste sentido, por meio do voto do Ministro Sepúlveda Pertence. No caso, candidato reprovado em concurso público para o preenchimento de vagas no cargo de Fiscal do Quadro Permanente da Secretaria Municipal de Fazenda do Município do Rio de Janeiro, pleiteou na Justiça anulação de dispositivo do edital do concurso.

de Deus, Rel. Des. Fed. Antônio Ezequiel da Silva, Quinta Turma.

174. AI nº 608639, AgR, Rel. Min. Sepúlveda Pertence, Primeira Turma, julgado em 02/03/2007, *DJ* 13/04/2007, p. 96, *EMENT.* v. 2271-27, p. 5617; *RTJ* v. 201-02, p. 818; *RT*, v. 96, nº 863, 2007, p. 157-159; *RNDJ*, v. 8, nº 90, 2007, p. 70-72.

Segundo o edital, somente seriam corrigidas as provas discursivas de candidatos cuja classificação fosse até o limite de duas vezes o número de vagas oferecidas, sendo, neste caso, o número de 50 vagas, ao passo que os demais candidatos que não obtivessem esta classificação seriam, automaticamente, reprovados e eliminados do concurso, não fazendo jus a seguir nas avaliações subsequentes.

Sendo assim, um candidato que obtivera a 1.039ª classificação propôs ação ordinária buscando anulação do dispositivo de edital e de algumas questões, bem como correção da prova discursiva, tendo sido julgado improcedente o pedido no juízo de 1º Grau. Inconformado, apelou da decisão, e o Tribunal entendeu não ser ilegal dispositivo de edital que estabeleça condições para correção da prova, além do fato de ser vedado ao Judiciário exame da matéria relativa ao mérito administrativo, negando, dessa forma, provimento à Apelação em decisão assim ementada:

> Concurso público – Preenchimento de cargo de Fiscal de Rendas do Quadro Permanente da Secretaria Municipal de Fazenda do Município do Rio de Janeiro – Edital que prevê que somente seriam corrigidas as provas discursivas dos candidatos que obtivessem classificação até o limite de duas vezes o número de vagas oferecido – no caso, 50 – considerando-se reprovados os demais – Ação ordinária proposta por candidato que obteve a 1.039ª classificação objetivando a anulação do dispositivo do edital, a correção da prova discursiva e a anulação de algumas questões – Improcedência dos pedidos. Apelação. Não é ilegal o dispositivo do edital, ao qual se submetem os candidatos ao se inscreverem, que estabelece condições para correção de prova. É vedado ao Judiciário o exame de matéria que pertine ao mérito administrativo. Improvimento. (TJRJ, AC nº 2004.001.18037, 5ª Câm. Civel, Rel. Des. Carlos Ferrari, julgamento em 15/03/2005).

Na sequência, o candidato interpôs Recurso Extraordinário, alegando violação dos arts. 5º, *caput*, XXXV; e 37, II, da Constituição Federal, recurso aquele qual acabou não sendo admitido pela Corte Suprema, o que levou o candidato a interpor agravo de instrumento contra tal decisão. O Min. Sepúlveda Pertence, em seu relatório cujo voto negara provimento ao agravo, ponderou as questões suscitadas, entendendo que o cerne da controvérsia estaria na "limitação do número de candidatos habilitados à segunda fase do concurso". Não obstante, considerou que os dispositivos alegados como ilegais estavam devidamente expressos no edital, e que o candidato teria tomado conhecimento do inteiro teor deste antes mesmo da inscrição no concurso. Diante disso, não vislumbrou o Ministro Relator que a conduta da Administração Pública, ao agir em consonância com o edital e chamar apenas 100 candidatos para a segunda fase da prova (já que o número de vagas era 50), fugisse aos critérios da razoabilidade. Dentro deste parâmetro, pareceu certo que dois eram os requisitos para o candidato seguir nas etapas seguintes do concurso: obter pontuação mínima e se classificar dentro do total de vagas, sendo ambos razoáveis, vez que todos os candidatos se submeteram a eles, e abrir exceções a quaisquer candidatos seria uma afronta ao princípio da isonomia.

É sabido que nenhuma lesão de direito pode ser excluída do exame pelo Judiciário, mas, por outro lado, não se pode substituir a valoração dos critérios adotados pela banca examinadora, respeitada a independência da Administração Pública na realização da aludida cláusula editalícia.

10. PROVA ORAL

No tocante à formulação das questões de provas orais, há sempre uma larga margem de discricionariedade do aplicador/arguente na colocação das questões (ou dos temas) dadas para a dissertação oral do candidato/examinando, além do que a avaliação fica a critério (subjetivo) dos examinadores, diferentemente do que ocorre nas chamadas provas objetivas. Ao contrário do que ocorre com as provas escritas, não são previstos recursos em relação à prova oral[175]. Diferencia-se ainda, a prova oral das provas escritas, no tocante ao aspecto da identificação de ambas as partes (arguente[176] e arguido).

A avaliação neste tipo de prova é subjetiva, sendo que valoração do desempenho obtido pelo candidato na prova oral é ato discricionário da Banca Examinadora do concurso, que foi devidamente constituída e habilitada para tal fim[177]. Assim, diversos pontos são avaliados na prova oral e, no caso dos exames/concursos relacionados às carreiras jurídicas, por exemplo, cumpre avaliar: o domínio do conhecimento jurídico, o emprego adequado da língua, a articulação do raciocínio, a capacidade de argumentação, o uso correto do vernáculo, havendo ainda a variante chamada "prova de tribuna", a qual tem por fim apreciar: a entonação, a correção de linguagem, o estilo, o convencimento, o conteúdo lógico e jurídico, a segurança, a adequação técnica e desenvoltura dos candidatos/examinandos.

Em respeito ao postulado da moralidade administrativa, elevado à estatura de princípio constitucional dirigente da atuação da Administração Pública (art. 37 da CR de 1988), impõe, pela própria natureza da prova oral, apresentar critérios subjetivos de valoração e não registrar correção de forma expressa. No entanto, se tal exame encontrar-se totalmente gravado em fitas ou vídeos, não há que se falar em vício, a ensejar anulação do certame.

11. PROVA DE TÍTULOS

Insere-se na órbita do mérito administrativo a valorização das provas apresentadas pelos candidatos para efeito de verificação de experiência profissional, não sendo cabível a invasão do Poder Judiciário na esfera discricionária da Administração, sob pena de violação do princípio da separação dos Poderes.

Não resta dúvida que, no tocante à prova de títulos, a Comissão e a Banca Examinadora gozam de certa discricionariedade em termos de valoração, desde que não haja ferimento à lógica. Importante é frisar que o Poder Judiciário não pode substituir a administração quanto a esse juízo valorativo. Se o fizesse, o Judiciário estaria substituindo a atuação discricionária administrativa pela sua própria.

É no Edital que se estabelecem as regras utilizadas para a pontuação dos títulos, com a devida publicidade. Portanto, não pode existir descompasso entre o que prevê o edital e a atuação da administração.

Note-se que o Edital tem que estabelecer, com minudência, o valor dos títulos, fixando, inclusive, limite máximo de pontos que poderá alcançar o concursando. Estas disposições

175. Interessante decisão a este respeito: RMS nº 16.089/ES, Rel. Min. José Arnaldo da Fonseca, Quinta Turma, julgado em 19/02/2004, *DJ* de 10/05/2004, p. 306.

176. Cumpre destacar que, consolidou-se, de forma "irreversível", a jurisprudência do STF, reafirmando que deve haver publicidade quanto ao nome dos integrantes da Banca da prova oral, em homenagem ao princípio da impessoalidade.

177. Por isso mesmo, as provas orais, ante a possibilidade de que ocorram (mais facilmente) arbitrariedades, deveriam ser sempre públicas e documentadas, preferentemente por instrumentos audiovisuais.

deverão ser uniformes para todos os candidatos. Além disso, não se pode olvidar que não é dado ao Poder Judiciário interferir nos critérios de pontuação adotados pela administração[178].

Não podemos deixar de registrar que a prova, única e exclusiva de títulos, está definitivamente sepultada em nosso ordenamento jurídico. Com o advento da Constituição de 1988, por ferir a democratização do concurso público e o princípio da impessoalidade, moralidade, publicidade, esta modalidade de avaliação foi expungida. A finalidade precípua do concurso público é oportunizar o processo isonômico a todo cidadão para ingressar no serviço público e selecionar os candidatos mais hábeis, capazes e eficientes.

Por isso mesmo, a pontuação atribuída à prova de títulos só é razoável para interferir na classificação geral dos candidatos, pois, por si só, não tem o condão de reprovar ou aprovar, de aferir realmente a capacidade do candidato para o exercício da função pública. E mais: os títulos devem guardar pertinência e aderência com as atividades pertinentes à função pública. Exemplificando, em concurso para a área jurídica é perfeitamente cabível exigir títulos como curso de mestrado, doutorado, especialização, trabalhos jurídicos publicados etc.

Na análise de legalidade do ato da Administração que não atribui pontuação aos títulos apresentados pelo concursado, para efeito de comprovação de experiência profissional em concurso para ingresso num determinado cargo, o Poder Judiciário pode, apenas excepcionalmente, avaliar se é lícita a conduta da Administração que recusa os títulos apresentados pelo candidato.

O Poder Judiciário, no controle jurisdicional do ato administrativo, decorrência do disposto no art. 5º, inciso XXXV, da Constituição Federal, deve verificar a sua legalidade e motivação, mas, em regra, não pode substituir-se à administração no exame do mérito administrativo, bem como, interferir nos critérios de pontuação adotados pela administração, no edital. No entanto, faz-se necessário haver uma previsão dos títulos levados em consideração na análise dos currículos dos candidatos. Tais perguntas, obrigatoriamente, devem constar no edital, sob pena de reflexo claro de afronta aos princípios constitucionais da impessoalidade e da publicidade, que, como se sabe, norteiam a atuação da Administração Pública de forma a vedar benefícios, privilégios imotivados a pessoa determinada e a possibilitar o controle dos atos estatais.

Os critérios sem pontuação dos títulos previstos no edital abrem espaço para ocorrência de fraudes, arbítrios ou equívocos, por serem imprecisos.

Por fim, é de suma importância frisar que é nula a cláusula de edital de concursos públicos, onde se considera título apenas o tempo de serviço público prestado no próprio órgão realizador do certame[179].

---

178. Precedente do STJ: "Administrativo. Concurso para auditor substituto de conselheiro do Tribunal de Contas do Estado do Rio Grande do Sul. Valoração de títulos. Impossibilidade na via estreita do Mandado de Segurança. 1. O exame minucioso dos critérios de avaliação de títulos, em concurso público para o provimento de cargo de auditor substituto de conselheiro do tribunal de contas do estado do Rio Grande do Sul, refoge aos limites estreitos do 'mandamus'. 2. A pontuação dos títulos, em razão de sua subjetividade, compete à banca examinadora, não cabendo ao judiciário substituí-la, alterando as regras estipuladas pelo edital. 3. Recurso improvido". (RMS nº 8.371/RS, Rel. Min. Fernando Gonçalves)

179. "Funcionário Público Municipal – Concurso público – Anulação – Prova de títulos que considera apenas o tempo de serviço público prestado no município – Inadmissibilidade – Concurso que teve por finalidade efetivar em cargos públicos superiores os funcionários do município – Inobservância dos princípios da impessoalidade, da moralidade administrativa, da igualdade e da legalidade – Recurso provido". (TJSP, Ap. Cível nº 177.932-1/Bragança Paulista, Rel. Alfredo Migliore, 07/12/2006)

12. CONCLUSÃO

Como visto, a atual posição dos tribunais, explicitada neste artigo, já representa, sem sombra de dúvida, um grande avanço. A análise dos precedentes aqui apontados corroborou a ideia de ampliação do controle jurisdicional no âmbito das provas e exames seletivos da administração. Em diversos julgados evidenciou-se não só o controle dos atos administrativos vinculados como também a limitação ao poder discricionário em defesa da esfera jurídica dos candidatos/examinandos, impondo ao administrador a abstenção de escolhas desarrazoadas e/ou desproporcionais[180].

Assim, percebe-se claramente que o posicionamento conservador e incompreensível de dar irrestrita imunidade ao administrador continua a ruir, tornando-se inadmissível perante a renovada jurisprudência. Assim, o caráter de liberdade total do administrador vai se apagando paulatinamente de nossa cultura e, no lugar, insere-se a área de controle judicial não só na esfera da legalidade estrita, mas também este neocontrole em sentido amplo.

No entanto, há ainda um longo caminho pela frente, há ainda bastante o que avançar neste sentido para ver claramente consagrados os princípios que devem nortear todos os procedimentos seletivos aqui abordados. É preciso evoluir, cada vez mais, no sentido de uma maior justiciabilidade da atividade estatal e, também, de um fortalecimento ainda maior do postulado da inafastabilidade da fiscalização judicial. A progressiva redução e eliminação dos círculos de imunidade do poder há de coibir, consequentemente, muitos dos abusos ainda reincidentes.

Sem sombra de dúvida, aquela postura antes majoritariamente adotada pela doutrina e jurisprudência no sentido de ser vedada, em toda e qualquer circunstância, a intervenção judicial nos critérios de elaboração/correção de provas de concursos e exames seletivos mostrou-se uma postura capaz de gerar (ou consolidar) arbitrariedades de toda monta. O exame de tais injustiças, felizmente, vem deixando de ser afastado do Judiciário, com a adoção dos novos paradigmas.

Essa concepção mais atual, derivada de um modelo de Estado estruturado sobre o princípio da dignidade da pessoa humana, é incompatível com decisões que destoem do fundamento maior de sua validade, ou seja, da Constituição da República, de onde emanam, com nítida força normativa superior, princípios como o da razoabilidade ou proporcionalidade. Tendo em vista esse entendimento da legalidade realizada pela óptica substancial, vem se tornando possível efetuar, cada vez mais, um eficiente controle dos atos no âmbito judicial. Desta forma, hoje, o exame da legalidade do procedimento administrativo pode dar ensejo à anulação de questões, a uma nova correção de prova, a um novo julgamento do recurso administrativo interposto ou, até mesmo, à realização de um novo exame.

Importante, neste momento, se mostra a conscientização coletiva de que os limites impostos pela legalidade estrita, assim como os limites jurídicos da discricionariedade administrativa, impostos pelos princípios constitucionais, constituem inevitável decorrência do Estado Democrático de Direito e, portanto, devem ser defendidos por todos.

Aos examinandos cumpre lutar pelos seus direitos, a eles reservados pela Lei Maior,

180. Se a apreciação meritória do examinador se mostrar desarrazoada e desproporcional, é certo que foge às raias da legalidade ("lato sensu"), impondo-se a necessidade de controle judicial, uma vez que ao limitar de modo inadequado e desproporcional determinado direito fundamental dos candidatos/examinandos, a atuação administrativa mostrar-se-á ilegítima e fora do campo da legítima atividade discricionária.

principalmente o direito de competir dentro da lei, em condições isonômicas, à luz dos critérios técnicos de eficiência e nos limites do conhecimento que lhes é exigível.

Aos examinadores, encarregados da aferição dos candidatos, devem alcançar e praticar o entendimento de que sua tarefa deve respaldar-se em critérios e condutas destituídos de arbitrariedade, e que a discricionariedade administrativa que lhes é reservada para o exercício deste mister é, na grande maioria das vezes, tecnicamente limitada, e indissociável dos princípios constitucionais tais como os da impessoalidade, da imparcialidade, da razoabilidade e da proporcionalidade. Constatada a falha, é obrigação da comissão promover as correções devidas, pois a observância ao princípio da legalidade torna o ato vinculado, não estando na esfera de escolha da banca examinadora a opção entre manter o equívoco ou promover a correção das questões em que seja constatada falha na formulação ou na resposta indicada como correta.

Aos representantes do Ministério Público, cabe estarem sempre atentos no âmbito dos concursos públicos, exames de ordem etc., e prontos a agir no exercício da sua função de fiscalização dos poderes públicos e das entidades públicas e privadas que executem serviços de relevância pública, procurando coibir os eventuais abusos e ilegalidades que se apresentem no âmbito dos exames e concursos, e que possam representar violação ao direito subjetivo a que toda a sociedade tem à observância e ao respeito dos direitos previstos na Constituição Federal.

Aos magistrados, no exercício da atividade jurisdicional a que estão democraticamente legitimados, devem realizar sem timidez o controle substancial e formal dos atos administrativos, aqui abordados, pondo, no que lhes couber, os devidos limites aos examinadores, exercitando de modo cada vez mais eficaz o controle de legalidade baseado nos princípios consagrados na atual Constituição da República Federativa do Brasil.

Capítulo X

Da investidura do Servidor Público

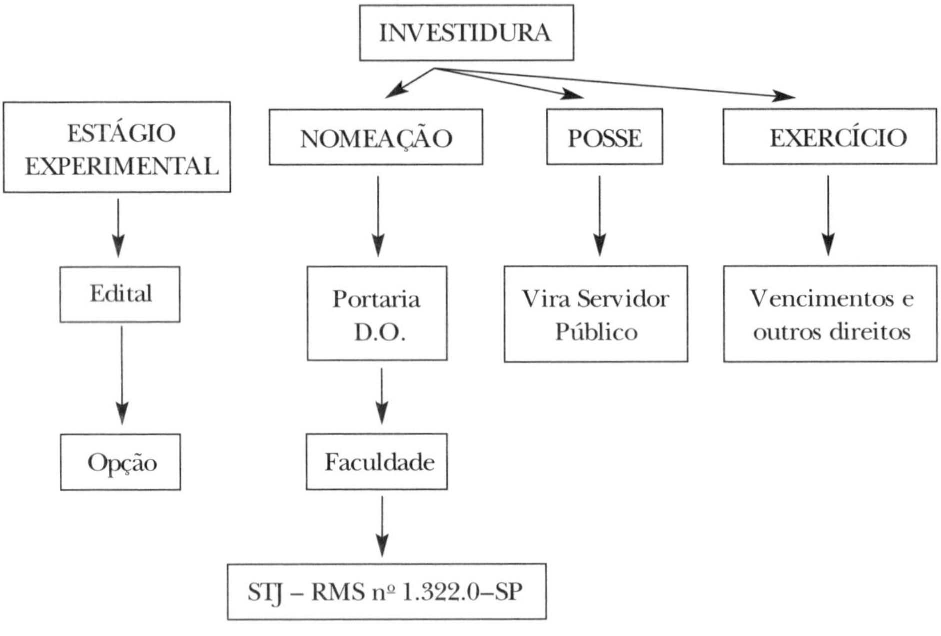

1. NATUREZA JURÍDICA DA INVESTIDURA

Não é uma situação pacífica. O saudoso Hely Lopes Meirelles afirma que a natureza jurídica da investidura é um ato complexo, ou seja, dois ou mais agentes realizando um ato só.

Não compartilhamos dessa opinião: investidura não é um ato, mas um procedimento formado por um rol de atos administrativos. Temos sustentado que o ato não é a investidura. O que é ato é a nomeação, a posse e o exercício.

Observe-se que a nomeação, por exemplo, pode ser questionada, em juízo, isoladamente, em razão da presunção e legitimidade, antes de totalmente integrado (acabado), não se precisando esperar a posse e o exercício, uma vez que não se está querendo questionar o ato de investidura, mas o ato de nomeação.

Alguns doutrinadores, mais prudentes, caminham em apontar a investidura como um procedimento administrativo, formado por três atos: nomeação, posse e exercício.

É procedimento porque há possibilidade de se questionar cada um desses atos, sem ter que aguardar as três fases da investidura. Temos um desencadeamento de atos visando um objetivo único, que é a investidura, o que faz dela um procedimento administrativo.

Muita atenção, porque o STJ afirma, de forma equivocada, que o ato de investidura é ato complexo.

1.1. Nomeação

Nomeação é o primeiro passo de uma investidura. Doutrinariamente, a nomeação é considerada provimento originário e, diga-se de passagem, o único.

A Lei nº 8.112/1990, no seu art. 8º, menciona um rol de provimentos, sem dizer, no entanto, o que é originário e o que é derivado.

> *Art. 8º São formas de provimento de cargo público:*
>
> *I – Nomeação;*
>
> *II – promoção;*
>
> *III – readaptação;*
>
> *IV – reversão;*
>
> *V – aproveitamento;*
>
> *VI – reintegração;*
>
> *VII – recondução.*

A nomeação é a única forma de provimento originária e as demais são derivadas.

Nomear é uma faculdade da Administração Pública. Inclusive, há uma decisão famosa do STJ, em mandado de segurança, efetivamente consolidado, afirmando que o habilitado em concurso público, não tem direito a nomeação. Ele tem expectativa de direito. A Administração pode não nomear ninguém, até mesmo o 1º colocado. Isso está certo porque o interesse público varia no tempo e no espaço. O administrador tem a flexibilidade de perceber ou não a necessidade de nomear ou não. Então, a nomeação realmente é uma faculdade, uma expectativa de direito. Ninguém tem o direito de ser nomeado, mas expectativa de ser nomeado.

Existe, por outro lado, uma exceção. Há um momento em que a nomeação passa a ser direito, que é quando houver preterição da ordem de classificação no concurso. A justificativa é que, se houve uma nomeação, mesmo que irregular, a Administração Pública revelou conveniência e oportunidade, interesse em preencher a vaga. Aí, o preterido, seja qual for sua classificação, tem direito a ser nomeado. Assim, reza a Súmula nº 15 do Supremo Tribunal Federal: "Dentro do prazo de validade do concurso, o candidato aprovado tem direito à nomeação, quando o cargo for preenchido sem observância da classificação".

Ato ilegal de nomeação, se não for revisto no prazo legal – 5 anos –, é convalidado em homenagem à proeminência do interesse público.

A nomeação se materializa, na grande maioria dos casos, por Portaria, publicada em Diário Oficial.

Há uma particularidade a mencionar, até respaldado por decisão dos tribunais, de que o concurso para uma vaga só, uma vez preenchida, se exaure, ao passo que abrindo uma nova vaga, não há como aproveitar a ordem de classificação. Hodiernamente, inclusive na jurisprudência, predomina o raciocínio daqueles que advogam posições contrárias, no sentido de aproveitar os atos do concurso público, ou seja, por economia dos atos administrativos, é válida a prorrogação, evitando a necessidade de se repetir o concurso e onerar o poder público ao elaborar nova banca examinadora.

1.2. Posse

O habilitado em concurso torna-se servidor público com a assinatura do termo de posse. Não basta nomeação. Podemos fundamentar esse raciocínio em dois artigos da Lei nº 8.112/1990, que são os arts. 2º e 7º:

Art. 2º Para os efeitos desta Lei, o servidor é a pessoa legalmente investida em cargo público.

Art. 7º A investidura em cargo público ocorrerá com a posse.

Insta salientar que o concursado, uma vez nomeado, passa ter direito subjetivo à posse. Inclusive, temos até a Súmula 16 do STF, segundo a qual:

Súmula nº 16: Funcionário nomeado por concurso tem direito a posse.

Pela posse, aceita-se a nomeação, assumindo compromisso de entrar em exercício.

A posse por 30 (trinta) dias posteriores à nomeação e havendo solicitação de dilação do respectivo prazo, com a devida anuência da Administração, poderá ser prorrogada por igual período.

Cabe lembrar que a posse poderá materializar-se mediante procuração com poderes específicos para tal fim (art. 13, § 3º, da Lei nº 8.112/1990).

Normalmente há um lapso temporal entre a nomeação e a assinatura do termo de posse que varia de estatuto para estatuto. O da União sofreu modificação após dezembro de 1997. Passados trinta dias à nomeação, o candidato tem direito líquido e certo de ser empossado, direito esse reconhecido pelo Supremo, passível de mandado de segurança.

1.3. Exercício

Ao nomeado, após assinar o termo de posse, a Administração impõe um lapso temporal para entrar em exercício. Vejam o § 1º, do art. 15:

§ 1º É de quinze dias o prazo para o servidor empossado em cargo público entrar em exercício, contados da data da posse.

Entrar em exercício significa comparecer ao local de trabalho e iniciar o exercício das funções próprias do cargo. Se não entrar em exercício no prazo legal, o servidor será demitido, por abandono do serviço.

No ato da posse, é muito comum os estatutos pedirem diversas declarações do servidor público. E, no caso do estatuto federal, ressalta o disposto no § 5º do art. 13:

§ 5º No ato da posse, o servidor apresentará declaração de bens e valores que constituem seu patrimônio e declaração quanto ao exercício ou não de outro cargo, emprego ou função pública.

O objetivo de tal declaração, quanto aos bens do servidor, é para mais facilmente acompanhar durante sua vida se houve enriquecimento ilícito e se o servidor possui exercício em outro cargo.

É no exercício que a maioria dos direitos começam a ocorrer, como, por exemplo, vencimentos, contagem do tempo de serviço, férias, o 13º salário, licença médica, aposentadoria por invalidez (que pode ocorrer no dia seguinte).

Para aquele que foi designado para função de confiança, o prazo para entrada em exercício é o mesmo, isto é, de quinze dias, sob pena de se tornar sem efeito o ato de designação, mas não significa que se venha a tomar posse, visto que não há previsão legal de cargo. O que irá demarcar o início do exercício da função de confiança será o ato de sua designação para a função, competência esta que cabe à autoridade que o designou.

1.4. Fase experimental

O chamado estágio experimental, que não é sinônimo de estágio probatório, costuma ser a última fase do concurso.

Não há quase lei regulamentando o estágio experimental; na verdade as regras são contidas no edital do concurso, não havendo, inclusive, prazo fixo para o cumprimento de tal estágio, variando de acordo com as normas editalícias.

O percentual remuneratório, enquanto no exercício experimental, possui a natureza jurídica nitidamente indenizatória, assemelhando-se a uma típica bolsa de estudos. Por isso, reconhece-se o direito de se possuir um cargo público durante o estágio experimental em outro, a não ser que haja impossibilidade física na ocupação dos mesmos, ressalvando o dever da Administração proceder ao desligamento do concursando após o transcurso atinente ao estágio experimental, tão logo seja o mesmo nomeado e empossado no cargo, caso haja vedação legal de acumulação de cargos, conforme incisos XVI e XVII, do art. 37, da Constituição Federal.

O estágio experimental é uma faculdade da Administração que antecede a nomeação, consistindo em horas de estudos e treinamentos, e acaba se dividindo da seguinte forma:

a) treinamento (cursos) e b) exercício da função, obviamente supervisionado por servidor já estável. Se, porventura, o edital do concurso trouxer previsão de que o concursando entrará em exercício no estágio experimental, em sendo aprovado nesse estágio, deve ser nomeado, vai assinar o termo de posse e entrará em exercício. E esse lapso temporal do estágio experimental é válido para fins de estabilidade porque a Constituição pede três anos de efetivo exercício, não se questionando se é em estágio probatório ou experimental.

Se o candidato não for aprovado no estágio experimental, será desclassificado, porquanto o estágio experimental nada mais é do que uma das etapas – necessárias – do concurso público para fins de nomeação e posse no respectivo cargo almejado.

No que concerne à concessão de licença para afastamento de servidor, que ainda se encontra em fase de estágio experimental, etapa do certame em que não ocupa, até então, o cargo público, vai depender de cada estatuto. Há estatutos em que a autorização para o afastamento só pode ser dada a funcionário ocupante de cargo em efetivo exercício, como se observa do julgado a seguir:

> Impossibilitado de ser deferido afastamento sem vencimentos, pleiteado com base no art. 10, § 1º, do Decreto Estadual nº 2.479/79, estando o servidor em estágio probatório, tendo em vista que o autor tomou posse em cargo federal e está cumprindo o estágio probatório. (TJRJ, 7ª Câmara Cível, Apelação Cível nº 2006.001.37853, Rel. Des. Helena Cândida Lisboa Gaeda)

É oportuno esclarecer que inexiste ilegalidade no ato motivado que desliga concursando em fase de estágio experimental, fazendo-se desnecessária a instauração de processo administrativo, inexigível para o reconhecimento da inaptidão de candidato em concurso público, devendo, obrigatoriamente, ser assegurado apenas o direito a ampla defesa, bastando para a não efetivação no cargo, simples sindicância administrativa, sem maiores formalidades.

2. ESTÁGIO EXPERIMENTAL E ESTÁGIO PROBATÓRIO

Importa que se faça, desde logo, a distinção, por ser relevante, entre estágio experimental e estágio probatório, que, hodiernamente, são duas espécies de estágio relacionados com os concursos para o provimento de cargos públicos.

O estágio probatório ou confirmatório, com previsão constitucional, em seu art. 41, realiza-se no exercício do cargo, depois de vencidas as etapas de habilitação (o concurso de provas, ou de provas e títulos), de nomeação e de posse. Nesse estágio, o estagiário já é servidor, porquanto habilitado, nomeado, empossado e em exercício, não podendo ser dispensado, a não ser mediante processo regular em que se lhe garanta a ampla defesa e o contraditório. A essa espécie de estágio dirigiu-se o verbete nº 21, da Súmula do Supremo Tribunal Federal ("Funcionário em estágio probatório não pode ser exonerado nem demitido sem inquérito ou sem as formalidades legais de apuração de sua capacidade").

É preciso registrar que o estágio probatório não versa sobre infração disciplinar, pois se assim o fosse, renderia ensejo à demissão. Trata-se, na verdade, de mera avaliação de desempenho, de sorte que, constatando-se a inaptidão do funcionário para o serviço público ou, ainda, a insuficiência de desempenho, revela-se escorreita a utilização da figura jurídica da exoneração.

Nesta fase, pode ser exonerado, desde que não demonstre ser possuidor dos requisitos próprios para o exercício do cargo, como, por exemplo, idoneidade moral, assiduidade, disciplina, responsabilidade, entre outros[181].

O colendo Supremo Tribunal Federal decidiu, a propósito:

> A exoneração ou dispensa não disciplinar, independente de comprovação de prática de infração, baseando-se exclusivamente na conveniência da Administração Pública ou pedido do funcionário, sem caráter punitivo. Se. Por vontade da Administração, é suficiente o ato motivado. (RSTJ 57/152)

Vê-se, pois, o que as leis, a doutrina e jurisprudência vedam é a dispensa ou demissão sem fundamento, em ato arbitrário, tal inocorrendo se exoneração se deu com base em fatos reais, comprovados e comunicados ao estagiário.

E ainda tem mais: avaliação de desempenho é mérito interno, não cabendo reexame judicial. Não cabe ao Poder Judiciário rever o mérito do ato administrativo mas apenas a observância dos princípios da legalidade e da moralidade, e, não havendo, pois, qualquer infração à legalidade ou à moralidade administrativa, tem-se como válida e eficaz a avaliação de desempenho funcional do servidor público.

Mesmo em estágio probatório, a exoneração do servidor não pode se materializar por ato unilateral e desmotivado, sem a instauração do competente processo administrativo,

181. "Comprovado durante o estágio probatório que o funcionário não satisfaz exigências legais da Administração, pode ser exonerado justificadamente pelos dados colhidos no serviço, na forma estatutária, independentemente de processo administrativo disciplinar integral. O necessário é que a Administração justifique, com base em fatos reais, a exoneração. Se a Administração não pudesse exonerar o funcionário em fase de observação, nenhuma utilidade teria o estágio probatório, criado precisamente para se verificar, na prática, se o candidato à estabilidade confirma aquelas condições de capacidade que demonstrou no concurso. Essa exoneração não é penalidade, não é demissão; é simplesmente dispensa do funcionário por não convir à Administração sua permanência, uma vez que se revelar insatisfatórias as condições de seu trabalho, sabiamente instituída pela Constituição para os que almejam a estabilidade no serviço público. O que os Tribunais têm entendido – e com inteira razão – é que a exoneração na fase probatória não pode ser arbitrária nem imotivada. Deve basear-se em motivos, em fatos reais que revelem a inaptidão do funcionário em observação, defeitos esses apuráveis e comprováveis pelos meios administrativos." (Meirelles, Hely Lopes. *Direito Administrativo Brasileiro,* 28ª ed., atual. por Eurico de Andrade Azevedo, Délcio Balestero Aleixo e José Emmanuel Burle Filho, São Paulo: Malheiros Ed. 2003, p. 578.)

sem o exercício da ampla defesa consagrada constitucionalmente. A exoneração, de forma irregular e ofensora a direito líquido e certo, faz com que surja a reintegração dos servidores nos cargos que ocupavam, com o pagamento dos vencimentos que deixaram de receber, em função do ato proferido ao arrepio da lei, irregular e ilegal.

Ora, a exoneração, no curso do estágio probatório, sem ter oportunizado o contraditório e a ampla defesa, princípios estes consagrados no art. 5º, incisos LIV e LV, da Constituição Federal, segundo os quais ninguém será privado da liberdade ou de seus bens sem o devido processo legal e aos litigantes, em processo judicial ou administrativo, e aos acusados em geral, são assegurados o contraditório e ampla defesa, com os meios e recursos a ela inerentes, constitui ato abusivo.

O entendimento jurisprudencial e doutrinário é no sentido, portanto, de que o servidor em estágio probatório pode ser exonerado, independentemente de processo administrativo disciplinar integral e a avaliação de tal estágio deve ser realizada pelo superior hierárquico imediato ao servidor público[182].

Impõe-se, para o fim especial de confirmação, acórdão da lavra do Ministro Carlos Britto, *verbis:*

> Recurso Extraordinário. Município. Declaração de desnecessidade de cargo. Servidor Público ocupante de cargo efetivo, em estágio probatório. Exoneração *ad nutum* e sem critérios objetivos. Impossibilidade.
>
> O servidor público ocupante de cargo efetivo, ainda que (N C em estágio probatório, não pode ser exonerado *ad nutum*, com base em decreto que declara a desnecessidade do cargo, sob pena de ofensa à garantia do devido processo legal, do contraditório e da ampla defesa. Incidência da Súmula 21 do STF.
>
> Recurso a que se dá provimento, para determinar a reintegração dos autores no quadro de pessoal da Prefeitura Municipal de Bicas (MG). (Recurso Extraordinário nº 378.041-7/MG)

O estágio probatório é o período de exercício do funcionário durante o qual a administração apura a conveniência de sua permanência no serviço público, mediante a verificação dos requisitos estabelecidos em lei para aquisição da estabilidade.

> Observadas as formalidades legais de verificação de sua incapacidade, em processo regular, e garantida a defesa, pode a administração exonerar o funcionário (Súmula 21). (Os destaques não são do original).

Por meio da apreciação da performance do servidor no exercício de suas funções, a Administração Pública, fundada em critério de conveniência, pode exonerar aquele

182. "Direito administrativo. Recurso Ordinário em Mandado de Segurança. Servidor Público. Estágio probatório. Avaliação. Competência. Superior hierárquico imediato. Recurso provido. 1. A avaliação do estágio probatório deve ser realizada pelo superior hierárquico imediato ao servidor público. Isso porque tão somente aquele que acompanha o avaliando diariamente, em regra, é capaz de formar, com segurança, um juízo convincente a respeito dos fatores previstos no art. 20 da Lei 8.112/90, quais sejam, aqueles relacionados à assiduidade, à disciplina, à capacidade de iniciativa, à produtividade e à responsabilidade. 2. Para fins de colheita dos elementos indispensáveis ao exame do desempenho do servidor público em estágio probatório, ninguém mais indicado do que o chefe imediato, que o acompanha no dia a dia, que conhece, de fato, sua conduta funcional. A autoridade máxima do órgão no qual exerce suas atividades, não obstante as responsabilidades inerentes à função, não mantém com os servidores a ela não subordinados diretamente o vínculo funcional estreito necessário para, ela mesma, avaliá-lo. 3. Recurso ordinário provido." (Recurso em Mandado de Segurança nº 16.153/SP, Rel. Min. Laurita Vaz.)

que não preencher os requisitos decorrentes do princípio constitucional da eficiência, ou seja, que não desempenhe de modo satisfatório a função para a qual foi aprovado em concurso público.

É aconselhável frisar que, no acompanhamento periódico de desempenho do servidor, deve o Poder Público tecer parâmetros para avaliação da conveniência, ou não, de sua manutenção no serviço público, tais como, assiduidade, pontualidade, disciplina, produtividade, responsabilidade, eficiência e capacidade de iniciativa.

No processo administrativo disciplinar, instaurado dentro do triênio experimental, esse prazo fica suspenso automaticamente, até a conclusão do procedimento, com decisão final da autoridade competente.

Outra questão importante a abordar é que o estágio probatório não se completa pela simples passagem do tempo. Há necessidade de que a Administração obtenha resultado favorável quanto ao desempenho do servidor, cabendo, consequentemente, avaliar sua real capacidade para exercer o cargo no qual foi aprovado em concurso e nomeado.

O ponto que merece atenção refere-se à antecipação da avaliação na hipótese do servidor estar no curso do estágio probatório. A Administração poderia, em tese, ficar inibida de desligar o servidor de seus quadros, com base em baixo rendimento, por ocasião da avaliação de desempenho ocorrido ao final do estágio probatório. Porém, inviabilizaria dispensar o servidor, por se tratar de uma autêntica antecipação do laudo do estágio probatório.

Esta cautela evitaria que o servidor, em ação judicial contra a Administração, elaborasse, ainda que de forma meramente retórica, um argumento baseado na aparente "contradição" entre uma promoção e o desligamento ao final do estágio probatório.

O **estágio experimental** integra a habilitação, de caráter eliminatório, como fase do próprio concurso. Logo, é anterior à nomeação e à posse. Atende ao propósito de melhor apurar, mediante o desempenho em serviço, a aptidão do candidato para as funções do cargo que está a disputar no certame público. No estágio experimental, o candidato não é servidor, posto que sequer venceu a fase de habilitação, tendo sido meramente designado, e não nomeado, sem a posse no cargo. Sua reprovação no estágio significa inabilitação no concurso, antes da nomeação e da posse. Tal espécie de estágio pode ser exigido em concurso público, desde que previsto em lei e não tão somente no edital.

A consequência jurídico-administrativa que se deve recolher da natureza do estágio experimental é a de que o afastamento do candidato só pode ter um motivo: *inaptidão demonstrada no exercício das correspondentes funções.*

Insta observar que nenhum procedimento especial é exigido nessa avaliação do estagiário, diversamente do que se impõe observar quando se tratar de servidor.

Descabe ao Judiciário aferir a fixação de critérios de aprovação ou reprovação, estabelecidos pela Administração Pública, no estágio experimental. É matéria da competência exclusiva e unilateral da Administração, segundo avaliação meritória ao seu nuto quanto à conveniência e à oportunidade.

2.1. Estudo de caso prático – Prova preliminar para Magistratura[183]

RONALDO GONZALES e PEDRO STEVAN foram aprovados no concurso público de provimento do cargo de agente de segurança penitenciária. O primeiro encontrava-se

183. Extraído do Livro *Casos Concretos de Direito Administrativo*, de nossa autoria, cit., p. 367-372.

em estágio experimental há dois meses, e o segundo, há mais de ano. No dia 12 de maio de 2003 ocorreu a fuga de um preso e, por isso, sustentam, em ação ordinária, ter sido essa a causa de suas demissões, sem processo regular que lhes garantisse ampla defesa e o contraditório, e invocam o verbete nº 21 da Súmula do Supremo Tribunal Federal.

O Estado do Rio de Janeiro alega que o edital do concurso compreendia uma fase de estágio experimental, com caráter eliminatório, que os autores deveriam cumprir em serviço no DESIPE, e que estes são estagiários e não servidores públicos. Sustenta, ainda, que os candidatos foram eliminados mediante prévia sindicância, em que fossem apuradas e demonstradas suas inaptidões para o exercício das funções públicas, dado o envolvimento na fuga de preso.

Pergunta-se:

a) Há diferença entre estágio experimental e estágio probatório?

b) Perante o caso concreto, quem está com a razão: os autores ou o Estado do Rio de Janeiro?

Respostas fundamentadas.

Os apelantes partem de premissa equivocada, qual seja, a de que eram servidores públicos, arbitrariamente demitidos do cargo de agente penitenciário, porque mediante sindicância sumária, sem as garantias previstas no verbete nº 21, da Súmula do STF – "Funcionário em estágio probatório não pode ser exonerado nem demitido sem inquérito ou sem as formalidades legais de apuração de sua capacidade".

No caso, os recorrentes cumpriam estágio experimental, previsto em fase do concurso a que se submetiam, para o provimento do cargo de agente de segurança penitenciária. Logo, não haviam sequer vencido a primeira etapa do ato complexo da investidura em cargo público, que é a da habilitação em concurso público, a que se seguem a nomeação, a posse e o exercício.

No entanto, relevante se faz observar a distinção que há, hodiernamente, entre as espécies de estágios relacionadas com os concursos para o provimento de cargos públicos.

A primeira, consagrada no tempo, é a do estágio confirmatório ou probatório, que se apresenta, na Constituição da República (art. 41), como fase do processo de investidura e se realiza no exercício do cargo, depois de vencidas as etapas de habilitação (o concurso de provas, ou de provas e títulos), de nomeação e de posse; por isso, nesse estágio, o estagiário já é servidor, porquanto habilitado, nomeado, empossado e em exercício, não podendo ser dispensado ao arbítrio da Administração, a não ser mediante processo regular que lhe garanta a ampla defesa e o contraditório. E é a essa espécie de estágio que se dirige o verbete nº 21, da Súmula do STF.

A segunda espécie de estágio, estágio experimental, mais recentemente introduzida na estrutura habitual dos concursos públicos, integra a habilitação, como fase do próprio concurso, logo, anterior à nomeação e à posse. Este estágio atende ao propósito de melhor apurar, mediante o desempenho em serviço, a aptidão do candidato para as funções do cargo que está a disputar no certame público. Enquanto estagiário, o candidato não é servidor, posto sequer venceu a fase de habilitação, tendo sido meramente designado, e não nomeado, mas sim para simples estágio experimental, sem a posse no cargo. Portanto, sua reprovação nesse estágio significa inabilitação no concurso, antes da nomeação e da posse. Tal espécie de estágio haverá de estar prevista nas normas regentes do concurso, para que não se confunda com o estágio probatório, que se destina a confirmar, no cargo para o qual já nomeado e no qual já empossado, o candidato que já é servidor em exercício, nos termos, *v.g.*, do art. 20 da Lei nº 8.112/1990.

Foi exatamente este último o fundamento do apelado, o Estado do Rio de Janeiro, pois o edital do concurso, ao qual os apelantes se submetiam, compreendia uma fase de estágio experimental, com caráter eliminatório, que deveria ser cumprido em serviço, no DESIPE. Porém, o estágio experimental não trata com servidores, mas com candidatos em trânsito pela habilitação concursal e, por isso, é que existe o quadro de estagiários, do qual os apelantes, ainda e apenas candidatos, foram eliminados.

A consequência jurídico-administrativa que se deve recolher da natureza do estágio experimental é a de que o afastamento dos candidatos, apelantes, só pode ter um motivo: inaptidão demonstrada no exercício das correspondentes funções, posto que a tanto se destina o estágio, desde que a Administração disponha de elementos de aferição que a habilitem a ajuizar acerca do desempenho dos candidatos, o que tanto poderá ocorrer a qualquer tempo do estágio ou ao seu final. No caso, o fato de um dos apelantes estar em estágio no estabelecimento prisional há dois meses, enquanto que outro havia mais de um ano, pouco importa. Ambos estavam sob a avaliação de desempenho em serviço, como estagiários em concurso, sujeitos, destarte, a conceitos que os dariam por habilitados ou não, dada a índole eliminatória do estágio experimental.

A eliminação dos apelantes do estágio, e, pois, do concurso, deveu-se a envolvimento, que à autoridade administrativa competente pareceu comprometedor, em fuga de preso. Curial que motivo desse jaez guarda congruência com o propósito do estágio experimental, insuscetível de reexame judicial, posto que modelado pela discrição dos responsáveis pelo concurso, a que não se pode substituir o critério do juiz.

Todo ato administrativo deve apresentar-se no plano da validade com seus cinco elementos íntegros – competência, forma, objeto, motivo e finalidade –, que compõem essa estrutura de higidez dos atos jurídicos expedidos pela autoridade administrativa. A Lei nº 4.717/1965, ao regular a ação popular, define como vício atraente de invalidação do ato a inexistência dos motivos, que "*se verifica quando a matéria de fato ou de direito, em que se fundamenta o ato, é materialmente inexistente ou juridicamente inadequada ao resultado obtido*". A *contrario sensu*, vício algum de motivo existe se as razões de fato e de direito legitimam e justificam o ato. No caso, a eliminação dos apelantes decorreu de sumária apuração pela autoridade competente, quando ficou demonstrado o envolvimento dos estagiários na fuga de preso. Vício algum deslustra, por conseguinte, o ato de eliminação e juridicamente impossível é a reintegração no serviço público de quem jamais foi servidor público.

Referência Jurisprudencial que suporta a conclusão:

> APELAÇÃO. Ato administrativo. Anulação. Preliminar de cerceamento de defesa: inocorrência. Eliminação de candidatos que cumpriam estágio experimental, como se fosse integrante de concurso público para o provimento do cargo de agente de segurança penitenciária. Pleito de reintegração, como se servidores públicos fossem. Impossibilidade. Estágio experimental não se confunde com estágio probatório. No primeiro encontra-se o candidato em concurso, ainda não habilitado, sem nomeação, nem posse. No segundo está o servidor, após habilitação no concurso, já nomeado e empossado. A eliminação, no primeiro, é consequência de avaliação de desempenho como etapa do concurso, não se exigindo formalidade especial. A exoneração, no

segundo, depende de processo administrativo com as garantias da defesa (STF, Súmula 21). Ato de eliminação cujos motivos foram apurados em sindicância acerca de fuga de preso, e submetidos ao critério discricionário da autoridade competente. Recurso desprovido. (Apelação Cível nº 2006.001.03126, Segunda Câmara Cível do TJRJ, Rel. Des. Jessé Torres)

3. SUSPENSÃO DURANTE O ESTÁGIO PROBATÓRIO

Oportuna a recomendação feita por Lucas Rocha Furtado[184], ao comentar a expressão "efetivo exercício", manifestando-se que para a aquisição da estabilidade é necessário que o servidor tenha efetivamente exercido o cargo pelo período de três anos. Ao utilizar a expressão efetivo exercício, o texto constitucional deixa evidente que não serão admitidos tempos fictícios e que eventuais licenças ou afastamentos do serviço não podem ser contados para fins de cômputo do prazo previsto no art. 41, *caput*, da CR/1988. Nesse sentido, será coniderado serviço efetivo o tempo em que o servidor exercita a sua função integrado na atividade da Administração, tenha ou não esta expediente de trabalho. Portanto, é a orientação jurisprudencial, para fins de integralização do estágio probatório, sejam contados o descanso semanal, os dias de feriado, bem como todos os dias de inatividade que alcancem genericamente os servidores da Administração.

Por outro lado, não deve ser computado no estágio probatório o período transcorrido em razão de situações particulares quando há funcionamento normal da Administração Pública, por ser considerado fictício, tais como: afastamentos em razão de serviço militar, licença para assunto particular, licença-gestante, exercício de mandato eletivo, luto, acidente ou doença, pena disciplinar de suspensão, cargo em comissão[185]. Em tais circunstâncias, o prazo do estágio probatório ficará prorrogado, suspenso, pelo mesmo período, se reiniciando, tal avaliação, quando do retorno do servidor para o cargo no qual se encontrava investido para completar o prazo exigido constitucionalmente.

A respeito do Cargo em Comissão, o servidor em estágio probatório não poderia ser designado para essa função durante o interstício do mesmo, ressalvado o caso em que o ente da federação legisle em sentido contrário.

Com efeito, citamos a seguinte jurisprudência:

> Administrativo. Servidor público. Concurso público. Estágio probatório suspenso para exercício de cargo em comissão. Inadmissibilidade. 1. O estágio probatório há de se realizar no cargo para o qual o servidor prestou concurso, haja ou não ocupado cargo diferente na Administração – e, neste caso, sem nenhuma importância o anterior desempenho de cargo em comissão – caracterizando-se como abandono o exercício de outro cargo no período, descumprindo o art. 22, § 6º, da Lei 1.645/1999, do Município de Canela. 2. Apelação provida. (TJRS, Apelação Cível nº 70019860030)

184. A respeito do tema, aconselhamos a leitura do excelente livro *Curso de Direito Administrativo*, Belo Horizonte: Fórum, 2007, p. 935.

185. "Dadas essas finalidades, não entendemos possível, ainda que a lei a regulamente, a designação ou nomeação do servidor em estágio probatório para exercer outro cargo, e muito menos entendemos viável seu comissionamento em outra entidade. O afastamento do servidor do exercício do cargo efetivo, durante o estágio probatório, impede a necessária verificação de sua aptidão para o exercício das atribuições do cargo que titulariza. Também não se conta qualquer tempo de serviço prestado a outra entidade, ou tempo anterior dedicado à mesma pessoa onde esse servidor estagia, ainda que no exercício de função idêntica." Gasparini, Diógenes. (*Direito administrativo*, p. 181).

3.1. Exoneração de servidor em estágio probatório

É muito frequente, e registramos de forma lamentável, que alguns órgãos da Administração Pública exonerem sumariamente o servidor em estágio probatório, alegando, em síntese, que o estagiário ainda não é servidor e não apresenta o desempenho necessário ao exercício da função. Grande engano! É totalmente nulo o ato que o desligou do estágio probatório, por falta de motivação e cerceamento de defesa, fazendo jus, consequentemente, à reintegração no cargo que ocupava.

A exoneração de servidor público nomeado por concurso público, mesmo que ainda no estágio probatório, não pode ser arbitrária, nem imotivada. A ideia básica está na Súmula nº 21 do STF. Embora não seja necessário o processo administrativo disciplinar integral, é indispensável, pelo menos, uma fase desse processo, como, por exemplo, uma sindicância ou inquérito em que fiquem apurados os motivos revelados na inaptidão, do servidor, assegurando-lhe o sagrado direito de defesa. Aplicam-se os princípios do devido processo legal e da ampla defesa em todo e qualquer julgamento, judicial ou administrativo, como exigência da própria cidadania e da dignidade humana.

Agora, comprovados os motivos que ensejaram o desligamento do estágio probatório, apurados em procedimento regular, em que se assegurou o direito de defesa, é vedado ao Judiciário alterar ou rever o ato, sob pena de invasão de competência, conforme art. 2º, da Constituição Federal.

Situação diferente seria se o servidor fosse ocupante de um cargo em comissão e fosse sumariamente exonerado. Não há que se falar em reintegração, porque tal cargo destina-se às funções de confiança dos superiores hierárquicos, razão pela qual quem o exerce não adquire direito à continuidade na função, pois o desempenho é sempre precário, em caráter provisório. A exoneração do ocupante de um cargo em comissão está adstrita ao poder discricionário do Administrador, o que poderá ser feito *ex officio*, a qualquer tempo, ainda que o servidor esteja em licença médica para gestante ou em gozo de férias.

Por derradeiro, a exoneração *ad nutum* só é possível em cargos em comissão, função de confiança e estágio experimental. Portanto, tendo sido aprovado em concurso público, só é possível exonerar-se o servidor em estágio probatório se houver avaliação funcional regular e procedimentos administrativos que apurem as faltas ou falhas concretas do servidor, de forma a garantir-se a legalidade, publicidade, transparência e moralidade no trato da coisa pública, resguardando a Administração da perda de funcionário qualificado, bem como o servidor de perseguições pessoais ou desrespeito de qualquer natureza a seus direitos.

O entendimento do Superior Tribunal de Justiça é o mesmo em relação ao tema, como se depreende da transcrição a seguir:

> (...) durante o estágio probatório, se o candidato, embora demonstrada no concurso para o provimento de cargo, a capacidade de conhecimento ou intelectual, diante da inaptidão ou de ineficiência, não correspondendo às exigências estabelecidas para a confirmação e estabilidade, fica sujeito a exoneração, mediante ato justificado em fatos concretos e graves, apurados nos procedimentos ou processos administrativos regularmente instaurados e apreciados pela autoridade competente. A não conformação para a estabilidade, durante o estágio experimental, é prática não arbitrária, admitida para a observação das condições ou requisitos exigidos para o desempenho funcional, não constituindo abuso ou ilegalidade. Daí a expressão de no referido estágio, o funcionário se titulariza para o cargo. (STJ, ROMS nº 1853, Rel. Min. Milton Luiz Pereira)

O Poder Judiciário, em homenagem à legalidade, sendo acionado, irá reintegrar o servidor nas circunstâncias enfocadas, ao seu cargo, desde quando exonerado, devendo ser-lhe pagas as remunerações desde então, tudo com correção monetária e juros moratórios, desde a data do fato, devendo ser confirmado no cargo, como se nunca dele se tivesse afastado, por falta de comprovação de inaptidão.

3.2. Extinção do cargo

Não obstante, registramos aqui a ocorrência de caso prático em que o Tribunal de Justiça do Rio Grande do Sul acolheu como admissível a exoneração de servidor público durante seu estágio probatório, e tão somente em razão da extinção do cargo.

> Administrativo. Servidor Público. Extinção do cargo durante estágio probatório. Exoneração. Admissibilidade.
>
> 1. Extinto o cargo de provimento efetivo, durante o estágio probatório, o servidor poderá ser exonerado (Súmula do STF nº 22), sendo desnecessário assegurar ampla defesa (art. 5º, LV, da CF/88), porque inadmissível a disponibilidade remunerada, que só contempla servidores estáveis (art. 41, § 3º, da CF/88), e a reintegração, porque extinto o cargo.
>
> 2. Apelação desprovida. (TJRS, Apelação Cível nº 70018559252 2007)

Conforme se depreende da leitura da Ementa, o Tribunal entendeu que não seria o caso de disponibilidade remunerada, pois que o servidor em espécie cumpria seu estágio probatório, não tendo ainda alcançado a sua estabilidade. Tampouco se enquadraria no instituto da reintegração, por se tratar de cargo extinto, motivo pelo qual se esvazia esta possibilidade de retornar ao cargo de origem.

O caso em tela tem origem em uma ação de reintegração, cumulada com indenização por danos materiais e morais contra o Município de Novo Tiradentes, ajuizada por *servidor aprovado em concurso público* no ano de 2004 para o *cargo de Diretor de Secretaria* e *exonerado em razão da extinção do respectivo cargo* no ano de 2005.

Em suas alegações, o autor afirma que a extinção do cargo se deu por motivo de desavenças pessoais, com base em incompatibilidade de opinião política, se concretizando pela promessa do atual Prefeito da cidade e então candidato quando da sua aprovação, que, se eleito fosse, efetivaria a anulação do concurso público com a sua consequente demissão, o que de fato ocorreu, por meio da Resolução Legislativa nº 01/2005, que extinguiu o cargo de Diretor de Secretaria, ocupado pelo servidor demitido.

Aduz, ainda, que é de seu conhecimento que a Câmara Municipal de Novo Tiradentes está além do limite de despesa fixado pela competente Lei de Responsabilidade Fiscal, mas que não obstante ter executado a extinção do aludido cargo, a Resolução Legislativa nº 02/2005 deu origem à criação de outros cargos, com nova denominação – Auxiliar de Administração –, mas com idênticas atribuições, além de uma remuneração inferior ao antigo cargo.

Por fim, traz o servidor em sua defesa a alegação de que a exoneração de servidor público, instituto ao qual foi submetido, pressupõe uma prévia instauração de processo administrativo, sendo assegurado o direito à ampla defesa e ao contraditório, o que não lhe foi conferido em nenhum momento. Com base nestas manifestações escritas é que requereu o direito à sua reintegração ao cargo, agregado ao pagamento de danos morais e materiais correspondentes à sua demissão.

Após obter resultado desfavorável ao seu pleito em sede de sentença, apelou da decisão e buscou reformulá-la com as aludidas alegações, não tendo obtido melhor sorte no Tribunal de Justiça do Rio Grande do Sul, cuja decisão do Relator da Quarta Câmara Cível foi a de acolher a mesma emitida pelo juízo monocrático, negando provimento à apelação.

Em seu voto, reconheceu o Presidente e Relator que a exoneração do autor se deu durante estágio probatório, em virtude de extinção do cargo para o qual foi aprovado em concurso público, motivo por que se torna impossível a sua reintegração para cargo que não mais existe. Da mesma forma, reconheceu que a disponibilidade remunerada só alcança servidores estáveis, conforme preceitua a Constituição Federal em seu art. 41, § 3º.

Traz, então, a apreciação da Súmula nº 22 do STF, visando auferir o seu alcance ao caso em tela e a sua compatibilidade ao dispositivo constitucional exposto no art. 5º, LV, cujas leituras se seguem:

> *Súmula nº 22 do STF*: O estágio probatório não protege o funcionário contra a extinção do cargo.
>
> *Art. 5º, LV, CF/1988: aos litigantes, em processo judicial ou administrativo, e aos acusados em geral são assegurados o contraditório e ampla defesa, com os meios e recursos a ela inerentes.*

Discorrendo sobre a questão, enfatiza o Relator que quando se tratar de *exoneração por desempenho insatisfatório* não restam dúvidas de que o procedimento deve seguir o *princípio da legalidade*, em consonância com o descrito no art. 37, *caput*, da Constituição da República, assegurando-se a ampla defesa ao que estabelecer a lei local no tocante ao desempenho do servidor.

Outra situação e resultado se estampam quando se tratar de extinção do cargo por meio de Resolução Legislativa, e que gere a exoneração do servidor que não tenha alcançado a estabilidade. Entende o Relator que nestes casos específicos ocorre o automático desligamento do servidor, sem que a isto deva preceder qualquer processo administrativo, por restar desnecessário e sem objetivo avaliar desempenho em cargo extinto. Para endossar seu entendimento, traz a lição do mestre Diógenes Gasparini:

> Nem mesmo ao aprovado em concurso público para titularizar cargo de provimento efetivo em estágio probatório assegura-se tal direito. Com efeito, seria ilógico colocá-lo em disponibilidade, onde a inatividade, característica dessa situação, impede a correspondente e necessária avaliação na determinação da integração, ou não, do servidor ao serviço público. O estágio probatório não protege o servidor contra a extinção do cargo (Súmula 22 do STF), e nós ampliamos, ou contra a declaração da sua desnecessidade ou, ainda, contra os efeitos da reintegração. (*Direito administrativo*, p. 169, 3ª ed., São Paulo, 1993).

Não há que se falar, também, entende o Relator, na suposta invocação, por analogia, de precedentes da lavra do STJ que se aplicam à lei federal, pois que estes não têm aplicabilidade aos Estados e Municípios, ficando o caso em tela fora deste alcance, por se tratar de controvérsia restrita à esfera municipal. Diante destes fundamentos, opina o Relator pela improcedência do pedido do apelante, mantendo a decisão monocrática[186].

186. "A 'competência do Município' para organizar seu funcionalismo é consectário da autonomia administrativa de que dispõe (CF, art. 30, I). Atendidas as normas constitucionais aplicáveis ao servidor público (CF, arts. 37 a 41), bem como os preceitos das leis de caráter complementar ou nacional, pode o Município elaborar o 'estatuto'

Por reiteradas vezes, os nossos Tribunais têm decidido que, quando ocorre a extinção de cargo através de lei, não dispondo o servidor da estabilidade, alcançada somente depois de cumprido o estágio probatório por três anos, o desligamento é *automático* não havendo sentido na formação do processo administrativo.

Na doutrina brasileira a posição sufragada é que a extinção de cargos no Poder Executivo efetivamente é de iniciativa do Chefe do Executivo, que tem discricionariedade para propor ou não a referida extinção, de acordo com os estudos que realizar e conclusões a que chegar, de acordo com o juízo de conveniência e oportunidade. Por não possuir caráter punitivo, não há falar na aplicação da Teoria dos Motivos Determinantes.

Nesse sentido é a lição, é a orientação firmada por Hely Lopes Meirelles:

> Se a extinção do cargo ou a declaração de desnecessidade se der no estágio probatório, poderá o estagiário ser exonerado de ofício, uma vez que ainda não tem estabilidade e, portanto, não desfruta da prerrogativa constitucional da disponibildade, consoante reiterada jurisprudência, ora cristalizada na Súmula 22 do STF[187].

3.3. Desistência do estágio probatório

Começamos com uma ilustração concreta. Policial Rodoviário Federal, aprovado em concurso público, estável, que presta novo concurso público e, aprovado, é nomeado Agente da Polícia Federal. Durante o estágio probatório neste último cargo, o aludido policial pode requerer sua *recondução* ao cargo anterior, porque, enquanto não confirmado no estágio do novo cargo, não estará extinta a situação anterior, tudo de acordo com o art. 20, § 2º, da Lei nº 8.112/1990.

No entanto, passado o prazo de três anos para aquisição da estabilidade, não assiste ao servidor o direito de retornar ao cargo antigo.

Em virtude do efetivo transcurso do triênio constitucional para a aquisição da estabilidade, tem-se por evidente que o servidor foi aprovado em seu estágio probatório, ainda que não conste em seus assentamentos funcionais a avaliação formal. Ademais, a conduta omissiva da Administração em proceder avaliação do servidor não pode ser alegada como óbice à aquisição da estabilidade após três anos de efetivo exercício em cargo provido por concurso público, nos moldes do *caput* do art. 41 da Constituição.

3.4. A submissão do empregado público ao estágio probatório

Ao servidor regido pela CLT, não existe estágio probatório.

Após três meses de efetivo exercício, a Administração expede relatório circunstanciado, relatando e opinando pela contratação do empregado público por prazo indeterminado, caso a avaliação de desempenho lhe seja favorável.

No entanto, só a inaptidão é razão para demitir servidor em estágio probatório.

A demissão do servidor celetista concursado no curso do estágio probatório só é válida quando estiver baseada em fatos que revelem a insuficiência de desempenho ou inaptidão do empregado para a função. Tais deficiências devem ser comprovadas por meio de

dos seus servidores, segundo as conveniências locais. Nesse campo, é inadmissível a extensão das normas estatutárias federais ou estaduais aos servidores municipais no que tange ao regime de trabalho e de remuneração. Só será possível a aplicação do 'estatuto' da União ou do Estado-membro se a lei municipal assim o determinar expressamente". Meirelles, Hely Lopes. *Direito Administrativo Brasileiro*, 20ª ed., São Paulo: Malheiros Ed., 1995.

187. *Op. cit.* P. 416.

folhas de ponto, anotações em folhas de serviços ou por meio de investigações sobre o desempenho do funcionário no trabalho.

Estágio probatório é o período em que empresa pública verifica se o empregado, já admitido por meio de concurso, preenche ou não os requisitos para a aquisição da estabilidade. Entre esses requisitos estão disciplina, assiduidade, dedicação ao serviço e capacidade para o trabalho. A servidora fundamentou seu pedido de reintegração com base no § 4º do art. 41 da Constituição Federal, que prevê que a condição para a aquisição da estabilidade é a avaliação especial de desempenho.

Na realidade, os princípios constitucionais que fundamentam a exigibilidade do concurso público para o ingresso no serviço público são os mesmos que norteiam o procedimento de desligamento do servidor. A demissão imotivada de empregado público concursado será arbitrária e contrária ao princípio da motivação dos atos administrativos caso não seja pautada na avaliação de desempenho[188].

A motivação dos atos administrativos é exigência indispensável para a demonstração da obediência aos princípios da moralidade, impessoalidade, eficiência e publicidade ou transparência do comportamento da Administração Pública (art. 37, CF/1988). Isso significa que não há direito potestativo de resilição no âmbito da Administração Pública Direta, Indireta, Autárquica ou Fundacional. Nesse sentido, considerando-se que as pessoas jurídicas de direito público estadual e municipal não podem legislar sobre Direito do Trabalho (CF/1988, art. 22, I), aplica-se ao empregado público estadual a legislação federal genérica (CLT) e a específica, Lei nº 9.962/2000, destinada aos federais. O empregado celetista da Administração Direta, Autárquica ou Fundacional é beneficiário da estabilidade prevista no art. 41 da CF/1988[189].

A Constituição Federal concedeu a estabilidade aos servidores nomeados em virtude de concurso público (art. 41), após três anos de efetivo exercício, sem fazer qualquer discriminação entre os servidores celetistas ou estatutários, ou entre emprego ou cargo público, ao contrário do que alega o município em sua defesa. Adotado o entendimento do recorrente, estaria sendo permitido à Administração Pública Municipal, no caso, afastar a possibilidade de seus servidores alcançarem a estabilidade com a adoção do regime jurídico celetista para reger as respectivas relações. Essa, evidentemente, não foi a intenção do Legislador Constituinte. Saliente-se que a estabilidade, além de constituir uma garantia do servidor, presta-se para impedir que a Administração Pública promova demissões sem qualquer critério, ou de acordo com os interesses políticos do administrador. Nessas circunstâncias, a estabilidade funciona também como garantia da moralidade e legalidade dos atos administrativos. O interesse no respeito ao instituto é geral, de todos os administrados.

188. Súmula nº 21 do Supremo Tribunal Federal. O dispositivo prevê que o funcionário em estágio probatório não pode ser exonerado nem demitido sem inquérito ou sem as formalidades legais de apuração de sua capacidade.
189. Direito à estabilidade prevista no Artigo 41 da Constituição Federal. Súmula nº 390, I, do TST. A teor da jurisprudência pacificada no TST por meio da Súmula 390, I, aplica-se aos servidores públicos celetistas da administração direta, autárquica e fundacional a estabilidade prevista no art. 41 da CF/1988. No caso concreto, acresça-se que, não obstante o Tribunal Regional tenha consignado o fato de que o reclamante, à época da dispensa, não completara o período relativo ao estágio probatório, o entendimento prevalecente nesta Corte Superior é o de que o administrador não pode lançar mão da dispensa imotivada, por estar adstrito aos princípios que informam o Direito Administrativo e que impõem a observância do devido processo administrativo para a apuração de faltas ou insuficiências, a fim de se resguardar a impessoalidade do ato de dispensa. Recurso de revista conhecido e provido. (8ª Turma do Tribunal Superior do Trabalho, por unanimidade, conhecer do recurso de revista, por divergência jurisprudencial, em 21 de maio de 2008).

3.5. Contagem de tempo para aposentadoria

Há possibilidade de concessão de aposentadoria por tempo de serviço durante o período do estágio probatório, dado que a legislação vigente até a EC nº 20/1998 não condicionava a aposentaria do servidor ao cumprimento do estágio probatório.

Se alguém, à época, quando da promulgação da citada EC nº 20, de 1998, já contava com o tempo exigido para a aposentadoria, é beneficiário desse direito. Indeferir tal pedido, é, data máxima vênia, andar na contramão da lógica. E se o servidor completar setenta anos ou tornar-se inválido no estágio probatório? A estabilidade, na hipótese aventada, não impede a aposentadoria, por ser uma inativação definitiva. O servidor estará protegido pela norma do art. 3º da mencionada EC 20/1998, que dispõe:

> *Art. 3º É assegurada a concessão de aposentadoria e pensão, a qualquer tempo, aos servidores públicos e aos segurados do regime geral de previdência social, bem como aos seus dependentes, que, até a data da publicação desta Emenda, tenham cumprido os requisitos para a obtenção destes benefícios, com base nos critérios da legislação então vigente.*

O Tribunal de Contas não pode negar registro ao ato, sob o fundamento de que o servidor não havia completado o estágio probatório no momento do advento da EC nº 20/98.

Improspera o argumento no sentido de que o estágio probatório constitui etapa final do processo seletivo para o aperfeiçoamento da titularidade do cargo público. Importante registrar que, mesmo ainda não investido definitivamente no cargo, não pode o servidor, no curso do estágio probatório, ter tido seu pedido de aposentadoria indeferido.

Ora, se atendido o tempo de serviço previsto na Emenda Constitucional nº 20/1998, a circunstância de encontrar-se em estágio probatório, nesse novo cargo, não seria óbice à aquisição do direito à aposentadoria.

Capítulo XI

Da Estabilidade

1. CONSIDERAÇÕES

O art. 20 da Lei nº 8.112/1990 delimita quais são os atributos necessários para aptidão ao serviço público: assiduidade, disciplina, capacidade de iniciativa, produtividade e responsabilidade.

A estabilidade é a garantia constitucional de permanência no serviço público, outorgada ao servidor estatutário, nomeado em virtude de concurso público, após o decurso de três anos de efetivo exercício.

O § 4º do art. 41 impõe, além dos três anos de efetivo exercício, uma outra condição aos servidores para a aquisição da estabilidade: a avaliação especial de desempenho, a ser realizada por comissão funcional com esta finalidade[190].

Aos servidores que, por força do art. 28 da Emenda Constitucional nº 19/1998, mantiveram o prazo de dois anos para a aquisição da estabilidade, por imposição deste mesmo artigo, dependerão, também, da avaliação especial de desempenho, prevista no § 4º do art. 41, para a aquisição da estabilidade.

O *direito à estabilidade* só é conferido ao servidor estatutário, ocupante de cargo efetivo. Os cargos de provimento efetivo são aqueles predispostos a receberem ocupantes

190. Estágio probatório dos servidores públicos é de três anos. Depois de algumas idas e vindas legislativas, a Terceira Seção do Superior Tribunal de Justiça (STJ) definiu: com a Emenda Constitucional (EC) nº 19/1998, o prazo do estágio probatório dos servidores públicos é de três anos. A mudança no texto do art. 41 da Constituição Federal instituiu o prazo de três anos para o alcance da estabilidade, o que, no entender dos ministros, não pode ser dissociado do período de estágio probatório. O novo posicionamento, unânime, baseou-se em voto do ministro Felix Fischer, relator do mandado de segurança que rediscutiu a questão no STJ. O ministro Fischer verificou que a alteração do prazo para a aquisição da estabilidade repercutiu sim no prazo do estágio probatório. Isso porque esse período seria a sede apropriada para avaliar a viabilidade ou não da estabilização do servidor público mediante critérios de aptidão, eficiência e capacidade, verificáveis no efetivo exercício do cargo. Além disso, a própria EC nº 19/1998 confirma tal entendimento, na medida em que, no seu art. 28, assegurou o prazo de dois anos para aquisição de estabilidade aos servidores que, à época da promulgação, estavam em estágio probatório. De acordo com o ministro, a ressalva seria desnecessária caso não houvesse conexão entre os institutos da estabilidade e do estágio probatório. Não só magistrados como doutrinadores debateram intensamente os efeitos do alargamento do período de aquisição da estabilidade em face do prazo de duração do estágio probatório fixado no art. 20 da Lei nº 8.112/1990. Conforme destacou o ministro Fischer, o correto é que, por incompatibilidade, esse dispositivo legal (bem como o de outros estatutos infraconstitucionais de servidores públicos que fixem prazo inferior para o intervalo do estágio probatório) não foi recepcionado pela nova redação do texto constitucional. Desse modo, a duração do estágio probatório deve observar o período de 36 meses de efetivo exercício.

(servidores), em caráter definitivo. Logo, um servidor que, após aprovação em concurso, é investido em cargo efetivo, tem efetividade, e esta nasce no momento em que o servidor toma posse e completa a relação estatutária. Nos primeiros três anos, continua tendo efetividade, embora não tenha ainda estabilidade. Após esse período, o servidor, que já tinha efetividade, adquire também a estabilidade. Neste caso, a efetividade apresenta-se como pressuposto da estabilidade.

A estabilidade não é estendida aos servidores titulares de cargo em comissão, sendo incompatível com a transitoriedade de exercício que caracteriza esse tipo de cargo, pois que neles inexiste o direito à permanência, visto que são dispensáveis *ad nutum* pela autoridade competente.

Excetuando-se os casos de estabilidade extraordinária, a estabilidade somente é alcançada pelo servidor nomeado em virtude de concurso público após três anos de efetivo exercício no cargo. Esse período é chamado de estágio probatório.

Estágio probatório é o período de exercício dentro do qual o servidor é observado e quando é apurada pela Administração Pública a conveniência ou não de sua permanência no serviço público, mediante a verificação dos requisitos estabelecidos em lei para a aquisição da estabilidade (idoneidade moral, aptidão, disciplina, assiduidade, dedicação ao serviço, eficiência etc.).

A redação do § 4º, do art. 41, acrescentado pela Emenda Constitucional nº 19/1998, dispõe que "*como condição para a aquisição da estabilidade, é obrigatória a avaliação especial de desempenho por comissão instituída para essa finalidade*", logo, o Poder Público, após a redação deste parágrafo, é obrigado a fazer a avaliação de desempenho ao fim do estágio probatório.

O afastamento do servidor do exercício do cargo efetivo, durante o estágio probatório, impede a necessária verificação de sua aptidão para o exercício das atribuições do cargo que titulariza. Por isso, não se conta qualquer tempo de serviço prestado a outra entidade, ou tempo anterior dedicado à mesma pessoa para a qual o servidor estagia, ainda que no exercício de idêntica função.

Dadas as finalidades do estágio probatório, tem-se entendido inviável, ainda que a lei a regulamente, a designação ou nomeação do servidor em estágio probatório para exercer outro cargo, e muito menos viável o seu comissionamento em outra entidade.

A estabilidade é um instituto que guarda relação com o serviço, e não com o cargo. Decorre daí que, se o servidor já adquiriu estabilidade no serviço ocupando determinado cargo, não precisará de novo estágio probatório no caso de permanecer em sua carreira, cujos patamares são alcançados normalmente pelo sistema de promoções. Entretanto, se vier a habilitar-se a cargo de natureza e carreira diversas, terá de submeter-se a novo estágio probatório para a aquisição da estabilidade.

Comprovado durante o estágio probatório que o servidor não satisfaz as exigências legais da Administração, poderá ser exonerado justificadamente pelos dados colhidos no serviço, na forma estatutária, independentemente de inquérito administrativo, isto é, de processo administrativo disciplinar.

O que se tem sustentado é que a exoneração na fase probatória não é arbitrária, nem imotivada. Deve-se basear em motivos e fatos reais que revelem inaptidão ou desídia do servidor em observação, defeitos, esses, apuráveis e comprováveis pelos meios administrativos consentâneos (ficha de ponto, anotações na folha de serviço, investigações regulares sobre a conduta no trabalho etc.), sem o formalismo de um processo disciplinar.

Nesse sentido entendeu o Superior Tribunal de Justiça:

> É certo que a jurisprudência hoje assentada nesta Colenda Corte consagra o entendimento de que, durante o estágio probatório, o servidor público não possui a garantia da estabilidade no serviço público, podendo ser exonerado, desde que não demonstre os requisitos próprios para o exercício da função pública, tais como idoneidade moral, aptidão, disciplina, assiduidade, eficiência e outros, por mera investigação sumária.
>
> Todavia, é de se ressaltar que o pensamento expresso no verbete da Súmula 473, do Supremo Tribunal Federal, deve ser concebido com certa ponderação, pois, ainda que a Administração Pública tenha o poder de anular seus próprios atos, de ofício, quando eivados de ilegalidade, deve, no entanto, examinar as circunstâncias e consequências, com observância de requisitos formais e de conteúdo.
>
> Dentro dessa visão, tem-se que a exoneração de servidor público concursado e nomeado para cargo efetivo, mesmo no curso do estágio probatório, deve ser efetuada com observância do devido processo legal e do princípio da ampla defesa, não podendo a Administração, *ad nutum*, anular concurso público realizado, desconsiderando o ato de posse dos candidatos aprovados, sem a instauração do procedimento administrativo próprio. (REsp nº 162.424/ES, Sexta Turma, Rel. Min. Vicente Leal)
>
> Recurso em Mandado de Segurança. Administrativo. Delegado. Estágio probatório. Exoneração. Processo disciplinar. Competência. Recurso Administrativo. Intimação. Ampla defesa.
>
> (...)
>
> – Para a demissão dos servidores instáveis bastará a sindicância, despida de maiores formalidades, desde que por ela se demonstre a falta ensejadora da pena demissionária, assegurado, contudo, o direito à ampla defesa.
>
> – No caso *sub examine*, restou configurado, no transcorrer do processo disciplinar, que o servidor apenado pôde exercer seu legítimo direito à ampla defesa. Por conseguinte, correta a decisão do Tribunal *a quo*, que entendeu ser dispensável sua presença na apreciação do recurso administrativo interposto, pois, para sua exoneração (não efetivação no cargo) bastava que a falta imputada fosse apurada em simples sindicância administrativa, sem maiores formalidades. (RMS nº 9493/RO, Quinta Turma, Rel. Min. José Arnaldo)

O necessário é que a Administração Pública justifique, com base em fatos reais, a exoneração, como a final sumulou o Supremo Tribunal Federal, nestes termos:

> Funcionário em estágio probatório não pode ser exonerado nem admitido sem inquérito ou sem as formalidades legais da apuração de sua capacidade. (Verbete nº 21 da Súmula do STF)
>
> É necessário processo administrativo, com ampla defesa, para demissão de funcionário admitido por concurso. (Verbete nº 20 da Súmula do STF)

Deve-se observar, também, a exigência do contraditório e a oportunidade de defesa para o servidor público:

> Administrativo – Concurso público – Cancelamento.
>
> É ilegal o ato de exoneração de servidores aprovados em concurso público, estando em estágio probatório, sem processo administrativo em que se assegura ampla defesa.

> O princípio da ampla defesa que já integrava o nosso ordenamento constitucional anterior, foi consagrado na atual Constituição em seu art. 5º, item LV, nos seguintes termos: "Aos litigantes, em processo judicial ou administrativo, e aos acusados em geral são assegurados o contraditório e ampla defesa, com os meios e recursos a ela inerentes." Hoje não mais se discute o dever de se assegurar, em processo administrativo ou judicial, a ampla defesa e é inadmissível a exoneração de servidores concursados e em pleno estágio probatório, sem obediência ao devido processo legal. (REsp nº 1970, Primeira Turma, Rel. Min. Garcia Vieira)

Cabe esclarecer que exoneração não é penalidade, não é demissão. A exoneração é simples dispensa do servidor, por não convir à Administração sua permanência, uma vez que se revelaram insatisfatórias as condições de seu trabalho na fase probatória, sabidamente instituída pela Constituição para os que almejam a estabilidade no serviço público.

Por fim, deve-se examinar que estágio probatório não se confunde com o denominado estágio experimental, adotado por alguns sistemas funcionais. Ambos têm apenas em comum o fato de que se cuida de período em que o indivíduo está sendo submetido a avaliação pelo exercício da função pública relativa ao cargo já ocupado ou a sê-lo futuramente. Mas, enquanto o estágio probatório se processa após a nomeação e o estagiário já é servidor público, o estágio experimental é mera fase do concurso, valendo como verdadeira prova prática a ser objeto de aprovação ou reprovação. Neste caso, portanto, somente após ser considerado aprovado nas provas comuns e na prova específica do estágio experimental é que o candidato estará apto a ser nomeado e empossado no cargo pretendido.

Cumpre-nos esclarecer sobre dois institutos que causam confusão entre si: a exoneração e a demissão.

A demissão é o desligamento do cargo com caráter sancionador. A demissão, como pena administrativa que é, pode ser aplicada em qualquer fase, ao estável e ao instável, desde que o servidor cometa infração disciplinar ou crime funcional regularmente apurado em processo administrativo ou judicial. Não há demissão *ad nutum*, esta dependerá sempre de processo comprobatório da infração, possibilitando-se sempre ao servidor o direito ao contraditório e a ampla defesa.

Já a exoneração é o desligamento sem caráter sancionador, classificando-se em dois tipos: a pedido e *ex officio*. Na primeira é o servidor que manifesta seu interesse em sair do serviço público e desocupar o cargo de que é titular. A exoneração *ex officio*, ao revés, implica a iniciativa da Administração em dispensar o servidor.

A exoneração *ex officio* poderá acontecer em um dos seguintes casos: quando se tratar de desinvestir alguém de um cargo em comissão; quando o servidor, ocupante de cargo de provimento efetivo, não satisfizer as condições do estágio probatório; quando o servidor, depois de nomeado e empossado, não entrar em exercício no prazo legal; quando o servidor incorrer, de boa-fé, em acumulação proibida, sendo-lhe permitido optar pelo cargo em que deseja persistir.

O servidor poderá ser também demitido, segundo as hipóteses previstas no § 1º, do art. 41, da Carta Magna:

> *O servidor público estável só perderá o cargo:*
> *I – em virtude de sentença judicial transitada em julgado;*

II – mediante processo administrativo em que lhe seja assegurada ampla defesa;
III – mediante procedimento de avaliação periódica de desempenho, na forma de lei complementar, assegurada ampla defesa.

A Emenda Constitucional nº 19/1998 acrescentou ao § 1º, do art. 41, mais um caso de demissão, a ser disciplinado por lei complementar, que é aquele em que o servidor, após sofrer avaliação funcional, demonstrar insuficiência de desempenho, comprovada em processo administrativo, assegurada ampla defesa.

Criou também outra hipótese de exoneração de servidor estável, quando tiverem sido insuficientes duas providências administrativas com vistas a adequar as despesas de pessoal aos limites fixados na Lei Complementar, que regulamentou o art. 169 da Constituição Federal.

Para o cumprimento dos limites estabelecidos na Lei Complementar, a União, os Estados, o Distrito Federal e os Municípios adotarão as seguintes providências, previstas no art. 169, § 3º: redução em pelo menos 20% das despesas com cargos em comissão e funções de confiança; e a exoneração dos servidores não estáveis. Consideram-se servidores não estáveis aqueles admitidos na Administração Direta, Autárquica e Fundacional, sem concurso público de provas ou de provas e títulos, após o dia 5 de outubro de 1983 (art. 33 da EC nº 19/1998).

Caso as medidas adotadas não forem suficientes para assegurar o cumprimento da determinação da Lei Complementar, o servidor estável poderá perder o cargo, desde que ato normativo motivado de cada um dos Poderes especifique a atividade funcional, o órgão ou unidade administrativa objeto da redução de pessoal. Como as disposições constitucionais são interpretadas restritivamente, as providências ora enumeradas não se estendem aos aposentados, cujos proventos são intocáveis.

Os critérios para a perda de cargo público por excesso de despesa estão definidos na Lei nº 9.801, de 14/06/1999. O critério geral impessoal escolhido para a identificação dos servidores estáveis deverá observar: menor tempo de serviço público, maior remuneração e menor idade. A exoneração de servidor estável que desenvolva atividade exclusivamente do Estado observará as seguintes condições: I – somente será admitida quando a exoneração de servidores dos demais cargos do órgão ou da unidade administrativa objeto da redução de pessoal tenha alcançado, pelo menos, trinta por cento do total desses cargos; II – cada ato reduzirá em no máximo trinta por cento o número de servidores que desenvolvam atividades exclusivamente de Estado. Os cargos serão declarados extintos, vedada a criação de cargo, emprego ou função com atribuições iguais ou assemelhadas pelo prazo de 4 anos. O servidor que perder o cargo fará jus a indenização correspondente a um mês de remuneração por ano de serviço, conforme determinação contida no § 5º do art. 169, do Texto Constitucional.

Constituem *decorrência do instituto da estabilidade*, os *direitos* à reintegração, à disponibilidade e ao aproveitamento.

A reintegração é o reingresso do servidor demitido, quando a sua demissão é invalidada por sentença judicial, sendo-lhe assegurado o ressarcimento das vantagens ligadas ao cargo.

A disponibilidade é a garantia de inatividade remunerada, assegurada ao servidor estável, em caso de ser extinto o cargo ou declarada a sua desnecessidade.

E o aproveitamento, é o reingresso, no serviço público, de servidor em disponibilidade, quando haja cargo vago de natureza e vencimento compatíveis com o anteriormente ocupado.

De acordo com o § 2º, do art. 41, da Lei Magna, invalidada por sentença judicial a demissão do servidor estável, será ele reintegrado, e o eventual ocupante da vaga, se estável, reconduzido ao cargo de origem, sem direito a indenização, aproveitado em outro cargo ou posto em disponibilidade com remuneração proporcional ao tempo de serviço.

E extinto o cargo ou declarada sua desnecessidade, o servidor estável ficará em disponibilidade, com remuneração proporcional ao tempo de serviço, até seu adequado aproveitamento em outro cargo (art. 41, § 3º, da CF).

Na esfera federal, o Decreto nº 3.151, de 23/08/1999, disciplinou a prática dos atos de extinção e de declaração de desnecessidade de cargos públicos, bem assim a dos atos de colocação em disponibilidade remunerada e de aproveitamento de servidores públicos em decorrência da extinção ou da reorganização de órgãos ou entidades da Administração Pública Federal Direta, Autárquica e Fundacional.

2. EXCEÇÃO

Episodicamente, as Constituições brasileiras vêm atribuindo estabilidade a servidores não ocupantes de cargo efetivo. É o que a doutrina intitula "estabilidade extraordinária". Assim ocorreu com as Constituições de 1946 e 1967, que concederam a estabilidade extraordinária nos arts. 23 das Disposições Transitórias e no 177, § 2º, respectivamente. A Constituição de 1988 também previu hipótese desta natureza no art. 19 do ADCT, considerando estáveis os servidores públicos civis da União, dos Estados, do Distrito Federal e dos Municípios, da administração direta, autárquica e das fundações públicas que estivessem em exercício na data da promulgação da Constituição, há pelo menos cinco anos continuados, e que não tivessem sido admitidos na forma regulada no art. 37, I, da Constituição Federal.

Esta estabilização abrangeu servidores estatutários e trabalhistas, os que exerciam funções com caráter de permanência, somente sendo dela excluídos os servidores que desempenhassem cargo, emprego ou função de confiança ou outras funções que a lei considerasse como de livre exoneração.

2.1. Qual o prazo de que dispõe a Administração para efetivar este requisito?

Embora não haja previsão expressa sobre o prazo no qual a Administração deverá efetuar o requisito da avaliação de desempenho para fins de concessão de estabilidade a servidor estatutário, entende-se ser este prazo o equivalente ao requisito temporal de que este dispõe para a aquisição da estabilidade, qual seja, 3 (três) anos.

Dentro deste prazo deverá a comissão se manifestar, ou dando parecer favorável à aptidão do servidor, inclinado-se pela sua inaptidão, por meio de avaliação negativa.

Contudo, se a Administração não vier a efetivar o requisito de avaliação de desempenho neste período, ou, ainda, se o fizer depois de decorrido o prazo de 3 (três) anos, o qual garante ao servidor a aquisição de sua estabilidade, este, de certa forma, não poderá ser prejudicado pela inércia da Administração, uma vez que já cumpriu o prazo legalmente estipulado. Os Tribunais têm entendido que, por exemplo, transcorridos mais de 4 anos de exercício em cargo público, o servidor não pode ser submetido a processo de verificação de estágio probatório. O servidor não pode ser penalizado e a Administração não pode postergar eternamente o seu estágio probatório, conforme prazo previsto no § 4º do art. 41 da Constituição e art. 21, da Lei nº 8.112/1990. Com isso, considerar-se-á o servidor estável, suprimindo-se a imprescindibilidade deste processo avaliatório e prevalecendo apenas o requisito temporal.

2.2. Posição do STJ no tocante ao decurso do lapso temporal

Recentemente, o Superior Tribunal de Justiça (STJ) anulou o ato que exonerou um servidor público estável com o argumento de que ele foi reprovado no estágio probatório (fase obrigatória por lei pela qual todo servidor público deve passar para alcançar a estabilidade). Na decisão unânime, os ministros da Quinta Turma do STJ determinaram a reintegração do servidor ao quadro do Serviço Público, com direito a receber todos os valores que a Administração deixou de pagar a ele a partir do ato ilegal que determinou a exoneração.

Segundo o Ministro Arnaldo Esteves Lima, relator do processo, o ato de exoneração ocorreu quando o servidor já era estável, portanto não mais submetido às avaliações do estágio probatório que, por esse motivo, não poderia embasar o ato administrativo que o desligou dos quadros. O ministro citou o texto da Constituição que define a aquisição da estabilidade no serviço público após o exercício efetivo do cargo por três anos. "Transcorrido esse período, não mais se cogita, em regra, de avaliação de desempenho em estágio probatório, exceto se houver justificativa plausível para a demora da Administração, o que não se verifica na hipótese", entendeu o relator.

Arnaldo Esteves Lima também ressaltou que, no caso de necessidade de desligamento de servidor estável, o ato deve ocorrer com base no § 1º do art. 41 da Constituição. A respeito da possibilidade de exoneração em estágio probatório, o ministro destacou o entendimento do STJ no sentido de não ser necessário processo administrativo disciplinar. No entanto – salientou o magistrado – devem ser assegurados ao servidor os princípios da ampla defesa e do contraditório (a Administração deve permitir ao servidor que se defenda contra os atos desfavoráveis a ele). E, no caso do processo em análise, esses direitos não foram atendidos. "Não há notícia nos autos de instauração de um procedimento em que tenha o recorrente figurado formalmente como acusado".

A decisão da Quinta Turma também garantiu ao servidor o recebimento de todos os valores que a Administração deixou de pagar após o desligamento dele, sem a necessidade de entrar com outra ação judicial para buscar esse direito. A Turma aplicou entendimento firmado pelo STJ com relação a servidores que sofreram o mesmo tipo de ilegalidade. Os valores serão pagos desde a data da prática do ato de exoneração. "No caso em que servidor público deixa de auferir seus vencimentos, parcial ou integralmente, por ato ilegal ou abusivo da autoridade impetrada, os efeitos patrimoniais da concessão da ordem em mandado de segurança devem retroagir à data da prática do ato impugnado, violador do direito líquido e certo", enfatizou o ministro relator[191].

3. AQUISIÇÃO

A estabilidade se constitui em uma garantia constitucionalmente prevista do servidor público estatutário, com o *status* de direito adquirido, que, aprovado em concurso público e regularmente nomeado, alcançará este direito após três anos de efetivo exercício,

191. Superior Tribunal de Justiça, O Tribunal da Cidadania, em 18/12/2008.

após a devida avaliação especial de desempenho estatuída no § 4º do art. 41, a ser realizada por comissão instituída para essa finalidade. O aludido prazo, enunciado no *caput* do mesmo artigo da Carta Federal, foi alterado pela Emenda Constitucional nº 19/1998, pois o texto original trazia prazo menor, de dois anos, para este fim. Veja-se a seguir a redação do texto constitucional após a alteração:

> *Art. 41. São estáveis, após 3 (três) anos de efetivo exercício, os servidores nomeados para o cargo de provimento efetivo em virtude de concurso público.*
>
> *§ 4º Com condição para a aquisição da estabilidade, é obrigatória a avaliação especial de desempenho por comissão instituída para essa finalidade.*

Com efeito, para o efetivo gozo desta garantia, imprescindível que sejam cumpridos os pré-requisitos: aprovação em concurso público, nomeação no respectivo cargo, contagem de três anos no serviço público e avaliação especial de desempenho.

Importa trazer à baila que o requisito da avaliação especial de desempenho para a aquisição da estabilidade não é autoaplicável, pendendo, antes, que seja instituída comissão para esse fim. Assim, caso o servidor preencha os demais requisitos para a estabilidade, e transcorrido o prazo de 3 anos necessários à sua aquisição a Administração Pública não tenha se manifestado para instituir dita comissão, não poderá alegar, posteriormente, carência de requisito por parte do servidor público, pois que este dependia da iniciativa da Administração, não podendo ser penalizado por sua inércia.

Este entendimento já foi acertado pelo Supremo Tribunal Federal, ao decidir que a ausência de avaliação de desempenho não afasta presunção de estabilidade no cargo[192].

Ressalte-se que a estabilidade não se aplica aos servidores contratados mediante o regime trabalhista, regidos pela Consolidação das Leis do Trabalho para o exercício de emprego público, nem aos titulares de cargo de comissão de livre nomeação e exoneração, mas tão somente ao servidor ocupante de cargo de provimento efetivo, nomeado para o serviço público, decorridos três anos de efetivo exercício e preenchidos os demais requisitos estipulados pela Constituição Federal[193].

4. FINALIDADE DO ESTÁGIO PROBATÓRIO

A finalidade do estágio probatório é tecer uma análise, por período constitucionalmente fixado, do servidor investido em cargo público efetivo, no que tange à sua assiduidade, disciplina, iniciativa, produtividade e responsabilidade, de forma a considerá-lo apto ou inapto, capaz ou incapaz para a permanência no respectivo cargo.

192. STF, MS nº 24.543/DF, Rel. Min. Carlos Velloso, *vide Informativo STF* nº 317.

193. O STJ já teceu entendimento consistente, afirmando que "a estabilidade diz respeito ao serviço público, e não ao cargo", e que "o servidor estável, ao ser investido em novo cargo, não está dispensado de cumprir o estágio probatório nesse novo cargo". "Um exemplo esclarece tal situação: se um servidor já é estável no cargo de 'Auxiliar Administrativo' e, após concurso, é investido no cargo de 'Psicólogo', deverá sujeitar-se a novo estágio probatório antes de adquirir a estabilidade. Temos admitido, no entanto, que, se o estatuto funcional for silente, deve assegurar-se ao servidor a possibilidade de retorno a seu antigo cargo no caso de não aprovado no período probatório relativo ao cargo novo. Uma das soluções é a de não consumar a exoneração antes da estabilidade, permanecendo o servidor com licença ou afastamento, sem remuneração. Assim, entendemos por não nos parecer justo e legítimo descartar o servidor de uma situação de permanência para introduzi-lo numa outra de instabilidade, sobretudo quando foi habilitado através de novo concurso e sua atividade vai ser produzida em prol do próprio Poder Público" (STJ, RO nº 859/MS, Rel. Min. José de Jesus Filho).

Da prática, contudo, esta avaliação não é delineada com a devida observância sobre a performance do servidor, não sendo raras as vezes em que se dá a aprovação deste período, sem qualquer intervenção contrária. A finalidade originária do estágio probatório, no tocante à prévia análise profissional e comportamental do servidor, cede lugar à simples submissão deste ao lapso temporal que antecede a estabilidade.

Não obstante, a exclusão do servidor reprovado em estágio probatório pressupõe os trâmites de instauração de processo administrativo formal de exoneração, garantindo-lhe a legítima defesa contra as alegações a ele impostas, sob pena de ser considerado nula. Registre-se tratar-se de exoneração e não de demissão, em face da natureza do instituto.

5. VINCULAÇÃO ENTRE O PERÍODO DO ESTÁGIO PROBATÓRIO E A ESTABILIDADE

Questão que merece análise entre os doutrinadores do mundo jurídico é a que concerne à vinculação ou não do período de três anos, necessários à aquisição da estabilidade, ao período do estágio probatório, muito embora a doutrina seja unânime em afirmar a existência da vinculação. Ainda assim, suscita-se se o novo prazo estipulado pela EC nº 19/1998 para a aquisição da estabilidade (3 anos), se aplica, necessariamente, à também dilação do período do estágio probatório.

Ainda que a regra seja a vinculação, insurge-se uma questão onde esta regra não será aplicável, a seguir descrita: Hipótese de um servidor que já adquiriu a estabilidade, transcorridos os três anos de efetivo exercício no serviço público, bem como preenchidos todos os requisitos indispensáveis a esta garantia, tais como o cumprimento do estágio probatório, e, em face da prestação *e* aprovação em novo concurso público, tome posse em cargo público diverso do anterior.

Nesta situação específica, o servidor deverá se submeter a novo estágio probatório, pois este se destina à análise de sua aptidão profissional para o cargo no qual pretende se efetivar. Se o seu cargo anterior era o de Analista Judiciário, o estágio probatório correspondente visava avaliar a sua aptidão para a prática específica das funções atinentes ao referido cargo.

Inobstante, com o seu posterior ingresso no cargo de Comissário da Infância e da Adolescência, o qual requer a devida graduação em psicologia, deverá o servidor em tela, impreterivelmente, se submeter a novo estágio probatório, cuja análise se destinará tão somente a este.

Em face disso, temos que a vinculação não se constitui numa regra absoluta, devendo antes ser ponderada com o caso concreto.

6. VINCULAÇÃO ENTRE O CONCURSO PÚBLICO COM A ESTABILIDADE

Reza o art. 41 da Constituição Federal que "*são estáveis, após três anos de efetivo exercício, os servidores nomeados para cargo de provimento efetivo em virtude de concurso público*".

Com efeito, registre-se que a estabilidade se estenderá aos servidores estáveis, investidos em cargos públicos, mediante nomeação, e vinculados ao regime estatutário, não se aplicando, por conseguinte, aos servidores trabalhistas.

Este último é de caráter contratual, não guardando nenhuma relação com nomeação ou cargo público, e nem alcançando o instituto da estabilidade. Ressalta-se que, ainda que na hipótese de o servidor trabalhista ter-se submetido a concurso público, tendo sido aprovado e contratado e firmando uma relação jurídica trabalhista, sendo o Poder Público empregador, esta situação não ensejará a estabilidade.

Alguns autores advogam no sentido de que o concurso público concede garantias do regime estatutário, entre elas a estabilidade, ao servidor aprovado. Contudo, entendemos que concurso público se constitui em pré-requisito para o efetivo ingresso no serviço público, e não para a consecução da estabilidade.

Desta feita, conclui-se que o concurso público não guarda relação com o direito à estabilidade, descaracterizando-se um eventual vínculo entre eles.

7. HIPÓTESE DE ESTABILIDADE EXTENSIVA A SERVIDOR NÃO ESTATUTÁRIO: ESTABILIDADE FUNCIONAL

Cumpre assinalar sobre a existência de caso em que se aplica estabilidade a servidor não estatutário que complete o mínimo de 5 (cinco) anos no serviço público, e que não tenha sido admitido na forma do art. 37 da CF/1988. Trata-se de *estabilidade funcional*, com previsão no art. 19 do ADCT a seguir descrito:

> *Art. 19 – ADCT: Aos servidores públicos civis da União, dos Estados, do Distrito Federal e dos Municípios, da administração direta, autárquica e das fundações públicas, em exercício na data da promulgação da Constituição, há pelo menos cinco anos continuados, e que não tenham sido admitidos na forma regulada no art. 37, da Constituição, são considerados estáveis no serviço público.*

Em consonância com a redação do dispositivo constitucional *supra*, deflagra-se o benefício da estabilidade a servidor não concursado que conte mais de 5 (cinco) anos de serviço público. Porém, referido beneficiário não será titular do cargo que esteja ocupando, não concorrendo para a aquisição da efetivação; tampouco será integrante de carreira, restando-lhe tão somente o direito de ter como estável a função que ocupa.

Este direito à estabilidade funcional de servidor não estatutário encontra respaldo nos Atos das Disposições Constitucionais Transitórias, não se confundindo com a estabilidade a que faz jus servidor estatutário após 3 (três) anos de efetivo exercício. Ocasionalmente, poderá passar desapercebida por estar prevista no ADCT, mas, é bom que se frise, vige em nosso ordenamento constitucional.

Conforme se pôde observar à época, o período pós-promulgação da Constituição Federal de 1988, que inaugurou o Estado Democrático de Direito, fez surgir uma nova concepção de moralização dentro do serviço público, fazendo supor a extinção de um lapso temporal em que a moralização não era o norte a ser seguido na aquisição de um cargo público, como ocorreu com o famigerado "trem da alegria", gerando os famosos "cabides de emprego".

No entanto, ocupou-se o legislador constituinte derivado de excepcionar situações em que a estabilidade no serviço público não dependa de prévia realização de concurso, retroagindo, em termos, à garantia inserida na redação original do Texto Maior, que se refere à *conditio sine qua non* da submissão ao concurso para a aquisição da estabilidade.

Este benefício da estabilidade que alcança servidor não concursado com mais de 5 anos de serviço público não é cumulativo com outras prerrogativas do servidor público, como a titularidade do cargo público e a sua efetivação, daí ser designada de estabilidade funcional.

Portanto, ainda que alcance a estabilidade, não é efetivo no cargo que ocupa, e só poderá adquirir a titularidade de cargo por meio de concurso público, transcorridas as fases da aprovação e da nomeação. Já à nova titularidade será computado o tempo de efetivo exercício no qual se submeteu à condição de excepcional estabilidade[194].

Diante desta assertiva, não há que perdurar controvérsias quanto à diferença entre estabilidade e efetividade, muito embora sejam quase sempre tidas como sinônimas, o que nos leva a tecer uma breve análise sobre o tema.

8. HIPÓTESE EM QUE SERVIDOR EM PERÍODO PROBATÓRIO É CONSIDERADO ESTÁVEL

Oportuno registrar a existência de hipótese excepcional em que servidor em período probatório é considerado estável, hipótese vislumbrada para fins de aplicação dos dispositivos do art. 169 da Constituição Federal, o qual prevê os limites de despesa de pessoal a serem observados pelos entes públicos, criado pela Lei de Responsabilidade Fiscal.

> *Art. 169. A despesa com pessoal ativo e inativo da União, dos Estados, do Distrito Federal e dos Municípios não poderá exceder os limites estabelecidos em lei complementar.*

O aludido artigo dispõe sobre o limite de despesa de pessoal, referindo-se à Lei Complementar nº 101/2000 (Lei de Responsabilidade Fiscal), elencando nos incisos de seu § 3º em que hipóteses este limite se aplica, sendo que cada qual apresenta-se como primeira opção em relação à outra.

> *I – redução em pelo menos 20% (vinte por cento) das despesas com cargo em comissão e funções de confiança.*
>
> *II – exoneração dos servidores não estáveis.*

Eliminadas tais hipóteses, se estas medidas não bastarem para alcançar a redução das despesas a que se pretende, aplicar-se-á o dispositivo do § 4º:

> *§ 4º Se as medidas adotadas com base no parágrafo anterior não forem suficientes para assegurar o cumprimento da determinação da lei complementar referida neste artigo, o servidor estável perderá o cargo (...)*

Importa-nos fazer alusão ao inciso II, que se traduz na segunda hipótese a ser utilizada pelo Poder Público a fim de adequar a sua despesa de pessoal às exigências da Lei de Responsabilidade Fiscal. Este dispositivo constitucional se refere aos "servidores não estáveis", fazendo supor serem estes aqueles que se encontrarem em período de estágio probatório, ou seja, antes de transcorridos 3 (três) anos de sua nomeação.

No entanto, a doutrina entende que estes "servidores não estáveis" são os que ingressaram no serviço público sem concurso entre 1983 e 1988, e não os que cumprem o período probatório, pois embora, em tese, a estabilidade seja adquirida após transcorrido este ínterim, esta não é para fins de aplicação do art. 169.

194. José dos Santos Carvalho Filho fala em estabilização constitucional, aduzindo que se excluem desta relação de garantia constitucional "servidores que desempenhassem cargo, emprego ou função de confiança ou outras funções e cargos que a lei considerasse como de livre exoneração". (Carvalho Filho, José dos Santos. *Manual de Direito Administrativo.* 19. ed., Rio de Janeiro: Lumen Juris, 2009, p. 541).

Portanto, há que se considerar que o servidor em estágio probatório é considerado estável quando a questão se reportar à hipótese constante no art. 169, § 3º, inciso II.

9. MARGEM DE DISCRICIONARIEDADE DE ADMINISTRAÇÃO NO TOCANTE AO MÉRITO DO ATO DE EXONERAÇÃO

A administração, não satisfeita com o desempenho funcional do servidor, não está obrigada a torná-lo estável no serviço público, podendo, ao contrário, exonerá-lo. Exige-se, porém, que esse ato seja devidamente justificado e tenha por base fatos reais e critérios objetivos, que revelem insuficiência de desempenho impondo-se, ainda, ao servidor, o contraditório e a ampla defesa.

Se a Administração não pudesse exonerar o servidor em fase de observação, nenhuma utilidade teria o estágio probatório, criado precisamente para verificar, na prática, se o candidato à estabilidade confirma aquelas condições teóricas de capacidade que demonstrou no concurso. Somente quando se conjugam os requisitos teóricos de eficiência com as condições concretas de aptidão prática para o exercício público é que se titulariza o funcionário para o cargo. Daí, o motivo pelo qual a exoneração do servidor fica sujeita à comprovação administrativa de sua capacidade ou inadequação para o serviço público ou de insuficiência de desempenho.

Convém sublinhar que o Poder Judiciário pode e deve examinar a legitimidade e legalidade da exoneração do servidor em estágio probatório, não alcançando os aspectos de conveniência e oportunidade de tal desempenho, desde que observadas as formalidades legais de apuração.

O administrador deve estabelecer previamente e especificar o comportamento que deveria ser adotado pelo agente público no tocante à fixação dos instrumentos de avaliação do servidor investido em cargo público, no período em que se encontra em estágio probatório. Uma vez fixados os instrumentos, cabe a aferição da adequação destes aos ditames legais e, também, da correta aplicação destes, aspectos que dizem respeito ao pressuposto da legalidade, o qual não se restringe às formalidades que cercam o ato praticado. Portanto, nem por isso fica ao alvedrio da Administração exonerar ou não o servidor que não adquiriu estabilidade.

Repetindo, mais uma vez, estabelecidos os instrumentos de avaliação, cabe verificar, primeiro, a adequação às normas de regência hierarquicamente superiores (Constituição e Lei nº 8.112/1990) e, a seguir, a correta aplicação dos mesmos, inclusive quanto à existência de nexo causal entre os dados apurados e a conclusão extraída deles. Já os critérios de avaliação, desde que não sejam irrazoáveis, não se submetem ao crivo do Judiciário.

Quanto à legitimidade do ato de exoneração, de acordo com a regra contida no art. 149 da Lei nº 8.112/1990, exige-se a presença de três servidores estáveis, para culminar na exoneração do servidor, o que dificilmente, na prática, ocorre, caracterizando vício formal no procedimento.

10. CONDIÇÃO RESOLUTIVA

Se o estágio probatório tem um prazo de 36 meses a ser observado, está claro que, ultrapassado este prazo, sem uma manifestação prévia da Instituição sobre a exoneração do servidor, a estabilidade se perfaz, automaticamente, pois se trata de condição resolutiva. Por isso, o § 1º do art. 20 já delimita que, durante os quatro meses antes de findo o período, será submetida a homologação da autoridade competente a avaliação do servidor, de tudo dando-se ciência ao servidor que poderá contrapor a avaliação, através de procedimento administrativo ou judicial. *Data venia*, não compartilhamos, na íntegra, com tal posicionamento. Antes da Emenda Constitucional nº 19, o estágio probatório era considerado um simples lapso de tempo. Atualmente, a aludida Emenda alterou essa situação, impondo como condição para aquisição da estabilidade, pelo servidor em exercício de cargo efetivo, a concreta realização de avaliação especial de desempenho durante o estágio probatório por comissão instituída para essa finalidade.

É oportuna a observação de que o servidor em estágio probatório, ainda que exercendo cargo de direção sindical, não tem direito à estabilidade sindical (CF, art. 8º, VIII), tendo em vista a omissão deste dispositivo na remissão constante do art. 39, § 2º, da Constituição, assim como a incompatibilidade do sistema dos servidores públicos com o sistema dos empregados regulados pela legislação trabalhista quanto ao instituto da estabilidade.

Averbe-se, ademais, que se admite aposentadoria do servidor no período do estágio probatório, não havendo violação ao § 2º do art. 20 da Lei nº 8.112/1990, uma vez preenchidos os requisitos para sua obtenção, já que não há lei que assim disponha. Exigir que o servidor conclua o estágio probatório constitui ofensa ao princípio constitucional da legalidade.

11. SERVIDOR EM ESTÁGIO PROBATÓRIO APROVADO EM OUTRO CONCURSO

O art. 20 da Lei nº 8.112/1990, com a nova redação dada pela Lei nº 9.527/1997, garante ao servidor público federal em estágio probatório o direito de se afastar do respectivo cargo para participar de curso de formação para ingresso em novo cargo na Administração Pública Federal, com direito a optar pela percepção do vencimento e das vantagens do cargo que ocupa, conforme dispõe o art. 14, § 1º, da Lei nº 9.624/1998.

Hipoteticamente, Policial Rodoviário Federal, aprovado em concurso público, estável, que presta novo concurso e, aprovado, é nomeado Delegado da Polícia Federal. E mais: durante o estágio probatório neste último cargo, poderá requerer sua recondução ao cargo anterior, na forma do disposto no art. 20, § 2º, da Lei nº 8.112/1990. Enquanto não confirmado no estágio probatório do novo cargo, não estará extinta a situação anterior.

Nenhum órgão pode vetar a participação de servidor público em estágio probatório em outro curso de formação, visto que a lei não estabeleceu tal restrição.

12. LICENÇA PARA ATIVIDADE POLÍTICA

Mesmo em estágio probatório, havendo pedido do servidor, a Administração Pública é obrigada a conceder a licença, por determinação do art. 86 da Lei nº 8.112/1990.

Destacam-se do art. 86 da Lei nº 8.112/1990 duas espécies de licença ao servidor público envolvido em atividade política: uma, sem remuneração, cujo período se limita entre a escolha do servidor por convenção partidária e o registro de sua candidatura; outra, a remunerada, cujo período compreende desde o registro da candidatura até o décimo dia seguinte ao das eleições a que tiver concorrido.

Com efeito, o *caput* do art. 86 prevê que a licença será sem remuneração, a partir do dia seguinte ao de sua escolha em convenção partidária até a véspera do registro de sua candidatura na Justiça Eleitoral para qualquer cargo eletivo, de qualquer nível, seja

Vereador, Prefeito, Deputado, Governador etc., o que não poderia ser diferente, uma vez que, sem o registro de candidato, não há garantia de que o servidor irá concorrer àquele cargo eletivo, não merecendo, portanto, permanecer afastado com remuneração.

A outra espécie de licença à qual o servidor público envolvido em atividade política tem direito é a remunerada. No caso de o servidor ocupar cargo de direção, chefia, assessoramento, arrecadação ou fiscalização, e se candidatar a cargo eletivo na localidade onde desempenha suas atribuições, dispõe o § 1º do art. 86 que ele será afastado do cargo a partir do dia seguinte ao do registro de sua candidatura, até o décimo dia seguinte ao das eleições, uma vez que lhe será exigida integral dedicação à campanha política. Neste caso, entendeu o legislador que o servidor faz jus a um afastamento de até três meses, período este considerado de efetivo exercício, sendo-lhe assegurados os vencimentos do cargo efetivo durante este tempo, dispositivo este contido no § 2º, do art. 86, da Lei nº 8.112/1990.

Cabe salientar que o servidor licenciado do cargo para dedicar-se à atividade política contribuirá para a seguridade social como se estivesse em efetivo exercício.

Embora não explicitado no art. 86 da Lei nº 8.112/1990, ressalte-se que, se o servidor-candidato estiver em estágio probatório, esta modalidade de licença acarretará na suspensão do mesmo, reiniciando-se a partir do término do impedimento.

13. GREVE NO ESTÁGIO PROBATÓRIO

Há quem defenda ser aplicável o direito de greve mesmo estando o servidor em estágio probatório, conforme jurisprudência majoritária sobre o assunto e da 1ª Turma do STF.

Por três votos a dois, a Primeira Turma do Supremo Tribunal Federal manteve o cargo de servidor público que, durante o estágio probatório, aderiu a movimento de greve e faltou ao trabalho por mais de 30 dias. A greve ocorreu no Estado do Rio Grande do Sul, antes de o STF determinar a aplicação da Lei de Greve da iniciativa privada ao serviço público.

A tese vencedora foi a de que a falta por motivo de greve não pode gerar demissão. **"A inassiduidade decorrente de greve não legitima o ato demissório"**, disse o ministro Carlos Ayres Britto. Para ele, a inassiduidade que justifica a demissão "obedece a uma outra inspiração: é o servidor que não gosta de trabalhar"[195].

Na mesma linha, o ministro Marco Aurélio disse entender que, no caso, não há "o elemento subjetivo que é a vontade consciente de não comparecer por não comparecer ao trabalho". A ministra Cármen Lúcia também votou com a maioria. "O estágio probatório para mim, por si só, não é fundamento para essa exoneração", disse ela.

A matéria chegou ao STF por meio de um Recurso Extraordinário (RE 226.966) de autoria do governo do Rio Grande do Sul, que exonerou o servidor grevista. Este, por sua vez, voltou ao cargo por força de um mandado de segurança concedido pela Justiça estadual gaúcha[196].

O relator do caso no STF, ministro Carlos Alberto Menezes Direito, e o ministro Ricardo Lewandowski foram contra a decisão do Judiciário do Rio Grande do Sul. Para Menezes Direito, o servidor fez greve antes de o direito ser regulamentado por meio de

195. STF, voto do Min. Carlos Ayres Britto.

196. Recurso Extraordinário (RE 226966), 1ª Turma do STF, em 18/12/2008.

decisão do STF e, além disso, estava em estágio probatório. Portanto, cometeu uma irregularidade que justificou sua exoneração.

"Como não havia a regulamentação do direito de greve, que só veio com a nossa decisão, [o servidor] não tinha cobertura legal para faltar e estava em estágio probatório. Se ele estava em estágio probatório e cometeu esse delito civil, eu entendo que ele não tem razão", disse Menezes Direito.

Lewandowski reiterou que "o direito de greve realmente exigia uma regulamentação", prova de que o dispositivo constitucional que trata da matéria (inciso VII do art. 37) não era autoaplicável.

14. NOMEAÇÃO DE SERVIDOR, EM ESTÁGIO PROBATÓRIO, PARA CARGO DE CONFIANÇA

A Constituição Federal não estabelece óbice à nomeação de servidor, integrante de quadro de carreira técnica ou profissional e que esteja no período do estágio probatório, para o exercício de funções de confiança (cargo comissionado ou função gratificada). No entanto, nos termos do preconizado pela Lei Maior, art. 37, I, norma infraconstitucional poderá estabelecer requisitos para o provimento destas funções de confiança, entre os quais poderá figurar a exigência do cumprimento do estágio probatório. Na hipótese de não haver vedação de natureza legal, a nomeação deste servidor – no curso do estágio probatório, para exercer funções de confiança – implicará a suspensão do período probatório, que só voltará a ser computado a partir do retorno do servidor ao exercício do cargo efetivo. Neste caso, se o servidor não for estável no serviço público, a suspensão do estágio probatório implicará, necessariamente, a suspensão da contagem do tempo de serviço para efeito da estabilidade funcional. Só após o cumprimento integral do estágio probatório, quando a autoridade administrativa terá a oportunidade de aferir a sua aptidão (assiduidade, idoneidade moral, eficiência etc.) para o exercício do cargo efetivo, é que o servidor poderá ser considerado estabilizado no serviço público. Sendo, contudo, o servidor já detentor de estabilidade funcional – em decorrência do exercício de cargo efetivo anterior, no âmbito do mesmo Ente Estatal e sem que tenha havido solução de continuidade entre os dois provimentos efetivos – não haverá alteração na sua estabilidade funcional, de sorte que apenas o período probatório ficará suspenso. Ressalte-se, por fim, que na hipótese de haver manifesta correlação entre as atribuições das funções de confiança e as atribuições do cargo efetivo do servidor, não há falar em suspensão do estágio probatório nem da contagem do prazo para efeito de estabilidade funcional.

A Lei nº 9.527/1997 introduziu um parágrafo terceiro no art. 20 na Lei nº 8.112/1990 autorizando expressamente a designação de servidores em estágio probatório, *verbis*:

> *Art. 20, § 3º O servidor em estágio probatório poderá exercer quaisquer cargos de provimento em comissão ou funções de direção, chefia ou assessoramento no órgão ou entidade de lotação, e somente poderá ser cedido a outro órgão ou entidade para ocupar cargos de Natureza Especial, cargos de provimento em comissão do Grupo-Direção e Assessoramento Superiores – DAS, de níveis 6,5 e 4, ou equivalentes.*

15. HIPÓTESES DE PERDA DE ESTABILIDADE

O servidor estável somente perderá o cargo nas hipóteses constitucionalmente previstas, a seguir descritas:

1) sentença judicial transitada em julgado (art. 41, § 1º, inciso I);

2) processo administrativo ou disciplinar em que lhe seja assegurada ampla defesa (art. 41, § 1º, inciso II);

3) mediante processo de avaliação periódica de desempenho, na forma de lei complementar, assegurada ampla defesa (art. 41, § 1º, inciso III);

4) adequação da despesa com pessoal, estabelecida na lei complementar que regulamenta o art. 169, *caput,* da Constituição, caso esta adequação não seja obtida com: redução em pelo menos 20% (vinte por cento) das despesas com cargos em comissão e funções de confiança e exoneração dos servidores não estáveis (aqueles admitidos sem concurso público após 05/10/1988, art. 169, § 4º, c/c o art. 33 da Emenda Constitucional nº 19/1998).

O aludido procedimento de avaliação periódica de desempenho, que poderá ensejar a perda do cargo, não possui sua eficácia plena, posto que depende de lei complementar para especificar tais circunstâncias. Uma vez regulamentado, o servidor somente perderá o cargo por este processo avaliatório, acaso o seu desempenho esteja em desacordo com a conduta presumida para a esfera pública.

No que concerne à exoneração dos servidores estáveis para a adequação da despesa com pessoal, prevista no *caput* do art. 169 da Constituição da República, esta medida pressupõe outras tais que a antecederão, quais sejam:

1) extinção dos cargos em comissão e função de confiança;
2) exoneração dos servidores não estáveis, que ingressaram no serviço público, sem concurso, após 05/10/1988;
3) exoneração dos servidores que se encontrem em estágio probatório; e
4) exoneração dos servidores estáveis na forma preconizada pelo art. 19 do ADCT, ou seja, que ingressaram no serviço público, sem concurso, anteriormente a 05/10/1983.

15.1. Sentença judicial transitada em julgado

Uma das hipóteses mais incontroversas que ensejam a perda da estabilidade do servidor público é a que decorre de sentença judicial transitada em julgado, seja proveniente de processo de origem criminal, a respeito de crime praticado por servidor contra a Administração Pública ou bem jurídico tutelado, seja de ordem civil, proveniente de ação cível proposta por servidor em razão de demissão. Cumpre pôr em relevo que é imprescindível que da decisão proferida não caiba mais nenhum recurso, conforme prevê o art. 467 do Código de Processo Civil brasileiro.

16. PRINCÍPIOS APLICÁVEIS AO PROCESSO ADMINISTRATIVO DISCIPLINAR

16.1. Considerações iniciais

O controle não envolve apenas órgãos do Poder Executivo, mas também os dos demais Poderes quando em exercício de função administrativa, abarcando, assim, a Administração Pública considerada em amplo sentido.

A finalidade do controle da Administração Pública é a garantia jurídica, de forma a assegurar que a Administração atue em consonância com os princípios que lhe são impostos. Embora seja de competência da Administração Pública a tarefa de gerir o interesse coletivo, não é esta livre para fazê-lo, devendo agir em conformidade com as disposições legislativas pertinentes e em atendimento à satisfação geral.

Se através do controle podem aferir, a Administração e os administrados, a legitimidade, conveniência, utilidade e eficácia das condutas administrativas, passa esta a ser uma garantia bilateral.

O controle pode ser interno ou externo (estudaremos, sem seguida, os conceitos de controle externo e interno), isto é, pode ser processado por órgãos da mesma Administração ou por órgãos de Poder distinto. O Judiciário, por exemplo, examina a legalidade dos atos através do Mandado de Segurança, já o Legislativo, por sua vez, o faz através do Tribunal de Contas.

O controle *interno* é efetuado por órgãos da própria Administração, enquanto o controle externo é efetuado por órgão alheios à Administração. Ensina Celso Antônio Bandeira de Mello que

> assumida essa codificação terminológica, cumpriria ressaltar que, em relação à entidades a Administração indireta e fundacional (sem prejuízo dos controles externos), haveria um duplo controle interno: aquele que é efetuado por órgãos seus, que lhe componham a intimidade e aos quais assista esta função, e aquele outro procedido pela Administração direta. A este último talvez se pudesse atribuir a denominação, um tanto rebarbativa ou paradoxal, reconheça-se de controle interno exterior.

O controle *externo,* em contrapartida, é realizado em órgãos diversos. Desta forma, pode-se dizer que o Legislativo, o Judiciário e a própria Administração podem exercer o controle de legalidade. Porém, o Poder Executivo pode fazê-lo de ofício ou mediante provocação recursal, enquanto o Legislativo só pode atuar neste sentido caso haja disposição constitucional expressa que o autorize e somente sob provocação cabe agir o Judiciário (mediante ação adequada).

O Controle Administrativo é fruto da própria administração, é realizado por órgãos da administração pública. É o princípio reconhecido da autotutela. No exercício de sua atividade pode a Administração Pública cometer equívocos (bastante naturais em razão da complexidade e abrangência de seu campo de atuação), ao deparar-se com eles deverá a Administração revê-los e restaurar a situação de regularidade. Este controle, portanto, é, além de uma faculdade, um dever da Administração Pública, que não pode permanecer inerte diante de situações irregulares. Deve, assim, fazê-lo de ofício.

Dentro do controle interno, o processo administrativo disciplinar "*é o instrumento destinado a apurar responsabilidade de servidor por infração praticada no exercício de suas atribuições, ou que tenha relação com as atribuições do cargo em que se encontre investido*"[197]. Visando instrumentalizar este controle, a Constituição prevê, no art. 5º, XXXIII e XXXIV, a possibilidade de o controle ser provocado por terceiros, assegurando os direitos de petição e de obtenção de informações.

A seguir, abordaremos os princípios aplicáveis aos meios internos de responsabilização na seara administrativa, concernentes ao processo administrativo disciplinar.

16.2. Princípios aplicáveis ao processo administrativo disciplinar

Na tarefa da promoção da responsabilização mediante um processo administrativo disciplinar deve-se atentar não somente aos princípios contidos no art. 37 da Constituição

197. Art. 148 da Lei nº 8.112/1990.

da República Brasileira de 1988. Não obstante este dispositivo ampare os princípios da legalidade, impessoalidade, moralidade, publicidade e eficiência como sendo elementares aplicáveis à administração pública direta e indireta de qualquer dos Poderes da União, dos Estados, do Distrito Federal e dos Municípios, estes não são os únicos que devem ser observados na seara administrativa.

O processo administrativo, assim como o cível e o penal, deve observância aos demais princípios acautelados na Constituição Federal, os quais vão informar os atos e a decisão final, conferindo efetividade às garantias amparadas na Carta Maior. Desta forma, aos princípios setoriais expressos na Carta Magna somam-se os de caráter mais amplo, ligados aos direitos individuais e aos processuais.

Nesta perspectiva, cumpre abordar não somente a dignidade da pessoa humana, a ampla defesa, o contraditório, o devido processo legal, a acessibilidade ao judiciário, a razoabilidade, a isonomia, a proporcionalidade e o interesse público; mas também – a presunção de inocência. Não se podendo olvidar os subprincípios inerentes aos supramencionados.

16.2.1. A dignidade da pessoa humana

Prima facie, cabe trazer à baila o princípio da dignidade da pessoa humana, consagrado no art. 1º, III, da Constituição da República de 1988, o qual está na base de concretização do direito à integridade física e moral[198]. Nesta linha, ensina Canotilho que "a dimensão intrínseca e autônoma da dignidade da pessoa humana articula-se com a liberdade de conformação e de orientação da vida segundo o projeto espiritual de cada pessoa"[199].

Assim, dos direitos afetos à liberdade pessoal emergem o direito à integridade moral e ao livre desenvolvimento da personalidade[200]. Muito embora a formulação da dignidade se dê em critérios amplos, a sua concretização pode ser vista, por exemplo, no direito à integridade moral e física, os quais devem ser observados pela administração, sob pena de se fomentar um retorno às nefastas práticas de épocas ditatoriais.

Na seara processual, as medidas impostas ao indivíduo submetido ao processo disciplinar hão de ter em conta a dignidade humana – encarada como fundamento e limite do Estado Democrático de Direito –, conferindo-lhe na qualidade de sujeito processual uma série de direitos específicos inerentes à sua posição processual, bem como outros direitos fundamentais inerentes à qualidade de pessoa singular. Desta forma, pretende-se garantir que não haja o sacrifício da dignidade humana – conferindo uma efetiva aplicabilidade dos princípios da legalidade e da presunção de inocência – na medida em que não se legitimem medidas arbitrárias, discricionárias e carecidas de suporte legal.

Em decorrência de sua aplicação "o servidor público acusado não poderá ser vítima de

198. Canotilho, José Joaquim Gomes e Moreira, Vital. *Constituição da República Portuguesa Anotada*, Vol. I, Arts. 1º a 107º, 4ª ed., Coimbra: Coimbra Editora, 2007, p. 198.

199. O autor articula a dignidade em três dimensões: intrínseca do ser humano, aberta e carecedora de prestações e como expressão de reconhecimento recíproco. (Canotilho e Vital Moreira, *Constituição*... cit., p. 199).

200. O "direito ao desenvolvimento da personalidade não protege, nomeadamente, apenas a *liberdade* de actuação, mas igualmente a liberdade de não actuar (não tutela, neste sentido, apenas a actividade, mas igualmente a passividade, com uma garantia não unidimensional de actuação, mas pluridimensional, de liberdade *de comportamento*, enquanto decorrente da ideia de desenvolvimento da personalidade)". Pinto, Paulo Mota. O Direito ao Livre Desenvolvimento da Personalidade, *Boletim da Faculdade de Direito, Stvdia Ivridica 40 – Colloquia 2 – Portugal – Brasil Ano 2000*, Coimbra: Coimbra Ed., 1999, p. 203.

perseguições ou abusos por parte do Órgão público ao qual ele se encontra vinculado"[201]. Sendo vedadas, sob pena de violar a dignidade da pessoa humana, a subtração das garantias legais e a imposição de constrangimentos ilegais.

16.2.2. Devido processo legal, ampla defesa e contraditório

O princípio do devido processo legal, de acordo com o qual ninguém será privado da liberdade ou de seus bens sem o devido processo legal, tem previsão no art. 5º, inciso LIV, da Carta Magna. A norma ao estabelecer uma vinculação às normas legais assegura "*a todos os cidadãos que a solução de seus conflitos obedecerá aos mecanismos jurídicos de acesso e desenvolvimento do processo, conforme previamente estabelecido em leis*"[202].

Alexandre de Moraes pontifica que este princípio configura uma

> dupla proteção ao indivíduo, atuando tanto no âmbito material de proteção ao direito de liberdade, quanto no âmbito formal, ao assegurar-lhe paridade total de condições com o Estado-persecutor e plenitude de defesa (direito à defesa técnica, à publicidade do processo, à citação, de produção ampla de provas, de ser processado e julgado pelo juiz competente, aos recursos, à decisão imutável, à revisão criminal)[203].

Para Carlos Ari Sundfeld:

> na esfera administrativa, o devido processo também se realiza, nos termos do citado art. 5º, inciso LIV, da Constituição, através da garantia do contraditório e da ampla defesa aos litigantes e acusados em geral. Em decorrência dela, a aplicação de sanções administrativas deve ser antecedida de procedimento onde se assegure a *oportunidade para manifestação do interessado e para produção de provas por ele requeridas, bem como o direito ao recurso etc.*[204].

Intimamente relacionado com o devido processo legal estão os princípios do contraditório e da ampla defesa, consagrados no inciso LV, do art. 5º, do diploma constitucional, o qual dispõe que "*aos litigantes, em processo judicial ou administrativo, e aos acusados em geral são assegurados o contraditório e a ampla defesa, com os meios e recursos a ela inerentes*". Podendo-se afirmar que os princípios da ampla defesa e do contraditório se encontram inseridos na cláusula do devido processo legal. Para Odete Medauar, os incisos LIV e LV do art. 5º devem ser interpretados de forma combinada. Bem por isso o devido processo legal desdobra-se, sobretudo, nas garantias do contraditório e da ampla defesa, com aplicabilidade no processo administrativo[205].

O princípio da ampla defesa "diz respeito a todos os factos relevantes para a acusação, não se excluindo aqueles que não ocorrem no momento da prática do fato, mas que condicionam a culpa do agente"[206]. Este busca assegurar todos os direitos e instrumentos

201. Mattos, Mauro Roberto Gomes de. *Tratado de Direito Administrativo Disciplinar.* Rio de Janeiro: América Jurídica, 2008, p. 86.
202. Portanova, Rui. *Princípios do Processo Civil*, 5ª ed., Porto Alegre: Livraria do Advogado, 2003, p. 145.
203. Moraes, Alexandre de. *Direito Constitucional.* 20ª ed., São Paulo: Atlas, 2006, p. 94.
204. *Apud* Filho, Romeu Felipe Bacellar. *Processo Administrativo Disciplinar.* 2ª ed., São Paulo: Max Limonad, 2003, p. 223.
205. *Apud* Filho, Romeu Felipe Bacellar. *Op. cit.*, p. 225.
206. Palma, Maria Fernanda. "A Constitucionalidade do Art. 342º do Código de Processo Penal (O direito ao silêncio do arguido)", in *Revista do Ministério Público*, ano 15º, out./dez. 1994, nº 60, Lisboa, Sindicato dos

necessários e adequados para a defesa da sua posição, todas as garantias de defesa que "possibilitem trazer para o processo todos os elementos tendentes a esclarecer a verdade ou mesmo de omitir-se ou calar-se, se entender necessário"[207].

No campo do administrativo disciplinar, Moreira Neto esclarece que "o servidor deverá ter pleno *conhecimento* dos fatos transgressivos que lhe são imputados, das provas colhidas e das alegações aduzidas, podendo apresentar a refutação escrita, por si ou por advogado, produzir provas, bem como usar de recursos"[208]. Neste sentido já se pronunciou o STJ:

> A instauração do processo disciplinar é efetuada mediante ato da autoridade administrativa em face de irregularidades funcionais praticadas pelo servidor público, o qual deve conter a descrição e qualificação dos fatos, a acusação imputada e seu enquadramento legal, além da indicação dos integrantes da Comissão de Inquérito. O inquérito administrativo disciplinar instaurado para apuração da prática de ilícito administrativo mediante Portaria que não contém a descrição dos fatos imputados ao servidor público contém grave vício de nulidade, porque afronta os princípios do contraditório e da ampla defesa. Recurso ordinário provido. (STJ, ROMS nº 10578/PA, 6ª Turma, Rel. Min. Vicente Leal)

Segundo o entendimento de Romeu Felipe Bacellar Filho, o

> direito à defesa corresponde ao verso da moeda do direito de ação (art. 5º, XXXV). Ao lado do dever do Estado de apurar as responsabilidades dos agentes públicos, por meio do exercício da ação disciplinar, está o direito de defesa do acusado. No processo disciplinar, o mesmo tem o direito de se defender não porque seja culpado, mas porque a eventualidade da defesa é protegida: não se questiona as razões para oposição, simplesmente assegura-se-lhe a oportunidade de fazer valê-las[209].

Como meio de viabilizar a garantia da ampla defesa, pode-se mencionar o art. 133 da Constituição, o qual dispõe que o advogado é indispensável à administração da Justiça. Com efeito, o advogado pode acompanhar o seu cliente, usar a palavra pela ordem, dirigir petições, enfim, requerer qualquer esclarecimento que possa influenciar a defesa de seu cliente, conferindo eficácia a este princípio.

A Lei nº 9.784/1999 estabelece a defesa técnica como mera faculdade no processo administrativo, salvo hipótese de expressa previsão legal, conforme o inciso IV, art. 3º, o qual insere entre os direitos dos interessados, o de "*fazer-se assistir, facultativamente por advogado, salvo quando obrigatória a representação, por força de lei*". Neste sentido se pronunciava o Superior Tribunal de Justiça:

> O princípio da ampla defesa aplica-se ao processo administrativo, mas isso não significa que o acusado deve, necessariamente, ser defendido por advogado. Ele mesmo pode elaborar sua defesa, desde que assim queira. No caso, o acusado não constituiu advogado até a fase de alegações finais, por opção própria, mesmo porque bacharel em direito. O que importa é a oportunidade de ampla defesa assegurada[210].

Magistrados do Ministério Público, 1994, p. 109.

207. Moraes, Alexandre de. *Direito Constitucional*, cit., p. 94.

208. Moreira Neto, Diogo de Figueiredo. *Curso de Direito Administrativo, Parte Introdutória, Parte Geral, Parte Especial*, 14ª ed., Rio de Janeiro: Forense, 2006, p. 325.

209. Filho, Romeu Felipe Bacellar. *Op. cit.*, p. 304.

210. Filho, Romeu Felipe Bacellar. *Op. cit.*, p. 311.

Todavia, hodiernamente, a Súmula nº 343 do Superior Tribunal de Justiça exige a presença obrigatória de advogado em todas as fases do processo administrativo disciplinar, garantindo a efetivação dos princípios do devido processo legal e da ampla defesa. Da mesma forma, dá cumprimento ao dispositivo constitucional que elege a atividade advocatícia essencial à justiça, nos termos do art. 133, o qual estabelece que o "*advogado é indispensável à administração da justiça, sendo inviolável por seus atos e manifestações no exercício da profissão, nos limites da lei*".

O princípio do contraditório, considerado por Alexandre de Moraes "a própria exteriorização da ampla defesa", garante que "a todo ato produzido pela acusação caberá igual direito da defesa de opor-se-lhe ou de dar-lhe a versão que melhor lhe apresente, ou, ainda, de fornecer uma interpretação jurídica diversa daquela feita pelo autor"[211]. Nas palavras de Mauro Roberto Gomes de Mattos o princípio pode ser verificado na "reação da defesa, que diante da acusação exterioriza as razões e os fundamentos necessários para demonstrar a fragilidade ou a improcedência do que está contido no bojo do processo administrativo disciplinar", a qual se funda no direito "do servidor público ser informado do que está sendo acusado e o seu direito de reação, com a contraposição dos fatos e argumentos[212].

Nas palavras de Romeu Felipe Bacellar Filho, "como garantia de meios e de resultados", o contraditório imprime ao processo um caráter bilateral (quanto à estrutura lógica), dialógico e democrático (quanto à perspectiva jurídico-política), equilibrado e efetivo. A oportunidade de influir no *iter* formativo da decisão administrativa não pode ser qualquer oportunidade, mas real oportunidade[213].

Esclarece, ainda, que "a primeira exigência do contraditório reside na motivação do ato de instauração do processo administrativo disciplinar"[214]. A Autoridade deve *externar* os motivos para a instauração de processo disciplinar, sindicância, avaliação periódica de desempenho etc.

No processo administrativo deve-se assegurar o direito à ampla defesa e ao contraditório, "bem como a maior margem probatória, a fim de possibilitar mais eficientemente a apuração do ilícito e das responsabilidades"[215]. Segue esta orientação a jurisprudência do Tribunal de Justiça da Paraná:

> Pena de suspensão. Processo administrativo disciplinar. Inobservância dos princípios do contraditório e da ampla defesa. Portaria incompleta e falta de regular citação. Ademais, decisão não motivada. Nulidade configurada. Após o advento da Constituição Federal de 1988, que assegura o contraditório e a ampla defesa, em processo administrativo (art. 5º, LV), exige-se certas formalidades, inclusive de citação do acusado indicando o teor da acusação e dando prazo para a apresentação de defesa, bem como decisão motivada, é o mínimo indispensável para garantia do texto constitucional[216].

211. Moraes, Alexandre de. *Direito Constitucional*, *cit.*, p. 95.
212. Mattos, Mauro Roberto Gomes de. *Op. cit.*, p. 101.
213. Filho, Romeu Felipe Bacellar. *Op. cit.*, p. 245.
214. *Idem, ibidem.*
215. Carvalho Filho, José dos Santos. *Manual de Direito Administrativo*, 17ª ed., cit., p. 644.
216. Tribunal de Justiça do Estado do Paraná: Processo 45994900. Apelação Cível e Reexame Necessário. 4ª Câmara Cível. Relator: Juiz Lauro Laertes de Oliveira. Unânime. Julgamento: Acórdão nº 14954. Julgamento: 31/03/1999.

Estes princípios devem refletir efetivamente no processo disciplinar, bem como no tratamento dado ao indivíduo, fornecendo eficácia ao respeito pela dignidade humana em sede administrativo-disciplinar.

16.2.3. Da presunção de inocência

O princípio da presunção de inocência, consagrado no art. 5º, inciso LVII, da Constituição Federal, estabelece que "*ninguém será considerado culpado até o trânsito em julgado de sentença penal condenatória*". Este princípio se apresenta como "uma decorrência dos direitos à liberdade e à dignidade, à luz dos quais a possibilidade de submeter a consequências penais alguém que não praticou qualquer fato criminoso, traduz uma situação intolerável e um limite absoluto à prossecução dos fins estaduais de administração da justiça"[217]. A preocupação em garantir que a dignidade humana não seja sacrificada aos fins da perseguição penal faz com que este princípio se reflita sobre o tratamento dado ao arguido ao longo de todo o processo[218], ou seja, até a sua decisão final.

Embora a Carta Magna se refira expressamente ao processo penal, Mauro Roberto Gomes de Mattos entende que "tendo a nossa Constituição Federal positivado o princípio *sub oculis* em todo o ordenamento infraconstitucional, aí incluído não só o Direito Penal, o Direito Processual Penal como o Direito Administrativo", havendo no processo administrativo disciplinar "a proibição de se condenar o servidor público investigado por suspeitas ou por meras presunções"[219]. Não há prova que implique na derrogação deste princípio, devendo o indivíduo ser tomado como inocente ainda que todos os fatos pareçam indicar o contrário.

Isto deve se manifestar também externamente ao processo, como um direito a ser tratado fora do processo como se inocente fosse[220]. Para tanto, deve-se valer da premissa de que "até o trânsito em julgado a inocência é afirmada, seja o que for que se carreie para o processo a demonstrar o contrário"[221].

Castanheira Neves, ao comentar o princípio em questão na seara do direito penal português, bem ensina que num processo o que ninguém exige, "superadas que foram as atitudes degradantes do processo inquisitório (a recusar ao réu a qualidade de sujeito do processo e a vê-lo apenas como meio e objeto de investigação), é o heroísmo de dizer a verdade autoincriminadora", esclarecendo que o arguido é posto numa situação limite e que sua reação perante será apreciada jurídico-processualmente segundo um critério de não exigibilidade[222]. Neste mesmo sentido José Narciso da Cunha Rodrigues entende

217. Bolina, Helena Magalhães. "Razão de Ser, Significado e Consequências do Princípio da Presunção de Inocência (art. 32º, nº 2, da CRP)". *Boletim da Faculdade de Direito*, Vol. LXX, Coimbra, Faculdade de Direito da Universidade de Coimbra, 1994, p. 436.

218. *Idem, ibidem*, p. 436.

219. Mattos, Mauro Roberto Gomes de. *Op. cit.*, p. 90.

220. Neste diapasão, não se pode olvidar que ao indivíduo submetido a processo penal deve-se garantir o direito à presunção de inocência, o qual alcançará o processo administrativo na medida em que, antes do trânsito em julgado da sentença penal condenatória, a existência de um processo penal em curso não poderá acarretar consequências negativas no âmbito administrativo.

221. Moura, José Souto. "A questão da presunção de inocência do arguido", in *Revista do Ministério Público*, ano 11º, nº 42, abril-junho 1990, Lisboa, Sindicato dos Magistrados do Ministério Público, 1990, p. 38.

222. Neves, Antonio Castanheira. *Sumários de Processo Criminal (1967-1968)*. Coimbra; Datilografado por João Abrantes; 1968; págs. 175-176.

que assim como o defensor tem o dever de procurar a verdade que favorece o arguido, este pode recusar-se a colaborar com a justiça[223].

Embora seja possível, *ad argumentandum*, transladar o entendimento referente a este princípio para o âmbito do processo administrativo, esta tarefa deve ser efetuada em consonância com os demais princípios setoriais aplicáveis à espécie. Assim, no sistema em que o indivíduo possa ser condenado antes de se defender, o

> direito à defesa acaba por se transformar numa formalidade pretensamente legitimadora do caráter antidemocrático das decisões estatais, visando evitar tal caminho a última parte do art. 5º, inciso LV que funciona como uma regra de *chiusura* ou norma de fechamento do sistema, predisposta com a finalidade de cobrir as eventuais lacunas porventura resultantes da insuficiência dos instrumentos de defesa para a tutela adequada ao caso concreto[224].

Desta forma, afirma-se, na opinião de Romeu Felipe Bacellar Filho, "o princípio da presunção de inocência nos processos administrativos sancionatórios, como no caso do disciplinar"[225]. Todavia, não se pretende conferir a este princípio contornos extremamente garantistas, tampouco rechaçar a premissa do interesse público, cuja importância neste setor não pode ser olvidada.

16.2.4. Razoabilidade e proporcionalidade

Os princípios da proporcionalidade e da razoabilidade constituem limites à liberdade do legislador e à tarefa do aplicador da lei, os quais devem zelar pela adequação, necessidade e proporcionalidade na aplicação das leis.

Segundo Maria Sylvia Zanella Di Pietro,

> embora a Lei nº 9.784/99 faça referência aos princípios da razoabilidade e da proporcionalidade, separadamente, na realidade o segundo constitui um dos aspectos contidos no primeiro. Isto porque o princípio da razoabilidade exige proporcionalidade entre os meios de que se utiliza a Administração e os fins que ela tem que alcançar. E essa proporcionalidade deve ser medida não pelos critérios pessoais do administrador, mas segundo padrões comuns na sociedade em que vive[226].

Os limites da discricionariedade devem ser respeitados.

Na imposição de sanção disciplinar, o Poder Público não pode injustiçar os cidadãos ou demitir servidores públicos dos seus quadros, sem um justo e fundamentado motivo.

O autor ainda afirma que a verificação da proporcionalidade/razoabilidade da sanção imposta tem demonstrado uma grande efetividade do Poder Judiciário, na fiscalização da

---

223. Rodrigues, José Narciso Cunha. "Sobre o Princípio da Igualdade de Armas", in *Revista Portuguesa de Ciências Criminais*, ano I, 1, janeiro-março 1991, Coimbra: Aequitas Editoral Notícias, 1991, p. 88. Paralelamente, cumpre trazer à baila os ensinamentos do Prof. Doutor Germano M. Silva, o qual assevera que "a instrução não tem por fim a preparação da defesa, mas comprovar a acusação" (Silva, Germano M. *apud* Rodrigues, Álvaro da Cunha Gomes. "Controlo Garantístico dos Direitos do Arguido pelo Juiz de Instrução", in *Direito e Justiça – Revista da Faculdade de Direito da Universidade Católica Portuguesa*, Vol. XIII, Tomo 3, Lisboa, Faculdade de Direito da Universidade Católica Portuguesa, 1999, p. 185.

224. Filho, Romeu Felipe Bacellar. *Op. cit.*, p. 306.

225. *Idem, ibidem.*

226. Di Pietro, Maria Sylvia Zanella . *Direito Administrativo*, 15ª ed., São Paulo: Atlas, 2003, p. 80.

irrazoável, irresponsável e indevida discricionariedade da Autoridade julgadora[227]. Assim, o sistema punitivo na Administração deve atender ao princípio da proporcionalidade incumbindo ao administrador certa margem de discricionariedade para proceder à compatibilização entre a conduta e a sanção a ser aplicada[228].

Nessa medida, diante da tarefa de individualização das penalidades a serem aplicadas, a Administração, em consonância com o conjunto probatório angariado nos autos, deverá, sob a luz destes princípios, buscar a adoção da tomada de posição adequada ao feito.

16.2.5. Acesso ao Judiciário

O controle do poder está em adequar as competências dos poderes aos objetivos fundamentais do povo, mas isto deve ser feito sempre de acordo com as normas constitucionais. Desta forma, o exercício legítimo do controle do poder está em impedir que um poder se sobreponha ao outro, primando pelo equilíbrio entre eles, prestigiando as garantias fundamentais, e com isso atendendo à vontade do constituinte originário.

Este deflui como consequência da separação dos poderes, possibilitando um efetivo controle. Socorrendo-nos das palavras de Manoel Gonçalves Ferreira Filho, o princípio em tela "é intrínseco à democracia de opção liberal", consubstanciado no "direito de o indivíduo fazer passar pelo crivo do judiciário toda lesão a seus direitos", o qual "é essencial a todo regime cioso das liberdades fundamentais"[229].

A Constituição brasileira claramente o consagra no art. 5º, XXXV, como uma garantia fundamental. Não sendo possível afastar do controle jurisdicional os atos capazes de lesar ou ameaçar direitos.

Neste contexto, não se pode olvidar que os atos praticados no processo administrativo disciplinar estão submetidos ao controle do Poder Judiciário, da mesma forma que estão as suas decisões. Nesta medida, "o crivo do imparcial do Judiciário contraria muita vez a prepotência dos governantes que, se podem, cuidam de impedir sua fiscalização"[230].

A fiscalização da oportunidade e da conveniência dos atos discricionários não fere o poder que possui a Administração, uma vez que esta se dará na seara do controle da legalidade. Para que esta seja possível, a motivação do ato administrativo é de suma importância, sendo a sua ausência, o vício de finalidade ou a causa determinante, configuradores da ilegalidade que poderá ensejar a invalidação do ato pelo Judiciário.

Deste modo, "pelo princípio da motivação do ato se verifica a justificativa da ação administrativa emanada, possibilitando, inclusive, o controle interno e externo, sendo consumado o último caso pela via judicial"[231]. Embora parte da doutrina considere que a motivação do ato somente é obrigatória quando houver determinação legal, a corrente majoritária – ora representada por Mauro Roberto Gomes de Mattos – a considera um fator crucial para a validade do ato administrativo[232].

227. Mattos, Mauro Roberto Gomes de. *Op. cit.*, p. 125.
228. Carvalho Filho, José dos Santos. *Manual de Direito Administrativo*, 17ª ed., *cit.*, p. 644.
229. Ferreira Filho, Manoel Gonçalves. *Curso de Direito Constitucional*, 15ª ed., São Paulo: Saraiva, 1986; p. 269.
230. *Idem, ibidem*, p. 269.
231. Mattos, Mauro Roberto Gomes de. *Op. cit.*, p. 179.
232. Seguidores da primeira corrente enunciada pode-se citar José Carlos Vieira de Andrade, Eduardo García de Enterría, Tomás Ramón Fernandez e Antônio Carlos de Araújo Cintra. (Mattos, Mauro Roberto Gomes de. *Op. cit.*, p. 179).

Tecendo orientação no mesmo sentido, Mauro Roberto Gomes de Mattos leciona que hodiernamente "não vige o dogma da impenetrabilidade do ato administrativo subjetivo/ discricionário, ou seja, aquele praticado no exercício de uma prerrogativa legalmente estabelecida, porquanto o princípio é justamente o inverso, vigorando a plena acessibilidade ao Poder Judiciário"[233]. Todavia, ao Judiciário é "vedado exercer controle judicial sobre o mérito administrativo"[234], ou seja, desde que os juízos de conveniência e de oportunidade observem os permissivos legais o Judiciário não poderá invadir ou substituir a discricionariedade do administrador.

Ilustrando este entendimento, Carvalho Filho considera digna de aplauso a jurisprudência pátria que endossa esta ordem de ideias, para tanto traz à colação julgados do STF – HC nº 73.940, Rel. Min. Maurício Corrêa[235] –, do STJ – ROMS nº 1288/91-SP, 4ª Turma, Rel. Min. Cesar Asfor Rocha[236] – e do Tribunal de Justiça de Minas Gerais e de São Paulo[237]. Neste seguimento, Diogo de Figueiredo Moreira Neto também considera que diante da discricionariedade do aplicador – no uso de seus poderes disciplinares – o Judiciário não poderá substituí-la ou modificá-la, sendo possível apenas anulá-la ou não[238].

16.2.6. Legalidade

O princípio da legalidade da Administração está expressamente referido no *caput* do art. 37, da Constituição de 1998, e no art. 2º, da Lei nº 9.784/1999. Este princípio representa uma grande conquista liberal, posto que submete o Estado à Lei, de acordo com ele "ninguém é obrigado a fazer ou deixar de fazer alguma coisa senão em virtude de lei". Assim, somente a lei pode criar obrigações para os indivíduos.

As condutas da administração devem ser por ela orientadas, o que significa que toda e qualquer atividade administrativa deve ser autorizada por lei[239]. Entretanto, no âmbito da atividade administrativa o respeito ao princípio em questão "não se restringe apenas ao texto frio da lei, pois a busca pelo bem comum permite que o administrador público recorra ao apoio também dos outros ramos do direito sempre respeitando a respectiva hierarquia legal e tendo como objetivo a finalidade de implementar as devidas garantias dos administrados"[240].

Na esfera disciplinar, Mauro Roberto Gomes de Mattos esclarece que o princípio vigora "como uma efetiva e real proteção do servidor acusado, visto que tanto a Comissão Disciplinar como a Autoridade Julgadora devem lhe dar o tratamento legalmente designado pelo ordenamento jurídico, sem preferências ou perseguições"[241]. A incidência do mesmo no processo administrativo disciplinar é de suma importância para o controle judiciário, uma vez que "ao juiz só é lícito examinar o aspecto de legalidade, mas não pode

233. Mattos, Mauro Roberto Gomes de. *Op. cit.*, p. 136.
234. Carvalho Filho, José dos Santos. *Manual de Direito Administrativo*, 17ª ed., *cit.*, p. 114.
235. *DJ* 29/11/1996, p. 47157.
236. *DJ* 02/05/1994, p. 9964.
237. Carvalho Filho, José dos Santos. *Manual de Direito Administrativo*, 17ª ed., cit., p. 115, 155 a 157.
238. Moreira Neto, Diogo de Figueiredo. *Curso de Direito Administrativo, Parte Introdutória, Parte Geral, Parte Especial*, 14ª ed., cit., p. 323.
239. Carvalho Filho, José dos Santos. *Manual de Direito Administrativo*, 17ª ed., cit., p. 17.
240. Mattos, Mauro Roberto Gomes de. *Op. cit.*, p. 141.
241. Mattos, Mauro Roberto Gomes de. *Op. cit.*, p. 144.

ter ingerência nos critérios de conveniência, oportunidade ou justiça dos atos punitivos"[242].

Romeu Felipe Bacellar Filho, elenca decisões do STF, em sede de processo administrativo concorrencial, demonstrando o esforço jurisprudencial em repugnar a utilização, pelo administrador, de critérios subjetivos que possam afastar o controle jurisdicional[243]:

> Quando a lei do Congresso prevê a realização de exame psicotécnico para ingresso em carreira do serviço público, não pode a administração travestir o sentido curial das palavras, qualificando como exame a entrevista em clausura, de cujos parâmetros técnicos não se tenha notícia. Não é exame, nem pode integrá-lo, uma aferição carente de qualquer rigor científico, onde a possibilidade teórica do arbítrio, do capricho e do preconceito não tenha limites[244].
>
> Exame e avaliação de candidato com base em critérios subjetivos, como, por exemplo, a verificação sigilosa sobre a conduta, pública e privada, do candidato, excluindo-o do concurso sem que sejam fornecidos os motivos. Ilegitimidade do ato que atenta contra o princípio da inafastabilidade do conhecimento do Poder Judiciário de lesão ou ameaça a direito. É que, se a lesão é praticada com base em critérios subjetivos, ou em critérios não revelados, fica o Judiciário impossibilitado de prestar a tutela jurisdicional, porque não terá como verificar o acerto ou o desacerto de tais critérios. Por via oblíqua, estaria sendo afastada da apreciação do Judiciário lesão a direito[245].

Vale ressaltar que a forma de aplicação das penalidades administrativo-disciplinares são devidamente reguladas pelos estatutos a que estão submetidos os servidores.

16.2.7. Moralidade

A existência desse princípio em sede administrativa não é pacífica na doutrina. Nem todos os autores aceitam sua existência, uma vez que "alguns entendem que o conceito de moral administrativa é vago e impreciso ou que acaba por ser absorvido pelo próprio conceito de legalidade"[246].

Maria Sylvia Zanella Di Pietro relembra que, a distinção entre Moral e Direito é antiga, "ambos representados por círculos concêntricos, sendo o maior correspondente à moral e, o menor, ao direito. Licitude e honestidade seriam os traços distintivos entre o direito e a moral, numa aceitação ampla do brocardo segundo o qual *non omne quod licet honentum est* (nem tudo o que é legal é honesto)"[247].

Sob esta perspectiva, o princípio se desdobra na moralidade administrativa e na probidade administrativa, impondo que "o administrador público não dispense os preceitos éticos que devem estar presentes em sua conduta", devendo "não só averiguar os critérios

242. Carvalho Filho, José dos Santos. *Manual de Direito Administrativo*, 17ª ed., cit., p. 644.
243. Filho, Romeu Felipe Bacellar. *Op. cit.*, p. 171.
244. RTJ 124/770, Relator: Ministro Francisco Rezek. A ementa foi citada em acórdão da lavra do Ministro Celso de Mello. Supremo Tribunal Federal. Agravo de Instrumento ou de Petição nº 277267/RJ. Relator: Ministro Celso de Mello. Julgamento: 03/10/2001. *Diário de Justiça da União*, 25/02/2002, p. 22, in FILHO, Romeu Felipe Bacellar, *op. cit.*, p. 171.
245. RTJ 141/299, Relator Ministro Carlos Velloso. A ementa foi citada em acórdão da lavra do Ministro Celso de Mello. Supremo Tribunal Federal. Agravo de Instrumento ou de Petição nº 277267/RJ. Relator: Ministro Celso de Mello.
246. Di Pietro, Maria Sylvia Zanella. *Op. cit.*, 15ª ed., p. 77.
247. *Idem, ibidem*, p. 77.

de conveniência, oportunidade e justiça em suas ações, mas também distinguir o que é honesto do que é desonesto"[248]. Para a moralidade administrativa não basta uma moral comum, orientada por uma distinção ética, acrescenta-se a lealdade à finalidade pública, nas palavras de Moreira Neto, a fidelidade ao fim institucional de cada ato praticado na gestão da coisa pública.

O mesmo também vigora "como forma de estabelecer que tanto a Comissão Disciplinar como o Julgador se vinculem à legalidade, para extrair a verdade real e estabelecer se está demonstrada a autoria bem como comprovada a materialidade da infração disciplinar"[249].

16.2.8. Impessoalidade

O princípio da impessoalidade diz respeito à correta atuação do Estado concernente à indisponível finalidade expressa em lei, apresentando uma tríplice acepção, na medida em que veda à Administração não somente distinguir interesses onde a lei não o fizer, mas também de prosseguir interesses desvinculados dos interesses públicos primários definidos na legislação e de dar precedência a outros interesses, em detrimento da finalidade prevista em lei e do interesse público[250]. Sobretudo, objetiva a igualdade de tratamento que a Administração deve dispensar àqueles que se encontrem em situações idênticas, representando uma faceta da isonomia, vedando atuações discriminatórias[251].

No Processo Administrativo Disciplinar, o princípio é de suma importância, sendo vedado que o servidor acusado sofra tratamento díspar e preconceituoso da Comissão Disciplinar, devendo ser tratado de maneira digna e impessoal, lhe sendo garantido o respeito a seus direitos.

O princípio do Juízo Natural se aplica ao processo administrativo disciplinar para trazer segurança jurídica às partes, preconizando a imparcialidade[252], devendo os componentes da Comissão Disciplinar e a autoridade competente para o julgamento ser mantidos e não substituídos, sem um motivo justo e relevante, no intuito de se evitar que os respectivos membros façam as vezes de quem quer punir por punir.

16.2.9. Publicidade

Os atos praticados pelos agentes públicos devem ser, tanto quanto possível[253], públicos para que toda a sociedade possa ter conhecimento. A publicidade se dá com a publicação em órgãos da imprensa, no Diário Oficial e através de comunicação afixada em repartições administrativas, possibilitando o conhecimento dos atos pelos cidadãos e garantindo transparência aos mesmos.

Hodiernamente, não se admite que a Administração "se utilize de normas e outros instrumentos que tenham o silêncio como a sua característica de atuação, uma vez que tem

248. Carvalho Filho, José dos Santos. *Manual de Direito Administrativo*, 17ª ed., p. 18.

249. Mattos, Mauro Roberto Gomes de. *Op. cit.*, p. 147.

250. Moreira Neto, Diogo de Figueiredo. *Curso de Direito Administrativo, Parte Introdutória, Parte Geral, Parte Especial*, 14ª ed., *cit.*, p. 95.

251. Carvalho Filho, José dos Santos. *Manual de Direito Administrativo*, 17ª ed., *cit.*, p. 17.

252. Mattos, Mauro Roberto Gomes de. *Op. cit.*, p. 173.

253. José dos Santos Carvalho Filho ressalva que "somente em raríssimas hipóteses se admite o sigilo na Administração" (*Manual de Direito Administrativo*, 17ª ed., cit., p. 21); da mesma forma, Alexandre de Moraes afirma que "a publicidade somente poderá ser excepcionada quando o interesse público assim determinar, prevalecendo esse em detrimento do princípio da publicidade (*Direito Constitucional*, cit., p. 306).

como finalidade, além de outras, atingir o bem comum"[254]. Para reclamar este princípio pode-se fazer uso do direito de petição (art. 5º, XXXIV, *a*, da Constituição de 1988) e através das certidões (art. 5º, XXXIV, *b*, da Carta Magna)[255].

Outrossim, não se pode olvidar que o art. 5º da CF, inciso XXXIII, estabelece que todos têm direito a receber dos órgãos públicos informações de seu interesse particular, ou de interesse coletivo ou geral, que serão prestadas no prazo da lei, sob pena de responsabilidade, ressalvadas aquelas cujo sigilo seja imprescindível à segurança da sociedade e do Estado. Na balizada opinião de Maria Sylvia Zanella Di Pietro "essa norma *deve ser combinada com a do inciso LX*, que garante o sigilo dos atos processuais quando necessário à defesa da intimidade e proteção do interesse social"[256].

Romeu Felipe Bacellar Filho ensina em sua obra o posicionamento adotado pelo Supremo Tribunal Federal acerca do princípio constitucional da publicidade administrativa, mencionando a decisão *infra* transladada:

> Além de inconciliável com a exigência constitucional do concurso público e com o princípio da isonomia, que a inspira, a eliminação de candidatos, mediante voto secreto e imotivado de um colegiado administrativo – ainda que se trate de um tribunal – esvazia e frauda outra garantia básica da Constituição, qual seja, a da universalidade da jurisdição do Poder Judiciário: tanto vale proibir explicitamente a apreciação judicial de um ato administrativo quanto discipliná-lo de modo que se faça impossível verificar em juízo a sua eventual nulidade. A circunstância de tratar-se de um concurso para a carreira da magistratura – ao contrário de legitimar o poder de "veto de consciência" a candidatos – agrava a sua ilegitimidade constitucional: acima do problema individual do direito subjetivo de acesso à função pública, situa-se o da incompatibilidade do regime democrático de qualquer sistema que viabilize a cooptação arbitrária, como base de composição de um dos poderes do Estado[257].

16.2.10. Da eficiência

O princípio da eficiência foi inserido entre os princípios constitucionais da Administração Pública previstos no art. 37, *caput*, por meio da Emenda Constitucional nº 19, de 04/06/1998. O art. 2º, *caput*, da Lei nº 9.784/1999 também faz referência a ele.

Eficiência diz respeito à conduta dos agentes concernente ao modo pelo qual se processa o desempenho da atividade administrativa, tendo relação com os meios e instrumentos empregados na mesma[258]. Pode ser entendida como "a *melhor realização possível* da gestão dos interesses públicos, em termos de *plena satisfação dos administrados com os menores custos para a sociedade*"[259].

O núcleo do princípio, nas palavras de Moreira Neto, "é a procura de produtividade e economicidade e, o que é mais importante, a exigência de reduzir os desperdícios

254. Mattos, Mauro Roberto Gomes de. *Op. cit.*, p. 154.

255. Carvalho Filho, José dos Santos. *Manual de Direito Administrativo*, 17ª ed., *cit.*, p. 21.

256. Di Pietro, Maria Sylvia Zanella. *Op. cit.*, 15ª ed., p. 75.

257. Supremo Tribunal Federal. Recurso Extraordinário nº 194657/RS. Relator: Ministro Sepúlveda Pertence. Julgamento: 04/10/2001. Tribunal Pleno. Diário de Justiça da União, 14/12/2001, p. 83, Ementário, vol. 02053-07, p. 01487, in Filho, Romeu Felipe Bacellar, *op. cit.*, p. 203.

258. Carvalho Filho, José dos Santos. *Manual de Direito Administrativo*, 17ª ed., cit., p. 25.

259. Moreira Neto, Diogo de Figueiredo. *Curso de Direito Administrativo, Parte Introdutória, Parte Geral, Parte Especial*, 14ª ed., cit., p. 107.

de dinheiro público, o que impõe a execução dos serviços com presteza, perfeição e rendimento funcional"[260]. Na busca pelo melhor atendimento possível das finalidades estatuídas em lei deve-se satisfazer determinados padrões de qualidade, os quais devem ser definidos dentro de parâmetros legais, podendo-se falar em um verdadeiro dever de eficiência do setor público[261].

Assim, trespassando este para o processo administrativo disciplinar, "a eficiência estará ligada à mesma apuração célere e com pouco dispêndio", não se tolerando *processos que* tragam sérios prejuízos financeiros para o erário público, se configurem obsoletos e se arrastem durante anos sem decisão[262]. Impõe à Administração "a persecução do bem comum, por meio do exercício de suas competências de forma imparcial, neutra, transparente, participativa, eficaz, sem burocracia e sempre na busca da qualidade, primando pela adoção dos critérios legais e morais necessários para a melhor utilização possível dos recursos públicos, de maneira a evitar-se desperdícios e garantir-se uma maior rentabilidade social"[263].

O princípio constitucional da eficiência aplicado ao processo Administrativo Disciplinar informa sobre as regras constitucionais concernentes à profissionalização e à responsabilização do servidor público.

Quanto à profissionalização do servidor, fala-se no preparo técnico para o desempenho do cargo, emprego ou função pública como característica indispensável do servidor público eficiente. O inciso II, do art. 37, da CF/1988 evidencia a exigência de conformidade do concurso público à "natureza e à complexidade do cargo ou emprego".

O § 2º do art. 39 dispõe que

> *a União, os Estados, o Distrito Federal e os Municípios deverão manter escolas de governo para a formação e o aperfeiçoamento dos servidores públicos, constituindo-se a participação nos cursos um dos requisitos para a promoção na carreira, facultada, para isso, a celebração de convênios ou contratos entre os entes federados*[264].

Cumpre mencionar o art. 41 da CF/1988 que "passa a contemplar a obrigatoriedade da avaliação especial de desempenho por comissão instituída para esta finalidade como condição para a aquisição de estabilidade"[265].

Como exemplo da responsabilização do servidor pelo desempenho ineficiente, podemos citar novamente o art. 41 da CF/1988, que prevê a perda do cargo pelo servidor estável mediante procedimento de avaliação periódica de desempenho, na forma de lei complementar, assegurada a ampla defesa.

O parágrafo único do art. 247 da CF/1988 estabelece que: "*Na hipótese de insuficiência de desempenho, a perda do cargo somente ocorrerá mediante processo administrativo em que lhe sejam assegurados o contraditório e a ampla defesa*".

Também cabe mencionar do § 3º, inciso III, do art. 37 da CF/1988: "*a disciplina da representação contra o exercício negligente ou abusivo de cargo, emprego ou função na administração pública.*"

260. Carvalho Filho, José dos Santos. *Manual de Direito Administrativo*, 17ª ed., cit., p. 23-24.
261. Moreira Neto, Diogo de Figueiredo. *Curso de Direito Administrativo, Parte Introdutória, Parte Geral, Parte Especial*, 14ª ed., cit., p. 428.
262. Mattos, Mauro Roberto Gomes de. *Op. cit.*, p. 167.
263. Moraes, Alexandre de. *Direito Constitucional*, cit., p. 309.
264. Filho, Romeu Felipe Bacellar. *Op. cit.*, p. 219.
265. *Idem, ibidem*, p. 219.

16.2.11. Interesse público

O princípio do interesse público está expressamente previsto no art. 2º, *caput*, da Lei nº 9.784/1999, e especificado no parágrafo único, com a exigência de "*atendimento a fins de interesse geral, vedada a renúncia total ou parcial de poderes ou competências, salvo autorização em lei*" (inciso II). Fica muito claro no dispositivo que o interesse público é irrenunciável pela autoridade administrativa"[266].

Esse princípio, também chamado de princípio da finalidade pública, serve de fundamento para todo o direito público e que vincula a Administração em todas as suas decisões: o de que os interesses públicos têm supremacia sobre os individuais.

O fim último da atuação do Estado deve ser voltado para o interesse público, o qual se configura como o interesse geral da sociedade, o benefício da coletividade. Assim, nesta tarefa, as ações estatais serão inspiradas pela persecução do bem comum, caso contrário, se "não tiver presente este objetivo, a atuação estará inquinada de desvio de finalidade"[267].

O princípio em tela "estará presente quando, forem observadas as necessidades e direitos fundamentais do povo, transformando-se o Estado, como poder supremo de manifestação imperiosa sobre os particulares, em Estados do bem-estar preocupado com o real anseio dos administrados, sem nenhum assombro para os membros".

16.3. Processo administrativo

16.3.1. Sindicância

A infração cometida por servidor, no curso da prestação de serviços, ensejará a instauração de *procedimento* administrativo, com o fim de apurar a ocorrência do fato infracional e o seu respectivo autor, bem como adequá-lo à norma punitiva em espécie, sempre ressalvados o direito ao contraditório e à ampla defesa, constitucionalmente assegurados.

Dada a apuração do fato e identificado o seu autor, se transformará na peça que servirá de base para a abertura de processo administrativo, não lhe sendo lícita destinação diversa desta, ainda que se valha de fatos comprovadamente ocorridos, como, por exemplo, servir de base para instaurar ação civil de ressarcimento em razão de prejuízos causados por servidor. Portanto, qualquer que seja o fim dado à sindicância que não seja a base para instaurar processo administrativo, ensejará a nulidade do ato subsequente.

A *sindicância* é, pois, *procedimento* destinado à apuração de uma infração e de seu respectivo autor, instaurado por autoridade competente por meio de ato administrativo denominado "portaria", para *aplicar a pena* ou *fundamentar a abertura de processo administrativo.*

Questão que desperta interesse no estudo é sobre a validade ou não consubstanciada em denúncia anônima como causa à instauração de sindicância. No tocante a essa questão, a doutrina não é uniforme. Não se desconhece a existência de julgados em sentido diverso. O melhor entendimento, contudo, é no sentido de admitir, como causa da investigação, denúncia anônima, desde que corroborada com autoria e início de materialidade. Afinal de contas, é dever da Administração Pública, imposto pelo ordenamento jurídico e pela moralidade, apurar irregularidades e infrações administrativas.

Por sua clareza e concisão, do voto do Ministro Relator, Felix Fischer, impõe-se a transcrição do fragmento seguinte:

266. Di Pietro, Maria Sylvia Zanella. *Op. cit.*, 15ª ed., p. 70.
267. Carvalho Filho, José dos Santos. *Manual de Direito Administrativo,* 17ª ed., cit., p. 26.

> Administrativo. Servidor Público. Militar. Demissão. Processo administrativo disciplinar. Carta anônima. Licitude. Dilação probatória. *Writ*. Via inadequada.
> I – A carta anônima é meio *hábil para a instauração de processo administrativo disciplinar, cabendo à Administração a apuração dos fatos narrados na denúncia, ainda que apócrifa.*
> (...)
> Recurso desprovido. (STJ, RMS nº 19224/MT, Rel. Min. Felix Fischer, Quinta Turma)

Importa ressaltar que a natureza da pena será fator determinante para a abertura ou não do processo administrativo. Se a pena prevista para a infração praticada oscilar entre a advertência e a suspensão de 30 dias, não se procederá à abertura do processo, ficando a punição a cargo do próprio provimento. Se, contudo, a pena a ser aplicada transcender à pena de suspensão de 30 dias, ela mesma servirá de base à instauração de processo administrativo.

Na verdade, sempre que a infração praticada for suscetível de demissão, ou seja, puder dar causa a esta, deve-se proceder à abertura do processo administrativo. A omissão da autoridade competente, a quem cabia proceder à abertura do processo e não o fez, constituirá grave infração funcional.

A *sindicância* pode ser comparada ao inquérito policial, que é a peça utilizada pela Polícia Judiciária para fins semelhantes ao seu, qual seja, apuração de fato delituoso e de sua respectiva autoria para embasar a instauração de processo judicial. Então, fazendo-se uma relação, pode-se afirmar que a sindicância está para o inquérito policial, da mesma forma que o processo administrativo está para o processo judicial penal.

Por outro vértice, se a sindicância não juntar provas que identifiquem a infração praticada, tampouco seu suposto autor, proceder-se-á ao seu arquivamento.

A autoridade que tiver ciência de qualquer irregularidade do serviço público é obrigada instaurar sindicância (art. 143, Lei nº 8.112/90), de ofício, sob pena de cometimento de condescendência criminosa (art. 320 do Código Penal).

A sindicância é, pois, preliminar ao processo administrativo. É uma apuração rápida, podendo ser conduzida por apenas um servidor.

A sindicância pode até punir, mas, como veremos mais adiante, ela vai descaracterizar-se. Para aplicação de sanção leve, advertência, pode-se materializar através de sindicância, desde que se tenha dado ao servidor a ampla defesa e o contraditório. Se no relatório da sindicância apurar-se que a infração é punível com sanção média ou grave, instaura-se um processo administrativo disciplinar.

Em âmbito federal, chamamos a atenção para o art. 145 da Lei nº 8.112/1990:

> *Art. 145. Da sindicância poderá resultar:*
> *I – arquivamento do processo;*
> *II – aplicação de penalidade de advertência ou suspensão de até 30 (trinta) dias;*
> *III – instauração de processo disciplinar.*

As sanções médias e graves, na Lei nº 8.112/1990, encontram-se no art. 146:

> *Art. 146. Sempre que o ilícito praticado pelo servidor ensejar a imposição de penalidade de suspensão por mais de 30 (trinta) dias, de demissão, cassação de aposentadoria ou disponibilidade, ou destituição de cargo em comissão, será obrigatória a instauração de processo disciplinar.*

Entende-se, então, que:

– Suspensão por mais de trinta dias (não podendo exceder noventa dias – art. 130);

– As demais (demissão, cassação de aposentadoria...), são sanções graves.

O que se tem antes do processo administrativo é a sindicância, que tem o papel de inicialmente apurar, de se certificar que, realmente, há algo de errado. O prazo de seu encerramento é de trinta dias, prorrogáveis por mais trinta (art. 145, parágrafo único, da Lei nº 8.112/1990).

16.3.2. Jurisdicionalização do processo administrativo

Considerando-se que o processo administrativo é o meio utilizado para se exercer a repressão disciplinar, a doutrina tem feito alusão à sua *jurisdicionalização,* numa tendência de aproximar a repressão disciplinar à repressão penal, bem como de equiparar a Administração ao Juiz, restritivamente nestas hipóteses ora suscitadas.

Esta tendência leva a uma concepção que acolhe a autonomia do direito disciplinar, recebendo o aval de administrativistas que entendem haver uma estreita aproximação entre o processo disciplinar e o processo penal.

16.3.3. Procedimentos adotados no processo administrativo

A instauração do processo administrativo, assim como ocorre com o processo penal, deve seguir uma sequência de atos que vão conduzindo o seu desfecho, até que se conclua sobre a pena a ser cominada. Em tese, a pena é a de demissão, podendo vir a ser outra mais atenuante, se as provas amenizarem a gravidade da infração.

Devem constar no processo uma relação taxativa da descrição dos fatos, com a sua narrativa e todas as especificidades que possam ensejar o contraditório e a ampla defesa, tais como a data e o local do ocorrido, incluindo-se a hora, se determinável, a tipicidade e a pena cabível à espécie, além da indicação da autoridade competente. É mister que o servidor tenha pleno conhecimento da infração que lhe é imputada, bem como de todos os atos do processo.

Observe-se que a instauração do processo administrativo, que é contencioso, só se consuma com a regular citação do indiciado, e a partir de então já se pressupõe instalado o conflito de interesses, pois faz nascer para o suposto infrator o direito ao contraditório e à ampla defesa.

A regular citação do indiciado é condição para a validade do processo, pois que a falta acarretará em sua nulidade. Não sendo este encontrado para ser citado, proceder-se-á à citação ficta, usando-se dos meios de comunicação convencionais para que se considere a legitimidade deste ato.

O processo administrativo, a exemplo do processo judicial, em tese será vigido pelo princípio da publicidade, salvo se o seu sigilo for indispensável para preservar a intimidade do servidor indiciado. De outra monta, se diferencia do processo civil pela inexigibilidade de formalismos e por adotar procedimentos mais simples que aquele.

O ato administrativo que dará origem ao processo administrativo é a *portaria,* e nela deverá constar a descrição do fato típico e a indicação de seu respectivo autor, sob pena de se tornar nula se assim não for. É entendimento pacífico entre doutrina e jurisprudência que o processo administrativo que não descrever a falta que motivou a sua instauração será nulo, e esta descrição estará na portaria.

Portanto, em consequência, nulo o processo sem portaria, pois a sua instauração faz nascer simultaneamente o direito de defesa do servidor, que será cerceado se não descrever o fato gravoso que lhe é imputado. Comparando-se ainda o processo administrativo ao processo penal, a portaria equivaleria à denúncia, pois que corresponde à peça inaugural do processo.

Instaurado o processo administrativo, designa-se a Comissão que vai presidi-lo, com a indicação de um presidente. É fato determinante que os seus membros sejam de nível superior ao do indiciado, sendo lícito a este impugnar qualquer destes membros, por motivo de suspeição ou impedimento.

16.4. Fluxograma explicativo do processo administrativo

16.4.1. Instauração

Se, por ocasião da instauração do processo administrativo, detectar-se crime em face da Administração, a autoridade instauradora estará obrigada a remeter cópia, comprovando o ilícito, para o Ministério Público, concomitantemente instaurar processo penal em face do servidor. Essa exigência está no parágrafo único, do art. 154, da Lei Federal:

> *Na hipótese de o relatório da sindicância concluir que a infração está capitulada como ilícito penal, a autoridade competente encaminhará cópia dos autos ao Ministério Público, independentemente da imediata instauração do processo disciplinar.*

Então, a autoridade competente, além de ter que instaurar o processo administrativo disciplinar, ainda é obrigada a remeter cópia de sindicância para o Ministério Público, sob pena de cometer crime de prevaricação de acordo o art. 319 do Código Penal:

> *Art. 319. Retardar, ou deixar de praticar, indevidamente, ato de ofício, ou praticá-lo contra disposição expressa de lei, para satisfazer interesse ou sentimento pessoal.*

A Comissão só faz o inquérito, não instaura, não tem o poder de julgar.

Vale frisar que alguns entes da federação têm as chamadas comissões permanentes de inquérito. Logo, não se precisa formar comissão, remetendo para as comissões, e, lá, é distribuída. Em não havendo comissões de inquérito, a autoridade designa três servidores estáveis, no mesmo nível ou superior do servidor envolvido, ou com nível de escolaridade igual ou superior ao do indiciado.

Art. 149 da Lei nº 8.112/1990:

O processo disciplinar será conduzido por comissão composta de três servidores estáveis designados pela autoridade competente (...).

Pode o servidor recusar uma nomeação para fazer parte de uma comissão de inquérito? A resposta é, como regra geral, não, por estar subordinado numa estrutura administrativa, possuindo deveres a cumprir. Conforme o art. 116 da Lei nº 8.112/1990:

Art. 116. São deveres do servidor:

IV – cumprir as ordens superiores, exceto quando manifestamente ilegais.

É possível formar uma comissão com integrantes de hierarquia inferior ao servidor acusado? Em função da alteração do estatuto federal é até possível de acontecer. Vejamos:

Art. 149. O processo disciplinar seria conduzido por comissão composta de três servidores estáveis designados pela autoridade competente, observado o disposto no § 3º do art. 143, que indicará, dentre eles, o seu presidente, que deverá ser ocupante de cargo efetivo superior ou de mesmo nível, ou ter nível de escolaridade igual ou superior ao do indiciado.

Então, não há mais o rigor de que todos os integrantes venham a estar, no mínimo, no mesmo nível daquele que está sendo acusado. Somente o presidente da comissão cumprirá tal exigência. Os restantes não precisam ser do mesmo nível, podendo ser subordinados àquele que está sendo acusado.

Na instauração do processo nada impede que a autoridade competente venha a optar pelo afastamento do servidor público indiciado. Só que durante este afastamento, o servidor faz jus a remuneração integral. Assim se manifesta o art. 147, do estatuto federal:

Art. 147. Como medida cautelar e a fim de que o servidor não venha a influir na apuração da irregularidade, a autoridade instauradora do processo disciplinar poderá determinar o seu afastamento do exercício do cargo, pelo prazo de até 60 (sessenta) dias, sem prejuízo da remuneração.
Parágrafo único. O afastamento poderá ser prorrogado por igual prazo, findo o qual cessarão os efeitos, ainda que não concluído o processo.

O afastamento pode durar até 120 dias para que o servidor não interfira na investigação. E isso é possível ser feito logo na instauração como no próprio decorrer do processo.

Outra observação de suma importância enfocar é que durante a apuração da falta do servidor, o mesmo não poderá ser colocado em disponibilidade, à título de punição (disponibilidade é para extinção de cargo, ou declaração de desnecessidade, e não mecanismo para punir).

O estatuto federal diz explicitamente, em seu art. 152, que o processo administrativo disciplinar vai durar 120 dias. Será que existe a possibilidade de o processo extrapolar os

120 dias? E se o servidor for condenado à demissão após ultrapassados os cento e vinte dias do processo administrativo, pode pedir anulação? Haverá ilicitude em puni-lo depois deste prazo estabelecido? A resposta é: claro que não! Inclusive, ao lado do parágrafo único do art. 147, vale uma remição para o art. 169, do § 1º, do mesmo diploma legal:

§ 1º O julgamento, fora do prazo legal, não implica nulidade do processo.

Por outro lado, nada impede que se instaure sindicância contra a comissão de inquérito que não cumpriu o lapso determinado na lei para a confecção do relatório.

O afastamento preventivo não pode ultrapassar dos cento e vinte dias, devendo o servidor voltar à ativa, mesmo sem que esteja finalizado o processo.

16.4.2. Inquérito

Instaurado o processo administrativo, forma-se a comissão de inquérito, composta por três servidores estáveis (art. 149). A praxe administrativa, em regra, pede servidores do mesmo nível hierárquico ou superior do acusado.

Atualmente, o inquérito não tem vida própria. É uma fase, importante, do processo administrativo disciplinar, conforme o art. 151 da Lei nº 8.112/1990.

O inquérito, de acordo com o art. 151, II, se divide em: instrução, defesa e relatório. Essa sequência se comandada pela Comissão de Inquérito, encontrando-se regulamentada nos arts. 153 a 166.

16.4.3. Instrução

A fase de instrução é erradamente chamada de fase de acusação, o que pode gerá-la.

Um dos motivos que também justificam o fato de não ser a instrução fase de acusação é o fato de que a citação do servidor só virá depois da instrução encerrada, para, posteriormente, o servidor apresentar sua ampla defesa e contraditório. A instrução não tem o propósito de acusar ninguém, mas apurar, tudo em obediência ao princípio da verdade material. Importante é a leitura do art. 161, da Lei nº 8.112/1990.

Art. 161. Tipificada a infração disciplinar, será formulada a ***indiciação*** *do servidor, com a especificação dos fatos a ele imputados e das respectivas provas.*

§ 1º O indiciado será citado por mandado expedido pelo presidente da comissão para apresentar defesa escrita, no prazo de 10 (dez) dias, assegurando-se-lhe vista do processo na repartição.

Daí podermos afirmar que o objetivo da instrução é: tipificar a infração e indicar o principal responsável, que passará a ser chamado de servidor indiciado, sendo citado para apresentar a defesa.

Portanto, a instrução é uma fase de apuração. Engloba a produção de provas, cumprimento de diligências, oitiva de testemunhas, interrogatório do acusado, perícia etc., a fim de certificar a infração e indicar a sua autoria. A fase de instrução não é uma fase acusatória.

A indiciação deve conter a narração do fato delituoso, com todas as circunstâncias, com precisa indicação da conduta imputada ao servidor, de modo a proporcionar-lhe pleno exercício de direito de defesa. É inepta a indiciação que formula acusação genérica ou que não aponta de modo circunstanciado qual o fato punível cuja autoria é imputada ao réu.

16.4.4. Defesa

Quanto à fase de defesa, entra em cena o famoso princípio da ampla defesa e contraditório. Todo e qualquer mecanismo amparado na Constituição poderá ser usado. E é por isso que a verdade sabida está definitivamente sepultada no nosso ordenamento jurídico. O legislador levou muito a sério tal princípio, pois mandou dar defesa mesmo havendo revelia. A lei pede que se nomeie um defensor dativo daquele que não quis se defender ou se encontrar em lugar incerto e não sabido. Diz o art. 164 da Lei nº 8.112/1990:

> *Art. 164. Considerar-se à revel o indiciado que, regularmente citado, não apresentar defesa no prazo legal.*
>
> *§ 1º A revelia será declarada, por termo, nos autos do processo e devolverá o prazo para defesa.*
>
> *§ 2º Para defender o indiciado revel, a autoridade instauradora do processo designará um servidor como defensor dativo, que deverá ser ocupante de cargo efetivo superior ou de mesmo nível, ou ter nível de escolaridade igual ou superior ao do indiciado.*

O prazo legal de defesa, como é procedimento administrativo, varia de estatuto para estatuto. No estatuto federal o prazo é de 10 dias para apresentação de defesa. Nada impede que esse prazo mude em relação a outros estatutos.

Há que se atentar, porém, para a questão da imprescindibilidade ou não de defesa técnica em todo o curso do processo administrativo, uma vez que a legislação pertinente pode ensejar uma interpretação anbígua a este respeito, quando expressa, na Lei nº 8.112/1990, em seu art. 156, *caput*, os seguintes termos:

> Lei nº 8.112/1990:
>
> *Art. 156. É assegurado ao servidor o direito de* acompanhar o processo pessoalmente *ou* por intermédio de procurador, *arrolar testemunhas, produzir provas e contraprovas e formular quesitos, quando se tratar de prova pericial. (grifamos o original)*

Para o desenrolar desta questão teórica, buscamos ilustrá-la com um caso prático, qual seja, a análise do julgamento do Mandado de Segurança nº 10.565/DF, cujo foco da lide era a ausência de defesa de advogado (*defesa técnica*) e *defensor dativo* em processo administrativo disciplinar, que culminou na aplicação da pena de demissão, levado ao Superior Tribunal de Justiça no ano de 2006 e que teve como Relator o Ministro Felix Fischer.

> Mandado de Segurança. Processo administrativo disciplinar. Ausência de defesa por advogado e defensor dativo. Cerceamento de defesa. Ocorrência[268].
>
> I – "*A presença obrigatória de advogado constituído ou defensor dativo é elementar à essência mesma da garantia constitucional do direito à ampla defesa, com os meios e recursos a ela inerentes, quer se trate de processo judicial ou administrativo, porque tem como sujeitos não apenas litigantes, mas também os acusados em geral*" (Precedentes).
>
> II – Independentemente de defesa pessoal, é indispensável a nomeação de defensor dativo, em respeito à ampla defesa.
>
> II – Ordem concedida. (MS nº 10.565/DF, 3ª Seção, Rel. Min. Felix Fischer, j. 08/02/2008)

268. "A falta de defesa técnica por advogado no processo administrativo disciplinar não ofende a Constituição". Com a aprovação da 5ª Súmula Vinculante, em 13/05/2008, o Supremo Tribunal Federal entende ser inaplicável o posicionamento do STJ.

Neste diapasão, deve-se analisar isoladamente cada um dos sentidos e aplicabilidades dos termos: *defensor técnico, defensor dativo*, e *defesa pessoal*, que prescinde a necessidade das duas anteriores.

Com efeito, a lide a que passamos a apresentar trata-se de Mandado de Segurança, com pedido de liminar, impetrado por servidor público federal contra ato praticado pelo Ministro de Estado da Previdência Social, qual seja, a edição da Portaria nº 141, publicada no *DOU* em 04/02/2005, que teve como consequência a demissão do impetrante.

Em suas alegações, sustenta o impetrante a nulidade do ato demissionário, haja vista a ausência de ampla defesa. São seus argumentos básicos:

> *1. "não foi assistido por advogado, nem lhe foi nomeado defensor dativo". 2. "a penalidade imposta pela autoridade julgadora suplantou a que foi sugerida pela Comissão Processante, mas não foi dada oportunidade para o impetrante se manifestar acerca deste agravamento, o que fere o disposto no art. 64, parágrafo Único da Lei nº 9.784/99.*

A autoridade coatora, por seu turno, se defende das alegações impostas na ação citando dispositivos da legislação vigente, sobre os quais teria firmado sua convicção para a edição do ato que culminou na demissão do servidor.

Primeiramente, alega que o art. 156 da Lei nº 8.112/1990 não expressa um imperativo para que o servidor seja acompanhado por *procurador constituído* ("é assegurado ao servidor o direito de acompanhar o processo pessoalmente *ou* por intermédio de procurador"). Ao contrário, faculta a ele acompanhar o processo pessoalmente, o que teria sido a opção do servidor sob análise, quando se furtou, por sua própria iniciativa, de constituir procurador.

Já no que toca à figura processual do *defensor dativo*, enfatizou o impetrado que de acordo com a legislação, a presença deste no processo se faz necessária quando se tratar de hipóteses em que o indiciado, após ser citado por edital, se torna revéu, o que não foi o caso. Segundo ele, é o que se pode abstrair da leitura do § 2º, art. 164, da Lei nº 8.112/1990.

> *Lei nº 8.112/1990:*
>
> *Art. 164. (...)*
>
> *§ 2º Para defender o indiciado revel, a autoridade instauradora do processo designará um servidor como defensor dativo (...).*
>
> (Redação dada pela Lei nº 9.527, de 10/12/1997)

Quanto à outra alegação imposta pelo impetrante ao impetrado, sobre a impossibilidade de agravamento da pena pela autoridade julgadora, este traz em sua defesa a redação de dispositivo da Lei nº 8.112/1990, que em seu art. 168, parágrafo único, diz expressamente que "**não é impossível o agravamento da pena pela autoridade julgadora**", senão vejamos o que diz Lei:

> *Lei nº 8.112/1990:*
>
> *Art. 168. (...)*
>
> *Parágrafo único.* ***Quando o relatório da comissão contrariar as provas dos autos, a autoridade julgadora poderá, motivadamente, agravar a penalidade proposta,*** *abrandá-la ou isentar o servidor de responsabilidade. (grifamos o original)*

Por fim, quanto ao fato que lhe foi imputado pelo impetrante, no que tange ao seu cerceamento de defesa e afronta ao parágrafo único do art. 64 da Lei nº 9.784/1999, alegou aquele que o referido dispositivo da lei se aplica a julgamentos em fase de recurso, não sendo a hipótese dos autos, o que pode ser conferido na própria redação do *caput* do art. 64:

> *Lei nº 9.784/1999:*
>
> **Art. 64**. *O órgão competente para decidir o* **recurso** *poderá confirmar, modificar, anular ou revogar, total ou parcialmente, a decisão recorrida, se a matéria for de sua competência.*
>
> ***Parágrafo único***. *Se da aplicação do disposto neste artigo puder decorrer gravame à situação do recorrente, este deverá ser cientificado para que formule as suas alegações antes da decisão. (grifamos o original)*

Sendo assim, na concepção da autoridade coatora, a suposição de que a penalidade imposta ao servidor tenha suplantado a sugerida pela Comissão Processante, sem que lhe tenha sido dada a oportunidade de se manifestar acerca deste agravante, não se aplicaria à espécie, já que a redação do *caput* do art. 64 remete o texto à fase recursal.

Observa-se que no julgamento da Ação de Mandado de Segurança em tela, a Subprocuradoria-Geral da República opinou pela denegação da ordem, fundamentando seu voto neste sentido[269], ao passo que os Ministros da Terceira Seção do Superior Tribunal de Justiça concederam, por unanimidade, a segurança.

Em seu voto, o Ministro Felix Fischer, Relator do processo, discorre a respeito da possibilidade jurídica de declarar a nulidade do ato demissionário, que foi proferido em processo administrativo disciplinar, analisando as alegações arroladas no pedido de segurança.

Cita, de início, que não há dúvidas de que o impetrante acompanhou pessoalmente o transcurso do processo administrativo disciplinar, citando certos episódios em que se pode constatar a sua assinatura nos autos. Com isso, descartada se torna a possibilidade de caracterizar o impetrante como revel.

Não obstante a conclusão do Relator, que nega a revelia do impetrante e assegura ter havido a sua defesa pessoal no processo administrativo, menciona, paralelamente, existir manifestação daquela Corte no sentido de declarar indispensável a atuação de advogado, independentemente da defesa pessoal do réu, sob pena de ser declarada a nulidade de todo o processo em curso. Na sequência, cita alguns julgados da 3ª Seção do STJ neste sentido.

269. "Recurso em Mandado de Segurança. Processo administrativo disciplinar. Excesso de prazo. Agravamento da pena. Ausência de advogado. 1. A defesa técnica por advogado é uma faculdade do acusado no processo administrativo, sendo imposto de ofício apenas nos casos de revelia. O servidor impetrante exerceu pessoalmente sua defesa, que foi apresentada por escrito, e não manifestou interesse em constituir advogado, apesar de cientificado de que poderia fazê-lo. A Lei nº 8.112/90, em seu art. 156, assegura ao servidor o direito de acompanhar o processo pessoalmente ou por intermédio de procurador. 2. Não há ilegalidade no ato da autoridade competente que rejeita a capitulação legal dos fatos apurados pela comissão disciplinar. A autoridade administrativa julgadora é competente para apreciar os fatos, ante às provas coligadas e a defesa apresentada, e não se vincula à capitulação proposta pela comissão processante. 3. Não houve inércia da administração na aplicação da penalidade imposta. A pena cominada foi registrada nos assentamentos funcionais e deixou de ser efetivada porque já estava demitido o servidor. Anulada a demissão anterior impõe-se a aplicação da pena posteriormente cominada posto que esta mantém sua eficácia. 4. É entendimento pacificado que a extrapolação do prazo previsto no art. 152 da Lei 8.112/90 somente acarretará a nulidade do processo administrativo quando restar efetivamente demonstrado que o atraso gerou prejuízo à defesa do servidor acusado. 5. Pela denegação da ordem" (fls. 632/633). É o relatório.

Mandado de Segurança. Processo administrativo disciplinar. Cerceamento de defesa. Ocorrência. Ausência de advogado constituído e de defensor dativo.

1. A presença obrigatória de advogado constituído ou defensor dativo é elementar à essência mesma da garantia constitucional do direito à ampla defesa, com os meios e recursos a ela inerentes, quer se trate de processo judicial ou administrativo, porque tem como sujeitos não apenas litigantes, mas também os acusados em geral.

2. Ordem concedida. (MS nº 7078/DF, 3ª Seção, Rel. Min. Hamilton Carvalhido, *DJ* 09/12/2006)

Após a citação do precitado julgado, passa o Relator Felix Fischer a analisar a argumentação do Ministro Hamilton Carvalhido, a qual o levou à concessão da segurança no respectivo julgamento da Ação MS nº 7078/DF.

Conforme pôde observar, no que tange à ocorrência de cerceamento de defesa alegada pelo impetrante, de fato este não recebeu o devido acompanhamento de defensor constituído, imperativo constitucional que não é compatível com a autodefesa, a menos que o acusado que se autodefende seja detentor de habilitação científica em Direito, o que o capacitaria para este ato.

De acordo com a Constituição da República, em seu art. 5º, inciso LV, "*aos **litigantes**, em **processo** judicial ou **administrativo**, e aos acusados em geral **são assegurados o contraditório e a ampla defesa**, com os meios e recursos a ela inerentes*". (grifamos o original)

Já no art. 133, do mesmo Diploma Constitucional, "*o advogado é **indispensável à administração da justiça**, sendo inviolável por seus atos e manifestações no exercício da profissão, nos limites da lei*". (grifamos o original)

Portanto, conforme já fartamente demonstrado, para que se configure o direito à ampla defesa, elemento este essencial à garantia da ordem constitucional, a presença obrigatória do advogado, seja ele constituído ou defensor dativo, se mostra imprescindível tanto no processo judicial quanto no administrativo.

Lembra, oportunamente, o Ministro Hamilton Carvalhido, que este também é o entendimento do Professor Celso Ribeiro Bastos[270], bem como da renomada Ministra Laurita Vaz, da também 3ª Seção do Superior Tribunal de Justiça[271].

---

270. "(...) A defesa dentro do âmbito jurisdicional implica também a assistência de um advogado. Em um primeiro momento, a escolha e a contratação deste profissional cabem ao próprio réu. Caso contudo não se venha a dar a constituição de um causídico, ao Estado se traslada este dever. É interessante notar como mesmo nas legislações da Antiguidade já se encontravam os indícios do defensor dativo. É que a figura deste não cumpre um papel apenas relativo ao réu, mas sim à própria tutela processual objetiva, pelo que se é levado a concluir que a nomeação de um defensor oficioso impõe-se mesmo nos casos de oposição do réu. (...) A assistência do defensor é um direito do acusado, em todos os atos do processo sendo obrigatória, independentemente da vontade dele. Não basta portanto que haja um defensor nem é suficiente que este se limite a participar formalmente do processo. É necessário que da sua atividade se extraia uma defesa substantiva do acusado. Em caso contrário, o juiz há de considerar que esta não se dá *pro reo*, mas sim na tutela da jurisdição. Por vezes o ingresso do advogado nos autos não se traduz em uma apresentação de elementos consubstanciadores de algo suscetível de ser tido como uma peça que vise a absolvição do réu ou ao menos o abrandamento da sua condenação. Estas exigências de uma defesa real, substantiva, impõem-se a nosso ver mesmo nos casos em que o réu, por ser advogado, resolve assumir a sua própria defesa." (*in Comentários à Constituição do Brasil*. 2º volume, Saraiva, p. 270-271).

271. "Administrativo. Mandando de segurança preventivo. Processo administrativo disciplinar. Cerceamento de defesa. Ocorrência. Ausência de advogado constituído e de defensor dativo. Precedentes desta corte. Ordem concedida. 1. Somente após a fase instrutória se mostra necessária a descrição pormenorizada do fato ilícito, bem como a sua devida tipificação, procedendo-se, conforme o caso, o indiciamento do servidor, na forma

Com toda esta ampla comprovação, o Relator, Ministro Felix Fischer, apontou no sentido de acolher a segurança ao impetrante, para que seja anulado o processo administrativo disciplinar que resultou na sua demissão, entendendo que deveria ter-lhe sido nomeado defensor dativo, já que este não nomeou advogado para defendê-lo, contrariando mandamento constitucional da garantia do contraditório e da ampla defesa.

Por fim, insta registrar que tais atos não obstam a instauração de novo procedimento, com observância nas formalidades legais.

16.4.4.1. Prova emprestada

A doutrina e a jurisprudência se posicionam de forma favorável à "prova emprestada", não havendo que suscitar qualquer nulidade, tendo em conta a utilização, por exemplo, de cópias do inquérito policial que corra contra o servidor.

Despiciendo falar que todas as provas produzidas no Processo Administrativo Disciplinar a partir da juntada da cópia integral do Inquérito Policial são nulas de pleno direito, por constituir prova emprestada, *o que as torna inválidas*[272].

---

do art. 161, *caput*, da Lei nº 8.112/90. 2. A Autoridade impetrada, competente para aplicar a penalidade administrativa, vincula-se aos fatos apurados no Processo Administrativo Disciplinar e não à capitulação legal proposta pela Comissão de Processante ou aos pareceres ofertados pelos agentes auxiliares, podendo, inclusive, deles discordar, desde que fundamente seu entendimento. 'O indiciado em processo disciplinar se defende contra os fatos ilícitos que lhe são imputados, podendo a autoridade administrativa adotar capitulação legal diversa da que lhes deu a Comissão de inquérito, sem que implique cerceamento de defesa' (Cf.: MS 20.335/DF, Rel. Min. Rafael Mayer, RTJ 105/66). 3. À hipótese, durante a instrução do Processo Administrativo Disciplinar, o Impetrante não contou com a presença obrigatória de advogado constituído ou defensor dativo, circunstância, que, à luz dos precedentes desta Corte de Justiça, elementar à garantia constitucional do direito à ampla defesa, com os meios e recursos a ela inerentes, quer se trate de processo judicial ou administrativo, porque tem como sujeitos não apenas os litigantes, mas também os acusados em geral. Precedendes desta Corte. 4. Ordem concedida para que o Ministro de Estado da Saúde se abstenha de emitir portaria demissória do ora Impetrante em razão dos fatos apurados no Processo Administrativo Disciplinar nº 25265.007811/2004-21, em decorrência de sua nulidade, sem prejuízo de instauração de novo procedimento, com observância das formalidades legais." (MS nº 9201/DF, 3ª Seção, Rel. Min. Laurita Vaz, *DJ*, 18/10/2007.)

272. Notícias do Superior Tribunal de Justiça: Prova emprestada. Documento sigiloso. O agravo regimental, insiste-se que este Superior Tribunal determine a inutilização das provas emprestadas ao TC e MP estaduais. A Min. Relatora esclareceu que o fornecimento aos órgãos estaduais (TC e MP) de substancioso material probatório de caráter sigiloso, inclusive gravações telefônicas, fruto de interceptação autorizada pela Justiça, as quais instruem o inquérito, foi realizado por meio de comunicação obrigatória, uma vez que no TC foi ou será instaurado procedimento administrativo disciplinar para apurar a conduta funcional do denunciado como integrante do colegiado e no MP estadual, órgão incumbido de zelar pela aplicação da lei, pela possibilidade de, na esfera local, haver conduta delituosa de competência da Justiça estadual. Daí surge o necessário e indispensável compartilhamento de informações entre os órgãos públicos. O questionamento sobre a validade ou não da prova emprestada deverá ser posto para apreciação, no momento oportuno, perante o órgão que dela venha a fazer uso, não podendo este Superior Tribunal imiscuir-se em esfera de competência que foge das suas atribuições. A Min. Relatora esclarece ainda que, em precedentes deste Superior Tribunal sobre o tema, embora contraditórios, fica a cargo do órgão requerente a avaliação. A valoração do que pode ou não servir de prova, ou mesmo a qualificação do documento solicitado fogem inteiramente à competência do STJ, cabendo ao órgão interessado avaliar o documento probatório, procedendo à sua mensuração. O Min. Nilson Naves e o Min. João Otávio de Noronha, divergindo da Min. Relatora, entenderam que se estaria compartilhando, com quem nem integra o Poder Judiciário: o Tribunal de Contas e o Ministério Público. Nesse momento, essa prova perde seu sigilo, ferindo, assim, o texto constitucional. A interpretação só é possível no caso de investigação criminal – jamais em outros procedimentos. Precedentes citados do STF: Inq. QO-QO 2.424-RJ, *DJe* 24/08/2007; Inq. 2.245-MG, *DJe* 9/11/2007; Inq. QO 2.725-SP, *DJe* 26/09/2008; do STJ: RMS 20.066-GO, *DJ* 10/04/2006, e RMS 16.429-SC, *DJe* 23/06/2008. (AgRg nos EDcl na APn 536-BA, Rel. Min. Eliana Calmon, julgado em 19/11/2008).

É inegável a força probante dos dados obtidos em interceptação de comunicações telefônicas, autorizadas "por ordem judicial, nas hipóteses e na forma que a lei estabelecer para fins de investigação criminal ou instrução processual pelo (art. 5º , inciso XII, da CF, bem como, também, com base no art. 1º da Lei nº 9.296/1996)[273], podem ser, tranquilamente, utilizados em procedimento administrativo disciplinar, contra servidor ou servidores por ilícitos praticados os mesmos fatos apurados no inquérito, visando instaurar e elucidar os fatos[274-275].

A respeito do tema há que se registrar que a Administração Pública, antes de tomar decisões gravosas a um determinado servidor, deve oferecer-lhe oportunidade de contraditório e ampla defesa.

---

273. "... as interceptações de comunicações telefônicas, de qualquer natureza, para prova em investigação criminal e em instrução processual penal, observará o disposto nesta Lei e dependerá de ordem do Juiz competente da ação principal, sob segredo de justiça".

274. "Pois bem: suponhamos que se cuide de fita magnética, gravada mediante interceptação telefônica para a qual se tinha autorização judicial. A fita era admissível como prova no âmbito penal; não no civil, já que para este não se teria podido autorizar a interceptação. *Quid iuris* se o interessado quer utilizá-la como "prova emprestada" perante o juiz civil? No campo doutrinário tem-se admitido a possibilidade de semelhante utilização. A favor dela pode argumentar-se que, uma vez rompido o sigilo, e por conseguinte sacrificado o direito da parte à preservação da intimidade, não faria sentido que continuássemos a preocupar-nos com o risco de arrombar-se um cofre já aberto. Mas por outro lado talvez se objete que assim se acaba por condescender com autêntica fraude à Constituição. A prova ilícita, expulsa pela porta, voltaria a entrar pela janela..." (Moreira, José Carlos Barbosa. A Constituição e as Provas Ilicitamente Adquiridas. In: *Revista de Direito Administrativo*, v. 205, p. 205). "O legislador constitucional ao delimitar a finalidade da interceptação telefônica (criminal) já estava ponderando valores, sopesando interesses. Nisso reside também o princípio da proporcionalidade. Segundo a imagem do legislador, justifica-se sacrificar o direito à intimidade para uma investigação ou processo criminal, não civil. Isso tem por base os valores envolvidos num e noutro processo. (...) "Estando em jogo liberdades constitucionais (direito à intimidade frente a outros direitos ou interesses), procurou o constituinte, desde logo, demarcar o âmbito de prevalência de outro interesse (criminal), em detrimento da intimidade. Mesmo assim, não é qualquer crime que admite a interceptação. Essa escolha, fundada na proporcionalidade, não pode ser desviada na praxe forense. Em conclusão, a prova colhida por interceptação telefônica no âmbito penal não pode ser 'emprestada' (ou utilizada) para qualquer outro processo vinculado a outros ramos do direito. (...) Urge o respeito à vontade do constituinte ('fins criminais'). Ao permitir a interceptação, como quebra que é do sigilo das comunicações, somente para 'fins criminais', já fazia uso da ponderação e da proporcionalidade, que agora não pode ser ampliada na prática. Impõe-se, por último, acrescentar: essa prova criminal deve permanecer em 'segredo de justiça'. É inconciliável o empréstimo de prova com o segredo de justiça assegurado no art. 1º". (Gomes, Luiz Flávio. Finalidade da Interceptação Telefônica e a Questão da "Prova Emprestada". In: *Repertório IOB de Jurisprudência*, v. 4/97, p. 75. Posição análoga pode ver-se em Grego Filho, Vicente. *Interceptação Telefônica*, 2ª ed., São Paulo: Saraiva, 2005, p. 39-40, e Talamini, Eduardo. Prova Emprestada no Processo Civil e Penal. In: *Revista de Informação Legislativa*, v. 140, p. 157-158).

275. "Mas é possível que, em processo civil, se pretende aproveitar prova emprestada, derivada de interceptação telefônica lícita, colhida em processo penal desenvolvido entre as mesmas partes. (...) Poderá, em casos como esse, ter eficácia a prova emprestada, embora inadmissível sua obtenção no processo não penal? As opiniões dividem-se, mas, de nossa parte, pensamos ser possível o transporte de prova. O valor constitucionalmente protegido pela vedação das interceptações telefônicas é a intimidade. Rompida esta, licitamente, em face do permissivo constitucional, nada mais resta a preservar. Seria uma demasia negar-se a recepção da prova assim obtida, sob a alegação de que estaria obliquamente vulnerado o comando constitucional. Ainda aqui, mais uma vez, deve prevalecer a lógica do razoável. (...) Nessa linha de interpretação, cuidados especiais devem ser tomados para evitar que o processo penal sirva exclusivamente como meio oblíquo para legitimar a prova no processo civil. Se o juiz perceber que esse foi o único objetivo da ação penal, não deverá admitir a prova na causa cível" (Grinover, Ada Pellegrini; Fernandes, Antônio Scarance; Gomes Filho, Antônio Magalhães. *As Nulidades no Processo Penal*, 9ª ed., São Paulo: Revista dos Tribunais, 2006, p. 119-120).

Nesse exato sentido, o SupremoTribunal Federal já se posicionou:

> Prova emprestada. Penal. Interceptação telefônica. Escuta ambiental. Autorização judicial e produção para fim de investigação criminal. Suspeita de delitos cometidos por autoridades e agentes públicos. Dados obtidos em inquérito policial. Uso em procedimento administrativo disciplinar, contra outros servidores, cujos eventuais ilícitos administrativos teriam despontado à colheira dessa prova. Admissibilidade. Resposta afirmativa a questão de ordem. Inteligência do art. 5º, Inciso XII, da CF, e do art. 1º da Lei federal nº 9.296/96. Precedente. (Sec. Quest. Qrd. em Inquérito 2.424-4/RJ, Rel. Min. Cezar Peluso)

A jurisprudência dos nossos Tribunais tem se manifestado também no sentido da viabilidade, de utilização da "prova emprestada" para efeitos de instrução do procedimento administrativo:

> A prova emprestada tem existência reconhecida na doutrina e jurisprudência pátrias, valendo como tal que foi produzida no processo-crime a que responde o servidor, e que foram juntadas nos autos do processo administrativo disciplinar. (RMS nº 7.685/PR, Rel. Min. Hamilton Carvalhido)

Como se observa facilmente, acerca da utilização de prova emprestada da ação penal a que responde o servidor, de nenhuma ilegalidade se reveste, *não havendo qualquer óbice jurídico à ampla instrução probatória para a melhor elucidação dos fatos.*

Com efeito, a prova emprestada tem existência reconhecida na doutrina e na jurisprudência pátrias, valendo como tal a que foi produzida no processo-crime a que responde o servidor, juntadas nos autos do processo administrativo disciplinar, entre as quais, o interrogatório do servidor. Ademais, nas assentadas da prova oral produzida, tem-se a permanente participação do servidor, a exercer efetivamente a sua defesa.

A jurisprudência do Superior Tribunal de Justiça e a do Supremo Tribunal Federal são firmes em que a nulidade do processo administrativo disciplinar somente é declarável quando evidente a ocorrência de prejuízo à defesa do servidor acusado, por força do princípio "*pas de nullité sans grief*".

Outrossim, é de se consignar que as garantias constitucionais da ampla defesa do contraditório importam na oportunidade do servidor acusado de tomar conhecimento e de se manifestar a respeito dos fatos que lhe são imputados, providência esta amplamente promovida em favor do ora irresignado, sendo assim irrelevante tenham estes sidos capitulados em preceitos diversos por ocasião do indiciamento, do relatório final ou da edição da portaria, quando, na realidade, a lisura do ato invectivado se verifica na motivação e legalidade de seus fundamentos.

Neste sentido, destaca-se o julgado proferido por ocasião do julgamento do ROMS nº 11.932/PA, cujo entendimento restou consubstanciado em assim plasmada ementa:

> – A Constituição da República (art. 5º, LIV e LV), consagrou os princípios do devido processo legal, do contraditório e da ampla defesa, também, no âmbito administrativo. A interpretação do princípio da ampla defesa visa a propiciar ao servidor oportunidade de produzir conjunto probatório servível para a defesa. Caracterizado a respeito aos mencionados princípios, não há que se falar em nulidade do processo administrativo disciplinar, em face de irregularidades no mandato de citação, na ouvida de

testemunhas, bem como na prorrogação do prazo conclusivo do processo disciplinar, vez que não restou comprovado prejuízo para o servidor. Aplicável à espécie a princípio do *"pas de mullité sans grief.*

Evidenciado o respeito aos princípios do devido processo legal, do contraditório e da ampla defesa, não há que se falar em nulidades do processo administrativo disciplinar, principalmente quando o "*writ*" é impetrado como forma derradeira de insatisfação com robusto e conclusivo desfecho do processo administrativo disciplinar.

Por fim, a doutrina de nossos Tribunais vêm admitindo, inclusive, o uso dos chamados laudos emprestados para dirimir dúvidas quanto ao recebimento do adicional de insalubridade pelos servidores públicos estatutários.

16.4.5. Relatório

O relatório é o último ato da comissão e é de suma importância. É a ocasião em que a comissão se reúne, pela última vez, para exteriorizar e externar seu posicionamento. A comissão não julga e não instaura. Quem vai julgar é a autoridade superior, a princípio, a mesma que instaurou, pois, existem infrações em que a autoridade instauradora não tem competência para aplicar a sanção.

A autoridade julgadora será em função da sanção solicitada pela feitura do relatório. Se o relatório, por exemplo, pedir a demissão, deve-se aplicar a tabela do art. 141, que nos diz quem é competente para julgar. Esse artigo elenca as sanções graves e as autoridades hierárquicas máximas. Então, quem aplica sanção grave é o Presidente, o Governador ou o Prefeito.

Vejamos o que fala a lei, em seus arts. 165 e 166:

> *Art. 165. Apreciada a defesa, a comissão elaborará relatório minucioso, onde resumirá as peças principais dos autos e mencionará as provas em que se baseou para formar sua convicção.*
>
> *§ 1º O relatório será sempre conclusivo quanto à inocência ou à responsabilidade do servidor.*

Portanto, trata-se de uma peça conclusiva, opinativa, que pedirá ou a condenação ou a absolvição:

> *Art. 166. O processo disciplinar, com o relatório da comissão, será remetido à autoridade que determinou a sua instauração, para julgamento.*

Pelo artigo acima, fica claro, então, que a comissão não julga, não decide.

16.4.6. Julgamento

Terminado o relatório, a comissão processante de inquérito remete o processo para autoridade que o instaurou. Quem instaurou tem competência de julgar, mas não necessariamente. A prova disso está no art. 167, que fala do julgamento, conforme se depreende de seu § 1º, Lei nº 8.112/1990:

> Art. 167, § 1º – *Se a penalidade a ser aplicada exceder a alçada da autoridade instauradora do processo, este será encaminhado à autoridade competente, que decidirá em igual prazo.*

Há uma tabela, contendo as infrações e as autoridades competentes para aplicar tais infrações. Na verdade, essa "tabela" escolhe a autoridade competente de acordo com a gravidade da sanção. No caso de sanção grave, como a demissão, é competente o Chefe do Executivo. Vejam a leitura do art. 141, da Lei nº 8.112/1990.

> *Art. 141. As finalidades disciplinares serão aplicadas:*
>
> *I – pelo Presidente da República, pelos Presidentes das Casas do Poder Legislativo e dos Tribunais Federais e pelo Procurador-Geral da República, quando se tratar de demissão e cassação de aposentadoria ou disponibilidade do servidor vinculado ao respectivo Poder, órgão, ou entidade;*

E, ainda mais:

> *II – pelas autoridades administrativas de hierarquia imediatamente inferior àquelas mencionadas no inciso anterior quando se tratar de suspensão superior a 30 (trinta) dias.*

Suspensão superior a trinta dias é rotulada como sanção média. É bom lembrar que em âmbito federal, essa sanção não pode ultrapassar a noventa dias, por força do *caput* do art. 130, da Lei nº 8.112/1990.

No cargo em comissão, quem nomeou é quem aplica a sanção administrativa de destituição de cargo em comissão.

A autoridade julgadora está vinculada, está obrigada a acatar os termos do relatório? A resposta é surpreendente, conforme examinaremos a seguir. Pelo princípio ou pelo poder hierárquico que norteia toda atividade administrativa, não permitir que a autoridade julgadora altere os termos do relatório é um absurdo, pois seria condicionar a autoridade superior a um ato de subalterno. Isso é completamente contrário a estrutura administrativa que prima pela hierarquia.

Diz a regra do art. 168:

> *Art. 168. O julgamento acatará o relatório da comissão, salvo quando contrário às provas dos autos.*

Mas, se a autoridade pretende mudança em relação ao relatório, terá que aplicar o parágrafo único do art. 168, podendo a mudança ser radical ou total:

> *Parágrafo único. Quando o relatório da comissão contrariar as provas dos autos, a autoridade julgadora poderá, motivadamente, agravar a penalidade proposta, abrandá-la ou isentar o servidor de responsabilidade.*

Então, deduz-se que a autoridade é livre para, efetivamente, contrariar o relatório, desde que este contrarie a prova dos autos. Neste caso, a modificação deverá ser motivada. Em regra, o relatório é que prevalece.

Por oportuno, vale observação de que o julgamento fora do prazo legal *não implica nulidade do processo, por contrariar expressamente a lei e o entendimento do STF e STJ como segue*:

> Ato demissionário de responsabilidade da mesa da Câmara dos Deputados. Pretensão. Anulatória do ato à luz do excesso verificado no prazo para o encerramento do inquérito. Inconsistência da argumentação, visto que o art. 169, § 1º, da Lei 8.112/90, proclama não ser semelhante demora, fator nulificante do processo. (STF, MS nº 21.949/DF, Pleno, RTJ 142/504)

> Administrativo. Processo administrativo disciplinar. Ultrapassagem do prazo fixado para o término do processo. Nulidade: não ocorrência. Precedentes. Recurso improvido.

I. A ultrapassagem do prazo fixado para o encerramento de processo administrativo disciplinar não conduz à nulidade... (STJ, ROMS nº 455/BA, 2ª T.)

Antes de adentrarmos no tópico recurso administrativo vale chamar a atenção para a figura do processo administrativo disciplinar sumário, do *reformatio in pejus* da aplicação da legislação penal.

16.5. A impossibilidade temporária de deferimento de exoneração ou aposentadoria voluntária do servidor acusado em processo administrativo disciplinar

Um problema que merece melhor abordagem concerne à questão do direito de aposentadoria voluntária do servidor acusado em processo administrativo disciplinar.

A Lei nº 8.112/1990 reza que o servidor que responder a processo disciplinar só poderá ser exonerado a pedido, ou, aposentado voluntariamente, após a conclusão do processo e o cumprimento da penalidade, acaso aplicada.

O Estatuto do Funcionalismo Federal ainda capitula que, na hipótese de o servidor ter sido exonerado de ofício, em virtude de reprovação em estágio probatório, a exoneração poderá ser convertida em demissão (art. 34, parágrafo único, I, c/c art. 172, parágrafo único, da Lei nº 8.112/1990)[276].

O preceito do art. 172, *caput*, da Lei nº 8.112/1990 colima evitar que o servidor acusado em processo administrativo disciplinar possa manejar um pedido de exoneração como meio de se furtar ao exercício do poder de punir da Administração Pública.

Enquanto pendente o prazo para conclusão do processo administrativo disciplinar, o servidor acusado não pode, com efeito, requerer sua aposentadoria voluntária.

Tanto assim que o Tribunal Regional Federal da 1ª Região recusou o direito de aposentadoria voluntária formulado por servidor acusado em processo administrativo disciplinar 33 dias após a instauração do feito[277], portanto ainda na pendência do prazo legal de 140 dias para conclusão do feito: "Se o apelante estava respondendo ao processo disciplinar, instaurado em 05/04/1990, não poderia obter aposentadoria em 07/05/1990"[278].

Não obstante, a exegese do dispositivo em comento não pode implicar que o servidor público permaneça, *ad alternum,* impedido de requerer o benefício da aposentadoria voluntária, enquanto não for concluído o processo administrativo disciplinar, o qual não se admite se arraste por anos a fio, indefinidamente, submetendo o funcionário a ônus injusto e decorrente da leniência e morosidade atribuídas à própria Administração Pública, que não se esmerou em encerrar o feito no seu devido tempo.

Ora, não é debalde que existe um prazo máximo para conclusão do processo administrativo disciplinar, expressamente fixado em 140 dias (120 dias para a instrução e 20 dias para julgamento: arts. 152, *caput*, e 167, *caput, da* Lei nº 8.112/1990). Não se

276. José Cretella Júnior pontua: "Se a Administração descobre a falta administrativa e ordena a abertura de sindicância ou de processo administrativo, o funcionário não terá direito líquido e certo de exonerar-se, o que somente ocorrerá se for absolvido no processo administrativo ou se a sindicância for arquivada." (Júnior, José Cretella. *Direito Administrativo*: perguntas e respostas. 5ª ed., Rio de Janeiro: Forense, 2004, p. 193).

277. Apelação Cível nº 199701000242222/BA, 2ª Turma, dec. de 18/10/2000, *DJ* de 29/03/2001, p. 273, relator o Desembargador Federal Carlos Fernando Mathias.

278. Cf.: ROMS nº 11425/RS, relator o Min. Hamilton Carvalhido, 6ª Turma, *DJ* de 04/08/2003, p. 423.

poderia, portanto, conceber que esse lapso temporal definido pudesse ser ignorado pela Administração Pública e em prejuízo de direitos do acusado.

O efeito reconhecido do decurso do prazo máximo de término do processo administrativo disciplinar, sem conclusão, é de a interrupção da prescrição cessar seus efeitos, permitindo a retomada do fluxo do prazo sem possibilidade de novo efeito interruptivo, ainda que designadas novas comissões processantes ou renomeado o trio originário.

Outra consequência derivada da extrapolação do prazo para conclusão do feito disciplinar, sem solução final, é permitir a aposentadoria a pedido do servidor acusado, cessando os efeitos do art. 172, caput, da Lei nº 8.112/1990, quanto à vedação que estipula, a qual somente pode ser admitida, ante o princípio da razoabilidade, durante o tempo máximo para encerramento do feito disciplinar.

A possibilidade de aposentadoria voluntária do servidor que ainda responde a processo disciplinar, uma vez ultrapassado o prazo máximo para conclusão do feito sem solução final, não tolhe o exercício do poder punitivo da Administração Pública, na medida em que o funcionário beneficiado com a inatividade remunerada pode ser punido com a cassação de aposentadoria pelo cometimento de falta funcional ocorrida na atividade. A distinção será apenas pelo fato de que, em vez de demissão direta, primeiramente deverá ser cassado o direito de aposentação para posterior imposição da medida sancionadora demissória.

Tem sido essa a exegese dominante nos Tribunais pátrios. Conquanto o Superior Tribunal de Justiça tenha sublinhado que o acusado em processo administrativo disciplinar não pode, efetivamente, ser exonerado a pedido antes da conclusão do feito[279], a Corte Superior decidiu que *deveria ser deferido o pedido de aposentadoria voluntária de servidor público que respondia a processo administrativo disciplinar que já perdurava por onze anos sem julgamento*[280].

O Tribunal Regional Federal da 2ª Região assentou que a demora excessiva da Administração Pública para julgar o processo administrativo disciplinar pode implicar o deferimento do direito à aposentadoria voluntária, ainda na vigência do feito punitivo inconcluso, se já expirado o prazo legal de conclusão:

Embora o art. 172 da Lei nº 8.112/1990 estabeleça que "o servidor que responder a processo disciplinar só poderá ser exonerado a pedido, ou aposentado voluntariamente, após a conclusão do processo e o cumprimento da pena, acaso aplicada", os arts. 152, *caput,* e 167 do mesmo diploma legal determinam prazos para conclusão e julgamento do processo disciplinar. Não é razoável que o agravante espere tanto tempo pela decisão final em processo administrativo disciplinar, se já somou o tempo de serviço necessário para o benefício de aposentadoria[281].

O TRF da 2ª Região ainda firmou:

279. "Uma vez submetido a inquérito administrativo, o servidor só poderá ser exonerado, a pedido, ou aposentado voluntariamente, depois da conclusão do processo, no qual tenha sido reconhecida sua inocência". (ROMS 11425/RS, relator o Ministro Hamilton Carvalhido, 6ª Turma, *DJ* de 04/08/2003, p. 423).

280. "Resulta ilegal o ato que indeferiu pedido de aposentadoria, por aplicação equivocada da disposição contida no art. 172 do estatuto dos servidores civis, na hipótese em que o processo disciplinar perdura por cerca de 11 anos, ainda pendente de conclusão." (REsp nº 371138/PR, relator o Ministro Vicente Leal, 6ª Turma, *DJ* de 01/07/2002, p. 419.)

281. Agravo de Instrumento nº 117836, (200302010107961/RJ), 1ª Turma, dec. de 04/11/2003, *DJU* de 15/07/2004, p. 119, relator o Desembargador Federal Abel Gomes.

> É certo que o art. 172, da Lei nº 8.112/1990, é medida cautelar que visa a proteger os interesses da Administração Pública, impossibilitando que o servidor, mediante a aposentadoria voluntária, venha a evitar as apurações administrativas e furtar-se do resultado do processo disciplinar. Em contrapartida, inolvide-se que não é justo o servidor ficar eternamente aguardando a proferição de uma decisão final para que seu pedido de aposentadoria voluntária possa ser apreciado e deferido, se já implementou o tempo de serviço previsto no art. 40, § 1º, III, *a,* da CF/88, porquanto o legislador estipulou o prazo de 140 (cento e quarenta) dias para conclusão e julgamento do processo disciplinar, garantindo, contudo, à Administração o direito de cassar o benefício em razão do resultado do processo administrativo, a teor do art. 134, da Lei nº 8.112/1990. Afigura-se, portanto, ilegal o ato que sobrestou, com base no art. 172, da Lei nº 8.112/1990, pedido de aposentadoria voluntária formulado por servidor envolvido em processos administrativos disciplinares pendentes de conclusão há mais de 140 (cento e quarenta) dias, principalmente se o requerente já completou o tempo de serviço necessário à percepção do benefício. Caso venha a ser proferida decisão pela demissão do servidor, poderá a Administração Pública, tendo em vista seu poder de autotutela, cassar a aposentadoria daquele, a teor do art. 134, da Lei nº 8.112/1990.

A seu turno, o Tribunal Regional Federal da 4ª Região asseverou: "A suspensão do pedido de aposentadoria voluntária apenas se faz possível, enquanto não esgotado o prazo para a conclusão do processo administrativo disciplinar. Inteligência dos arts. 152 e 167 do Estatuto do Servidor"[282].

O TRF da 4ª Região corroborou, magistralmente:

> A aplicação isolada do art. 172 da Lei nº 8.112/1990 pode encerrar injustiça, razão pela qual é recomendável uma exegese sistemática que leve em consideração também os arts. 152 e 167 do mesmo diploma legislativo, os quais estipulam, respectivamente, um prazo de 60 (sessenta) dias, prorrogável por igual período, para a conclusão do processo administrativo disciplinar, e um prazo de 20 (vinte) dias para o julgamento, totalizando 140 (cento e quarenta) dias. Extrapolada tal limitação temporal, surge, sem dúvida, uma abusiva restrição ao exercício de um direito já plenamente incorporado ao patrimônio jurídico do seu titular, na medida em que o expõe a uma situação de contingência acerca do prazo em que será possível o gozo do benefício previdenciário. Abstraindo-se a questão da existência do direito adquirido, imunizando todos os aspectos do benefício contra a retroatividade da legislação superveniente, é curial que não seja tolhido o desfrute imediato do benefício previdenciário mercê da evocação de incidência, no caso em tela, do preceito contido no art. 172 da Lei nº 8.112/1990, sob pena de a agravante ser compelida a permanecer na ativa *sine die*, aguardando sem causa justificável o termo do processo administrativo[283].

Por isso que se conclui que o direito de aposentação voluntária do servidor público acusado somente perdura no prazo legal para conclusão e julgamento do processo administrativo disciplinar, após cujo decurso a Administração deve deferir o pedido do

282. Apelação Cível nº 374906, (200004011258706/RS), Turma Especial, dec. de 07/07/2004, *DJU* de 12/08/2004, p. 772, relator o Desembargador Federal Amaury Chaves de Athayde.
283. Agravo de Instrumento, Proc. nº 200304010545816/PR, 3ª Turma, dec. de 16/03/2004, *DJU* de 28/04/2004, p. 691, relator o Desembargador Federal Luiz Carlos de Castro Lugon.

funcionário, reservando-se, todavia, a possibilidade de posterior cassação da inatividade remunerada, na hipótese de julgamento sancionador contra o processado.

16.6. "*Reformatio in pejus*" no processo administrativo disciplinar

O princípio da *reformatio in pejus* é corriqueiramente estudado pelo Direito Processual Penal. Nas palavras de José dos Santos Carvalho Filho,

> significa que a decisão de recurso interposto somente pelo réu contra sentença condenatória criminal não pode agravar a situação que esta definiu. Em outras palavras, o tribunal nesse caso não pode reformar a sentença piorando a situação do condenado, isto, repita-se, quando apenas o réu tenha recorrido em razão do desinteresse do Ministério Público em fazê-lo.

No que tange ao Direito Administrativo, o instituto é especialmente debatido dentro da temática envolvendo os recursos na esfera administrativa, discutindo-se a respeito da sua aplicabilidade na citada seara.

Em consonância com os professores Diógenes Gasparini[284] e Hely Lopes Meirelles[285], José dos Santos Carvalho Filho entende inaplicável o princípio ora estudado no âmbito do Direito Administrativo, *in verbis*:

> Há mais de uma razão para nosso entendimento. Uma delas é que são diversos os interesses em jogo no Direito Penal e no Direito Administrativo, não podendo simplesmente estender-se a este princípios específicos daquele. Depois, um dos fundamentos do Direito Administrativo é o princípio da legalidade, pelo qual é inafastável a observância da lei, devendo esta prevalecer sobre qualquer interesse privado[286].

Contudo, a fim de apurar e esclarecer sua opinião, o doutrinador *supra* citado desenvolve seu raciocínio, nos seguintes termos:

> Quando admitimos inaplicável o referido princípio no Direito Administrativo, consideramos que a matéria é de legalidade estrita. É a hipótese em que o ato administrativo da autoridade inferior tenha sido praticado em desconformidade com a lei, conclusão extraída mediante critérios objetivos.

Assim, em sentido oposto, quando todos os elementos de determinada hipótese forem considerados subjetivamente, restará aplicável a vedação à *reformatio in pejus*, em ordem a impedir o agravamento da sanção para o recorrente.

A Lei nº 9.784/1999 – a qual disciplina o processo administrativo no âmbito da Administração Federal –, tratou do referido princípio em duas regras:

> *Art. 64. O órgão competente para decidir o recurso poderá confirmar, modificar, anular ou revogar, total ou parcialmente, a decisão recorrida, se a matéria for de sua competência.*
>
> *Parágrafo único. Se da aplicação do disposto neste artigo* ***puder decorrer gravame à situação do recorrente, este deverá ser cientificado para que formule suas alegações antes da decisão.***

---

284. *Direito Administrativo*, cit., 1992, p. 553.
285. *Direito Administrativo Brasileiro*, cit., 25ª ed., p. 576.
286. Carvalho Filho, José dos Santos. *Manual de Direito Administrativo*, cit., 13ª ed., rev., ampl. e atual. Contendo: Emenda Constitucional nº 45, de 08/12/2004, e as Leis das Parcerias Público-privadas (Lei nº 11.079, de 30/12/2004) e de Falência (Lei nº 11.101, de 09/02/2005). cit., p. 748.

Esta primeira hipótese permitiu à autoridade competente, quando da apreciação do recurso administrativo, inclusive, agravar a situação do recorrente, desde que, para tanto, lhe seja dado ciência, a fim de possibilitar a apresentação de suas razões, antes da tomada de decisão. Neste caso, a *reformatio in pejus* foi admitida, mesmo que de **forma mitigada.**

Já o parágrafo único do art. 65, na hipótese de processo de revisão, proibiu, expressamente, o agravamento da situação do interessado.

> *Art. 65. Os processos administrativos de que resultem sanções poderão ser revistos, a qualquer tempo, a pedido ou de ofício, quando surgirem fatos novos ou circunstâncias relevantes suscetíveis de justificar a inadequação da sanção aplicada.*
>
> *Parágrafo único.* ***Da revisão do processo não poderá resultar agravamento da sanção.***

Com relação ao posicionamento da jurisprudência, o STJ, em um **primeiro momento**, entendeu que o princípio da *reformatio in pejus* **não tinha aplicação** no âmbito do Direito Administrativo:

> Administrativo. Serventuário de cartório. Pena administrativa. *Reformatio in pejus.* Mandado de Segurança. Poder disciplinar da administração e poder punitivo do Estado-sociedade. Diferenças e aproximações. Impossibilidade, em ambas as hipóteses, de se aplicar pena não mais contemplada pela lei e agravar a situação do disciplinado. Recurso Ordinário conhecido e provido. I – O impetrante/recorrente, que é escrivão da 3ª Vara da comarca gaúcha de Gravataí, foi punido com a pena de 10 dias de suspensão pelo juiz diretor do foro que, *"uno acto"*, transformou a penalidade em pena pecuniária. Foi interposto recurso, o qual não foi conhecido. O órgão recursal (corregedor-geral), porém, através de subterfúgio, voltou, de ofício, à penalidade antiga, já não mais contemplada pela legislação. II – O "poder disciplinar", próprio do Estado-administração, não pode ser efetivamente confundido com o "poder punitivo" penal, inerente ao Estado-sociedade. A punição do último se faz através do Poder Judiciário; já a do primeiro, por meio de órgãos da própria administração. **Ambos, porém, não admitem a "*reformatio in pejus*"**, e muito menos a aplicação de pena não mais contemplada pela lei. III – Recurso ordinário conhecido e provido. (STJ, RMS nº 3.252/RS, Min. Adhemar Maciel)
>
> Administrativo. Pena de suspensão. "***Reformatio in pejus***". Procedimento disciplinar. **– Não se aplica ao procedimento disciplinar a vedação da "*reformatio in pejus*", pelo que pode a autoridade hierarquicamente superior aplicar pena mais gravosa do que a imposta pelo inferior.** (STJ, RMS nº 29/RJ, Min. Américo Luz) (grifamos)

Entretanto, mais recentemente, a mesma corte *passou a admitir* a incidência do referido instituto, no âmbito do processo administrativo:

> Administrativo – Mandado de Segurança – Ato de Secretário de Estado – Multa por infração ao Código de Defesa do Consumidor – Valor fixado no máximo legal – Reexame de provas – Impossibilidade – Súmula 07/STJ – Direito líquido e certo não configurado **– Processo Administrativo – "*Reformatio in pejus*" – Possibilidade** – Precedentes. – Os critérios adotados pela administração pública para gradação da penalidade por infração ao Código de Defesa do Consumidor não são passíveis de discussão na estreita via do mandado de segurança, haja vista que ensejam reexame de provas. – A ação mandamental não se presta para amparar direito controvertido que, por isso, não se caracteriza como líquido e certo. – Motivada a decisão que julgou o recurso administrativo, com indicação

dos fatos e dos fundamentos jurídicos, não se há que falar em ilegalidade ou abuso de autoridade. – **No âmbito do *processo administrativo*, a autoridade superior pode aplicar pena mais gravosa do que a imposta pela autoridade inferior.** – Recurso conhecido e improvido. (STJ, Min. Francisco Peçanha Martins) (grifamos)

Esclarecedora, a esse respeito, a questão inquirida pela Banca Examinadora de Concurso para o Ingresso na Magistratura do Rio de Janeiro:

Após regular processo administrativo disciplinar, foi aplicada a um grupo de funcionários a pena de suspensão pelo prazo de 60 dias. Posteriormente, a Administração, ao verificar que a infração cometida era, na verdade, passível de pena de demissão, procedeu à anulação do ato de suspensão e aplicou a pena correta, conforme a determinação legal.

Sentiram-se prejudicados os funcionários, que impetram mandado de segurança pugnando pela impossibilidade de revisão de ofício do processo disciplinar sob pena de afrontar a coisa julgada administrativa, bem como ao disposto na Súmula 19 do STF, que obsta a *reformatio in pejus*.

A autoridade coatora apenas limita-se a demonstrar que é garantido à Administração Pública o direito de rever seus próprios atos quando eivados de nulidade.

Decida, fundamentadamente.

No caso em tela, foi aplicado a grupos de servidores, após regular processo administrativo disciplinar, pena de suspensão pelo prazo de sessenta dias, quando, na verdade, a penalidade cabível seria demissão. Desta forma, verifica-se que foi imposta penalidade diversa daquela prevista em lei.

Posteriormente, a Administração Pública, revendo seus atos, verificou que a penalidade imposta era eivada de nulidade, visto a presença de violação frontal à lei. Assim sendo, declarou a nulidade do ato que puniu os servidores com suspensão, e aplicou a pena de demissão – prevista legalmente para a hipótese.

Não há falar que a conduta praticada pela Administração é ilícita, visto que o princípio da autotutela autoriza à Administração rever seus próprios atos, quando eivados de ilegalidade – isso porque deles não se originam direitos.

É importante salientar, também, que não houve revisão de ofício do processo disciplinar, prevista no art. 174 da Lei nº 8.112/1990, mas sim a declaração de nulidade do julgamento que aplicou, indevidamente, a pena de suspensão, por estar eivado de ilegalidade e invalidade. É o que determina, aliás, o art. 114 da Lei nº 8.112/1990 – "*a administração deverá rever seus atos, a qualquer tempo, quando eivados de ilegalidade*".

Desta forma, inexistindo em nosso ordenamento a coisa julgada administrativa, não se configura *bis in idem* vedado pela Súmula 19 do Supremo Tribunal Federal, a prática realizada.

Isso posto, entendemos que não deve ser concedida a segurança; ao contrário[287], há de ser mantida a pena de demissão aplicada aos mencionados servidores.

16.7. Aplicação de caso concreto

O Ministro de Estado do Planejamento, Orçamento e Gestão, acolhendo parecer da consultoria jurídica do Ministério, agravou a penalidade de suspensão por trinta dias sugerida

287. Na mesma esteira: STJ: Informativo 0129, Mandado de Segurança nº 7.906/DF, Relator Min. Edson Vidigal; STF: Mandado de Segurança nº 23146/MS, Relator Min. Sepúlveda Pertence, Tribunal Pleno.

no relatório final da comissão disciplinar, aplicando a pena de demissão. Irresignado, o servidor demitido ingressa no Judiciário com o remédio heroico a fim de declarar nulo o ato demissionário, alegando impossibilidade de *reformatio in pejus* sem a apresentação das alegações finais, à luz do disposto no parágrafo único do art. 64 da Lei nº 9.784/1999, e sustentando a necessidade de vinculação da decisão ao relatório final da Comissão. Diante dos fatos, na qualidade de juiz, decida a questão.

O processo administrativo é um *continuum*, integrado por provas materiais, depoimentos pessoais, manifestações técnicas e outras informações, nos quais se lastreia a decisão final da autoridade competente para prolatá-la. Desse modo, não se vislumbra qualquer irregularidade ou ilegalidade na demissão do servidor, haja vista que a decisão atacada levara em conta o parecer da consultoria jurídica, adotando-o como razão de decidir. No caso, convém citar que a aplicação de sanção mais grave do que a sugerida pela comissão não se confunde com *reformatio in pejus* dos recursos administrativos, pois o ato administrativo punitivo é primário. Outrossim, a Lei nº 8.112/1990, ao estabelecer regulamentação específica para o processo disciplinar dos servidores públicos por ela regidos, admite aplicação apenas subsidiária da Lei nº 9.784/1999. Se não há previsão na Lei nº 8.112/1990 para o oferecimento de alegações finais pelo acusado antes do julgamento, não cabe acrescentar nova fase no processo para tal fim com base na lei genérica. Por fim, registre-se que autoridade decisória não está vinculada à apreciação opinativa da Comissão de Inquérito, não está vinculada à capitulação proposta, mas sim aos fatos, devendo observar, todavia, o princípio da adequação punitiva. (STJ, MS nº 8.184/DF; MS nº 11.221/DF, e STF, RMS nº 25.736/DF)

16.8. Procedimento administrativo sumário nos casos de acumulação ilegal

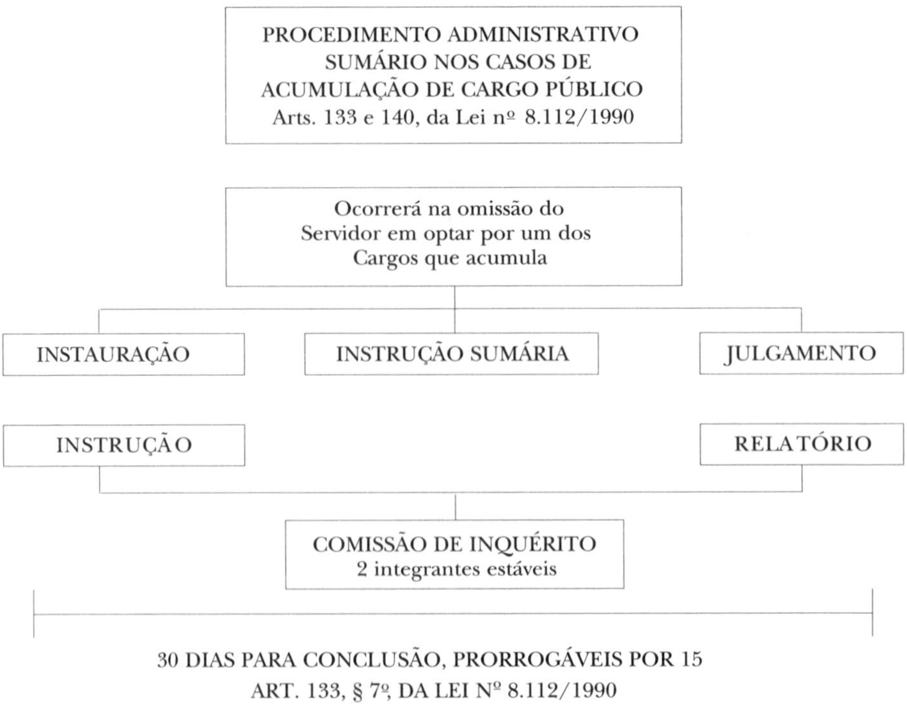

O processo disciplinar sumário foi criado para casos onde não dá margens a debates. Exemplo típico é o caso do art. 133, da Lei nº 8112/1990:

> *Art. 133. Detectada a qualquer tempo a acumulação ilegal de cargos, empregos ou funções públicas, a autoridade a que se refere o art. 143 notificará o servidor, por intermédio de sua chefia imediata, para apresentar opção no prazo improrrogável de dez dias, contados da data da ciência e, na hipótese de omissão, adotará procedimento sumário para sua apuração e regularização imediata, cujo processo administrativo disciplinar se desenvolverá nas seguintes fases:* (redação dada pela Lei nº 9.577, de 10/12/1997).

Muito cuidado! As fases que estudaremos são de um processo sumário e diferentes do processo administrativo disciplinar.

A Constituição elenca, no art. 37, XVI, os casos em que a acumulação é permitida.

Vejamos, agora, as fases apresentadas:

> *Art. 133, Lei nº 8.112/1990:*
>
> *I – instauração, com a publicação do ato que constituir a comissão, a ser composta por dois servidores estáveis, e simultaneamente indicar a autoria e a materialidade da transgressão objeto da apuração;*

A instauração, por via Portaria, já vai indicar autoria e materialidade, explicitando, por exemplo, que o servidor tem duas matrículas, sendo incompatíveis com cargos acumuláveis. Discute-se, apenas, se é possível acumular ou não. Não há muito o que se discutir, por isso é que o processo corre rapidamente.

Vejamos, então, as duas fases:

> *Art. 133, Lei nº 8.112/1990:*
>
> *II – instrução sumária, que compreende indiciação, defesa e relatório;*

No inciso II consta, em vez do inquérito (art. 151), instrução sumária.

Para que o processo seja breve, a Lei reduz, consideravelmente, o prazo de sua duração. Em âmbito federal, o art. 133, § 7º, nos fala:

> *§ 7º O prazo para a conclusão do processo administrativo disciplinar submetido ao rito primário não excederá trinta dias, contados da data de publicação do ato que constituir a comissão, admitida a sua prorrogação por até quinze dias, quando as circunstâncias o exigirem.*

Vale lembrar que esse processo sumário é estendido a dois outros casos, não sendo exclusivo da acumulação ilegal. Vejamos o que diz o art. 140, da Lei nº 8.112/1990:

> *Art. 140. Na apuração de abandono de cargo ou inassiduidade habitual, também será adotado o procedimento sumário a que se refere o art. 133, observando-se especialmente que:*

Os incisos a seguir trazem algumas peculiaridades: tanto o abandono de cargo quanto a inassiduidade habitual são aspectos que não dão margem a muita discussão em termos de defesa. Então nada melhor do que utilizar o procedimento sumário a fim de agilizar a punição ao servidor público. Às vezes, não se trata de punição, porque em matéria de acumulação de cargos, o art. 133, primeiramente, dá uma opção para o servidor que acumula. Trata-se, na verdade, de uma oportunidade para o servidor pedir exoneração. Em insistindo na acumulação irregular:

§ 5º A opção pelo servidor até o último dia de prazo para defesa configurará sua boa-fé, hipótese em que se converterá automaticamente em pedido de exoneração do outro cargo.

Então, configura-se a má-fé do servidor que acumula cargos públicos de forma ilegal, quando, embora devidamente notificado para optar por um dos cargos, não o faz, consubstanciando sua omissão, disposição de persistir na prática do ilícito.

Havendo insistência na acumulação indevida, vejam o conteúdo do § 6º:

§ 6º Caracterizada a acumulação ilegal e provada a má-fé, aplicar-se-á a pena de demissão, destituição ou cassação de aposentadoria ou disponibilidade em relação aos cargos, empregos ou funções públicas em regime de acumulação ilegal, hipóteses em que os órgãos ou entidades de vinculação serão comunicados.

Enfocaremos algumas observações que nos parecem relevantes. Há casos em que a "não opção" não caracteriza má-fé. Por exemplo, cargo técnico dá margem à discussão. Existiu uma postura doutrinária dizendo que cargo técnico é aquele que só pode ser preenchido por pessoa de terceiro grau. Cargo técnico não necessariamente é de terceiro grau. Técnico de laboratório, técnico de enfermagem são considerados técnicos por lei, e são profissionais a nível de 2º grau. Como decidir essa situação? A lei trabalha o caso de má-fé de forma não clara. Será que nessa circunstância a não opção caracteriza má-fé.

Uma outra forma de se considerar má-fé é a falsidade do servidor ao assinar o segundo termo de posse, omitindo o fato de estar em exercício em outro cargo.

A acumulação é uma previsão constitucional e atinge a todos os entes da federação, ou seja, não se pode acumular no âmbito federal e no estadual.

Por fim, para efeitos no disposto no art. 37, XVII, da Constituição, são sociedades de economia mista aquelas – anônimas ou não – sob o controle da União, dos Estados-membros, do Distrito Federal ou dos Municípios, independentemente da circunstância de terem sido criadas por lei.

16.9. Dos recursos administrativos

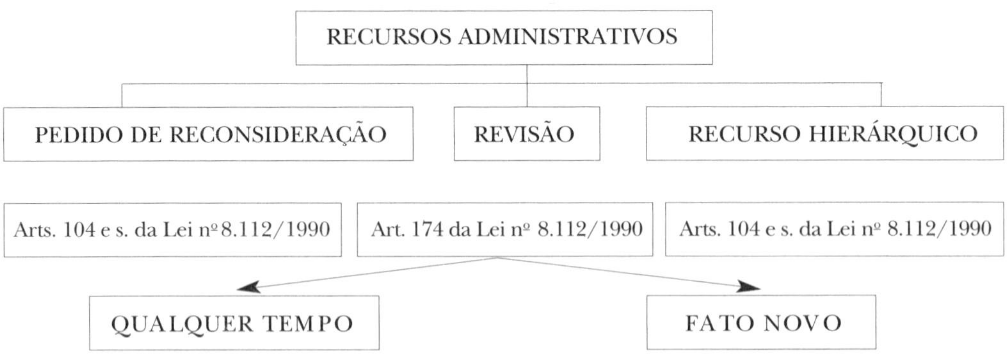

16.9.1. Pedido de reconsideração

O pedido de reconsideração não é típico recurso do processo disciplinar. Pode até ser usado no processo administrativo, mas não foi feito especificamente para este caso, podendo ser usado para qualquer tipo de decisão administrativa, mesmo que não punitiva.

Por exemplo, remoção de ofício. Pode-se utilizar do pedido de reconsideração para que não se faça a remoção.

O art. 106 da Lei nº 8.112/1990 diz:

> *Art. 106. Cabe pedido de reconsideração à autoridade que houver expedido o ato ou proferido a primeira decisão, não podendo ser renovado.*
>
> *Parágrafo único. O requerimento e o pedido de reconsideração de que tratam os artigos anteriores deverão ser despachados no prazo de 5 (cinco) dias e decidido dentro de 30 (trinta) dias.*

Em relação ao indeferimento ao pedido de reconsideração, vale destacar o art. 108, que dá o prazo para a interposição dos recursos:

> *Art. 108. O prazo para interposição de pedido de reconsideração ou de recurso é de 30 (trinta) dias, a contar da publicação ou da ciência, pelo interessado, da decisão recorrida.*

16.9.2. Recurso de revisão

Refere-se especificamente ao processo administrativo disciplinar, com previsão nos arts. 174 a 182.

O art. 174 traz, logo de saída, dois pressupostos básicos da revisão:

> *Art. 174. O processo disciplinar poderá ser revisto,* ***a qualquer tempo,*** *a pedido ou de ofício, quando se aduzirem fatos novos ou circunstâncias suscetíveis de justificar a inocência do punido ou a inadequação da penalidade aplicada.*

É de se ficar atento, pois o recurso de revisão jamais será intempestivo pelo simples fato de que, a qualquer tempo, poderá ser impetrado. Não há lapso temporal para sua utilização. Aparecendo um fato novo, é possível questionar tudo que foi feito em relação ao processo administrativo disciplinar do servidor público. Isso é de suma importância, bastando, para tanto, uma simples leitura do § 1º, do art. 174:

> *§ 1º em caso de falecimento, ausência ou desaparecimento do servidor, qualquer pessoa da família poderá requerer a revisão do processo.*

O recurso de revisão, efetivamente, exige *fato novo*:

> Art. 176. A simples alegação de injustiça da penalidade não constitui fundamento para revisão, que requer elementos novos ainda não apreciados no processo originário.

A Lei, inclusive, cria um juízo de admissibilidade na figura de Ministro de Estado:

> *Art. 177. O requerimento de revisão do processo será dirigido ao Ministro de Estado ou autoridade equivalente, que, se autorizar a revisão, encaminhará o pedido ao dirigente do órgão ou entidade onde se originou o processo disciplinar.*

Em matéria de revisão, cabe a seguinte indagação: pode o servidor, na revisão, apresentando um fato novo, agravar ainda mais sua situação? A resposta é negativa, não sendo gênero para qualquer processo administrativo, pois é dispositivo específico no processo disciplinar e que não admite *reformatio in pejus*.

> *Art. 182. (...)*
>
> *Parágrafo único. Da revisão do processo não poderá resultar agravamento de penalidade.*

12.9.3. Recurso hierárquico próprio

O recurso hierárquico próprio previsto no § 1º do art. 107 da Lei nº 8.112/1990 é dirigido à autoridade imediatamente superior à que tiver expedido o ato ou proferido a decisão, e, sucessivamente, em escala ascendente, às demais autoridades.

Este recurso é o meio de o prejudicado pela decisão afetada de ilegalidade reexaminar a questão para obter novo pronunciamento da autoridade administrativa superior mais conforme às normas e dotada de imparcialidade.

16.10. Efeitos na esfera administrativa da condenação penal

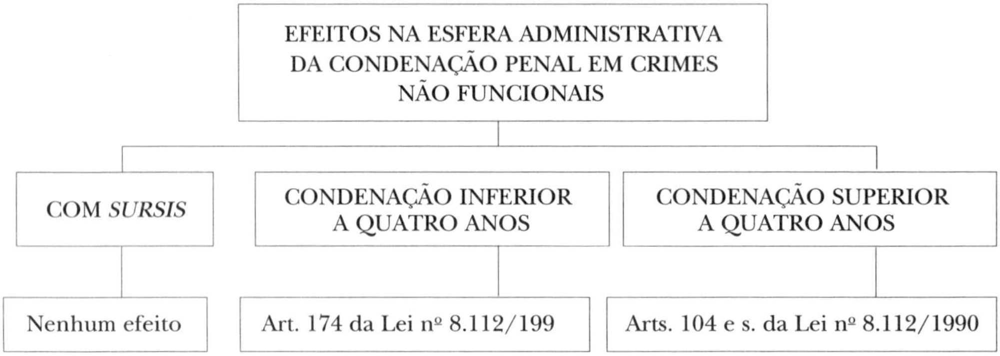

O servidor público comete crime comum, não funcional, e esse crime leva à privação de liberdade. Qual é a relação dessa decisão da esfera penal para a administrativa?

A matéria está regulada no art. 92, do Código Penal, no seu inciso I. É claro que se houver obtenção do *sursis*, não perderá o cargo. O problema ocorre quando há condenação. Há que considerar duas alternativas:

> *Art. 92. São também efeitos da condenação:*
>
> *I – a perda do cargo, função pública ou mandato eletivo:*
>
> *a) quando aplicada pena privativa de liberdade por tempo igual ou superior a um ano, nos crimes praticados com abuso de poder ou violação de dever para com a Administração Pública;*
>
> *b) quando for aplicada pena privativa de liberdade por tempo superior a 4 (quatro) anos nos demais casos.*

16.11. Prescrição

16.11.1. Considerações iniciais

A origem da palavra prescrição é apresentada por José Carlos Tinoco Soares, o qual informa que o vocábulo "prescrição" vem do latim *prescriptio*, que no vernáculo tem o sentido de "regra" e de "limite marcado". O autor informa ainda que é um modo de juridicamente "adquirir um direito ou uma propriedade, de ser isento de uma obrigação pela posse não interrompida ou pela cessação do exercício do direito de outrem durante certo tempo fixado pela lei", configurando a "extinção de um direito que não se exerce por determinado tempo"[288].

288. Soares, José Carlos Tinoco. "Prescrição. Por Sem Dúvida é a Quinquenal", *in Revista da Associação Brasileira da Propriedade Intelectual* nº 61, nov./dez. 2006, Rio de Janeiro, Associação Brasileira da Propriedade Intelectual, 2006, p. 41.

Diante da assertiva supramencionada, pode-se dizer que há duas espécies de prescrição: a extintiva e a aquisitiva. A prescrição extintiva traz consigo um elemento negativo, na medida em que representa a perda do direito de ação pela sua não postulação no tempo previsto em lei; enquanto a aquisitiva vem a ser o modo de adquirir a propriedade pela posse prolongada da coisa, sendo revestida de força criadora, pois se dá pela incorporação de determinado bem ao seu patrimônio (usucapião).

Nas palavras de Diogo de Figueiredo Moreira Neto, "é um instituto do princípio da economia dos valores jurídicos, bem como garantidor da paz social, impedindo que as controvérsias jurídicas restem permanentemente em aberto"[289]. No mesmo sentido já informava Friedrich von Savigny que "o fundamento da prescrição reside na necessidade de serem fixadas as relações jurídicas certas, suscetíveis de dúvidas e controvérsias encerrando-se a incerteza em determinado lapso de tempo"[290].

Nas palavras de José Joaquim Gomes Canotilho, "O instituto da prescrição está destinado a tutelar a segurança jurídica e, por essa razão, encontra-se intimamente ligado ao Estado Democrático de Direito"[291].

Neste sentido, afirmamos que "a segurança jurídica é, pois, princípio diretor e basilar na salvaguarda da pacificidade e estabilidade das relações jurídicas. Não é à toa que a segurança jurídica é base fundamental do Estado de Direito, elevada que está ao altiplano axiológico[292].

Clóvis Beviláqua pontifica que o instituto apresenta como fundamento "o interesse público, a estabilidade das relações jurídicas"[293]. Nesta seara, cumpre observar que a estabilidade dos atos jurídicos é um valor de suma importância para o ordenamento jurídico, "em qualquer das perspectivas em que é normalmente colocada: a da segurança jurídica (certeza e previsibilidade), da economia processual (conservação dos atos, mínima destruição e mínima atividade possíveis) ou da proteção da confiança (atender às expectativas dos particulares de boa-fé que confiam na aparência das atuações públicas)"[294].

A importância do tema se evidencia ao atentarmos para o fato de a Constituição Federal de 1988 ter tratado do tema, na medida em que prevê em seu texto as únicas hipóteses em que se admite a imprescritibilidade, garantindo a regra da perda da pretensão pelo decurso do tempo. Assim, a imprescritibilidade das ações constitui exceções constitucionalmente previstas. Na seara do Direito Administrativo, a Constituição Federal de 1988 prevê, em seu art. 37, § 5º, que a "lei estabelecerá os prazos de prescrição para ilícitos praticados por qualquer agente, servidor ou não, que causem prejuízo ao erário, ressalvadas as respectivas ações de ressarcimento".

---

289. Moreira Neto, Diogo de Figueiredo. *Curso de Direito Administrativo, Parte Introdutória, Parte Geral, Parte Especial*, 14ª ed., cit., p. 218.

290. *Apud* Soares, José Carlos Tinoco. "Prescrição. Por Sem Dúvida é a Quinquenal", *in* Revista cit., p. 41.

291. Apud Filho, Romeu Felipe Bacellar. *Op. cit.*, 2ª ed., p. 379.

292. Madeira, José Maria Pinheiro. Administração Pública Centralizada e Descentralizada, Tomo I, 10ª ed., Rio de Janeiro: Editora Campi, 2008, p. 289.

293. *Apud* Tinoco Soares, José Carlos."Prescrição. Por Sem Dúvida é a Quinquenal"; *in* Revista cit., p. 41.

294. Amaro, Antônio Leitão. "A Estabilização dos Efeitos dos Actos Administrativos Anuláveis pelo Decurso do Tempo", *in Direito e Justiça*, Vol. XIX, 2005, Tomo II, Lisboa, Faculdade de Direito da Universidade Católica Portuguesa, 2005, p. 70.

Vale ressaltar que embora a prescrição possa se dar antes da ação, impedindo o direito à mesma, esta também pode se consumar em seu curso. Neste caso, diz-se que se verifica a prescrição intercorrente.

A alegação da prescrição pode ser realizada a qualquer tempo e em qualquer grau de jurisdição pela parte a quem aproveita (art. 193 do CC). É passível inclusive de ser pronunciada de ofício, como, por exemplo, sucede com a relativa aos direitos patrimoniais, nos termos do art. 219, § 5º, do CPC, conforme alteração realizada pela Lei nº 11.280/2006.

16.11.2. A prescrição no processo administrativo disciplinar

Acórdãos anteriores à CF/88:

> Em matéria de prescrição em nosso sistema jurídico, inclusive no terreno do direito disciplinar, não há que se falar em *jus singulare*, uma vez que a regra é a da prescritibilidade. (STF, MS no 20.069, Rel. Min. Moreira Alves, RDA 135/78)
>
> (...) O poder de punir disciplinarmente os inscritos no quadro da Ordem dos Advogados do Brasil não é perpétuo, extinguindo-se com o decurso do tempo (...) É evidente que repugna ao direito a imprescritibilidade da pena disciplinar. (TFR, Remessa ex officio 88.333, Rel. Min. Washington Bolivar, RDA 156/169-172)

Maria Sylvia Zanella Di Pietro classifica a prescrição administrativa sob três aspectos: ela designa, de um lado, a perda do prazo para recorrer de decisão administrativa; de outro, significa a perda do prazo para que a Administração reveja os próprios atos; finalmente, indica a perda do prazo para aplicação de penalidades administrativas[295].

Estando intimamente ligado à estabilidade das relações jurídicas, o instituto da prescrição constitui causa extintiva do poder punitivo da Administração Pública.

O Superior Tribunal de Justiça já decidiu que a incidência da prescrição punitiva equivale à exata proclamação de inocência, apagados todos os efeitos da decisão condenatória:[296]

> A incidência da prescrição da pretensão punitiva importa na rescisão da sentença condenatória, que não faz coisa julgada material, e na supressão de seus efeitos principais e acessórios, resultando ainda, na perda do direito da ação cognitiva, pois extingue a pretensão do Estado em obter qualquer decisão a respeito do fato criminoso, não acarretando nenhuma responsabilidade para o acusado, tampouco marcando seus antecedentes ou gerando futura reincidência. Equivale, na verdade, à exata proclamação de inocência, pois são apagados os efeitos da sentença condenatória, como se jamais tivesse existido ou sido praticado o crime. 2. Em face da existência de falta administrativa residual (súm. 18/STF), na espécie, o art. 117, IX, da Lei nº 8.112/1991, deve a prescrição regular-se pelo art. 142 daquele diploma legal, que prevê o prazo de cinco anos, contados a partir da ocorrência do fato, em face da extrema gravidade da pena de demissão. *In casu*, os fatos ocorreram em 11.09.90 e o processo administrativo foi iniciado em 10.06.99 (fls. 138), quando transcorridos mais de cinco anos. Ainda que o termo *a quo* seja o da ciência da Administração, incide a causa extintiva, pois consoante verifica-se da análise dos autos, o Ministério da Educação teve ciência dos

295. Filho, Romeu Felipe Bacellar. Processo Administrativo Disciplinar, 4ª ed., São Paulo: Saraiva, 2008, p. 380.
296. Filho, Romeu Felipe Bacellar. *Op. cit.*, 2ª ed., 2003, p. 392.

fatos em 24/05/91, quando da resposta à correspondência enviada ao Ministro pelo Presidente da Assembleia Legislativa do Estado de Santa Catarina, encaminhando documentação referente ao enquadramento dos impetrantes, isso sem levar em consideração a divulgação pela imprensa (fls. 107) e a instauração de Inquérito Civil Público pelo Ministério Público Federal (fls. 112). 3. Segurança concedida para tornar sem efeito a cassação da aposentadoria de Alfeu Hermenegildo e determinar a reintegração dos demais impetrantes"[297].

16.11.3. Aplicação da legislação penal

Consoante entendimento do Superior Tribunal de Justiça, havendo regular apuração criminal, deve ser aplicada a legislação penal para o cômputo da prescrição no processo administrativo.

Por exemplo, o servidor público foi indiciado em processo administrativo disciplinar para a investigação de conduta irregular no exercício da função pública, bem como de apropriação indevida de determinada importância.

Em dezembro de 2002, o servidor foi demitido do cargo então ocupado por falta grave, sendo certo que a apropriação indevida constituiu também o delito de peculato tipificado no art. 312 do Código Penal. Note-se que o servidor foi denunciado criminalmente, estando a ação penal ainda em regular trâmite.

Neste contexto, consoante previsto no parágrafo único do artigo acima transcrito, deve ser adotado na instância administrativa o modelo do prazo prescricional previsto na instância penal. Assim, tendo em vista que a pena cominada em abstrato para o delito de peculato é de 2 (dois) a 12 (doze) anos de reclusão, a prescrição da prestação punitiva da Administração não ocorrerá em cinco anos, mas sim em dezesseis anos, nos termos do art. 109, II, do Código Penal.

Repetindo, em se tratando de infrações disciplinares também capituladas como crimes, o prazo a ser observado na instância administrativa é aquele previsto na legislação penal.

É firme o constructo doutrinário e jurisprudencial no sentido da autonomia e independência das esferas penal e administrativa, assim reconhecidas, contudo, não de forma absoluta, eis que sofrem restrições relativas à repercussão, na esfera administrativa, do reconhecimento, na esfera penal, da inexistência da materialidade do crime ou de que o funcionário não foi o seu autor e a prevalência do regime penal sobre o regime administrativo, em sede de prazo prescricional, de modo que, em caracterizando o mesmo fato, crime e ilícito administrativo, o prazo de extinção da punibilidade do delito se aplica à de falta funcional.

Ao se adotar na instância administrativa o modelo do prazo prescricional vigente na instância penal, deve-se aplicar os prazos prescricionais ao processo criminal, vale dizer, prescreve o poder disciplinar contra o servidor com base na pena comandada em abstrato, nos prazos do art. 109 do Código Penal, enquanto não houver sentença penal condenatória com trânsito em julgado para acusação, e, após o referido trânsito ou improvimento do recurso da acusação, com base na pena aplicada em concreto (art. 110, § 1º, c/c o art. 109 do Código Penal).

297. Superior Tribunal de Justiça. Mandado de Segurança nº 6877/DF, Rel. Min. Fernando Gonçalves, 3ª Seção, *DJU*, 21/05/2001, p. 55, j. 25/04/2001, in Filho, Romeu Felipe Bacellar, *op. cit.*, 2003, p. 393.

16.11.4. Perda do cargo por infração funcional

Por infração funcional, os efeitos que a demissão vai gerar na vida do servidor público estão elencados no art. 137, da Lei nº 8.112/1990:

> *Art. 137. A demissão ou a destituição de cargo em comissão, por infringência do art. 117, incisos IX e XI, incompatibiliza o ex-servidor para nova investidura em cargo público federal, pelo prazo de 5 (cinco) anos.*

As sanções administrativas não se comunicam entre os entes da federação, qualquer que seja o motivo, não alcançando nenhum impedimento se o concurso for para Município ou Estado.

> *Art. 137. (...)*
> *Parágrafo único. Não poderá retornar ao serviço público federal o servidor que for demitido ou destituído do cargo em comissão por infringência do art. 132, incisos I, IV, VIII, X e XI.*
> *Art. 132. (...)*
> *I – crime contra a administração pública;*
> *IV – improbidade administrativa;*
> *VIII – aplicação irregular de dinheiros públicos;*
> *X – lesão aos cofres públicos e dilapidação do patrimônio nacional;*
> *XI – corrupção.*

A lei, nas hipóteses acima, rotuladas gravíssimas, está impedindo, definitivamente, que se faça novo concurso público federal.

16.12. Flexibilização da estabilidade

1ª Hipótese – **perda do cargo após avaliação periódica de desempenho**

O grande objetivo da EC nº 19 é trazer a ideia de flexibilizar a estabilidade, com a perda do cargo, via processo administrativo disciplinar, mediante procedimento de avaliação periódica de desempenho, na forma da lei complementar, assegurada ampla defesa.

Vale a observação do art. 41, III, § 1º, do Texto Constitucional: "... na forma de lei complementar". Só que essa lei complementar ainda não foi feita. O projeto de lei, que se encontra no Senado, menciona uma comissão formada por servidores estáveis para avaliar o servidor anualmente. Há previsão de que o servidor receberá uma nota I (insuficiente), R (regular), B (bom), MB (muito bom) no final de cada ano. Se o servidor, por exemplo, obtiver Insuficiente, por dois anos consecutivos, implicaria em demissão do serviço público. Obtendo conceito Regular, por três anos intercalados no período de cinco anos, aplica-se, também a demissão.

A flexibilização da estabilidade não é autoaplicável porque falta lei complementar, regulamentando o procedimento de avaliação periódica.

A segunda hipótese de flexibilização da estabilidade está totalmente regulamentada e em vigor, que é a perda do cargo por excesso de gasto orçamentário.

2ª Hipótese – **perda do cargo por excesso de gasto**

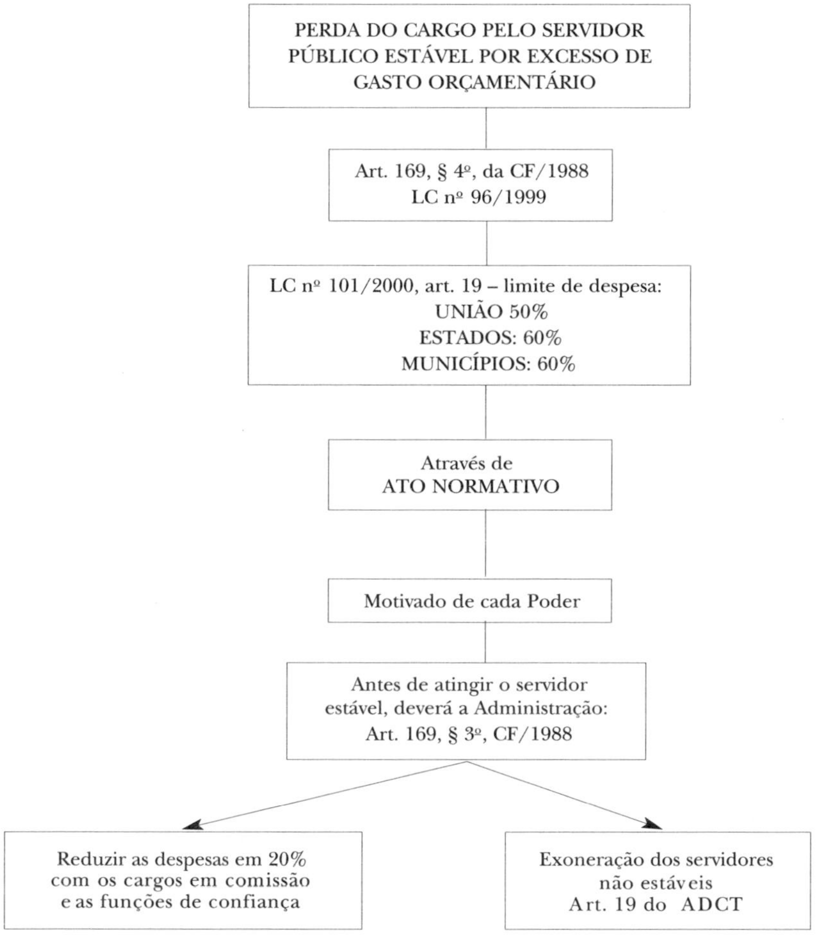

O art. 160, da Constituição da República, traz a seguinte redação, dada pela Emenda Constitucional nº 19.

> *Art. 169. A despesa com pessoal ativo e inativo da União, dos Estados, do Distrito Federal e dos Municípios não poderá exceder os limites estabelecidos em lei complementar.*

A lei complementar, de nº 101/2000, passou a se chamar Lei de Responsabilidade Fiscal, que regula atualmente a matéria.

Vejam o limite traçado pelo art. 19, da LRF:

> *Art. 19. Para fins do disposto do* caput *do art. 169 da Constituição, a despesa total com pessoal, em cada período de apuração e em cada ente da Federação, não poderá exceder os percentuais da receita corrente líquida, a seguir discriminados:*
> *I – União: 50%;*
> *II – Estados: 60%;*
> *III – Municípios: 60%.*

A Lei de Responsabilidade Fiscal resolveu, no art. 20, ainda mencionar como o gasto será feito:

Art. 20. A repartição dos limites globais do art. 19 não poderá exceder os seguintes percentuais:

I – na esfera federal [disseca onde os 50% da União serão gastos na esfera federal];

II – na esfera estadual [disseca onde os 60% serão gastos: 3% para o Poder Legislativo, incluindo o Tribunal de Contas do Estado; 6% para o Judiciário; 49% para as demais despesas de pessoal do Executivo e 2% para o Ministério Público];

III – na esfera municipal:

a) 6% para o Legislativo, incluído o Tribunal de Contas do Município, quando houver;

b) 54% para o Executivo.

A União, no máximo, poderia determinar o percentual geral do gasto com pessoal no Município, nunca tecer detalhes como esse percentual será subdividido, pois o Município tem autonomia político-administrativa, em conformidade com o art. 18, da Constituição Federal. Daí a polêmica sobre a inconstitucionalidade do art. 20, porque retira dos Estados federados a possibilidade de eles disporem sobre os limites das despesas dos Poderes, enfraquecendo sua autonomia. Outrossim, viola a autonomia do Poder Judiciário, haja vista o disposto no art. 99, § 1º, da Constituição, que assegura ao Poder Judiciário autonomia administrativa e financeira, estipulando que os tribunais elaborem suas propostas orçamentárias dentro dos limites conjuntamente com os demais Poderes, na lei de diretrizes orçamentárias.

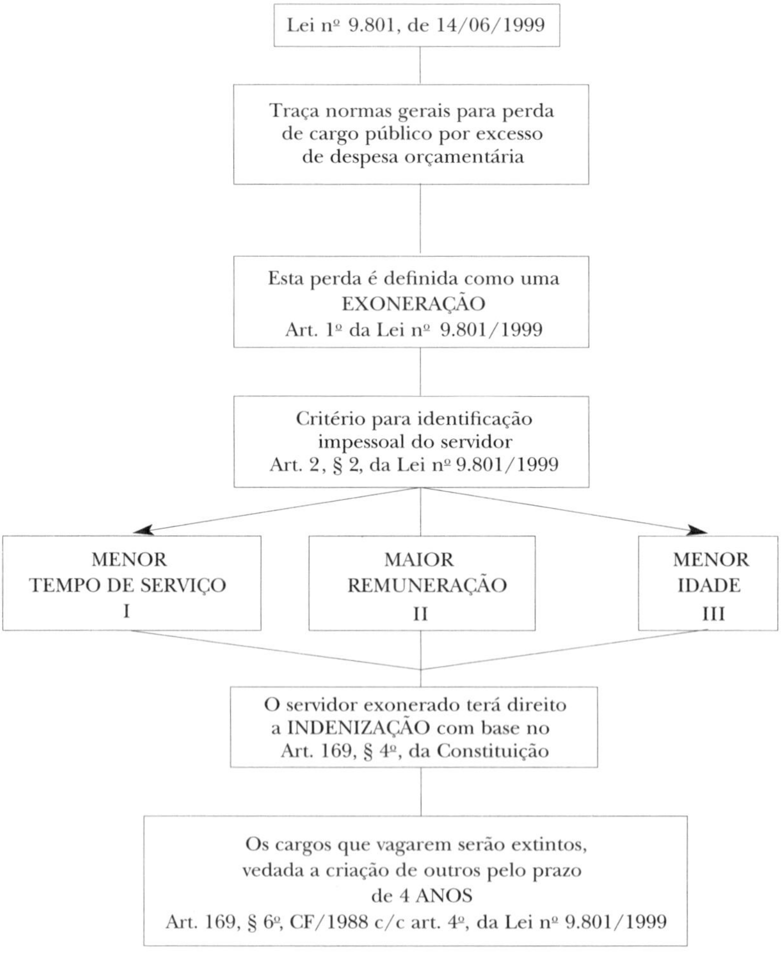

A Lei nº 9.801/1999 materializa as regras do art. 169, § 4º, da Constituição da República.

Tudo o que está nesta lei é norma geral, contendo, apenas, cinco artigos, quatro dos quais definindo as normas gerais.

Basicamente, essa lei vai servir de orientação para todos os entes da Federação, porque "*dispõe sobre as normas gerais para perda de cargo público por excesso de despesa e dá outras providências*".

Vejamos, a seguir, os artigos:

> *Art. 1º Esta Lei regula a exoneração de servidor público estável com fundamento no § 4º e seguintes do art. 169 da Constituição Federal.*

Será exoneração a terminologia utilizada pela lei no caso do rompimento do servidor público estável com a Administração por excesso de gasto orçamentário. O termo, como se observa facilmente, não é adequado porque exoneração é a pedido ou de ofício. Por outro lado, é melhor do que se chamar de demissão, mas poderia o legislador ter usado outra denominação genérica, como desligamento.

> *Art. 2º A exoneração a que alude o art. 1º será precedida de ato normativo motivado dos Chefes de cada um dos Poderes da União, dos Estados, dos Municípios e do Distrito Federal.*

O Chefe de cada Poder e, no caso do Executivo, expedirá decreto normativo, devidamente motivado, mencionando quais são os parâmetros escolhidos para tal exoneração, quais são os órgãos e entidades.

A Lei, no seu art. 2º § 1º, procura detalhar esse ato normativo, trazendo, nos seus incisos, as exigências:

> *§ 1º O ato normativo deverá especificar:*
>
> *I – a economia de recursos e o número correspondente de servidores a serem exonerados;*
>
> *II – a atividade funcional e o órgão ou a unidade administrativa objeto de redução de pessoal;*
>
> *III – o critério geral impessoal escolhido para a identificação dos servidores estáveis a serem desligados dos respectivos cargos;*
>
> *IV – os critérios e as garantias especiais escolhidos para identificação dos servidores estáveis que, em decorrência das atribuições do cargo efetivo, desenvolvam atividades exclusivas de Estado;*
>
> *V – o prazo de pagamento da indenização devida pela perda do cargo;*
>
> *VI – os créditos orçamentários para o pagamento das indenizações.*

Dentro dessas seis exigências, o inciso III é o que mais nos chama a atenção, em função dos critérios estabelecidos para escolha do servidor a ser exonerado. O § 2º do mesmo artigo é de suma importância:

> *§ 2º O critério geral para identificação impessoal a que se refere o inciso III do § 1º será escolhido entre:*
>
> *I – menor tempo de serviço público;*
>
> *II – maior remuneração;*
>
> *III – menor idade.*

Lamentavelmente, esse elenco não fala em "sucessivamente". Logo, o administrador é livre para escolher qual deles. O § 3º complementa, dizendo que:

> *§ 3º O critério geral eleito poderá ser combinado com o critério complementar do menor número de dependentes para fins de formação de uma listagem de classificação.*

O servidor está perdendo o cargo sem dar causa. Sabendo disso, a própria Constituição garante o direito de indenização. Entende-se o porquê do referido inciso I falar em menor tempo de serviço, pois implica em menos dinheiro com a indenização.

Vejam o que diz o § 5º, do art. 169, da Constituição:

> *O servidor que perder o cargo na forma do parágrafo anterior fará jus a indenização correspondente a um mês de remuneração por ano de serviço.*

O parágrafo seguinte é interessante:

> *§ 6º O cargo objeto da redução prevista nos parágrafos anteriores será considerado extinto, vedada a criação de cargo, emprego ou função com atribuições iguais ou assemelhadas pelo prazo de quatro anos.*

O prazo enfocado de quatro anos reside no princípio da desconfiança do administrador público, que tem mandato de quatro anos.

A Administração é obrigada a exonerar o servidor estável diante do excesso de gasto orçamentário. Inclusive, essa obrigação que transforma em ato vinculado, é passível até de punição.

A Lei de Responsabilidade Fiscal traz punições às administrações que não cumprirem tais limites. As punições estão previstas no art. 23, § 3º, da LRF:

> *§ 3º Não alcançada a redução no prazo estabelecido, e enquanto perdurar o excesso, o ente não poderá:*
>
> *I – receber transferências voluntárias;*
>
> *II – obter garantia, direta ou indireta, de outro ente;*
>
> *III – contratar operações de crédito, ressalvadas as destinadas a refinanciamento da dívida mobiliária e as que visem à redução das despesas com pessoal.*

Capítulo XII

Acumulação de Cargos, Empregos e Funções Públicas

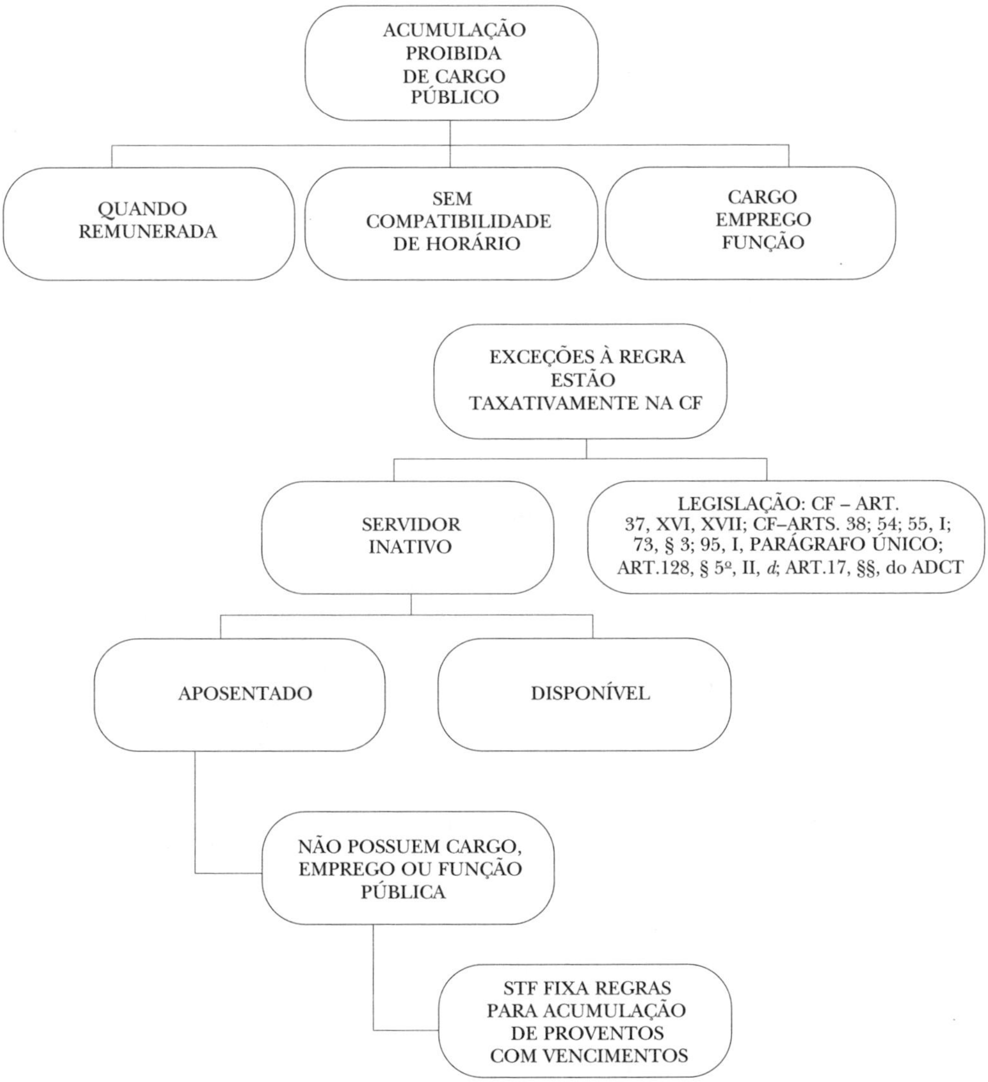

1. DA VEDAÇÃO DE ACUMULAÇÃO DE CARGOS, EMPREGOS E FUNÇÃO PÚBLICA

A vedação de acumulação de cargos, empregos e funções públicas no Brasil teve sua origem no Decreto da Regência, de 8 de junho de 1822, da lavra de José Bonifácio, cuja justificativa tem ainda plena atualidade quando esclarece que

> *se proíbe que seja reunido em uma só pessoa mais de um ofício ou emprego, e vença mais de um ordenado, resultando manifesto dano e prejuízo à Administração Pública e às partes interessadas, por não poder de modo ordinário um tal empregado público ou funcionário cumprir as funções e as incumbências de que duplicadamente encarregado, muito principalmente sendo incompatíveis esses ofícios e empregos; e, acontecendo, ao mesmo tempo, que alguns desses empregados e funcionários públicos, ocupando os ditos empregos e ofícios, recebem ordenados por aqueles mesmo que não exercitam, ou por serem incompatíveis, ou por concorrer o seu expediente nas mesmas horas em que se acham ocupados em outras repartições*[298].

A Constituição Federal de 1988 vem dispor sobre a acumulação no art. 37, incisos XVI e XVII:

> *XVI – É vedada a acumulação remunerada de cargos públicos, exceto, quando houver compatibilidade de horários, observado em qualquer caso o disposto no inciso XI:*
> *a) a de dois cargos de professor;*
> *b) a de um cargo de professor com outro, técnico ou científico;*
> *c) a de dois cargos ou empregos privativos de profissionais de saúde, com profissões regulamentadas;*
> (alínea com redação dada pela EC nº 34/2001)
> *"XVII – A proibição de acumular estende-se a empregos e funções e abrange autarquias, fundações, empresas públicas, sociedades de economia mista, suas subsidiárias, e sociedades controladas, direta ou indiretamente, pelo poder público;*
> (inciso com redação dada pela EC nº 19/1998)

Pelo exame dos incisos XVI e XVII, do art. 37, depreende-se a regra geral de que é proibida a acumulação de cargos, empregos e funções públicas na Administração Pública.

Examinando-se mais atentamente o inciso XVII, vemos que a proibição de acumular cargos, empregos e funções públicas abrange as autarquias, as fundações, as empresas públicas e as sociedades de economia mista. A Emenda Constitucional nº 19/1998, alterando este inciso, ampliou as vedações ali contidas, para alcançar, também, as subsidiárias das referidas entidades, e as sociedades controladas, direta ou indiretamente, pelo Poder Público.

A vedação atinge, portanto, acumulação remunerada de cargos, empregos e funções públicas na Administração Direta e Indireta, seja dentro de cada uma, seja entre os dois setores da Administração entre si, ou seja, também entre as diferentes pessoas políticas.

Note-se que a vedação se refere à acumulação remunerada, inexistindo, pois, impedimento legal à acumulação de cargos, empregos e funções, se não houver duas remunerações.

Adilson Abreu Dallari entende que a proibição expressa de acumulação remunerada não significa uma liberação total às acumulações não remuneradas. Estas não estariam

298. Meirelles, Hely Lopes. *Op. cit.*, p. 386.

proibidas, mas poderiam ocorrer, excepcional e temporariamente, em casos de interesse público relevante, objetivamente demonstrado[299].

Já Celso Ribeiro Bastos entende que o Texto Constitucional permite tranquilamente inferir que se dê acumulação não remunerada, mas que estas situações seriam apenas a de um pequeno conjunto de funções que são cumpridas pelo cidadão gratuitamente, como por exemplo, os mesários em pleitos eleitorais, os jurados, entre outros. Não acobertariam as situações em que o beneficiado pela remuneração renunciasse a uma delas[300].

Na atual Constituição foi abolida a exigência da correlação de matérias, que existia nas Constituições anteriores. Atualmente, a única condição exigida é a compatibilidade de horários.

Observe-se que para a constitucionalidade dessas acumulações há de se haver a compatibilidade de horários, isto é, os horários nem em parte poderão sobrepor-se, como por exemplo, nos períodos de 8 horas às 17 horas, e de 16 horas às 22 horas, em que há superposição no horário das 16 às 17 horas. Nesse caso, a acumulação é inconstitucional.

Observe-se que há também incompatibilidade de horários sempre que entre o término de um trabalho e o início de outro não houver tempo suficientemente grande para a locomoção de um local de trabalho para o outro. Assim, haverá incompatibilidade de horários se o término do horário de trabalho ocorre às 17 horas no Rio de Janeiro, e o início do outro acontece às 17:15 horas em Niterói, dada a insuficiência de tempo para a locomoção de uma para outra sede da prestação dos serviços.

São **hipóteses de permissividade**, *de acordo com o art. 37, XVI:*

a) a de dois cargos de professor;

b) a de um cargo de professor com outro, técnico ou científico;

c) e a de dois cargos ou empregos privativos de profissionais de saúde, com profissões regulamentadas.

O conceito de cargo técnico ou científico, devido a falta de precisão, tem provocado algumas dúvidas na Administração, porque a própria Constituição Federal não conceitua ou define cargo técnico ou científico. O ideal é que as leis instituidoras dos cargos, empregos e funções fixem da forma mais exata possível as suas definições, de modo que se possa verificar, com mais facilidade, se é possível ou não a acumulação.

O Decreto Federal nº 39.956, de 02/08/1954, no art. 3º, estabeleceu que, cargo técnico ou científico é aquele para cujo exercício seja indispensável e predominante a aplicação de conhecimentos científicos ou artísticos de nível superior de ensino. Considera-se também técnico ou científico: o cargo para cujo exercício seja exigida habilitação em curso legalmente classificado como técnico, de grau ou nível superior de ensino; e o cargo de direção privativo de membro do magistério, ou de ocupante de cargo técnico ou científico.

Também o Órgão Central do SIPEC, mediante a Orientação Normativa nº 43/79 firmou o seguinte entendimento: "Todo o cargo para cujo provimento se exija grau superior de escolaridade se inclui no conceito de Técnico-Científico a que alude a legislação concernente à acumulação".

Os cargos de *natureza técnica* são os que demonstram a necessidade de *conhecimentos técnicos* e *práticos* específicos para exercê-los[301].

299. Dallari, Adilson Abreu. *Regime Constitucional dos Servidores Públicos*, São Paulo: Revista dos Tribunais, p. 71.

300. Bastos, Celso Ribeiro. *Curso de Direito Administrativo*, São Paulo: Saraiva, 2005, p. 293.

301. A propósito: Recurso Ordinário em Mandado de Segurança. Constitucional. Acumulação de cargos

A este respeito, em página de inegável clareza, o pranteado Pontes de Miranda explica com precisão que exerce cargo técnico-científico aquele que, pela natureza do cargo, nele põe em prática métodos organizados, que se apóiam em conhecimentos científicos correspondentes.

Portanto, cargo técnico é aquele que requer uma habilitação legal para o seu exercício, ou seja, *exige conhecimentos profissionais especializados* para o seu desempenho, com a utilização de métodos organizados que dependem de conhecimento científico[302]. Contrapõe-se à noção de função *eminentemente burocrática e rotineira*, desenvolvida pelos cargos administrativos. Por exemplo, cargo de assistente administrativo não tem natureza técnica, não exigindo nenhuma formação específica para ser provido.

Para que um cargo tenha natureza técnica, é importante registrar que não é necessária a exigência de que seja de nível superior.

Conclui-se, assim, que cargo técnico ou científico é aquele para cujo exercício seja exigida habilitação em curso legalmente classificado como técnico, de grau ou nível superior de ensino.

Recentemente, a Quinta Turma do Superior Tribunal de Justiça (STJ) negou o recurso de uma professora estadual, impedida de acumular cargo com o de monitor educacional entendendo que as atribuições do cargo de monitor não preenchiam os requisitos de conhecimentos específicos, mas de natureza eminentemente burocrática, relacionados ao apoio à atividade pedagógica[303].

Vamos examinar, agora, a seguinte situação hipotética:

---

públicos. Professor e técnico judiciário. Impossibilidade. 1. A Constituição Federal vedou expressamente a acumulação de cargos públicos, admitindo-a apenas quando houver compatibilidade de horários, nas hipóteses de dois cargos de professor; de um cargo de professor e outro técnico ou científico; e de dois cargos privativos de profissionais de saúde. 2. E, para fins de acumulação, resta assentado no constructo doutrinário-jurisprudencial que cargo técnico é o que requer conhecimento específico na área de atuação do profissional. 3. Não é possível a acumulação dos cargos de professor e Técnico Judiciário, de nível médio, para o qual não se exige qualquer formação específica e cujas atribuições são de natureza eminentemente burocrática. 4. Precedentes. 5. Recurso improvido. (RMS nº 14.456/AM, Rel. Min. Hamilton Carvalhido, Sexta Turma). Recurso Ordinário em Mandado de Segurança. Constitucional. Administrativo. Servidor Público. Acumulação de cargos. Cargo técnico. Não demonstração. Impossibilidade. Recurso improvido. 1. O fato de o cargo ocupado exigir apenas nível médio de ensino, por si só, não exclui o caráter técnico da atividade, pois o texto constitucional não exige formação superior para tal caracterização, o que redundaria em intolerada interpretação extensiva, sendo imperiosa a comprovação de atribuições de natureza específica, não verificada na espécie, consoante documento de fls. 13, o qual evidencia que as atividades desempenhadas pela recorrente eram meramente burocráticas. 2. A recorrente não faz jus à acumulação de cargos públicos pretendida, apesar de aprovada em concurso público para ambos e serem compatíveis os horários, em razão da falta do requisito da tecnicidade do cargo ocupado, não merecendo reforma o acórdão vergastado. 3. Precedentes. 4. Recurso ordinário em mandado de segurança improvido. (RMS nº 12.352/DF, Rel. Min. Hélio Quaglia Barbosa, Sexta Turma).

302. Constitucional. Administrativo. Recurso Ordinário em Mandado de Segurança. Acumulação de cargos públicos. Professor e monitor educacional. Impossibilidade. Recurso improvido. 1. Havendo compatibilidade de horários, é permitida a acumulação remunerada de um cargo de professor com outro técnico ou científico, nos termos do art. 37, inc. XVI, letra *b*, da Constituição Federal. 2. As atribuições do cargo de Monitor Educacional são de natureza eminentemente burocrática, relacionadas ao apoio à atividade pedagógica. Não se confundem com as de professor. De outra parte, não exigem nenhum conhecimento técnico ou habilitação específica, razão pela qual é vedada sua acumulação com o cargo de professor. 3. Recurso ordinário improvido. (STJ, RMS nº 22.835/AM, Rel. Min. Arnaldo Esteves Lima).

303. No âmbito do STJ, a questão foi decidida por ocasião do julgamento do RMS nº 22835, em 17/03/2008.

O jovem e esforçado LICÍNIUS, graduando em Administração de Empresas, presta difícil concurso público para ingresso no cargo de Técnico de Planejamento e Administração da ANAC (Agência Nacional de Aviação Civil). Em seu concurso, fora exigido nível superior em qualquer área de formação. Vencida tal etapa de sua vida, LICÍNIUS prossegue no seu maior desiderato: o de ser professor. Para tanto, desenvolve brilhante dissertação de mestrado relacionada com a administração da infraestrutura aeroportuária, aprofundando-se ainda mais e, posteriormente, em tese de doutorado, obtendo assim, com louvor, o respectivo grau. Já maduro, LICÍNIUS resolve prestar concurso público para Universidade de Brasília, para o cargo de professor titular. Mais uma vez, o agente obtém a aprovação, ingressando na carreira e passando a exercer os dois cargos cumulativamente. Esta situação não é bem recebida por SIGÔNIUS, analista do TCU, que emana parecer qualificando o fato como acumulação ilícita de cargos públicos, vedada pelo art. 37, IX, da Constituição Federal. Seu parecer é acolhido pela Corte, que emana acórdão com determinação para que a ANAC deflagre processo administrativo disciplinar em ordem a que, se não comprovada má-fe, o funcionário faça a respectiva opção. Em sua defesa, LICÍNIUS alega que a Constituição permite a acumulação de um cargo técnico-científico e um cargo de professor (art. 37). Ora, o nome do seu cargo na ANAC é "**Técnico** de Planejamento e Administração"!! Sustenta, ainda, que não há conflito de horários, pois só ministra aulas na parte da noite. E não é só: existe interesse público na interação entre o meio acadêmico e a administração autárquica, o que beneficia tanto o serviço quanto o ensino público e que seria um absurdo (e uma afronta aos princípios da razoabilidade e eficiência) forçar o agente a renunciar a um dos cargos. Sensível aos fatos expostos na defesa, a autoridade que preside a apuração determina a remessa dos autos para ouvir você, procurador federal lotado na ANAC. Como você se pronunciaria?

Em que pese a louvável trajetória de vida do servidor interessado, a questão deve ser analisada sob o aspecto estritamente técnico. O ponto nodal da questão reside na definição do que vem a ser "cargo técnico", nos termos do art. 37, da Constituição Federal. Na hipótese dos autos, o cargo titularizado pelo agente público leva o *nomem iuris* de "**Técnico**". Entretanto, verifica-se que referido cargo tem por conteúdo funções que não exigem *expertise* em área específica da ciência. Ao contrário, aludido cargo pode ser exercido por qualquer agente com nível superior completo. Nesse sentido, o exame da matéria pressupõe associação dos requisitos de formação com o conjunto de atribuições. Se o correto exercício destas últimas não demanda conhecimento, aplicação e domínio sobre matéria para cujo trato se exija nível superior específico, não se tratará da função técnica referida pelo texto constitucional.

Com o fito de ilustrarmos a definição acima proposta, colacionamos a seguinte transcrição do instrumento intitulado "MANUAL DE ACUMULAÇÃO DE CARGOS", expedido pelo Estado de São Paulo:

Definição de cargo, emprego e função técnica.

Considera-se cargo, emprego e função técnica ou científica aquela que exige, para seu exercício, conhecimentos específicos de nível superior ou profissionalizante correspondente ao segundo grau de ensino (*Vide* Anexo B).

ATENÇÃO
A simples denominação de "técnico" ou "científico" não caracterizará como tal o cargo, emprego ou função pública que não satisfizer a exigência mencionada na definição acima.

Corroborando ainda a definição acima, colacionamos a jurisprudência abaixo:

> Constitucional – Administrativo – Recurso Ordinário em Mandado de Segurança – Servidor Público do Distrito Federal – Acumulação de cargos – Fiscal de Concessões com Professor de Fundação – Impossibilidade – Inexistência do caráter técnico/científico – Vedação do Art. 37, XVI, da CF.
> 1 – As atribuições do cargo de Fiscal de Concessões e Permissões do Distrito Federal ("autuar veículos e motoristas em situação irregular; realizar vistorias; participar de operações especiais de controle de segurança de trânsito e preparar relatórios de ocorrências"), não exigem discernimentos técnicos, científicos ou artísticos, mas tão somente conhecimentos burocráticos regulamentados pela própria Administração, sem qualquer outra complexidade. Inteligência do Decreto nº 35.966/54 c/c Resolução nº 13/90.
> 2 – Desta forma, no caso concreto, fica afastada a possibilidade de cumulação do cargo de Professor da Fundação Educacional do Distrito Federal com o de Fiscal de Concessões e Permissões do quadro de pessoal, também do Distrito Federal, já que este último não tem natureza técnica ou científica capaz de excepcionar a cumulação constitucional, nos moldes do que dispõe o art. 37, inciso XVI, *b*, da Constituição Federal, apesar da compatibilidade de horários entre os dois cargos.
> 3 – Precedente (RMS nº 7.006/DF).
> 4 – Recurso conhecido, porém, desprovido. (STJ, RMS nº 7.216/DF, 5ª Turma, Rel. Min. Jorge Scartezzini, *DJ*, 13/11/2008)

No tocante à possibilidade de acumulação de dois cargos de professor, prevista no art. 37, XVI, *a*, é importante observar que o Texto Constitucional se refere estritamente a cargo de "professor", e não de "magistério". Pode-se dizer que o magistério é um gênero, do qual professor é espécie. O exercício do magistério compreende, além da função de ministrar aulas, também a orientação, supervisão ou direção, administrativa ou técnica, de estabelecimentos de ensino.

Não estão, porém, os professores proibidos de cumular uma função de professor com outra de magistério que não essa, dado que também é permitida a acumulação de cargo de professor com outro, técnico ou científico, pela alínea *b*, do inciso XVI, do art. 37. O que não é possível é a acumulação de duas funções de magistério que não sejam de professor.

A hipótese de acumulação de dois cargos ou empregos privativos de profissionais de saúde, com profissões regulamentadas, foi dada pela Emenda Constitucional nº 34/2001. Anteriormente a ela só era permitido a acumulação de dois cargos privativos de médico[304].

304. Constitucional e administrativo – Servidor Público – Acumulação de cargos – Proibição. 1. A permissão para acumular cargos públicos não pode exceder os limites previstos na Constituição Federal. Assim, é vedado o exercício simultâneo dos cargos de Médico Veterinário, com o de Perito Criminal, mormente, em se considerando que, na espécie, o cargo de perito criminal não é privativo de médico, abrangendo também outras especialidades. Cargo privativo de médico no campo da perícia criminal é o de médico legista, este sim, acumulável, nos termos do art. 37, XVI, alínea *c*, da *Lex Mater*. 2. Recurso desprovido. (STJ, ROMS nº 8253/RJ, (199700084094), Sexta

Insta registrar que o dispositivo constitucional que faz menção aos *profissionais da área de saúde* foi alterado por recente Emenda, já que antes a Constituição se referia a apenas dois cargos privativos de médicos. Além disso, é de ressaltar também que, embora não haja expressa previsão na Constituição da República, o cargo de Assistente Social se encaixa nesta categoria de profissionais de saúde a que faz alusão a *exceptio* contida no art. 37, inciso XVI, alínea *c*, a seguir transcritos:

> *Art. 37. (...)*
>
> *XVI – É vedada a acumulação remunerada de cargos públicos, exceto, quando houver compatibilidade de horários, observado em qualquer caso o disposto no inciso XI:*
>
> *(...)*
>
> *c) a de dois cargos ou empregos privativos de profissionais de saúde, com profissões regulamentadas. (Alínea* c *com redação determinada pela EC nº 34, de 13/12/2001.*

Não obstante, ainda se pode constatar, na prática, que entes públicos desconhecem tal acepção, considerando acumulação ilegal o exercício de dois cargos de Serviço Social, mesmo sendo cumprida a exigência da compatibilidade de horário e a observância ao mandamento do inciso XI do mesmo art. 37 da Constituição Federal, do teto remuneratório constitucional.

Turma). Administrativo. Cumulação de duas pensões relativas a cargos de médico com uma pensão militar. Possibilidade. Descontos. Enriquecimento sem causa da União Federal. – Ação mandamental que objetiva a manutenção do pagamento de todas as quotas das pensões deixadas pelo seu ex-esposo, bem como que sejam sustados todos os descontos, não sendo obrigada, assim, a optar dentre as três pensões que recebe, duas relativas às matrículas no Ministério da Saúde, onde o instituidor exerceu o cargo de médico, e uma pensão militar, por ele ter sido oficial do Exército. – O não pagamento de todos os benefícios deixados pelo instituidor das pensões acarretaria uma situação de enriquecimento sem causa da União Federal, tendo em vista que todas as pensões são decorrentes de descontos mensais nos contracheques do servidor, que foram efetuados durante toda a sua vida funcional. – O art. 40, §§ 3º e 7º, da Constituição Federal, é autoaplicável, e expressamente dispõe sobre o direito do recebimento da pensão de maneira integral. – A jurisprudência tem admitido a cumulação da pensão militar com os proventos de cargos possíveis de cumulação, previstos no inciso XVI, do art. 37, da Constituição Federal, tendo em vista que a própria legislação militar, no art. 72, do Decreto nº 49.096/60, assim permite. – O inciso VIII, do art. 142, da Constituição Federal, dispôs quais incisos se aplicariam aos militares, dispensando-os da vedação do inciso XVI, do art. 37, não devendo ser dada interpretação com caráter restritivo de direitos. – Ressaltando o caráter alimentar do benefício, deverão ser devolvidos os valores que, porventura, foram descontados indevidamente. – Recurso provido. (TRF, 2ª Reg. AMS nº 39643/RJ (200102010134300), 1ª Turma, Rel. Des. Fed. Ricardo Regueira). "Constitucional, Administrativo e Processual Civil. (Médico legista e oficial médico da PM) Duplo Grau de Jurisdição e Recurso Voluntário. Policial Militar. Cumulação de Dois Cargos de Médico. Art. 37, XVI, CF/88. Possibilidade. Reintegração. Fazenda Pública. Ônus da Sucumbência. Honorários Advocatícios. 1 – A vedação de acumulação remunerada de cargos públicos é regra, a possibilidade, exceção. Os casos de acumulação contidos no inciso XVI do art. 37 da Constituição Federal devem ser interpretados restritivamente, o que inviabiliza qualquer tentativa de inclusão naquele rol outros ali não enumerados, como dos cargos ou empregos privativos de profissionais de saúde, com profissões regulamentadas. 2 – A presunção genérica e absoluta é a da igualdade, porque imposta pelo texto da Constituição, sob pena de incompatibilidade com o preceito igualitário. Se a lei previu o direito para todos os que estivessem em tal ou qual situação fática, o direito é extensivo a todos e não a uma categoria exclusivamente. 3 – A CF/88 não limita a carga horária a ser desenvolvida pelos servidores públicos, mas somente se refere à impossibilidade de haver incompatibilidade de horário. 4 – A exoneração ou demissão, decorrente de ato ilegal, não produz qualquer efeito jurídico, implicando no retorno dos servidores ao *status quo ante*, obrigada a fonte pagadora ao pagamento dos vencimentos correspondentes e não percebidos devido ao procedimento ilegal da administração, que não se pode convalidar também no campo patrimonial. 5 – Vencida a Fazenda Pública, deve ser condenada ao reembolso das custas processuais adiantadas pelo vencedor, bem assim honorários advocatícios, fixados com supedâneo no art. 20, § 4º, CPC. 6 – Apelo e remessa improvidos." (Duplo Grau de Jurisdição e Apelação Cível nº 14.420-7/195 (200700620839), de Goiânia.)

É o caso de uma demanda judicial entre servidora ocupante de cargo de Serviço Social da Secretaria Municipal de Saúde de Campos dos Goytacazes – UMS e a Prefeitura Municipal de Campos, onde a primeira impetrou ação de Mandado de Segurança contra ato do Prefeito daquela Municipalidade, argumentando que foi aprovada em concurso público para provimento do cargo de Assistente Social, e não foi investida sob a alegação de que este ato implicaria em acumulação ilegal. Segue a Ementa:

> Apelação Cível. Mandado de Segurança.
>
> Ação de Mandado de Segurança – Concurso público para o cargo de assistente social – Convocação e nomeação dentro do prazo de validade do concurso. Acumulação de cargos.
>
> A Constituição Federal, no art. 37, inciso XVI, alínea *c*, expressamente permite a acumulação remunerada de dois cargos públicos ou empregos privativos de profissionais de saúde, com profissões regulamentadas.
>
> O art. 17, § 2º do Ato das Disposições Constitucionais Transitórias assegura o exercício cumulativo de dois cargos ou empregos privativos de profissionais de saúde exercidos na administração pública direta ou indireta.
>
> No Estado do Rio de Janeiro, o § 2º do art. 11 do Ato das Disposições Constitucionais Transitórias considera cargos ou empregos de profissionais de saúde, dentre outros, o de assistente social.
>
> A Resolução nº 218, de 06 de março de 1997, do Conselho Nacional de Saúde também reconhece como profissionais de saúde de nível superior a categoria dos assistentes sociais. Compatibilidade de horários.
>
> Concessão da segurança.
>
> Julga-se procedente o pedido.

A autoridade caotora apontou preliminarmente pela impossibilidade jurídica do pedido, e no mérito, alegou a inexistência de direito líquido e certo, requisito constitucional este que se impõe como precedente para a obtenção de tutela jurisdicional pela via do mandado de segurança.

De acordo com seu fundamento, a falta de direito líquido e certo estaria relacionada à impossibilidade legal de acumulação do cargo de Assistente Social da área de educação com o cargo de Assistente Social da área de saúde.

Já o Relator do julgamento, em seu voto, acolhe de plano o entendimento de que há elementos que dão amparo à existência de direito líquido e certo da impetrante, tendo em vista a comprovação probatória de que foi regularmente aprovada em prova de concurso público, mas impedida de formalizar sua nomeação.

A seu favor, invoca a leitura da Constituição Federal, em seu art. 37, inciso XVI, alínea *c*, esta última com redação determinada pela EC nº 34/2001, o qual permite expressamente a acumulação de dois cargos públicos de profissionais privativos do setor de Saúde da Administração, não obstante estarem estes cargos em áreas diversas, como é o caso em tela.

Na sequência, a impetrante passa a elencar os fundamentos legais que respaldam sua demanda, iniciando com o art. 17, § 2º, do Ato das Disposições Constitucionais Transitórias da CF/1988, o qual assegura o exercício cumulativo de dois cargos ou empregos privativos de profissionais de saúde, exercidos na administração direta ou indireta.

Cita que em âmbito estadual, a Constituição do Estado do Rio de Janeiro considera, em seu art. 11, § 2º, do ADCT, o cargo de Assistente Social como cargo ou emprego de profissionais de saúde, entre outros.

Por fim, faz alusão às Resoluções nºs 218/97 e 383/99, sendo a primeira do Conselho Nacional de Saúde e a segunda do Conselho Federal de Serviço Social, sendo certo que ambas consideram o assistente social profissional da área de saúde. Cita também que a profissão se encontra devidamente regulamentada pela Lei nº 8.662/1993, e que este entendimento encontra amplo amparo jurisprudencial[305].

Analisa o Relator a questão da compatibilidade de horários para a pretendida acumulação, pois que a impetrante desempenha a sua atual função na carga horária de 20 horas semanais, o que torna compatível com o exercício do segundo cargo de assistente social, que também requer a dedicação de 20 horas semanais, selando-se o requisito constitucional a este respeito.

---

305. "Mandado de Segurança. Assistente Social. Acumulação de cargos. Correta exegese da disposição constitucional acerca da possibilidade de acumulação. Enquadramento daquele cargo entre os profissionais de saúde. Procedência, em parte, do pedido. Efeitos somente a partir da posse, sob pena de configurar enriquecimento sem causa". (MS nº 2007.004.00727, Des. Carlos Eduardo Passos, j. 06/06/2007, Segunda Câmara Cível.) "Apelação cível. Obrigação de fazer. Procedimento ordinário. Acumulação de cargo público por assistente social. Área de saúde. Art. 37, inciso XVI, alínea 'c', da Constituição da República c/c Art. 11, § 2º, do Ato das Disposições Constitucionais Transitórias da Constituição do Estado do Rio de Janeiro. Possibilidade. Pacífico o entendimento desta Corte no sentido de que a profissão de assistente social presta um serviço de saúde, estando devidamente regulamentada, podendo acumular dois cargos públicos. Sentença que bem aplicou o direito ao caso concreto. Desprovimento do recurso, mantendo-se a sentença, também, em reexame necessário." (Ap. Cível nº 2006.001.51594, Des. Paulo Sergio Prestes, j. 24/01/2007. Décima Primeira Câmara Cível.) "Direito Administrativo. Mandado de Segurança. Acumulação de cargos ocupados por assistentes sociais. Possibilidade nos termos da redação conferida pela Emenda Constitucional 34/2001 à alínea *c* do inciso XVI do art. 37 da CRF e § 2º do art. 11 do Ato das Disposições Transitórias da Constituição deste Estado. Concessão da segurança." (MS nº 2006.004.00360 – Des. Marilene Melo Alves, j. 17/01/2007. Décima Primeira Câmara Cível.) "Mandado de Segurança. Acumulação de dois cargos de assistentes sociais. Possibilidade. Aplicação do Art. 37, XVI, c da Cf de 1988, com a redação conferida pela EC 34/2001. Os assistentes sociais são reconhecidos como profissionais de saúde pelas resoluções nº 38, de 04/02/1993 e nº 218 de 06/03/1997 do Conselho Nacional de Saúde, na esteira da jurisprudência firmada na vigência da norma contida no Art. 17, § 2º, da ADCT, que possuía a mesma redação do atual Art. 37, XVI, da CRBF. Existindo compatibilidade de horários, é admissível a acumulação, ainda que para atuação em funções de áreas diversas da administração municipal. No entanto, é incabível a produção de efeitos patrimoniais, em sede de mandado de segurança, no tocante a período pretérito, os quais devem ser reclamados pela via judicial própria. Enunciado 271 da Súmula do STF. Concessão parcial da segurança." (MS nº 2006.004.00359, Des. Luis Felipe Salomão, j. 05/09/2006 – Sexta Câmara Cível.) "Aprovação em concurso público. Assistente social. Acumulação de cargos. Possibilidade. Compatibilidade de horários. Mandado de Segurança. Impetrantes aprovadas e classificadas no Concurso Público para o cargo ou emprego público de Assistente Social realizado pelo Município de Campos dos Goytacazes. Impedimento em obter os contratos de admissão na função pública para a qual encontram-se habilitadas, ao argumento de impossibilidade de acumulação legal nas funções de Assistente Social. Rejeição da preliminar de ilegitimidade passiva, por ser o Exmo. Sr. Prefeito do Município a autoridade coautora, conforme justificam os documentos apresentados. Inocorrência de alegada litispendência, por estar em curso outro Mandado de Segurança, de natureza coletiva, proposto pelo Conselho Regional de Serviço Social da 7ª Região, o que não impede a postulação do direito individual, pelo interessado determinado. Questões prévias, afastadas. No mérito, o *writ* pode ser concedido, com sentido parcial, pois há de ser reconhecido o direito das Impetrantes, habilitadas no Concurso Público e classificadas, à investidura regular no cargo ou emprego público de Assistente Social Municipal, mesmo acumulando outro de igual qualificação, pois são "profissionais de saúde", à justificação da Lei 8.662/93 e das Resoluções 38 e 218 do Conselho Nacional de Saúde, à luz do disposto no art. 37, XVI, *c*, da Constituição Federal, se ocorrer hipótese de "possibilidade horária para a acumulação dos dois cargos ou empregos públicos". Concessão da ordem de sentido parcial, pois sem eficácia retroativa e por depender, a cumulação lícita, da demonstração da 'compatibilidade de horários.'" (MS nº 2005.004.01130, Des. Ronald Valladares, j. 14/02/2006, Décima Sexta Câmara Cível.)

E ao ratificar o Relator a aprovação e classificação em concurso público, cuja posse foi negada tão somente pela alegação da ilegalidade de acumulação, passa a ponderar que não há por que negar o pedido da autora, por restar comprovado o seu direito de acumular os dois cargos de assistente social, com base nos parâmetros legais vigentes. Sendo assim, concede a segurança à impetrante.

Outros casos de permissibilidade são previstos na Constituição Federal. O art. 95, parágrafo único, veda aos juízes "*exercer, ainda que em disponibilidade, outro cargo ou função, salvo uma de magistério*". E o art. 128, § 5º, II, *d*, que veda também aos membros do Ministério Público "*exercer, ainda que em disponibilidade, qualquer outra função pública, salvo uma de magistério*". A norma é mais restritiva para o juiz do que para o membro do Ministério Público, pois que poderão ser acumulados legalmente: o cargo de juiz e um cargo ou função de magistério, enquanto o membro do Ministério Público poderá ocupar seu cargo e outra função de magistério[306].

A Constituição Federal, no art. 38, III, também admite a possibilidade do servidor investido em mandato de Vereador continuar no exercício de seu cargo, emprego ou função, desde que haja compatibilidade de horários, hipótese em que perceberá as vantagens correspondentes a sua condição de servidor e vereador.

Outras situações de permissibilidade de acumulação encontram-se no art. 17 do Ato das Disposições Constitucionais Transitórias.

O § 2º desse artigo assegurou aos que, ao tempo da Carta de 1967, cumulavam inconstitucionalmente dois cargos privativos de profissionais de saúde (não dois cargos de médico, pois isto a Constituição de 1988 em sua redação original já havia permitido), o direito de protraírem tal inconstitucionalidade perante a Constituição da República de 1988.

As acumulações são de, no máximo, dois cargos, empregos ou funções públicas. Todavia, existe uma única acumulação tríplice que está consignada no art. 17, § 1º, das Disposições Transitórias.

Oportuna é a observação que se faz a quem é detentor de um cargo público, que poderá participar, ao mesmo tempo, de um novo concurso público e, logrando êxito, terá o direito de acesso ao estágio experimental, a não ser por impossibilidade física, não se configurando a acumulação ilegal de cargo e função pública, nos termos do art. 37, incisos XVI e XVII, da Carta Magna, isto porque o estágio experimental é uma das fases do certame que procede à plena capacidade para o exercício da função. Logo, ainda não há configuração de acumulação de cargos públicos.

Tal norma assegura ao médico militar (servidor militar) o direito de acumular dois outros cargos ou empregos privativos de médico na Administração Pública Direta ou Indireta (situação considerada inconstitucional perante a Carta da República anterior), desde que seja observada a compatibilidade de horários.

306. É pertinente a observação de Gustavo Barchet de que apesar de a Constituição valer-se da expressão pública quando prescreve a regra de acumulação para o MP, referindo-se genericamente a magistério quando trata dos magistrados, o STF deixou assente que a regra é idêntica para as duas categorias: membros do MP e magistrados podem exercer uma função pública de magistério e outras de mesma natureza na iniciativa privada, desde que haja compatibilidade de horários. Pode um magistrado, por exemplo, acumular seu cargo vitalício com um cargo público de magistério em uma universidade federal e um emprego de professor em uma faculdade privada, desde que haja compatibilidade de horários (*Lei nº 8.112/1990 para Concursos*, Elsevier, 2008, p. 90).

Importante registrar, ainda, que não há permissão de acumulação do cargo de magistério como o de policial militar. Vê-se que esta permissão não foi recepcionada pela Constituição, de sorte que acumulação, na hipótese enfocada, revela-se incontestavelmente ilegal, em afronta a preceito constitucional, e será *ex officio*, submetida a processo administrativo.

A simples notificação para realizar a opção pelo cargo/emprego diante da proibição de acumulação de cargos na Administração Pública não configura punição nem obrigatoriamente importará em processo administrativo, que somente ocorrerá caso o servidor não faça a opção pela remuneração de um dos cargos, estando de boa-fé.

Insta acentuar que o não cumprimento à determinação *supra* implicará abertura de processo administrativo disciplinar, com arrimo nos arts. 118 e 133 da Lei nº 8.112/1990.

O fato de responder a uma sindicância que, afinal, foi arquivada, sem qualquer prejuízo ao servidor público, não dá ensejo a acolhimento de pedido de indenização por danos morais. Não há falar em litigância de má-fé se a parte, usando de um direito constitucional que tem, busca na Justiça a defesa de seus interesses, respeitando os princípios estabelecidos no estatuto processual civil.

Fixou-se a possibilidade do servidor licenciado, para tratar de assuntos particulares, acumular outro cargo, emprego ou função pública. Isso se a acumulação se cuidar em entidades diferentes. Com efeito, esse servidor licenciado, ainda que se pudesse assegurar que acumula cargo, emprego ou função pública, não acumula, certamente, remunerações. Todavia, se o servidor licenciado vier a ocupar cargo na entidade da qual se licenciou, a acumulação será vedada, não, evidentemente, porque acumula remunerações, mas porque tal situação afronta o princípio da moralidade administrativa.

A hipótese do servidor encontrar-se licenciado para tratar de interesses particulares não descaracteriza o seu vínculo jurídico. Portanto, o fato do servidor licenciar-se, sem vencimentos, do cargo público ou emprego que exerça em órgão ou entidade da administração direta ou indireta não o habilita a tomar posse em outro cargo ou emprego público, sem incidir no exercício cumulativo vedado pela Constituição Federal, pois que o instituto da acumulação de cargos se dirige à titularidade de cargos, empregos e funções públicas, e não apenas à percepção de vantagens pecuniárias.

Com relação à nomeação em função comissionada de servidores aposentados compulsoriamente aos 70 anos de idade, com base no art. 40, § 1º, inciso II, da Constituição Federal, vale ressaltar que o art. 37, § 10, da CF, com a redação dada pela Emenda Constitucional nº 20/1998, permite a acumulação de proventos de aposentadoria, o que inclui a compulsória.

Ademais, a aposentadoria compulsória por implemento de idade não deriva de presunção absoluta de incapacidade, mas da necessidade de se renovarem os quadros.

Compelir o servidor ocupante de cargo em comissão a aposentar-se aos 70 anos vai contra a essência da natureza dessa peculiar forma de provimento, calcada, primacialmente, no liame de confiança que junge o servidor à autoridade que o investe no cargo.

Hipótese proibitiva seria a acumulação de proventos de aposentadoria por invalidez com a remuneração do exercício do cargo em comissão, pois, aí, estaria ferindo à moralidade pública, porque a aposentadoria por invalidez, no tocante ao fato motivador, tem o impedimento ao trabalho, ligado à saúde do servidor, enquanto os demais tipos de aposentadoria têm, como motivação, o tempo.

Em qualquer hipótese em que a acumulação é permitida há de ser atendido o disposto no inciso XI do art. 37 da Constituição Federal, que estabelece que:

> a remuneração e o subsídio dos ocupantes de cargos, funções e empregos públicos da administração direta, autárquica e fundacional, dos membros de qualquer dos Poderes da União, dos Estados, do Distrito Federal e dos Municípios, dos detentores de mandato eletivo e dos demais agentes políticos e os proventos, pensões ou outra espécie remuneratória, percebidos cumulativamente ou não, incluídas as vantagens pessoais ou de qualquer outra natureza, não poderão exceder o subsídio mensal, em espécie, dos Ministros do Supremo Tribunal Federal.

Para as situações novas essa regra não oferece qualquer preocupação, pois o somatório das acumulações permitidas está rigorosamente limitado por esse teto, sendo sua aplicação imediata. O mesmo não ocorre, todavia, quando o somatório das acumulações permitidas já ultrapassava esse teto. Nesse caso, entendemos haver direito adquirido e a Emenda Constitucional nº 19/1998 não pode ofendê-lo, devendo, assim, continuar a ser pagos.

Questão que suscitava controvérsia era concernente à possibilidade, ou não, de acumulação remunerada de proventos da aposentadoria com vencimentos de cargo, emprego ou função pública. A razão da controvérsia consistia no silêncio da Constituição a respeito dessa hipótese, contrariamente à Constituição de 1967, com a Emenda nº 1/1969, que expressamente vedava a acumulação com algumas exceções de permissividade.

A Reforma Previdenciária implantada pela Emenda Constitucional nº 20/1998 acrescentou o § 10 ao art. 37, consagrando aquilo que já era entendimento do Supremo Tribunal Federal e que constava da Lei nº 8.112/1990, com a redação dada pela Lei nº 9.527/1997. O dispositivo veio tornar expressa a vedação de percepção simultânea de proventos de aposentadoria decorrentes do art. 40 (servidores civis), do art. 42 (servidores militares dos Estados, Distrito Federal e Territórios) e do art. 142 (servidores militares das Forças Armadas) com a remuneração de cargo, emprego ou função pública, ressalvados os cargos acumuláveis na forma da Constituição, os cargos eletivos e os cargos em comissão declarados em lei de livre exoneração.

Fica, portanto, vedada a acumulação de proventos de aposentadoria com a remuneração de outro cargo efetivo, salvo naqueles casos em que a própria Constituição admite a acumulação.

No entanto, a Emenda Constitucional nº 20/1998 resguardou, no art. 11, os direitos dos que já vinham acumulando proventos com vencimentos de outro cargo efetivo, apenas proibindo que percebam duas aposentadorias com base no art. 40 da Constituição e impondo o teto salarial previsto no art. 37, XI, à soma dos proventos com os vencimentos do cargo.

A Emenda Constitucional 20/1998, em seu art. 11, criou uma autêntica anistia às acumulações ilícitas, vedando a percepção simultânea de provimentos de aposentadoria com a remuneração de cargo, emprego ou função pública, ressalvados os cargos acumuláveis, não se aplicando, porém, aos membros de poder e aos inativos, servidores e militares, que até 15/12/1998, data da referida Emenda, tivessem ingressado no serviço público por concurso público, sendo-lhes proibida a percepção de mais de uma aposentadoria pelo regime de previdência a que se refere o art. 40 da Lei Maior. Consequentemente, só poderá permanecer, no segundo cargo, tão somente ao atingir a idade-limite no serviço público. Logo, não fará jus mais uma nova aposentadoria, quando se tratar de cargos inacumuláveis.

Quanto à acumulação de mais de uma aposentadoria, somente é possível nos casos em que o servidor esteve, em atividade, em situação de acumulação lícita. É o que consta expressamente do art. 40, § 6º. Nesse caso, a soma dos proventos está sujeita ao teto previsto no art. 37, XI. A norma já decorria desse dispositivo, na redação dada pela Emenda Constitucional nº 19/1998, mas foi repetida no § 11 do art. 40, introduzido pela Emenda Constitucional nº 20/1998.

Se o servidor acumula remuneradamente cargos, empregos ou funções públicas, a sua situação encerra violação ao estatuto constitucional.

A Lei nº 8.112/1990, pertinente aos servidores públicos federais, estatui que no caso de ser provada a boa-fé do servidor na acumulação ilegal, o servidor poderá optar por um dos cargos; todavia, se a situação de acumulação ilegal decorrer de má-fé do servidor, este perderá ambos os cargos. Se o outro cargo integrar entidade federativa diversa, esta será comunicada da demissão do servidor.

2. ACUMULAÇÃO REMUNERADA DE MILITAR

Em princípio, o assunto em epígrafe parece não despertar maior interesse, tampouco ser objeto de alguma indagação ou dúvida, uma vez que militar é militar e ponto final. Todavia, ao analisarmos mais detidamente a legislação vigente, constataremos que há sim controvérsias sobre o tema. A vedação à acumulação remunerada de cargos públicos vem desde a época do Império, e também sofria restrições na vigência da Carta anterior (67/69) e de igual modo na Constituição atual. A vedação de acumulação remunerada de cargos públicos, portanto, é a regra. A possibilidade é a exceção. Por isso, os casos de acumulação contidos no inciso XVI do art. 37 da Constituição Federal devem ser interpretados restritivamente, o que inviabiliza qualquer tentativa de incluirmos no rol de cargos passíveis de acumulação outros que não aqueles ali enumerados. Quais sejam: dois cargos de professor; um cargo de professor com outro técnico ou científico; e dois cargos ou empregos privativos de profissionais de saúde, com profissões regulamentadas.

A Lei nº 6.880, de 9 de dezembro de 1980, que dispõe sobre o Estatuto dos Militares, impõe aos integrantes das carreiras militares (federais) o caráter de dedicação exclusiva ao que denomina de *atividade militar*:

> *Art. 5º A carreira militar é caracterizada por atividade continuada e inteiramente devotada às finalidades precípuas das Forças Armadas, denominada* ***atividade militar****.*

Ocorre que a norma, no § 3º de seu art. 29, abre uma exceção à dedicação exclusiva no caso dos médicos militares:

> *Art. 29. (...)*
>
> *§ 3º No intuito de desenvolver a prática profissional, é permitido aos oficiais titulares dos Quadros ou Serviços de Saúde e de Veterinária o exercício de atividade técnico-profissional, no meio civil, desde que tal prática não prejudique o serviço e não infrinja o disposto neste artigo.*

Explica-se a ressalva, uma vez que as ocorrências médicas nas organizações militares, em tempo de paz, costumam ser de baixa complexidade e a continuidade do profissional de saúde por longo tempo em tais condições acabaria por resultar na perda de sua proficiência nas atividades que são de sua competência. De qualquer forma, abre-se uma exceção, uma prerrogativa para um segmento da categoria militar, o que se constitui em discriminação de direitos e, merece ser destacado em face de sua importância nos dias hoje, de remuneração. Merece atenção também o fato de que a norma não faz qualquer restrição a respeito da compatibilidade de horários, como seria de se esperar em uma atividade cuja regra é a dedicação exclusiva. Por outro lado, a simples existência dessa exceção rompe com o entendimento radical de que qualquer flexibilização na dedicação exclusiva exigida dos integrantes das Forças Armadas resultaria na ruína operacional dessas instituições.

No entanto, esse entendimento peculiar das Forças Armadas não ficou restrito às instituições que a compõem, uma vez que, ainda no decurso do regime militar, a tese da dedicação exclusiva foi estendida às instituições militares estaduais (as Polícias Militares e os Corpos de Bombeiros Militares), com a edição do Decreto nº 88.777, de 30 de setembro de 1983, (R-200), que aprova o Regulamento para as polícias militares e corpos de bombeiros militares, dispondo:

> *Art. 16. A carreira policial-militar é caracterizada por atividade continuada e inteiramente devotada às finalidades precípuas das Polícias Militares, denominada* ***Atividade Policial-Militar****.*

Ressalta-se a semelhança de redação entre essa disposição do R-200 e o art. 5º do Estatuto dos Militares, o que demonstra que uma foi inspirada na outra. O texto constitucional vigente dispõe, sobre os princípios e diretrizes aplicáveis à administração pública, inclusive aos seus integrantes, sem distinção entre civis e militares:

> *Art. 37. A administração pública direta e indireta de qualquer dos Poderes da União, dos Estados, do Distrito Federal e dos Municípios obedecerá aos princípios de legalidade, impessoalidade, moralidade, publicidade e eficiência e, também, ao seguinte:*
>
> *(...)*
>
> *XI – a remuneração e o subsídio dos ocupantes de cargos, funções e empregos públicos da administração direta, autárquica e fundacional, dos membros de qualquer dos Poderes da União, dos Estados, do Distrito Federal e dos Municípios, dos detentores de mandato eletivo e dos demais agentes políticos e os proventos, pensões ou outra espécie remuneratória, percebidos cumulativamente ou não, incluídas as vantagens pessoais ou de qualquer outra natureza, não poderão exceder o subsídio mensal, em espécie, dos Ministros do Supremo Tribunal Federal (...)*
>
> *(...)*
>
> *XVI – é vedada acumulação remunerada de cargos públicos, exceto, quando houver compatibilidade de horários, observado em qualquer caso o disposto no inciso XI:*
>
> *a) a de dois cargos de professor;*
>
> *b) a de um cargo de professor com outro, técnico ou científico;*
>
> *c) a de dois cargos ou empregos privativos de profissionais de saúde, com profissões regulamentadas;*

Como se vê, no que se refere à acumulação remunerada de cargos e empregos públicos a regra geral é a vedação. No entanto, excepcionam-se os casos expressamente enumerados, desde que haja compatibilidade de horários. Atente-se novamente que as disposições gerais constantes dos arts. 37 e 38 não fazem distinção entre funcionários civis ou militares. Ao tratar dos servidores públicos civis nos arts. 39, 40 e 41, o texto constitucional silencia quanto à aplicação do disposto no inciso XVI, do art. 37, levando a presumir que a competência para tal foi remetida para a legislação infraconstitucional. Efetivamente, a Lei nº 8.112 (Regime Jurídico Único), de 11 de dezembro de 1990, que "dispõe sobre o Regime Jurídico dos Servidores Públicos Civis da União, das autarquias e das fundações públicas federais", assume o encargo de regulamentar a disposição constitucional a respeito da acumulação remunerada de cargos.

> *Art. 118. Ressalvados os casos previstos na Constituição, é vedada a acumulação remunerada de cargos públicos.*
>
> *§ 1º A proibição de acumular estende-se a cargos, empregos e funções em autarquias, fundações públicas, empresas públicas, sociedades de economia mista da União, do Distrito Federal, dos Estados, dos Territórios e dos Municípios.*
>
> *§ 2º A acumulação de cargos, ainda que lícita, fica condicionada à comprovação da compatibilidade de horários.*

Quando trata especificamente dos militares estaduais, o texto constitucional preceitua:

> *Art. 42. Os membros das Polícias Militares e Corpos de Bombeiros Militares, instituições organizadas com base na hierarquia e disciplina, são militares dos Estados, do Distrito Federal e dos Territórios.*
>
> *§ 1º Aplicam-se aos militares dos Estados, do Distrito Federal e dos Territórios, além do que vier a ser fixado em lei, as disposições do art. 14, § 8º; do art. 40, § 9º; e do art. 142, §§ 2º e 3º, cabendo a lei estadual específica dispor sobre as matérias do art. 142, § 3º, X, sendo as patentes dos oficiais conferidas pelos respectivos governadores.*
>
> *§ 2º Aos pensionistas dos militares dos Estados, do Distrito Federal e dos Territórios aplica-se o que for fixado em lei específica do respectivo ente estatal.*

A seu turno, o art. 142, que trata dos militares das Forças Armadas, estabelece:

> *Art. 142. (...)*
>
> *§ 2º Não caberá* habeas corpus *em relação a punições disciplinares militares.*
>
> *§ 3º Os membros das Forças Armadas são denominados militares, aplicando-se-lhes, além das que vierem a ser fixadas em lei, as seguintes disposições:*
>
> *I – as patentes, com prerrogativas, direitos e deveres a elas inerentes, são conferidas pelo Presidente da República e asseguradas em plenitude aos oficiais da ativa, da reserva ou reformados, sendo-lhes privativos os títulos e postos militares e, juntamente com os demais membros, o uso dos uniformes das Forças Armadas;*
>
> *II – o militar em atividade que tomar posse em cargo ou emprego público civil permanente será transferido para a reserva, nos termos da lei;*
>
> *III – o militar da ativa que, de acordo com a lei, tomar posse em cargo, emprego ou função pública civil temporária, não eletiva, ainda que da administração indireta, ficará agregado ao respectivo quadro e somente poderá, enquanto permanecer nessa situação, ser promovido por antiguidade, contando-se-lhe o tempo de serviço apenas para aquela promoção e transferência para a reserva, sendo depois de 2 (dois) anos de afastamento, contínuos ou não, transferido para a reserva, nos termos da lei;*
>
> *IV – ao militar são proibidas a sindicalização e a greve;*
>
> *V – o militar, enquanto em serviço ativo, não pode estar filiado a partidos políticos;*
>
> *VI – o oficial só perderá o posto e a patente se for julgado indigno do oficialato ou com ele*

incompatível, por decisão de tribunal militar de caráter permanente, em tempo de paz, ou de tribunal especial, em tempo de guerra;

VII – o oficial condenado na justiça comum ou militar a pena privativa de liberdade superior a 2 (dois) anos, por sentença transitada em julgado, será submetido ao julgamento previsto no inciso anterior;

VIII – aplica-se aos militares o disposto no art. 7º, VIII, XII, XVII, XVIII, XIX e XXV e no art. 37, XI, XIII, XIV e XV;

IX – (Revogado);

X – a lei disporá sobre o ingresso nas Forças Armadas, os limites de idade, a estabilidade e outras condições de transferência do militar para a inatividade, os direitos, os deveres, a remuneração, as prerrogativas e outras situações especiais dos militares, consideradas as peculiaridades de suas atividades, inclusive aquelas cumpridas por força de compromissos internacionais e de guerra. (grifos nossos)

Essa forma indireta de referir as disposições se explica pelo interesse das Forças Armadas em permanecer exercendo controle sobre o regime jurídico aplicável às Polícias Militares e Corpos de Bombeiros Militares.

Em outras palavras, preservando-se a redação do art. 42 como um reflexo do art. 142, assegura-se que as disposições aplicáveis aos militares estaduais sejam tão somente o que as Forças Armadas permitem que se aplique aos seus respectivos integrantes. A par disso, observe-se a ausência do inciso XVI do art. 37 no texto vigente do inciso VIII, do art. 142.

O que foi abordado até aqui não esgota o assunto. Há, na Constituição Federal, uma única possibilidade de o militar acumular cargos públicos remunerados.

Ressalte-se, ainda, que grande parte da Doutrina e da jurisprudência agasalham a tese da possibilidade de acumulação, nos dias de hoje, de cargo militar privativo de profissional da saúde com cargo civil também privativo de profissional da saúde, como se verifica nesta ementa:

> Constitucional, Administrativo e Processual Civil. Duplo Grau de Jurisdição e Recurso Voluntário. Policial Militar. Cumulação de Dois Cargos de Médico. Art. 37, XVI, CF/88. Possibilidade. Reintegração. Fazenda Pública. Ônus da Sucumbência. Honorários Advocatícios. 1 – A vedação de acumulação remunerada de cargos públicos é regra, a possibilidade, exceção. Os casos de acumulação contidos no inciso XVI do art. 37 da Constituição Federal devem ser interpretados restritivamente, o que inviabiliza qualquer tentativa de inclusão naquele rol outros ali não enumerados, como dos cargos ou empregos privativos de profissionais de saúde, com profissões regulamentadas. 2 – A presunção genérica e absoluta é a da igualdade, porque imposta pelo texto da Constituição, sob pena de incompatibilidade com o preceito igualitário. Se a lei previu o direito para todos os que estivessem em tal ou qual situação fática, o direito é extensivo a todos e não a uma categoria exclusivamente. 3 – A CF/88 não limita a carga horária a ser desenvolvida pelos servidores públicos, mas somente se refere à impossibilidade de haver incompatibilidade de horário. 4 – A exoneração ou demissão, decorrente de ato ilegal, não produz qualquer efeito jurídico, implicando no retorno dos servidores ao *status quo ante*, obrigada a fonte pagadora ao pagamento dos vencimentos correspondentes e não percebidos devido ao procedimento ilegal da administração, que não se pode convalidar também no campo patrimonial. 5 – Vencida a Fazenda Pública, deve

ser condenada ao reembolso das custas processuais adiantadas pelo vencedor, bem assim honorários advocatícios, fixados com supedâneo no art. 20, § 4º, CPC. 6 – Apelo e remessa improvidos. (Duplo Grau de Jurisdição e Apelação Cível nº 14.420-7/195 (200700620839), de Goiânia. Acórdão do último dia 21)

Há quem, contrariamente, parte da compatibilidade horizontal das normas constitucionais. Explica-se: há a norma do inciso II do § 3º do art. 142, acrescido pela EC nº 18/1998, que veda, expressamente, a cumulatividade de cargos públicos por parte dos militares. O que se aplica a todos os militares, pois, não há ali nenhuma exceção. Lembrando sempre que militares, conforme definição contida no § 3º do art. 142, são todos os integrantes das Forças Armadas. Assim, se o médico militar pertence às Forças Armadas, é ele, antes de mais nada, militar, sujeito, portanto, às regras do art. 142. Há, no caso, um aparente conflito entre as normas referidas. Aparente porque a regra do art. 17 do ADCT se aplica somente aos casos de acumulação efetivados antes da promulgação da CF, ou seja, cargos nos quais a posse se deu antes de 5 de outubro de 1988, uma vez que o dispositivo em análise se refere aos cargos que estejam sendo exercidos e não àqueles que vierem a ser exercidos. Logo, a regra inserida no ADCT teve o condão de convalidar as situações já consolidadas, mas não o de projetar esse direito excepcional para as situações futuras.

Entendemos que a restrição imposta no art. 142 § 3º, II, da Constituição da República não é taxativa, não podendo ser interpretada de forma absoluta.

Hipoteticamente, será permitido o exercício concomitante nos cargos integrantes do policial militar médico e enfermeiro de um determinado ente da federação?

Pelo texto da nossa Constituição, é, pela impossibilidade de remuneração remunerada de cargos públicos, a não ser as exceções elencadas no art. 37, XVI, ao trazerem as permissões passíveis de acumulação.

O art. 37, XVI, da Constituição, dentre as exceções, autoriza o acúmulo de dois cargos de profissionais de saúde com profissões regulamentadas e desde que haja compatibilidade de horário.

No tocante a essa questão, a nossa Constituição veda, terminantemente, em seu art. 142, § 3º, II, que "*o militar em atividade que tomar posse em cargo ou emprego público civil permanente será transferido para reserva, nos termos da lei*".

Questão que desperta interesse é que a restrição imposta no art. 142, § 3º, II, da Constituição deve ser interpretada conjuntamente com a exceção à possibilidade de acumulação de cargos, prevista no art. 37, XVI, alínea *c*, porque o médico-militar não exerce atividade de "militar", em sentido estrito, atuando, inquestionavelmente, como um autêntico profissional de saúde, pelo que não se aplica a este a vedação cuja intenção é garantir a dedicação exclusiva da atividade voltada para a defesa da pátria. Ademais, ante a existência de lei que regulamente a norma proibitiva, deve-se aplicar a regra geral e de aplicação imediata do art. 37, XVI, *c*.

Nessa linha, irrepreensivelmente lógica, a Constituição permite excepcionalmente aos servidores públicos a acumulação remunerada de dois cargos privativos de profissionais de saúde, inclusive a de enfermeiro, ainda que um deles seja nos quadros da carreira militar.

Ocorre que esta questão não é tão pacífica na prática diária e no mundo jurídico que nos cerca. Exemplo disso é o caso de um Recurso Extraordinário, interposto com fundamento no art. 102, III, *a*, da Constituição Federal, contra acórdão que entendeu não ser cabível o disposto do art. 17, § 2º, do ADCT da Carta Magna de 1988, à situação vivida pelos recorrentes, militares da área de saúde, que buscavam na Justiça o direito de acumular dois cargos públicos.

A seguir, a Ementa do RE julgado no Superior Tribunal de Justiça, que pelo voto do Relator, Gilmar Mendes, conheceu e deu provimento ao recurso, reformulando sentença monocrática e acórdão do TJMG contrários a esta decisão[307].

> Recurso Extraordinário. 2. Acumulaçao de cargos. Profissionais de saúde. Cargo na área militar e em outras entidades públicas. Possibilidade. Interpretação do Art. 17, § 2º, do ADCT. Precedente. 3. Recurso extraordinário conhecido e provido. (RE nº 182.811-1/BA, Rel. Des. Gilmar Mendes, 2ª Turma)

Em sede de Recurso Extraordinário, os recorrentes alegam a violação do art. 17, § 2º, do ADCT da Constituição Federal de 1988, sustentando que "com idêntica razão, não vale a referência ao § 1º, do mesmo art. 17, cuja interpretação não pode ir além de se observar que trata de situação específica de médico – sem interferência no caso – além de implicar em redundância da regra ampla do § 2º, de abrangência expressa e clara a 'dois cargos ou empregos privativos de saúde', se entendendo, assim, irrecusavelmente a servidores tanto civil quanto militares, em exceção transitória às regras gerais de ambos".

Submetido os autos à apreciação do Subprocurador da República, como de praxe, este se manifestou pelo não conhecimento do recurso, e teceu parecer com análise sobre o mérito, cuja questão principal atribuiu à interpretação do art. 17, § 2º, do ADCT/88, com os argumentos que se elencam a seguir:

> No mérito, a questão principal que se coloca é de interpretação do art. 17, § 2º, do ADCT/88.
>
> No § 1º, do citado dispositivo, tem-se, explicitamente, a permissão para que médicos militares acumulem dois cargos na administração pública direta ou indireta. Já no § 2º, a permissão é dada aos profissionais da área de saúde.
>
> E aí está a questão: essa regra é válida também para os militares, uma vez que o legislador constituinte não explicitou esse ponto, como o fez no § 1º?
>
> Realizando-se uma interpretação sistemática do texto chega-se à conclusão que, se o legislador pretendesse estender essa regra aos militares atuantes na área de saúde, teria o feito, a exemplo do § 1º, de modo explícito.
>
> Ademais, os militares são regidos por um estatuto próprio e, diante do silêncio da Carta Federal, ele é que deve ser observado.

Conforme se pode observar da leitura do parecer do Subprocurador da República Flávio Giron, acima transcrita, preferiu ele restringir a interpretação do aplicativo constitucional contido no art. 17, § 2º, do ADCT da CF/88, a dar uma interpretação mais

307. "Não vinga alegar-se o exercício de funções na *área de saúde* (dentista, enfermeiro e veterinário) e não de militar típico, pois o *art. 39, §3º, da Constituição Federal* determina que 'o servidor público militar será regido por estatuto próprio, estabelecido em lei'. No caso, a de nº 5.301/69, cujo art. 5º, II, estabelece pertencerem à Polícia Militar os Oficiais de Polícia de Saúde, dentre eles arrolando os dentistas, farmacêuticos e veterinários. Tais, funções, então, prestadas à Policia Militar são tipicamente militares, exigindo-se dedicação exclusiva às atividades da Corporação. A norma transitória do art. 17, § 2º, do ADCT, não alcança os médicos e os militares, como previsto no art. 37, XVI e XVII, e no § 1º do art. 17 do ADCT da CF/88." (Voto do Relator do Tribunal de Justiça do Estado de Minas Gerais que confirmou a sentença, negando o pedido dos autores.)

abrangente ao seu texto. Segundo ele, se fosse realmente a vontade do legislador constituinte originário que o dispositivo contido no art. 17, § 2º, do ADCT fosse extensivo aos "profissionais militares da área da saúde", teria explicitado a sua intenção da mesma forma que o fez no § 1º, do mesmo art. 17. Oportuno, nesta análise, uma leitura destes preceitos constitucionais:

> *Art. 17 do ADCT, CF/88:*
>
> *(...)*
>
> *§ 1º É assegurado o exercício cumulativo de* ***dois cargos ou empregos privativos de médico que estejam sendo exercidos por médico militar*** *na administração pública direta ou indireta.*
>
> *§ 2º É assegurado o exercício cumulativo de* ***dois cargos ou empregos privativos de profissionais de saúde*** *que estejam sendo exercidos na administração pública direta ou indireta. (grifamos o original)*

Portanto, na interpretação do Subprocurador de República acerca do parecer do RE nº 182.811-1/BA, se o constituinte não repetiu o termo "militar" no § 2º é porque não teve a intenção de incluir esta categoria no direito à acumulação de dois cargos privativos de profissionais de saúde.

Sendo assim, entre estes profissionais de saúde mencionados no § 2º do ADCT, e posteriormente ratificado pela EC nº 34/2001, que deu redação ao art. 37, XVI, *c*, da CF/1988, na opinião do Subprocurador, não se incluem os médicos militares.

Não bastasse, asseverou ainda que os militares são regidos por estatuto próprio, o qual deverá sempre prevalecer diante do silêncio constitucional referente ao assunto. Com estes argumentos, negou provimento ao recurso.

Já o Ministro Relator Gilmar Mendes, entretanto, teve entendimento contrário ao do Subprocurador, passando a dar uma interpretação mais abrangente, em seu voto, à aplicabilidade do preceito constitucional contido no art. 17, § 2º, do ADCT da CF/1988.

De início, explanou em seu voto tratar-se a contenda sobre a possibilidade de profissionais da área de saúde, particularmente integrantes dos quadros de oficiais de saúde da Polícia Militar do Estado de Minas Gerais, cuja admissão se deu antes da promulgação da Carta de 1988, acumularem seus cargos com outros, também exercidos anteriormente, em outras entidades públicas.

Com efeito, assim como o Subprocurador, o Relator atribuiu o mérito da controvérsia a uma interpretação do § 2º, art. 17, do ADCT, da CF/1988, mas entendeu, todavia, que a intenção do legislador constituinte foi ampliar o benefício da acumulação de cargos aos profissionais de saúde, sem restrição às áreas civil ou militar.

Esta posição pode ser ratificada com o advento da alínea *c*, do inciso XVI, art. 37, a qual foi promovida pela Emenda Constitucional nº 34/2001, que substituiu o antigo termo, no que se refere ao direito de acumular dois cargos públicos: "*dois cargos privativos e médicos*", *por "dois cargos ou empregos privativos de profissionais de saúde, com profissões regulamentadas"*[308].

308. Mandado de Segurança – Assistente Social – Acumulação de Cargos – Possibilidade – Cargos de Profissionais de Saúde – Lícita é a acumulação de dois cargos de assistente social, desde que haja compatibilidade de horários. Inteligência do art. 37, XVI, da Constituição da República. De acordo com a Lei nº 8.662/93 e as Resoluções nºs 38/1993, expedida pelo Conselho Nacional de Saúde, e 383/99, do Conselho Federal de Serviço Social, o Assistente Social é considerado profissional de saúde. Segurança concedida (TJRJ, Mandado de Segurança nº 729/2007, Rel. Des. Jair Pontes de Almeida, 4ª Câm. Cív.).

Ademais, conferir uma interpretação restritiva ao § 2º, art. 17 da ADCT, equivaleria a atribuir esta mesma restrição ao dispositivo da citada alínea *c*, do inciso XVI, do art. 37, todos da Constituição da República, haja vista a semelhança de seus textos e sentidos. Na prática, porém, o advento desta alínea *c* não teve por fim estreitar o rol dos profissionais da área de saúde, mas, ao contrário, expandi-las irrestritamente, desde que se trate inciso XI. (Redação dada pela EC nº 19, de 1998)

> *Art. 37. (...)*
>
> *XVI – É vedada a acumulação remunerada de cargos públicos, exceto, quando houver compatibilidade de horários, observado em qualquer caso o disposto no inciso XI:*
>
> *(...)*
>
> *c) a de dois cargos ou empregos privativos de profissionais de saúde, com profissões regulamentadas. (Redação dada pela EC nº 34, de 2001)*

Há que se observar que o segundo termo é mais abrangente que o primeiro, ou, ainda, que o primeiro termo está contido no segundo, embora este não se restrinja apenas ao cargo de médico, tampouco faz o texto qualquer alusão à condição de o profissional de saúde ser civil ou militar, não obstante a existência de estatuto próprio para esta categoria de profissões regulamentadas.

Ao dar provimento ao recurso extraordinário, o Relator Gilmar Mendes adota a tese utilizada pelo Ministro Carlos Velloso, que na análise de situação análoga, no julgamento do RE nº 212.160, se valeu dos fundamentos do parecer do Subprocurador-Geral Fávila Ribeiro[309].

Em assim sendo, valendo-se o Ministro Gilmar Mendes da interpretação dada ao art. 17, § 2º, do ADCT, no julgamento do RE nº 212.160, proferida pelo Ministro Carlos Velloso e citada em nota de rodapé, restou demonstrada a possibilidade de acumulação

309. "O art. 17, *caput*, do Ato das Disposições Constitucionais Transitórias, afasta qualquer invocação a direito adquirido com relação à percepção de vencimentos e vantagens em desacordo com a Constituição Federal. Ocorre que o § 1º do retrocitado art. 17 assegura 'o exercício cumulativo de dois cargos ou empregos privativos de médico que estejam sendo exercidos por médico militar na administração pública direta ou indireta'. Por sua vez, o § 2º do art. 17 do dispositivo constitucional transitório assegura 'o exercício de dois cargos ou empregos privativos de profissionais de saúde que estejam sendo exercidos na administração pública direta ou indireta. 'Discorrendo sobre o § 2º do art. 17 do ADCT, ensina J. Cretella Jr., *in* Comentários à Constituição de 1988, Vol. IX, Forense Universitária, 1ª edição, 1993, p. 4721, que: 'É vedada a acumulação de dois cargos públicos remunerados por profissionais de saúde quer na Administração pública direta ou indireta, já que o art. 37, XVI, não contempla esta hipótese. No entanto, o art. 17, § 2º do ADCT, permite o exercício cumulativo de dois cargos ou empregos privativos de profissionais de saúde que estejam sendo exercidos, em 8 de outubro de 1988, quer na Administração pública direta, quer na Administração pública indireta, o que mostra que as regras jurídicas constitucionais do Ato das Disposições Constitucionais Transitórias são do mesmo nível hierárquico que as do texto, tanto assim que, neste caso, o art. 17, § 2º, amplia o número dos servidores beneficiados com acumulação, funcionando com adminículo ao art. 37, XVI, pelo que poderia ter figurado, como alínea ou inciso do art. 37.' Nesta linha de raciocínio, nada obsta que o art. 42, § 3º, da Constituição Federal, seja interpretado em consonância com os §§ 1º e 2º do art. 17 do ADCT, para admitir que o profissional de saúde, ainda que militar, possa exercer, cumulativamente, dois cargos ou empregos, um deles na administração pública direta ou indireta, sem correr o risco de ser transferido para a reserva, valendo-se da mesma garantia constitucional assegurada aos médicos militares. Diante dessa ordem de considerações, ressalta a improcedência do Recurso Extraordinário, enquanto avulta o acerto jurídico da decisão recorrida, que se coloca em segura posição interpretativa, evitando a privação de um direito claramente ressalvado no contexto constitucional, posição credenciada à confirmação, assim sendo o parecer que emitimos na espécie."

dos cargos de profissionais de saúde, sem que se apliquem a esta acumulação restrições aos profissionais de saúde da área militar.

Neste sentido, fica valendo, no encerramento da análise deste julgamento pelo Superior Tribunal de Justiça, o uso de uma interpretação mais abrangente ao art. 17, § 2º, do ADCT.

3. ACUMULAÇÃO DE CARGO CIVIL POR MILITAR DA ATIVA

Questão interessante não deixou de ser questionada pelo examinador do Concurso de Ingresso na Carreira do Magistério da Universidade Estácio de Sá:[310]

"Sentido!! Militar é militar 24h!!!". É o que, em esfumaçada sala de audiência, vocifera o General-de-Brigada PRUDENTIUM (apontando um charuto cubano para a porta da ala de detenção) ao agora trêmulo e asmático Capitão-Médico ALAÔR (um dos quatro oficiais na força com raríssima e cara especialidade em neurocirurgia). Isto porque o militar prestou difícil concurso público para o cargo de Médico do Hospital Universitário do Fundão (para trabalhar apenas no período da manhã e em finais de semana sob regime de escala, tudo em horário não colidente com o expediente do hospital militar, cujo atendimento se dá na parte da tarde). Aberto processo administrativo, o oficial é intimado a pedir afastamento do serviço militar (desde que pague as despesas com o curso de formação de oficiais, na forma da Lei nº 6.880/1980). Nesse sentido se manifesta o Advogado da União lotado no Comando-Geral do Pessoal (CONGEP), sustentando que os oficiais médicos são militares para todos os efeitos considerados no art. 142 da Constituição Federal. Este vínculo, por sua especificidade, confere ao agente uma série de prerrogativas (como a vitaliciedade – art. 142, V, da CF, e aposentadoria especial – art. 142, X), mas, em contrapartida, uma dedicação reforçada ao serviço militar (proibição de sindicalização e greve e filiação a partidos políticos – art. 142, IV e V) o que impõe a aplicação do art. 142, inciso II, também da Carta política, até porque o art. 142, VIII, não menciona o art. 37, XVI, *c*, todos da CRFB. ALAÔR contrata os serviços de um advogado ex-militar, o Dr. RÔMULUS, que por sua vez sustenta que as Forças Armadas estão compreendidas na Administração Pública e, por tal razão, o art. 142 deve ser interpretado sistematicamente com o art. 37 e seus incisos. Sustenta que o Capitão ALAÔR prestou concurso público para ingresso nos quadros de saúde do Exército, em edital que exigiu a formação em medicina (exigiu também a especialidade em neurocirurgia). Mais ainda: o exercício da função na Administração Militar exige que o oficial decline o CRM na emissão de qualquer documento e assinatura de laudos médicos. Por tais razões, impõe-se a aplicação ao caso do art. 37, XVI, *c*, da Lei Maior, reforçando esta tese com o princípio da razoabilidade, uma vez que a Administração Militar só irá perder com a saída de um dos únicos profissionais neurocirurgiões presentes no Exército no País. Mantida a decisão da Administração Militar, a questão é colocada sob apreciação judicial e você, juiz-substituto recentemente nomeado, recebe o feito para apreciar seu objeto, inclusive quanto à possibilidade de se conceder tutela antecipada para permitir a posse e exercício do Capitão ALAÔR junto ao Hospital do Fundão. Como você se pronunciaria?

Embora a situação do agente militar realmente revele um *status* diferenciado do servidor civil em razão da peculiaridade do cargo, o melhor entendimento é o que permite a interpretação sistemática do art. 37 com o art. 142 da Constituição Federal. A

310. Questão elaborada pelo Prof. Roney Rios.

Administração Militar faz parte da Administração Federal e, por tal motivo, embora o constituinte não tenha sido expresso quanto à aplicação do art. 37, XVI, *c*, da Lei Maior aos militares, tenho que não há nada de injurídico em se permitir a acumulação de cargo militar com cargo de natureza técnica e científica, mormente na hipótese de se tratar de cargo voltado para a área da saúde (médico). Noticia-se e comprova-se que o concurso público para o ingresso no quadro de oficiais do corpo de saúde do Exército demanda formação específica e registro no órgão, regulamentador da profissão, o que caracteriza o cargo militar como privativo de médico. Socorre a tese autoral, ainda, a valiosa contribuição do profissional em tela ao serviço de saúde das Forças Armadas, pois o mesmo ostenta especialidade em neurocirurgia. Presentes os requisitos para a concessão da tutela antecipada (art. 273 do Código de Processo Civil) uma vez que a perda de um dos cargos ensejará dano ao patrimônio do autor (o que toca questão alimentar, pois deixará de receber a respectiva remuneração). Por outro lado, não há risco para o serviço da União Federal e para o erário público, pois a função continuará sendo exercida pelo profissional, em favor das Forças Armadas. Corroborando a tese acima, colaciono o acórdão abaixo, impetrado por MARCLEYDE SILVA DE AZEVEDO ABREU, concedida por este Relator no sentido de manter o vínculo funcional da impetrante com o Estado, considerando a possibilidade constitucional do acúmulo de cargos públicos na hipótese em concreto.

Pretende o Agravante ser cassada a liminar, sustentando exatamente a tese contrária, qual seja, da vedação constitucional da acumulação de cargo civil por militar da ativa.

É o sucinto relatório.

Tratando-se de liminar em mandado de segurança, é de ser considerado apenas a verossimilhança do direito alegado e a probabilidade de ocorrência de prejuízo irreparável ou de difícil reparação para o impetrante.

No caso vertente, a cisão imediata do vínculo funcional ocasionará a cessação imediata do pagamento de vencimentos ao Impetrante, cuja natureza alimentar é inquestionável.

Além disso, a manutenção do vínculo funcional impõe a contraprestação de serviços do Impetrante em favor do Impetrado, ora Agravante.

Como o serviço já vinha sendo prestado regularmente e os pagamentos também vinham sendo feitos há tempo razoável, é de se aguardar até o julgamento do mérito do mandado de segurança para a definição do direito em si.

Acrescente-se que este Tribunal de Justiça vem prolatando reiteradas decisões no sentido de reconhecer a constitucionalidade e a legalidade da acumulação de cargo civil (técnico ou científico) por militar da ativa, desde que presentes os demais requisitos autorizadores.

Por estas razões, ausente prejuízo irreparável para o Agravante (Estado), eis que o serviço do servidor público continuará a ser prestado regularmente em contrapartida ao pagamento do vencimento, a liminar é de ser mantida até o julgamento do mérito.

Por estas razões, o voto é no sentido de conhecer e negar provimento ao recurso, mantendo hígida a decisão agravada.

Rio de Janeiro, 18 de fevereiro de 2009.
Rogerio de Oliveira Souza
Desembargador Relator

Poder Judiciário do Estado do Rio de Janeiro – Tribunal de Justiça da 6ª Câmara Cível – Agravo Regimental no Mandado de Segurança nº 01669/2008
Agravante: Estado do Rio de Janeiro
Agravado: Marcleyde Silva de Azevedo Abreu
Redator: Desembargador Rogerio de Oliveira Souza
ACÓRDÃO
Direito Constitucional. Direito Administrativo. Mandado de Segurança. Acumulação de cargo civil por militar da ativa. Deferimento de Liminar. Agravo.
REGIMENTAL. Presentes os pressupostos constitucionais específicos, revela-se possível a acumulação de cargo técnico ou científico civil por militar da ativa. A manutenção do vínculo funcional administrativo deve ser preservada até o julgamento do mandado de segurança, sob pena de causar prejuízo irreparável ou de difícil reparação ao servidor público, eis que o vencimento tem natureza alimentar. Ausência de prejuízo para o ente estatal que continuará a receber o serviço prestado pelo servidor apenas em contrapartida do pagamento de seu salário. Situação fática e jurídica que já perdurava por tempo razoável e que deve ser mantida. Reiteradas decisões do Tribunal de Justiça no sentido de se reconhecer a constitucionalidade e a legalidade da cumulação. Conhecimento e desprovimento do recurso. VISTOS, relatados e discutidos este AGRAVO REGIMENTAL NO MANDADO DE SEGURANÇA 2008.004.01669 em que é agravante ESTADO DO RIO DE JANEIRO e agravado MARCLEYDE SILVA DE AZEVEDO ABREU. ACORDAM os Desembargadores da 6ª Câmara Cível do Tribunal de Justiça do Estado do Rio de Janeiro, por unanimidade, em CONHECER DO RECURSO e NEGAR-LHE PROVIMENTO, na forma do voto do Desembargador Redator.
Trata-se de agravo regimental interposto pelo Estado do Rio de Janeiro contra o deferimento de liminar no mandado de segurança – Agravo de Instrumento no Mandado de Segurança 2008.004.01669 – impetrado por MARCLEYDE SILVA DE AZEVEDO ABREU, concedida por este Relator no sentido de manter o vínculo funcional da impetrante com o Estado, considerando a possibilidade constitucional do acúmulo de cargos públicos na hipótese em concreto. Pretende o Agravante ser cassada a liminar, sustentando exatamente a tese contrária, qual seja, da vedação constitucional da acumulação de cargo civil por militar da ativa. É o sucinto relatório. Tratando-se de liminar em mandado de segurança, é de ser considerado apenas a verossimilhança do direito alegado e a probabilidade de ocorrência de prejuízo irreparável ou de difícil reparação para o impetrante. No caso vertente, a cisão imediata do vínculo funcional ocasionará a cessação imediata do pagamento de vencimentos ao Impetrante, cuja natureza alimentar é inquestionável. Além disso, a manutenção do vínculo funcional impõe a contraprestação de serviços do Impetrante em favor do Impetrado, ora Agravante. Como o serviço já vinha sendo prestado regularmente e os pagamentos também vinham sendo feitos há tempo razoável, é de se aguardar até o julgamento do mérito do mandado de segurança para a definição do direito em si. Acrescente-se que este Tribunal de Justiça vem prolatando reiteradas decisões no sentido de reconhecer a constitucionalidade e a legalidade da acumulação de cargo civil (técnico ou científico) por militar da ativa, desde que presentes os demais requisitos autorizadores. Por estas razões, ausente prejuízo irreparável para o Agravante (Estado), eis que o serviço do servidor público continuará a ser prestado regularmente em contrapartida ao pagamento

do vencimento, a liminar é de ser mantida até o julgamento do mérito. Por estas razões, o voto é no sentido de conhecer e negar provimento ao recurso, mantendo hígida a decisão agravada[311].

Rio de Janeiro, 18 de fevereiro de 2009.

Rogerio de Oliveira Souza – Desembargador Relator

Data: 04/03/2009 13:10:13

Local: Tribunal de Justiça do Estado do Rio de Janeiro

Processo: 2008.004.01669

4. DEDICAÇÃO EXCLUSIVA

A Constituição Federal, no teor do art. 37, XVI, proíbe a acumulação remunerada de cargos/empregos públicos, admitindo, por exceção, desde que haja compatibilidade de horários e respeitado o teto remuneratório, abrangendo a Administração Direta e as entidades da Administração Indireta e subsidiárias. Mas, o mesmo dispositivo excepciona para dois cargos de professor, um cargo de professor e um cargo técnico ou científico e de cargos ou empregos privativos na área de saúde.

O regime de dedicação exclusiva para o magistério, por exemplo, com obrigação de prestar 40 horas semanais de trabalho em dois turnos diários completos e impedimento de exercício de outra atividade remunerada, pública ou privada, está vedando expressamente que este professor exerça simultaneamente outra atividade.

5. COMPATIBILIDADE DE HORÁRIOS

Em recente julgamento de Agravo de Instrumento levado ao Tribunal de Justiça do Estado do Rio de Janeiro[312], servidora pública municipal que integra os quadros

311. Eis o inteiro teor : Agravo Regimental no Mandado de Segurança 01669/2008. Agravante: Estado do Rio de Janeiro. Agravado: Marcleyde Silva de Azevedo. Relator: Desembargador Rogério de Oliveira Souza. Direito Constitucional. Direito Administrativo. Mandado de Segurança. Acumulação de cargo civil por militar da ativa. Deferimento de liminar. Agravo regimental. Presentes os pressupostos constitucionais específicos, revela-se possível a acumulação de cargo técnico ou científico civil por militar da ativa. A manutenção do vínculo funcional administrativo deve ser preservada até o julgamento do mandado de segurança, sob pena de causar prejuízo irreparável ou de difícil reparação ao servidor público, eis que o vencimento tem natureza alimentar. Ausência de prejuízo para o ente estatal que continuará a receber o serviço prestado pelo servidor apenas em contrapartida do pagamento de seu salário. Situação fática e jurídica que já perdurava por tempo razoável e que deve ser mantida. Reiteradas decisões do Tribunal de Justiça no sentido de se reconhecer a constitucionalidade e a legalidade da acumulação. Conhecimento e desprovimento do recurso. VISTOS, relatados e discutidos este Agravo Regimental no Mandado de Segurança 2008.004.01669 em que é agravante Estado do Rio de Janeiro e agravado Marcleyde Silva de Azevedo Abreu. ACORDAM os Desembargadores da 6ª Câmara Cível do Tribunal de Justiça do Estado do Rio de Janeiro, por unanimidade, em CONHECER DO RECURSO e NEGAR-LHE PROVIMENTO, na forma do voto do Desembargador Redator. Trata-se de agravo regimental interposto pelo Estado do Rio de Janeiro contra o deferimento de liminar no mandado de segurança (Agravo de Instrumento no Mandado de Segurança 2008.004.01669).

312. Agravo de Instrumento. Direito administrativo. Servidor Público. Decisão que indeferiu o pedido de antecipação de tutela, por não ter o magistrado vislumbrado a verossimilhança das alegações alegações autorais. Autora que exerce o cargo de psicóloga junto ao Município do Rio de Janeiro e, aprovada em outro concurso público para o mesmo cargo perante o mesmo ente estatal, se viu impedida de entrar em exercício no segundo cargo, devido à incompatibilidade de horários gerada a partir do aumento da carga horária de trabalho do psicólogo municipal para 40 horas semanais, o que foi feito através do Decreto 25.115/05, posterior à homologação do concurso em que foi aprovada, cujo edital previa a carga horária de 32,5 horas. As questões suscitadas pela autora – Ilegalidade do Decreto Municipal que aumentou a carga

da Secretaria Municipal de Saúde, exercendo o cargo de psicóloga, se submeteu a novo concurso público, para o mesmo cargo e com igual carga horária a qual já cumpria, 32,5 horas semanais, tudo conforme previsão do Edital SMS/FJG nº 14/2003.

Aprovada no segundo concurso público municipal, tomou posse e foi lotada junto à Fundação Lar Escola Francisco de Paula, sendo-lhe determinado, contudo, que cumprisse a carga horária de 40 horas semanais, com jornada mínima de oito horas diárias.

Ocorre que esta nova jornada de horários acabou por incompatibilizar a acumulação dos dois cargos públicos, já que só poderiam ser acumulados se houvesse compatibilidade de carga horária, conforme determina o mandamento constitucional contido no art. 37, XVI, *c*.

Imperioso que se diga que o aumento da carga horária imposto à servidora pública municipal foi proveniente do Decreto nº 25.115/2005, cuja aplicação alterou o horário de todos os demais servidores ocupantes do cargo de psicólogo, e não apenas o da agravante, de 32,5 para 40 horas semanais, com o mínimo de 8 horas diárias.

Outro fato é que referido Decreto foi editado posteriormente à homologação do concurso em questão, o que demonstra, a toda evidência, a boa-fé da servidora ao tentar compatibilizar o exercício de dois cargos da área de saúde, já que a Constituição Federal lhe garante esta prerrogativa.

Por esses motivos, ingressou a servidora na Justiça, com pedido de antecipação de tutela para que lhe fosse garantido o direito de exercer o cargo de psicólogo no concurso para o qual foi aprovada. Valeu-se das alegações de ilegalidade do Decreto Municipal que alterou a carga horária de trabalho dos psicólogos, e que o seu cargo deveria ser exercido na Secretaria Municipal de Saúde, e não na Secretaria de Assistência Social, uma vez que a Lei Orgânica do Município prevê expressamente que os psicólogos do quadro de pessoal permanente terão exercício privativo na Secretaria Municipal de Saúde.

Sustentou também a agravante que o Decreto Municipal que alterou a carga horária de psicólogo para 40 horas semanais foi promulgado muito após a homologação do concurso, razão pela qual não poderia ser aplicado aos psicólogos daquele concurso. Com isso, o *pericullum in mora* alegado se deve ao fato de que a falta de compatibilização de horários dos dois cargos a levaria a pedir exoneração de uma das matrículas do Município, daí o pedido da antecipação da tutela

Não obstante, o indeferimento da antecipação de tutela pelo Juiz da 7ª Vara da Fazenda Pública ensejou o agravo de instrumento da servidora, buscando reformular esta decisão e obter o direito de exercer o cargo de psicóloga, juntamente com a outra matrícula no Município, e com a carga horária de 32,5 horas semanais em cada, de acordo com a previsão editalícia que regulou o concurso.

---

horária de trabalho dos psicólogos e impossibilidade de lotação da servidora na Secretaria de Assistência Social porque seu cargo deve ser exercido junto à Secretaria Municipal de Saúde – são suficientemente complexas para justificar o indeferimento da antecipação de tutela pelo magistrado, que prudentemente optou por privilegiar o contraditório e não conceder a medida antes da manifestação do ente estatal sobre o caso. Já tendo sido levado a efeito o ato de exoneração da servidora, como comprovado pelo Município em suas contrarrazões, eventual retorno ao cargo somente se dará em razão de decisão judicial transitada em julgado que anule o ato administrativo de exoneração e determine a reintegração da servidora, nos termos do art. 50, § 1º, da Lei Municipal 94/79. Por fim, aplicável ainda ao caso em tela o entendimento sumulado no verbete nº 59 deste Tribunal de Justiça, uma vez que a decisão agravada não se afigura teratológica, contrária à lei ou à evidente prova dos autos. Nega-se provimento ao agravo de instrumento, mantida a decisão proferida pelo juízo *a quo*.

Nas contrarrazões foi prestigiada a decisão recorrida, com o fundamento de que a agravante já havia sido exonerada de ofício do seu segundo cargo público de psicóloga, objeto desta lide, pois que não entrara em efetivo exercício dentro do prazo legal de 30 dias, a contar da data de sua posse.

Considerando, ainda, a exoneração da agravante, entendeu o agravado que houve a perda do objeto do agravo de instrumento, já que o objetivo da autora era garantir o seu exercício na função.

A Relatora Maria Augusta Vaz M. de Figueiredo, em seu voto, oportunamente lembrou que não ocorreu, em nenhum momento, o impedimento por parte da administração pública para a agravante exercer o cargo público em que foi empossada em recente concurso, e isto pode ser ratificado com a sua regular posse no cargo.

O que ocorreu, de fato, foi que no ato da posse tomou conhecimento da sua lotação e carga horária para a qual foi designada, e concluiu pela impossibilidade de exercê-la juntamente com o outro cargo de psicóloga que já ocupava.

A partir daí, mesmo sabendo, até mesmo pelo fato de já ser servidora, que o servidor que não entrar em exercício no prazo de 30 dias a partir da data da posse é exonerado *ex-officio*, quedou-se inerte neste sentido e ajuizou ação judicial com pedido de tutela antecipatória para garantir a sua posse conforme os termos do edital do concurso.

Importa que se diga que o indeferimento do pleito da antecipação da tutela foi proferido após a consumação do fato que deu causa à exoneração *ex-officio*, que é a abstenção da servidora em entrar em exercício no prazo de 30 dias contados da posse, fato este que já bastaria para tornar inócuo o próprio agravo. É da lavra da Relatora do Agravo a consistente argumentação que se segue:

> Neste passo, verifica-se que se tornou materialmente inviável a concessão do pleito antecipatório formulado pela autora, uma vez que o pedido era no sentido de que fosse determinada à administração pública a lotação da servidora junto à Secretaria Municipal de Saúde, para cumprimento da carga horária de 32,5 horas semanais, de forma a permitir que a agravante entrasse em efetivo exercício, evitando assim, a aplicação de qualquer sanção disciplinar decorrente do fato dela não ter entrado em exercício até aquela data (...)

Diante de tais fatos, resta evidente que o ato de exoneração da agravante esvazia o objeto de pedido do presente pedido de liminar, pois não pode entrar em exercício quem já foi exonerado do cargo público.

Ademais, o retorno de servidor exonerado, quando devido, se formaliza através da anulação do ato administrativo de exoneração, que é ato de cognição exauriente, e há que ser realizado por outras vias, que não a concessão de liminar por meio de Agravo de Instrumento.

Dentro dos trâmites legais, a anulação de ato administrativo deve ser precedido de instrução probatória do feito, e se julgada procedente a ação, só então é que há de se proceder à reintegração da servidora exonerada, consoante reza o art. 50, *caput* e § 1º da Lei Municipal nº 94/1979.

Lembra ainda a Relatora que a concessão de tutela antecipatória se constitui em ato de cognição sumária, devendo o Magistrado se certificar, quando da sua concessão, sobre a verossimilhança ou não das alegações do demandante. No caso em tela, restou evidente que tanto a alegada ilegalidade do Decreto municipal que alterou a carga horária dos psicólogos, quanto a validade do ato administrativo de lotação, não são passíveis de serem analisados em sede de juízo de cognição sumária, furtando-se a administração pública de se manifestar nos autos com suas próprias alegações.

Confirma então a Relatora os termos da decisão monocrática, entendendo que não constam, nos autos, elementos probatórios que justifiquem o pronto acolhimento das alegações do agravante, com a concessão da antecipação da tutela. Por fim, negou provimento ao agravo de instrumento e manteve a decisão agravada.

6. LICENÇA ESPECIAL SEM VENCIMENTOS

Por questão didática, iniciaremos abordando um caso concreto, ocorrido no Concurso de Ingresso para Analista Ambiental do IBAMA:

PAUSÂNIDAS, Advogado da União lotado no Rio de Janeiro, sentia um crescente vazio corroer sua alma. E tal se dava porque, embora profissional bem-sucedido, PAUSÂNIDAS nunca desejou ser advogado. Aliás, odiava gravata e sentia náuseas com brocardos latinos. Numa bela manhã, recebeu um telegrama de convocação para assumir o cargo de Analista Ambiental do IBAMA, com lotação na remota cidade de Juína, localizada na Amazônia mato-grossense, tudo em razão de concurso que prestara quatro anos antes. Arrancando a gravata em euforia, PAUSÂNIDAS repentinamente estacou preocupado, pois se lembrou do disposto no art. 37, XVI, da CRFB. Diante da impossibilidade de acumular cargo, tremeu ante a perspectiva de ver seus vencimentos reduzidos em face da assunção do novo cargo, eis que tinha muitas dívidas a pagar em razão de hábitos caros de sua esposa. Porém sua mente de jurista vislumbrou uma solução. Decidiu pedir licença sem vencimento pelo prazo de 2 (dois) anos, visando assumir o novo cargo. Assim, caso não pudesse "administrar a situação", bastaria retornar ao cargo de origem, sem, em nenhum momento, ter acumulado ilicitamente os cargos públicos. Você concorda com a tese do ilustre advogado? Justifique.

Trata-se de indagação quanto à possibilidade de um servidor público integrante dos quadros da administração direta exercer uma segunda função pública em regime de acumulação, na hipótese de estar no gozo de licença especial sem vencimentos.

Considerada a hipótese, deve-se ter presente que as proibições contidas na Constituição Federal destinam-se a proteger as funções públicas cometidas a um servidor, seja ele da Administração Direta ou Indireta. Não se trata, portanto, de proteger tão somente os cofres públicos de arcarem com uma duplicidade de remuneração.

Seguindo este raciocínio, conclui-se que a concessão de licença especial sem vencimento não pode resultar na constituição de direitos aos servidores licenciados, não extensíveis aos servidores em atividade.

Nesse sentido, deve a Administração Pública orientar seu proceder pelo princípio da legalidade (art. 37, *caput*, da CF/1988), bem como pelo que está disposto nos incisos XVI e XVII do art. 37 da Carta Magna.

> *Art. 37. (...)*
>
> *XVI – é vedada a acumulação remunerada de cargos públicos, exceto, quando houver compatibilidade de horários, observado em qualquer caso o disposto no inciso XI:*
>
> *a) a de dois cargos de professor;*
>
> *b) a de um cargo de professor com outro, técnico ou científico;*

> *c) a de dois cargos ou empregos privativos de profissionais de saúde, com profissões regulamentadas;*
> *(...)*
> *XVII – a proibição de acumular estende-se a empregos e funções e abrange autarquias, fundações, empresas públicas, sociedades de economia mista, suas subsidiárias, e sociedades controladas, direta ou indiretamente, pelo poder público.*

Como se vê, o texto constitucional estabelece as exceções à regra da impossibilidade de acumulação, não fazendo nenhuma ressalva relativa aos servidores ou empregados públicos cujo vínculo estatutário ou contratos administrativos de emprego estejam suspensos por força de licença sem remuneração.

Vale trazer à colação que o Supremo Tribunal Federal posicionou-se contrariamente ao acúmulo de cargos inacumuláveis, mesmo sem remuneração, em várias decisões, como se percebe no Recurso Extraordinário nº 399.475, no qual o Ministro Eros Grau enfatizou: "É a posse que marca o início dos direitos e deveres funcionais, como, também gera restrições, impedimentos e incompatibilidades para o desempenho de outros cargos, funções e mandatos".

Também nesse sentido é o posicionamento da Corte de Contas, conforme demonstra o contido na Súmula TCU nº 246, *in verbis*:

> O fato de o servidor licenciar-se, sem vencimentos, do cargo público ou emprego que exerça em órgão ou entidade da administração direta ou indireta não o habilita a tomar posse em outro cargo ou emprego público, sem incidir no exercício cumulativo vedado pelo art. 37 da Constituição Federal, pois que o instituto da acumulação de cargos se dirige à titularidade de cargos, empregos e funções públicas, e não apenas à percepção de vantagens pecuniárias.

Finalmente, cabe transcrever em parte trecho do Acórdão nº 249/2008, do Tribunal de Contas da União, relatado pelo Excelentíssimo Ministro Relator Walton Alencar Rodrigues, que enfrentou situação similar:

> Acórdão nº 249/2008 – Plenário
> Consulta formulada pelo Senhor Presidente da Câmara dos Deputados. Dúvidas acerca da acumulação de emprego público com cargo em comissão, quando suspenso o contrato de trabalho. Requisição de empregado de entidade da administração indireta para o exercício de cargos em comissão. Incidência da vedação contida no art. 37 da Constituição Federal. Impossibilidade jurídica, ante a falta de previsão legal. Conhecimento. Resposta ao consulente. Arquivamento.
> – Dupla titularidade de emprego e/ou cargo público. Súmula 246 do TCU.
> 14. Ou seja, apenas no caso de cessão ou de requisição é que há previsão legal de o servidor ou de o empregado público acumular a titularidade de cargo público efetivo ou emprego permanente com o exercício de cargo em comissão ou função de confiança em outro órgão ou entidade dos Poderes da União, dos Estados ou do Distrito Federal e dos Municípios.
> 15. Logo, excetuando-se o caso de cessão e de requisição, é defeso ao empregado de entidade da administração indireta, com contrato de trabalho suspenso, acumular a titularidade desse emprego com o exercício de cargo em comissão na Câmara dos Deputados.

> Sobre o tema, cabe acrescentar que o servidor, ao ser licenciado para trato de interesses particulares, não adquire direitos novos, não previstos em lei, e não se desvincula do cargo. Continua a ser servidor público e sujeito a sua legislação.
> Admitir que o servidor licenciado sem remuneração possa acumular outro cargo, função ou emprego público, seria admitir que este servidor tem direitos que o servidor não licenciado não tem, o que, por absurdo, deve ser descartado pelo intérprete.
> Ademais, ante o princípio da legalidade que rege os atos da Administração Pública, só se é permitido fazer o que a lei autoriza. Assim, o fato de a Constituição proibir, expressamente, apenas a acumulação remunerada, não significa que ampare a acumulação não remunerada. A permissão, por ser exceção, há de ser expressa, há de ser escrita para ser legítima (Walton Alencar Rodrigues – Ministro-Relator).

Em face do exposto, entendemos que persiste a vedação de acumulação de cargos ou empregos públicos na hipótese de estar o servidor interessado no gozo de licença sem vencimentos e com os efeitos do vínculo estatutário ou contrato administrativo de emprego suspensos, ressalvadas as hipóteses permitidas expressamente pela Constituição Federal e legislação de regência.

7. ACUMULAÇÃO ILEGAL DE CARGOS PÚBLICOS. RESSARCIMENTO

A acumulação inconstitucional de cargos públicos viola a moralidade administrativa. Daí, provada a má-fé do servidor, há que se falar em restituição de todos os valores recebidos a título de vencimentos.

Importante registrar, ainda, que não há decurso do prazo prescricional do direito material, porque a prescrição não se molda ao contido no art. 23, da Lei nº 8.429/1992, que é de cinco anos.

No tocante a essa questão, em face de acumulação de cargos públicos, aplica-se, sem dúvida, o prazo prescricional à luz do art. 37, § 5º, da Constituição Federal: *"§ 5º – A lei estabelecerá os prazos de prescrição para ilícitos praticados por qualquer agente, servidor ou não, que causem prejuízos ao erário,* ***ressalvadas as respectivas ações de ressarcimento****".* (grifamos)

8. MANDATO ELETIVO

8.1. Investidura em mandato eletivo

O exercício do mandato não implica perda do cargo, emprego ou função pública. Em tese, causa apenas ao servidor público o seu afastamento do cargo, emprego ou função pública, uma vez que ele deverá se dedicar a sua nova atividade.

O afastamento do servidor público, recorrendo-se às regras de incompatibilidade do art. 54, I, *b*, da Carta vigente, deve se dar, desde a diplomação, para os parlamentares, e desde a posse, para os cargos do Poder Executivo.

O inciso II do mesmo artigo dispõe que, o servidor público investido em mandato de Prefeito, será compulsoriamente afastado do cargo, emprego ou função, sendo-lhe facultado optar pela sua remuneração.

A disciplina da situação jurídica dos servidores públicos investidos em mandatos eletivos é bem recente no direito brasileiro. Apenas as últimas Cartas Constitucionais se preocuparam em dar tratamento ao assunto.

A questão do exercício de mandato eletivo por servidores públicos tem figurado nas

Constituições em virtude de suas implicações com a questão de autonomia e independência dos três Poderes, que poderá ser afetada quando alguém assuma, simultaneamente, posições de autoridade e de subordinação.

A Constituição da República de 1988, no art. 38, com a redação dada pela Emenda Constitucional nº 19/1998, ministrou as regras mínimas a serem observadas, sempre que o servidor público da Administração direta, das autarquias e das fundações públicas, em qualquer das esferas de governo, seja investido em mandato eletivo.

8.2. Remuneração

O afastamento do servidor público para o mandato de cargo eletivo impõe a automática suspensão de sua remuneração, passando a fazer jus à remuneração cabível ao mandato que passou a ocupar. Consignam-se, na própria Constituição Federal, duas hipóteses de exceção a esta regra.

A Lei Eleitoral nº 64/1990 assegura, expressamente, ao servidor afastado para fins eleitorais, o direito de receber integrabilidade dos vencimentos durante o período em que estiver afastado, por decorrer tal licença da imposição legal, que, se não observada, torna o servidor público inelegível.

Nos termos do art. 86, § 2º, da Lei nº 8.112/1990, deve-se conceder a licença remunerada para atividade política ao servidor público que é candidato a cargo eletivo, mesmo em localidade diversa da que exerce suas funções. O objetivo da licença não implica direito do servidor público, mas apenas uma tentativa de coibir a influência da titularidade de certos cargos públicos nas eleições.

O art. 86, § 2º, da mencionada lei, é claro ao determinar que o servidor fará jus à licença em questão, com remuneração durante três meses, a partir do registro de sua candidatura até o décimo dia após as eleições.

Observa-se que o dispositivo não impõe qualquer restrição ao exercício desse direito pelo servidor.

Assim, em conformidade com o conhecido brocardo jurídico, onde o legislador não restringiu, o intérprete não pode fazê-lo.

Ou seja, não há alternativa para o funcionário que quer se candidatar, pois o afastamento, em atenção ao interesse público, é obrigatório, para se afastar eventual possibilidade de uso da estrutura administrativa para o pleito eleitoral.

Em razão disso, quando o art. 1º, II, I, da Lei Eleitoral exige o afastamento, sob pena de inelegibilidade em nome do interesse público, nesse caso garante ao servidor o direito à percepção dos vencimentos integrais (incluídas as gratificações percebidas por desempenho de função), que, nesse contexto, devem ser como aqueles que o servidor percebia por ocasião de seu afastamento; caso contrário, a lei terá uma norma restritiva e até certo ponto discriminatória em relação à participação dos servidores públicos em pleitos eleitorais.

O exercício do mandato não implica perda do cargo, emprego ou função pública. Em tese, causa apenas ao servidor público o seu afastamento do cargo, emprego ou função pública, uma vez que ele deverá se dedicar a sua nova atividade.

8.3. Exceção aplicável aos prefeitos

A primeira exceção é a que se aplica ao mandato de Prefeito, pois que a este é dado o direito de optar pela remuneração de seu cargo público ou pela cabível ao seu mandato eletivo.

Art. 38 CF, inciso II:
Investido no mandato de Prefeito, será afastado do cargo, emprego ou função, sendo-lhe facultado optar pela sua remuneração.

Com efeito, a Constituição Federal fala expressamente na opção pela escolha de sua remuneração, dentro das hipóteses previstas. Diante disso, o servidor eleito poderá escolher a remuneração que lhe seja mais vantajosa economicamente. É comum que a maior seja a referente ao mandato eletivo.

O divisor de águas entre uma e outra remuneração será o momento da posse. Sendo assim, uma vez empossado o servidor já estará computando a seu favor a remuneração que optou para perceber neste período de mandato.

É considerada inextensível ao Prefeito e ao Vice a regra que aproveita ao servidor eleito vereador.

Nesse mesmo norte já se manifestou o Supremo Tribunal Federal no sentido da não aplicabilidade do art. 38 da Constituição que não cuida especificamente da situação do Vice-Prefeito acumular a remuneração do empregado em empresa pública estadual, de titular de cargo ou emprego. O que a Constituição excepcionou, no sistema, foi apenas a situação do vereador, fazendo-o de forma expressa, quando houver compatibilidade de horários, em ordem a que, concomitante com o mandato legislativo, possa exercer o cargo ou emprego de que é titular.

Em outras palavras, a cumulação remunerada somente tem cabimento nas exceções previstas no inciso XVI do art. 37 e na hipótese do inciso III do art. 38, da CF. Fora disso, a regra é a inacumulabilidade.

O legislador constituinte não pretendeu proibir a acumulação de cargos e sim de remuneração, uma vez que o Vice-Prefeito apenas substitui o chefe do Poder Executivo, podendo perfeitamente exercer outro cargo. Todavia, nesse caso, deve optar por uma das remunerações e não percebê-las cumulativamente.

A restrição ao mandato político de Prefeito é menor, visto que, embora tenha que se afastar do cargo, emprego ou função pública que ocupe, poderá optar pela remuneração de seu cargo ou do cargo de Prefeito.

Se, hipoteticamente, os vencimentos do cargo de engenheiro de uma determinada estatal forem superiores à remuneração do cargo de Prefeito, poderá o servidor optar pelo vencimento do cargo de engenheiro, exercendo o mandato de Prefeito.

Neste caso, em face da expressa disposição constitucional, é irrelevante o que possa estar dito nas Constituições Estaduais, nas Leis Orgânicas, em legislações estatutárias ou na Consolidação das Leis do Trabalho. O direito de opção do servidor é irrecusável.

A data do afastamento verifica-se com a posse, pois o inciso II do art. 38 utiliza a expressão "*investido no mandato de Prefeito*", e isto significa ter sido empossado no cargo de Prefeito, estar no exercício do cargo de Prefeito.

Nos termos do inciso II, do art. 38, "*será afastado do cargo, emprego ou função*", entendeu-se que o afastamento do servidor não será automático. Neste caso, torna-se necessário o pedido de afastamento e o seu deferimento, especialmente se for servidor federal ou estadual. O pedido e o ato de afastamento não poderão ser negados. O afastamento para o exercício de mandato de Prefeito é direito subjetivo do servidor eleito. Se até a véspera da posse não for dado o deferimento, o servidor deverá informar à autoridade competente que a partir da posse no cargo de Prefeito considerar-se-á afastado de seu cargo, emprego ou função pública, ficando, assim, regularizado o afastamento para todos os fins.

É preciso destacar que o Texto Constitucional foi omisso, não dispondo sobre o Vice-Prefeito. O Vice-Presidente e o Vice-Governador não estão incluídos no inciso I, do art. 38, que fala em mandatos eletivos federal, estadual e distrital. Entende-se que o assunto poderá ser disciplinado pela Lei Orgânica do Município e pela legislação aplicável ao servidor.

8.4. Exceção aplicável aos vereadores

Outra exceção é a que se aplica aos Vereadores, conscrito no inciso III do mesmo art. 38:

> Art. 38 CF, inciso III:
>
> *Investido no mandato de Vereador, havendo compatibilidade de horários, perceberá as vantagens de seu cargo, emprego ou função, sem prejuízo da remuneração do cargo eletivo, e, não havendo compatibilidade, será aplicada a norma do inciso anterior.*

Numa exceção ainda mais concessiva, o Vereador poderá acumular a sua remuneração ou subsídio do cargo público com o subsídio de Vereador, desde que haja a compatibilidade de horários.

A princípio, não se aplicará esta regra na prática, por questões lógicas, aos grandes Municípios, pois as atribuições do mandato, com participações em sessões, comissões e ainda o atendimento à população inviabilizaria um acúmulo de função, sobretudo em dois lugares distintos. Não obstante, caberá ao interessado em acumular formalizar o pedido, aguardando pelo seu deferimento ou não.

Portanto, em nada importa se a possibilidade desta acumulação pareça vaga ou não, pois a questão da acumulação será analisada pela Câmara que o Vereador integrar e deliberada pela sua Mesa. Esta analisará o pedido, que emitirá ou negará o deferimento. O que não pode ocorrer, sob pena de tornar o ato inconstitucional, é a concessão desta acumulação sem que se leve em conta a compatibilidade de horários.

Sem obediência a esta ressalva, configurar-se-ia um acúmulo de remuneração em detrimento da prestação eficiente do serviço público, violando-se o princípio constitucional da eficiência, que embora seja expressamente aplicável à Administração Pública, parece incontestável que se aplica aos servidores dos demais Poderes que compõem o Aparelho Estatal.

Desta feita, todo agente público deverá atuar em consonância com o princípio da eficiência, pois que os três Poderes prestam serviço ao cidadão, ou genericamente falando, à população, e é esta a verdadeira titular da prestação do serviço público eficiente. Não seria sequer coerente e razoável que a população devesse esperar eficiência apenas do Poder Executivo, ficando livres desta "obrigação" os Poderes, Legislativo e Judiciário.

O exercício do mandato de Vereador, previsto no inciso III, do art. 38, comporta duas situações:

1ª) Caso haja compatibilidade de horários para o exercício simultâneo de mandato de Vereador e do cargo, emprego ou função, o servidor eleito exercerá o mandato de Vereador simultaneamente com o exercício do cargo, emprego ou função, e perceberá cumulativamente o subsídio como Vereador e a remuneração do cargo, emprego ou função.

2ª) No caso de não haver a compatibilidade de horários, o servidor será afastado do cargo, emprego ou função, podendo optar pelo subsídio recebido pelo mandato de Vereador ou pela remuneração do cargo, emprego ou função. O afastamento aqui também se verificará com a posse. Também, neste caso, será preciso o pedido de afastamento e o competente deferimento, os quais não poderão ser negados, tendo em vista o direito subjetivo do servidor eleito. O servidor eleito poderá tomar posse sem o ato de afastamento, devendo fazer a comunicação do fato, regularizando o afastamento para todos os fins. Deverá informar, também, a sua opção remuneratória.

Com relação a servidor eleito exercendo mandato de Vereador cumulativamente com o exercício de cargo, emprego ou função, o problema que se tem é a dificuldade de se estabelecer a compatibilidade de horários, pois que o Vereador exerce seu mandato vinte e quatro horas por dia, uma vez que além de comparecer às sessões da Câmara Municipal ele exerce outras tarefas inerentes ao mandato, tais como, atender e ouvir seus representados, participar de comissões permanentes ou temporárias do Poder Legislativo, desenvolver trabalhos relativos a sua competência fiscalizadora, entre outras atividades. Em vista disto, para a aferição da compatibilidade de horários, é utilizado como referencial apenas as sessões ordinárias da Câmara Municipal, já que as sessões extraordinárias e as solenes podem ser realizadas em qualquer dia e horário.

Portanto, em nada importa se a possibilidade desta acumulação pareça vaga ou não, pois a questão da acumulação será analisada pela Câmara que o Vereador integrar e deliberada pela sua Mesa. Esta analisará o pedido, que emitirá ou negará o deferimento. O que não pode ocorrer, sob pena de tornar o ato inconstitucional, é a concessão desta acumulação sem que se leve em conta a compatibilidade de horários.

Sem obediência a esta ressalva, configurar-se-ia um acúmulo de remuneração em detrimento da prestação eficiente do serviço público, violando-se o princípio constitucional da eficiência, que, embora seja expressamente aplicável à Administração Pública, parece incontestável que se aplica aos servidores dos demais Poderes que compõem o Aparelho Estatal.

Desta feita, todo agente público deverá atuar em consonância com o princípio da eficiência, pois que os três Poderes prestam serviço ao cidadão, ou genericamente falando, à população, e é esta a verdadeira titular da prestação do serviço público eficiente. Não seria sequer coerente e razoável que a população devesse esperar eficiência apenas do Poder Executivo, ficando livres desta "obrigação" os Poderes, Legislativo e Judiciário.

O Vereador não poderá ocupar cargo em comissão ou exonerável *ad nutum* em pessoas administrativas e empresas concessionárias de serviços públicos, conforme o estabelecido no art. 54, I, *b* e II, *b* c/c o art. 29, IX, da Carta Política, proibição, aliás, estendida a todos os cargos eletivos do Poder Legislativo.

Tem-se entendido também que, não poderia exercer função pública, o Vereador que fosse servidor do próprio Legislativo, pois que ele estaria, no mesmo momento, em uma posição de igualdade com seus pares e de subordinação aos mesmos.

Quanto à possibilidade de o Vereador exercer o cargo de Secretário Municipal, esta dependerá da Lei Orgânica do Município. A Constituição é silente sobre isso, porém, permite ao Deputado Federal e ao Senador exercerem o cargo de Ministro de Estado (art. 56 da CF). A Constituição Estadual não tem competência para tratar dessa matéria. Sendo a questão inerente à organização política do Município, o local próprio para o seu disciplinamento será a Lei Orgânica.

Caso fosse considerado o princípio da separação de poderes em suas últimas consequências (pois, o Vereador é agente político ocupante de cargo eletivo no Poder Legislativo e o Secretário Municipal é ocupante de cargo no Poder Executivo), a acumulação das funções deveria ser proibida; todavia, em face da contenção do seu alcance, feita pelos expressos termos da Constituição Federal, concluiu-se pela possibilidade da acumulação, desde que expressamente prevista na Lei Orgânica do Município.

No silêncio da Lei Orgânica será vedada a acumulação dos cargos, pois, não tendo sido o princípio da separação dos poderes expressamente excepcionado, ele prevalecerá. Nem se diga que a Constituição Federal autoriza situação correlata, porque, entre o princípio e a norma isolada, a hermenêutica determina que se dê acatamento ao princípio. Se a Lei Orgânica, podendo constituir a exceção, não o fez, entende-se que não quis fazê-lo. Sem a específica autorização da Lei Orgânica do Município, será vedado o exercício do cargo de Secretário Municipal por Vereador.

O exercício do mandato não implica perda do cargo, emprego ou função pública. Em tese, causa apenas ao servidor público, o seu afastamento do cargo, emprego ou função pública, uma vez que ele deverá se dedicar a sua nova atividade.

O inciso II do art. 38 da CF dispõe que o servidor público investido em mandato de Prefeito, será compulsoriamente afastado do cargo, emprego ou função, sendo-lhe facultado optar pela remuneração.

A duração do mandato será contada para todos os efeitos, como, por exemplo, a aposentadoria, disponibilidade, adicionais e licenças. A duração do mandato só não será considerada para a promoção por merecimento, até porque esta se afigura incompatível com o afastamento. Esta regra, entretanto, não se aplica aos servidores que acumulam cargo, emprego ou função pública com o mandato de Vereador, pois, se continuam a exercer o cargo efetivo, possuem a possibilidade de ser promovidos por merecimento.

8.5. Mandato eletivo de deputados/senadores

O inciso I do art. 38 estabelece que, em se tratando de mandato eletivo federal, estadual ou distrital, ficará o servidor público, obrigatoriamente, afastado de seu cargo, emprego ou função, percebendo a remuneração do mandato eletivo. Este afastamento será com prejuízo dos vencimentos de servidor, pois não há autorização constitucional para opção entre os seus vencimentos e a remuneração do mandato.

Para exemplificar, se um servidor que ocupe um cargo de engenheiro e é eleito para o exercício de mandato de Deputado Federal, ele deverá se afastar de seu cargo enquanto durar o mandato para o qual foi eleito. Durante o exercício do mandato, receberá, na hipótese, remuneração de Deputado. Não poderá acumular ou optar por nenhuma de suas remunerações.

O afastamento do cargo, emprego ou função pública, é automático, e independe de qualquer requerimento do eleito ou declaração da entidade a que pertence, embora seja recomendável, para fins de registro em prontuário, uma comunicação dirigida à autoridade competente.

O afastamento do servidor público, recorrendo-se às regras de incompatibilidade do art. 54, I, *b*, da Carta vigente, deve se dar, desde a diplomação, para os parlamentares, e desde a posse, para os cargos do Poder Executivo.

8.6. Do empregado temporário concorrendo às eleições

A licença remunerada para concorrer às eleições dos servidores ocupantes de cargos ou empregos só abrange os permanentes no serviço público, por isso, quem é portador de contrato temporário não tem o direito.

Há quem entenda que, se a lei complementar garante o afastamento remunerado do servidor público para concorrer ao pleito eletivo, diferenciá-los de acordo com a contratação, certamente, haveria o desrespeito ao princípio constitucional da igualdade.

No entanto, o Superior Tribunal de Justiça tem posicionamento contrário: "É evidente que a lei complementar refere-se apenas aos estatutários ou celetistas, ocupantes de cargos ou empregos de caráter de permanência no serviço público".

Seria incongruente o licenciamento remunerado porque, exatamente a contratação temporária surge no momento da necessidade e urgência do contratado.

8.7. Tempo de serviço no exercício de mandato eletivo

O inciso IV do art. 38 dispõe sobre como se resolverá o tempo de serviço do servidor afastado para o exercício de mandato eletivo:

> Art. 38 CF, inciso IV:
>
> *Em qualquer caso que exija o afastamento para o exercício de mandato eletivo, seu tempo de serviço será contado para todos os efeitos legais, exceto para promoção por merecimento.*

Esta regra tem a intenção de não prejudicar o servidor que se dedique ao mandato eletivo no que alude à preservação de seus direitos funcionais, pois estes, uma vez adquiridos, não poderão ficar prejudicados pela opção do servidor no ingresso no Legislativo.

A única exceção para o cômputo do tempo de serviço se aplicará quanto à promoção por merecimento, pois, conforme explicitado pelo próprio nome, a concessão desta promoção está atrelada ao seu merecimento, cuja análise se dará no exercício de sua função. Em assim sendo, como analisar a função do servidor se este se encontra afastado de seu cargo?

Por uma lógica e pela coerência do legislador constituinte derivado, a manutenção deste cômputo resultaria num flagrante desvio do dinheiro público, gerando, de alguma forma, o enriquecimento ilícito do servidor, pois este estaria recebendo o benefício resultado da análise de um merecimento que se esvazia diante da sua ausência.

A duração do mandato será contada para todos os efeitos, como, por exemplo, a aposentadoria, disponibilidade, adicionais e licenças. A duração do mandato só não será considerada para a promoção por merecimento, até porque esta se afigura incompatível com o afastamento. Esta regra, entretanto, não se aplica aos servidores que acumulam cargo, emprego ou função pública com o mandato de Vereador, uma vez que, se continuam a exercer o cargo efetivo, possuem a possibilidade de ser promovidos por merecimento.

E o inciso V, do art. 38, da Carta Política estabelece que para efeito de benefício previdenciário, no caso de afastamento, os valores serão determinados como se o servidor estivesse no exercício de seu cargo, emprego ou função pública.

O atual Texto Constitucional não mais faz distinção entre mandato remunerado ou gratuito de Vereador, pois que de acordo com o art. 29, V, o mandato será necessariamente remunerado através de subsídio. Porém, como na Constituição anterior o mandato podia ser gratuito, a Carta vigente, no art. 8º, § 4º, das Disposições Transitórias, dispôs que, aos que, por força de atos institucionais, tenham exercido gratuitamente mandato eletivo de vereador, terão computados, para efeito de aposentadoria no serviço público e previdência social, os respectivos períodos.

Na esfera federal, o Estatuto dos Servidores – a Lei nº 8.112/1990 – trata do afastamento dos servidores estatutários federais para o exercício de mandato eletivo no art. 94.

Para arrematar, o ocupante do cargo em comissão, demissível *ad nutum*, para concorrer a cargo eletivo, não basta requerer sua desincompatibilização nos três meses que antecederem ao pleito federal, estadual ou municipal, mas se impõe a sua exoneração da função.

Insta acrescentar que não se aplica aos titulares de cargos em comissão de livre exoneração o direito ao afastamento remunerado de seu exercício, nos termos do art. 1º, II, I, da Lei Complementar nº 64/1990, devendo exonerar-se do cargo no prazo de 3 (três) meses antes do pleito.

Capítulo XIII

Formas de provimento derivado

O provimento derivado se caracteriza pela relação de causalidade entre o servidor e um vínculo anterior com a Administração.

Prescreve o inciso II do art. 37 da Constituição Federal que "*a investidura em cargo ou emprego público depende de aprovação prévia em concurso público de provas ou de provas e títulos*". Sendo esse um requisito essencial à validade do ato, sua não observância acarreta a nulidade absoluta, segundo prevê o § 2º do art. 37 do mesmo diploma.

Discorrendo acerca da matéria, Maria Sylvia Zanella Di Pietro[313] esclarece que provimento "*é o ato pelo qual o servidor público é investido no exercício do cargo, emprego ou função*". Faz, ainda, a distinção entre provimento originário e provimento derivado, sendo este último o que depende de um vínculo anterior do servidor com a Administração. Em seguida é feita análise comparativa entre o art. 37, inciso II, da atual Constituição, com o art. 97, § 1º, da Carta de 1967, nos seguintes termos:

1. Enquanto a norma anterior exigia concurso apenas para investidura em cargo público, **a atual impõe a mesma exigência para cargo e emprego**; só não faz referência à função, porque deixou em aberto a possibilidade de contratação para serviços temporários (art. 37, IX) e para funções de confiança (art. 37, V), ambas as hipóteses sem concurso;
2. enquanto o dispositivo anterior fazia a exigência para a primeira investidura, **o atual fala apenas em investidura, o que inclui tanto os provimentos originários como os derivados**, somente sendo admissíveis as exceções previstas na própria Constituição, a saber, a reintegração, o aproveitamento, a recondução e o acesso ou promoção, além da reversão "ex officio", que não tem base constitucional, mas ainda prevalece pela razão adiante exposta.

   (...)

   A transposição (ou ascensão, na esfera federal) era o ato pelo qual o funcionário ou servidor passava de um cargo a outro de conteúdo ocupacional diverso. Visava ao melhor aproveitamento dos recursos humanos, permitindo que o servidor, habilitado para o exercício de cargo mais elevado, fosse nele provido mediante concurso interno;

313. *Direito Administrativo.* 3ª ed., São Paulo: Atlas, 1992, p. 329-330.

> (...)
> Portanto, **deixaram de existir, com a nova Constituição, os institutos da readmissão, da transposição** e da reversão... (grifos nossos).

Frise-se, pois: toda investidura exige a realização de certame público, e não apenas a primeira investidura. Isso significa que estão abolidas as formas de provimento derivado que impliquem em alteração de carreira que, a partir da CF/1988, somente podem ocorrer mediante a realização de concurso aberto "aos brasileiros que preencham os requisitos estabelecidos em lei". Noutras palavras, estão expurgadas do ordenamento jurídico pátrio as modalidades de provimento derivado de cargos ou empregos públicos que não sejam inerentes ao sistema de provimento na mesma carreira, excluindo-se, assim, as ascensões, transposições, transferência, reclassificações, que – não há negar – são formas de provimento em carreira diversa daquela em que o servidor ingressou originariamente.

A orientação jurisprudencial do Excelso Supremo Tribunal Federal – último intérprete da norma constitucional – aponta para a exigibilidade do concurso público, na forma aqui delineada. Veja-se o acórdão da ADin nº 231-7/RJ, Rel. Min. Moreira Alves, assim ementado:

> Ação direta de inconstitucionalidade. Ascensão ou acesso, transferência e aproveitamento no tocante a cargos ou empregos públicos. O critério do mérito aferível por concurso público de provas ou de provas e títulos é, no atual sistema constitucional, ressalvados os cargos em comissão declarados em lei de livre nomeação e exoneração, indispensável para cargo ou emprego público isolado, em qualquer hipótese; para o em carreira, para o ingresso nela, que só se fará na classe inicial e pelo concurso público de provas ou de provas e títulos, não o sendo, porém, para os cargos subsequentes que nela se escalonam até o final dela, pois, para estes, a investidura se fará pela forma de provimento que é a promoção. Estão, pois, banidas das formas de investidura admitidas pela Constituição a ascensão e a transferência, que são formas de ingresso em carreira diversa daquela para a qual o servidor público ingressou por concurso, e que não são, por isso mesmo, ínsitas ao sistema de provimento em carreira, ao contrário do que sucede com a promoção, sem a qual obviamente não haverá carreira, mas, sim, uma sucessão ascendente de cargos isolados.

A indispensabilidade do concurso público para a titularização de cargo ou emprego do quadro de pessoal da Administração Pública direta e indireta, também é afirmada, nesses termos, em eloquente e precisa lição de Jessé Torres Pereira Junior[314] proferida com a seguinte dicção:

> A Constituição de 1988 fez do concurso público via exclusiva de investidura em cargo ou emprego público. A ponto do Supremo Tribunal Federal haver decidido que a maioria dos modos derivados de investidura (mudança de cargo mediante procedimentos internos, tais como acesso, transposição, progressão) não foi recepcionada pelo novo regime, estando, pois, proibida. A exegese é peremptória: não mais restrita a exigência constitucional à primeira investidura em cargo, tornou-se inviável toda forma de provimento derivado do servidor público em cargo diverso do que detém, com a única ressalva da promoção, que pressupõe cargo da mesma carreira; (...)

314. *Curso de Direito Administrativo*, p. 68.

A *nomeação* é o único provimento originário que existe, seja em cargo efetivo, cargo em comissão ou cargo vitalício. Será obrigatoriamente precedido de aprovação em concurso público. Nos demais casos, cargo em comissão ou cargo vitalício, não necessariamente.

O ingresso inicial no cargo vitalício, abraçando a magistratura e aos membros do Ministério Público, há obrigatoriedade de concurso público para preenchê-los. E, mesmo assim, na magistratura, o concurso público só é obrigatório para preencher a vaga de juiz de 1º grau (art. 93, I, do Texto Constitucional). No Ministério Público, já não há outra alternativa, o ingresso é via do concurso, em conformidade com o art. 129, § 3º, da Constituição Federal.

Há, porém, alguns cargos vitalícios, cujo ingresso se materializa sem concurso, por exemplo, o *quinto constitucional* nos Tribunais de Justiça do Estado, onde a nomeação é direta, conforme determina o art. 94, da Carta Magna.

Os Ministros do Tribunal de Contas, em âmbito federal, conhecidos também como Conselheiros, ingressam no cargo vitalício sem concurso público (art. 73, §§ 1º e 2º , da Constituição Federal). Por fim, os Ministros do Supremo Tribunal Federal são vitalícios e suas investiduras acontecem sem concurso, nem precisam ser magistrados, conforme art. 101, da Constituição. Portanto, qualquer brasileiro, desde que preenchendo os requisitos constitucionais, poderá ser nomeado.

O art. 8º, da Lei nº 8.112/1990 elenca os provimentos. Contudo, o dispositivo não diz quais são os derivados.

Passaremos a analisar agora cada uma das formas de provimento derivado.

1. PROMOÇÃO

É a forma de provimento derivado, que eleva o servidor a uma classe imediatamente superior da mesma carreira, ou seja, ocorre a promoção quando o servidor sai de seu cargo e ingressa em outro situado em classe mais elevada. Das formas de provimento é a mais comum[315].

Uma informação essencial é que a promoção tem suporte constitucional porque não gera mudança de cargo. É a grande diferença da ascensão que, como vimos, muda o cargo e é inconstitucional porque qualquer nova investidura há de se realizar via concurso público.

Na promoção o que ocorre é a subida nas classes ou níveis da carreira, ou seja, o que se tem, na realidade, é um escalonamento na mesma carreira.

Na Lei Federal não há nenhum Capítulo que se dedique à promoção. Os estatutos raramente dissecam como a promoção será feita, porque quem se encarrega disso são os

315. Mandado de Segurança. Direito administrativo. Progressão funcional de carreira de nível médio para outra de nível superior. Provimento derivado banido do ordenamento jurídico. Necessidade de concurso público. 1. Jurisprudência pacificada no STF acerca da impossibilidade de provimento de cargo público efetivo mediante ascensão ou progressão. Formas de provimento derivado banidas pela Carta de 1988 do ordenamento jurídico. 2. A investidura de servidor efetivo em outro cargo depende de concurso público (CF, art. 37, II) ressalvadas as hipóteses de promoção na mesma carreira e de cargos em comissão. 3. Eventuais atos praticados em desobediência à Carta da República não podem ser invocados com base no princípio isonômico, dado que direito algum nasce de ato inconstitucional. Segurança denegada. (MS nº 23670/DF, Rel. Min. Maurício Corrêa, Tribunal Pleno; v.u.). Administrativo. Servidor Público. Direito a promoção. Princípio da legalidade. Tempo computado para efeito de promoção à nova classe só pode considerar o posterior à vigência da Lei nº 1.526/97. Inexistencia de base legal para a pretensão da autora. Apelo desprovido. (Apelação Cível nº 70003116449, Quarta Câmara Cível, TJRS, Rel. Des. João Carlos Branco Cardoso).

planos de carreira e cada categoria tem uma lei instituindo-a, como é o caso do policial militar, policial federal, do magistrado etc.

A promoção está elencada no Estatuto Federal (art. 8º, II), mas seu tratamento nele não se encontra, nem mesmo definido.

Em regra, a promoção não é regulada pelo estatuto, mas sim pela lei que regula o plano de carreira. O ocupante de um cargo progride em sua carreira, passando a uma classe superior. Por exemplo, um servidor sai do nível B para o A, mas continua no mesmo cargo.

Nada impede que, para se concorrer a uma promoção, a Administração estabeleça que se faça concurso público interno, tratando-se de uma liberalidade e conveniência.

A promoção do servidor público se materializa por via da lei, não podendo ocorrer mediante ato administrativo (decreto). *A priori*, com base no estatuto funcional e/ou lei orgânica de regência do servidor, onde normalmente estão arroladas as várias etapas que compõem o respectivo plano de carreira. Consideramos, inicialmente, que a promoção de determinado número de servidores, por força de decreto, poderia se mostrar inviável se este ato normativo ingressasse na órbita da lei regente. A situação seria agravada se ainda não estiverem presentes os requisitos de avaliação necessários para a concretização da progressão.

É a lei também que fixa o número de cargos vagos, que serão preenchidos por meio de promoções. As promoções têm o efeito de liberar as vagas nas etapas iniciais. Entretanto, o tempo de permanência do servidor na etapa inicial da carreira nos parece ser assunto para ser necessariamente tratado pela lei ordinária. A definição do interstício de promoção, ou seja, o período mínimo em que o servidor exerce suas funções numa determinada etapa da trajetória funcional, como pré-requisito para ser promovido, é atributo da Administração, e não do legislador. Sob outro ângulo, para garantir e harmonizar o fluxo de carreira em seus quadros, a Administração precisa por vezes alterar e regular o interstício, de forma a não gerar uma situação indesejável, onde a base da pirâmide se torne menor que o topo. A alteração de interstício não invade a órbita jurídica dos direitos adquiridos do servidor, pois é razoavelmente pacífica a noção de que não tem ele direito adquirido a regime funcional. Considerando estas questões, nos parece ser jurídico que o Poder Executivo fixe o interstício de promoção mediante ato administrativo normativo (decreto) e, com isso, efetue as promoções de seus agentes, agindo, portanto, na esfera delimitada pela lei. Concluindo, não seria o caso, portanto, de promover servidores por decreto, mas de fixar prazo certo para a ocorrência da promoção, por meio de ato administrativo normativo abstrato.

Esse ato teria o efeito de autorizar a promoção (a ser efetivada por meio de outro ato administrativo, agora com efeitos concretos), sem ferir o estatuto de regência do servidor (ao contrário, estaria meramente regulamentando a lei). Com efeito, seriam liberadas as vagas para a execução de novo concurso público mais adiante.

A matéria se torna um pouco mais clara se tivermos em conta o dinamismo, agilidade e variações que cercam o trato de assuntos de pessoal no âmbito da Administração Pública. É o Executivo que enfrenta diuturnamente questões como demissão, exoneração a pedido, morte de servidor, aposentadoria, desligamento por baixo rendimento, emfim, todas situações que podem gerar vacância e refletir no fluxo de carreira.

Reiteramos, entretanto, que o fluxo de carreira (em especial os interstícios de promoção), o tempo de permanência do servidor na etapa inicial da carreira, o período mínimo em que o servidor exerce suas funções numa determinada etapa da trajetória funcional, como pré-requisito para ser promovido, é da Administração, e não do legislador. Portanto, não é um assunto para ser necessariamente tratado pela lei ordinária. Trata-se, unicamente, de atributo do Executivo. Havendo omissão do estatuto funcional civil quanto aos interstícios, nada impede a Administração de dispor a respeito, e com isto não estará ferindo as balizas da lei.

O que se verifica na prática são diversas formas de se promover, o que acaba ocasionando muitas vezes um obnubilamento, trazendo para o mundo jurídico disciplinamentos de regimes complicadíssimos e ininteligíveis de melhoria do servidor. Os estatutos devem fixar duas condições jurídicas para tal elevação: a existência de vaga e a situação pessoal. De acordo com Diogo de Figueiredo Moreira Neto[316], a vaga é o claro aberto, no quadro numérico, por um desprovimento. E a situação pessoal, esta será apreciada consoante os critérios adotados estatutariamente, tais como: antiguidade, merecimento, realização de cursos de aperfeiçoamento ou seleção em concurso interno.

Alguns doutrinadores, mais prudentes, diferenciam a remoção de progressão, sendo oportuna a recomendação feita por José dos Santos Carvalho Filho[317], a respeito do tema. Dita o autor que na promoção o servidor é alçado de cargo integrante de uma classe para o cargo de outra, ao passo que na progressão o servidor permanece no mesmo cargo, mas dentro dele processa um *iter* funcional, normalmente simbolizado por índices ou padrões, em que a melhoria vai sendo materializada por elevação nos vencimentos.

Costuma-se dividir a promoção em dois grupos: por merecimento e por antiguidade. É comum, também, alternar a promoção por merecimento e por antiguidade.

Refletindo sobre o critério de promoção, por Antiguidade não há empecilho legal, pois temos a percepção de que tal critério realmente não interfere necessariamente com a avaliação do estágio probatório[318]. Seria, por exemplo, abrir vagas na classe inicial da carreira de determinadas profissões, a fim de atender o interesse público em que as mesmas sejam ocupadas por servidores concursados.

O nosso posicionamento enfocado acima está em conformidade com a jurisprudência assentada pela Terceira Seção do STJ e bem refletida na seguinte ementa:

> Mandado de Segurança. Administrativo. Procurador Federal. Promoção. Estágio probatório de vinte e quatro meses. Efeitos retroativos desde a data em que deveria ser promovido. Precedentes.

316. *Curso de Direito Administrativo*. 12ª ed., Rio de Janeiro: Forense, 2001, p. 299.

317. *Manual de Direito Administrativo*. 9. ed., Rio de Janeiro: Lumen Juris, 2002, p. 485.

318. Um caso analisado pela Terceira Seção do Tribunal Superior de Justiça, digno de registro, é um mandado de segurança apresentado por uma procuradora federal. Na carreira desde 2000, ela pretendia ser incluída em listas de promoção e progressão retroativas aos exercícios de 2001 e 2002, antes, pois, de transcorridos os três anos de efetivo exercício no cargo público. Inicialmente, apresentou pedido administrativo, mas não obteve sucesso. Para a administração, ela não teria cumprido os três anos de efetivo exercício e, durante o estágio probatório, seria vedada a progressão e promoção nos termos da Portaria nº 468/05 da Procuradoria-Geral Federal, que regulamentou o processo de elaboração e edição das listas de procuradores habilitados à evolução funcional. A procuradora ingressou com mandado de segurança contra o ato do advogado-geral da União, cujo processo e julgamento é, originariamente, de competência do STJ (art. 105, III, *b*, CF). Argumentou que estágio probatório e estabilidade seriam institutos jurídicos distintos cujos períodos não se vinculariam, razão pela qual teria direito à promoção. Nesse ponto, o ministro Fischer destacou que, havendo autorização legal, o servidor público pode avançar no seu quadro de carreira, independentemente de se encontrar em estágio probatório. Ocorre que essa não é a situação da hipótese analisada, já que a Portaria PGF nº 468/05 restringiu a elaboração e edição de listas de promoção e progressão aos procuradores federais que houvessem findado o estágio probatório entre 1º de julho de 2000 e 30 de junho de 2002. Em conclusão, o mandado de segurança foi negado pela Terceira Seção.

1. A Terceira Seção deste Superior Tribunal de Justiça firmou entendimento de que a estabilidade no serviço público e o estágio probatório são institutos distintos, razão pela qual é incabível a exigência de cumprimento do prazo constitucional de três anos para que o servidor figure em lista de promoção na carreira. Precedentes.
2. Segurança concedida, para declarar o direito da impetrante de ser avaliada no prazo de vinte e quatro meses para fins de estágio probatório, com os efeitos funcionais e financeiros decorrentes desde a data em que deveria ser promovida (MS nº 12.418/DF, Rel. Min. Maria Thereza de Assis Moura).

Diante da relevância do tema, é necessário estabelecer os traços distintivos entre a estabilidade no serviço e o estágio probatório. No estágio probatório, o lapso temporal de vinte e quatro meses tem a finalidade maior de a Administração observar se o servidor preenche aptidão para o exercício do cargo. Diferentemente da estabilidade que consiste no direito de permanência do servidor no serviço público, após o término de três anos de efetivo exercício, e, obrigatoriamente, aprovado pela comissão especial constituída para tal fim. Portanto, os institutos são diferentes, de acordo com a interpretação dos arts. 41, § 6º, e art. 20 da Lei nº 8.112/1990. Potanto, não há que vincular o prazo do estágio probatório com a estabilidade, em confomidade com o pensamento do Egrégio Supremo Tribunal Federal[319].

Perfilhamos, também, com o entendimento do STJ, no sentido de que não há ilegalidade em ocorrendo a promoção por antiguidade, após o cumprimento do estágio probatório de vinte e quatro meses.

Deve-se considerar, sempre, que as promoções são realizadas não só no interesse do servidor, mas nelas está presente, acima de tudo, o interesse público, estimulando a maior eficiência e disposição do servidor e, consequentemente, melhorando a prestação do serviço. Neste sentido, também, o interesse e a conveniência da Administração ao efetivar promoções para preencher as vagas de uma carreira, inclusive seguindo o princípio da economicidade ao aproveitar candidatos aprovados em concursos no prazo de validade dos mesmos.

Na Revista Eletrônica de Direito do Estado da Bahia se pronuncia sobre a possibilidade de promoção de servidor em estágio probatório:[320]

319. "A presunção, entretanto, é que adquiriu estabilidade no cargo municipal, porque ultrapassado, de muito, o prazo de dois anos do estágio probatório (Lei 8.112/90, art. 20) e o prazo de três anos para a aquisição da estabilidade (CF, art. 41), convindo esclarecer que o direito, que assiste ao servidor, de retornar ao cargo antigo ocorre no pazo do estágio, que é de dois anos (Lei 8.112/90, art. 20)" (MS nº 24.543/DF, Rel. Min. Carlos Velloso, Tribunal Pleno, *DJ*, 12/09/2007).

320. "O servidor em estágio probatório é servidor titular de competências, integrante de uma carreira, tem direito à carreira, mesmo que sua estabilidade ou vitaliciedade nela seja dependente de futura confirmação. Mas é titular transitório, sem fixidez, sem definitividade. Diante desse fato, é comum indagar: cabe a sua promoção na carreira? Eu respondo afirmativamente. Em diversas situações surgem vagas na carreira que não podem ser supridas senão com a promoção de servidores em estágio probatório. Foi o que ocorreu quando da implantação dos Ministérios Públicos nos territórios federais transformados em Estados ou criados pela Constituição de 1988 (CF, ADCT, arts. 13 e 14), uma vez que o estatuto fundamental exigiu que *as funções do Ministério Público só podem ser exercidas por integrantes da carreira (CF, art. 129, parágrafo segundo, primeira parte)*. Certo, a lei pode limitar a promoção, tratando de forma explícita do tema, restringindo a candidatura ou a escolha de servidores no curso do processo de estágio probatório até certo limite. Mas, se a lei não o fizer, não há impedimento constitucional algum a promoção de agentes em estágio probatório, pois esses agentes são agentes públicos, titulares de competências públicas, titulares de competências públicas

> Este ponto de vista é reforçado pelo fato de que o servidor público civil, após a reforma administrativa, pode vir a perder o cargo por baixo rendimento, mesmo após o advento da estabilidade, instituto este que está bastante relativizado.
> Se ele pode perder o cargo, após estável, com muito mais razão poderá perdê-lo por ocasião do exame para a outorga da estabilidade, ponto importante de sua carreira.
> A promoção não é inconstitucional porque não muda de cargo e ocorrerá no âmbito da mesma carreira.

São inúmeras as decisões de nossos Tribunais, afirmando que o servidor não pode, ao mesmo tempo, possuir adicional do tempo de serviço e promoção por antiguidade.

É importante deixar claro que o art. 37, XIV, do Texto Constitucional veda os acréscimos pecuniários recebidos por servidor público, sejam acumulados para o fim de concessão de acréscimos ulteriores, sobre o mesmo título ou idêntico fundamento. Promoção gera acréscimo pecuniário, e o adicional por tempo de serviço gera, também, acréscimo pecuniário, tendo o mesmo fundamento.

2. READAPTAÇÃO

Está conceituada no Estatuto Federal, isto é, no art. 24, da Lei nº 8.112/1990.

Nesta forma de provimento o servidor passa a ocupar cargo ou função que lhe seja mais compatível, ou seja, diverso do que ocupa, sob o ponto de vista físico, psíquico ou intelectual, e sempre atendido o interesse público. Tem em vista, assim, a readaptação a necessidade de compatibilizar o exercício da função pública com a limitação sofrida em sua capacidade física ou psíquica[321].

Readaptação é a investidura do servidor, estável ou não, em cargo de atribuições e responsabilidades compatíveis com a limitação que tenha sofrido em sua capacidade física ou mental verificada em inspeção médica.

Na real verdade, o instituto da readaptação funcional é equivalente ao aproveitamento, devendo ser efetuado em cargo da mesma linha horizontal e do mesmo padrão de vencimentos.

Este instituto deve se dar com cautela. Indubitavelmente, as conquistas da Medicina e da Psicologia e o estímulo que deve o Poder Público dar à educação tornam hoje razoável sua aplicação. As leis estatutárias não costumam adotá-lo sob todas as suas formas, mas,

---

vinculadas ao exercício de uma função permanente do Estado. (...) Durante o período do estágio probatório, a Administração sempre poderá, quando verificar fato incompatível com o exercício profissional ou que indique inaptidão para o exercício da função, recusar efetivação e confirmação ao agente, observada a exigência de fundamentação. A promoção, por si só, não tem o condão de conferir estabilidade ou vitaliciedade ao agente em estágio probatório." (grifo nosso). Disponível em <http://www.direitodoestado.com/revista/REDE-10-ABRIL-2007- PAULO MODESTO>.

321. Administrativo. Servidor Público municipal. Aposentadoria. Readaptação. Confirmada pela perícia a incapacitação física, por doença grave ocorrida após o ingresso no serviço público, a aposentadoria por invalidez, com proventos integrais, e direito líquido e certo do servidor. Impossibilidade de readaptação. Segurança concedida. Sentença confirmada em reexame necessário. (TJRS, Reexame necessário nº 70001665025, Terceira Câmara Cível, Rel. Des. Luiz Ari Azambuja Ramos). Administrativo. Readaptação. Professora. Supressão de gratificação. Ilegalidade. Ocorrência. 1 – A readaptação, ainda que provisória, em cargo de remuneração inferior ao originário, não retira da professora o direito de perceber a Gratificação de Estímulo à Regência de Classe, sob pena de violação ao princípio da irredutibilidade de vencimentos. 2 – Recurso ordinário provido. (STJ, ROMS nº 9545/SC, 6ª Turma, Rel. Min. Fernando Gonçalves.)

restritamente, para atender a situações de incapacitação, que seriam insuficientes para motivar a aposentadoria ou sucessivas concessões de licença para tratamento.

Poderá excepcionalmente a Administração utilizar a readaptação, por via de leis extravagantes e de vigência limitada, como instrumento de grandes reestruturações de pessoal, visando sempre ao aperfeiçoamento do serviço público, e à recolocação do servidor no lugar que lhe seja mais adequado, técnica, física ou psicologicamente.

Esta modalidade estaria também proscrita na ordem constitucional vigente, por força do comando do art. 37, II, da Constituição, não fora a previsão de idêntica hierarquia, do inciso VIII, do mesmo artigo, autorizando o legislador a estabelecer critérios excepcionadores de admissão.

É uma tentativa, na verdade, desesperada da Administração Pública, a fim de evitar a aposentadoria por invalidez precoce. Geralmente, o servidor será readaptado em cargo inferior, com menores atribuições, devido a sua limitação física ou psíquica.

A lei manda, antes de aposentá-lo por invalidez, seja precedida de licença para tratamento de saúde, por período não excedente a 24 meses (vinte e quatro) meses (art. 188, §§ 1º e 2º, Lei nº 8.112/1990).

Expirado o período de licença de dois anos e não estando o servidor em condições de reassumir o mesmo cargo, será verificada a possibilidade de ser readaptado numa função, compatível com a limitação psíquica e física, que tenha condições de realizar. Se, após esse prazo, não for possível a readaptação, será aposentado por invalidez.

Normalmente, como há uma diminuição de sua capacidade laboral, as atribuições desse novo cargo deverão ser semelhantes, mas não necessariamente iguais, pois o servidor é reabilitado em cargo inferior ao ocupado originariamente, via de regra.

O servidor readaptado não poderá ter seus vencimentos reduzidos em relação ao cargo inferior, uma vez que goza de irredutibilidade de vencimentos, em atendimento ao contido no art. 37, XV, da Constituição.

Vale dizer que a readaptação é uma situação extraordinária, não se podendo falar em *readaptação de ofício*, bem como os demais servidores da repartição não podem postular isonomia com o servidor adaptado, por se tratar de uma situação *sui generis*.

Existem algumas críticas quanto à constitucionalidade da readaptação, inclusive de administrativistas do porte de Celso Antônio Bandeira de Mello, entendendo ser inconstitucional essa investidura, por representar burla à regra do concurso público. Em verdade, esta forma de provimento permite até mesmo a mudança de cargo e, mudança de cargo sem concurso público, foi o que acarretou a motivação da inconstitucionalidade da ascenção e transferência, pelo Supremo Tribunal Federal. No entanto, não há, até o fechamento do presente livro, qualquer ADIn proposta no sentido de sua inconstitucionalidade.

Em síntese, é fundamental observar que a readaptação não poderá acarretar aumento ou redução da remuneração do servidor[322]. Assim, revela-se ilegal a supressão da gratificação por risco de vida, a título de ilustração, de Agente Penitenciário, cargo para o qual

322. Na mesma linha de argumentação, colaciona-se ementa da decisão proferida no RMS 9.545/SC, que teve como Relator o Ministro Fernando Gonçalves, da 6ª Turma do STJ, *verbis*: "Administrativo. Readaptação. Professora. Supressão de gratificação. Ilegalidade. Ocorrência. 1 – A readaptação, ainda que provisória, em cargo de remuneração inferior ao originário, não retira da professora o direito de perceber a Gratificação de Estímulo à Regência de Classe, sob pena de violação ao princípio da irredutibilidade de vencimentos. 2 – Recurso ordinário provido. São as razões que me conduzem, seguramente, a conceder a segurança. (...)".

o servidor prestou concurso e desempenhava as atividades antes de ser readaptado para o cargo de Agente Administrativo[323].

Para ilustrar este item, trazemos à baila o julgamento da Apelação Cível nº 70021243480, julgada pela Quarta Câmara Cível do Tribunal de Justiça do Estado do Rio Grande do Sul.

Por meio de ação ordinária, servidora do Município de Porto Alegre buscava conseguir aposentadoria por invalidez permanente, depois que foi *readaptada* para o cargo de Auxiliar de Serviços Gerais após comprovada delimitação de atribuições por problemas ortopédicos para continuar exercendo o cargo de operária.

Entretanto, o pleito foi negado por sentença com a elegação de que a autora não preenchia os requisitos para se aposentar por invalidez, visto que não restou demonstrado no laudo do Departamento Médico Judiciário a limitação para o exercício das atividades designadas em face da readaptação.

Em apelação, a servidora vencida na ação ordinária sustentava a inconstitucionalidade do instituto da readaptação, alegando que o reconhecimento por parte do Município de Porto Alegre de sua incapacidade para exercer o cargo de operária pressupõe o seu direito à aposentadoria, e não à readaptação.

Já no julgamento da Apelação, a Quarta Câmara Cível do Tribunal de Justiça daquele Estado negou por unanimidade o seu provimento, usando seu relator os seguintes argumentos, que bem explicam o que vem a ser o instituto da readaptação.

> Invalidez implica a incapacidade física total para o trabalho, ou seja, para desempenhar as atividades inerentes ao cargo, assim definidas em lei, e, ademais, a impossibilidade de reabilitação para o trabalho, pois, do contrário, o servidor deverá ser *readaptado* em outro cargo (...)[324].

Conclui, por fim, que a apelante não se encontra inválida para o serviço público, podendo exercer suas atividades normalmente, e cita a Lei Complementar nº 133/1985, cujo art. 57 explica sobre a readaptação. Com isso, nega o o provimento à apelação.

Art. 57 – Readaptação é a forma de provimento do funcionário estável em cargo de igual ou inferior classificação, mais compatível com suas condições de saúde física ou mental, podendo ser processada a pedido ou "ex-ofício".

Faz-se mister que se ressalte no estudo deste tópico, no que alude às circunstâncias passíveis de *readaptação*, que servidor público ocupante tão somente de cargo em comissão e sem qualquer vínculo efetivo com a Administração Pública não pode fazer jus a provimento por meio deste instituto, por questões legais e já devidamente enfatizadas pela jurisprudência dos Tribunais Superiores.

---

323. No mesmo sentido: "Readaptação. Funcionário público estadual readaptado em cargo de padrão inferior. Aplicação do art-48, par-2, da lei n-1751, de 22/02/51. Estatuto do Funcionário Público Estadual. Embora a readaptação importe em novo provimento, a lei quis garantir ao funcionário o vencimento que percebia no cargo de origem, e tal garantia tem caráter permanente, projeta-se para o futuro, beneficiando-se o servidor com os posteriores aumentos do vencimento correspondente ao padrão do cargo anteriormente titulado." (Apelação Cível nº 29360, Primeira Câmara Cível, Tribunal de Justiça do RS, Rel. Athos Gusmão Carneiro.)

324. Para melhor justificar a correta aplicação da readaptação, o Ministro Relator juntou ao seu julgamento parte do laudo pericial emitido pelo Departamento Médico Judiciário, com a conclusão de que não havia a invalidez, o que basta para levar o servidor a ser readaptado em outro cargo: "Conclusão: No presente exame, constatamos que a Autora apresentou Hérnia Discal Lombar e L5-S1, que foi motivo de tratamento cirúrgico, obtendo um ótimo resultado funcional, restabelecendo a capacidade laborativa da Autora em sua plenitude. Não há invalidez para o seu exercício laboral habitual".

É o caso, para exemplificar, do julgamento de Agravo Regimental no Recurso Especial nº 749.852/DF, transcorrido na Sexta Turma do Superior Tribunal de Justiça, e que teve como Relator o Min. Paulo Gallotti, em que servidora ocupante de cargo comissionado buscou ser readaptada aos quadros da Administração Pública Federal, com a alegação de que o direito à readaptação não é exclusivo dos servidores efetivos, mas também extensivo aos comissionados.

Contudo, não logrou êxito o provimento do Agravo Regimental[325] interposto contra *decisão*, abaixo descrita, que negou seguimento ao Recurso Especial, fulcrado na alínea *a* do permissivo constitucional. O Recurso Especial, por seu turno, buscava reformular Acórdão do Tribunal Federal da 1ª Região, o qual confirmou a sentença em detrimento da Apelação, sendo vencida a servidora postulante do instituto da readaptação.

> "Administrativo. Servidor Público ocupante de cargo comissionado sem vínculo efetivo com a administração pública. Art. 535 do Código de Processo Civil. Violação. Não ocorrência. Art. 24, § 1º, da Lei nº 8.112/1990.
>
> 1. Não ocorre omissão quando o Tribunal de origem decide fundamentadamente todas as questões postas ao seu crivo.
>
> 2. A readaptação, conceituada como sendo "a investidura do servidor em cargo de atribuições e responsabilidades compatíveis com a limitação que tenha sofrido em sua capacidade física ou mental verificada em inspeção médica" é instituto que se destina apenas aos servidores efetivos, não se estendendo aos ocupantes de função comissionada, sem vínculo com a Administração Pública Federal.
>
> 3. Recurso especial a que se nega provimento.

O Ministro Paulo Gallotti, em seu voto, buscou demonstrar que o provimento agravado deveria ser mantido, uma vez que a alegação de negativa de vigência do art. 24, da Lei nº 8.112/1990, não tem consistência. Eis o que reza a citada lei acerca do instituto da readaptação:

> *Lei nº 8.112/1990:*
>
> ***Art. 24. Readaptação é a investidura do servidor em cargo de atribuições e responsabilidades compatíveis com a limitação que tenha sofrido em sua capacidade física ou mental verificada em inspeção médica.***
>
> *§ 1º Se julgado incapaz para o serviço público, o readaptado será aposentado.*
>
> *§ 2º A readaptação será efetivada em cargo de atribuições afins, respeitada a habilitação exigida, nível de escolaridade e equivalência de vencimentos e, na hipótese de inexistência de cargo vago, o servidor exercerá suas atribuições como excedente, até a ocorrência de vaga (Redação dada pela Lei nº 9.527, de 10/12/1997). (Grifamos o texto original).*

Não obstante não haver clara menção no texto da Lei nº 8.112/1990 sobre o fato de que o instituto sob análise se destina apenas aos servidores efetivos, não se estendendo aos

325. Agravo Regimental. Administrativo. Servidor Público. Ocupante de cargo comissionado sem vínculo efetivo com a Administração Pública. Readaptação. Impossibilidade. 1. A readaptação, conceituada como sendo "a investidura do servidor em cargo de atribuições e responsabilidades compatíveis com a limitação que tenha sofrido em sua capacidade física ou mental verificada em inspeção médica" é instituto que se destina apenas aos servidores efetivos, não se estendendo aos ocupantes de função comissionada, sem vínculo com a Administração Pública Federal. 2. Agravo improvido.

ocupantes de cargo em comissão sem vínculo com a Administração Pública, este raciocínio já é pacífico na doutrina e jurisprudência vigentes.

Ademais, o legislador ordinário já deixou registrado, com a edição da Lei nº 8.647/1993, a existência de vinculação de servidor público civil ocupante de cargo em comissão sem vínculo efetivo com a Administração Pública Federal, ao Regime Geral de Previdência Social, ao alterar o art. 183 da Lei nº 8.112/1990.

Sendo assim, após a edição da citada lei, servidor ocupante de cargo em comissão que não seja, ao mesmo tempo, ocupante de cargo ou emprego efetivo na Administração Pública, não faz jus à aposentadoria estatutária[326], sendo estas as alegações de que se valeu o Ministro Relator ao negar provimento ao Agravo Regimental.

Por fim, só para arrematar, a readaptação é um instituto que se destina apenas aos servidores efetivos, não se estendendo aos ocupantes de função comissionada, sem vínculo com a Administração Pública[327].

3. REVERSÃO

É o provimento pelo qual a Administração retorna o aposentado por invalidez ao serviço público, quando, por junta médica oficial, forem declarados insubsistentes os motivos da aposentadoria. É uma forma de reingresso do servidor inativo e se consuma, segundo José dos Santos Carvalho Filho[328], com a ocorrência de duas situações funcionais: o *restabelecimento, por laudo médico, de servidor aposentado por invalidez ou vício de legalidade no ato que concedeu a aposentadoria*[329].

No mesmo sentido, Celso Antônio Bandeira de Mello[330] dispõe que a Lei nº 8.112/1990, ao tratar da reversão, só faz menção ao reingresso do servidor aposentado por invalidez.

326. "Recurso em Mandado de Segurança. Administrativo. Servidor público estadual ocupante somente de cargo em comissão. Aposentadoria proporcional. Resolução nº 5.132/93. Tempo de serviço. Lei nº 8.112/90. Alteração pela Lei 8.647/93. Em situação análoga, esta Corte já proferiu decisão no sentido da ausência de direito líquido e certo (RMS nº 11.176/MG, Rel. Min. Felix Fischer). No caso, tratando-se de servidor ocupante somente de cargo em comissão, que requereu sua aposentadoria em 1998, e considerando que os proventos de aposentadoria são regidos pela lei vigente ao tempo em que o servidor reuniu os requisitos necessários, não lhe assiste o alegado direito, uma vez que já vigia a Lei nº 8.647/93 que, revogando dispositivo do RJU, expressamente estatui que os ocupantes de cargo em comissão de livre nomeação não terão direito aos benefícios do Plano de Seguridade Social. Recurso desprovido." (RMS nº 13.154/MG, Relator o Ministro José Arnaldo da Fonseca.)

327. STJ, AgRg no Recurso Especial nº 749.852/DF, Rel. Min. Paulo Gallotti.

328. *Manual de Direito Administrativo*. 9ª ed., cit., p. 489-490.

329. Recurso Especial. Administrativo. Servidor. Aposentadoria por invalidez. Cessação da causa. Patrulheiro Rodoviário Federal. Reversão. Redistribuição. Inocorrência de extinção do cargo. Violação não caracterizada. Cessada a causa que originou a aposentadoria por invalidez, tem direito o servidor à reversão – art. 26 da Lei nº 8.112/90. O cargo por ele ocupado, Policial Rodoviário Federal, não foi extinto, tendo sido desvinculado do DNER e subordinado ao Ministério da Justiça, não deixando de fazer jus o servidor ao instituto da reversão. (REsp nº 195380/CE, (1998/0085606-4) *DJ*, 11/06/2001, p. 251, Rel. Min. José Arnaldo da Fonseca, 5ª Turma). Servidor público – Direito a contagem do tempo de afastamento para fins de aposentadoria – Reversão – Art. 52 da lei municipal nº 28/53 – Parecer nº 11.043 da PGE. Apelo provido. (Apelação Cível nº 70000881060, Quarta Câmara Cível, Tribunal de Justiça do RS, Rel. Des. João Carlos Branco Cardoso). Administrativo. Servidor Público Municipal. Aposentadoria. Tempo ficto. Inconstitucionalidade. Reversao. 1. Determinada a reversão dos servidores, devem estes retornar aos seus cargos originários. 2. Os valores percebidos a título de proventos nao podem ser descontados dos vencimentos dos servidores, eis que cabia ao município negar aplicação a Lei inconstitucional. 3. Negaram provimento a ambos os recursos. (Apelação Cível nº 595197559, Terceira Câmara Cível, Tribunal de Justiça do RS, Rel. Des. Nelson Oscar de Souza).

330. *Curso de Direito Administrativo*. cit., p. 152.

Mas se houve erro na aposentação do servidor, a Administração tem o dever de anular o ato e obrigar o servidor a retornar a seu cargo. Não é aplicável nos casos em que são descobertas fraudes e irregularidades que, comprovadamente, são uns dos grandes caminhos para o "rombo" da Previdência Privada e Pública. Se a Administração perceber que o mesmo usou de má-fé ou apresentou laudos fraudulentos para se aposentar por invalidez, não há que se falar na *reversão*. A lei fala em motivos *insubsistentes e não nos inexistentes* (fraude). Há lesão aos cofres públicos. Deve haver punição, porém, não através de demissão, após o respectivo processo administrativo disciplinar. *Não se pode demitir inativo, aposentado.* Inativo não é demitido. *Demissão só ocorre para quem está na ativa. A pena será a cassação da aposentadoria.* É crime contra a Administração Pública e o servidor terá de devolver tudo que fora percebido ilicitamente.

Foi com base na hipótese de fraude que chegou ao Tribunal de Justiça do Rio Grande do Sul, a partir de uma denúncia anônima ao Ministério da Previdência e Assistência Social, julgamento de Apelação tendo como partes, servidora pública, aposentada por invalidez, e Município de Porto Alegre.

> Servidor Público. Reversão de aposentadoria. Dano moral.
>
> Incensurável mostra-se o ato sentencial ao invalidar o ato de reversão, sendo os argumentos do julgador muito bem postos, mercê de consistente fundamentação, além de fundados em prova pericial elaborada pelo DMJ, laudo psicológico e psiquiátrico, que concluíram pela incapacidade da autora para exercer atividades laborativas remuneradas, pois portadora de Transtorno Borderline de Personalidade.
>
> É dever do Município investigar, mediante procedimento próprio e inspeção médica, especialmente diante de denúncia, se persiste o estado de saúde incapacitante da autora, que deu causa à aposentadoria. A atitude do réu configura exercício regular de direito, que não gera dano moral.
>
> Apelo Improvido. Confirmada, no mais, a sentença em reexame necessário. (Apelação Cível nº 70003797495, Primeira Câmara Especial Cível, Porto Alegre. Relator Des. Adão Sérgio do Nascimento Cassiano).

Recebida a denúncia sobre a suposta irregularidade dos benefícios recebidos pela servidora aposentada, iniciou o aludido Ministério processo administrativo para aferir a veracidade ou não dos fatos que justificavam a inativação e uma consequente reversão. Submetida a perícia médica na Junta Médica da Secretaria Municipal de Saúde, o laudo concluiu que a servidora encontrava-se apta ao trabalho, fato este que resultou no ato de reversão pelo Município de Porto Alegre.

Diante disso, a servidora ingressou com ação judicial requerendo a "revogação" (termo errôneo, pois o certo é invalidação) dos efeitos do ato administrativo de reversão, e a manutenção do seu estado de aposentada, com pedido cautelar, além de pleitear a condenação do Município ao pagamento de indenização equivalente a 200 (duzentos) salários-mínimos, em razão dos danos morais que teria sofrido no decorrer do processo administrativo e da sua consequente reversão aos quadros públicos, inadequadamente ordenada.

Em sua defesa, alegou o Município a legitimidade de seu ato, que apenas teve início a partir de ofício do Ministério da Previdência, designando, tal medida, por taxar de irregular os benefícios concedidos à autora da ação pela suposta irregularidade na inativação. E mais, que o ato de reversão se deu em razão do laudo técnico auferido pela Junta Médica da Secretaria Municipal de Saúde, o que de fato ocorreu.

Não obstante, em réplica, outra perícia elaborada pelo DMJ emitiu laudo psicológico e psiquiátrico constatando a incapacidade da autora para exercer atividades laborativas remuneradas, apontando ser a mesma portadora de Transtorno Borderline de Personalidade.

Com efeito, o ato sentencial do Juiz da 3ª Vara de Fazenda Pública da Capital deu procedência ao pedido cautelar, mas procedeu apenas parcialmente o pedido principal, não concedendo o pleito indenizatório, apesar de confirmar a aposentadoria da servidora e invalidar o ato administrativo de reversão do Município, razão pela qual apelou a autora, alegando equívoco do julgador.

Tentou demonstrar, em sua Apelação, que o desenrolar de todo o processo gerou consequências danosas ao seu estado psicológico, pelas entrevistas, exame pericial, indagações e depoimentos. Enfim, em razão de todo desgaste a que se submeteu para ter confirmada a sua aposentadoria.

Em seu voto, o Relator do processo se queda totalmente favorável à sentença monocrática, julgando-a com consistente fundamentação e amparada em prova pericial elaborada pelo DMJ, que opinou pela incapacidade laborativa da apelante em decorrência do Transtorno Borderline de Personalidade, e pela manutenção da aposentadoria. No que toca ao pedido indenizatório por dano moral, também concorda que este não é cabível.

Considerou o relator que não se justifica alegar que o Município agiu de forma a constranger a apelante, pois ao investigar uma suposta irregularidade na concessão de seus benefícios, e isto após ofício do Ministério da Previdência e Assistência Social, as condutas do Município configuraram exercício regular de direito, ou, mais ainda, um dever da Administração, não havendo quaisquer indícios de gerar dano moral conforme tentou demonstrar a apelante.

Outro fato relevante no voto do Relator é que o ato de reversão que foi imposto à apelante após o laudo do Município não pode ser considerado passível de gerar dano moral, já que a sua própria condição de portar o Transtorno Borderline de Personalidade faz supor que a sua estabilidade psíquica e emocional não mantém necessariamente uma constante, podendo sua personalidade ser facilmente mascarada na realização de exames periciais em razão mesmo deste transtorno.

Sendo assim, ratifica o eminente Relator que a sentença merece ser mantida em sua totalidade, não cabendo a concessão de indenização por danos morais, e, sendo assim, vota justificadamente pela improcedência do pedido, pedindo ainda seja retificado o cadastro do processo para fazer constar seu reexame necessário.

Como elemento de autofixação, vale reiterar que a Administração Pública goza de prerrogativas entre as quais o controle administrativo, pelo que lhe é dado rever os atos de seus próprios órgãos, o que encontra amparo no poder de autotutela administrativo, ora enunciado nas Súmulas nºs 346 e 473 do Supremo Tribunal Federal, tendo como fundamento os princípios constitucionais da legalidade e do interesse público, podendo, inclusive, convocar o servidor para apresentar os documentos que justificam a concessão da aposentadoria, inexistindo, na aludida convocação, qualquer arbitrariedade.

É o caso, por exemplo, de ter a Administração agido erroneamente na contagem de tempo de serviço, cujo erro precipitou o ato da aposentação que ao certo só ocorreria tempos depois. Ou, ainda, de erro quando da aferição de laudo médico no qual consta, equivocadamente, situação que remete o servidor à inatividade. Descobrindo-se posteriormente tais erros, dar-se-á a reversão.

Há necessidade, para tal, da observância das regras de um verdadeiro processo administrativo, como instrumento para efetivação do controle dos atos da administração, não sendo lícito impor sanções, deveres, ou mesmo restringir ou negar direitos a particulares, através de meros atos, olvidando-se dos princípios que estão a informar o devido processo administrativo, dentre eles, principalmente, a ampla defesa e o contraditório.

O extinto Tribunal Federal de Recursos sumulou o entendimento, através do verbete nº 160, e sua jurisprudência predominante encaminha-se no sentido de que a suspensão do benefício de aposentadoria, em decorrência de suspeita de fraude sem a existência de processo administrativo, é nula, importando em violação do contraditório e em abuso de poder.

Entendemos que a simples comunicação ao servidor da possibilidade de suspensão do benefício por si só não satisfaz os princípios antes mencionados.

Adicione-se a isso, que a Constituição Federal, em seu art. 5º, inciso LIV, é taxativa no sentido de limitar o poder do Estado quando se trata de privação de liberdade, ou de seus bens "sem o devido processo legal", garantindo aos litigantes, em processo judicial ou administrativo, o contraditório e ampla defesa, com os meios e recursos a ela inerentes.

Por último, a própria lei que regula o processo administrativo no âmbito da Administração Pública Federal, Lei nº 9.784/1999, em seu art. 27, dispõe que "*o desatendimento da intimação não importa o reconhecimento da verdade dos fatos nem a renúncia a direito pelo administrado*".

Evidente que, se a cura ocorrer após os 70 anos de idade, como o sistema de aposentadoria compulsória ocorre a partir dessa idade, não poderá acontecer a reversão (art. 40, § 1º, II, da Constituição, e art. 27 da Lei nº 8.112/1990).

É um instituto que, se adotado, requer especiais cuidados para que não seja fonte de abusos.

É bom lembrar que, em primeiro lugar, não podem reverter os compulsoriamente aposentados. Em segundo lugar, é sempre necessária a motivação definitória do interesse público em cada reversão, de vez que se trata de ato discricionário. Nas aposentadorias por invalidez será necessário, ainda, que não mais subsistam os motivos que a sustentaram. Como ato discricionário, valem as observações feitas a propósito dos efeitos da readmissão, inclusive seus efeitos *ex nunc*.

José dos Santos Carvalho Filho[331] afirma que anteriormente se reconhecia uma forma de reversão em que o servidor, após a sua aposentadoria, solicitava o seu retorno, e ficava a critério único e exclusivo da Administração atender ou não a postulação. Para o autor, como esta forma não mais existe, só seria possível a investidura mediante aprovação prévia em concurso público, o que não se dava naquela forma de reversão. No entanto, a Lei nº 8.112/1990 (Estatuto dos Servidores Federais), passou a admitir a reversão "no interesse da administração", desde que: 1º) haja solicitação da reversão; 2º) a aposentadoria tenha

331. *Manual de Direito Administrativo*. 9ª ed. cit., p. 489.

sido voluntária e concedida nos cinco anos anteriores ao pedido; 3º) o servidor fosse estável quando se aposentou; 4º) haja cargo vago. Pelas novas regras, conclui este autor que a reversão dar-se-á no mesmo cargo em que o servidor se aposentou ou naquele que resultou de eventual transformação. Se o cargo estiver provido, o servidor ficará como excedente até a ocorrência de vaga[332].

Assim *só pode ocorrer a reversão* quando houver *restabelecimento do servidor aposentado por invalidez* ou se houver *ato ilegal de aposentadoria.*

Se não houver vaga no retorno do inativo para a ativa, dar-se-á um dos raros momentos em que se admite o excedente ou extranumerário. O excedente ou extranumerário é aquele que fica vagando, fora do quadro, mas estará trabalhando. Abrindo uma vaga no quadro, o excedente irá ocupá-la, sem concurso. *A reversão é um ato vinculado, ou seja, mesmo que não tenha vaga, o servidor tem de retornar.*

É o que consta o § 3º, do art. 25: no caso do inciso I (da aposentadoria por invalidez) encontrando-se provido o cargo, o servidor exercerá suas atribuições como excedente até a ocorrência de vaga.

Por fim, vale acrescentar que tal situação não tem amparo constitucional, só amparo legal.

Oportuno também esclarecer que o instituto da reversão ao serviço público não se aplica a funcionário celetista aposentado por invalidez, e isto pelo fato de que o ato de aposentadoria desta espécie de funcionalismo implica no encerramento do vínculo contratual com a Administração Pública.

Em outras palavras, podemos asseverar que o instituto da reversão ao serviço público é cabível tão somente aos servidores estatutários da administração direta e da indireta.

O Tribunal Regional Federal da 2ª Região já emitiu acórdão neste sentido, ao analisar Apelação Cível interposta em face de sentença que julgou improcedente pedido do autor, funcionário celetista do Departamento Nacional de Estradas de Rodagem – DNER, aposentado por invalidez, que buscava sua inclusão como servidor público federal, no cargo de Patrulheiro Rodoviário Federal, e sua redistribuição para o Quadro de Pessoal do Ministério da Justiça.

Em seu voto, o ministro relator Vicente Leal narrou a sequência de fatos aos quais o autor se submeteu, sendo fato relevante que em 1981 se afastou do serviço para tratamento da saúde, recebendo o benefício de auxílio-doença até 1989, quando então foi aposentado por invalidez.

Faz-se mister lembrar que, durante o período em que esteve o servidor no gozo do benefício previdenciário do auxílio-doença, poderia perfeitamente reassumir o emprego,

332. O autor finaliza sua conclusão dizendo que atualmente tais normas são flagrantemente inconstitucionais. Dizendo o seguinte: "Como já se enfatizou, a aposentadoria extingue a relação estatutária e acarreta a vacância do respectivo cargo, não se podendo admitir a ressurreição da relação jurídica definitivamente sepultada. Por outro lado, esse tipo de reversão rende ensejo a que o servidor, depois de abandonar o serviço público, resolva simplesmente desistir de sua inatividade e voltar ao mesmo cargo, deixando sempre fluido e instável o quadro funcional. Não se pode esquecer, ainda, que reingresso dessa natureza ofende frontalmente o princípio da acessibilidade aos cargos mediante prévia aprovação em concurso público, expressamente acolhido no art. 37, II, da vigente Constituição, e isso porque inaugura nova relação estatutária, diversa daquela que se extinguiu pela aposentadoria. O fundamento, aliás, é o mesmo adotado pelo STF para os casos de transferência e ascensão funcional, institutos que, também aceitos anteriormente, como o era a reversão por interesse administrativo, foram banidos do atual sistema por vulneração ao aludido postulado" (*Manual de Direito Administrativo.* 9ª ed., cit.).

o que não fez, subentendendo-se que não houve a superação da doença que o afastou da atividade.

Com isso, a sua permanência como previdenciário do auxílio-doença acarretou no fato de ter sido esgotado o período durante o qual poderia permanecer naquela situação provisória, e a partir daí, tem-se que o seu afasamento é definitivo.

Conforme já dito anteriomente, esta irrevogabilidade que se aplica ao ato de aposentadoria de funcionário regido pela CLT decorre do encerramento do vínculo contratual deste com a Administração Pública.

No que tange à alegação do autor de que, por ser funcionário celetista, passou a ser regido pelo regime estatutário com o advento da Lei nº 8.112/1990, entendeu o Relator, não deve prosperar.

A transposição constante no art. 243 da referida lei só abarcou os servidores regidos à época pela Lei nº 1.711/1952 (Estatuto dos Funcionários Públicos Civis da União), os "servidores ocupantes de empregos públicos após aprovação em concurso público", e os celetistas estáveis na forma do art. 19 do ADCT, cujos empregos públicos foram transformados em cargos públicos por força deste dispositivo constitucional.

Conforme restou provado nos autos, o autor não se encontrava em exercício na data da promulgação da Constituição Federal de 1988, mas afastado do serviço para tratamento da saúde e recebendo o benefício de auxílio-doença, não podendo, por consequência, ser contemplado com a estabilidade propiciada pelo art. 19 da ADCT, a qual transformou emprego em cargo público.

Por isso mesmo, concluiu o Tribunal Regional Federal da 2ª Região, o autor não adquiriu a estabilidade que o tornasse estatutário, mas permaneceu na condição de celetista aposentado por invalidez, e nesta condição, não pode ser beneficiado com o instituto da reversão, sendo incabível o seu pleito.

Neste mesmo sentido é o acórdão do Superior Tribunal de Justiça abaixo transcrito:

> Processual civil – Administrativo – Funcionário Público aposentado por invalidez pelo Regime celetista – Pedido de reversão – Coisa julgada – Aposentadoria previdenciária – Direito à equiparação com os vencimentos dos servidores em atividade – Inexistência.
> *Omissis.*
> Em consonância com tal conceito, ocorre a coisa julgada na hipótese em que funcionário público, aposetando por invalidez pelo regime celetista, postula reversão ao serviço público, não influindo na causa de pedir e no pedido, *in casu*, a questão de anulação do ato de aposentadoria.
> O ato de aposentadoria do funcionário público regido pelas normas celetistas implica no encerramento das relações de trabalho e do vínculo contratual com a Administração Pública.
> Aposentando-se o autor sob vínculo celetista e obtendo sua inatividade remunerada perante o sistema previdenciário, não lhe aproveitam as vantagens percebidas pelos servidores estatutários em atividade.
> Recurso especial não conhecido. (REsp nº 96090/PE, Rel. Min. Vicente Leal, STJ, *DJ*, 22/02/2008)

4. REINTEGRAÇÃO

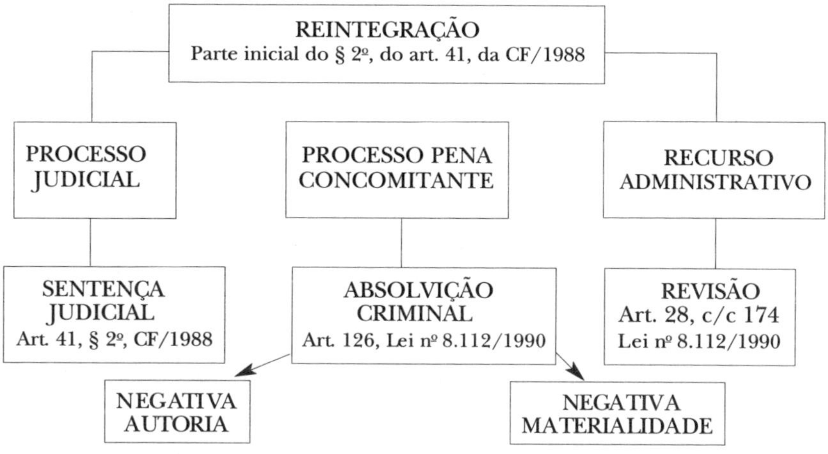

A reintegração constitui-se em garantia estatutária, de assento constitucional (art. 41, § 2º), definida como forma de provimento derivado mediante a qual o ex-servidor, desprovido disciplinarmente, por aplicação de pena de demissão, torna à sua situação funcional anterior em virtude de anulação, administrativa ou judiciária, do ato que o excluiu do serviço público[333]. O servidor retorna a seu cargo após ter sido reconhecida a ilegalidade de sua demissão. Trata-se, portanto, de um consectário lógico do desfazimento de um ato demissionário, ato este, ressalte-se, essencialmente punitivo.

Para Diogo de Figueiredo Moreira Neto[334], ao reconhecer-se, em ato declarativo de nulidade, a invalidade do ato de demissão, seguir-se-á, logicamente, a abertura *ex officio* do processo de reintegração, como um ato complementar, o que significa que operará *ex tunc*, retroagindo à data da demissão anulada, assegurando todos os direitos relativamente ao tempo em que o reintegrado esteve ilegalmente afastado.

333. Administrativo. Servidor público. Pedido de exoneração. Vício não comprovado. Reintegração. Impossibilidade. 1. Não faz jus a reintegração o servidor que ao se arrepender do pedido de exoneração alega vício de consentimento, sem comprová-lo. 2. Apelação desprovida. (Apelação Cível nº 70003966314, Quarta Câmara Cível, Tribunal de Justiça do RS, Rel. Des. Araken de Assis.) Administrativo e constitucional. Servidor público. Licenciamento compulsório imotivado. Direito a reintegração. Comprovada, pela sua absolvição na justiça castrenda, a inexistência do fato que deu origem ao licenciamento compulsório do Servidor Público estadual militar, não estável, e devida a sua reintegração, bem como o pagamento das verbas remuneratórias, vencidas e vincendas, mormente, quando o ato administrativo que determinou o seu afastamento não assegurou a necessária defesa prévia, em inobservância ao princípio constitucional da ampla defesa. Negaram provimento à apelação e confirmaram a sentença em Reexame necessário. Unânime. (Apelação e Reexame necessário nº 70000019554, Primeira Câmara Especial Cível, Tribunal de Justiça do RS, Rel. Des. Roque Joaquim Volkweiss). Apelação. Anulação de ato de demissão e pleito de reintegração no serviço público, com o pagamento de verbas indenizatórias. Devido processo legal observado em inquérito administrativo que, após sindicância, indiciou o servidor com precisa descrição dos fatos que lhe eram imputados (usurpação de função e lesões corporais), garantindo-lhe o exercício de ampla defesa. Servidor que fere estrangeiro a tiros, em meio a diligência que não estava autorizado a realizar, nem cabia no exercício de seu cargo (carcereiro policial), em companhia de colega tampouco a tanto habilitado (auxiliar de necropsia), fazendo uso de arma de fogo sem registro e com numeração apagada. Denunciado em três ações penais, acusado da prática de outros crimes (homicídio e roubo), depois do inquérito. Resíduo administrativo. Proporcionalidade entre os motivos e a penalidade. Ato íntegro. Recurso desprovido. Manutenção da sentença de improcedência. (Apelação Cível, 2006.001.08385, Rio de Janeiro, Decima Oitava Câmara Cível, Des. Jessé Torres).

334. *Curso de Direito Administrativo*, 17ª ed., Rio de Janeiro: Forense, 2006, p. 301.

A reintegração é tratada no Estatuto Federal na mesma linha da doutrina estratificada (art. 28).

Pelo dispositivo do Texto Constitucional, art. 41, § 2º, a reintegração é a prova inquestionável de que não existe coisa julgada administrativa. O servidor, mesmo que utilizando-se de todos os recursos administrativos, insatisfeito, ainda poderá recorrer ao Poder Judiciário, através da famosa *ação ordinária de anulação de ato de demissão*, com o famoso efeito *ex tunc*, retroagindo à data da ilegalidade. O objetivo é alterar uma decisão administrativa mediante uma sentença judicial, restando ao servidor o direito de ser devidamente indenizado de todos os prejuízos que suportou durante a demissão injustificada, durante a arbitrariedade, durante a demissão ilegal, já que ela foi revista pelo Poder Judiciário.

Dentro desta mesma linha é que se pode afirmar que, quaisquer concessões de pagamento referente às parcelas que o servidor deixou de auferir durante o período em que esteve demitido, por ato administrativo posteriormente declarado nulo, não são consideradas julgamento *extra petita.*

Este tem sido o entendimento do Superior Tribunal de Justiça, cujo voto do Relator, Ministro Paulo Gallotti, bem demonstra esta tendência, ao negar provimento ao agravo regimental em que o Agravante, Estado de Alagoas, buscava argumentar contra o agravado, servidor público reintegrado, o julgamento *extra petita* quanto à concessão dos vencimentos e das vantagens que lhe seriam pagos com relação ao período em que esteve afastado, inobstante a declaração judicial de nulidade do ato de demissão. Neste sentido, discorre o Ministro em seu voto:

> O acórdão recorrido, ao decidir que "sendo nulo o ato administrativo, os seus efeitos retroagem à data do licenciamento, sendo correta a sentença quando condenou o Estado ao pagamento dos vencimentos a partir da data em que o autor foi expulso", foi proferido em consonância com a jurisprudência do Superior Tribunal de Justiça, não tendo ocorrido julgamento *extra petita.*

As ementas da lavra do STJ deixam claro esta posição[335].

335. "Agravo Regimental. Administrativo . Processo civil. Servidor público. Militar. Ato de exclusão. Nulidade. Reconhecimento. Pagamento de parcelas atrasadas. Julgamento *extra petita*. Inocorrência. 1 – 'O servidor público reintegrado ao cargo, em razão da declaração judicial de nulidade do ato de demissão, tem direito ao tempo de serviço, aos vencimentos e às vantagens, que lhe seriam pagas durante o período de afastamento' (AgRg no Ag nº 499.312/MS, Relatora a Ministra Laurita Vaz, *DJU* 30/08/2008). 2 – O pagamento de parcelas atrasadas desde a data de exclusão do autor não caracteriza julgamento *extra petita*. 3 – Agravo regimental a que se nega provimento.""Processo civil. Ofensa ao art. 535 do Código de Processo Civil. Omissão manifesta. Ausência. Conclusão lógico-sistemática do *decisum*. Decisão *extra petita*. Não ocorrência. Anulação de demissão. Precedentes. Agravo interno desprovido. I – Para admitir-se o recurso especial com esteio no art. 535 do Código de Processo Civil a omissão tem de ser manifesta, ou seja, imprescindível para o enfrentamento da *quaestio* nas Cortes superiores. No caso dos autos, não é o que se verifica. II – Ademais, compete ao magistrado fundamentar todas as suas decisões, de modo a robustecê-las, bem como afastar qualquer dúvida quanto à motivação tomada, tudo em respeito ao disposto no art. 93, IX, da Carta Magna de 1988. Cumpre destacar que deve ser considerada a conclusão lógico-sistemática adotada pelo *decisum*, como ocorre *in casu*. III – Consoante a jurisprudência do Superior Tribunal de Justiça, não há julgamento *extra petita* se a parte dispositiva guardar sintonia com o pedido e a causa de pedir lançados na exordial. Precedentes. IV – A anulação da exclusão do soldado, com a respectiva reintegração, tem como consequência lógica a recomposição integral dos direitos do servidor demitido, em respeito ao princípio da *restitutio in integrum*. V – Agravo interno desprovido". (AgRg no Ag nº 725.916/BA, Relator o Ministro Gilson Dipp, *DJU* de 02/05/2008). "Administrativo. Servidor Público Estadual. Demissão. Ocupante de cargo efetivo e função comissionada. Anulação. Reintegração. Efeitos financeiros. Restabelecimento do *status quo ante*. Recebimento dos valores do cargo efetivo e da função comissionada. Possibilidade. 1. A declaração de nulidade de um

A Constituição, como se dedica à reintegração apenas no § 2º, do art. 41, não menciona se haverá ou não indenização na reintegração. Mas é uma presunção lógica, já que o Estado, no âmbito da decisão administrativa, acarretou o prejuízo. Então, a indenização recebida pelo servidor público reintegrado cobrirá tudo o que deixou de receber, quer em matéria de remuneração, quer em matéria de vantagens outras, como tempo de serviço, anuênios e o que mais o estatuto atribuir ao servidor, tudo com juros e correção monetária.

Não poderá ser reintegrado, através de liminar, pois a reintegração se operacionaliza apenas por sentença judicial e liminar não é sentença. Não cabem também Mandado de Segurança ou Ação Cautelar. Então o primeiro caminho da reintegração é oferecido pela própria Constituição.

Confira-se a decisão do Tribunal Regional Federal sobre o tema:

> Agravo de Instrumento. Servidor Público. Pugna por sua reintegração ao serviço. – A reintegração do servidor, quando constatada a ilegalidade da demissão, somente se admite através de sentença judicial, consoante se constata do art. 41, § 2º, da CRFB/1988. (Agravo de instrumento nº 141226, 7ª Turma, 2ª Região, Rel. Reis Friede)

O caminho da ação judicial para anular a decisão administrativa não é o único caminho para se conseguir a reintegração. Há outros caminhos. O segundo caminho é o próprio recurso administrativo, o que é quase improvável. Aduz o art. 28, da Lei nº 8.112/1990:

> *Art. 28. A reintegração é a reinvestidura do servidor estável no cargo anteriormente ocupado, ou no cargo resultante de sua transformação, quando invalidada a sua demissão por decisão administrativa ou judicial, com ressarcimento de todas as vantagens.*

Mesmo que o estatuto não preveja a reintegração administrativa, aplica-se em homenagem ao princípio da autotutela dos atos administrativos.

O terceiro caminho para reintegração, que é um dos preferidos em concurso público, é o efeito da sentença penal em outras esferas.

Vejamos, pois, o art. 121, da Lei nº 8.112/1990:

> *Art. 121. O servidor responde civil, penal e administrativamente pelo exercício irregular de suas atribuições.*

O servidor ao cometer uma infração poderá ser punido na esfera administrativa (demissão), na esfera cível (ressarcimento aos cofres públicos) e na esfera penal (privação de liberdade). Logo, por uma mesma infração, responderá nas três esferas.

O processo administrativo e o penal podem ser instaurados concomitantemente. Só que o processo administrativo tem prazo para finalizar (art. 152, Lei nº 8.112/1990), sendo, no máximo, cento e vinte dias. Então, o servidor pode ser demitido, enquanto o processo penal continua. É sabido que a sentença penal condenatória condiciona as outras esferas, porém, a sentença penal absolutória, em regra, não condicionará os outros ramos.

determinado ato deve operar efeitos *ex tunc*, ou seja, deve restabelecer exatamente o *status quo ante*, de modo a preservar todos os direitos do indivíduo atingido pela ilegalidade. 2. O servidor público reintegrado ao cargo, em razão da declaração judicical de nulidade do ato de demissão, tem direito ao tempo de serviço, aos vencimentos e às vantagens, que lhes seriam pagas durante o período de afastamento, inclusive aquelas referentes à função comissionada que estava ocupando à época. 3. Agravo regimental desprovido." (AgRg no Ag nº 499.312/MS, Relatora a Ministra Laurita Vaz.)

Por exemplo, servidor pratica peculato. Será processado administrativamente e penalmente. Suponhamos que, no processo administrativo, é condenado e demitido. Posteriormente, foi absolvido no processo penal concomitante, por falta de provas. Nesse caso, a esfera penal não produzirá nenhum efeito sobre a esfera administrativa, pois não houve a negação da autoria ou da materialidade do fato. Foi absolvido tão somente por falta de provas (*in dubio pro reo*). Não haverá reintegração do servidor demitido administrativamente.

Ressalte-se que a absolvição tem de ser com base na *negativa de autoria* ou na *negativa da existência do fato.*

Observe-se que, por exceção à regra, a absolvição não condiciona as outras esferas. A própria Lei nº 8.112/1990, no seu art. 126, elenca:

> *Art. 126. A responsabilidade administrativa do servidor será afastada no caso de absolvição criminal que negue a existência do fato ou de sua autoria.*

Regra dominante em Direito Administrativo é a que sentença absolutória, proferida no juízo criminal, só produz efeito vinculante na esfera administrativa, se tiver por fundamento estar provada a inexistência do fato ou de existir circunstância que exclua o crime ou isente o réu de pena (respectivamente incisos I e V do art. 386 do Código de Processo Penal). São os efeitos da sentença penal que condicionam a esfera administrativa.

Muito cuidado! De nada adianta que a decisão judicial afirme "não constituir o fato infração penal", com fundamento no inciso III do art. 366 do Código de Processo Penal. Em regra, não acarreta vinculação na esfera administrativa, porque o mesmo fato que não configura crime pode constituir infração disciplinar. Então, não serve negar a tipicidade, há que negar a existência do fato para ser reintegrado.

Diante da relevância do tema, em outras palavras, se a decisão absolutória do juízo criminal se funda na inexistência de fato também constitutivo da infração disciplinar, assim entendida a afirmação de que, por exemplo, a cobrança de emolumentos não foi indevida nem excessiva, e, coerentemente, conclui que não houve infração administrativa, tal decisão haverá de repercutir nesta esfera.

Em síntese, o funcionário só pode ser punido pela Administração, se, além daquele fato pelo qual foi absolvido, houver alguma outra irregularidade que constitua infração administrativa, aquilo que se convencionou chamar de "falta residual".

Questão frequente em concurso público, principalmente preferido nas bancas do Ministério Público: "O servidor condenado, demitido administrativamente e concomitantemente em processo penal, vem a ser absolvido por falta de provas. Comente os efeitos da sentença penal na esfera administrativa".

A resposta é: nenhum efeito, porque a lei quer negativa da autoria. Se há falta de prova, não se está negando nem afirmando nada. Se há dúvida, aplica-se o refrão "*in dubio pro reo*". Não se está negando a autoria, apenas não se têm dados suficientes para mandar o servidor cumprir a pena.

Sabidamente, a instância criminal só obriga a administrativa se a sentença absolutória reconhecer a inexistência do fato ou negar, expressamente, a autoria do crime. Pacífica, neste ponto, a jurisprudência, como podemos conferir, *verbis*:

> Administrativo – Responsabilidade civil – Demissão de servidor – Fato definido como ilícito penal.

> I – A absolvição criminal por insuficiência ou falta de provas não implica em desconstituir-se automaticamente a sanção administrativa aplicada ao servidor, pelo mesmo fato. A desconstituição automática somente ocorre, quando a Justiça Criminal declara inexistente o fato ou que dele não participou o funcionário.
> II – Ação de indenização. Improcedência. (STJ, 1ª Turma, REsp 13880-1, Rel. Min. Humberto Gomes de Barros, unânime)

Há entendimento interessante em que, embora não se chegue a negar a autoria do fato ao acusado, a fragilidade da imputação acaba por revelar-se de maneira insofismável, impedindo sua condenação pela conduta.

Entendemos, assim, que, de fato, a absolvição criminal por falta de provas não faz coisa julgada na esfera administrativa, mas também não impede que os elementos colhidos até seu desfecho sirvam para elidir a decisão administrativa. Explicando melhor, é possível que os elementos revelados ao longo do processo penal possam evidenciar a ilegalidade da demissão do servidor, ainda que resulte, afinal, em mera absolvição por ausência de provas, pois, ainda que inexistente o aludido efeito automático da decisão criminal, não se pode desconsiderar, peremptoriamente, fatos que poderão vir a influenciar no controle jurisdicional do ato administrativo.

Existe uma matéria mais complicada. É a possibilidade de se questionar o estrito cumprimento do dever legal, a legítima defesa e o estado de necessidade. Levariam a reintegração?

No que tange à legítima defesa e ao estrito cumprimento do dever legal, o Superior Tribunal de Justiça tem apresentado uma certa uniformidade em aceitar essas hipóteses como formas, também, mesmo sem amparo no art. 126, de levar à reintegração, se demitido administrativamente.

Quanto ao estado de necessidade, os Tribunais do nosso país oscilam. Há, também, uma certa resistência, por parte da doutrina, em aceitá-lo como forma de absolvição condicionadora às outras esferas. Portanto, até hoje perdura divergência. Presenciamos, inclusive, posicionamento do Tribunal de Justiça do Rio de Janeiro obrigando, nessa hipótese, o servidor, absolvido por estado de necessidade, a pagar indenização no cível e continuar demitido administrativamente.

Defendemos a tese de que o estado de necessidade deveria, sim, também ser levado em consideração e condicionar a esfera administrativa. Mas é uma posição isolada, que continua fora do rol das absolvições criminais que levariam à reintegração do servidor. E isso é justificável porque o estado de necessidade poderia ser alegado em diversas infrações.

Hipoteticamente, o servidor tem contrato de dedicação exclusiva na universidade pública; ao ser descoberto, poderia alegar estado de necessidade. Repetindo, há um entendimento majoritário segundo o qual o estado de necessidade não é um dos caminhos para se condicionar a decisão administrativa.

Oportuno que se diga que responsabilidade criminal, civil e administrativa pertencem a órbitas diferentes, não guardando nenhuma relação de interdependência entre si, pois que no sistema jurídico pátrio é consagrada a independência das instâncias, ressalvando-se a exceção no que toca às hipóteses previstas no Código Civil.

No referido diploma legal encontramos a ressalva de que não mais se poderá questionar a existência de crime ou de sua autoria quando estas questões já se encontrarem decididas na esfera criminal por via de sentença absolutória.

Portanto, por tal motivo é que afirmamos não haver qualquer relação entre as órbitas civil, penal e administrativa, e que não se cogita, no caso de servidor que responde concomitantemente a processos nestas esferas, que a Administração aguarde a prestação jurisdicional civil ou criminal para apenas depois decidir pela demissão de seu funcionário.

Da mesma forma, não poderá o servidor que busca a sua reintegração em cargo público adquirir este direito automaticamente apenas pelo fato de ter sido absolvido na esfera criminal. Aliás, nem mesmo a concessão de "*sursis*" e a consequente extinção da punibilidade na órbita criminal habilitam o funcionário de ser reintegrado no cargo público, haja vista a já narrada interdependência das esferas civil, administrativa e criminal.

Comumente são levados aos tribunais recursos que pleiteiam a anulação da pena da demissão proferida em regular processo administrativo, alegando-se que esta demissão antes da sentença do Juízo Criminal é intempestiva. Ou seja, busca-se na anulação da decisão administrativa nula clara associação desta com a esfera criminal, o que já está provado, é um grande equívoco.

A respeito do tema, vejamos decisão do Superior Tribunal de Justiça no REsp nº 409890/RS, publicada no *DJ* de 19/12/2002, tendo como Relator o Ministro Hamilton Carvalhido[336].

4.1. Estudo de caso prático

Anfrísio, servidor público acusado de corrupção ativa, foi submetido a inquérito administrativo regular, sendo afinal demitido a bem do serviço público. Sucessivamente, encaminhados os autos à autoridade policial, esta os converteu em inquérito policial, complementando-o com atos formais e encaminhou-o ao Judiciário. Com vista ao Ministério Público, em longo parecer, requereu este seu arquivamento, sustentando a carência de pressupostos suficientes que tipificassem o delito imputado ao indiciado para efeito de armar seu requisitório. O Juiz em simples despacho acolheu a promoção do Ministério Público e determinou o arquivamento. Anfrísio impetrou mandado de segurança, sustentando ocorrência

336. "Administrativo e penal. Omissão não evidenciada. Prescrição. Instâncias. Repercussão de superveniente sentença penal absolutória em ato demissional. Conhecimento e provimento. 1. A mera alegação em abstrato, no recurso especial, de omissão do acórdão regional consubstancia, exatamente porque desprovida a insurgência, nesse particular, de fundamentação, a evidenciar sua relevância e a determinar a anulação do acórdão alvejado, deficiência bastante, com sede própria nas razões recursais, a impor o não conhecimento do recurso assentado na violação do art. 535 do Código de Processo Civil. Inteligência do enunciado nº 284 da Súmula do Supremo Tribunal Federal. 2. Eventuais vícios no inquérito administrativo que culminam na demissão do servidor devem ser suscitados, sob pena de prescrição, dentro do período de 5 anos, contados a partir do ato da demissão e, não, a partir do trânsito em julgado de superveniente sentença absolutória na esfera penal. Com efeito, a superveniência de sentença criminal absolutória pode, quando muito, repercutir no ato de demissão, até mesmo para desconstituí-lo, mas, nunca, reabrir, quando já ultrapassado o prazo de 5 anos, a discussão acerca de supostos vícios do inquérito administrativo. 3. "A absolvição criminal só afasta a responsabilidade administrativa e civil quando ficar decidida a inexistência do fato ou a não autoria imputada ao servidor, dada a independência das três jurisdições. A absolvição na ação penal, por falta de provas ou ausência de dolo, não exclui a culpa administrativa e civil do servidor público, que pode, assim, ser punido administrativamente e responsabilizado civilmente." (*in* Hely Lopes Meirelles, Direito Administrativo Brasileiro, Malheiros Editores, 24ª edição, p. 417). 4. Tendo a superveniente sentença criminal absolutória, embora citando o art. 386, inciso II, do Código de Processo Penal, voltado toda sua fundamentação para a incidência do inciso VI do mesmo artigo, até mesmo atestando a materialidade do delito, não há repercussão na demissão do servidor. 5. Recurso conhecido e improvido."

de coisa julgada formal e material dessa decisão judicial, e, em consequência, requereu a anulação de sua demissão e reintegração no cargo, com pagamento de todos os atrasados, desde o respectivo ato de destituição do serviço público e mais verba advocatícia. Como opinaria nessa relação mandamental? Fundamente. (Concurso de Ingresso – Ministério Público de Minas Gerais)

O mandado de segurança é incabível, pois a questão envolve matéria de fato, por isso que a medida mais adequada, querendo, seria uma ação ordinária objetivando a declaração de nulidade do ato que desligou Anfrísio do serviço público. Embora possa ser postulada, em função do acesso à Justiça, a aludida ação estará fadada ao insucesso. As decisões criminais somente repercutirão na esfera administrativa, quando a absolvição proclamar inexistência de autoria ou de crime, o que não é o caso do problema enfocado. Com o arquivamento, o réu não será beneficiado com a reintegração. Ademais, o mesmo poderá ser reaberto, a qualquer momento, mediante provas novas. O ato praticado pelo agente público que vai de encontro com a ética funcional da Administração Pública, mesmo com o arquivamento, poderá acarretar em responsabilidade e demissão administrativa.

5. RECONDUÇÃO

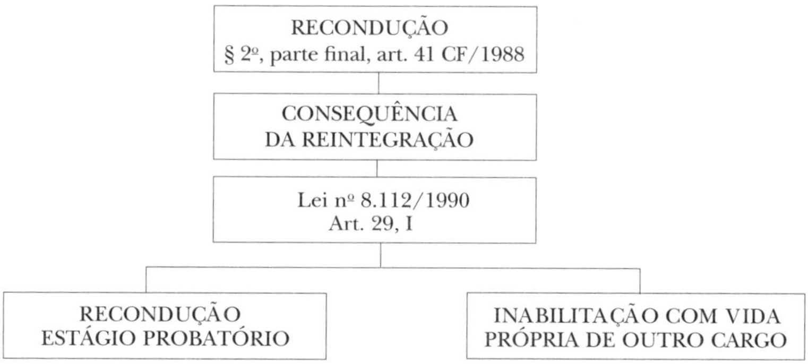

O reconduzido surge em razão da reintegração de servidor, demitido injustamente, em consonância com o art. 41, § 2º, segunda parte, da nossa Constituição.

Este dispositivo, também, encontra-se no art. 20 da Lei nº 8.112/1990, que dispõe sobre o regime jurídico dos servidores públicos civis da União, das autarquias e das fundações públicas federais, *in verbis*:

> *Art. 20. Ao entrar em exercício, o servidor nomeado para cargo de provimento efetivo ficará sujeito a estágio probatório por período de 24 (vinte e quatro) meses durante o qual a sua aptidão e capacidade serão objeto de avaliação para o desempenho do cargo, observados os seguintes fatores:*
> *I – assiduidade;*
> *(...)*
> *§ 2º O servidor não aprovado no estágio probatório será exonerado ou, se estável, reconduzido ao cargo anteriormente ocupado, observado o disposto no parágrafo único do art. 29.*

E a recondução, para que se perfectibilize, depende do preenchimento dos requisitos estabelecidos nos incisos do art. 29 da Lei nº 8.112/1990: *inabilitação em estágio probatório em outro cargo e reintegração do anterior ocupante.*

Oportuno se faz breve comentário acerca do servidor, já estável, que realizou novo concurso e que, no curso do estágio probatório, não se adaptando às novas funções, desiste do referido estágio, faz jus à recondução ao ex-cargo.

O argumento de que o servidor ao desistir do estágio, não teria direito à recondução, improspera. Aliás, fere a lógica do razoável. A vingar essa tese, seria melhor a reprovação no estágio do que a simples desistência, o que, por certo, não é a intenção da lei[337].

O segundo aspecto a ser comentado é que, constitucionalmente falando, não tem a recondução vida própria, autônoma. Surgindo uma reintegração, vai dar margem à recondução.

O art. 28, § 2º, da Lei nº 8.112/1990, consigna:

> *§ 2º Encontrando-se provido o cargo, o seu eventual ocupante será reconduzido ao cargo de origem, sem direito à indenização ou aproveitado em outro cargo, ou, ainda, posto em disponibilidade.*

Percebe-se, logo de saída, pelo texto acima, que não há para o reconduzido garantia nenhuma.

Ele será aproveitado em outro cargo ou posto em disponibilidade, caso seu cargo de origem esteja preenchido.

Dúvida surtirá quando o reconduzido não possuir cargo de origem. Curiosamente, o texto constitucional não fala na obrigatoriedade do reconduzido ser estável. No entanto, o Estatuto Federal menciona tal exigência, de acordo com o art. 29, da Lei nº 8.112/1990.

A título de exemplificação, servidor foi demitido. Então, abriu-se uma vaga. A Administração Pública chama o habilitado em concurso público para preencher a tal vaga. No decorrer do estágio probatório, ocorre a reintegração. Pergunta-se: como fica esse servidor que está preenchendo a vaga do reintegrado? Não cabe exoneração, pois esta é para quem não se houve bem no estágio probatório. Não há jurisprudência sobre o assunto. A doutrina não encontra resposta para tal situação. Pela redação do art. 41, § 2º, da Constituição, só tem direito à recondução o servidor estável. O servidor em estágio probatório não é estável. Não há como ser reconduzido para o lugar de origem, bem como não pode ser colocado em disponibilidade. A única solução é fazer uso da remoção, na qual a lei não pede estabilidade. A remoção não é um direito do servidor. Trata-se de um ato discricionário do administrador fazer uso ou não (art. 36, Lei nº 8.112/1990). Ademais, remoção não é inconstitucional. Se não houver vaga, não poderá ser removido. Não há solução aparente. O servidor não poderá ser demitido, porque não cometeu infração. Não pode ser colocado como excedente, pois não há previsão expressa na lei.

Há uma Súmula do Supremo que, mesmo não sendo específica para o caso, é uma situação similar, mostrando que o estágio probatório não tem todas as proteções do servidor estável.

337. Na mesma esteira também caminha o pensamento do Supremo Tribunal Federal, *in verbis* "Constitucional – Administrativo. Servidor público estável. Estágio probatório. Lei 8.112, de 1990, art. 20, § 2º I. – Policial Rodoviário Federal, aprovado em concurso público, estável, que presta novo concurso e, aprovado, é nomeado Escrivão da Polícia Federal. Durante o estágio probatório neste último cargo, requer sua recondução ao cargo anterior. Possibilidade, na forma do disposto no art. 20, § 2º, da Lei 8.112/90. É que, enquanto não confirmado no estágio do novo cargo, não estará extinta a situação anterior. II. – Precedentes do STF.: MS 22.933-DF. III. – Mandado de segurança deferido". (MS nº 23S77/DF, Rel. Min. Carlos Velloso, Tribunal Pleno).

Reza a Súmula nº 22 do STF: "O estágio probatório não protege funcionário contra extinção do cargo".

Extinto o cargo, o caminho é a disponibilidade com proventos proporcionais (parte final do § 2º, do art. 41, da Constituição).

É importante frisar que o aproveitamento, normalmente, vem depois da disponibilidade. Essa é a regra normal. Mas a própria Constituição admite até que o servidor venha a ser aproveitado de imediato, sem passar pela disponibilidade.

A doutrina tem se manifestado no sentido de entender que o aproveitamento é obrigatório e imediato, desde que haja cargo correlato, já que a sua manutenção na disponibilidade poderá acarretar em prejuízos para o seu patrimônio, pois se o servidor houver ingressado há pouco tempo no serviço público, a sua remuneração, que será proporcional ao tempo de serviço, sofrerá substancial quebra de valor.

Não obstante, não se registra disposição expressa abarcando o direito do servidor, nestas circunstâncias, exigir o seu pronto aproveitamento ou recondução. Ao contrário, o Supremo já enfatizou, através de Súmula, a existência desse direito, aduzindo que deverá subsistir a conveniência da administração perante este direito do servidor.

Súmula nº 39 do STF

"À falta de lei, funcionário em disponibilidade não pode exigir, judicialmente, o seu aproveitamento, que fica subordinado ao critério de conveniência da Administração".

Então, o reconduzido tem um tratamento totalmente diferente do reintegrado. A recondução não garante o direito de retornar para vaga de origem, se tiver preenchida.

Chamamos a atenção que a Lei nº 8.112/1990 criou uma recondução com vida própria, sem base na Constituição, ou seja, recondução consequência da reintegração.

Vejamos, agora, a leitura do art. 29 da Lei nº 8.112/1990:

> *"Art. 29. Recondução é o retorno do servidor estável ao cargo anteriormente ocupado e decorrerá de: (...)".*

Este dispositivo só vale para a União. Por exemplo, um servidor federal é portador de um cargo "X", estável. A seguir, faz outro concurso público também em âmbito federal, sendo aprovado. Obviamente, terá de enfrentar um novo estágio probatório. Em não obtendo êxito no estágio probatório, será *reconduzido* ao cargo de origem. Mas, antes, tem de comparecer no cargo de origem e postular a chamada "vacância para posse em cargo inacumulável". O correto seria chamar licença sem vencimento, mas a União criou essa terminologia e peculiaridade (art. 33). Trata-se, pois, de uma terminologia imprópria, sem amparo constitucional. Se houve *vacância* para assumir posse em cargo inacumulável há o rompimento do vínculo anterior com a nova investidura; sem concurso público, parece-nos inconstitucional.

Observe-se, por derradeiro, funcionário público federal, aprovado em concurso público, estável, que presta novo concurso e, aprovado, é nomeado para outro cargo federal. Durante o estágio probatório neste último cargo, há total possibilidade de se requerer sua recondução ao cargo anterior, na forma do disposto no art. 20, § 2º, da Lei nº 8.112/1990. É que, enquanto não confirmado no estágio do novo cargo, não estará extinta a situação anterior.

De acordo com a doutrina predominante acerca do tema: "Apenas a confirmação no estágio probatório do novo cargo extingue a situação anterior, pertinente ao cargo onde o servidor se estabilizou"[338]. Isto já foi inclusive confirmado pelo Supremo Tribunal Federal em um caso semelhante, cuja Ementa se segue para apreciação:

> Constitucional. Administrativo. Servidor Público estável. Estágio probatório. Lei 8.112, de 1990, art. 20, § 2º.
>
> I – Policial Rodoviário Federal, aprovado em concurso público, estável, que presta novo concurso e, aprovado, é nomeado Escrivão da Polícia Federal. Durante o estágio probatório neste último cargo, requer sua recondução ao cargo anterior. Possibilidade na forma do disposto no art. 20, § 2º, da Lei nº 8.112/1990. É que, enquanto não confirmado no estágio do novo cargo, não estará extinta a situação anterior.
>
> II – Precedentes do STF: MS 22.933/DF, Ministro O. Gallotti, Plenário, 26/06/98, *DJ* de 13/11/98.
>
> III – Mandado de Segurança deferido.

O referido julgado se refere à hipótese em que o impetrante de Mandado de Segurança ocupava o cargo de Policial Rodoviário Federal, na situação de servidor estável e devidamente aprovado em concurso público, que pede licença com o argumento de tratar de interesses particulares.

Não obstante, durante este período de licença se submeteu a novo concurso público para ingresso no cargo de Escrivão da Polícia Federal, e obteve êxito no resultado final, tendo sido aprovado e empossado sem contudo se desligar definitivamente do outro cargo, ou seja, sem extinguir legalmente a situação anterior.

Durante o período do estágio probatório, concluiu o servidor pela sua inaptidão para continuar a ocupar o cargo de Escrivão da Polícia Federal, e, com isso, se viu no direito de retornar ao cargo de origem por meio da avocação do ato administrativo da recondução, o que lhe foi negado de plano e o levou, inconformado com a negativa, a impetrar Mandado de Segurança em face do ato do Presidente da República.

Este, por intermédio da Advocacia-Geral da União, usou os seguintes argumentos para respaldar sua decisão em não conceder o direito de recondução ao servidor: 1. ausência de suporte constitucional para a recondução pleiteada; 2. ausência de suporte legal a fundamentar a vontade do impetrante; 3. impossibilidade da recondução pretendida.

No julgamento do Mandado de Segurança, o Ministro Carlos Velloso, em seu voto, evoca a lição de outro julgamento igual já apreciado por aquela Corte, favorável à recondução de servidor que roga por tal ato ainda durante período de estágio probatório de novo cargo, sem contudo ter ainda se desligado do cargo anterior. Enriquece sua decisão trazendo referido julgado favorável:

> "Funcionário estável da Imprensa Nacional admitido, por concurso público, ao cargo de Agente de Polícia do Distrito Federal.
>
> Natureza, inerente ao estágio, de complemento de processo seletivo, sendo, igualmente, sua finalidade a de aferir a adaptabilidade do servidor ao desempenho de suas novas funções.

338. Rigolin, Ivan Barbosa. *Comentários ao Regime Único dos Servidores Públicos Civis*. 6ª ed., São Paulo: Saraiva, 2004, p. 65.

> Consequentemente possibilidade, durante o seu curso, de desistência do estágio, com retorno ao cargo de origem (art. 20, § 2º, da Lei nº 8.112/1990).
> Inocorrênia de ofensa ao princípio da autonomia das Unidades da Federação, por ser mantida pela União a Polícia Civil do Distrito Federal (Constituição, art. 21, XIV).
> Mandado de Segurança deferido. (STF, MS nº 22.933/DF, Rel. Min. Octavio Gallotti)

Contudo, conforme já dito anteriormente, "apenas a confirmação no estágio probatório do novo cargo extinguiria a situação anterior", e como o servidor em tese requereu a sua recondução ainda durante a fase do estágio probatório, este detalhe embasou a conclusão do Ministro do STF que deferiu favoravelmente à sua segurança, concedendo-lhe o direito de ser reconduzido ao cargo anterior.

Já em outro julgamento muito semelhante a este, que também tramitou pela Corte Suprema, o Ministro Carlos Velloso, com muito brilhantismo, identificou a diferença da questão sob análise e opinou pelo não provimento do recurso.

O que o fez negar o pedido foi exatamente o fato de que o servidor que buscava garantir na Justiça o seu direito de *recondução* a cargo anteriormente ocupado, diferentemente do caso anterior, já havia esgotado o seu período de estágio probatório no cargo atual, o que o levou a extinguir a situação anterior. Vejamos, contudo, como se deu o pedido e a análise pelo Supremo, a começar pela Ementa:

> Constitucional. Administrativo. Servidor Público. Estágio probatório. Lei 8.112/1990, art. 20, § 2º , art. 41.
> I – O direito de o servidor, aprovado em concurso público, estável, que presta novo concurso e, aprovado, é nomeado para cargo outro, retornar ao cargo anterior ocorre enquanto estiver sendo submetido ao estágio probatório no novo cargo: Lei nº 8.112/1990, art. 20, § 2º. É que, enquanto não confirmado no estágio do novo cargo, não estará extinta a situação anterior.
> II – No caso, o servidor somente requereu a sua recondução ao cargo antigo cerca de três anos e cinco meses após a sua posse e exercício neste, quando, inclusive, já estável: CF., art. 41.
> III – M.S. indeferido.

Este caso específico trata de mandado de segurança impetrado por ocupante de cargo público de Inspetor Fiscal da Secretaria de Finanças e Desenvolvimento Econômico da Prefeitura Municipal de São Paulo-SP, contra ato do Procurador-Geral da República que indeferiu seu pedido de recondução ao cargo de Analista Administrativo da Procuradoria da República, ocupado anteriormente.

Segundo aduziu o impetrante, este se submeteu a concurso público para o cargo que ocupa atualmente, na Prefeitura Municipal de São Paulo, e após a aprovação, tomou posse e entrou em exercício, tendo pedido vacância em razão de sua estabilidade no serviço público federal, certo de que sua estabilidade neste cargo estaria condicionada à sua avaliação de desempenho, conforme dispõe expressamente o art. 41, § 4º, da Constituição Federal, mas o que, de fato, não havia ainda se formalizado.

Sustenta ainda ser inexistente o impedimento à recondução pleiteada, valendo-se da premissa de que a estabilidade não se atrela ao cargo, mas ao serviço público, inobstante a sua esfera, federal, estadual ou municipal. E mais, que o seu estágio probatório na referida prefeitura não se extinguiu, nos termos dos arts. 41, § 4º, da Constituição Federal, e 18, do Estatuto do Funcionário Público do Município de São Paulo, pois ao contrário do que afirma o Secretário de Pessoal do Ministério Público Federal: – "a extinção do vínculo anterior só se efetiva com a publicação do ato confirmatório" –, esta de fato não ocorreu, pois não houve ainda tal publicação.

Alega, ainda, a existência de jurisprudência desta mesma Corte reconhecendo direito de servidor desistir de estágio probatório para regressar a cargo anterior, sendo uma delas a do Ministro Carlos Velloso (*DJ* de 14/06/2002), que é exatamente o "*case*" que foi discorrido anteriormente a este.

Em seu pronunciamento, o Procurador-Geral da República se reportando ao enunciado pelo Secretário de Pessoal do Ministério Público Federal, informou sobre a inexistência de vagas disponíveis para o cargo que o impetrante pleiteia a recondução, na Procuradoria da República no Estado do Rio de Janeiro, bem como sobre a real ocorrência da extinção do vínculo entre as partes, em decorrência do advento da estabilidade no atual cargo exercido na Prefeitura de São Paulo-SP.

Isto pode ser comprovado pelo fato de que o impetrante tomou posse e entrou em exercício do dia 11 de fevereiro de 1999, tendo já ultrapassado o período de 3 anos de efetivo exercício, o qual a Constituição Federal, em seu art. 41, estabelece como mínimo para se alcançar a estabilidade.

Ademais, uma vez comprovado o alcance da estabilidade pelo transcurso do prazo constitucional de três anos, conclui-se que houve também a aprovação do servidor no estágio probatório, que é de dois anos a partir da posse, ainda que não tenha sido anotado nos seus assentamentos funcionais. Sendo assim, é a partir desta confirmação que o Procurador-Geral da República concluiu pela impossibilidade de conceder ao impetrante o direito de recondução a cargo anterior, uma vez que não há mais vínculo com o órgão público em questão. Daí ter opinado pela denegação da segurança.

Já o Ministro Carlos Velloso, em seu voto, faz de plano a ressalva de que o impetrante, quando do seu pedido de recondução aos quadros da Procuradoria-Geral da República, já contava com o percurso de três anos e cinco meses no exercício da Prefeitura Municipal de São Paulo. Traz à leitura, inclusive, o disposto no art. 41, *caput*, e § 4º da Constituição Federal, para um maior esclarecimento da questão em análise sob a ótica constitucional:

> *Art. 41. São estáveis após três anos de efetivo exercício os servidores nomeados para o cargo de provimento efetivo em virtude de concurso público.*
>
> *(...)*
>
> *§ 4º Como condição para a aquisição da estabilidade, é obrigatória a avaliação especial de desempenho por comissão instituída para essa finalidade.*

Neste sentido, argumenta o Relator que resta claro que o impetrante foi nomeado para cargo da Prefeitura Municipal de São Paulo após sua regular aprovação em concurso público, tomou posse e iniciou o exercício no referido cargo, tendo já transcorridos os prazos que exige a Norma Constitucional tanto para a sua aprovação em estágio probatório quanto para a aquisição de sua estabilidade no serviço público.

Assim, evidencia-se que a sua estabilidade no cargo que ocupa não há que ser questionada posto que ultrapassado, há muito, o prazo de dois anos previsto no art. 20 da Lei nº 8.112/1990, bem como o prazo de três anos exigível à aquisição da estabilidade no art. 41 da Constituição Federal. Ressalta, de forma oportuna, que o direito que assiste ao servidor de se valer do instituto da recondução, para retornar ao cargo que anteriormente ocupava, poderia ter sido exercido dentro do prazo do estágio probatório equivalente a 2 anos, prescrito que está na Lei nº 8.112/1990, em seu art. 20, já transcorrido, conforme fartamente demonstrado. Para enriquecer as alegações do voto que indeferiu o pedido do impetrante, traz ainda o Relator a lição do ilustre Procurador-Geral, Prof. Cláudio Fonteles:

> (...)
>
> Na esteira do entendimento acima exposto, e em virtude, na presente hipótese, do efetivo transcurso do triênio constitucional para a aquisição da estabilidade, tem-se por evidente que o servidor ora impetrante foi aprovado em seu estágio probatório, ainda que não conste em seus assentamentos funcionais a avaliação formal. Ademais, a conduta omissiva da Administração em proceder à avaliação formal do servidor não pode ser alegada como óbice à aquisição da estabilidade após três anos de efetivo exercício em cargo provido por concurso público, nos moldes do *caput* do art. 41 da Carta Magna.
>
> Nessa toada o professor Hely Lopes Meirelles esclarece que 'fatalmente haverá caso envolvendo o decurso do prazo de três anos sem que essa avaliação especial tenha sido feita nos moldes determinados pelo dispositivo constitucional (art. 41). Como esse dever cabe à Administração Pública, o servidor não poderá ser prejudicado e adquirirá a estabilidade caso preencha as demais condições, apurando-se e responsabilizando-se o servidor que tinha o dever funcional de instituir a comissão especial ou da própria comissão que, embora instituída, não exerceu a atribuição'[339].
>
> Dessa forma, considerando-se que a estabilidade do impetrante, no caso Inspetor Fiscal de Secretaria de Finanças e Desenvolvimento Econômico da Prefeitura do Município de São Paulo/SP, é evidente, haja vista o pedido de recondução ter sido efetuado após três anos e cinco meses de efetivo exercício na Prefeitura Municipal, não há mais que se falar na possibilidade de recondução aos quadros da Procuradoria da República no Estado do Rio de Janeiro, uma vez que findo o estágio probatório, encontra-se extinta a situação anterior.

A Lei nº 8.112, de 1990, estabelece, no § 2º do art. 20, que o servidor não aprovado no estágio probatório será exonerado, ou, se estável, será reconduzido ao cargo anteriormente ocupado; se o cargo anterior estiver provido, o servidor será aproveitado em outro (art. 29, parágrafo único). Essa é a regra.

339. *Direito Administrativo Brasileiro*, 28ª ed., cit.

6. APROVEITAMENTO

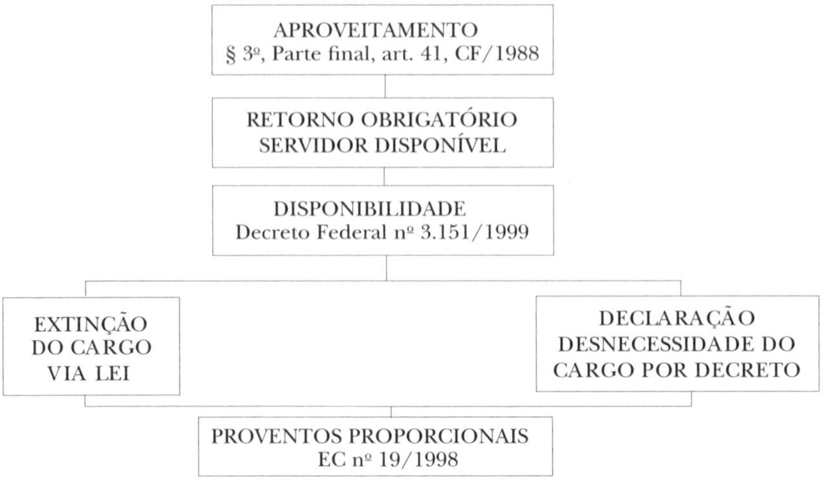

Ligado ao princípio constitucional da disponibilidade, é o provimento derivado pelo qual se opera o retorno do servidor posto em disponibilidade, tendo em vista sua extinção ou declaração desnecessária, em cargo de natureza e nível de remuneração compatíveis com o anteriormente ocupado[340].

Prevê a Constituição, no art. 41, § 3º: "*Extinto o cargo ou declarada a sua desnecessidade, o servidor estável ficará em disponibilidade, com remuneração proporcional ao tempo de serviço, até seu adequado aproveitamento em outro cargo*". Então, a forma de trazer o servidor da disponibilidade de volta à ativa, dá-se através do aproveitamento.

No entanto, o § 3º do art. 41, da Constituição, nos leva à conclusão de que os proventos são proporcionais, mas deve ser usado, em consideração, o tempo de serviço no Município, Estado ou União, na hora de calcular o provento proporcional.

340. Mandado de Segurança – Servidor em disponibilidade. Aproveitamento em outros cargos públicos não preenchidos. Legitimidade. Inocorrência. – Constitucionalidade do dispositivo da Carta Estadual – Direito líquido e certo dos servidores em disponibilidade. – Justifica-se a legitimidade do Presidente do PRODERJ pois as funções a ele acometidas, como órgão do próprio Estado, o legitimam como autoridade coatora. – Não contrariando norma da CF, e com ela se alinhando, o dispositivo da Carta Estadual que disciplina o Servidor em disponibilidade e determina seu aproveitamento obrigatório é perfeitamente aplicável, ainda mais que constatada a existência de cargos disponíveis. – É interesse tanto do servidor quanto da Administração o seu aproveitamento em cargo público, demonstrada a sua existência ensejando o direito líquido e certo dos Impetrantes. Improvimento do Recurso. (Apelação Cível, Proc. nº 2001.001.14599, 21/03/2002, Quarta Câmara Cível, Des. Sidney Hartung). Ação direta de inconstitucionalidade. Leis 96, de 18.05.90, e 105, de 04.06.90, ambas do Distrito Federal. – Declarada a inconstitucionalidade do inciso I do art. 2º da Lei 96/90 do Distrito Federal, por ofensa ao inciso II do art. 37 da Constituição Federal, o art. 1º dessa Lei não é inconstitucional, pois se restringirá aos servidores trabalhistas, contratados por convênio, que, por não terem adquirido estabilidade em 05.10.88, deverão submeter-se a concurso público. – Os arts. 1º e 5º da Lei 105/90 do Distrito Federal são inconstitucionais por admitirem, sem concurso público, o aproveitamento de servidores federais, estaduais e municipais nos órgãos da administração direta, nas autarquias ou nas fundações do Distrito Federal para os quais foram requisitados. A exigência de concurso público se refere à investidura em cargo ou emprego público de carreira de cada pessoa jurídica de direito público, não autorizando o provimento inicial de cargo ou emprego de entidade política diversa. Ação direta de inconstitucionalidade que se julga procedente em parte, para se declarar a inconstitucionalidade do inciso I do art. 2º da Lei nº 96, de 18.05.90, e dos arts. 1º, 2º, 3º, 4º e 5º da Lei nº 105, de 04.06.90, ambas do Distrito Federal. (ADI nº 402/DF, Rel. Min. Moreira Alves, Tribunal Pleno).

O aproveitamento é considerado um direito do servidor em disponibilidade, com prioridade sobre as demais formas de provimento, quando se tratar do preenchimento de cargo vago, mas, nem por isto deverá a Administração deixar de verificar os pressupostos objetivos de sua decretação (compatibilidade de cargos e de nível de remuneração) e as condições pessoais do servidor em disponibilidade (idade e saúde).

Ainda, fica o servidor em situação transitória denominada disponibilidade remunerada, o que faz com que a Administração providencie o adequado aproveitamento daquele, evitando-se que fique indefinidamente percebendo remuneração sem exercer qualquer função pública (art. 41, § 3º, CF).

O Estatuto Federal dispõe sobre o aproveitamento do servidor em disponibilidade nos seus arts. 30, 31 e 32.

O aproveitamento é um ato vinculado para ambas as partes. E abrindo vaga, a Administração não pode abrir concurso. Terá de fazer o aproveitamento do disponível, mesmo em outro cargo, ferindo a regra do concurso público, mas foi a Constituição que assim determinou. Não há nenhum problema.

O servidor é obrigado a aceitar o cargo para o qual a Administração faz seu aproveitamento (art. 30, Lei nº 8.112/1990), desde que o cargo tenha atribuições e vencimentos compatíveis.

O servidor em disponibilidade pode recusar o aproveitamento?

Não. Trata-se de um preceito constitucional. Tem de ser aproveitado, nem que seja em outro cargo, do contrário será punido com a pena de cassação da disponibilidade.

7. DISPONIBILIDADE

A discricionariedade conferida à Administração Pública pela Constituição e Legislação ordinária em nada ofende aos princípios fundamentais do Estado Democrático de Direto; ao contrário, as competências discricionárias são conferidas ao administrador público para que ele possa, em determinados casos, agir com rapidez e eficiência para atender prontamente às demandas decorrentes do interesse público.

Assim ocorre nos casos em que se faz necessário extinguir determinados cargos públicos que não se fazem mais necessários à Administração e, consequentemente, os servidores ocupantes dos cargos extintos são colocados em disponibilidade.

Nestes casos, compete à Administração avaliar a conveniência e a oportunidade de manter ou extinguir tais cargos, independentemente da anuência ou não dos servidores públicos que os ocupam. Ela, sim, que deve avaliar a conveniência da manutenção destes cargos para o interesse público, como deve ser toda sua conduta, e não dos seus ocupantes.

No tocante a quem vai para a disponibilidade, o Decreto nº 3.151/1999, em seu art. 3º, traça os critérios:

> *Art. 3º Caracterizada a existência de cargos sujeitos à declaração de desnecessidade, em decorrência da extinção ou da reorganização de órgão ou de entidade, a administração deverá adotar, separada ou cumulativamente, os seguintes critérios de análise, pertinentes à situação pessoal dos respectivos ocupantes, para fins de disponibilidade:*
>
> *I – menor tempo de serviço;*
>
> *II – maior remuneração;*
>
> *III – menor idade;*
>
> *IV – menor número de dependentes.*

Esse artigo não deve ser cumprido sucessivamente, podendo ser usado em separado ou cumulativamente. No ato da disponibilidade, a Administração deverá mencionar quais foram os critérios utilizados.

Ainda sobre a disponibilidade, vale a pena o seguinte questionamento: Enquanto o servidor estiver em disponibilidade, o tempo de serviço é contado para fins de aposentadoria? O Decreto federal nº 3.151/1999 responde afirmativamente:

Art. 7º O servidor em disponibilidade contribuirá para o regime próprio de previdência do servidor público federal, e o tempo de contribuição, correspondente ao período em que permanecer em disponibilidade, será contado para efeito de aposentadoria e nova disponibilidade.

Como os vencimentos foram diminuídos, o valor da contribuição previdenciária reduzirá em cima de uma base de cálculo.

Outra colocação importantíssima é que o tempo de serviço para fins de disponibilidade é o tempo de serviço público e não interessa o ente da federação. Logo, se o servidor for colocado em disponibilidade, os proventos serão proporcionais ao tempo de serviço no Estado, no Município e na União, o que é garantido pelo § 9º, do art. 40, da Constituição da República.

E na iniciativa privada, o tempo é contado para fins de disponibilidade? Na iniciativa privada a resposta é negativa e esse tempo será contado só para fins de aposentadoria, se não for concomitante com outro regime previdenciário. E se o empregado público for de empresa estatal? O tempo de empresa estatal será considerado desde que o servidor foi colocado em disponibilidade na União, por exemplo. Contudo, há decisões isoladas de alguns poucos tribunais, afirmando que o lapso temporal de estatal vai servir apenas para o tempo de contribuição de aposentadoria, não trazendo esse tempo para fins de disponibilidade.

Qual é a base de cálculo para se chegar ao provento proporcional? Só os vencimentos básicos ou algumas gratificações? O já mencionado decreto federal responde:

Art. 6º A remuneração do servidor em disponibilidade será proporcional a seu tempo de serviço, considerando-se, para o respectivo cálculo, 1/35 da respectiva remuneração mensal, por ano de serviço, se homem, e 1/30, se mulher.

§ 2º (...) considerar-se-á, como remuneração mensal do servidor, o vencimento básico, acrescido das vantagens pecuniárias permanentes relativas ao cargo público.

As vantagens permanentes relativas ao cargo são: adicional por tempo de serviço, gratificação de chefia que se incorporaram ao vencimento antes do advento da EC nº 19. As demais vantagens geralmente são transitórias.

A Constituição Federal vigente estabelece, ainda, que a criação dos cargos públicos devem ser feitos por lei em sentido estrito. Todavia a lei silencia no que diz respeito à extinção. Não poderia ser outro o entendimento do constituinte, porque a necessidade dos cargos públicos é variável, está ligada à necessidade imediata do serviço público, não havendo que se cogitar do devido processo legal.

O servidor público estável, ocupante de cargo público extinto, é colocado em disponibilidade com remuneração proporcional ao tempo de serviço prestado, remuneração essa que poderá ser alterada para mais, caso o servidor já tenha prestado algum serviço público para a Administração Pública Direta ou Indireta, em qualquer ente da federação, em qualquer dos Poderes.

É de grande importância observar que a regra prevista no art. 37, XV, é de caráter geral e a irredutibilidade de vencimentos, nela prevista, se aplica às hipóteses para as quais não haja o próprio Constituinte instituído exceção, que se refere exclusivamente aos servidores civis. Portanto, é totalmente procedente o argumento de inaplicabilidade, aos Militares dos Estados, da regra contida no § 3º do art. 41, da Constituição da República, excluindo, dessa forma, a incidência de qualquer outra regra referida aos servidores públicos (inciso X do § 3º do art. 142, da CF, submetendo-se a regime jurídico próprio).

Pela dicção do Texto Constitucional, também o disposto no art. 41, § 3º, não se aplica aos portadores de cargos vitalícios.

A declaração da desnecessidade de cargo público, com a consequente colocação de seu ocupante em disponibilidade, constitui, sem dúvida, ato discricionário, juízo de conveniência e oportunidade, formulado pela Administração Pública. Sua expedição deve repousar na realidade fática e, ao mesmo tempo, corresponder à hipótese em que o Texto Constitucional faculta à Administração a sua prática, de acordo com a regra prevista no art. 37, inciso XV.

Essa aludida discricionariedade não pode ser completamente livre. A autoridade administrativa estará sempre vinculada à competência, à forma e à finalidade. Não serve como meio idôneo de punição antecipada, sendo censurável e ilegítimo colocar em disponibilidade o funcionário que estiver respondendo a inquérito. Portanto, a discricionariedade do ato não é plena e absoluta, pois, havendo indício de ilegalidade ou de desvio de finalidade, impõe-se o pronunciamento do Poder Judiciário. A discricionariedade do administrador deve ter por objeto o interesse público, não podendo ser confundida com arbitrariedade.

Atenta contra a Constituição Federal a disponibilidade, como instrumento punitivo, em indiciamento puro e simples pela prática de determinado ilícito.

A disponibilidade em tal circunstância traria, inegavelmente, ao servidor, além de prejuízos morais, acentuada redução salarial, isto porque, extinto o cargo ou declarada sua desnecessidade, o servidor estável ficará em disponibilidade com remuneração proporcional ao tempo de serviço, até seu adequado aproveitamento em outro cargo. Portanto, viola o princípio da impessoalidade o ato de colocação em disponibilidade que não segue critérios objetivos. O Chefe do Executivo não tem o poder supremo de escolher livremente os servidores que bem entender, ferindo o manto de legalidade contrariando o princípio da inocência presumida. Havendo indício de ilegalidade ou de desvio de finalidade, o pronunciamento da Justiça há de ser feito no sentido de restabelecer a paz, a tranquilidade e o bem direito.

Celso Antônio Bandeira de Mello, ao manifestar-se sobre o motivo do ato, assim se expressa: "... é a situação do mundo empírico que deve ser tomada em lei ou expresso no ato real motivo da elaboração do ato, tendo havido uma espécie de simulação, visto que o verdadeiro motivo é outro, estaríamos diante da ofensa à moralidade administrativa".

A arbitrariedade é sempre censurável, porque traduz um comportamento insidioso, porque a autoridade, embora alegando um pretenso interesse público, oculta o seu verdadeiro desígnio.

A finalidade da Lei é o interesse público e se o administrador age em descompasso com esse fim, desvia-se do seu poder e pratica conduta ilegítima e arbitrária que deve ser reprimida pelo Poder Judiciário.

Insta observar que a declaração da desnecessidade de cargos e a colocação de servidores em disponibilidade constitui ato discricionário do Chefe do Poder Executivo, decorrendo de juízo de conveniência e oportunidade formulada pela Administração, insuscetível de controle judicial, conforme entendimento pacífico do Supremo Tribunal Federal, desde que a escolha dos servidores postos em disponibilidade atenda a critérios objetivos.

O instituto da disponibilidade independe de defesa prévia, não se constituindo nem em prêmio, nem em sanção e, consequentemente, não havendo cogitar-se da observância do devido processo legal.

Oportuna é a observação de que na disponibilidade não é possível a instauração de processo administrativo da desnecessidade de cargo público, haja vista não se admitir que o servidor exerça direito de defesa para demonstrar que o cargo ocupado pelo servidor é necessário ao êxito da Administração Pública.

Embora a declaração de desnecessidade do cargo público seja ato do Chefe do Poder Executivo, ressalva-se ao servidor atingido o direito de questionar a validade intrínseca do ato, utilizando-se das vias adequadas para discutir se a motivação constante do decreto efetivamente corresponde à realidade fática. Assim, se o servidor interessado puder demonstrar, objetivamente, que a declaração de desnecessidade não é o único instrumento para a realização dos fins expressamente elencados como seus motivos, o Poder Judiciário deverá reconhecer-lhe o vício, porquanto traduz, ante a aplicação da teoria dos motivos determinantes, a efetividade do princípio da legalidade.

A título de ilustração, o Chefe do Executivo não pode colocar em disponibilidade, com vencimentos proporcionais, os servidores que respondem a processo administrativo disciplinar, cujos ilícitos supostamente cometidos, em tese, caracterizam infração penal, por fortes indícios da prática de crimes graves.

A disponibilidade não pode ser utilizada como forma de afastar do serviço aqueles que estão respondendo a processo judicial ou administrativo, sob pena de caracterizar finalidade de punição, violando os princípios da ampla defesa, do contraditório e do devido processo legal. Por esta razão, a finalidade do ato está sujeita ao exame crítico do Poder Judiciário, com a consequente anulação quando caracterizado o desvio correspondente. No caso, a verdadeira motivação e a real finalidade do ato nada tem que ver com um autêntico juízo sobre a necessidade ou não dos cargos.

A questão relativa à irredutibilidade de vencimento, prevista no art. 37, XV, é de caráter geral, aplicando-se às hipóteses para as quais não haja o próprio Constituinte instituído exceção. A Carta Magna, no caso de disponibilidade, prevê que a remuneração do servidor seja proporcional ao tempo de serviço.

Uma observação se faz necessária, o que não é comum a doutrina enfocar, qual seja: é procedente no caso de disponibilidade, o argumento de inaplicabilidade, aos Militares dos Estados, da regra contida no § 3º, do art. 43, da Constituição da República.

Ao dispor a propósito do regime jurídico dos Militares dos Estados, do Distrito Federal e dos Territórios, optou o Constituinte por fazê-lo em seção própria, a de nº III, do Capítulo VII, da Carta da República, isto depois de na antecedente, – a Seção II, dispor sobre os servidores públicos, aos quais são dedicados os arts. 39, 40 e 41.

Quanto aos Militares dos Estados, entretanto, a eles estendeu apenas os direitos previstos nos §§ 7º, 8º e 9º, do art. 40, excluindo, dessa forma, a incidência de qualquer outra regra referida aos servidores públicos, seja quanto aos bônus, seja quanto aos ônus, sem menção qualquer à regra do § 3º, do art. 41, da *Lex Legum*; fez mais, ainda: tornou aplicável a esses incisos, o inciso X, do § 3º, do art. 142, da Constituição Federal, submetendo-se a regime jurídico próprio e infenso, segundo pensamos, a incidência da regra contida no § 3º, do art. 41, da Carta da República.

A discricionariedade da declaração de desnecessidade de cargo público não é plena, pois o motivo do ato já se encontra *a priori* definida pela lei, o que torna possível a impugnação fundada em falsidade de motivo determinante.

Resta apreciar que a indicação de motivos falsos ou incoerentes torna o ato nulo, conforme têm entendido nossos Tribunais.

Atente-se que o ato declaratório de desnecessidade de cargo não exige a edição de lei para sua prática.

A Constituição Federal cobra lei quando se tratar, para a hipótese, de *criação, transformação e extinção de cargo.* Facilmente podemos observar tal afirmação lendo os arts. 48, X, e 84, XXV:

> Art. 48. Cabe ao Congresso Nacional, com sanção do Presidente da República, não exigida esta para o especificado nos arts. 49, 51 e 52, dispor sobre todas as matérias de competência da União, especialmente sobre:
>
> (...)
>
> X – criação, transformação e ***extinção*** de cargos, empregos e funções públicas;
>
> Art. 84. Compete privativamente ao Presidente da República:
>
> (...)
>
> XXV – prover e ***extinguir*** os cargos públicos federais, ***na forma da lei***; (grifamos).

Por fim, há total possibilidade de que o ato de declaração seja expedido não só pelo chefe do executivo, mas também pelos dos outros Poderes.

A Súmula nº 22 do Supremo Tribunal Federal prescreve: "O estágio probatório não protege o funcionário contra a extinção do cargo".

A declaração de desnecessidade de cargo público é ato tipicamente de índole administrativa que *dispensa a necessidade de lei formal*, exigível apenas para a criação e extinção de cargos que integram a estrutura de cada Poder do Estado.

Esclarecedor, a esse respeito, que o ente da federação não poderá contratar, nomeando outros funcionários para o mesmo cargo que havia extinto. A configurar tal situação, deverá se dar conhecimento ao órgão do Ministério Público para verificação inclusive de irregularidade, no que diz respeito à Lei de Responsabilidade Fiscal.

Não se contesta o poder discricionário da Administração para declarar a desnecessidade de cargos públicos com a consequente colocação de seu ocupante em disponibilidade. Só a ela cabe o juízo de oportunidade e conveniência sobre tal questão em função das suas necessidades.

Convém, então, lembrar que a disponibilidade tem por finalidade reduzir o quadro funcional em razão de desnecessidade dos cargos, genericamente considerados. A Administração conclui que determinada categoria funcional tornou-se desnecessária ou que o seu quadro é excessivo. O serviço público, por exemplo, foi privatizado, não mais sendo necessários os servidores que o executavam; o número de funcionários tornou-se excessivo em razão da racionalização ou informatização do serviço e assim por diante. Pode a Administração, discricionariamente, nesse e noutros casos, extinguir ou declarar desnecessários os cargos, colocando os respectivos servidores em disponibilidade.

Uma coisa, entretanto, é extinguir cargos, outra é excluir funcionários; uma coisa é declarar a desnecessidade de cargos públicos, outra é declarar a desnecessidade de servidores. Com efeito, permite a Constituição (art. 41, § 3º) extinguir cargos ou declarar sua desnecessidade, colocando a Administração os servidores estáveis em disponibilidade remunerada, até que sejam aproveitados em outros cargos. Não pode essa norma, entretanto, ser utilizada para declarar desnecessário este ou aquele servidor estável, para o fim de afastá-lo da função enquanto responde, por exemplo, a processo judicial ou administrativo. Isso caracteriza abuso de poder por desvio de finalidade.

Tenha-se ainda em conta que a disponibilidade é uma garantia do servidor estável, não podendo ser desvirtuada em instrumento de punição.

A disponibilidade, que resulta da extinção ou da declaração de desnecessidade do cargo, não é pena, e não pode, por isso mesmo, no presente contexto normativo, ser equiparada a um gesto de punição administrativa (CF/88, art. 42, § 3º). Não se reveste, portanto, de caráter disciplinar.

O retorno à atividade de servidor em disponibilidade é obrigatória (arts. 30 a 32, da Lei nº 8.112/1990), tanto para Administração quanto para o disponível. Só que para trazer o disponível para a ativa, a lei pede atribuições e vencimento compatível. O vencimento tem de ser compatível, não igual. A redução não seria possível em razão do inciso XV, do art. 37, da Constituição da República (irredutibilidade dos vencimentos).

É obrigatório o retorno do servidor, sob pena de ser excluído, surgindo a cassação da disponibilidade, acarretando sua demissão, portanto, o rompimento do vínculo como um todo.

7.1. Estudo de caso prático – Prova preliminar para Magistratura[341]

SILVIA SILVA, servidora do Departamento de Trânsito do Estado do Rio de Janeiro – DETRAN, foi colocada em disponibilidade remunerada, juntamente com 120 servidores, em razão da desnecessidade declarada dos cargos. A servidora ficou sabendo que um ex-colega, que não foi colocado em disponibilidade, ocupante de cargo equivalente ao seu, estava solicitando a aposentadoria, e pleiteia, ao DETRAN, o retorno ao serviço público no lugar deste colega. A Autarquia Estadual nega tal pedido sob o argumento de que foi realizada uma lista em ordem alfabética, sem a indicação quanto à antiguidade ou outros critérios objetivos que hierarquizassem os servidores postos em disponibilidade, de modo a permitir a identificação do direito de cada qual a postular o reaproveitamento no cargo que se vagou. E, ainda, sustenta a desnecessidade do retorno da servidora ao serviço público.

Pergunta-se:

a) SILVIA SILVA tem direito a retornar ao serviço público no cargo que vagou em consequência de aposentação?
b) O DETRAN pode colocar seus servidores em disponibilidade remunerada e não remunerada? Em caso positivo, por quanto tempo?

A disponibilidade remunerada é um direito que a Constituição da República confere ao servidor público estável quando este é desalojado em virtude de reintegração de outro

341. Questão extraída do Livro *Casos Concretos de Direito Administrativo*, de nossa autoria, cit., p. 359-364.

servidor, sem ter um cargo de origem para ser reconduzido a ele (art. 41, § 2º), ou, ainda, quando o seu cargo é declarado extinto ou desnecessário, ficando o servidor, em ambos os casos, em disponibilidade remunerada, com proventos proporcionais ao seu tempo de serviço, até seu adequado aproveitamento em outro cargo (art. 41, § 3º). Uma vez que a situação implica despesa no orçamento do órgão ou da entidade, não há nenhum interesse da Administração, portanto, em manter um servidor em disponibilidade, cujo prazo máximo para tanto é de 30 trinta dias.

Entretanto, afirmar que o servidor em disponibilidade será *imediatamente* aproveitado em vaga que vier a ocorrer, em cargo de atribuições compatíveis com o seu, conforme dispõe o art. 31, *caput*, da Lei nº 8.112/1990 – que estabelece o regime de pessoal dos servidores da Administração direta, que é o mesmo dos servidores autárquicos do DETRAN-RJ, cujo vínculo é de natureza estatutária –, indica um certo exagero quanto à tempestividade do fato, devendo ser comedidamente interpretado, pois, se por um lado a Administração não pode procrastinar, deliberadamente, o ato de aproveitamento, caso haja vaga disponível e recurso orçamentário que não destoe do regime constitucional vigente, com fulcro no art. 169 da Carta Magna, por outro, o regime jurídico incidente sobre o aproveitamento não confere direito líquido e certo ao servidor a um *facere* por parte da autoridade administrativa.

Adentrando-se na questão proposta, note-se, em primeiro lugar, que Silvia Silva não é a única servidora do DETRAN posta em disponibilidade remunerada em razão da desnecessidade declarada de cargos. Nesta mesma situação encontram-se outros 120 servidores. Em princípio, portanto, o reconhecimento da desnecessidade deveria acarretar a extinção do cargo, simplesmente, pois o propósito da declaração é exatamente não fomentar nenhuma forma de provimento ou vacância daqueles cargos tidos como desnecessários.

Depois, no que tange à intenção da servidora em retornar ao serviço público em lugar de ex-colega, que não foi colocado em disponibilidade, mas iria se aposentar, deixando vago o cargo equivalente ao seu, é de bom alvitre lembrar que a disponibilidade resultante de uma declaração de desnecessidade do cargo não constitui fato gerador de vacância, uma vez que, por meio desse expediente, é possível apenas não se destinar recursos financeiros no orçamento anual para o provimento de certas categorias funcionais, obstando-se, assim, eventuais provimentos, deduzindo-se que tenha sido esse o fundamento utilizado por aquela autarquia, quando sustentou a desnecessidade do retorno da servidora ao serviço público, decerto o fazendo para não fomentar nenhuma forma de provimento ou vacância daqueles cargos tidos como desnecessários. Além disso, sendo o Departamento de Trânsito pessoa jurídica vinculada, e não subordinada ao ente político que o criou, dispondo de personalidade jurídica própria e autonomia de gestão, em relação à Administração central, o aproveitamento de servidor é de competência de seu Presidente. Assim sendo, se foi negado o pedido da servidora sob o argumento que foi feita uma listagem, em ordem alfabética, sem nenhuma indicação quanto à antiguidade dos servidores ou outros critérios objetivos que hierarquizassem tais servidores postos em disponibilidade, de modo a permitir a identificação do direito de cada qual a postular o reaproveitamento no cargo que se vagou, não há prova ou informação capaz de revelar que Silvia Silva seria a titular, com exclusão de todos os demais, do buscado direito ao reaproveitamento, caso se entendesse de exercício compulsório.

Desse modo, inexiste direito individual líquido e certo da impetrante ao aproveitamento no único cargo que se vagou, em concorrência com colegas em idêntica situação, mesmo porque o DETRAN sustenta a desnecessidade do retorno da servidora ao serviço público.

Referência Jurisprudencial que suporta a conclusão:

> APELAÇÃO. Mandado de Segurança. Servidora autárquica posta em disponibilidade remunerada, em razão da desnecessidade declarada do cargo. Aproveitamento obrigatório quando de aposentação de ocupante de cargo equivalente, nos quadros da autarquia. Legitimidade passiva da autoridade coatora. Existência de outros servidores em disponibilidade. Inexistência de direito individual líquido e certo da impetrante ao aproveitamento no único cargo que se vagou, em concorrência com colegas em idêntica situação. Extinção do processo, em reexame necessário da sentença, prejudicado o recurso voluntário e revogada a ordem concedida na sentença. (Apelação Cível nº 2004.001.12764, Primeira Câmara Cível do Tribunal de Justiça do Estado do Rio de Janeiro, Rel. Des. Jessé Torres)

8. REMOÇÃO

8.1. Conceito

A remoção é o ato pelo qual o servidor sofre o deslocamento a pedido ou *ex officio* no âmbito interno dos quadros da Administração, *não se constituindo tal ato em forma de provimento.*

Ainda que seja previsível que a remoção ocorra a pedido, esta concessão não subsistirá à conveniência do Poder Público. Tampouco há que se falar, em tese, em direito subjetivo a ser exercido pelo servidor, pois que prevalecerá o atingimento da finalidade pública. Portanto, a remoção a pedido será sempre relativizada em face de um interesse maior.

Nada obsta que o servidor interessado possa pleitear a sua remoção, valendo-se de motivos justificáveis e com respaldo em lei, como é o caso, a título de ilustração, de servidor que tem o fito de manter a união conjugal e a cuja remoção se constitua em *conditio sine qua non* para este fim.

Valer-se-á, em seu argumento, de direito garantido tanto em nível de legislação ordinária quanto constitucional, que é a manutenção da entidade familiar, que tem a especial proteção do Estado. (*Vide* art. 226 da Constituição Federal).

Com isso, ainda que a princípio o interesse público se sobreponha ao interesse particular, não se deve inviabilizar, de todo, a possibilidade do interesse particular ver seu interesse satisfeito, quando muito bem argumentado e fundamentado. Ademais, ainda se registra que a jurisprudência tem-se inclinado em acatar o direito subjetivo do servidor, a exemplo do STJ, no REsp nº 247.718.

Ao final, o certo é que o interesse público dificilmente será substituído pelo interesse particular, sendo esta a regra geral e não a exceção. Muito excepcionalmente, poderão ocorrer situações isoladas que justifiquem tal possibilidade. Dependerá da análise de cada caso, em tese, prevalecerá o interesse público.

A *remoção de ofício,* por seu turno, ocorrerá por interesse da Administração, sem que seja levado em conta o interesse do servidor, pois ocorrendo divergência de interesses, há que prevalecer sempre o interesse público, em homenagem ao *princípio da supremacia do interesse público sobre o interesse privado.*

A autoridade administrativa tem poderes para determinar a designação e remoção de servidor, em face do poder discricionário conferido ao administrador público, baseada nos critérios de conveniência e oportunidade.

Não se vislumbra qualquer ilegalidade visto que a relotação do servidor tem suporte legal.

Ademais, a relotação é ato discricionário e como tal deve ser analisado sob o aspecto de legalidade, oportunidade e conveniência diante do interesse público a atingir. E o controle judicial terá que respeitar a discricionariedade nos limites em que é assegurada à Administração Pública pela lei, caso contrário, o Judiciário estaria substituindo, por seus próprios critérios de escolha, a opção legítima feita pela autoridade competente com base nas regras de oportunidade e conveniência.

Trata-se de decisão baseada nos critérios de conveniência e oportunidade, avessos ao reexame judicial, sob pena de o magistrado passar a administrar diretamente o serviço público e realizar tarefas próprias do encarregado específico. Por óbvio, a quantidade de pessoal em cada local da repartição há de ser examinada por aquele que sabe quais as metas a serem atingidas e os meios de que dispõe para conseguir os objetivos traçados.

A remoção é o deslocamento do servidor de uma repartição para outra.

O servidor público não goza da prerrogativa da inamovibilidade funcional, predicado próprio da magistratura, podendo ser transferido "ex officio" pela Administração, desde que atendidos os pressupostos da conveniência, oportunidade e interesse públicos.

A Constituição prescreve, causuisticamente, as hipóteses de inamovibilidade, só a admitindo para Magistrados (art. 95), Membros dos Tribunais de Contas (73, § 3º), e Membros do Ministério Público (art. 128, I, alínea *b*).

Com efeito, ainda que o ato de remoção tenha sido determinado pelo interesse público, há de ser motivado, caso contrário, estará padecido, portanto, de ilegalidade. Demonstrado o vício, presente a arbitrariedade, ainda que os servidores não gozem da garantia de inamovibilidade. O ato é considerado anômalo, incongruente.

Exemplo disso se dará quando, por perseguição de um superior hierárqico a um servidor a ele subalterno, movida por motivos de desavenças particulares, se promova a sua remoção para uma sede distante, sem que tenha ocorrido nenhuma incidência de interesse público que motivasse tal ato[342].

Este ato teria sido, então, ato punitivo e sem fundamento legal, não ato de remoção em atenção ao interesse público e previsto em lei. Daí a necessidade da motivação do ato, a qual ensejará o contraditório e a ampla defesa.

A garantia de remoção somente é fundamentada em *razão do interesse do serviço*; a pedido, ou em decorrência de promoção.

342. Na mesma esteira também caminha a jurisprudência do Superior Tribunal de Justiça – STJ, como se vê pelos julgados adiante transcritos: "Administrativo. Servidor público. Lei Estadual nº 5.360/91, Art. 8º, inciso I. Inamovibilidade. Inconstitucionalidade inexistente. Ato de remoção. Não indicação do motivo. Nulidade. *I – Não há nenhuma inconstitucionalidade presente no art. 8º, inciso I, da Lei Estadual nº 5.360/91, haja vista que a exigência de que o ato de remoção deva simplesmente indicar o motivo não se confunde com a hipótese da garantia de inamovibilidade conferida pela Constituição Federal. II – O ato de remoção dos servidores do fisco estadual deve, objetivamente, indicar a sua razão de ser, sob pena de nulidade. Recurso provido.*" (ROMS nº 12.855/PB, Rel. Min. Felix Fischer). – grifei. "Recurso em Mandado de Segurança. Administrativo. Servidor público. Remoção. Motivação. Ilegalidade. Inexistência. *1. É válido o ato de remoção* ex officio *de servidor público, adequadamente motivado e ajustado à lei. 2. Recurso improvido.*" (ROMS nº 13.550/SC, Rel. Min. Hamilton Carvalhido). – grifei.

A interpretação da regra é que a remoção só pode ser efetuada se motivada em razão de interesse do serviço. Cuida-se de princípio garantidor dos servidores, quando o ato levado a efeito pela Administração atinge a seara individual daqueles.

A Administração terá de demonstrar a necessidade do serviço dos servidores em repartições diversas daquelas em que atuava.

Acerca da exigência de motivação dos atos administrativos, assim preleciona Hely Lopes Meirelles, em sua obra *Direito Administrativo Brasileiro*, 28ª ed., p. 96-97:

> No Direito Público o que há de menos relevante é a vontade do administrador. Seus desejos, suas ambições, seus programas, seus atos, não têm eficácia administrativa, nem validade jurídica, se não estiverem alicerçados no Direito e na Lei. Não é a chancela da autoridade que valida o ato e o torna respeitável e obrigatório. É a *legalidade* a pedra de toque de todo ato administrativo.
>
> Ora, se ninguém é obrigado a fazer ou deixar de fazer alguma coisa senão em virtude de lei, claro está que todo ato do Poder Público deve trazer consigo a demonstração de sua base legal e de seu motivo.
>
> (...)
>
> Pela motivação o administrador público justifica sua ação administrativa, indicando os fatos (pressupostos de fato) que ensejam o ato e os preceitos jurídicos (pressupostos de direito) que autorizam sua prática.
>
> Claro está que em certos atos administrativos oriundos do poder discricionário a justificação será dispensável, bastando apenas evidenciar a competência para o exercício desse poder e a conformação do ato com o interesse público, que é pressuposto de toda atividade administrativa. Em outros atos administrativos, porém, que afetam o interesse individual do administrado, a motivação é obrigatória, para o exame de sua legalidade, finalidade e moralidade administrativa. (...).
>
> A motivação, portanto, deve apontar a causa e os elementos determinantes da prática do ato administrativo, bem como o dispositivo legal em que se funda. (...). (grifamos)[343].
>
> O ato ordenador de remoção não pode encontrar-se desacompanhado do seu motivo justificador, referente à causa que rendeu ensejo ao deslocamento. Consequentemente, trata-se de ato eivado de nulidade por ausência de motivação[344].
>
> "II – O ato de remoção dos servidores do fisco estadual deve, objetivamente, indicar a sua razão de ser, sob pena de nulidade. Recurso provido." (ROMS nº 12.855/PB, Rel. Min. Felix Fischer, *DJ* de 04/11/2006 – grifamos)

A Administração Pública, não há dúvida, no exercício de seu poder hierárquico, possui a prerrogativa de remover os servidores públicos para melhor ordenar a qualidade do serviço público prestado aos cidadãos. No entanto, os operadores do direito, por vezes,

343. Vale a advertência de que, em face da presunção de legitimidade do ato administrativo, cabe à parte interessada e prejudicada pelo ato de remoção demonstrar, mediante prova pré-constituída, que a motivação aduzida pela Administração não confere com a realidade.

344. Acerca do tema, a Jurisprudência deste Superior Tribunal de Justiça já firmou seu entendimento, no sentido dos seguintes precedentes: "Administrativo. Servidor público. Lei Estadual nº 5.360/91, Art. 8º, inciso I. Inamovibilidade. Inconstitucionalidade inexistente. Ato de remoção. Não indicação do motivo. Nulidade. I – Não há nenhuma inconstitucionalidade presente no art. 8º, inciso I, da Lei Estadual nº 5.360/91, haja vista que a exigência de que o ato de remoção deva simplesmente indicar o motivo não se confunde com a hipótese da garantia de inamovibilidade conferida pela Constituição Federal.

possuem uma visão ultrapassada desse poder administrativo, poder-se-ia dizer até inautêntico, na medida em que não questionado frente os postulados do Estado Democrático de Direito, através de sua configuração jurídico-constitucional[345].

Com efeito, qualquer atuação do Poder Público, necessariamente, deve passar pelo crivo de uma racionalidade constitucional, ou seja, as competências administrativas devem ser exercidas para cada vez mais consolidar as garantias fundamentais de defesa da Constituição Federal. Ao mesmo tempo que a Constituição é instrumento que possibilita ao Estado a realização de seus fins, inclusive o exercício da atividade fiscalizatória, não se pode olvidar que ela deve ser vista como um espaço garantidor das relações democráticas entre Estado e Sociedade.

Corolário do que acima foi dito, o texto constitucional deve servir de referencial hermenêutico para a significação de uma validade normativa dos atos administrativos, validade esta, vislumbrada não apenas no seu aspecto formal, mas dentro de uma concepção mais substancial. A Constituição Federal, com efeito, dita não apenas aspectos formais, mas também estabelece limitações de conteúdo ao exercício do poder administrativo.

Dentro de uma visão mais garantista do Direito Administrativo, pode-se afirmar que os diversos poderes conferidos pelo sistema jurídico aos administradores não são "poderes-em-si", pois qualquer utilização do poder estatal deve sempre ser caracterizada no plano substancial pela sua funcionalização a serviço da garantia dos direitos fundamentais dos cidadãos. O poder de organizar o exercício das atividades dos servidores públicos deve, assim, ser refuncionalizado dentro deste paradigma.

A prerrogativa do agente público, hierarquicamente superior, de transferir os servidores subordinados, por óbvio, apenas pode ocorre quando necessário salvaguardar o interesse público. No entanto, como se trata de termo indeterminado, o exercício de tal competência administrativa deve ser motivada para possibilitar o mais transparente controle administrativo e jurisdicional.

Aplicando tal entendimento ao caso em exame, apresentar-se-ia como requisito de validade formal do ato administrativo de transferência dos servidores a devida motivação, cujo objetivo seria possibilitar e controlar a relação de pertinência entre os motivos declarados para a prática do ato e a regra de competência que possibilita a utilização de tal prerrogativa quando houver interesse da Administração. Constitui-se um poder incontrastável para o administrador público, o que não se admite no âmbito de um Estado Democrático de Direito.

Tranquilamente, pode ocorrer a hipótese de suas remoções decorrerem de perseguição política, tendo se desincumbido do ônus que lhes cabia.

Não pode o administrador público utilizar-se do poder hierárquico para satisfazer outros interesses que não o interesse da coletividade. Por fim, o último elemento do

345. Superior Tribunal de Justiça – Recurso Ordinário em MS nº 13.550-SC (2008/0097102-6) Relatório. O Exmo. Sr. Ministro Hamilton Carvalhido (Relator): Recurso ordinário em mandado de segurança interposto contra acórdão do Segundo Grupo de Câmaras Cíveis do Tribunal de Justiça de Santa Catarina, que denegou o mandado de segurança impetrado por Valdir Michelon Filho, Fiscal de Tributos Estaduais, contra ato do Secretário de Estado da Fazenda do Estado de Santa Catarina, concernente na Portaria nº SEF/GABS/POR99-0031, de 4 de fevereiro de 2004, que o removeu *ex oficio*, assim ementado: "Administrativo. Servidor público. Fiscal da Fazenda. Remoção de ofício. Interesse do serviço público. Ato motivado. Presunção de legitimidade. Inexistência de prova em sentido contrário. Critérios observados. Legalidade do ato. Inexistência de direito líquido e certo. Ordem denegada".

princípio diz respeito à verificação de racional adequação entre o meio utilizado e o fim escolhido, bem como se a restrição imposta é compensada pelos benefícios advindos dessa restrição[346].

Não se está aqui examinando o mérito administrativo, mas sim a ilegalidade contida no ato que redundou na expedição da ordem de transferência. O Poder Judiciário, quando provocado, deve intervir no ato administrativo sem causa justificada e em afronta ao comando que impede que se consume o desvio de finalidade à providência tomada, nos casos em que este último aclaramento seja necessário para se aferir a consonância da conduta administrativa com a lei que lhe serviu de arrimo.

É cediço que os funcionários, mesmo em período probatório, podem ser removidos no *interesse* da Administração Pública. Entretanto, esse interesse deve ser objetivamente demonstrado.

É de notar a necessidade demonstrada da Administração Pública, em remover servidor; o ato de remoção deve, necessária e obrigatoriamente, estar acompanhado de sua motivação.

Com efeito, o ato administrativo é válido quando foi expedido em absoluta conformidade com as exigências do sistema normativo. Vale dizer, quando se encontra adequado aos requisitos estabelecidos pela ordem jurídica. Validade, por isto, é a adequação do ato às exigências legais.

Dessa maneira, pode-se concluir que o ato administrativo que determina a remoção do servidor, desguarnecido da motivação que lhe é inerente, é absolutamente inválido, não devendo produzir qualquer efeito do mundo jurídico.

Não há dúvidas acerca da *supremacia* do *interesse público* sobre o interesse privado. Mesmo que o ato enseje esse princípio, a Administração tem o dever de justificar seus atos, apontando os fundamentos de direito e de fato, assim como a correlação lógica entre os eventos e situações que deu por existentes e a providência tomada, pois não haveria assegurar confiavelmente o contraste judicial eficaz das condutas administrativas com os princípios da legalidade, da finalidade, da razoabilidade e da proporcionalidade, se não fossem contemporaneamente a elas conhecidos e explicados os motivos que permitiriam reconhecer seu afinamento ou desafinamento com aqueles mesmos princípios.

A motivação não pode restringir-se a indicação da norma legal em que se fundamenta o ato (pressupostos de direito) e os fatos (pressupostos de fato). É necessário que nela se contenham os elementos indispensáveis para o controle da legalidade do ato. É pela motivação que se verifica se o ato decorre da vontade pessoal e arbitrária da autoridade administrativa e se observou a regra da proporcionalidade e da adequação entre os meios e os fins[347].

---

346. A despeito de não estar expressamente previsto na Constituição, a legislação infraconstitucional coloca a motivação como um dos princípios de observância obrigatória pela Administração Pública, valendo anotar, a propósito, o disposto no *caput* do art. 2º da Lei nº 9.784/1999, *verbis*: "*Art. 2º A Administração Pública obedecerá, dentre outros, aos princípios da legalidade, finalidade, motivação, razoabilidade, proporcionalidade, moralidade, ampla defesa, contraditório, segurança jurídica, interesse público e eficiência.*" (nossos os grifos).

347. A propósito, mais uma vez, vale citar o Excelso Pretório: "A doutrina é rica e incontroversa, tanto quanto pacífica a jurisprudência, no sentido de que o controle judicial dos atos administrativos vinculados envolve necessariamente a existência dos motivos determinantes reclamados em lei. Todavia, a motivação, mormente em se tratando de julgamentos de recursos administrativos pelo Presidente da República, pode resultar de exposição de motivos, ato ou parecer existente no processo e oriundo de órgãos auxiliares do Governo. Não há negar que, diante da natureza do ato e do seu caráter limitativo de direitos em face da lei, deverá ele ter motivação correspondente à regra jurídica, sendo esta a única maneira de afiançar o cumprimento das obrigações legais

8.2. A necessidade de motivação do ato de remoção: o que dizem os Tribunais?

O fato de a remoção se constituir em ato administrativo discricionário leva muitas vezes o Administrador Público a confundir esta característica com a desnecessidade de motivação, gerando controvérias no âmbito judiciário e por vezes até divindo opiniões entre os magistrados.

Conforme se pode verificar na Ementa que se segue, há quem entenda que a remoção, por ser ato administrativo discricionário, dispensa a motivação e é impossível ter o controle jurisdicional de seu mérito, como foi o caso do voto vencido da Relatora, em Reexame necessário de sentença favorável a Mandado de Segurança impetrado por servidor removido sem a devida motivação:

> Mandado de Segurança. Secretária municipal. Ilegitimidade recursal. Reexame. Remoção de servidor. Motivação de ato administrativo discricionário. Desnecessidade. Impossibilidade de controle jurisdicional do mérito.
>
> Proferida a sentença em mandado de segurança, a legitimidade para interpor recurso é da pessoa jurídica de direito público e não da autoridade coatora. É desnecessária a motivação de ato administrativo discricionário. O ato de remoção de servidor municipal depende da conveniência do Administrador Público e não pode ter o mérito controlado pelo Judiciário. Apelação não conhecida. Sentença reformada, em reexame. (Apelação Cível, Reexame necessário nº 1.07705014225-0/007, voto da Relatora Des. Albergardia Costa)

No caso, teve a servidora sua remoção decretada pela Secretária Municipal de Educação sem a devida motivação do ato administrativo, o que a levou a buscar, por meio de Mandado de Segurança, o seu retorno ao local onde era lotada anteriormente.

A sentença do juízo *a quo* foi favorável ao pleito da servidora, concedendo a segurança pretendida, e seguiu para o Reexame necessário, tendo a Relatora opinado pela sua reformulação.

Em seus argumentos, alega que "a motivação não é indispensável para a prática dos atos administrativos em geral, exceto quando haja previsão legal nesse sentido, caso em que o ato estaria viciado não pela ausência de motivação, mas pelo descumprimento da norma que assim o determinasse".

Aduz, em seguida, que no que se refere à motivação, como regra a obrigatoriedade inexiste, e mais, que a conveniência e a oportunidade, que são o mérito do ato administrativo, não podem ser controladas pela via judicial, e por isso mesmo não se pode pretender que o Poder Judiciário anule ato administrativo discricionário, ou motivo de ausência de motivação.

Outro argumento do qual se valeu a Relatora é o de que a Secretária Municipal não estaria obrigada a motivar sua decisão por ausência de norma legal ou constitucional que a obrigue a tal conduta, e que o ato seria passível de ser invalidado se houvesse a explicitação da motivação e posterior conclusão que apontasse falsidade das razões apresentadas, o que não ocorreu.

---

que fixam o limite de competência e das formas que devem guardar para evitar a arbitrariedade. Se a motivação é obrigatória, a sua falta, insuficiência, ou seu caráter contraditório é causa de invalidez" (MS nº 20.277-7/SP, Min. Rafael Mayer, *ADCOAS*, verbete nº 89.276).

No seu entendimento, o ato seria passível de invalidação se fosse o caso de ter ocorrido a explicitação da motivação e a posterior descoberta da falsidade das razões apresentadas, o que de fato também não ocorreu.

Chegou até mesmo a Ministra a anunciar que a pretensão da recorrente se baseava na busca da indevida interferência do Judiciário nos assuntos afetos exclusivamente à competência da Administração Pública Municipal, e que a organização administrativa do Município cabe tão somente ao Poder Executivo, sendo-lhe lícito optar, no uso de suas atribuições, pela remoção de servidor quando assim entender mais conveniente.

Com tais argumentos, denegou a segurança à recorrente e buscou reformular a sentença *a quo*.

Não obstante o referido voto, inclinou-se a relatora do Acórdão a manter a decisão originária da sentença, concedendo a segurança à servidora removida sem a devida motivação do ato.

Reconheceu que a questão em foco consiste em analisar o ato administrativo que deu origem à remoção da servidora, no que se refere aos requisitos legais autorizadores da medida, e que, apesar de ser certo que não existe garantia estatutária nem constitucional de inamovibilidade para servidor público, este fato não autoriza o uso de abuso ou arbitrariedade, tampouco ofensas aos princípios da legalidade, motivação e da finalidade, ainda que exista a discricionariedade, há de ser usada dentro dos parâmetros legais.

Pelo que se constatou, o motivo que embasou a remoção da servidora removida não restou claro, tendo ocorrido o flagrante desrespeito ao exercício da ampla defesa e do contraditório.

Por esse motivo, concluiu o seu voto com brilhantismo, ao asseverar que não obstante ser lícito à Administração, em face do interesse público, transferir ou remover seus servidores *ex officio*, a esta prerrogativa deve-se proceder à devida motivação, expondo-se as razões que a levou a adotar tal medida, sob pena de nulidade do ato.

O voto de um segundo Desembargador que participou do julgamento também se quedou pela manutenção da sentença que concedeu a segurança à recorrente, asseverando que: "a remoção pode se dar *ex officio* nos limites da Administração Pública, no exercício do poder discricionário, levando-se em conta a conveniência, a razoabilidade, a necessidade e a oportunidade da autoridade administrativa ao praticar o ato em prol do interesse público"[348].

O ilustre Desembargador enriquece seu voto, fazendo uma associação dos atos da Administração Pública com o princípio da legalidade, enfatizando que mesmo os atos discricionários não prescindem de respaldo legal que estabeleça critérios que deverão seguir o administrador no exercício de sua função.

Em razão disso, impossível se torna a pretensão de separar ato discricionário do princípio da legalidade, inobstante a margem decisória que recai sobre aquele. E no que toca à Administração Pública, em especial, este princípio mostra-se muito mais rigoroso, pois enquanto ao particular é dado fazer tudo que a lei não proíba, ao administrador somente se permite fazer o que a lei autorize.

Com efeito, não poderá a Administração, em nenhuma circunstância, proibir ou impor

348. Voto do Senhor Desembargador Kildare Carvalho em Apelação Cível – Reexame necessário nº 1001705014225-0/001, 3ª Câmara Cível do Tribunal de Justiça do Estado de Minas Gerais.

comportamento a seu administrador ou terceiros, salvo se tal conduta estiver expressamente prevista em ordenamento jurídico. Isto leva a crer que a Administração deve pautar seus atos em lei, sejam eles discricionários ou vinculados.

Por oportuno, é imperioso que se diga que não é lícito ao administrador público confundir ato discricionário com arbitrário, e para tanto, deve ter em mente que seus atos estão voltados para o alcance do interesse público, e que não serão válidos se não forem motivados.

Na análise do caso em tela, lembramos que a remoção não pode se estampar com as cores da punição, seja por motivos de perseguição pessoal, funcional ou política, pois que tal conduta do administrador ocasionará o desvio da finalidade e será passível de nulidade. É neste contexto que o ilustre Desembargador finca seu voto favorável à manutenção da sentença.

Decisões de outros Tribunais já tiveram a oportunidade de se firmar neste mesmo sentido[349].

8.3. A ilegalidade da remoção para cargo diverso – forma de provimento derivado – julgada pelo STJ

A controvérsia que foi levada a julgamento no STJ versava, inicialmente, sobre a vacância para remoção ou aproveitamento no cargo de Distribuidor da Comarca de Passo Fundo, Rio Grande do Sul, cujo edital foi publicado em 1997, e requerida pela impetrante, que não obstante ter sido aprovada para este cargo em 1º lugar em 1993, encontrava-se lotada na comarca de Guaporé e exercendo funções do cargo de Oficial-Ajudante.

O requerimento da impetrante foi deferido, mas retificado em 1998, por ato do Conselho da Magistratura do Tribunal de Justiça do Estado do Rio Grande do Sul, que acolheu recurso interposto por servidora daquele Tribunal, Distribuidora-Contadora, que buscava exercer o mesmo cargo de Distribuidor.

Não obstante, a impetrante se valeu da alegação de que o cargo vago, objeto de remoção ou aproveitamento, era o de distribuidor, e não o de distribuidor-contador, sendo estes cargos distintos, porque de classes diferentes, e que a remoção exige a manutenção do mesmo cargo, não devendo prosperar por conseguinte a decisão que beneficiou a outra servidora em detrimento de sua remoção.

349. "Mandado de Segurança – Servidor Público Municipal – Remanejamento/Relotação por ato administrativo destituído sem formalidade e desmotivado – Ilegalidade. Se o ato administrativo do qual decorreu o remanejamento do servidor municipal foi informal e desmotivado, desatendendo ainda aos princípios da razoabilidade, proporcionalidade e finalidade, denota a marca indelével do arbítrio, tornando-o ilegal, mormente quando afeta direitos/interesses individuais." (MS, Proc. nº 1.0440.05.000957-8/001, Des. Rel. Geraldo Augusto, 03/02/2007). "Constitucional – Administrativo – Servidor – Remoção – Motivação – Ausência – Nulidade – Deve ser mantida a sentença que concedeu a segurança para anular ato administrativo que determina a remoção de professor admitido através de concurso público de seu local de trabalho, onde exerce suas atividades há anos, se o ato carece de motivação, referindo-se à necessidade sem maiores esclarecimentos e sem o demonstrar, por violação aos princípios maiores da moralidade, impessoalidade e de respeito à dignidade humana, transformando o ato discricionário em arbitrário, com evidente abuso de poder." (Processo nº 1.044.05.000883-6-001, Des. Rel. Vanessa Verdolim Hudson Andrade, 14/06/2007). "Mandado de Segurança. Servidor público. Remoção. Poder discricionário. Motivação. Em que pese ser a remoção do servidor público uma faculdade discricionária da Administração, o ato administrativo respectivo deve ser motivado, sob pena de invalidação. Exige-se para facilitar seu controle, evitando-se abusos por parte do poder público." (Duplo grau de Jurisdição nº 6372-5/195, 2ª Câmara Cível do TJGO, Porangatu, Rel. Des. Noé Gonçalves Ferreira, j. 23/05/2008).

A impetrante alega ter sido preterida, e que a decisão proferida pelo Conselho da Magistratura do Tribunal de Justiça do Estado do Rio Grande do Sul violou os princípios da legalidade e do concurso público.

De acordo com o voto do Ministro Relator Hamilton Carvalhido, a remoção somente é possível para servidores da mesma natureza, entendendo-se por mesma natureza os cargos desempenhados por servidores da mesma classe funcional.

Assevera o Ministro que o contrário seria o equivalente a forma de provimento derivado, terminantemente vedado pela Constituição da República em seu art. 37, inciso II, *in verbis*:

> *Art. 37. (...)*
>
> *II – a investidura em cargo ou emprego público depende de aprovação prévia em concurso público de provas ou de provas e títulos, de acordo com a natureza ou complexidade do cargo ou emprego, na forma prevista em lei, ressalvadas as nomeações para cargo em comissão declarado em lei de livre nomeação e exoneração.*

Na análise do caso concreto, muito embora a recorrida estivesse habilitada para o exercício da função de distribuidora, pois que a sua função originária, Distribuidor-Contador, abrange aquela função, a remoção para cargo de classe distinta é inconstitucional, conforme acima comprovado, e ilegal, de acordo com o teor do art. 682 da Lei nº 5.256/1966:

> *Art. 682. A remoção nos serviços da Justiça é facultada, exclusivamente, ao serventuário e funcionário com mais de um ano de exercício no cargo ou função de que for titular.*
>
> *§ 1º* ***A remoção se operará na mesma entrância, dentro das respectivas categorias e para serviços da mesma natureza.***
>
> *§ 2º* ***Por motivos da mesma natureza, entendem-se os desempenhos pelos servidores de uma mesma classe funcional.***
>
> *§ 3º A remoção dos escrivães distritais independerá de entrância.*
>
> *§ 4º Não se admitirá remoção sempre que o ajudante substituto estável requerer, no prazo de dez dias, a abertura de concurso.*
>
> *§ 5º É permitida a permuta entre auxiliares de ofícios da mesma natureza e entrância, com anuência dos respectivos titulares. (grifamos o original)*

A transcrição da Ementa ratifica o entendimento da Sexta Turma do STJ sobre a inconstitucionalidade da remoção para cargo diverso – forma de provimento derivado:

> Recurso Ordinário em Mandado de Segurança. Constitucional. Administrativo. Remoção. Cargo diverso. Inconstitucionalidade.
>
> 1. A remoção somente pode se dar para serviços da mesma natureza, entendendo-se mesma natureza os desempenhados por servidores da mesma classe funcional. (Inteligência dos §§ 1º e 2º do art. 682 da Lei nº 5.256/1966).
>
> 2. Remoção para cargo diverso é forma de provimento derivado, vedado no art. 37, inciso II, da Constituição Federal e fere direito líquido e certo de outros servidores, devidamente aprovados em concurso público para o cargo.
>
> 3. Recurso provido. (RMS nº 11851/RS, Rel. Min. Hamilton Carvalhido, Sexta Turma do STJ)

8.4. Restrições a participação de candidatos

O fato de se impor restrições à participação de candidatos, nos editais de concurso público, tem sido muitas vezes levado à apreciação do Poder Judiciário, tornando-se objeto de lide e tendo alcançado até mesmo a Suprema Corte do País, a exemplo do que aconteceu no Mandado de Segurança nº 26140, julgado pelo Supremo Tribunal Federal e tendo como Relator o Ministro Eros Grau.

Trata-se de um Mandado de Segurança Coletivo impetrado pelo Sindicato Nacional dos Servidores do Ministério Público da União – SINASEMPU –, contra ato do Procurador-Geral da República, em que este convoca "servidores ocupantes de cargos efetivos do MPU" a participarem de concurso de remoção. Registre-se que este ato foi consignado no Edital nº 13/2006.

Em suas alegações afirma o impetrante, SINASEMPU, constar no citado edital requisitos ilegais, contidos em seu item 2.1, que estariam restringindo a participação de servidores do MPU ao concurso de remoção.

De acordo com os termos do edital, reza o item 2.1 que "poderá participar o servidor ocupante de cargo de analista ou técnico da carreira do Ministério Público da União, ainda que cumprindo estágio probatório, desde que (...)", passando a elencar nos incisos subsequentes as condições impostas ao servidor para se submeter ao concurso de remoção.

Portanto, é em cima do que foi estabelecido nas letras *b* e *c* do item 2.1, em especial, que recai a suposta ilegalidade questionada pelo Sindicato, sendo os seus textos o objeto de análise do aludido julgamento:

"b: não esteja respondendo a sindicância ou a processo administrativo disciplinar; c: não tenha sido removido, inclusive por permuta, nos últimos 24 (vinte e quatro) meses, ressalvados os casos de remoção no interesse da Administração, nos termos do art. 36, parágrafo único, inciso I, da Lei nº 8.112/90".

No que se refere à letra *b* do item 2.1 do Edital, alega o impetrante que esta ordem causa ofensa ao princípio da presunção de inocência dos acusados em processo administrativo (art. 5º, LIV e LVII, da Constituição Federal).

Quanto à restrição contida na letra *c* do item 2.1 do Edital, a ilegalidade estaria na afronta ao princípio da irretroatividade das normas, pois que em nenhum momento passado ficou expresso, especialmente no que se refere aos servidores removidos nos últimos 24 (vinte e quatro) meses, sobre quaisquer outras restrições ao direito de tomar parte em futuras remoções.

Sustenta ainda o impetrante o fato de que o último concurso de remoção, anterior ao que se discute, teve em seu Edital de nº 2/2006 apenas a determinação de que "o servidor removido deveria permanecer por, no mínimo, vinte e quatro meses na nova sede".

Diante das citadas alegações, buscou o Sindicado Nacional dos Servidores do Ministério Público da União – SINASEMPU, em caráter liminar, suspender as restrições impostas pelos itens 2.1.b e 2.1.c do Edital nº 13/2006, além da concessão da segurança para declarar a sua nulidade, na oportuna análise do mérito da questão pelo STF.

Em seu relatório o Ministro Eros Grau, após reconhecer a capacidade processual do SINASEMPU para atuar como impetrante na referida ação, na qualidade de substituto processual de seus associados, quais sejam, os servidores do Ministério Público da União, passa a discorrer sobre o pedido da concessão de liminar, que tem por fim suspender as restrições editalícias aplicáveis ao concurso de remoção.

Na análise para o cabimento ou não da liminar, reconhece de plano que houve efetivo desrespeito ao princípio da presunção de inocência dos acusados em processo administrativo no item 2.1.b do Edital, haja vista não ter permitido a participação, no concurso de remoção, daqueles servidores que estavam respondendo a sindicância ou a processo administrativo disciplinar.

Sendo assim, a plena aplicação deste dispositivo do edital, entendeu o Ministro Relator, equivaleu a antecipar a aplicação da penalidade administrativa aos servidores impossibilitados de participar no concurso de remoção, antes mesmo que tenha ocorrido um juízo definitivo sobre suas culpabilidades.

Já quanto à restrição contida no item 2.1.c, manifestou-se o Ministro no sentido de que este exerceu um caráter retroativo sobre os servidores que haviam sido removidos nos termos de outros editais anteriores ao de nº 13/2006, os quais não trouxeram qualquer impedimento às suas participações quanto a futuras remoções.

Concluiu, após suas análises, que o *periculum in mora* se fazia presente na medida em que o concurso de remoção estava em curso, e a plena aplicação dos itens do edital questionado restringiria ilegalmente o direito à participação dos servidores atingidos pela medida restritiva, concedendo a liminar.

Com esta decisão, selaria a suspensão das restrições contidas no edital e garantiria o direito aos servidores prejudicados para participarem do concurso de remoção, até o julgamento final do *writ* sob análise.

Apenas para ilustrar, ocorreu, na prática, que após a manifestação da autoridade coatora e retornado os autos do Ministro Relator, este *julgou prejudicado o mandado de segurança ante a perda do objeto,* pois após uma análise mais minuciosa dos autos, pôde perceber a existência de fatos que alteraram o rumo de sua decisão inicial.

Ocorreu que o deferimento da medida liminar foi comunicada ao Procurador-Geral da República em data posterior ao da homologação do resultado do concurso, inviabilizando o seu cumprimento, tendo já ocorrido o deslocamento de servidores de acordo com o edital.

Além disso, também foi constatando pelo Ministro que a impetração do Mandado de Segurança pelo SINASEMPU também se deu em prazo posterior àquele em que findava a inscrição no concurso de remoção, esvaziando-se com isso o objeto do pedido.

8.5. Remoção "ex-officio" de servidor público estudante

A Lei nº 9.536/1997, em seu art. 1º estabelece:

> *A transferência* ex officio *será efetivada, entre instituições vinculadas a qualquer sistema de ensino, em qualquer época do ano e independente da existência de vaga, quando se tratar de servidor público federal civil ou militar estudante, ou seu dependente estudante, se requerida em razão de comprovada remoção ou transferência de ofício, que acarrete mudança de domicílio para o município onde se situe a instituição recebedora, ou para localidade mais próxima desta.*

O grande objetivo do preceito mencionado é assegurar a continuidade nos estudos superiores ao servidor, bem assim a seus dependentes, que tenham de suportar as consequências da mudança da sede de seu exercício, para atender ao interesse da Administração, desde que tenham já cursado alguma disciplina do período letivo.

A 2ª Turma do STJ, no REsp nº 140.763/CE, Rel. o Ministro Ari Pargendler, assim se manifestou:

> O funcionário público que estuda tem direito à transferência de uma Universidade para outra sempre que, removido *ex officio* no interesse da Administração, muda de domicílio; esse direito não se estende a quem, sendo estudante, transfere o domicílio para ocupar cargo público, porque, então, o interesse é dele, o aluno, e não da Administração.

A Lei que disciplina a situação jurídica do servidor público, permitindo a transferência do mesmo ou de seu dependente, quando estudante, na hipótese de mudança de domicílio em razão do serviço, exige que sejam os estabelecimentos congêneres da nova residência ou mais próxima, em qualquer época, independente de vaga.

Para melhor exame, transcrevemos recente decisão da Ministra Eliana Calmon, dando uma interpretação bastante extensiva e ampla, em função da Lei nº 9.394/1999, art. 99, porque esta se dirige aos estabelecimentos de ensino:

> Em princípio, servidor que estuda em universidade particular não faz jus à transferência para universidade pública, mas apenas para instituição de ensino congênere, ou seja, privada. No entanto, tal regra pode comportar execução, como *in casu*: quando não houver universidade particular na cidade para a qual o servidor foi transferido *ex officio*, a matrícula poderá ser feita em instituição de ensino público. Aliás, o Texto Constitucional é bem explícito ao prever: Art. 205. A educação, direito de todos e dever do Estado e da família, será promovida e incentivada com a colaboração da sociedade, visando ao pleno desenvolvimento da pessoa, seu preparo para o exercício da cidadania e sua qualificação para o trabalho.

Assim, o direito a transferência de uma instituição privada para outra pública somente é garantido ao servidor público estudante, na hipótese em que seus estudos possam sofrer solução de continuidade, diante da falta de outra instituição particular que lhe ofereça o mesmo curso. Entretanto, não nos filiamos a tal entendimento, pois é inaceitável que se imponha a servidor a mudança do Estado e do Município em que tem sua vida estruturada, bem como a de sua família, para atender a interesse público, sem que a lei propicie condições para tal mudança, especialmente no que se refere à continuidade de estudos para o servidor e seus dependentes.

Em vários feitos, versando a mesma matéria, o STJ manteve as liminares concedidas por seus ilustres membros:

> Apelação em Mandado de Segurança. Administrativo. Ensino superior. Estudante. Transferência. Servidor público estadual. Universidade Federal. É firme a jurisprudência da Turma que compõe a Primeira Seção do STJ, no sentido de que o estudante universitário, servidor público estadual, quando transferido em seu emprego, tem direito a matrícula em universidade federal. (REsp nº 143.340/CE, 1ª T., Rel. Min. Humberto Gomes de Barros)

Já, por diversas ocasiões, posicionamo-nos no sentido de que não há qualquer mácula ao princípio da isonomia no fato da transferência se dar entre instituições de ensino privado e público. Com efeito, a linha do posicionamento do STJ, reputamos que a *mens legis* objetiva a integração do servidor e de sua família à nova residência, imposta em benefício da entidade pública e não por opção do funcionário. Destarte, é necessário garantir as condições para que tal adaptação se faça da melhor forma possível. Esse procedimento não está a macular os princípios constitucionais que, pelo contrário, visam justamente tratar de modo diferenciado as situações específicas. Nessa linha, mencione-se que a transferência, em qualquer época do ano, é independente de existência de vagas, para instituições vinculadas a qualquer sistema de ensino, do servidor público federal, não implica em violação ao princípio da isonomia.

Por fim, a jurisprudência dominante entende que não se aplica quando o interessado na transferência se desloca para assumir cargo efetivo em razão de concurso público, cargo comissionado ou função de confiança.

9. TRANSFERÊNCIA

O instituto da *transferência* tinha sede no art. 23 do Estatuto, Lei nº 8.112/1990, tendo sido revogada pela Lei nº 9.527/1997. Com efeito, não há que se falar em *transferência* no ordenamento jurídico vigente. Além da vedação em lei ordinária, o Supremo Tribunal Federal a declarou inconstitucional, e o Senado Federal suspendeu ato que a tornava exequível (Resolução nº 46/1997).

10. LOTAÇÃO OU RELOTAÇÃO (DISTRIBUIÇÃO OU REDISTRIBUIÇÃO)

Não se constituem tais institutos em forma de provimento de cargo público. São meros atos administrativos adotados pelo Poder Público com o fito de melhor remanejar e organizar seu pessoal.

Por meio da *lotação* se constata quantos servidores integram uma repartição. Pela *relotação* entende-se a transferência do cargo para unidade administrativa diversa, a fim de se alcançar o devido equilíbrio funcional. Já as expressões *distribuição* e *redistribuição* mudam o servidor de unidade, conservando-se o cargo, sob pena de, alterando-o, tornar-se o ato flagrantemente inconstitucional.

11. OUTROS INSTITUTOS QUE GUARDAM RELAÇÃO COM O PROVIMENTO DERIVADO

11.1. Cessão

Suponhamos que um servidor de órgão da Administração Federal direta foi cedido a empresa pública para nela prestar serviços. Como a remuneração da nova função era inferior à que antes recebia, o servidor optou por continuar a receber a remuneração de seu cargo originário.

Em face dessa situação, responda, de forma fundamentada, às seguintes perguntas.

É possível a cessão de servidor da administração direta para entidade da administração indireta?

Pode o servidor optar pela remuneração do cargo de origem, mesmo prestando serviços a uma outra entidade?

O órgão de origem pode aceitar a cessão remunerada, em face de a real fruição dos serviços do cedido ocorrer por outra entidade da Administração?

Sugestão de Resposta:[350]

350. Sobre a possibilidade de cessão de servidor para Empresa Pública, aplica-se o art. 93 da Lei 8.112/90 do afastamento para servir a outro órgão ou entidade. Art. 93. O servidor poderá ser cedido para ter exercício em outro órgão ou entidade dos Poderes da União, dos Estados, ou do Distrito Federal e dos Municípios, nas seguintes hipóteses: (Redação dada pela Lei nº 8.270, de 17 de dezembro de 1991). I – para exercício de cargo em comissão ou função de confiança; (Redação dada pela Lei nº 8.270/91). II – em casos previstos em leis específicas. (Redação dada pela Lei nº 8.270/91). § 1º Na hipótese do inciso I, sendo a cessão para órgãos ou entidades dos Estados, do Distrito Federal ou dos Municípios, o ônus da remuneração será do órgão ou entidade cessionária, mantido o ônus para o cedente nos demais casos. (Redação dada pela Lei nº 8.270/91). § 2º Na hipótese de o servidor cedido à empresa pública ou sociedade de economia mista, nos termos das respectivas normas, optar pela remuneração do cargo efetivo, a entidade cessionária efetuará o reembolso das despesas realizadas pelo órgão ou entidade de origem. (Redação dada pela Lei nº 8.270/91). § 3º A cessão far-se-á mediante Portaria publicada no Diário Oficial da União. (Redação dada pela Lei nº 8.270/91). § 4º Mediante autorização expressa do Presidente da República, o servidor do Poder Executivo poderá ter exercício em outro órgão da Administração Federal direta que não tenha quadro próprio de pessoal, para fim determinado e a prazo certo. (Redação dada pela Lei nº 8.270/91). § 5º. Aplica-se à União, em se tratando de empregado ou servidor por ela requisitado, as disposições dos §§ 1º e 2º deste artigo. (Parágrafo acrescentado pela Lei nº 10.470/2002). § 6º As cessões de empregados de empresa pública ou de sociedade de economia mista, que receba recursos de Tesouro Nacional para custeio total ou parcial da sua folha de pagamento de pessoal, independem das disposições contidas nos incisos I e II e §§ 1º e 2º deste artigo, ficando o exercício do empregado cedido condicionado a autorização específica do Ministério do Planejamento, Orçamento e Gestão, exceto nos casos de ocupação em comissão ou função gratificada. (Parágrafo acrescentado pela Lei nº 10.470/2002). § 7º O Ministério do Planejamento, Orçamento e Gestão, com a finalidade de promover a composição da força de trabalho dos órgãos e entidades da Administração Pública Federal, poderá determinar a lotação ou o exercício de empregado ou servidor, independentemente da observância do constante no inciso I e nos §§ 1º e 2º deste artigo. (Parágrafo acrescentado pela Lei nº 10.470/2002). Regulamentado pelo Decreto nº 4.050, de 12 de dezembro de 2001, somente onze anos depois da promulgação da Lei nº 8.112/90, o art. 93 trata da cessão de servidor federal para ter exercício em outros órgãos ou entidades elencadas em seu *caput*, prevendo-a em duas hipóteses: no inciso I, para exercer cargo em comissão ou função de confiança; e, no inciso II, em casos outros, para atender a situações previstas em leis específicas, conforme por elas forem dispostas e disciplinadas, cuidando de assegurar ao servidor cedido, no entanto, todos os direitos e vantagens de seu cargo permanente, além dos decorrentes do "novo" exercício, visto que o servidor permanece em efetivo exercício. Para o cumprimento das normas nele dispostas, interessante é verificar o que dispõe o art. 1º do Decreto que o regulamentou, considerando: Art. 1º (...): I – requisição: ato irrecusável, que implica a transferência do exercício do servidor ou empregado, sem alteração da lotação no órgão de origem e sem prejuízo da remuneração ou salário permanentes, inclusive encargos sociais, abono pecuniário, gratificação natalina, férias e adicional de um terço; II – cessão: ato autorizativo para o exercício de cargo em comissão ou função de confiança, ou para atender situações previstas em leis específicas, em outro órgão ou entidade dos Poderes da União, dos Estados, do Distrito Federal e dos Municípios, sem alteração da lotação no órgão de origem; III – reembolso: pagamento referente a parcelas da remuneração ou salário permanentes, já incorporadas à remuneração do cedido, inclusive encargos sociais, abono pecuniário, gratificação natalina, férias e adicional de um terço de férias, excluídas as relativas ao exercício de cargos comissionados ou função de confiança e chefia no órgão ou entidade de origem; IV – órgão cessionário: o órgão onde o servidor irá exercer suas atividades; e V – órgão cedente: o órgão de origem e lotação do servidor cedido. Para o exercício de cargo em comissão ou função de confiança em órgãos ou entidades das diferentes unidades da Federação, dispõe o § 1º do art. 93, cuja redação original foi modificada com o advento da Lei nº 8.270/91, que o ônus da remuneração do servidor cedido pela União recairá sobre o órgão ou entidade cessionária, ou seja, aquele(a) que receber o servidor, uma vez que será beneficiado(a) por seu trabalho. Nos demais casos, contudo, o ônus será mantido para o cedente, isto é, cabe à União dar continuidade ao pagamento da remuneração do servidor cedido. Acompanhando essa disposição, foi expedida a Orientação Normativa nº 8 da SAF, publicada no *DOU* de 20 de dezembro de 1990, segundo a qual aplica-se o disposto no § 1º do art. 93 somente às cessões efetuadas durante a vigência da Lei nº 8.112/90; em relação às anteriores, as condições estabelecidas no ato da cessão serão mantidas. Por outro lado, disposto no § 2º do art. 93 da Lei nº 8.112/90, cuja redação inicial também foi modificada pela Lei nº 8.270/91, caso o servidor cedido para exercer cargo em comissão ou função de confiança em empresa pública ou sociedade de economia mista, nos termos das respectivas normas, opte pela remuneração de seu cargo efetivo, o ônus na

A) Possibilidade de Cessão:

A resposta é afirmativa. Conforme os termos do art. 93, *caput*, da Lei nº 8.112/1990, a cessão de servidores estatutários da Administração Direta a empresas públicas é feita

---

cessão caberá à entidade cessionária, que deverá efetuar o reembolso das despesas realizadas pelo órgão ou entidade de origem. Em conformidade com o § 3º do art. 93, tais cessões far-se-ão mediante portaria, a ser publicada no *Diário Oficial da União*, embora o referido parágrafo não estipule se a mesma deva ser expedida pelo Presidente da República ou por Ministro de Estado, intuindo-se que a autorização só possa ser assinada pela mais alta autoridade federal, ou seja, pelo Senhor Presidente da República. Entretanto, por força da redação do § 4º do artigo em comento, com redação dada pelo art. 22 da Lei nº 8.270/91, fica clara a determinação, podendo o servidor do Poder Executivo, por autorização expressa do Presidente da República, ter exercício em outro órgão da Administração Federal direta que não tenha quadro próprio de pessoal, mas, mesmo assim, para fim específico e a prazo certo. A respeito da matéria, é facultado ao servidor de entidade da Administração Pública Federal, não regido pela Lei nº 8.112/90, investido em cargo em comissão ou função de direção, chefia ou assessoramento optar pela remuneração de seu emprego permanente e demais vantagens que integrem sua remuneração, acrescidas das vantagens previstas no *caput* do art. 2º da Lei nº 8.911, de 11 de julho de 1994, dispositivo este contido no art. 3º da Lei nº 9.007, de 17 de março de 1995, publicada no *DOU* de 20 de março de 1995, que regulamenta as requisições de servidores para a Presidência da República, *in verbis*: Art. 3º Os servidores das carreiras de Planejamento e Orçamento e Finanças e Controle, os ocupantes dos cargos efetivos de Técnico de Planejamento P-1501 do Grupo TP-1500, de Técnico de Planejamento e Pesquisa do Instituto de Pesquisa Econômica Aplicada – IPEA, nível intermediário e demais cargos de nível superior do IPEA, poderão ser cedidos para ter exercício nos órgãos e nas unidades dos Sistemas referidos nesta Lei, independentemente da ocupação de cargo em comissão ou função de confiança. Quanto ao 5º do art. 93, que foi incluído pela Lei nº 9.527/97, tem-se a realçar que, com o advento da Lei nº 10.140/2002, o mesmo foi desmembrado, sendo a seguinte sua redação inicial: Art. 93. (...) § 5º Aplicam-se à União, em se tratando de empregado ou servidor por ela requisitado, as regras previstas nos §§ 1º e 2º deste artigo, conforme dispuser o regulamento, exceto quando se tratar de empresas públicas ou sociedade de economia mista que recebam recursos financeiros do Tesouro Nacional para o custeio total ou parcial da sua folha de pagamento de pessoal. Observada a nova redação, verifica-se que a primeira parte do § 5º foi mantida, isto é, são aplicadas à União as mesmas regras de cessão previstas nos §§ 1º e 2º do art. 93, quando se tratar de ressarcimento das despesas de empregado ou servidor por ela requisitado. Mas, em virtude do desmembramento feito pela Lei nº 10.140/2002, sua segunda parte passou a compor o § 6º do art. 93 da Lei nº 8.112/90, anotando-se que, quando se tratar de cessões de empregados de empresa pública ou de sociedade de economia mista, que receba recursos do erário para custear total ou parcialmente sua despesa com pagamento de pessoal, independe se o servidor irá ocupar cargo em comissão ou função de confiança, ficando seu exercício condicionado à autorização do Ministério do Planejamento, Orçamento e Gestão, exceto se a ocupação se der naquelas funções comissionadas/gratificadas. A título ilustrativo, apresentam-se algumas das empresas públicas e sociedades de economia mista que, conforme o Ofício-Circular nº 16, da Secretaria de Recursos Humanos do Ministério da Administração e Reforma do Estado – SRH/MARE, publicado no *DOU* de 2 de outubro de 1997, recebem recursos do Tesouro Nacional para o custeio total ou parcial da folha de pagamento de seu pessoal, desobrigando a União de efetuar o reembolso das despesas decorrentes de requisições de empregados: Companhia Brasileira de Trens Urbanos – CBTU; Companhia de Desenvolvimento do Vale do São Francisco – CODEVASF; Companhia Nacional de Abastecimento – CONAB; Empresa Brasileira de Pesquisa Agropecuária – Embrapa; Hospital de Clínicas de Porto Alegre – HCPA; Empresa Brasileira de Comunicação S.A. – Radiobrás; Serviço Federal de Processamento de Dados – SERPRO, dentre outras. Para compor o entendimento da regra disposta no § 6º do art. 93, a Lei nº 10.140/2002 acrescentou ao artigo em comento o § 7º, que dispõe que o Ministério do Planejamento, Orçamento e Gestão "poderá determinar a lotação ou o exercício do empregado ou servidor" sem que sejam observadas as disposições contidas no inciso I e nos §§ 1º e 2º do artigo em comento, visto que a finalidade da cessão é a de promover a composição da força de trabalho. Por fim, é relevante ressaltar que, em conformidade com o art. 2º da Lei nº 9.007/95, as requisições de servidores de qualquer órgão ou entidade da Administração Pública Federal para a Presidência da República são irrecusáveis, havendo que se incluir nesta situação os servidores em estágio probatório, até por força do que dispõe o § 3º do art. 20 da Lei nº 8.112/90, sendo assegurados a estes servidores requisitados todos os direitos e vantagens a que façam jus no órgão ou entidade de origem, inclusive quanto ao período de requisição, que será considerado para todos os efeitos da vida funcional do servidor como de efetivo exercício do cargo ou emprego que ocupe em sua origem.

por meio de Portaria publicada no Diário Oficial da União, nos termos do § 4º do citado dispositivo.

Convém carrear que quando a cessão ocorrer no âmbito do Poder Executivo, será autorizada pelo Ministro de Estado ou autoridade competente de órgão integrante da Presidência da República a que pertencer o servidor.

Nos termos do art. 2º do Decreto nº 4.050, de 12 de dezembro de 2001, que regulamenta o art. 93 da Lei nº 8.112/1990, o servidor da Administração Pública Federal direta, suas autarquias e fundações poderá ser cedido a outro órgão ou entidade dos Poderes da União, dos Estados, do Distrito Federal e dos Municípios, incluindo as empresas públicas e sociedades de economia mista, para o exercício de cargo em comissão ou função de confiança e, ainda, para atender a situações previstas em leis específicas.

Reza o parágrafo único que ressalvadas as cessões no âmbito do Poder Executivo e os casos previstos em leis específicas, a cessão será concedida pelo prazo de até um ano, podendo ser prorrogado no interesse dos órgãos ou das entidades cedentes e cessionários

Consoante o contido no art. 1º, inciso II, do Decreto nº 4.050, de 12 de dezembro de 2001, a cessão constitui ato autorizativo para o exercício de cargo em comissão ou função de confiança, ou para atender situações previstas em leis específicas, em outro órgão ou entidade dos Poderes da União, dos Estados, do Distrito Federal e dos Municípios, sem alteração da lotação no órgão de origem.

B) Remuneração

Tenha-se presente que o servidor poderá optar pela remuneração de seu cargo efetivo[351] e, nesta hipótese, caberá à entidade cedente o ônus pela remuneração do servidor, mediante reembolso pela entidade cessionária das despesas realizadas pelo órgão ou entidade de origem do cedido, tudo conforme previsão do art. 93, § 2º da Lei nº 8.112/1990.

O reembolso em questão compreende restituição ao cedente das parcelas da remuneração ou salário, já incorporadas à remuneração ou salário do cedido, de natureza permanente, inclusive encargos sociais, nos exatos termos do art. 1º, inciso III, do Decreto nº 4.050/2001[352].

Ressalvadas as gratificações relativas ao exercício de cargos comissionados ou de função de confiança e chefia na entidade de origem, poderão ser objeto de reembolso de que trata o inciso III outras parcelas decorrentes de legislação específica ou resultantes do vínculo de trabalho, tais como: gratificação natalina, abono pecuniário, férias e seu adicional, provisões, gratificação semestral e licença-prêmio.

Na hipótese do não reembolso pelos cessionários, os órgãos ou as entidades cedentes do Poder Executivo Federal deverão adotar as providências necessárias para o retorno do servidor, mediante notificação, sendo que o não atendimento da notificação em tela implicará suspensão do pagamento da remuneração, a partir do mês subsequente.

Reza o art. 11, § 2º, do Decreto nº 4.050/2001, que o reembolso de que trata o inciso III do art. 1º contemplará, tão somente, as parcelas de natureza permanente, inclusive

351. A opção pela remuneração do cargo efetivo é possível, nos termos do que dispõe o § 2º do art. 93 da Lei nº 8.112/1993.

352. O órgão de origem pode aceitar a cessão remunerada, mais a entidade cessionária deverá efetuar o reembolso das despesas realizadas pelo órgão de origem, em conformidade com o art. 93, § 2º, da Lei nº 8.112/1993.

vantagens pessoais, decorrentes do cargo efetivo ou emprego permanente, nos órgãos ou entidades cedentes e, ainda, as parcelas devidas em virtude de cessão, neste último caso quando instituídas em contrato de trabalho ou regulamento de empresa pública ou sociedade de economia mista até 31 de dezembro de 2003.

11.2. Acesso ou Ascensão

O acesso ou ascensão se caracteriza pelo ato por meio do qual o servidor incorreria em transferência de carreira, ou deixaria um cargo em última classe de uma carreira para ascender em uma nova carreira, prevista como complementar da primeira, sendo evidentemente incompatível com o ordenamento jurídico atual.

Reportando-se ao ordenamento vigente, não há que se falar em acesso ou ascensão de cargo público, caracterizando-se tal ato uma afronta à ordem constitucional, e isto pelo simples fato de que o acesso ao cargo público só é válido por meio de concurso.

Não existe sucessão de cargo nem mudança de carreira. A promoção só se dará em cargos de menor para maior complexidade, mas desde que dentro da mesma carreira. A leitura do art. 37, inciso II, da Constituição Federal, deixa clara esta posição:

> Art. 37 da CF, inciso II:
>
> *A investidura em cargo ou emprego público depende de aprovação prévia em concurso público de provas ou de provas e títulos, de acordo com a natureza e a complexidade do cargo ou emprego, na forma prevista em lei, ressalvadas as nomeações para cargo em comissão declarado em lei de livre nomeação e exoneração.*

A Corte Maior do País também já se manifestou sobre este entendimento, senão vejamos:

"(...) estão banidas, pois, as formas de investidura antes admitidas – ascensão e transferência – que são formas de ingresso em carreira diversa daquela para a qual o servidor público ingressou por concurso". (RTJ 165/684)

Concluso, pois, que o instituto do acesso, ou ascensão, não mais encontra respaldo jurídico, a partir da Constituição Federal de 1988, tendo se inclinado também neste sentido as decisões da Corte deste país.

11.3. Readmissão

A readmissão se constituía em forma de provimento que não foi acolhida pelo ordenamento constitucional vigente. Através deste instituto, era possível efetivar o retorno de servidor que havia sido exonerado, por mera discricionariedade administrativa, desde que comprovada a conveniência. O art. 37, inciso II, já transcrito no item anterior, pôs termo a esta possibilidade de provimento derivado.

No caso de vacância de cargo público derivada da exoneração a pedido, o elemento subjetivo que conduz ao seu aperfeiçoamento é a volição do servidor. Nada mais. Até o último momento da edição do ato exoneratório, evidencia-se juridicamente viável o juízo de retratação, implicando a interrupção do andamento do respectivo procedimento administrativo e a manutenção do vínculo jurídico existente entre o servidor e o ente público.

No entanto, uma vez publicada a portaria de exoneração, a situação jurídica constituída a partir de então não mais comporta alteração, seja por arrependimento, seja a inaceitável alegação de desconhecimento da lei.

Após a promulgação da Carta Magna de 1988, não há como se admitir o reingresso do servidor, em função do desaparecimento do instituto da readmissão, nos termos do art. 37, II, da Constituição da República.

Então, de acordo com o disposto no artigo *supra*, ressalvadas as nomeações para cargo de provimento em comissão, a investidura em cargo ou emprego público depende de aprovação prévia em concurso público de provas ou de provas e títulos. E se o servidor, por vontade própria, se desligou do serviço público, civil ou militar, somente poderá voltar a ocupar o cargo ou emprego público na forma mencionada no referido artigo, qual seja, através de concurso público.

Seria muito cômodo admitir a possibilidade de que um servidor público, regularmente investido em seu cargo mediante concurso público, a seu bel-prazer, se afastasse de suas funções enquanto assim entendesse necessário, para depois, quando não mais satisfeito com a situação na qual se encontrava, prejudicando o interesse público, requeresse seu retorno aos quadros do qual foi exonerado.

Cabe ressaltar que, uma vez o servidor público exonerado do cargo, este será preenchido por outro servidor, não ficando à disposição daquele para quando julgar conveniente seu retorno.

11.4. Transposição

É admissível a transposição do servidor para cargo idêntico, de mesma natureza, em novo sistema de classificação de cargos, o mesmo não sucedendo com a chamada "transformação" uma vez que implica em alteração das atribuições do cargo, a depender da exigência em concurso público, inscrita no art. 37, II, da Constituição, sob pena de ofensa aos princípios regedores da Administração Pública.

A respeito desse instituto, há de se fazer registro de uma questão formulada pela Banca Examinadora da Procuradoria da República nos seguintes termos:

A polêmica criação da "super-receita" acarretou, recentemente, uma série de reflexos jurídicos. Um deles foi o fato de que os auditores fiscais da Previdência Social assumiram o cargo de auditores fiscais da Receita Federal, sem terem prestado concurso público para esse novo cargo. Após delinear os pontos de maior relevância referentes ao caso, desenvolva um breve parecer sobre o assunto.

A hipótese trazida ao problema revela apenas reorganização da estrutura administrativa, sem alteração das competências exercidas pelos órgãos e sem ferir o art. 37, II, da Constituição Federal.

A questão versa sobre a transformação de cargos públicos e não empregos.

Com relação aos agentes titulados como auditores fiscais da Previdência Social, deve ser considerada a específica natureza do vínculo que existe entre a pessoa física e o Estado, para provimento de cargos públicos. No caso, a relação jurídica entre o auditor fiscal da Previdência e a Administração é regrada por disposições constitucionais e por uma específica legislação de regência, como a Lei nº 8.112/1990, recebendo por tal razão o nome de estatutária.

Com efeito, somente na forma da Constituição e da legislação de regência é que o vínculo jurídico entre servidor público estatutário e Estado poderá ser alterado ou extinto. São situações previamente inseridas na legislação abstrata, como a não confirmação na carreira por ocasião do exame de proficiência obrigatório ao final do estágio probatório, a aplicação de sanção disciplinar e a redução dos quadros funcionais por questões orçamentárias (art. 169 da CF).

Entretanto, uma situação específica precisa ser analisada neste problema. É que na hipótese houve alteração do título ostentado pelo servidor público, pelo fato de os auditores fiscais da Previdência Social terem assumido o cargo de auditores fiscais da Receita Federal. Nesse contexto, a resposta da questão passa a ser examinada se estes servidores tiveram suas funções públicas alteradas ou não. É de curial importância o exame da matéria, pelo fato de a Constituição Federal interditar o acesso a cargos públicos, sem o prévio concurso público, como estabelecido no art. 37, II, da Lei Maior.

Analisando a estrutura e o objeto do vínculo que se estabelece entre pessoa física e Estado, precisamos ter claras as definições de cargo público e função pública. Função pública constitui um conjunto de atribuições cometidas a um agente público, reunidas na órbita de um cargo público. O cargo constitui um *locus* na estrutura da Administração, onde as funções que lhe dão conteúdo e substância serão exercidas por uma pessoa física, o titular do cargo.

Desta forma é que a função pública constitui o elemento essencial da definição do cargo. Na situação trazida pela questão é preciso examinar se os auditores fiscais da Previdência Social tiveram suas funções transformadas, para diagnosticar se houve ou não alteração substancial do cargo.

Nesse contexto, a "super-receita" foi trazida pela Lei nº 11.457, de 16 de março de 2007. A legislação em questão promoveu a reestruturação da Receita Federal, incorporando as competências relativas à tributação, fiscalização, arrecadação, cobrança e recolhimento das contribuições sociais previstas na legislação previdenciária, conforme se percebe abaixo:

> *Art. 1º A Secretaria da Receita Federal passa a denominar-se Secretaria da Receita Federal do Brasil, órgão da administração direta subordinado ao Ministro de Estado da Fazenda.*
>
> *Art. 2º Além das competências atribuídas pela legislação vigente à Secretaria da Receita Federal, cabe à Secretaria da Receita Federal do Brasil planejar, executar, acompanhar e avaliar as atividades relativas a tributação, fiscalização, arrecadação, cobrança e recolhimento das contribuições sociais previstas nas* ***alíneas a, b e c do parágrafo único do art. 11 da Lei nº 8.212, de 24 de julho de 1991****, e das contribuições instituídas a título de substituição.* (*Vide* Decreto nº 6.103, de 2007).
>
> *§ 1º O produto da arrecadação das contribuições especificadas no* caput *deste artigo e acréscimos legais incidentes serão destinados, em caráter exclusivo, ao pagamento de benefícios do Regime Geral de Previdência Social e creditados diretamente ao Fundo do Regime Geral de Previdência Social, de que trata o* ***art. 68 da Lei Complementar nº 101, de 4 de maio de 2000.***

Como se percebe, trata a hipótese de reorganização do serviço público, com a instituição de novo órgão na Administração Direta, a Receita Federal do Brasil, reunindo-se competências antes atribuídas à antiga Receita Federal, ao Ministério da Previdência Social e ao INSS. Considerando que as competências foram reunidas, evidentemente o corpo funcional das instituições envolvidas foi deslocado para o novo órgão, mantendo-se inalteradas as funções afetas aos cargos públicos que já eram exercidos:

> *Art. 8º Ficam redistribuídos, na forma do* ***§ 1º do art. 37 da Lei nº 8.112, de 11 de dezembro de 1990****, dos Quadros de Pessoal do Ministério da Previdência Social e do INSS para a Secretaria da Receita Federal do Brasil os cargos ocupados e vagos da Carreira Auditoria-Fiscal da Previdência Social, de que trata o* ***art. 7º da Lei nº 10.593, de 6 de dezembro de 2002****.*

> *(...)*
> *Art. 10. Ficam transformados:*
> *I – em cargos de Auditor-Fiscal da Receita Federal do Brasil, de que trata* ***o art. 5º da Lei nº 10.593, de 6 de dezembro de 2002****, com a redação conferida pelo art. 9º desta Lei, os cargos efetivos, ocupados e vagos de Auditor-Fiscal da Receita Federal da Carreira Auditoria da Receita Federal prevista na redação original* ***do art. 5º da Lei nº 10.593, de 6 de dezembro de 2002****, e de Auditor-Fiscal da Previdência Social da Carreira Auditoria-Fiscal da Previdência Social, de que trata o* ***art. 7º da Lei nº 10.593, de 6 de dezembro de 2002****;*

Na hipótese acima, não ocorreu provimento derivado de cargos públicos, uma vez que as funções correlatas não foram alteradas. Houve somente nova organização administrativa objetivando a melhoria no exercício das mesmas competências. Por tal razão é que a mudança em foco não feriu o disposto no art. 37, II, da Constituição Federal.

Nesse sentido é que se pronuncia o Egrégio Supremo Tribunal Federal, conforme se depreende do teor da Súmula nº 685 daquela Corte, bem como de seus reiterados julgados.

Corroborando esta posição, colacionamos trecho do voto proferido pelo ilustre Ministro Relator Carlos Britto, lançado nos autos da Ação Direta de Inconstitucionalidade nº 3051-5, que teve por objeto a Emenda Constitucional nº 52, de 28 de dezembro de 2001, do Estado do Minas Gerais, ato normativo que extinguiu o cargo de carcereiro na estrutura da Polícia Civil (fls. 3, 4 e 5):

> É certo que , no julgamento das ADI's 1591, Relator Min. Octávio Gallotti, e 2.713, Rel. Min. Ellen Gracie, este Colendo Tribunal entendeu que o aproveitamento de ocupante de cargos extintos nos recém-criados não viola a exigência de prévia aprovação em concurso público, desde que haja uma completa identidade substancial entre os cargos em exame, além da compatibilidade funcional e remuneratória e equivalência dos requisitos exigidos em concurso.

Em outra oportunidade, atuando como Ministro Relator da ADI 3061-2, onde se impugnou a Lei nº 538, de 23 de maio de 200, do Estado do Amapá, o brilhante Magistrado assim se pronunciou :

> É dizer, o texto normativo em xeque instituiu um quadro especial para aproveitar servidores de outras unidades da Federação, oriundos de qualquer dos três Poderes. Possibilitou, então, movimentação no espaço funcional em ordem a positivar um provimento derivado de cargos públicos. Mas tudo isso fora de qualquer imobilidade no interior de uma mesma carreira. E sem exigir rigorosa compatibilidade entre as novas funções e os padrões remuneratórios de origem e destino.
> Ora, bem, esse tipo de proceder esbarra na regra constitucional da indispensabilidade do concurso público de provas, ou de provas e títulos para cada qual dos cargos ou empregos a prover na estrutura de pessoal dos Poderes Públicos.

A Constituição Federal estabeleceu a regra de que o ingresso no serviço público somente poderia ser feito através de concurso público, com apenas duas ressalvas: os cargos em comissão (art. 37, V) e as contratações temporárias (art. 37, IX).

Na verdade, não se pode transformar a transposição em cargo público sem a admissão prévia por concurso público, não se tratando da situação excepcional dos estabilizados pelo art. 19 do ADCT da Constituição da República.

Capítulo XIV

Sistema Remuneratório

O sistema remuneratório dos agentes públicos está previsto na Constituição da República, no art. 37, incisos X a XV, e na maior parte do art. 39.

A Emenda Constitucional nº 19/1998 modificou quase totalmente o sistema remuneratório dos agentes públicos, introduziu o subsídio, como forma de remuneração dos agentes políticos e de certas categorias de servidores públicos, e excluiu o princípio da isonomia dos vencimentos, entre outras transformações.

A Constituição, agora, prevê dois sistemas remuneratórios para os agentes públicos: 1º) o de remuneração ou vencimento, e, 2º) o de subsídio. O primeiro sistema compreende uma parte fixa e uma variável, composta por vantagens pecuniárias de variada natureza (adicionais, gratificações, verbas indenizatórias). E o segundo, constituído por parcela única, que exclui a possibilidade de percepção de vantagens pecuniárias variáveis.

Primeiramente, estudaremos as normas constitucionais pertinentes à remuneração ou vencimento. Posteriormente, iremos dispor sobre o regime de subsídios. E por fim, veremos as normas comuns tanto à remuneração quanto aos subsídios.

As espécies remuneratórias vencimento e remuneração perduram como forma geral de estipendiar os servidores públicos, já que os subsídios só se aplicam às hipóteses estritamente indicadas.

Os termos "vencimento" (no singular), "vencimentos" (no plural) e "remuneração" dos servidores públicos não são sinônimos.

Vencimento, no singular, é a retribuição pecuniária que o servidor recebe pelo exercício do cargo, emprego ou função pública, correspondente ao símbolo ou ao nível e grau de progressão funcional ou ao padrão, fixado em lei.

Vencimentos, no plural, consiste no vencimento (retribuição correspondente ao símbolo ou ao nível ou ao padrão fixado em lei) acrescido das vantagens pecuniárias que lhes são incidentes.

Remuneração, sempre significou, no serviço público, uma retribuição composta de uma parcela fixa (geralmente no valor de dois terços do padrão do cargo, emprego ou função) e outra parte variável (quotas ou percentagens da sucumbência ou das multas arrecadadas ou de outras circunstâncias), paga em função da produtividade. A remuneração já não mais possui esse antigo significado. Atualmente, a remuneração significa o somatório de todos os valores percebidos pelo servidor, quer sejam pecuniários ou não, abrangendo, assim, o vencimento, as vantagens e as quotas de produtividade. Nestes termos, a expressão remuneração tem sido comumente utilizada como *sinônimo de vencimentos.*

Vantagens pecuniárias são as parcelas pecuniárias acrescidas ao vencimento-base em decorrência de uma situação fática previamente estabelecida na norma jurídica pertinente. Toda vantagem pecuniária reclama a consumação de certo fato, que proporciona o direito à sua percepção. Presente a situação fática prevista na norma, fica assegurado ao servidor o direito subjetivo de receber o valor correspondente à vantagem. Vários fatos podem levar ao recebimento desses acréscimos, dentre os quais: tempo de serviço, trabalho em gabinetes do escalão superior, horas trabalhadas além da jornada normal, trabalho noturno, entre outros.

As vantagens pecuniárias mais frequentes são os adicionais e as gratificações. Não se vislumbra com nitidez a diferença substancial entre ambos, daí por que o mesmo tipo de vantagem pode figurar como adicional em determinados estatutos e figurar como gratificação em outros.

Hely Lopes Meirelles distinguiu essas duas espécies de retribuição:

> O que caracteriza o adicional e o distingue da gratificação é o ser aquele uma recompensa ao tempo de serviço do servidor, ou uma retribuição pelo desempenho de funções especiais que refogem da rotina burocrática, e esta, uma compensação por serviços comuns executados em condições anormais para o servidor, ou uma ajuda pessoal em face de certas situações que agravam o orçamento do servidor. O adicional relaciona-se com o tempo ou com a função; a gratificação relaciona-se com o serviço ou com o servidor[353].

Para que as vantagens pecuniárias passem a integrar os vencimentos, é necessário que a lei assim preveja; é o denominado *sistema de incorporação,* por meio do qual a vantagem adere ao vencimento-base, não podendo ser suprimida dos vencimentos, salvo opção explícita do servidor. Caso seja consumado o fato que a lei defina como o gerador da incorporação, o valor incorporado constituirá direito adquirido do servidor, sendo, portanto, insuscetível de supressão posterior pela Administração Pública. A lei poderá determinar a incorporação automática, como ocorre com o adicional por tempo de serviço; ou exigir tempo de percepção ou prever a incorporação progressiva, proporcional ao tempo de percepção.

O *caput* do art. 39 da Carta da República, com a redação que lhe deu a Emenda Constitucional nº 19/1998, prescreve:

> *Art. 39. A União, os Estados, o Distrito Federal e os Municípios instituirão conselho de política de administração e remuneração de pessoal, integrado por servidores designados pelos respectivos Poderes.*
>
> *§ 1º A fixação dos padrões de vencimentos e dos demais componentes do sistema remuneratório observará:*
>
> *I – a natureza, o grau de responsabilidade e a complexidade dos cargos componentes de cada carreira;*
>
> *II – os requisitos para a investidura;*
>
> *III – as peculiaridades dos cargos.*

353. Meirelles, Hely Lopes. *Op. cit.*, p. 412.

Tal Conselho, aqui referido, deverá ser instituído por lei de cada entidade política, nos três níveis de governo. O dispositivo é autoaplicável e de comando impositivo. A União, os Estados, o Distrito Federal e os Municípios já podem, a partir da data da promulgação da Emenda Constitucional nº 19/1998, instituir seus Conselhos.

O princípio da isonomia remuneratória estava anteriormente previsto no § 1º do art. 39. Estava assegurado nos seguintes termos:

> *A Lei assegurará, aos servidores da administração direta, isonomia de vencimentos para cargos de atribuições iguais ou assemelhados do mesmo Poder ou entre servidores dos Poderes Executivo, Legislativo e Judiciário, ressalvadas as vantagens de caráter individual e as relativas à natureza ou ao local de trabalho.*

A intenção do legislador constituinte ao criar esta norma era a de evitar as disparidades remuneratórias entre órgãos idênticos, situados em estruturas funcionais diversas.

A Emenda Constitucional nº 19/1998 excluiu do art. 39, § 1º, esta regra, que assegurava a isonomia remuneratória. Todavia, isso não impedirá que os servidores pleiteiem o direito à isonomia, com fundamento no art. 5º, *caput* e inciso I, da Constituição Federal.

Além disso, mantém-se a norma do inciso XII, do art. 37, segundo o qual "*os vencimentos dos cargos do Poder Legislativo e do Poder Judiciário não poderão ser superiores aos pagos pelo Poder Executivo*". Esta regra de paridade de vencimentos vem do art. 98 da Constituição de 1967, sempre interpretada no sentido de igualdade de remuneração para os servidores dos três Poderes. Ainda que a Constituição de 1988 não tenha consignado expressamente, esta regra também haverá de valer no que concerne a empregos e funções públicas.

Com relação à fixação ou alteração da retribuição, seja a remuneração dos servidores públicos, seja o subsídio, só *poderá ser feita por lei específica*, observada a *iniciativa privativa* em cada caso. Esta lei será a da entidade política competente para fixar ou alterar a retribuição.

A fixação e a alteração da retribuição, além de depender da existência de recursos orçamentários, sofre limitações, e em especial a do art. 169 da Constituição Federal, que dispõe:

> *A despesa com pessoal ativo e inativo da União, dos Estados, do Distrito Federal e dos Municípios não poderá exceder os limites estabelecidos em lei complementar.*
>
> *§ 1º A concessão de qualquer vantagem ou aumento de remuneração, a criação de cargos, empregos e funções ou alteração de estrutura de carreiras, bem como a admissão ou contratação de pessoal, a qualquer título, pelos órgãos e entidades da administração direta ou indireta, inclusive fundações instituídas e mantidas pelo Poder Público, só poderão ser feitas:*
>
> *I – se houver prévia dotação orçamentária suficiente para atender às projeções de despesa de pessoal e aos acréscimos dela decorrentes;*
>
> *II – se houver autorização específica na lei de diretrizes orçamentárias, ressalvadas as empresas públicas e as sociedades de economia mista.*
>
> *§ 2º Decorrido o prazo estabelecido na lei complementar referida neste artigo para a adaptação aos parâmetros ali previstos, serão imediatamente suspensos todos os repasses de verbas federais ou estaduais aos Estados, ao Distrito Federal e aos Municípios que não observarem os referidos limites.*

A Lei Complementar nº 101, de 04/05/2000, ao estabelecer normas de finanças públicas voltadas para a responsabilidade na gestão fiscal, fixou, nos arts. 19 e 20, a despesa total com pessoal, em cada período de apuração e em cada ente da Federação, que não poderá exceder os percentuais da receita corrente líquida: para a União, 50%, para os Estados, 60%, e para os Municípios, 60%.

1. DA VEDAÇÃO A VINCULAÇÃO OU EQUIPARAÇÃO

No art. 37, inciso XIII, do Texto Constitucional, é vedada a vinculação ou equiparação de quaisquer espécies remuneratórias para o efeito de remuneração de pessoal do serviço público. Deste modo, são taxativamente proibidos os reajustes automáticos de vencimentos a partir da vinculação de um cargo a outro, de modo que qualquer acréscimo concedido a um beneficiaria a ambos automaticamente. Foi também vedada a vinculação do reajuste dos salários a determinados índices, tais como, o aumento do salário-mínimo, o aumento da arrecadação, entre outros[354].

Cumpre ressaltar que esse tema foi objeto de questionamento na Prova preliminar para ingresso no Ministério Público do Estado do Rio de Janeiro:

Dispositivo constante de redação originária de Constituição Estadual garante aos servidores públicos estaduais, nomeados para cargos efetivos em virtude de terem obtido uma das três primeiras colocações no respectivo concurso público, o direito a reajustes remuneratórios proporcionais ao aumento da arrecadação do Imposto sobre a Propriedade de Veículos Automotores, garantindo-se-lhes, no mínimo, os percentuais concedidos, para cargos equivalentes, aos servidores federais. Exare considerações sobre a constitucionalidade da supra-referida norma.

Em primeiro lugar, há vício de iniciativa, porque, dispondo sobre aumento de remuneração de servidor público, a regra deveria ser veiculada em diploma de iniciativa do Chefe do Poder Executivo, nunca na Carta Estadual, de cuja elaboração o Governador não participa. Houve violação ao disposto no art. 61, § 1º, II, *a*, da Constituição da República.

Em segundo lugar, há violação ao princípio da isonomia porque nada justifica que apenas os servidores nomeados em virtude de aprovação em uma das três primeiras colocações no respectivo concurso público tenham direito a reajuste remuneratório.

354. O presidente do Superior Tribunal de Justiça (STJ), ministro Cesar Asfor Rocha, suspendeu os efeitos de uma decisão que igualou os subsídios de alguns delegados da Polícia Civil do Piauí ao dos defensores públicos estaduais. O pagamento da diferença foi obtido num mandado de segurança e equivalia a R$ 7 mil para cada delegado. O Tribunal de Justiça do Estado do Piauí (TJPI) concedeu a equiparação de vencimentos entre ambas as carreiras, determinando ao poder público o imediato cumprimento da decisão para restabelecer a isonomia remuneratória entre os cargos. Inconformado, o estado do Piauí recorreu ao STJ, pedindo fosse suspensa essa equiparação ao argumento de que, na ação mandamental, foi reconhecida aos delegados nada mais que a isonomia de vencimentos básicos com defensores. Alegou, ainda, que a decisão violou os limites objetivos da coisa julgada, pois concede aos delegados mais do que lhes foi assegurado. Por fim, o estado sustentou a existência de grave lesão à ordem e à economia públicas, argumentando que a decisão impede o cumprimento da lei complementar estadual que instituiu o regime de subsídios da carreira de delegado e cria disparidade de vencimentos no âmbito da polícia estadual, cuja diferença mensal chega a R$ 7 mil por delegado. Para o estado, seria evidente o potencial efeito multiplicador da decisão, frente à grande diferença dos vencimentos que poderia exigir-se ser aplicada a todos os delegados. Ao analisar o caso, o presidente do STJ destacou que anteriormente a presidência desta Corte já apreciou questão idêntica e que a controvérsia acerca da equiparação de subsídio entre delegados e defensores foi novamente exposta, evidenciando a gravidade da situação enfrentada pelo poder local no tocante à organização das carreiras de estado e a efetiva repercussão nas fianças estaduais. Para ele, tudo isso recomenda cautela na solução da questão e demonstra o potencial lesivo à ordem e à economia pública. A Corte Especial do STJ já julgou matéria semelhante também procedente do Piauí, quando defensores públicos tentaram obter judicialmente a equiparação da remuneração com os membros do Ministério Público local.

Houve violação ao disposto no art. 5º, I, da Constituição da República.

Em terceiro lugar, há violação ao princípio do devido processo legal material, porque não há proporcionalidade entre os ônus e as vantagens decorrentes da discriminação efetuada pela Carta Estadual. Houve violação ao disposto no art. 5º, LIV, da Constituição da República.

Em quarto lugar, a norma parece confundir aumento, que é a melhoria do padrão de vencimento de uma carreira, com reajuste, que significa, apenas, a recomposição das perdas inflacionárias, devendo ser este equivalente aos índices que reflitam a variação do custo de vida.

Em quinto lugar, modificação de estipêndio depende de lei específica, não podendo decorrer de norma genérica. Houve violação do art. 37, X, da Constituição da República.

Em sexto lugar, não pode haver vinculação remuneratória entre carreiras, conforme a composição da Carta Estadual criou, porque vinculou os servidores estaduais a um mínimo de reajuste igual aos dos servidores federais. Houve violação ao art. 37, XIII, da Constituição da República.

Em sétimo lugar, o Estado não pode vincular a remuneração de seus servidores a padronização federal, sob pena de renúncia de sua autonomia. Houve violação ao art. 18, *caput*, da Constituição da República.

Em oitavo lugar, é vedada, exceto nas hipóteses do art. 167, *caput*, IV, da Constituição da República, a vinculação da receita de impostos a órgão, fundo ou despesa[355].

355. Na mesma esteira também caminha a jurisprudência dos Tribunais Superiores, como se vê pelos julgados adiante transcritos: Reajuste automático de vencimentos vinculado à arrecadação do ICMS e a índice de correção monetária. Inconstitucionalidade. Lei Complementar nº 101/1993 do Estado de Santa Catarina. Reajuste automático de vencimentos dos servidores do Estado-membro, vinculado ao incremento da arrecadação do ICMS e a índice de correção monetária. Ofensa ao disposto nos arts. 37, XIII; 96, II, *b*, e 167, IV, da Constituição do Brasil. Recurso extraordinário conhecido e provido para cassar a segurança, declarando-se, incidentalmente, a inconstitucionalidade da Lei Complementar nº 101/1993 do Estado de Santa Catarina. (RE 218.874, Rel. Min. Eros Grau). Inconstitucionalidade formal dos arts. 4º e 5º da Lei nº 227/1989, que desencadeiam aumento de despesa pública em matéria de iniciativa privativa do Chefe do Poder Executivo. Afronta aos arts. 25; 61, § 1º, inciso II, alínea *a*; e 63 da Constituição da República. *Inconstitucionalidade material dos arts. 4º e 5º da Lei nº 227/1989, ao impor vinculação dos valores remuneratórios dos servidores rondonienses com aqueles fixados pela União para os seus servidores (art. 37, inciso XIII, da Constituição da República).* Afronta ao art. 37, inciso X, da Constituição da República, que exige a edição de lei específica para a fixação de remuneração de servidores públicos, o que não se mostrou compatível com o disposto na Lei estadual nº 227/1989. Competência privativa do Estado para legislar sobre política remuneratória de seus servidores. Autonomia dos Estados-membros. Precedentes. (ADI 64, Rel. Min. Cármen Lúcia, j. em 22/11/2007, *DJE* de 22/02/2008). Ação originária. Competência do Supremo Tribunal Federal para julgar incidente de arguição de inconstitucionalidade ocorrido em Apelação cível e em remessa necessária (Arts. 480 e 481 do CPC): impedimento de mais da metade dos membros do Órgão Especial do Tribunal de Justiça de Santa Catarina (CF, Art. 102, I, "n", 2ª parte). Reajuste automático de vencimentos dos servidores do Estado, vinculado mensalmente ao coeficiente de crescimento nominal da arrecadação do ICMS (Art. 2. da Lei nº 7.588/89) e semestralmente a indexador federal – IPC (Arts. 10 e 12 da Lei nº 7.802/1989). Vício de iniciativa. 1. Competência do Supremo Tribunal Federal para julgar apelação interposta para Tribunal Estadual quando a maioria dos juízes efetivos do órgão competente para a causa está impedida. Precedentes. 2. Inconstitucionalidade das disposições legais impugnadas porque ferem a um só tempo os seguintes preceitos da Constituição de 1988: a) iniciativa exclusiva do Governador para deflagrar o processo legislativo de lei que concede aumento de vencimentos ou aumenta a despesa (art. 61, PAR. 1., II, *a*) b) autonomia do Estado, por ficar submisso a índice de correção monetária fixado pela União (art. 25); c) *proibição de vinculação de qualquer natureza para efeito de remuneração do pessoal do serviço público, ao conceder reajuste automático* (art. 37, XIII), e d) *proibição de vinculação da receita de impostos a despesa* (art. 167, IV). 3. Julgamento total da apelação por não haver resíduo de mérito. Ressalva do ponto de vista vencido do Relator, por entender que com o

1.1. Do efeito repicão

O inciso XIV do art. 37 do Texto Maior, com a redação dada pela Emenda Constitucional nº 19/1998, determina que os acréscimos pecuniários percebidos por servidor público não serão computados nem acumulados para fins de concessão de acréscimos ulteriores.

Pela redação original do inciso, esses cálculos cumulativos somente eram vedados quando se tratasse de acréscimos pecuniários pagos sob o mesmo título ou idêntico fundamento.

Atualmente, o cálculo cumulativo de uma vantagem sobre outra é vedado, qualquer que seja o título ou fundamento sob os quais sejam pagas.

O inciso XIV do art. 37 vem a coibir o chamado efeito repicão, que consiste na incidência de adicionais sobre adicionais, sobre terça-parte, sobre salário-família, e reciprocamente. Significa que, agora, os acréscimos só podem ser percebidos singelamente, sem acumulações ou repiques de qualquer natureza. Não se somam ao vencimento para a constituição de base sobre a qual eles mesmos incidiram.

2. SUBSÍDIO

A Reforma Administrativa, feita através da Emenda Constitucional nº 19/1998, introduziu o subsídio, como forma de remuneração dos agentes políticos e de algumas categorias de servidores públicos.

Subsídio era um termo que, tradicionalmente, designava a retribuição outorgada a pessoa investida em cargo eletivo. Era designado assim porque constituía simples auxílio pelos serviços prestados no exercício do mandato, não possuía nem o sentido de remuneração nem o de vencimento. O subsídio parlamentar se dividia em duas partes: uma fixa, que era recebida mensalmente sem consideração ao comparecimento do parlamentar

julgamento do incidente de inconstitucionalidade em apelação (arts. 480 e 481 do CPC e art. 97 da CF), o Supremo Tribunal cumpre e encerra o seu ofício jurisdicional quanto a matéria que era da competência do Órgão Especial do Tribunal 'a quo' (Súmulas 293, 455 e 513), acrescentando que fica suprimido um grau de jurisdição no que se refere às demais questões de lei federal. Honorários fixados. 4. Arguição de inconstitucionalidade conhecida e provida para julgar a ação improcedente. (STF, AO 280/SC, Tribunal Pleno). "Ação originária. Competência do Supremo Tribunal Federal para julgar incidente de arguição de inconstitucionalidade ocorrido em Apelação cível e em remessa necessária (arts. 480 e 481 do CPC): impedimento de mais da metade dos membros do Órgão Especial do Tribunal de Justiça de Santa Catarina (CF, Art. 102, I, *n*, 2ª parte). Reajuste automático de vencimentos dos servidores do Estado, vinculado mensalmente ao coeficiente de crescimento nominal da arrecadação do ICMS (Art. 2º da Lei nº 7.588/89) e a indexador federal – IPC (Arts. 2º e 3º e seus parágrafos únicos da Lei nº 6.747, de 03.05.86, e Art. 10 da Lei nº 7.802/89). Vício de iniciativa. 1. Competência do Supremo Tribunal Federal para julgar apelação interposta para Tribunal Estadual quando a maioria dos juízes efetivos do órgão competente para a causa esta impedida. Precedentes. 2. Inconstitucionalidade das disposições legais impugnadas porque ferem a um só tempo os seguintes preceitos constitucionais: a) iniciativa exclusiva do Governador para deflagrar o processo legislativo de lei que concede aumento de vencimentos ou aumenta a despesa (CF/69, art. 57, II, c/c art. 200; CF/88, art. 61, § 1º, II, *a*); b) autonomia do Estado, por ficar submisso a índice de correção monetária fixado pela União (CF/69, art. 13; CF/88, art. 25); c) proibição de vinculação de qualquer natureza para efeito de remuneração do pessoal do serviço público, ao conceder reajuste automático (CF/69, art. 98, parágrafo único; CF/88, art. 37, XIII), e d) proibição de vinculação da receita de impostos a despesa (CF/88, art. 167, IV). 3. Julgamento total da apelação por não haver resíduo de mérito. Ressalva do ponto de vista vencido do Relator, por entender que com o julgamento do incidente de inconstitucionalidade em apelação (arts. 480 e 481 do CPC e art. 97 da CF), o Supremo Tribunal cumpre e encerra o seu ofício jurisdicional quanto a matéria que era da competência do Órgão Especial do Tribunal 'a quo' (Súmulas 293, 455 e 513), acrescentando que fica suprimido um grau de jurisdição no que se refere às demais questões de lei federal. Honorários fixados." (STF, Tribunal Pleno, AO 317/SC, Rel. Min. Mauricio Correa, grifo nosso).

aos trabalhos legislativos; e outra variável, correspondente ao comparecimento efetivo do parlamentar e de sua participação nas votações.

O subsídio, agora reincorporado à Constituição Federal de 1988, difere substancialmente do subsídio referido acima. Subsídio, para a atual Carta Política, é a denominação atribuída à forma remuneratória de certos cargos, por força da qual a retribuição que lhes concerne se efetua por meio de pagamentos mensais de parcelas únicas, insuscetíveis de aditamentos ou acréscimos de qualquer espécie. Seu conceito se depreende do art. 39, § 4º, segundo o qual:

> *O membro do Poder, o detentor de mandato eletivo, os Ministros de Estado e os Secretários Estaduais e Municipais serão remunerados exclusivamente por subsídio fixado em parcela única, vedado o acréscimo de qualquer gratificação, adicional, abono, prêmio, verba de representação ou outra espécie remuneratória, obedecido, em qualquer caso, o disposto no art. 37, X e XI.*

A expressão "parcela única" no dispositivo, busca, na verdade, vedar a fixação do subsídio em duas partes, uma parte fixa e outra variável, tal como acontecia na Constituição de 1967 com relação aos agentes políticos. E ao vedar "o acréscimo de qualquer gratificação, adicional, abono, prêmio, verba de representação ou outra espécie remuneratória", o que se quis foi extinguir, para as categorias que perceberão remuneração na forma de subsídio, o sistema remuneratório que compreende o padrão fixado em lei mais as vantagens pecuniárias de variada natureza previstas nas legislações estatutárias. Com isso, ficam derrogadas todas as normas legais que prevejam vantagens pecuniárias como parte da remuneração.

Uma das consequências da norma do art. 39, § 4º, é que para se remunerar de forma diferenciada os ocupantes de cargos de chefia e de assessoramento, os cargos em comissão e os vários níveis de cada carreira abrangida pelo sistema de subsídio, terá a lei que fixar, para cada qual, um subsídio composto de parcela única.

Todavia, o conceito de parcela única deverá ser buscado no contexto com outras normas constitucionais. O sentido de parcela única, sem qualquer acréscimo, é atenuado pelo § 4º do art. 39 da Constituição Federal, que assegura aos ocupantes de cargos públicos vários direitos previstos para os trabalhadores do setor privado, como por exemplo, o salário-mínimo fixado em lei, o décimo terceiro salário, o salário-família, o adicional noturno, a remuneração por serviço extraordinário, o adicional de férias, entre outros. Tais direitos representam acréscimos ao subsídio. No caso, tem-se que conciliar os §§ 3º e 4º do art. 39, de modo a entender que, embora o § 2º fale em parcela única, isto não impede a aplicação do outro, que assegura o direito a determinadas vantagens, pois que possui, igualmente, fundamento constitucional.

Também não podem deixar de ser pagas as vantagens que têm caráter indenizatório, como é o caso das diárias e das ajudas de custo, porque se trata de compensar o agente por despesas efetuadas no exercício do cargo, pois não se pode pretender que o servidor faça gastos indispensáveis ao exercício de suas atribuições sem que receba a devida compensação pecuniária.

Remunerar-se-ão obrigatoriamente por subsídio: (1) o Presidente, o Vice-Presidente da República e (2) os Ministros de Estados (art. 49, VIII, da CF); (3) os Governadores, os Vice-Governadores e (4) os Secretários Estaduais (art. 28, § 2º, da CF); (5) os Prefeitos, os Vice-Prefeitos e (6) os Secretários Municipais (art. 29, V, da CF); (7) os Senadores e (8) os

Deputados Federais (art. 49, VII, da CF); (9) os Deputados Estaduais (art. 27, § 2º, da CF); (10) os Vereadores (art. 29, VI, da CF); (11) os Ministros do Supremo Tribunal Federal (art. 48, XV, da CF); (12) os membros dos Tribunais Superiores e os componentes dos demais Tribunais judiciais e (13) os magistrados em geral (arts. 93, V, e 96, II, *b*, da CF); todos, aliás, já compreendidos na dicção do precitado art. 39, § 4º, da Constituição da República.

Além desses agentes públicos, também são remunerados por subsídio: (14) os membros do Ministério Público (art. 128, § 5º, I, *c*, da CF); (15) os integrantes da Advocacia-Geral da União, (16) os Procuradores dos Estados e do Distrito Federal e (17) os Defensores Públicos (por força do art. 135 da CF); (18) os servidores públicos da polícia federal, da polícia rodoviária federal, das polícias civis, das polícias militares e corpos de bombeiros militares (art. 144, § 9º, da CF); e os (19) Ministros e Conselheiros de Tribunais de Contas (arts. 73, § 3º, e 75, ambos da CF).

Os procuradores municipais recebem remuneração, pois não foram submetidos ao regime do subsídio.

As "polícias" municipais também não foram submetidas ao regime do subsídio, porque, em face da Constituição Federal, não foram equiparadas às polícias mencionadas, visto que foram denominadas guardas municipais no mesmo artigo que tratou das várias polícias e da forma remuneratória que lhes corresponderia.

Não obstante, conforme o § 8º do art. 39 da Carta Magna, os servidores públicos organizados em carreira poderão, facultativamente, ser remunerados mediante subsídio. Trata-se, portanto, de espaço legislativo sujeito à opção do legislador de cada uma das esferas de governo.

Nos termos do art. 37, X, com a redação dada pela Emenda Constitucional nº 19/1998, o subsídio de que trata o § 4º do art. 39 somente poderá ser fixado ou alterado por lei específica, observada a iniciativa privativa em cada caso.

A fixação dos subsídios de Governador, de Vice-Governador, de Secretários de Estado e de Deputados Estaduais é feita por lei de iniciativa das respectivas Assembleias Legislativas (arts. 28, § 2º, e 27, § 2º, da CF). E os subsídios de Prefeito, Vice-Prefeito, Secretários Municipais e Vereadores passaram, igualmente, a ser fixados por lei de iniciativa da Câmara Municipal (art. 29, V e VI, da CF).

Os subsídios dos Senadores, dos Deputados Federais, do Presidente e Vice-Presidente da República e dos Ministros de Estados não são fixados por lei, mas, por resolução, pois que se trata de matéria de competência exclusiva do Congresso Nacional prevista no art. 49, da Lei Magna, por isso, dispensada a sanção do Chefe do Poder Executivo.

O art. 48, inciso XV, da Carta Política, atribui a fixação dos subsídios dos Ministros do Supremo Tribunal Federal, à lei de iniciativa conjunta do Presidente da República, da Câmara dos Deputados, do Senado Federal e do Supremo Tribunal Federal, sancionada pelo Presidente da República.

Tem-se entendido que os membros dos três Poderes receberão o mesmo subsídio.

Já para os demais membros do Poder Judiciário há normas diferenciadas previstas na Constituição Federal. Para os Ministros dos Tribunais Superiores, o art. 93, inciso V, estabeleceu o montante dos subsídios em 95% do subsídio mensal fixado para os Ministros do Supremo Tribunal Federal; para os demais magistrados, a fixação será feita em lei, observado um escalonamento, em nível federal e estadual, conforme as respectivas categorias da estrutura judiciária nacional, não podendo a diferença entre uma e outra ser superior a 10% ou inferior a 5%, nem exceder a 95% do subsídio mensal dos Ministros dos Tribunais Superiores. As leis serão de iniciativa dos Tribunais Superiores e dos Tribunais de Justiça (art. 96, II, *b*, da CF), cada qual para os respectivos membros.

O mesmo vale para as alterações dos subsídios, observadas as mesmas regras quanto à iniciativa legislativa e observada também a norma do artigo 169, § 1º, da Carta vigente, que exige prévia dotação orçamentária, para a concessão de qualquer vantagem ou aumento de remuneração.

A remuneração dos servidores de carreira que se deem pelo regime de subsídios – dadas as características da organização em carreira que implicam o escalonamento dos cargos em níveis crescentes de responsabilidade e complexidade ou de antiguidade – terão que ter os subsídios fixados em valores diferentes para cada nível de carreira, observada a exigência de parcela única.

E a fixação dos proventos dos aposentados e da pensão dos dependentes de servidor falecido deverão acompanhar o que for adotado para os servidores em atividade.

A Emenda Constitucional nº 19/1998 deu nova redação ao inciso XI do art. 37 estabelecendo que:

> *A remuneração e o subsídio dos ocupantes de cargos, funções e empregos públicos da administração direta, autárquica e fundacional, dos membros de qualquer dos Poderes da União, dos Estados, do Distrito Federal e dos Municípios, dos detentores de mandato eletivo e dos demais agentes políticos e os proventos, pensões ou outra espécie remuneratória percebidos cumulativamente ou não, incluídas as vantagens pessoais ou de qualquer natureza, não poderão exceder o subsídio mensal, em espécie, dos Ministros do Supremo Tribunal Federal.*

A Emenda Constitucional, aliás, passou a determinar expressamente, no § 9º, acrescentado ao art. 37, a aplicação do inciso XI às *empresas públicas* e às *sociedades de economia mista*, e suas subsidiárias, que *receberem* recursos da União, dos Estados, do Distrito Federal ou dos Municípios para pagamento de despesas de pessoal ou de custeio em geral.

O padrão remuneratório máximo permitido, pois, que deve ser observado por todos os entes federados em todos os Poderes do Estado e pelas entidades da respectiva Administração indireta, é o equivalente ao dos Ministros do Supremo Tribunal Federal.

O teto alcança as percepções cumulativas, ou seja, os casos em que o agente acumula legalmente cargos, empregos ou funções públicas, aplicando-se o limite à soma das retribuições. Além da menção constante no inciso XI do art. 37, o inciso VI do mesmo artigo, ao tratar da acumulação de cargos, remete ao inciso XI.

Também o art. 40, § 11, da Lei Magna, acrescentado pela Emenda Constitucional nº 20/1998, aplica o limite fixado no art. 37, inciso XI, à soma total dos *proventos de inatividade*, inclusive quando decorrentes da acumulação de cargos ou empregos públicos, bem como de outras atividades sujeitas a contribuição para o regime geral de previdência social, e ao montante resultante da adição de proventos de inatividade com remuneração de cargo acumulável na forma da Constituição, cargo em comissão declarado em lei de livre nomeação e exoneração, e de cargo efetivo.

Quanto ao limite mínimo, denominado piso, a Constituição Federal garante o recebimento de salário-mínimo, ao determinar a aplicação do art. 7º, inciso IV, aos servidores ocupantes de cargo público. Nada impedirá, todavia, que as leis fixem piso maior que um salário-mínimo para os cargos, empregos e funções.

O art. 29 da Emenda Constitucional nº 19/1998 assevera que:

> *Os subsídios, vencimentos, remuneração, proventos da aposentadoria e pensões e quaisquer outras espécies remuneratórias adequar-se-ão, a partir da promulgação desta Emenda, aos limites decorrentes da Constituição Federal, não se admitindo a percepção de excesso a qualquer título.*

A própria Constituição de 1988, tal como promulgada, no art. 17 das Disposições Transitórias, continha dispositivo do mesmo alcance:

> *Os vencimentos, a remuneração, as vantagens e os adicionais, bem como os proventos de aposentadoria que estejam sendo percebidos em desacordo com a Constituição serão imediatamente reduzidos aos limites dela decorrentes, não se admitindo, neste caso, invocação de direito adquirido ou percepção de excesso a qualquer título.*

Aqueles que se encontravam, após a promulgação da Constituição Federal em 5 de outubro de 1988, percebendo vencimentos excedentes do teto por ela fixado no art. 17 do ADCT, não teriam a proteção do direito adquirido, pois, em face de nova ordem constitucional nenhuma pretensão jurídica lhe poderia ser oposta, exatamente porque, para dizer-se jurídica, teria de estar referenciada direta ou indiretamente na própria Constituição. Podem, portanto, sujeitar-se à redução dos seus vencimentos, porém, não mais do que o limite que lhes decorria da restrição a que já estavam, de direito, constrangidos.

O legislador constituinte derivado quis, por meio do art. 29 da Emenda Constitucional, ajustar às novas regras a situação dos agentes públicos que antes da promulgação dessa Emenda recebiam vencimentos, remuneração, proventos e quaisquer outras espécies remuneratórias além do teto por ela criado.

Embora tenha sido essa a pretensão, o alcance dessa regra foi restrito aos subsídios, remuneração, proventos das aposentadorias e pensões e quaisquer outras espécies remuneratórias percebidas ilegalmente, pois se auferidas legalmente, ainda que seu somatório seja superior ao mencionado teto, não podem ser reduzidas, porquanto assim ficariam agredidos os direitos individuais que os servidores públicos, como quaisquer outros cidadãos, têm garantidos pela Constituição, uma vez que consubstanciam direito adquirido, intocável por Emenda Constitucional, submissa aos limites impostos pela Constituição da República.

Acrescente-se que, a irredutibilidade de vencimentos, que o art. 37, inciso XV, antes da Emenda Constitucional, lhes assegurava em termos diversos dos atuais, é, em si mesma, um direito e uma garantia individual que assiste a cada um dos servidores que dela desfrutavam antes de seu advento.

O inciso XV do art. 37, com a redação que lhe atribuiu a Emenda Constitucional nº 19/1998, estabelece que o subsídio e os vencimentos dos ocupantes de cargos e empregos públicos são irredutíveis. As ressalvas prescritas na Constituição Federal dizem respeito ao teto de remuneração, em um único valor para a Administração em todos os níveis (art. 37, XI); aos acréscimos pecuniários percebidos por servidor público (art. 37, XIV); à fixação do subsídio previsto para o membro de Poder, o detentor de mandato eletivo, os Ministros de Estado e os Secretários Estaduais e Municipais (art. 39, § 4º); à vedação à União, aos Estados, ao Distrito Federal e aos Municípios de instituir no campo tributário tratamento desigual entre contribuintes que se encontrem em situação equivalente (art. 150, II); e à incidência de imposto sobre renda e proventos de qualquer natureza, informado pelos critérios de generalidade, universalidade e progressividade, instituído pela União (art. 153, III, e § 2º, I).

Esta norma é medida protetora dos direitos dos servidores públicos. A norma vale também para os aposentados, pois os proventos são os seus vencimentos.

O § 5º do art. 39, acrescentado pela Emenda Constitucional nº 19/1998, dispõe que lei da União, dos Estados, do Distrito Federal e dos Municípios poderá estabelecer a relação entre a maior e a menor remuneração dos servidores públicos, obedecido, em qualquer caso, o disposto no art. 37, inciso XI, do Texto Maior.

No serviço público federal, a Lei nº 9.624, de 02/04/1998, fixa a remuneração máxima e mínima mensal dos servidores ativos e inativos do Poder Executivo da administração direta, autárquica e fundacional.

Por fim, os Poderes Executivo, Legislativo e Judiciário publicarão anualmente os valores do subsídio e da remuneração dos cargos e empregos públicos (art. 39, § 6º, da CF).

O Decreto nº 3.529, de 30/06/2000, determina que o Ministério do Planejamento, Orçamento e Gestão publicará quadrimestralmente a maior, a menor, a média e a mediana das remunerações dos cargos e empregos da Administração Pública Federal direta, autárquica e fundacional do Poder Executivo Federal, por órgão ou entidade, sem a incidência de descontos, tributos ou contribuição social. Os demonstrativos obtidos serão objeto de avaliação e estudos permanentes, com vistas à promoção de adequações e correções no sistema remuneratório dos servidores, que deverá compreender a fixação de padrões de vencimentos que considerem as características das funções, seu grau de complexidade, responsabilidade e exigências para a investidura nos cargos e empregos públicos.

3. ATRASO NO PAGAMENTO

Muito discutida tem sido a questão das consequências do atraso no pagamento dos vencimentos e vantagens dos servidores públicos.

Atualmente predomina o entendimento de que incide correção monetária sobre o pagamento da remuneração funcional efetuada com atraso. Tais valores constituem dívidas de valor e, portanto, são suscetíveis de atualização monetária, para que as importâncias devidas não sofram redução em seu valor real em virtude da corrosão provocada pelo decurso do tempo e pela diminuição do poder aquisitivo da moeda[356].

Quanto ao índice de correção monetária que deveria ser utilizado, tem-se afirmado que, em virtude da diversidade e da sucessão de índices de valor que têm acontecido no nosso país, deveria ser aplicado o índice que, mais efetivamente, refletisse a perda do

356. O Superior Tribunal de Justiça, decidindo sobre a matéria, sentenciou que: "Correção monetária. Diferença salarial. A jurisprudência desta Corte é no sentido de que as diferenças salariais pagas com atraso, por serem dívidas de valor, devem ser pagas com correção monetária a partir da época em que eram devidas administrativamente." (REsp nº 34028/SP, Sexta Turma, Rel. Min. Pedro Acioli). "Administrativo. Servidores Públicos do Estado de São Paulo. Diferenças oriundas do sistema de reajuste automático de vencimentos (Gatilhos salariais). Correção monetária. Segundo preceito expresso inserido na Constituição do Estado de São Paulo, os vencimentos, vantagens ou qualquer parcela remuneratória pagos, com atraso, aos funcionários, deverão ser corrigidos monetariamente, de acordo com os índices oficiais aplicáveis à espécie. Admitindo, a jurisprudência interativa, que as vantagens financeiras devidas aos funcionários estatutários constituem dívida de valor, de natureza alimentar, o respectivo pagamento atualizado (quando feito com atraso) é consequência jurídica irrefragável. (REsp nº 20028/SP, Primeira Turma, Rel. Min. Demócrito Reinaldo).

poder aquisitivo da moeda e a elevação geral dos preços praticados para o consumo geral dos indivíduos. Somente assim se poderia suprir os transtornos causados aos servidores públicos.

4. INCIDÊNCIA CUMULATIVA DE VANTAGENS PECUNIÁRIAS

É de suma importância compreender a orientação do Supremo Tribunal Federal, que harmoniza o cálculo adicional por tempo de serviço com o art. 37, XIV, da Constituição da República, esculpido nos termos seguintes:

> *XIV – os acréscimos pecuniários percebidos por servidor público não serão computados nem acumulados para fins de concessão de acréscimos ulteriores;*

Antes da Emenda Constitucional nº 19/1998, proibia-se unicamente que os referidos acréscimos fossem acumulados sob o mesmo título. Atualmente, a mais recente decisão da Corte, ao examinar essa situação, não autoriza o chamado repique de adicionais.

O direito a triênios resulta da legislação de cada ente da federação, abrangendo os servidores da Administração direta, autárquica e fundacional.

O entendimento atual, com respaldo no Supremo Tribunal Federal, é bastante claro: "*o adicional por tempo de serviço é calculado sobre o vencimento padrão e não sobre a remuneração total, compreensiva do acréscimo por tempo integral*" (*RDP*, *24*:130).

No sistema constitucional brasileiro, não se admite a incidência, em progressão cumulativa, do adicional por tempo sobre a remuneração acrescida do adicional anterior. A solução encaminhada pela Corte Suprema é a de que se interprete que cada adicional por tempo de serviço seja calculado sobre a remuneração básica do cargo, não sobre a remuneração mais adicionais anteriores por tempo de serviço.

Hipoteticamente, se a remuneração do cargo de um servidor for R$ 3.000,00, cada triênio por tempo de serviço será calculado sobre três mil reais, e, não, sobre R$ 3.000,00 acrescidos dos adicionais anteriores. Assim, se a lei autoriza que ao primeiro triênio corresponda adicional de 10% e a cada um dos adicionais subsequentes corresponda 5%, será correto somarem-se os percentuais, desde que se projetem, sempre, sobre o valor básico da remuneração.

Um outro exemplo seria o exercício de função em cargo de atividade em situação penosa, percebendo um adicional de 20%. Surgindo um triênio, o mesmo tem que incidir sobre o vencimento básico, ou seja, de R$ 3.000,00, e não sobre, de forma acumulada, R$ 3.600,00.

5. LIMITE DE REMUNERAÇÃO E DE SUBSÍDIOS DOS SERVIDORES DE ACORDO COM A EMENDA A CONSTITUCIONAL Nº 41

Uma das maiores polêmicas trazidas com a redação da Emenda Constitucional nº 41/2003, denominada como Reforma da Previdência, é a que trata da *remuneração* e dos *subsídios* dos servidores públicos, notadamente de seus novos limites.

Para um melhor entendimento a respeito deste tópico, imperioso uma análise prévia acerca do *sistema remuneratório nacional* adotado para aqueles que exercem cargo público.

Remuneração – É a soma do montante percebido pelo servidor de cargo efetivo, incluindo-se os *vencimentos* e as *vantagens pecuniárias*, bem como todas as parcelas que a integram, sejam elas a título permanente ou transitório. Não obstante, o texto do estatuto do funcionário público federal, Lei nº 8.112/1990, define *remuneração* como a soma do vencimento do cargo e das vantagens permanentes.

De fato, a adição de uma parcela à remuneração do servidor, ainda que transitória, como por exemplo, uma gratificação de difícil acesso, não a desvinculará do *quantum* remuneratório, mas ao contrário, a integrará, ainda que não seja permanente.

De acordo com o que dispõe o inciso X do art. 37:

> *a **remuneração** dos servidores públicos e o **subsídio** de que trata o § 4º do art. 39 somente poderão ser fixados ou alterados por **lei específica**, observada a iniciativa privativa em cada caso, assegurada revisão geral anual, sempre na mesma data e sem distinção de índices. (grifos nossos).*

A exemplo do exposto, vejam-se os arts. 61, § 1º, inciso II, *a*, que se aplica aos servidores do Poder Executivo; 96, II, *b*, aos servidores do Poder Judiciário; arts. 51, inciso IV, e 52, inciso XIII, aos servidores do Poder Legislativo, estes introduzidos com o texto da EC nº 19/1998; e finalmente o art. 127, § 2º, aos servidores do Ministério Público.

Vencimento – O art. 40 da mesma Lei nº 8.112/1990 preceitua que *vencimento* é a retribuição pecuniária pelo exercício de cargo público, com valor fixado em lei. Com efeito, a todo cargo público que é criado, haverá a vinculação da criação de seu respectivo vencimento. Dispõe ainda mencionada lei que nenhum servidor terá vencimento inferior ao salário-mínimo.

Por vezes, encontra-se o termo no plural, *vencimentos*, para designar a mesma retribuição remuneratória.

Subsídio – Espécie remuneratória trazida pela EC nº 19/1998, o *subsídio* passou a constar no Texto Constitucional, em seu art. 39, § 4º, conforme segue:

> *Art. 39. (...)*
>
> *§ 4º O membro de Poder, o detentor de mandato eletivo, os Ministros de Estado e os Secretários Estaduais e Municipais serão remunerados exclusivamente por subsídio fixado em parcela única, vedado o acréscimo de qualquer gratificação, adicional, abono, prêmio, verba de representação ou outra espécie remuneratória, obedecido, em qualquer caso, o disposto no art. 37, X e XI. (grifo nosso).*

Além destes agentes mencionados no artigo anterior, o *subsídio* passou a ser a remuneração dos membros do Ministério Público (art. 128, § 5º, I, *c*), dos servidores que integram a Advocacia Pública e a Defensoria Pública (art. 135 com remissão ao art. 39, § 4º), bem como dos servidores elencados nos incisos I a V, do art. 144 (polícias federal, rodoviária federal, ferroviária federal, civis, militares e corpos de bombeiros militares), conforme redação do § 9º do mesmo artigo.

Os dispositivos da Emenda Constitucional nº 41/2003 que passaram a integrar o Texto Constitucional tornaram efetivo o conceito de *subsídio*, trazendo a eficácia plena das normas do art. 37, XI e 39, § 4º da Constituição da República. Registre-se que já tramitam nos Tribunais, desde a edição desta Emenda, alegações de sua inconstitucionalidade, propostas através das ADIn's, o que poderá reverter as previsões aplicáveis à remuneração do servidor, acaso venham a lograr êxito.

5.1. Vantagem pecuniária

São elas as parcelas pecuniárias acrescidas ao vencimento-base, previamente estabelecidas em norma legal, e vinculadas à consumação de determinado fato. A percepção de qualquer vantagem pecuniária reclama a presença de situação fática. Estas situações podem ser: funções exercidas em gabinete de chefia, trabalhos em condições anormais de dificuldade, desempenho de funções por tempo determinado, natureza especial de função etc.

5.2. Teto remuneratório constitucional

Feitas estas ressalvas, passaremos a discorrer sobre o *teto remuneratório* dos servidores públicos. Registre-se que o *teto* é a soma de tudo que um servidor ou aposentado recebe ao final do mês. A regra que vigorava anteriormente à entrada em vigor da referida Emenda – que se deu em 31/12/2003, vinculava o *teto remuneratório* dos servidores da União, dos Estados, do Distrito Federal e dos municípios, aplicando-se aos três Poderes dos respectivos entes, o subsídio mensal, em espécie, dos Ministros do Supremo Tribunal Federal.

Na prática, contudo, a Constituição Federal vinculou a criação do subsídio dos Ministros do Supremo Tribunal Federal à criação de lei, de iniciativa conjunta dos Presidentes da República, da Câmara dos Deputados, do Senado Federal e do Supremo Tribunal Federal, o que, de fato, não ocorreu.

Conforme se depreende do Texto Constitucional, o processo legislativo que dará origem à lei que fixará o subsídio de que trata o art. 39, § 4º, se dará única e exclusivamente por meio de *iniciativa discricionária* dos Chefes dos Poderes da República, da Câmara, do Senado e do Supremo Tribunal Federal. Não se vislumbra, de acordo com o Texto, imposição de prazo para a apresentação deste projeto de lei. Presumia-se tão somente a existência de uma base consensual e da vontade convergente das pessoas mencionadas, descaracterizando-se com isso qualquer hipótese de iniciativa vinculada.

O que se verifica é que houve a ausência de base consensual ou de vontade das pessoas competentes, posto que não fizeram jus à competência atribuída pela Constituição da República, para fixar o subsídio mensal dos Ministros do Supremo Tribunal Federal. Com isso, as demais normas constitucionais que dispunham acerca do "subsídio" dos servidores públicos ficaram a vagar, como uma nau sem o seu comandante, face à falta de referencial, qual seja, o subsídio dos Ministros do Supremo Tribunal Federal. Da mesma forma, a aplicação do teto fixado com a redação da Emenda Constitucional nº 19, referencial a todas as demais remunerações e subsídios dos servidores, restou inoperante.

O advento da Emenda Constitucional nº 41/2003 alterou este panorama, trazendo novas disposições constitucionais que versam sobre o teto dos servidores públicos, através da proliferação deste em subtetos. A partir de então, ficou mantido o teto nacional, sendo este o valor da maior remuneração, atribuída por lei em 31 de dezembro de 2003 aos Ministros do Supremo Tribunal Federal, e os subtetos aplicáveis aos Estados, Distrito Federal e Municípios.

Com esta mudança, extinguiu-se a unificação do *teto remuneratório* aplicável aos servidores públicos, o que, em verdade, não se formalizou por falta de sua própria criação, passando a vigorar o *teto nacional*, com base na maior remuneração atribuída por lei, aos Ministros do Supremo Tribunal Federal. Desvinculou-se a existência deste teto maior à sua eventual criação, bem como ao livre arbítrio dos Presidentes da República, da Câmara, do Senado e do Supremo Tribunal Federal.

5.3. Irredutibilidade do teto salarial

A questão posta em debate cinge-se à possibilidade de efetuar descontos, a título de abatimento de teto remuneratório, dos proventos e subsídios dos servidores ligados ao Poder Executivo, que recebem acima do teto do Ministro do Supremo Tribunal Federal, em conjunto com o estabelecido no art. 37, XI, da CR/88, alterado pela Emenda Constitucional nº 41/2003.

Reside a controvérsia sobre ser ou não possível, à luz da garantia constitucional de que a "lei não prejudicará o ato jurídico perfeito e o direito adquirido", se por força de Emenda à Constituição, os valores dos proventos da apelada, constituídos de padrão básico e de vantagens pessoais e fixados em conformidade com as normas de direito positivo válidas, anteriormente, venham a sofrer redução naquilo que excederem ao teto determinado na referida emenda.

A matéria é por demais conhecida na órbita jurídica tendo já sido, inclusive, apreciada por esta Corte Superior de Justiça que, por reiteradas decisões, concedeu a segurança para assegurar aos impetrantes o recebimento integral de seus proventos, incluídas as vantagens pessoais.

A impetração funda-se nas garantias constitucionais do direito adquirido e da irredutibilidade dos proventos, que não podem ser violadas.

O Poder Constituinte Originário, vislumbrando a necessidade de alteração das normas constitucionais, autorizou o Poder Constituinte Derivado a elaborar Emendas à Constituição, desde que observados os limites insertos na Constituição Federal.

Desse modo, a Constituição Federal poderá ser emendada, desde que não seja para, dentre outros, abolir os direitos e garantias individuais, nos termos do seu art. 60, § 4º, inciso IV. O instituto do direito adquirido encontra-se previsto no rol dos direitos e garantias fundamentais (art. 5º, XXXVI, da CF), sendo, portanto, vedada a sua supressão por emenda constitucional.

Com efeito, os proventos do servidor, percebidos em conformidade com as normas constitucionais vigentes à época, servidor público estadual, não podem sofrer incidência do teto, por implicar redução de seus valores, devendo, pois, ser mantidos em obediência ao direito adquirido.

Além do direito adquirido, as modificações trazidas pela Emenda Constitucional nº 41/2003 contrariam, também, o princípio da irredutibilidade de proventos.

Assim, a aplicação do teto remuneratório, com base nas novas normas insertas na Constituição Federal, não pode incidir sobre os benefícios que já estão incorporados definitivamente ao patrimônio da apelada.

Válido destacar, ainda, as opiniões de ilustres doutrinadores sobre a Emenda Constitucional nº 41, de 19 de dezembro de 2003, apresentadas em Reunião realizada pelo Colégio Permanente de Presidentes de tribunais de justiça do Brasil.

Diogo de Figueiredo Moreira Neto:

> (...) a norma do ADCT, que teve seus efeitos exauridos instantaneamente, com a entrada em vigor da nova Carta em 5 de outubro de 1998, não mais pode ser represtinada pelo Poder, constituído para a finalidade de justificar a pretendida imposição de confisco e de outras restrições de direitos subjetivos públicos legalmente incorporados ao patrimônio de seus respectivos titulares.

> (...) o princípio da irredutibilidade impede a aplicação do texto às remunerações estejam sendo percebidos com fundamento na Constituição e nas leis vigentes.

Celso Antônio Bandeira de Mello:

> (...) uma vez que Emenda Constitucional não pode ferir direito adquirido, ato jurídico perfeito e coisa julgada, o art. 9º da referida PEC não pode, pelo expediente de invocar a aplicação do art. 17 do Ato das Disposições Constitucionais Transitórias, ganhar esta força jurídica que lhe é vedada. Donde, não lhe seria possível, sob pena de inconstitucionalidade, pretender extrapolar os efeitos no mencionado preceptivo para disposições diferentes daquelas a que ele estava reportado, de maneira a subjugar e reduzir, vencimentos, proventos, pensões ou outra espécie remuneratória, percebidos cumulativamente ou não, incluídas vantagens pessoais ou de qualquer outra natureza, a novos limites que veio estabelecer.
>
> Se a Constituição declara irredutíveis os vencimento, é de solar evidência que os pretende defendidos contra providências que os reduzam. Segue-se que nenhuma regra de direito, pelas razões supra expendidas, teria o Poder de reduzi-los, salvo, evidentemente, uma nova Constituição.

José Afonso da Silva:

> Emenda Constitucional, como demonstrado amplamente, não pode atribuir eficácia a norma de efeitos instantâneos, imediatos e exauridos, em hipótese alguma, e menos ainda, a norma veiculadora de restrições ao direito adquirido, ao ato jurídico perfeito e à coisa julgada. Portanto, o art. 9º da PEC é inconstitucional na medida em que determina a aplicação do art. 17 do ADCT a situações que ela cria.
>
> Emenda Constitucional não pode desrespeitar o princípio da irredutibilidade de subsídio ou de remuneração. Pois, trata-se de um princípio constitucional geral que protege todas as formas de estipêndios da relação de trabalho, tanto os das relações de trabalho, tanto os das relações de trabalho privados como os das relações de trabalho, sejam salários, vencimentos, remunerações ou subsídios (exceto os subsídios de mandato eletivo que não constituem estipêndios de mandato eletivo que não constituem estipêndios de relação de trabalho). Com relação à magistratura, o princípio já é secular, pois já constava do art. 57, § 1º, da Constituição de 1981. Ora, diminuir ou cortar remuneração, subsídios e vencimentos, com incidência apenas sobre alguns agentes públicos, por emenda constitucional não infringe apenas o princípio da irredutibilidade, mas também o princípio da igualdade de tratamento. A diminuição de proventos e pensões esbarra com uma situação jurídica subjetiva definitivamente constituída e, como nos demais casos, é inconstitucional.

Sobre o assunto, manifesta-se a Profª Cármem Lúcia Antunes Rocha, nos seguintes termos:

> "Se o direito adquirido, o ato jurídico perfeito e a coisa julgada pudessem ser prejudicados, desfeitos, abolidos pela ação de três quintos dos votos dos deputados e dos senadores da República, significaria que o Judiciário não seria, efetivamente, Poder, menos ainda soberano. Sem Judiciário como Poder soberano e forte não há Lei Fundamental à qual se possa denominar Constituição. Sem Constituição não há democracia, sem a qual não se

> tem a garantia da Justiça material concreta. Afirmar que o direito adquirido, tal como a coisa julgada, pode ser infirmado pela ação do constituinte reformador significaria mais ainda: que o direito no Brasil não teria o fundamento que justifica a sua observância em toda a história da humanidade, qual seja, o de ser o elemento que dá segurança ao indivíduo, para que ele viva numa sociedade política com a convicção do seu presente e a projeção do seu futuro. É para que a pessoa tenha o conforto de saber que o que integra a sua condição firmada conforme o direito somente será modificado pela transformação estrutural e racional da sociedade que se põem como princípios a irretroatividade das leis e o direito adquirido. Somente pela ação do Poder constituinte originário – cujo processo não é deflagrado apenas pela eventual vontade de um governante ou de grupo que chegue ao poder – se podem desfazer situações constituídas, solapar direitos anteriormente aceitos como coerentes com princípios e valores antes acatados. Somente pela atuação do poder constituinte originário se podem desconstituir o direito adquirido, a coisa julgada e o ato jurídico perfeito, nos termos do sistema constitucional vigente (art. 5º, XXXVI, da Lei Fundamental da República). O mais é fraude à Constituição, é destruição da Constituição em seus esteios-mestres. Quando, por meio de uma reforma constitucional, se investem contra situações firmadas em condições jurídicas pretéritas sobre as quais retroagem as novas normas, não se tem como prejudicado apenas o princípio do direito adquirido, mas também o ato jurídico perfeito e a coisa julgada. (*Princípios Constitucionais dos Servidores Públicos*, Saraiva, 2008, p. 155.).

De conseguinte, as parcelas relativas às vantagens pessoais incluídas nos proventos de pensão da apelada não se sujeitam e nem se sujeitarão ao teto constitucional que vier a ser estabelecido, porque integrantes de seu patrimônio, albergando-se nos princípios do direito adquirido e da irredutibilidade dos proventos.

Por fim, a determinação do abate-teto, insculpida no art. 9º da EC nº 41/2003, se mostra inexequível, com relação à apelada, por tudo o que se vem de expor e, ainda, pela impossibilidade de represtinação do art. 17 do ADCT da CF/1988.

É que a disposição transitória expedida pelo constituinte originário – que detinha poderes para fazê-lo –, restringindo direitos assegurados na própria Constituição, se exauriu com a própria transitoriedade das situações por ela alcançadas, não se legitimando o constituinte derivado para impor limitação até então não existente[357].

5.4. Teto, remuneração ou subsídio mensal

Além do teto nacional, que fixa a remuneração, subsídio, proventos e pensão dos servidores da União, foram criados os subtetos, nos diferentes âmbitos dos Poderes do Estado, Distrito Federal e Município, conforme a nova redação do art. 37, inciso XI, abaixo descrita:

357. *Sobre o tema, confira-se:* "Constitucional e administrativo – Servidor público – Teto e subteto remuneratório – Emenda Constitucional nº 41/2003 – Decisão da Corte a qual se reporta – Sentença mantida. Diante da manifestação unânime da Corte Superior deste Tribunal de Justiça, a cujas razões se reporta, tem-se que nem mesmo após as modificações introduzidas em nosso ordenamento jurídico com a Emenda Constitucional nº 41/2003, especialmente pelo contido em seu art. 8º, não há como reduzir proventos de aposentadoria e especialmente pelo contido em seu art. 8º, não há como reduzir proventos da aposentadoria e pensões, a despeito de aplicação do chamado 'abate-teto', especificamente no que se refere ao subteto a nível do Executivo Estadual fixado pela Lei nº 15.013/04, sob pena de ferir-se o princípio da segurança jurídico perfeitos, que limitam o Poder do Constituinte derivado, de modo a impedir que sejam atingidas situações jurídicas já consolidadas".

a remuneração e o subsídio dos ocupantes de cargos, funções e empregos públicos da administração direta, autárquica e fundacional, dos membros de qualquer dos Poderes da União, dos Estados, do Distrito Federal e dos Municípios, dos detentores de mandato eletivo e dos demais agentes políticos e os proventos, pensões ou outra espécie remuneratória, percebidos cumulativamente ou não, incluídas as vantagens pessoais ou de qualquer outra natureza, não poderão exceder o subsídio mensal, em espécie, dos Ministros do Supremo Tribunal Federal, aplicando-se como limite, nos Municípios, o subsídio de Prefeito, e nos Estados e no Distrito Federal, o subsídio mensal do Governador no âmbito do Poder Executivo, o subsídio dos Deputados Estaduais e Distritais no âmbito do Poder Legislativo e o subsídio dos Desembargadores do Tribunal de Justiça, limitado a noventa inteiros e vinte e cinco centésimos por cento do subsídio mensal, em espécie, dos Ministros do Supremo Tribunal Federal, no âmbito do Poder Judiciário, aplicável este limite aos membros do Ministério Público, aos Procuradores e aos Defensores Públicos.

5.5. Teto geral

O teto geral será o limite remuneratório aplicável a todos os Poderes da União, Estados, Distrito Federal e Municípios, e equivale ao subsídio mensal, em espécie, dos Ministros do Supremo Tribunal Federal. Esta remuneração inclui o vencimento-base, a representação mensal e o adicional de tempo de serviço.

A fixação deste *teto geral* veio preencher a lacuna da lei, já que a fixação do subsídio dos Ministros do STF depende de lei de iniciativa conjunta dos Presidentes do próprio Supremo Tribunal Federal, da Câmara e do Senado, sendo, portanto, um teto provisório, que deverá perdurar até que seja editada a competente lei.

O teto nacional é a regra do valor remuneratório constante na nova redação do inciso XI do art. 37, modificado pela EC nº 41/2003. Este teto equivale ao valor da maior remuneração atribuída por lei, em 31/12/2003, a Ministro do Supremo Tribunal Federal, e se aplica a todos os Poderes da União, Estados, Distrito Federal e Municípios.

Subtetos ou Tetos Específicos – Estes subtetos, ou tetos específicos, foram fixados da seguinte forma: Para os Municípios, um único subteto, equivalente ao subsídio mensal do Prefeito; para os Estados e Distrito Federal, foram previstos três subtetos, a saber: para o Poder Executivo, o subsídio mensal do Governador; para o Poder Legislativo, o subsídio mensal dos Deputados Estaduais e Distritais, e, finalmente, para o Poder Judiciário, o subsídio dos Desembargadores do Tribunal de Justiça, sendo este também aplicável aos membros do Ministério Público, aos Procuradores e aos Defensores Públicos.

5.6. Subteto do Poder Executivo

Município – O subteto a ser aplicado nos Municípios equivalerá ao subsídio do Prefeito. Registre-se que nos municípios, aplicar-se-á um único subteto para os subsídios, remunerações, proventos e pensões pagos aos órgãos dos Poderes Executivo e Legislativo, suas autarquias, fundações e empresas públicas, sociedades de economia mista que receberem valores para o pagamento de seu pessoal, bem como para despesas em geral.

Estados e Distrito Federal – Nos Estados e no Distrito Federal aplicar-se-á o subteto equivalente ao subsídio do Governador.

5.7. Subteto do Poder Legislativo

O subteto a ser aplicado no âmbito do Poder Legislativo dos Estados e do Distrito Federal equivalerá ao subsídio dos Deputados Estaduais e Distritais.

5.8. Subteto do Poder Judiciário

O subteto do Poder Judiciário será o equivalente ao subsídio dos Desembargadores do Tribunal de Justiça, que equivalerá, por seu turno, a 90,25% do subsídio mensal, em espécie, dos Ministros do Supremo Tribunal Federal, aplicável este limite, da mesma forma, aos membros do Ministério Público, aos Procuradores e aos Defensores Públicos, conforme o texto da parte final do art. 37, inciso XI, da Constituição Federal.

O teto e os subtetos já descritos se aplicam aos atuais servidores que estão na ativa, aos inativos, que são os atuais pensionistas e aposentados, aos que já têm o direito de requerer estes benefícios, bem como aos futuros servidores, que ainda integrarão os quadros públicos.

5.9. Autoaplicabilidade dos tetos e subtetos

O teto aplicável aos servidores da União e extensíveis, como remuneração máxima, aos demais entes da Federação, assim como os subtetos dos Estados, Distrito Federal e Município são *autoaplicáveis*, não sendo necessário a edição de lei para as suas regulamentações. Imprescindível, portanto, para o efetivo sucesso da aplicação da nova norma constitucional será a criação de programas de cooperação entre os órgãos públicos, viabilizando a troca de informações sobre todos os servidores do País. Assim dispõe o art. 3º da EC nº 41/2003:

> *Para fins do disposto no inciso XI do art. 37 da Constituição, a União, os Estados, o Distrito Federal e os Municípios, que mantenham regime próprio de previdência social de que trata o art. 40 da Constituição, manterão sistema integrado de dados relativos às remunerações, proventos e pensões pagos aos respectivos servidores e militares, ativos e inativos e pensionistas, na forma do regulamento.*

A implantação de um *cadastro único de servidores* contendo todas as esferas do governo, facilitará um eficaz controle sobre os servidores, seus cargos e proventos. Deve-se controlar, por exemplo, servidores que recebam proventos e pensões, tanto de entes diferentes, como do mesmo ente, de forma que a soma destes proventos obedeça ao teto e subteto previstos pela EC nº 41/2003. Se, porventura, esta soma ultrapassar o teto fixado, os órgãos pagadores deverão efetivar, de forma proporcional, o desconto do valor excedente, com a consequente diminuição proporcional das bases de cálculo das respectivas contribuições previdenciárias.

Uma servidora federal, em atividade ou não, poderá estar recebendo, cumulativamente, pensão proveniente dos cofres da União, em razão do falecimento de seu ex-cônjuge, também servidor federal ou militar, mais os proventos referentes a seu cargo na esfera federal, perpassando o limite legal a ser obedecido. Não obstante este controle, os servidores estarão sujeitos à declaração, sob as penas da lei, de não acumulação de cargos públicos e/ou proventos de aposentadorias que se originem de cargos públicos.

5.10. Vedação à acumulação de cargos, empregos e funções

A Constituição Federal, em seu texto original, estabelecia no art. 37, inciso XVI, que era "*vedada a acumulação remunerada de* ***cargos públicos****, exceto quando houvesse compatibilidade de horários*" (grifo nosso). Como exemplo, a partir desta regra não era possível o titular de um cargo público de analista judiciário acumular com outro cargo de oficial de justiça, a título de ilustração.

O inciso XVII, do mesmo artigo, acrescentava que a proibição de acumular era extensiva, também, a ***empregos*** e ***funções***, e que a regra abarcava as *autarquias, empresas públicas, sociedades de economia mista e fundações mantidas pelo Poder Público.*

Assim, a impossibilidade de *acumulação remunerada* passou a ser extensiva a *cargos, empregos* e *funções públicas.*

Contudo, referido inciso XVII, do art. 37, sofreu modificação pela redação da Emenda Constitucional nº 19/1998, aditando esta que a proibição de acumular é extensiva a empregos e funções, e que abrange autarquias, fundações, empresas públicas, sociedades de economia mista, suas subsidiárias, assim como as sociedades controladas, direta ou indiretamente, pelo Poder Público. Além disso, dispositivo da EC nº 34/2001 alterou a alínea *c*, do inciso XVI.

Com isso, conclui-se que a *regra geral* concernente à *acumulação de cargos, empregos e funções públicas* é a constante no art. 37, incisos XVI e XVII. A alteração deste último inciso, por meio da EC nº 19/1998, incluiu no rol taxativo de acumulação remunerada as subsidiárias e as entidades controladas direta e indiretamente pelo Poder Público, ainda que integrantes da Administração Indireta.

Deve-se registrar que a situação *permissiva de acumulação*, de acordo com a previsão da Lei Maior, deverá guardar estreita relação com o pressuposto de *compatibilidade de horários.* Se assim não o for, ainda que os cargos e funções sejam passíveis de acumulação, esta será plenamente vedada, donde se conclui que a compatibilidade de horários se constitui em pressuposto fundamental para a acumulação de cargos.

ATENÇÃO! Com relação à compatibilidade de horários entre cargos acumuláveis de acordo com a Constituição Federal, cabe destacar o Pareder GQ-145 da AGU limitando a acumulação em *60 horas semanais.* Contudo, o próprio parecer apresenta partes contraditórias, como se vê:

> (...) uma vez que o servidor, no exercício de uma faculdade assegurada na Carta Magna, desempenha dois cargos ou empregos, no setor público, cumprindo com os deveres a eles inerentes, não pode ser penalizado nem ter declarada ilegal essa acumulação, por força de Orientação Normativa, de caráter restritivo, a qual não encontra nenhum suporte legal.
>
> Restrições, só a Lei pode impor.
>
> Torna-se mais absurda aquela limitação, ao limitar em 60 horas a carga horária semanal, porque o permissivo constitucional da acumulação, sem nenhuma outra restrição, condicionou-a somente à compatibilidade horária.
>
> Compatibilidade horária é uma condição objetiva.
>
> Qualquer outra vedação, que não decorra de lei, sobretudo quando baseada em aspectos de índole subjetiva, não pode prosperar, porquanto estará afetando preceito fundamental decorrente da Constituição.

Ressalta-se que mesmo com esta contradição o Parecer determinou a limitação em 60 horas semanas, sendo vinculante para toda Administração Pública Federal, pois foi aprovado pelo Preseidente da República. Contudo, consignamos o fato de que a Constituição Federal não determinou carga horária para a acumulação de cargos, bastando apenas compatilidade de horários. Aliás, este também é o entendimento do Supremo Tribunal Federal conforme reiteradas decisões, inclusive, de casos em que a jornada de trabalho somava *76 horas semanais*, tudo transcrito abaixo e cópias em anexo:

> MS 24.540-9 – Mandado de segurança impetrado por servidor inativo da Universidade Federal Fluminense, contra ato do Tribunal de Contas da União. 2. Legalidade de concessão de aposentadoria. 3. Licitude das acumulações de cargos na atividade. 4. Compatibilidade de horários entre os cargos acumulados. 5. Alegada ocorrência de prescrição administrativa, nos termos do art. 54 da Lei nº 9.784, de 1999. 6. Constatação, no caso, da existência de compatibilidade de carga horária entre os dois cargos de técnico em laboratório, ocupados pelo autor. 7. Tendo em vista a compatibilidade horária e a regularidade constitucional de acumulação, não há necessidade de especular sobre eventual consolidação do ato em razão do curso do tempo. 8. Segurança deferida.

No referido Acórdão destaca-se trecho do Relatório: "(...) 5. Nessa toada, comunica o Tribunal de Contas que, analisando os procedimentos, percebeu-se a incompatibilidade de horários, haja vista a carga horária exercida na UFF ter sido de *quarenta horas semanais*, e a carga de trabalho na UNIRIO de *36 horas semanais*. Assim salientou o Ministro-Relator do procedimento".

No voto, O Senhor Ministro Gilmar Mendes destacou que através de declarações as acumulações, na verdade, somavam mais 70 horas semanais e que havia compatibilidade de horários e regularidade constitucional de acumulação.

Observa-se que esta decisão é datada de 19/02/2004. Portanto, posterior à GQ-145 de 98.

Outro caso foi julgado pela Suprema Corte em 30/05/2006, cuja Ementa segue:

> Recurso extraordinário. 2. Acumulação de cargos. Profissionais de saúde. Cargo na área militar e em outras entidades públicas. Possibilidade. Interpretação do art. 17, § 2º, do ADCT. Precedente. 3. Recurso extraordinário conhecido e provido.

Cabe mencionar que o Senhor Ministro Gilmar Mendes mencionou em seu voto: "Dessa forma, em face da interpretação dada ao art. 17, § 2º do ADCT, caracteriza-se possível a acumulação dos cargos dos profissionais de saúde da área militar e civil" – Recurso Extraordinário nº 182.811-1.

A Ministra Ellen Gracie, atual presidente do STF, já teve oportunidade de se manifestar sobre o tema no Recurso Ordinário nº 351.905-1, de 24/05/2005. Vejamos:

> Constitucional. Administrativo. Acumulação de Cargos Públicos. Profissional da saúde. Art. 17 do ADCT.
>
> 1. Desde 1º/11/1980, a recorrida ocupou, cumulativamente, os cargos de auxiliar de enfermagem no Instituto Nacional do Câncer e no Instituto de Assistência dos Servidores do Estado do Rio de Janeiro – IASAERJ. A administração estadual exigiu que ela optasse por apenas um dos cargos.
>
> 2. A recorrida encontra-se amparada pela norma do art. 17, § 2º, do ADCT da CF/88. Na época da promulgação da Carta Magna, acumulava dois cargos de auxiliar de enfermagem.

3. O art. 17, § 2º, do ADCT deve ser interpretado em conjunto com o inciso XVI do art. 37 da Constituição Federal, estando a cumulação de cargos condicionada à compatibilidade de horários. Conforme assentado nas instâncias ordinárias, não havia choque de horário nos dois hospitais em que a recorrida trabalhava.

4. Recurso extraordinário conhecido e improvido.

No voto da Ilustre Ministra apontou-se o fato de que a jornada de trabalho semanal superava o limite do Estado de *65 horas semanais* e ficou comprovado que não havia choque de horários nos dois hospitais em que a recorrida trabalhava. Assim, sob o ponto de vista das normas constitucionais, a recorrida preencheu todos os requisitos para a pretendida acumulação.

Neste mesmo diapasão, urge ressaltar que as hipóteses de permissividade de acumulação estão atreladas, exclusivamente, a *duas fontes remuneratórias*, como por exemplo, dois cargos públicos, dois empregos públicos ou um cargo e um emprego público. É vedada, terminantemente, a acumulação remunerada de três ou mais cargos e empregos, inobstante o fato de serem estes passíveis de dupla acumulação, ou decorrentes de aposentadoria.

De fato, deve-se ter em mente que a previsibilidade de acumulação trata-se de mera exceção, só se aplicando nas hipóteses delineadas pela Constituição Federal, ressaltando-se que o *princípio da eficiência*, a ser aplicado na Administração Pública, por certo passaria desapercebido por servidores que exercessem três ou mais cargos, empregos ou funções públicas.

O Tribunal Regional Federal já se manifestou favoravelmente à Apelação interposta por servidor demitido, em caso de acumulação de boa-fé, assim decidindo: *"a só existência de processo administrativo para a apuração de acumulação indevida de cargos não autoriza a demissão do funcionário, fazendo parte da garantia legal o direito de opção por um dentre os vínculos"*. (Ap. em MS nº 90.04.21522-0-SC, 1ª Turma, Rel. Juiz Ari Pargendler)

A decisão proferida pelo TRF, antes mencionada, encerra situação prevista na legislação federal. A Lei nº 8.112/1990, que regula os servidores públicos federais, dispõe em seu art. 133 que, se ficar provada a boa-fé do servidor na acumulação proibida, deve ele optar por um dos cargos. Por conseguinte, o art. 133, § 1º, acrescenta que se a situação ocorrer de conduta, sob a eiva de má-fé, o servidor perderá ambos os cargos, devendo restituir ao erário o que tiver percebido indevidamente. Por conseguinte, se o outro cargo integrar entidade federativa diversa, esta será comunicada da demissão do servidor, conforme disposição do art. 133, § 2º.

Todavia, no que concerne ao teto remuneratório do servidor público, a acumulação de cargos com proventos de aposentadorias de *entes federados diferentes* é, sem dúvida, um dos obstáculos a ser superado pelos órgãos públicos. Ainda que as regras da EC nº 41/2003 sejam autoaplicáveis, deve-se guardar estreita observância aos demais dispositivos constitucionais, que não poderão ser sacrificados em razão de outros.

A regra básica que prevalecerá é a de que nenhum servidor público do país poderá receber remuneração ou subsídio superior ao subsídio mensal, em espécie, de um Ministro do Supremo Tribunal Federal. Contudo, muitas questões polêmicas que envolvem proventos, remunerações e subsídios de servidores virão à tona, devendo se coadunar com as novas regras.

Poderá ocorrer, na prática, a acumulação de cargos públicos ou de proventos de servidores pertencentes à mesma esfera do Governo, ou a esferas diferentes, ensejando cada caso um desfecho diverso. Na primeira hipótese, a questão será facilmente solucionada, pois que se aplicará o teto do respectivo ente da federação. Quanto houver acumulação de proventos ou de cargos públicos, que se originam de diferentes entes federativos, aplicar-se-á o teto correspondente ao cargo de maior valor.

5.11. Particularidades de acumulação de proventos

Acumulação de proventos de um juiz federal com a remuneração de magistério de universidade federal. Como ambos os cargos pertencem à União, será aplicado ao valor total da acumulação o equivalente ao subsídio de ministro do Supremo Tribunal Federal.

Proventos do cargo de *juiz da comarca do Rio de Janeiro* acumulado com a remuneração de *professor da Universidade do Estado do Rio de Janeiro – UERJ*. O primeiro cargo estará vinculado ao subteto do Poder Judiciário, que equivale ao subsídio dos Desembargadores do Tribunal de Justiça, sendo este 90,25% ao subsídio mensal, em espécie, dos Ministros do Supremo Tribunal Federal. Já a segunda remuneração terá como base o subteto do Poder Executivo dos Estados, que equivale do subsídio do Governador. Qual o subteto a ser aplicado na soma de seus proventos? Aplicar-se-á ao servidor em tela o maior teto entre os dois.

Proventos de aposentadoria da esfera municipal acumulada com aposentadoria da esfera estadual. Como exemplo, um médico servidor do hospital Souza Aguiar e professor da Universidade do Estado do Rio de Janeiro, que se aposenta pelos dois cargos. Sua aposentadoria do município obedecerá ao subteto deste ente, que é o subsídio de Prefeito. A outra, do Estado, terá como parâmetro o subteto dos Estados, no âmbito Executivo, que é o subsídio do Governador. Portanto, à soma de sua acumulação aplicar-se-á o maior subteto, que é o do Estado.

Remuneração de professor de uma escola municipal acumulado com proventos de aposentadoria de um cargo de oficial de justiça estadual. A aposentadoria de professor está vinculada ao subteto do município, que equivale ao subsídio do prefeito. Já a aposentadoria de oficial de justiça se cinge ao subteto do Poder Judiciário, que equivale ao subsídio dos Desembargadores do Tribunal de Justiça, restrito a 90,25% do subsídio mensal, em espécie, do subsídio mensal do Ministro do STF. Com isso, o subteto a ser respeitado para a soma de sua acumulação será este último, aplicável ao Poder Judiciário, por ser o maior.

Ocorrendo acumulação de proventos de aposentadoria entre *cargos eletivos* estaduais e municipais, inobstante qual seja o ente federado pagador do benefício, dever-se-á aplicar o teto nacional, ou seja, o equivalente ao subsídio do Ministro do Supremo Tribunal Federal. Esta aplicação se dá em face de controvérsia que surgiria para a taxação do teto remuneratório, pela já existência de teto previamente estabelecido nos arts. 27, § 2º, e 29, VI, da Constituição Federal, para os subsídios dos deputados estaduais e dos vereadores. Portanto, por serem os subsídios destes cargos eletivos previamente estabelecidos por norma constitucional, quando da acumulação de proventos destes, será obrigatoriamente aplicado o teto de âmbito nacional.

Os magistrados estaduais e os Ministros dos Tribunais Superiores também possuem seus subsídios previamente estabelecidos pela Constituição Federal, conforme norma do art. 93, inciso V, o que suscita a mesma aplicação da norma *supra* menciona. Como a estes cargos só é lícito acumular com outro cargo de magistrado, conforme preceitua o art. 95, parágrafo único, I, da Constituição Federal, a acumulação de proventos do cargo de Juiz estadual ou Presidente dos Tribunais superiores com a de magistério deverá obedecer o teto nacional, pela existência do vínculo referido.

5.12. O art. 17 do ADCT na EC nº 41/2003:

O art. 9º da Emenda Constitucional nº 41/2003 chamou para o seu texto o dispositivo constante no art. 17 do ADCT, cuja redação se segue:

> *Art. 9º Aplica-se o disposto no art. 17 do Ato das Disposições Constitucionais Transitórias aos vencimentos, remunerações e subsídios dos ocupantes de cargos, funções e empregos públicos da administração direta, autárquica e fundacional, dos membros de qualquer dos Poderes da União, dos Estados, do Distrito Federal e dos Municípios, dos detentores de mandato eletivo e dos demais agentes políticos e os proventos, pensões ou outra espécie remuneratória percebidos cumulativamente ou não, incluídas as vantagens pessoais ou de qualquer outra natureza.*

O referido art. 17 do ADCT determina que *"os vencimentos, a remuneração, as vantagens e os adicionais, bem como os proventos de aposentadoria que estejam sendo percebidos em desacordo com a Constituição serão imediatamente reduzidos aos limites dela decorrentes, não se admitindo, neste caso, invocação de direito adquirido ou percepção de excesso a qualquer título".*

Merece análise, neste estudo, a efetiva aplicação do art. 17 do ADCT no mundo jurídico atual, o qual determina a *imediata adequação dos proventos ou remunerações que não se coadunem com a Constituição,* devendo sofrer a imediata redução, até que a ela se alinhe, não sendo possível a invocação de direito adquirido. A nossa primeira manifestação neste sentido é a de que a determinação da mencionada regra do ADCT se aplicava às questões existentes em 05/10/1988, quando da promulgação da Carta Federal. Com isso, sobre o teto remuneratório do funcionalismo público que passou a vigorar com a sua edição, e somente sobre ele, é que incidiam as regras de ajustamento, ou seja, a equivalente redução, ali preconizada.

Considerado um dos pontos mais polêmicos da Emenda nº 41/2003, o art. 9º traz à baila grandes discussões acerca de sua constitucionalidade, tendo, inclusive, já ensejado a iniciativa de contendas judiciais, e muitas ainda estarão por vir, na tentativa de resguardar os direitos adquiridos dos servidores. A opinião sobre a sua constitucionalidade ou não tem dividido correntes com nomes de peso na doutrina jurídica brasileira.

O mencionado artigo estabelece que, até que a lei venha a estipular o valor dos subsídios previstos no art. 37, inciso XI, da Constituição Federal, *todos os servidores públicos, agentes políticos ou empregados públicos* que estiverem auferindo remuneração ou proventos superiores ao teto e aos subtetos de que trata esta Emenda, *terão os seus valores automaticamente reduzidos ao limite de que dispõe o art. 8º da EC nº 41/2003.* Antes mesmo de adentrarmos nesta questão, firmando posição sobre esta possibilidade, já nos adiantamos no sentido de que este novo mandamento é sem dúvida inconstitucional.

O Legislador Constituinte derivado, ao valer-se de norma eminentemente originária da Constituição Federal, oriunda do Poder Constituinte Originário, pretendeu trazer para si a autoridade legítima que demanda desta norma, tão somente a ele pertencente e irremediavelmente aplicável em Emendas Constitucionais. Esta tentativa frustrada, no sentido da legalidade, por si só já deflagra a inconstitucionalidade do art. 9º da EC nº 41/2003.

Esta referência extemporânea do art. 17 do ADCT na Emenda Constitucional em pauta traduz-se na tentativa do legislador constituinte derivado de tentar impedir o questionamento sobre a possibilidade de norma constitucional, trazida através de Emenda, ferir *direitos adquiridos*. Contudo, é do nosso entendimento que restou frustrada, conforme dito anteriormente, no que tange à sua legalidade, quando da aplicação diante de valores remuneratórios gerados antes da Reforma, por contrariar a garantia individual. O art. 60, § 4º, inciso IV, da Lei Maior, não admite que seja objeto de deliberação proposta de emenda tendente a abolir os direitos e garantias individuais.

Observados os *direitos adquiridos* daqueles que já auferiam vencimentos não compatíveis com a nova regra constitucional, temos que o Poder Público poderá, apenas, manter *irreajustável* a remuneração dos servidores, até que as elevações remuneratórias subsequentes possam absorver o montante. Para tanto, a separação da remuneração em duas parcelas, uma concernente à percepção do teto, e a outra, ao excesso remuneratório, facilitaria esta adequação, posto que, à medida que for sendo reajustada a parcela relativa ao teto, está sendo reduzida, automaticamente, a parcela referente ao seu excesso, de forma que, com o tempo, a parcela excessiva será totalmente absorvida, ajustando-se aos limites do teto, e passando o servidor a receber os reajustes legais cabíveis à espécie.

Contudo, na prática, "até que se prove o contrário", ou seja, até que seja emitida decisão sobre as várias ações judiciais em trâmite, esta regra está sendo amplamente aplicada entre os servidores públicos. Corroborando esta assertiva, registre-se a edição de Orientação Normativa nº 1, de 07/01/2004, oriunda da Secretaria de Previdência Social, que orienta os Regimes Próprios de Previdência Social dos Servidores Públicos, no que tange à aplicação de EC nº 41/2003, determinando, em seu art. 2º, § 2º, que "*as remunerações, os subsídios e os benefícios de que trata o* ***caput*** *que estejam sendo percebidos em desacordo do disposto neste artigo serão imediatamente reduzidos aos limites dele decorrentes,* ***de forma proporcional****, mediante desconto do valor excedente*".

Com isso, a nova norma do teto remuneratório vem atingir os muitos servidores, membros do Poder, ativos ou inativos, cujos subsídios, remunerações, proventos e pensões estão acima dos limites impostos pela nova redação dada ao inciso XI do art. 37 da Constituição Federal. Estes, todavia, se valem do argumento de que tiveram os seus atos jurídicos geradores anteriores à data da entrada em vigor da Emenda nº 41/2003, fazendo jus ao *direito adquirido* na percepção destes valores.

Norma constitucional proveniente do Poder Constituinte Originário dispõe, em seu art. 5º, inciso XXXVI, que *"a lei não prejudicará o direito adquirido, o ato jurídico perfeito e a coisa julgada"*. Ademais, as normas contidas no art. 5º estão elevadas ao *status* de direitos e garantias individuais, os quais não poderão ser objeto de deliberação através de Emenda Constitucional, conforme apregoa o art. 60, § 4º, inciso IV.

Importa mencionar que o legislador constituinte não excluiu a Administração Pública do polo ativo daqueles que podem invocar o direito adquirido, o ato jurídico perfeito e a coisa julgada, pois as pessoas que a integram possuem natureza jurídica e plena capacidade processual. Quando desprovidas desta capacidade, valem-se da capacidade do ente que a instituiu. Corroborando esta assertiva, descrevemos a seguir decisão da Suprema Corte, que bem interpreta estas palavras, a respeito da acumulação das "vantagens funcionais em cascata" ao teto de servidor público:

> Estado de São Paulo. Servidores Públicos. Incidência recíproca de adicionais e sexta parte. Art. 37, XIV, da CF, c/c o art. 17 do ADCT/88. Direito judicialmente reconhecido antes do advento da nova Carta. Supressão da vantagem por ato administrativo. Alegada ofensa aos princípios da coisa julgada e do devido processo legal. O constituinte, ao estabelecer a inviolabilidade do direito adquirido, do ato jurídico perfeito e da coisa julgada, diante da lei (art. XXXVI), obviamente se excluiu dessa limitação, razão pela qual nada o impedia de recusar a garantia à situação jurídica em foco. Assim é que, além de vedar, no art. 37, XIV, a concessão de vantagens funcionais "em cascata", determinou a imediata supressão de excessos da espécie, sem consideração a "direito adquirido", expressão que há de ser entendida como compreendendo, não apenas o direito adquirido propriamente dito, mas também o decorrente do ato jurídico perfeito e da coisa julgada. Mandamento autoexequível, para a Administração, dispensando, na hipótese de coisa julgada, o exercício de ação rescisória que, de resto, importaria esfumarem-se, *ex tunc*, os efeitos da sentença, de legitimidade inconteste até o advento da nova Carta. Recurso não conhecido. (Dec. un. da 1ª T. do STF – Rel.: Min. Ilmar Galvão – Recte.: Antônio Grando e outros; Recdo.: Estado de São Paulo. – RE nº 140894-4)

Há, contudo, uma corrente doutrinária, sendo a maioria entre os constitucionalistas, que advoga no sentido de que os direitos e garantias fundamentais não mais são protegidos de forma absoluta, mas se submetem à análise da ponderação de interesses, quando em conflito com outros valores também protegidos pela Constituição Federal. Há que se pesar os valores que sejam mais relevantes à condição humana e aos parâmetros morais e sociais.

Em face desta controvérsia, tem a doutrina se debruçado sobre o estudo e a emissão de pareceres, após a edição da Emenda nº 41/2003, quanto à eficácia de Norma Constitucional Derivada que desconsidera *direito adquirido* constante do Texto Originário, notadamente com a supremacia de cláusula pétrea, invertendo a ordem de prevalência de uma sobre a outra.

O Supremo Tribunal Federal, Corte Maior deste país, já se pronunciou sobre esta contenda em outra ocasião, assim decidindo:

> Direito Constitucional e Tributário.
>
> Ação Direta de Inconstitucionalidade de Emenda Constitucional e de Lei Complementar. IPMF – Imposto Provisório sobre a Movimentação ou Transmissão de Valores e Créditos e Direitos de Natureza Financeira.
>
> Uma Emenda Constitucional, emanada, portanto, de Constituinte Derivada, incidindo em violação à Constituição originária, pode ser declarada inconstitucional, pelo Supremo Tribunal Federal, cuja função precípua é de guarda da Constituição (art. 102, I, *a*, da CF).

Uma corrente de renomados juristas como Celso Ribeiro Bastos, José Pinto Ferreira, e Francisco Cavalcanti Pontes de Miranda defendem a tese da impossibilidade de invocar *direito adquirido* perante emenda e revisão constitucional, alegando que a garantia da Constituição se direciona unicamente à legislação ordinária. Contudo, esta não é a posição que vem prevalecendo na doutrina majoritária.

Outros grandes autores nacionais, tais como Celso Antônio Bandeira de Mello, Luís Roberto Barroso, dentre outros, sustentam que a garantia constitucional, oriunda de Poder Originário, impede que legislador constituinte derivado edite norma desconsiderando *direito adquirido.*

Em que pese esta fundamentação, o caso em tela seria o conflito entre o direito adquirido de uns, que conservariam seus elevados rendimentos, distinguindo-se de uma parcela maciça da população que teria os seus rendimentos adequados aos tetos e subtetos constitucionais; e, por outro lado, a moralidade administrativa, igualmente evocada no Texto Constitucional, cuja prevalência guardaria consenso com a integridade da Administração e, não menos, com a diminuição das desigualdades sociais.

A bem da verdade, não se nos parece possível moralizar a Administração Pública atacando o direito adquirido daqueles que, a duras penas, alcançaram um patamar social mais elevando dentro da sociedade. Muitos dos servidores públicos que possuem seus rendimentos acima da média dos padrões normais são justamente aqueles que se submeteram a provas de concursos públicos, e para tanto, roubaram horas a fio da convivência da família e do lazer, se dedicando aos intensos estudos que muitos concursos requerem, em busca de uma vida melhor.

Desprovidos da intenção de discriminar quaisquer classes sociais, relevamos que, embora a Lei Maior pregue a aplicação da igualdade jurídica, é da sapiência de todos que, nas questões práticas, esta não pode ser concebida de forma irrestrita conforme delineada na Carta Magna. A verdadeira igualdade, já dizia Rui Barbosa, não consiste apenas em tratar igualmente a todos, mas sim em conferir tratamento desigual, na estrita medida em que se desigualam. Constitui-se, contudo, em tarefa árdua para o legislador, bem como para os juristas, estabelecer o critério adequado a ser aplicado nas remunerações de todos os servidores públicos, dos diferentes entes federados, os quais serão aplicados num país de grande dimensão territorial e de gritantes diferenças regionais.

É certo que o Poder Constituinte não se rende a questões que o contrariam, sob o argumento de que integram o campo do *direito adquirido.* Se assim o fosse, o Poder Constituinte estaria limitado a áreas e a pessoas, não abarcando a todos, contraditoriamente, posto que a Constituição Federal é a Lei Maior de um país e a todos alcança, indiscriminadamente, salvo as expressas exceções nela mesma contidas.

Sob outra ótica, deve-se ponderar que a norma em questão, a que se refere ao art. 9º em tela, é fruto de uma Emenda Constitucional, devendo ser tratada como tal, posto que se originou de Poder Constituinte Derivado, devendo se render, pois, aos mandamentos das Normas Constituintes Originárias, sobretudo das cláusulas pétreas, protegidas pelo *direito adquirido.*

A própria Constituição, através do brilhante raciocínio do legislador constituinte originário, tratou de traçar as exceções a ela aplicáveis. O art. 60, § 4º, inciso IV, vedou ao Poder Derivado a adoção de emenda constitucional tendente a abolir os direitos e garantias individuais, por se constituírem tais direitos em cláusulas pétreas.

Quando da entrada em vigor da Constituição da República, o Poder Constituinte assim estabeleceu, em seu art. 37, XI:

> *A lei fixará o limite máximo e a relação de valores entre a maior e a menor remuneração dos servidores públicos, observados, como limites máximos e no âmbito dos respectivos poderes, os valores percebidos como remuneração, em espécie, a qualquer título, por membros do Congresso Nacional, Ministros de Estado e Ministros do Supremo Tribunal Federal e seus correspondentes*

> *nos Estados, no Distrito Federal e nos territórios, e, nos Municípios, os valores percebidos como remuneração, em espécie, pelo Prefeito.*

O entendimento da Suprema Corte sobre este dispositivo se posicionou, à época, no sentido de que as vantagens pessoais, como exemplo, adicional por tempo de serviço, incorporações de parcelas pelo exercício de cargo em comissão ou função de confiança, entre outras, não seriam incluídas no teto remuneratório dos servidores. Com esta jurisprudência, o STF abriu a brecha para o funcionalismo público, no sentido de ter resguardado os direitos destes adicionais, ficando intocáveis enquanto direitos adquiridos, por se acharam previstos em Norma Constitucional Originária.

Seguem decisões proferidas a respeito:

> A Corte firmou entendimento na ADIN 1674-5-DF, no sentido de que o teto e vencimentos, em cada Poder, deve-se referir aos percebidos pelos Deputados Estaduais, Secretário de Estado e Desembargadores do Tribunal de Justiça, excluindo-se desse teto as vantagens de carreira pessoal percebidas pelos servidores, a teor dos arts. 37, XI, § 1º, da CF de 1988[358].
>
> As vantagens de natureza individual, como os adicionais por tempo de serviço, entre outros, estão excluídas do teto remuneratório do funcionalismo público. (CF, arts. 37, XI e 39, § 1º, *in fine*)[359].

Ademais, estas vantagens pessoais que incorporam a remuneração dos servidores públicos *se perpetuaram para aqueles que a adquiriram na vigência da redação original do art. 37, inciso XI, da CF/1988*, tendo estes ficado a salvos das Emendas que posteriormente integraram o seu texto, sobretudo das que trouxeram novas regras para a remuneração do servidor público. Nestes casos, especificamente, não resta qualquer controvérsia acerca do direito adquirido dos servidores que foram agraciados com os benefícios do Texto Original da Constituição. Com isso, nem a EC nº 19/1998, nem a nº 41/2003, alcançaram aqueles servidores.

Entretanto, já resta provado a inconstitucionalidade da referida Emenda, mesmo que em parte, por não se aplicar aos servidores que auferiam os benefícios em questão quando da publicação do texto original da Constituição Federal. A estes está inquestionavelmente garantida a tese do direito adquirido, posto que seus direitos são frutos de norma constitucional originária, sendo, portanto, inatingíveis[360].

A persistência da interpretação de alguns juristas em trazer à baila dispositivo constitucional constante do Ato das Disposições Constitucionais Transitórias nos parece, antes

358. ADIn nº 1833, *DJ*, Seção 1, de 22/10/2003.

359. ADIn nº 1550-AL, *DJ*, Seção 1, de 04/04/2004.

360. A esse propósito, é pertinente a decisão abaixo transcrita: "Servidor. Direitos adquiridos. Teto Remuneratório. Vantagens Pessoais. Direitos inatingíveis por Emenda Constitucional. Direito adquirido é o direito subjetivo que, embora não tendo sido exercido, já integrou o patrimônio do titular por conter todos os seus elementos configuradores. Com o advento da lei nova, o direito subjetivo transforma-se em direito adquirido, exercitável à vontade do seu titular. Somente o constituinte originário pode determinar seja atingido o direito adquirido. O constituinte derivado, ainda que por meio de emenda constitucional, não tem tal poder, pois à lei nova não cabe desfazer a situação jurídica consumada. Tendo o servidor adquirido, ao longo do tempo, vantagens pessoais, inclusive apostilamento em cargo de confiança, e restando caracterizada a aquisição permanente desses direitos, eles são intocáveis por alterações legislativas ulteriores, inclusive por emenda constitucional".

de qualquer coisa, uma anomalia jurídica. Esses artigos que integram a Constituição Federal foram criados pelo legislador originário com o escopo de selar questões que se encontravam, à época, em desacordo com a Lei. Daí serem denominadas "transitórias". Não foram criadas para perpetuar, mas tão somente para terem a vigência temporária. Tanto que o seu art. 17 foi aplicado às normas vigentes em 05/10/1988, as quais não se coadunavam com o texto da Carta, restando aquelas regras, doravante, inaptas para outros fins.

Não bastasse isso, dispositivos constitucionais acerca de *irredutibilidade de vencimentos, teto remuneratório do servidor público, bem como as "vantagens em cascata"*, termo este utilizado para denominar a vedação a que se refere o inciso XIV do art. 37, já sofreram substanciais modificações através das Emendas n°s 19/1998, 20/1998 e por fim da novíssima EC nº 41/2003. Ademais, ainda está por vir nova alteração do inciso XI do art. 37 da Lei Maior, com a denominada PEC paralela.

Conclui-se que as normas constantes do ADCT já se encontram há muito superadas, não tendo sido a EC nº 41/2003, em especial, que contrariou a sua subsistência. Disposições transitórias não perduram por tempo indeterminado, mas a sua validade se atrela à consecução dos fins para os quais foram criadas. Esta questão nos parece tão óbvia que até dispensa demais argumentos.

Ainda assim, não nos furtando de homenagear as decisões que enriquecem o ensinamento jurídico, ainda que não nos pareça necessário mais argumentos, transcreveremos jurisprudência da Suprema Corte:

> Mandado de Segurança. Ato do Tribunal de Contas. Teto Constitucional. Adicional por Tempo de Serviço. Vantagem pessoal não computável. Inaplicabilidade do art. 17 do ADCT-CF/88.
>
> 1 – É uniforme a jurisprudência desse Tribunal no sentido de que o adicional por tempo de serviço, sendo vantagem de caráter pessoal, não se inclui no cômputo do teto constitucional.
>
> 2 – A regra do art. 17 das Disposições Transitórias da Carta Federal não se aplica ao excesso resultante de vantagens pessoais, visto que não são elas percebidas "em desacordo com a Constituição" (*grifos nossos*).

5.13. Irredutibilidade de vencimentos e de subsídios

A questão concernente à irredutibilidade de remuneração e de subsídios, a que alude o art. 9º da EC nº 41/2003, embora já mencionada, é assunto que merece ser fartamente debatido, por versar sobre *direito adquirido* de servidor que tenha ingressado regularmente dos quadros da Administração Pública.

Neste contexto, contudo, é justamente sobre o *direito adquirido* que recai a maior controvérsia. É pacífico na legislação, na doutrina e na jurisprudência o reconhecimento de que "*a lei não prejudicará o direito adquirido, o ato jurídico perfeito e a coisa julgada*", inserindo-se esta norma no inciso XXXVI do art. 5º da Carta Federal, artigo este que elenca os direitos individuais, e por conseguinte, guardam a supremacia das cláusulas pétreas.

Deve-se atentar, todavia, para as regras sobre as quais a este é lícito abarcar. Em outras palavras: Em que situações fáticas, de acordo com o texto da Lei, pode-se recorrer à garantia do direito adquirido? Tendo em vista que os fatos sociais não são estáticos, e que as leis devem, genérica e especificamente, garantir-lhes as condições legais de existência, vedando os eventuais abusos e ilegalidades que se lhes sobreponham, temos que uma acurada interpretação do Texto Constitucional é indispensável para a garantia plena do direito na vida em sociedade.

E tão somente por isso é que as leis são criadas e recriadas, para se alinharem aos fatos sociais. A esse respeito, podemos consignar que ao próprio Texto Constitucional, especificamente o de 1988, se somaram várias emendas.

A remuneração salarial dos servidores, por exemplo, já sofreu substanciais modificações desde a promulgação da Carta de 1988, tendo, contudo, preservado o seu caráter de irredutibilidade. Senão vejamos:

A redação original da Constituição Federal dispunha, em seu art. 37, inciso XV:

> *Art. 37. (...)*
>
> *XV – os vencimentos dos servidores públicos, civis e militares, são irredutíveis e a remuneração observará o que dispõem os arts. 37, XI, XII, 150, II, 153, III, e 153, § 2º.*

Referido artigo fazia menção aos *vencimentos* dos servidores, sendo certo que estes equivaliam à soma do vencimento básico, mais as vantagens permanentes relativas ao cargo, emprego, posto ou graduação. Entretanto, conforme se depreende do inciso XI, do mesmo artigo supracitado, apenas as suas *remunerações* estavam atreladas ao teto máximo, não abarcando este teto nenhum adicional que lhe compusesse.

Com isso, ficavam excluídas do teto constitucional as vantagens pessoais que integram o vencimento, donde se conclui que estas podem, perfeitamente, ser reajustadas sem observar nenhum limite, por não guardarem nenhuma relação com a irredutibilidade a que se refere a norma constitucional.

A Emenda Constitucional nº 18/1998, com dispositivo do inciso XV do mesmo artigo, conservou o caráter de *irredutibilidade* dos vencimentos dos servidores públicos, assegurando que a remuneração observaria o que dispõem os arts. 37, XI e XII, 150, II, 153, III e § 2º, "I".

Este dispositivo, contudo, foi posteriormente alterado pela Emenda Constitucional nº 19/1998, que trouxe originariamente para o Texto Constitucional o *subsídio* como forma de remuneração prevista no § 4º do art. 39.

A partir desta Emenda, assim ficou estabelecido acerca da remuneração do servidor público, no inciso XI do art. 37:

> *a remuneração e o subsídio dos ocupantes de cargos, funções e empregos públicos da administração direta, autárquica e fundacional, dos membros de qualquer dos Poderes da União, dos Estados, do Distrito Federal e dos Municípios, dos detentores de mandato eletivo e dos demais agentes políticos e os proventos, pensões ou outra espécie remuneratória, percebidos cumulativamente ou não, incluídas as vantagens pessoais ou de qualquer outra natureza, não poderão exceder o subsídio mensal, em espécie, dos Ministros do Supremo Tribunal Federal (...).*

Esta nova redação do inciso XI do art. 37 trouxe uma substancial alteração aos vencimentos do servidor público, já que a partir dela os vencimentos também passaram a integrar o teto remuneratório, diferentemente do conteúdo do dispositivo do texto anterior.

Ocorre, contudo, que não foi fixado, até a presente data, o subsídio dos Ministros do Supremo Tribunal Federal. Em consequência, dispositivos constitucionais estipulados na

EC nº 19/1998, tal como aquele que fixou o teto remuneratório, restaram sem aplicação legal. Da mesma forma, a vedação da acumulação dos acréscimos pecuniários, conforme prescreve a redação do inciso XIV do mencionado artigo, não se aplicará aos servidores que já incorporaram gratificações pessoais em suas remunerações, até 31/12/2003, que se valem do direito adquirido da irredutibilidade de seus vencimentos, em consonância com a redação original deste dispositivo.

Com efeito, em face da nova redação dada pela Emenda Constitucional nº 41/2003 ao art. 37, inciso XI, e demais dispositivos constitucionais pertinentes, ficam os servidores públicos submetidos às regras por ela traçadas. Resumidamente, elencam-se a seguir as principais alterações trazidas pela Emenda em tela.

Conforme se depreende do art. 37, inciso XI, ficou estabelecido que a remuneração e o subsídio dos ocupantes de cargos, funções e empregos públicos, incluindo-se aqui os ocupantes de cargos efetivos e os exercentes de função de confiança e de cargo em comissão, pertencentes à administração direta, autárquica e fundacional, dos membros de qualquer dos Poderes da União, dos Estados, do Distrito Federal e dos Municípios, dos detentores de mandato eletivo e dos demais agentes políticos, e os proventos e as pensões, percebidas cumulativamente ou não, incluídas as vantagens pessoais ou de qualquer natureza, possuem como limite máximo a remuneração percebida pelos Ministros do STF, tendo sido esta fixada, mediante Resolução nº 257/2003, publicada no Diário de Justiça, Seção I, de 14/07/2003, em R$ 17.343,71. Deve-se registrar que esta regra vigorou a partir de 31/12/2003. Este será considerado, da mesma forma, o teto nacional, passando o limite remuneratório dos servidores públicos federais, a partir desta data, a equiparar-se aos valores percebidos pelos Ministros do Supremo.

Nos Estados e no Distrito Federal o *limite remuneratório* foi dividido entre os âmbitos dos Poderes, sendo o subsídio do Governador o limite do Poder Executivo, o subsídio do Deputado Estadual aplicável ao Poder Legislativo, e o subsídio do Desembargador fixado para o Poder Judiciário, para os membros do Ministério Público, para os Procuradores e Defensores Públicos, limitado este valor a 90,25% do subsídio mensal do Ministro do Supremo Tribunal Federal. Já nos Municípios, o limite remuneratório dos servidores será o subsídio do Prefeito recebido em 31/12/2003.

O art. 8º da EC nº 41/2003 esclarece que as regras existentes no inciso XI, art. 37, são autoaplicáveis, vigorando a partir da data da publicação desta Emenda, qual seja, 31/12/2003, valendo até que seja fixado o subsídio dos Ministros do STF, cuja iniciativa pertence aos Presidentes da República, da Câmara, do Senado e do Supremo Tribunal Federal.

Incluem-se ao teto remuneratório, assim como no subsídio, as vantagens pessoais ou de qualquer outra natureza, percebidas pelos servidores. Sujeitam-se também ao referido limite remuneratório as empresas públicas e as sociedades de economia mista e suas subsidiárias, que receberem recursos que se destinem ao pagamento das despesas de pessoal ou de custeio em geral, provenientes da União, dos Estados, do Distrito Federal e dos Municípios,

No tocante à explanação anterior, registramos a manifestação dos Tribunais de nosso país, em decisões que se seguem[361]:

361. No mesmo sentido: ROMS nº 12116/SC, *DJ*, Seção I, de 18/03/2004; REsp nº 253577/RJ, *DJ*, Seção I; MS nº 3729/DF, *DJ*, Seção I, de 16/11/2003.

Supremo Tribunal Federal: Ação Originária nº 543-3/PA, *DJ*, Seção I, de 15/03/2002:
O Tribunal, por maioria, concedeu parcialmente a segurança para afastar do teto as vantagens pessoais a saber: adicional por tempo de serviço, adicional por tempo de guerra e salário-família.
Superior Tribunal de Justiça:
Agravo de Instrumento nº 434.753/PA, *DJ*, Seção I, de 11/04/2002:
A jurisprudência desta Corte, seguindo a orientação traçada pelo STF, pacificou o entendimento de que as vantagens ditas pessoais, incorporadas definitivamente nos vencimentos e proventos dos servidores, não devem ser incluídas no teto-limite de remuneração previsto na CF, art. 37, inciso XI (...).

5.14. Acumulação de remuneração e subsídio

Em ocorrendo acumulação de cargo público, conforme expressa previsão do art. 37, inciso XVI, e somente nestas hipóteses, resultando na soma da remuneração ou do subsídio destes servidores, aplicar-se-á como limite remuneratório o teto nacional, ou seja, o subsídio dos ministros do STF.

O limite remuneratório acima mencionado aplicar-se-á, da mesma forma, àqueles servidores ativos, inativos e membros do Poder que se encontravam em regime de acumulação proibida, e que foram anistiados pela regra contida no art. 11, da Emenda Constitucional nº 20/1998.

O teto de que dispõe a EC nº 41/2003 se estende aos proventos de aposentadorias e às pensões devidas aos servidores inativos e a seus dependentes, conforme previsão do art. 7º desta Emenda. Com isso, a nova regra se aplica tanto aos atuais aposentados, que já gozavam do benefício, quanto aos servidores que já atingiram o direito à aposentadoria, pelas regras anteriores a esta Emenda, mas que ainda não exerceram tal direito.

A soma total dos proventos de inatividade, seja ela decorrente de acumulação de cargos ou empregos públicos, ou da acumulação de outras atividades sujeitas à contribuição do regime geral de previdência social, e ao montante da soma dos proventos de inatividade com remuneração de cargo acumulável, cargo em comissão e cargo efetivo, consoante a Constituição Federal, sujeita-se ao teto estabelecido pelo art. 37, XI.

Os Deputados Estaduais possuem um limite de subsídio previamente estabelecido, de acordo com a redação do art. 27, § 2º, da CRFB, que equivale a 75% (setenta e cinco por cento) dos subsídios dos Deputados Federais. Este valor, contudo, não será computado para fins de aposentadoria, cujo teto a ser aplicado é o equivalente a remuneração percebida por Ministro do Supremo Tribunal Federal, em conformidade com o art. 40, § 11, da mesma Lei Maior. Conclui-se que, na incidência de dois subsídios, prevalecerá o de âmbito nacional.

De modo semelhante, os vereadores possuem seus limites remuneratórios previamente estipulados, qual seja, 75% (setenta e cinco por cento) dos subsídios dos Deputados Estaduais, devendo-se observar, também, quando da fixação deste subsídio, o escalonamento entre os limites de 20% (vinte por cento) a 75% (setenta e cinco por cento) do subsídio fixado para os Deputados Estaduais, devendo guardar relação, também, o número de habitantes de cada Município, de acordo com a previsão constitucional do art. 29, inciso VI.

Quando o servidor público da administração direta, autárquica e fundacional, investido no *mandato de vereador*, e de acordo com a regra do art. 38, inciso III, fizer jus às remunerações do cargo eletivo e público, ou já receba os proventos de inatividade dos respectivos cargos (art. 40, § 11), submeter-se-á ao teto equivalente ao subsídio dos Ministros do Supremo, teto máximo nacional.

O art. 96, inciso II, *b*, da Constituição Federal reza que os ministros dos Tribunais Superiores e os demais magistrados também possuem um limite previamente estabelecido pela Constituição, para a fixação de seus subsídios. Portanto, quando estes agentes políticos exercerem outro cargo ou função, na forma prevista no art. 95, parágrafo único, inciso I, aplicar-se-á, como teto máximo, o subsídio dos ministros do Supremo Tribunal Federal.

Excluem-se da subordinação do teto remuneratório os valores equivalentes ao abono de permanência, as indenizações, tais como diárias, ajuda de custo, indenização de transporte; o adicional de férias, a gratificação pelo exercício da Presidência do Supremo Tribunal Federal e do Tribunal Superior Eleitoral, além da parcela indenizatória pela participação sem sessão legislativa extraordinária, a que fazem jus os congressistas.

6. SUBSÍDIO DOS MINISTROS DO SUPREMO TRIBUNAL FEDERAL

A instituição do *subsídio* foi introduzida ao Texto Constitucional pela Emenda nº 19/1998, como forma de remunerar algumas categorias de agentes públicos. O seu conceito se encontra no art. 39, § 4º, a seguir descrito:

> *O membro de Poder, o detentor de mandato eletivo, os Ministros de Estado e os Secretários Estaduais e Municipais serão remunerados exclusivamente por subsídio fixado em parcela única, vedado o acréscimo de qualquer gratificação, adicional, abono, prêmio, verba de representação ou outra espécie remuneratória, obedecido, em qualquer caso, o disposto no art. 37, X e XI. (grifo nosso)*

Os incisos X e XI do art. 37, com o novo texto da Emenda Constitucional nº 41/2003, assim dispõe:

> *Art. 37. (...)*
>
> *X – a remuneração dos servidores públicos e o* ***subsídio*** *de que trata o § 4º do art. 39 somente poderão ser fixados ou alterados por* ***lei específica****, observada a iniciativa privativa em cada caso, assegurada revisão geral anual, sempre na mesma data e sem distinção de índices.* (grifos nossos)
>
> *XI – a remuneração e o* ***subsídio*** *dos ocupantes de cargos, funções e empregos públicos da administração direta, autárquica e fundacional, dos membros de qualquer dos Poderes da União, dos Estados, do Distrito Federal e dos Municípios, dos detentores de mandato eletivo e dos demais agentes políticos e os proventos, pensões ou outra espécie remuneratória percebidos cumulativamente ou não, incluídas as vantagens pessoais ou de qualquer outra natureza, não poderão exceder o subsídio mensal, em espécie, dos Ministros do Supremo Tribunal Federal, aplicando-se como limite, nos Municípios, o subsídio do Prefeito, e nos Estados e no Distrito Federal, o subsídio mensal do Governador no âmbito do Poder Executivo, o subsídio dos Deputados Estaduais e Distritais no âmbito do Poder Legislativo e o subsídio dos Desembargadores do Tribunal de Justiça, limitado a noventa inteiros e vinte e cinco centésimos por cento do subsídio mensal, em espécie, dos Ministros do Supremo Tribunal Federal, no âmbito do Poder Judiciário, aplicável este limite aos membros do Ministério Público, aos Procuradores e aos Defensores Públicos.* (grifo nosso)

Registre-se que o *subsídio* se constitui em uma única parcela remuneratória, sendo-lhe vedado o acréscimo de quaisquer outras parcelas.

Elencam-se a seguir os agentes públicos que serão, *obrigatoriamente*, remunerados por subsídios:

– detentores de mandatos eletivos: o presidente, o vice-presidente da República, os governadores e vice-governadores dos Estados e do Distrito Federal, os prefeitos e vice-prefeitos, os senadores, os deputados federais e estaduais, os vereadores os ministros de Estado e os secretários estaduais e municipais;
– os ministros do Supremo Tribunal Federal, do Superior Tribunal de Justiça, do Tribunal Superior do Trabalho, do Tribunal Superior Eleitoral, do Superior Tribunal Militar, dos Tribunais Regionais do Trabalho, os magistrados dos Tribunais Regionais Federais, dos Tribunais Militares e dos Tribunais Estaduais;
– os membros do Ministério Público Federal e Estadual;
– os membros da Advocacia-Geral da União, os procuradores dos Estados e do Distrito Federal, e os defensores públicos;
– os ministros do Tribunal de Contas da União, os conselheiros dos Tribunais de Contas dos Estados e dos Tribunais e Conselhos de Contas dos Municípios;
– servidores policiais, civis e militares.

Além destes, *facultativamente*, poderão ser remunerados através de *subsídios* os servidores públicos organizados em carreira, conforme preceitua o art. 39, § 8º, da Constituição Federal, que reza: "*a remuneração dos servidores públicos organizados em carreira **poderá** ser fixada nos termos do § 4º*". (grifo nosso)

O art. 48 da Constituição Federal, em seu inciso XV, ainda com a redação dada pela EC nº 19/1998, assim estabelecia: "*XV – fixação do subsídio dos Ministros do Supremo Tribunal Federal, por lei de iniciativa conjunta dos Presidentes da República, da Câmara dos Deputados, do Senado Federal e do Supremo Tribunal Federal...*".

À mesma época, o teto remuneratório vigente aplicável aos servidores dos Poderes da União, dos Estados, do Distrito Federal e dos municípios não poderia exceder o subsídio mensal, em espécie, dos Ministros do Supremo Tribunal Federal.

Ocorre, contudo, que a fixação do *subsídio* dos Ministros do Supremo Tribunal Federal, da forma prescrita, não foi idealizada pelas respectivas pessoas competentes, tampouco formalizada, em face da ausência de projeto de lei que reverenciasse a matéria. Diante disso, restaram inaplicáveis várias mudanças introduzidas na Constituição da República pela EC nº 19/1998, a qual deu início à Reforma da Previdência.

A promulgação da Emenda Constitucional nº 41/2003 sanou este dispositivo pendente, ao trazer nova redação ao inciso XV do art. 48, conforme segue:

Art. 48. Cabe ao Congresso Nacional, com sanção do Presidente da República ...
XV – fixação do subsídio dos Ministros do Supremo Tribunal Federal ...

Mais adiante, preceitua sobre a fixação do subsídio dos juízes dos Tribunais:

Art. 96. (...)
II – (...)
b) a criação e a extinção de cargos e a remuneração dos seus serviços auxiliares e dos juízos que lhes forem vinculados, bem como a fixação do subsídio de seus membros e dos juízes, inclusive dos tribunais inferiores, onde houver.

Em consonância com as aludidas normas constitucionais, elencam-se a seguir as principais mudanças referentes aos subsídios dos agentes públicos determinados após a vigência da EC nº 41/2003:

6.1. Fixação dos *subsídios* dos magistrados federais e dos membros do Ministério Público

Poderá ser feita por decreto-legislativo de iniciativa do Supremo Tribunal Federal e do Procurador-Geral da República, respectivamente, dispensando-se a sansão presidencial e observado o limite máximo dos Ministros do Supremo Tribunal Federal.

Criação e extinção de cargos, remuneração de seus serviços auxiliares e dos magistrados, fixação do subsídio dos membros e juízes, inclusive dos eventuais tribunais inferiores, terão meros procedimentos operacionais, dispensando sanção presidencial.

6.2. Atuais pensionistas da magistratura federal e membros do Ministério Público, dos diferentes entes da Federação

Obrigatoriedade de contribuição em relação às respectivas pensões, com alíquota idêntica à aplicável aos ativos e incidente sobre a parcela dos proventos que superar o limite de 50% dos benefícios do Regime Geral de Previdência Social, hoje estipulado em R$ 2.400,00 (dois mil e quatrocentos reais).

Exemplo de um beneficiário que receba proventos de R$ 5.200,00

* 50% dos benefícios do RGPS = 50% de R$ 2.400,00 = R$ 1.200,00.
* R$ 5.200,00 (proventos) menos R$ 1.200,00 (50% dos benefícios do RGPS) = R$ 4.000,00.
* Sobre R$ 4.000,00 incidirá alíquota idêntica à dos ativos.

6.3. Servidores inativos e pensionistas da União

Obrigatoriedade de contribuição em relação aos proventos e às pensões, com percentual de contribuição aplicado sobre o excedente de 60% em relação ao limite estabelecido para os benefícios do RGPS (R$ 2.400,00).

Exemplo de um beneficiário ou pensionista da União que receba R$ 3.300,00

* 60% dos benefícios do RGPS = 60% de R$ 2.400,00 = 1.440,00.
* R$ 3.300,00 (proventos) menos R$ 1.440,00 (60% dos proventos do RGPS) = R$ 1.860,00.
* Sobre R$ 1.860,00 incidirá alíquota idêntica à dos ativos.

Se coadunado com o art. 195, § 6º, da Constituição Federal, registre-se que aos novos contribuintes só poderão ser exigidas as novas contribuições após decorridos 90 (noventa) dias da data da publicação da EC nº 41/2003.

Os servidores inativos e pensionistas *supra* mencionados sujeitar-se-ão ao teto e aos subtetos remuneratórios, inclusive no caso de retribuições recebidas cumulativamente.

6.4. Magistrados e membros do Ministério Público aposentados e ativos que já reuniram os direitos de requerer o benefício

Obrigatoriedade de contribuição em relação às respectivas aposentadorias, com alíquota idêntica à aplicável aos ativos em relação à parcela de seus proventos, e incidente sobre a parcela que superar o limite de 50% dos benefícios do RGPS.

Exemplo de um aposentado que receba proventos de R$ 4.800,00

* 50% dos benefícios do RGPS = 50% de R$ 2.400,00 = R$ 1.200,00.

* R$ 4.800,00 (proventos) menos R$ 1.200,00 (50% dos benefícios do RGPS) = R$ 3.600,00.
* Sobre R$ 3.600,00 incidirá alíquota idêntica à dos ativos.

6.5. Servidores inativos e pensionistas da União

Obrigatoriedade de contribuição em relação aos proventos e às pensões, com percentual de contribuição aplicado sobre o excedente de 60% em relação ao limite estabelecido para os benefícios do RGPS (R$ 2.400,00).

Exemplo de um beneficiário ou pensionista da União que receba R$ 2.800,00

* 60% dos benefícios do RGPS = 60% de R$ 2.400,00 = 1.440,00.
* R$ 2.800,00 (proventos) menos R$ 1.440,00 (60% dos proventos do RGPS) = R$ 1.360,00.
* Sobre R$ 1.360,00 incidirá alíquota idêntica à dos ativos.

Insta registrar que aos pensionistas que não contribuíam e que passarão a contribuir, só poderão ser exigidas as novas contribuições após o lapso temporal de 90 (noventa) dias, a partir da data da publicação da EC nº 41/2003, de acordo com preceito constitucional (art. 195, § 6º).

Os servidores inativos e pensionistas a que se refere este exemplo sujeitar-se-ão ao teto e aos subtetos remuneratórios, inclusive no caso de retribuições recebidas cumulativamente.

6.6. Magistrados ou membros do Ministério Público em atividade

Os magistrados e membros do Ministério Público que se encontram atualmente em atividade terão de contribuir, quando atingirem a inatividade, assim como os seus pensionistas, com alíquota idêntica à dos ativos, na parcela que superar 50% dos benefícios do RGPS, para os servidores dos Estados, do Distrito Federal e dos Muncípios, e na que superar 60%, para os servidores da União.

Submetem-se ao teto e aos subtetos remuneratórios, inclusive no caso de retribuições recebidas cumulativamente, e se lhes aplica o direito à aposentadoria com proventos integrais, equivalente à totalidade da remuneração do cargo em que esta se der, os que tenham ingressado no serviço público até a data da publicação da Emenda Constitucional nº 41/2003.

No que concerne às futuras pensões dos magistrados e membros do Ministério Público hoje em atividade, adite-se que estas sofrerão uma redução de 30% sobre o valor que exceder o limite dos benefícios do Regime Geral de Previdência Social, hoje estipulado em R$ 2.400,00 (dois mil e quatrocentos reais). Oportuno ressaltar que estes agentes, ativos ou inativos, não perdem o direito à vinculação.

Os que se aposentarem e se enquadrarem na forma de transição prevista na Emenda Constitucional nº 20/1998, ou seja, entre 53 e 60 anos de idade, se homem, ou entre 48 e 55, se mulher, sofrerão uma redução em seus proventos de 3,5% por ano de idade inferior àqueles limites, podendo esta redução alcançar 24,54%.

Esta porcentagem reducional será majorada a partir de 1º/01/2006, passando a 5% por ano de idade inferior àqueles limites, podendo chegar a 35%.

De acordo com as regras da aludida Emenda, ocorrerá a perda do direito à aposentadoria proporcional: se homens, com 30 anos de contribuição, e se mulher, com 25.

6.7. Magistrados e membros do Ministério Público empossados após a publicação da EC nº 41/2003

Os cálculos dos proventos dos novos membros da magistratura e do Ministério Público que tomarem posse a partir da entrada em vigor da Emenda Constitucional nº 41/2003, observarão as contribuições efetivamente realizadas, inclusive a do Regime Geral de Previdência Social. Estes agentes se submeterão ao teto e subtetos remuneratórios, incluindo-se aqui os casos de retribuições recebidas cumulativamente.

Após a criação, pelo respectivo ente federado, do fundo de aposentadoria a que se refere a mencionada Emenda, estes agentes terão os seus proventos limitados ao mesmo teto que se aplica ao Regime Geral de Previdência Social, hoje estipulado em R$ 2.400,00, incidindo contribuição para estes fundos, sobre os valores que superem este teto.

Incidirão sobre estes agentes, quando aposentados, bem como a seus pensionistas, contribuição em relação aos respectivos proventos e pensões, com alíquotas iguais às aplicadas aos ativos, sobre a parcela que superar 50% dos benefícios do RGPS, aos servidores dos Estados, do Distrito Federal e dos Municípios, assim como sobre a parcela que superar 60%, dos mesmos benefícios, para os servidores da União.

Haverá redução de 30% sobre as respectivas pensões dos dependentes dos magistrados e membros do Ministério Público, quando estas excederem a R$ 2.400,00, teto máximo aplicado ao RGPS.

6.8. Verba indenizatória do art. 7º – Revogada pela EC nº 50/2006

Importante atentar para o novo texto do § 7º do art. 57 da CF, que foi recentemente alterado pela Emenda Constitucional nº 50/2006, tendo esta abolido a verba indenizatória que também se somava ao subsídio, a que faziam jus os membros do Congresso Nacional nas reuniões de "sessão legislativa extraordinária".

Antes da edição da EC nº 50/2006, o referido art. fazia alusão à verba indenizatória ao dispor sobre a sessão legislativa extraordinária do Congresso Nacional, afirmando implicitamente que o seu valor era o do subsídio mensal do congressista, nos seguintes termos: "*(...) vedado o pagamento de parcela indenizatória em valor superior ao subsídio mensal*". Com isso, a verba indenizatória também integrava o subsídio dos que comparecessem à sessão legislativa extraordinária.

Todavia, após a EC nº 50/2006, o texto do § 7º simplesmente suprimiu a previsão da parcela indenizatória, conforme se lê:

> *§ 7º Na sessão legislativa extraordinária, o Congresso Nacional somente deliberará sobre a matéria para a qual foi convocado, ressalvada a hipótese do § 8º deste artigo, vedado o pagamento de parcela indenizatória, em razão da convocação.* (Redação dada pela Emenda Constitucional nº 50, de 2006)

7. REAJUSTE E REVISÃO

7.1. Reajuste

O reajuste pressupõe uma situação anterior que o justifique e um ato específico que o institua. Exemplos são os *reajustes* que eventualmente se estabelecem a determinadas carreiras, e que somente a elas são instituídos, não sendo extensíveis a nenhuma outra.

Outras vezes pretende-se beneficiar uma classe específica, seja em decorrência de reivindicações, seja espontaneamente, para *extinguir defasagem salarial*, e se concede o reajuste àquela classe.

Este, entretanto, não alcança nenhuma outra classe de servidores, mesmo que porventura se encontre em idêntica situação de defasagem salarial, e, igualmente, já tenha manifestado reiteradas reivindicações rogando pelo aumento de sua remuneração ou subsídio.

Portanto, a aplicação deste *aumento*, que depende de lei específica, está atrelada a *condutas do âmbito administrativo* e do *campo da discricionariedade*, pois que demandará decisão administrativa, observados os *critérios da oportunidade e da conveniência.*

O aumento de vencimentos pode ser concedido a qualquer momento e em qualquer índice, aplicando-se, todavia, o princípio da razoabilidade e observada a discricionariedade do administrador, razão pela qual, em virtude da sua total imprevisão, necessitará de prévia dotação orçamentária e de lei específica a ser desencadeada por iniciativa privativa de cada Poder.

7.2. Revisão

Já a revisão remuneratória está *assegurada anualmente pelo art. 37, X, da Constituição Federal* e deve ser concedida em índice capaz de *recompor as perdas inflacionárias*, razão do termo "revisão".

Destarte, em virtude da sua total previsibilidade, a revisão geral será concedida automaticamente, ou seja, *sem a necessidade de lei específica e de prévia dotação orçamentária*, assim como ocorre, por exemplo, com o pagamento das férias e do 13º salário.

7.3. "Assegurada revisão geral anual"

A parte final da redação do inciso X do art. 37, alterada pela EC nº 19/1998, se refere à **revisão geral anual**, que a princípio é um instituto diverso do *reajuste*, ou *alteração*, conforme dita a Constituição Federal.

A **revisão geral**, de fato, não formaliza um aumento propriamente dito, em tese, *não corresponde a uma majoração na remuneração ou no subsídio*, mas representa *uma revisão*, que visa à *reposição do poder aquisitivo* dos vencimentos do servidor, que em razão dos índices inflacionários, se tornaram *defasados.*

Ademais, ao contrário do que ocorre com o reajuste, não se aplica à revisão o *princípio da reserva legal*, em outras palavras, não se submete ao princípio da reserva de lei aplicável incontroversamente ao aumento da remuneração e do subsídio dos servidores, conforme já deixou consignado decisão do Supremo Tribunal Federal.

A revisão geral anual, ou a revisão geral de remuneração tem o fito de aplicar a devida *recomposição salarial*, em homenagem ao *princípio da irredutibilidade dos vencimentos*, dispensando a edição de lei específica para dispor sobre a sua existência e aplicação.

Levando-se em conta que no Brasil, em tese, os índices de inflação não mantêm um patamar baixo ou estável, o legislador constituinte originário teve a sensibilidade de trazer a previsão de uma revisão periódica que se relacione à perda do poder de compra ou de aquisição da moeda.

Não obstante, é de registrar que a redação original do inciso X do art. 37 não fazia nenhuma menção ao período em que esta deveria se efetivar, mas foi a EC nº 19/1998 que introduziu a obrigatoriedade de que essa seja anual.

7.4. A temporariedade que foi agregada à revisão geral

Conforme dito, foi o legislador constituinte originário quem trouxe o direito à *revisão geral* para o servidor público, tendo o legislador derivado arrematado tal direito e lhe conferido o aspecto temporal previsível, ao expressar que a revisão geral deve ser *anual* e sem distinção de índices.

7.5. "Sem distinção de índice"

Ao dispor o legislador constituinte derivado que a **revisão geral anual**, além de ser na mesma data, será sem distinção de índice, fez alusão *ao princípio da isonomia de índices.*

7.6. O reajuste e a previsão orçamentária

Na tentativa de diferenciar estes dois institutos, o **reajuste**, conforme já fartamente exposto, traz a hipótese em que é imprescindível a existência de lei específica que a predisponha, sendo certo de que esta alteração se refere a *aumento*, à *majoração.*

Portanto, muito embora se exija lei para a sua previsão, esta se atrela à *discricionariedade do administrador*, observados os critérios da oportunidade e da conveniência. Além disso, requer previsão orçamentária.

Neste mesmo diapasão, o dispositivo constitucional constante no art. 169, § 1º, inciso I, faz expressa menção de que o aumento a que se refere o inciso X do art. 37 se inclui na necessária *previsão de dotação orçamentária*, bem como de que deve estar dentro dos *limites da Lei de Responsabilidade Fiscal*, que é a lei complementar a que faz alusão este dispositivo.

> *Art. 169. A despesa com pessoal ativo e inativo da União, dos Estados, do Distrito Federal e dos Municípios não poderá exceder os limites estabelecidos em lei complementar.*
>
> *§ 1º A concessão de qualquer* ***vantagem*** *ou* ***aumento*** *de remuneração, a criação de cargos, empregos e funções ou alteração de estrutura de carreiras, bem como a admissão ou contratação de pessoal, a qualquer título, pelos órgãos e entidades da administração direta ou indireta, inclusive fundações instituídas e mantidas pelo Poder Público, só poderão ser feitas:*
>
> *I – se* ***houver prévia dotação orçamentária*** *suficiente para atender às projeções de despesa de pessoal e aos acréscimos dela decorrentes.* (grifamos o original)

O inciso I do § 1º do art. 169 faz ressalva à *prévia dotação orçamentária* que deverá haver antes que se conceda qualquer *vantagem ou aumento* de remuneração aos servidores públicos; já o *caput* deste artigo assevera que qualquer despesa com o pessoal ativo e inativo dos entes públicos deverá estar *dentro dos limites estabelecidos em lei complementar.*

Note-se que o art. 169 da CF foi regulamentado pela Lei Complementar nº 101/2000, que é a Lei de Responsabilidade Fiscal[362], e que a análise de alguns de seus dispositivos se mostra relevante para se distinguir ***reajuste de revisão***, senão vejamos:

A princípio, deve-se ressaltar que a previsão do *art. 169, § 1º, inciso I* se refere apenas à *vantagem e aumento*, não se incluindo neste sentido a *revisão geral.* Portanto, a *prévia dotação orçamentária* que se exige no inciso I é condição para a concessão de *vantagem e aumento*, mas não de *revisão.*

362. A não observância dos limites da Lei de Responsabilidade Fiscal pelo administrador público importará na prática de atos de improbidade administrativa, previsto na Lei nº 8.429/1992, e estes acarretarão em suspensão dos direitos políticos, perda da função pública, indisponibilidade dos bens e ressarcimento ao erário, conforme prevê o § 4º do art. 37 da Constituição Federal.

Outra questão a ser considerada é a de que a Lei Complementar nº 101/2000, a Lei de Responsabilidade Fiscal, que é a lei a que alude o *caput* do art. 169, responsável por estabelecer os limites da despesa de pessoal ativo e inativo, faz outras menções que diferenciam o aumento da revisão, em seus arts. 22 e 71.

> *Art. 22. A verificação do cumprimento dos limites estabelecidos nos arts. 19 e 20 será realizada ao final de cada quadrimestre.*
>
> *Parágrafo único. Se a despesa total com pessoal exceder a 95% (noventa e cinco por cento) do limite, são vedados ao Poder ou órgão referido no art. 20 que houver incorrido no excesso:*
>
> *I – concessão de* ***vantagem, aumento, reajuste*** *ou adequação de remuneração a qualquer título, salvo os derivados de sentença judicial ou de determinação legal ou contratual, ressalvada a revisão prevista no inciso X do art. 37 da Constituição.* (grifamos o original)
>
> (...)
>
> *Art. 71. Ressalvada a hipótese do inciso X do art. 37 da Constituição, até o término do terceiro exercício financeiro seguinte à entrada em vigor desta Lei Complementar, a despesa total com pessoal dos Poderes e órgãos referidos no art. 20* ***não ultrapassará****, em percentual da receita corrente líquida, a despesa verificada no exercício imediatamente anterior, acrescida de até 10% (dez por cento), se esta for inferior ao limite definido na forma do art. 20.* (grifamos)

Fazendo-se uma breve análise sobre a redação destes artigos, pode-se concluir que o legislador ordinário, no art. 22, se referiu aos termos *vantagem, aumento* e *reajuste*, e fez ressalva à revisão, distinguindo-a dos demais termos e tratando-as como institutos distintos.

De fato, se assim não fosse a intenção do legislador, não se justificaria que fizesse expressa menção de que, se a despesa com pessoal exceder 95% do limite da lei, será vedado ao Poder ou órgão que incorreu no excesso conceder *vantagem, aumento* ou *reajuste*, asseverando em seguida que esta regra não se aplica à *revisão* disposta no inciso X do art. 37 da CF, pois que faz ressalva a este elemento.

Com isso, estabelece o legislador que a concessão da *revisão remuneratória* existirá independentemente de prévia dotação orçamentária, demonstrando que a aludida revisão não contribui para gerar aumento na remuneração, mas apenas para constituir uma recomposição, ou o retorno ao *status quo* do servidor, que por sua vez, ocorre naturalmente em razão dos índices inflacionários que incidem sobre o valor real da moeda.

Daí a razão pela sua autoaplicabilidade, que está garantida independentemente de lei ou previsão de dotação orçamentária. Ademais, a própria Constituição Federal assegura que a revisão remuneratória seja concedida a cada ano.

Se a intenção do legislador fosse atrelar esta revisão ao princípio da reserva legal, a depender de iniciativa do Chefe do Executivo em editar lei, valendo-se de sua discricionariedade e dos critérios da oportunidade e da conveniência, não faria sentido ter o legislador anunciado expressamente que esta será *anual.*

Ademais, se esta revisão estiver à mercê da edição de lei, descaracterizar-se-á a sua garantia de ser anual, pois que se o Chefe do Executivo se omitir nessa iniciativa, ao direito concedido pelo legislador só será gozado mediante a manifestação do servidor no Poder Judiciário, a fim de compelir o responsável à edição de ato. É o que tem, de fato, ocorrido!

A omissão do Chefe do Poder Executivo tem ensejado a existência de inúmeras ADIn's, objetivando tornar efetiva norma constitucional violada. Ocorre que, se estivessem sendo dadas distinções aos institutos da revisão e do reajuste, não estaria havendo essa corrida ao Judiciário para pleitear a edição de lei, apenas bastaria que se lhe determinasse fosse cumprido o ato de conceder a devida revisão, já que esta, conforme fartamente exposto, independe da edição de lei.

Cremos que a diferença entre o reajuste e a revisão pode ser percebida com a simples leitura combinada do inciso X do art. 37 com a do art. 169 da Constituição Federal, uma vez que esta análise conjunta remete, desde logo, à existência de duas situações distintas, ou de dois institutos diferentes, quais sejam, o *reajuste* e a *revisão.*

7.7. A controvérsia da hermenêutica acerca do inciso X do art. 37

Embora a aplicação deste dispositivo pareça ser, num primeiro momento, um tema pacífico, controvérsias circundam sobre o tema, tanto em sede de doutrina quanto de jurisprudência, daí a necessidade de uma interpretação desta norma constitucional.

De fato, a questão da hermenêutica constitucional tem conduzido o intérprete e o aplicador do direito a adotar, nos dias atuais e em tempos de conflitos cada vez mais inusitados, uma concepção mais dinâmica e menos clássica, sobretudo ao se considerar a força normativa das regras constitucionais, cujo sentido deve ser o mais amplo possível.

Por isso, fala-se na Constituição Aberta, tema reverenciado por Paulo Bonavides. Dentro deste contexto, insurge-se também a regra da *máxima eficácia* ou da *máxima otimização das normas constitucionais*, assinalada pelo ilustre constitucionalista J. J. Canotilho.

Dentro deste ideário de dinâmica de aplicação das regras constitucionais, caberá a cada Poder, no âmbito de suas respectivas competências, se valer da concretude do que dispõem as regras constitucionais, tornando-as eficazes no mundo prático e tornando a Constituição Federal um instrumento exequível e dinâmico, longe de parecer um amontoado de princípios que jamais serão cumpridos.

São do ilustre mestre Pontes de Miranda as palavras que se seguem a respeito da Constituição Federal e a prática de suas regras:

> Nada mais perigoso do que fazer-se Constituição sem o propósito de cumpri-la. Ou de só se cumprir nos princípios de que se precisa, ou se entende devam ser cumpridos – o que é pior (...). No momento, sob a Constituição que, bem ou mal, está feita, o que nos incumbe, a nós, dirigentes, juízes e intérpretes, é cumpri-la ... (Pontes de Miranda, *Comentários à Constituição de 1967, com a Emenda nº 1, de 1969.* 2. ed., São Paulo: Revista dos Tribunais, 1970. p. 15-16).

7.8. ADI nº 2.061-7-DF – Objetivando tornar efetiva norma constitucional contida no inciso X do art. 37

Imbuído deste impulso de tornar as regras constitucionais instrumentos exequíveis é que foi proposta Ação Direta de Inconstitucionalidade por Omissão, cuja Ementa se transcreve abaixo, objetivando assegurar a adoção de medidas de iniciativa do Chefe do Poder Executivo, a qual tornasse efetiva norma constitucional prescrita no inciso X do art. 37 da CF, que é a efetivação de revisão geral anual de remuneração e subsídio dos servidores públicos.

> Ação Direta de Inconstitucionalidade por Omissão. Art. 37, da Constituição Federal (Redação da EC nº 19, de 4 de junho de 1998). Norma constitucional que impõe ao Presidente da República o dever de desencadear o processo de elaboração da lei anual de revisão geral da remuneração dos servidores da União, prevista no dispositivo

constitucional em destaque, na qualidade de titular exclusivo da competência para iniciativa da espécie, na forma prevista no art. 61, § 1º, II, *a* da CF. Mora que, no caso, se tem por verificada, quanto à observância do preceito constitucional, desde junho/1999, quando transcorridos os primeiros doze meses da data da edição da referida EC nº 19/98. Não se compreende, a providência, nas atribuições de natureza administrativa do Chefe do Poder Executivo, não havendo cogitar, por isso, da aplicação, no caso, da norma do art. 103, § 2º, *in fine*, que prevê a fixação de prazo para o mister. Procedência parcial da ação. (ADIn nº 2.061-7/DF, Rel. Min. Ilmar Galvão)

Cumpre ressaltar que a aludida Ação Direta de Inconstitucionalidade por Omissão resultou na edição da Lei federal nº 10.331, de 18/12/2001, que passou a dispor que a remuneração e o subsídio dos servidores públicos serão revistos no mês de janeiro, sem distinção de índices e extensivos aos proventos da inatividade e às pensões.

Observe-se que, em momento anterior, o STF emitiu decisão assegurando que a revisão geral deveria ser concedida independentemente da edição de lei, quando julgou o RMS nº 22.307/DF, de 1997.

Naquele momento, a Suprema Corte emitiu parecer pacificando a questão, ao opinar que o art. 37, inciso X, que mesmo antes de ser reformado já trazia a previsão da concessão de revisão geral, é autoaplicável, e, portanto, independe de lei específica, haja vista haver nítida distinção entre os institutos do *reajuste e da revisão.*

Resultou tal decisão na conclusão de que a revisão remuneratória, ao contrário do que ocorre com o reajuste, não altera, ou aumenta, a remuneração do servidor, mas tão somente restabelece o seu *status quo*, compondo uma recomposição da perda salarial que se dá pela inflação.

Entendeu ainda a Suprema Corte que a necessidade da edição de lei específica e de prévia dotação orçamentária só se aplicaria aos casos de alteração da remuneração, ou seja, da majoração desta.

Por ter o STF, num segundo momento, adotado outro posicionamento oposto a este, quando do julgamento da ADIn nº 2.061/DF, de 2001, asseverando que para haver revisão remuneratória deveria preceder necessariamente a elaboração de lei específica, a ser editada anualmente pelo Chefe do Poder Executivo, deu-se início à controvérsia que rodeia o tema, pois a própria Corte Maior teve duas interpretações distintas a seu respeito.

Registre-se que à época do julgamento desta última ADIn, a Suprema Corte, declarando a inconstitucionalidade por omissão, enviou mensagem ao Chefe do Poder Executivo, neste caso específico o Presidente da República, impondo a condenação pecuniária a este, e determinando que providenciasse a imediata adoção das revisões remuneratórias que estavam sendo suprimidas.

8. GRATIFICAÇÕES

As gratificações são vantagens patrimoniais que se agregam ao vencimento do servidor, em razão de *excepcional prestação de serviços* ou de *condições pessoais* deste, sendo aplicáveis em caráter temporário. Portanto, importa aduzir que, em regra, elas não se incorporam ao vencimento, mas são concedidas a título precário. Classificam-se em duas espécies: *propter laborem* e *propter personam.*

8.1. *Propter laborem*

Diz-se que as gratificações são *propter laborem,* ou gratificações de serviço, quando pressupõem o vínculo a um serviço ordinário, ou seja, as atribuições exercidas são corriqueiras, e não se diferenciam das demais pela sua natureza, mas sim pelas circunstâncias especiais em que são exercidas.

Portanto, são as circunstâncias excepcionais daquele momento que ensejam a percepção das gratificações *propter laborem.* Em geral, decorrem por razões de insalubridade, periculosidade ou atividades penosas, trabalhos noturnos, risco de vida etc. São exemplos as atribuições que se submetem à exposição de substâncias químicas, radioatividade; aquelas exercidas em zonas de fronteira ou quaisquer outras cuja situação excepcional esteja prevista em lei.

8.2. *Propter personam*

As gratificações *propter personam,* ou gratificações pessoais, não levam em consideração uma circunstância excepcional, mas uma condição individual que se aplica ao próprio servidor. Conforme o nome faz supor, são aspectos pessoais do servidor que serão considerados. Podem ser o salário-família, a licença-gestante, a licença-paternidade, licença para tratamento de saúde, entre outras.

Observe-se que nem sempre tais licenças correspondem a uma vantagem patrimonial imediata, ou se vinculam a uma retribuição pecuniária, mas de alguma forma contribuem positivamente na remuneração do servidor.

É o caso da licença para tratamento de saúde, que embora não gere direito subjetivo de auferir um acréscimo na remuneração do agente, os dias em que este estiver afastado e se tratando serão normalmente computados para fins de remuneração, não sendo descontados. Portanto, é o que se pode entender por ganhar por não se perder.

8.3. Como serão definidas estas gratificações?

A definição de situação excepcional ou de condição individual que ensejem a percepção da gratificação será definida por lei. Por exemplo, é por meio de lei que o administrador constatará se é devida uma gratificação de insalubridade a uma determinada função.

Com isso, depois de reconhecida por lei uma condição que autorize a auferição de uma gratificação, somente por lei esta situação poderá ser alterada ou extinta, e nunca por outro ato inferior a este, como o caso de um decreto. Com efeito, em tese, não caberá ao servidor opinar sobre esta possibilidade, tentando demonstrar a incidência da gratificação, ainda que comprove o fato alegado por via de perícia regularmente realizada.

8.4. Admite-se a intervenção do Judiciário na aferição de risco gratificável?

Pergunta-se, todavia, se ocorrer de a Administração se omitir em fazê-lo, ou avaliar de forma que prejudique o servidor, pode este recorrer ao Judiciário para ver satisfeito o seu direito de receber gratificação que entender devida?

A princípio, também não caberá ao Judiciário fixar o risco da atividade, reconhecendo a *existência de circunstância especial* ou de *condição individual* do servidor, pois que a concepção de haver ou não indícios que acolhem vantagem de caráter pecuniária a favor do servidor não se dará por critério técnico nem jurídico, mas sim administrativo.

Neste diapasão, caberia tão somente à Administração definir a atividade ou o serviço de risco ao servidor. Não obstante, suscita-se se eventual falha desta quanto a avaliar os critérios de risco não poderia resultar em prejuízos ao agente público. E se nessas hipóteses, não poderia o agente recorrer ao Judiciário para fazer valer o seu direito subjetivo.

Em tese, a jurisprudência admite que não há que se falar na intervenção do Judiciário em campo de discricionariedade do Executivo, e que este, sim, deverá avaliar os critérios em que se admite o risco gratificável, pois envolve juízo meramente administrativo.

Entretanto, partindo-se da premissa que o critério administrativo não é absoluto, pois que se assim o fosse contrariaria o entendimento de que não existe direito absoluto, entendemos que seria precipitado encerrar uma controvérsia selando uma situação definitiva sobre o tema.

Ademais, se a conduta administrativa que negar o risco gratificável ao agente for visivelmente injusta, como, por exemplo, o caso de restar evidente haver indícios de periculosidade e, ainda assim, a Administração não se pronunciar favoravelmente para a concessão da gratificação cabível; ou a hipótese em que a Administração se nega a conceder gratificação de atividade que envolve risco de vida, e esta for evidente, parece-nos incontestável que este servidor deverá recorrer às vias judiciais para fazer valer o seu direito.

Entre prevalecer a competência da Administração para decidir questões que concedam ou não direito a servidor para fins de aquisição de vantagem pecuniária, e violar direito subjetivo do servidor, sobretudo quando este se aplica a um bem maior a ser preservado, que é a sua integridade física, ou mesmo a sua vida, restará ao servidor provocar a manifestação do Poder Judiciário, a fim de que este reconheça a flagrante lesão de direito e se manifeste compelindo a Administração a sanar sua omissão.

Entretanto, deve-se registrar que este entendimento não é pacífico na doutrina e na jurisprudência, muito embora seja passível de ser questionado. Avoca-se neste sentido o princípio constitucional de que "*a lei não excluirá da apreciação do Poder Judiciário lesão ou ameaça a direito*", além do princípio da ponderação de interesses, o qual suscita qual o bem maior a ser preservado.

9. IMPENHORABILIDADE DE VENCIMENTOS

Questão que desperta interesse, no tocante ao contrato de crédito, firmado por servidor, contendo cláusula expressa, no sentido de autorizar a compensação das parcelas da amortização do empréstimo com os valores dos vencimentos que sejam depositados na conta-corrente do mesmo, o que não conferia foro de legalidade à referida operação bancária. Vencimentos não podem ser oferecidos como garantia de dívida.

Ao dispor contratualmente que o creditado autoriza o Banco, em caráter irrevogável e irretratável, a compensar o montante do débito vencido, com eventuais créditos existentes na conta-corrente onde o recorrido recebe seus vencimentos, torna-se cláusula nula e abusiva.

A desvantagem é tanto mais visível quando se sabe que os vencimentos de servidor público possuem nítido caráter alimentar, donde inferir-se que qualquer confisco dos mesmos, no intuito de compensar débitos com o banco, caracteriza lesão grave ou de difícil reparação, nos termos do art. 798 do CPC.

> São absolutamente impenhoráveis "as pensões, as tenças ou os montepios, percebidos dos cofres públicos, ou de institutos de previdência, bem como os provenientes de liberdade de terceiro, quando destinados ao sustento do devedor ou da sua família. Ainda em razão do caráter personalíssimo do direito de alimentos, e tendo em vista que estes são concedidos para assegurar ao alimentando os meios indispensáveis à sua manutenção, como princípio geral, que o crédito não pode ser compensado".

Em uníssono, a jurisprudência abaixo colacionada:

> Contrato de Abertura de Crédito. Desconto automático em folha de pagamento. Descabimento. Verba alimentar. Inadmissível que o banco proceda a espécie de confisco automático dos proventos da parte que, via conta salário, percebe sua remuneração obrigatoriamente mediante depósito junto a instituição bancária. Caráter alimentar da verba. Impenhorabilidade e intangibilidade de vencimentos. Precedentes. Recurso provido. (TJRS, AC nº 7004289104, 19ª Câmara Cível, Rel. Des. Mário José Gomes Pereira)

Os vencimentos dos funcionários públicos, o soldo e os salários são impenhoráveis, salvo para pagamento de prestações alimentícias, não podendo a instituição financeira lançar mão de vencimentos ou proventos de servidor público.

O empréstimo, consignação em folha, é antiga e está regulada pelo Decreto nº 4.961/2004, que regulamenta o art. 45 da Lei nº 8.112/1990. Legislação recente veio a detalhar a matéria, limitando a margem consignatória em 30% dos ganhos.

Nesse contexto, a manutenção do desconto contrariamente à lei resultaria em burla ao procedimento judicial de execução de crédito.

A posição da doutrina e da jurisprudência é firme no sentido da ilegitimidade dos descontos diretos em folha, pois se está diante de verdadeira penhora vedada pelo art. 649, IV, do CPC. Há de se proteger o salário, garantida a intangibilidade, dada sua natureza alimentar.

> Sendo possível a autorização para desconto em folha de pagamento, é de ser possível também o seu cancelamento quando bem entenda o autorizante-servidor. É a sua manifestação de vontade que autoriza o desconto, não havendo como manter a vontade unilateral do beneficiário do desconto quando entenda ele de cancelar a autorização. A exigência de anuência da entidade particular para cancelamento dos descontos autorizados caracteriza ilegalidade e torna-se dela executor que a isso ou disso fazem mister, não se enquadrando esse agir em qualquer das funções do Estado, cujo fim último é o bem comum do povo[363].

Acrescentamos, ainda, que se o servidor pode autorizar descontos em sua folha de pagamento, como meio de facilitar a satisfação voluntária de eventuais dívidas, também constitui prerrogativa sua o cancelamento dos referidos descontos, a qualquer momento, independentemente da anuência do credor. Isto porque, vale lembrar, a Constituição Federal, em seu art. 7º, inciso X, protege os ganhos dos trabalhadores.

363. Assim têm decidido os Tribunais: "Banco. Cobrança. Apropriação de depósitos do devedor. O banco não pode apropriar-se da integralidade dos depósitos feitos a título de salários, na conta do seu cliente, para cobrar-se de débito decorrente de contrato bancário, ainda que para isso haja cláusula permissiva no contrato de adesão. Recurso conhecido e provido (REsp, 49277/RS, Min. Ruy Rosado de Aguiar, 4ª Turma).

Se coadunado integralmente com o que já foi dito sobre a impenhorabilidade dos vencimentos do Servidor Público, que já se encontra pacificado em doutrina e jurisprudência, insurgiu-se uma nova questão no tocante ao processo de execução, que seguiu esta mesma linha de raciocínio.

Trata-se da "penhora *on-line*", surgida a partir da inclusão do *art. 655-A* no Código de Processo Civil, por meio da Lei nº 11.382/2006, e que entrou em vigor em 20/01/2007[364], ou seja, há pouco mais de um ano, mas já tendo se tornado objeto de controvérsia nos Tribunais quando a tal penhora recai sobre vencimentos de servidor público.

Para sintetizar a aplicação do novo tema da "penhora *on-line* e" no assunto em pauta – "impenhorabilidade de vencimentos do servidor público" –, trazemos à análise Recurso de Agravo de Instrumento, julgado na 13ª Câmara Cível, que versou sobre a questão do bloqueio *on-line* de conta salário, cuja Ementa se segue:

> Penhora *on-line*. Penhora sobre conta salário. Impenhorabilidade. *Art. 649, IV*, do CPC. Princípio da Menor Onerosidade. A penhora deve ser utilizada a benefício do credor, embora deva procurar impor ao executado o menor ônus possível. Assim, sempre que possível, deve recair nos bens de primeira classe, e só à falta destes nos das classes imediatas. O *inciso I do art. 655* do CPC explicitou a preferência de dinheiro em depósito ou aplicação em instituição financeira sobre os demais bens penhoráveis do executado, e o *art. 655-A* disciplicou a indisponibilidade por meio eletrônico.
>
> Contudo, a penhora não pode incidir sobre bens impenhoráveis, como são os vencimentos do servidor público, na forma do *art. 649, IV*, do CPC. Tal norma visa a garantir a subsistência digna do executado.
>
> Na espécie, demonstrado que o bloqueio de valores incidiu sobre sua conta salário, deve-se afastar o gravame. Caso existam valores excedentes, investimentos ou aplicações financeiras torna-se viável a penhora, cabendo ao Juízo *a quo* determinar as providências necessárias para a efetivação da constrição.
>
> Provimento do recurso. *Art. 557, § 1º-A* do CPC.

Inconformado com a decisão proferida pelo Juiz da 42ª Vara Cível da Comarca da Capital em ação de execução por título judicial, que determinou o *bloqueio on-line* do valor de R$ 3.581,31 de sua conta bancária, recorreu o agravante da decisão, se valendo de argumentos de que tal bloqueio incidiu sobre sua conta salário, e não sobre uma simples conta bancária.

Diante disso, requereu a antecipação da tutela recursal para que fossem de imediato desbloqueados os valores penhorados, ratificando ainda a impossibilidade de prosperar referida penhora *on-line*, sobretudo porque indicou, tempestivamente, outros bens de acordo com a ordem estabelecida pela lei processual vigente.

---

364. A edição da Lei nº 11.382/2006 validou o entendimento no que toca à legitimidade da penhora *on-line* sobre dinheiro em depósito ou aplicação financeira do executado. Reza o art. 655, em seu inciso I, que a penhora observará preferencialmente, pela ordem, "dinheiro em espécie ou em depósito ou aplicação em instituição financeira". Já o art. 655-A disciplinou os meios pelos quais o juiz procederá a penhora de dinheiro em depósito ou aplicação financeira. Através de requerimento do exequente, diz a lei, o juiz requisitará à autoridade supervisora do sistema bancário, preferencialmente por meio eletrônico, as devidas informações sobre a existência de ativos em nome do executado. Permite a lei também que neste mesmo ato já seja determinada a indisponibilidade do valor que baste para satisfazer a execução.

O Relator do processo, Desembargador Sergio Cavalieri Filho, acolheu o pedido do agravante, trazendo à sua argumentação o fato de que, "embora não seja rígida, é indiscutível que a penhora, sempre que possível, deve recair nos bens de primeira classe, e só em falta destes nos da classe imediata".

Isto se dá, conforme bem lembrado pelo Relator do processo, pelo motivo de que a gradação que se aplica à penhora tem o firme propósito de que o pagamento a ser conferido ao exequente deva se dar pela forma mais fácil e célere, e que acaso tenha o executado disponibilidade financeira para suprir o valor de sua condenação, não se justifica que se proceda à penhora sobre outros bens de difícil alienação e rápida desvalorização econômica.

Deve-se frisar ainda nesta oportunidade que segundo orientação do Tribunal de Justiça do Estado do Rio de Janeiro, através da sua **Súmula 117**, "a penhora *on-line*, de regra, não ofende o *princípio da execução menos gravosa* para o devedor", não havendo se falar, portanto, que tão somente pelo fato de que este processo se constitui em uma inovação para a celeridade no processo de execução, isto não se traduz em uma conduta injustamente imputada ao executado.

Resta, porém, a ressalva de que a penhora, ainda que pela modalidade do bloqueio *on-line*, não pode sob nenhuma hipótese incidir sobre os denominados bens impenhoráveis, a exemplo dos vencimentos do servidor público, na forma do *art. 649, IV*, do diploma processual civil:

> *Art. 649. São absolutamente impenhoráveis:*
>
> (...)
>
> *IV – os vencimentos, subsídios, soldos, salários, remunerações, proventos de aposentadoria, pensões, pecúlios e montepios; as quantias recebidas por liberalidade de terceiro e destinadas ao sustento do devedor e sua família, os ganhos do trabalhador autônomo e os honorários de profissional liberal, observado o disposto no § 3º deste artigo.* (Redação dada pela Lei nº 11.382, de 2006)

Não obstante, trazendo fundamentação no *§ 2º do art. 655-A, in verbis*, do mesmo CPC, buscou o agravante reformular a decisão monocrática de constrição de sua alegada conta salário, acostando aos autos documentos para fundamentar sua defesa, e pleiteando o desbloqueio dos valores constritos judicialmente:

> § 2º do art. 655-A:
>
> *Compete ao executado comprovar que as quantias depositadas em conta-corrente referem-se à hipótese do inciso IV do* caput *do art. 649 desta Lei ou que estão revestidas de outra forma de impenhorabilidade.* (incluído pela Lei nº 11.382, de 2006)

Numa apropriada conclusão sobre a discussão, lembrou o Relator do processo que a questão da impenhorabilidade dos vencimentos do servidor está restrita ao salário, vencimento ou ganho do trabalhador suficiente para sua mantença e de sua família.

Por isso mesmo, tratando-se de penhora sobre valores que não se refiram a estes mencionados, mas excedentes a eles, fica evidente que nada obsta a sua viabilidade. Nestes casos, caberá ao juízo responsável pela constrição determinar a justa divisão quanto aos valores legalmente impenhoráveis e aqueles que, mesmo estando depositados em conta salário, excedem o propósito de sua impenhorabilidade.

Esta assertiva pode ser confirmada pelas jurisprudências do próprio TJRJ[365].

Corroborando sua visão sobre o assunto, menciona diversas decisões da lavra deste mesmo Tribunal de Justiça do Estado do Rio de Janeiro neste mesmo sentido[366], para, ao final, *dar provimento do recurso para excluir da constrição os valores que equivalem aos vencimentos do servidor*, a teor do que dispõe o art. 557, § 1º-A, do Código de Processo Civil.

Outro julgamento de Agravo de Instrumento que merece ser trazido como ilustração do assunto é o de número 2006.002.22203, que teve como Relator a Desembargadora Elisabete Filizzola, julgado em 31/01/2007 na Segunda Câmara Cível.

Trata-se de um caso inverso ao anterior, no sentido de que foi *negado provimento do recurso de Agravo que buscava reformular a decisão que deferiu o pedido de desbloqueio da conta-corrente da executada, ora agravada, sob o argumento de que referida conta tinha como natureza conta salário, e que sobre este recai o entendimento pacífico da impenhorabilidade.*

No caso em exame, trata-se de servidora que exerce a função de auxiliar de coordenação em instituição de ensino, percebendo o parco vencimento de R$ 502,85 (quinhentos e dois reais e oitenta e cinco centavos), e que teve sua conta-corrente bloqueada por via da penhora *on-line*, em consequência de processo de Execução por Título Extrajudicial.

Ocorre que a executada, ora agravada, afirmou em sua defesa que a única conta bancária que possui, e que sofreu o bloqueio por decisão judicial de penhora *on-line*, se trata de conta de recebimento de seu salário, juntando também aos autos os documentos probatórios quanto ao valor de seus vencimentos acima citado.

Na análise dos autos e das provas ali acostadas e na comparação de documentos, entendeu a Relatora do Recurso que as alegações da Agravada guardavam consonância com o que tentou demonstrar em relação à sua condição socioeconômica, bem como de que é titular de apenas uma única conta-corrente, na qual é depositado o seu salário mensal.

Discorrendo sobre a questão da aplicabilidade da penhora *on-line*, afirma que se trata de um "resultado de convênio formalizado pelo Poder Judiciário com o Banco Central", e que "visa a conferir celeridade ao processo de execução, uma vez que a localização de bens do devedor é, por vezes, dificultada". Entretanto, conclui, não pode ser objeto de

---

365. Agravo de Instrumento. Execução de prestação alimentícia. Penhora on-line dos valores existentes na conta-corrente do executado. Impossibilidade. O ordenamento jurídico vigente veda expressamente a constrição sobre salários para a satisfação do direito do credor, tendo em conta o caráter alimentar da verba, quando destinada à manutenção da subsistência do devedor e de sua família. Art. 7º, X, da CRFB e Art. 649, IV, do CPC. Todavia, havendo depósitos provenientes de outras fontes, é de ser mantida a penhora sobre tais valores excedentes, excluídos apenas os valores referentes a crédito de salário do agravante. A decisão objeto do presente agravo se coaduna com a jurisprudência desta Corte, razão pela qual é parcialmente provida, na forma do Art. 557 do CPC. Parcial provimento do recurso. (AgI nº 2007.002.12197, Rel. Des. Roberto Wider, j. 16/05/2007, Quinta Câmara Cível).

366. Execução. Penhora *on-line*. Conta-corrente. Pessoa física. Menor onerosidade. Proventos. Natureza alimentícia. Impossibilidade. Não se trata apenas de olhar a questão da menor onerosidade, mas o fato de pretender a constrição de dinheiro encontrado em conta bancária do agravado, onde se pode presumir estejam recursos provenientes de salário, necessário à sua mantença e de sua família. Precedentes jurisprudenciais: 2007.002.09032 – Agravo de Instrumento; 2006.002.08096 – Agravo de Instrumento; 2006.002.09752 – Agravo de Instrumento; 2006.002.06050 – Agravo de Instrumento; 2006.002.14527 – Agravo de Instrumento. Recurso a que se nega seguimento, com fulcro no Art. 557, *caput*, do CPC. (Agravo de instrumento 2007.002.09465, Rel. Des. Ronald Rocha Passos, j. 19/04/2007, Terceira Câmara Cível). Agravo de Instrumento – Penhora on-line Pessoa Física. A penhora on-line, por causar a obstrução de todas as contas-correntes, pode potencializar ilegalidade nas chamadas contas salário quando se trata de pessoa física. A situação implica em maior cautela, ante a impenhorabilidade absoluta da verba alimentar. (Art. 649, II C/C VII, do CPC). A penhora é ato de constrição sobre o patrimônio do devedor para garantir a satisfação do direito do credor, da forma menos gravosa. Recurso conhecido e provido. (Agravo de Instrumento nº 2006.002.14527; Rel. JDS Des. Ricardo Couto, j. 07/11/2006, Terceira Câmara Cível).

penhora a conta-corrente na qual é depositado o salário, quando a constrição do numerário comprometer o sustento do executado e de sua família.

Sendo assim, a permissão de bloqueio dos saldos em quaisquer contas de titularidade da executada, conforme pretensão da agravante, poderá se constituir em um prejuízo irreparável àquela, afetando sua verba de natureza alimentar e prejudicando o seu sustento e de seus dependentes. Além disso, é certo que o bloqueio que afeta verba de natureza alimentar, cuja impenhorabilidade é legalmente garantida, se constitui em ato atentatório à dignidade da pessoa humana.

Nada obsta que mais à frente, caso seja apontada pela exequente qualquer outra conta-corrente de titularidade da executada cuja natureza não seja alimentar, como esta que se destina ao depósito de seu salário, poderá perfeitamente a exequente dar seguimento à execução, requerendo a penhora do valor ali existente até o *quantum* que baste para a garantia da execução.

Caberá ao magistrado intermediar os interesses da exequente e da executada, controlando a constrição e determinando o exato valor do bloqueio correspondente ao pagamento da dívida.

Nesta oportunidade, deverá antes observar se o *quantum* bloqueado recai sobre verba impenhorável, consoante dispõe o art. 649 do Código de Processo Civil vigente, valendo-se de sua capacidade legal de requerer informações ao sistema bancário sobre a existência ou não de ativos em nome da executada, para apenas posteriormente determinar o correto bloqueio. Esta mesma linha de raciocínio encontra respaldo em outras jurisprudências das diversas Câmaras Cíveis do Tribunal de Justiça do Estado do Rio de Janeiro[367].

10. REVISÃO GERAL ANUAL DE REMUNERAÇÃO

Cumpre registrar que o sistema remuneratório do servidor público abarca diferentes nomenclaturas com especificidades que convém elucidar.

A princípio, pode-se afirmar que a *remuneração* é o montante percebido pelo servidor público, sendo a soma dos vencimentos e das vantagens pecuniárias, estas percebidas em razão de sua situação funcional[368].

Preceitua o art. 40 da Lei nº 8.112/1990 que *vencimento* é a retribuição pecuniária que o servidor percebe pelo exercício de seu cargo. Pode também ser denominado vencimento-base.

O art. 37, inciso X, da Constituição da República reza que *"a remuneração dos servidores públicos e o subsídio de que trata o § 4º do art. 39 somente poderão ser fixados ou alterados por lei*

367. Execução. Penhora on-line. Conta-corrente salário. Natureza alimentar. Bloqueio restrito à quantia excedente sobre os proventos. Recurso parcialmente provido. (Agravo de Instrumento nº 2007.002.00953, Rel. Des. Antonio Carlos Esteves Torres, j. 13/03/2007 – Primeira Câmara Cível). Penhora *on-line*. Legalidade da medida. Observância da ordem de nomeação estabelecida pelo Art. 655-I do CPC. Princípio da utilidade da execução. Conta salário. Impenhorabilidade. Descabimento da alegação. Proteção legal que alcança apenas os recursos salariais e não a totalidade daqueles que sejam movimentados na conta. Disassociação que compete à parte promover. Desprovimento do agravo. (Agravo de Instrumento nº 2007.002.01727, Rel. Des. Ismento Pereira De Castro, j. 08/03/2007, Sétima Câmara Cível). Agravo de instrumento. Penhora on-line. Legitimidade. Alegação de tratar-se de conta salário. Inexistência de prova de que se trata exclusivamente de conta salário. Determinação judicial liberando o valor correspondente ao salário comprovado. Desprovimento. (Agravo de instrumento nº 2006.002.13693, Rel. Des. Ruyz Alcantara, j. 06/02/2007, Nona Câmara Cível).

368. O estatuto do servidor público federal, Lei nº 8.112/1990, define remuneração como a soma do vencimento do cargo e das vantagens permanentes.

específica, observada a iniciativa privativa em cada caso, assegurada ***revisão geral anual****, sempre na mesma data e sem distinção de índices".* (grifo nosso)

Mister anunciar que referida *revisão* se constitui em mera *reposição salarial*, sendo lícito aos entes públicos a concessão de melhorias nas carreiras funcionais de forma distinta.

A União públicou a Lei nº 10.331, de 18/12/2001, que dispõe sobre a *revisão geral anual* das remunerações e dos subsídios dos servidores públicos dos três Poderes da União, das autarquias e das fundações públicas.

Referida lei tem aplicação de âmbito federal e estabelece que os servidores públicos federais terão suas remunerações e subsídios, assim como seus proventos e pensões revistos no mês de janeiro de cada ano, sem distinção de quaisquer índices.

Não raro Estados e Municípios ainda não estabeleceram leis que disponham sobre a *revisão geral anual* de seus servidores, pela inércia dos Chefes do Executivo, a quem compete o encaminhamento do competente projeto de lei para aprovação, dispondo sobre dita garantia constitucional.

Esta omissão, flagrantemente inconstitucional, tem originado a propositura de Ações Diretas de Inconstitucionalidade contra diversos entes federados, sendo positivamente acolhidas pelo Supremo Tribunal Federal, conferindo o pontual e oportuno zelo a que fazem jus as normas constitucionais[369].

O inciso X, do art. 37, prevê a revisão geral anual, sempre na mesma data e sem distinção de índices, para a remuneração dos servidores públicos e para o subsídio previsto no art. 39, § 4º, da Carta vigente. Esta revisão remuneratória tem por objetivo atualizar as remunerações de modo a manter o poder aquisitivo da moeda. A revisão anual só poderá aumentar a remuneração e o subsídio, nunca reduzi-los, pois sua irredutibilidade é também garantida pela Lei Magna, no inciso XV, do art. 37. A revisão, portanto, constitui direito dos servidores, o que não impede revisões outras, feitas com o objetivo de reestruturar ou conceder melhorias a carreiras determinadas, ou por outras razões que não a de atualização do poder aquisitivo dos vencimentos e subsídios.

ATENÇÃO! Recente julgado da Turma Recursal da Justiça Federal concedeu ao servidor público indenização por dano material pela omissão do Poder Público em realizar a revisão geral e anual a que alude o art. 37, X, da CF, omissão esta reconhecida pelo STF na ADIn nº 2.061/01. Vejamos:

> Administrativo. Responsabilidade Civil do Estado. Servidor Público. Revisão anual de remuneração – art. 37, inciso X, da Constituição Federal de 1988. Emenda Constitucional nº 19/98. Omissão do Poder Público. Reconhecimento pelo STF – ADIn 2.061. Dano material. Dever de indenizar. Prescrição. Recurso conhecido e parcialmente provido. Sentença reformada.
>
> O pedido de reparação por danos sofridos em virtude de omissão do Poder Público decorrente do descumprimento da regra do art. 37, X, da Constituição da República é

369. ADIn nº 2.516-3/AC – "Ação Direta de Inconstitucionalidade por omissão. Art. 37, inciso X, da Constituição Federal (redação dada pela EC nº 19/98). Estado do Acre. Norma Constitucional que impõe ao Governador do Estado o dever de desencadear o processo de elaboração da lei anual de revisão geral da remuneração dos servidores estaduais, prevista no dispositivo constitucional em destaque, na qualidade de titular exclusivo da competência para iniciativa da espécie, na forma prevista no art. 61, § 1º, II, *a*, da Carta da República. Mora que, no caso, tem que ser verificada, quanto à observância do preceito constitucional, desde junho de 1999, quando transcorridos os primeiros doze meses da edição da referida EC nº 19/98...".

juridicamente possível, devendo ser apreciado pelo Judiciário, cuja função primordial é justamente a composição de conflitos de interesses, em casos concretos.
Ocorrência da omissão do Estado na elaboração da Lei de que trata o art. 37, inciso X, com a redação dada pela EC nº 19/98, omissão esta inclusive declarada pelo Supremo Tribunal Federal na ADIn nº 2.061/29.06.01, acarretando dano material *in concreto* à parte recorrida, a exigir reparação, por meio de indenização, na forma do art. 37, § 6º, da Carta Magna, até a edição da Lei nº 10.331/01.

11. OUTRAS LIMITAÇÕES IMPOSTAS À REMUNERAÇÃO

Em consonância com o inciso XI do art. 37, aqueles que exercem cargos, funções e empregos públicos da administração direta, autárquica e fundacional, dos membros de qualquer dos Poderes da União, dos Estados, do Distrito Federal e dos Municípios, os detentores de mandato eletivo e os demais agentes políticos, assim como os proventos, pensões ou outra espécie remuneratória, percebidos cumulativamente ou não, incluídas as vantagens pessoais ou de qualquer outra natureza, submetem-se ao teto remuneratório equivalente ao subsídio mensal, em espécie, dos Ministros do Supremo Tribunal Federal.

Não obstante referido teto remuneratório, os servidores públicos submetem-se a outras limitações remuneratórias, igualmente previstas na Lei Maior, quais sejam:

11.1. Fixação de subteto

A primeira limitação que trazemos à análise, além do limite ao teto remuneratório, é a que fixa os subtetos pela União, pelos Estados e pelos Municípios.

Assim como a Constituição Federal, em seu art. 37, inciso XI, traça a regra para o limite do teto remuneratório, a qual se aplicará a todos os Poderes da Federação, assim também o faz no § 5º, do art. 39, no que tange aos subtetos, conforme se observa:

> *Art. 39. (...)*
> *§ 5º Lei da União, dos Estados, do Distrito Federal e dos Municípios poderá estabelecer a relação entre a maior e a menor remuneração dos servidores públicos, obedecido, em qualquer caso, o disposto no art. 37, XI.* (Parágrafo incluído pela Emenda Constitucional nº 19/1998).

Com isso, quis o Legislador Constituinte Originário tecer duas regras distintas, sendo uma que se aplique ao *limite máximo de remuneração e subsídio*, atingindo a todos os servidores pertencentes aos entes federativos, quais sejam, União, Estados, Distrito Federal e Municípios; e outra que autorize a cada um dos entes a estabelecerem relação entre a maior e a menor remuneração de seus servidores, resguardando sempre o teto nacional, ou seja, o subsídio dos Ministros do Supremo Tribunal Federal.

Contudo, importa consignar que a regra contida no § 5º, do art. 39, Constituição da República deve ser ponderada, com o escopo de não furtar o Texto Constitucional de uma interpretação ampla e irrestrita. Com efeito, o teto remuneratório estabelecido por cada ente da federação há de prevalecer, se quando da sua fixação da maior remuneração dos servidores, este restar inferior ao limite fixado pelo art. 37, inciso XI, em razão do *princípio da irredutibilidade* de vencimentos.

Nesta linha de raciocínio, prevalecerá nos Estados o subsídio do Governador para o Poder Executivo, o dos Deputados Estaduais para o Poder Legislativo, e o do Desembargador do Tribunal de Justiça no âmbito do Judiciário, limitado este a 90,25%

do subsídio dos Ministros do Supremo, também aplicáveis aos membros do Ministério Público, aos Procuradores e aos Defensores Públicos. Para o município, aplicar-se-á o subsídio do Prefeito[370].

11.2. Vinculação, equiparação e isonomia de vencimentos

A regra constitucional que trata da *isonomia de vencimentos* vem sofrendo modificações desde a promulgação da Lei Maior.

Originariamente, a Constituição Federal, em seu art. 37, inciso XIII, assim assinalou: *"é vedada a vinculação ou equiparação de vencimentos, para o efeito de remuneração de pessoal do serviço público, ressalvado o disposto no inciso anterior e no art. 39, § 1º"*.

O inciso anterior, qual seja, o de nº XII, prevê que *"os vencimentos dos cargos do Poder Legislativo e do Poder Judiciário não poderão ser superiores aos pagos pelo Poder Executivo"*. Registre-se que este dispositivo não sofreu alteração, permanecendo sua regra vigente na Constituição Federal.

Já o art. 39, § 1º, no texto original da Constituição, estabelecia que *"a lei assegurará aos servidores da administração direta isonomia de vencimentos para cargos de atribuições iguais ou assemelhados do mesmo Poder ou entre servidores dos Poderes Executivo, Legislativo e Judiciário..."*.

Hoje, contudo, a norma vigente do art. 37, inciso XIII, modificada pela Emenda Constitucional nº 19, de 04/06/1998, estabelece que *"é vedada a vinculação ou equiparação de quaisquer espécies remuneratórias para o efeito de remuneração de pessoal do serviço público"*, e o § 1º, do art. 39, também alterado com a EC nº 19/1998, dá fim à *isonomia de vencimentos*, para os cargos de atribuições iguais ou assemelhados do mesmo Poder ou entre os servidores dos três Poderes da Federação.

Com efeito, em face da permanência do inciso XII do art. 37, os Poderes Legislativo e Judiciário não poderão exceder os vencimentos dos cargos do Poder Executivo, quando alterarem ou fixarem remuneração de seus servidores.

A esse propósito, o advogado e consultor jurídico Ivan Barbosa Rigolin, em palestra proferida no VI Seminário Nacional de Direito Administrativo, assim disse:

> a limitação de vencimento, de remuneração, os vencimentos dos cargos do Poder Legislativo e do Poder Judiciário não poderão ser superiores aos pagos pelo Poder Executivo. Isso nunca foi cumprido no Brasil, não está sendo cumprido e dificilmente será. *Este é o ponto mais violado do Direito Constitucional relativo aos servidores.* (nossos grifos)[371]

Posteriormente, referido inciso sofreu alteração, com o texto introduzido pela Emenda Constitucional nº 19/1998, conforme segue:

> *Art. 37. (...)*
>
> *XIII – é vedada a vinculação ou equiparação de quaisquer espécies remuneratórias para o efeito de remuneração de pessoal do serviço público.*

---

370. Registre-se a existência de decisão do Supremo Tribunal Federal, corroborando esta interpretação, emitida ainda anteriormente à edição da EC nº 41/2003, que modificou o inciso XI do art. 37 da CF, em julgamento da ADIn-MC nº 2.087/AM, assim proferindo: "considerou, em princípio, que os Estados e Municípios, em face da sua autonomia funcional, têm competência para fixar subtetos locais, tendo em vista que a CF apenas fixou o teto nacional de remuneração, não estando impedidos de fixar, inclusive, subtetos locais em limites inferiores ao estabelecido pela CF".

371. Rigolin, Ivan Barbosa. BDA, p. 161, março de 2000.

É de suma importância observar, portanto, que não pode haver vinculação remuneratória entre carreiras, bem como a reajustes remuneratórios ao aumento, por exemplo, da arrecadação do Imposto sobre a Propriedade de Veículos Automotores.

A título de ilustração, vale citar o Súmula nº 681 do Supremo Tribunal Federal:

> É inconstitucional a vinculação do reajuste de vencimentos de servidores estaduais ou municipais a índices federais de correção monetária.

O inciso XIII, do art. 37, do Texto Constitucional, só é autoaplicável tão somente ao legislador ordinário. Por outro lado, a Constituição Federal por estabelecer equiparações ou vinculações entre vencimentos de cargos, ou seja, exceção jurídico paralelo a cargos.

Vejamos, pois:

> Art. 73, § 3º:
>
> *Os Ministros do Tribunal de Contas da União terão as mesmas garantias, prerrogativas, impedimentos, vencimentos e vantagens dos Ministros do Superior Tribunal de Justiça e somente poderão aposentar-se com as vantagens do cargo quando o tiverem exercido efetivamente por mais de 5 anos.*

Não há vedação constitucional de vinculação ou equiparação de vencimentos, quando a Constituição de um Estado-Membro estende aos Conselheiros do Tribunal de Contas do mesmo Estado direitos, vencimentos e vantagens concedidas à magistratura.

Assim, mostra-se inviável pelo texto da Constituição da República a equiparação de vencimentos entre as carreiras, por exemplo, de Delegado de Polícia Civil de determinado Estado à de Promotor de Justiça, pois a única garantia que se tem, apenas, é a isonomia salarial entre os integrantes da mesma carreira e não entre carreiras distintas.

Consequentemente, o dispositivo de lei não pode dispor, hipoteticamente, que os cargos de Delegados de Estado terão vencimentos fixados com diferença não superior a dez 10% de uma para outra classe de carreira. Isso porque iria, por outro lado, contrariar o art. 169 da Constituição, uma vez que inexistem prévia dotação orçamentária e autorização específica na lei de diretrizes orçamentárias para o aumento automático, majoração esta que ocorrerá sempre que forem aumentados os vencimentos percebidos para um determinado cargo, em face da afronta ao inciso XIII dos arts. 37 e 169, § 1º, todos da Lei Maior, vedando a vinculação ou equiparação de quaisquer espécies remuneratórias para o efeito de remuneração de pessoal do serviço público.

Recentemente, a Associação dos Delegados de Polícia do Brasil (Adepol) ajuizou no Supremo Tribunal Federal Ação Direta de Inconstitucionalidade (ADI 3797), com pedido de liminar contra o § 2º do art. 2º da Lei Complementar nº 731, do Estado de São Paulo. A norma estabeleceu a isonomia de vencimentos entre os oficiais da Polícia Militar e os Delegados de Polícia, fixando a correspondência escalonada entre os cargos policiais com os postos militares.

O dispositivo questionado diz que "os valores dos vencimentos dos oficiais da Polícia Militar e dos Delegados de Polícia serão revistos bimestralmente, de forma a manter a equação salarial resultante do sistema instituído por esta lei, relativamente às carreiras congêneres".

A lei, por violar o art. 37, inciso XIII, da Constituição Federal, que veda a vinculação ou equiparação de quaisquer espécies de remuneração dos servidores públicos, foi concedida a liminar para suspender os efeitos do artigo questionado, tendo como relator o Min. Celso de Mello.

Recentemente, o Plenário do Supremo Tribunal Federal declarou inconstitucional o dispositivo de lei que vincula, de maneira automática, o aumento dos subsídios de governador, vice-governador e secretários de Estado aos mesmos índices de reajustes concedidos aos servidores estaduais. Portanto, esse aumento vinculado traduz num autêntico "atrelamento", vedado constitucionalmente.

Não pode haver vinculação remuneratória entre carreiras, vinculando os servidores estaduais a um mínimo de reajuste igual aos dos servidores federais, sob pena de violação ao art. 37, XIII, da Constituição da República, bem como renúncia de autonomia administrativa, conforme art. 18, *caput*, da Constituição.

É vedada, exceto nas hipóteses do art. 167, *caput*, IV, da Constituição, a vinculação do direito a reajustes remuneratórios proporcionais ao aumento da arrecadação do Imposto sobre a Propriedade de Veículos Automotores, por exemplo. A Constituição, portanto, proíbe a vinculação de receita de impostos a órgão.

Situação verídica ocorrida entre policiais civis, inconformados com a não extensão à sua categoria de reajuste de remuneração concedido a policiais militares e entendendo que as revisões gerais de remuneração deveriam abranger, sem restrição de índices e nas mesmas datas, servidores públicos civis e militares, consultam-no sobre a procedência de seu entendimento. Acontece que a partir da Emenda Constitucional nº 19/1998, o art. 37, inciso XIII, da Constituição Federal veda a equiparação ou vinculação de todo o pessoal do serviço público. Assim, não é mais viável a argumentação expedida pelos policiais civis.

Importante observar que tal vedação dirige-se, apenas, ao legislador ordinário. Logo, a Constituição Federal pode, tranquilamente, estabelecer vinculações e equiparações. Vejamos:

a) equiparação dos Ministros do Tribunal de Contas da União aos Ministros do Superior Tribunal de Justiça (art. 173, § 3º, da Constituição Federal);
b) vinculação entre os subsídios dos Ministros do Supremo Tribunal Federal, dos Tribunais Superiores e demais membros da Magistratura (art. 93, V, do Texto Constitucional)[372].

372. Ainda sobre o tema, ensina-nos José Afonso da Silva: "'Não há confundir isonomia e paridade com equiparação ou vinculação para efeitos de vencimentos. Isonomia é igualdade de espécies remuneratórias entre cargos de atribuições iguais ou assemelhados. Paridade é um tipo especial de isonomia, é igualdade de vencimentos a cargos de atribuições iguais ou assemelhados pertencentes a quadros de Poderes diferentes. Equiparação é a comparação de cargos de denominação e atribuições diversas, considerando-os iguais para fins de se lhes conferirem os mesmos vencimentos; é igualação jurídico-formal de cargos ontologicamente desiguais, para o efeito de se lhes darem vencimentos idênticos, de tal sorte que, ao aumentar-se o padrão do cargo-paradigma, automaticamente o do outro ficará também majorado na mesma proporção. Na isonomia e na paridade, ao contrário, os cargos são ontologicamente iguais, daí devendo decorrer a igualdade de retribuição; isso está de acordo com o princípio geral da igualdade perante a lei: tratamento igual para situações reputadas iguais, é, em verdade, aplicação do princípio da isonomia material: trabalho igual deve ser igualmente remunerado. A equiparação quer tratamento igual para situações desiguais. Vinculação é relação de comparação vertical, diferente da equiparação, que é relação horizontal. Vincula-se a um cargo inferior, isto é, de menores atribuições e menor complexidade, com outro superior, para efeito de retribuição, mantendo-se certa diferença de vencimentos entre um e outro, de sorte que, aumentando-se os vencimentos de um, o outro também fica automaticamente majorado, para guardar a mesma distância preestabelecida. O regime jurídico desses institutos são, por isso mesmo, diametralmente opostos. A isonomia, em qualquer de suas formas, incluída nela a paridade, é uma garantia constitucional e um direito do funcionário, ao passo que a vinculação e a equiparação de cargos, empregos ou funções, para efeito

11.3. Irredutibilidade de vencimentos e subsídios

A *irredutibilidade* de vencimentos, assim como a vitaliciedade e a inamovibilidade, se constitui em garantia constitucional, atribuída originariamente aos magistrados e membros dos Tribunais de Contas e do Ministério Público, ainda vigorando os preceitos que assim dispõem.

Oportuna a ressalva sobre o entendimento de alguns juristas, que entendem que a *prerrogativa da irredutibilidade* estendida pelo Legislador Constituinte aos servidores públicos em geral não se constitui de fato, numa prerrogativa, mas tão somente num mero benefício de ordem pessoal, mais inerente à pessoa do servidor do que à função que desempenha[373].

Valendo-se desse entendimento, a *irredutibilidade* dos vencimentos dos servidores despe-se de seu caráter de prerrogativa e de especialidade de algumas categorias, para adentrar genericamente no rol dos direitos dos servidores permanentes.

A redação original do art. 37, inciso XV, da Constituição Federal previa que os vencimentos dos servidores públicos, civis e militares são irredutíveis, revertendo o entendimento que vigorava anteriormente à promulgação desta Lei Maior, a qual admitia a *irredutibilidade* dos vencimentos dos servidores pertencentes ao regime estatutário.

A Emenda Constitucional nº 19/1998, em seu inciso XV, alterou o texto anterior, estendendo a garantia da irredutibilidade de vencimentos não somente aos servidores pertencentes ao regime estatutário, mas aos servidores públicos em geral, sejam eles ocupantes de cargos públicos ou de empregos públicos[374].

Assim reza o art. 37, inciso XV: *"**o subsídio e os vencimentos dos ocupantes de cargos e empregos públicos são irredutíveis** (...)"*. (grifos nossos)

Contudo, a não fixação de subsídio dos Ministros do Supremo Tribunal Federal impossibilitou a efetiva aplicação de diversos dispositivos constitucionais referentes à EC nº 19/1998, os quais permaneceram com a eficácia contida, não podendo ser aplicados de fato.

Neste diapasão, inclui-se o dispositivo constitucional que dispunha sobre o teto remuneratório dos servidores públicos.

A irredutibilidade sugerida no art. 37, inciso XV, aplicar-se-á ao vencimento básico do cargo ou função, não se incluindo nesta regra os adicionais e as gratificações que serão devidos quando da ocorrência de um fato específico, ou seja, um fato gerador que ensejará estes créditos adicionais ao vencimento. Ademais, geralmente estes se revestem de caráter transitório, podendo, inclusive, ser absorvidos em vencimentos mais elevados[375].

Os Tribunais têm decidido no sentido de que, se a remuneração, no total, ultrapassar o limite legal estabelecido, a gratificação de produtividade deverá ser alcançada pelo redutor salarial.

---

de remuneração, são vedadas pelo art. 37, XIII. É isso que o texto quer dizer na redação defeituosa. De fato, o dispositivo veda a vinculação ou equiparação de quaisquer espécies remuneratórias para efeito de remuneração de pessoal do serviço público, quando, na verdade, o que se veda é a vinculação ou equiparação de cargos, empregos ou funções para efeitos de remuneração. E assim é que deve entender-se o dispositivo".

373. É o entendimento de Celso Ribeiro Bastos e Ives Gandra S. Martins (*Comentários*, cit., vol. III, tomo III, p. 121).

374. O STF emitiu decisão de que a irredutibilidade de vencimentos também é extensiva aos cargos em comissão e funções gratificadas. (RE nº 378.932-PE, 1ª Turma, Rel. Min. Carlos Britto, j. em 30/09/2003).

375. É da Corte Maior a decisão que assegura que o princípio da irredutibilidade de vencimentos *"não vedará a redução de parcelas que componham os critérios legais de fixação, desde que não se diminua o valor da remuneração na sua totalidade"*. Já o STJ assim decidiu a respeito: *"só os vencimentos são irredutíveis; as gratificações, salvo aquelas de caráter individual, podem, para efeito de aplicação do denominado redutor salarial, sofrer limitações quantitativas"*.

É da Corte Maior a decisão que assegura que o princípio da irredutibilidade de vencimentos "não veda a redução de parcelas que componham os critérios legais de fixação, desde que não se diminua o valor da remuneração na sua totalidade".

A garantia da irredutibilidade também se aplica na hipótese em que um servidor trabalhista se integra ao regime estatutário, se desvinculando, destarte, de vantagens inerentes ao regime contratual, pois que a sua remuneração não poderá ser reduzida.

A Administração Pública providenciará para que a sua remuneração, quando da transferência, se equipare ao valor do cargo, somado à parcela que venha a completar o salário anteriormente auferido. Esta parcela tem o caráter remuneratório e, portanto, não poderá, em hipótese alguma, se desvincular da remuneração.

A Jurisprudência do Supremo Tribunal Federal se manifestou sobre a questão em tela, quando a 1ª Turma, ao reformular acórdão do TJ-MG, que admitia a redução remuneratória, entendeu que aquela decisão violara o art. 7º, inciso VI, da Constituição Federal, que também garante a irredutibilidade dos salários, salvo disposição contrária em acordo ou convenção coletiva. (1ª Turma do STF, RE 243.349/MG, Rel. Min. Ellen Gracie, j. em 11/09/2003)

Não obstante o parecer da Suprema Corte ter se valido, em sua fundamentação, do art. 7º, inciso VI, da Constituição Federal, esta poderia perfeitamente ter-se fundado tão somente na regra do art. 37, inciso XV, do mesmo diploma, posto que este faz menção tanto a cargos públicos, referentes ao regime estatutário, como a empregos públicos, inerentes ao regime contratual trabalhista.

Insurge-se que a irredutibilidade não se aplica irrestritamente à remuneração dos servidores, mas tão somente à *redução direta* de seus vencimentos. Face a essa proteção, é vedado, pela Constituição Federal, a concessão de valor pecuniário inferior ao já fixado anteriormente para o respectivo cargo ou função[376].

A Emenda Constitucional nº 41/2003 incorporou as gratificações pessoais aos vencimentos dos servidores, fixando o *subsídio* como limite remuneratório percebido à data de sua publicação, 31/12/2003. Entretanto, pela falta de fixação do subsídio, esta questão ficou acertada em seu art. 8º, cujo texto se segue:

> *Art. 8º Até que seja fixado o valor do subsídio de que trata o art. 37, XI, da Constituição Federal, será considerado, para os fins do limite fixado naquele inciso, o valor da maior remuneração atribuída por lei na data de publicação desta Emenda a Ministro do Supremo Tribunal Federal, a título de vencimento, de representação mensal e da parcela recebida em razão de tempo de serviço, aplicando-se como limite, nos Municípios, o subsídio do Prefeito, e nos Estados e no Distrito Federal, o subsídio mensal do Governador no âmbito do Poder Executivo, o subsídio dos Deputados Estaduais e Distritais no âmbito do Poder Legislativo e o subsídio dos Desembargadores do Tribunal de Justiça, limitado a noventa inteiros e vinte e cinco centésimos por cento da maior remuneração mensal de Ministro do Supremo Tribunal Federal a que se refere este artigo, no âmbito do Poder Judiciário, aplicável este limite aos membros do Ministério Público, aos Procuradores e aos Defensores Públicos.*

376. Este entendimento já é pacífico nos Tribunais, que já se manifestaram no sentido de que não há proteção contra *redução indireta*. Para esse fim, são consideradas aquelas em que o vencimento não acompanha *pari passu* o índice inflacionário, ou ainda, aquela em que o vencimento nominal sofre redução em virtude da incidência de impostos.

Trazemos à análise um caso concreto ocorrido no Estado do Amazonas, com julgamento de Agravo Regimental no Recurso Extraordinário pelo Supremo Tribunal Federal, em que servidora pública ocupante de cargo de Procuradora de Contas foi colocada em disponibilidade remunerada, em razão da extinção do Tribunal de Contas do Município, e teve posteriormente os seus vencimentos reduzidos pelo Estado, com a alegação de cumprimento a dispositivo constitucional.

> Constitucional. Administrativo. Servidor Público. Disponibilidade.
>
> I – O Estado não pode reduzir vencimentos de servidores sem a instauração de processo administrativo e sem assegurar o direito de defesa.
>
> II – Agravo não provido. (Ag. Reg. no Recurso Extraordinário nº 362.297-8, Amazonas, Segunda Turma, Rel. Min. Carlos Velloso)

A questão em tese se refere a julgamento, pelo Supremo Tribunal Federal, de Recurso de Agravo interposto pelo Estado do Amazonas, que buscava derrubar decisão que denegou seguimento a seu Recurso Extraordinário. Em suas alegações, o Agravante sustentava que a servidora pública que ocupava o cargo de Procuradora de Contas, do Tribunal de Contas do Município, foi colocada em disponibilidade remunerada quando da extinção deste.

Porém, sustenta o Agravante que, por força de dispositivo constitucional expresso, a remuneração em disponibilidade é proporcional ao tempo de serviço, consoante a nova redação do art. 41 da Constituição Federal, e que tal disposto tem aplicação imediata e alcança relações pretéritas.

O Ministro Carlos Velloso, em seu voto, rejeitou preliminarmente a alegação de ofensa ao art. 93, IX, da CF, rejeitando a tese imposta pelo Estado de existência de ofensa aos princípios do contraditório, ampla defesa e devido processo legal, apenas porque o Tribunal *a quo* não acolheu os embargos declaratórios daquele, e se valeu da fundamentação de outros precedentes neste sentido[377].

No que alude ao mérito, restou evidenciado nos autos que a redução de vencimentos da servidora não foi precedida de instauração de processo administrativo, nem se assegurou seu direito de defesa, de sorte que não podia o Estado, como fez, reduzir seus vencimentos.

O Supremo Tribunal Federal tem sido reincidente no entendimento de que, não obstante poder a Administração rever seus atos, isto não obsta que deva respeito aos ditames constitucionais e garantia da devida defesa aos atingidos.

Ademais, com a modificação ocorrida pela Emenda Constitucional nº 19/1998, que alterou a redação do § 3º do art. 41, torna-se impossível a redução dos vencimentos, conforme pretendeu o Estado de Amazonas com a servidora.

377. "... Fundamentação do acórdão recorrido. Existência. Não há falar em ofensa ao art. 93, IX, da CF, quando o acórdão impugnado tenha dado razões suficientes, embora contrárias à tese da recorrente...". "... É inadmissível recurso extraordinário, fundado na alegação de infringência ao art. 93, IX, da Constituição da República, quando o acórdão impugnado e a sentença confirmada apresentam fundamentação bastante, embora contrária aos interesses do recorrente...". "... O que a Constituição exige, no art. 93, IX, é que a decisão judicial seja fundamentada; não, que a fundamentação seja correta, na solução das questões de fato ou de direito da lide: declinadas no julgado as premissas, corretamente assentadas ou não, mas coerentes com o dispositivo do acórdão, está satisfeita a exigência constitucional...".

Art. 41. (...)

§ 3º Extinto o cargo ou declarada sua desnecessidade, o servidor estável ficará em disponibilidade, com remuneração proporcional ao tempo de serviço, até seu adequado aproveitamento em outro cargo.

Portanto, há que se considerar que na questão em análise, a aplicação na íntegra do novo dispositivo constitucional, modificado pela Emenda Constitucional nº 19/1998, àqueles que vinham percebendo remuneração integral, equivaleria a reduzir seus vencimentos. Sendo assim, não se tratando das hipóteses decorrentes de tributação, de se adequar ao teto remuneratório constitucional, ou de se respeitar nova disciplina de cálculo de vantagens, não há a legitimação da diminuição de vencimentos do servidor[378].

Nestes termos, o decréscimo remuneratório disposto no art. 41, § 3º, da CF/1988 não se afigura legítimo, já que no caso em estudo a servidora foi posta em disponibilidade antes do advento da Emenda Constitucional nº 19/1998, sendo fato que a diminuição da remuneração da servidora não é constitucional. Jurisprudências do STF atestam o alegado:

> '... É firme a jurisprudência do STF no sentido de que a garantia do direito adquirido não impede a modificação para o futuro regime de vencimentos do servidor público. Assim, desde que não implique diminuição no *quantum* percebido pelo servidor, é perfeitamente possível a modificação no critério de cálculo de sua remuneração...'
>
> '... A garantia constitucional da irredutibilidade do estipêndio funcional traduz conquista jurídico-social outorgada, pela Constituição da República, a todos os servidores públicos (CF, art. 37, XV), em ordem a dispensar-lhes especial proteção de caráter financeiro contra eventuais ações arbitrárias do Estado. Essa qualificada tutela de ordem jurídica impede que o Poder Público adote medidas que importem, especialmente quando implementadas no plano infraconstitucional, em diminuição do valor nominal concernente ao estipêndio devido aos agentes públicos...'

11.4. Conclusão

Sintetizando o assunto exposto, conclui-se que a irredutibilidade de vencimentos se espelhará, a partir de 31/12/2003, nos seguintes termos extraídos da Constituição Federal e da jurisprudência:

O direito à irredutibilidade de vencimento ou subsídio não poderá ser evocado quando sua proposta se destinar a manter a remuneração percebida pelo servidor acima do teto estimado pelo art. 37, inciso XI, da Constituição da República. Os acréscimos pecuniários não se destinarão à acumulação para fins de concessão de acréscimos ulteriores, por se configurarem nos assim denominados "acréscimos em cascata". Portanto, não será aplicável o princípio da irredutibilidade de vencimentos em se tratando do dispositivo constante no inciso XIV do art. 37 do mesmo diploma.

378. "... A garantia constitucional da irredutibilidade da remuneração devida aos servidores públicos em atividade não se reveste de caráter absoluto. Expõe-se, por isso mesmo, às derrogações instituídas pela própria Constituição da República, que prevê, relativamente ao subsídio e aos vencimentos 'dos ocupantes de cargos e empregos públicos' (CF, art. 37, XV), a incidência de tributos, legitimando-se, desse modo, quanto aos servidores públicos ativos, a exigibilidade da contribuição de seguridade social, mesmo porque, tem tema de tributação, há que se ter presente o que dispõe o art. 150, II, da Carta Política...".

Reportando-se ao art. 150, inciso II, que preceitua que "*é vedado à União, aos Estados, ao Distrito Federal e aos Municípios, instituir tratamento desigual entre contribuintes que se encontrem em situação equivalente, proibida qualquer distinção em razão de ocupação profissional ou função por eles exercida, independentemente da denominação jurídica dos rendimentos, títulos ou direitos*"; e ao art. 153, inciso III e § 2º, inciso I, que reza que o Imposto de Renda "*será informado pelos critérios da generalidade, da universalidade e da progressividade, na forma da lei*", conclui-se que não poderá ser alegada a irredutibilidade de vencimentos quando versarem sobre normas constitucionais acerca de tributos.

Este é o entendimento da Suprema Corte sobre a irredutibilidade de vencimento do servidor:

> *(...) não há direito adquirido do servidor público estatutário à inalterabilidade do regime jurídico pertinente à composição dos vencimentos, desde que a eventual modificação introduzida por ato legislativo superveniente preserve o montante global da remuneração, e, em consequência, não provoque decesso de caráter pecuniário.* (RE nº 282.076-8, *DJ*)

12. FIXAÇÃO E ALTERAÇÃO DE REMUNERAÇÃO E SUBSÍDIO

A *fixação* e a *alteração* da ***remuneração*** *e do* ***subsídio*** dos servidores públicos somente poderão ser efetivadas por lei específica, de acordo com a redação insculpida no inciso X do art. 37, a seguir descrita:

> *Art. 37. (...)*
>
> *X – a remuneração dos servidores públicos e o subsídio de que trata o § 4º do art. 39 somente poderão ser fixados ou alterados por lei específica, observada a iniciativa privativa em cada caso, assegurada revisão geral anual, sempre na mesma data e sem distinção de índices.*

A remuneração, a que se refere o artigo, é o vencimento do cargo efetivo, acrescido das vantagens pecuniárias permanentes, estabelecidas em lei (art. 41 da Lei nº 8.112/1990). Já o subsídio designa remuneração fixa e mensal, paga aos membros de Poder, ao detentor de mandato eletivo, aos Ministros de Estado e aos Secretários Estaduais e Municipais (art. 39, § 4º, da CF).

Conforme se depreende do aludido Texto, imprescindível lei específica para estabelecer a devida fixação ou alteração dos referidos institutos, cuja iniciativa será privativa do respectivo Chefe do Poder Executivo de cada ente da Federação.

Neste diapasão, os servidores do Poder Executivo terão a sua remuneração e subsídio fixados, ou alterados, mediante lei de iniciativa do Presidente da República, estando esta previsão contida no art. 61, § 1º, inciso II, *a*. Para os servidores do Poder Judiciário, a iniciativa é dos Tribunais Superiores (art. 96, inciso II, *b*).

A competência do Poder Legislativo é dividida entre a Câmara dos Deputados e o Senado Federal, sendo cada qual responsável pela remuneração de seus empregos, cargos e funções, cujas previsões se encontram nos arts. 51, inciso IV, e 52, inciso XIII, da CRFB. Ao Ministério Público compete editar lei que disponha sobre a política remuneratória e o plano de carreira de seu pessoal.

A *remuneração* de servidor ocupante de cargos, funções e empregos públicos da administração direta, autárquica, fundacional, dos membros de qualquer dos Poderes da União e dos demais entes federados, dos detentores de mandato eletivo e dos demais agentes públicos, assim como os proventos, pensões e outras espécies remuneratórias, percebidas cumulativamente ou não e incluídas as vantagens pessoais ou de qualquer outra natureza, não poderão exceder o subsídio mensal, em espécie, dos Ministros do Supremo Tribunal Federal.

12.1. Reajustes de remunerações e subsídios

A Constituição de 1968 trouxe, inegavelmente, algumas louváveis inovações às ordens jurídicas Constitucional e Administrativa.

A partir de então, as normas concernentes ao estatuto dos Servidores Públicos passaram a ser contempladas na Lei Maior.

Ocorre, todavia, que ainda hoje, quase duas décadas após a sua promulgação, a denominada Constituição Cidadã continua tendo alguns de seus preceitos violados.

Asseverando o exposto, citamos o descaso que vem sendo dispensado aos servidores públicos, no que tange aos reajustes de suas remunerações e subsídios.

O art. 37, XV, da CF, menciona:

> *O subsídio e os vencimentos dos ocupantes dos cargos e empregos públicos são irredutíveis (...).*

Com a leitura desses preceitos constitucionais, verificamos que o Chefe do Poder Executivo, a quem incumbe fazer a revisão geral anual da remuneração e do subsídio dos servidores públicos, deveria, antes, enviar projeto de lei ao Poder Legislativo, com o fito de vincular referida revisão aos índices oficiais de inflação.

Esta iniciativa certamente contribuiria para preservar o poder aquisitivo dos servidores públicos há muito defasado pela inflação.

Contudo, outro tem sido o desfecho desta questão.

O primeiro, pela indevida discricionariedade de que se vale o Chefe do Poder Executivo, ao estipular percentual de revisão remuneratório desta classe – ao sabor da inconstitucionalidade – muito abaixo dos índices oficiais, e que melhor convém à sua administração.

O segundo, por não incidir vinculação ao Poder Legislativo para legislar e mesmo quando cientificado sobre a questão, não edita referidas leis específicas.

Com isso, o que se observa é que a Constituição Federal se farta de normas que carecem de regulação, configurando-se um verdadeiro descaso à sua supremacia.

Como consequência tem-se a nítida redutibilidade da remuneração e do subsídio dos funcionários públicos, em total confronto com o Texto Legal.

Cabe registrar que o agente público não se mostra negligente ou desinformado quando do uso de índices de inflação em relações que este estabeleça com a iniciativa privada, ou seja, quando esta deve remunerar aquele.

Com isso, no plano subjetivo, a inobservância de dispositivo constitucional – qual seja, a irredutibilidade da remuneração dos servidores públicos – que se dá pela aplicação de índices de reajuste muito abaixo dos oficiais, gera, indubitavelmente, uma drástica desvalorização na remuneração desta classe.

E isso, ainda que de forma indireta, acarreta consequências até mesmo na economia do País, pois "quem ganha menos gasta menos", e um consumo menor pressupõe uma produção proporcional a este.

Na esfera objetiva, a não utilização de índices oficiais no reajuste remuneratório dos servidores culmina na estagnação da democracia, que só se configura formalmente. No plano subjetivo, gera uma drástica queda no poder aquisitivo desta classe.

Insta concluir que a omissão do Poder Executivo se irradia nos Poderes Legislativo e Judiciário.

No Legislativo, por se omitir em criar leis específicas sobre a questão citada; no Judiciário, neste caso específico atuando através do Supremo Tribunal Federal, por não atender à sua condição de guardiã da Constituição Federal que, ao julgar as Ações Diretas de Inconstitucionalidade que denunciam referida violação de preceito constitucional, se limitam a dar ciência ao Legislativo, não se valendo de sua supremacia legal e impondo o cumprimento dos ditames constitucionais.

Resta, contudo, aos servidores públicos, o direito de questionar tais omissões e reivindicar, não apenas a indenização das respectivas perdas salariais, mas também a vinculação das atuações dos agentes e órgãos públicos ao Texto Constitucional, fazendo valer a sua supremacia quanto às demais normas legais, e a sua soberania, em face ao poder emanado pelo povo brasileiro.

13. DESCONTO DE VALORES INDEVIDAMENTE PAGOS

A Administração Pública tem direito de efetuar desconto no contracheque dos servidores que receberam valores indevidamente pagos, mesmo por força de liminar concedida e posteriormente denegada, desde que observados os princípios da ampla defesa e do contraditório.

Não há como prosperar a alegação de que é possível a administração pública invalidar ato administrativo e impor ao servidor restituição de vantagem recebida ao inteiro teor da Súmula nº 473 do STF, sem a necessidade de observância dos princípios do contraditório, da ampla defesa e do devido processo legal.

O Superior Tribunal de Justiça já possui entendimento pacífico de que a administração poderia anular seus próprios atos a qualquer tempo, desde que livre dos vícios que os tornassem ilegais. Dessa forma, tendo a administração pago aos servidores valores referentes a uma determinada verba por força de liminar proferida em mandado de segurança, cuja ordem foi posteriormente denegada, assiste ao Estado o direito de efetuar o desconto de tais valores, após regular procedimento administrativo.

Capítulo XV

Da responsabilidade do Servidor

Responsabilidade penal, administrativa e civil dos servidores

1. INTRODUÇÃO

Considerando a complexa incumbência do Estado, pelas inúmeras e genéricas atividades desempenhadas por sua máquina administrativa, cuja engrenagem se constitui de uma imensa massa de agentes de diferentes categorias e espécies, dentre eles os denominados *servidores públicos*, tem o presente tema o propósito de discorrer, justamente, sobre as responsabilidades a que estão sujeitos estes agentes, em especial, buscando contribuir para o entendimento dessa relevante disciplina.

Tal abordagem se justifica, enfim, tendo em vista o rol de obrigações a ser observado por esses prepostos do Estado no desempenho de suas funções públicas, cujo fim último é satisfazer, de maneira direta, contínua e permanente as necessidades coletivas, visando o bem-estar social, devendo ser exercidas, sobretudo, sob a norteadora luz que emana dos princípios constitucionais, sejam os textualmente relacionados às atividades administrativas, explícitos no *caput* do art. 37 da Carta Magna, sejam os que a elas estão implícitos, a exemplo dos princípios da supremacia do interesse público, da proporcionalidade, da segurança jurídica, dentre outros de igual quilate, reconhecidos e aceitos pela doutrina e jurisprudência como orientadores fundamentais ao proceder da administração pública, porquanto diretrizes gerais que são do Direito.

Outra razão que se segue encontra-se intimamente relacionada às características que identificam o perfil desses servidores, subespécie de agentes públicos administrativos que são, ou seja, por serem legitimamente titulares de cargos públicos, mantendo um efetivo vínculo jurídico com o Poder Público, de natureza profissional, em regra desempenhando funções de caráter não eventual, são eles submetidos a um conjunto de normas de conduta funcional, legais e regulamentares, cuja inobservância, no exercício de suas atribuições ou a pretexto de exercê-las, pode levar o servidor à responsabilização em três instâncias, dependendo do deslize cometido: na esfera administrativa, com sanções disciplinares estatutariamente previstas; na civil, reparando o dano que tenha causado à Administração ou a terceiros; e, na esfera criminal, caso a infração decorra de conduta tipificada na lei penal.

Com efeito, a existência de regras substantivas voltadas à conduta funcional dos servidores públicos em questão é pontual, e quem as estabelece, primordialmente, é a Lei federal nº 8.112, de 11 de dezembro de 1990, mais conhecida como Estatuto dos Servidores

Públicos Federais, no qual se encontra disposto, no Título IV, o *Regime Disciplinar* que tais servidores, à Lei vinculados, devem conhecer e observar.

Visando reprimir a prática de infrações no âmbito interno da Administração Pública, tal regime prevê deveres, impedimentos, responsabilidades, além das penalidades e o respectivo processo de imputação e aplicação destas, uma vez que condutas dolosas ou culposas, comissivas ou omissivas, do servidor comprometem não só a hierarquia e a disciplina entre os agentes que compõem a malha administrativa, mas também a dignidade e o decoro da Administração Pública, a normalidade da máquina administrativa e a eficiência dos serviços, expondo a riscos o patrimônio público, daí surgindo seu conteúdo jurídico.

Em suma, o que objetiva esse regulamento disciplinar estatutário, que se insere no campo de estudo do Direito Administrativo, é preservar os pilares da organização administrativa pública, buscando proteger os interesses da própria Administração, que tem, por sua vez, a responsabilidade de ser a guardiã dos interesses, bens e valores públicos, por essa via realizando sua importante missão: alcançar os fins colimados pelo Estado.

Assim ventilado o assunto em pauta, vale repassar ao leitor, sucintamente, sem ter a intenção de desviar o foco àquele merecido, como surgiram as formas de responsabilização, das primitivas acepções até se chegar aos entendimentos atuais, mas sempre lembrando que, em última análise, a essência da responsabilidade reside no pressuposto de que cada um deve dar conta de seus próprios atos ou ser o responsável pelos atos de outrem, respondendo por aqueles que impliquem em danos a terceiros ou em violação da ordem jurídica. Portanto, enquanto compromisso, responsabilidade nada mais é do que, basicamente, cumprir suas obrigações, respeitando os direitos de seu semelhante, assumindo o prejuízo que porventura vier a causá-lo, seja por dano moral ou patrimonial, decorrente de inadimplemento culposo, de obrigação legal ou contratual, ou imposta por lei.

2. BREVE HISTÓRICO DA RESPONSABILIZAÇÃO

Pesquisando os passos evolutivos do comportamento e das inter-relações humanas, tornou-se fato conclusivo aos estudiosos, certamente até quando puderam recuar no tempo, que o homem é um ser instintivamente gregário e que o convívio social, por via lógica, foi decisivo para o desenvolvimento das civilizações, e consequentemente à origem do instituto da responsabilidade, independente da organização dos primitivos grupamentos sociais, do ambiente ou do intelecto dos indivíduos.

Nesse sentido, aliás, o jurista e sociólogo Luís Recaséns Siches salientava que a natureza humana se encontra condicionada não só a leis físicas, biológicas e psíquicas, mas também ao seu consciente comportamento social, dizendo que: "O social forma parte essencial, necessária, da vida humana, como seu componente inevitável, até o extremo de que um homem associal seria impossível. (...) constituiria um absurdo, do mesmo modo que a enunciação de um círculo quadrado"[379].

Refletindo sobre essa assertiva, seria o mesmo que dizer, em outras palavras, que viver em sociedade faz parte da natureza humana, o que leva a crer, por conseguinte, que, em função do comportamento, seja no âmbito do individualismo exacerbado, seja nos desvios psíquicos da personalidade ou nos de comportamento instintivo primário, o

379. Siches, Luís Recaséns. *Tratado de Sociologia*. Trad. João Batista Coelho Aguiar. Porto Alegre: Globo, 1998, p. 187.

homem pode decidir situações e fatos no ambiente social em que vive e, por conta disso, influenciar toda a História.

Para resgatar as origens da responsabilidade, e acompanhar sua evolução no tempo, porém, é oportuno lembrar ao leitor que, nos primórdios, não havia mecanismos que limitassem o comportamento do homem, e quando alguém lhe causava algum tipo de mal, independentemente de qual fosse a natureza, sua reação era instintiva e imediata: vingava-se simplesmente do agente lesante, fazendo justiça com as próprias mãos, não cogitando, sequer, sobre a existência de culpa do ofensor. Só lentamente, com a estratificação dos primeiros grupamentos – quando o homem abandona o nomadismo, ao descobrir que podia sobreviver do plantio, da criação animal e desenvolver suas atividades manufatureiras em um só lugar –, é que passou a existir a preocupação dos que assumiam a liderança da tribo em proporcionar um vínculo de solidariedade entre seus membros, dando-lhes a proteção necessária e resolvendo as disputas que porventura viessem a ocorrer entre eles, além de coordenar as atividades dos indivíduos na primitiva *polis*, ao distribuir papéis a serem desempenhados por cada um, para atender aos interesses individuais e coletivos.

Nessa perspectiva, então, é de notar que viver em comunidade já importava observar e cumprir determinadas normas de conduta individuais e que a questão da responsabilidade em si, hoje sintetizada como a relação direito–dever de cada um, também já permeava, de certa forma, as relações humanas, embora primitivamente a punição por algum tipo de mal cometido por um só indivíduo abrangesse a todos os demais integrantes do grupo social ao qual ele pertencia, não se falando, por óbvio, em culpa ou em responsabilidades, civil ou penal, muito menos.

Seguindo uma linha de raciocínio, percebe-se, porém, que foi com a formação das primeiras noções de direitos e deveres que surgiriam, lenta e rudimentarmente, as estruturas básicas de uma organização social formal, o que iria exigir, por conseguinte, o sacrifício de alguns, os quais, todavia, seriam sobejamente compensados pelas vantagens trazidas pela vida em sociedade[380].

Ocorre que, pelo próprio cotidiano, os conflitos de interesses se intensificariam, momento em que é reconhecida a necessidade não só de planejar e organizar a vida em sociedade, mas também de disciplinar as relações humanas, estabelecendo regras básicas de convivência, visando o interesse da própria coletividade, preservando a paz e o bem-estar social. Em outras palavras, seria preciso controlar o comportamento primário e instintivo do homem, o da ação-reação, por meio de normas escritas, ensejando o surgimento dos primeiros ordenamentos a versarem sobre responsabilidades, como os Códigos de Ur-Nammu e o de Hamurabi, ambos reconhecidos como as mais remotas codificações de leis escritas na História da Humanidade[381].

380. Na lição do professor José de Aguiar Dias, "a responsabilidade não é fenômeno exclusivo da vida jurídica, antes se liga a todos os domínios da vida social". (Dias, José de Aguiar. *Da Responsabilidade Civil.* 10ª ed., Rio de Janeiro: Forense, 1997, p. 2. v. I).

381. A título de curiosidade, o Código sumeriano de Ur-Nammu, datado de 2040 antes da Era Cristã, aproximadamente, ainda que anterior ao Código babilônico de Hamurabi – gravado em um bloco de pedra em torno de 1750-1700 a.C. – é considerado mais avançado que este, pois nele já era possível identificar, mesmo que por ideias abstratas, o princípio da reparabilidade do que hoje é chamado de dano moral e, por incrível que possa parecer, sua quantificação. (Silva, Américo Luís Martins da. *O Dano Moral e as sua Reparação Civil.* São Paulo: Revista dos Tribunais, 1999).

Embora já abrangessem matérias de ordem civil, penal e administrativa, objetivando uma civilização social justa, esses códices se resumiam em apresentar, entretanto, temas bem específicos e concretos, exemplificando situações conflituosas circunscritas ao dia a dia do povo, mas cujas formas de responsabilização eram bastante severas, demasiadamente rígidas, inflexíveis e cruéis, pois institucionalizavam, no lugar da *vindicta* coletiva da primeira fase do instituto da responsabilidade, o direito de vingança privada, adotando a pena de Talião, a do conhecido ditado *olho por olho, dente por dente*, preocupando-se somente os monarcas em conferir aos súditos lesados uma reparação por ofensas sofridas, na mesma proporção, pouco se importando com o direito de defesa.

É de se deduzir, por conseguinte, que nos tempos primitivos, em virtude da falta de segurança jurídica e a inexistência do *due process of law*, era comum a criatura humana ter seus bens confiscados, ser mutilada e até condenada à pena de morte, por vezes em casos hoje considerados banais, ainda que esta sanção fosse aplicada pelo próprio Estado, e não mais por terceiro[382].

Foi com extrema lentidão, contudo, que o conhecido instituto da responsabilidade se desenvolveu, eis que somente por volta de 451-450 a.C. foi editada a primeira codificação de leis romanas, consubstanciada na Lei das XII Tábuas – juridicamente considerada pedra angular de toda a fonte do Direito. Embora consagrasse a pena de Talião, ao consolidar entre os delitos privados os fatos ilícitos contra a pessoa, essa importante legislação procurou eliminar os desmandos e excessos da aplicação da justiça estatal, permitindo ou excluindo a retaliação privada, quando injustificável, valendo mencionar o *pacta sunt servanda* por ela recepcionado, princípio baseado na boa-fé e aceito como lei. Ao estipular responsabilidades e delimitar as penalidades, instituiu o processo penal, assim fixando princípios basilares quanto à faculdade de o Poder Público intervir nos conflitos, assumindo o papel de apaziguador, ou seja, somente a lei poderia definir os delitos, civis ou criminais, e as respectivas formas de reparação[383], o que daria origem, bem mais tarde, às coordenadas para a fundamentação das responsabilidades civil e penal. Era o indício de que o porvir seria repleto de mudanças.

De fato, com o passar do tempo, outros registros jurídicos viriam complementar aqueles já existentes, mencionando-se a Lei Aquília, instituída já na Era Cristã, na qual se encontra esboçada, por assim dizer, a ideia de culpa, ao estabelecer que o princípio regulador de reparação do dano seria o ato ilícito, o qual implica na obrigação de indenizar a parte lesada, condenando o agente a uma pena pecuniária, princípio basilar da responsabilidade civil, a partir dali desvinculando-se da responsabilidade penal.

382. "A ideia da pena como instituição de garantia – diz o jurista René Ariel Dotti – foi obtendo disciplina através da evolução política da comunidade (grupo, cidade, Estado) e o reconhecimento da autoridade de um chefe a quem era deferido o poder de castigar em nome dos súditos. É a pena pública que, embora impregnada pela vingança, penetra nos costumes sociais e procura alcançar a proporcionalidade através das formas do talião e da composição. A expulsão da comunidade é substituída pela morte, mutilação, banimento temporário ou perdimento de bens". (Dotti, René Ariel. *Bases e Alternativas para o Sistema de Penas*. 2ª ed., São Paulo: Revista dos Tribunais, 1998, p. 31).

383. "A diferenciação entre a 'pena' e a 'reparação' (...) somente começou a ser esboçada (...) com a distinção entre os delitos públicos (ofensas mais graves, de caráter perturbador da ordem) e os delitos privados. Nos delitos públicos, a pena econômica imposta ao réu deveria ser recolhida aos cofres públicos, e, nos delitos privados, a pena em dinheiro cabia à vítima." (*Apud* Gonçalves, Carlos Roberto. *Responsabilidade Civil*. 6ª ed., São Paulo: Saraiva, 1995, p. 4).

E assim, à medida que novas tendências de pensamento iam surgindo, advindas das ideias liberais de mentalidades mais evoluídas e elaboradas, sobretudo dos humanistas do século XIV, profundas transformações ocorreriam em todos os segmentos, enriquecendo, por via de consequência, a Ciência Jurídica[384].

É nesse compasso evolutivo que não se pode deixar de mencionar, por oportuno, a Revolução Francesa de 1789, pela conquista política por ela alcançada, tornando-se fenômeno de inegável representatividade ao cenário jurídico. Historicamente apontada como um divisor de águas da moderna civilização, eis que alicerçada nos princípios da igualdade, fraternidade e liberdade, é a partir de então que se reconhecem formalmente os direitos fundamentais do homem, ignorados durante os regimes absolutistas e totalitários, fazendo emergir o Estado de Direito, ao submeter o Estado ao império da lei, momento em que surgem as mais significativas mudanças no campo legislativo[385].

Assim posto, há de se perceber que, distanciando-se das primitivas acepções, não fossem as normas escritas a permearem a vida em sociedade, regrando o comportamento do homem, continuaria imperando a barbárie dos primórdios, quando todos agiam com total arbitrariedade, causando frequentes danos uns aos outros, ficando ao alvitre de cada um buscar reparação dos prejuízos sofridos da maneira que melhor conviesse.

Nos dias atuais, porém, como o objetivo precípuo da ordem jurídica é manter o equilíbrio social, uma vez que o convívio humano desperta disputas, sem dúvida, tem-se o Direito, acionado para garantir a segurança de todos, protegendo o homem dos atos ilícitos e reprimindo a ação ilegítima daqueles que a contrariam. Nas palavras de Siches, "*la seguridad es el valor fundamental de lo jurídico, sin el cual no puede haber Derecho. Sin segurid no hay Derecho, ni bueno, ni malo, ni de ninguna clase*"[386].

Destarte, quando alguém transgride um dever jurídico, por ação ou omissão voluntária, negligência ou imperícia, que quase sempre redunda em danos a terceiros, fica caracterizado o ato ilícito, gerando àquele que os comete o dever de reparação, daí configurando-se a responsabilidade civil (arts. 186 e 187 c/c o art. 927, todos do atual Código Civil brasileiro)[387].

---

384. "A partir do século XV, a elaboração das ideias liberais, condicionada pela renovação de conceitos a respeito do mundo e do destino do ser humano, acentua-se (...) com os postulados da Revolução Francesa. Novas concepções surgem, então, no campo penal e, com elas, as doutrinas acerca do fundamento do direito de punir." (*Apud* Goulart, Henny. *Penologia I.* São Paulo: Editora Brasileira de Direito, 1975, p. 27).

385. Atendendo às exigências dos novos tempos, foi na França, berço das primeiras legislações que iriam influenciar, depois do Direito romano, todo o mundo ocidental, que seriam promulgados, o Código Civil Napoleônico, em 1804 – obra em que, pela primeira vez, foi recepcionada a teoria clássica da responsabilidade civil, a teoria subjetiva, fundada, como se sabe, no dano, na culpa *lato sensu* daquele que o causou, e na imprescindível relação de causalidade entre a conduta do agente, ao agir por ação ou omissão, com deliberação e consciência, e o dano –, os Códigos de Processo Civil (1806), de Comércio (1807), de Instrução Criminal (1808) e o Penal (1810), os quais seriam profundamente modificados mais tarde, todavia.

386. Siches, Luís Recaséns. *Vida humana, sociedad y derecho.* Fundamentación de la Filosofía del Derecho. México: Fondo de Cultura Económica, 1939, p. 127.

387. Os artigos citados dispõem: "Art. 186. Aquele que, por ação ou omissão voluntária, negligência ou imprudência, violar direito e causar dano a outrem, ainda que exclusivamente moral, comete ato ilícito"; "Art. 187. Também comete ato ilícito o titular de um direito que, ao exercê-lo, excede manifestamente os limites impostos pelo seu fim econômico ou social, pela boa-fé ou pelos bons costumes"; "Art. 927. Aquele que, por ato ilícito (arts. 186 e 187), causar dano a outrem, fica obrigado a repará-lo. Parágrafo único. Haverá obrigação de reparar o dano, independentemente de culpa, nos casos especificados em lei, ou quando a atividade normalmente desenvolvida pelo autor do dano implicar, por sua natureza, risco para os direitos de outrem".

Nessa esteira, ainda cabe destacar que foi por influência do Direito francês, a par do progresso da industrialização, que surgiu a responsabilidade estatal, alicerçada no princípio da igualdade de todos perante a lei, hoje reconhecida por todas as nações civilizadas do mundo, sendo de consenso universal, expressado pela doutrina e jurisprudência, que o Estado tem a obrigação de recompor os prejuízos que seus agentes, nessa qualidade, causarem a terceiros, independente de o autor ter ou não agido com culpa – fundamento da teoria objetiva do Estado –, embora historicamente nem sempre dessa forma tenha sido assim entendido.

Por oportuno, então, abre-se parêntese somente para lembrar ao leitor que, reportando-se ao tempo das primeiras fases da responsabilidade estatal, os Estados absolutistas negavam que a Administração Pública tivesse a obrigação de indenizar prejuízos a quem quer que fosse, intangibilidade esta que só se renderia às doutrinas de responsabilização que gradativamente foram surgindo, restando a inicial teoria da irresponsabilidade do Estado inteiramente superada em todas as legislações do mundo, eis que representava a própria negação do Direito, tornando-se inexequível nos dias atuais[388].

Hoje, a responsabilidade do Estado fixa suas raízes no princípio da solidariedade social que, por absoluta igualdade dos administrados, partilha equitativamente os ônus e encargos públicos entre todos, conduzindo à mais perfeita justiça distributiva, razão pela qual a responsabilidade civil (patrimonial) do Estado se encontra agasalhada pelo ordenamento jurídico brasileiro desde a Constituição de 1946 (art. 194), permanecendo na Carta de 1967 (art. 105) e na Emenda nº 1, de 1969 (art. 107), hoje respaldada no art. 37, § 6º, da Constituição Federal de 1988, que dispõe: "*As pessoas jurídicas de direito público e as de direito privado prestadoras de serviços públicos responderão pelos danos que seus agentes, nessa qualidade, causarem a terceiros, assegurado o direito de regresso contra o responsável nos casos de dolo ou culpa*".

388. Com efeito, até alcançar a forma objetiva que hoje predomina pela prática de atos administrativos, a responsabilidade do Estado passou por fases distintas. De início, vigorava o princípio da irresponsabilidade sob o argumento de que o Estado, enquanto Poder soberano, por ser o produtor do próprio direito, não seria passível de violá-lo, nem podia causar danos a ninguém, muito menos ser demandado por atos de seus agentes, regra expressa nas máximas "*Le roi ne peut mal faire*" ("O rei não pode fazer mal") ou, como dizia Luiz XIV, "*L'État c'est moi*" ("O Estado sou eu"), ou, entre os ingleses, "*The King can do not wrong*" ("O rei não erra"). Sendo assim, o Estado gozava de imunidade total, pois atos praticados contrários à lei jamais podiam ser considerados atos do Estado. Com o tempo, essa concepção absoluta de soberania entraria em contradição com as transformações sociais e políticas, com a evolução dos direitos dos cidadãos, restando a ideia de que o Estado também deveria ser suscetível de obrigações, até mesmo por conta de sua função, que é a de zelar pelo efetivo cumprimento do direito, sendo inadmissível excluí-lo do polo ativo dos que devem cumprir a lei – e sim cumpri-la com imparcialidade, garantindo a ordem jurídica e social –, não podendo eximir-se, portanto, da responsabilização perante terceiros quando a estes causasse danos, fosse por atos comissivos ou omissivos de seus agentes. Nesse contexto, Celso Antônio Bandeira de Mello afirma, porém, que, no Brasil, essa teoria jamais foi aceita, e menciona um enunciado do eminente Ministro Amaro Cavalcanti, do STF, consagrado tratadista que, já em 1904, expunha o seguinte entendimento: "(...) no Brasil nunca se ensinou ou prevaleceu a irresponsabilidade do Estado pelos atos lesivos dos seus representantes. Se não havia nem há uma disposição da lei geral, reconhecendo e firmando a doutrina da *responsabilidade civil* do Estado, nem por isso menos certo que essa responsabilidade se acha prevista e consignada em diversos artigos de leis e decretos particulares; e, a julgar pelo teor das suas decisões e dos numerosos julgados dos Tribunais de Justiça e das decisões do próprio Contencioso Administrativo, enquanto existiu, é de razão concluir que a teoria aceita no País tem sido sempre a do reconhecimento da aludida responsabilidade, ao menos em princípio; ainda que deixando juntamente largo espaço para frequentes exceções, em vista dos fins e interesses superiores, que o Estado representa e tem por missão realizar em nome do bem comum. Tal é, com efeito, a verdade de fato, sabida de todos, e sobre a qual não haveria mister insistir". (Cavalcanti, Amaro *apud* Mello, Celso Antônio Bandeira de. *Curso de Direito Administrativo*. 15ª ed., refun. ampl. e atual. até a Emenda Constitucional 39, de 19/12/2004. São Paulo. Malheiros Editores, 2004, p. 884).

Após essa brevíssima abordagem sobre a evolução do instituto da responsabilidade, passa-se a adentrar na temática desse ensaio, mas não sem antes observar alguns aspectos relevantes a respeito do regime disciplinar a que os servidores públicos estão submetidos.

3. DO REGIME DISCIPLINAR DOS SERVIDORES E SUAS PECULIARIDADES

Partindo da premissa de que, se a todos os cidadãos comuns são conferidos, constitucionalmente, direitos e garantias fundamentais, deles esperando-se, em contrapartida, o cumprimento de seus deveres e a observância de condutas responsáveis, exatamente para preservar a harmonia social, tal não poderia ser diferente àquele legalmente investido em cargo público, ou seja, ao servidor, a quem também são garantidos direitos e benefícios em troca do cumprimento e a materialização de seus encargos públicos, e que, por isso, deve agir com profissionalismo e total responsabilidade no exercício de suas atribuições, respeitando sobretudo o princípio da legalidade (art. 37 da CF/1988), diretriz básica da conduta de todo agente público[389].

Sendo assim, com o propósito de orientar o servidor em toda sua trajetória funcional, no sentido de evitar deslizes no desempenho de seu mister público, conduzindo-o ao caminho da boa conduta profissional, portanto, a Lei nº 8.112/1990 estabelece, em regime de obediência hierárquica e disciplinar, normas específicas para esse fim, com peculiaridades próprias, às quais foram destacados pelo legislador os arts. 116 a 182, no Título IV – Do Regime Disciplinar, conforme já anteriormente mencionado.

Tais normas preveem, pois, um conjunto de mandamentos, ora positivos (deveres), ora negativos (proibições), que devem ser respeitados por todos os servidores abrangidos pela supracitada Lei, apresentando, inclusive, no caso de infringência dos mesmos, as hipóteses de responsabilização, com as respectivas sanções, tendo em vista a finalidade da própria Lei, que é, sob os pontos de vista ético, legal e de eficiência, preservar os pilares da organização administrativa pública, zelando pelas garantias constitucionais e pela proteção do patrimônio público, tornando-se o Regime Disciplinar, enfim, um instrumento de indiscutível valia à Administração Pública, bem como a toda sociedade.

A observância de seus dispositivos faz parte, portanto, do comportamento funcional do servidor público, pois que é seu dever conhecer, observar e manter-se atualizado em relação às normas constitucionais e regulamentares, para poder nortear sua conduta dentro do princípio pelo qual o agente público só pode agir nos parâmetros limítrofes que a lei estabelece, resguardando, dessa forma, a normalidade, a eficiência e a legalidade do desempenho funcional das atividades administrativas, além do respeito hierárquico que deve existir entre os agentes que compõem a malha administrativa[390].

389. Citando as palavras de Celso Antônio Bandeira de Mello, esse postulado "é o da completa submissão da Administração às leis. (...) Daí que a atividade de todos os seus agentes, desde o que lhe ocupa a cúspide, isto é, o Presidente da República, até o mais modesto dos servidores, deve ser a de dóceis, reverentes, obsequiosos cumpridores das disposições gerais fixadas pelo Poder Legislativo, pois esta é a posição que lhes compete no Direito brasileiro". (Mello, Celso Antônio Bandeira de. *Op. cit.*, p. 92).

390. Mauro Roberto Gomes de Mattos assevera que "é necessário que essas normas legais e regulamentares que vinculam os servidores públicos guardem correlação com a CF, para que não ocorra poder arbitrário do Estado", consequência lógica, vale dizer, do princípio da legalidade, insculpido no art. 5º, II, da CF/88, ao estabelecer que "ninguém será obrigado a fazer ou deixar de fazer alguma coisa senão em virtude de lei". (Mattos, Mauro Roberto Gomes de. *Lei nº 8.112/90 interpretada e comentada*. 3ª ed., Rio de Janeiro: América Jurídica, 2006, p. 603).

Considerando que a conduta funcional do servidor público resulta do sistema hierárquico, será este, então, a conferir aos agentes superiores o poder, dentre outros, de controlar as atividades administrativas no âmbito interno da Administração Pública, fiscalizando o fiel cumprimento da lei e demais instruções, bem como as obrigações e o rendimento dos demais servidores a eles subordinados, o que significa dizer que aqueles poderão exigir que a conduta destes seja adequada aos mandamentos legais; se tal não ocorrer, ficam os infratores sujeitos à responsabilização por seus atos e submetidos às sanções cabíveis, como se verifica no acórdão, a título exemplificativo:

> Trabalhista. Justa causa. Ato de indisciplina e insubordinação. Comete ato de indisciplina e insubordinação o empregado que se rebela contra a ordem de seu superior, gritando contra o mesmo em pleno ambiente de trabalho. O exercício de liderança de classe não o desobriga de submeter-se à regras de civilidade e do respeito que devem estar presentes em todas as instituições, não se podendo confundir o direito à reivindicação com a quebra da disciplina e da hierarquia. Justa causa conhecida. Recurso improvido (TRF-5ª Reg., Rel. Des. Castro Meira, RO nº 604/AZ, 1ª Turma).

Desse modo, a hierarquia atua como instrumento de organização e aperfeiçoamento do serviço público, uma vez que, além de agir como meio de responsabilização dos agentes administrativos, impondo-lhes o dever de obediência às ordens, dela decorrem outras faculdades, implícitas para o superior hierárquico, tais como os acima mencionados – o poder de fiscalizar o cumprimento de obrigações; o de delegar e avocar atribuições; e o de rever os atos de seus subordinados.

Por isso é que à autoridade pública cabe o poder-dever de disciplinar, instrumento a ela conferido para prevenir e reprimir a violação das normas internas da Administração, bem assim as disposições complementares estabelecidas em leis, decretos ou quaisquer outros provimentos regulamentares relacionados às funções públicas, eis que, na magistral lição de Hely Lopes Meirelles, "a falta funcional gera o ilícito administrativo e dá ensejo à aplicação de pena disciplinar, pelo superior hierárquico, no devido processo legal"[391].

Assim posto, todo *chefe* tem o poder de punir o subordinado quando este der ensejo ou, se lhe faltar competência para aplicar a pena devida, levar o fato ao conhecimento da autoridade competente, obrigatoriamente, sob pena de recair em condescendência criminosa, figura tipificada no art. 320 do Código Penal.

Importante a ser ressaltado, todavia, é que o poder disciplinar não se confunde com o poder hierárquico. Aquele é consequência deste, ou seja, enquanto o poder hierárquico é apenas um meio para que as atividades de um órgão ou entidade sejam realizadas de modo coordenado, harmônico, eficiente, com observância da legalidade, voltando-se ao interesse público, o poder disciplinar, por sua vez, é o que cabe à autoridade administrativa pública para apurar as infrações de caráter interno da Administração, ficando ao seu arbítrio aplicar as penalidades cabíveis aos servidores públicos e demais pessoas sujeitas à disciplina administrativa, supremacia especial que o Estado exerce sobre todos aqueles que se vinculam à Administração, por relações de qualquer natureza, os quais se

391. Meirelles, Hely Lopes. *Direito Administrativo Brasileiro*. 28ª ed., cit., p. 470. Vale lembrar que poderes-deveres são instrumentos conferidos a agentes públicos, com titularidade legal para exercê-los, justamente para que eles possam tomar as providências que se fizerem necessárias quando condutas indevidas são praticadas pelos servidores hierarquicamente inferiores, comprometendo os interesses públicos.

subordinam às normas de funcionamento do serviço ou do estabelecimento que passam a integrar definitiva ou transitoriamente.

Mas, nesse contexto, dois aspectos merecem destaque: 1º) ainda que a faculdade de punir da autoridade administrativa tenha certa margem de discricionariedade, conforme o caso, isso não significa que o agente aplicador da sanção chegue ao extremo, ao cometimento de abuso, sobretudo de desvio de finalidade, caso em que estará configurada a hipótese de arbitrariedade, incompatível com o princípio da legalidade[392]; e 2º) não há que se falar em ilícito funcional caso o servidor público se negue a cumprir ordens superiores manifestamente ilegais (art. 116, IV, da Lei nº 8.112/1990), pois, além de contrárias à lei e ao direito, se o servidor as obedece, ele se torna conivente com as irregularidades, assumindo a posição de responsável solidário, coautor do ilícito, vale dizer, respondendo na esfera cível, administrativa e penal, ao que couber[393].

Sendo assim, se o servidor agir, no desempenho de suas atribuições funcionais, de acordo com os ditames legais, ele não poderá ser responsabilizado de nenhuma forma administrativamente, mesmo que, na qualidade de cidadão, membro comum da sociedade, ele pratique algum ato ilícito, antijurídico, e seja processado civil e penalmente, salvo se vier a ser condenado, por isso, à pena de detenção superior a dois anos.

Vale verificar, então, o que deixou assente o mestre Hely Lopes Meirelles, quanto à aplicação de penalidades administrativas:

> O que a Administração não pode é aplicar punições arbitrárias, isto é, que não estejam legalmente previstas. (...) tais atos exigem fiel observância da lei para sua prática e impõem à Administração o dever de motivá-los, isto é, de demonstrar sua conformidade com os dispositivos em que se baseiam. (...) Na motivação da penalidade, a autoridade administrativa públíca competente para sua aplicação deve justificar a punição imposta, alinhando os atos irregulares praticados pelo servidor, analisando sua repercussão danosa para o Poder Público, apontando os dispositivos legais ou regulamentares violados e a cominação prevista. O necessário é que a Administração Pública, ao punir seu servidor, demonstre a legalidade da punição[394].

392. Nesse sentido: "Funcionário público. Demissão. Poder disciplinar e poder discricionário. A autonomia do poder disciplinar somente se entende com os fatos que constituem exclusivamente faltas disciplinares. A faculdade discricionária não pode ser usada abusivamente, sob pretexto de pena disciplinar" (TJBA, Ap. Cível nº 10.955, Rel. Des. Jorge de Faria Góes, 1ª CC, *RDA* 105/150).

393. A respeito, Themistocles Brandão Cavalcanti assevera: "O Estatuto não abre ao funcionário o direito de livre crítica às ordens emanadas dos seus superiores, mas permite representar contra o seu cumprimento, quando manifestamente ilegais. Exclui, assim, a responsabilidade do funcionário que executa ordem ilegal, somente quando houver representação contra o seu cumprimento". (Cavalcanti, Themistocles Brandão. *O Funcionário Público e seu Regime*. Rio de Janeiro: Borsoi, 1959, p. 212. v. II).

355. Meirelles, *Op. cit.*, p. 470. Nesse sentido: "Constitucional. Administrativo. Militar. Atividade Científica. Liberdade de expressão independente de censura ou licença. Garantia Constitucional. Lei de hierarquia inferior. Inafastabilidade. Processo Administrativo Disciplinar. Transgressão Militar. Inexistência. Falta de justa causa. Punição anulada. Recurso Provido. I. A Constituição Federal, à luz do princípio da supremacia constitucional, encontra-se no vértice do ordenamento jurídico, e é a Lei Suprema de um País, na qual todas as normas infraconstitucionais buscam o seu fundamento de validade. II. Da garantia de liberdade de expressão de atividade científica, independente de censura ou licença, constitucionalmente assegurada a todos os brasileiros (art. 5º, IX), não podem ser excluídos os militares em razão de normas aplicáveis especificamente aos membros da Corporação Militar. Regra hierarquicamente inferior não pode restringir onde a Lei Maior não o fez, sob pena de inconstitucionalidade. III. Descaracterizada a transgressão disciplinar pela inexistência de violação ao Estatuto e Regulamento Disciplinar da Polícia Militar de Santa Catarina, desaparece a justa causa que embasou o processo disciplinar, anulando-se em consequência a punição administrativa aplicada. IV. Recurso conhecido

A respeito, cabe citar o entendimento do professor Léo da Silva Alves, que faz uma importante alusão sobre a tarefa de julgar:

> Quem labuta nesse campo, então, tem dupla responsabilidade: a responsabilidade com o serviço público, cumprindo tecnicamente a tarefa processante; e a responsabilidade com o espírito de justiça e com a própria consciência, uma vez que estará operando não em equipamentos de uma máquina inerte, mas em elementos que constituem a honra alheia, onde, às vezes, um arranhão indevido se transforma em ferida que nunca cicatriza. Competência e cautela, profissionalismo e sensibilidade são imperativos nesse contexto[395].

Acompanhando esse fio condutor, o professor José Armando da Costa, por sua vez, vai um pouco mais além, afirmando, com propriedade, que a autoridade de boa-fé, "nessa espinhosa e delicada tarefa de julgar", deve "imunizar-se contra as influências exógenas", adotando uma série de providências, dentre elas:

> a) verificar se as conclusões do colegiado processante estão de acordo com as provas produzidas e coletadas; b) examinar se alguma prova relevante ao esclarecimento dos fatos fora desprezada, pelos membros da comissão, com sói ocorrer; (...) e) analisar as razões invocadas pela comissão para indeferir pedidos de diligências requeridos pelos servidores acusados; f) levar em conta que as dúvidas prevalentes beneficiam os acusados, como bem assevera a velha, mas sempre atual, parêmia *in dubio pro reo*; (...)[396].

Aliás, os princípios do *in dubio pro reo* e da presunção da inocência exigem do Poder Público, de fato, uma atitude extremamente séria e adequada à lei, pois são essas diretrizes que asseguram o respeito à dignidade e à intimidade do servidor acusado de má conduta funcional, que não podem ser lesadas, salvo justo e irrefutável motivo. Daí a garantia constitucional, ao servidor, do mais amplo direito de defesa e do contraditório, facultando-lhe produzir todos os meios de provas e recursos admitidos no direito à sua defesa (art. 5º, LV, da Constituição Federal de 1988). Se efetivamente comprovado o ato faltoso, porém, seja por culpa ou dolo, deve o servidor público ser exemplarmente punido, responsabilizado no âmbito interno da Administração e perante a Justiça especializada.

Nessa linha, cumpre observar, porém, que o poder disciplinar não se confunde com o *jus puniendi* do Estado. Aquele é atividade administrativa, faz parte do poder-dever do administrador público, regido pelo Direito Administrativo Disciplinar, e visa

---

e provido" (STJ, ROMS nº 11.587/SC, Rel. Min. Gilson Dipp, 5ª T., DJ, 03/11/2006, p. 206).

356. Alves, Léo da Silva. Interrogatório e Confissão no Processo Disciplinar. Brasília: Brasília Jurídica, 2000, p. 7.

396. Costa, José Armando da. *Teoria e prática do processo administrativo disciplinar*. 3. ed. Brasília: Brasília Jurídica, 1999, p. 240. Pela importância que a matéria representa, a título de orientação complementar às autoridades julgadoras, o autor cita uma passagem do pronunciamento do Papa Paulo VI aos magistrados eclesiásticos do Tribunal da Rota Romana, que assim foi proferida por Sua Santidade, em 1965: "Injustiças podem encontrar-se no preparo do processo, quando, graças à artimanha de profissionais sem escrúpulos, as causas já vos fossem apresentadas alteradas fundamentalmente na sua realidade jurídica, em consequência de motivos infundados, de provas que não são provas, de testemunhas subordinadas, de documentos falsificados ou viciados. No curso dessa fase de instrução, a vós impor-se-á, portanto, a maior circunspecção, a mais absoluta prudência, para evitardes que tome consciência a menor injustiça. Quando da aceitação ou da recusa de um processo, devereis ter, pois, um senso vigilante de justiça, a fim de que as causas destituídas de qualquer fundamento, ou manifestamente fundadas na falsidade, ou, ainda, em fatos verdadeiros porém juridicamente impróprios para obter o efeito desejado, sejam recusadas com corajosa firmeza". (*Ibidem*, p. 241).

punir, no âmbito interno da Administração, as condutas qualificadas, nos estatutos ou leis administrativas, como ilícitos administrativos, para que estes não se repitam, ao passo que o poder punitivo do Estado é exercido pelo Poder Judiciário, regido pelo Direito Penal e Processual Penal, e objetiva tutelar os interesses do Estado, não só apurando e provando a intenção do servidor público nos crimes e contravenções contra a Administração Pública em geral, como também, e sobretudo, afastando a presunção de inocência por meio de provas diretas, contundentes.

Não à toa já ensinava Giorgio Del Vecchio: "Para conhecer uma ação humana, é preciso considerar-lhe não só o aspecto externo e o efeito físico, mas também o elemento psíquico ou interno: a vontade e a intenção"[397].

É essa diversidade de atuações que possibilita, em princípio, a concomitância da aplicação de penalidades em diferentes instâncias, administrativa, civil e penal, ante a mesma conduta irregular do servidor, sem que ocorra *bis in idem*, em razão das referidas esferas do direito serem independentes entre si, princípio este que, no entanto, não é absoluto, conforme será mais adiante verificado.

Chegando a esse ponto, acredita-se ser o momento oportuno para, enfim, discorrer a respeito da tríplice responsabilidade a que os servidores públicos estão submetidos no exercício de suas atribuições, examinando-se cada uma de suas espécies.

4. DAS RESPONSABILIDADES DOS SERVIDORES PÚBLICOS

Considerando o vínculo jurídico que existe entre a Administração e os servidores públicos, como visto, tenham esses agentes cargos efetivos ou em comissão, eles se submetem a um regime disciplinar estatutário, no qual se encontra previsto que tais servidores sejam responsabilizados por condutas funcionais irregulares, no desempenhar suas atribuições ou sob essa alegação, tendo que suportar, perante a Administração Pública e a Justiça comum ou federal, conforme as circunstâncias, as sanções que lhes são impostas, civil, penal e administrativamente (art. 121 da Lei nº 8.112/1990)[398].

Essas responsabilidades possuem características próprias, sofrendo gradações de acordo com as inúmeras situações que podem se apresentar como condutas irregularidades ou ilícitas no exercício das atividades funcionais, dando margem à aplicação de diferentes penalidades, que variam de instância para instância. Generalizando, danos patrimoniais causados à Administração ou terceiros ensejam a responsabilidade civil; violação de deveres no exercício da função pública, inobservância de vedações, dão margem à responsabilidade administrativa; e à prática de crimes funcionais e contravenções, a responsabilização penal.

4.1. Responsabilidade civil

Partindo da regra geral de que, por ação ou omissão, culposa ou dolosa, aquele que causar prejuízo a outrem, desrespeitando o direito alheio, tem a obrigação de reparar os danos, patrimoniais ou morais, decorrentes do ato ilícito por ele mesmo cometido,

397. Del Vecchio *apud* Mattos. *Tratado de.... op. cit.*, p. 435.

398. Conforme observa José dos Santos Carvalho Filho, "obviamente, essa responsabilização só pode ser reconhecida se ocorrer uma situação fática que a lei tenha erigido como suporte da responsabilidade. É sob esse aspecto que a responsabilidade do servidor perante a Administração pode ser civil, penal e administrativa. A Lei nº 8.112/90 dispõe a respeito (...)". (Carvalho Filho, José dos Santos. *Manual de Direito Administrativo*. 13ª ed., cit., p. 574).

de forma a restabelecer o *status quo ante* da vítima, há de se aplicar ao servidor público a mesma medida. Vale dizer então que a responsabilidade civil do servidor nada mais é do que aquela que o impõe a indenizar os danos causados à Administração ou a terceiros, em decorrência da prática ou da omissão, dolosa ou culposa, de ato que lhe compete no desempenho da função pública (*caput* do art. 122, da Lei nº 8.112/1990).

Tratando-se dessa possibilidade estatutária de responsabilização do servidor, observe-se que ela não se embasa na responsabilidade civil objetiva do Estado, consagrada no § 6º do art. 37, da Constituição de 1988, e reiterada no art. 43 do Código Civil[399], quando a Administração, mesmo isenta de qualquer culpa pela conduta irregular de seu agente, no desempenho das atribuições de seu cargo ou função, é responsável pelos danos por ele causados a terceiros, tendo em vista que sua responsabilidade, nesse caso, é presumida e imposta por lei.

Pelo contrário, a responsabilidade de que trata o art. 122 do Estatuto se faz em plano subjetivo, com fulcro nos arts. 186 e 187 do Código Civil vigente, isto é, quando um ato a ser cumprido pelo servidor, no exercício de sua atividade funcional, é por ele levado a efeito, involuntariamente, com negligência, imprudência ou imperícia, ou mesmo deliberadamente, consciente de que estava agindo de maneira contrária ao Direito (dolo), ambas condutas configuradas como ilícitos civis, que se exaurem com a devida indenização (art. 927 do mesmo diploma civil).

Para melhor distinguir tais condutas, cita-se o clássico exemplo de Hely Lopes Meirelles[400], o do servidor motorista que atropela um transeunte: se ele assim agiu propositadamente, desejando matar ou ferir, terá cometido um crime doloso; mas, se esse mesmo motorista atropela o transeunte sem intenção, sem o querer, com imprudência, negligência ou imperícia, ele terá cometido um crime culposo. Note-se, assim, que a diferença entre esses ilícitos é subjetiva, isto é, varia segundo a conduta do agente.

Importante a ser salientado é que a responsabilização do servidor se dará não só pela prática comprovada de atos dolosos ou culposos, mas também pelas omissões, pelo que ele não fez, quando deveria fazer, comportamento este que, sendo involuntário ou intencional, da mesma forma, pode resultar em danos à Administração ou a terceiros, e que impõe ao servidor, igualmente, reparar os prejuízos causados, seja lesada a Administração, seja o particular.

Para a Administração responsabilizar civilmente o servidor público, é essencial, portanto, que fique bem caracterizado o elemento subjetivo, ou seja, a conduta culposa ou dolosa do servidor e que ela tenha sido determinante do dano causado ao erário ou a terceiro, pressuposto sem o qual não há que se falar em responsabilidade. Daí a necessidade de a conduta ser bem apurada, passo a passo, tendo em vista que, em certas situações, a atuação ou omissão do agente, que acabou lesando a Administração ou terceiros, pode ter sido em decorrência de fatos que desqualificam o ato danoso pela falta do imprescindível

399. Sem adentrar no mérito da questão, seguindo o que diz o brocardo "onde a lei não distingue, não é dado ao intérprete fazê-lo", vale verificar que o legislador plagiou a norma constitucional disposta no § 6º do art. 37, da CF/1988, disciplinando, quase que nos mesmos termos, a responsabilidade civil do Estado no art. 43 do novo Diploma Civil, que preceitua: "As pessoas jurídicas de direito público interno são civilmente responsáveis por atos dos seus agentes que nessa qualidade causem danos a terceiros, ressalvado direito regressivo contra os causadores do dano, se houver, por parte destes, culpa ou dolo".

400. Meirelles, *op. cit.*, p. 473.

nexo de causalidade que deve existir entre a conduta do servidor e o resultado lesivo, que exclui a responsabilidade civil do servidor. Está-se falando dos casos fortuitos ou de força maior[401] e de culpa exclusiva da vítima, que abonam a culpa subjetiva do servidor público, elemento necessário à sua responsabilização.

Portanto, a apuração do dano e da culpa do servidor deve ser feita de modo a verificar se sua conduta foi, de fato, a causadora do dano patrimonial à Administração, por negligência, imprudência ou imperícia, quando, então, o servidor ficará sujeito à responsabilização civil e administrativa, isso se o ilícito cometido não atingir um grau de maior gravidade, alcançando também a responsabilização criminal. Daí a razão de uma apuração criteriosa, por meio de processo administrativo, que exigirá a observância do contraditório e da ampla defesa ao servidor, que inclui a faculdade probatória à sua defesa, princípios estes que lhes são assegurados pelo art. 5º, LV, da Constituição, como assim já se observou anteriormente, sob pena de ser decretada a nulidade do procedimento[402].

Pois bem, se a Administração Pública foi a parte lesada pela *conduta comprovadamente dolosa* do servidor – grifa-se essa expressão tendo em vista o pressuposto de que o prejuízo causado intencionalmente ao erário nunca pode ensejar como atenuante da boa-fé –, a liquidação da indenização é executada, via de regra, judicialmente, de uma só vez, após prévio comunicado ao servidor, ou parceladamente descontada de seus vencimentos, a seu pedido (art. 122, § 1º, c/c o art. 46, ambos da Lei nº 8.112/1990).

> Cabe ressaltar, todavia, que o débito indenizatório só pode se dar por meio de desconto em folha de pagamento se o servidor assim concordar, mesmo porque tal desconto não pode ultrapassar os limites estipulados em lei, devendo guardar a devida razoabilidade, por conta de os vencimentos possuírem caráter alimentar[403].

Portanto, o *desconto dos vencimentos*, desde que previsto em lei, é perfeitamente válido e independe do consentimento do servidor, inserindo-se entre as hipóteses de autoexecutoriedade dos atos administrativos. Isto não subtrai a medida ao controle judicial,

401. "Responsabilidade civil. Vítima fatal de bala perdida atingida enquanto assistia a um jogo de futebol em estádio público. O art. 37, § 6º, da Constituição Federal, somente envolve a responsabilidade objetiva da Administração pelos danos causados a terceiros por seus agentes, nessa qualidade. Adoção da teoria do risco administrativo. Decorrendo o dano de ato pretório de terceiro, a responsabilidade do ente público só ocorrerá se comprovada a sua culpa subjetiva. Inexistindo prova de omissão específica ou atuação deficiente, não há como acolher-se o pretendido ressarcimento." (TJRJ, Ap. Cível nº 3.257-00/RJ, Rel. Des. Amaury de Souza, Ementário AASP nº 2.207, p. 376).

402. Nas palavras de Diógenes Gasparini, "é nula a pena, qualquer que seja ela, aplicada a servidores em que esses direitos não lhes foram assegurados, mesmo que tenha sido precedida de sindicância, ou decorra da aplicação dos princípios da *verdade sabida* ou da *flagrância*". (Gasparini, Diógenes. *Direito Administrativo*, cit., 9ª ed., rev., e atual., Saraiva, 2004, p. 230). (grifos do autor).

403. Nesse sentido, então, vale conferir: Administrativo. Militar. Reposição ao erário de valor concedido por decisão judicial reformada. Descontos. Limite de 30% (trinta por cento) sobre a remuneração. – Remessa necessária e apelação, interposta pela União Federal, face à sentença que concedeu parcialmente a segurança, para determinar à autoridade impetrada que observe nos descontos realizados na folha de pagamento do impetrante o limite de 30% (trinta por cento) sobre a sua remuneração. – O valor de ressarcimento terá que observar um limite percentual que respeite o princípio da razoabilidade, haja vista a natureza alimentar dos vencimentos, a fim de que os servidores, bem como os seus dependentes, não venham a ser privados do mínimo indispensável a uma sobrevivência condigna. – Precedentes do Superior Tribunal de Justiça. – Recurso e remessa necessária improvidos. (TRF-2ª Reg., AMS nº 40.326, Rel. Juíza Fed. Conv. Regina Coeli Peixoto, 1ª T., *DJ* de 10/10/2002, p. 528).

que sempre pode ser exercido mediante provocação do interessado, quer como medida cautelar, que suste a decisão administrativa, quer a título de indenização, quando o desconto já se concretizou.

Na ausência de previsão na lei sobre a possibilidade de desconto em folha, a Administração deve ingressar no juízo civil para obter o ressarcimento.

> Também incide em responsabilização civil todo aquele que, exercendo, mesmo transitoriamente ou sem remuneração, mandato, cargo, emprego ou função em qualquer órgão, ente ou poder estatal, praticar ato de improbidade administrativa. Tais atos estão descritos na Lei nº 8.429, de 02/06/92, arts. 9º a 11. É a chamada lei de improbidade administrativa, que disciplina o art. 37, § 4º, da Constituição Federal. A comprovação de tais condutas acarreta consequências administrativas, civis e penais. Sob o aspecto civil, poderá ser decretado, pelo juiz civil, o sequestro de bens, e também o bloqueio de bens, contas bancárias e aplicações financeiras mantidas no exterior. A sentença que julgar procedente a ação civil de reparação de dano ou decretar a perda dos bens havidos ilegalmente, determinará o pagamento do dano ou a reversão dos bens em favor da Administração prejudicada[404].

Já em se tratando de prejuízos causados a terceiros, por culpa *lato sensu*[405] do servidor, quem assume a responsabilidade é o Estado, como se viu, com base no princípio da responsabilidade objetiva das pessoas jurídicas de direito público. Ou seja, a Administração Pública indeniza a vítima pelo dano sofrido – caso ela não tenha sido, de fato, a causadora exclusiva do dano – para, depois, com amparo na decisão civil transitada em julgado, cobrar do servidor, em ação regressiva (art. 122, § 2º, da Lei nº 8.112/1990)[406], o que foi condenada a pagar ao particular, a título indenizatório, ressarcindo-se de tal prejuízo[407].

Constata-se, por certo, que a Administração não pode liberar seus servidores dessa responsabilização, pois que é seu dever zelar pela integridade do patrimônio público, em face do princípio da indisponibilidade, motivo pelo qual lhe é assegurado o direito de regresso contra o agente causador de danos a terceiros[408].

---

404. Costa, *op. cit.*, p. 302.

405. Convém lembrar que a culpa *lato sensu* abrange o dolo e a culpa em sentido estrito, sendo esta sem intenção, resultado de negligência, imprudência ou imperícia do agente, ao passo que, no dolo, há uma intenção deliberada de ofender o direito ou de causar prejuízo a outrem.

406. Os insignes mestres José dos Santos Carvalho Filho (*op. cit.*, p. 575) e Celso Antônio Bandeira de Mello (*op. cit.*, p. 299) ressaltam que, ao contrário do que sugere a redação do § 2º do art. 122, o particular lesado poderá acionar, diretamente, o servidor, se assim o desejar, ou o servidor e a Administração, conjuntamente. Nesse sentido: "Dano, puramente moral, indenizável, direito de opção, pelo lesado, entre a ação contra o Estado e a Ação Direta, proposta ao servidor (Constituição, art. 167). Precedentes do Supremo Tribunal Federal. Recurso Extraordinário de que não se conhece". (STF, RE nº 105.157/SP, Rel. Min. Octavio Gallotti, 1ª T., *DJ* de 18/10/1985, p. 18459)

407. A respeito: "Administrativo. Cobrança de valor relativo a pagamento de reparação de dano ao estado causado por servidor público no exercício de suas funções. Processo administrativo. Via inadequada. 1. Não é o processo administrativo o caminho a ser percorrido pela Administração Pública na busca do ressarcimento de danos causados, pelos seus servidores, ao erário. 2. A via eleita para apuração da responsabilidade civil do servidor público a culminar na condenação deste a reparar danos causados ao erário é a judicial, onde a Administração deve demonstrar que o dano causado ao erário foi decorrente da ação ou omissão culposa ou dolosa de seu agente. 3. Apelo e remessa improvidos". (TRF-1ª Reg., AMS nº 01436294/DF, Rel. Des. Fed. Hilton Queiroz, 4ª T., *DJ* de 25/08/2000, p. 223)

408. Sobre a matéria, merece destaque o seguinte registro de Hely Lopes Meirelles: "É obvio que o servidor pode ter interesse em intervir na ação, principalmente para assegurar o justo valor da indenização, devendo fazê-lo na qualidade de *assistente* voluntário, e nunca como *litisconsorte* necessário (CPC, art. 75, I), situação que

A respeito, cabe citar as palavras da ilustre professora Odília Ferreira da Luz Oliveira, ex-Subprocuradora-Geral da República:

> Como a responsabilização do Estado independe da culpa do agente e, mesmo, de sua individualização, o exercício do direito de regresso não acompanha todos os casos em que há o dever de indenizar. De acordo com a regra constitucional, o direito de regresso do Estado contra o agente causador do dano depende da comprovação da culpa *lato sensu*; tal direito só surgirá depois que a obrigação de indenizar se tiver tornado definitiva[409]. (grifo da autora)

Com efeito, em sendo assim, cumpre registrar que, se o prejuízo causado a particulares, pela conduta comissiva ou omissiva do servidor, tiver sido, de alguma forma, em decorrência da omissão do Estado, da chamada culpa anônima da Administração ou *faute du service* – consagrada no direito administrativo francês, e que aqui é bem aplicada nos dias atuais –, caracterizada pela ausência, mau funcionamento ou demora de serviços exigidos do próprio Estado, tidos como necessários para evitar que um fato danoso ocorra ou se repita[410], doutrina e jurisprudência indicam a responsabilidade do ente público respectivo, o que exclui, nessas circunstâncias, a culpa subjetiva do servidor público, consequentemente sua responsabilidade civil.

Contudo, comprovada a culpa do servidor público, sua responsabilidade civil para com o Estado não se extingue com o seu falecimento, isto é, não prescreve a obrigação que o servidor tinha de reparar o dano patrimonial causado à Administração; ela continua, estendendo-se aos sucessores ou herdeiros, até o limite do valor da herança por eles recebida (art. 122, § 3º, da Lei nº 8.112/1990). Nesse caso, poderão os sucessores concordar com a solução administrativa proposta, que poderá ser no sentido de parcelar o valor da indenização, ou do que restou dela, com desconto em sua pensão (art. 40, *caput* e § 1º, da Lei nº 8.112/1990); caso contrário, o valor será cobrado judicialmente, mas valendo observar que os bens de família não poderão ser objeto de penhora, em ação de execução, porque protegidos por dispositivos legais (Lei nº 8.009/1990).

4.2. Responsabilidade administrativa

A responsabilidade administrativa a que o servidor público está sujeito é a que resulta da prática de ilícito administrativo, que é aquele decorrente da violação das normas internas

lhe permite, entre outras coisas, confessar os fatos alegados pelo autor (art. 75, III), prejudicando a defesa da Administração e obrigando-a a uma indenização nem sempre devida, sem possibilidade, na maioria das vezes, de ressarcir-se". (Meirelles, *op. cit.*, p. 474). (grifos do autor).

409. Oliveira, Odília Ferreira da Luz *apud* Mattos, *Tratado de...*, *op. cit.*, p. 446. (grifo da autora).

410. É o que o professor Marçal Justen Filho denomina de "dever específico de diligência", dever que é imposto aos agentes públicos pela própria natureza da atividade estatal, e que consiste "em prever as consequências de sua conduta ativa e omissiva, adotando todas as providências necessárias para evitar a consumação de danos a terceiros". Complementando, diz ainda esse respeitável publicista: "Se o agente estatal infringir esse dever de diligência, atuando de modo displicente, descuidado, inábil, estará configurada a conduta ilícita e surgirá, se houver dano a terceiro, a responsabilidade civil". (Justen Filho, Marçal. *Curso de Direito Administrativo*. São Paulo: Saraiva, 2005, p. 798-799). Nesse sentido: "A teoria objetiva, a que se filiou a Carta Magna, dispensa a culpa do agente administrativo, mas condiciona a responsabilidade civil do Estado a alguma falha ou a algum mau funcionamento do serviço público" (TJSC, Rel. Des. Xavier Vieira, 2ª C. Ap., j. 11/12/1990, *RT* 671/158). *E mais*: "É devida indenização por responsabilidade civil do Estado se criança é tragada por bueiro destampado, em decorrência de enxurrada causada por forte tempestade, ante a incúria da Administração, caracterizadora de culpa *stricto sensu*" (TJSP, Rel. Des. Fortes Barbosa, 2ª C. Ap., j. 20/02/1990, *RT* 652/67).

da entidade a que o servidor está vinculado, ou seja, da inobservância de seus deveres funcionais e do que não lhe é permitido, infringindo as regras disciplinadas em leis, decretos e outros provimentos regulamentares, sendo boa parte delas encontrada nos arts. 116, 117 e 132 da Lei nº 8.112/1990.

Nos termos do art. 124 da Lei nº 8.112/1990, porém, essa responsabilidade é de natureza civil-administrativa[411], uma vez que ela decorre de condutas comissivas ou omissivas, involuntárias ou intencionais, praticadas pelo servidor no desempenho de sua função pública, que violam a ordem jurídica, causando prejuízos à Administração Pública ou a terceiros.

Tais condutas sujeitam o servidor público, decerto, a sanções disciplinares, cujo rol de penalidades aplicáveis, em *numerus clausus*[412], obedecendo ao princípio da tipicidade, encontra-se disposto no art. 127 da Lei supracitada, as quais podem ir das reprimendas menos graves, como a advertência formal – por inobservância de deveres funcionais previstos em lei, normas ou regulamentos internos, como nos casos previstos no art. 117, I a VIII e XIX, também da Lei nº 8.112/1990 – e a suspensão a título disciplinar, até a punição mais severa, que é a demissão do cargo ou a destituição de funções de confiança, isto é, dos cargos em comissão ou de função gratificada.

Se a sanção aplicada ao servidor for a advertência ou a suspensão, pela prática de atos reprováveis, cabe observar que tais infrações poderão levar a efeitos negativos, presentes e futuros. Isto porque, pela reincidência de faltas cometidas com advertência, poderá o servidor ser punido com suspensão disciplinar, cujos dias que lhe forem impostos a cumprir, como reprimenda, serão descontados de seus vencimentos, obviamente desde que não atinjam o princípio da natureza alimentar que eles representam[413].

Além disso, essas penalidades, isto é, a advertência e a suspensão, também acabam repercutindo seus *malefícios na contagem de tempo de serviço para fins de licença* especial, por

411. No que diz respeito à responsabilidade civil-administrativa, especificamente, ou mesmo à responsabilidade administrativa, propriamente, há autores que discordam dessas nomenclaturas, a exemplo do publicista J. Guimarães Menegale, que assim consignou: "Responsabilidade administrativa parece-nos designação equívoca do fato de responder o funcionário por ato ou omissão no desempenho do cargo. Trata-se, em verdade, de responsabilidade disciplinar, inconfundível com a civil e a penal, posto que pressupunha – como qualquer tipo de responsabilidade – a existência de obrigação" (Menegale, J. Guimarães. *O estado dos funcionários*. Rio de Janeiro: Forense, 1962, p. 574. v. II). Ivan Barbosa Rigolin, por sua vez, não esconde sua indignação com a falha redacional do art. 124, ao dizer que este "repete o art. 122, pela metade. Diz o que já diz, porém de modo truncado e sem a menor utilidade técnica, prática ou operacional. Pretende instituir uma quarta espécie de responsabilidade, o que contraria tanto o art. 121 quanto o art. 122, da Lei nº 8.112, como toda a teoria do direito civil e administrativo. Duvida-se que a qualquer autoridade federal, conhecendo o teor do art. 122, seja acometida pela incompreensível intenção de enquadrar algum servidor neste 'tipo' previsto no art. 124" (Rigolin, Ivan Barbosa. *Comentários ao regime jurídico único dos servidores públicos civis*. 4ª ed., São Paulo: Saraiva, 1992, p. 221).

412. Há de se observar, entretanto, que embora o rol de penalidades previstas na Lei nº 8.112/90 se apresente fechado, não admitindo sua ampliação por ação interpretativa, o § 2º de seu art. 130 se refere à multa como uma espécie de penalidade disciplinar, que pode ser aplicada, a critério da Administração, como medida punitiva substitutiva da suspensão disciplinar. Intui-se, com isso, apesar de não se apregoar, que não há impedimento jurídico para o estabelecimento de outras penalidades administrativas que venham a recair sobre o servidor público federal, bastando, na verdade, que seja mantida a obediência ao princípio da reserva legal.

413. Bem oportuno, aliás, é o entendimento de José Armando da Costa, que diz: Se não pudesse a suspensão disciplinar acarretar golpeamento no vencimento do servidor punido, deixaria ela de constituir sanção condicionada da regularidade do serviço público para se transformar num escancarado incentivo ao cometimento de transgressões, uma vez que, se assim não fosse, o faltoso não seria punido, e, sim, agraciado com férias disciplinares remuneradas.

exemplo, à qual o servidor faz jus a cada quinquênio, ou para sua progressão funcional, pois elas ficam registradas em sua pasta de assentamentos pelo período de três anos de efetivo exercício, no caso de advertências, e de cinco anos, se se tratar de suspensão, prazos estes que, após decorridos, serão os respectivos registros cancelados, salvo se o servidor não praticar novas infrações disciplinares no decurso dos tais períodos. Essas são as determinações previstas no art. 131 do Estatuto, cujo parágrafo único estabelece que o cancelamento dessas penalidades não surtirá efeitos retroativos, vale dizer, o servidor não poderá reivindicar, por exemplo, uma promoção, que a ele caberia dentro daqueles prazos, após o cancelamento dos registros.

Cumpre ressaltar, porém, consoante o que dispõe o § 2º do art. 130, da Lei nº 8.112/1990, que a pena de suspensão poderá ser convertida em multa, desde que haja interesse do serviço à Administração, mas que não significa dizer que essa medida se constitua em direito subjetivo do servidor infrator, a ele não cabendo a prerrogativa de invocá-la, portanto, e sim discricionariedade da autoridade administrativa competente para a efetivação desse ato de conversão, que impõe o servidor a continuar em serviço, mas, descontando de seu vencimento ou remuneração o correspondente a cinquenta por cento de cada dia que ficaria suspenso. Note-se que essa punição se reflete, da mesma forma, no tempo de serviço do servidor, questão que assim está pacificada na Formulação nº 198 do extinto DASP: "*A suspensão, ainda que convertida em multa, impede a concessão da licença especial*".

> Ainda em se tratando de responsabilização administrativa, a demissão de cargo ou a destituição de funções de confiança são, com certeza, as penalidades mais graves aplicáveis aos servidores, as quais implicam, dependendo do ilícito cometido em: a) indisponibilidade dos bens e o ressarcimento ao erário, sem prejuízo da ação penal cabível, nos casos de improbidade administrativa, aplicação irregular de verbas públicas, lesão aos cofres públicos e dilapidação do patrimônio nacional, e corrupção passiva (art. 136 da Lei nº 8.112/1990), sendo que, neste último caso, a Administração Pública pode demitir o servidor com base, apenas, no inquérito administrativo; b) incompatibilização a uma nova investidura em cargo público federal, que poderá ser pelo prazo de cinco anos, se o servidor se valeu de seu cargo para lograr proveito pessoal ou de outrem, em detrimento da dignidade da função pública, ou se aceitou indevidamente emprego, comissão ou exerceu consultoria ou advocacia administrativa para pessoa física ou jurídica perante o Poder Público (art. 137 da Lei nº 8.112/1990); ou c) impedimento de o servidor retornar ao serviço público, em definitivo, nos casos de crimes funcionais tipificados na lei penal, improbidade administrativa, aplicação irregular de verbas públicas, lesão aos cofres públicos e dilapidação do patrimônio nacional, e corrupção (art. 137, parágrafo único, da Lei nº 8.112/1990)[414].

414. Cabendo notar dos acórdãos: Constitucional. Administrativo. Servidor público. Demissão. Lei nº 8.112, de 1990, art. 117, IX e XV, art. 132, XIII. Decreto demissório: Fundamentação. Procedimento administrativo. Ampla defesa. Mandado de segurança: dilação probatória. I. Decreto demissório: nele encontra-se a fundamentação básica: as faltas praticadas e sua tipificação legal, inclusive no ponto em que determinam a demissão: valer-se do cargo para lograr proveito pessoal, em detrimento da dignidade da função pública, e proceder de forma desidiosa: Lei nº 8.112/90, art. 117, IX e XV, art. 132, XIII. O mais, está no procedimento administrativo. II. Ausência de instauração do processo: improcedência. III. Alegação de cerceamento de defesa: improcedência: a defesa se fez, inclusive por advogado constituído. IV. Direito líquido e certo pressupõe fatos incontroversos apoiados em prova pré-constituída, não se admitindo dilação probatória.

Todavia, há de ser sempre realçado o que determina o art. 5º, LV, da Constituição Federal, ou seja, que "*aos litigantes, em processo judicial ou administrativo, e aos acusados em geral são assegurados o contraditório e ampla defesa, com os meios e recursos a ela inerentes*". Assim, a partir do momento que haja acusação pelo Poder Público de alguma infração cometida por servidor, será instaurado o processo administrativo disciplinar, possibilitando-lhe a ampla defesa e completa instrução procedimental, com todos os meios de prova sendo-lhe deferidos, como oitivas de testemunhas, perícias, exames, diligências, averiguações, acareações, bem como quaisquer outros meios juridicamente admitidos que sirvam para provar sua inocência. Só após encerrada esta completa instrução, cujo resultado constatar a prática de um ilícito administrativo, é que poderá, aí sim, a Administração impor ao servidor a pena adequada, sendo este procedimento válido para toda e qualquer pretensão punitiva da Administração contra o agente que for acusado de cometimento de infrações.

Os critérios que a Administração poderá utilizar para a aplicação de quaisquer das penalidades elencadas no art. 127 da Lei nº 8.112/1990 deverão levar em conta a natureza e a gravidade da infração cometida pelo servidor, bem como os danos causados ao serviço público, as circunstâncias e os possíveis antecedentes do servidor, que devem estar assentados em sua pasta funcional (art. 128). Somente por meio de exame desse conjunto de elementos e havendo fundamentos lastreados em provas e indícios suficientes que indiquem a autoria do ilícito cometido pelo servidor é que o Poder Público poderá instaurar sindicância ou processo administrativo disciplinar, para apurar sua responsabilidade funcional. Sendo esta reconhecida, caberá à constituída Comissão julgadora do ilícito enquadrar o servidor público em algum tipo de penalidade prevista no Estatuto ou mesmo em lei especial.

Destarte, não é demais reprisar que, ao tomar ciência de que o servidor público praticou uma irregularidade no exercício de suas atribuições, seu superior tem o dever de promover sua *apuração imediata*, mediante sindicância ou processo administrativo disciplinar (art. 143, *caput*, da Lei nº 8.112/1990), valendo destacar que este é ato vinculado e indisponível, e sua omissão acarreta crime de prevaricação, previsto no art. 319 da Lei penal – visto que atenta contra os princípios de honestidade, imparcialidade, legalidade e lealdade à Administração Pública[415], responsabilidade esta que faz parte, portanto, das

Inocorrência de direito líquido e certo. V. Mandado de Segurança indeferido (STF, MS nº 22.724/MG, Rel. Min. Carlos Velloso, Pleno). Administrativo. Mandado de segurança. Servidor público. Destituição de cargo em comissão. Processo administrativo. Nulidade. Violação ao princípio do contraditório e da ampla defesa. Inocorrência. Recondução ao cargo. Inexistência de direito líquido e certo. 1. Inexiste nulidade no fato da notificação decorrente de processo administrativo disciplinar não indicar, de forma precisa, os fatos imputados aos notificados, pois, nessa fase, os mesmos ainda dependem de apuração, de modo que, concluída a fase instrutiva, procede-se através de termo próprio a indicação das irregularidades apuradas e seus respectivos responsáveis, como meio de propiciar-lhes a efetiva defesa escrita, consoante determina o art. 161 da Lei nº 8.112/90. 2. Não há violação ao direito de defesa dos impetrantes se, por ocasião do ato citatório, constata-se ter sido apresentada cópia da instrução do processo com a especificação das infrações a eles imputadas e a indicação de suas respectivas responsabilidades, o que afasta a alegada violação ao contraditório e à ampla defesa, máxime, quando os impetrantes tiveram advogado constituído durante o processo administrativo disciplinar, cuja defesa escrita foi firmada por seus respectivos procuradores. 3. Inexiste direito líquido e certo à recondução dos servidores aos respectivos cargos, na medida em que, tratando-se, *in casu*, de cargos em comissão, seus ocupantes são passíveis de demissão *ad nutum*, ante a transitoriedade de sua ocupação. 4. Segurança denegada. (STJ, MS nº 4.147/DF, Rel. Min. Anselmo Santiago, 3ª S.)

415. Nesse sentido: "Comete o delito de prevaricação aquele que para satisfazer interesse ou sentimentos pessoais

obrigações do superior hierárquico do órgão ou entidade na qual o servidor infrator se encontra vinculado.

Não se pode deixar de observar, todavia, o *princípio da proporcionalidade* na penalização imposta ao servidor infrator. Ou seja, a imputação da penalidade deverá obedecer ao princípio da culpabilidade, no âmbito do regime disciplinar observado na Administração Pública, quer dizer, a penalidade deverá corresponder ao grau de lesividade do fato, ao volume da culpa do agente em relação ao evento infracional. Daí o parágrafo único do art. 128 da Lei nº 8.112/1990 exigir que a decisão administrativa disciplinar seja motivada e fundamentada, sob pena de ser nula.

A esse respeito, é oportuno chamar a atenção do leitor, mais uma vez, para o poder discricionário da autoridade administrativa, que é limitado na aplicação da penalidade, devendo ser esta a que melhor se adapte ao interesse público e estar enquadrada somente dentro dos limites legalmente estabelecidos, observando, assim, o princípio da adequação punitiva (ou da proporcionalidade). Nesse sentido, verifica-se:

> Administrativo. Servidor público. Penalidade. Demissão. Proporcionalidade. 1. Na aplicação de penalidade, a par da estrita observância ao princípio da proporcionalidade, ou seja, a devida correlação na qualidade e quantidade da sanção, com a grandeza da falta e o grau de responsabilidade do servidor, impõem-se à autoridade administrativa, em decorrência dos comandos insertos na Lei nº 8.112/1990, máxime em se tratando de demissão, a verificação da natureza da infração, os danos para o serviço público, as circunstâncias atenuantes ou agravantes e os antecedentes funcionais do servidor. 2. De outro modo, deve a autoridade levar em conta as sugestões contidas no relatório da comissão de inquérito, salvo no caso de discrepância com o contexto probatório. Não há, entretanto, vinculação para a autoridade administrativa com as conclusões daquela peça, mas, na aplicação de outra penalidade, máxime se mais grave que a sugerida, é necessário seja a decisão fundamentada. 3. Segurança concedida. (STJ, MS nº 6.663/DF, 3ª S, Rel. Min. Fernando Gonçalves)

> Essa observância há de ser verificada caso a caso, portanto, de modo a serem analisados todos os elementos que cercaram o cometimento do ilícito funcional, razão pela qual cabe mandado de segurança contra ato disciplinar, se praticado por autoridade incompetente ou com inobservância de formalidade essencial (art. 5º, III, da Lei nº 1.533/1951)[416].

deixar de cumprir, retardar e não praticar ato de ofício". (TJSP, *RT* 430/322) *E mais*: "O crime de prevaricação resta configurado apenas quando é constatada a satisfação de um sentimento ou interesse pessoal do agente pela ação ou pela omissão previstas no art. 319 do CP. Não há que se falar em conduta típica quando está fora do alcance do indivíduo a realização de ato determinado pela ordem judicial". (TRF-4ª Reg., *RT* 774/713)

416. Conforme se pode notar nesse aresto: Administrativo. Servidor público. Demissão. Mandado de segurança. 1. A aplicação genérica e indiscriminada da sanção máxima aos servidores envolvidos em processo administrativo, sem que observada a diversidade das condutas praticadas, fere os princípios da individualização e da proporcionalidade da reprimenda. Precedente da eg. 3ª Seção. 2. A decisão que aplica a pena de demissão, não obstante conclusão favorável ao servidor oferecida pela Comissão responsável há que ser fundamentada, especificando o julgador os motivos que fundamentaram o seu convencimento (Lei nº 8.112/90, art. 168). 3. "Na aplicação das penalidades serão consideradas a natureza e a gravidade da infração cometida, os danos que dela provieram para o serviço público, as circunstâncias agravantes ou atenuantes, e os antecedentes funcionais" (Lei nº 8.112/90, art. 128). 4. É direito, senão da Administração, impor sanções a seus funcionários faltosos, desde que observadas as determinações legais pertinentes. 5. Segurança concedida. (STJ, MS nº 7.077/DF, Rel. Min. Edson Vidigal, 3ª S)

Dessa forma, note-se que o discricionarismo disciplinar circunscreve-se à escolha da sanção, dentre as que a lei tenha erigido como suporte da responsabilidade, à graduação da pena, à oportunidade e conveniência de sua imposição. Mas, quanto à existência da falta e aos motivos em que a Administração embasa a punição disciplinar, estes não podem ser omitidos ou olvidados no ato punitivo. Tal motivação pode ser resumida, a bem dizer, mas não totalmente dispensada; o que não é exigido são as formalidades de um processo judicial, embora boa parte de seu rito possa ser utilmente adotada pela Administração, para resguardar a legalidade de seu ato. A autoridade administrativa não está adstrita, como a judiciária, às fórmulas processuais, podendo usar de meios mais simples e consentâneos com a finalidade disciplinar para apurar a falta e impor a pena adequada. Inadmissível, porém, é que a autoridade administrativa deixe de indicar claramente o motivo e os meios regulares de que usou para a verificação da falta, objeto da punição disciplinar.

Assim, a motivação se destina a evidenciar a conformação da pena com a falta e a permitir que se confiram, a qualquer tempo, a realidade e a legitimidade dos atos ou fatos ensejadores da punição administrativa. Daí o entendimento, seguindo a moderna doutrina francesa, de que todo ato administrativo é inoperante quando o motivo invocado é falso ou inidôneo, pois que eles devem ser, ao contrário, "materialmente exatos e juridicamente fundados"[417], teoria que tem inteira aplicação ao ato disciplinar, sendo hoje aceita pela doutrina e jurisprudência pátrias, tendo-se como exemplo:

> O ato discricionário cuja motivação estiver em desconformidade com a lei é nulo e seus efeitos lesivos devem ser reparados para recomposição do patrimônio violado, quer funcional, quer financeiro e, até moral, em face das consequências danosas que a pena de suspensão acarreta. Logo, sendo ato ilegal, pode, sem nenhuma dúvida, ser apreciado, em toda a sua inteireza, pelo Poder Judiciário, que acarretará a sua nulidade, com efeitos *ex tunc*. (Ap. Cível nº 90.01.07411-1/BA, TRF-1ª Reg., Rel. Des. Fed. Plauto Ribeiro, 1ª Turma)[418].

Do exposto, depreende-se que, ao motivar a imposição da pena, o administrador não estará se despojando da discricionariedade que lhe é conferida em matéria disciplinar, mas sim a legalizando, visto que a valoração dos motivos é matéria reservada privativamente à sua consideração, sem que outro Poder possa rever o mérito de tais motivos. O

417. Jèze, Gaston *apud* Meirelles, *op. cit.*, p. 123. Esses princípios são acolhidos, jurisprudencialmente, pelos seguintes Tribunais: STF (*RDA* 38/350); TFR (*RDA* 24/143, 25/92, 46/189); TJSP (*RT* 191/691, 199/278, 217/130); e TASP (*RT* 211/449).

418. Administrativo. Servidor público. Processo disciplinar. Vícios formais configurados. Desaparecimento de bem. Dever de guarda não caracterizado. Apelação e remessa oficial a que se nega provimento. 1. No caso concreto, restou caracterizada a ofensa ao art. 149 da Lei nº 8.112/90, uma vez que a Comissão de Processo Disciplinar teve início com apenas dois servidores, quando a Lei determina o número de três integrantes, além de que teve trâmite como se sindicância fora. 2. Sendo certo que os impetrantes desempenham as funções de artífice de eletricidade e bombeiro hidráulico, que não possui qualquer relação com a guarda e conservação de objetos pertencentes ao patrimônio público; que a segurança no local era precária e, ainda, que o Termo de responsabilidade pelo aludido bem fora assinado pelo Chefe do serviço e atividades gerais, material e patrimônio, não há como imputar a responsabilidade aos impetrantes, mormente quando tal responsabilidade adveio de presunção do Administrador. 3. Apelação e remessa oficial a que se nega provimento. (TRF-1ª Reg., AMS nº 010001074198/MG, Rel. Juiz Fed. Conv. Manoel José Ferreira Nunes, 1ª T.)

próprio Poder Judiciário deter-se-á no exame material e jurídico dos motivos invocados, sem lhes adentrar a substância administrativa.

Conforme bem sinaliza o ilustre professor José dos Santos Carvalho Filho[419], calcando-se na clássica lição de Hely Lopes Meirelles, só é lícito ao juiz examinar a legalidade dos fatos, a ele não cabendo intervir nos critérios de conveniência, oportunidade ou justiça dos atos punitivos, que são exclusivamente da alçada da Administração Pública.

Todavia, é imperioso ressaltar que, se durante a apuração da responsabilidade administrativa a autoridade competente verificar que a infração disciplinar também está capitulada como ilícito penal, ela deverá encaminhar a cópia do processo administrativo ao Ministério Público, que irá mover ação penal contra o servidor (arts. 171 e 154, parágrafo único, ambos da Lei nº 8.112/1990).

4.3. Responsabilidade penal

Por fim, dentre as responsabilizações que podem ser imputadas ao servidor público, por condutas culposas ou dolosas por ele praticadas no exercício de sua função pública ou a pretexto dela, está a que encontra fundamentos na área penal, mais notadamente às condutas que a lei tipifica como infrações penais, as quais são reguladas pelo Direito Penal e Processual Penal.

Assim previsto, o Estatuto dos Servidores Públicos Federais reservou o art. 123 para destacar que a responsabilidade penal do servidor abrange os crimes e contravenções, mas não se referindo, note-se, a qualquer tipo de infração penal, que eventualmente pode ser cometida pelo servidor público enquanto cidadão, socialmente comum aos demais, como um homicídio, por exemplo, cujo fim último do *jus puniendi* do Estado é a resposta ao ato-fato criminoso, e sim aos crimes e contravenções praticados pelo servidor nessa qualidade, isto é, na condição jurídica de servidor público, quando no exercício de suas atribuições, para que este agente seja considerado o sujeito ativo do delito[420].

Destarte, repete-se: para serem configurados como crimes ou contravenções funcionais contra a Administração Pública em geral, também denominados, tecnicamente, crimes próprios e impróprios, é fundamental que o sujeito ativo do delito seja servidor público, ressalvados os casos especiais de participação consciente de terceiro (particular) em conluio com o servidor (arts. 29 e 30 do Código Penal).

Os tipos infracionais que podem ser cometidos contra a Administração são os previstos, basicamente, nos arts. 312 a 326, do Código Penal, cujas sanções variam de acordo com o grau de lesividade aos princípios e interesses administrativos. São eles:

- Peculato (art. 312) → quando o servidor público se apropria de dinheiro, valor ou outro bem móvel, público ou particular, dos quais tem a posse em razão do cargo (*caput*), ou quando há desvio da coisa pública ou particular, em proveito próprio ou alheio (§ 1º), cuja pena para ambos os casos é a reclusão de dois a doze anos, e multa; se configurado como peculato culposo, isto é, quando o servidor concorre para o crime de outrem, seja

419. *Apud* Carvalho Filho, *op. cit.*, p. 577.

420. A respeito do sujeito ativo do delito, sem querer aqui adentrar na polêmica questão do § 1º do art. 327, do Código Penal, que trata da equiparação do funcionário público, criando correntes doutrinárias divergentes, eis que a Constituição Federal de 1988 só utiliza o *nomen juris* servidor público, considera-se sujeito ativo do delito o funcionário público/servidor público, "para os efeitos penais, quem, embora transitoriamente ou sem remuneração, exerce cargo, emprego ou função pública" (art. 327, *caput*).

particular ou mesmo outro servidor, por não observar o dever de cuidado a que está obrigado, a pena é a detenção de três meses a um ano (§ 2º). Já o § 3º prevê a extinção da punibilidade se a reparação do dano ocorrer antes da sentença irrecorrível, antes de transitar em julgado; se posterior, reduz-se a pena imposta pela metade.

- Peculato mediante erro de outrem (art. 313), também denominado peculato-estelionato → ocorre quando o servidor, no exercício de seu cargo, se apropria do dinheiro que recebeu por erro de outrem. A pena é a reclusão, de um a quatro anos, e multa.

Partindo da premissa que não há punição a título de culpa, essa conduta é tipicamente dolosa do servidor, pois ele age com "vontade livre e consciente de apropriar-se do objeto material. Deve abranger a consciência do erro de outrem e de que o objeto material vem ao seu poder em face da atividade pública exercida", diz Damásio Evangelista de Jesus[421].

- Inserção de dados falsos em sistema de informações (art. 313-A) → quando o servidor, que é autorizado a operar com o sistema informatizado ou banco de dados da Administração Pública, insere dados falsos ou exclui indevidamente os corretos, ou, ainda, quando facilita que outrem o façam. Para essa figura, a pena será de reclusão, de dois a doze anos, acrescida de multa.
- Modificação ou alteração não autorizada do sistema (art. 313-B) → quando o servidor altera ou modifica as informações, sem a devida autorização ou solicitação de autoridade competente, objetivando levar alguma vantagem para si. A detenção, de três meses a dois anos, somada a multa, é a pena prevista para esse tipo de conduta, mas cabendo ressaltar que, se a modificação ou alteração resultar em danos à Administração ou a particular, "as penas serão aumentadas de um terço até a metade", nos termos do § 1º do art. 313-B.

Esses tipos penais, que foram acrescentados ao Código Penal pela Lei nº 9.983, de 2000, são dolosos, da mesma forma que o peculato, eis que o dolo, conforme palavras deixadas por Celso Delmanto, é "acrescido do especial fim de agir (obter vantagem indevida para si ou para outrem ou causar dano). Na doutrina tradicional (clássica), é o dolo específico. Não há modalidade culposa"[422] (redação original da obra).

- Extravio, sonegação ou inutilização de livro ou documento (art. 314) → tais condutas são tidas como dolosas, pois que só podem ser praticadas por servidor público, no exercício de suas funções, até porque livros oficiais e documentos ficam sob sua guarda, em razão de seu cargo. Assim, não há forma culposa ao ato de extraviar, sonegar ou inutilizar, total ou parcialmente, esse material, muito embora possa ser possível considerar apenas como tentativa as modalidades de inutilização e de extravio. Para esses tipos, o servidor é apenado com reclusão, de um a quatro anos, isso se o fato não constituir crime mais grave, podendo ser motivo até mesmo de demissão do funcionário/servidor.
- Emprego irregular de verbas ou rendas públicas (art. 315) → crime funcional que só pode ser praticado quando o servidor público ocupa um cargo de chefia, com o poder de administração e disposição sobre verbas ou rendas públicas, e a elas dá fim diverso ao estabelecido em lei[423], tipo de conduta que leva o servidor administrador à pena de

421. Jesus, Damásio Evangelista de. *Código Penal Anotado*. 13ª ed., São Paulo: Saraiva, 2002, p. 952.

422. Delmanto, Celso *et al*. *Código Penal Comentado*. 6ª ed., atual. e ampl., Rio de Janeiro: Renovar, 2002, p. 624.

423. A respeito, o posicionamento de Heleno Cláudio Fragoso é no sentido de que "a palavra lei não permite interpretação extensiva, excluindo-se, portanto, os decretos e quaisquer atos administrativos (ao contrário do

detenção, de um a três meses, ou multa.

◆ Concussão (art. 316, *caput*) → é a exigência de vantagens indevidas que o servidor faz para si ou para outrem, em razão de seu cargo, mesmo que estas sejam feitas fora da função ou até antes de assumi-la. Não há, portanto, modalidade culposa à concussão. A pena é a reclusão, de dois a oito anos, e multa.

Conforme explicita o professor Damásio E. de Jesus:

> Na primeira espécie, o sujeito expressamente a formula ao sujeito passivo (*a viso aperto* ou *facie ad faciem*). Na segunda, o autor do fato se vale de interposta pessoa para chegar ao conhecimento da vítima a sua pretensão ou formula a exigência de maneira velada, capciosa ou maliciosa (forma implícita de execução). Nesse sentido: *RTJ*, 71:354; *RT*, 586:273 e 765:535 e 537; *JTJ* 152:322[424]. (grifos e parênteses do autor)

Importante a ser ressaltado é que não descaracteriza o crime o fato de a vantagem indevida recebida ser devolvida.

◆ Excesso de exação (art. 316, § 1º, cuja redação e a pena foram alterados pelo art. 20 da Lei nº 8.137/1990, e § 2º) → quando o servidor exige tributos ou contribuições sociais, que sabe serem indevidos, ou, quando devidos, utiliza-se de meio vexatório ou gravoso para sua cobrança, que a lei não permite, sendo a pena para tais condutas a de reclusão, de três a oito anos, e multa (§ 1º). Entretanto, se o servidor desviar aquilo que recebeu indevidamente, em proveito próprio ou de terceiro, sua pena agrava, cabendo-lhe a reclusão, de dois a doze anos, e multa (§ 2º).

◆ Corrupção passiva (art. 317, §§ 1º e 2º) → quando o servidor, valendo-se de sua função, ou mesmo fora dela ou antes de assumi-la, solicita, recebe ou aceita, direta ou indiretamente, promessa de vantagem indevida, para si ou para terceiro, cuja pena prevista é a reclusão, de um a oito anos, e multa (*caput*). Cumpre observar, porém, caso o servidor retarde ou deixe de praticar qualquer ato de ofício, em consequência da tal vantagem ou promessa, ou o pratique infringindo o dever funcional, a pena é aumentada de um terço (§ 1º); por outro lado, se o servidor praticar este crime, cedendo a pedido ou influência de outrem, sua pena será de detenção, de três meses a um ano, ou multa (§ 2º).

◆ Facilitação de contrabando ou descaminho (art. 318) → quando o servidor, cujo dever funcional é reprimir o contrabando e o descaminho, facilita, pelo contrário, a importação ou exportação de mercadorias proibidas ou ilude o pagamento de direito ou imposto devido, em todo ou em parte, pela entrada, pela saída ou pelo consumo da mercadoria, sendo prevista pelo Código Penal a pena de reclusão, de três a oito anos, e multa.

◆ Prevaricação (arts. 319) → quando o servidor, de modo indevido, retarda ou deixa de praticar ato de ofício, ou, quando o pratica, ele o faz somente para satisfazer interesse

que ocorre no direito espanhol e argentino). Será, pois, geralmente, a lei orçamentária ou lei especial". (Fragoso, Heleno Cláudio. *Lições de Direito Penal*: parte especial (arts. 213 a 359, do CP), 3ª ed., Rio de Janeiro: Forense, 1981, p. 412). Ainda sobre o assunto, ao qualificar o tipo objetivo do citado artigo repressivo, comenta Julio Fabbrini Mirabete: "A conduta típica é o emprego irregular dos fundos públicos, que devem ser efetuados de acordo com as leis orçamentárias ou especiais. Verbas públicas são os dinheiros destinados, por lei orçamentária, à satisfação de um serviço, de uma finalidade de interesse público. Rendas públicas são os dinheiros percebidos Pela Fazenda Pública, seja qual for a sua origem. O emprego irregular de uma ou outra caracteriza o crime, desde que tenha destinação preceituada em lei, e não mero decreto, sendo irrelevante tenha o agente ou não qualquer proveito". (Mirabete, Julio Fabbrini. *Código Penal interpretado*, 3ª ed., São Paulo: Atlas, 2003, p. 2047).

424. Jesus, *op. cit.*, p. 959.

ou sentimento pessoal, contra disposição expressa de lei, conduta esta, vale dizer, imoral, que atenta "aos princípios éticos que devem nortear a alma do homem público"[425]. A pena aplicada para esses casos é a detenção, de três meses a um ano, e multa.

Ainda em se tratando de prevaricação, cumpre registrar que a Lei nº 11.466, de 28 de março de 2007, incluiu o art. 319-A ao rol das infrações penais contra a Administração Pública, cuidando dos mais recentes casos de intercomunicação de presos através de aparelhos celulares, dentro dos próprios presídios, daí responsabilizar Diretor de Penitenciária e/ou agente público que descumpre seu dever de não vedar ao preso o acesso a aparelhos telefônicos, seja de rádio ou similar, permitindo, dessa forma, a comunicação com outros presos ou com o ambiente externo. Para esse caso, a pena para o agente infrator é detenção, de três meses a um ano.

- Condescendência criminosa (art. 320) → é o caso do servidor, superior hierárquico, que deixa de responsabilizar seu subordinado quando este comete ato infracional no exercício do cargo ou, quando lhe falta essa competência, deixa de levar o fato ao conhecimento de autoridade que a tenha, cuja pena é detenção, de quinze dias a um mês, ou multa.
- Advocacia administrativa (art. 321) → ocorre quando, valendo-se do cargo, o servidor público patrocina, direta ou indiretamente, interesse privado perante a administração pública. A pena para esse tipo de conduta-crime funcional é de detenção, de um a três meses, ou multa, sendo esta aumentada para três meses a um ano, além da multa, caso o interesse for ilegítimo (parágrafo único).
- Violência arbitrária (art. 322) → ocorre quando, no exercício da função ou a pretexto de exercê-la, o servidor emprega a força bruta, que se materializa em vias de fato, lesões corporais ou homicídio, ficando excluídas a violência moral e a usada contra a coisa[426]. Pena: detenção, de seis meses a três anos, além da pena correspondente à violência. Vale salientar, entretanto, que, em certas situações, o Código de Processo Penal (arts. 284 e 292) autoriza o emprego da força física, quando necessária, a exemplo da exercida pelo agente para efetuar uma prisão.
- Abandono de função (art. 323, §§ 1º e 2º) → quando o servidor público abandona seu cargo, fora dos casos permitidos por lei, ele pode ser detido de quinze dias a um mês, ou pagar multa (*caput*); mas, se desta infração resultar prejuízo público, a lei penal prevê que, além da multa, a pena de detenção aumenta para três meses a um ano (§ 1º) ou, se o fato ocorrer em local compreendido na faixa de fronteira[427], o servidor será detido de um a três anos, mais multa (§ 2º).
- Exercício funcional ilegalmente antecipado ou prolongado (art. 324) → é considerado como infração penal o fato de o servidor entrar em exercício sem que antes satisfaça as exigências legais ou, quando exonerado, removido, substituído ou suspenso, continua

425. Mattos. *Tratado...*, *op. cit.*, p. 387. Nesse sentido, transcreve-se as palavras do ilustre Ministro Celso de Mello: "O ordenamento jurídico brasileiro repele práticas incompatíveis com o postulado ético-jurídico da lealdade processual. O processo não pode ser manipulado para viabilizar o abuso de direito, pois essa ideia que se revela frontalmente contrária ao dever de probidade que se impõe à observância das partes. O litigante de má-fé – trata-se de parte pública ou de parte privada – deve ter a sua conduta sumariamente repelida pela atuação jurisdicional dos juízes e dos tribunais, que não podem tolerar o abuso processual como prática descaracterizadora da essência do processo". (STF, ED nº 246.564-0, Rel. Min. Celso de Mello, 2ª T., *RTJ* 270/72)

426. Nesse sentido, *RT* 381/188; *RF* 265/377.

427. Conforme esclarece Celso Delmanto, "por lei, considera-se faixa de fronteira a situada dentro de 150 km ao longo das fronteiras nacionais (Lei nº 6.634/79)". (Delmanto, *op. cit.*, p. 644).

a exercer suas funções, mesmo estando ciente, oficialmente, do fato. A pena é a detenção, de quinze dias a um mês, ou pagamento de multa.

◆ Violação de sigilo funcional (art. 325, § 1º, I e II e § 2º) → é considerado crime contra a Administração Pública o servidor público que, valendo-se de seu cargo, revela ou facilita a revelação de fato que tenha ciência e que deva ser mantido em segredo profissional, sob pena de ser detido por seis meses a dois anos ou pagar multa, se o fato não constituir crime mais grave. Incorre nas mesmas penas os casos acrescentados pela Lei nº 9.983/2000, quais sejam: o § 1º, inciso I, descreve como delito de violação de sigilo profissional se o servidor permite ou facilita o acesso de pessoas não autorizadas a sistema de informações ou banco de dados da Administração, mediante atribuição, fornecimento e empréstimo de senha ou qualquer outra forma; já o inciso II fala do servidor que se utiliza, indevidamente, do acesso restrito. O § 2º, por sua vez, prevê o caso de a ação ou omissão do servidor resultar dano à Administração ou a terceiro, razão pela qual a pena é aumentada, com reclusão de dois a seis anos e multa.

◆ Violação do sigilo de proposta de concorrência (art. 326) → diz esse artigo da lei penal que é crime invadir o sigilo da proposta de concorrência pública, bem como proporcionar facilidades para que terceiro o faça, cuja pena prevista é a detenção, de três meses a um ano, e multa.

Por derradeiro, convém observar que se aplica a todos os casos acima referidos a seguinte medida: se o autor desses crimes funcionais for ocupante de cargo em comissão ou de função de direção ou assessoramento de órgão da administração direta, sociedade de economia mista, empresa pública ou fundação instituída pelo Poder Público, as respectivas penas serão aumentadas da terça parte (art. 327, § 2º, do Código Penal).

Após essas anotações, importante de se registrar é o fato de que embora a maioria das condutas delituosas contra a Administração Pública figure nesses artigos supracitados do Código Penal, isso não significa que outras transgressões do tipo não possam se somar àquelas, responsabilizando igualmente o servidor público na instância criminal, mas desde que sejam previstas em leis federais especiais e extravagantes – visto ser competência privativa da União legislar sobre direito penal (art. 22, I, da Constituição) –, exatamente para coibir ilícitos outros, preenchendo lacunas do arcaico Código Penal brasileiro, vigente desde 1940, visando proteger interesses administrativos.

Nesse sentido, então, cita-se a Lei federal nº 4.898 como exemplo, que disciplina o abuso de autoridade desde 1965, ao regular o direito de representação e o processo de responsabilidade administrativa, civil e penal, nesse caso. Outra é a de nº 8.429, de 1992, a Lei de Improbidade Administrativa, onde são previstas condutas funcionais consideradas crimes contra a Administração Pública, eis que ímprobas[428], afrontando os princípios norteadores da Administração Pública (art. 11). Desse modo, quando

428. Alexandre de Moraes define os atos de improbidade administrativa como sendo "aqueles que, possuindo natureza civil e definidamente tipificada em lei federal, ferem direta ou indiretamente os princípios constitucionais e legais da administração pública, independentemente de importarem enriquecimento ilícito ou de causarem prejuízo material ao erário público". (Moraes, Alexandre de. *Constituição do Brasil interpretada e legislação constitucional*. São Paulo: Atlas, 2002, p. 2610). Por sua vez, Ives Gandra da Silva Martins diz que "é irresponsável aquele que macula, tisna, fere, agride a moralidade pública, sendo ímprobo administrador, favorecendo terceiros, praticando a concussão ou sendo instrumento de corrupção". (Martins *apud* Mattos, Mauro Roberto Gomes de. *O Limite da Improbidade Administrativa*: o direito dos administrados dentro da Lei nº 8.492/92. Rio de Janeiro: América Jurídica, 2004, p. 2).

praticadas, comissiva ou omissivamente, por qualquer agente público considerado sujeito ativo pela referida Lei, sejam condutas que importem enriquecimento ilícito no exercício de mandato, cargo, emprego ou função na administração pública direta, indireta ou fundacional (art. 9º), sejam as que resultem em perda patrimonial ou prejuízo ao erário (art. 10), tais crimes podem até mesmo ensejar a perda do cargo ou da função pública, como efeito da condenação (arts. 12 e 20 da Lei nº 8.429/1992), medida esta que, no entanto, seguindo o princípio da proporcionalidade, somente poderá ser aplicada em casos excepcionais, como se pode verificar em alguns arestos:

> Ação civil pública. Ato de improbidade administrativa. Procedência. Apelo. Princípio da proporcionalidade. Necessidade de adequação entre a conduta perpetrada pelos agentes e sua penalização. Recurso parcialmente provido para o fim de excluir a pena de perda da função pública, proibição de contratar com a Administração Pública ou receber benefícios. (TJ/PR, Ap. Cível nº 124061700, 2ª CC, Rel. Des. Sidney Mora, j. em 27/11/2002)
>
> Ação civil pública. Improbidade administrativa. Perda da função pública. Proibição de contratar. Suspensão dos direitos políticos. Sanções aplicadas somente em casos excepcionais. Recurso provido. "Da sabença jurídica que os comportamentos que atentarem contra os princípios da Administração Pública merecem ser punidos; inobstante, as sanções da perda da função pública, a proibição de contratar e a suspensão dos direitos políticos somente devem ser aplicadas em casos excepcionais". (TJ/MG, Ap. Cível nº 000.305.371-7/00, 7ª CC, Rel. Des. Alvim Soares, *DJ* de 02/09/2003)

Nessa mesma esteira, outra lei que merece menção, pela importante inovação trazida ao Direito Administrativo, é a de nº 8.666/1993, também conhecida como Lei das Licitações e Contratos Administrativos, posto que seus arts. 89 a 98 tipificam determinadas condutas, relacionadas com a matéria que dispõe, como criminosas, estabelecendo suas respectivas penas.

Tais crimes previstos por essa lei, conforme palavras de Hely Lopes Meirelles, "ainda que tentados, sujeitam seus autores, quando servidores públicos (art. 84), à perda do cargo, emprego ou mandato eletivo (art. 83)". Complementando, diz ainda esse mestre que "os crimes são de ação penal pública incondicionada, cabendo ao Ministério Público promovê-la, mas podendo qualquer pessoa provocar a iniciativa do Ministério Público, fornecendo-lhe os dados necessários para tanto"[429].

Faz-se ainda referência, por oportuno, à Lei nº 10.028/2000, que instituiu os crimes contras as finanças públicas, em virtude da Lei de Responsabilidade Fiscal, ao acrescentar os arts. 359-A a 359-H ao Código Penal.

Assim, queixas ou denúncias a respeito de crimes, contravenções e outras condutas dessa natureza, que denotem dolo no desempenhar da função pública, devem ser endereçadas ao Ministério Público para que, perante o Poder Judiciário, o servidor público, nessa qualidade, responda a processo criminal, que obedece ao rito estabelecido nos arts. 513 a 518 do Código de Processo Penal, sendo-lhe dado amplo direito de defesa, consoante exige o inciso LV do art. 5º da Constituição Federal, como já reiteradas vezes observado.

429. Meirelles, *op. cit.*, p. 317.

Se comprovado for o delito, será o servidor responsabilizado criminalmente, devendo sofrer as sanções cabíveis, que poderão ser, conforme o caso, privação de liberdade, restrição de direitos ou multa (art. 32, I, II e III, do Código Penal).

Outrossim, convém salientar que, nos crimes praticados com abuso de poder ou violação de dever para com a Administração, se a pena aplicada ao servidor público for por tempo igual ou superior a um ano, pelos efeitos da condenação, o servidor poderá perder o cargo, a função pública ou o mandato eletivo, o mesmo ocorrendo nos demais casos, se a pena for superior a quatro anos (art. 92, I, *a* e *b*, do Código Penal).

Com efeito, sejam tais condutas praticadas em detrimento da dignidade da função pública, sejam por que importam lesão aos cofres públicos, medidas punitivas exemplares devem ser aplicadas aos servidores infratores, desde que existam provas inequívocas do delito por conduta culposa ou dolosa, guardando a penalidade, por certo, a razoabilidade e a proporcionalidade devidas, embora nada impeça que, contrariando a Comissão processante, a autoridade julgadora, ao final, isente o servidor de qualquer responsabilidade.

Comprovada a conduta dolosa, porém, não deveria o servidor público merecer continuar investido na função, mesmo porque, afinal, se "comprovadas a má-fé e a devassidão do agente público ou de terceiro, após todo *iter* processual, a sociedade espera e clama por uma justa punição", diz Mauro Roberto Gomes de Mattos[430].

Diante disso, cabe então verificar a repercussão da decisão penal no âmbito das demais instâncias de responsabilidade dos servidores públicos.

5. DOS EFEITOS DA SENTENÇA PENAL

Antes de apreciar os efeitos que a sentença proferida pelo Juiz criminal pode causar nas esferas civil e administrativa, tópico que é, sem dúvida, um dos mais relevantes da matéria relativa à responsabilização dos servidores públicos, convém voltar-se ao comando do art. 125 da Lei nº 8.112/1990, que é no sentido de que as instâncias de responsabilidade, ainda que possam cumular-se, são independentes entre si, o que acentua, por conseguinte, a regra de que cada instância segue seus procedimentos peculiares para apuração de responsabilidades.

Com efeito, a penalidade para os ilícitos exclusivamente funcionais, de natureza civil ou administrativa, pode ser imposta ainda que não tenham sido apreciados os fatos pelo Poder Judiciário na ação penal, sem que o desdobramento da competente apuração dos mesmos fira a presunção de inocência do agente público acusado/indiciado, daí a seguinte decisão exarada pelo Superior Tribunal de Justiça do Distrito Federal, 3ª Seção, ao Mandado de Segurança nº 7834, com relatoria do insigne Ministro Felix Fischer:

> Administrativo. Servidor Público. Processo disciplinar. Demissão. Independência entre as instâncias penal, civil e administrativa. Materialidade. Comprovação. Cerceamento de defesa. I – A independência entre as instâncias penal, civil e administrativa, consagrada na doutrina e jurisprudência, permite à Administração impor punição disciplinar ao servidor faltoso à revelia de anterior julgamento no âmbito criminal, ou em sede de ação civil por improbidade, mesmo que a conduta imputada configure crime em tese. Precedentes do STJ e do STF[431].

430. Mattos. *O Limite...*, *op. cit.*, p. 575.

431. Aliás, o extinto DASP já adotava, na Formulação nº 71, a seguinte orientação: A única hipótese em que a Administração estará adstrita a aguardar a prestação jurisdicional é a do inciso I do art. 207 (atualmente, art. 132,

Insta salientar, contudo, que no atual estágio evolutivo em que se encontra o Direito Público, mesmo que as instâncias de apuração de responsabilidades sejam independentes entre si, cada qual gozando de sua autonomia, não mais se admite o total isolamento entre elas, que podem se comunicar "com o fim de exteriorizarem os plasmados de justiça, segurança jurídica e paz social"[432], sem que isso signifique invasão de competência.

É de se verificar, então, que o princípio da independência das instâncias não é absoluto, e sim relativo, e isto porque há determinadas situações jurídicas que a decisão de uma esfera possui o condão de influenciar a outra, ou seja, uma dependerá do desfecho da apuração de outra para que, *a posteriori*, se for o caso, haver a cumulação de penalidades. Está-se falando das condicionantes de procedibilidade, como nos crimes de sonegação fiscal ou de improbidade administrativa, por exemplo, que sempre dependerão da conclusão da instância administrativa para que seja instaurado o competente processo judicial, com a finalidade de investigar se houve ou não ato ímprobo do agente público. Nesses casos, como os ilícitos ensejam a pena de demissão do servidor, a Administração não poderá efetuá-la sem o trânsito em julgado da decisão penal condenatória[433]. Lei nº 8.112/1990.

I, da Lei nº 8.112/90), onde se fala genericamente "crime contra a Administração Pública". Em todas as outras, a Administração não necessita aguardar o desfecho do procedimento criminal, vez que a expressa previsão do fato criminoso como ilícito disciplinar autônomo a autoriza a agir desde logo, aplicando a pena que o Estatuto cominar. O dispositivo estatutário remete ao Código Penal, mas isto significa, apenas, que o elemento fático da infração disciplinar é exatamente o mesmo do crime homônimo (Parecer no Proc. nº 1.485).

432. Mattos. *Tratado de...*, *op. cit.*, p. 352.

433. Nesse sentido, observe-se: Recurso em Mandado de Segurança. Servidor Público. Processo Administrativo. Demissão. Poder Disciplinar. Limites de atuação do Poder Judiciário. Princípio da ampla defesa. Ato de improbidade. 1. Servidor do DNER demitido por ato de improbidade administrativa e por se valer do cargo para obter proveito pessoal de outrem, em detrimento da dignidade da função pública, com base no art. 11, *caput*, e inciso I, da Lei nº 8.429/92 e art. 117, IX, da Lei nº 8.112/90. 2. A autoridade administrativa está autorizada a *praticar* atos discricionários apenas quando norma jurídica válida expressamente a ela atribuir essa livre atuação. Os atos administrativos que envolvem a aplicação de "conceitos indeterminados" estão sujeitos ao exame e controle do Poder Judiciário. O controle jurisdicional pode e deve incidir sobre os elementos do ato, à luz dos princípios que regem a atuação da Aplicação da penalidade, com fundamento em preceito diverso do indicado pela comissão de inquérito. A capitulação do ilícito administrativo não pode ser aberta a ponto de impossibilitar o direito de defesa. De outra parte, o motivo apresentado afigurou-se inválido em face das provas coligidas aos autos. 4. Ato de improbidade: a aplicação das penalidades previstas na Lei nº 8.429/92 não incumbe à Administração, eis que privativa do Poder Judiciário. Verificada a prática de atos de improbidade no âmbito administrativo, caberia representação do Ministério Público para ajuizamento da competente ação, não a aplicação da pena de demissão. Recurso ordinário provido. – [Aspas e itálico no original] – (STF, RMS nº 24.699/DF, Rel. Min. Eros Grau, 1ª T., *DJ* de 01/07/2008) Crime Tributário. Pendência de Processo Administrativo. Pendente processo administrativo, descabe adentrar o campo penal quer considerada a ação propriamente dita, quer inquérito policial. Inteligência do art. 34 da Lei nº 9.249/95. Precedente: Habeas Corpus nº 81.611-8/DF, relator Ministro Sepúlveda Pertence, julgado em 10 de dezembro de 2003, Plenário. (STF, HC nº 84.105/SP, Rel. Min. Marco Aurélio, 1ª T., *DJ* de 13/08/2008, p. 275) Habeas Corpus. Penal. Tributário. Crime de supressão de tributo (art. 1º da Lei nº 8.137/1990). Natureza Jurídica. Esgotamento da via administrativa. Prescrição. Ordem Concedida. 1. Na linha do julgamento do HC 81.611 (Rel. Min. Sepúlveda Pertence, Plenário), os crimes definidos no art. 1º da Lei nº 8.137/1990 são materiais, somente se consumando com o lançamento definitivo. 2. Se está pendente recurso administrativo que discute o débito tributário perante as autoridades fazendárias, ainda não há crime, porquanto "tributo" é elemento normativo do tipo. 3. Em consequência, não há falar-se em indício do lapso prescricional, que somente se iniciará com a consumação do delito, nos termos do art. 111, I, do Código Penal. – [Aspas no original] – (STF, HC nº 83.414/RS, Rel. Min. Joaquim Barbosa, 1ª T., *DJ* de 23 abr. 2004, p. 24)

Note-se, assim, que só no final do processo administrativo, quando verificado o elemento subjetivo do tipo para a persecução penal, é que poderá o feito prosseguir seu curso. Contudo, para trancar a ação penal, basta que a decisão da Comissão processante afirme a falta de tipicidade do ilícito punível como crime, pela inexistência da materialidade do delito, com a demonstração de ausência total de indícios comprobatórios de dolo na conduta do servidor. Observe:

> Processual Penal. Ação Penal Originária. Denúncia contra Magistrado. Abuso de Autoridade. Crime Doloso. Decisão Administrativa do Plenário. Repercussão. – Em sede de ação penal originária promovida contra magistrado sob a acusação de abuso de autoridade, crime doloso previsto no art. 4º, *a*, da Lei nº 4.898/65, a decisão tomada por expressiva maioria do Plenário do Tribunal em processo administrativo, afirmativa da inexistência de dolo na conduta impugnada, tem repercussão na instância penal, afastando a justa causa para a acusação. – *Habeas corpus* concedido. Ação penal trancada. (STJ, HC nº 16.894/DF, 6ª T., Rel. Min. Fontes de Alencar)

Depreende-se, com isso, que nem toda irregularidade funcional exige uma sanção civil ou penal. Embora a condenação criminal por delitos funcionais, que é mais do que seus congêneres, sejam estes previstos na Lei nº 8.112/1990 ou em legislação esparsa, há de repercutir seus efeitos *erga omnes* nas esferas civil e administrativa, acarretando a punição disciplinar cabível, caso reste cabalmente demonstrado, no competente processo judicial, a existência da relação de causalidade entre a ação ou omissão praticada pelo servidor, legalmente definida como delito/infração, e o resultado lesivo. Destarte, se o processo administrativo concluir que o servidor é inocente, isso não significa que ele será inocentado na instância penal, salvo algumas raras exceções, quando a decisão penal deve prevalecer, fazendo coisa julgada nas áreas cível e administrativa. Nesse sentido:

> O Plenário do Supremo Tribunal Federal tem reiterado a independência das instâncias penal e administrativa afirmando que aquela só repercute nesta quando conclui pela inexistência do fato ou pela negativa de sua autoria. (MS 21.708, Rel. Min. Maurício Corrêa, *DJ* 18/05/05, 22.438, Rel. Min. Moreira Alves, *DJ* 06/02/98, 22.477, Rel. Min. Carlos Velloso, *DJ* 14/11/97, 21.293, Rel. Min. Octavio Gallotti, *DJ* 28/11/97). Segurança denegada (STF, Pleno, MS nº 23.188/RJ, Rel. Min. Ellen Gracie, *DJ* de 19 dez. 2008, p. 71)

Lembrando-se do exemplo deixado por Hely Lopes Meirelles[434] sobre a conduta do servidor público que, no seu exercício funcional, atropela transeunte, pode-se transferir aquelas noções a qualquer outra situação, pois que um único ato lesivo pode ensejar ao agente causador do dano responsabilização penal, repercutindo nas esferas civil, pela ação civil regressiva da Administração para haver a indenização paga à vítima, e administrativa, para fins disciplinares, por meio do processo administrativo interno.

Desse modo, havendo julgamento penal por infração/crime, a sentença condenará ou absolverá o servidor, sendo que a decisão absolutória poderá ocorrer em três fundamentais circunstâncias, a saber: pela inexistência do fato imputado ao servidor ou negativa de sua autoria; por ausência de culpabilidade penal; ou por insuficiência de provas.

434. Meirelles, *op. cit.*, p. 633.

Para melhor compreender essas hipóteses e suas repercussões, seja no âmbito da responsabilização civil ou no administrativo do servidor, acompanha-se as lições dos insignes mestres Hely Lopes Meirelles[435] e José dos Santos Carvalho Filho[436] que, didaticamente, apresentam um sistema favorável a esse entendimento.

Conjugando-se tais doutrinas, basicamente elas dizem que, havendo condenação criminal, essa decisão produzirá reflexos nas órbitas de responsabilidade civil e administrativa se o ato lesivo cometido pelo servidor for decorrente de infração definida em lei como ilícito penal e, ao mesmo tempo, havida como ilícito civil, eis que o fato faz coisa julgada relativamente à culpa (*lato sensu*) do servidor, cujo reconhecimento desta pela Justiça Criminal não pode ser negada em qualquer outro juízo (art. 935 do Código Civil). Assim sendo, na esfera civil, a decisão condenatória se dará somente se a infração praticada pelo servidor ocasionar prejuízo patrimonial aos cofres públicos, sujeitando-o, dessa forma, à reparação do dano causado à Administração (responsabilidade civil do servidor).

Já se a sentença penal condenatória tiver sido em função da prática de crime funcional e que este tenha correlação com os deveres administrativos, a exemplo do crime de corrupção passiva (art. 317 do Código Penal), conduta havida também como ilícito administrativo, por violação do previsto no art. 117, XII, da Lei nº 8.112/1990, o fato enseja, consequentemente, a responsabilização administrativa, na forma legal cabível (arts. 63 e 64 do Código de Processo Penal).

Sendo assim, vale acentuar que, nos crimes praticados com abuso de poder ou violação de dever para com a Administração, se a pena aplicada ao servidor for a privação da liberdade por tempo igual ou superior a um ano, um dos efeitos dessa condenação é a perda do cargo, função pública ou mandato eletivo (art. 92, I, do Código Penal, com redação dada pela Lei nº 9.268/1996), o mesmo ocorrendo no caso de condenação por crime de improbidade administrativa (art. 12, III, da Lei nº 8.429/1992).

Insta salientar que, se o servidor for condenado por crime que não tenha conexão com a função pública, e cuja pena não impuser a perda da liberdade, essa situação não repercute na esfera administrativa, tratando-se o caso de suspensão condicional da pena (*sursis*)[437]. Mas, se houver condenação com pena de privação da liberdade por esse mesmo crime, duas hipóteses de penalização podem ocorrer: 1ª) se a pena imputada for por tempo inferior a quatro anos, o servidor ficará afastado de seu cargo ou função, perdendo parte de seu vencimento, embora a seus dependentes previdenciários seja devido o auxílio-reclusão, conforme dispõe o art. 229 da Lei nº 8.112/1990[438], ainda que tal benefício não esteja legalmente disciplinado, sendo até lá regulado pelo art. 13 da Emenda Constitucional nº 20/1998 e pela Instrução Normativa nº 5, de 28 de abril de 1999, da Secretaria de Estado da Administração e da Previdência – SEAP; 2ª) se a pena for superior a quatro anos, o servidor perderá o cargo, a função pública ou o mandato eletivo (art. 92, I, *a* e *b*, do Código Penal, com redação dada pela Lei nº 9.268/1996).

435. *Idem*.
436. Carvalho Filho, *op. cit.*, p. 577-580.
437. *Ibidem*, p. 579.
438. José dos Santos Carvalho Filho esclarece que "o citado afastamento, que apenas suspende a relação funcional, é previsto como verdadeiro direito social do servidor, constante do estatuto federal, que admite também o auxílio-reclusão como efeito do afastamento. Todavia, como não há paradigma constitucional para esse caso, pode ocorrer que outras leis estatutárias disponham diferentemente sobre a matéria". (Carvalho Filho, *op. cit.*, p. 580, em nota de rodapé).

No que tange ao benefício do auxílio-reclusão, é interessante verificar a recente decisão da Primeira Turma do Tribunal Regional Federal-1ª Região, na Apelação em Mandado de Segurança nº 2005.37.00.006208-0/MA, julgada em 23 de novembro de 2008, tendo como relator o Desembargador Federal Antônio Sávio de Oliveira Chaves:

> Administrativo. Auxílio-reclusão. Servidor Público Federal. Art. 229 da Lei nº 8.112/90. Art. 116 do Decreto nº 3.048/99. Art. 201, IV, da CF/88. Art. 13 da EC nº 20/98. Limitação de renda referente aos dependentes/beneficiários e não ao servidor afastado em razão de sentença condenatória. Efeitos financeiros a partir da data da impetração. Apelação desprovida. Remessa oficial provida para conceder parcialmente a segurança por fundamento diverso.
>
> 1. Conforme o exame dos autos, infere-se que os vencimentos do genitor dos impetrantes eram a única fonte de renda da família e que os mesmos já tinham recebido o auxílio-reclusão em face da sua prisão preventiva, no período de 12/05/1994 a 20/05/1998, na proporção de 2/3 da sua remuneração total. Posteriormente, segundo as informações da Autoridade impetrada, foi o servidor colocado em liberdade por força de Alvará de Soltura concedido pela Juíza de Direito da 2ª Vara de Execuções Criminais da Comarca de São Luís. Em 14 de maio de 2002, o servidor foi condenado a pena privativa de liberdade correspondente a 23 anos de reclusão pelo Tribunal do Júri da Comarca de Paço do Lumiar/MA, tendo sido recolhido novamente à prisão em 15 de maio de 2003, afastando-se de suas atividades no TRT-16ª Região.
>
> 2. Pela simples leitura do art. 229 da Lei nº 8.112/1990, verifica-se que o auxílio-reclusão poderá ser concedido em dois momentos perfeitamente distintos, com proveito financeiro diverso, quais sejam: I) em caso de afastamento por motivo de prisão em flagrante ou preventiva, no montante equivalente a dois terços da remuneração; e II) em caso de afastamento em virtude de condenação por sentença definitiva, a pena que não determine a perda do cargo, no montante equivalente a metade da remuneração. Desse modo, não se pode vislumbrar direito adquirido dos impetrantes ao recebimento da verba com base na legislação vigente à época da prisão preventiva, uma vez que nesse período já houve a concessão do benefício e a sua posterior cessação, em face de ter sido o servidor colocado em liberdade por ordem judicial, retornando às suas atividades no TRT-16ª Região. O auxílio-reclusão agora tratado é outro, ou seja, aquele que poderá ser concedido por afastamento em virtude de condenação por sentença definitiva, a pena que não determine a perda do cargo, o que efetivamente aconteceu no caso dos autos, tendo sido o servidor recolhido ao cárcere no dia seguinte à prolação da sentença (15/05/2002), segundo consta dos autos, já na vigência da EC nº 20/1998.
>
> 3. Segundo as informações prestadas, o servidor recebia, à época do recolhimento à prisão por força da sentença condenatória, vencimentos no montante bruto de R$ 1.164,56 (mil, cento e sessenta e quatro reais e cinquenta e seis centavos), correspondente ao cargo de Técnico Judiciário, Classe *b*, padrão 17, considerando o somatório do vencimento do cargo efetivo, acrescido das vantagens pecuniárias permanentes estabelecidas em lei (GAJ e APJ). Não obstante, para fins de concessão do auxílio-reclusão, o limitador previsto no art. 13 da EC nº 20/1998 – renda bruta mensal igual ou inferior a R$ 360,00 (trezentos e sessenta reais) devidamente corrigida pelos índices de reajuste aplicáveis aos benefícios do RGPS –, diz respeito à renda dos dependentes,

já que aos beneficiários é que se dirige a proteção previdenciária decorrente da perda da renda dos servidores e segurados reclusos. Assim sendo, considerando que os dependentes, na ocasião da impetração, tinham 10, 9 e 2 anos de idade, e que o cônjuge não tinha renda própria para contribuir com seu próprio sustento e o de sua prole, o que não foi infirmado pela União, têm os impetrantes direito à percepção do auxílio-reclusão equivalente à metade da remuneração a que teria direito o servidor, enquanto estiver afastado, até a data em que for libertado, nos termos do art. 229, II e § 2º, da Lei nº 8.112/1990. Ademais, o ato atacado deve ser analisado também sob a ótica dos princípios da razoabilidade, isonomia e proteção à família. Precedentes dos Tribunais Regionais Federais.

4. "Ocorre que, ao regulamentar a regra prevista no art. 13 da EC nº 20/98, o Decreto nº 3.048/99, no art. 116, distanciou-se do sentido ali previsto, vinculando o deferimento do benefício de auxílio-reclusão aos proventos percebidos, ou não, pelo segurado-apenado. (...). Ora, o ordenamento jurídico brasileiro, estabelecido pela Constituição Federal de 1988, apenas permite a edição de decretos denominados de executivos, pois visam à fiel execução das leis, sendo vedada a instituição dos chamados decretos autônomos (art. 84, inciso IV, da CF/88). Tendo em vista que o regulamento é ato estritamente subordinado e inferior à lei, no momento em que a contraria, é nulo. Feitas essas considerações, entendo deva prevalecer a originária intenção do legislador constitucional, que enlaçou o limitador de renda com os ganhos dos dependentes do segurado recolhido à prisão." (*AC nº 2002.71.12.005124-3/RS*, TRF-4ª Região, 5ª Turma, Rel. Desembargador Federal Celso Kipper, *DJ* de 28/06/2007)

5. O mandado de segurança não é substitutivo da ação de cobrança de valores em atraso, sendo que seus efeitos financeiros se operam a partir da data da impetração, 16/09/2002, não podendo retroagir, como querem os impetrantes, a junho de 2002, conforme entendimento pacificado na doutrina e na jurisprudência.

6. Parcial provimento à apelação da União Federal, reconhecendo a legislação aplicável ao caso concreto, e à remessa oficial, limitando os efeitos financeiros a partir da data da impetração, para reformar a sentença e conceder parcialmente a segurança por motivo diverso.

7. Deferido o pedido de assistência judiciária gratuita, nos termos da Lei nº 1.060/50. Custas pela União, isenta. Sem honorários advocatícios na espécie (Súmula nº 512 do STF).

Acórdão

A Turma, por unanimidade, deu parcial provimento à apelação, reconhecendo a legislação aplicável na espécie, e à remessa oficial, limitando os efeitos financeiros da impetração, que concedeu parcialmente a segurança por fundamento diverso. (*DJF1* de 08/12/2008, p. 334).

Todavia, como acima se anotou, a sentença criminal pode declarar absolvido o servidor em três circunstâncias, o que não impede, vale ressaltar, que os efeitos dessa decisão repercutam nas esferas civil e administrativa, eis que independentes são as responsabilidades.

Sendo assim, na hipótese de o juízo negar, na exposição de motivos, a existência da materialidade do fato imputado ao servidor ou que ele tenha sido seu autor, essa sentença afasta as responsabilizações civil e administrativa, também em face do que dispõe o art. 935 do Código Civil, já citado anteriormente, e tal como preceitua o art. 126 da Lei nº 8.112/1990. Anote-se, entretanto, que essa responsabilização só será afastada, exclusivamente, se inexistirem provas suficientes para sua condenação, conforme prescreve o art. 386, VI, do Código de Processo Penal, o qual, para alguns autores, vale dizer, ofende o princípio da presunção de inocência, ao levarem em conta que o servidor deveria ser absolvido por não haver prova do fato tido como ilícito penal ou que ele tenha sido seu autor, e não por insuficiência de provas desse mesmo ilícito[439].

Ainda a respeito, vale refletir sobre o que diz Francesco Carnelutti:

> Chamada absolvição por insuficiência de provas, de fato, não é senão uma recusa de escolha; e, por isso, denuncia, como já disse mais de uma vez, o insucesso da administração da justiça. Entre o sim e o não, o juiz, quando absolve por insuficiência de provas, confessa a sua incapacidade de superar a dúvida e deixa o imputado na condição em que se encontrava antes da discussão: imputado por toda a vida. Recordo a esse propósito, quando presidia a Comissão para a formação de um projeto de reforma do Código de Processo Penal, de ter observado que essa é uma solução cômoda para o juiz, porque o libera do peso de sua tarefa, mas nociva para a justiça, a qual deve dirigir-se com um sim ou com um não[440].

É imperioso ressaltar, contudo, que a absolvição criminal fundamentada na *falta ou insuficiência de provas* que demonstrem a prática de um crime funcional, ou mesmo na dúvida sobre sua existência (arts. 386, IV e VI, do CPP, com redação dada pela Lei nº 11.690, de 9 de junho de 2008, que incluiu o inciso VII ao dispositivo) não significa dizer, necessariamente, que as provas apresentadas não sejam suficientes para comprovar outro fato infracional administrativo, responsabilizando o servidor nos âmbitos civil e administrativo. Assim, o servidor público pode ser absolvido na esfera penal, condicionando a esfera administrativa a absolvê-lo pelo mesmo fato, mas o que não impede que sejam encontrados nos autos elementos caracterizadores de um[441] a outra infração disciplinar, que a doutrina denomina de falta ou conduta residual. Nessa circunstância, se demitido após apurada sua responsabilidade administrativa, o servidor não deverá ser reintegrado, caso o processo criminal concluir pela absolvição por insuficiência de

439. Com esse entendimento, pronuncia-se o professor Damásio Evangelista de Jesus: Cremos que o art. 386, VI, do CPP, (...) é incompatível com o princípio do estado de inocência. Se há nos autos a exigência da prova de um fato e ela apresenta dúvida razoável, esse fato deve ser considerado não provado. O réu precisa ser absolvido porque não há prova do fato e não porque a prova é insuficiente. A redação da disposição, porém, dá a entender que o juiz está fazendo um favor ao acusado: há prova contra ele, mas só não se profere sentença condenatória porque ela é insuficiente. Da mesma forma, opina Mauro de Roberto Gomes de Mattos: (...) a redação do citado inciso VI, do art. 386, do CPP, da maneira como ela se encontra, abstrai o fato de que o acusado foi indevidamente constrangido por uma inadequada, imprudente e inoportuna denúncia, cujos fatos nela descritos não foram provados robustamente no decorrer da instrução criminal e desse modo não tendo condições de demonstrar através de provas certeiras e seguras a prática do ilícito penal imputado ao denunciado.

440. Canelutti, *apud* Mattos. *Lei nº 8.112/90..., op. cit.*, p. 765.

441. Súmula nº 18 do STF: "Pela falta residual não compreendida na absolvição pelo juízo criminal, é admissível a punição administrativa do servidor".

provas, vendo-se confirmada essa orientação na seguinte decisão exarada pelo Egrégio Supremo Tribunal Federal:

> Funcionário Público – Demissão – Absolvição Criminal. Embora possa ter sido absolvido o funcionário na ação penal a que respondeu, não importa tal ocorrência a sua volta aos quadros do serviço público, se a absolvição se deu por insuficiência de provas, e o servidor foi regularmente submetido a inquérito administrativo, no qual foi apurado ter ele praticado o ato pelo qual veio a ser demitido. A absolvição criminal só importaria anulação do ato demissório se tivesse ficado provada, na ação penal, a inexistência do fato, ou que o acusado não fora o autor. (STF, Pleno, MS nº 20.814, Rel. Min. Aldir Passarinho, *RDP* 183/77)

Note-se, assim, que o servidor só deverá ser reintegrado aos quadros funcionais, se a absolvição criminal se der pela inexistência do fato ou porque foi declarado não ter sido o servidor o autor do ilícito penal, situação que afasta a responsabilidade administrativa (art. 41, § 2º, da Constituição; art. 28, *caput*, da Lei nº 8.112/1990).

É de se concluir, por derradeiro, que a circunstância de não existirem provas suficientes para demonstrar a prática de um crime funcional não impede que elas possam ser suficientes para comprovar um ilícito administrativo, de forma que a absolvição do servidor, por não provada a autoria no fato a ele imputado, não afasta a impossibilidade da aplicação de pena disciplinar nem serve de fundamento para revisão do ato de demissão, dada a independência das três jurisdições.

6. DIREITO DE REGRESSO

O *direito de regresso* é admissível no Direito Administrativo, pois o agente estatal que cometeu um dano a terceiro terá que ressarcir o Estado daquilo que ele já pagou ao particular que foi lesado.

Há controvérsia na doutrina no que tange à existência ou não de *prazo prescricional* na *ação de regresso*, prevalecendo o entendimento de que não há prazo imprescritível.

Comum em nosso país a ocorrência de escândalos em que políticos são processados civil e penalmente por desvio de dinheiro público, ocorre que algumas vezes, quando o caso vem à tona, o crime praticado pelo agente do Estado já se encontra prescrito, o que o isenta de responder penalmente. Portanto, o mesmo não ocorre com a responsabilidade patrimonial, tendo o sujeito que responder por ela a qualquer tempo que for descoberta.

Há uma corrente que discorda desta imprescritibilidade, alegando a supremacia do princípio da segurança jurídica, na qual o Estado estaria vinculado ao prazo máximo de 10 anos, conforme prescrito no art. 205 do Código Civil.

Podemos exemplificar com o caso de um Policial Militar que está perseguindo o bandido e bate no carro de alguém. O Policial Militar é um agente do Estado, e não obstante estar no estrito cumprimento do dever, causou um dano no bem de um particular, portanto, responderá o Estado objetivamente por isso.

O sujeito lesado acionará o Estado e este, após ressarci-lo, acionará o seu agente – o policial militar – para que este o reembolse do prejuízo sofrido. Portanto, terá que provar que ele agiu com dolo ou culpa. Se, conforme o exemplo, este estava no estrito cumprimento do dever legal, o Estado não será ressarcido.

O mesmo não se configurará se um Policial Militar, agente do Estado, bater no carro de um particular após sair de uma boate e ter utilizado bebida alcoólica, agindo com negligência. Nesse caso, o lesado ingressará com uma ação de responsabilidade com base na teoria objetiva contra o Estado, e este lhe ressarcirá dos prejuízos sofridos em seu veículo. Após, acionará o seu agente com fundamento na responsabilidade subjetiva, e provando que este agiu com dolo ou culpa, será ressarcido do que pagou ao particular.

7. DENUNCIAÇÃO À LIDE

Registre-se que os processualistas admitem a *denunciação à lide* nesse caso, o que não é pacífico no Direito Administrativo, mas, ao contrário, a maioria da doutrina entende inadmissível com o correto argumento de que tal fato trará um injusto encargo à vítima, pois o Estado, ao denunciar a lide, que tem como fundamento a economia processual, chamará ao processo o seu devedor, e diante da morosidade que se dá nos processos em que este figura, o sujeito lesado demorará mais tempo para ser ressarcido do que seria na ação comum. Da mesma forma, não se justifica que o lesado tenha que esperar a solução de outro litígio para ter o seu atendido.

De acordo com decisão do STJ, verifica-se que a jurisprudência não a tem como necessária.

> Processual. Agravo Regimental no Agravo de Instrumento. Ação de Indenização. Responsabilidade civil do Estado. Denunciação à Lide. Agente causador do dano. Não obrigatoriedade. Art. 70, III, CPC. Violação. Inocorrência.
>
> I – É entendimento assente nesta Corte Superior de que a denunciação à lide do agente causador do dano, em ações de indenização por responsabilidade civil do Estado, não seria obrigatória, permanecendo a possibilidade da Administração exercer seu direito de regresso, posteriormente, em ação apropriada.
>
> II – A irresignação da parte com julgado não tem o condão de infirmar seus fundamentos, ainda mais quando respaldado em posicionamento recente e reiterado deste STJ.
>
> III – Agravo regimental a que se nega provimento. (Ag. Reg. no AgI nº 0114535-3, 1ª Turma, Rel. Min. Francisco Falcão).(grifos nossos)

8. CONSIDERAÇÕES FINAIS

Em face do que se apresentou neste ensaio, acerca das responsabilidades dos servidores públicos, ainda que em muitos meandros não se tenha adentrado nessa oportunidade, ficou apreendido, decerto, que, embora independentes entre si, as instâncias de responsabilização penal, civil e administrativa guardam uma convivência harmônica, comunicando-se quando necessário, tendo como fim último projetar à sociedade a certeza de que ilícitos cometidos no serviço público são devidamente investigados, não ficando impune o servidor que violar seus deveres e obrigações legais.

Ainda que se tenha depreendido que possam existir ilícitos civis e administrativos sem que exista ilícito penal, mas que este, por ser mais do que seus congêneres, não possa existir sem que existam aqueles, entende-se como contrassenso, entretanto, o fato de a jurisdição administrativa ter que aceitar a decisão penal absolutória nos casos em que esta é fundada na falta de provas ou por ter sido afastada a autoria ou negado o fato, mesmo porque, se as provas foram suficientes para condenar e apenar o servidor público disciplinarmente, como podem ter sido insuficientes para condená-lo no processo judicial?

Contudo, o que não se pode perder de vista é que o objetivo da ordem jurídica é, sobretudo, manter a paz social e que, em um Estado Democrático de Direito, visa-se exteriorizar a justiça, o respeito aos direitos humanos e a segurança jurídica de toda a sociedade, incluindo os servidores públicos.

Capítulo XVI

Direito de greve

1. EVOLUÇÃO DO TEMA

A greve é uma das mais importantes e complexas manifestações coletivas produzidas pela sociedade moderna.

A greve é uma ação coletiva, organizada para reivindicar a conquista ou preservação de direitos, promovida com a paralisação do exercício das atividades de todos ou de uma parte dos membros de uma categoria profissional.

O direito à greve foi sempre um tema intensamente discutido e muito controvertido, tanto no Brasil como em todo o mundo.

O vocábulo "greve" foi utilizado pela primeira vez no final do século XVIII, precisamente em uma praça em Paris, França, chamada de "Place de Grève", onde se reuniam desempregados e trabalhadores que, geralmente insatisfeitos com os baixos salários e com as jornadas excessivas, paralisavam suas atividades laborativas e reivindicavam melhores condições de trabalho. Na referida praça, acumulavam-se gravetos trazidos pelas enchentes do rio Sena, daí o termo "grève", originário de graveto.

A história da greve surge a partir do regime de trabalho assalariado, fruto da Revolução Industrial. Atribui-se, assim, aos movimentos sindicais ingleses, o marco inicial da greve.

Com a evolução das relações entre os Estados e os trabalhadores, o direito à greve, foi sendo estendido às demais Nações.

Nos países da Europa, a discussão sobre o direito de greve há muito já desapareceu, tendo, em geral, os trabalhadores privados e públicos, o direito à greve. No Brasil sempre foi muito grande a resistência em se admitir o direito de greve, ainda maior, no caso dos servidores públicos.

O direito de greve foi expressamente proibido aos servidores nas Constituições Brasileiras passadas. A Constituição de 1967, em seu art. 158, XXI (após a EC nº 1/1969, art. 165, XX), combinado com o art. 157, § 7º (após a EC nº 1/1969, art. 162), assegurava o direito de greve aos trabalhadores do setor privado, proibindo-a, contudo, nos serviços públicos e nas atividades essenciais, definidas em lei.

A atual Constituição da República reconheceu expressamente a greve como direito fundamental, tanto aos trabalhadores comuns, quanto aos servidores públicos civis; todavia, excluiu os militares das Forças Armadas (art. 142, § 3º, IV, da CF) e os integrantes das Polícias Militares e dos Corpos de Bombeiros Militares dos Estados e do Distrito Federal (art. 42, § 1º, da CF), em razão da ordem e da hierarquia de suas instituições, da defesa da nação e da ordem pública.

Presentemente, na Constituição Brasileira, é assegurado o direito de greve, em condições diferenciadas, aos trabalhadores em geral (no art. 9º) e aos servidores públicos civis (no art. 37, VII).

Disciplinando a greve para os trabalhadores do setor privado, a Carta vigente dispôs que:

> *"Art. 9º É assegurado o direito de greve, competindo aos trabalhadores decidir sobre a oportunidade de exercê-lo e sobre os interesses que devam por meio dele defender.*
>
> *§ 1º A lei definirá os serviços ou atividades essenciais e disporá sobre o atendimento das necessidades inadiáveis da comunidade.*
>
> *§ 2º Os abusos cometidos sujeitam os responsáveis às penas da lei".*

A lei referida no § 1º do art. 9º da Lei Magna, já foi editada, é a Lei nº 7.783, de 28/06/1989. Nos arts. 10 a 13, a citada lei cuida dos serviços ou atividades considerados essenciais (a maior parte deles sendo serviços públicos) e estabelece normas que asseguram a sua continuidade em períodos de greve. Em seu art. 16 estabeleceu que "*para os fins previstos no art. 37, inciso VII, da Constituição, lei complementar definirá os termos e os limites em que o direito de greve poderá ser exercido*". Quis, portanto, o legislador, de forma expressa, deixar bem claro que as disposições desta lei não se aplicam aos servidores públicos.

2. DO DIREITO DE GREVE DOS SERVIDORES PÚBLICOS

Ao tratar sobre o direito de greve aos servidores públicos, a Carta Política de 1988 consignou no art. 37, inciso VII, em sua redação originária, que o direito de greve seria exercido nos termos e limites estabelecidos em lei complementar. Entretanto, a Emenda Constitucional nº 19/1998, alterou este dispositivo, substituindo a expressão "lei complementar" por "lei específica".

Com a alteração constitucional, o diploma disciplinador da greve se caracterizará como lei ordinária, o que foi uma comodidade, pois que será mais facilmente aprovada, visto que a lei complementar exige aprovação da maioria absoluta dos membros das Casas Legislativas (art. 69, da CF), enquanto a lei ordinária exige apenas a aprovação da maioria simples (art. 47, da CF).

A Constituição Federal remeteu a disciplina da greve dos servidores a uma lei complementar (com a alteração dada pela EC nº 19/1998, lei específica), que estabelecerá os termos e limites desse direito. No entanto, passados vários anos da promulgação da Constituição, a referida lei não foi ainda editada, causando grande polêmica, em razão do questionamento quanto à natureza da lei prevista para a regulamentação da greve, tendo surgido dois entendimentos divergentes.

Alguns autores e diversas decisões judiciais entenderam que a lei em questão seria uma norma de eficácia contida, ou seja, a norma constitucional teria eficácia imediata e plena, podendo o legislador, futuramente, vir a limitar o âmbito de sua incidência.

As normas de eficácia contida são aquelas em que o legislador constituinte regula suficientemente os interesses relativos a determinada matéria, mas deixa margem à atuação restritiva por parte da competência discricionária do Poder Público, nos termos em que a lei estabelecer ou nos termos dos conceitos gerais nela enunciados.

Nesse sentido decidiu o Superior Tribunal de Justiça ao julgar o Recurso no Mandado de Segurança nº 2.694/93 que:

> A Constituição Federal, rompendo com a sistemática anterior, dá ao servidor público o direito de greve (CF, art. 37, inciso VII). Trata-se de norma de eficácia contida. Isso quer dizer que a lei complementar estabelecerá limites para o exercício do direito de greve, embora não possa dificultá-lo excessivamente. Mas, enquanto não vierem tais limitações, o servidor público poderá exercer seu direito. Não fica jungido ao advento da lei complementar regulamentadora.

Com o mesmo sentido, o Recurso em Mandado de Segurança nº 2.677/93. Nesse acórdão restou apresentado que:

> A Constituição da República garante o direito de greve aos funcionários públicos, "nos limites definidos em lei complementar" (art. 37, VII). Essa legislação não poderá recusar a paralisação da atividade, essência da greve, universalmente reconhecida. Além disso, passados quatro anos de vigência da Carta Política, o legislador mantém-se inerte. Esses dois dados conferem legalidade ao exercício do direito, observando-se, analogicamente, princípios e leis existentes. Caso contrário, chegar-se-ia a um absurdo: "a eficácia da Constituição depende de norma hierarquicamente inferior". (.....) "O servidor público, independente de lei complementar, tem o direito público, constitucionalizado de declarar a greve. Na ausência de lei específica, tomar-se-ão para suprir a lacuna os princípios jurídicos e a legislação que disciplinar a matéria".

Os autores que partilharam desse entendimento sustentaram que a norma constitucional continha o reconhecimento pleno de um direito, embora submetido a limitações a serem instituídas em lei complementar (após a Emenda Constitucional nº 19/1998, lei ordinária). A norma do art. 37, inciso VII, seria uma norma de eficácia contida, que incide imediatamente, permitindo que os servidores públicos façam greve desde logo, sem a necessidade de se aguardar a promulgação da lei instituidora. Permitir-se que o exercício do direito de greve fosse condicionado à promulgação da lei complementar significaria privar o servidor público de um direito que a atual Constituição Federal finalmente lhe assegurou, em contraste com as Constituições anteriores que lhe proibiam.

Dos estudiosos que sustentavam essa tese, muitos alegavam que se deveria, por analogia, invocar os preceitos da lei referente à greve dos trabalhadores do setor privado (a Lei nº 7.783, de 28/06/1989), em especial quanto aos serviços essenciais. Essa posição foi criticada, primeiramente, porque a Lei nº 7.783/1989 tratava-se de lei ordinária, enquanto a Constituição Federal exigia a edição de lei complementar (até a promulgação da EC nº 19/1998, que passou a exigir lei ordinária), e, em segundo lugar porque, a lei, em seu art. 16, expressamente consignava sua inaplicabilidade ao setor público.

A segunda corrente de entendimento sustentou que a norma do art. 37, inciso VII, é norma de eficácia limitada, quer dizer, é norma cuja aplicabilidade depende da edição de ato legislativo que atue como requisito indispensável ao pleno desenvolvimento da normatividade do preceito constitucional em questão. O direito subjetivo de greve, segundo esse entendimento, só surgirá no mundo jurídico quando for editada lei ordinária (segundo a nova redação do art. 37, VII), pois somente por meio dessa lei é que se fixarão os contornos do direito e os meios pelos quais a greve poderá ser regularmente exercida pelos servidores públicos.

Partilharam desta posição diversas decisões judiciais, tendo, afinal, o Supremo Tribunal Federal posto fim à controvérsia, adotando essa segunda corrente de entendimento.

2.1. Posicionamento do Supremo Tribunal Federal

Primeiramente, o Supremo Tribunal Federal, por despacho do Ministro Carlos Velloso na ADIn nº 339-9, sustentou que o art. 37, VII, da Constituição Federal não é autoaplicável, sendo norma de eficácia limitada, ao contrário do art. 9º da mesma Carta.

> A Constituição assegura aos trabalhadores, de modo amplo, o direito de greve, competindo-lhes "decidir sobre a oportunidade de exercê-lo e sobre os interesses que devam por meio dele defender" (CF, art. 9º). Os §§ 1º e 2º do citado art. 9º estabelecem, a seguir, que a lei definirá os serviços ou atividades essenciais e disporá sobre o atendimento das necessidades inadiáveis da comunidade (§ 1º) e que os abusos cometidos sujeitam os responsáveis às penas da lei (§ 2º).
>
> Assim é em relação aos trabalhadores de modo geral, excluídos, entretanto, os servidores públicos, para os quais há norma específica, o art. 37, VII, que dispõe:
>
> Art. 37. (...)
>
> VII – o direito de greve será exercido nos termos e nos limites definidos em lei complementar.
>
> Verifica-se, destarte, que, enquanto os trabalhadores não servidores públicos gozam, com amplitude, do direito de greve, direito estabelecido em norma constitucional de aplicabilidade imediata – art. 9º e seus parágrafos – o direito de greve do servidor público será exercido nos termos e nos limites definidos em lei complementar (art. 37, VII). Quer dizer, enquanto a norma do art. 9º é de eficácia plena, assim de aplicabilidade imediata, direta, integral, porque independe de normatividade ulterior para a sua operatividade, a norma do art. 37, VII, da Constituição, não é autoaplicável (Walter Ceneviva, "Direito Constitucional Brasileiro", Ed. Saraiva, 1989, p. 135), e sim de eficácia limitada, porque, segundo leciona José Afonso da Silva, "o constituinte ainda não teve coragem de admitir amplo direito de greve aos servidores públicos, pois, em relação a estes, submeteu o exercício desse direito aos termos e limites definidos em lei complementar (art. 37, VII)" (José Afonso da Silva, "Curso de Direito Constitucional Positivo", Ed. R.T., 5ª ed., 1989, págs. 268-269) (...).
>
> Não sendo, pois, autoaplicável a disposição inscrita no art. 37, VII, da Constituição, não se poderia falar em direito de greve do servidor Público.
>
> (...)
>
> Ora, a norma de que cuidamos, o inciso VII do art. 37 da Constituição é absolutamente dependente de legislação ulterior, porque a Constituição deixa claro que o direito será exercido "nos termos e nos limites definidos em lei complementar".

Posteriormente, o Mandado de Injunção nº 20/94, em acórdão do Ministro Celso de Mello, veio a confirmar essa posição.

> O preceito constitucional que reconheceu o direito de greve ao servidor público civil constitui norma de eficácia meramente limitada, desprovida, em consequência, de autoaplicabilidade, razão pela qual, para atuar plenamente, depende da edição da lei complementar exigida pelo próprio texto da Constituição.

> A mera outorga constitucional do direito de greve ao servidor público civil não basta – ante a ausência de autoaplicabilidade da norma constante do art. 37, VII, da Constituição – para justificar o seu imediato exercício.
> O exercício do direito público subjetivo de greve outorgado aos servidores civis só se revelará possível depois da edição da lei complementar reclamada pela carta Política. A lei complementar referida – que vai definir os termos e os limites do exercício do direito de greve no serviço público – constitui requisito de aplicabilidade e de operatividade da norma inscrita no art. 37, VII, do Texto Constitucional.

Essa inteligência tem-se repetido em outros julgados, sedimentando-se entendimento jurisprudencial quanto à impossibilidade do exercício de greve pelo servidor público no sistema brasileiro enquanto não vier a ser promulgada a lei específica mencionada constitucionalmente.

Em decorrência dessa controvérsia, em ocasiões nas quais os servidores públicos se aglutinaram em movimento de greve, foram travadas discussões sobre a legalidade dos descontos nos dias de paralisação. Tendo sido o movimento de greve considerado ilegal, tem predominado na jurisprudência a posição de que não constitui ilegalidade o desconto dos dias paralisados.

À toda relação de trabalho é ínsito o dever de assiduidade, inclusive por parte do servidor público, sendo lícito ao Poder Público descontar os vencimentos dos dias não trabalhados em que o servidor permaneceu em greve, sem necessidade do contencioso administrativo, pois que o desconto não é sanção disciplinar. Caberá ao servidor público faltante justificar o motivo de sua ausência perante a Administração – debater que não participara da greve, mas que se ausentara do serviço por outra razão – constituindo ônus dele provar eventuais erros quanto às faltas e aos valores descontados.

Entretanto, caso a própria Administração Pública tenha celebrado acordo com a categoria grevista, estabelecendo normas de funcionamento para os vários serviços essenciais, com a consequente liberação dos demais servidores para a continuidade do movimento; não houve por parte do Poder Público qualquer restrição ao direito de greve, estando, assim, o Poder Público, reconhecendo a legitimidade das faltas, não podendo, pois, suspender o pagamento dos vencimentos nem efetuar descontos relativos aos dias não trabalhados, visto que se configuraria numa atitude ilegal e arbitrária.

2.2. Da competência para elaboração da lei específica

Quanto à lei específica referida no inciso VII do art. 37, caso a interpretação deste dispositivo seja de direito administrativo, a legislação de greve será de competência de cada uma das esferas do governo, em razão da matéria servidor público não ser de competência privativa da União. Na hipótese da interpretação se pautar pelo direito do trabalho, a lei será de competência da União, pelo fato do direito de greve ser um instituto de direito do trabalho, matéria de competência privativa da União. Ainda não existe pronunciamento judicial sobre o assunto. Alguns autores já se posicionaram sobre a matéria, Maria Sylvia Zanella Di Pietro, adotando a primeira posição; e Diógenes Gasparini, adotando o segundo entendimento.

Na esfera federal, em virtude de não ter sido ainda regulamentado o disposto no art. 37, VII, da Constituição, foi editado o Decreto nº 1.480, de 03/05/1995, que fixou diretrizes para serem observadas no caso de movimento de paralisação de serviços públicos. Assim é que as faltas decorrentes de participação de servidor público federal em movimento de paralisação de serviços públicos não poderão ser objeto de abono, compensação ou cômputo para fins e contagem de tempo de serviço ou qualquer vantagem que o tenha por base. Serão imediatamente exonerados ou dispensados os ocupantes de cargos em comissão ou de funções gratificadas que constem de relação de servidores faltantes por participação em movimento grevista. E nos casos em que a União, suas autarquias ou fundações públicas forem citadas em causa cujo objeto seja a indenização por interrupção, total ou parcial, da prestação dos serviços desenvolvidos pela Administração Pública federal, em decorrência de movimento de paralisação, será obrigatória a denunciação à lide dos servidores que tiverem concorrido para o dano.

Capítulo XVII

Direito à Associação Sindical

1. EVOLUÇÃO DO TEMA

O direito coletivo do trabalho desenvolveu-se com o reconhecimento do direito de associação aos trabalhadores após a Revolução Industrial do século XVIII.

Afirmou-se com o crescimento do movimento sindical dos trabalhadores e as primeiras entidades destinadas à proteção dos seus interesses.

O movimento sindical da Inglaterra é considerado o mais antigo do mundo. Foi a partir do início do século XVIII que surgiram as primeiras associações de trabalhadores, em Londres, que se formaram visando a reivindicações salariais e à limitação da jornada de trabalho.

No Brasil, os primeiros sindicatos de trabalhadores denominaram-se "ligas operárias" e surgiram em fins de 1800 e início dos anos 1900, sofrendo influência dos trabalhadores que migraram para o país.

Todavia, a atividade sindical foi negada aos servidores públicos até os primórdios do século XX, quando na Inglaterra surgiram as primeiras associações de servidores, e quando foi reconhecido a elas, pelo Estado, o direito de negociar coletivamente pela categoria funcional.

No Brasil, a Constituição Federal de 1967 foi silente quanto ao direito de associação sindical, não havendo qualquer dispositivo que, expressamente, vedasse a sindicalização aos servidores públicos. A proibição foi inferida, tanto pela doutrina como pela jurisprudência, do art. 162 da Constituição de 1967 (com a redação dada pela EC nº 1/69) que proibia a greve nos serviços públicos e nas atividades essenciais. Por outro lado, a Consolidação das Leis do Trabalho determinava no art. 556 (artigo prejudicado pelo art. 8º, I, da Constituição de 1988) que "*Não podem sindicalizar-se os servidores do Estado e os das Instituições paraestatais*", e no parágrafo único: "*Excluem-se da proibição constante deste artigo os empregados das sociedades de economia mista, da Caixa Econômica Federal e das fundações criadas ou mantidas pelo Poder Público da União, dos Estados e Municípios*".

A atual Constituição Federal tratou do tema "associação sindical" em momentos diferenciados: no art. 8º e incisos, onde disciplina a matéria em relação ao trabalhador em geral, e no art. 37, VI, onde garante ao servidor estatutário "o direito à livre associação sindical".

Porém, o art. 142, § 3º, IV, do Texto Constitucional proibiu a sindicalização para os membros das Forças Armadas. A mesma proibição existindo também para os membros das Polícias Militares e Corpos de Bombeiros Militares dos Estados, do Distrito Federal e dos Territórios, conforme disposto no art. 42, § 1º.

2. DO DIREITO À ASSOCIAÇÃO SINDICAL

O art. 8º que trata dos direitos de associação sindical aos trabalhadores em geral assim dispõe:

> *Art. 8º É livre a associação profissional ou sindical, observado o seguinte:*
>
> *I – a lei não poderá exigir autorização do Estado para a fundação de sindicato, ressalvado o registro no órgão competente, vedadas ao Poder Público a interferência e a intervenção na organização sindical;*
>
> *II – é vedada a criação de mais de uma organização sindical, em qualquer grau, representativa de categoria profissional ou econômica, na mesma base territorial, que será definida pelos trabalhadores ou empregadores interessados, não podendo ser inferior à área de um Município;*
>
> *III – ao sindicato cabe a defesa dos direitos e interesses coletivos ou individuais da categoria, inclusive em questões judiciais ou administrativas;*
>
> *IV – a assembleia geral fixará a contribuição que, em se tratando de categoria profissional, será descontada em folha, para custeio do sistema confederativo da representação sindical respectiva, independentemente da contribuição prevista em lei;*
>
> *V – ninguém será obrigado a filiar-se ou a manter-se filiado a sindicato;*
>
> *VI – é obrigatória a participação dos sindicatos nas negociações coletivas de trabalho;*
>
> *VII – o aposentado filiado tem direito a votar e ser votado nas organizações sindicais;*
>
> *VIII – é vedada a dispensa do empregado sindicalizado a partir do registro da candidatura a cargo de direção ou representação sindical e, se eleito, ainda que suplente, até um ano após o final do mandato, salvo se cometer falta grave nos termos da lei.*
>
> *Parágrafo único. As disposições deste artigo aplicam-se à organização de sindicatos rurais e de colônias de pescadores, atendidas as condições que a lei estabelecer.*

E o art. 37, VI, assim dispõe quanto aos servidores públicos: "*é garantido ao servidor público civil o direito à livre associação sindical*".

O direito à livre associação sindical retrata a possibilidade de o servidor aderir ao sindicato representativo de sua categoria principal.

Considerando que a sindicalização vocaciona-se à permanência, não se permite a associação sindical de servidor público contratado temporariamente, pois que sua contratação é precária e visa a atender necessidade pública de curta duração, não dispondo, portanto, da condição que o habilita a manter-se como servidor público.

Observe-se que quanto aos trabalhadores do setor privado da economia, regidos pela Consolidação das Leis do Trabalho, a Constituição, em seu art. 8º, afirmou o direito à livre associação sindical, mas, de plano, nos incisos do mesmo artigo, já estabeleceu uma série de condicionamentos, de acolhimento obrigatório pelo legislador ordinário. No tocante aos servidores públicos, o tratamento constitucional foi bastante diferente. Ao servidor público civil foi garantido o direito à livre associação sindical, não havendo no art. 37, VI, da Carta Política, qualquer restrição ou condicionamento. A norma constitucional não teve sua eficácia condicionada à edição de lei. Concluiu-se, portanto, que se tratava de norma de eficácia plena, possibilitando que surgissem os sindicatos e que fosse admitida a filiação dos servidores.

O direito à associação sindical, reconhecido e assegurado, genericamente, no art. 8º da Constituição Federal e, especificamente, em seu art. 37, VI, encontrou duas posições de interpretação na doutrina e na jurisprudência.

Para a primeira corrente de interpretação, como o texto do art. 37, VI, da Constituição é expresso ("*é garantido ao servidor público civil o direito à livre associação sindical*"), e não se tratou, naquele tópico constitucional, da organização da entidade sindical, dos direitos e deveres dos sindicalizados e das formas de ação da associação sindical, bem como da entidade administrativa competente, há de se remeter ao art. 8º, que cuida do tema para os trabalhadores em geral, para a interpretação correta da matéria objeto da norma assecuratória do direito e para a sua perfeita aplicação e plena garantia do exercício do quanto nele assegurado. Aplicar-se-ia, então, ao servidor estatutário, a forma de atuação sindical idêntica à do trabalhador comum.

A segunda corrente, todavia, entende que a sindicalização dos servidores públicos não está condicionada às regras e aos limites estabelecidos no art. 8º da Constituição da República, visto que, aos servidores estatutários não se podem aplicar as mesmas normas, nem sequer as constitucionais, que incidem sobre os trabalhadores do regime privado, sem que se façam as adaptações necessárias para adquirir uma forma de exercício que se compatibilize com o regime que preside as relações funcionais, que é o administrativo.

Apesar de não existir pronunciamento judicial final sobre o assunto ou corrente doutrinária predominante, o que se deve destacar de importante é que finalmente não mais subsiste a proibição de sindicalização para os servidores públicos, os quais poderão constituir entidades especificamente destinadas à defesa de seus interesses como trabalhadores, providas de instrumentos eficientes para isso, e entidades essas cujos dirigentes deverão contar com garantias necessárias ao pleno desenvolvimento de suas funções.

Há de se considerar ainda que, o legislador infraconstitucional que venha a cuidar da organização sindical dos servidores públicos não poderá violar, restringir, esvaziar ou eliminar o direito constitucionalmente estabelecido, sob pena de incorrer em inconstitucionalidade.

No caso, segundo doutrina de Diógenes Gasparini e Adilson Abreu Dallari, a edição da lei será de cada pessoa jurídica de capacidade política (União, Estados, Distrito Federal e Municípios), que vão legislar, para si, sobre o tema em questão[442].

3. DA CONSTITUIÇÃO DO SINDICATO

Os sindicatos, como entes representantes dos diversos grupos de trabalhadores e empregadores, para se ajustarem dentro do complexo da sociedade, seguem critérios que vão determinar a sua forma de enquadramento.

No Brasil, na formação dos sindicatos, adota-se o critério por categorias econômicas e profissionais, combinando com os sindicatos por profissão. Estes últimos representam as chamadas "categorias diferenciadas".

A categoria é o conjunto de pessoas que exercem a sua atividade ou o seu trabalho num dos setores de atividades econômicas, e é nesse sentido que se fala em categoria profissional, para designar os trabalhadores, e em categoria econômica, para se referir

442. Gasparini, Diógenes. *Op. cit.*, p. 2000, e, Dallari, Adilson Abreu. *Regime Constitucional dos Servidores Públicos, cit.*, 1992, p. 149.

aos empregadores de cada um deles. Exemplificando: os bancários são os empregados dos bancos, formando uma categoria profissional, e as empresas bancárias constituem a correspondente categoria econômica. Os sindicatos no Brasil representam todo o pessoal de uma categoria, independentemente da sua profissão; assim, o sindicato dos bancários representará os gerentes de bancos, os advogados, os economistas, os chefes, os fiscais, os auxiliares etc., de todos os bancos, numa base territorial.

De outro lado, há a categoria profissional diferenciada, que designa as pessoas que exercem a mesma profissão. Por exemplo, os advogados podem formar um sindicato por profissão, que reunirá todos os advogados de uma mesma base territorial, não importando o setor de atividade em que sua empresa atue. Nesse caso, o critério de agrupamento será a profissão, independente da categoria onde é exercida.

Em conclusão, no Brasil, há sindicatos de categorias, que são formados pelos trabalhadores; há os sindicatos de categorias diferenciadas, que formados pelos trabalhadores de uma mesma profissão; e há os sindicatos de categorias econômicas, que são os sindicatos dos empregadores.

Em relação aos sindicatos de servidores públicos, porém, está excluída a noção de categoria econômica, porque a Administração não tem objetivos empresariais como os empregadores da iniciativa privada, não exerce atividade econômica, nem assume os seus riscos como o empregador comum.

A sindicalização dos servidores públicos, pois, poderá ser feita por categoria profissional. Assim, ter-se-ão o sindicato de advogados públicos, o sindicato de professores de ensino público, entre outros, ou, para aqueles que não dispõem de classificação em profissão reconhecida legalmente, sindicato de servidores públicos da União ou de qualquer Estado-membro ou Município da Federação.

Outras regras há que se observar quanto ao direito de associação sindical pelo servidor público.

O direito do servidor de aderir ao sindicato deve ser exercido com absoluta liberdade, não podendo o mesmo ser obrigado a filiar-se. Tal liberdade de associação não é pregada somente no art. 37, VI, aos servidores estatutários, mas também, no art. 8º, aos empregados em geral.

A instituição de sindicatos de servidores públicos é legítima, independente mesmo de qualquer regulamentação legal, sob pena de se tornar inócua a palavra "livre" no texto do inciso VI, do art. 37, desde que, é óbvio, criada para fins lícitos e obedecendo a princípios e limitações de direito que lhes cumpram. Ademais, a criação dos sindicatos independe de qualquer autorização prévia do Poder Público (União, Estados, Distrito Federal ou Municípios), pois é vedada a sua interferência ou intervenção na organização sindical, conforme se aplica do art. 8º, I, da Lei Magna. Não obstante a liberdade de instituição e funcionamento dos sindicatos, é necessário o seu registro no órgão competente, que é o Ministério do Trabalho, cuja regulamentação está contida na Instrução Normativa nº 3, de 10/08/1994, do próprio Ministério do Trabalho.

4. DA ESTABILIDADE SINDICAL

A estabilidade sindical, regra disposta no art. 8º, VIII, da Constituição da República, proíbe a dispensa do empregado sindicalizado a partir do registro da candidatura a cargo de direção ou representação sindical, mesmo como suplente, até um ano após o final do mandato, salvo se no período cometer falta grave nos termos da lei. Esta norma constitucional é disposta no capítulo que trata dos trabalhadores do setor privado, sendo omisso o art. 39, § 3º, da Constituição Federal sobre a aplicação de tal garantia aos servidores públicos. No entanto, alguns doutrinadores (ao contrário do pensamento de alguns Ministros do Supremo Tribunal Federal), vêm interpretando que, uma vez que nenhuma restrição foi instituída no art. 37, VI, da Constituição, a estabilidade sindical incidirá, também, sobre os servidores públicos.

Todavia, o Supremo Tribunal Federal decidiu que a estabilidade sindical como garantia constitucional não alcança os agentes públicos ocupantes de cargo em comissão, pois que a norma do art. 37, II, da Constituição, que permite a livre nomeação e exoneração desses cargos, deve prevalecer sobre a estabilidade sindical, garantia disposta no art. 8º, VIII, da Carta vigente. Assim, o servidor ocupante de cargo em comissão, mesmo estando em cargo de direção ou representação sindical, ou mesmo como suplente de tais cargos, poderá ser livremente exonerado do serviço público. Conforme decisão do Supremo Tribunal Federal:

> Estabilidade sindical provisória (art. 8º, VIII, CF): não alcança o servidor público, regido por regime especial, ocupante de cargo em comissão e, concomitantemente, de cargo de direção no sindicato da categoria. (RE nº 183.884/SP, Primeira Turma, Rel. Min. Sepúlveda Pertence, *DJ* de 16/06/1999)

Também, a Corte Suprema, quanto à estabilidade sindical, decidiu que a condição de dirigente ou representante sindical não impede a exoneração do servidor público estatutário, regularmente reprovado em estágio probatório[443].

5. DO PAPEL DO SINDICATO

Existem outros aspectos sobre a atuação dos sindicatos de servidores públicos que merecem atenção, em razão das diferenças que existem entre estes e os trabalhadores do setor privado, e entre o empregador Poder Público e o empregador particular.

A associação sindical é uma associação típica de trabalhadores, com a finalidade de defender os interesses dos empregados perante o empregador. Tem, pois, os sindicatos, uma indiscutível predisposição para obter vantagens das entidades empregadoras com as quais mantêm vínculo empregatício. Este modelo de associação sindical cabe perfeitamente às relações de trabalho regidas pelo direito comum do trabalho. Com relação aos servidores públicos, estes têm, no nosso sistema constitucional, sido disciplinados por

443. "Durante o período de estágio probatório, que é de três anos, não tem o servidor estabilidade, mesmo que esteja exercendo cargo de direção ou de representação sindical. Ainda que o art. 37, inciso VI, da Constituição da República, assegure a sindicalização do servidor, o certo é que a vedação de dispensa do sindicalizado em cargo de direção ou representação, a partir do registro da candidatura e até em um ano após o final do mandato, estabelecida no art. 8º, inciso VIII, da Constituição da República, é limitada para os trabalhadores regulados pela legislação trabalhista. Não pode ser estendida para os servidores em estágio probatório, mesmo porque o art. 39, § 3º, da Constituição Federal, não determinou para eles a aplicação desse dispositivo. Nem poderia ser de outra maneira, eis que a estabilidade funcional, nos termos do art. 41, *caput*, da Carta Magna, somente pode ser adquirida após três anos de efetivo serviço, não se podendo cogitar de qualquer forma antecipada de sua aquisição e, muito menos, de que, durante o exercício desses cargos, fique suspenso o prazo do estágio probatório. Estando o servidor na fase probatória, ainda que exercendo cargo de direção ou de representação sindical, constatada a sua inaptidão, pode ser exonerado, atendidas as disposições legais pertinentes." (RE nº 204.625-RS, 1ª Turma, Rel. Min. Octavio Gallotti, recurso provido por maioria de votos, *DJ* de 12/05/2008).

um tipo de direito próprio marcado pela unilateralidade, e enquanto submetidos a um regime específico definido em lei e não pelo administrador, não há como um sindicato de servidores públicos atuar nos mesmos moldes de um sindicato normal.

Assim, não pode a associação sindical de servidores públicos desconhecer que a fixação de remuneração de seus associados depende de lei; ou que existem limitações quanto ao montante da despesa com pessoal ativo e inativo, consoante fixado na Lei Complementar nº 101, de 04/05/2000; ou, ainda que, qualquer concessão de vantagem ou aumento de remuneração, criação de cargos, empregos e funções ou alteração de estrutura de carreiras, bem como a admissão ou contratação de pessoal pelos órgãos e entidades da administração direta e indireta, só poderão ser feitas se houver prévia dotação orçamentária suficiente para atender às projeções de despesa de pessoal e aos acréscimos dela decorrentes, e se houver autorização específica na lei de diretrizes orçamentárias, excetuando-se as empresas públicas e sociedades de economia mista.

Observa-se, pois, que a matéria relativa à remuneração dos servidores obedecerá ao princípio da legalidade, uma vez que seus vencimentos são fixados e aumentados em razão de lei, impedindo assim, a negociação e a reivindicação sindical de conteúdo econômico.

Caberá aos sindicatos dos servidores públicos neste caso, primeiramente, o papel de pressionar as autoridades administrativas, para obter um projeto de lei que atenda, o mais possível, a necessidade remuneratória da classe; e posteriormente, em uma segunda fase, caberá a pressão sindical sobre o próprio Poder Legislativo.

Importa, pois, às associações sindicais dos servidores públicos, ter representatividade, independência, autonomia financeira e segurança jurídica para postular melhores condições de trabalho, de maneira eficaz, com a pertinente capacidade de pressão junto a quem efetivamente vai decidir, sem perder de vista a necessária e indispensável salvaguarda dos interesses públicos.

O Supremo Tribunal Federal, na ADIn nº 492-1/DF, julgou inconstitucionais as alíneas *d* e *e* do art. 240 da Lei nº 8.112/1990 (que instituiu o regime jurídico único dos servidores federais), que dispõem:

> *Art. 240. Ao servidor público civil é assegurado, nos termos da Constituição Federal, o direito à livre associação sindical e os seguintes direitos, entre outros, dela decorrentes:*
>
> (...)
>
> *d) de negociação coletiva;* (Revogado pela Lei nº 9.257, de 10/12/1997);
>
> *e) de ajuizamento, individual ou coletivamente, frente à Justiça do Trabalho, nos termos da Constituição Federal.* (Revogado pela Lei nº 9.257/1997)

Negociação coletiva é, nas palavras de Teixeira Filho e Süssekind:

> o processo democrático de autocomposição de interesses pelos próprios atores sociais, objetivando a fixação de condições de trabalho aplicáveis a uma coletividade de empregados de determinada empresa ou de toda uma categoria econômica e a regulação das relações entre as entidades estipulantes. A negociação coletiva é, assim, um processo dinâmico de busca do ponto de equilíbrio entre interesses divergentes capaz de satisfazer, transitoriamente, as necessidades presentes dos trabalhadores e de manter equilibrados os custos de produção[444].

444. Süssekind, Arnaldo e Teixeira Filho, João de Lima. *Instituições de Direito do Trabalho*, São Paulo: LTr, 2006,

6. DA NEGOCIAÇÃO COLETIVA

A negociação coletiva, quando os interessados chegam ao ajuste dos seus interesses, formaliza-se através de um documento escrito pelos próprios sujeitos pactuantes, geralmente com a participação do advogado, uma vez que são redigidas cláusulas que correspondem aos termos do ajuste nos diversos temas debatidos. O documento tem o nome de convenção coletiva de trabalho (CLT, art. 611), se a negociação foi em nível de categoria; de acordo coletivo (CLT, art. 611, § 1º), se em nível de empresa; e de contrato coletivo (Lei nº 8.542/1992), se em nível mais amplo.

Dissídio individual é o mesmo que reclamação trabalhista ou, ainda, ação trabalhista ou processo trabalhista. Dissídio significa dissensão, divergência, discordância. É o conflito posto perante a justiça. O qualificativo "individual" impõe-se para distingui-lo dos dissídios coletivos[445].

Dissídios coletivos são aqueles destinados a solucionar os conflitos coletivos de trabalho. Neles está em jogo o interesse abstrato de grupo ou categoria. Particularizam-se pelo seu objeto, que é a condição de trabalho genericamente considerada com caráter normativo, e as partes, que são pessoas indiscriminadas, representadas em juízo pelos órgãos sindicais, salvo exceções[446].

As alíneas *d* e *e* do art. 240 da Lei nº 8.112/1990 foram consideradas inconstitucionais porque contrariam o art. 114 da Constituição[447], que delimita a competência da Justiça do Trabalho, e o disposto nas alíneas *a* e *c* do inciso II do § 1º do art. 61 do Carta Magna, que colocam sob reserva legal, a partir de iniciativa privativa do Presidente da República, a regulação dos direitos e a definição da remuneração dos servidores públicos.

Não pode, por conseguinte, a Administração Pública, adstrita que está ao princípio da legalidade (art. 37, *caput*, da CF), transigir judicialmente sobre matérias reservadas à lei.

Ao referir-se a "trabalhadores e empregadores, abrangidos os entes de direito público externo e da Administração Pública direta e indireta", o art. 114 da Lei Magna alcançou, apenas, as situações decorrentes de contrato de trabalho, onde há empregadores e empregados sujeitos à relação contratual, e não as que decorrem de relação legal.

Os servidores têm, no Texto Constitucional, tratamento distinto do dado aos trabalhadores privados, tanto que a eles o § 3º do art. 39 da Lei Maior assegura apenas alguns dos direitos garantidos aos trabalhadores urbanos e rurais do art. 7º.

Mas, entre os direitos garantidos por aquele parágrafo não configura, por exemplo, o do "reconhecimento das convenções e acordos coletivos de trabalho" (art. 7º, XXVI, da CF), e não configura porque as normas regentes das relações estatutárias, inclusive as cláusulas remuneratórias, estão estritamente subordinadas ao princípio da reserva legal.

Note-se que a própria competência do Presidente da República para propor alterações na remuneração dos servidores públicos é constitucionalmente vinculada, porquanto

---

p. 1184.

445. Nascimento, Amauri Mascaro. *Iniciação ao Direito do Trabalho*, São Paulo: LTr, 2008, p. 610.

446. Nascimento, Amauri Mascaro. *Op. cit.*, p. 584.

447. "Art. 114, *caput*. Compete à Justiça do Trabalho conciliar e julgar os dissídios individuais e coletivos entre trabalhadores e empregadores, abrangidos os entes de direito público externo e da administração pública direta e indireta dos Municípios, do Distrito Federal, dos Estados e da União, e, na forma da lei, outras controvérsias decorrentes da relação de trabalho, bem como os litígios que tenham origem no cumprimento de suas próprias sentenças, inclusive coletivas."

sujeita à disponibilidade orçamentária e limitada pela realização das receitas correntes (art. 169, da CF, e Lei Complementar nº 101/2000).

Observe-se, por fim, que o Poder Judiciário, pelo pronunciamento das Altas Cortes (Supremo Tribunal Federal, Superior Tribunal de Justiça e Tribunal Superior do Trabalho) tem entendido que a decisão sobre litígios entre a Administração Pública e os seus servidores excede da competência da Justiça do Trabalho, delimitada pelo art. 114 da Carta vigente. Nesse sentido pode ser visto o acórdão do Supremo Tribunal Federal, com ementa expressa no sentido de que "a disposição ínsita no art. 114 da Constituição não abrange o pessoal estatutário, dizendo unicamente com aquele submetido ao regime celetista".

> É certo que o disposto no art. 114 da nova Constituição traduz ampliação da competência da Justiça do Trabalho, em comparação com o teor do art. 142. Isto ocorre, por exemplo, com a generalização da competência para o julgamento dos litígios oriundos do cumprimento das sentenças coletivas (art. 114, citado, parte final).
>
> Mas, no tocante ao ponto que interessa a solução da espécie dos autos e vem destacado no parecer, isto é, à enumeração dos entes sujeitos à competência da Justiça especializada, a novidade do art. 114, em vigor, resume-se à inclusão dos dissídios com pessoas de direito público externo e com a União Federal, antes submetidos à Justiça Federal.
>
> Tal sucede, todavia, somente em relação aos feitos trabalhistas, tanto da União, como do Distrito Federal, dos Estados e dos Municípios. Não com referência aos servidores de vínculo estatutário regular ou administrativo regular, porque o art. 114, ora comentado, apenas diz respeito aos dissídios pertinentes a trabalhadores, isto é, ao pessoal regido pela Consolidação das Leis do Trabalho, hipótese que, certamente, não é a presente. No concernente aos citados servidores estaduais ou municipais, sob regime estatutário regular ou administrativo especial, as relações estavam e continuam a ser submetidas à competência da Justiça comum estadual. (Conflito de Jurisdição nº 6.829-8/SP, Tribunal Pleno, *DJ* de 14/04/1989)

É, portanto, o próprio Poder Judiciário que aponta, em jurisprudência firmada, o entendimento de que a Justiça do Trabalho não é competente para decidir sobre as questões atinentes à relação estatutária.

Desta maneira, os servidores estatutários da Administração direta, das fundações públicas e das autarquias não têm direito à negociação coletiva e nem ao ajuizamento, na Justiça de Trabalho, de dissídios individuais e coletivos, devido a decisão proferida na ADIn nº 492-1/DF pelo Supremo Tribunal Federal, que julgou inconstitucionais as alíneas *d* e *e* do art. 240 da Lei nº 8.112/1990.

Assim, somente os servidores da administração direta e indireta afetos ao regime trabalhista poderão ajuizar dissídios individuais perante a Justiça do Trabalho. Os dissídios coletivos de trabalho somente serão possíveis nas empresas públicas e sociedades de economia mista que exerçam atividades econômicas e nas fundações de direito privado, sendo incabíveis para os servidores da administração direta, das fundações públicas e autarquias, que têm seus cargos, empregos e funções criados por lei, e os seus respectivos vencimentos fixados ou modificados também por lei (art. 61, § 1º, II, da CF).

7. DA LICENÇA PARA EXERCÍCIO DE MANDATO

Por fim, cabe comentar o art. 92 da Lei nº 8.112/1990 – Regime Jurídico dos Servidores Públicos Federais –, que assegura ao servidor o direito à licença sem remuneração para o desempenho de mandato em confederação, federação, associação de classe de âmbito nacional, sindicato representativo de categoria ou entidade fiscalizadora da profissão, observado o disposto na alínea *c* do inciso VIII do art. 102 da mesma lei. Esta licença foi concedida sem remuneração a partir de 15/10/1996, na Medida Provisória nº 1.522/1996, reeditada, renumerada e convertida na Lei nº 9.527, de 10/12/1997. O tempo em que o servidor usufruir esta licença será considerado para todos os efeitos, exceto para promoção (art. 102, VII), desde que haja contribuição para a previdência.

Capítulo XVIII

Aposentadoria

A Reforma da Previdência teve início com a Emenda Constitucional nº 20, de 15/12/1998, publicada no *D.O.U.* em 16/12/1998, e se complementou com a entrada em vigor da recente Emenda Constitucional nº 41, de 19/12/2003, publicada no *D.O.U.* em 31/12/2003, tendo sido de capital importância às alterações introduzidas no *sistema* ***previdenciário dos servidores públicos***, pois que trouxe mudanças substanciais aos segmentos deste setor, sobretudo ao benefício da aposentadoria.

As mudanças introduzidas no sistema previdenciário dos servidores públicos aproximou o Regime Próprio desta categoria às regras aplicadas ao Regime Geral, pois que a Reforma da Previdência buscou unificar, no que for possível, a utilização dos requisitos e critérios utilizados para os trabalhadores da iniciativa privada e para os servidores pertencentes ao Regime Próprio, tendo este último se tornado, após a Reforma, ainda mais rígido que o outro.

Antes, porém, de mencionar as mudanças trazidas pelas aludidas Emendas, imperioso trazer à baila que a Constituição da República de 1988, por si só, foi a propulsora para a mudança do sistema previdenciário brasileiro, tendo introduzido, sobretudo na esfera pública, mudanças consistentes no instituto de aposentadoria do servidor público, tais como: *a concessão de aposentadoria voluntária proporcional ao tempo de serviço, revisão de proventos em data e proporção semelhantes à alteração da remuneração dos servidores em atividade, a extensão aos inativos dos benefícios ou vantagens concedidas aos servidores em atividade.*

Registre-se a coexistência de dois *regimes de previdência social* na Constituição da República, que são o Regime Geral de Previdência Social e o Regime Próprio de Previdência Social, sendo aplicáveis aos servidores da iniciativa privada e aos servidores públicos efetivos, respectivamente.

O Regime Geral de Previdência Social encontra suas regras nos arts. 201 e 202 da Constituição Federal e é regido pela CLT – Consolidação das Leis do Trabalho. Por vezes, excepcionalmente, a própria Constituição determina o uso subsidiário das regras do regime geral ao regime próprio, conforme se depreende do art. 40, § 12, *que couber, os requisitos e critérios fixados para o regime geral de previdência social*".

O Regime Próprio se encontra estatuído no art. 40 da Constituição Federal e é regido pelos respectivos estatutos funcionais. A previdência dos servidores efetivos se encontra abrangida neste regime.

Tem-se, com isso, que o benefício da *aposentadoria* terá uma variante quanto à categoria funcional do servidor, distinguindo-se pelas regras dos supracitados artigos. Não obstante os diferentes sistemas regulatórios da aposentadoria, registre-se que ambos são contempladas pela Lei Maior. Entretanto, o presente trabalho se destinará à apreciação da previdência dos servidores públicos pertencentes ao Regime Próprio.

1. APOSENTADORIA

Conceituando *aposentadoria*, pode-se afirmar ser esta um direito constitucionalmente garantido, que garante ao servidor público, quando este atinge a inatividade, a percepção de determinada remuneração mediante prévia contribuição efetivada no período laborativo do servidor.

Com efeito, a *aposentadoria* se formaliza através de um *ato administrativo* que emana de autoridade competente, a qual concede ao servidor público efetivo, a título de contraprestação, o direito de gozar de um valor remuneratório depois de cessada a sua atividade funcional na Administração Pública. Registre-se que o *quantum* remuneratório abarcará as contribuições efetivadas tanto na esfera pública quanto privada, os quais deverão totalizar-se no cálculo para a efetiva concessão.

A redação original da Constituição Federal de 1988 assim rezava sobre a aposentadoria:

> *Art. 40. O servidor será aposentado:*
>
> *I – por invalidez permanente, sendo os proventos integrais quando decorrentes de acidente em serviço, moléstia profissional ou doença grave, contagiosa ou incurável, especificadas em lei, e proporcionais nos demais casos;*
>
> *II – compulsoriamente, aos setenta anos de idade, com proventos proporcionais ao tempo de serviço;*
>
> *III – voluntariamente:*
>
> *a) aos trinta e cinco anos de serviço, se homem, e aos trinta, se mulher, com proventos integrais;*
>
> *b) aos trinta anos de efetivo exercício em funções de magistério, se professor, e vinte e cinco, se professora, com proventos integrais;*
>
> *c) aos trinta anos de serviço, se homem, e aos vinte e cinco, se mulher, com proventos proporcionais a esse tempo;*
>
> *d) aos sessenta e cinco anos de idade, se homem, e aos sessenta, se mulher, com proventos proporcionais ao tempo de serviço.*

Limitando-se à análise da previdência dos servidores efetivos, percebe-se a incidência de expressiva mudança no *sistema de aposentadoria* desta categoria, ocorrida após a publicação das EC nº 20/1998 e nº 41/03, quando esta se eximiu da natureza premial, passando a se constituir em uma contraprestação vinculada ao efetivo pagamento de contribuições previdenciárias. O novo regime criado se revestiu do caráter contributivo e solidário, de forma que o pagamento das contribuições deverá proporcionar equilíbrio financeiro e atuarial a este regime.

2. MUDANÇAS NO REGIME PREVIDENCIÁRIO

As aludidas Emendas trouxeram ao novo regime previdenciário os requisitos de *tempo de contribuição, idade mínima, tempo de serviço público e tempo de exercício no cargo em que se dará a aposentadoria*. Ademais, foi instituída a *contribuição previdenciária* aos *servidores inativos*, aos *pensionistas* e *àqueles que se encontravam no gozo dos benefícios previdenciários em 31/12/2002*, trazendo a vigência de novas normas e suprimindo aquelas às quais estes se submetiam, o que, nos parece, a nítida violação de direito adquirido.

Os proventos percebidos pelos servidores na inatividade serão calculados em consonância com a legislação vigente na data em que o servidor reuniu os requisitos para a obtenção do benefício da aposentadoria.

Com as regras introduzidas pelas Emendas Constitucionais n°s 20/98 e 41/93, formalizadoras, entre outras normas, da Reforma da Previdência, os períodos a serem considerados para efeito de cálculo são os que se seguem:

1. Período anterior a 16/12/1998 – antes da entrada em vigor da EC nº 20/1998;
2. Período compreendido entre 16/12/1998 a 31/12/2003 – após a entrada em vigor da EC nº 20/1998 até a entrada em vigor da EC nº 41/2003.
3. Período posterior a 31/12/2003 – após a entrada em vigor da EC nº 41/2003.

2.1. Período anterior a 16/12/1998

Este período delineia a entrada em vigor da Emenda Constitucional nº 20/1998. Vejam-se a seguir as regras desta norma aplicáveis à aposentadoria:

EC nº 19/1998:

> *Art. 3º É assegurada a concessão de aposentadoria e pensão, a qualquer tempo, aos servidores públicos e aos segurados do regime geral de previdência social, bem como aos seus dependentes, que, até a data da publicação desta Emenda, tenham cumprido os requisitos para a obtenção destes benefícios, com base nos critérios da legislação então vigente.*
> *§ 1º O servidor de que trata este artigo, que tenha completado as exigências para a aposentadoria integral e que opte permanecer em atividade fará jus à isenção da contribuição previdenciária até completar as exigências para a aposentadoria contidas no art. 40, § 1º, III,* a, *da Constituição Federal.*
> *§ 2º Os proventos da aposentadoria a ser concedida aos servidores públicos referidos no* caput, *em termos integrais ou proporcionais ao tempo de serviço já exercido até a data de publicação desta Emenda, bem como as pensões de seus dependentes, serão calculados de acordo com a legislação em vigor à época em que foram atendidas as prescrições nela estabelecidas para a concessão destes benefícios ou nas condições da legislação vigente.*
> *§ 3º São mantidos todos os direitos e garantias assegurados nas disposições constitucionais vigentes à data de publicação desta Emenda aos servidores e militares, inativos e pensionistas, aos anistiados e aos ex-combatentes, assim como àqueles que já cumpriram, até aquela data, os requisitos para usufruírem tais direitos, observado o disposto no art. 37, XI, da Constituição Federal.*
> *Art. 4º Observado o disposto no art. 40, § 10, da Constituição Federal, o tempo de serviço considerado pela legislação vigente para efeito de aposentadoria, cumprido até que a lei discipline a matéria, será contado como tempo de contribuição.*

Os servidores que tiveram o fato gerador para a sua aposentadoria, qual seja, o cumprimento dos requisitos necessários à sua obtenção em consonância com o preceito constitucional vigente, bem como com as demais legislações e normas correlatas, *anteriormente a 16/12/1998*, poderão se aposentar, a qualquer tempo, pelas regras aplicáveis ao período correspondente.

No que tange aos servidores que obtiveram seus direitos à aposentação após 16/12/1998, somente farão jus à remuneração do cargo efetivo que precedeu este benefício, excluindo-se a percepção de parcela referente ao eventual exercício de cargo em comissão ou de função de confiança, conforme a previsão da Lei nº 9.717/1998, art. 1º, inciso X.

2.2. Período entre 16/12/1998 e 31/12/2003

A regras do regime previdenciário aplicáveis aos servidores públicos efetivos se inserem no sistema do Regime Próprio de Previdência Social e se encontram estatuídas no art. 40 da Constituição Federal, dividindo-se entre as seguintes modalidades: *aposentadoria por invalidez; compulsória, aos 70 anos de idade; e voluntária.*

Levando-se em conta o período compreendido entre 16/12/1998 e 31/12/2003, bem como o fato de que após 16/12/1998 somente serão considerados, para fins de aquisição de aposentadoria, o efetivo tempo de contribuição e não mais o tempo de serviço ou tempo fictício, assim serão as suas respectivas fruições:

2.3. Período após 31/12/2003

A Emenda Constitucional não trouxe alterações às regras de aposentadoria nem de sua concessão estipuladas na EC nº 20/1998, estando os servidores que ingressaram no serviço público após a data da sua publicação, 31/12/2003, submetidos às mesmas regras da EC nº 20/1998.

3. APOSENTADORIA POR INVALIDEZ

Levando-se em conta o período *supra* mencionado, esta modalidade de aposentadoria poderá ser concedida com proventos integrais quando decorrente de acidente em serviço, moléstia profissional ou doença grave, contagiosa ou incurável, especificadas em lei. Com isso, é mister para a concessão da aposentadoria com proventos integrais, *no referido período*, que a doença causadora seja especificada em lei. Na falta desta norma legal, os proventos serão proporcionais e não mais integrais. Também, quando a invalidez não for decorrente destas hipóteses, mas de causas diversas, os proventos auferidos pela aposentadoria serão proporcionais ao tempo de contribuição.

Os benefícios previdenciários com proventos integrais para a aposentadoria por invalidez decorrente de acidente em serviço, moléstia profissional ou doença grave, concedidos após 31/12/2003, dependerão da edição de lei complementar para estabelecer tais regras.

4. APOSENTADORIA POR INVALIDEZ DE DOENÇA NÃO PREVISTA NA LEI

Mesmo diante da falta de previsão expressa de doença grave e incurável na lei, o servidor público pode ser aposentado, com proventos integrais, nos termos do art. 186, I, da Lei nº 8.112/1990, de acordo com os ditames da atual Constituição da República.

A Constituição, ao tratar do tema, assim dispõe:

> *Art. 40. (...)*
>
> *§ 1º Os servidores abrangidos pelo regime de previdência de que trata este artigo serão aposentados, calculados os seus proventos a partir dos valores fixados na forma do § 3º:*
>
> *I – por invalidez permanente, sendo os proventos proporcionais ao tempo de contribuição, exceto se decorrente de acidente em serviço, moléstia profissional ou doença grave, contagiosa ou incurável, especificadas em lei;*

A Lei nº 8.112/1990 enfatiza que:

> *Art. 186. O servidor será aposentado:*
>
> *I – por invalidez permanente, sendo os proventos integrais quando decorrente de acidente em serviço, moléstia profissional ou doença grave, contagiosa ou incurável, especificada em lei, e proporcionais nos demais casos;*
>
> *§ 1º Consideram-se doenças graves, contagiosas ou incuráveis, a que se refere o inciso I deste artigo, tuberculose ativa, alienação mental, esclerose múltipla, neoplasia maligna, cegueira posterior ao ingresso no serviço público, hanseníase, cardiopatia grave, doença de Parkinson, paralisia irreversível e incapacitante, espondiloartrose anquilosante, nefropatia grave, estados avançados do mal de Paget (osteíte deformante), Síndrome de Imunodeficiência Adquirida – AIDS, e outras que a lei indicar, com base na medicina especializada.*

O servidor portador de doença mesmo não expressamente prevista em lei pode se aposentar, devendo se dar uma interpretação constitucional.

Uma primeira interpretação, que privilegiasse a literalidade da lei, ao leigo poderia levar a considerar que apenas aqueles que portam as doenças elencadas no § 1º do art. 186, da Lei nº 8.112/1990, contariam com o direito a aposentadoria integral por invalidez.

Uma segunda interpretação, no entanto, que se impusesse mediante análise do sistema como um todo, conduziria à solução diversa da primeira, pela qual aquele servidor público civil que porte doenças graves, contagiosas ou incuráveis, tem o direito à aposentadoria integral por invalidez.

O raciocínio correto leva a esta segunda posição, cabendo notar que a todo dia são descobertas novas doenças, igualmente graves, e que não são encontradas no rol do artigo mencionado anteriormente, nem por isso podem deixar de ser inseridas no sistema ou consideradas pelo intérprete.

O espírito do constituinte certamente é no sentido de não considerar o surgimento de doenças graves à época da lei, prevalecendo o que é certo, o resultado da ação da doença sobre o físico do paciente.

Ademais, as doenças previstas na lei são, assim, exemplificativas e não exaustivas, taxativas.

O Min. Luiz Vicente Cernicchiaro, em voto que tratava de situação, *mutatis mutandis*, aplicável ao tema, assim se pronunciou:

> A lei, sem dúvida, relaciona os casos de aposentadoria. Não se pode, entretanto, deixar de conferir interpretação sistemática. Afasta-se análise simplesmente literal. A hipótese pode formalmente não se ajustar à descrição legal, todavia, substancialmente, levar ao mesmo resultado. (Voto do Relator no REsp nº 58.406-0/SP, STJ, 6ª Turma, Rel. Min. Luiz Vicente Cernicchiaro, unânime)

Nesse mesmo sentido, cabe serem lembrados dois julgamentos, precedentes do Tribunal, o primeiro relatado pela eminente Desa. Federal Sílvia Goraieb e o segundo, do Des. Valdemar Capeletti , cujas Ementas seguem:

> Administrativo. Servidor Público. Doença incurável.
>
> Aposentadoria por invalidez. Sucumbência. Funcionário da Justiça Federal, exercendo as funções de agente de segurança, que sofre desde os 14 anos de dermatose de natureza genética hereditária, sem que os recursos terapêuticos possam resolver o problema, resultando impossível sua readaptação já tentada pela Administração, deve

ser aposentado por invalidez, nos termos do art. 186, inciso I, da Lei nº 8.112/1990. Tratando-se de doença incurável, conforme atestado nos autos, aplica-se, por analogia, o dispositivo legal citado. Benefício a ser concedido a partir da data do trânsito em julgado da referida sentença, face à natureza declaratória da ação. (...). (TRF 4ª Região, 4ª Turma, AC nº 96.04.12282-7/SC, Rel. Desa. Sílvia Goraieb)

Administrativo. Servidor Público. Aposentadoria por invalidez. Doença grave e incurável não prevista na Lei nº 8.112/90. Possibilidade.

1. Servidor público do Instituto Brasileiro do Meio Ambiente e dos Recursos Naturais Renováveis – IBAMA, portador de doença grave e incurável, totalmente incapacitante para o trabalho e cujo tratamento exige acompanhamento permanente de outra pessoa, conforme atestado nos autos, pode ser aposentado nos termos do art. 186, I, da Lei nº 8.112/1990. 2. A falta de previsão expressa da doença na lei não obsta a percepção de proventos integrais. 3. Resultado a que se chega mediante exegese da lei de acordo com os ditames da CR/88. 4. Precedentes. (TRF 4ª Região, 4ª Turma, AC nº 1999.71.10.008824-7/RS, Rel. Des. Valdemar Capeletti)

5. STF PERMITE APLICAÇÃO DE LEI DA PREVIDÊNCIA SOCIAL PARA CONCESSÃO DE APOSENTADORIA ESPECIAL A SERVIDORES

O Supremo Tribunal Federal (STF) vem permitindo que pedidos de aposentadoria de servidores públicos que trabalham em situação de insalubridade e de periculosidade sejam concedidos de acordo com as regras do art. 57 da Lei nº 8.213/1991, que regulamenta a aposentadoria especial de celetistas. Os pedidos devem ser analisados caso a caso e dependem de o interessado provar que cumpre os requisitos legais previstos para a concessão do benefício.

A decisão seguiu precedente (MI 721) do Plenário que, em agosto de 2007, permitiu a aplicação da norma a uma servidora da área da saúde. Ela teve sua aposentadoria negada por falta de regulamentação do dispositivo constitucional que permite a aposentadoria especial no caso de trabalho insalubre e de atividades de risco.

A regra está disposta no § 4º do art. 40 da Constituição Federal, mas depende de regulamentação. Por isso, pedidos de aposentadoria feitos por servidores públicos acabam sendo rejeitados pela Administração. Para garantir a concessão do benefício, o Supremo está permitindo a aplicação da Lei nº 8.213/1991, que regulamenta a concessão de benefícios da Previdência Social.

Ao todo, foram julgados 18 processos de servidores, todos mandados de injunção, instrumento jurídico apropriado para garantir o direito de alguém prejudicado diante da omissão legislativa na regulamentação de normas da Constituição. Nesta tarde, os ministros decretaram a omissão legislativa do Presidente da República em propor lei que trate da matéria, que está sem regulamentação há mais de 10 anos.

A Corte também determinou que os ministros poderão aplicar monocraticamente essa decisão aos processos que se encontram em seus gabinetes, sem necessidade de levar cada caso para o Plenário.

6. APOSENTADORIA COMPULSÓRIA

A concessão de aposentadoria compulsória, aos 70 anos de idade, dentro do mencionado período será concedida com os proventos proporcionais ao tempo de contribuição, quando o servidor preencher o requisito para a sua aquisição no período equivalente.

Diante da relevância do tema, há uma controvérsia na doutrina. O cerne da questão situa-se em torno da aposentadoria compulsória aos notários, sendo, inclusive, assunto de prova Concurso para Procurador do Tribunal de Contas:

O ex-titular do Ofício do Registro de Imóveis da Comarca da Capital ajuizou ação ordinária, com pedido de antecipação de tutela, contra o Estado do Rio de Janeiro. Requer sua reintegração no cargo, já que, conforme determinação da Corregedoria de Justiça, fora aposentado compulsoriamente após completar 70 anos de idade, nos termos do art. 40, II, da CRFB. Fundamenta sua pretensão com o argumento de não serem aplicáveis aos notários e oficiais registradores as normas constitucionais relativas à aposentadoria compulsória, mormente após o advento da Emenda nº 20; afinal, não são remunerados diretamente pelo Estado e seus serviços são exercidos em caráter privado, por delegação do serviço público, daí não haver submissão às regras próprias dos servidores públicos em geral. Demonstra também que a Lei nº 8.935/1994, em seu art. 39, não prevê a aposentadoria compulsória. Finaliza, arguindo a incompetência do Judiciário para o ato de afastamento e declaração de vacância, uma vez que compete ao Executivo outorgar a delegação dos serviços notariais e de registro, cabendo-lhe também declarar a sua extinção. Decida-o, fundamentadamente.

A questão relativa à competência para a prática do ato de afastamento e declaração de vacância do cargo perde substância, na medida em que a aposentadoria compulsória é automática, com vigência imediata a partir do dia imediato àquele em que o servidor atingir a idade limite de permanência no serviço ativo.

Se compete ao Executivo outorgar delegação dos serviços notariais e de registro, a ele se confere, também, declarar sua extinção, indiscutivelmente. Todavia, se o implemento da idade é causa constitucional de extinção de delegação, compete ao Poder Judiciário, no exercício de sua atividade fiscalizadora, afastar o serventuário, nessas condições, providenciando as devidas comunicações ao órgão delegante para os devidos e necessários fins.

Assim se afirma, porque é ínsita das atividades fiscalizadoras tal providência, visando, sempre, a preservação do direito e em respeito, até, ao princípio constitucional da moralidade pública, prevista no art. 37 da Carta Maior.

No que tange à submissão ou não, dos titulares de cartório – notários e oficiais registradores – à aposentadoria compulsória aos setenta anos de idade, a doutrina diverge.

Parte da doutrina entende que os notários e oficiais registradores não estariam sob a égide da norma constitucional que prevê a aposentadoria compulsória aos setenta anos, visto tratar-se de atividade delegada, onde a remuneração se dá por particulares, em razão do exercício de atividade delegada. Nesse sentido, há uma liminar do Supremo Tribunal Federal.

Entretanto, uma outra parcela da doutrina entende que os notariais e oficiais registradores estão sujeitos à aposentadoria compulsória aos setenta anos. O fundamento jurídico é que se assim não for considerado, a delegação se eternizaria. Ademais, a aposentadoria cria a presunção de que a pessoa já não tem mais as mesmas condições de trabalho.

Conforme já acolhido pela jurisprudência do Superior Tribunal de Justiça, é indiscutível que, se compete ao Executivo outorgar delegação dos serviços notariais e de registro, a ele se confere, também, declarar sua extinção.

Todavia, a questão relativa à competência para a prática do ato de afastamento e declaração de vacância do cargo perde substância na medida em que a aposentadoria compulsória é automática, com vigência a partir do dia imediato àquele em que o servidor atingir a idade limite de permanência no serviço ativo. Assim sendo, se o implemento de idade é causa constitucional de extinção da delegação, compete ao Poder Judiciário, no exercício de sua atividade fiscalizadora, afastar o serventuário nessas condições (se ele não o fizer, voluntariamente, que seria o correto e lógico), providenciando as devidas comunicações ao órgão delegante para os devidos e necessários fins, ponderando o que dispõe o § 2º do art. 39 da Lei nº 8.935/1994: "*Extinta a delegação a notário ou a oficial de registro, a autoridade competente declarará vago o respectivo serviço, designará o substituto mais antigo para responder pelo expediente e abrirá concurso*".

Assim se afirma, porque é ínsito das atividades fiscalizadoras tais providências, visando, sempre, a preservação do direito e em respeito, até, ao princípio constitucional da moralidade pública prevista no art. 37 da Carta Maior. Daí a competência do Juiz Diretor do Foro para a prática do ato, ora em discussão, na forma preventiva.

O que há de se ressaltar é que a Constituição de 1988 estabeleceu que os serviços notariais e de registro são função pública a ser exercida em caráter privado, por delegação do Poder Público, estabelecendo, ainda, sua forma de ingresso, que é mediante concurso público de provas e títulos, além de determinar que lei ordinária, atual Lei nº 8.935/1994, disciplinasse a fixação de emolumentos relativos aos atos praticados pelos serviços notariais e de registro, a responsabilidade civil e criminal dos notários, dos oficiais de registro e seus respectivos prepostos e a fiscalização de seus atos pelo Poder Judiciário.

No tocante à problemática resultante da aplicação das normas relativas à aposentadoria compulsória aos notários e oficiais registradores, de fato, a nova ordem constitucional introduzida pela aludida Emenda nº 20/1998 trouxe acentuada transformação da matéria ao imprimir nova redação ao art. 40 da CF/1988, que logo refletiu na doutrina e jurisprudência, na medida em que criou um sistema híbrido que apresenta características, tanto do setor privado, quanto do setor público. Contudo, no que se refere à matéria em exame, o Supremo Tribunal Federal, guardião e intérprete da Constituição, assentou em sua jurisprudência que os tabeliães e os oficiais registradores são servidores públicos e estão sujeitos à aposentadoria por implemento de idade (arts. 40, II, e 236, e seus parágrafos, da Constituição de 1988). (RE nº 178.236/RJ, Rel. Min. Octavio Gallotti, Plenário, 07/03/04)

Portanto, a EC nº 20 não impôs alteração no *status* dos notários e oficiais registradores que, por força do art. 236 da CF, exercem atividade de caráter privado, por delegação do Poder Público, sujeitos, evidentemente, ao regime de previdência de caráter contributivo "*e solidário, mediante contribuição do respectivo ente público, dos servidores ativos e inativos e dos pensionistas*" (conforme redação dada pela EC nº 41, de 19 de dezembro de 2003) e à aposentadoria nos termos estabelecidos legalmente, inclusive no que concerne à compulsória, pois, ao contrário, seriam, também, vitalícios, hipótese recusada pelo sistema constitucional vigente. Tais serventuários ocupam cargos efetivos; são eles (1) servidores públicos *lato sensu*, (2) submetidos às regras administrativo-constitucionais quanto ao provimento do cargo e, portanto, (3) sujeitos, também, às normas de caráter geral da função pública, exercida por delegação, inclusive no tocante à aposentadoria, pois filiados ao regime de previdência de caráter contributivo e solidário.

Segundo essa orientação, é inegável que a atividade notarial e registral, ainda que delegada ao particular, constitui função eminentemente pública, vez que revestida de estabilidade. Ante a omissão da lei vigente acerca da questão da aposentadoria compulsória, estabelecendo, tão somente, que os notários e os registradores submetem-se às regras de aposentação previdenciária, torna claro que não será a lei ordinária o instrumento capaz de afastar a norma de aposentadoria compulsória por implemento de idade, posto que sua aplicação decorre de disposição constitucional.

Desse modo, nada resta a ser debatido sobre a controvérsia, restando líquido e certo que, diante da reiterada jurisprudência assentada pela Suprema Corte, notários e registradores são servidores públicos que desempenham função pública, submetendo-se à aposentadoria compulsória, daí a disposição em causa não ter aplicabilidade ao recorrente, pois, como de elementar ciência, a lei não tem efeitos retro-operantes[448].

Em que pesem os argumentos acima, há, entretanto, posições isoladas no sentido contrário, ou seja, de que não se aplica a aposentadoria ao caso ora analisado. Nesse sentido é, inclusive a posição do Ministro Marco Aurélio. A fundamentação da questão está no Mandado de Segurança nº 11.991 do Supremo Tribunal Federal.

7. APOSENTADORIA ESPECIAL

A fruição desta modalidade de aposentadoria somente será concedida, cumulativamente, quando o servidor estiver no exercício de atividades que prejudiquem a sua saúde ou a integridade física, e após a edição de lei complementar que regule os critérios de sua concessão.

8. APOSENTADORIA VOLUNTÁRIA COM PROVENTOS INTEGRAIS (ART. 40, § 1º, III, *A*)

Serão concedidas estas modalidades de aposentadoria neste período quando cumpridos os seguintes requisitos: a) dez anos de efetivo exercício no serviço público; b) cinco anos de efetivo exercício no cargo em que se dará a aposentadoria; c) sessenta anos de idade e trinta e cinco de contribuição, se homem, e cinquenta e cinco anos de idade e trinta de contribuição, se mulher.

9. APOSENTADORIA VOLUNTÁRIA COM PROVENTOS PROPORCIONAIS AO TEMPO DE CONTRIBUIÇÃO (ART. 40, § 1º, III, *B*)

Estas se efetivarão nas condições que se seguem: dez anos de efetivo exercício no serviço público; cinco anos de efetivo exercício no cargo em que se dará a aposentadoria; sessenta e cinco anos de idade, se homem, e sessenta anos de idade, se mulher.

10. REGRAS DE TRANSIÇÃO

É pacífico o entendimento de que o direito à aposentadoria se rege pela *lei vigente no período em que o servidor reuniu os requisitos* necessários à aquisição deste benefício, ainda que não tenha formulado tal pedido.

448. Referência Jurisprudencial que suporta a conclusão: "A Emenda 20 não impõe alteração no *status* dos notários e registradores que, por força do art. 236, da CF, exercem atividade de caráter privado, por delegação do poder público, sujeitos – evidentemente – ao regime de previdência de caráter contributivo e à aposentadoria nos termos estabelecidos legalmente, inclusive no tocante à compulsória, pois, do contrário, seriam – também – vitalícios, hipótese recusada pelo sistema constitucional vigente." (STJ, ROMS nº 11991/MG, Rel. Min. Fernando Gonçalves, 6ª Turma).

A partir deste entendimento, insurgem-se controvérsias a respeito do direito adquirido à aposentadoria cujos requisitos se consumaram na legislação então vigente, em relação às novas normas constitucionais, trazidas pelas Reformas da Previdência.

A este propósito, temos que as normas constitucionais supervenientes, oriundas de Poder Constituinte Derivado, deveriam respeitar o direito adquirido dos servidores à aposentadoria, gerado em épocas anteriores a esta, sendo-lhes vedada a incidência retroativa sobre estes direitos.

Objetivando respaldar esta afirmativa, recorre-se à norma constitucional imutável, constante do art. 5º, XXXVI, da CF, que dispõe que *"a lei não prejudicará o direito adquirido, o ato jurídico perfeito e a coisa julgada"*. O art. 60, § 4º, por seu turno, reza que não pode ser objeto de deliberação emenda constitucional tendente a abolir direitos individuais, entendendo-se aqui incluído o *direito adquirido.*

Desta sorte, normas provenientes de emenda constitucional não alcançarão o direito adquirido de servidor público que já reuniu, na vigência de lei anterior, os requisitos e critérios necessários à fruição do benefício da aposentadoria. Os efeitos das novas normas constitucionais poderão alcançar, contudo, os servidores que se encontrem na modalidade de expectativa de direito, situação esta diversa à anterior, em que não alcançam o direito adquirido.

O Legislador Constituinte Derivado pôs termo à suposta controvérsia que se instalaria com a entrada em vigor da EC nº 20/1998, ao reverenciar a concessão da aposentadoria, *a qualquer tempo*, por servidor público que já tenha cumprido, até 16/12/1998 (data da entrada em vigor da referida Emenda), os requisitos para a obtenção dos benefícios exigidos, pela forma das leis então vigentes. Esta regra se insurge contra a retroatividade da Emenda Constitucional sobre leis anteriores.

Semelhança a esta regra se dará no cálculo dos proventos para fins de aposentadoria, que se compatibilizarão com as regras da legislação vigente à época em que este direito foi gerado.

A promulgação da Emenda Constitucional nº 41/2003 fez renascer as mesmas controvérsias que se instalaram quando da promulgação da EC nº 20/1998, sobretudo por ter trazido várias mudanças às regras instituídas por esta.

O art. 10 da EC nº 41/2003 revogou as regras de transição contidas no art. 8º da EC nº 20/1998. Em razão disso, a mais nova Emenda da Reforma da previdência introduziu outro artigo, o 2º, para dispor sobre a questão das situações transitórias. Contudo, as novas regras deste artigo dispuseram de forma mais severa que a revogada, sobre os cálculos e revisão dos proventos.

O art. 2º da EC nº 41/2003 substituiu a disciplina prevista no art. 8º da EC nº 20/1998, que regulava a questão da situação transitória no que tange aos servidores que já haviam ingressado no serviço público antes da sua promulgação. Se, à época da promulgação da Emenda revogadora, os servidores ainda não tinham adquirido o direito à aposentadoria ou à pensão, passarão a se submeter às novas normas.

Para os efeitos destas normas, são assim consideradas situações transitórias aquelas que se relacionem aos servidores que, já se encontrando efetivos nos quadros públicos no momento de sua publicação, não reuniram todos os pressupostos para a aquisição da aposentadoria voluntária, de acordo com a disciplina anterior vigente à época.

11. APOSENTADORIAS DO RPPS

As novas modalidades da aposentadoria do regime próprio previdenciário, aplicável aos servidores públicos efetivos, são: *aposentadoria voluntária, por invalidez e compulsória.*

12. APOSENTADORIA VOLUNTÁRIA

A **aposentadoria voluntária** se caracteriza, sobretudo, pela *manifestação de vontade* do servidor público de ingressar na inatividade, podendo ocorrer nas seguintes hipóteses: *por tempo de contribuição*, antes denominada *por tempo de serviço*, e *por idade.*

A regra que vigorava anteriormente à **aposentadoria por tempo de contribuição** exigia apenas o cumprimento de tempo mínimo de serviço, inobstante a idade do servidor. Eram exigidos 35 anos de tempo de serviço para o homem, e 30 anos para a mulher. Já na **aposentadoria por idade**, a regra anterior ditava que o servidor deveria alcançar 65 anos de idade, se homem, e 60, se mulher, não se levando em conta o seu tempo de serviço.

Com a Emenda Constitucional nº 20/1998, a **aposentadoria por tempo de serviço** foi substituída pela **aposentadoria por tempo de contribuição**, permanecendo a primeira modalidade como *critério temporal* para efeito de disponibilidade, conforme a redação dada pela EC nº 19/1998 ao § 2º do art. 41, também mencionada no § 9º do art. 40, única exceção a esta modalidade. Desta feita, o *tempo de serviço* não se comunica, necessariamente, com o *tempo de contribuição*, o que equivale a dizer que um servidor poderá ter, efetivamente, exercitado um determinado serviço sem a sua correspondente contribuição, hipótese em que não será computada para fins de aposentadoria.

No período de transição entre a publicação da aludida Emenda com as novas regras para a aposentadoria, e a correspondente publicação de lei regulamentadora, o art. 4º da EC nº 20/1998 estipulou que seja contado o tempo de serviço da legislação vigente, se cumprido na forma desta legislação, a fim de evitar prejuízos ao servidor em face da substituição do novo critério de tempo.

Além da imprescindibilidade da *manifestação de vontade do servidor*, para a efetiva aquisição desta modalidade de aposentadoria, referida Emenda introduziu, no art. 40, § 1º, inciso III, da Constituição Federal, a necessidade do cumprimento de outros requisitos cumulativos para a sua aquisição, que são: *idade mínima do servidor, tempo de efetivo exercício* e *tempo ocupado no cargo efetivo* no qual se dará a aposentadoria, cujas contagens são as que seguem:

No que tange à *idade mínima* do servidor, esta será de 60 anos, se homem, e 55 anos, se mulher. O requisito de *tempo de contribuição*, se homem, equivalerá a 35 anos, e se mulher, a 30 anos. Além disso, deverá o servidor ter cumprido o tempo mínimo de 10 anos de efetivo exercício no serviço público, e 5 anos no cargo efetivo do qual decorrerá a aposentadoria.

Importa acrescentar que na hipótese da **aposentadoria voluntária**, conforme sua própria definição, ainda que reunidos todos os requisitos necessários à sua aquisição, isto não implica, necessariamente, no seu ingresso pelo servidor público, sendo-lhe facultado permanecer em atividade até a chegada do requisito da aposentadoria compulsória, aos 70 anos de idade. Em verdade, verifica-se até mesmo um estímulo por parte da Administração Pública no que concerne a esta permanência no serviço público.

Se o servidor optar por permanecer em atividade, embora já goze os pressupostos para a obtenção do benefício da aposentadoria voluntária, ser-lhe-á concedido um *abono de permanência*, com prazo determinado, cujo valor equivalerá à contribuição previdenciária regularmente paga à Previdência. Nestes termos, a partir de sua permanência na atividade, quando a este era conferido o direito a aposentação, o servidor restará isento da contribuição previdenciária, gerando este fato um consequente aumento remuneratório, pois que cessado o desconto de sua cota do benefício previdenciário. A concessão deste abono findará quando alcançada a idade limite para a aposentadoria compulsória, qual seja, 70 anos de idade.

13. APOSENTADORIA VOLUNTÁRIA POR IDADE

A **aposentadoria voluntária por idade** permanece inalterada, tal qual lhe determina a regra anterior (art. 40, § 1º, III, *b*), ou seja, alcançar o servidor 65 anos de idade, se homem, e 60, se mulher, sofrendo modificação a partir da Reforma da Previdência.

Com isso, se homem, pela **aposentadoria voluntária por idade**, gozará do *abono de permanência* dos 60 aos 70 anos, sendo os 60 anos equivalentes à idade necessária para preencher o requisito desta modalidade de aposentadoria, e os 70 anos, a idade em que incidirá a aposentadoria compulsória, devendo o servidor, a partir de então, desvincular-se da atividade na Administração Pública.

Se mulher, nesta mesma modalidade de aposentadoria, fará jus ao *abono de permanência* dos 55 anos de idade aos 70, já que a idade necessária à aquisição da **aposentadoria voluntária por idade**, para o sexo feminino, é de 55 anos. Já os 70 anos é a mesma idade limite no que concerne à aposentação compulsória.

14. APOSENTADORIA VOLUNTÁRIA POR TEMPO DE CONTRIBUIÇÃO

Quando se tratar de **aposentadoria voluntária por tempo de contribuição**, fato este que não obstará a idade do servidor, se homem, receberá o abono de permanência após completados 35 anos de contribuição, observados o tempo mínimo de 10 anos de efetivo exercício no serviço público, e 5 anos no cargo efetivo o qual precederá a aposentadoria, se estendendo este benefício até os 70 anos, quando deverá se aposentar compulsoriamente.

Se mulher, o abono de permanência concedido em razão do direito adquirido para a aposentadoria voluntária por tempo de contribuição se dará depois de completados 30 anos de contribuição, independente da idade que contar, levando-se em conta os mesmos requisitos do exemplo anterior, bem como a mesma idade limite para a permanência do serviço público, 70 anos.

Registre-se que a aposentadoria será integral quando preencher os requisitos de 60 anos de idade e 35 de contribuição se homem, e 55 anos de idade e 30 de contribuição, se mulher.

Será proporcional quando contar 65 anos de idade, se homem, e 60 anos de idade, se mulher, cujos proventos serão proporcionais ao tempo de contribuição.

15. APOSENTADORIA POR INVALIDEZ

Outra modalidade de aposentadoria no regime previdenciário dos servidores públicos é a que decorre de *invalidez* do servidor. Este fato se dá pela impossibilidade física ou psíquica, de caráter permanente, a qual torna o servidor inapto para o exercício de seu cargo ou função.

Como a inaptidão física ou psíquica independe de fatores externos, tampouco da vontade do servidor, desnecessário se faz, para a aquisição desta modalidade, a observação dos demais requisitos. A invalidez, por si só, desde que comprovada por perito legalmente habilitado, se basta para que seja gerado o direito desta aposentação, ou seja, a incapacidade do servidor público, uma vez, comprovada, pressupõe a inatividade remunerada, com proventos proporcionais ao tempo de contribuição, excepcionalmente se a invalidez decorrer de acidente em serviço, moléstia profissional ou doença grave, contagiosa ou incurável, na forma da lei.

15.1. Estudo de caso prático

Em março de 2009, Quasímodo, com apenas 1 mês de serviço público e 27 anos de idade, sofre acidente no percurso trabalho–casa que o torna incapaz, permanentemente, para o exercício de atividades laborativas. A Administração indefere o pedido de aposentadoria por invalidez porquanto o servidor ainda não havia preenchido o período de carência de 10 anos de serviço, tal como se exige para a aposentadoria voluntária. Informe se a decisão está, ou não, correta. Na hipótese de Quasímodo ter direito ao benefício, indique se a aposentadoria será concedida com proventos *proporcionais* ou *não proporcionais*, com menção da norma jurídica, bem como o critério de reajuste do benefício e a forma de cálculo da aposentadoria.

Resposta sugerida: A aposentadoria por invalidez não depende de tempo de serviço nem de tempo de contribuição, basta a existência de incapacidade laborativa permanente. Portanto, não se exigem os 10 anos de contribuição previstos para a concessão de aposentadoria voluntária. Os acidentes sofridos no trajeto casa–trabalho–casa são considerados acidentes de serviço (art. 212 da Lei nº 8.112/1990) e, nos termos do art. 40, § 1º, I, da CF, dão direito à aposentadoria por invalidez com proventos não proporcionais. Como o ingresso de Quasímodo na Administração Pública foi posterior à EC nº 41/2003, o reajuste da aposentadoria feito por índice divulgado em lei para preservar o valor real do benefício (art. 40, § 8º, da CF) e o cálculo dos proventos obedecerão ao disposto no art. 40, § 3º, da CF, na forma da Lei nºº 10.887/2004 (média aritmética simples das 80% maiores remunerações utilizadas como base de contribuição).

16. APOSENTADORIA COMPULSÓRIA

Por fim, a **aposentadoria compulsória** é a que decorre do alcance da idade limite para a permanência no serviço público, que equivale à 70 anos de idade tanto para homem quanto para mulher, de acordo com a norma constitucional do art. 40, inciso II. Esta modalidade de aposentadoria acarretará a aquisição de proventos proporcionais ao tempo de contribuição.

Insurge-se que a norma constitucional é taxativa no que tange ao limite de 70 anos de idade para a concessão da aposentadoria compulsória, não importando a vontade do servidor, sua capacidade física ou psíquica ou quaisquer outros requisitos porventura questionados pelo servidor, na intenção de permanecer em atividade. Alcançada esta idade limite pelo servidor público, a Administração Pública pressupõe a sua total incapacidade pra continuar integrando os quadros públicos.

Registre-se que o reajustamento dos proventos dos inativos, assim como as pensões deixadas pelo servidor público efetivo, obedecerá a mesmo critério aplicado ao Regime Geral de Previdência Social, delineado pelo art. 2º, § 6º, da EC nº 41/2003 e elencado no art. 40, § 8º, da CF, salvo exceção garantida no art. 6º, da mesma Emenda.

17. APOSENTADORIA DOS MAGISTRADOS, MEMBROS DOS TRIBUNAIS DE CONTAS E DO MINISTÉRIO PÚBLICO

A aposentadoria dos *magistrados, membros dos Tribunais de Contas* e do *Ministério Público* também sofreram alterações a partir da *reforma da previdência*, as quais merecem ser aqui mencionadas.

O Texto original da Constituição da República atribuía natureza especial à aposentadoria destas categorias, estipulando em 30 anos o tempo máximo de serviço contado para o benefício. A partir da vigência da EC nº 20/1998, as normas anteriores foram substituídas por aquelas contidas no art. 40, do mesmo dispositivo legal.

A nova regra constitucional reza que estes agentes apenas poderão se aposentar mediante o preenchimento dos requisitos gerais constantes no art. 40, § 1º, inciso III.

18. APOSENTADORIA DE ATIVIDADES EXERCIDAS SOB CONDIÇÕES ESPECIAIS

A Emenda Constitucional nº 20/1998 dispõe, textualmente, sobre a hipótese de aposentadoria especial concedida em razão da prática de atividades exercidas sob condições especiais. Para tanto, aplicam-se, excepcionalmente, requisitos e critérios diferenciados que serão definidos por lei complementar (art. 40, § 4º).

Importa registrar que, pela regra constitucional constante na parte inicial do art. 40, § 4º, é vedada a adoção destes requisitos diferenciados para a concessão de aposentadoria, sendo a sua concessão aplicada, impreterivelmente, às exceções previstas na parte final do mesmo dispositivo, em casos de atividades que sejam exercidas em condições especiais que prejudiquem a saúde ou a integridade física do servidor.

Por estar a consolidação desta regra atrelada à edição de lei complementar, forçosa a conclusão de que esta norma possui a sua eficácia condicionada, não se configurando antes que referido diploma legal lhe dê os devidos contornos e a torne apta para ingressar no mundo jurídico.

A mesma regra que vigorava ainda na vigência do texto original da Constituição Federal, da mesma forma, não era autoaplicável, posto que também condicionava a concessão de requisitos diferenciados à edição de lei complementar que definisse as atividades consideradas penosas, insalubres e perigosas, termo este substituído, na redação atual, por: "*atividades que prejudiquem a saúde e a integridade física*", o que mais se parece uma extensão à primeira regra, e não uma substituição, eis que determinada atividade profissional só causará prejuízos à saúde ou à integridade física se for, no mínimo, uma atividade perigosa, a menos que exercida sem observância aos devidos critérios de segurança do trabalho.

Conclusivo, pois, que os *critérios diferenciados* aplicáveis a atividades especiais não fazem parte do universo jurídico, de acordo com a previsão constitucional. Inobstante, encontram amparo na Lei Maior para insurgir no ordenamento legal, desde que criados por lei complementar, hipótese em que serão a exceção e jamais a regra. Esta, sim, se aplica de forma generalizada às atividades profissionais exercidas pelo servidor público.

19. APOSENTADORIA DOS PROFESSORES

A redação original da Constituição Federal estatuía que a aposentadoria dos professores sofreria uma redução de 5 anos em relação à aposentadoria dos demais servidores públicos, ocorrendo com o período de 30 anos de serviço se homem, e 25 anos, se mulher.

Com a vigência da EC nº 20/1998, a aposentadoria desta classe passou a obedecer a novos requisitos, mantendo, contudo, a aludida redução de tempo. O primeiro requisito foi a substituição do termo "tempo de serviço", pelo termo "tempo de contribuição", posto que o primeiro termo não mais se aporta no texto constitucional, com exceção ao dispositivo do art. 42, § 2º, hipótese de disponibilidade de servidor estável com remuneração proporcional ao tempo de serviço, em face de reintegração de outro servidor que teve sua demissão invalidada por sentença judicial.

O outro requisito que se aplica à aposentadoria dos professores é o que se insurge como pressuposto à aplicação do critério diferenciado da redução de 5 anos, o qual se aplicará apenas a "*professor que comprove exclusivamente tempo de efetivo exercício das funções de magistério na educação infantil e no ensino fundamental e médio*"[449], insculpido na parte final do § 5º do art. 40 da Constituição Federal.

Com efeito, aos requisitos de idade e de tempo de contribuição a que se refere o art. 40, § 1º, III, *a*, somente serão alcançados pelo critério diferenciado que concede 5 anos de redução, quando concernentes à prática do magistério do ensino infantil, que equivale à alfabetização, e dos ensinos fundamental e médio (antigos 1º e 2º grau), não se incluindo, portanto, o ensino superior[450].

---

449. O Supremo Tribunal Federal, através da Súmula nº 726, já consagrou o entendimento segundo o qual "para efeito de aposentadoria especial de professores, não se computa o tempo de serviço prestado fora da sala de aula".

450. Deduz-se, então, que professores que exercerem cargos de direção pedagógica poderão tera aposentadoria especial. O Supremo Tribunal Federal (STF) concluiu em 12/12/2008 o julgamento da Ação Direta de Inconstitucionalidade (ADI) 3772, proposta contra o art. 1º da Lei Federal nº 11.301/2006, que estabeleceu aposentadoria especial para especialistas em educação que exerçam direção de unidade escolar, coordenação e assessoramento pedagógico. A decisão garantiu o benefício da aposentadoria especial às atividades em discussão, desde que exercidas por professores. A questão foi trazida a julgamento com a apresentação do voto-vista do ministro Eros Grau, que acompanhou a divergência inaugurada pelo ministro Ricardo Lewandowski. Eles, somados aos ministros Marco Aurélio, Celso de Mello, Cezar Peluso e Menezes Direito formaram maioria e votaram no sentido de dar interpretação constitucional que não retirasse o benefício da aposentadoria especial de outras categorias de profissionais da educação. "Interpreto esse texto de modo a afirmar que o tempo de serviço prestado pelo professor no exercício de função de direção de unidade escolar e de coordenação e assessoramento pedagógico não pode ser concebido como tempo de serviço fora da sala de aula", considerou o ministro Eros Grau em voto lido na sessão de hoje. Sobre a matéria, o relator, ministro Carlos Ayres Britto, já tinha se pronunciado. Ele afirmou que, ao tratar do benefício, a Constituição (§ 5º do art. 40 e § 8º do art. 201) utiliza a palavra professor e não o "fraseado aberto" profissionais da educação. Para ele, a Constituição Federal exige que o professor se dedique exclusivamente às funções de magistério para ter direito à aposentadoria especial. "Não quero esvaziar as salas de aula, quero que os professores se realizem na sua verdadeira vocação", disse. No entanto, Ayres Britto ficou vencido junto com os ministros Joaquim Barbosa e Cármen Lúcia Antunes Rocha, que votaram pela procedência total da ação. A ministra Ellen Gracie também foi voto vencido, porém ela entendeu ser totalmente improcedente o pedido da ADI. Assim, a maioria dos ministros votou pela procedência parcial da ação, a fim de conferir interpretação conforme a Constituição Federal, garantindo o benefício da aposentadoria especial, desde que os cargos de diretores, coordenadores e assessores pedagógicos sejam exercidos por professores. Há que, por outro lado, a Súmula 726 da Corte, segundo a qual "para efeito de aposentadoria especial de professores não se computa o tempo de serviço prestado fora da sala de aula, salvo o de diretor". Por enquanto, há dois votos pela inconstitucionalidade da lei e um voto para que ela também valha para professores que exerçam a função de diretor, coordenador e assessor pedagógico. A análise da matéria foi interrompida por um pedido de vista do ministro Eros Grau, que disse precisar refletir melhor sobre a questão. Apesar de não ter votado, o ministro Marco Aurélio foi o primeiro a sugerir que fosse dada à lei uma interpretação constitucional que não retire o benefício da aposentadoria especial de outras categorias de profissionais da educação. "Eu penso que não se pode chegar ao ponto, por exemplo, de se excluir a contagem especial relativamente a um professor que é deslocado para uma função, para mim de maior responsabilidade, de direção da unidade escolar", afirmou ele. Cezar Peluso foi outro ministro que não chegou a votar, mas concordou com a necessidade da interpretação conforme a Constituição. Para ele, a questão é de valorização da atividade de magistério. "Não se trata de valorizar

20. CONTAGEM DE TEMPO DE CONTRIBUIÇÃO PREVIDENCIÁRIA PARA APOSENTADORIA

Dispõe o § 9º do art. 40 da Constituição da República que o *tempo de contribuição* federal, estadual ou municipal será computado, para efeito de aposentadoria do servidor público, ensejando o *princípio da reciprocidade do cômputo do tempo de contribuição*, que impede nova contagem de tempo, para fins de aposentadoria, quando há a interrupção da prestação de serviço pelo servidor de um ente federativo, e o seu consequente ingresso em outro, hipótese em que o servidor não se desvincula do Poder Público, mas tão somente muda de esfera federativa.

Contrariando referido dispositivo constitucional, certa feita, o Município de Sarandi, no Estado do Rio Grande do Sul, editou lei complementar que exigia um tempo mínimo de serviço público, como requisito para admitir a compensação entre regimes previdenciários diversos, ocasião em que o Supremo Tribunal Federal decidiu pela inconstitucionalidade do dispositivo da lei municipal em tese[451].

É lícito a inclusão neste cálculo das contribuições recolhidas ao INSS – Instituto Nacional de Previdência Social, em razão das atividades exercidas na iniciativa privada, em consonância com o dispositivo do art. 201, § 9º, do mesmo diploma legal, que estabeleceu que é *"assegurada a contagem recíproca de tempo de contribuição na administração pública e na atividade privada, rural e urbana"*.

Com o intuito de conciliar as contribuições previdenciárias do Regime Geral e do Regime Próprio, quanto à contagem de tempo a que se refere o dispositivo constitucional, foi editada a Lei nº 9.796, de 05/05/1999, que dispõe sobre a compensação financeira entre estes dois regimes de previdência, no caso de contagem recíproca para fins de aposentadoria.

Com isso, ficam estipuladas as regras a serem utilizadas pelos regimes de previdência, destinadas ao pagamento de benefícios aos respectivos contribuintes de forma linear, coadunando-se *contribuição* e *benefício*, no mesmo patamar, e evitando-se equívocos que acarretem no prejuízo de determinado regime em detrimento do injusto benefício de outro, que auferiu mais contribuições e pagou benefício em proporção menor.

Através da *compensação financeira*, criada pela mencionada lei, distinguir-se-á o *regime de origem*, com o qual o segurado mantinha vínculo anterior, e o *regime instituidor*, a quem incumbe o pagamento do benefício, de forma que o servidor não perca qualquer parcela contributiva destinada a mais de um regime de previdência, através da *contagem recíproca de tempo* para fins de aposentadoria,

A partir desta norma, conclui-se que o cômputo contributivo para a previdência do servidor não está atrelado a uma simetria federativa, tampouco exclusivamente às atividades exercidas na Administração Pública, mas, ao contrário, poderá incluir as diversas esferas da Federação, da Administração Direta e de suas autarquias e fundações públicas, aqui compreendidas a federal, a estadual, a municipal e, embora não expressa textualmente, a distrital, nada obstando que um servidor ocupe cargos públicos sucessivos nos diferentes entes federativos, além das contribuições regularmente recolhidas ao Regime Geral de

o desgaste físico e psicológico [do professor em sala de aula], mas de valorizar uma atividade que é condição necessária para o desenvolvimento das virtualidades da pessoa humana."

451. STF em julgamento de RE nº 219.169-RS, Rel. Min. Nelson Jobim, j. em 25/04/2004, *vide Informativo STF* nº 265, abril/2004.

Previdência Social, quando da prática de atividades profissionais na iniciativa privada.

Em assim sendo, não se cogita da interrupção de contagem de tempo de contribuição, para fins de aposentadoria, quando um servidor integra, sucessivamente, mais de uma pessoa do Poder Público, ainda que de entes diferentes, mas continua ligado ao mesmo Regime Próprio.

Ademais, parece óbvio que este cômputo deverá abarcar, também, as categorias funcionais do Regime Geral de Previdência Social que abrange servidores públicos, fato este que se tornou possível após a exclusão da obrigatoriedade de um regime jurídico único para os servidores públicos da Administração direta, autárquica e fundacional, previsto na redação original da Constituição da República, em seu art. 39.

A partir desta exclusão, é lícito a cada entidade federativa adotar os dois regimes jurídicos vigentes na Constituição Federal, o estatutário e o celetista, aplicando-se o primeiro aos servidores ocupantes de cargo público, e o segundo, aos que ocuparem emprego público.

Com efeito, em razão da variante da natureza do regime jurídico ao qual o servidor público estará vinculado (estatutário ou celetista), diferirá o destino das contribuições previdenciárias que serão aplicáveis a regimes distintos. Em outras palavras, os servidores ocupantes de cargo público, assim como os agentes que integram as carreiras institucionalizadas tais como: a Magistratura, a Advocacia Pública, a Defensoria Pública, a Polícia, os membros do Ministério Público e dos Tribunais de Contas, contribuirão para o Regime Próprio de Previdência Social – RPPS, instituídos na forma da Lei nº 9.717/1998.

Já os servidores que ocupem emprego público, cargo temporário e cargo em comissão, declarados em lei de livre nomeação e exoneração, terão suas contribuições destinadas ao Regime Geral de Previdência Social, estando sujeitos seus benefícios às regras insculpidas por este regime, conforme dispõe o § 13 do art. 40 da Constituição Federal.

Deve-se acrescentar, contudo, que a Emenda Constitucional nº 20/1998, em seu art. 4º, trouxe alteração no *sistema de contagem de tempo*, ao acrescentar o § 10 ao art. 40 da Constituição Federal, que dispõe que *"a lei não poderá estabelecer qualquer forma de contagem de tempo de contribuição fictício"*[452].

A Instrução Normativa nº 5, de 28/04/1999, emitida pela Secretaria de Estado da Administração e do Patrimônio, emitiu orientação quanto aos procedimentos operacionais decorrentes da EC nº 20/1998, assim preceituando:

> Instrução Normativa nº 5, de 28/04/1999:
>
> *Art. 2º O tempo de serviço considerado pela legislação vigente para efeito de aposentadoria será contado como tempo de contribuição, excluído o fictício.*
>
> *Parágrafo único. Considera-se tempo de contribuição fictício, para os efeitos desta Instrução Normativa, todo aquele considerado em lei como tempo de serviço público para fins de concessão de aposentadoria sem que haja por parte do servidor a prestação de serviço e a correspondente contribuição social, cumulativamente, dentre outros os seguintes casos:*
>
> *(...)*

Com isso, ficou estabelecido que a lei venha a instituir qualquer forma de contagem de tempo de contribuição *fictício*. Ficam excluídos para cômputo de aposentadoria os períodos conhecidos como *tempo presumido*, adotados em casos de licenças e afastamentos em

452. O Tribunal de Contas da União emitiu entendimento, no que tange à contagem de tempo fictício, através da Decisão nº 748/2004-TCU-Plenário, dispondo que ele poderá ser utilizado para efeito de aposentadoria, desde que tenha sido incorporado ao patrimônio do servidor até 16/12/1998, data da publicação da EC nº 20/1998.

que o servidor efetivamente não contribuiu para o regime previdenciário, aqui incluídos os casos de contagem em dobro de tempo de férias, licenças especiais não gozadas etc. Este período de afastamento só será computado para a aquisição do direito à aposentação caso o servidor comprove a correspondente contribuição do período.

Outra situação é o período fictício já devidamente averbado nos assentamentos do servidor para fins de aposentadoria, e legalmente contados como tal, quando adquiridos em consonância com a legislação vigente à época de sua fruição.

Ainda que não computado, para fins de aposentadoria nos assentamentos do servidor, mas já devidamente cumpridos de fato, este tempo fictício poderá ser anotado de acordo com a legislação vigente, na ausência da superveniência de lei que disponha sobre o assunto, posto que a situação fática, já consumada e prevista na legislação estatutária, gerou o direito adquirido ao servidor pela opção da contagem simples ou em dobro do tempo de serviço. Já na vigência de lei disciplinadora, não mais incidirá a mesma norma, mas se manterá o direito adquirido dos servidores, anteriormente à edição desta lei.

É de grande controvérsia a questão do tempo de aquisição de *direito adquirido* em relação à aposentadoria.

Deve-se considerar, a princípio, que o fato gerador do benefício da aposentadoria é o efetivo cumprimento do tempo de serviço prestado ao Poder Público, constituindo-se em mera expectativa de direito enquanto não alcançado pelo servidor. Completado o prazo, passará ele a ser titular do direito, gerando, de fato, o seu direito adquirido ao benefício.

Ainda, sobre o tema, vale ressaltar a Emenda Constitucional nº 20, no seu art. 40, § 1º, III, que exige, para o fim especial de aposentadoria voluntária, 10 anos de exercício no serviço público, a fim de que se possa contar o tempo de contribuição no setor privado. No entanto, não abrange tal exigência as aposentadorias compulsória e por invalidez.

21. CONVERSÃO DA CONTAGEM DO TEMPO DE SERVIÇO PRESTADO EM ATIVIDADE INSALUBRE

Os servidores públicos ex-celetistas têm direito adquirido à contagem do tempo de serviço prestado sob condições insalubres, perigosas ou penosas, e para fins de aposentadoria estatutária, assim considerada na lei vigente à época, têm direito adquirido à contagem de tempo de serviço com o devido acréscimo legal.

A tese de que, segundo disposto no art. 40, § 4º, da Constituição Federal, com a redação que lhe foi dada pela EC nº 20/1998, somente por Lei Complementar se poderia disciplinar a concessão de aposentadoria e o reconhecimento de tempo de serviço prestado em atividades insalubres ou perigosas, no âmbito do serviço público federal, é, acima de tudo, ilógica e incongruente.

Alegar-se, ainda, violação ao princípio da reserva legal, porquanto ao autorizar a conversão do tempo de serviço especial em comum, o magistrado está a atuar como legislador positivo, instituindo medida que somente poderia ser veiculada em lei formal, constitui-se autêntica aberração jurídica.

A propósito da matéria:

> Administrativo e previdenciário. Servidor Público Federal. Regime celetista. Conversão. Tempo de serviço especial. Possibilidade. Atividade insalubre. Precedentes do STJ e STF.

> O servidor público, ex-celetista, que exerceu atividade perigosa, insalubre ou penosa, assim considerada a lei vigente à época, tem direito adquirido à contagem de tempo de serviço como acréscimo legal. Precedentes (RE nº 282.176).

Verifica-se, contudo, em precedente da Suprema Corte colacionado na decisão, que somente os serviços prestados sob condições especiais, após o advento da Lei nº 8.112/1990, dependem de regulamentação.

O servidor público, por conseguinte, faz jus à expedição de Certidão de Tempo de Serviço pela Autarquia Previdenciária, da qual conste o tempo de serviço integral, já computada a contagem ficta, e a averbação deste período no serviço público, para fins de aposentadoria estatutária.

Assim diz a Jurisprudência:

> Administrativo. Tempo de serviço. Atividade insalubre. Servidor celetista. Superveniência do Regime estatutário. Averbação. Possibilidade. 1 – O servidor público, alçado à condição de estatutário, tem direito de averbar o tempo de serviço exercido em atividade insalubre quando ainda era celetista. A superveniência do Regime Jurídico único não tem o condão de obstar esse pleito. Precedentes do STJ. 2 – Recurso conhecido e improvido. (REsp nº 463.546, Sexta Turma, Rel. Min. Fernando Gonçalves)

22. VEDAÇÃO DE ACUMULAÇÃO

Em tese, não será permitido acumular proventos de aposentadoria, é o que faz supor o *caput* do § 6º do art. 40, da Constituição:

> Art. 40, § 6º, da CF, Determinado pela EC nº 20/1998:
>
> *Ressalvadas as aposentadorias decorrentes dos cargos acumuláveis na forma desta Constituição, é vedada a percepção de mais de uma aposentadoria à conta do regime de previdência previsto neste artigo.*

Diante disso, incontroverso que a percepção de acumulação só se dará nos casos em que a própria Constituição prevê. Considerando-se que ela mesma traz a previsão expressa de casos excepcionais em que o servidor poderá acumular dois cargos públicos (vide art. 37, inciso XVI), não há que se negar que nestes casos específicos será válida a aposentadoria dupla.

23. COMPROVAÇÃO DE TEMPO DE SERVIÇO – JUSTIFICATIVA JUDICIAL

Prevalece a comprovação de tempo de serviço prestado, feita por meio de justificação judicial baseada em depoimentos testemunhais, uma vez que, decorridos vários anos e com a ocorrência do extravio dos documentos, e, principalmente, por não existirem documentos contemporâneos, hábeis a provar o alegado.

Sem dúvida, enquadra-se o extravio como motivo de força maior, atendendo-se ao disposto no § 3º do art. 55 da Lei nº 8.213/1991 e nos arts. 60, § 3º, 61 e 163, § 2º, do Decreto nº 2.172/1997.

Por outro lado, não prospera a alegação no sentido de que a justificação não tenha valor para o fim a que foi destinada, pois que antigamente, por certo, não havia a conscientização das pessoas para a necessidade do registro da Carteira Profissional, até porque não era necessária a comprovação de tempo de contribuição, tal como exigido pela atual Carta Magna, bastando tão somente a contagem do tempo de serviço. Constando, principalmente, que a Autarquia (INSS) fora devidamente citada na ação, sem contudo, nada alegar sobre o caso, nem oferecer qualquer documento porventura existente que atestasse a situação junto à instituição.

Sobre o tema, o Enunciado nº 27 do Tribunal de Contas do Distrito Federal dispõe que "O tempo de serviço público comprovado por justificação judicial somente será aceitável quando circunstâncias especiais, como sinistro, roubo ou extravio de documentos, impossibilitem expedição de certidão própria". Assim, visando a comprovação do tempo laborado, o servidor pode requerer ao Juízo a instalação de processo de justificação judicial, realizado com prova testemunhal e, ao final, devidamente homologado por sentença.

Neste caso, deve prevalecer a justificação judicial diante do alegado extravio. Note-se que falece razão à Autarquia ao afirmar ser nulo referido procedimento por ter se baseado em prova meramente testemunhal.

O servidor não pode ser prejudicado ou marginalizado pela condição precária e desorganizada do serviço daquela época.

Cumpre-me ressaltar que os nossos Tribunais também já se manifestaram neste sentido, conforme se infere da Ementa a seguir transcrita:

> Servidor Público. Aposentação. Revisão. Prescrição. Tempo de magistério. Comprovação. O tempo de serviço, havendo impossibilidade de expedição de certidão própria, em decorrência de extravios de documentos, comprova-se através de justificação judicial. III. Recurso conhecido e provido. Unânime. (APC nº 20000110388363, 5ª Turma Cível, Rel. Des. Haydevalda Sampaio, Acórdão nº 153600. *DJ* de 22/05/2002)

24. DESISTÊNCIA À APOSENTADORIA

Registre-se que o Tribunal Regional Federal, 1ª Região – AMS nº 468063, tem posicionamento no sentido de que o servidor, tranquilamente, poderá renunciar, a qualquer momento, à aposentadoria.

Concedida uma determinada aposentadoria por tempo de serviço, nada impede que, posteriormente, o beneficiário dela renuncie, visando a se aposentar estatutariamente, em virtude de nomeação e exercício de cargo público, decorrente de aprovação em concurso.

"A renúncia é ato unilateral, independente de aceitação de terceiros, mormente em se tratando de manifestação de vontade, declinada por pessoa na plena capacidade civil, referentemente a direito patrimonial disponível".

Ainda mais:

> Previdenciário. Renúncia à aposentadoria por tempo de serviço com expedição de certidão de tempo de serviço. É perfeitamente válida a renúncia à aposentadoria, visto que se trata de um direito patrimonial de caráter disponível, inexistindo qualquer lei que vede o ato praticado pelo titular do direito. A instituição não pode contrapor-se à renúncia para compelir o servidor a continuar aposentado, visto que carece de interesse. (TRF 4ª Região, MS nº 63326, de 28/02/2003)

Em inúmeras decisões, vale a pena, à título de ilustração, mencionar que o Tribunal de Contas da União compartilha tal entendimento.

Por imaginação, Carla renuncia à aposentadoria no cargo de Procurador Autárquico, a fim de tomar posse no cargo de Auditor do Tribunal de Contas da União. Hipótese perfeitamente válida, pois desistindo de sua aposentadoria, não subsiste situação de acumulação ilícita.

25. REDUÇÃO DE PROVENTOS

O art. 2º, *caput*, da Emenda Constitucional nº 41/2003 assim dispõe:

Observado o disposto no art. 4º da Emenda Constitucional nº 20, de 15 de dezembro de 1998, é assegurado o direito de opção pela aposentadoria voluntária com proventos calculados de acordo com o art. 40, §§ 3º e 17, da Constituição Federal, àquele que tenha ingressado regularmente em cargo efetivo na Administração Pública direta, autárquica e fundacional, até a data de publicação daquela Emenda, quando o servidor, cumulativamente:

(...)

§ 1º O servidor de que trata este artigo que cumprir as exigências para aposentadoria na forma do caput ***terá os seus proventos de inatividade reduzidos*** *para cada ano antecipado em relação aos limites de idade estabelecidos pelo art. 40, parágrafo 1º, III,* a, *e § 5º da Constituição Federal, na seguinte proporção:*

(...) (grifamos)

De acordo com a redação do artigo supra mencionado, bem como de seus parágrafos e incisos, ao servidor fica assegurado o direito de optar pela aposentadoria voluntária, desde que cumpridos os requisitos que a condicionam, mas, ser-lhe-á aplicada uma redução de 3,5 para cada ano antecipado até 31/12/2005, e de 5% àqueles que optarem por aposentadoria voluntária, a partir de 1º/01/2006. Veja a seguir o percentual de redução aplicado para cada ano de diferença:

➢ Direito de optar pela aposentadoria voluntária:

Se homem: dos 53 aos 60 anos de idade; se mulher: dos 48 aos 55 anos de idade.

Índice reducional aplicável aos homens, em escala de idade:

60 anos de idade – não há redução
59 anos de idade (- 1 ano) = 3,5% de redução
58 anos de idade (- 2 anos) = 7% de redução
57 anos de idade (- 3 anos) = 10,5% de redução
56 anos de idade (- 4 anos) = 14% de redução
55 anos de idade (- 5 anos) = 17,5% de redução
54 anos de idade (- 6 anos) = 21% de redução
53 anos de idade (- 7 anos) = 24,5% de redução

Índice reducional aplicável às mulheres, em escala de idade:

55 anos de idade – não há redução
54 anos de idade (- 1 ano) = 3,5% de redução
53 anos de idade (- 2 anos) = 7% de redução
52 anos de idade (- 3 anos) = 10,5% de redução
51 anos de idade (- 4 anos) = 14% de redução
50 anos de idade (- 5 anos) = 17,5% de redução
49 anos de idade (- 6 anos) = 21% de redução
48 anos de idade (- 7 anos) = 24,5% de redução

Aos servidores que tenham completado as exigências da aposentadoria e ingressarem com o pedido, voluntariamente, a partir de 1º/01/2006, sofrerão uma redução de 5% para cada ano, conforme a seguir demonstrado:

Se homem: dos 53 aos 60 anos de idade; se mulher; dos 48 aos 55 anos de idade.

Índice reducional aplicável aos homens, em escala de idade:
60 anos de idade – não há redução
59 anos de idade (- 1 ano) = 5% de redução
58 anos de idade (- 2 anos) = 10% de redução
57 anos de idade (- 3 anos) = 15% de redução
56 anos de idade (- 4 anos) = 20% de redução
55 anos de idade (- 5 anos) = 25% de redução
54 anos de idade (- 6 anos) = 30% de redução
53 anos de idade (- 7 anos) = 35% de redução

Índice reducional aplicável às mulheres, em escala de idade:
55 anos de idade – não há redução
54 anos de idade (- 1 ano) = 5% de redução
53 anos de idade (- 2 anos) = 10% de redução
52 anos de idade (- 3 anos) = 15% de redução
51 anos de idade (- 4 anos) = 20% de redução
50 anos de idade (- 5 anos) = 25% de redução
49 anos de idade (- 6 anos) = 30% de redução
48 anos de idade (- 7 anos) = 35% de redução

Os atuais servidores, bem como aqueles que ingressaram no serviço público até a data da publicação desta Emenda nº 41/2003, ou seja, 31/12/2003, desde que estejam em consonância com as normas do art. 6º desta Emenda, terão os seus direitos garantidos.

Os novos servidores que ingressarem no serviço público após a publicação da EC nº 41/2003, não alcançarão, para fins de reajustamento de seus proventos e pensões, o direito de vinculação entre os ativos e inativos, face à já extinção deste direito, substituindo-se, para tanto, o que dispõe o Regime Geral de Previdência Social, de acordo com a previsão do art. 2º, § 6º, da aludida Emenda.

26. CONTRIBUIÇÃO OBRIGATÓRIA

Uma das mais relevantes alterações introduzidas no Direito Previdenciário pela EC nº 41/2003 se concentra na introdução do sistema de *contribuição obrigatória*, em substituição ao antigo sistema, em que cabia ao servidor comprovar não a contribuição, mas o período trabalhado para fazer jus ao benefício.

Por ocasião do período pós-reforma, que ora vigora em nossa legislação, não mais basta ao servidor demonstrar o tempo de serviço, mas sim, e, sobretudo, a comprovação do pagamento dispensado à contribuição previdenciária.

26.1. O caráter contributivo e solidário

Além do caráter contributivo, a EC nº 41/2003 trouxe o requisito do *caráter solidário*, o qual deverá ser observado no novo regime de previdência. O caráter solidário introduziu um caráter mais amplo à contribuição, passando a obrigação de contribuir a todos os elencos envolvidos no sistema previdenciário: ente público, servidores ativos e inativos e pensionistas.

Resta a cada ente criar seus critérios individualizados, por meio de implementação legislativa, os quais deverão complementar quais os requisitos que se fazem necessários para a percepção do direito à aposentadoria, como por exemplo, a contagem de tempo de serviço, entre outros.

27. OS DIREITOS ADQUIRIDOS MEDIANTE A EC Nº 41/2003

Grande controvérsia se insurgiu na doutrina e na jurisprudência depois de publicada a Emenda Constitucional nº 41/2003 no que tange às mudanças introduzidas nos benefícios dos servidores aposentados e pensionistas. Registre-se que manifestações semelhantes ocorreram quando da publicação da Emenda nº 20/1998, pois que ambas trouxeram alterações de grandes proporções para o regime de previdência dos servidores.

Não obstante, as opiniões que repousam sobre a manutenção dos direitos adquiridos destes servidores têm ecoado quase unanimemente, poucos divergindo a este respeito. Com isso, em tese, terão preservados os seus direitos à aposentadoria e à pensão, nos termos do dispositivo constitucional que vigorava antes da EC nº 41/2003, os servidores e dependentes que preenchiam os requisitos para a fruição de seus benefícios até a data da entrada em vigor da aludida Emenda.

Registre-se, ainda, que por ocasião da promulgação da EC nº 20/1998, também se deu como assegurados os direitos daqueles que os tinham adquirido até àquela data, sendo a interpretação da EC nº 41/2003 mera repetição daquela.

Tendo-se configurado o direito adquirido mediante qualquer circunstância, nada lhe pode ser retirado, em razão da garantia constitucional que sobre ele repousa, à luz da garantia contida no inciso IV do § 4º do art. 60:

"*Não será objeto de deliberação a proposta de emenda tendente a abolir (...) os direitos e garantias individuais*". Estes, portanto, se encontram elencados no art. 5º, cujo inciso XXXVI é o seguinte: "*a lei não prejudicará o direito adquirido, o ato jurídico perfeito e a coisa julgada*".

Importa aduzir que a doutrina já se posicionou no entendimento de que a imunidade a que se refere o inciso XXXVI do art. 5º não se aplica apenas à lei, em sentido restrito, mas que os direitos adquiridos estão a salvo contra qualquer outro instrumento legal, ainda que derivado de sede constitucional.

Concernente ao direito adquirido da fruição dos benefícios cujos pressupostos se formalizaram sob a égide de legislação imediatamente anterior à reforma, fica assegurado, nos termos desta, o gozo daqueles direitos previdenciários que já se efetivaram, ainda que não tenham sido sequer requeridos.

Por outro lado, não têm direito adquirido aqueles que não formalizaram a implementação dos pressupostos para a consecução do ato, restando a eles se enquadrar nas novas modalidades trazidas pela reforma.

O que conta não é a consumação da fruição destes direitos, nem mesmo o requerimento expresso destes, mas tão somente o fato de ter tido os pressupostos destes direitos implementados.

28. O NOVO TETO DO SERVIDOR

A questão que se impõe em relação à fixação do novo teto imposto pela EC nº 41/2003, que a partir desta Emenda passou a ter como referência a remuneração do Ministro do STF, é saber se as restrições trazidas se aplicariam aos vencimentos que já vinham sendo percebidos pelos ativos e inativos quando do início de sua vigência.

Entre um grande número de ações que circularam na justiça, pacificou o STF o entendimento de que, ainda que cabível a fixação do teto, a sua incidência haveria de recair "apenas a partir de casos futuros, e não aos servidores da ativa ou aposentados que já estivessem recebendo", avocando-se o princípio da segurança jurídica.

Reduzir os vencimentos dos servidores que já percebiam suas remunerações antes da citada Emenda consignaria uma afronta aos princípios do direito adquirido e da segurança jurídica. Daí a importância de se distinguir o limiar entre o direito adquirido e o novo direito imposto por uma nova norma constitucional, e no caso em tela, ficou acertado que esta norma produz efeitos a partir de sua vigência, não se lhe aplicando o efeito *ex tunc*.

29. ADICIONAL DE CONTRIBUIÇÃO – PEDÁGIO

O instituto da *aposentadoria* do servidor público foi substancialmente modificado com o advento da Constituição Federal de 1988, que trouxe novas regras tais como: a concessão da aposentadoria voluntária, proporcional ao tempo de serviço, a revisão dos proventos na mesma proporção e na mesma data em que se der a modificação da remuneração dos servidores em atividade, e a extensão aos inativos dos benefícios ou vantagens concedidos, posteriormente, aos servidores em atividade.

As Emendas Constitucionais n°s 20/1998 e 41/2003 aproximaram os servidores públicos dos trabalhadores da iniciativa privada, com regras para a aposentadoria ainda mais rígidas para o Regime daqueles (Regime Próprio), que as aplicáveis ao Regime destes (Regime Geral).

Deve-se registrar que com o fim da obrigatoriedade do Regime Jurídico Único, previsto na redação original da Constituição Federal, em seu art. 39, restou a opção às entidades federativas de adotarem, distintamente, os regimes *estatutário* e *celetista*. O primeiro, para aqueles servidores ocupantes de cargos públicos e integrantes de carreiras institucionalizadas, como a Magistratura, Ministério Público, Advocacia Pública, entre outras, e o segundo, aos ocupantes de emprego público, cargo temporário e cargo de comissão, declarado por lei de livre nomeação ou exoneração.

Com isso, destino diverso terá a contribuição do servidor, levando-se em conta a natureza de seu regime jurídico. Sendo *estatutário*, sua contribuição se destinará ao RPPS – Regime Próprio de Previdência Social, sendo *celetista*, ao RGPS – Regime Geral de Previdência Social.

Serão computados os tempos de contribuição federal, estadual, municipal, bem como os da iniciativa privada, para fins de concessão do benefício da aposentadoria.

Anteriormente à publicação da EC nº 20/1998 a aposentadoria tinha natureza premial, devendo-se observar, para a sua aquisição, os pressupostos de *invalidez, tempo de serviço* ou de *idade*.

Foi, contudo, a partir da data da publicação da EC nº 20/1998, 16/12/1998, que se passou a considerar, para fins de aposentadoria, o *tempo de contribuição* e não mais o *tempo de serviço*, vedando-se qualquer forma de contagem de tempo de contribuição fictício. Foi também concedido, a partir desta Emenda, a *isenção da contribuição previdenciária* ao servidor que tenha completado as exigências para a aposentação, e ainda assim, optasse por permanecer em atividade. Para este mesmo fim, a EC nº 41/2003 instituiu o *abono de permanência*, equivalente ao valor da contribuição previdenciária, até que o servidor complete os requisitos para a obtenção da aposentadoria compulsória, aos 70 anos de idade.

As alterações trazidas pelas Emendas Constitucionais n°s 20/1998 e 41/2003, conjuntamente, denominadas de Reforma da Previdência, desenharam as novas regras para a concessão da aposentadoria do servidor público, as quais serão computadas de acordo com o período em que se formalizaram os requisitos para a sua obtenção.

29.1. Servidores que cumpriram os requisitos para a obtenção da aposentadoria antes de 16/12/1998

Os servidores públicos efetivos que, anteriormente à publicação da Emenda nº 20/1998 cumpriram os requisitos para a obtenção da aposentadoria, poderão aposentar-se a *qualquer tempo*, pelas regras fixadas no período equivalente.

Observe-se, também, que há decisão do Tribunal de Contas[453], que admite a contagem do tempo fictício, para fins de aposentadoria, se este foi incorporado ao patrimônio do servidor até a publicação da EC nº 20/1998, ou seja, 16/12/1998.

29.2. Servidores que cumpriram os requisitos para a obtenção da aposentadoria entre 16/12/1998 e 31/12/2003

Aos servidores que cumpriram todos os requisitos, abaixo descritos, para a obtenção da aposentadoria entre 16/12/1998 e 31/12/2003, será concedida a *aposentadoria voluntária com proventos integrais*.

a) dez anos de efetivo exercício no serviço público;
b) cinco anos de efetivo exercício no cargo em que se dará a aposentadoria;
c) sessenta anos de idade e trinta e cinco de contribuição, se homem, e cinquenta e cinco anos de idade e trinta de contribuição, se mulher.

A *aposentadoria voluntária com proventos proporcionais* será concedida aos servidores que, entre os períodos *supra* mencionados, cumprirem os seguintes requisitos:

a) dez anos de efetivo exercício no serviço público;
b) cinco anos de efetivo exercício no cargo em que se dará a aposentadoria;
c) sessenta e cinco anos de idade, se homem, e sessenta anos de idade, se mulher.

No mesmo período, a *aposentadoria por invalidez* será concedida com *proventos integrais*, acaso decorrente de acidente em serviço, moléstia profissional ou doença grave, contagiosa ou incurável, especificadas em lei. Contudo, não ocorrendo nenhuma dessas hipóteses, e não estando a doença causadora da invalidez especificada em lei, esta aposentadoria terá seus proventos proporcionais ao tempo de contribuição.

A *aposentadoria compulsória*, aos setenta anos de idade, se dará proporcionalmente ao tempo de contribuição, salvo se o servidor já houver preenchido os requisitos para a obtenção da aposentadoria voluntária com *proventos integrais*.

29.3. Regras de transição para aposentadoria com proventos integrais

A Emenda Constitucional nº 20/1998 estabeleceu *regras de transição*, com *proventos **integrais*** ou ***proporcionais***, a serem aplicadas às aposentadorias dos servidores que tenham

453. Decisão nº 528/2002 – TCU-Plenário, *DOU* de 24/05/2002.

ingressado no serviço público até a data de sua publicação, mas não adquiriram o direito à aposentação, de acordo com as normas vigentes anteriormente a esta data.

Aplicar-se-ão as regras de transição aos servidores que ingressaram efetivamente até 16/12/1998 no serviço público, mas não alcançaram o direito à aposentação àquela época e em consonância com as normas então aplicáveis, desde que preenchidos os seguintes requisitos:

a) cinquenta e três anos de idade, se homem, quarenta e oito, se mulher;
b) cinco anos de efetivo exercício no cargo em que se dará a aposentadoria;
c) contar o tempo de contribuição de trinta e cinco anos, se homem, e trinta anos, se mulher;
d) pedágio equivalente a 20% do tempo que, em 16/12/1998, faltaria para atingir o tempo de contribuição especificado acima. (grifo nosso).

29.4. Regras de transição para aposentadoria com proventos proporcionais

Estas regras serão aplicadas aos servidores que ingressaram em cargo efetivo até 16/12/1998, e que não tenham adquirido o direito de aposentação pelos critérios vigentes à época. A EC nº 20/1998 estabeleceu, em seu art. 8º, § 1º, as regras que se seguem, para a concessão da *aposentadoria voluntária com proventos proporcionais*:

a) cinquenta e três anos de idade, se homem, e quarenta e oito anos de idade, se mulher;
b) cinco anos de efetivo exercício no cargo em que se dará a aposentadoria;
c) contar tempo de contribuição igual à soma de trinta anos, se homem, e vinte e cinco anos, se mulher;
d) um período adicional de contribuição equivalente a 40% (quarenta por cento) do tempo que, em 16/12/1998, faltaria para atingir os trinta anos de contribuição, se homem, e os vinte e cinco anos de contribuição, se mulher.

No mesmo art. 8º, em seu § 1º, inciso II, a EC nº 20/1998 estipulou que os proventos da *aposentadoria voluntária proporcional* equivalerão a 70% (setenta por cento) da remuneração do servidor percebida no respectivo cargo efetivo em que se der a aposentadoria, acrescidos 5% (cinco por cento) desse valor por cada ano de contribuição que supere o tempo de contribuição de 30 anos, se homem, e vinte e cinco anos, se mulher, bem como do período adicional (*pedágio*), que equivale a 40% (quarenta por cento) do tempo que em 16/12/1998 faltaria para atingir o limite necessário à aposentadoria proporcional.

Já o art. 2º da Emenda Constitucional nº 41/2003 trouxe a garantia ao servidor de optar pela *aposentadoria voluntária*, se na data da publicação da EC nº 20/1998, 16/12/1998, já houvesse ingressado regularmente no Poder Público, em *cargo efetivo* da Administração Pública direta, autárquica e fundacional, e quiser se aposentar antes dos 60 anos de idade, se homem, ou 55 anos, se mulher, nas condições especificadas neste artigo.

Art. 2º da EC nº 41/2003:

Observado o disposto no art. 4º da Emenda Constitucional nº 20, de 15 de dezembro de 1998, é assegurado o ***direito de opção*** *pela aposentadoria voluntária com proventos calculados de acordo com o art. 40, §§ 3º e 17, da Constituição Federal, àquele que tenha ingressado regularmente em cargo efetivo na Administração Pública direta, autárquica e fundacional, até a data de publicação daquela Emenda, quando o servidor, cumulativamente:*

I – tiver cinquenta e três anos de idade, se homem, e quarenta e oito anos de idade, se mulher;

II – tiver cinco anos de efetivo exercício no cargo em que se der a aposentadoria;

III – contar tempo de contribuição igual, no mínimo, à soma de:

a) trinta e cinco anos, se homem, e trinta anos, se mulher; e

b) um período adicional de contribuição equivalente a vinte por cento do tempo que, na data de publicação daquela Emenda, faltaria para atingir o limite de tempo constante da alínea deste inciso. (grifo nosso)

(...)

§ 1º O servidor de que trata este artigo que cumprir as exigências para aposentadoria na forma do caput, *terá os seus proventos de inatividade reduzidos para cada ano antecipado em relação aos limites de idade estabelecidos pelo art. 40, § 1º, III,* a, *e § 5º da Constituição Federal, na seguinte proporção:*

I – três inteiros e cinco décimos por cento, para aquele que completar as exigências para aposentadoria na forma do caput *até 30 de dezembro de 2005;*

II – cinco por cento, para aquele que completar as exigências para aposentadoria na forma do caput *a partir de 1º de janeiro de 2006.*

(...)

§ 3º Na aplicação do disposto no § 2º deste artigo, o magistrado ou o membro do Ministério Público ou de Tribunal de Contas, se homem, terá o tempo de serviço exercido até a data de publicação da Emenda Constitucional nº 20, de 15 de dezembro de 1998, contando com acréscimo de dezessete por cento, observado o disposto no § 1º deste artigo.

Art. 40 da CF/1988:

Aos servidores titulares de cargos efetivos da União, dos Estados, do Distrito Federal e dos Municípios, incluídas suas autarquias e fundações, é assegurado regime de previdência de caráter contributivo e solidário, mediante contribuição do respectivo ente público, dos servidores ativos e inativos e dos pensionistas, observados critérios que preservem o equilíbrio financeiro e atuarial e o disposto neste artigo.

(...)

§ 3º Para cálculo dos proventos de aposentadoria, por ocasião da sua concessão, serão consideradas as remunerações utilizadas como base para as contribuições do servidor aos regimes de previdência de que tratam este artigo e o art. 201, na forma da lei.

(...)

§ 17. Todos os valores de remuneração considerados para o cálculo do benefício previsto no § 3º serão devidamente atualizados, na forma da lei.

Aqueles servidores que, embora tenham cumprido as regras de transição, ainda assim *optem* por permanecer em atividade, farão jus, de acordo com o art. 3º, § 1º da EC nº 41/2003, a um *abono de permanência* equivalente ao valor da contribuição previdenciária, até que se completem os requisitos para a aquisição da aposentadoria compulsória.

Com a vigência da Emenda Constitucional nº 41/2003, em seu art. 3º, ficou assegurado a concessão, a *qualquer tempo*, da aposentadoria aos servidores que tenham cumprido, até 31/12/2003, todos os requisitos para a sua obtenção em consonância com os critérios então vigentes.

Já em seu art. 10, a EC nº 41/2003 revogou as *regras de transição* para a concessão de aposentadoria com *proventos proporcionais* ou *integrais*, contidas no art. 8º da EC nº 20/1998, extinguindo-lhes a eficácia.

Veja-se a seguir o novo panorama da aposentadoria dos servidores, de acordo com os dispositivos da EC nº 41/2003.

29.5. Servidores que ingressaram em *cargo público* efetivo até 16/12/1998

Este servidor poderá obter o benefício da aposentadoria voluntária, desde que cumpridos os seguintes requisitos:

a) cinquenta e três anos de idade, se homem, e quarenta e oito anos, se mulher;
b) cinco anos de efetivo exercício no cargo em que se dará a aposentadoria;
c) trinta e cinco anos de contribuição, se homem, e trinta anos, se mulher;
d) adicional de contribuição (*pedágio*), equivalente a 20% do tempo que, em 16/12/1998, faltaria para alcançar os trinta e cinco anos de contribuição, se homem, e trinta, se mulher.

Exemplos de pedágios:

1) Servidor homem que, em 16/12/1998 estivesse com 50 anos de idade e 30 de contribuição. Neste caso, faltariam 5 anos para completar os 35 de contribuição necessários para a obtenção da aposentadoria voluntária.

Então, pelas regras da EC nº 41/2003, dever-se-á calcular:

50 anos (idade) + **5** anos (tempo faltante para os 35 de contribuição) + **1** (20% destes 5 anos faltantes) = 56 anos de idade.

Com efeito, a partir da EC nº 41/2003 este servidor somente poderia se aposentar com 56 anos de idade, no ano de 2004.

Acresce-se a esta regra uma *redução nos proventos* do servidor, para cada ano antecipado em relação ao limite de idade de 60 anos, para homem, e 55 anos, para mulher. Aquele servidor cujos requisitos se completarão até 31/12/2005 terá uma redução de 3,5% em seus proventos, para cada ano antecipado. Até 1º/01/2006, este percentual será de 5% para cada ano antecipado.

O mesmo servidor do exemplo acima sofrerá uma redução de 3,5% em seus proventos, por ano de idade inferior a 60 anos.

Então, se este servidor tinha uma remuneração de R$ 2.500,00, far-se-á o seguinte cálculo: 60 anos – 57 anos = 4 anos faltantes.

3,5 % (percentual atribuído até 31/12/2005) x 4 (anos faltantes) = 14%

100% – 14% = 86% – 86% de R$ 2.500,00 = R$ 2.100,00.

A aposentadoria do referido servidor, aos 57 anos de idade, seria de R$ 2.100,00.

2) Uma mulher que, em 16/12/1998, auferisse uma remuneração de R$ 3.000,00, estivesse com 40 anos de idade e 25 de contribuição, restando 5 anos para completar os 30 anos de contribuição necessários à obtenção da aposentadoria voluntária.

Então, **40** anos (idade) + **5** (tempo faltante para os 30 anos de contribuição) + **1** (20% deste tempo faltante) = 46 anos de idade em 2004.

Esta servidora sofrerá uma redução de 3,5% em seus proventos, por ano de idade inferior a 55 anos.

55 anos – 46 anos = 9 anos faltantes

3,5% (percentual atribuído até 31/12/2005) x 9 (anos faltantes) = 31,5%

100% – 31,5% = 68,5% – 68,5% de R$ 3.000,00 = R$ 2.055,00

A aposentadoria da referida servidora aos 46 anos de idade seria equivalente a R$ 2.055,00.

29.6. Servidores que ingressaram no *serviço público* até 31/12/2003, mas que não cumpriram os requisitos para a obtenção da aposentadoria pelas regras dos períodos equivalentes

De acordo com a nova regra da EC nº 41/2003, fica assegurado ao servidor que ingressou no *serviço público* até 31/12/2003 a aposentadoria com *proventos integrais*, correspondente à totalidade da remuneração do cargo em que se deu a aposentadoria. Não obstante esta integralidade, ocorrerá nesta modalidade a paridade parcial, na qual é concedida a revisão dos proventos na mesma proporção e na mesma data em que ocorrer modificação na remuneração dos servidores ativos. São estes os requisitos indispensáveis à aquisição desta modalidade de aposentadoria:

a) sessenta anos de idade, se homem; cinquenta e cinco anos, se mulher;
b) trinta e cinco anos de contribuição, se homem; trinta anos, se mulher;
c) vinte anos de efetivo exercício no serviço público;
d) dez anos de carreira; e
e) cinco anos de efetivo exercício no cargo em que se der a aposentadoria.

Importa ressaltar que tanto os *servidores estáveis* como aqueles com *ingresso em cargo efetivo* serão abarcados por esta modalidade de aposentadoria. Além destes, aplica-se estas regras, também, aos servidores que ocupavam emprego público em 31/12/2003, contribuintes do RGPS, e que venham a ocupar cargo público efetivo após esta data.

29.7. Servidores que ingressaram em *cargo efetivo* após 31/12/2003

Aos servidores que ingressaram em cargo efetivo após 31/12/2003 será concedida a *aposentadoria voluntária com proventos integrais*, se cumpridos os seguintes requisitos:

a) dez anos de efetivo exercício no serviço público;

b) cinco anos de efetivo exercício no cargo em que se dará a aposentadoria;
c) sessenta anos de idade e trinta e cinco de contribuição, se homem, e cinquenta e cinco anos de idade e trinta de contribuição, se mulher.

A *aposentadoria voluntária com proventos proporcionais* se dará quando cumpridos os requisitos que se seguem:

a) dez anos de efetivo exercício;
b) cinco anos de efetivo exercício no cargo em que se dará a aposentadoria; e
c) sessenta e cinco anos de idade, se homem, e sessenta anos de idade, se mulher.

Extinguiu-se para estes servidores o direito à paridade, que é a revisão dos proventos na mesma data em que se modificar a remuneração dos servidores em atividade. De acordo com o art. 40, § 3º, os benefícios serão reajustados de forma a preservar-lhes, em caráter permanente, o valor real conforme critérios estabelecidos em lei.

Os proventos dos servidores públicos efetivos que ingressaram no serviço público após 31/12/2003 serão calculados de acordo com as remunerações utilizadas como base para as contribuições previdenciárias destinadas ao RGPS e ao RPPS, nos termos a serem definidos por lei. Com isso, levar-se-á em conta a média dos salários de contribuição recolhidos durante a vida laboral do servidor.

O valor de benefício do Regime Geral poderá fixado pelos entes federados somente após a instituição do regime de previdência complementar, bem como após a expressa opção do servidor que houver ingressado no serviço público até 31/12/2003.

Pelas regras da EC nº 41/2003, poderá o servidor efetivo, cujo ingresso em cargo público tenha ocorrido até 16/12/1998, optar pela modalidade de aposentadoria estabelecida em seu art. 2º, que o remeterá às mesmas regras fixadas para aquele que ingressou no serviço público após 31/12/2003.

Para o servidor efetivo que tenha ingressado no serviço público até 31/12/2003 e que opte, para fins de aquisição de sua aposentadoria, pelas regras do art. 6º da EC nº 41/2003, terá o direito aos proventos integrais, com base na remuneração do cargo efetivo em que se der a aposentadoria, com reajustes na mesma data em que ocorrer mudança na remuneração dos servidores em atividade, sendo-lhe vedada a extensão de benefícios ou vantagens que se aplique a estes.

O cálculo da pensão a ser concedida ao beneficiário do servidor público após a EC nº 41/2003, obedecerá às seguintes regras:

a) Caso o servidor esteja aposentado à data do óbito, o cálculo da pensão será sobre o valor da totalidade de seus proventos, até o limite máximo estabelecido para o benefício do Regime Geral, acrescido de 70% da parcela que exceder este limite;
b) Caso o servidor esteja em atividade na data do óbito, o cálculo se dará sobre o valor da totalidade de sua remuneração no cargo efetivo em que se deu o falecimento, respeitado o limite, acrescido de 70% da parcela excedente a este limite.

Com isso, conclui-se que haverá uma redução de 30% na pensão do beneficiário do servidor, sobre a parcela que exceder o limite.

Não obstante as mudanças trazidas pelas novas regras da EC nº 41/2003, registre-se que vários dispositivos não possuem eficácia plena, estando à espera de regulamentação que lhes dê a carta de alforria para ingressarem no mundo jurídico. São eles: aposentadoria por invalidez, cálculo dos proventos, pensão e reajuste dos benefícios e dos valores utilizados para a apuração da média das contribuições, todos à espera da edição de lei complementar que defina seus critérios.

29.8. A regra de transição da Emenda 47

Esta regra de transição é a mais recente. O servidor da União, dos Estados, do Distrito Federal e dos Municípios, incluídas suas autarquias e fundações, que tenha ingressado até 16 de dezembro de 1998 poderá aposentar-se com proventos *integrais*, desde que preencha, cumulativamente, todos os seguintes requisitos:

I – trinta e cinco anos de contribuição, se homem, e trinta anos de contribuição, se mulher;
II – vinte e cinco anos de efetivo exercício no serviço público, quinze anos de carreira e cinco anos no cargo em que se der a aposentadoria;
III – idade mínima resultante da redução, relativamente aos limites do art. 40, § 1º, III, *a*, da Constituição Federal, de um ano de idade para cada ano de contribuição que exceder a condição prevista no inciso I do *caput* deste artigo.

Acrescentamos que, nesta regra de transição, não se dá margem ao pedágio e que também não se aplica o "abono de permanência", ou melhor, se o servidor fizer opção pela permanência em atividade, preenchidos os requisitos da aposentadoria, não gerará vantagem nenhuma no tocante à incidência de contribuição.

29.9 Tabela de regras e modalidades de aposentadoria para benefícios concedidos a partir da EC nº 47/2005

Ordem de apresentação:
Aposentadoria por Invalidez
Aposentadoria Compulsória
Aposentadoria Voluntária

- Regra Atual da Constituição
- Regra de Transição da EC nº 41/2003, para servidores que ingressaram até 16/12/1998.
- Regra de Transição da EC nº 41/2003, para servidores que ingressaram até 31/12/2003.
- Regra de Transição da EC nº 47/2005, para servidores que ingressaram até 16/12/1998.
- Regra do Direito Adquirido da EC nº 41/2003, referente à redação da CF/1988, com alterações pela EC nº 20/1998.
- Regra do Direito Adquirido da EC nº 41/2003, referente às normas de transição dispostas na própria EC nº 20/1998.
- Regra do Direito Adquirido da EC nº 41/2003, referente à redação original da CF/1988, anterior à EC nº 20/1998.

AMPARO LEGAL PARA CONCESSÃO DE APOSENTADORIAS A PARTIR DA EC nº 47/2005				
MODALIDADE	REGRA	REQUISITOS	DISPOSITIVOS	PROVENTOS
Por Invalidez Permanente, com Proventos Integrais	ATUAL (EC nº 41/2003)	Ser portador das doenças especificadas na legislação local, acidente de trabalho, ou moléstia profissional.	Art. 40, § 1º, inciso I, da CF/1988 (redação atual) c/c I, o artigo (do Estatuto) que trata das doenças graves se o motivo da aposentadoria não se tratar de acidente em serviço ou moléstia profissional.	De 31/12/2003 a 19/02/2004: INTEGRAIS, em relação à última remuneração anterior ao motivo da aposentadoria. A partir de 20/02/2004: Menor valor, entre: média aritmética simples das 80% maiores remunerações a partir de julho/1994, corrigidas pelo INPC, ou última remuneração quando em atividade.
	DIREITO ADQUIRIDO	Ser portador das doenças especificadas na legislação local, acidente de trabalho, ou moléstia profissional, incapacidade permanente atestada até 30/12/2003.	Art. 40, § 1º, inciso I, da CF/1988 (redação anterior à EC nº 41/2003) c/c o artigo (do Estatuto) que trata das doenças graves, c/c o Art. 3º da EC nº 41/2003	INTEGRAIS, em relação à última remuneração anterior ao motivo da aposentadoria.
Por Invalidez Permanente, com Proventos Proporcionais	ATUAL (EC nº 41/2003)	Ser portador de doenças não especificadas na legislação local.	Art. 40, § 1º, inciso I, da CF/1988 (redação atual)	De 31/12/2003 a 19/02/2004: 1/35 (H) ou 1/30 (M), por ano de **contribuição**, em relação à última remuneração anterior ao motivo da aposentadoria. A partir de 20/02/2004: 1/35 (H) ou 1/30 (M), por ano de contribuição, em relação ao menor valor, entre: média aritmética simples das 80% maiores remunerações a partir de julho/1994, corrigidas pelo INPC, ou última remuneração quando em atividade.
	DIREITO ADQUIRIDO	Ser portador de doenças não especificadas na legislação local, contraída(s) até 30/12/2003.	Art. 40, § 1º, inciso I, da CF/1988 (redação anterior à EC nº 41/2003) c/c o Art. 3º da EC nº 41/2003	Proporcional ao Tempo, na base de 30 (M) e 35 (H) avos, em relação à última remuneração anterior ao motivo da aposentadoria.

Compulsória	ATUAL (EC nº 41/2003)	Atingir 70 anos de idade a partir de 31/12/2003.	Art. 40, § 1º, inciso II, da CF/1988 (redação atual)	De 31/12/2003 a 19/02/2004: 1/35 (H) ou 1/30 (M), por ano de **contribuição**, em relação à última remuneração anterior ao motivo da aposentadoria. A partir de 20/02/2004: 1/35 (H) ou 1/30 (M), por ano de contribuição, em relação ao menor valor, entre: média aritmética simples das 80% maiores remunerações a partir de julho/1994, corrigidas pelo INPC, ou última remuneração quando em atividade.
	DIREITO ADQUIRIDO	Atingir 70 anos de idade até 30/12/2003.	Art. 40, § 1º, inciso II, da CF/1988 (redação anterior à EC nº 41/2003) c/c o Art. 3º da EC nº 41/2003	Proporcional ao Tempo de Contribuição, na base de 30 (M) e 35 (H) avos, em relação à última remuneração.
MODALIDADE	REGRA	REQUISITOS	DISPOSITIVOS	PROVENTOS
Voluntária por Idade e Tempo de Contribuição, com Proventos Integrais	ATUAL (EC nº 41/2003)	60 (H) ou 55 (M) anos de idade + 35 (H) ou 30 (M) anos de contribuição + 10 anos de serviço público + 5 anos no cargo.	Art. nº 40, § 1º, inciso III, alínea *a*, da CF/1988 (redação atual)	De 31/12/2003 a 19/02/2004: INTEGRAIS, em relação à última remuneração anterior ao motivo da aposentadoria. A partir de 20/02/2004: Menor valor, entre: média aritmética simples das 80% maiores remunerações a partir de julho/1994, corrigidas pelo INPC, ou última remuneração quando em atividade.
Voluntária por Idade, com Proventos Proporcionais	ATUAL (EC nº 41/2003)	65 (H) ou 60 (M) anos de idade + 10 anos de serviço público + 5 anos no cargo.	Art. 40, § 1º, inciso III, alínea *b*, da CF/1988 (redação atual)	De 31/12/2003 a 19/02/2004: 1/35 (H) ou 1/30 (M), por ano de **contribuição**, em relação à última remuneração anterior ao motivo da aposentadoria. A partir de 20/02/2004: 1/35 (H) ou 1/30 (M), por ano de contribuição, em relação ao menor valor, entre: média aritmética simples das 80% maiores remunerações a partir de julho/1994, corrigidas pelo INPC, ou última remuneração quando em atividade.

AMPARO LEGAL PARA CONCESSÃO DE APOSENTADORIAS, A PARTIR DA EC nº 47/2005 (DOU 06/07/2005)				
MODALIDADE	REGRA	REQUISITOS	DISPOSITIVOS	PROVENTOS
Especial para Magistério, com Proventos Integrais	ATUAL (EC nº 41/2003)	55 (H) ou 50 (M) anos de idade + 30 (H) ou 25 (M) anos de contribuição no magistério + 10 anos de serviço público + 5 anos no cargo.	Art. nº 40, § 1º, inciso III, alínea *a* c/c o § 5º, da CF/1988 (redação atual)	De 31/12/2003 a 19/02/2004: INTEGRAIS, em relação à última remuneração anterior ao motivo da aposentadoria. A partir de 20/02/2004:. Menor valor, entre: média aritmética simples das 80% maiores remunerações a partir de julho/1994, corrigidas pelo INPC, ou última remuneração quando em atividade.
Voluntária por Idade e Tempo de Contribuição, com Proventos Integrais	TRANSIÇÃO (EC nº 41/2003)	53 (H) ou 48 (M) anos de idade + 35 (H) ou 30 (M) anos de contribuição + pedágio de 20% + 5 anos no cargo (para quem ingressou no serviço público até 16/12/1998).	Art. 2º, incisos I, II e III, alíneas *a* e *b*, da EC nº 41/2003	De 31/12/2003 a 19/02/2004: INTEGRAIS, em relação à última remuneração anterior ao motivo da aposentadoria. A partir de 20/02/2004: Menor valor, entre: média aritmética simples das 80% maiores remunerações a partir de julho/1994, corrigidas pelo INPC, ou última remuneração quando em atividade, aplicando-se o redutor do art. 2º, § 1º, incisos I e II, da EC nº 41/2003.
Especial para Magistério, com Proventos Integrais	TRANSIÇÃO (EC nº 41/2003)	53 (H) ou 48 (M) anos de idade + 35 (H) ou 30 (M) anos de contribuição no magistério (com incremento de 17% (H) ou 20% (M) no tempo até 16/12/1998) + pedágio de 20% + 5 anos no cargo (para quem ingressou no serviço público até 16/12/1998).	Art. 2º, incisos I, II e III, alíneas *a* e *b* c/c o § 4º, da EC nº 41/2003	De 31/12/2003 a 19/02/2004: INTEGRAIS, em relação à última remuneração anterior ao motivo da aposentadoria. A partir de 20/02/2004: Menor valor, entre: média aritmética simples das 80% maiores remunerações a partir de julho/1994, corrigidas pelo INPC, ou última remuneração quando em atividade,_aplicando-se o redutor do art. 2º, § 1º, incisos I e II, da EC nº 41/2003.
Voluntária por Idade e Tempo de Contribuição, com Proventos Integrais	TRANSIÇÃO (EC nº 41/2003)	60 (H) ou 55 (M) anos de idade + 35 (H) ou 30 (M) anos de contribuição + 20 anos de serviço público + 10 anos na carreira + 5 anos no cargo (para quem ingressou no serviço público até 31/12/2003).	Art. 6º, incisos I, II, III e IV, da EC nº 41/2003	Integrais, com base na última remuneração da atividade.

AMPARO LEGAL PARA CONCESSÃO DE APOSENTADORIAS, A PARTIR DA EC nº 47/2005 (DOU 06/07/2005)				
MODALIDADE	REGRA	REQUISITOS	DISPOSITIVOS	PROVENTOS
Especial para Magistério, com Proventos Integrais	TRANSIÇÃO (EC nº 41/2003)	55 (H) ou 50 (M) anos de idade + 30 (H) ou 25 (M) anos de contribuição no magistério + 20 anos de serviço público + 10 anos na carreira + 5 anos no cargo (para quem ingressou no serviço público até 31/12/2003).	Art. 6º, incisos I, II, III e IV, da EC nº 41/2003 c/c Art. 40, § 5º, da CF/1988 (redação atual)	Integrais, com base na última remuneração da atividade.
Voluntária por Idade e Tempo de Contribuição, com Proventos Integrais	TRANSIÇÃO (EC nº 41/2003)	35 (H) ou 30 (M) anos de contribuição + 25 anos de serviço público + 15 anos na carreira + 5 anos no cargo + idade = 60 (H) ou 55 (M) anos – tempo que exceder tempo mínimo de contribuição 35 (H) ou 30 (M) anos (para quem ingressou no serviço público até 16/12/1998).	Art. 3º, incisos I, II e III, da EC nº 47/2005	Menor valor, entre: média aritmética simples das 80% maiores remunerações a partir de julho/1994, corrigidas pelo INPC, ou última remuneração quando em atividade
Voluntária por Idade e Tempo de Contribuição, com Proventos Integrais	DIREITO ADQUIRIDO (redação da CF/1988, com alteração pela EC nº 20/1998)	60 (H) ou 55 (M) anos de idade + 35 (H) ou 30 (M) anos de contribuição + 10 anos de serviço público + 5 anos no cargo (para quem implementou todos estes requisitos até 31/12/2003).	Art. 40, § 1º, inciso III, alínea *a*, da CF/1988 (com redação pela EC nº 20/1998) c/c o Art. 3º da EC nº 41/2003.	Integrais, com base na última remuneração da atividade.
Voluntária por Idade, com Proventos Proporcionais	DIREITO ADQUIRIDO (redação da CF/1988, com alteração pela EC nº 20/1998	65 (H) ou 60 (M) anos de idade + 10 anos de serviço público + 5 anos no cargo (para quem implementou todos estes requisitos até 31/12/2003).	Art. 40, § 1º, inciso III, alínea *a*, da CF/1988 (com redação pela EC nº 20/1998) c/c o Art. 3º da EC nº 41/2003.	1/35 (H) ou 1/30 (M), por ano de contribuição, com base na última remuneração da atividade.

AMPARO LEGAL PARA CONCESSÃO DE APOSENTADORIAS, A PARTIR DA EC nº 47/2005 (DOU 06/07/2005)				
MODALIDADE	REGRA	REQUISITOS	DISPOSITIVOS	PROVENTOS
Especial para Magistério, com Proventos Integrais	DIREITO ADQUIRIDO (redação da CF/1988, com alteração pela (EC nº 20/2003)	55 (H) ou 50 (M) anos de idade + 30 (H) ou 25 (M) anos de contribuição no magistério + 10 anos de serviço público + 5 anos no cargo (para quem implementou todos estes requisitos até 31/12/2003).	Art. 40, § 1º, inciso III, alínea *a* c/c o § 5º, da CF/1988 (com redação pela EC nº 20/1998) c/c o Art. 3º da EC nº 41/2003	Integrais, com base na última remuneração da atividade.
Voluntária por Idade e Tempo de Contribuição, com Proventos Integrais	DIREITO ADQUIRIDO – TRANSIÇÃO (EC nº 20/2003)	53 (H) ou 48 (M) anos de idade + 35 (H) ou 30 (M) anos de contribuição + pedágio de 20% + 5 anos no cargo (para quem ingressou no serviço público até 16/12/1998 e implementou todos estes requisitos até 31/12/2003).	Art. 8º, incisos I, II e III, alíneas *a* e *b*, da EC nº 20/1998 c/c o Art. 3º da EC nº 41/2003	Integrais, com base na última remuneração da atividade.
Voluntária por Idade e Tempo de Contribuição, com Proventos Proporcionais	DIREITO ADQUIRIDO – TRANSIÇÃO (EC nº 20/2003)	53 (H) ou 48 (M) anos de idade + 30 (H) ou 25 (M) anos de contribuição + pedágio de 40% + 5 anos no cargo (para quem ingressou no serviço público até 16/12/1998 e implementou todos estes requisitos até 31/12/2003).	Art. 8º, § 1º, inciso I, alíneas *a* e *b*, da EC nº 20/1998 c/c o Art. 3º da EC nº 41/2003	70% acrescido de 5% por ano que exceder o limite mínimo de tempo, com base na última remuneração da atividade.
Especial para Magistério, com Proventos Integrais	DIREITO ADQUIRIDO – TRANSIÇÃO (EC nº 20/2003)	53 (H) ou 48 (M) anos de idade + 35 (H) ou 30 (M) anos de contribuição no magistério (com incremento de 17% (H) ou 20% (M) no tempo até 16/12/1998) + pedágio de 20% + 5 anos no cargo (para quem ingressou no serviço público até 16/12/1998 e implementou todos estes requisitos até 31/12/2003).	Art. 8º, incisos I, II e III, alíneas *a* e *b* e § 4º, da EC nº 20/1998 c/c o Art. 3º da EC nº 41/2003	Integrais, com base na última remuneração da atividade.

AMPARO LEGAL PARA CONCESSÃO DE APOSENTADORIAS, A PARTIR DA EC nº 47/2005 (DOU 06/07/2005)				
MODALIDADE	REGRA	REQUISITOS	DISPOSITIVOS	PROVENTOS
Voluntária por Tempo de Serviço, com Proventos Integrais	DIREITO ADQUIRIDO (Redação original da CF/1988)	35 (H) ou 30 (M) anos de serviço (para quem implementou todos estes requisitos até 16/12/1998).	Art. 40, inciso III, alínea *a*, da CF/1988 (redação original) c/c o Art. 3º da EC nº 41/2003.	Integrais, com base na última remuneração da atividade.
Voluntária por Tempo de Serviço, com Proventos Proporcionais	DIREITO ADQUIRIDO (Redação original da CF/1988)	30 (H) ou 25 (M) anos de serviço (para quem implementou todos estes requisitos até 16/12/1998).	Art. 40, inciso III, alínea *c*, da CF/1988 (redação original) c/c o Art. 3º da EC nº 41/2003.	1/35 (H) ou 1/30 (M), por ano de serviço, com base na última remuneração da atividade.
Voluntária por Idade, com Proventos Proporcionais	DIREITO ADQUIRIDO (Redação original da CF/1988)	65 (H) ou 60 (M) anos de idade (para quem implementou todos estes requisitos até 16/12/1998).	Art. 40, inciso III, alínea *d*, da CF/1988 (redação original) c/c o Art. 3º da EC nº 41/2003.	1/35 (H) ou 1/30 (M), por ano de serviço, com base na última remuneração da atividade.
Especial para Magistério, com Proventos Integrais	DIREITO ADQUIRIDO (Redação original da CF/1988)	30 (H) ou 25 (M) anos de serviço no magistério (para quem implementou todos estes requisitos até 16/12/1998).	Art. 40, inciso III, alínea *b*, da CF/1988 (redação original) c/c o Art. 3º da EC nº 41/2003.	Integrais, com base na última remuneração da atividade.

30. CONTRIBUIÇÃO DOS SERVIDORES INATIVOS E PENSIONISTAS

O *regime previdenciário dos servidores públicos* sofreu substanciais modificações a partir da publicação Emenda Constitucional nº 20, de 15/12/1998, publicada no *DOU* em 16/12/1998, que inaugurou a já denominada ***reforma da previdência***. Esta se complementou com a publicação da Emenda Constitucional nº 41, de 19/12/2003, e publicada no *DOU* em 31/12/2003.

A Constituição Federal abarca dois regimes de previdência, com destinatários específicos e regras diferenciadas, sendo o primeiro deles previsto nos arts. 201 e 202, aplicável aos trabalhadores em geral que mantêm seus vínculos com a iniciativa privada, e cujas regras se regem pela Consolidação das Leis do Trabalho. São estes constituídos pelo Regime Geral de Previdência Social – RGPS.

O segundo regime destina-se especificamente aos *servidores públicos efetivos* e encontra suas regras no art. 40 e seus respectivos parágrafos, da CRFB, regendo-se pelos estatutos funcionais e denominado Regime Próprio de Previdência Social. Deve-se observar um liame entre os aludidos regimes, pois que o art. 49, em seu § 12, estabelece que *o regime previdenciário dos servidores públicos observará, no que couber, os requisitos e critérios fixados para o regime geral de previdência social.*

Para que se configure o *regime próprio*, cuja regulamentação se deu através da Lei nº 9.717, de 27/11/1998, mister se faz que sejam preenchidos os seguintes requisitos: servidores estatutários e efetivos. Através desta lei federal regulamentadora, foram criadas as normas gerais do aludido regime, extensivas a todos os servidores da União, dos Estados, do Distrito Federal e dos Municípios, incluindo-se ainda nesta lei os militares dos Estados e do Distrito Federal. Não obstante, é facultativo a cada ente federativo a criação de normas específicas suplementares à regra federal, de acordo com as suas peculiaridades.

A Constituição Federal autoriza a instituição de contribuição pelos Estados, Distrito Federal e Municípios, objetivando custear os seus respectivos regimes previdenciários próprios:

> *Art. 149. (...)*
>
> *§ 1º Os Estados, o Distrito Federal e os Municípios instituirão contribuição, cobrada de seus servidores, para o custeio, em benefício destes, do regime previdenciário de que trata o art. 40, cuja alíquota não será inferior à da contribuição dos servidores titulares de cargos efetivos da União.* (Redação dada pela EC nº 41/2003)

Anteriormente à entrada em vigor da EC nº 41/2003, o § 1º do art. 149 rezava que *"os Estados, o Distrito Federal e os Municípios poderão instituir contribuição, cobrada de seus servidores, para o custeio, em benefício destes, de sistema de previdência e assistência social"*.

Com efeito, os mencionados entes federativos, através de seus regimes próprios de previdência, cobravam de seus servidores, para o devido custeio destes regimes, alíquota inferior à cobrada aos servidores de cargos efetivos da União.

A nova redação do § 1º do art. 149 *inverteu* a disposição anterior, ao estipular que a alíquota a ser instituída para fins de contribuição previdenciária de que trata o art. 40 e cobrada pelos Estados, pelo Distrito Federal e pelos Municípios, não será inferior à contribuição dos servidores titulares de cargos efetivo da União.

O valor das novas contribuições aplicadas àqueles que somente começaram a contribuir a partir da publicação da referida Emenda só poderá ser exigido após decorridos 90 dias desta publicação, obedecendo a previsão do § 6º do art. 195 da CRFB.

Conforme se depreende da regra contida no art. 149, § 1º, o Legislador Constituinte Derivado, no mínimo, não observou o *princípio da autonomia dos entes federados*, constitucionalmente assegurado no art. 18, ao estatuir que a alíquota a ser criada pelos citados entes não poderá ser inferior àquela estipulada pela União, aplicável a seus servidores titulares efetivos, fixada em 11%.

Esta norma tem sido questionada quanto à sua constitucionalidade, por entenderem alguns juristas que viola o já mencionado *princípio da autonomia* dos entes federados, previsto na Lei Maior do País. Ainda que não seja declarada a sua inconstitucionalidade, perdurará a sua inadequação, tendo em vista que a definição da alíquota pelos entes federados deveria atender às especificidades de cada um, a partir de suas próprias necessidades, e cabendo tão somente a eles a sua taxação.

A Emenda, portanto, criou diferentes faixas de isenção para os inativos e pensionistas da União e os de Estados, Distrito Federal e Municípios.

Só que os Ministros do Supremo Tribunal Federal, ao invés de declarar a inconstitucionalidade da cobrança, decidiram aceitar a taxação, mas acabando com a diferenciação de limites, igualando os percentuais pagos pelos servidores municipais, estaduais e federais, a fim de que não seja ferido o princípio constitucional da isonomia.

A regra original da EC nº 41/2003 previa o desconto sob os ganhos maiores de R$ 1.500,00, no caso de aposentados da União, e de R$ 1.250,00 de funcionários estaduais. Porém, a decisão do Supremo estabeleceu que a taxação única só poderá incidir sobre as aposentadorias e pensões que ultrapassassem o teto do INSS.

Como se observa facilmente, os Ministros do STF impuseram ao governo a elevação do teto de isenção dos servidores.

Ao reconhecer como constitucional a taxação dos inativos e pensionistas, o STF abriu uma precedência desastrosa e perigosa. Conceitos jurídicos como o de cláusulas pétreas, direitos adquiridos e outros não podem mais ser levados a sério. A única garantia real que temos é a de que não temos garantia de coisa nenhuma.

Deve-se registrar que a fixação da alíquota destinada à contribuição previdenciária dos servidores, fixada em 11%, tem sua incidência sobre a totalidade dos ganhos do servidor. Não integrarão a base de contribuição do cargo efetivo os adicionais abaixo elencados:

1. as diárias para viagem;
2. a ajuda de custo em razão de mudança de sede;
3. a indenização de transporte;
4. o salário-família;
5. o auxílio-alimentação;
6. o auxílio-creche, e
7. o abono de permanência, equivalente ao valor de sua contribuição previdenciária, que, após ter completado as exigências para a aposentadoria voluntária, faz sua opção de continuar em atividade.

Os benefícios previdenciários se revestem pelas características da *contributividade* e da *solidariedade*, caracterizando-se a sua concessão mediante a sua contraprestação, eis que os servidores, futuros beneficiários da previdência, pagarão, paulatinamente, durante seus vínculos laborais, valor pré-estabelecido a título de contribuição. Consoante a regra constitucional, o regime de previdência de caráter contributivo deverá preservar o equilíbrio financeiro e atuarial.

A Emenda Constitucional nº 20/1998 trouxe à redação do art. 40, § 13, da Constituição Federal, originariamente, a novidade de que os servidores ocupantes unicamente de cargos em comissão terão a incidência das regras do Regime Geral de Previdência Social, para fins de concessão de aposentadoria, embora sujeitos ao regime estatutário enquanto ativos.

> *Art. 40. (...) § 13. Ao servidor ocupante, exclusivamente, de cargo em comissão declarado em lei de livre nomeação e exoneração bem como de outro cargo temporário ou de emprego público, aplica-se o regime geral de previdência social.*

A interpretação da aludida norma constitucional se faz no sentido de que, na hipótese de um servidor aposentado vir a ocupar, exclusivamente, cargo em comissão de livre nomeação e exoneração, a sua contribuição se destinará ao regime geral de previdência social, inobstante seu vínculo jurídico anterior com a Administração Pública.

Questão controvertida trazida pela aludida Emenda é a que fixou contribuição previdenciária para os *inativos e pensionistas,* só os isentando até a fixação de determinado valor fixado. Contudo, a oportuna intervenção do Supremo Tribunal Federal, mediante ação direta de inconstitucionalidade, suspendeu através de medida cautelar a eficácia dos dispositivos que fixaram a contribuição para inativos, bem como dos que estabeleceram contribuição superior a 11% para determinadas faixas de remuneração dos servidores[454].

Foi mantida a suspensão da eficácia dos dispositivos da EC nº 20/1998 que criaram a contribuição superior a 11% para determinada classe de servidores. Contudo, a nova Emenda Constitucional nº 41/2003 recriou as regras para a cobrança de *contribuição previdenciária* dos *servidores inativos* e dos *pensionistas,* alterando o Texto Constitucional de forma a suprir a ausência da "matriz constitucional", indispensável para legitimar a exação tributária sobre o valor das contribuições a título de aposentadoria e pensão, atacada pela Corte Maior na análise da EC nº 20/1988.

Assim dispõe o referido artigo da EC nº 41/2003:

> *Art. 4º Os servidores inativos e os pensionistas da União, dos Estados, do Distrito Federal e dos Municípios, incluídas suas autarquias e fundações, em gozo de benefícios na data de publicação desta Emenda, bem como os alcançados pelo dispositivo no seu art. 3º, contribuirão para o custeio do regime de que trata o art. 40 da Constituição Federal com percentual igual ao estabelecido para os servidores titulares de cargos efetivos.*

A partir da entrada em vigor da mencionada Emenda, o art. 40 da Constituição Federal aumentou o universo dos contribuintes previdenciários, incluindo em sua redação os servidores inativos e pensionistas, conforme segue:

> *Art. 40. Aos servidores titulares de cargos efetivos da União, dos Estados, do Distrito Federal e dos Municípios, incluídas suas autarquias e fundações, é assegurado regime de previdência de caráter contributivo e solidário, mediante contribuição do respectivo ente público, dos servidores ativos e* ***inativos*** *e dos* ***pensionistas*** *(...).* (Nova redação dada pela Emenda Constitucional nº 41/2003). (grifos nossos)

454. O Supremo Tribunal Federal, ao argumentar à época do julgamento cautelar que suspendeu a eficácia do dispositivo da Lei nº 9.783/1999, que previa a contribuição previdenciária dos inativos e pensionistas, se valeu em sua decisão do fundamento de que a EC nº 20/1998 deveria ter fixado *"a necessária matriz constitucional, cuja instituição se revelava indispensável para legitimar, em bases válidas, a criação e a incidência dessa exação tributária sobre o valor das aposentadorias e das pensões".*

A substancial alteração do Texto Constitucional foi a introdução do caráter contributivo, mediante participação obrigatória, dos inativos e pensionistas.

A Constituição Federal também alterou o limite do Regime Geral de Previdência Social (RGPS), de que trata o art. 201, de acordo com o art. 5º da EC nº 41/2003. Entretanto, fica assegurado ao Poder Executivo a iniciativa para instituir, por lei, entidades fechadas de previdência complementar de natureza pública, através de planos de benefícios na modalidade de contribuição definida.

A incidência dessa contribuição teria seu início no mês de abril de 2004, por força dos dispositivos constitucionais dos arts. 149 c/c 195, § 6º, que preveem um lapso temporal de *novena dias*, a partir da data da publicação de lei instituidora ou modificadora de contribuições sociais, sendo, neste caso específico, 31/12/2003, data da publicação da EC nº 41/2003, a data para a efetiva contribuição destinada ao Regime Próprio de Previdência Social.

A *alíquota* atual dos percentuais contributivos que se aplica aos servidores titulares de cargos efetivos em atividade é hoje de 11%. Esta mesma alíquota incidirá sobre a parcela dos *proventos* e *pensões* do servidor inativo ou de seus dependentes, distinguindo-se em duas hipóteses de acordo com o ente com o qual o servidor matinha vínculo.

Conclui-se que os *servidores inativos* e os *pensionistas* dos referidos entes federados contribuirão para o Regime Próprio de Previdência Social, com o percentual de 11% (onze por cento) apenas sobre parcela que supere o limite estabelecido.

30.1. A constitucionalidade do art. 4º da EC nº 41/2003

Em conformidade com as novas regras de contribuição previdenciária, os *servidores inativos* e os *pensionistas* em gozo de seus benefícios previdenciários, assim como aqueles que tenham cumprido todos os requisitos indispensáveis à sua obtenção, até 31/12/2003, contribuirão, a partir de abril de 2004, para o Regime Próprio de Previdência Social.

É flagrantemente inconstitucional o dispositivo que prevê a contribuição dos servidores inativos e dos pensionistas que já gozavam destes benefícios à data da publicação da aludida Emenda, posto que restava consumado pela legislação então vigente o ato jurídico da aposentadoria e da pensão.

Por determinação do Texto original, a Constituição da República prevê, em seu art. 5º, inciso XXXVI, que "*a lei não prejudicará o direito adquirido, o ato jurídico perfeito e a coisa julgada*". Já o art. 60, § 4º, inciso IV, por seu turno, estatui que "*não será objeto de deliberação a proposta de emenda tendente a abolir os direitos e garantias individuais*".

Em razão dos aludidos artigos constitucionais, forçoso concluir que o benefício concedido pela Constituição Federal, após consumado, ganhará o *status* de direito adquirido, o que se aplica à hipótese da já fruição dos benefícios da aposentadoria e da pensão do servidor público, que nada mais são do que verdadeiros atos jurídicos consumados, com a consagração da norma então vigente.

Avulta ressaltar que se configura inconstitucional a cobrança de contribuição previdenciária aos servidores inativos e aos pensionistas *que gozavam destes benefícios quando da entrada em vigor da EC nº 41/2003*, por se constituírem seus atos jurídicos perfeitos e por adquirirem, estes atos, o direito adquirido, sobretudo por integrarem o universo das cláusulas pétreas, inconcebíveis de sofrerem modificação através de Emenda Constitucional.

Da mesma forma, se nos configura inconstitucional a cobrança de contribuição previdenciária daqueles servidores que já alcançaram os requisitos indispensáveis à fruição da aposentadoria, em data anterior à 31/12/2003, mas que permaneceram em atividade, inobstante a aquisição do direito adquirido. Também é inconcebível a cobrança aos pensionistas do servidor que faleceu até aquela data, posto que gozam os seus beneficiários do instituto do direito adquirido. Perfilhando essa assertiva, reza a Lei de Introdução do Direito Civil que direito adquirido é aquele em que o seu titular, ou alguém por ele, possa exercer, como aqueles cujo começo de exercício tenha termo prefixo ou condição preestabelecida inalterável a arbítrio de outrem.

Contudo, o STF se manifestou sobre a possibilidade de se impor a contribuição a todos os aposentados e pensionistas como veremos adiante.

Insurge-se, ainda, a questão da função constitucional da contribuição previdenciária destinada aos servidores inativos e aos aposentados, por achar-se revestida de caráter de benefício futuro, fugindo à proposta inicial do Governo que seria a de abarcar *déficit* passado. Para o uso deste subterfúgio, valeu-se o Governo do argumento trazido ao Texto Constitucional, por meio da EC nº 41/2003.

31. ABONO DE PERMANÊNCIA

Conforme se depreende do texto constitucional, o *abono de permanência* de que trata o § 5º e o *caput* do art. 2º da EC nº 41/2003 se aplica àquele servidor que tenha ingressado regulamente em cargo efetivo da Administração Pública direta, autárquica e fundacional até 15/12/1998, e que após ter completado as exigências para a aposentadoria voluntária, permanece na atividade, até a eminência da aposentadoria compulsória, que se dará irreversivelmente aos 70 anos de idade.

Salienta-se que a Emenda Constitucional nº 20/1998 concedeu benefício equivalente, com nomenclatura e forma de aquisição distintas. De acordo com esta Emenda, ficou concedida a *isenção* da contribuição previdenciária ao servidor que tenha preenchido as exigências para a aquisição do benefício da aposentadoria integral, e que ainda assim, optasse por permanecer em atividade.

De acordo com este preceito legal, não se inclui nos descontos de seus vencimentos a contribuição previdenciária que lhe seria devida. Diferentemente, a redação da EC nº 41/2003 tratou esta isenção como um abono. Sendo assim, a partir de janeiro de 2004 o servidor deverá contribuir regularmente para a previdência, sendo que terá, na mesma data, o direito a um *abono*, de responsabilidade do respectivo ente federado a que este se encontrar vinculado, e cujo valor será equivalente ao de sua contribuição previdenciária.

O direito subjetivo do servidor público efetivo, no que tange à aquisição do benefício do *abono de permanência*, passou a ser devido decorrido o prazo de 90 dias da data da publicação da Medida Provisória nº 167, de 19/02/2004, publicada no DOU em 20/02/2004. Com isso, o servidor ocupante de cargo efetivo que tenha atingido os requisitos da aposentadoria voluntária, mas opte por continuar em atividade, passou a fazer jus ao *abono de permanência* efetivamente a partir de 20/05/2004, conforme se depreende dos textos das legislações pertinentes, a seguir elencados:

> *Lei nº 9.783, de 28/01/1999, que dispõe sobre a contribuição para o custeio da previdência social dos servidores públicos, ativos e inativos, e dos pensionistas dos três Poderes da União, e dá outras providências.*

> *(...)*
>
> *Art. 4º-A. O servidor ocupante de cargo efetivo que tenha completado as exigências para a aposentadoria voluntária estabelecidas na alínea "a" do inciso III do § 1º do art. 40 da Constituição, no § 5º do art. 2º ou no § 1º do art. 3º da Emenda Constitucional nº 41, de 2003, e que opte por permanecer em atividade fará jus ao* ***abono de permanência*** *equivalente ao valor da sua contribuição previdenciária até completar as exigências para a aposentadoria compulsória contidas no inciso II do § 1º do art. 40 da Constituição.* (Redação dada pela MP nº 167, de 19/02/2004). (grifos nossos)
>
> § 1º do art. 8º da MP nº 167/2004:
>
> *"§ 1º – Decorrido o prazo estabelecido no* caput, *os servidores abrangidos pela isenção de contribuição referida no parágrafo 1º do art. 3º e no § 5º do art. 8º da Emenda Constitucional nº 20, de 15 de dezembro de 1988, passarão a recolher a contribuição previdenciária correspondente, fazendo jus ao abono a que se refere o art. 4º-A da Lei nº 9.783, de 28/01/1999.*
>
> *Caput* do art. 3º da MP nº 167/2004:
>
> *Art. 8º As contribuições a que se referem os arts. 1º-A, 3º-A e 3º-B da Lei nº 9.783/99, serão exigíveis após decorridos noventa dias da data de publicação desta Medida Provisória.*

32. REFORMA DOS POLICIAIS MILITARES

A Emenda Constitucional nº 41/2003 alterou o § 2º do art. 42 da Constituição Federal, que dispõe sobre a remuneração dos Policiais Militares e Corpos de Bombeiros Militares, da forma a seguir prescrita:

> *Art. 42. (...)*
>
> *Parágrafo 2º Aos pensionistas dos militares dos Estados, do Distrito Federal e dos Territórios aplica-se o que for fixado em lei específica do respectivo ente estatal.*

Os proventos, pensões ou outra espécie remuneratória dos policiais militares, percebidos cumulativamente ou não, incluídas as vantagens pessoais ou de qualquer outra natureza, não poderão exceder o subsídio mensal, em espécie, dos Ministros do Supremo Tribunal Federal, aplicando-se como limite nos Estados e no Distrito Federal, o subsídio do Governador.

Dessa forma, conclui-se que os policiais militares se submeterão ao teto máximo nacional, do subsídio dos Ministros do STF, e aos subtetos, tendo como limite nos Estados e no Distrito Federal o subsídio do Governador.

A Emenda Constitucional nº 41/2003 não vinculou as normas de reajustamento de aposentadorias e pensões dos servidores civis aos policiais militares, desconstitucionalizando a matéria e enviando-a à competência de lei específica, a ser criada pelo respectivo ente estatal ao qual pertença o policial.

Os policiais militares que se encontram na ativa, a partir da promulgação da EC nº 41/2003, estarão submetidos ao teto remuneratório máximo, equivalente ao subsídio dos Ministros do STF, e ao subteto equivalente ao ente a que este se vincule. Seus proventos de inatividade, bem como as pensões de seus dependentes, utilizarão o procedimento do ente estatal, a ser fixado em lei específica.

Os atuais pensionistas militares se submeterão ao teto e aos subtetos remuneratórios, incluindo-se aqui os casos de retribuições recebidas. Estes mesmos limites se estenderão aos atuais inativos, assim como àqueles que já alcançaram os direitos de requerer este benefício.

Aos policiais militares que fazem *jus* a retribuições cumulativas também se aplicarão os mesmos tetos e subtetos já mencionados.

Os proventos, as pensões ou qualquer outra espécie remuneratória, inclusive as cumulativas, dos novos policiais militares se submeterão aos tetos e subtetos remuneratórios dispostos nas normas da EC nº 41/2003.

Lei específica criada pelo respectivo ente estatal fixará o procedimento a ser aplicado no cálculo das pensões destes servidores, conforme previsão contida no § 2º do art. 42:

> *Aos pensionistas dos militares dos Estados, do Distrito Federal e dos Territórios aplica-se o que for fixado em lei específica do respectivo ente estatal.*

Não obstante as novas normas reguladoras *supra* mencionadas, policiais militares se beneficiarão de alguns direitos dos trabalhadores urbanos e rurais prescritos na Constituição Federal, sendo os que se seguem:

1. décimo terceiro salário, com base na remuneração integral ou no valor da aposentadoria;
2. salário-família pago em razão do dependente do militar de baixa renda, nos termos da lei;
3. acréscimo de 1/3, pelo menos, ao salário percebido nas férias anuais;
4. licença-gestante de 120 dias, sem prejuízo do emprego ou do salário;
5. licença-paternidade, nos termos fixados na lei (5 dias, com respaldo no art. 10, § 1º do ADCT, até a criação de lei complementar dispondo sobre a matéria);
6. assistências gratuitas para creches e pré-escolas dos filhos e dependentes, desde o nascimento até seis anos de idade.

33. REGIME PREVIDENCIÁRIO DOS SERVIDORES PÚBLICOS

O regime previdenciário é um conjunto de normas constitucionais e legais que regem os benefícios outorgados aos trabalhadores em virtude da ocorrência de fatos especiais expressamente determinados, com o fim de assegurar-lhe e à sua família amparo, apoio e retribuição pecuniária.

Aposentadoria é a denominação que se dá ao direito de alguém continuar a perceber uma quantia em dinheiro mesmo depois de cessada a sua prestação laboral. É o direito à inatividade remunerada.

Aposentadoria, no setor público, significa a cessação do exercício das atividades junto a órgãos ou entes estatais, com recebimento de retribuição denominada "proventos". Proventos é a designação técnica dos valores pecuniários devidos aos inativos – os aposentados e os disponíveis.

No direito pátrio, o tratamento conferido à aposentadoria de quem trabalhava no setor público sempre diferiu do tratamento dado à aposentadoria de quem trabalhava no setor privado.

Em geral, a aposentadoria dos servidores públicos apresentava-se como direito vinculado ao exercício do cargo público, financiado inteiramente pelo Poder Público, livres, os servidores, de qualquer contribuição. A exceção se dava aos servidores contratados pelo regime da Consolidação das Leis do Trabalho, que contribuíam normalmente ao regime geral da previdência.

A Emenda Constitucional nº 3/1993, ao alterar o art. 40, § 6º, da Constituição Federal, iniciou uma transformação ao determinar que as aposentadorias e pensões dos servidores públicos federais fossem custeadas com recursos provenientes da União e das contribuições dos servidores.

Agora, a Reforma da Previdência Social, estabelecida pela Emenda Constitucional nº 20/1998, alterou o sistema previdenciário até então existente, buscando torná-lo mais próximo do sistema vigente no setor privado.

A Emenda Constitucional nº 20/1998 previu duas modalidades de regime previdenciário para os servidores públicos. Certas categorias de servidores públicos ficaram sujeitos ao regime geral de previdência, o mesmo previsto para o trabalhador privado, estabelecido nos arts. 201 e seguintes, e disciplinado pela Lei nº 8.212, de 24/07/1991. A outra modalidade de regime previdenciário é a estabelecida para os servidores ocupantes de cargos efetivos, prevista no art. 40, e disciplinada pela Lei nº 9.717, de 27/11/1998, que dispõe sobre regras gerais para a organização e o funcionamento dos regimes próprios da previdência social dos servidores da União, dos Estados, do Distrito Federal e dos Municípios. Esta lei limita-se a estabelecer normas gerais obrigatórias para todos os níveis de governo, ficando para cada qual a competência para instituir o respectivo regime previdenciário.

A Emenda Constitucional nº 20/1998 estabeleceu no art. 40, *caput*, que:

> *Aos servidores titulares de cargos efetivos da União, dos Estados, do Distrito Federal e dos Municípios, incluídas suas autarquias e fundações, é assegurado regime de previdência de caráter contributivo, observados critérios que preservem o equilíbrio financeiro e atuarial e o disposto neste artigo.*

A nova redação do art. 40, *caput*, da Constituição Federal instituiu para os servidores titulares de cargos efetivos da União, dos Estados, do Distrito Federal e dos Municípios o regime de previdência de caráter contributivo, observados critérios que preservem o equilíbrio financeiro e o atuarial.

No regime de caráter contributivo, será necessário que o servidor contribua diretamente no curso de sua relação de trabalho, para que, após cumpridos os demais requisitos para a aposentadoria, venha a obter este direito.

Também será necessária a manutenção do equilíbrio financeiro e atuarial, de forma que haja a maior correspondência possível entre o ônus da contribuição e o valor dos futuros benefícios.

Nesse sentido, aliás, a Lei nº 9.717/1998, no art. 1º, exige que os regimes próprios de previdência social dos servidores públicos da União, dos Estados, do Distrito Federal e dos Municípios, dos militares dos Estados e do Distrito Federal deverão ser organizados, baseados em normas gerais de contabilidade e atuária, de modo a garantir o seu equilíbrio financeiro e atuarial.

A contribuição dos servidores é fixada por lei editada pela respectiva pessoa federativa e pode variar conforme o quantitativo de servidores e a situação mais ou menos equilibrada dos recursos financeiros da entidade.

Na esfera federal, a Lei nº 9.783, de 28/01/1999, estabelece a contribuição social do servidor público civil, ativo e inativo, e dos pensionistas dos três Poderes da União, para a manutenção do regime de previdência social dos seus servidores, que incidirá sobre a totalidade da remuneração de contribuição[455], do provento ou da pensão.

Com relação à contribuição do servidor inativo para a previdência social, o Superior Tribunal de Justiça possuía o seguinte entendimento:

> Constitucional e previdenciário – Contribuição previdenciária – Servidores inativos – Impossibilidade – Direito adquirido.
>
> O aposentado não é servidor público, não tem relação profissional com a Administração e já contribuiu com a Previdência durante quase toda a sua vida. Sua aposentadoria é sustentada com as suas próprias contribuições.
>
> A aposentadoria é regida pela legislação vigente à época em que o servidor implementou as condições para obtê-la. Qualquer legislação posterior deverá respeitar o direito adquirido. (RMS nº 10842/GO, Primeira Turma, Rel. Min. Garcia Vieira, *DJ* de 20/03/2000)

Porém, o STF decidiu sobre a possibilidade de descontos previdenciários sobre os inativos, como se vê:

> ADI 3105/DF – Distrito Federal
> Ação Direta de Inconstitucionalidade
> Relator(a): Min. Ellen Gracie
> Relator(a) p/ Acórdão: Min. Cezar Peluso
> Julgamento: 18/08/2004
> Órgão Julgador: Tribunal Pleno
>
> ADI 3128/DF – Distrito Federal
> Ação Direta de Inconstitucionalidade
> Relator(a): Min. Ellen Gracie
> Relator(a) p/ Acórdão: Min. Cezar Peluso
> Julgamento: 18/08/2004
> Órgão Julgador: Tribunal Pleno
>
> 1. Inconstitucionalidade. Seguridade social. Servidor público. Vencimentos. Proventos de aposentadoria e pensões. Sujeição à incidência de contribuição previdenciária. Ofensa a direito adquirido no ato de aposentadoria. Não ocorrência. Contribuição social. Exigência patrimonial de natureza tributária. Inexistência de norma de imunidade tributária absoluta. Emenda Constitucional nº 41/2003 (art. 4º, *caput*). Regra não retroativa. Incidência sobre fatos geradores ocorridos depois do início de sua vigência. Precedentes da Corte. Inteligência dos arts. 5º, XXXVI, 146, III, 149, 150, I e III, 194, 195, *caput*, II e § 6º, da CF, e art. 4º, *caput*, da EC nº 41/2003. No ordenamento jurídico vigente, não há norma, expressa nem sistemática, que atribua à condição jurídico-subjetiva da aposentadoria de servidor público o efeito de lhe

455. Por remuneração de contribuição entende-se o vencimento do cargo efetivo, acrescido das vantagens pecuniárias permanentes estabelecidas em lei, os adicionais de caráter individual, ou quaisquer vantagens, inclusive as relativas à natureza ou ao local de trabalho, ou outra paga sob o mesmo fundamento excluídas: as diárias para viagens, desde que não excedam a cinquenta por cento da remuneração mensal; a ajuda de custo em razão de mudança de sede; a indenização de transporte; e o salário-família.

gerar direito subjetivo como poder de subtrair *ad aeternum* a percepção dos respectivos proventos e pensões à incidência de lei tributária que, anterior ou ulterior, os submeta à incidência de contribuição previdencial. Noutras palavras, não há, em nosso ordenamento, nenhuma norma jurídica válida que, como efeito específico do fato jurídico da aposentadoria, lhe imunize os proventos e as pensões, de modo absoluto, à tributação de ordem constitucional, qualquer que seja a modalidade do tributo eleito, donde não haver, a respeito, direito adquirido com o aposentamento. 2. Inconstitucionalidade. Ação direta. Seguridade social. Servidor público. Vencimentos. Proventos de aposentadoria e pensões. Sujeição à incidência de contribuição previdenciária, por força de Emenda Constitucional. Ofensa a outros direitos e garantias individuais. Não ocorrência. Contribuição social. Exigência patrimonial de natureza tributária. Inexistência de norma de imunidade tributária absoluta. Regra não retroativa. Instrumento de atuação do Estado na área da previdência social. Obediência aos princípios da solidariedade e do equilíbrio financeiro e atuarial, bem como aos objetivos constitucionais de universalidade, equidade na forma de participação no custeio e diversidade da base de financiamento. Ação julgada improcedente em relação ao art. 4º, *caput*, da EC nº 41/2003. Votos vencidos. Aplicação dos arts. 149, *caput*, 150, I e III, 194, 195, *caput*, II e § 6º, e 201, *caput*, da CF. Não é inconstitucional o art. 4º, *caput*, da Emenda Constitucional nº 41, de 19 de dezembro de 2003, que instituiu contribuição previdenciária sobre os proventos de aposentadoria e as pensões dos servidores públicos da União, dos Estados, do Distrito Federal e dos Municípios, incluídas suas autarquias e fundações. 3. Inconstitucionalidade. Ação direta. Emenda Constitucional (EC nº 41/2003, art. 4º, parágrafo único, I e II). Servidor público. Vencimentos. Proventos de aposentadoria e pensões. Sujeição à incidência de contribuição previdenciária. Bases de cálculo diferenciadas. Arbitrariedade. Tratamento discriminatório entre servidores e pensionistas da União, de um lado, e servidores e pensionistas dos Estados, do Distrito Federal e dos Municípios, de outro. Ofensa ao princípio constitucional da isonomia tributária, que é particularização do princípio fundamental da igualdade. Ação julgada procedente para declarar inconstitucionais as expressões "cinquenta por cento do" e "sessenta por cento do", constante do art. 4º, parágrafo único, I e II, da EC nº 41/2003. Aplicação dos arts. 145, § 1º, e 150, II, cc. art. 5º, *caput* e § 1º, e 60, § 4º, IV, da CF, com restabelecimento do caráter geral da regra do art. 40, § 18. São inconstitucionais as expressões "cinquenta por cento do" e "sessenta por cento do", constantes do parágrafo único, incisos I e II, do art. 4º da Emenda Constitucional nº 41, de 19 de dezembro de 2003, e tal pronúncia restabelece o caráter geral da regra do art. 40, § 18, da Constituição da República, com a redação dada por essa mesma Emenda.

Com o objetivo de assegurar recursos para o pagamento de proventos e pensões concedidas aos respectivos servidores e seus dependentes, em adição aos recursos dos respectivos Tesouros, a União, os Estados, o Distrito Federal e os Municípios poderão constituir fundos integrados pelos recursos provenientes de contribuições e por bens, direitos e ativos de qualquer natureza, mediante lei que disporá sobre a natureza e administração desses fundos.

Esta lei, no caso, é a Lei nº 9.717/1998, que no art. 6º, fixa as regras gerais a serem adotadas no caso de constituição dos fundos, sendo ela de observância por todos os entes federativos. A instituição dos fundos, porém, e a disciplina complementar, ficarão a cargo de lei promulgada pela pessoa federativa instituidora, não somente em razão de sua autonomia constitucional, como ainda porque as normas deverão atender às peculiaridades e às possibilidades de cada uma delas no trato da matéria. Desse modo, os fundos só poderão ser extintos por lei.

A Emenda Constitucional nº 20/1998, alterou o regime de aposentadoria dos servidores públicos, ao dar nova redação ao art. 40, parágrafos e incisos. Quanto à aposentadoria dos servidores titulares de cargos efetivos são previstas as seguintes modalidades:

> *I – por invalidez permanente, sendo os proventos proporcionais ao tempo de contribuição, exceto se decorrente de acidente em serviço, moléstia profissional ou doença grave, contagiosa ou incurável, especificadas em lei.*

A primeira modalidade de aposentadoria é a por invalidez permanente. Se a invalidez permanente decorre de acidente em serviço, moléstia profissional, doença grave ou contagiosa ou incurável, especificadas em lei, os proventos são integrais. Nos demais casos de invalidez permanente, advinda de outros fatores, os proventos serão proporcionais ao tempo de contribuição.

O vocábulo "*proporcionais*" significa a relação entre o número de anos em tempo de contribuição exigido para a aposentadoria voluntária e o tempo de contribuição existente até a data da aposentadoria. Assim, por exemplo, se o servidor tiver vinte anos de contribuição e for homem, a proporção se traduz na equação vinte sobre trinta e cinco, aplicada aos vencimentos da atividade, pois trinta e cinco anos é o tempo mínimo de contribuição para o servidor homem pleitear a aposentadoria voluntária.

No serviço público federal, as doenças graves, contagiosas ou incuráveis, especificadas na Lei nº 8.112/1990, no art. 186, § 1º, são as seguintes: tuberculose ativa, alienação mental, esclerose múltipla, neoplasia maligna, cegueira posterior ao ingresso no serviço público, hanseníase, cardiopatia grave, doença de Parkinson, paralisia irreversível e incapacitante, espondiloartrose anquilosante, nefropatia grave, estados avançados do mal de Paget (osteíte deformante), Síndrome de Imunodeficiência Adquirida – AIDS, e outras que a lei indicar, com base na medicina especializada.

No art. 212, desta mesma lei, o acidente em serviço é definido como o dano físico ou mental sofrido pelo servidor, que se relacione, mediata ou imediatamente, com as atribuições do cargo exercido, equiparando-se ao acidente em serviço o dano decorrente de agressão sofrida e não provocada pelo servidor no exercício do cargo, e o dano sofrido no percurso da residência para o trabalho e vice-versa.

> *II – compulsoriamente, aos setenta anos de idade, com proventos proporcionais ao tempo de contribuição.*

A segunda modalidade de aposentadoria é a compulsória, aos 70 setenta anos de idade, com proventos proporcionais ao tempo de contribuição.

Em consequência, somente se dará direito a proventos integrais se o servidor já tiver completado o tempo de contribuição exigido para a aposentadoria voluntária, ou seja, trinta e cinco anos, se homem, e trinta anos, se mulher.

Nos termos do art. 187 da Lei nº 8.112/1990, a aposentadoria compulsória será automática, e declarada por ato, com vigência a partir do dia imediato àquele em que o servidor atingir a idade limite de permanência no serviço ativo.

Para os agentes públicos ocupantes de cargo em comissão, a jurisprudência do Superior Tribunal de Justiça limitou a idade máxima também em setenta anos:

> Administrativo. Servidor ocupante de cargos em comissão. Exoneração por implemento de idade (70 anos). Ilegalidade. Inexistência.
>
> A expressão "servidor público" é gênero do qual faz parte o ocupante de cargo em comissão que, a exemplo do detentor de cargo efetivo, ao completar setenta anos de idade, não pode mais continuar na ativa, porque sua retirada para a inatividade é compulsória (obrigatória), não havendo falar em ilegalidade, porquanto, em última *ratio*, o fundamento do ato é a própria Constituição Federal (art. 40, § 1º, inciso II). (RMS nº 10423/SP, STJ, Sexta Turma, Rel. Min. Fernando Gonçalves, *DJ* de 30/10/2000)

> *III – voluntariamente, desde que cumprido tempo mínimo de dez anos de efetivo exercício no serviço público e cinco anos no cargo efetivo em que se dará a aposentadoria, observadas as seguintes condições:*
>
> *a) sessenta anos de idade e trinta e trinta e cinco de contribuição, se homem, e cinquenta e cinco anos de idade e trinta de contribuição, se mulher;*
>
> *b) sessenta e cinco anos de idade, se homem, e sessenta anos de idade, se mulher, com proventos proporcionais ao tempo de contribuição.*

A terceira modalidade de aposentadoria é a voluntária, desde que o servidor tenha cumprido tempo mínimo de 10 anos de efetivo exercício no serviço público e 5 anos no cargo efetivo em que se dará a aposentadoria, observadas as demais condições:

1ª) 60 anos de idade e 35 anos de contribuição, se for servidor homem, e 55 anos de idade e 30 anos de contribuição, se servidor mulher;

2ª) 65 anos de idade, se homem, e 60 anos de idade, se mulher, com proventos proporcionais ao tempo de contribuição.

Vê-se que deixa de existir a aposentadoria voluntária somente por tempo de serviço, pois deve haver a combinação de critérios de tempo mínimo de contribuição, idade, tempo mínimo de efetivo exercício no serviço público e tempo mínimo de exercício no cargo efetivo em que se dará a aposentadoria. Na aposentadoria prevista no alínea *b* supra, não se exige tempo mínimo de contribuição, mas idade mínima, sendo os proventos proporcionais ao tempo de contribuição.

De acordo com o § 5º, do art. 40, os requisitos de idade e tempo de contribuição serão reduzidos em cinco anos, no caso do item *a supra*, para o professor que comprove exclusivamente tempo de efetivo exercício das funções de magistério na educação infantil e no ensino fundamental e médio.

As normas constantes do art. 40, quanto à aposentadoria e pensão, serão aplicadas aos Ministros e Conselheiros dos Tribunais de Contas, aos Magistrados e aos membros do Ministério Público, por força dos arts. 73, § 3º; 75; 93, VI; e 129, § 4º, todos da Constituição da República.

Observe-se que ficaram abolidas a aposentadoria proporcional por tempo de serviço, a aposentadoria especial dos docentes do ensino superior e a aposentadoria especial dos Magistrados, integrantes do Ministério Público e dos Tribunais de Contas.

O § 4º do art. 40 veda a adoção de requisitos e critérios diferenciados para a concessão de aposentadoria aos abrangidos pelo regime de que trata este artigo, ressalvados os casos de atividades exercidas exclusivamente sob condições especiais que prejudiquem a saúde ou a integridade física do servidor, definidos em lei complementar.

O servidor ocupante, exclusivamente, de cargo em comissão, declarado em lei de livre nomeação e exoneração, bem como o ocupante de outro cargo temporário ou emprego público participam do regime geral de previdência, que também regula a aposentadoria dos trabalhadores privados.

Provento é a remuneração, proporcional ou integral, a que o inativo tem direito. Pensão é o pagamento efetuado pelo Estado aos dependentes, em conjunto, do segurado (servidor público), a contar da data do óbito ou da sentença, no caso de morte presumida.

Quanto aos proventos, o § 3º do art. 40, determina que, por ocasião da sua concessão, serão calculados com base na remuneração do servidor no cargo efetivo em que se der a aposentadoria e, na forma da lei, corresponderão à totalidade da remuneração, salvo os casos em que a própria Constituição Federal prevê proventos proporcionais.

Este parágrafo, na sua parte final, eliminou a tentativa de imposição de um redutor no valor dos proventos da aposentadoria. Agora, literal e expressamente, esses corresponderão à totalidade do valor da remuneração.

O § 6º, do art. 40, da Constituição Federal veda a percepção de mais de uma aposentadoria pelo sistema previdenciário previsto nesse artigo, salvo as hipóteses de aposentadoria em cargo em que a acumulação era permitida. Este dispositivo impede a acumulação de aposentadorias pelos diversos sistemas públicos, como federal e o estadual, por exemplo.

O art. 40, § 7º, estabelece que lei disporá sobre a concessão do benefício da pensão por morte, que será igual ao valor dos proventos do servidor falecido ou ao valor dos proventos a que teria direito o servidor em atividade na data de seu falecimento, observado o disposto no § 3º.

O pensionado terá direito à totalidade dos proventos do servidor falecido. É importante notar que, no caso de falecimento do servidor na ativa, o valor da pensão por morte não será o da remuneração, mas, sim, o produto de um cálculo proporcional que indique o eventual provento se a aposentadoria ocorresse na data do falecimento, e que tenderá a ser, portanto, menor do que o valor da remuneração.

Os proventos de aposentadoria e as pensões, por ocasião de sua concessão, não poderão exceder a remuneração do respectivo servidor, no cargo efetivo em que se deu a aposentadoria ou que serviu de referência para a concessão da pensão. Consagra-se o teto constitucional ao valor dos proventos e pensões, qual seja, a remuneração do cargo efetivo em que se deu a aposentadoria ou que serviu de referência para a concessão da pensão.

Observado o disposto no art. 37, XI, os proventos de aposentadoria e as pensões serão revistos na mesma proporção e na mesma data, sempre que se modificar a remuneração dos servidores em atividade, sendo também estendidos aos aposentados e aos pensionistas quaisquer benefícios ou vantagens posteriormente concedidos aos servidores em atividade, inclusive quando decorrentes da transformação ou reclassificação do cargo ou função em que se deu a aposentadoria ou que serviu de referência para a concessão da pensão, na forma da lei.

O preceito é autoaplicável, já que a expressão "na forma da lei" diz respeito à quantia modificada da remuneração do servidor ativo.

Cabe notar que também se aplica o limite fixado no art. 37, XI, do Texto Constitucional, à soma total dos proventos de inatividade, inclusive quando decorrentes da acumulação de cargos ou empregos públicos, bem como de outras atividades sujeitas a contribuição para o regime geral de previdência social, e ao montante resultante da adição de proventos de inatividade com remuneração de cargo acumulável na forma desta Constituição, cargo em comissão declarado em lei de livre nomeação e exoneração, e de cargo eletivo.

Quanto à acumulação de proventos com a aposentadoria no regime geral de previdência social, não há que se falar em acumulação proibida, pois a Constituição apenas veda a acumulação de aposentadoria decorrente dos arts. 40, 42 e 142, pois a contrário senso seria admitir a interpretação por analogia a dispositivo constitucional, o que não encontra guarida na jurisprudência e na doutrina.

O § 9º do art. 40 estabelece que o tempo de contribuição federal, estadual ou municipal será contado para efeito de aposentadoria e o tempo de serviço correspondente, para efeito de disponibilidade.

Por tempo de contribuição deve ser entendido aquele em que o servidor esteve ligado a qualquer das entidades que integram a União, os Estados-membros, o Distrito Federal e os Municípios, durante o qual contribuiu para o sistema previdenciário, pois o dispositivo usa as palavras federal, estadual e municipal. Se assim não fosse estaríamos negando vigência ao § 9º do art. 201 da Carta Magna, que permite, para efeito de aposentadoria, a contagem recíproca de tempo de contribuição na Administração Pública e na atividade privada, rural e urbana, hipótese em que os diversos regimes de previdência social se compensarão financeiramente, conforme critérios estabelecidos na Lei nº 9.796/1999, regulamentada pelo Decreto Federal nº 3.122, de 06/07/1999.

O § 10 do art. 40 dispõe que a lei não poderá estabelecer qualquer forma de contagem de tempo de contribuição fictício, mas o art. 11 da Emenda Constitucional nº 20/1998 excepciona desta proibição o membro do Poder ou o inativo que, até a data da publicação desta Emenda, haja novamente ingressado no serviço público por concurso ou outra forma por ela admitida. Sem embargo, não lhes permite a dupla aposentadoria e lhes impõe o teto do art. 37, XI. Este dispositivo, como não faz ressalva alguma, traz consigo, implícita, a convalidação dos casos passados de acúmulo de proventos com vencimentos, mesmo fora das hipóteses em que os proventos decorriam de cargo constitucionalmente acumulável com o que veio a ser ocupado.

Tempo fictício é o contado em dobro por não ter o beneficiado de um direito dele usufruído. Assim é o tempo de licença-prêmio, contado em dobro, dado que o servidor que a ela fazia jus não a gozou.

A Instrução Normativa nº 5, de 28/04/1999, da Secretaria de Estado da Administração e do Patrimônio, em seu art. 2º, parágrafo único, estabelece o que é considerado tempo de contribuição ficto.

O art. 4º da Emenda Constitucional ressalva que, observado o § 10 do art. 40, da Constituição Federal, o tempo de serviço considerado pela legislação vigente para efeito de aposentadoria, cumprido até que a lei discipline a matéria, será contado como tempo de contribuição.

Além do disposto no art. 40, o regime de previdência dos servidores públicos titulares de cargo efetivo observará, no que couber, os requisitos e critérios fixados para o regime geral da previdência social. Aplica-se subsidiariamente o regime geral de previdência, previsto no art. 201 da Constituição da República.

Outra modificação significativa trazida pela Emenda Constitucional nº 20/1998 foi a previsão da previdência complementar a ser instituída pelo Poder Público para os seus servidores. Dita Emenda também previu, no art. 202 da Constituição Federal, regime de previdência complementar para os trabalhadores da iniciativa privada em geral.

A Emenda Constitucional nº 20/1998 introduziu a previdência complementar aos servidores titulares de cargo efetivo, no art. 40, § 14, que assim dispõe:

> *A União, os Estados, o Distrito Federal e os Municípios, desde que instituam regime de previdência complementar para os seus respectivos servidores titulares de cargo efetivo, poderão fixar, para o valor das aposentadorias e pensões a serem concedidas pelo regime de que trata este artigo, o limite máximo estabelecido para os benefícios do regime geral de previdência social de que trata o art. 201.*

Uma vez que seja instituído o regime de previdência complementar, o valor das aposentadorias e pensões dos servidores públicos será fixado no limite máximo estabelecido para os benefícios do regime geral de previdência social, que de acordo com o art. 14 da Emenda deverá ser reajustado de forma a preservar, em caráter permanente, o seu valor real.

O § 15 do art. 40 estabelece que, observado o disposto no art. 202 da Carta Magna, lei complementar disporá sobre as normas gerais para a instituição de regime de previdência complementar pela União, Estados, Distrito Federal e Municípios, para atender aos seus respectivos servidores titulares de cargo efetivo.

A competência para editar lei complementar que disporá sobre as normas gerais da previdência caberá à União. Ao referir-se a normas gerais, o texto constitucional suscita interpretação de que leis ordinárias federal, estaduais, distrital e municipais disponham sobre normas específicas relativamente à matéria.

Nos termos do art. 40, § 16, somente mediante sua prévia e expressa opção, o disposto nos §§ 14 e 15 poderá ser aplicado ao servidor que tiver ingressado no serviço público até a data da publicação do ato de instituição do correspondente regime de previdência complementar.

Os servidores que ingressarem no serviço público até a data da publicação do ato de instituição do regime de previdência complementar no seu âmbito, somente serão enquadrados no novo sistema com a sua prévia e expressa opção. Quanto aos servidores que ingressarem no serviço público após a data do ato instituidor do respectivo regime de previdência complementar, terão o seu ingresso obrigatório.

A interpretação dos §§ 14 a 16 do art. 40, que tratam da previdência complementar para os servidores, tem causado questionamentos na doutrina, e provavelmente causará discussões nos nossos Tribunais, quando começarem efetivamente a ser instituídos os regimes de previdência complementar nas entidades da Federação. Tal divergência deflui da instituição do limite do valor das aposentadorias a serem concedidas pelo novo regime, visto que, o art. 40, § 3º, assegura, a todos os servidores efetivos, a percepção de proventos correspondentes à totalidade da remuneração do cargo efetivo em que se der a aposentadoria.

Foi editada pela União a Lei Complementar nº 109, de 29/05/2001, que dispõe sobre o regime de previdência complementar. O regime, de caráter facultativo, a ser operado por entidades de previdência complementar, tem como objetivo principal instituir e executar planos de benefícios de caráter previdenciário, devendo ser organizado de forma autônoma em relação ao regime de previdência social.

Também editada pela União, a Lei Complementar nº 108, de 29/05/2001, dispõe sobre a relação entre a União, os Estados, o Distrito Federal e os Municípios, inclusive suas autarquias, fundações, sociedades de economia mista e empresas controladas direta ou indiretamente, enquanto patrocinadores de entidades fechadas de previdência complementar, e suas respectivas entidades fechadas, a que se referem os §§ 3º, 4º, 5º e 6º do art. 202 da Constituição Federal.

O art. 3º da Emenda Constitucional nº 20/1998 estabelece que:

> *É assegurada a concessão de aposentadoria e pensão, a qualquer tempo, aos servidores públicos e aos segurados do regime geral de previdência social, bem como aos seus dependentes, que, até a data da publicação desta Emenda, tenham cumprido os requisitos para a obtenção destes benefícios, com base nos critérios da legislação então vigente.*

Este artigo dispõe que, se até o advento da Emenda Constitucional nº 20/1998, os servidores públicos contarem com o tempo de serviço necessário para a aposentadoria, poderão, a qualquer tempo, vir a se aposentar, voluntariamente e com proventos integrais, se tiverem trinta e cinco anos de serviço, no caso de servidor homem, ou trinta anos de serviço, no caso de servidor mulher, visto que não havia limite de idade para a aposentadoria antes desta Emenda.

Assim, também, poderão se aposentar, voluntariamente, com proventos proporcionais, se tiverem trinta anos de serviço, se homem, e, vinte e cinco anos, se mulher.

O servidor de que trata este art. 3º, da Emenda Constitucional nº 20/1998, que tenha completado as exigências para aposentadoria integral e que opte por permanecer em atividade, fará jus à isenção da contribuição previdenciária até completar as exigências para aposentadoria contidas no art. 40, § 1º, III, *a*, da Constituição Federal.

Os proventos da aposentadoria a ser concedida aos servidores públicos referidos no *caput* deste art. 3º, em termos integrais ou proporcionais ao tempo de serviço já exercido até a data de publicação da Emenda, bem como as pensões de seus dependentes, serão calculados de acordo com a legislação em vigor à época em que foram atendidas as prescrições nela estabelecidas para a concessão destes benefícios ou nas condições da legislação vigente.

São mantidos todos os direitos e garantias assegurados nas disposições constitucionais vigentes à data de publicação desta Emenda aos servidores e militares, inativos e pensionistas, aos anistiados e aos ex-combatentes, assim como àqueles que já cumpriram, até aquela data, os requisitos para usufruírem tais direitos, observado o disposto no art. 37, XI, da Constituição Federal.

O art. 3º da Emenda Constitucional nº 20/1998, ao assegurar a concessão da aposentadoria, a qualquer tempo, aos servidores públicos que, até a data da publicação da Emenda, tenham cumprido os requisitos para a obtenção do benefício exigidos pela legislação vigente à época, vedou a retroatividade da Emenda, todavia, embora esclarecedor, este dispositivo contém senão orientação que teria mesmo de ser respeitada, sob pena de ofensa a direito adquirido.

A Emenda Constitucional nº 20 de 15/12/1998, que introduziu inúmeras modificações no regime previdenciário dos servidores públicos, trouxe em seu bojo algumas normas de transição, que visam assegurar tratamento diferenciado aos servidores que, embora já estivessem em atividade na data da entrada em vigor da Emenda, não haviam ainda consumado integralmente o fato gerador da aposentadoria. Tais normas de transição visam a proteger, na realidade, expectativas de direito, para evitar acarretar maior gravame aos servidores.

O art. 8º, *caput*, da Emenda Constitucional nº 20/1998 possibilita ao servidor que tenha ingressado regularmente em cargo efetivo na Administração Pública, direta, autárquica e fundacional, até a data de publicação desta Emenda, ressalvado o direito à opção pela aposentadoria segundo as novas regras do art. 40, o direito à aposentadoria voluntária com proventos calculados de acordo com o art. 40, § 3º, da Constituição Federal, quando o servidor, cumulativamente:

I – tiver cinquenta e três anos de idade, se homem, e quarenta e oito anos de idade, se mulher;

II – tiver cinco anos de efetivo exercício no cargo em que se dará a aposentadoria;

III – contar tempo de contribuição igual, no mínimo, à soma de:

a) trinta e cinco anos, se homem, e trinta anos, se mulher; e

b) um período adicional de contribuição equivalente a vinte por cento do tempo que faltaria para atingir o limite de tempo constante da alínea anterior.

O tempo faltante deve ser calculado em função da data em que foi publicada a Emenda Constitucional nº 20, ou seja, 16 de dezembro de 1998.

Observe-se que ao filiado do regime geral da previdência foi assegurado o mesmo direito pelo art. 9º, da Emenda Constitucional nº 20/1998, com os mesmos requisitos de idade e de tempo de contribuição. Só não há a exigência de cinco anos de efetivo exercício no cargo em que se dará a aposentadoria, como é estabelecida ao servidor, visto que para o segurado da previdência social, os proventos são calculados em função do salário de contribuição, sendo irrelevante a função que exercia na ocasião da aposentadoria.

Outra possibilidade de aposentadoria conferida aos servidores públicos, prevista no § 1º do art. 8º da Emenda Constitucional nº 20/1998, é a da aposentadoria com proventos proporcionais ao tempo de contribuição, quando, atendidas as mesmas condições dos itens I e II *supra*, o servidor:

I – contar tempo de contribuição igual, no mínimo, à soma de:

a) trinta anos, se homem, e vinte e cinco anos, se mulher; e

b) um período adicional de contribuição equivalente a quarenta por cento do tempo que, na data da publicação desta Emenda, faltaria para atingir o limite de tempo constante da alínea anterior.

Neste caso, os proventos da aposentadoria proporcional serão equivalentes a setenta por cento da aposentadoria integral, acrescido de cinco por cento por ano de contribuição que supere a soma acima referida, até o limite de cem por cento.

As regras de transição constantes do art. 8º e seus parágrafos aplicam-se aos magistrados e aos membros do Ministério Público e do Tribunal de Contas. Caso sejam do sexo masculino, terão o tempo de serviço exercido até a publicação desta Emenda contado com o acréscimo de dezessete por cento.

Tal diferença de tratamento dada aos homens – magistrados, membros do Ministério Público e de Tribunal de Contas – se justifica, uma vez que, antes da edição da Emenda

Constitucional nº 20/1998, o tempo de serviço para aposentadoria era de 30 anos para os servidores de ambos os sexos.

O § 4º do art. 8º da Emenda Constitucional nº 20/1998 prevê que, o professor, servidor da União, dos Estados, do Distrito Federal e dos Municípios, incluídas suas autarquias e fundações, que, até a data da publicação da Emenda Constitucional nº 20/1998, tenha ingressado, regularmente, em cargo efetivo de magistério e que opte por aposentar-se na forma do disposto no *caput* do precitado art. 8º, terá o tempo de serviço exercido até a publicação da Emenda contado com o acréscimo de dezessete por cento, se homem, e de vinte por cento, se mulher, desde que se aposente, exclusivamente, com tempo de efetivo exercício das funções de magistério.

Para o professor vinculado ao regime geral da previdência social, o art. 9º, § 2º, da Emenda Constitucional nº 20/1998, repete a norma constante no § 4º do art. 8º, com o mesmo acréscimo de dezessete e vinte por cento do tempo de serviço, conforme se trate de homem ou de mulher, e com igual exigência de que a aposentadoria se dê exclusivamente com tempo de efetivo exercício de atividade de magistério.

Os servidores que estejam nas condições indicadas neste art. 8º e que, após completarem as exigências para aposentadoria estabelecidas no *caput* do artigo, permaneçam em atividade, farão jus à isenção da contribuição previdenciária até alcançarem as exigências para aposentadoria contidas no art. 40, § 1º, III, da Constituição Federal.

O ato de aposentadoria do servidor público pode estar contaminado de vício de legalidade, como ocorre com qualquer ato administrativo. Quando tal fato ocorrer, o caso será de invalidação do ato, devendo o servidor retornar à atividade laborativa.

A cassação da aposentadoria, todavia, é penalidade por falta gravíssima praticada pelo servidor quando ainda em atividade. Se a falta for suscetível, por exemplo, de pena de demissão, o servidor não faria jus à aposentadoria, de modo que, tendo cometido a falta e obtido a aposentadoria, deverá esta ser cassada. Trata-se, por conseguinte, de penalidade funcional aplicada a servidor inativo.

A Lei nº 8.112/1990, o Estatuto dos servidores federais, dispôs, no art. 134, que será cassada a aposentadoria ou a disponibilidade do inativo que houver praticado, na atividade, falta punível com a demissão.

34. O DEVER DE INDENIZAR SERVIDOR POR DEMORA NA ANÁLISE DE APOSENTADORIA

A demora injustificada da Administração Pública para apreciar pedido de aposentadoria, obrigando o servidor a continuar exercendo compulsoriamente suas funções, gera o dever de indenizar. O entendimento da Primeira Turma do Superior Tribunal de Justiça (STJ) garante a uma servidora receber indenização do Estado do Mato Grosso do Sul.

Tratava-se de uma servidora, professora efetiva, que pediu aposentadoria em julho de 2007, que só foi concedida em 18 de setembro de 2008. Ela entrou com ação de indenização contra o Estado buscando receber o valor referente ao trabalho prestado no período superior ao necessário para a concessão de sua aposentadoria, ou seja, sete meses e 21 dias, além de férias proporcionais e décimo terceiro salário – período em que permaneceu em efetivo exercício.

Em primeiro grau, a mencionada professora obteve sentença favorável. Para o juiz, apesar de ser evidente que o administrador público deve ter algum tempo para a prática do ato administrativo reclamado e ainda que, como no caso, não haja prazo legal para tal cumprimento, este deve enquadrar-se no razoável. O que a seu ver seria de 30 dias. Assim, determinou que o Estado ressarcisse a professora pelo trabalho compulsório, tomando como parâmetro o valor à época dos vencimentos da servidora (R$ 476,43, em março de 1997), totalizando R$ 3.668,51, sem qualquer desconto previdenciário e atualizado monetariamente pela aplicação do IGPM/FGV, acrescidos dos juros de mora de 0,5% ao mês, contados desde a data da citação.

Esse resultado, contudo, foi alterado pelo Tribunal de Justiça local, para quem "o processo administrativo pertinente à aposentadoria tramitou perante vários órgãos da administração pública, de forma que o aguardo pelo período de um ano, três meses e dezessete dias para a concessão do pedido de aposentadoria não enseja a pretensa indenização". A decisão levou a professora a recorrer ao STJ.

O Ministro Teori Albino Zavascki, relator do recurso especial, restabeleceu a condenação do Estado, destacando que o STJ vem decidindo pela responsabilidade do Estado nesses casos. O entendimento é o de que o simples fato de a pessoa ser compelida a trabalhar em período no qual, legalmente, já poderia fazer jus à mesma renda na inatividade, decorrente dos proventos de aposentadoria, já configura evento lesivo ao interesse da parte e à livre manifestação de vontade. A decisão foi unânime.

Capítulo XIX

A Reforma da Previdência

as Emendas Constitucionais nº 20/1988, nº 41/2003
e a PEC nº 77/2003 – uma discussão analítica

1. INTRODUÇÃO

Desde a promulgação da Carta de 1988, com a consolidação dos novos direitos de eficácia plena, os Legisladores Constituintes Derivados não se furtaram em alinhar o Texto Constitucional às constantes mudanças sociais que a ele se sobrepõem, levando à necessidade de um realinhamento jurídico, através da Emendas Constitucionais.

As Reformas que se têm inserido no ordenamento jurídico, ou que ainda estão em discussão nas Casas Legislativas, tais como a Administrativa, a Previdenciária e a Tributária, fazem parte de um contexto mais amplo, inserido na reforma do próprio modelo do Estado, que vem ganhando novos contornos com o passar do tempo.

A partir do final do século XX, notadamente com a adoção do modelo em todo o mundo de um Estado mínimo, caracterizado pela redução do Estado como agente direto de atividade econômica e pela era da desestatização, caiu por terra o modelo intervencionista e empresário do Estado. Este trâmite de mudanças traduzia claramente o esgotamento dos investimentos do Estado e uma consequente necessidade de se buscar novas fontes de investimento.

Desencadeou-se a era da privatização e de um Estado gerenciador. Estes novos modelos ensejaram uma reformulação nos sistemas administrativo e previdenciário, com ajustes que visassem a reduzir os encargos sociais da Previdência Social. Estados Unidos e Inglaterra foram os pioneiros nessa iniciativa, a partir da década de 70, seguindo-se com países da América Latina e Europa. Noticie-se que no Brasil foi adotado o sistema das *reformas não estruturais* como alternativa para a reforma da previdência, sistema este aplicado, sobretudo, nos países desenvolvidos.

O que se tem, com isso, são as Emendas Constitucionais que se vêm traduzindo, no que concerne ao sistema previdenciário, na denominada Reforma da Previdência, e que passam a integrar o Texto Constitucional, nos moldes de uma legislação que se enquadre no parâmetro da Justiça Social, objetivo maior do Estado Democrático.

Não obstante, tem-se na prática a notoriedade de que tais direitos, especialmente no que tange à proteção previdenciária, são em grande parte inalcançáveis, haja vista a realidade socioeconômica brasileira. Para a consecução de tais fins, necessário seria um verdadeiro "milagre" na economia brasileira. Desta feita, supérfluos se tornam os dispositivos que trazem benefícios aos cidadãos sem a devida receita dos recursos equivalentes para lhes garantir, configurando-se, como muitos autores já definiram, em constitucionalização de frustrações.

Relativamente às reformas legislativas mencionadas, há que se ressaltar as Emendas Constitucionais nº 20/1988 e 41/2003, trazendo considerável mudança ao sistema previdenciário já existente, bem como o Projeto de Emenda Constitucional nº 77/2003 (PEC "paralela"), aprovado recentemente pelo Congresso Nacional.

A Reforma da Previdência tem sido desde há muito almejada tanto pela classe dos *trabalhadores da iniciativa privada e dos servidores públicos* quanto pelo *Governo*, todos insatisfeitos com o modelo ao qual se submetiam. Por certo, havia a necessidade de uma minuciosa análise e mudança no sistema previdenciário brasileiro, tanto público quanto privado. Ademais, dada a importância dos interesses que envolvem a questão em foco, referida reforma foi palco de calorosas discussões, sobretudo entre os funcionários públicos.

Outra questão que merece ser mencionada diz respeito à origem do *déficit* da Previdência Social, pois este tem sido erroneamente generalizado às custas da previdência dos servidores públicos civis e militares federais, estaduais e municipais, o que os faz carregar sozinhos, aos olhos da população desinformada, o pesado fardo do déficit previdenciário.

De fato, outros fatores também influenciaram para a consecução deste débito, como a má gestão do sistema e a própria inadimplência dos entes estatais, burlando a obrigação legal de financiar a Previdência Social. O que ocorre, entretanto, é que o Governo não tem o interesse de esclarecer à população os fatos com as suas verdadeiras origens, quando estes lhe dizem respeito, omitindo-se na "crucificação" dos servidores pelo déficit da previdência.

A questão da omissão de *cotização* do governo, a qual não era trazida à baila, é um grave fator que tem gerado o descontrole nas contas previdenciárias. Contudo, com a nova redação dada ao art. 40, após a EC nº 41/2003, este descompasso parece suprido face à menção expressa do caráter contributivo e solidário do regime de previdência, mediante contribuição do respectivo ente público, dos servidores ativos e inativos e dos pensionistas.

Deste modo, restou claro a obrigação de cotização do Ente Federativo, tal qual a condição de patrocinador do Regime Geral de Previdência Social.

Ainda que se revistam de um certo exagero as declarações do Governo de que o sistema previdenciário estaria fadado à falência, caso não fosse aprovada a Reforma da Previdência, o certo é que mudanças eram necessárias nos dois regimes básicos de previdência. Tampouco se deve considerar que com a Reforma, todas as questões pendentes estarão resolvidas.

Perfilhando o entendimento de estudiosos sobre o tema, tem-se que a unificação dos regimes seria a mais coerente das mudanças, impossibilitando a diferenciação entre os Entes e igualando-os numa mesma responsabilidade previdenciária, ainda que se mantivessem regras diferenciadas a cargos específicos – o que de fato não ocorreu, já que se manteve o sistema de regimes distintos, bem como o nivelamento do teto de benefícios.

2. CONSIDERAÇÕES INICIAIS

No Brasil, a Reforma da Previdência passou a ser idealizada a partir do esgotamento financeiro da Previdência Social, nos setores público e privado. Este déficit, por seu turno, decorre de vários fatores que se somaram ao longo das últimas décadas, tais como: a inadimplência da União e de seus entes estatais no que tange à sua obrigação de financiar a Previdência Social; os gastos indevidos do fundo de reserva técnica da Previdência Social, pela União, em fins diversos, como a construção de Brasília, a realização de obras faraônicas como a Transamazônica, a Belém–Brasília, a Hidrelétrica de Itaipu e ponte Rio–Niterói e a constituição e o aumento de capital em diversas empresas estatais, entre outros.

Somando-se a isso, a Constituição Federal de 1988 consolidou a inexistência de um orçamento específico que se destine à Previdência Social, ao inserir o conceito de ***seguridade social***, no setor privado, como gênero, nos quais são espécies a *previdência social*, a *saúde* e a *assistência social*. Com isso, um único recurso auferido pela Seguridade Social, é distribuído entre as suas três áreas, e, além disso, o caráter contributivo pertence tão somente à previdência social, ficando isentas de contribuição as áreas de assistência social e saúde, fazendo jus, ainda assim, à contribuição geral.

A existência de um orçamento específico para a Previdência Social seria o primeiro passo para reverter o quadro histórico de seu déficit, cujo cerne se encontra comprovadamente na má gestão deste sistema, dentre outros fatores que também contribuíram para somá-lo. Dados oficiais, nos estudos sobre o tema, demonstram o desvio e a má aplicação dos saldos de sistema de aposentadoria e pensões.

Fatores que também contribuíram para o déficit da Previdência Social são: o aumento do número de beneficiários, a diminuição da natalidade, que resultou na consequente diminuição da arrecadação previdenciária, o desemprego, o aumento de trabalho informal, entre outros.

3. A REFORMA DA PREVIDÊNCIA

Com a mudança no regime de Previdência Social trazida pela Reforma da Previdência, pode-se afirmar a coexistência, hoje, de dois sistemas públicos de previdência no Brasil. O primeiro, específico para servidores que possuem vínculo efetivo com a União, Estados, Distrito Federal, Municípios, suas fundações e autarquias, denominado Regime Próprio de Previdência Social (RPPS). O outro, cujas regras se aplicam aos trabalhadores da iniciativa privada, intitulado de Regime Geral de Previdência Social (RGPS), e gerido pelo Instituto Nacional de Seguridade Social (INSS), autarquia federal.

Não obstante a distinção dos referidos regimes, ressalta-se a existência de peculiaridades entre eles, quais sejam: ambos são administrados pelo Estado, são de caráter contributivo, geram obrigatoriedade de filiação e se caracterizam pela natureza institucional do vínculo mantido com os respectivos segurados.

Ademais, a reforma no sistema previdenciário relativa tanto aos servidores quanto aos trabalhadores tem sido norteada pelos princípios da universalidade e da uniformidade, em substituição aos princípios da integralidade e da paridade, vigorantes antes da reforma. O primeiro tem o escopo de abarcar o maior número possível de brasileiros na seara da previdência social e o segundo, unificar, no que for possível, um sistema básico de seguro social a todos, indistintamente.

Não raro a Emenda Constitucional nº 41/2003 tem sido intitulada de *Reforma da Previdência*, merecendo esta assertiva uma pronta retificação neste trabalho de pesquisa, eis que referida reforma – tema em grande discussão atualmente – se constitui num *processo de mudanças no sistema de previdência social*.

Neste contexto, ressalta-se a mudança já inserida anteriormente no Texto Constitucional pela Emenda nº 20/1998, que trouxe consideráveis inovações no sistema previdenciário.

E ainda, tem-se o fato de que a reforma, aos deslindes da questão, não se exaure na EC nº 41/2003, posto que ainda tramita no Congresso Nacional outra proposta de Emenda referente ao tema – PEC nº 77/2003, de iniciativa do Senado, cujo processo legislativo teve início à mesma época que a EC nº 41, fato este que a apelidou de PEC paralela.

Outro aspecto a ser considerado é o fato de que a EC nº 41/2003 não dispõe exclusivamente sobre o sistema previdenciário, podendo-se afirmar, ainda, que pouco inovou no RGPS (Regime Geral de Previdência Social), ao contrário do RPPS (Regime Próprio de Previdência Social). Este último, que regula a previdência dos servidores, foi consideravelmente modificado, daí os calorosos protestos desta classe quando da votação, à época, desta Emenda no Congresso Nacional. Além do direito previdenciário, referida reforma trouxe mudanças na seara do Direito Administrativo, ao atribuir nova redação ao art. 37, XI.

3.1. A Emenda Constitucional nº 20/1998

A Emenda Constitucional nº 20/1998 dispôs sobre a modificação do sistema de Previdência Social o qual abrange o Regime Geral de Previdência Social (RGPS), estendendo-a aos militares das forças armadas, dos Estados, do Distrito Federal, bem a seus pensionistas, as vantagens do art. 40, §§ 7º e 8º da Constituição Federal, referente à paridade de proventos de aposentadoria e pensão aos vencimentos da ativa, inobstante a proteção previdenciária dos militares ter sido abrangida anteriormente e em especial na EC nº 18/1998.

Com isso, referido dispositivo constitucional personalizou em seu texto os filiados do Regime Geral de Previdência Social (RGPS), bem como os referentes aos regimes próprios de previdência no serviço público (RPPS). Ficou claro a limitação referente à previdência da União, Estados, Distrito Federal, Municípios e suas respectivas autarquias e fundações, e que este regime deve abranger apenas os servidores titulares de cargos efetivos, admitidos por meio de concurso público.

Aos demais servidores, com vínculo diverso com a Administração Pública, resta a condição de empregados e a filiação obrigatória ao RGPS.

Os arts. 40 e 201 da Constituição Federal, com as mudanças trazidas pela EC nº 20/1998, estatuíam em seus textos um modelo previdenciário público e privado, respectivamente, ressaltando o caráter contributivo e a necessidade de equilíbrio financeiro e atuarial. Da mesma forma, referida Emenda previu nos arts. 40, § 14, e 202 os regimes de previdência complementar pública e privada, a serem instituídos por lei complementar. Importa consignar que mesmo com a edição destas leis, não se consolidou a instituição de tais regimes complementares ali previstos.

A EC nº 20/1998 condicionava a União, os Estados, o Distrito Federal e os Municípios a aplicarem o limite máximo utilizado no Regime Geral de Previdência Social, equivalente à época a R$ 1.869,30 (Um mil, oitocentos e sessenta e nove reais e trinta centavos) para as aposentadorias e pensões de seus servidores titulares de cargos efetivos, desde que instituíssem regime de previdência complementar.

3.1.1. O direito à previdência social

É mister enunciar que a Previdência Social se encontra inserida no Texto Constitucional no Título de Direitos Fundamentais e no Capítulo de Direitos Sociais, juntamente com outros direitos como a saúde, o trabalho, a moradia, entre outros, sendo, pois, um direito reconhecidamente constituído por vontade do Legislador Constituinte.

Por outro lado, a previdência social, juntamente com a assistência social e a saúde, se constitui numa trilogia da seguridade social, assim elencada na Constituição Federal, em seu art. 194, como sendo o conjunto de ações de iniciativa do Poder Público e da sociedade.

Desta sorte, é de entender que o Poder Público e a sociedade deverão contribuir para a garantia da seguridade social, aqui abrangida pelos seus três setores mencionados. Ocorre, todavia, que o caráter contributivo e obrigatório incide apenas aos contribuintes da previdência social, não o sendo obrigatório aos beneficiários da assistência social e da saúde. Com isso, tem-se uma injusta distribuição de recursos, nem que pesem o desalinhamento de receitas e despesas na seguridade social e o consequente desequilíbrio nas contas da previdência.

A previdência social, direito social constitucionalmente garantido, constitui-se num seguro institucional público, gerido pelo Instituto Nacional de Previdência Social – INSS, autarquia federal, de caráter contributivo e filiação obrigatória, ao passo que a assistência social se reveste de caráter gratuito para as pessoas necessitadas, e a saúde, direito de todos, independentemente de contribuição.

Registre-se a dualidade do caráter contributivo para os fundos da previdência social, visto que *empregados* e *empregadores* o farão sobre a folha de salários, além da contribuição, de caráter obrigatório e de natureza de exigência tributária, sobre o faturamento da empresa, o lucro líquido, a receita de concursos de prognósticos e sobre a cobrança de CPMF. Destaca-se que a arrecadação das contribuições incidentes na folha de pagamento se dará pelo INSS, e das demais, pela Secretaria da Receita Federal.

Relativamente às entidades da Federação, a Emenda Constitucional nº 41/2003 alterou o Texto Constitucional com a redação dada ao § 1º do art. 149, que assegura a esses entes o direito de cobrar contribuição social de seus servidores, a fim de suprir os compromissos previdenciários e pagamentos de aposentadorias e pensões.

O legislador não se furtou em fazer uma menção, ainda que breve, sobre os benefícios dos militares, estatuindo no § 2º do art. 42 que aos pensionistas militares – o que equivale a dizer: às suas reservas remuneradas – será aplicado o que dispuser a lei do respectivo ente estatal.

Oportuno consignar que é concorrente entre a União, Estados, Distrito Federal e Municípios a competência para legislar sobre previdência, conforme preconizam os arts. 24, XII, e 30, II, da Constituição Federal. Suscita-se, com isso, que à União caberá a edição de normas gerais e de regras específicas que se apliquem aos servidores federais, e aos demais entes federados, a edição de normas referentes aos seus respectivos planos de previdência, respeitadas as regras gerais da União, que se encontram balizadas na Lei nº 9.717/1998.

3.1.2. Os regimes de previdência social: RPPS e o RGPS

O Regime Geral de Previdência Social (RGPS) e o Regime Próprio de Previdência Social (RPPS) são os dois regimes básicos da previdência social.

O primeiro – RGPS – é instituído pelo Estado, sendo o órgão competente para a sua administração o Ministério da Previdência Social, que o faz com o auxilio do Instituto Nacional do Seguro Social – INSS, autarquia federal. Este regime destina-se aos trabalhadores da iniciativa privada, os empregados domésticos e os autônomos, estando seus benefícios restritos.

O Regime Geral rege-se pelo art. 201 da Constituição Federal, não tendo sofrido modificação substancial pela Emenda Constitucional nº 41/2003.

O segundo – Regime Próprio da Previdência Social – RPPS, poderá sê-lo pelos entes da Federação (União, Estados, Distrito Federal e Municípios), enfocando os servidores públicos com vínculo efetivo com a Administração, provenientes de concurso público, incluindo as pessoas jurídicas de direito público da administração indireta, bem como os militares e milicianos.

Imperioso mencionar que aos servidores ocupantes exclusivamente de cargos em comissão, declarados em lei de livre nomeação e exoneração, de outro cargo temporário ou de emprego público aplica-se o Regime Geral de Previdência Social – RGPS, conforme preconizado no texto constitucional, em seu art. 40, § 13.

Da mesma forma, quando os servidores dos entes federativos (Estado, Distrito Federal e Município, suas autarquias e fundações) não estiverem sob a égide das regras do Regime Próprio de Previdência Social – RPPS, ser-lhes-ão aplicados os dispositivos constantes no Regime Geral de Previdência Social – RGPS.

Oportuno esclarecer que o ente estatal não está necessariamente condicionado à existência de um Regime Próprio, mas para tê-lo, necessário se faz uma arrecadação que supra o saldo de caixa e as reservas que garantam a existência e a manutenção do Regime de Previdência. Na hipótese de um determinado ente não possuir tais recursos, seus servidores titulares de cargos efetivos serão amparados pelo Regime Geral de Previdência Social – RGPS, ficando o ente equiparado a uma empresa, para fins de benefícios previdenciários.

Dadas as essencialidades para a existência de um regime próprio, é de se concluir que o dispositivo no art. 40 não é autoaplicável, mas carece de regulamentação.

As normas constitucionais regentes destes servidores se encontram previstas no art. 40 da Lei Maior. Ao contrário do anterior, este regime foi expressivamente modificação pela EC nº 41/2003, sintetizando a Reforma da Previdência.

3.1.3. O Regime Próprio de Previdência Social – RPPS antes da EC nº 41/2003

O sistema próprio dos servidores, antes da entrada em vigor da EC nº 41/2003, previa três modalidades de aposentadoria, quais sejam: aposentadoria por invalidez permanente, proporcional do tempo de contribuição, ou integral, se decorrente de acidente de serviço, moléstia profissional ou doença grave, contagiosa ou incurável; aposentadoria compulsória, aos setenta anos de idade, proporcional ao tempo de contribuição; e aposentadoria voluntária, com os requisitos elencados na Constituição Federal.

Este sistema era pautado nos princípios da integralidade e da paridade. O primeiro estipulava que a base de cálculo para a aposentadoria ou pensão por morte, ainda que proporcional, deveria estar calcada na última remuneração do servidor em atividade.

O segundo dispunha que os proventos de aposentadoria e as pensões seriam reajustados na mesma proporção e na mesma data em que se modificasse a remuneração dos servidores em atividade. Esta regra também se aplicava às hipóteses de transformação ou reclassificação do cargo ou da função em que se deu a aposentadoria ou a que serviu de referência quando da concessão da pensão.

Infere-se nesta regra a aposentadoria e pensão dos agentes públicos investidos em cargos vitalícios, tais como os magistrados, membros do Ministério Público e dos Tribunais de Contas.

3.1.4. Criação do fundo de saúde

Pela dicção do Texto da Constituição, os Estados, o Distrito Federal e os Municípios instituirão contribuição, cobrada de seus servidores, para o custeio, em benefício destes, do regime da previdência de que trata o art. 40, cuja alíquota não será inferior à da contribuição dos servidores titulares de cargos efetivos da União.

Por oportuno, reproduz-se a norma do art. 40 da CF:

> *Art. 40. Aos servidores titulares de cargos efetivos da União, dos Estados, do Distrito Federal e dos Municípios, incluídas suas autarquias e fundações, é assegurado regime de previdência de caráter contributivo e solidário, mediante contribuição do respectivo ente público, dos servidores ativos e inativos e dos pensionistas, observados critérios que preservem o equilíbrio finaceiro e atuarial e o disposto neste artigo.*

Não há dúvida de que qualquer ente da federação, mesmo por lei municipal, ao criar contribuição compulsória para custeio de serviços de saúde, viola o art. 149, § 1º, da Constituição que prevê contribuição compulsória para custeio da previdência.

Observa-se que a questão não era diferente antes da EC nº 41/2003, que deu nova redação ao § 1º supratranscrito. Era a redação anterior: "§ 1º. *Os Estados, o Distrito Federal e os Municípios poderão instituir contribuição, cobrada de seus servidores, para o custeio, em benefício destes, de sistema de previdência e assistência social*". Não se autorizava a cobrança de contribuição para serviços de saúde, reitera-se.

3.2. O que mudou com a Emenda Constitucional nº 41/2003

A Emenda Constitucional nº 41/2003 alterou dispositivos da Emenda Constitucional nº 20/1998, aplicando-se, sobretudo, ao regime previdenciário dos servidores públicos disposto no art. 40 da Constituição Federal de 1988. Importa lembrar que o orçamento destinado aos servidores advém de contribuições destes e dos entes federados, não integrando o orçamento da seguridade social, e que, com a nova redação dada pela Emenda, inclui-se neste rol contributivo os inativos e os pensionistas.

Não obstante a EC nº 41/2003 ter tido como diretriz básica os regimes próprios, não alterando os direitos previdenciários dos trabalhadores da iniciativa privada, ou seja, do RGPS, estipulou novo limite máximo para o valor deste regime gerido pelo INSS.

Consigna-se que o legislador não se furtou em buscar uma coligação para os regimes público e privado previstos nos arts. 40 e 201, respectivamente, articulando regras do RGPS e aplicando-as aos servidores públicos, quedando-se em aplicar-lhes os critérios que reverenciem o modelo da iniciativa privada.

A Emenda Constitucional nº 41/2003 atribuiu ao funcionalismo três situações distintas, as quais estes poderão se enquadrar, de acordo com a época do ingresso no funcionalismo público.

Primeiramente, o funcionário poderá gozar de *direito adquirido*, em relação às regras concernentes à aposentadoria e pensão, se já auferiam tais benefícios anteriormente à Reforma – ou seja, os inativos e pensionistas.

Há também a possibilidade do funcionário se encaixar na situação de *expectativa de direito*, a qual será atribuída aos funcionários que já se encontravam nos quadros do funcionalismo público quando da entrada em vigor da referida Emenda.

Por fim, encontram-se aqueles funcionários que ingressaram e vierem a ingressar no funcionalismo público após a publicação da Emenda, os quais serão regulados pelos parâmetros desta.

Em relação às alterações trazidas pela EC nº 41/2003, registre-se que substancial mudança se inseriu à forma de cálculo dos benefícios de aposentadoria e pensão dos servidores públicos, estipulados nos §§ 2º e 3º do art. 40 da CF/1988. Desta forma, os proventos de aposentadoria percebidos pelo servidor público não mais se equipararão à totalidade da remuneração na atividade, conforme era prescrito antes da Reforma.

Com efeito, não há mais que se falar em proventos de aposentadoria de servidor público equivalente à totalidade do *quantum* remuneratório percebido na atividade, passando o cálculo da aposentadoria a ser baseado no cômputo das contribuições efetivamente recolhidas à Previdência Social, durante a sua vida laboral, tanto no regime geral quanto no regime próprio (arts. 201 e 40 da Constituição Federal).

Com isso, o valor do benefício, que guardará relação com o caráter contributivo do sistema, assim como o valor da pensão, será delineado pelo limite máximo estabelecido aos beneficiários do RGPS, desde que a União, Estados, Distrito Federal e Municípios instituam um regime de previdência complementar aos seus respectivos servidores.

Outra alteração trazida pela Reforma é a referente ao benefício da pensão por morte do servidor, estipulado no § 7º do art. 40 da Constituição Federal.

A este benefício, entretanto, atribuiu-se à lei o critério de sua concessão, que passa a ser limitado a 70% do valor que o servidor auferiria em sua aposentadoria, assegurado o direito a regime de previdência complementar a ser estipulado pela União, Estado, Distrito Federal e Município, por lei complementar.

Conforme demonstrando, a EC nº 41/2003 unificou o limite aplicado aos benefícios do Regime Geral, ou seja, aos trabalhadores da iniciativa privada, e que passará a ser utilizado, da mesma forma, como valor base para o Regime Próprio, na concessão de benefícios de aposentadoria e pensão por morte dos servidores públicos e seus dependentes, ressaltando, ainda, a necessidade de seu reajuste, em caráter permanente, objetivando preservar o seu valor real e atualizá-lo pelos índices aplicados ao referido regime, com previsão no art. 40 da Lei Maior.

Faz-se mister ressaltar que referido limite aplicar-se-á tão somente aos servidores que vierem a ingressar no serviço público após a vigência da referida Emenda, condicionando ainda esta validade à criação de um regime de previdência complementar, a ser criado por lei ordinária, nos parâmetros das regras aplicáveis à previdência privada e distintamente ao RGPS.

A criação deste regime de previdência complementar se dará pela União, Estados, Distrito Federal e Municípios, através de iniciativa do chefe do Poder Executivo.

A aplicação do limite máximo fixado para os benefícios do RGPS, a ser utilizado no pagamento de aposentadoria e pensão por morte aos servidores cujo ingresso no serviço público se deu até a data da publicação da Emenda, só se fará através de prévia e expressa opção, desde que instituído o regime de previdência complementar pelo ente federativo ao qual o servidor se encontra vinculado.

Conclusivo se torna que os proventos do servidor inativo e dos pensionistas obedecerão ao limite, reajustável, cabendo à previdência complementar, mediante prévio recolhimento, o pagamento de valor que perpasse referido limite.

O cálculo de reajustes dos proventos das aposentadorias e pensões de que trata o § 8º do art. 40 da CF/1988 sofreu alteração com a Reforma, de sorte que não mais haverá relação entre os benefícios a serem auferidos e os valores percebidos na respectiva carreira à qual o servidor pertencia.

Aplicar-se-á o mesmo critério de reajuste dos benefícios do Regime Geral de Previdência Social, constante no art. 201, § 4º, da Constituição Federal, aos reajustes periódicos das aposentadorias e pensões dos servidores públicos.

Ocorre que, a exemplo do que se vislumbra no Regime Geral, quando os benefícios de aposentadoria e pensão são veiculados a um valor determinado, ainda que sujeitos a reajustes periódicos, há uma perda em potencial do poder aquisitivo do beneficiário, eis que o valor real dos benefícios é preservado e reajustado de acordo com os critérios fixados em lei.

Com a aplicação, analogicamente, da regra de reajuste dos trabalhadores do regime geral aos servidores públicos, hipótese em que os valores de referência da respectiva carreira do servidor não mais se aplicarão como parâmetro para os cálculos de aposentadoria, consubstanciada está uma queda no poder aquisitivo do servidor.

A regra de transição, criada pela EC nº 20/1998, que assegurava o direito à aposentadoria voluntária com proventos integrais para os servidores titulares de cargos efetivos, cujo ingresso no serviço público se deu até a data da publicação da referida Emenda, e preenchidos os demais requisitos ali previstos, foi substancialmente alterada, não mais subsistindo o caráter integral daquele benefício.

Com a Reforma, reduz-se em 5% o provento da inatividade para cada ano antecipado em relação ao limite estipulado no art. 40, § 1º, III, da Constituição Federal, qual seja, 60 anos para homem, e 55 anos para mulher. Esta mudança, trazida pela Reforma, extinguiu o incentivo à antecipação da aposentadoria.

Suprimiu-se a regra de transição constante no § 1º do art. 8º da EC nº 20/1998, que se aplicava aos servidores que ingressaram regularmente no serviço público até a data da publicação da referida Emenda, 15 de dezembro de 1988, e que trazia a garantia de aposentadoria com proventos proporcionais ao tempo de contribuição.

Referida alteração objetivou diminuir as diferenças entre os critérios de concessão de aposentadoria do servidor público e do regime geral, aplicado aos trabalhadores da iniciativa privada, cuja aposentadoria prematura é alcançada pela regra de cálculo de benefícios, aplicando-se o fator previdenciário previsto no art. 29, I e §§ 7º e 9º da Lei nº 8.213/1991, com os acréscimos da Lei nº 9.876/1999.

Uma das mais polêmicas alterações, sem dúvida, é a que instituiu a contribuição previdenciária aos servidores inativos e pensionistas da União, Estados, Distrito Federal e Municípios, aplicando-se tanto aos que já percebiam tais benefícios, quanto aos que ainda viriam a perceber, incidindo somente sobre a parcela dos proventos que supere o limite de isenção do imposto de renda e destinado aos servidores inativos e pensionistas dos referidos entes, que se encontrarem em gozo de benefícios quando da promulgação da Emenda nº 41/2003, bem como àqueles que, à mesma época, tenham cumprido os requisitos para esta obtenção.

Outro critério, portanto, será atribuído aos servidores cujos requisitos à aposentadoria vierem a se cumprir após a data da promulgação da Emenda nº 41/2003, e cujas aposentadorias e pensões vierem a ser percebidas após a mesma data. Nestas hipóteses, a contribuição incidente sobre aqueles proventos, aplicáveis de acordo com os parâmetros do art. 40 da Constituição Federal, incidirá apenas sobre a parcela que supere o limite máximo estipulado aos benefícios do Regime Geral de Previdência Social de que trata o art. 201, também da Constituição Federal.

A criação da imunidade contributiva temporária, também intitulada abono de permanência, se constitui em mais uma novidade trazida pela Reforma.

Ao servidor que houver preenchido os requisitos estatuídos no art. 40, § 1º, III, *a*, qual seja, 60 anos de idade e 35 de contribuição para o homem, e 55 anos de idade e 30 de contribuição para a mulher, dez anos de efetivo exercício no serviço público e cinco anos no cargo em que se dará a aposentadoria, e opte por permanecer em atividade, terá o benefício de uma imunidade, a qual se estenderá até que este complete as exigências necessárias à aposentadoria compulsória, que ocorre aos 70 anos de idade. A ele será concedido o equivalente ao valor de sua contribuição previdenciária.

Esta prerrogativa se constitui em um estímulo concedido pela Administração Pública ao servidor, objetivando adiar a sua aposentadoria, embora esse já se encontre em condições legais para requerê-la.

Com isso, a Administração Pública tem duas vantagens em relação à permanência do servidor. Primeiramente, exime-se da necessidade imediata de admitir um outro servidor para o cargo que restará vago, além de adiar as despesas que requerem uma aposentadoria. Embora as referidas vantagens, registre-se, são de caráter transitório, constituem-se, para o ente empregador, em uma forma de postergar gastos.

Criação da obrigatoriedade dos Estados, Distrito Federal e Municípios de instituírem contribuição de seus servidores para o custeio, em favor deles, do regime previdenciário previsto no art. 40 da Constituição Federal, em substituição à opção de fazê-lo, antes prevista no art. 149, parágrafo único, do mesmo diploma legal. Consigne-se que a alíquota a que se refere esta contribuição não será inferior à contribuição dos servidores titulares de cargos efetivos da União.

Com isso, sela-se a obrigatoriedade dos entes estatais de estabelecer uma alíquota que se coadune com os parâmetros de uma previdência de caráter contributivo, bem como se reporta ao dispositivo constitucional previsto no art. 40 que zela pelo equilíbrio financeiro e atuarial dos servidores.

A Reforma traz a inviabilidade da existência de mais de um regime próprio de previdência social para os servidores titulares de cargo efetivo. Com isso, centralizam-se as atividades do sistema previdenciário, unificando um adequado planejamento de políticas previdenciárias e de recursos humanos na Administração Pública e obtêm-se resultados positivos, tais como a diminuição de custos, uma maior transparência ao acesso de informação, entre outros.

Com a alteração do art. 37, XI, da Constituição Federal, a partir da Emenda Constitucional nº 19/1998 – Reforma Administrativa – o Legislador Constituinte Derivado estabeleceu o teto máximo para a remuneração e o subsídio dos ocupantes de cargo, funções e empregos públicos da administração direta, autárquica, fundacional, dos membros de qualquer dos poderes da União, dos Estados, do Distrito Federal e dos Municípios, dos detentores de mandato eletivo e dos demais agentes políticos, bem como os proventos, as pensões ou outra espécie remuneratória, percebidas cumulativamente ou não, incluídas as vantagens pessoais ou de qualquer natureza, não podendo exceder o subsídio mensal, em espécie, do Ministro do Supremo Tribunal Federal.

A remuneração e o subsídio dos ocupantes de cargos, funções e empregos públicos da administração direta, autárquica ou fundacional, dos membros de qualquer dos poderes da União, dos Estados, do Distrito Federal e dos Municípios, bem como dos detentores de mandato eletivo e dos demais agentes políticos, e os proventos, pensões ou outra espécie remuneratória, percebidos cumulativamente ou não, incluídas as vantagens pessoais ou de qualquer natureza, disposto no inciso XI do art. 37 da Constituição Federal, acrescentada ao que dispõe o art. 40, § 11, que se originou da Emenda Constitucional nº 20, formalizou o teto remuneratório do servidor público.

Este teto corresponde ao subsídio mensal, em espécie, dos Ministros do STF, fixado em parcela única, vedado o acréscimo de qualquer gratificação, adicional, abono, prêmio, verba de representação ou outra espécie remuneratória. Ocorre, todavia, que o teto remuneratório e previdenciário aplicável ao serviço público não havia sido implementado face à falta de regulamentação.

Acrescente-se que a utilização do teto máximo estipulado no texto constitucional, qual seja, o subsídio do Ministro do STF, estava condicionada à sua própria criação, cuja competência é do Congresso Nacional, com a sanção do Presidente da República, e por lei de iniciativa conjunta dos Presidentes da República, da Câmara dos Deputados, do Senado Federal e do próprio Supremo Tribunal Federal. Verifica-se um verdadeiro emaranhado político a condição estabelecida pelo Legislador Constituinte Derivado para a regulamentação do referido preceito constitucional. O subsídio aqui referido se fixaria em parcela única e vedado o acréscimo de qualquer gratificação, adicional, abono, prêmio, verba de representação ou qualquer outra espécie remuneratória.

O texto da Constituição se pautou, engenhosamente, em uma condição política, traçando um liame entre os Poderes Legislativo, Executivo e Judiciário no que concerne à criação de uma lei que fixasse o subsídio dos Ministros do STF, o qual serviria de parâmetro para os tetos remuneratório e previdenciário. Poder-se-ia equiparar estes requisitos a uma verdadeira manobra política, a qual exigiria uma série de articulações, e que acabava por postergar e sobrepor a iniciativa para a criação da aludida lei.

A Suprema Corte se manifestou, oportunamente, firmando o entendimento de que os arts. 37, XI, e 39, § 4º, da Constituição Federal, com o texto da EC nº 19/1998 não eram autoaplicáveis, uma vez que não havia sido estabelecido o subsídio dos Ministros do STF, e que esta só poderia sê-lo através de lei de iniciativa conjunta dos Presidentes da República, do STF e das duas Casas Legislativas, de acordo com previsão do art. 48, XV, da Constituição Federal.

Firmou-se, ainda, que na falta da regulamentação aplicar-se-ia o disposto no art. 37, XI, da Lei Maior, com a redação anterior à EC nº 19/1998, que estipulava o teto dos Ministros do STF, Ministros de Estado e Membros do Congresso Nacional, no âmbito dos respectivos poderes, bem como o de seus correspondentes nos Estados, no Distrito Federal e nos Territórios, e os Prefeitos nos Municípios.

Na esteira das mesmas considerações firmou-se ainda o STF, em razão do disposto no art. 37, XI, na redação anterior à EC nº 19/1998, que tendo em vista os arts. 37, XIII, e 39, § 1º, também com a redação anterior à EC nº 19/1998, ficam excluídas do teto as vantagens de caráter individual e as relativas à natureza e ao local de trabalho, tais como: adicional por tempo de serviço, integração dos "quintos" ou "décimos", gratificação de risco de vida, incluindo-se as demais gratificações percebidas em razão do exercício do cargo, como a gratificação de produtividade, função gratificada, representação de gabinete, cargo em comissão e gratificação de tempo integral.

Com efeito, ficaram excluídas as vantagens pessoais do cômputo relativo à observância do teto constitucional, enquadrando-se neste gênero a integração dos "quintos", ou seja, a estabilidade remuneratória. Além disso, exclui-se dessa limitação o adicional por tempo de serviço, assim como a gratificação de risco de vida correspondente à natureza do trabalho, por configurarem vantagem de natureza individual.

Para efeito de cálculo, compreendem-se no valor do teto as vantagens de função gratificada, representação de gabinete, cargo em comissão, de função gratificada e, ainda, de tempo integral. Mister salientar que a circunstância de decorrer o pagamento de decisão judicial só aproveita o servidor quando haja a sentença decidido acerca da questão de ser a parcela excecionável da limitação.

Conforme consignado, a Reforma da Previdência, que teve início com a EC nº 20/1998, acrescentou o § 11 ao art. 40 do Texto Constitucional, instituindo o teto previdenciário no serviço público, que se encontra previsto no art. 37, XI, do mesmo diploma legal, na redação da EC nº 19/1998, correspondente ao subsídio mensal, em espécie, dos Ministros do STF, fixado em parcela única e vedado o acréscimo de qualquer gratificação, adicional, abono, prêmio, verba de representação ou qualquer outra espécie remuneratória.

Pretendeu o Legislador Constituinte Derivado, com a redação das Emendas nºs 19 e 20, uma moralização dos tetos remuneratório e previdenciário no serviço público, o que ficou inviabilizado diante da falta de fixação do subsídio dos Ministros do STF, a qual se daria por lei de iniciativa conjunta, dos Presidentes da República, da Câmara dos Deputados, do Senado Federal e do Supremo Tribunal Federal, de acordo com a previsão do art. 48, inciso XV, da Constituição Federal na redação da EC nº 19/1998.

Entretanto, esta moralização se tornou possível com a EC nº 41/2003, dada a nova redação atribuída aos arts. 37, inciso XI, 48, inciso XV, e 96, inciso II, *b*, todos da Constituição Federal.

Com isto, a competência para a fixação do subsídio, em parcela única, através da iniciativa de lei específica e nos termos do § 4º do art. 39 da Lei Maior, a ser instituído como teto remuneratório e previdenciário definitivo, para os fins do art. 37, inciso XI, e 40, § 11, foi restituída ao STF, extinguindo-se a natureza política que permeava tal decisão.

Permitiu ainda, o novo dispositivo legal, a criação de um subteto pelos Estados, Distrito Federal e Municípios, a ser aplicado a seus servidores, permitindo-lhes um limite mais condizente com as suas capacidades financeiras e inferiores ao subsídio mensal dos Ministros do STF.

Com a fixação deste limite, finalmente será viabilizada a aplicação do dispositivo contido no art. 17 do ADCT, referente ao limite remuneratório e previdenciário na Administração Pública, determinado pelo Poder Constituinte Originário e jamais implementado pela legislação infraconstitucional, tendo ficado obscuro e esquecido desde a promulgação da Constituição Federal, em 1988.

Por fim, a EC nº 41/2003 trouxe a discussão sobre o direito adquirido. De acordo com o entendimento da Suprema Corte, os proventos da inatividade regulam-se pela via vigente ao tempo em que o servidor, seja ele civil ou militar, reuniu os requisitos legais para a sua propositura, não obstante a data do requerimento, em face da invalidação deste dispositivo jurisprudencial, em caso de inatividade voluntária.

Nesta acepção, o reajustamento periódico dos benefícios de aposentadoria e pensão dos servidores inativos e pensionistas da União, dos Estados, do Distrito Federal e dos Municípios fica garantido, em função do direito adquirido dos servidores em gozo de benefícios na data da promulgação da aludida Emenda.

Magistralmente elaborado por meio da EC nº 41/2003 o dispositivo que põe termo a esta lacuna, uma vez que o novo texto constitucional alterou as regras para a criação da lei que serviria de paradigma para a fixação do teto previdenciário dos servidores, perfilhando o entendimento jurisprudencial do STF e restituindo-lhe a iniciativa da criação de lei específica para a fixação do subsídio, em parcela única, conforme constante no art. 30, § 4º, da Constituição Federal, a ser considerado como teto remuneratório e previdenciário definitivo.

3.2.1. Comentário aos artigos da EC nº 41/2003 e seus correlatos na CF/1988

O art. 1º da EC nº 41/2003 alterou o art. 40 da CF/1988, passando a vigorar com o seguinte texto:

> *Art. 40. Aos servidores titulares de cargos efetivos da União, Estados, do Distrito Federal e dos Municípios, incluídas suas autarquias e fundações, é assegurado regime de previdência de caráter contributivo e solidário, mediante contribuição do respectivo ente público, dos servidores ativos e inativos e dos pensionistas, observados critérios que preservem o equilíbrio financeiro e atuarial e o disposto neste artigo.*

O novo texto constitucional incluiu a característica de *solidariedade* aos servidores de cargo efetivo do Regime Próprio de Previdência Social, bem como estendeu a contribuição aos *servidores inativos e pensionistas.*

Em princípio, pode-se concluir, erroneamente, que a solidariedade se constitui numa novidade no regime geral e nos regimes próprios, o que, de fato, não se coaduna com a realidade, posto que a solidariedade já se constituía, segundo alguns estudiosos do tema, em um dos mais importantes princípios na previdência social. O princípio da solidariedade rege-se pelo sistema de repartição simples e não pelo sistema de capitalização.

No *sistema de repartição simples*, o servidor contribui com um valor fixado anualmente, que não será individualizado somente em benefício deste, mas destinado para o sistema em si, de forma a beneficiar todos os filiados, independentemente do tempo de contribuição de cada um. Ao contrário, no *sistema de capitalização* a contribuição é individualizada, formando-se um fundo de reserva para cada servidor e, com isso, restringindo o benefício ao tempo de contribuição de cada um.

No Brasil, impera a aplicação do sistema de repartição simples no regime de previdência pública, o que se coaduna com o ideário de justiça social e redistribuição de renda, por beneficiar a todos os filiados.

Ao estatuir a EC nº 41/2003 que a contributividade recai sobre o ente público, servidores ativos e inativos e pensionistas, cria-se a vinculação da respectiva contribuição a um sistema previdenciário, que deverá auferir os recursos de todos os contribuintes e aplicá-los. Para tanto, mister se faz a existência de um fundo próprio, com orçamento distinto.

Por oportuno, esclareça-se que a criação de um orçamento destinado à seguridade social se encontra constitucionalmente amparado no art. 165, § 5º, da Lei Maior, bem como a sua distinção em relação ao orçamento fiscal, haja vista estarem ambos previstos, distintamente, na lei orçamentária fiscal. Contudo, até a entrada em vigor da EC nº 41/2003, os valores constantes na conta da previdência, incluindo-se aí seus créditos e débitos, eram processados no orçamento fiscal do respectivo ente federativo, em vez de constarem no orçamento da seguridade social, constitucionalmente previsto.

Ocorre, todavia, que o dispositivo constitucional estava sendo violado, diante da falta de criação de um "fundo próprio", no qual o agente estatal funcionasse como "empregador", tal qual ocorre com o art. 195, I, *a*, da Constituição Federal, com os recursos da sociedade e incluídas as parcelas de responsabilidade dos entes públicos.

Com isso, os débitos e créditos previdenciários eram incluídos no orçamento fiscal, eximindo-se o ente federativo de contribuir, pois este argumentava a desnecessidade de contribuir para ele mesmo, acarretando, assim, uma majoração no débito do sistema, tendo em vista o "desfalque" de recursos que ocorria indevidamente. Com a devida contribuição do Estado e o destino dos recursos a um fundo específico, diferentemente do orçamento fiscal, somando-se às contribuições da sociedade, agora acrescidas à tributação dos servidores inativos e pensionistas – embora este dispositivo esteja sendo judicialmente questionado no Supremo – o sistema de seguridade social no Brasil toma, enfim, novos caminhos rumo à igualdade e à justiça social.

Questão divergente e polêmica após a entrada em vigor da EC nº 41/2003 tem-se dado sobre a constitucionalidade ou não da cobrança de contribuição previdenciária dos servidores inativos e pensionistas, gerando a manifestação da doutrina e da jurisprudência, na tentativa de selar um consenso legal sobre o assunto.

Ocorre, contudo, que a tentativa de instituir contribuição previdenciária sobre os proventos de aposentadoria e pensão por morte a funcionário público e seus pensionistas, decorre de longa data e se reveste de grande polêmica. Mais de uma Medida Provisória, taxando a mencionada contribuição, já foi editada e posteriormente rejeitada, como as de nºs 560/95, 1.415/96 e 1.482/98. Além dessas, a proposta à Emenda Constitucional nº 20/1998 também dispunha desta contribuição em seu texto, tendo, todavia, sido rejeitada pelo Congresso Nacional.

No âmbito federal, a Lei Ordinária nº 9.783/1999 também instituiu a contribuição previdenciária sobre os proventos de aposentadoria e pensão aos servidores federais e seus respectivos dependentes. Portanto, os dispositivos da aludida lei que dispunha sobre a contribuição foram rechaçados através da Ação Direta de Inconstitucionalidade nº 2.010/DF, proposta pela Ordem de Advogados do Brasil. O STF, através do Ministro Relator Celso de Mello, concedeu liminar suspendendo a eficácia do referido dispositivo.

> *Art. 40. (...)*
>
> *§ 1º os servidores abrangidos pelo regime de previdência de que trata este artigo serão aposentados, calculados os seus proventos a partir dos valores fixados na forma da lei:*
>
> *I – por invalidez permanente, sendo os proventos proporcionais ao tempo de contribuição, exceto se decorrente de acidente em serviço, moléstia profissional ou doença grave, contagiosa ou incurável, na forma da lei;*

O § 1º do art. 40 dispõe sobre as diferentes formas de aposentadoria do servidor público, que são: por invalidez; compulsória: aos setenta anos de idade; voluntária: combina idade com tempo de contribuição e tempo no serviço público; ou somente idade; e especial: condições definidas em lei complementar.

Permaneceram inalteráveis as regras aplicadas às aposentadorias compulsória (proporcional ao tempo de contribuição; aos setenta anos de idade para homem e mulher); voluntária integral (dez anos de efetivo exercício no serviço público, mesmo que em cargos diversos e descontinuamente, cumpridos nos diferentes entes – União, Estados, Distrito Federal e Municípios; cinco anos no cargo efetivo em que se dará a aposentadoria; sessenta anos idade e trinta e cinco de contribuição para homem, e cinquenta e cinco anos de idade e trinta anos de contribuição se mulher); e voluntária proporcional ao tempo de contribuição (dez anos de efetivo exercício no serviço público, cinco anos no cargo efetivo em que se dará a aposentadoria; sessenta e cinco anos de idade para homem, sessenta anos de idade para mulher).

A alteração ficou por conta do que se aplica à aposentadoria por invalidez permanente, que terá os proventos calculados ao tempo de contribuição, exceto se decorrente de acidente em serviço, moléstia profissional ou doença grave, contagiosa ou incurável, na forma da lei. A aplicação do termo "na forma da lei", em substituição ao antigo texto "especificadas em lei", pressupõe que uma nova lei venha disciplinar a matéria, com as devidas especificidades sobre as doenças e criando demais parâmetros.

A lei a que se refere este parágrafo há que ser federal, com competência da União para legislar sobre regras gerais e determinar se uma doença é grave, contagiosa ou incurável o bastante para justificar uma aposentadoria integral por incapacidade, cujo afastamento tem de ser permanente.

O parâmetro utilizado para os fins de cálculo de aposentadoria, a partir da Reforma, passa a ser o disposto nos §§ 3º e 17, que estipulam, respectivamente, o fim da manutenção do valor da remuneração na inatividade, e utilizando-se o cálculo da prestação previdenciária com base na média das remunerações e atendidas as devidas atualizações monetárias.

Importa consignar que esta regra se aplica somente aos servidores ocupantes de cargo efetivo amparados pelo Regime Próprio. Outra é a situação daqueles contratados pelo regime de emprego público por prazo determinado, bem como daqueles que ocupam exclusivamente cargo em comissão, os quais serão vinculados ao Regime Geral de Previdência Social.

> *§ 3º Para o cálculo dos proventos de aposentadoria, por ocasião da sua concessão, serão consideradas as remunerações utilizadas como base para as contribuições do servidor aos regimes de previdência de que tratam este artigo e o art. 201, na forma da lei.*

O § 3º do art. 40 se caracteriza pelo abandono do princípio da integralidade, que é uma das mais relevantes mudanças no sistema previdenciário trazido pela tão esperada Reforma da Previdência.

A base de cálculo das aposentadorias e pensões dos servidores passa a ser a média das remunerações percebidas no serviço público, e em eventual atividade privada, conforme previsão legal, em substituição ao valor da última remuneração, conforme utilizado anteriormente.

A regra que caiu em desuso, a partir da Reforma, trazia a possibilidade de eventuais distorções na concessão dos proventos do inativo, e, ao ser aplicada, poderia estar causando graves prejuízos aos cofres públicos, sobretudo ao sistema previdenciário. A exemplo do exposto, pode-se especificar um caso de aposentadoria em que o servidor ocupou um modesto cargo público durante longos anos, percebendo uma remuneração de aproximadamente dois salários-mínimos, e às vésperas de se aposentar, tenha ingressado em um outro cargo com uma remuneração infinitamente maior à ocupada na sua vida laboral.

Caracterizada estaria uma injustiça no sistema previdenciário, ao conceder um benefício com base em uma remuneração que foi auferida por um tempo ínfimo, e cuja respectiva contribuição pouco contribuiu aos cofres da previdência, não se justificando o pagamento de proventos com base nesse valor.

A toda evidência, a contribuição do servidor ao Regime Próprio com base na maior remuneração não foi suficiente para gerar o benefício que era concedido a este, muito embora os descontos previdenciários não são específicos a cada um, e sim generalizados, face à aplicação, no sistema brasileiro, ao princípio da universalidade e da uniformidade. Ainda assim, não se justifica o retorno de um valor que não foi descontado no mesmo patamar.

Ademais, os princípios da universalidade e da uniformidade têm o objetivo de buscar uma maior justiça social no sistema previdenciário, abarcando maior número possível de pessoas e se aproximando ao máximo à unificação nos regimes de previdência.

Com a mudança na base de cálculo, o sistema tende a se tornar mais justo, posto que serão considerados os valores sobre os quais incidem as contribuições, tanto do regime geral, gerido pelo INSS, quanto do regime próprio, através de uma média sobre toda a contribuição do servidor. Afasta-se, com isso, a possibilidade do pagamento de pensões sobre valores distorcidos em razão de maior ou menor contribuição na vida laboral do contribuinte.

Com a expressão ao final do texto, "na forma da lei", vinculou o Legislador Constituinte Derivado a criação de lei, pela União, que disponha sobre as regras gerais de cálculo, podendo os entes federados disciplinar as matérias de ordem específica, desde que obedecidas as regras gerais antes estipuladas.

Esta foi, sem dúvida, uma louvável modificação no sistema previdenciário que será aplaudida pelos estudiosos do tema. O equilíbrio financeiro e atuarial, evocado no texto do art. 40 da Lei Maior, que prevê o regime de previdência de caráter contributivo e solidário, passa a ser passível de ser alcançado.

Com a adoção do sistema de concessão do benefício de pensão sobre a média das remunerações do servidor, não apenas auferida no serviço público, mas também no período em que tenha contribuído para o Regime Geral de Previdência Social, as regras se coadunam com o sistema contributivo. Com efeito, o sistema de concessão de benefício se compatibiliza com a cotização, contribuindo para o equilíbrio financeiro e atuarial da Previdência.

> *§ 7º Lei disporá sobre a concessão do benefício de pensão por morte, que será igual:*
>
> *I – ao valor da totalidade dos proventos do servidor falecido, até o limite máximo estabelecido para os benefícios do regime geral de previdência social de que trata o art. 201, acrescido de setenta por cento da parcela excedente a este limite, caso aposentado à data do óbito; ou*
>
> *II – ao valor da totalidade da remuneração do servidor no cargo efetivo em que se deu o falecimento, até o limite máximo estabelecido para os benefícios do regime geral de previdência social de que trata o art. 201, acrescido de setenta por cento da parcela excedente a este limite, caso em atividade na data do óbito.*

A pensão por morte deixada pelo servidor público a seus dependentes, antes da Reforma, era estipulada pelo princípio da integralidade, valendo-se do valor dos proventos auferidos a título de aposentadoria, ou aos proventos a que faria jus o servidor em atividade quando se deu o óbito. Com esta norma, a pensão se revestia de caráter integral.

Em face da nova redação do § 7º do art. 40 da Constituição Federal, atribuída pela EC nº 41/2003, extinta está a integralidade, dando lugar à proporcionalidade. Com isso, tem-se a possibilidade de duas situações distintas, a seguir expostas:

Se o falecimento do servidor se deu após a sua aposentadoria, a pensão por morte a seus dependentes será integral, obedecido o limite máximo de pagamento dos benefícios do Regime Geral de Previdência Social, gerido pelo INSS, cujo valor, a partir da Reforma, passou a ser de R$ 2.400,00 (dois mil e quatrocentos reais), reajustado periodicamente.

Ultrapassado este "teto", o servidor somente fará jus a 70% (setenta por cento) do valor excedente. Caracteriza-se com isso um abatimento de 30% (trinta por cento) sobre a pensão, no que ultrapassar o limite do regime geral.

Exemplificando: Se um servidor aposentado aufere uma pensão de R$ 2.300,00 (dois mil e trezentos reais), ao morrer deixará uma pensão com o valor equivalente ao percebido por ele, ou seja, 2.300,00 (dois mil e trezentos reais). Com isso, os seus dependentes terão direito a uma pensão integral, de 100% (cem por cento).

Numa segunda hipótese, se um servidor falece recebendo uma aposentadoria de R$ 3.000,00 (três mil reais), o seu dependente terá direito a uma pensão de R$ 2.820,00 (dois mil, oitocentos e vinte reais), que é a soma de R$ 2.400,00 (dois mil e quatrocentos reais), que corresponde ao teto máximo do RGPS, mais 70% (setenta por cento) do valor excedente – R$ 600,00 (seiscentos reais) = R$ 420,00 (quatrocentos e vinte reais).

A mesma regra se aplica para o cálculo de pensão por morte, se o servidor se encontrava em atividade, substituindo-se o valor da aposentadoria ao valor da sua última remuneração. Evidencia-se uma contradição à norma prevista no § 3º, cuja análise já se deu anteriormente, e que determina que seja utilizado, para efeitos de cálculo de pensão por aposentadoria, uma base das remunerações percebidas durante a vida laboral do servidor.

Furtou-se o Legislador Constituinte Derivado de dar ênfase ao equilíbrio financeiro e atuarial, enaltecido no § 3º. Contudo, despiu-se o legislador do senso racional e adentrou a esfera que valoriza a pessoa humana, tratando a situação do dependente do servidor falecido, em geral sua família, com um certo privilégio, ao valer-se da base de cálculo de sua última remuneração, diferentemente do que se aplicaria à aposentadoria.

Nesta acepção, a pensão deixada pelo servidor que se encontrava em atividade quando de seu falecimento será processada tendo como base de cálculo o valor de sua última remuneração. Contudo, sobre o montante que ultrapassar o teto do valor estipulado pelo RGPS incidirá o desconto de 30% (trinta por cento), fazendo jus o pensionista a 70% do valor excedente ao teto.

O diferencial que é concedido ao pensionista do servidor em relação ao servidor aposentado, no que tange à base de cálculo, se justifica pelo evento morte, situação esta que garante um privilégio em face da imprevisibilidade que a envolve, e ao caráter irreversível que sugere uma reorganização na situação financeira da família do servidor falecido.

Insta registrar que a regra que se aplica aos dependentes do servidor, para cálculo de pensão, recai apenas sobre o falecimento que se deu a partir do 1º dia após a entrada em vigor da EC nº 41/2003, ainda que a aposentadoria tenha se dado com fulcro na norma que vigia anteriormente. Com isso, a incidência do disposto no § 7º do art. 40 cairá sobre as pensões correspondentes aos óbitos que ocorreram a partir do primeiro dia após a vigência da Reforma, que se deu em 1º/01/2004, subsistindo a regra do dispositivo legal às pensões anteriores, qual seja, da integralidade, cujos óbitos se deram até o dia do início da vigência da EC nº 41/2003.

Superado, portanto, o princípio da integralidade das pensões, que estipulava o benefício da pensão por morte igual ao valor dos proventos a que o servidor fazia jus no dia de seu falecimento.

Com a Reforma e as suas alterações, pode-se afirmar que os pensionistas foram duplamente prejudicados, pois além de sofrerem o redutor sobre os seus proventos, ainda adquiriram a obrigação de contribuir para o Regime Próprio de Previdência Social, cuja incidência se dará sobre o valor que exceder o teto.

Tratamento diferenciado recebem os pensionistas que auferiram a pensão antes da publicação da EC nº 41/2003, pois sua contribuição será para o Regime Próprio de Previdência Social, na forma do art. 4º da Constituição Federal.

> *§ 8º É assegurado o reajustamento dos benefícios para preservar-lhes, em caráter permanente, o valor real, conforme critérios estabelecidos em lei.*

Com a regra do § 8º do art. 40, superado está o princípio da paridade entre os servidores ativos e inativos, posto que, antes da Reforma, as correções e as vantagens, inclusive as gratificações, aplicadas aos servidores ativos, se estendiam também aos aposentados e pensionistas.

No que concerne ao aspecto financeiro e atuarial, restam algumas indagações sobre a real legalidade de se conceder ao inativo determinadas vantagens que só se configuravam com a produtividade do servidor, o que por certo, não faz sentido atingir o inativo.

Por outro lado, há a questão do desgaste financeiro que pesa sobre todos os trabalhadores, tanto público quanto da iniciativa privada, gerando constantes perdas substanciais no poder aquisitivo de todos, que não são, verdadeiramente, alcançadas pelos aumentos salariais de parcas porcentagens.

Com este argumento, a parcela que se exclui do direito dos inativos, nada mais seria do que uma pequena contribuição a seus defasados proventos. Ademais, tem-se o fato de que os inativos, por não mais contribuírem para a economia do País, e por serem rapidamente substituídos por uma força de trabalho produtiva, se constituem numa parcela da população que sofre discriminações e desvantagens, notadamente num mundo capitalista. Portanto, esta questão adentra a seara sociopolítica, o que foge ao propósito deste trabalho.

Reportando-se ao reajustamento dos benefícios do servidor, registre-se que este se equipara ao benefício mantido pelo Regime Geral, nos termos do art. 201, § 4º, da Lei Maior.

Não seria difícil ao servidor superar a regra da paridade se, em lugar desta, fossem adotadas medidas que levassem a fixar um índice compatível com a defasagem salarial, próximo à realidade de um país que arrasta uma inflação por longas décadas, embora com índices oscilantes, mas sempre muito expressiva em relação ao custo de vida.

Entretanto, os reajustes salariais, sobretudo do funcionalismo público, em nada se comparam à realidade dos fatos, deixando sempre no ar a impressão de que faltou "um algo a mais" a ser acrescentado aos reajustes dos salários dos trabalhadores e aos proventos dos servidores.

§ 15. O regime de previdência complementar de que trata o § 14 será instituído por lei de iniciativa do respectivo Poder Executivo, observado o disposto no art. 202 e seus parágrafos, no que couber, por intermédio de entidades fechadas de previdência complementar, de natureza pública, que oferecerão aos respectivos participantes planos de benefícios somente na modalidade de contribuição definida.

O regime facultativo complementar de previdência foi introduzido no Texto Constitucional através da EC nº 20/1998, não tendo sido, contudo, implementado e engrossado os dispositivos constitucionais que ficam à mercê de uma regulamentação, ou mesmo implementação por parte dos entes federados.

O texto do § 14, que integra a redação do parágrafo subsequente, assim reza:

A União, os Estados, o Distrito Federal e os Municípios, desde que instituam regime de previdência complementar para os seus respectivos servidores titulares de cargo efetivo, poderão fixar, para o valor das aposentadorias e pensões a serem concedidas pelo regime de que trata este artigo, o limite máximo estabelecido para os benefícios do regime geral de previdência social de que trata o art. 201.

Numa primeira leitura deste dispositivo constitucional constata-se a inexigibilidade dos entes federados em instituírem o regime de previdência complementar para os seus respectivos servidores. Trata-se, pois, de mera faculdade.

A não criação deste regime vincula o limite máximo destinado ao pagamento de benefícios pelo RPPS ao valor previsto no art. 37, inciso XI, da Constituição Federal.

Se instituídos estes regimes, o pagamento dos benefícios estará atrelado ao limite do pagamento previsto no RGPS pelo INSS. Nesta hipótese, as pensões serão sempre integrais no regime próprio, pois o pensionamento no serviço público está dentro do limite do RGPS.

A aposentadoria do servidor, com revisão anual, terá a eventual diferença paga apenas pelo regime complementar. Como o ingresso nesse regime é voluntário e opcional, só receberá proventos integrais superiores ao limite do RGPS aquele servidor que houver contribuído para o regime privado complementar, através de entidades fechadas de previdência complementar.

Esta contribuição terá o seu valor fixado e se destinará a um fundo individualizado, que será capitalizado no mercado de valores. Este sistema se denomina "sistema de contribuição definida", e a outra face é de prestação indefinida. O trabalhador tem uma obrigação em relação a um valor determinado, já a prestação de serviço é de valor indefinido, pois estará à mercê da sua valorização. Define-se este regime como sistema de capitalização individual.

O § 15 do art. 40 também alterou o texto, suprimindo a necessidade de lei complementar para regulamentar o assunto. Atribui a instituição do regime complementar à lei de iniciativa do Poder Executivo de cada Ente Federativo.

§ 17. Todos os valores de remuneração considerados para o cálculo do benefício previsto no § 3º serão devidamente atualizados, na forma da lei.

§ 18. Incidirá contribuição sobre os proventos de aposentadorias e pensões concedidas pelo regime de que trata este artigo que superem o limite máximo estabelecido para os benefícios do regime geral de previdência social de que trata o art. 201, com percentual igual ao estabelecido para os servidores titulares de cargos efetivos.

§ 19. O servidor de que trata este artigo que tenha completado as exigências para aposentadoria voluntária estabelecidas no § 1º, III, a, *e que opte por permanecer em atividade fará jus a um abono de permanência equivalente ao valor da sua contribuição previdenciária até completar as exigências para aposentadoria compulsória contidas no § 1º, II.*

§ 20. Fica vedada a existência de mais de um regime próprio de previdência social para os servidores titulares de cargos efetivos, e de mais de uma unidade gestora do respectivo regime em cada ente estatal, ressalvado o disposto no art. 142, § 3º, X.

Art. 42. (...)

§ 2º Aos pensionistas dos militares dos Estados, do Distrito Federal e dos Territórios aplica-se o que for fixado em lei específica do respectivo ente estatal.

Art. 149. (...)

§ 1º Os Estados, o Distrito Federal e os Municípios instituirão contribuição, cobrada de seus servidores, para o custeio, em benefício destes, do regime previdenciário de que trata o art. 40, cuja alíquota não será inferior à da contribuição dos servidores titulares de cargos efetivos da União.

3.2.2. As Ações Diretas de Inconstitucionalidade – ADIn's propostas contra a EC nº 41/2003

Saltam aos olhos os reiterados protestos que clamam pela inconstitucionalidade dos dispositivos legais da referida Emenda, desencadeando nas Ações Diretas de Inconstitucionalidade – ADIn's, que tramitam no Egrégio Tribunal.

Tão logo entrou em vigor a EC nº 41/2003, três Ações Diretas de Inconstitucionalidade, com pedido de liminar, foram impetradas perante o Supremo Tribunal Federal, requerendo a suspensão da cobrança de contribuição previdenciária dos inativos do setor público. A primeira, de nº 3099, proposta pelo Partido Democrático Trabalhista – PDT, e as outras duas – nºs 3104 e 3105 – propostas pela Associação Nacional dos Membros do Ministério Público – CONAMP. Nessas últimas, a entidade também contesta a regra de transição para a aposentadoria dos servidores, que estabeleceu desconto de 5% no benefício para cada ano de antecipação da aposentadoria, que passa a ser concedida aos 55 anos para mulheres e 60 anos para homens.

Em sua exegese, assevera a inconstitucionalidade dos referidos itens da Emenda, exaltando os arts. 5º, XXXVI, e 37, XV, no que tange ao direito adquirido, ato jurídico perfeito e a coisa julgada; e a irredutibilidade do subsídio e dos vencimentos dos ocupantes de cargos e empregos públicos.

Ressalta o Impetrante em sua ação que: "*a proposta de imposição de contribuição previdenciária não pode prosperar pela violência que encerra aos direitos dos servidores públicos, já aposentados ou não*".

E dentre as citações que ilustram a ação, homenageia o entendimento do professor Kiyoshi Harada, que expõe a questão da contribuição previdenciária com maestria, senão vejamos:

> Exatamente porque a contribuição previdenciária é tributo vinculado, seu contribuinte só pode ser o beneficiário da previdência. Só que o benefício principal não é simultâneo com o pagamento da contribuição. Ele postergado e condicionado ao preenchimento de certos requisitos: deve o sujeito passivo contribuir por longos 35 anos para fazer *jus* à aposentadoria, que representa a retribuição do Estado pelas contribuições feitas anteriormente pelo aposentado. Se nova contribuição for criada, novo benefício deverá

> ser outorgado; do contrário, caracterizaria a cobrança de imposto *sui generis*, que teria como fato gerador a percepção de proventos da aposentadoria, que já constitui fato gerador.

Por fim, conclui o eminente professor que:

> Ainda que, em tese, pudesse a Constituição Federal, por via de Emenda, retirar o caráter retributivo da contribuição social em relação aos aposentados e pensionistas, por ausência do benefício específico, não poderia essa contribuição *sui generis* alcançar o aposentado (ato jurídico perfeito), ou aquele que já reuniu as condições para aposentar-se (direito adquirido). Um e outro têm direito adquirido à percepção dos proventos de conformidade com a lei vigente à época em que cada qual reuniu condições para aposentar-se.

O então ministro do Supremo Tribunal Federal, Maurício Corrêa, negou o pedido de liminar à primeira ação, deixando o mérito da matéria para o oportuno julgamento no plenário do Tribunal. Importa consignar que a contribuição em tela só passou a ser cobrada a partir do mês de abril, findo o período de 90 dias a partir da entrada em vigor da cobrança.

Especialista em Direito Previdenciário, o Juiz federal Marcelo Leonardo Tavares firmou posição consistente na doutrina, na qual se manifesta favoravelmente à validade da medida. Em sua análise, sustenta que o argumento aplicado na ADIn nº 2.010/DF, objetivando declarar a inconstitucionalidade de alguns termos do art. 1º da Lei nº 9.783/1999, que criou contribuição de proventos de inativos da União, e que poderia ser aplicado nesta mesma hipótese, provando a inconstitucionalidade da EC nº 41/2003, não mais subsiste.

A decisão que declarou inconstitucional o referido dispositivo legislativo foi fulcrado no texto da EC nº 20/1998, especificamente no que alterou o inciso II do art. 195, que vedava a incidência de contribuição sobre aposentadorias e pensões do Regime Geral de Previdência Social. À época, como o antigo art. 40 da CF/1988, que estabelece as regras do Regime Próprio de Previdência Social, não dispunha de norma permissiva à cobrança, aplicou-se a ele subsidiariamente a regra do RGPS.

Ocorre que, com a Emenda nº 41/2003 e a nova redação do art. 40, outra seria a interpretação, posto que esta dispôs expressamente sobre a contribuição dos servidores ativos, inativos e pensionistas, fechando-se a "brecha" onde se aplicava o dispositivo do art. 195, II, da CF/1988.

Na análise de Marcelo Leonardo Tavares, tornou-se insuscetível a aplicação da tese de invalidade porquanto não estariam sendo agredidas quaisquer das cláusulas pétreas do art. 60, § 6º da CF/1988.

É o posicionamento desta pesquisa que a questão mais polêmica da Reforma da Previdência, originada em parte pela Emenda Constitucional nº 41/2003 é a que se vincula à tributação dos inativos.

Eloquentes discussões surgiram acerca deste dispositivo, antes mesmo que entrasse em vigor, e mais ainda, que referida contribuição pudesse ser cobrada, dados os 90 dias decorridos da criação da contribuição, que datavam de abril de 2003, já, agora, em plena eficácia, o que se supõe já ter desencadeado a proposição de muitas outras ADIn's e mesmo Ações Ordinárias, com o mesmo pleito.

Todavia, verifica-se que as alegações fundamentadas nas Ações de Inconstitucionalidade quase sempre abarcam o direito adquirido como a mais consistente fonte para justificar a ilegalidade da cobrança de contribuição dos inativos e pensionistas, o que, em parte, não se pode negar.

O que se tem, antes mesmo de atinar para a existência do direito adquirido, é o fato de que a aposentadoria, por si só, constitui um ato jurídico perfeito, que é o instituto do ato que se faz inteiro, se consolida, se completa, segundo os ditames legais vigentes, incorporando-se ao patrimônio jurídico daquele que dele se beneficia.

Com isso, deve o ato jurídico perfeito se cristalizar a partir do momento em que foi consolidado, não sendo passível de adulteração ou modificações posteriores. O ato foi concluído e, da forma que o foi, se perpetuará, sendo qualquer mudança que atine sobre si considerada uma violação.

No que concerne à aposentadoria dos servidores públicos, tem-se certo ser este um ato jurídico perfeito, vez que a sua concessão só se dá após cumpridos os devidos requisitos legais que a antecedem, primordialmente o tempo de serviço estipulado por lei.

Entende-se ser este o principal argumento que justifique a intangibilidade dos aposentados à contribuição previdenciária taxada pela EC nº 41/2003, eis que a aposentadoria é um ato jurídico perfeito, que por seu turno gera o direito adquirido do aposentado.

Registramos ser este o mesmo entendimento do nobre jurista Michel Temer, publicado pelo jornal "O Globo", no dia 16 de junho de 2003, o qual perfilhamos.

Além desta ação, que inaugurou a sequência de contestações da EC nº 41/2003 em nosso Egrégio Tribunal, outras duas se seguiram a esta, interpostas pela Associação Nacional dos Membros do Ministério Público – CONAMP, de nºs 3104 e 3150, com pedido de suspensão liminar de eficácia dos arts. 2º e da expressão 8º do art. 10, e do art. 4º, respectivamente, que serão oportunamente abrangidos.

Contudo, conforme já mencionamos, o STF decidiu pela possibilidade dos descontos previdenciários dos inativos.

Capítulo XX

Limites com Despesas de Pessoal

"É sobretudo a grande antiguidade das leis que as tornam santas e veneráveis, pois o povo logo despreza aquelas que vê mudar todos os dias, e que, acostumando-se a negligenciar os antigos costumes sob o pretexto de fazer melhor, introduzem-se muitas vezes grandes males para corrigir outros menores." (ROUSSEAU)

1. INTRODUÇÃO

Desde a queda do liberalismo clássico, que se mostrou incapaz de realizar o princípio da dignidade da pessoa humana – já que isso não se faz apenas com a garantia da liberdade e de uma isonomia formal, o Estado vem assumindo o papel de promotor de valores como igualdade material e, *ipso facto*, justiça social[456]. As primeiras constituições que incorporaram essa nova concepção de Estado (*welfare state*) foram a mexicana, de 1917, e a da Alemanha, de 1919. No Brasil, esse novo modelo estatal foi inaugurado pela Constituição de 1934, que dispensou pioneiramente um capítulo à disciplina da ordem econômica e social.

Essa incorporação de novos objetivos fundamentais[457] motivou uma mudança na política tributária, administrativa e financeira do Estado. Diante dos novos deveres assumidos, a tributação teve de ser incrementada, já que as despesas com a criação e a manutenção da nova estrutura se ampliaram consideravelmente. Isso significou uma completa mudança na economia, com maior intervenção do Estado em todos os sentidos.

Aumentou a carga tributária, mas as despesas cresceram em maior escala durante a era do *welfare state* brasileiro, isso sem falar na corrupção devastadora que se alastrou por todas as esferas de poder. Os dados estatísticos e a história demonstram que, no período em que se acomodou esse modelo de organização estatal, foram criadas inúmeras empresas públicas,

456. A isonomia formal, tão cara aos revolucionários franceses do final do séc. XVIII, pode ser traduzida como uma mera igualdade perante a lei. Pretendia-se, naquele contexto, que a ordem jurídica fosse igualmente válida para os franceses, independentemente da classe a que pertencessem (nobreza, clero e terceiro estado). E a conquista dessa igualdade não foi suficiente para se fazer justiça naquele país, uma vez que somente a burguesia, antes desfavorecida, saiu beneficiada. O proletariado, sem condições materiais de desfrutar da tão prometida liberdade, em nada foi contemplado. Daí ter surgido o conceito de igualdade material, que se traduz como igualdade de condições. É esse conceito de isonomia que o *welfare state* pretende realizar.

457. Repare que a Constituição do Estado do bem-estar social (*welfare state*) traz em seu bojo princípios do liberalismo ao mesmo tempo que traz princípios do socialismo. Tais constituições, ditas compromissórias, não transformam o sistema econômico capitalista num sistema socialista. Permanece o capitalismo, mas com um viés socializante. E isso se pode afirmar pelo fato de que a atuação do Estado no âmbito da economia continua a ser preponderantemente de caráter regulador, controlador e fiscalizador, só se admitindo a sua figuração da qualidade de agente econômico em casos especiais (CRFB/1988, arts. 173 e 174). Por isso, o texto menciona a incorporação de novos objetivos fundamentais e não da sua substituição.

sociedades de economia mista e fundações públicas, sempre com o pretexto de atender às necessidades sociais do povo, mas que, na verdade, acabaram por servir de "cabides de emprego" para um sem-número de incompetentes e preguiçosos. Mesmo as pessoas administrativas criadas com sérios propósitos e, por que não dizer, as Administrações Diretas acabaram acolhendo os afortunados filhos e netos de alguns (ou muitos) administradores inescrupulosos, sedentos por garantir o futuro das respectivas famílias.

Uma galinha não aguenta colocar tantos ovos! Sucumbe e morre! E não foi diferente com o Brasil. Na década de 1980, diante da completa incapacidade de pagar as suas contas, foi requerida a moratória e as portas do mercado financeiro internacional se fecharam. O duro período de recessão que se seguiu, com astronômicos índices de inflação, demonstrou a fragilidade da economia brasileira e a chave para abrir a porta da saída acabou parecendo ser a adoção inevitável da cartilha do chamado neoliberalismo[458].

Primeiro veio o programa de desestatização, aliado a uma abertura do mercado nacional aos concorrentes estrangeiros. Depois, o "Plano Real", que traria a estabilidade da moeda, e as chamadas reformas estruturais, que corrigiriam aquela tendência insustentável da Constituição de 1988 de realizar justiça social sem atentar para o custo financeiro dessa empreitada. Deveriam ser atingidos pelas referidas reformas os sistemas tributário e previdenciário, além da estrutura administrativa do Estado. Esta nos interessa mais de perto.

Com o programa de desestatização, muitas das empresas públicas e sociedades de economia mista deixariam de existir, já que os serviços que elas prestavam passariam à iniciativa privada. Por outro lado, seriam criadas agências executivas e reguladoras, a fim de impor regras e fiscalização à execução das tarefas concedidas. Isso representaria uma diminuição significativa do tamanho do Estado e, consequentemente, uma diminuição de custos, até porque grande parte dessas empresas, por variados motivos, era deficitária e ineficiente.

Contudo, isso não seria suficiente. Viu-se, sem qualquer dificuldade, que um dos fatores determinantes do caos financeiro no setor público era o altíssimo gasto com o funcionalismo, tanto com o pessoal da ativa quanto com os aposentados e pensionistas. E isso não havia sido alterado.

Depois de longo período de discussões, o governo do Presidente Fernando Henrique Cardoso conseguiu aprovar as reformas administrativas e previdenciária, esta mais tímida do que aquela[459]. Uma das principais vitórias do governo foi conseguir flexibilizar a estabilidade do servidor público, que poderia ser exonerado caso as despesas com pessoal ultrapassassem determinado limite fixado em lei complementar (CRFB/1988, art. 169, § 4º). Mas esses limites estavam inseridos num contexto muito maior.

458. Luís Roberto Barroso (A Derrota da Federação: O Colapso Financeiro dos Estados e Municípios. In: *Temas de Direito Constitucional*, 2ª ed., Rio de Janeiro: Renovar, 2002, p. 149-50): "O avanço da globalização – e o modelo de relações econômicas, financeiras e produtivas que dela decorre – deixou pouco espaço aos países da periferia para executar uma política independente e desarticulada das diretrizes traçadas no plano internacional. Todos os que dependiam de créditos e investimentos externos, inclusive de instituições como o Banco Mundial e o Fundo Monetário Internacional, viram-se compelidos a adotar o receituário imposto, conhecido como 'Consenso de Washington', e que inclui: a) a adoção de regime cambial estável; b) a abertura do mercado nacional; a redução do *deficit* público; d) a desestatização".

459. Mais tímida pelo fato de não ter conseguido aprovar um dos pontos principais, que era o fim da aposentadoria integral do servidor público. Tanto que essa proposta está sendo reapresentada agora, já no governo do Presidente Luiz Inácio Lula da Silva.

2. AS REFORMAS ADMINISTRATIVA E PREVIDENCIÁRIA – EC'S Nº 19/1998 E Nº 20/1998

Na verdade, a Emenda Constitucional nº 19/1998 foi editada com o objetivo de representar um marco na história da Administração Pública brasileira, estabelecendo uma nova mentalidade no trato da coisa pública. O Direito passaria a exigir que o Estado atingisse seus objetivos de forma racional, otimizando custos, já que esse era o seu problema fundamental. A expressão de ordem passou a ser "equilíbrio orçamentário" e uma série de medidas deveria ser exigida para que isso se tornasse realidade[460].

Deprimente é saber que a motivação última dessa mudança de rumo foi uma pressão dos organismos financeiros internacionais (Banco Mundial e Fundo Monetário Internacional), que só emprestariam dinheiro ao Brasil se tivessem alguma garantia de que receberiam seus créditos no futuro. E essa garantia não existiria se o Estado continuasse comprometido com aquele sistema de esgotamento das contas públicas em benefício da imoralidade e da irresponsabilidade.

O primeiro passo deveria ser a reorganização do sistema de planejamento. Mesmo com a manutenção dos clássicos instrumentos (a lei orçamentária anual, a lei de diretrizes orçamentárias e o plano plurianual), os mesmos deveriam contar com uma maior pretensão de eficácia, incrementada pela previsão de nulidade dos atos praticados em desconformidade com os seus comandos e, ainda, pela responsabilização dos encarregados da gestão orçamentária no caso de descumprimento das regras impostas.

Além disso, um limite ao endividamento público seria essencial, na medida em que não se pode considerar viável uma economia que se afunda cada vez mais em dívidas. E isso serviu especialmente aos Estados e Municípios, extremamente atingidos pela estabilização da economia e pela extinção dos bancos oficiais que, por muito tempo, financiaram seus projetos e pagaram as suas dívidas.

Colocando mais fundo o dedo na ferida, a reforma administrativa deveria tratar do teto remuneratório do funcionalismo público e, ainda, dos limites percentuais de despesas com pessoal e a possibilidade de exoneração de servidores estáveis em razão do não atingimento das metas traçadas.

Já na área previdenciária, o Estado deveria diminuir os seus custos com os aposentados e pensionistas, especialmente os do setor público, que representavam (e ainda representam) parcela significativa das despesas estatais. Isso seria feito a partir do fim da aposentadoria integral do servidor público, do estabelecimento de um teto para os inativos e, ainda, pela incidência de contribuição previdenciária sobre os proventos da aposentadoria e sobre as pensões.

A reforma administrativa foi bem-sucedida, criando espaço para se implementar, mediante a legislação infraconstitucional, todos aqueles projetos. Encabeçando a lista do que se conseguiu, o princípio da eficiência foi expressamente contemplado na nova redação do *caput* do art. 37 da Constituição. Essa mudança, aparentemente singela, representava o espírito da reforma, que era no sentido da criação de uma consciência

460. Na justificativa da proposta de emenda à Constituição, consta como resultado esperado pela reforma administrativa, dentre outros pontos: "contribuir para o equilíbrio das contas públicas: as esferas de Governo que enfrentam desequilíbrio das contas públicas disporão de maior liberdade para a adoção de medidas efetivas de redução de seus quadros de pessoal, ...". In: PEREIRA JÚNIOR, Jessé Torres. *Da Reforma Administrativa Constitucional*, Rio de Janeiro: Renovar, 1999, p. 2.

verdadeiramente republicana no âmbito da Administração Pública. Entender que o patrimônio público não é dos servidores e sim do Estado como um todo, incluídos todos os integrantes do Povo, seria essencial para se implementar o projeto de uso racional dos recursos públicos, de busca pelo resultado, assim como acontece na iniciativa privada etc.

Mas foi além a reforma administrativa. Criou-se um mecanismo de defesa do erário contra os aumentos remuneratórios camuflados, assim entendidos aqueles que eram dados a certas categorias do funcionalismo por meio de uma lei que tratava de assunto completamente diferente e, por isso, acabavam passando despercebidos. Foi a exigência de lei específica para a concessão de aumentos remuneratórios que figurou como arma contra o mal invisível. Veja, a propósito, o que consta da nova redação do art. 37, X, da Constituição da República:

> *Art. 37. (...)*
>
> *X – a remuneração dos servidores públicos e o subsídio de que trata o § 4º do art. 39 somente poderão ser fixados ou alterados por lei específica, observada a iniciativa privada em cada caso, assegurada revisão geral anual, sempre na mesma data e sem distinção de índices.*

Além disso, a questão do teto remuneratório foi ajustada a fim de inserir no limite, a par dos vencimentos e subsídios (espécie remuneratória recriada pela EC nº 19/1998), os proventos de aposentadorias, as pensões e as chamadas "vantagens pessoais", outrora excluídas do teto anterior por decisão do Supremo Tribunal Federal[461]. O limite abrangeria tanto os servidores públicos estatutários como também os celetistas das empresas públicas, sociedades de economia mista e suas subsidiárias, se recebessem recursos públicos para o pagamento de despesas com pessoal ou custeio em geral.

Sobre o assunto, veja como ficaram redigidos o inciso XI e o § 9º do art. 37 da Constituição, *textus*:

> *Art. 37. (...)*
>
> *XI – a remuneração e o subsídio dos ocupantes de cargos, funções e empregos públicos da administração direta, autárquica e fundacional, dos membros de qualquer dos Poderes da União, dos Estados, do Distrito Federal e dos Municípios, dos detentores de mandato eletivo e dos demais agentes políticos e os proventos, pensões ou outra espécie remuneratória, percebidos cumulativamente ou não, incluídas as vantagens pessoais ou de qualquer outra natureza, não poderão exceder o subsídio mensal, em espécie, dos Ministros do Supremo Tribunal Federal (...);*
>
> *(...)*
>
> *§ 9º O disposto no inciso XI aplica-se às empresas públicas e às sociedades de economia mista, e suas subsidiárias, que receberem recursos da União, dos Estados, do Distrito Federal ou dos Municípios para pagamento de despesas com pessoal ou de custeio em geral.*

461. "Ação Direta de Inconstitucionalidade proposta pela associação dos Magistrados Brasileiros. O § 2º do art. 2º da Lei Federal nº 7.721, de 6 de janeiro de 1989, quando limita os vencimentos dos ministros do Supremo Tribunal Federal – 'Computados os adicionais por tempo de serviço' – A remuneração máxima vigente no Poder Executivo, vulnera o art. 39, § 1º, 'in fine', da Constituição, que sujeita a tal limite apenas os 'vencimentos', excluídas as vantagens 'pessoais'. Compatibilidade do conceito de 'vencimentos' estabelecidos na Lei Complementar nº 35/79 e em outros artigos da Lei Maior com a exegese do aludido dispositivo constitucional. Procedência parcial da ação para declarar inconstitucionais as expressões '...e vantagens pessoais (adicionais por tempo de serviço)...', constante do § 2º, art. 2º da Lei 7.721/89". (STF, Tribunal Pleno, ADI nº 14, Rel. Min. Célio Borja, j. em 28/09/1989)

Mas não parou por aí. Também foi conquistada pelo governo a flexibilização da estabilidade do servidor público (além do aumento do prazo para a aquisição da mesma, que passou de dois para três anos), que agora poderia ser exonerado em razão do atingimento de um limite de gastos que seria fixado em lei complementar.

Na verdade, duas novas hipóteses de perda do cargo público por servidor estável foram criadas, uma primeira estabelecida em favor da eficiência no desempenho das respectivas funções e a outra em proveito do equilíbrio orçamentário. Deste modo, ficou estabelecido que o servidor estável poderia perder o cargo em razão de má avaliação, que seria realizada periodicamente, na forma estabelecida em lei complementar, senão vejamos:

> *Art. 41. (...)*
>
> *§ 1º O servidor público estável só perderá o cargo:*
>
> *(...)*
>
> *III – mediante procedimento de avaliação periódica de desempenho, na forma de lei complementar, assegurada ampla defesa.*

A outra hipótese, já mencionada anteriormente, é da necessidade em razão do desequilíbrio orçamentário provocado pelo alto custo do funcionalismo. Mas deve ser entendida de maneira adequada. Não pode o Estado exonerar seus servidores de forma precipitada. Há regras de transição.

A Constituição mencionou que a lei complementar estabeleceria um limite de gastos com o funcionalismo e, ainda, um prazo para a adequação da realidade ao ideal normativo. Se, dentro do prazo estabelecido, não fosse alcançado o percentual fixado pelo legislador, os repasses de verbas federais e estaduais seriam suspensos, para o caso de as transgressões serem de âmbito distrital, estadual ou municipal. Se, ainda assim, não fosse suficiente para a adequação, a União, os Estados o Distrito Federal e os Municípios deveriam reduzir em pelo menos 20% (vinte por cento) as despesas com cargos em comissão e funções de confiança, além de exonerar, se necessário, servidores não estáveis. Só na hipótese de isso tudo não ser suficiente é que os servidores estáveis poderiam ser exonerados por ato motivado na questão orçamentária.

Confira, por oportuno, o disposto no art. 169, *caput* e §§ 2º, 3º e 4º, da Constituição da República, *ipsis litteris*:

> *Art. 169. A despesa com pessoal ativo e inativo da União, dos Estados, do Distrito Federal e dos Municípios não poderá exceder os limites estabelecidos em lei complementar.*
>
> *(...)*
>
> *§ 2º Decorrido o prazo estabelecido na lei complementar referida neste artigo para a adaptação aos parâmetros ali previstos, serão suspensos todos os repasses de verbas federais ou estaduais aos Estados, ao Distrito Federal e aos Municípios que não observarem os referidos limites.*
>
> *§ 3º Para o cumprimento dos limites estabelecidos com base neste artigo, durante o prazo fixado na lei complementar referida no* caput, *a União, os Estados, o Distrito Federal e os Municípios adotarão as seguintes providências:*
>
> *I – redução em pelo menos vinte por cento das despesas com cargos em comissão e funções de confiança;*
>
> *II – exoneração de servidores não estáveis.*
>
> *§ 4º Se as medidas adotadas com base no parágrafo anterior não forem suficientes para assegurar o cumprimento da determinação da lei complementar referida neste artigo, o servidor estável poderá*

perder o cargo, desde que ato normativo motivado de cada um dos Poderes especifique a atividade funcional, o órgão ou entidade administrativa objeto da redução de pessoal.

Não se pode deixar de mencionar que o art. 38 do Ato das Disposições Constitucionais Transitórias diz que esse limite, na falta de regulamentação, seria de 65% (sessenta e cinco por cento) do valor das respectivas receitas correntes. E o parágrafo único dessa norma constitucional transitória estabeleceu a necessidade de se conduzir os eventuais desvios já existentes ao patamar fixado pelo Constituinte, reduzindo-se o excedente à razão de 1/5 (um quinto) ao ano.

Por conta disso, verifica-se que a lei complementar referida no art. 169 da Constituição não era tão essencial, pois o percentual já estava estabelecido. De modo que as providências referidas nos §§ 2º e 3º do dispositivo constitucional em análise já poderiam ser efetivadas. Contudo, as normas gerais a serem observadas para a exoneração dos servidores estáveis deveriam aguardar a edição de uma lei federal, senão vejamos:

"Art. 169. (...)

§ 7º Lei federal disporá sobre as normas gerais a serem obedecidas na efetivação do disposto no § 4º.

Ainda no que se refere à reforma administrativa, foi remodelado o sistema de intervenção do Estado no domínio econômico, remodelagem essa que visou a reforçar a ideia capitalista segundo a qual a iniciativa privada é que deve ser o principal ator da economia, ficando para o Governo apenas as funções reguladora e fiscalizadora. De outro lado, ficou estabelecida a necessidade de um maior equilíbrio entre paraestatais e empresas privadas, tanto no que se refere a uma submissão real ao mesmo regime jurídico quanto no que se refere a desfazimento do nó que ajudava a emperrar ainda mais a atuação das empresas públicas e sociedades de economia mista, representado, neste caso, pela Lei nºº 8.666/1993, que deixou de ser aplicável às pessoas jurídicas de direito privado ainda que integrantes da Administração Pública (muito embora a necessidade da realização de licitações prévias à realização de contratos por essas empresas não tivesse sido extinta, mas sim substituída por um procedimento mais simples e menos formalista).

No âmbito da reforma previdenciária, instituída pela Emenda Constitucional nº 20/1998, as conquistas do Governo foram mais tímidas, como já adiantado anteriormente. Embora algumas importantes mudanças tenham sido implementadas, como, por exemplo, a alteração do sistema de tempo de serviço pelo de tempo de contribuição (art. 40, § 1º, III); a combinação dos critérios de idade e de tempo de contribuição, que dificultaram a obtenção da aposentadoria (art. 40, § 1º, III); a instituição de um teto de aposentadoria (art. 37, XI); a verdade é que as principais mudanças não ocorreram. Não foram contempladas, por exemplo, a contribuição dos inativos e o fim da aposentadoria integral no âmbito do funcionalismo público.

A Lei nº 9.783/1998[462], que tentou instituir posteriormente a contribuição previdenciária sobre os proventos da aposentadoria, foi declarada inconstitucional pelo Supremo

462. Assim ficou redigido o art. 1º da Lei nº 9.783/1999: "A contribuição social do servidor público civil, ativo e inativo, e dos pensionistas dos três Poderes da União, para a manutenção do regime de previdência social de seus servidores, será de onze por cento, incidente sobre a totalidade da remuneração de contribuição, do provento ou da pensão".

Tribunal Federal[463]. E o fim da aposentadoria integral no âmbito do serviço público foi inserido no projeto de reforma previdenciária do governo do Presidente Luiz Inácio Lula da Silva[464].

3. PROVIDÊNCIAS QUE ANTECEDERAM A EDIÇÃO DA LEI DE RESPONSABILIDADE FISCAL

Como já se mencionou anteriormente, grande parte das providências contempladas pela reforma administrativa ficou a depender de regulamentação. Mas o Governo federal não demorou a editar a legislação infraconstitucional que daria exequibilidade aos principais pontos da Emenda Constitucional nº 19/1998.

Na verdade, a par do disposto no art. 38 do Ato das Disposições Constitucionais Transitórias, o art. 1º da Lei Complementar nº 82, de 27 de março de 1995, estabeleceu limites diferenciados para a União, Estados, Distrito Federal e Municípios. O percentual era de 60% (sessenta por cento) para todas as unidades federativas, mas a base de cálculo era diferenciada. Confira, a propósito, a redação do dispositivo legal referido, *ipsis litteris*:

463. "(...). A Constituição da República não admite a instituição da contribuição de seguridade social sobre inativos e pensionistas da união. – A Lei nº 9.783/99, ao dispor sobre a contribuição de seguridade social relativamente a pensionistas e a servidores inativos da União, regulou, indevidamente, matéria não autorizada pelo texto da Carta Política, eis que, não obstante as substanciais modificações introduzidas pela EC nº 20/1998 no regime de previdência dos servidores públicos, o Congresso Nacional absteve-se, conscientemente, no contexto da reforma do modelo previdenciário, de fixar a necessária matriz constitucional, cuja instituição se revelava indispensável para legitimar, em bases válidas, a criação e a incidência dessa exação tributária sobre o valor das aposentadorias e das pensões. O regime de previdência de caráter contributivo, a que se refere o art. 40, *caput*, da Constituição, na redação dada pela EC nº 20/98, foi instituído, unicamente, em relação 'Aos servidores titulares de cargos efetivos...', inexistindo, desse modo, qualquer possibilidade jurídico-constitucional de se atribuir, a inativos e a pensionistas da União, a condição de contribuintes da exação prevista na Lei nº 9.783/99. Interpretação do art. 40, §§ 8º e 12, c/c o art. 195, II, da Constituição, todos com a redação que lhes deu a EC nº 20/98. DEBATES PARLAMENTARES E INTERPRETAÇÃO DA CONSTITUIÇÃO. – O argumento histórico, no processo de interpretação constitucional, não se reveste de caráter absoluto. Qualifica-se, no entanto, como expressivo elemento de útil indagação das circunstâncias que motivaram a elaboração de determinada norma inscrita na Constituição, permitindo o conhecimento das razões que levaram o constituinte a acolher ou a rejeitar as propostas que lhe foram submetidas. Doutrina. – O registro histórico dos debates parlamentares, em torno da proposta que resultou na Emenda Constitucional nº 20/98 (PEC nº 33/95), revela-se extremamente importante na constatação de que a única base constitucional – que poderia viabilizar a cobrança, relativamente aos inativos e aos pensionistas da União, da contribuição de seguridade social – foi conscientemente excluída do texto, por iniciativa dos próprios Líderes dos Partidos Políticos que dão sustentação parlamentar ao Governo, na Câmara dos Deputados (Comunicado Parlamentar publicado no Diário da Câmara dos Deputados, p. 04110, edição de 12/2/98). O destaque supressivo, patrocinado por esses Líderes partidários, excluiu, do Substitutivo aprovado pelo Senado Federal (PEC nº 33/95), a cláusula destinada a introduzir, no texto da Constituição, a necessária previsão de cobrança, aos pensionistas e aos servidores inativos, da contribuição de seguridade social. O REGIME CONTRIBUTIVO É, POR ESSÊNCIA, UM REGIME DE CARÁTER EMINENTEMENTE RETRIBUTIVO. A QUESTÃO DO EQUILÍBRIO ATUARIAL (CF, ART. 195, § 5º). CONTRIBUIÇÃO DE SEGURIDADE SOCIAL SOBRE PENSÕES E PROVENTOS: AUSÊNCIA DE CAUSA SUFICIENTE. – Sem causa suficiente, não se justifica a instituição (ou a majoração) da contribuição de seguridade social, pois, no regime de previdência de caráter contributivo, deve haver, necessariamente, correlação entre custo e benefício. A existência de estrita vinculação causal entre contribuição e benefício põe em evidência a correção da fórmula segundo a qual não pode haver contribuição sem benefício, nem benefício sem contribuição. Doutrina. Precedente do STF. (...)." (STF, ADIn-MC nº 2010, Tribunal Pleno, Rel. Min. Celso Mello, j. em 30/09/1999)

464. Consta da PEC encaminhada pelo Presidente ao Congresso Nacional a inclusão de um § 18 no art. 40 da Constituição, que tem a seguinte redação: "§ 18. Incidirá contribuição sobre os proventos de aposentadoria e pensões concedidas pelo regime de que trata este art. que superem o limite máximo estabelecido para os benefícios do regime geral de previdência social de que trata o art. 201."

Art. 1º As despesas totais com pessoal ativo e inativo da Administração Direta e Indireta, inclusive fundações, empresas públicas e sociedades de economia mista, pagas com receitas correntes da União, dos Estados, do Distrito Federal e dos Municípios não poderão, em cada exercício financeiro, exceder:

I – no caso da União, a sessenta por cento da respectiva receita corrente líquida, entendida esta como sendo o total da receita corrente, deduzidos os valores correspondentes às transferências por participações, constitucionais e legais, dos Estados, Distrito Federal e Municípios na arrecadação de tributos de competência da União, bem como as receitas e de que trata o art. 239 da Constituição Federal, e, ainda, os valores correspondentes às despesas com o pagamento de benefícios no âmbito do Regime Geral da Previdência Social;

II – no caso dos Estados, a sessenta por cento das receitas correntes líquidas, entendidas como sendo os totais das receitas correntes, deduzidos os valores das transferências por participações, constitucionais e legais, dos Municípios na arrecadação de tributos de competência dos Estados;

III – no caso do Distrito Federal e dos Municípios, a sessenta por cento das respectivas receitas correntes.

A lei não previa, ainda, até porque a Constituição não admitia, a exoneração dos servidores estáveis para o fim de adequar as despesas mencionadas aos limites referidos. No entanto, estabelecia a necessidade de se retornar aos patamares fixados no prazo máximo de três anos à razão de 1/3 (um terço) por exercício.

Além disso, a lei determinava um acompanhamento mensal do orçamento de cada uma das entidades federativas. E, na hipótese de se perceber que os limites fixados iriam ser descumpridos, ficava vedada a concessão de reajustes, revisões ou adequação de vencimentos.

Ainda eram tímidos os mecanismos legais disponíveis para o alcance das finalidades pretendidas. Foi por essa razão que se editou a Lei Complementar nº 96, de 31 de maio de 1999, cujo art. 1º fixou os seguintes limites percentuais para as despesas *totais* com pessoal:

(a) para a União[465] – 50% das receitas correntes líquidas, assim entendido o resultado do somatório das receitas tributárias, de contribuições patrimoniais, industriais, agropecuárias e de serviços, além de outras receitas correntes, inclusive as transferências correntes, salvo as intergovernamentais, deduzidas as seguintes parcelas:

(*i*) as repartições constitucionais e legais de sua receita tributária para os Estados, Distrito Federal e Municípios; e

(*ii*) o produto da arrecadação das contribuições sociais, dos empregados e empregadores, ao regime geral de previdência social e das contribuições de que trata o art. 239 da Constituição (PIS/PASEP).

(b) para os Estados e o Distrito Federal[466] – 60% das receitas correntes líquidas, assim entendido o resultado do somatório das receitas tributárias, de contribuições patrimoniais, industriais, agropecuárias e de serviços, além de outras receitas correntes, como as transferências correntes, salvo as intergovernamentais, deduzidas as repartições constitucionais e legais de sua receita tributária para Municípios.

465. De acordo com o art. 1º, parágrafo único, da Lei Complementar nº 96/1999, deverão ser consideradas as receitas e despesas da Administração direta e indireta de cada um dos entes da Federação. Isso para que o ajuste fiscal seja verdadeiro e significativo, abrangendo toda a Administração Pública. Até porque grande parte dos problemas financeiros dos entes federativos provém da Administração indireta.

466. *Idem*, nota 6.

(c) para os Municípios[467] – 60% das receitas correntes líquidas, assim entendido o resultado do somatório das receitas tributárias, de contribuições patrimoniais, industriais, agropecuárias e de serviços e outras receitas correntes, como as transferências correntes, salvo as intergovernamentais.

Interessante notar que o legislador, pela primeira vez, fez a distinção entre "despesas com pessoal" e "despesas *totais* com pessoal". As primeiras corresponderiam ao resultado do somatório dos gastos com qualquer espécie remuneratória integrante do contracheque de servidores públicos, ativos ou inativos. As segundas seriam isso tudo acrescido dos encargos sociais gerados em função desses compromissos, como, por exemplo, a parte do Estado na contribuição para a formação do caixa da previdência dos servidores[468].

O legislador complementar previu, ainda, a necessidade de recondução dos números orçamentários aos patamares fixados à razão de pelo menos 2/3 (dois terços), de doze em doze meses, ficando, inclusive, vedadas (art. 3º): (a) a concessão de vantagem ou aumento de remuneração a qualquer título; (b) a criação de cargos, empregos ou funções públicas ou a alteração de estrutura de carreira; (c) a admissão de pessoal, a qualquer título; e (d) a concessão de novos benefícios a servidores sem previsão constitucional; tudo isso desde que se verifique a não observância dos limites impostos no art. 1º.

Para o caso de descumprimento dos limites fixados pela Lei Complementar nº 96/1999 mesmo após o período destinado ao ajuste, ficou prevista a aplicação de uma série de medidas coercitivas (art. 5º), além do seguinte: (a) redução de pelo menos 20% (vinte por cento) das despesas com cargos em comissão e funções de confiança; (b) exoneração de servidores não estáveis; (c) exoneração de servidores estáveis.

Importantíssima foi a edição da Lei nº 9.801, de 14 de junho de 1999, que regulamentou o § 4º do art. 169 da Constituição, estabelecendo critérios para a exoneração de servidores estáveis em razão de necessidades orçamentárias.

Não se pode deixar de mencionar, novamente, que a possibilidade de se chegar à exoneração dos servidores estáveis, na forma do § 4º, do art. 169, da Constituição só poderá ocorrer se, antes, tiverem sido adotadas sem sucesso as providências mencionadas nos §§ 2º e 3º do mesmo dispositivo constitucional. Só na última hipótese é de maio de que poderia ocorrer essa hipótese extrema.

Seria, inclusive, de se questionar se os servidores que, à época da edição da Reforma Administrativa, já tivessem conquistado a estabilidade poderiam ser exonerados daquela forma ou, por outro lado, se estariam protegidos pela cláusula constitucional do direito adquirido à estabilidade.

De fato, grande parte dos servidores já tinham preenchido todos os requisitos para a aquisição da estabilidade e, de acordo com as regras vigentes antes da Emenda Constitucional nº 19/1998, só poderiam perder compulsoriamente seus cargos na hipótese de cometimento de falta grave para a qual estivesse prevista a pena de demissão, desde

---

467. *Idem*, nota 6.

468. Lei nº 9.717/1998: Art. 1º Os regimes próprios de previdência social dos servidores públicos da União, do Estados, do Distrito Federal e dos Municípios, dos militares dos Estados e do Direito Federal deverão ser organizados, baseados em normas gerais de contabilidade e atuária, de modo a garantir o seu equilíbrio financeiro e atuarial, observados os seguintes critérios: I – *omissis*; II – financiamento mediante recursos provenientes da União, dos Estados, do Distrito Federal e dos Municípios e das contribuições do pessoal civil e militar, ativo, inativo e dos pensionistas, para seus respectivos regimes".

que tudo fosse apurado regularmente em processo administrativo ou judicial, assegurada a ampla defesa. No entanto, é de se reconhecer que o Supremo Tribunal Federal já mencionou inúmeras vezes que o servidor não pode opor direito adquirido a novas cláusulas referentes ao seu regime jurídico[469].

Desta forma, parece-nos que não seria acolhida pelo Judiciário a defesa de servidor exonerado e que tivesse conquistado a sua estabilidade antes da Reforma Administrativa baseada no argumento do direito adquirido. Já que não há direito adquirido a regime jurídico, pode o servidor antigo se submeter integralmente às novas regras, ainda que estas sejam mais pesadas.

Façamos, então, uma breve análise do diploma legal antes mencionado, de modo a conhecer os critérios que regem a exoneração do servidor com base no art. 169, § 4º, da Constituição da República.

A preocupação principal do legislador foi a de restringir discricionariedade da atuação do Administrador, de modo a impedir que o novo instrumento de defesa das contas públicas fosse utilizado como arma entre desafetos, em desatenção ao princípio da impessoalidade. Esse objetivo ficou bem claro na redação do art. 2º, § 2º, da Lei nº 9.801/1999, que enumerou os critérios gerais para a exoneração em tela, senão vejamos:

> *Art. 2º (...)*
>
> *§ 2º – O critério geral para identificação impessoal a que se refere o inciso III do § 1º será escolhido entre:*
>
> *I – menor tempo de serviço público;*
>
> *II – maior remuneração;*
>
> *III – menor idade.*

Assim, a escolha do servidor que será exonerado deverá obedecer àqueles critérios objetivos. Primeiro, sairiam os que têm menos tempo de serviço público, não especificamente no cargo que está ocupando no momento da exoneração, mas computando-se também eventuais cargos anteriores. Depois, sairiam os que têm maior remuneração, pois dessa forma atinge-se com menor número de exonerações o limite fixado na Lei Complementar nº 96/1999. Por fim, sairiam os servidores com menor idade, já que o mercado de trabalho para estes costuma ser melhor do que para os mais idosos.

Ao nosso sentir, todos os critérios devem ser combinados. De modo que, se numa unidade administrativa há apenas 10 (dez) servidores com 5 (cinco) anos de serviço público e o número de servidores definidos na forma do art. 2º, § 1º, I, é de 8 (oito), parte-se para o segundo critério, que servirá de desempate. Ou seja, dentre os dez servidores com cinco anos de serviço público (imagine que todos eles tenham tomado posse e entrado em exercício no mesmo dia), serão exonerados os que perceberem maior remuneração. Se, por exemplo, todos tiverem a mesma remuneração, serão escolhidos os mais jovens. Nesta hipótese, os dois mais idosos seriam poupados.

469. STF, 1ª Turma, Rel. Min. Ellen Gracie, RE nº 365.311 AgR/MS: "Pacificou-se, nesta Suprema Corte, o entendimento de que descabe alegar direito adquirido a regime jurídico, bem como de que não há infringência ao princípio da irredutibilidade de vencimentos quando preservado o valor nominal dos vencimentos dos servidores, ao ensejo da mudança de cálculo das gratificações que os integram. Na hipótese em comento, não se verificou decréscimo no montante percebido pelos agravantes, que, inclusive, reconheceram tal circunstância. Agravo regimental improvido".

O § 3º do art. 2º da Lei nº 9.801/1999 estabelece, ainda, que os critérios antes referidos podem ser combinados com o de número de dependentes. Assim, se os quatro últimos servidores do exemplo anterior tivessem a mesma idade e tivessem empatado nos quesitos precedentes, seriam poupados os dois que tivessem menos dependentes, entre filhos e esposa.

A par desses critérios gerais, a lei descreve outros específicos para os cargos cujas funções são exclusivas de Estado. Pode servir como exemplo o cargo de fiscal de rendas. Nestes casos, só serão exonerados os servidores dessa espécie se, antes, houverem sido exonerados pelo menos 30% (trinta por cento) dos servidores comuns. Além disso, o número de servidores que desempenham funções exclusivas de Estado não poderá diminuir mais do que 30% (trinta por cento). São as normas constantes do art. 3º da Lei nº 9.801/1999, *textus*:

> *Art. 3º A exoneração de servidor estável que desenvolva atividade exclusiva de Estado, assim definida em lei especial, observará as seguintes condições:*
>
> *I – somente será admitida quando a exoneração de servidores dos demais cargos do órgão ou da unidade administrativa objeto da redução de pessoal tenha alcançado, pelo menos, trinta por cento do total desses cargos;*
>
> *II – cada ato reduzirá em no máximo trinta por cento o número de servidores que desenvolvam atividades exclusivas de Estado.*

Repare, no que se refere à condição referida no inciso II do art. 3º da Lei nº 9.801/1999, que poderá ocorrer a redução em mais de 30% dos servidores mencionados do dispositivo legal em tela, desde que não seja no mesmo ato, ou seja, de uma só vez. Assim, somente em uma outra oportunidade é que o órgão contemplado com a redução de pessoal poderia ter reduzido número que exceda a 30% (trinta por cento) dos servidores que exerçam atividades exclusivas de Estado.

A legislação em comento (art. 2º, § 1º) exige, ainda, que o ato normativo que determinar a exoneração dos servidores estáveis com base no art. 169, § 4º, da Constituição deverá preencher determinados requisitos. Deverá ser editado pelo Chefe de cada um dos Poderes da União, dos Estados, do Distrito Federal ou dos Municípios. Além disso, deverá mencionar a economia que se pretende atingir com as exonerações e, também, o número de servidores a serem exonerados. Deverão ser consignados expressamente o órgão ou entidade a promover as exonerações, além das atividades funcionais que serão objeto de redução de número de pessoal. Exige-se, ainda, que os critérios que orientarão as exonerações sejam objetivos, a fim de que se atenda ao princípio da impessoalidade e que não ocorram desvios de finalidade. Por fim, deverão ser discriminados os prazos de pagamento das respectivas indenizações, bem como os critérios orçamentários a serem adotados para tanto.

Depois disso, sobreveio a Lei Complementar nº 101/2000, apelidada de "Lei de Responsabilidade Fiscal", instrumento legislativo que ganhou o papel de principal mecanismo de contenção dos gastos públicos e de recondução dos índices orçamentários a patamares aceitáveis. O art. 75 dessa lei revogou a Lei Complementar nº 96, de 31 de maio de 1999.

4. O ADVENTO DA LEI COMPLEMENTAR Nº 101/2000

Em 4 de maio de 2000, foi promulgada a "Lei de Responsabilidade Fiscal", que trouxe a lume normas gerais sobre direito financeiro e pretendeu ser o mais importante instrumento a ser utilizado na recondução das contas públicas do País aos patamares exigidos pelo mercado internacional e desejados pelos brasileiros. Por outro lado, suportou, no início de seu período de vigência, uma pesada desconfiança, pois era ousada demais e, tendo em vista que apontava como destinatários o governo e os governantes, acabaria sendo mais uma daquelas "leis que não pegam"[470].

A Lei Complementar nº 101, de 4 de maio de 2000, foi responsável pela regulamentação de significativa parte da Reforma Administrativa, trazida pela Emenda Constitucional nº 19/1998.

Em primeiro lugar, o legislador tratou de enunciar os princípios norteadores da criação, interpretação e aplicação da lei. Falou-se, então, em planejamento, transparência, equilíbrio das contas públicas, metas de resultados e limites de despesas e renúncia de receitas. Tal qual receitado pelo Banco Mundial e pelo Fundo Monetário Internacional, o Brasil adotara a fórmula imposta pelos credores e pela necessidade econômica.

No que tange ao planejamento, a Lei de Responsabilidade Fiscal tratou da lei de diretrizes orçamentárias e da lei orçamentária anual, deixando de fixar regras para o plano plurianual, já que o art. 3º do projeto foi vetado pelo Presidente da República. E a novidade estava na imposição de se buscar o equilíbrio orçamentário, mediante a fixação e o cumprimento de metas fiscais rígidas. Há, inclusive, a previsão de limitação de empenho quando, ao final de cada bimestre, for constatado que a evolução da realização das despesas conduzirá a um descumprimento das metas fiscais traçadas[471].

Quanto às receitas, ficou determinado que o Estado não poderia deixar de instituir e de arrecadar os tributos que fossem de sua competência, colocando-se como sanção ao faltoso com tal regra, mas apenas no que se refere aos impostos, o não repasse de transferências voluntárias.

Despontam, entretanto, como mais importantes as normas relativas à renúncia de receitas[472], tendo ficado consagrada a necessidade de se demonstrar a estimativa do impacto orçamentário para três exercícios financeiros (incluído aquele em que se iniciar a vigência da norma que conceder o incentivo fiscal), guardar harmonia com a lei de diretrizes orçamentárias e, por fim, que não afetará o cumprimento das metas fiscais ou que medidas compensatórias amortizarão os aspectos negativos sobre as contas públicas.

As transferências voluntárias também mereceram disciplina da Lei de Responsabilidade Fiscal. O diploma legal *sub examen* definiu como transferências voluntárias o repasse de

470. O Prof. Luís Roberto Barroso (*op. cit.*, p. 151) é autor da seguinte passagem: "A Lei de Responsabilidade Fiscal corre o risco sério de engrossar as cifras da mortalidade legislativa infantil no país: normas que nascem após longa gestação, são ansiosamente esperadas, mas não vingam".

471. Interessante, neste ponto, a previsão de o Poder Executivo invadir a autonomia financeira dos Poderes Legislativo e Judiciário, bem como do Ministério Público, na hipótese de se verificar que os mesmos estão descumprindo a determinação legal de se limitar os empenhos em razão da ameaça de se não alcançar as metas fiscais impostas (art. 9º, § 3º). Tal regra esbarra no princípio da separação de Poderes, merecendo ser pronunciada inconstitucional.

472. De acordo com o § 1º do art. 14, da Lei Complementar nº 101/2000, "A renúncia compreende anistia, remissão, subsídio, crédito presumido, concessão de isenção, em caráter não geral, alteração de alíquota ou modificação de base de cálculo que implique redução discriminada de tributos ou contribuições, e outros benefícios que correspondam a tratamento diferenciado".

verbas entre entidades federativas, desde que não sejam decorrentes de determinação constitucional, legal ou, ainda, em função do SUS – Sistema Único de Saúde (art. 25). Os referidos repasses somente serão admitidos se houver previsão na lei de diretrizes orçamentárias, se existir dotação específica para tanto, se não forem destinados ao pagamento de pessoal da ativa ou inativos e, por fim, se houver comprovação, por parte do ente federativo beneficiário, de que (a) está em dia com as suas obrigações para com o transferido dos recursos; (b) cumpriu os limites mínimos de investimento na educação e na saúde, conforme imposições constitucionais; (c) observou os limites de dívidas consolidada e mobiliária, de operações de crédito, de inscrição em restos a pagar e de despesas com pessoal.

Também a destinação de recursos públicos para o setor privado foi objeto de restrições, tendo ficado condicionada à autorização legal específica, com respaldo na lei de diretrizes orçamentárias e na lei orçamentária anual, ou em créditos adicionais. Interessante notar que ficou prevista uma cláusula de ressalva quanto à impossibilidade de se conceder empréstimos ou outros mecanismos de socorro a instituições financeiras, de modo que uma atuação desse tipo será admitida, desde que haja autorização de lei específica, podendo, ainda, o Banco Central do Brasil conceder operações de redesconto ou empréstimos de prazo inferior a trezentos e sessenta dias.

Não escapou às garras do legislador a questão do endividamento público, com a imposição de limites ao crescimento da dívida e às operações de crédito, além da fixação de metas de diminuição da dívida, de modo a reconduzi-la aos patamares aceitáveis, dos condicionamentos quanto à concessão de garantias em operações internas ou externas de créditos e, por fim, com a imposição de limites relativos aos restos a pagar.

Além de tudo o que já foi comentado, foram objeto de disciplina a gestão responsável do patrimônio, a transparência, o controle a e fiscalização.

Não poderia faltar a menção às despesas com pessoal, ainda não referidas neste capítulo, embora figure como objeto principal deste trabalho. Mas parece-nos mais conveniente sistematizar o estudo das limitações impostas à despesas com pessoal na lei de responsabilidade fiscal em item específico.

5. DOS LIMITES DE GASTO COM PESSOAL NA LEI DE RESPONSABILIDADE FISCAL

A Constituição de 1988 foi editada em período de grande euforia política, motivada pela queda do regime ditatorial, tendo sido considerada o principal documento de consolidação da democracia no País. Neste contexto, todos os segmentos da sociedade tiveram a oportunidade de se manifestar acerca de seus interesses e, de um modo geral, acabaram conseguindo enxertar no Texto Maior as suas reivindicações. A titulada "Carta Cidadã" pode ser considerada, por isso, um grande exemplo em termos de pluralismo democrático; ao mesmo tempo em que pode ser criticada, já que, por ter assumido tantos compromissos, terminou por evidenciar o seu caráter meramente retórico, especialmente no que se refere às questões de ordem econômica e social.

Já naquela época, a inflação no País batia recordes astronômicos e a dívida pública era tão imensa que o mercado internacional, especialmente depois da decretação da moratória, fechou-nos as portas de acesso ao crédito, o que deixou o Brasil em seríssima crise econômica. Mesmo assim, os deveres sociais e econômicos assumidos com a novel Constituição eram os mais ousados, como se fosse possível enxergar numa norma jurídica – ainda que a de maior hierarquia – uma "varinha de condão".

Logo a realidade se fez notar e com ela a necessidade de reformular todo o sistema econômico nacional, sob pena de se atingir, em curto prazo, um estágio de caos tão intenso que seria capaz de tornar irrecuperável a economia do País. Primeiro, como já mencionamos, vieram as privatizações, depois a estabilização da moeda e, por fim, os mecanismos de enxugamento das contas públicas.

Muito embora fosse notório – exatamente como acontece atualmente – o fato de que o principal problema da economia do País era – e ainda é – a corrupção desenfreada e a completa falta de controle dos gastos de um modo geral, não faltaram motivos para se empurrar a conta dessa grande "choppada" para os servidores públicos.

Durante longos anos, grande parte dos cargos e empregos públicos foram utilizados como bancos de acolhimento de vermes incompetentes, mas bem influenciados politicamente, razão pela qual o funcionalismo estatal conquistou o estereótipo do "vagabundo bem remunerado", muito embora essa não fosse a realidade da maioria dos servidores públicos. Por outro lado, existia o considerável ciúme (para não dizer inveja) de importante parcela dos trabalhadores da iniciativa privada quanto à questão da estabilidade.

Tudo isso contribuiu para que as despesas com pessoal da Administração Pública figurassem como a grande vilã da trama das contas públicas brasileiras. Mas não se podia – como ainda não se pode – negar que, embora a corrupção seja ainda o principal problema econômico do Estado, a redução das despesas com o funcionalismo deveria sofrer severos cortes, até mesmo em nome da justiça, tendo em vista algumas situações de claríssimo abuso.

É assim que se justifica a criação e o desenvolvimento da legislação que vem tratando, desde o início do período de vigência da Constituição de 1988, dos limites com as despesas com pessoal da Administração Pública, culminando, até agora, com a Lei de Responsabilidade Fiscal, que será analisada, a partir de já, somente sob esse prisma.

5.1. Da extensão do conceito de "despesas com pessoal"

O art. 18 da Lei Complementar nº 101/2000 forneceu a definição de "despesa total com pessoal", a exemplo do que já existia na Lei Complementar nº 96/1999, nos seguintes termos:

> *Art. 18. Para os efeitos desta Lei Complementar, entende-se como despesa total com pessoal: o somatório dos gastos do ente da Federação com os ativos, os inativos e os pensionistas, relativos a mandatos eletivos, cargos, funções ou empregos, civis, militares e de membros de Poder, com quaisquer espécies remuneratórias, tais como vencimentos e vantagens, fixas e variáveis, subsídios, proventos da aposentadoria, reformas e pensões, inclusive adicionais, gratificações, horas extras e vantagens pessoais de qualquer natureza, bem como encargos sociais e contribuições recolhidas pelo ente às entidades de previdência.*

A razão de ser dessa extensão e dessa preocupação de não deixar nada de fora se explica pelo fato de que, outrora, por uma questão de insuficiência na redação de um determinado dispositivo da Constituição, que tratava do teto remuneratório do servidor público, o Supremo Tribunal Federal entendeu que não deveriam ser computadas as despesas com as chamadas "vantagens pessoais", o que representou para a Administração uma séria frustração de expectativa[473]. Diante disso, o legislador resolveu ser o mais abrangente possível.

· Tendo em vista tratar-se do conceito de despesa *total* com pessoal, não foram excluídos sequer os gastos com os chamados encargos da folha, que são as despesas havidas em razão do pagamento de pessoal, mas que não são creditadas diretamente ao servidor. Podemos citar como exemplo de encargo da folha a contribuição previdenciária, considerando que parte do financiamento desse sistema é paga pelo Estado, além do desconto de parcela da remuneração do servidor.

Não se pode deixar de mencionar que o legislador, na ânsia de ser o mais abrangente possível, incluiu no rol de despesas com pessoal os gastos com terceirizados, desde que tenham sido contratados para substituir pessoal integrante dos quadros da Administração. Confira, a propósito, o disposto no § 1º do art. 18 da Lei Complementar nº 101/2000:

> *Art. 18. (...)*
>
> *§ 1º Os valores dos contratos de terceirização de mão de obra que se referem à substituição de servidores e empregados públicos serão contabilizados como "Outras Despesas de Pessoal".*

Parcela significativa da doutrina tem criticado essa opção do legislador, argumentando geralmente que as despesas com empresas prestadoras de serviços não são, nunca foram e jamais serão despesas com pessoal, mesmo que a lei pretenda fazer valer essa ideia[474]. Seria

473. "(...). A CONSTITUIÇÃO DA REPÚBLICA NÃO ADMITE A INSTITUIÇÃO DA CONTRIBUIÇÃO DE SEGURIDADE SOCIAL SOBRE INATIVOS E PENSIONISTAS DA UNIÃO. – A Lei nº 9.783/99, ao dispor sobre a contribuição de seguridade social relativamente a pensionistas e a servidores inativos da União, regulou, indevidamente, matéria não autorizada pelo texto da Carta Política, eis que, não obstante as substanciais modificações introduzidas pela EC nº 20/1998 no regime de previdência dos servidores públicos, o Congresso Nacional absteve-se, conscientemente, no contexto da reforma do modelo previdenciário, de fixar a necessária matriz constitucional, cuja instituição se revelava indispensável para legitimar, em bases válidas, a criação e a incidência dessa exação tributária sobre o valor das aposentadorias e das pensões. O regime de previdência de caráter contributivo, a que se refere o art. 40, *caput*, da Constituição, na redação dada pela EC nº 20/98, foi instituído, unicamente, em relação 'Aos servidores titulares de cargos efetivos...', inexistindo, desse modo, qualquer possibilidade jurídico-constitucional de se atribuir, a inativos e a pensionistas da União, a condição de contribuintes da exação prevista na Lei nº 9.783/99. Interpretação do art. 40, §§ 8º e 12, c/c o art. 195, II, da Constituição, todos com a redação que lhes deu a EC nº 20/98. DEBATES PARLAMENTARES E INTERPRETAÇÃO DA CONSTITUIÇÃO. – O argumento histórico, no processo de interpretação constitucional, não se reveste de caráter absoluto. Qualifica-se, no entanto, como expressivo elemento de útil indagação das circunstâncias que motivaram a elaboração de determinada norma inscrita na Constituição, permitindo o conhecimento das razões que levaram o constituinte a acolher ou a rejeitar as propostas que lhe foram submetidas. Doutrina. – O registro histórico dos debates parlamentares, em torno da proposta que resultou na Emenda Constitucional nº 20/98 (PEC nº 33/95), revela-se extremamente importante na constatação de que a única base constitucional – que poderia viabilizar a cobrança, relativamente aos inativos e aos pensionistas da União, da contribuição de seguridade social – foi conscientemente excluída do texto, por iniciativa dos próprios Líderes dos Partidos Políticos que dão sustentação parlamentar ao Governo, na Câmara dos Deputados (Comunicado Parlamentar publicado no Diário da Câmara dos Deputados, p. 04110, edição de 12/2/98). O destaque supressivo, patrocinado por esses Líderes partidários, excluiu, do Substitutivo aprovado pelo Senado Federal (PEC nº 33/95), a cláusula destinada a introduzir, no texto da Constituição, a necessária previsão de cobrança, aos pensionistas e aos servidores inativos, da contribuição de seguridade social. O REGIME CONTRIBUTIVO É, POR ESSÊNCIA, UM REGIME DE CARÁTER EMINENTEMENTE RETRIBUTIVO. A QUESTÃO DO EQUILÍBRIO ATUARIAL (CF, ART. 195, § 5º). CONTRIBUIÇÃO DE SEGURIDADE SOCIAL SOBRE PENSÕES E PROVENTOS: AUSÊNCIA DE CAUSA SUFICIENTE. – Sem causa suficiente, não se justifica a instituição (ou a majoração) da contribuição de seguridade social, pois, no regime de previdência de caráter contributivo, deve haver, necessariamente, correlação entre custo e benefício. A existência de estrita vinculação causal entre contribuição e benefício põe em evidência a correção da fórmula segundo a qual não pode haver contribuição sem benefício, nem benefício sem contribuição. Doutrina. Precedente do STF. (...)". (STF, Tribunal Pleno, ADIn-MC nº 2010, Rel. Ministro Celso Mello)

474. Rigolin, Ivan Barbosa "Serviço Terceirizado" não é, nunca foi nem jamais será despesa com pessoal – O

inclusive de se questionar se a lei complementar estaria constitucionalmente autorizada a estabelecer essa espécie de limitação quanto aos terceirizados, uma vez que a Constituição não parece ter sido tão abrangente ao mencionar, no art. 169, *caput*, a questão dos limites de despesas com pessoal.

Em nossa singela opinião, o § 1º do art. 18 da Lei Complementar está eivado de inconstitucionalidade, pelo menos no que se refere à pretensão de valer em relação aos Estados, ao Distrito Federal e aos Municípios. Isto porque o que Constituição permitiu à lei complementar federal foi a fixação de limites de gastos com pessoal e não com a contratação de empresas prestadoras de serviços. De modo que, se a legislação federal, sem autorização constitucional nesse sentido, fixa limites aos gastos com "terceirizados" a pretexto de disciplinar os gastos com pessoal, ignorou a autonomia financeira e administrativa das demais unidades da federação e, por isso, padece de nulidade.

A única possibilidade de se tentar salvar a disposição legal, mediante a utilização da técnica da interpretação conforme a Constituição[475], seria pela manipulação da expressão "que se referem à substituição de servidores e empregados públicos", de modo a se entender que somente seriam classificadas como "outras despesas com pessoal" as referentes a contratos de serviços ilegalmente terceirizados, justamente nas hipóteses não admitidas pelo Tribunal Superior do Trabalho, conforme o Enunciado nº 331[476]. Mesmo assim, esbarraria na dificuldade de ver a legislação admitindo às claras que a Administração Pública viola o Direito, em detrimento do princípio da presunção de legitimidade dos atos administrativos.

De qualquer forma, se for assim – e o Supremo Tribunal Federal entender que deve ser, já que não haveria qualquer inconstitucionalidade[477] –, não serão contabilizados nessa

insólito e absurdo § 1º, do art. 18, da Lei de Responsabilidade Fiscal. In: *Lei de Responsabilidade Fiscal – Teoria e Prática*, Coord. Carlos Valder do Nascimento, Rio de Janeiro: América Jurídica, 2002, p. 109-118.

475. De acordo com as lições do prof. Luís Roberto Barroso (*Interpretação e Aplicação da Constituição*, 2ª ed., São Paulo: Saraiva, 1998, p. 175-176): "A interpretação conforme a Constituição compreende sutilezas que se escondem por trás da designação truística do princípio. Cuida-se, por certo, da escolha de uma linha de interpretação de uma norma legal, em meio a outras que o texto comportaria. (...). O conceito sugere mais: a *necessidade de se buscar uma interpretação que não seja a que decorre da leitura mais óbvia do dispositivo. É, ainda, da sua natureza excluir a interpretação ou as interpretações que contravenham a Constituição.* (...). O papel da interpretação conforme a Constituição é, precisamente, o de ensejar, *por via de interpretação extensiva ou restritiva*, conforme o caso, uma alternativa legítima para o conteúdo de uma norma que se apresenta como suspeita".

476. Enunciado nº 331: Contrato de prestação de serviços. Legalidade – Revisão do Enunciado nº 256 – O inciso IV foi alterado pela Res. 96/2000 *DJ* 18.09.2000: I – A contratação de trabalhadores por empresa interposta é ilegal, formando-se o vínculo diretamente com o tomador dos serviços, salvo no caso de trabalho temporário (Lei nº 6.019, de 3.01.74). II – A contratação irregular de trabalhador, através de empresa interposta, não gera vínculo de emprego com os órgãos da administração pública direta, indireta ou fundacional (art. 37, II, da Constituição da República). III – Não forma vínculo de emprego com o tomador a contratação de serviços de vigilância (Lei nº 7.102, de 20.06.83), de conservação e limpeza, bem como a de serviços especializados ligados à atividade-meio do tomador, desde que inexistente a pessoalidade e a subordinação direta. IV – O inadimplemento das obrigações trabalhistas, por parte do empregador, implica na responsabilidade subsidiária do tomador dos serviços, quanto àquelas obrigações, inclusive quanto aos órgãos da administração direta, das autarquias, das fundações públicas, das empresas públicas e das sociedades de economia mista, desde que hajam participado da relação processual e constem também do título executivo judicial (art. 71 da Lei nº 8.666/93).

477. Informativo nº 267 do STF: "Com referência ao § 1º do arts. 18, que contabiliza, como despesas de pessoal, os valores dos contratos de terceirização de mão de obra, o Tribunal também indeferiu o pedido de medida liminar por ausência de plausibilidade jurídica da tese de ofensa aos arts. 37, II e XXI, da CF, segundo a qual os contratos em questão referir-se-iam a serviços. Salientou-se, ainda, que a norma impugnada evita que se burle o limite previsto de gasto com pessoal, valorizando o servidor público". (ADIn-MC nº 2.238/DF, Rel. Min. Ilmar Galvão, 09/05/2002).

novel rubrica ("outras despesas com pessoal") os contratos de terceirização admitidos pelo TST, como, por exemplo, os referentes à prestação de serviço de segurança, de limpeza, de recepcionista, de transporte etc. Por outro lado, seriam considerados como "outras despesas com pessoal" as referentes a terceirizações de serviços típicos da unidade administrativa contratante. Mas, só por serem típicos do Estado os tais serviços (e ligados à atividade fim da Administração), a terceirização seria ilegal e, portanto, deveria ser desfeita.

É uma situação de difícil compreensão, tal qual destacado com maestria pelo Prof. Ivan Barbosa Rigolin, que só entende possível serem essas despesas contabilizadas como "outros serviços ou encargos" (conta 3.1.3.2 do Adendo IV à Lei nº 4.320/1964) ou como "remuneração de serviços pessoais" (conta 3.1.3.1 do Adendo IV à Lei nº 4.320/1964)[478].

Por fim, diga-se que somente as parcelas de natureza remuneratória, além dos encargos sociais, podem integrar o conceito de despesa total com pessoal. Devem ser excluídas desse universo, portanto, as rubricas com natureza indenizatória, como, por exemplo, as diárias com viagens, que são, na verdade, despesas de custeio endereçadas à Administração.

Não é essa, entretanto, a dicção do *caput* do art. 18, que menciona expressamente as "vantagens".

Na dicção do art. 49 da Lei nº 8.112, de 11 de dezembro de 1990, as vantagens compreendem as indenizações, as gratificações e os adicionais. Dentre as indenizações, estão, nos termos do art. 51 do mesmo diploma legal, as ajudas de custo, as diárias e o transporte. Além disso, o plano de contas da Administração Pública Federal, baixado pela Lei nº 4.320/1964, insere as diárias como sendo despesas com pessoal (conta 3.1.1.1.02 e conta 3.1.1.2.02). Mas seria essa opção do legislador adequada? Parece-nos que não!

Ora, se um servidor se desloca de um determinado ponto do território a outro, precisando passar, por hipótese, uma semana, perceberá diárias, que se prestarão a custear a viagem, de modo a se evitar um prejuízo injustificado ao funcionário, que está a desempenhar funções profissionais em proveito da instituição para a qual trabalha e não em proveito próprio. Deste modo, como se poderia pretender enquadrar essas despesas com diárias no bojo dos limites de despesas com pessoal?

A Administração Pública, quando paga diárias a seus servidores, não os está remunerando, mas sim indenizando-os pelas despesas que farão em prol do Estado. São despesas com hotéis, alimentação, locomoção urbana etc. (Lei nº 8.112/1990, art. 58) e não despesas havidas com a remuneração de pessoal. Portanto, não são despesas com pessoal!

Assim, parece-nos mais inadequado e absurdo incluir no rol de despesas com pessoal as havidas com o pagamento de parcelas de natureza indenizatória do que aquelas referidas no § 1º do art. 18 da Lei Complementar nº 101/2000, tão criticado pela doutrina (não sem razão).

Quanto à periodicidade que deve ser considerada para se apurar os valores que serão aqui estudados, convém debruçar-se sobre a redação do § 2º do art. 18 da Lei de Responsabilidade Fiscal, que assim dispõe:

> *Art. 18. (...)*
>
> *§ 2º A despesa total com pessoal será apurada somando-se a realizada no mês em referência com as dos onze imediatamente anteriores, adotando-se o regime de competência.*

Assim, a apuração dos limites percentuais de gastos com pessoal não é estática, mas sim dinâmica. Não se deve entender que é adequado ou suficiente fazer uma análise

478. *Op. cit.*, p. 113.

estanque das despesas de pessoal num determinado exercício. O sistema adotado pelo legislador, que prestigia a manutenção de um controle contínuo e compromissado com resultados permanentes, determina que sejam analisados sempre períodos de doze meses, compreendendo-se o mês da análise e os onze anteriores.

A alusão ao "regime de competência", em oposição ao "regime de caixa", que não foi prestigiado por recomendação dos princípios de contabilidade adotados pelo CFC, indica que a análise deve ser feita levando-se em consideração os meses de referência e não as datas de pagamento. Vale lembrar que a remuneração dos serviços prestados pelo funcionalismo no mês de agosto, por exemplo, são pagos somente em setembro, se não ocorrer qualquer atraso.

Não se pode deixar de mencionar que não serão considerados "despesas com pessoal", para os efeitos da Lei de Responsabilidade Fiscal, nos termos do art. 19, § 1º, daquele diploma normativo:

- as despesas havidas com indenização por demissão de servidores e empregados;
- as relativas a incentivos à demissão voluntária;
- as derivadas do pagamento da remuneração de parlamentares em razão do trabalho extraordinário desempenhado no período de recesso do Congresso Nacional[479];
- as decorrentes de decisões judiciais, desde que sejam referentes a período de apuração (conforme regra do § 2º do art. 18) anterior àquele em que se fizer o pagamento[480];
- as despesas da União referentes ao pagamento de pessoal do Distrito Federal, do Estado do Amapá e do Estado de Roraima;
- as despesas com inativos, ainda que por intermédio de fundo específico, desde que custeadas por recursos provenientes (a) da arrecadação das contribuições dos segurados; (b) das compensações financeiras entre os regimes geral e público de previdência social, nos termos do art. 201, § 9º, da Constituição; (c) além das demais receitas diretamente arrecadadas por fundo vinculado a tal finalidade, inclusive o produto da alienação de bens, direitos e ativos, bem como seu superávit financeiro.

Nessa primeira análise, pois, já tivemos a oportunidade de conhecer sobre que realidade recairão os mecanismos de controle de gastos. O que a lei pretende é que as despesas com as rubricas antes mencionadas não sejam maiores que um determinado percentual de determinada base econômica. E é justamente essa base econômica que passaremos a estudar no próximo item.

479. Essa regra viola, a nosso ver, o princípio da isonomia, uma vez que, se o servidor, de um modo geral, faz horas extras e recebe uma remuneração adicional por isso, tal despesa será considerada despesa com pessoal. E, se é assim, porque não computar como despesas com pessoal as havidas com o pagamento de remuneração adicional dos parlamentares?

480. Neste caso, a tal despesa será incluída no limite do Poder Judiciário, a teor do disposto no § 2º do mesmo art. 19 da Lei de Responsabilidade Fiscal. Essa manobra, aliás, é de tal forma abominável que é capaz de motivar uma onda de decisões desfavoráveis aos servidores, apenas para que o limite de despesas com pessoal do Poder Judiciário não cresça e, com isso, venha a ser necessário o corte de despesas no âmbito do referido Poder. E isso é inconstitucional, posto que interfere na independência do Poder Judiciário. Além disso, na hipótese de o Judiciário condenar o Município em ação ajuizada por seus servidores, ter-se-ia a transferência de despesas com pessoal do âmbito municipal para o âmbito estadual, esbarrando, agora, no princípio federativo. E mais: na hipótese de o Judiciário estadual não acolher a tese do servidor estadual ou municipal e este conseguir reverter o julgado no âmbito do Supremo Tribunal Federal, a despesa de pessoal seria do Estado, que vai executar a decisão, ou da União, cujo órgão jurisdicional determinou o pagamento?

5.2. Da base de cálculo

A Lei de Responsabilidade Fiscal (Lei Complementar nº 101/2000) criou uma fórmula que servirá de instrumento de realização do princípio do equilíbrio orçamentário. E a referida fórmula é a seguinte: as despesas de pessoal não podem ser superiores a um determinado percentual de determinada realidade econômica. E é justamente essa realidade econômica que passaremos a conhecer neste item do trabalho.

A base desse complexo cálculo é a chamada "receita corrente líquida", como se extrai da mera leitura do *caput* do art. 19 da Lei Complementar nº 101/2000. E a RCL foi assim conceituada pelo art. 2º, IV, e §§ 1º, 2º e 3º do mesmo diploma legal, *ipsis litteris*:

> *Art. 2º Para os efeitos desta Lei Complementar, entende-se como:*
>
> *(...)*
>
> *IV – receita corrente líquida: somatório das receitas tributárias, de contribuições, patrimoniais, industriais, agropecuárias, de serviços, transferências correntes, deduzidos:*
>
> *a) na União, os valores transferidos aos Estados e Municípios por determinação constitucional ou legal, e as contribuições mencionadas na alínea a do inciso I e no inciso II do art. 195, e no art. 239 da Constituição;*
>
> *b) nos Estados, as parcelas entregues aos Municípios por determinação constitucional;*
>
> *c) na União, nos Estados e nos Municípios, a contribuição dos servidores para o custeio de seu sistema de previdência e assistência social e as receitas provenientes da compensação financeira citada no § 9º do art. 201 da Constituição.*
>
> *§ 1º Serão computados no cálculo da receita corrente líquida os valores pagos e recebidos em decorrência da Lei Complementar nº 87, de 13 de setembro de 1996, e do fundo previsto pelo art. 60 do Ato das Disposições Constitucionais Transitórias.*
>
> *§ 2º Não serão considerados na receita corrente líquida do Distrito Federal e dos Estados do Amapá e de Roraima os recursos recebidos da União para atendimento das despesas de que trata o inciso V do § 1º do art. 19.*
>
> *§ 3º A receita corrente líquida será apurada somando-se as receitas arrecadadas no mês em referência e nos onze anteriores, excluídas as duplicidades.*

Repare que o legislador contemplou todas as receitas havidas pelos entes federativos, salvo aquelas que entram nos seus caixas com destinação certa. Isto porque aqueles valores cuja dedução do cálculo ficou determinada pelo legislador não poderiam, em qualquer hipótese, ser utilizados para o pagamento das despesas com pessoal, já que estão de passagem, por assim dizer, nos cofres de cada um dos respectivos entes federativos.

Outra observação importante toca à questão do Distrito Federal, que não foi mencionado nos incisos do *caput* do art. 2º da Lei Complementar nº 101/2000. Neste passo, questionar-se-ia o seguinte: quais seriam os itens a serem deduzidos para que se encontre o valor referente à receita corrente líquida daquele ente da Federação?

Em primeiro lugar, ter-se-ia, de logo, que excluir os repasses aos Municípios, mencionados na alínea *b*, uma vez que, de acordo com o disposto no *caput* do art. 32 da Constituição da República, o Distrito Federal não pode ser dividido em municípios. Em segundo lugar, exclui-se, também, a aplicabilidade do disposto na alínea *a*, uma vez que se refere somente à União e não há nada que indique a dúvida sobre a possibilidade de ser estendido ao âmbito do Distrito Federal.

Deste modo, somente se aplica ao Distrito Federal a dedução mencionada na alínea *c*, referente às receitas provenientes de contribuições previdenciárias, além das receitas recebidas em razão da compensação financeira imposta pela possibilidade de se levar do sistema público para o sistema privado de previdência – e vice versa – o tempo de serviço submetido a regime diverso.

Não se pode deixar de mencionar, ainda em termos de Distrito Federal, a norma do § 2º do art. 2º da Lei Complementar nº 101/2000, que exclui desse cálculo as receitas provenientes da União e destinadas ao pagamento do pessoal daquela entidade federativa, pelas mesmas razões antes mencionadas para justificar as demais deduções. Sendo certo, ainda, que essa última regra vale também para os antigos territórios e hoje Estados do Amapá e de Roraima, que também recebem recursos federais destinados ao pagamento de pessoal do Judiciário, do Ministério Público de da Defensoria Pública.

Dito isto, vejamos o que é cada uma daquelas especificações contidas na cabeça do inciso IV do art. 2º da Lei Complementar nº 101/2000.

- **Receitas tributárias**: São aquelas arrecadadas em razão dos impostos, taxas, contribuições (de melhoria e especiais, salvo, quanto a estas, as previdenciárias, em razão do que dispõem o inciso IV e suas alíneas do art. 2º da Lei de Responsabilidade Fiscal) e empréstimos compulsórios. Estão excluídas, por exemplo, as contribuições ao Fundo de Garantia por Tempo de Serviço – FGTS, que não têm natureza tributária, embora muita gente já tenha afirmado o contrário.
- **Receitas de contribuições**: Na verdade, a Lei de Responsabilidade Fiscal não foi redigida com a técnica devida neste particular, uma vez que agrupou como se fossem de espécies diferentes as chamadas "receitas de contribuições". De acordo com o disposto no art. 11, § 4º, da Lei nº 4.320/1964, essas receitas de contribuições representam um gênero, cujas espécies são:
- **Receitas patrimoniais**: Nas lições do prof. Rigolin, a receita patrimonial "é aquela proveniente de fruto de aplicações ou investimentos com base no patrimônio do ente público, como por exemplo aplicação de disponibilidades financeiras na caderneta de poupança, ou em outra aplicação com resultado menos *ridículo*, como na bolsa de valores ou em outros investimentos, ou então aluguel de imóveis públicos a particulares. Trata-se do patrimônio público rendendo dividendos ou receita ao poder público que o detém"[481].
- **Receitas industriais**: Receita industrial "é aquela proveniente da produção de alguma indústria pertencente ao poder público, como a fábrica de artefatos de cimento de uma Prefeitura, que vende blocos ou manilhas para outros Municípios, ou para particulares"[482].
- **Receita agropecuária**: "é aquela proveniente da produção de algum imóvel rural pertencente ao poder público, como uma 'fazenda experimental' do Estado ou do Município, que produza e revenda gêneros agrícolas"[483].

481. Rigolin, Ivan Barbosa. Lei de Responsabilidade Fiscal e Despesas com Pessoal. In: *Lei de Responsabilidade Fiscal – Teoria e Prática*, coord. Carlos Valder do Nascimento, Rio de Janeiro: América Jurídica, 2002, p. 79-92.
482. *Idem.*
483. *Idem.*

- **Receita de serviços**: "é aquela oriunda de serviços que o poder público preste a particulares, como por exemplo alugando seus tratores ou suas retroescavadeiras, a preço horário preestabelecido"[484].
- **Transferências correntes**: De acordo com o art. 12, § 2º, da Lei nº 4.320/1964, as transferências correntes são aquelas "dotações para despesas às quais não corresponda qualquer contraprestação direta em bens ou serviços, inclusive para contribuições e subvenções destinadas a atender à manifestação de outras entidades de direito público ou privado".

Não se pode omitir, ainda, a regra do § 1º do art. 2º, da Lei Complementar nº 101/2000, que inclui no conceito legal de receitas correntes líquidas aquelas recebidas em razão da Lei Complementar nº 87/1996 e do fundo de que trata o art. 60 do ADCT. Analisemos em separado cada um desses itens.

No que se refere à primeira parte, interessante notar que o legislador menciona que serão considerados no cálculo da receita corrente líquida os valores "pagos" e recebidos em razão da Lei Kandir, que dita normas gerais sobre ICMS, nos termos do art. 155, § 2º, XII, da Constituição da República. À primeira vista parece estranho incluir aí os valores pagos, quando se fala em receita. Mas, na verdade, a redação legal está perfeita. Isto porque, em relação à União, que paga tais valores aos Estados e Municípios, haverá uma dedução dos mesmos do total da receita corrente líquida. Por outro lado, tais valores serão adicionados à receita dos Estados e Municípios que os receberem, de acordo com o que for entrando em caixa.

Mas persiste uma dúvida: a que receita se refere a Lei de Responsabilidade Fiscal quando menciona a Lei Kandir sem especificar a que dispositivo se refere? Seria à receita decorrente da arrecadação do ICMS a referência?

Parece-nos que não, uma vez que isso seria o equivalente a reconhecer que o legislador cometeu um *bis in idem*, na medida em que a receita de ICMS é de natureza tributária, já mencionada no inciso IV do *caput* do art. 2º da Lei Complementar nº 101/2000.

Bom. Mas, se não é à receita do ICMS a referência feita, a que receita está aludindo o § 1º do art. 2º da Lei de Responsabilidade Fiscal?

Trata-se, na verdade, dos recursos referidos sem pé nem cabeça no art. 31 da Lei Complementar nº 87/1996, cujo *caput* assim dispõe:

> *Art. 31. Nos exercícios financeiros de 2000, 2001 e 2002 a União entregará mensalmente aos Estados e seus Municípios, obedecidos os montantes, os critérios, os prazos e as demais condições fixados no Anexo desta Lei Complementar.*

O Anexo acima mencionado dá conta de R$ 3.864.000.000,00 (três bilhões e oitocentos e sessenta e quatro milhões de reais) que seriam distribuídos aos Estados (inclusive ao Distrito Federal) e seus Municípios na forma e de acordo com os critérios ali estabelecidos. Enfim, é a esses recursos que o § 1º do art. 2º da Lei Complementar nº 101/2000 está se referindo.

484. *Idem.* Mas, aqui, *data venia*, não me parece ter acertado o prof. Rigolin. É que, nesta hipótese, o Município não teria prestado qualquer serviço e, portanto, essa receita não seria da natureza indicada pelo conceituado autor. Tal receita seria, na verdade, patrimonial, pois deriva da exploração do patrimônio do ente público. Um exemplo, ao nosso ver correto, de receita de serviço é aquela proveniente da calibração de equipamentos radiológicos pelo IRD da Comissão Nacional de Energia Nuclear – CNEN, autarquia federal vinculada ao Ministério da Ciência e Tecnologia.

Faltou falar, ainda, do art. 60 do Ato das Disposições Constitucionais Transitórias, que trata do Fundo de Manutenção e Desenvolvimento do Ensino Fundamental e de Valorização do Magistério – FUNDEF. De um lado, os recursos repassados pela União serão debitados do total de sua receita corrente líquida. De outro, tais recursos serão adicionados à receita corrente líquida de cada um dos Estados e Municípios na medida em que forem ingressando nos respectivos caixas, influindo, portanto, no cálculo do limite de despesas com pessoal de todas as esferas federativas.

Por fim, não podemos esquecer da regra constante do § 3º do art. 2º da Lei Complementar nº 101/2000, que se refere à periodicidade da apuração da receita corrente líquida de cada um dos entes da Federação. A regra, *mutatis mutandis*, é a mesma adotada pelo art. 18, § 2º, dessa mesma Lei de Responsabilidade Fiscal. Ou seja, em cada mês, serão considerados os valores então ingressos no orçamento, assim como os dos onze meses anteriores, de modo a propiciar um controle permanente e evolutivo do cálculo. Mas aqui o regime adotado será o de caixa, embora não haja referência expressa nesse sentido.

Portanto, é sobre o valor apurado de acordo com as regras estudadas neste item que deverão ser aplicados os percentuais a serem especificados, caso a caso, no item que se segue, de modo a se chegar a um resultado, que representará o valor máximo a ser gasto com o pessoal de cada ente da Federação e, dentro destes, dos respectivos Poderes e órgãos.

5.3. Dos percentuais aplicáveis

Desde a edição da Lei Complementar nº 82, de 27 de março de 1995, não está mais em vigor o percentual único de 60% da receita estatal para figurar como limite máximo de gasto com pessoal em cada uma das unidades da Federação. Tal percentual estava fixado no art. 38 do ADCT.

Depois da referida Lei Complementar nº 82/1995, sucederam-na a Lei Complementar nº 96/1999 e, agora, a Lei Complementar nº 101/2000, que é a Lei de Responsabilidade Fiscal. Esta, além de regulamentar o art. 169 da Constituição, trata de outros assuntos, como visto anteriormente.

Mas, afinal, quais os percentuais definidos pela Lei de Responsabilidade Fiscal para se apurar o limite de gasto com pessoal do Poder Público?

Parece-nos conveniente que se faça um gráfico, a fim de que a demonstração fique mais clara neste momento. Vejamos, então:

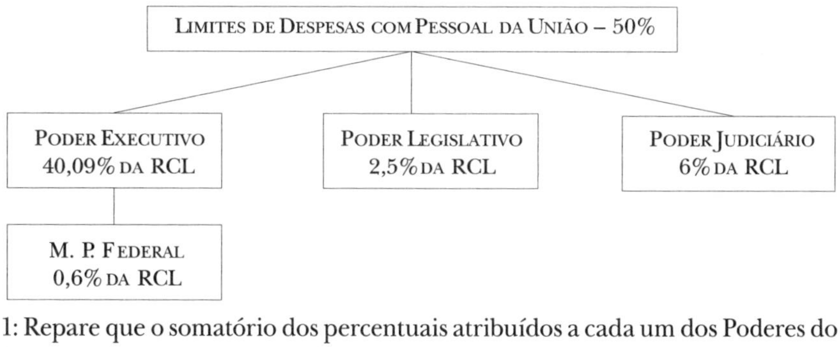

Obs. 1: Repare que o somatório dos percentuais atribuídos a cada um dos Poderes do Estado e ao Ministério Público resulta em 50%, que é o que a União pode gastar com seu pessoal.

Obs. 2: Nas despesas com pessoal do Poder Legislativo estão incluídas aquelas relativas ao Tribunal de Contas da União.

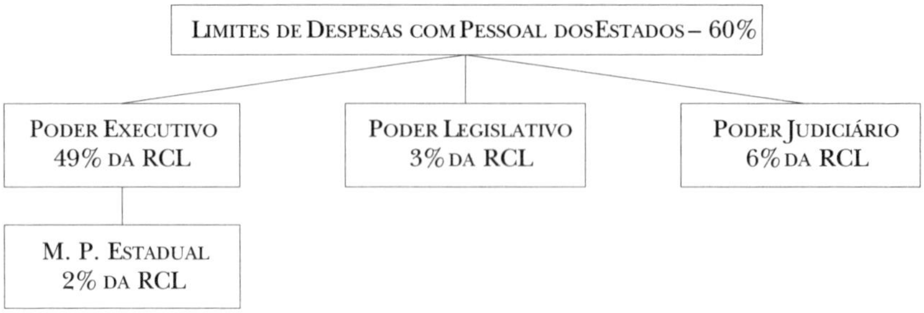

Obs. 1: Repare que o somatório dos percentuais atribuídos a cada um dos Poderes do Estado e ao Ministério Público resulta em 60%, que é o que o Estado pode gastar com seu pessoal.

Obs. 2: Nas despesas com pessoal do Poder Legislativo estão incluídas aquelas relativas ao Tribunal de Contas do Estado.

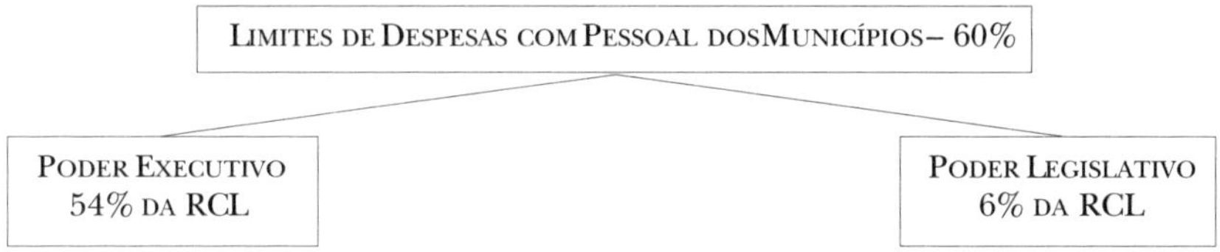

Obs. 1: Repare que o somatório dos percentuais atribuídos a cada um dos Poderes do Município resulta em 60%, que é o que o Município pode gastar com seu pessoal.

Obs. 2: Nas despesas com pessoal do Poder Legislativo estão incluídas aquelas relativas ao Tribunal de Contas, onde houver (CRFB/1988, art. 31, §§ 1º e 4º)[485].

5.3.1. Da inconstitucionalidade do art. 20 da LRF

O art. 20 da Lei de Responsabilidade Fiscal, à toda evidência, não encontra guarida na ordem constitucional pátria.

Desde a Constituição de 1891, o Brasil adota como forma de Estado o modelo federativo, que encontra seu núcleo na garantia de autonomia política, administrativa e financeira dos entes regionais e, agora, com a Constituição de 1988, também dos entes locais.

Tal autonomia dos entes que integram a Federação se traduz na capacidade de auto-organização, gestão das políticas e recursos públicos, execução de serviços públicos e arrecadação tributária, de acordo com o esquema de repartição de competências traçado no texto da Constituição da República.

485. O § 4º do art. 31 da Constituição vedou a criação de Tribunais de Contas municipais. Entretanto, o § 1º do mesmo dispositivo constitucional faz, expressamente, referência à fiscalização das contas dos Municípios por meio dos tribunais de contas municipais. Aparentemente, existe aí uma contradição. Mas trata-se de aparente conflito de normas constitucionais, visto que a referência feita aos tribunais de contas municipais vem acompanhada, ao final, de uma cláusula importantíssima: "onde houver". Significa que os tribunais de contas municipais que já haviam sido criados antes da Constituição de 1988 seriam mantidos e, por conseguinte, as contas municipais só seriam por eles fiscalizadas naquela hipótese. Para os municípios que, até aquela data, não haviam criado tribunais de contas, a fiscalização seria feita pela Corte de Contas do Estado respectivo. Esse entendimento, aliás, é o que prevalece no âmbito do Supremo Tribunal Federal, senão vejamos: "A interpretação sistemática dos §§ 1º e 4º do art. 31 da Carta da República é conducente a concluir-se que os Estados-membros têm o poder de criar e extinguir Conselhos ou Tribunais de Contas dos Municípios. A expressão 'onde houver' inserta no primeiro parágrafo alberga a existência presente e mura de tais órgãos, sendo que o óbice à criação ficou restrita à atividade municipal precedente" (ADIN nº 867-6/MA).

Não se pode afirmar, a partir disso, que os Estados, o Distrito Federal e os Municípios são entes dotados de plena liberdade para definir suas políticas públicas e gerir seus recursos materiais, financeiros e, inclusive, humanos[486]. Isto porque, além das normas constitucionais que ditam, diretamente, determinados limites que deverão ser observados por todos os entes da Federação, foram entregues à União diversas competências que, exercidas, impõem mais limites ainda à atuação das demais unidades federativas.

É exatamente o que acontece, aliás, com a questão dos limites com as despesas com pessoal.

O art. 169 da Constituição da República, já mencionado anteriormente, deferiu à União o poder de especificar, por intermédio de uma lei complementar nacional, os limites de gasto com pessoal para todas as esferas governamentais. Assim, é uma lei editada pela União que determina quanto cada um dos Estados e Municípios e o Distrito Federal vão poder gastar com a remuneração de seus servidores. Aliás, é o que a Lei de Responsabilidade Fiscal fez em seu art. 20. Mas não parou por aí.

Além de dizer qual seria o volume máximo de despesas com pessoal em cada ente da Federação, o legislador federal disciplinou como se daria a distribuição dessas despesas entre os Poderes e o Ministério Público. E quando agiu dessa forma, exorbitou do poder que lhe foi entregue pela Constituição, vulnerando a autonomia federativa dos Estados, do Distrito Federal e dos Municípios e, de quebra, o princípio da separação dos Poderes.

Há quem, ignorando o conceito de federalismo, venere essa inovação da Lei de Responsabilidade Fiscal. Assim ocorreu com Marcelo de Miranda Ribeiro Quintiere, que assim se pronunciou a respeito:

> Uma característica marcante da LRF é a definição precisa dos limites máximos de gastos com pessoal associados aos Poderes constituídos no âmbito de cada ente federado. Trata-se, em verdade, de um *avanço* considerável na medida em que fica estabelecida a participação de cada Poder no controle dos gastos, evitando que este ônus recaia, como anteriormente observado, sobre apenas alguns componentes da Administração[487]. (grifamos)

E aí, só exclamando: avanço?!?!?!?!

O absurdo, do ponto de vista jurídico, é tamanho que nos permite falar, de maneira diametralmente oposta, em significativo atraso! Trata-se de um golpe letal contra a forma federativa de Estado, tão cara ao constituinte de 1988 a ponto de ter sido elevada à condição de cláusula pétrea (CRFB/1988, art. 60, § 4º, I).

A importância da adoção desse tipo de organização geográfica do poder, especialmente em País com tão vasta extensão territorial, está na proximidade que proporciona entre o povo e o poder político, fortalecendo-se a democracia.

Dentre os que engrossam a fileira dos indignados com a norma do art. 20 da Lei Complementar nº 101/2000, figura o prof. Misabel Abreu Machado Derzi, que assim escreveu:

> Pois bem: a Lei Complementar nº 101/2000, talvez por ter sido, em suas origens, mera transposição de modelo vigente na Nova Zelândia, país unitário, parlamentarista e de

486. Muito menos no modelo federativo adotado pelo País, que é de tendência centralizadora (*federalismo centrípeto*).
487. Quintiere, Marcelo de Miranda Ribeiro. A Lei de Responsabilidade Fiscal e os Gastos com Pessoal. In: *Responsabilidade Fiscal*, obra conjunta editada pela América Jurídica, 2002, p. 53.

> regime político fechado, padece de inconstitucionalidades, na parte em que cria para os Estados-membros proibições que a Constituição não impõe, restringindo e reduzindo seu campo de competência legislativa e ferindo-lhes a autonomia de forma ostensiva[488].

O Prof. Ives Gandra Martins tenta estabelecer uma interpretação conciliadora, dizendo que o limite geral tem natureza taxativa, o que não acontece com os limites específicos dentro de cada esfera federativa, que teriam caráter indicativo. Confira-se, *verbis*:

> Entendo, pessoalmente, que na interpretação construtiva, que oferto, nitidamente, a Federação não é atingida, cabendo a LRF apenas definir, de forma taxativa, o teto geral e, facultativa ou indicativa, o teto parcial[489].

Essa questão tão séria acabou sendo objeto de impugnação no âmbito da Ação Direta de Inconstitucionalidade nº 2.238/DF (Rel. Min. Ilmar Galvão), cujo pedido de liminar foi indeferido pelo Supremo Tribunal Federal.

Confira-se, a propósito, o que consta do Informativo nº 206 do STF a esse respeito:

> Prosseguindo no julgamento da ação direta de inconstitucionalidade ajuizada pelo PC do B, PSB e PT, na parte em que se impugnava o art. 20 da Lei Complementar 101/2000 – que estabelece uma repartição dos limites globais de despesa com pessoal entre os Poderes – (v. Informativo 204), o Tribunal, por maioria, indeferiu o pedido de liminar, por não vislumbrar, num primeiro exame, incompatibilidade do dispositivo impugnado com a CF, vencidos os Ministros Ilmar Galvão, relator, Sepúlveda Pertence, Octavio Gallotti, Néri da Silveira e Carlos Velloso, que deferiam a liminar, por aparente ofensa ao § 1º do art. 99 e ao art. 169 da CF. O Min. Marco Aurélio retificou o seu voto proferido anteriormente para deferir o pedido de medida cautelar. Em questão de ordem apresentada pelo Min. Ilmar Galvão, relator, o Tribunal indeferiu os pedidos da Advocacia-Geral da União no sentido de serem ouvidos os Estados-membros afetados pelo dispositivo impugnado e de submeter as ações diretas ao julgamento definitivo do Tribunal, anulando-se o julgamento liminar ora em andamento. Em seguida, o julgamento foi adiado por indicação do relator.

Como se vê, o interesse político momentâneo se sobrepôs, como de costume, a um dos mais altos interesses protegidos pela Constituição de 1988, que é o relativo ao princípio federativo (art. 60, § 4º, I). O resultado disso, saberemos no futuro[490].

---

488. Derzi, Misabel Abreu Machado. Da Inconstitucionalidade das Sanções Institucionais Impostas pela Lei de Responsabilidade Fiscal. In: *Lei de Responsabilidade Fiscal – Teoria e Prática,* Rio de Janeiro: América Jurídica, 2002, p. 200-1.

489. Martins, Ives Gandra. A Lei de Responsabilidade Fiscal e o Federalismo. In: *Lei de Responsabilidade Fiscal – Teoria e Prática,* Rio de Janeiro: América Jurídica, 2002, p. 139.

490. Registre-se, entretanto, que houve votos em sentido contrário, como se depreende da leitura do Informativo nº 204 do STF, senão vejamos: "...deu-se início ao exame da arguição de inconstitucionalidade material do art. 20 da Lei Complementar 101/2000, que estabelece uma repartição dos limites globais de despesa com pessoal entre os Poderes, nas esferas federal, estadual e municipal. Após os votos dos Ministros Ilmar Galvão, relator, Marco Aurélio, Sepúlveda Pertence, Octavio Gallotti e Carlos Velloso, que deferiam a liminar para suspender, até decisão final, a eficácia do art. 20 da Lei Complementar 101/2000, por considerarem relevante a tese de inconstitucionalidade sustentada pelos autores da ação no sentido de que o art. 169 da CF não autoriza a imposição de limites de despesa por Poder, mas apenas por esfera de governo, e que o § 1º do art. 99 da CF determina que se observe o limite total de gasto das propostas orçamentárias estipulado conjuntamente pelos três Poderes (CF,

5.3.2. Do problema das Câmaras de Vereadores

Um problema que tem causado acalorados debates é o referente ao limite de gastos com pessoal das Câmaras Municipais. Isto em razão de uma aparente incompatibilidade entre as normas da Lei de Responsabilidade Fiscal sobre o assunto e o disposto no arts. 29, VII, e 29-A, *caput* e § 1º, da Constituição da República.

De acordo com o art. 20, III, *a*, da Lei Complementar nº 101/2000, já mencionado anteriormente, as Câmaras Municipais não podem ter despesas com pessoal superiores a 6% (seis por cento) da Receita Corrente Líquida, conforme definições já estudadas acima.

Por outro lado, o art. 29-A da Constituição da República, inserido no texto constitucional pela Emenda à Constituição nº 25, de 14/02/2000, tem a seguinte redação:

> *Art. 29-A. O total da despesa do Poder Legislativo Municipal, incluídos os subsídios dos Vereadores e excluídos os gastos com inativos, não poderá ultrapassar os seguintes percentuais, relativos ao somatório da receita tributária e das transferências previstas no § 5º do art. 153 e nos arts. 158 e 159, efetivamente realizado no exercício anterior:*
>
> *I – oito por cento para Municípios com população de até cem mil habitantes;*
>
> *II – sete por cento para Municípios com população entre cem mil e um e trezentos mil habitantes;*
>
> *III – seis por cento para Municípios com população entre trezentos mil e um e quinhentos mil habitantes;*
>
> *IV – cinco por cento para Municípios com população acima de quinhentos mil habitantes.*
>
> *§ 1º A Câmara Municipal não gastará mais de setenta por cento de sua receita com folha de pagamento, incluído o gasto com o subsídio de seus Vereadores.*

Além disso, o art. 29, VII, também da Constituição da República, menciona o seguinte:

> Art. 29. (...)
>
> VII – o total da despesa com a remuneração dos Vereadores não poderá ultrapassar o montante de 5% (cinco por cento) da receita do município.

Diante de tantos limites fixados pela Constituição, duas perguntas seriam bastante naturais: mas afinal, qual o limite de gastos com o pessoal das Câmaras Municipais? Seria inconstitucional o art. 20, III, *a*, da Lei Complementar nº 101/2000?

As respostas dependem de cautelosa interpretação dos dispositivos constitucionais acerca da matéria. Vejamos como resolver adequadamente essa questão.

O Prof. Ivan Barbosa Rigolin se pronunciou a respeito, vislumbrando uma incompatibilidade entre as disposições constitucionais sobre o assunto e o disposto na Lei de Responsabilidade Fiscal. Vejamos o seu posicionamento, *textus*:

> Quanto especificamente aos Municípios, tiveram eles repartido o limite em 54% para o Executivo e 6% para o Legislativo, e nesse ponto é de denunciar um inevitável conflito que a partir de 1º de janeiro de 2001 ocorrerá entre a LRF e a Constituição Federal, art. 29, inciso VII, e art. 29-A, ambos com a redação *que lhes dará em 1º/01/2000 a Emenda Constitucional nº 25*[491].

art. 169: 'a despesa com pessoal ativo e inativo da União, dos Estados, do Distrito Federal e dos Municípios não poderá exceder os limites estabelecidos em lei complementar'); dos votos dos Ministros Nelson Jobim, Celso de Mello, Sydney Sanches e Moreira Alves que indeferiam a liminar, o julgamento foi suspenso a fim de aguardar os votos dos Ministros Maurício Corrêa e Néri da Silveira".

491. RIGOLIN, Ivan Barbosa. Lei de Responsabilidade Fiscal e Despesas com Pessoal, *op. cit.*, p. 86.

Permissa maxima venia, não nos parece acertada a afirmação do respeitável professor. Analisemos caso a caso.

Em primeiro lugar, é de se observar que o inciso VII do art. 29 da Constituição da República trata apenas das despesas com o pagamento dos Vereadores e não de todo o pessoal da Câmara Municipal (inclusive do Tribunal de Contas, onde houver), como ocorre com a Lei de Responsabilidade Fiscal. Portanto, até aqui não há qualquer incompatibilidade entre as disposições da Lei Complementar nº 101/2000 e a Constituição. São limites distintos e que podem conviver sem qualquer problema.

Em segundo lugar, é de se ver que o *caput* do art. 29-A da Constituição, ao fixar aqueles percentuais que variam entre 5% e 8%, de acordo com o número de habitantes, tratou do limite de despesas gerais das Câmaras Municipais, *inclusive com o pagamento dos Vereadores*, deduzindo-se, apenas, desse cômputo as despesas com o pagamento dos inativos. Vale dizer, não se trata de limite de despesas com pessoal, mas de limite de despesas em geral, o que revela a impossibilidade de se enxergar, a partir daí, qualquer inconstitucionalidade no art. 20, III, *a*, da Lei Complementar nº 101/2000, que trata apenas do limite de despesas com pessoal das Câmaras Municipais.

Por fim, deve-se atentar para o fato de que o § 1º do art. 29-A da Constituição fixa um percentual de 70% sobre o total da receita da Câmara Municipal como sendo o limite máximo de despesa com pessoal, inclusive com o pagamento dos Vereadores. Aqui, apesar de o objeto a ser limitado (despesas com pessoal do Legislativo Municipal) ser o mesmo, as bases de cálculo consideradas pelas diferentes normas são distintas.

Com efeito, o § 1º do art. 29-A da Constituição fala em 70% sobre a receita da Câmara Municipal, ou seja, daquele montante da receita municipal destinada ao custeio do Poder Legislativo. Por outro lado, a Lei de Responsabilidade Fiscal fala em 6% da Receita Corrente Líquida do Município e não apenas da receita destinada à Câmara. Portanto, também aqui não há qualquer incompatibilidade que autorize enxergar uma inconstitucionalidade no art. 20, III, *a*, da Lei Complementar nº 101/2000.

Assim, se há alguma inconstitucionalidade no art. 20, III, *a*, da Lei Complementar nº 101/2000, isto se deve ao fato de que o legislador federal extrapolou da autorização constitucional para fixar limites de despesas com pessoal (CRFB/1988, art. 169) e feriu a autonomia municipal, protegida pelos arts. 1º e 18 da Constituição. Mas, se aceitarmos a decisão do Supremo Tribunal Federal, no sentido de que não houve qualquer violação à autonomia dos entes da Federação quando da fixação de limites específicos para cada um dos Poderes dos Estados, do Distrito Federal e dos Municípios, não será em razão do problema ora estudado que se pronunciará a inconstitucionalidade da alínea *a* do inciso III do art. 20 da Lei de Responsabilidade Fiscal.

A única coisa que, acertadamente, pode ser afirmada é que o sistema de limites impostos ao gasto com pessoal no âmbito das Câmaras Municipais é super complexo. Mas todas as regras antes mencionadas devem ser consideradas conjuntamente, uma vez que uma não afasta e nem prejudica a aplicabilidade das outras. Em uma última análise, todas convivem harmonicamente na ordem jurídica.

5.4. Do limite prudencial

O Direito Financeiro, assim como qualquer outro ramo da Ciência Jurídica, é presidido por um conjunto princípiológico que garante unidade e harmonia ao monte de normas que o integram. Dentre esses princípios, interessa-nos, agora, o princípio da prudência, tão pouco explorado, mas nem por isso menos importante.

O princípio da prudência consiste na imposição de que o administrador público conduza a gestão do patrimônio estatal de forma cuidadosa, evitando situações de risco que possam ser evitadas por uma conduta mais racional e cautelosa.

Interessante a observação feita pelos professores Carlos Maurício Figueiredo e Marcos Antônio Rios da Nóbrega, *verbis*:

> A Lei de Responsabilidade Fiscal vem estabelecer esse novo padrão. Não só impondo regras, que são importantes, é verdade, mas sim, determinando compromissos e padrões de conduta que devem ser seguidos. Esses padrões se consubstanciam sobretudo nos princípios elencados na LRF e, entre eles, o princípio que chama muito nossa atenção é o princípio da prudência que caracteriza a cautela, a ponderação, na consecução da gestão fiscal[492].

Trata-se de norma jurídica que permeia toda a Lei Complementar nº 101/2000, especialmente no que tange às despesas com pessoal. A propósito, confira o disposto no art. 22 do diploma legal *sub examen*:

> *Art. 22. (...)*
>
> *Parágrafo único. Se a despesa total com pessoal exceder a 95% (noventa e cinco por cento) do limite, são vedados ao Poder ou órgão referido no art. 20 que houver incorrido no excesso:*
>
> *I – concessão de vantagem, aumento, reajuste ou adequação de remuneração a qualquer título, salvo os derivados de sentença judicial ou de determinação legal ou contratual, ressalvada a revisão prevista no inciso X do art. 37 da Constituição;*
>
> *II – criação de cargo, emprego ou função;*
>
> *III – alteração de estrutura de carreira que implique aumento de despesa;*
>
> *IV – provimento de cargo público, admissão ou contratação de pessoal a qualquer título, ressalvada a reposição decorrente de aposentadoria ou falecimento de servidores das áreas de educação saúde e segurança;*
>
> *V – contratação de hora extra, salvo no caso do disposto no inciso II do § 6º do art. 57 da Constituição e as situações previstas na lei de diretrizes orçamentárias.*

Uma leitura incauta e fora de contexto dessa norma certamente causaria uma perplexidade no exegeta. Ora, como é que o limite de despesa com pessoal é de, por exemplo, 6% (seis por cento) e o atingimento da marca dos 5,7% já impede o Poder ou órgão de tomar uma série da atitudes? Afinal, qual é o limite de despesa com pessoal do legislativo municipal na Lei de Responsabilidade Fiscal: de 6% ou de 5,7%?

Imagine que uma Câmara Municipal tenha atingido o limite prudencial de 5,7% e que precise contratar dois novos assessores jurídicos a fim de dar conta das consultas formuladas à procuradoria. Na hipótese de essa nova contratação elevar a despesa com pessoal de modo a que se alcance o percentual de 5,85%, estaria vedada a contratação? Mesmo sem ter sido descumprido, a partir disso, o limite imposto no art. 20 da Lei de Responsabilidade Fiscal?

492. Figueiredo, Carlos Maurício e NÓBREGA, Marcos Antônio Rios da. A Lei de Responsabilidade Fiscal e o Limite Prudencial: Os Limites Máximos Transitórios. In: *Lei de Responsabilidade Fiscal – Teoria e Prática,* Rio de Janeiro: América Jurídica, 2002, p. 6.

Pela dicção legal, a resposta a esse último questionamento seria positiva. Mas isso apenas se se interpretasse a norma apenas de acordo com o método literal (ou gramatical). Essa norma não resiste, como se demonstrará, ao princípio da razoabilidade, merecendo, no mínimo, uma interpretação conforme a Constituição.

No nosso sentir, a vedação de admitir novos servidores, seja com ou sem a criação de novos cargos, empregos ou funções, depois de atingido o chamado limite prudencial só será vinculante se essa medida implicar um aumento que enseje o descumprimento do limite de que trata o art. 20 da Lei de Responsabilidade Fiscal. Se, como no exemplo acima, a admissão de pessoal não enseja a exorbitância do percentual antes referido, não há que se aplicar a vedação de que trata o art. 22 da Lei Complementar nº 101/2000.

Pensar de modo contrário equivaleria a ignorar que o princípio da razoabilidade impede que o legislador fixe regras excessivas e desnecessárias ao atingimento dos objetivos colimados pela lei[493].

Se o objetivo do legislador era trabalhar com um limite máximo de 6% de despesas com pessoal, não pode instituir regra que impossibilite que os gastos dessa natureza ultrapassem 5,7%, pois que se mostraria uma restrição excessiva e desnecessária, representando medida atentatória contra a autonomia administrativa e financeira dos entes federativos.

Por isso a nossa conclusão no sentido de que a norma do art. 22 da Lei Complementar nº 101/2000 deve ser interpretada conjuntamente com a do art. 20 do mesmo diploma normativo, aplicando-se o método sistemático de exegese, de modo a se entender que o limite prudencial só se aplica quando o aumento da despesa com uma daquelas medidas vedadas for capaz de produzir uma transposição dos limites reais às despesas com pessoal. Do contrário, será viável a adoção de qualquer daqueles instrumentos aparentemente vedados pelo legislador complementar.

Assim, não nos parece lícito enxergar no chamado limite prudencial mais do que uma luz de alerta, que se presta a chamar a atenção para o fato de que falta pouco para se atingir o limite máximo de despesas com pessoal. Não é, como quer parecer numa análise meramente gramatical, um limite real e vinculante que por si só seja capaz de inibir a efetivação de contratações ou nomeações etc. O que vai, numa última análise, estabelecer mesmo esse limite é o art. 20 da Lei de Responsabilidade Fiscal.

5.5. Das regras de transição

Como tivemos a oportunidade de perceber, a Lei de Responsabilidade Fiscal surgiu num momento em que a crise financeira já estava instalada em todos os níveis governamentais do País, especialmente em razão do enorme volume de despesa com pessoal. Não se trata de norma criada com a finalidade de prevenir o caos financeiro; mas sim com o fito de corrigir a vergonhosa situação de insolvência de grande parte dos entes da Federação (especialmente os Estados).

493. Gilmar Ferreira Mendes (*Controle de Constitucionalidade – Aspectos Jurídicos e Políticos*, São Paulo: Saraiva, 1990, p. 43) assim explica o referido princípio: "No Direito Constitucional alemão, outorga-se ao princípio da proporcionalidade (*Verhältnismässigkeit*) ou ao princípio da proibição do excesso (*Übermassverbot*) qualidade de norma constitucional não escrita, derivada do Estado de Direito. Cuida-se, fundamentalmente, de aferir a compatibilidade entre meios e fins, de molde a evitar restrições desnecessárias ou abusivas contra os direitos fundamentais".

Nesse contexto, em grande parte dos casos, não adiantava a fixação dos limites de despesas com pessoal. Fazia-se necessário, também, a implementação de determinadas medidas, num certo lapso temporal, a fim de que os Estados e Municípios encontrados nessa situação de penúria pudessem se reabilitar sem que fosse necessário adotar as medidas mais drásticas, como, por exemplo, a exoneração dos servidores estáveis!

A Constituição da República estabeleceu duas normas que se referiam a um certo "período de transição", que seria a "colher de chá" dada aos entes da Federação já imersos em caótica situação financeira quando da edição da lei complementar referida no *caput* do art. 169.

Confira-se, a propósito, o que consta dos §§ 2º e 3º do art. 169, da Constituição da República, *ipsis litteris*:

> *Art. 169. (...)*
>
> *§ 2º* ***Decorrido o prazo estabelecido na lei complementar referida neste artigo para adaptação aos parâmetros ali previstos,*** *(...).*
>
> *§ 3º Para o cumprimento dos limites fixados com base neste artigo,* ***durante o prazo fixado na lei complementar referida no*** *caput, (...).* (grifos do autor)

Repare que o § 3º, que deveria vir antes do § 2º, fala em providências que deveriam ser tomadas *durante* o período de transição. Já o § 2º trata daquilo que ocorreria *depois* de esgotado o prazo de adaptação, sem êxito. É, portanto, naquele dispositivo que estão discriminadas as providências preliminares, que deveriam ser adotadas durante o *período de transição.*

Registre-se, ainda, que o período de transição deveria ser estipulado pelo legislador complementar, que o fez por meio do art. 70 da Lei de Responsabilidade Fiscal, nos seguintes termos:

> *Art. 70. O Poder ou órgão referido no art. 20 cuja despesa total com pessoal no exercício anterior ao da publicação desta Lei Complementar estiver acima dos limites estabelecidos nos arts. 19 e 20 deverá enquadrar-se no respectivo limite em até dois exercícios, eliminando o excesso, gradualmente, à razão de, pelo menos, 50% a.a. (cinquenta por cento ao ano), mediante a adoção, entre outras, das medidas previstas nos arts. 22 e 23.*

Imagine, então, que o Ministério Público do Estado "Y" tivesse gasto, no exercício de 1999, com o seu pessoal o equivalente a 5% (cinco por cento) da Receita Corrente Líquida estadual, em descompasso frontal com o disposto no art. 20, II, *d*, da Lei de Responsabilidade Fiscal. Como se resolveria essa situação?

A solução legal foi a de estipular que, nos dois exercícios seguintes, ou seja, entre 2001 e 2002[494], o limite legal imposto pelo art. 20 da Lei Complementar nº 101/2000 deveria ser cumprido. E de que forma? A Lei menciona que pelo menos 50% do excesso deveria ser cortado no primeiro ano e o restante no segundo.

494. O Prof. Ivan Barbosa Rigolin (Lei de Responsabilidade Fiscal e Despesas com Pessoal, *op. cit.*, p. 91), a esse respeito, teceu os seguintes comentários: "Podia ter sido mais clara a LRF e especificado os dois exercícios a que se refere, se 2000 e 2001, ou se 2001 e 2002; não o fez e agora precisa ser interpretada. A nós parece que se refere a 2001 e 2002, uma vez que seria pouco técnico e muito estranhável à nova lei dar à Administração a ordem de corrigir uma irregularidade ao longo de dois exercícios, quando já se está na metade do primeiro". Adotamos a sua lição *in totum* por sua inquestionável razão.

Desta forma, como o excesso era de 3% (três por cento), no primeiro ano, ou seja, em 2001, seria cortado o percentual de 1,5% (um e meio por cento) da Receita Corrente Líquida, podendo ser mais do que isso. No exercício de 2002, o restante seria cortado obrigatoriamente. Isto de modo a que a despesa total com pessoal, conforme conceituado pela própria Lei de Responsabilidade Fiscal, não chegue, no exercício de 2003, acima do limite de que trata o seu art. 20.

E quais as medidas que seriam adotadas para se chegar a essa redução de gastos com pessoal?

Como vimos acima, o próprio legislador constitucional deu resposta antecipada a esse questionamento, mencionando que, nesta hipótese, as despesas com cargos em comissão e função de confiança deveriam ser reduzidas em pelo menos 20% (vinte por cento). Além disso, foi determinada que a segunda providência, se a primeira não fosse suficiente, seria a exoneração de servidores não estáveis (CRFB/1988, art. 169, § 3º, I e II).

Esclareça-se que o constituinte preferiu preservar inclusive os cargos efetivos não titularizados por servidores estáveis e até mesmo os empregos públicos que viessem a ser criados a partir da quebra da obrigatoriedade do regime jurídico único (art. 41 da CRFB/1988 com redação dada pela EC nº 19/1998). Isso se percebe a partir da constatação de que essa providência somente poderia ser tomada depois de terem sido diminuídas as despesas com cargos em comissão e funções de confiança – para as quais não é necessária a realização de concurso público, em pelo menos 20% (vinte por cento).

Por outro lado, é de se destacar que essa redução de cargos em comissão ou funções de confiança não seria difícil ou penosa, posto que, muitas e muitas vezes, é possível perceber um número de chefes – que recebem os seus gordos DAS's – muito superior ao necessário para se coordenar as funções de um número reduzido de servidores. Como se diz no linguajar popular, há repartições públicas que têm mais caciques do que índios.

Registre-se, ainda, que o art. 23, § 1º, da Lei Complementar nº 101/2000 facultou que a redução das despesas com cargos em comissão ou funções de confiança poderia ser obtida, de um lado, pela extinção de cargos ou funções ou, de outro, por meio de redução do valor pago de cada um deles. Parece-nos que essa seria – talvez – uma medida mais adequada, dependendo do caso. Entretanto, o Supremo Tribunal Federal suspendeu a eficácia desse dispositivo legal, por entender que o mesmo é inconstitucional.

Confira-se, a propósito, o que consta do Informativo nº 267 do STF a esse respeito:

> Por aparente ofensa à garantia da irredutibilidade de vencimentos dos servidores públicos (CF, art. 37, XV), o Tribunal deferiu a suspensão cautelar de eficácia da expressão contida no § 1º do art. 23 da mencionada LC 101, que permite a redução dos valores atribuídos a cargos e funções para alcançar o cumprimento do limite estabelecido com a despesa com pessoal. Pelo mesmo fundamento, o Tribunal também deferiu a medida liminar para suspender integralmente o § 2º do mesmo art. 23, que faculta a redução temporária da jornada de trabalho com adequação dos vencimentos à nova carga horária. (ADIn-MC nº 2.238/DF, Rel. Min. Ilmar Galvão, 09/05/2002)

Outra interessante questão é a referente ao limite prudencial no âmbito de definição de quanto os entes federativos deverão reduzir para fins de cumprimento no art. 70 da Lei de Responsabilidade Fiscal.

Esmiuçando melhor a questão: se o Executivo de um determinado Estado, na época da edição da Lei Complementar nº 101/2000, estava com sua despesa total com pessoal em 50,9% de sua Receita Corrente Líquida, certo é que deveria reduzir, em 2001, o excesso em 50%, que corresponderiam a 5% (cinco por cento) da RCL, e, em 2002, em mais 50%, que corresponderiam a outros 5% (cinco por cento). Mas e o limite prudencial de que trata o art. 22, parágrafo único, da referida lei complementar?

Como já vimos, esse chamado "limite prudencial" impõe uma série de obrigações aos entes federativos que estejam com 95% (noventa e cinco por cento) do que podem gastar com pessoal já comprometidos. E como calcular esses 95% (noventa e cinco por cento) dos Estados que já tinham extrapolado os limites do art. 20 quando da edição da Lei de Responsabilidade Fiscal? No período de transição, seriam 95% sobre o percentual do art. 20 ou do art. 70?

Os professores Carlos Maurício Figueiredo e Marcos Antônio Rios da Nóbrega se ocuparam dessa questão e deixaram consignado o seguinte a respeito do tema:

> No caso daqueles Poderes e Órgãos que se encontravam, em 1999, acima dos limites gerais e permanentes estabelecidos no art. 20, o limite prudencial será de 95% dos respectivos *limites máximos transitórios*, assim entendidos aqueles a que estejam submetidos em razão da regra transitória de ajuste de que dispõe o art. 70. Neste caso, os Poderes e Órgãos se submeterão aos limites gerais e permanentes do art. 20 a partir do final do segundo exercício, quando se encerra o prazo conferido para o ajuste do comprometimento da receita corrente líquida com despesas com pessoal[495].

Apesar de sóbrias e respeitáveis as lições, ousamos discordar. Isto porque não nos parece possível falar em "limite prudencial" quando se está acima do limite de que trata o art. 20 da Lei de Responsabilidade Fiscal. Vale dizer: não nos parece aplicável o disposto no art. 22, parágrafo único, da Lei Complementar nº 101/2000 aos casos em que, durante os exercícios de 2001 e 2002, um determinado ente da Federação ainda estava se esforçando para cumprir o disposto no art. 70.

Falar em prudência, nessa hipótese, parecer-nos-ia inadequado. A prudência serviria para impedir que um ente federativo, que estivesse próximo – mas abaixo – do limite de que trata o art. 20 da Lei de Responsabilidade Fiscal não o extrapolasse. Se já tinha estourado a sua quota, não há mais falar num comportamento tendente a evitar o que já ocorreu. Agora a luta é para restabelecer a normalidade.

Por fim, não se pode olvidar o relevante art. 71 da Lei Complementar nº 101/2000, que tem a seguinte redação:

> *Art. 71. Ressalvada a hipótese do inciso X do art. 37 da Constituição, até o término do terceiro exercício financeiro seguinte à entrada em vigor desta Lei Complementar, a despesa total com pessoal dos Poderes e Órgãos referidos no art. 20 não ultrapassará, em percentual da receita corrente líquida, a despesa verificada no exercício imediatamente anterior, acrescida de 10% (dez por cento), se esta for inferior ao limite definido na forma do art. 20.*

Agora, a regra se dirige aos entes da Federação que, à época da edição da Lei de Responsabilidade Fiscal, estavam dentro dos limites impostos. Por outro lado, a regra

495. *Op. cit.*, p. 23.

somente se aplica até o final do exercício de 2003, que é o terceiro depois da entrada em vigor da Lei Complementar nº 101/2000.

Aqui, o legislador considerou natural que, no correr dos anos, as despesas com pessoal sofram algumas majorações, aceitando-as como legítimas, desde que não ultrapassem os percentuais dos arts. 20 e 22, parágrafo único, da Lei de Responsabilidade Fiscal. Mas mencionou mais um limite a esses aumentos: serão de no máximo 10% de um ano para o outro e legitimar-se-ão na medida em que não sejam, além disso, responsáveis pelo descumprimento dos limites antes referidos.

Assim, se o Judiciário de um determinado Estado tivesse gasto 4% da receita corrente líquida estadual no exercício de 2000, poderia aumentá-la no exercício de 2001 a no máximo 4,4% e, no exercício de 2002, aumentá-la no máximo a 4,84% e, em 2003, a no máximo 5,32% da receita corrente líquida. E somente poderia chegar a esse percentual em 2003 pelo fato de que não superou sequer o limite prudencial, que, neste caso, é de 5,7%.

Esclareça-se que não serão computados para os fins do disposto no art. 71 da Lei de Responsabilidade Fiscal as majorações decorrentes dos reajustes de que trata o art. 37, X, da Constituição. Isto porque, quando muito, essas correções somente se prestam a manter o poder aquisitivo da remuneração do servidor.

No que se refere, entretanto, às despesas com terceiros, não se admitiu sequer os aumentos de que trata o art. 71 da Lei de Responsabilidade Fiscal. De modo que, até 2003, não poderão ser aumentadas as despesas com pessoal terceirizado (LRF, art. 72)[496].

5.6. Das regras de recondução das despesas com pessoal aos limites legalmente impostos

Passado o período de transição, em que se admitiu a recondução gradual das despesas com pessoal ao patamar legalmente fixado independentemente da imposição das medidas mais drásticas, chega a hora de cortar custos a qualquer preço.

O dispositivo que está a reger essa matéria é o art. 23 da Lei Complementar nº 101/2000, que tem a seguinte redação:

> *Art. 23. Se a despesa com pessoal, do Poder ou órgão referido no art. 20, ultrapassar os limites definidos no mesmo artigo, sem prejuízo das medidas previstas no art. 22, o percentual excedente terá de ser eliminado nos dois quadrimestres seguintes, sendo pelo menos um terço no primeiro, adotando-se, entre outras, as providências previstas nos §§ 3º e 4º do art. 169 da Constituição.*

Primeiramente, devemos destacar que o disposto no § 3º do art. 169 da Constituição destina-se à correção dos excessos no período de transição, que compreendeu os exercícios de 2001 e 2002, como visto anteriormente. Mas nada prejudicaria a sua aplicação nos casos em que o ente da Fededração não tivesse se submetido àquela regra de transição em razão de não se encontrar, à época da edição da Lei de Responsabilidade Fiscal, acima dos limites fixados por seus arts. 20, *caput*, e 22, parágrafo único.

496. Informativo nº 297 do STF: "Em seguida, o Tribunal, tendo em conta o indeferimento, por maioria, do pedido de liminar quanto ao art. 20 (*v.* Informativos 204 e 206), conferiu ao art. 72 interpretação conforme à CF para que se entenda como serviços de terceiros, os serviços permanentes (LC 101/2000, Art. 72: 'A despesa com serviços de terceiros dos Poderes e órgãos referidos no art. 20 não poderá exceder, em percentual da receita corrente líquida, a do exercício anterior à entrada em vigor desta Lei Complementar, até o término do terceiro exercício seguinte'). Considerou-se que a regra do art. 72 é forma para evitar que, pela contratação de terceiros, contornem-se os limites globais de despesa com pessoal". (ADIn-MC nº 2.238/DF, Rel. Min. Ilmar Galvão, 12/02/2003).

Dessa forma, os entes que já estivessem fora dos limites em 1999 teriam de cumprir as medidas previstas no § 3º do art. 169 da Constituição durante o período de transição, partindo, depois disso, ou seja, a partir de 2003, para as medidas mais drásticas. Por outro lado, os entes que não houvessem caído naquela regra de transição mencionada pelo art. 70 da Lei Complementar nº 101/2000 deveriam, antes de implementar as medidas mais drásticas, cumprir as etapas do § 3º do art. 169 da Constituição.

Trata-se de observar, aqui, o princípio da razoabilidade, que impede a aplicação das medidas mais graves antes de se experimentar outras menos drásticas e possivelmente eficazes. A progressividade é exigível e, quando não observada, gera o vício da inconstitucionalidade.

No presente caso, pois, o legislador acertou ao não levar ao pé da letra a disposição constitucional e determinar que as medidas previstas no § 3º do art. 169 da Constituição fossem observadas mesmo depois do período de transição (2001-2002), desde que o ente Federativo não tivesse se submetido às regras do art. 70 da Lei de Responsabilidade Fiscal.

E se, mesmo com a redução de pelo menos 20% (vinte por cento) dos cargos comissionados e funções gratificadas, não conseguisse o membro da Federação se adaptar aos limites dos arts. 20, *caput*, e 22, parágrafo único? Que medidas deveriam ser adotadas?

Em nível constitucional ficou dito o seguinte:

> *Art. 169. (...)*
>
> *§ 2º Decorrido o prazo estabelecido na lei complementar referida neste artigo para a adaptação aos parâmetros ali previstos, serão imediatamente suspensos todos os repasses de verbas federais ou estaduais aos Estados, ao Distrito Federal e aos Municípios que não observarem os referidos limites.*

Essa é, na verdade, uma penalidade imposta pela Constituição aos entes da Federação que não se empenharem em se adequar aos parâmetros de equilíbrio orçamentário impostos pelo novo modelo de gestão fiscal. Penalidade muito cruel, que pode, inclusive, agravar ainda mais a situação econômica do membro da Federação.

Desse ponto de vista, seria até de se questionar se essa norma, veiculada por emenda à Constituição, se compatibiliza com o princípio da razoabilidade, tendo em vista os requisitos da adequação e da proporcionalidade[497].

Ao que nos parece, há uma inconstitucionalidade neste ponto da Emenda Constitucional nº 19/1998. Ora, se o objetivo do legislador era promover um ajuste fiscal em todos os níveis da Federação, como pode punir os faltosos com o agravamento de sua situação, afastando-os ainda mais da possibilidade de se chegar aonde se pretendia? Não há, à toda evidência, uma harmonia entre os meios eleitos pelo legislador e a finalidade da norma, o que indica a sua plena inadequação e, por conseguinte, a sua inconstitucionalidade diante do princípio da razoabilidade.

Também se mostra violadora do princípio da razoabilidade a norma contida no art. 169, § 2º, da Constituição quando, ao invés de promover uma melhora na situação, piora tudo, confrontando-se diretamente com o princípio da proporcionalidade, que indica a necessidade de as normas trazerem mais vantagens do que desvantagens.

497. Guerra Filho, Willis Santiago. *Ensaios de Teoria Constitucional*, Fortaleza, UFC – Imprensa Universitária, 1989, p. 75: "Resumidamente, pode-se dizer que uma medida é adequada, se atinge o fim almejado, exigível, por causar o menor prejuízo e finalmente, proporcional em sentido estrito, se as vantagens que trará superarem as desvantagens".

Além dessas medidas, por nós havidas por inconstitucionais, o art. 23, § 3º, da Lei de Responsabilidade Fiscal instituiu o seguinte:

> *Art. 23. (...)*
>
> *§ 3º Não alcançada a redução no prazo estabelecido, e enquanto perdurar o excesso, o ente não poderá:*
>
> *I – receber transferências voluntárias;*
>
> *II – obter garantia, direta ou indireta, de outro ente;*
>
> *III – contratar operações de crédito, ressalvadas as destinadas ao refinanciamento da dívida mobiliária e as que visem à redução das despesas com pessoal.*

Para começar, essas medidas não foram constitucionalmente previstas como as antes comentadas, o que nos permite concluir pela falta de fundamento de validade das mesmas. Ao que nos parece, o legislador constitucional enumerou todas as medidas que poderiam ser tomadas para compelir os entes da Federação a se adequarem aos limites de despesas com pessoal. Seguindo, então, esse raciocínio, seria de se concluir pela inconstitucionalidade das medidas impostas pelo referido dispositivo legal.

Por outro lado, nada nos convence de que não há neste caso gravíssima e intolerável violação à autonomia administrativa dos entes da Federação, evidenciando-se, também por esse motivo, a inconstitucionalidade do dispositivo legal *sub examen*. Neste ponto, a norma constitucional que estaria sendo violada seria o art. 18 da CRFB/1988, que trata do princípio federativo.

Por derradeiro, especificamente quanto ao inciso I do art. 23 da Lei Complementar nº 101/2000, é de se estabelecer a mesma crítica voltada contra o § 3º do art. 169 da Constituição. Trata-se de medida que agrava a situação do ente federativo que não se adequou aos limites impostos pela Lei de Responsabilidade Fiscal, afastando-o ainda mais do alcance da meta pretendida. É – repita-se – inadequada e desproporcional a medida restritiva em comento, merecendo, por isso, a pecha da inconstitucionalidade.

Dando prosseguimento à análise das medidas coercitivas que deverão ser implementadas para que se façam cumprir os limites de despesas com pessoal fixados no art. 20 da Lei de Responsabilidade Fiscal, chegamos ao ponto mais drástico de todos, que é o referente à exoneração de servidores estáveis.

Inicialmente, devemos esclarecer que o termo adequado a ser utilizado é mesmo "exoneração", que revela a perda do cargo público sem que se perceba qualquer cometimento de infração disciplinar. É, portanto, diferente da demissão, que ocorre quando o servidor comete alguma falta grave passível de aplicação de penalidade tão gravosa[498].

Tal medida representa uma traição do governo, especialmente quando se fala em servidor público que já havia conquistado essa estabilidade antes do advento da Emenda Constitucional nº 19/1998. E o pior é que a indenização fixada no texto constitucional é simplesmente irrisória, para não dizer ridícula.

498. Importantes distinções conceituais: (a) no âmbito do Direito do Trabalho, "demissão" significa o desfazimento do contrato de trabalho a pedido do empregado; ao passo que, quando o desligamento ocorre sem a concorrência da vontade do empregado, ou seja, em razão do exercício do direito potestativo do empregador, o nome correto a ser utilizado é "dispensa". (b) no âmbito do Direito Administrativo, a "demissão" é a penalidade que gera a perda do cargo público; ao passo que o desligamento voluntário ou, ainda, o determinado em função do cumprimento da norma contida no art. 169, § 4º, da Constituição chama-se "exoneração".

Confira, a propósito, o disposto no art. 169, § 5º, da Constituição, *ipsis llitteris*:

> *Art. 169. (...)*
>
> *§ 5º O servidor que perder o cargo na forma do parágrafo anterior fará jus a indenização correspondente a um mês de remuneração por ano de serviço.*

Significa que, se um servidor ganhava R$ 5.000,00 (cinco mil reais) por mês e, depois de 10 anos de trabalho, perde o seu cargo em razão da incompetência administrativa dos governantes eleitos, receberá apenas R$ 50.000,00 (cinquenta mil reais) de indenização, lembrando-se que o servidor não tem direito a FGTS.

No que tange aos critérios para se definir quais servidores serão contemplados pela exoneração, remetemos o leitor ao item 3 deste trabalho, que trata das providências tomadas antes da edição da Lei de Responsabilidade Fiscal.

Por derradeiro, diga-se que a Administração Pública não dispõe de prazo indeterminado para reconduzir as despesas com pessoal aos patamares fixados no art. 20 da Lei de Responsabilidade Fiscal. O legislador fixou, no *caput* do art. 23 da Lei Complementar nº 101/2000, que tal recondução ocorreria em oito meses, sendo que à razão de pelo menos 1/3 (um terço) no primeiro quadrimestre e o restante no segundo. Tal prazo se inicia quando o ente ultrapassar o limite ou, se for o caso, quando terminar o período de transição de que trata o art. 70 desta Lei.

5.7. Dos limites

O legislador da Lei de Responsabilidade Fiscal declarou nula de pleno direito a majoração das despesas com pessoal na hipótese de descumprimento das regras de planejamento contidas nos arts. 16 e 17[499-500].

Por outro lado, a nulidade abrangeria, também, o aumento de despesas com pessoal concedido nos últimos cento e oitenta dias antes do final do mandato do governante, agora independentemente de comprometer ou não a adequação das mesmas com o art. 20 da Lei Complementar nº 101/2000.

499. Informativo nº 267 do STF: "Continuando no julgamento, o Tribunal indeferiu o pedido de medida liminar relativamente ao art. 15, que considera irregulares as despesas que não atendam o disposto nos arts. 16 e 17 da LC 101 – que exigem, para a criação, expansão ou aperfeiçoamento de ação governamental que acarreta aumento da despesa, o impacto orçamentário-financeiro e a declaração de que o aumento tenha adequação orçamentária e financeira com a lei orçamentária anual e compatibilidade com o plano plurianual e com a lei de diretrizes orçamentárias, além de exigir que seus efeitos sejam compensados pelo aumento permanente de receita. Considerou-se não haver relevância jurídica na tese de inconstitucionalidade sustentada pelos autores, segundo a qual o dispositivo estabeleceria outros requisitos além dos fixados pela CF, o que impediria o desenvolvimento das atividades dos entes federados ao restringir a utilização de expedientes orçamentários previstos nos §§ 2º e 3º do art. 167 da CF. O Tribunal entendeu que as medidas previstas no artigo impugnado objetivam tornar efetivo o cumprimento do plano plurianual, das diretrizes orçamentárias e da lei orçamentária, tal como previsto no art. 165 da CF, não inibindo a abertura de créditos adicionais previstos no art. 166 da CF". (ADIn-MC nº 2.238/DF, Rel. Min. Ilmar Galvão, 09/05/2002)

500. Informativo nº 267 do STF: "O Tribunal também indeferiu o pedido de suspensão cautelar do art. 17 e seus parágrafos – que conceitua a despesa obrigatória de caráter continuado e exige, para os atos que criarem ou aumentarem despesa, a compensação pelo aumento permanente de receita ou pela redução permanente de despesa. Considerou-se que a circunstância de o aumento de despesa continuada estar condicionado à redução ou ao aumento da despesa também em caráter continuado é, à primeira vista, proposição lógica, que não ofende o princípio da separação de Poderes nem o disposto nos arts. 51, IV, 52, XIII, 99 e 127, § 1º, todos da CF". (ADIn-MC nº 2.238-DF, Rel. Min. Ilmar Galvão, 09/05/2002).

Essa regra se dirige contra um velho e desonesto hábito de grande parte dos governantes brasileiros: conceder aumentos "aos quarenta e cinco minutos do segundo tempo", de modo a conquistar a simpatia dos servidores – que pode render sucessos eleitorais. Fácil fazer dessa forma, pois quem arca com o prejuízo é o sucessor, que terá de administrar o rombo orçamentário sem consequências negativas para o "papai noel".

Por fim, é de se ver que o art. 9º da Lei de Responsabilidade Fiscal fixa também algumas regras sobre o limite de despesas com pessoal. Mas devemos destacar o conteúdo que permite ao Executivo limitar os valores financeiros a serem gastos com pessoal pelos Poderes Legislativo e Judiciário, além do Ministério Público.

É o que consta do disposto no art. 9º, § 3º, da Lei Complementar nº 101/2000, senão vejamos:

> *Art. 9º (...)*
>
> *§ 3º No caso de os Poderes Legislativo e Judiciário e o Ministério Público não promoverem a limitação no prazo estabelecido no* caput, *é o Poder Executivo autorizado a limitar os valores financeiros segundo os critérios fixados pela lei de diretrizes orçamentárias.*

Trata-se de norma que viola frontalmente o princípio da separação de Poderes, como, de resto, percebeu o Supremo Tribunal Federal. Confira o conteúdo do Informativo nº 218 do STF:

> Retomado o julgamento de ação direta de inconstitucionalidade ajuizada pelo Partido Comunista do Brasil – PC do B, Partido Socialista Brasileiro – PSB e pelo Partido dos Trabalhadores – PT contra a Lei Complementar nº 101/2000, que estabelece normas de finanças públicas voltadas para a responsabilidade na gestão fiscal e dá outras providências. O Tribunal deferiu o pedido de medida cautelar para suspender, até decisão final, a eficácia do § 3º do art. 9º da citada LC ("§ 3º No caso de os Poderes Legislativo e Judiciário e o Ministério Público não promoverem a limitação no prazo estabelecido no *caput*, é o Poder Executivo autorizado a limitar os valores financeiros segundo os critérios fixados pela lei de diretrizes orçamentárias"). O Tribunal, à primeira vista, considerou relevante a arguição de inconstitucionalidade quanto ao § 3º do art. 9º da Lei impugnada, dado que tal dispositivo viabiliza uma interferência do Executivo em domínio constitucionalmente reservado à atuação autônoma dos poderes Legislativo e Judiciário. No mesmo julgamento, o Tribunal indeferiu o pedido de suspensão cautelar de vários dispositivos impugnados (art. 4º, § 2º, II e § 4º; art. 7º, *caput* e § 1º; art. 9º, § 5º) e não conheceu da ação na parte em que se impugnavam os §§ 2º e 3º do art. 7º da citada LC, por entender que o ataque seria inepto – alegava-se antinomia com o disposto no art. 4º da MP 1980-20. (ADIn-MC nº 2.238/DF, Rel. Min. Ilmar Galvão, 22/02/2001)

6. CONCLUSÃO

Depois de todos esses comentários, já é possível traçar ou, ao menos, esboçar algumas conclusões sobre a questão das limitações das despesas com pessoal no âmbito da Administração Pública, especialmente após a entrada em vigor da Lei de Responsabilidade Fiscal.

Não é hora de falar das motivações, mas sim dos resultados sobre as contas públicas e também sobre a qualidade do serviço prestado pelo Estado. Isto porque, se levarmos em conta apenas uma parte das consequências que tudo isso gerará, o trabalho fica capenga, como uma mesa com apenas três pés, uma moeda com apenas uma face ou, ainda, uma guitarra sem cordas.

Neste passo, não se pode ignorar que a adoção dessas regras reduzirá sensivelmente o passivo de vários entes da Federação, uma vez que grande parte deles realmente gasta parte considerável de seus recursos com o pagamento da folha. Mas o que vem a reboque?

Cortar despesas com o pagamento do pessoal, deixar de corrigir a remuneração dos servidores – como vem vergonhosamente acontecendo em todos os níveis de governo –, produz reflexos verdadeiramente danosos na economia. Sim! Porque, com a redução do poder aquisitivo dos vencimentos, o servidor passa a não mais consumir. Com isso, o mercado perde faturamento, o que produz a necessidade de se efetuar cortes de funcionários, diminuição de remunerações também no setor privado.

E será que para por aí? De certo que não!

A redução das despesas com pessoal não está isolada no mundo, mas inserida num contexto maior, que é o do corte de despesas da Administração Pública em geral. Deixam, então, de ser providenciadas reformas nas estradas, construções importantes, compras de medicamentos e equipamentos de hospitais, livros e demais materiais para as escolas etc. Isso esfria a economia e, em consequência, diminui-se a arrecadação tributária – para citar somente os aspectos econômicos.

O que pode, então, fazer o governo para compensar essa perda de receita? O de sempre: aumentar a carga tributária. Consequência disso? Maior dificuldade financeira das empresas e, *ipso facto*, mais dispensas de empregados, cortes salariais e tudo o que vem naturalmente a reboque.

Com tantas dificuldades financeiras, só quem ganha é o setor bancário, que empresta dinheiro à iniciativa privada e ao Poder Público, com juros altíssimos, produzindo, assim, os lucros astronômicos que os jornais nos mostram todos os dias.

Portanto, o que essa reforma administrativavem produzindo é, em última análise, uma transferência do dinheiro nacional para o setor financeiro, especialmente para os bancos estrangeiros. Tornamo-nos cada dia mais pobres e devedores e, com isso, menos capazes de tomar nossas decisões com independência. Isso significa, também, perda de soberania, se é que já tivemos isso um dia.

O Brasil está vendendo a alma ao diabo! Mas ainda estamos no lucro, porque ainda vai chegar o dia em que o nosso território será invadido pelos donos do Mundo, sedentos por nossa água e nossa Amazônia, que já anda sendo apagada de nosso mapa geográfico. E aí não se tratará de uma venda desigual; mas de assalto à mão armada.

Bibliografia

ALMEIDA JUNIOR, A. *Lições de medicina legal.* Rio de Janeiro: Editora Nacional, 1961.

ALVES, Léo da Silva. *Interrogatório e confissão no processo disciplinar.* Brasília: Brasília Jurídica, 2000.

AMARO, António Leitão. "A estabilizaçãodos efeitos dos actos administrativos anuláveis pelo decurso do tempo". In: *Direito e Justiça,* vol. XIX, tomo II. Lisboa: Faculdade de Direito da Universidade Católica Portuguesa, 2005.

ANASTASIA, Antonio Augusto Junior. *Regime jurídico único do servidor público.* Belo Horizonte: Del Rey, 1990.

ARAUJO, Luiz Alberto David. *A proteção constitucional das pessoas portadoras de deficiência.* Brasília, Coordenadoria Nacional para a Integração da Pessoa Portadora de Deficiência, 2004.

BARCHET, Gustavo. *Lei nº 8.112/90 para concursos.* Rio de Janeiro: Elsevier, 2008.

BARROSO, Luís Roberto. "A derrota da Federação: o colapso financeiro dos estados e municípios". In: *Temas de Direito Constitucional,* 2. ed. Rio de Janeiro: Renovar, 2002.

BASTOS, Celso Ribeiro. *Curso de direito administrativo.* São Paulo: Saraiva, 2005.

________. *Comentários à Constituição do Brasil.* São Paulo: Saraiva, 1989.

BOLINA, Helena Magalhães. "Razão de ser, significado e consequências do princípio da presunção de inocência (art. 32º, nº 2, da LRP)". *Boletim da Faculdade de Direito,* vol. LXX. Coimbra: Faculdade de Direito da Universidade de Coimbra, 1994.

BRAZ, Petrônio. *Direito municipal na Constituição.* 4. ed. São Paulo: LED, 2001.

CAETANO, Marcello. *Manual de direito administrativo.* Lisboa: Coimbra Ed., 2005.

CANOTILHO, José Joaquim Gomes; MOREIRA, Vital. *Constituição da República Portuguesa anotada.* Vol. I, Artigos 1º a 107º. 4. ed. Coimbra: Coimbra Ed., 2007.

CARVALHO FILHO, José dos Santos. *Manual de direito administrativo.* 9. ed. Rio de Janeiro: Lumen Juris, 2002; 13. ed., 2005; 19. ed., 2009.

CAVALCANTI, Themistocles Brandão. *O funcionário público e seu regime.* Rio de Janeiro: Borsoi, 1959. v. I.

CAVALIERI FILHO, Sergio. *Programa de responsabilidade civil.* 6. ed. ver. e aum. São Paulo: Malheiros Ed., 2004.

COSTA, José Armando da. *Teoria e prática do processo administrativo disciplinar.* 3. ed. Brasília: Brasília Jurídica, 1999.

CRETELLA JÚNIOR, José. *Direito administrativo*: perguntas e respostas. 5. ed. Rio de Janeiro: Forense, 2004.

CROCE JÚNIOR, Delton. *Manual de medicina legal*. 4. ed. ver. e ampl. São Paulo: Saraiva, 1998.

DALLARI, Adilson Abreu. *Regime constitucional dos servidores públicos*. São Paulo: Revista dos Tribunais, 1990.

DALLARI, Dalmo de Abreu. *Elementos da Teoria Geral do Estado*. 19. ed. São Paulo: Saraiva, 1995.

DELMANTO, Celso *et al*. *Código Penal comentado*. 6. ed. atual. e ampl. Rio de Janeiro: Renovar, 2002.

DERZI, Misabel Abreu Machado. "Da insconstitucionalidade das sanções institucionais impostas pela Lei de Responsabilidade Fiscal. In: *Lei de Responsabilidade Fiscal – Teoria e Prática*. Rio de Janeiro: América Jurídica, 2002.

DIAS, José de Aguiar. *Da responsabilidade civil*. 10. ed. Rio de Janeiro: Forense, 1997. v. I.

DINIZ, Paulo de Matos Ferreira. *Lei nº 8.112/90*: atualizada, comentada, manualizada, revisada e com atualização via Internet. 7. ed. Brasília: Brasília Jurídica, 2002.

DI PIETRO, Maria Sylvia Zanella. *Direito administrativo*. 3. ed. São Paulo: Atlas, 1992; 15. ed., 2003; 18. ed., 2005.

DOTTI, René Ariel. *Bases alternativas para o sistema de penas*. 2. ed. São Paulo: Revista dos Tribunais, 1998.

FERREIRA FILHO, Manoel Gonçalves. *Curso de direito constitucional*. 15. ed. São Paulo: Saraiva, 1986.

FIGUEIREDO, Carlos Maurício; NÓBREGA, Marcos Antônio Rios da. "A Lei de Responsabilidade Fiscal e o limite prudencial: os limites máximos transitórios". In: *Lei de Responsabilidade Fiscal – Teoria e Prática*. Rio de Janeiro: América Jurídica, 2002.

FILHO, Romeu Felipe Bacellar. *Processo administrativo disciplinar*. 2. ed. São Paulo: Max Limonad, 2003; 4. ed. Saraiva, 2008.

FRAGOSO, Heleno Cláudio. *Lições de direito penal*: parte espacial (ats. 213 a 359, do CP). 3. ed. Rio de Janeiro: Forense, 1981.

GASPARINI, Diógenes. *Concurso público e constituição*. Belo Horizonte: Ed Fórum, 2005.

________. *Direito administrativo*. 2. ed. São Paulo: Saraiva, 1992; 5. ed., 2000; 9. ed. ver. e atual. 2004; 13. ed., 2008.

GOMES, Helio. *Medicina Legal*. Rio de Janeiro: Freitas Bastos, 2003.

GOMES, Luiz Flávio. Finalidade da interpretação telefônica e a questão da prova emprestada. In: *Repertório IOB de Jurisprudência*, v. 4/97, p. 75.

GONÇALVES, Carlos Roberto. *Responsabilidade civil*. 6. ed. São Paulo: Saraiva, 1995.

GOULART, Henny. *Penalogia I*. São Paulo: Editora Brasileira de Direito, 1975.

GRECO FILHO, Vicente. *Interceptação telefônica*. 2. ed. São Paulo: Saraiva, 2005.

GRINOVER, Ada Pellegrini; FERNANDES, Antonio Scarance; GOMES FILHO, Antônio Magalhães. *As nulidades no processo penal*. 9. ed. São Paulo: Revista dos Tribunais, 2006.

GUERRA FILHO, Willis Santiago. *Ensaios de teoria constitucional*. Fortaleza: UFC – Imprensa Universitária, 1989.

JESUS, Damasio Evangelista de. *Código Penal anotado*. 13. ed. São Paulo: Saraiva, 2002.

JUSTEN FILHO, Marçal. *Curso de direito administrativo*. São Paulo: Saraiva, 2005.

MADEIRA, José Maria Pinheiro. *Administração Pública*. Tomo I. 10. ed. Rio de Janeiro: Elsevier, 2008.

________. *Casos concretos de direito administrativo*. Rio de Janeiro: Elsevier, 2008.

MARTINS, Ives Gandra da Silva. *A Lei de Responsabilidade Fiscal – Teoria e Prática*. Rio de Janeiro: América Jurídica, 2002.

MATTOS, Mauro Roberto Gomes de. *O limite da improbidade administrativa*: o direito dos administrados dentro da Lei nº 8.492/92. Rio de Janeiro: América Jurídica, 2004.

_______. *Tratado de direito administrativo disciplinar.* Rio de Janeiro: América Jurídica, 2008.

_______. *Lei nº 8.112/90 interpretada e comentada.* 3. ed. Rio de Janeiro: América Jurídica, 2006.

MEIRELLES, Hely Lopes. *Direito administrativo brasileiro.* 20. ed. São Paulo: Malheiros Ed., 1995; 25. ed., 2000; 28. ed., 2003; 31. ed., 2005; 32. ed., 2006; 33. ed., 2007.

MELLO, Celso Antônio Bandeira de. *Apontamentos sobre os agentes e órgãos públicos.* São Paulo: Revista dos Tribunais, 1987.

_______. *Curso de direito administrativo.* 15. ed. refun., ampl. e atual. até a Emenda Constitucional 39, de 19.12.2004. São Paulo: Malheiros Ed., 2004.

MENDES, Gilmar Ferreira. *Controle de constitucionalidade – Aspectos jurídicos e políticos.* São Paulo: Saraiva, 1990.

MIRABETE, Julio Fabbrini. *Código Penal interpretado.* 3. ed. São Paulo: Atlas, 2003.

MORAES, Alexandre de. *Constituição do Brasil interpretada e legislação constitucional.* São Paulo: Atlas, 2002.

_______. *Direito constitucional.* 20. ed. São Paulo: Atlas, 2006.

MOREIRA, José Carlos Barbosa. A Constituição e as provas ilicitamente adquiridas. *Revista de Direito Administrativo,* v. 205, p. 205.

MOREIRA NETO, Diogo de Figueiredo. *Curso de direito administrativo.* 12. ed. Rio de Janeiro: Forense, 2001; 17. ed., 2006.

_______. *Curso de direito administrativo, Parte Introdutória, Parte Geral, Parte Especial.* 14. ed. Rio de Janeiro: Forense, 2006.

MOURA, José Souto. A questão da presunção de inocência do arguido. In: *Revista do Ministério Público,* ano 11º, nº 42. Lisboa, Sindicato dos Magistrados do Ministério Público, abril-junho 1990.

MUKAI, Toshio. *Direito administrativo sistematizado.* São Paulo: Saraiva, 1999.

NASCIMENTO, Amauri Mascaro. *Iniciação ao direito do trabalho.* São Paulo: LTr, 2008.

NEVES, Antonio Castanheira. *Sumários de processo criminal (1967-1968).* Coimbra; datilografado por João Abrantes; 1968.

PACHECO, José da Silva. *O mandado de segurança e outras ações constitucionais típicas.* Rio de Janeiro: Renovar, 1998.

PALMA, Maria Fernanda. "A constitucionalidade do Art. 342º do Código de Processo Penal (O direito ao silêncio do arguido)". In: *Revista do Ministério Público,* ano 15º, nº 60. Lisboa, Sindicato dos Magistrados do Ministério Público, out.-dez. 1994.

_______. *Da reforma administrativa constitucional.* Rio de Janeiro: Renovar, 1999.

PINTO, Paulo Mota. "O direito ao livre desenvolvimento da personalidade". *Boletim da Faculdade de Direito, Stvdia Ivridica 40* – Colloquia 2 – Portugal – Brasil Ano 2000. Coimbra: Coimbra Ed. 1999.

PORTANOVA, Rui. *Princípios do processo civil.* 5. ed. Porto Alegre: Livraria do Advogado, 2003.

QUINTIERE, Marcelo de Miranda Ribeiro. A Lei de Responsabilidade Fiscal e os gastos com pessoal. In: *Responsabilidade Fiscal.* (obra completa). Rio de Janeiro: América Jurídica, 2002.

RIGOLIN, Ivan Barbosa. *Comentários ao regime único dos servidores públicos civis.* 2. ed. São Paulo: Saraiva, 1998; 4. ed., 2002; 6. ed., 2004.

_______. Lei de Responsabilidade Fiscal e despesas com pessoal. In: *Lei de Responsabilidade Fiscal – Teoria e Prática.* Coord. Carlos Valder do Nascimento. Rio de Janeiro: América Jurídica, 2002.

_______. "Serviço terceirizado" não é, nunca foi nem jamais será despesa com pessoal – O insólito e absurdo § 1º do art. 18, da Lei de Responsabilidade Fiscal. In: *Temas de Responsabilidade Fiscal – Teoria e Prática*. Coord. Carlos Valder do Nascimento. Rio de Janeiro: América Jurídica, 2002.

ROCHA, Cármen Lúcia Antunes. *Princípios constitucionais dos servidores públicos*. São Paulo: Saraiva, 1999.

RODRIGUES, José Narciso Cunha. "Sobre o princípio da igualdade de armas". In: *Revista Portuguesa de Ciências Criminais*, ano I – 1. Coimbra: Aequitas Editorial Notícias, jan.-mar. 1991.

SICHES, Luís Récasens. *Tratado de sociologia*. Trad. João Batista Coelho Aguiar. Porto Alegre: Globo, 1998.

_______. *Vida humana, sociedad y derecho*. Fundamentación de la filosofía del derecho. México: Fondo de Cultura Económica, 1939.

SILVA, Américo Luís Martins da. *O dano moral e a sua reparação civil*. São Paulo: Revista dos Tribunais, 1999.

SILVA, Germano M. *Apud* RODRIGUES, Álvaro da Cunha Gomes. "Controlo garantístico dos direitos do arguido pelo juiz de instrução". In: *Direito e Justiça – Revista da Faculdade de Direito da Universidade Católica Portuguesa*, 1999.

SILVA, José Afonso da. *Curso de direito constitucional positivo*. São Paulo: Malheiros Ed., 2006.

SOARES, José Carlos Tinoco. "Prescrição. Por Sem Dúvida é a Quinquenal". In: *Revista da Associação Brasileira da Propriedade Intelectual*, n. 61, Rio de Janeiro, Associação Brasileira da Propriedade Intelectual, nov.-dez. 2006.

TALAMINI, Eduardo. Prova emprestada no processo civil e penal. *Revista de Informação Legislativa*, v. 140, p. 157-158.

Qual(is) o(s) conteúdo(s) de seu interesse?

Jurídico - ☐ Livros Profissionais ☐ Livros Universitários ☐ OAB ☐ Teoria Geral e Filosofia do Direito

Educação & Referência - ☐ Comportamento ☐ Desenvolvimento Sustentável ☐ Dicionários e Enciclopédias ☐ Divulgação Científica ☐ Educação Familiar ☐ Finanças Pessoais ☐ Idiomas ☐ Interesse Geral ☐ Motivação ☐ Qualidade de Vida ☐ Sociedade e Política

Negócios - ☐ Administração/Gestão Empresarial ☐ Biografias ☐ Carreira e Liderança Empresariais ☐ E-Business ☐ Estratégia ☐ Light Business ☐ Marketing/Vendas ☐ RH/Gestão de Pessoas ☐ Tecnologia

Concursos - ☐ Administração Pública e Orçamento ☐ Ciências ☐ Contabilidade ☐ Dicas e Técnicas de Estudo ☐ Informática ☐ Jurídico Exatas ☐ Língua Estrangeira ☐ Língua Portuguesa ☐ Outros

Universitário - ☐ Administração ☐ Ciências Políticas ☐ Computação ☐ Comunicação ☐ Economia ☐ Engenharia ☐ Estatística ☐ Finanças ☐ Física ☐ História ☐ Psicologia ☐ Relações Internacionais ☐ Turismo

Áreas da Saúde - ☐ Anestesia ☐ Bioética ☐ Cardiologia ☐ Ciências Básicas ☐ Cirurgia ☐ Cirurgia Plástica ☐ Cirurgia Vascular e Endovascular ☐ Dermatologia ☐ Ecocardiologia ☐ Eletrocardiologia ☐ Emergência ☐ Enfermagem ☐ Fisioterapia ☐ Genética Médica ☐ Ginecologia e Obstetrícia ☐ Imunologia Clínica ☐ Medicina Baseada em Evidências ☐ Neurologia ☐ Odontologia ☐ Oftalmologia ☐ Ortopedia ☐ Pediatria ☐ Radiologia ☐ Terapia Intensiva ☐ Urologia ☐ Veterinária

Outras Áreas - ______________________________

Tem algum comentário sobre este livro que deseja compartilhar conosco?

____

* A informação que você está fornecendo será usada apenas pela Elsevier e não será vendida, alugada ou distribuída por terceiros sem permissão preliminar.

* Para obter mais informações sobre nossos catálogos e livros por favor acesse **www.elsevier.com.br** ou ligue para **0800 026 53 40.**

Impressão e Acabamento

Prol
EDITORA GRÁFICA